Stephan Bäcker, Dr. Gerhard Eurich, Tobias Große Wentrup, Monika Horn, Andreas Nöthling, Arno Platz, Uwe Scheid

Erfolgreich handeln und verkaufen in Tourismus- und Reiseunternehmen

5. Auflage

Bestellnummer 5053

Die in diesem Produkt gemachten Angaben zu Unternehmen (Namen, Internet- und E-Mail-Adressen, Handelsregistereintragungen, Bankverbindungen, Steuer-, Telefon- und Faxnummern und alle weiteren Angaben) sind i. d. R. fiktiv, d. h., sie stehen in keinem Zusammenhang mit einem real existierenden Unternehmen in der dargestellten oder einer ähnlichen Form. Dies gilt auch für alle Kunden, Lieferanten und sonstigen Geschäftspartner der Unternehmen wie z. B. Kreditinstitute, Versicherungsunternehmen und andere Dienstleistungsunternehmen. Ausschließlich zum Zwecke der Authentizität werden die Namen real existierender Unternehmen und z. B. im Fall von Kreditinstituten auch deren IBANs und BICs verwendet.

Die in diesem Werk aufgeführten Internetadressen sind auf dem Stand zum Zeitpunkt der Drucklegung. Die ständige Aktualität der Adressen kann vonseiten des Verlages nicht gewährleistet werden. Darüber hinaus übernimmt der Verlag keine Verantwortung für die Inhalte dieser Seiten.

Druck: westermann druck GmbH, Braunschweig

service@winklers.de
www.winklers.de

Bildungshaus Schulbuchverlage Westermann Schroedel Diesterweg Schöningh Winklers GmbH, Postfach 33 20, 38023 Braunschweig

ISBN 978-3-8045-**5053**-7

Liebe Auszubildende, Ausbilder/-innen und Kollegen/-innen,

wirtschaftlich handeln und erfolgreich verkaufen gehören zusammen – so oder ähnlich stellt sich die Grundidee zu diesem Buch dar, das ökonomische, touristische und kommunikationsspezifische Inhalte behandelt.

Die Auswahl der Inhalte haben wir am aktuellen, kompetenzorientierten KMK Rahmenlehrplan für Tourismuskaufleute orientiert. Auch die Vorgaben aus dem AKA Prüfungskatalog wurden berücksichtigt. Dadurch ist das Buch der ideale Lernbegleiter bis zur Abschlussprüfung.

Das ursprüngliche und bewährte Konzept wurde beibehalten. Die Lehrplanvorgaben bedeuten nach wie vor eine Herausforderung, wenn es darum geht, einzelne fachliche Inhalte eindeutig einem bestimmten Lernfeld zuzuordnen. Daher arbeiten wir an einigen Stellen mit Verweisen auf andere Kapitel und Lernfelder und vermeiden damit inhaltliche Doppelungen.

Zusätzliche Informationen, die über die Lehrplanvorgaben hinausgehen, aber einen Fachinhalt ergänzen, sowie ergänzende Aufgaben haben wir auf eine DVD ausgelagert. Die DVD ist dem Buch kostenlos beigefügt. Das hat den Vorteil, dass mit einem Buch alle Lernfelder (bis auf Rechnungswesen) abgedeckt werden und keine Kosten für weitere Bücher entstehen. Entsprechende Stellen in den Lernfeldern sind mit einem Verweis auf die DVD gekennzeichnet.

Alle Angaben zu Tarifen, Fahrzeiten, Konditionen etc. sind auf dem Stand Januar 2016. Diese Angaben unterliegen laufenden Änderungen. Wir empfehlen daher, sich vor der Kundenberatung beim Leistungsträger über mögliche Änderungen zu informieren.

Mit der fünften Auflage wurden alle Lernfelder aktualisiert und sachlich auf den neuesten Stand gebracht einschließlich des Sachverzeichnisses. Durch eine Straffung einzelner Kapitel im jeweiligen Lernfeld war es uns möglich, Lernfeld 13 von der DVD ins Lehrbuch zu übernehmen, wie von vielen unserer Leserinnen und Leser gewünscht. Gleichzeitig haben wir den Zugriff auf die Zusatzinformationen und Zusatzaufgaben der DVD durch eine Neuordnung der Dateien erleichtert und dem Leseverhalten der Nutzerin/des Nutzers angepasst.

Um das Buch weiter verbessern zu können, freuen sich der Verlag und wir uns auf Ihre konstruktiven, kritischen Anmerkungen.

Die Verfasser

50534

Rahmenbedingungen touristischer Dienstleistungen analysieren → **LF 3**

LF 4 ← Verkaufsgespräche zielorientiert führen

50536

LF 8 ← Reiseleistungen für Privat- und Geschäftsreisende vermitteln und organisieren

50538

Eigenveranstaltungen entwickeln → **LF 9**

LF 10 ← Eigenveranstaltungen vermarkten und auswerten

Unternehmeriches Handeln mitgestalten → **LF 12**

Projekte planen, durchführen und auswerten → **LF 13**

505312

Die eigene Rolle im Unternehmen selbstverantwortlich mitgestalten

1 Berufsausbildung

Tourismuskauffrau-/mann gesucht

Wir suchen ab sofort für unser Büro eine/n Tourismus-kaufmann/-frau, Schwerpunkt Touristik. Wir erwarten Kenntnisse bei Touristik/TUI, Amadeus, PC, Office/Bü-roprogramm, Internet; Basiskenntnisse IATA sind wün-schenswert. Ihre Aufgaben werden das Organisieren und Vermitteln von Reisen, eine professionelle Kundenbe-ratung und das Zusammenstellen von Angeboten sein. Abgeschlossene Berufsausbildung, Serviceorientierung und Abschlusssicherheit sind uns wichtig. Sie sollten flexibel, kundenorientiert und freundlich sein und ein gepflegtes Erscheinungsbild mitbringen.

Sie erreichen uns unter: Adresse; schriftliche Bewer-bung (Brief oder E-Mail) erbeten.

So oder ähnlich könnte eine Anzeige lauten, wenn Sie sich nach Ihrer Ausbildung nach einer geeigneten Stelle umsehen. Bis dorthin ist es noch ein langer Weg, den es zu bewälti-gen gilt. Dieser Weg, Ihre Berufsausbildung, ist durch verschiedene Gesetze und Rechtsvor-schriften ordnungsgemäß geregelt.

» **Der Ausbildungsrahmenplan**

Der **Ausbildungsrahmenplan** enthält Anleitun-gen zur **sachlichen und zeitlichen** Gliederung der zu vermittelnden Fertigkeiten und Kennt-nisse. Basierend auf den gültigen Rahmenlehr-plänen legen diese den Umfang der zu beherr-schenden Kenntnisse und Fertigkeiten für die Zwischen- und Abschlussprüfungen fest.

1.1 Rechtsvorschriften

Die folgenden Rechtsvorschriften regeln den Verlauf Ihrer Ausbildung, deren Inhalte, die Prüfungen und legen die Rechte und Pflichten von Auszubildenden und Ausbildern fest.

» **Die Ausbildungsordnung**

Die Ausbildung in den verschiedenen Ausbil-dungsberufen wird durch die **Ausbildungsord-nung** geregelt. Sie legt die Kenntnisse und Fer-tigkeiten fest, die Gegenstand der Ausbildung sind, also das genaue Ausbildungsberufsbild.

§ **Das Berufsbildungsgesetz (BBiG)**

Rechtsgrundlage für die Berufsausbildung ist das seit dem Jahr 1969 in Kraft befindliche **Berufsbildungsgesetz (BBiG).** In ihm werden die Zuständigkeit für die Berufsausbildung, die Einzelvorschriften für die Inhalte des Berufsausbildungsvertrages, die Ausbil-dungsordnung, die Prüfungsmodalitäten, die Berufsfortbildung und Umschulung sowie die Überwachung der Berufsausbildung geregelt.

Das Berufsbildungsgesetz, den Rahmenlehrplan und die Verordnung über die Berufsausbildung finden Sie auch im Internet unter bibb.de, bmwi.de oder kmk.org.

§ **Die Funktion der Kammern (Handwerks- oder Handelskammer) im Rahmen der dualen Ausbildung**

Das BBiG weist der IHK die Zuständigkeit für die Ausbildungsberufe zu. Sie ist die repräsentative Vertretung aller Gewerbetreibenden. Sie dient der gemeinsamen Interessenvertretung der Wirtschaft gegenüber der Politik und anderen Institutionen. Die IHK nimmt in der Berufsbildung die Zwischen- und Abschlussprüfungen vor. Dazu erlässt sie die Prüfungsordnungen und errichtet Prüfungsausschüsse. Die IHK trägt maßgebliche Verantwortung in der Berufsausbildung: Im Rahmen der Gesetze definiert sie die notwendigen Regelungen und überwacht deren Durchführung, z. B. die Eignung der Ausbilder und der Ausbildungsstätten. Sie registriert die Ausbildungsverträge und berät Auszubildende und Ausbilder und ihre anderen Mitglieder. Sie ist in Kapitel 4.1 nochmals beschrieben.

» **Der Berufsausbildungsvertrag**

Er wird in Kapitel 1.2 beschrieben.

Ein Ausbildungsvertragsmuster finden Sie unter Zusatzinformationen zu LF 1, Kapitel 1.1 auf der beiliegenden DVD.

» **Weitere Schutzvorschriften, z. B. das Jugendarbeitsschutzgesetz**

Das JArbSchG gehört zu den Arbeitsschutzgesetzen und wird in Kapitel 2.5 genauer dargestellt.

! **Ihre Ausbildung erfolgt im System der dualen Berufsausbildung.**

Das **Berufsbildungsgesetz (BBiG)** bestimmt u. a., dass die Berufsausbildung an den Lernorten **Betrieb und Berufsschule** durchzuführen ist. Entsprechend werden überwiegend **praktische** und **berufsbezogene Ausbildungsinhalte** nach den Vorgaben des Ausbildungsrahmenplans im Betrieb erworben. Die Berufsschule vermittelt dominant **theoretische, berufsbezogene und berufsübergreifende Lerninhalte.** Grundlage hierfür ist der von der Konferenz der Kultusminister (KMK) erarbeitete **Rahmenlehrplan.** Die Lernorte Betrieb und Berufsschule sind zur Zusammenarbeit verpflichtet. Daraus resultiert, dass die Zwischen- und Abschlussprüfung sowohl Lerninhalte der praktischen betrieblichen als auch der theoretischen schulischen Ausbildung enthält.

Eine Zusammenarbeit der beiden Lernorte kommt u. a. durch folgende Pflichten zum Ausdruck:

» Urlaub soll grundsätzlich während der Schulferien vom Ausbilder gewährt werden.
» Urlaub für überbetriebliche Ausbildungsmaßnahmen bedarf des Einvernehmens mit dem Schulleiter, soweit sie den Berufsschulunterricht tangieren.
» Krankmeldungen, die den Berufsschulbesuch betreffen, sind an den Betrieb und die Berufsschule zu richten.
» Die Berufsschule hat den Betrieb über schulische Fehlzeiten zu unterrichten.
» Berufsschulzeugnisse sind vom Ausbilder zu unterzeichnen.

505314

1.2 Ausbildungsvertrag und Jugendarbeitsschutz

Der Ausbildungsvertrag ist eine schriftliche Vereinbarung zwischen Ausbildendem (Betrieb) und Auszubildendem, in der die Rechte und Pflichten festgelegt sind.

Ausbildungsvertrag

Zustandekommen

- Vertragspartner: Ausbildender und Auszubildender (bei Minderjährigen: gesetzlicher Vertreter)
- Eintragung: in das Verzeichnis der Ausbildungsverhältnisse bei der zuständigen Kammer (z. B. IHK)
- Formvorschrift: keine; jedoch müssen wesentliche Inhalte schriftlich festgehalten werden (§ 4 BBiG)

- Art, Gliederung und Ziel der Ausbildung (Ausbildungsberuf, Ausbildungsplan)
- Beginn und Dauer der Ausbildung i. d. R. Beginn am 01.09., Dauer drei Jahre)
- Ausbildungsmaßnahmen außerhalb der Ausbildungsstätte (z. B. Seminar)

- Dauer der tägl. Arbeitszeit
- Probezeit (zwischen ein und vier Monaten)
- Zahlung und Höhe der Vergütung (gestaffelt nach jährlicher Steigerung)
- Dauer des Urlaubs
- Kündigungsmöglichkeiten

Rechte und Pflichten

Pflichten des Auszubildenden
(= Rechte des Ausbildenden)

- Lern-/Dienstleistungspflicht
  - Weisungen befolgen
  - Weisungen sorgfältig ausführen
  - Berufsschulpflicht nachkommen
  - Berichtsheft führen
- Einhaltung der betrieblichen Ordnung
  - Einrichtungen pfleglich behandeln
  - „Kleiderordnung" einhalten
- Wahrung von Geschäftsgeheimnissen (z. B. Bezugsquellen, Preiskalkulationen)

Pflichten des Ausbildenden
(= Rechte des Auszubildenden)

- korrekte Durchführung der Ausbildung
  - keine „ausbildungsfremden" Tätigkeiten fordern
  - geeignete Ausbilder auswählen
  - kostenlose Ausbildungsmittel bereitstellen
  - Besuch der Berufsschule ermöglichen
- Sorgepflicht
  - Arbeitsschutz einhalten
  - Vergütung zahlen
  - Urlaub gewähren
- nach Beendigung der Ausbildung Zeugnis erstellen

Beendigung des Ausbildungsverhältnisses

mit bestandener Abschlussprüfung	entscheidend ist der **Tag der Abschlussprüfung**, nicht das Datum lt. Ausbildungsvertrag (bei Nichtbestehen: auf Antrag des Auszubildenden Verlängerung bis zur nächsten Prüfung, höchstens um ein Jahr)
durch Kündigung (Formvorschrift: schriftlich)	während der Probezeit: jederzeit von beiden Seiten ohne Angabe von Gründen möglich nach der Probezeit: - vom Auszubildenden: mit Kündigungsfrist von vier Wochen, wenn ein anderer Beruf angestrebt wird oder die Ausbildung aufgegeben wird - von beiden Seiten: ohne Einhalten einer Frist bei einem „**wichtigen** Grund" innerhalb von 2 Wochen nach Bekanntwerden des Grundes (§ 15, Abs. 2 BBiG).

Vor allem für die **minderjährigen** Auszubilden-den spielen auch die Vorschriften des Jugend-arbeitsschutzgesetzes eine wichtige Rolle und werden deshalb nachfolgend dargestellt (im Kapitel 2.5 nur zusammenfassend).

Wichtige Vorschriften des Jugendarbeitsschutzgesetzes	

Grundlegendes	» geschützter Personenkreis:
	  – **Kinder** (Personen, die noch nicht 15 Jahre alt sind)
	  – **Jugendliche** (Personen, die 15 Jahre, aber noch nicht 18 Jahre alt sind)
	» überwachende Behörde ist das Gewerbeaufsichtsamt
	» Kinderarbeit und Akkordarbeit für Jugendliche ist bis auf Ausnahmen verboten
	» Züchtigungsverbot

Arbeitszeit	» **täglich maximal 8 Stunden** (bzw. 8 1/2 Stunden, wenn an einem anderen Wochentag die Mehrstunden abgegolten werden)
	» **wöchentlich maximal 40 Stunden**
	» an Samstagen, Sonn- und Feiertagen keine Beschäftigung; Ausnahmen sind zulässig
	» Schichtzeit ist die Arbeitszeit inkl. Ruhepausen: maximal 10 Stunden
	» tägliche Freizeit: mindestens **12 Stunden** zwischen Arbeitsende und Arbeitsbeginn am nächsten Tag
	Für **volljährige** Auszubildende gilt …
	» Die Anrechnung des Berufsschulunterrichts auf die Arbeitszeit richtet sich nach Arbeitszeitgesetz (ArbZG), vertraglicher Vereinbarung oder tarifvertraglicher Bestim-mung.
	» Nach dem ArbZG (vgl. § 3) gilt:
	  – die werktägliche Arbeitszeit darf grundsätzlich 8 Stunden nicht überschreiten
	  – sie kann auf bis zu 10 Stunden verlängert werden, wenn innerhalb von sechs Ka-lendermonaten oder innerhalb von 24 Wochen im Durchschnitt 8 Stunden gearbei-tet werden

Ruhepausen	mindestens 15 Minuten, frühestens eine Stunde nach Arbeitsbeginn und eine Stunde vor Arbeitsende » bei einer tägl. Arbeitszeit von 4 1/2 bis 6 Std. mind. 30 Minuten » bei einer tägl. Arbeitszeit von **über 6 Std. mind. 60 Minuten**
Nachtruhe	» Beschäftigung nur **zwischen 6 und 20 Uhr** » Ausnahmen: z. B. im Gaststättengewerbe bis 22 Uhr, in Bäckereien ab 5 Uhr, in mehr-schichtigen Betrieben bis 23 Uhr
Urlaub	» mindestens » **30** Werktage für **15**-Jährige » **27** Werktage für **16**-Jährige » **25** Werktage für **17**-Jährige » wenn außerhalb der Berufsschulferien: für jeden Berufsschultag ein zusätzlicher Urlaubstag
Berufsschule	» Freistellungsanspruch für den Berufsschulunterricht » Fortzahlung des Arbeitsentgelts für die Zeit, die in der Berufsschule verbracht wird » keine Beschäftigung an einem Berufsschultag in der Woche bei mehr als 5 Unter-richtsstunden oder bei Blockunterricht von mindestens 25 Unterrichtsstunden oder bei vor 9 Uhr beginnendem Unterricht (gilt **nicht für volljährige** Auszubildende) » Pausen während der Berufsschule = Arbeitszeit (gilt auch für Volljährige) » Wegezeit von Schule zu Betrieb oder umgekehrt = Arbeitszeit (gilt auch für Volljährige). (Quellen: BBiG, ArbZG; JArbSchG, Rechtsprechung [Erfurter Kommentar zum Arbeits-recht])

505316

Wichtige Vorschriften des Jugendarbeitsschutzgesetzes		
Einstellungs-untersuchung	» **Erstuntersuchung:** innerhalb der letzten 14 Monate vor Beginn der Ausbildung oder unmittelbar davor » **Nachuntersuchung:** 1 Jahr nach Beginn der Ausbildung	
Kündigungs-schutz	**Kündigung durch Arbeitgeber** » während der Probezeit (1–4 Monate) – jederzeit zu einem gewählten Termin (§15 Abs. 1 BBIG) – Schriftform (§15 Abs. 3 BBIG) » nach der Probezeit – nur aus wichtigem Grund – binnen zwei Wochen nach Bekannt-werden des Grundes (§15 Abs. 2 BBIG) ...	**Kündigung durch Auszubildenden** » während der Probezeit (1–4 Monate) – jederzeit zu einem gewählten Termin (§15 Abs. 1 BBIG) – Schriftform (§15 Abs. 3 BBIG) » nach der Probezeit – nur aus wichtigem Grund – binnen zwei Wochen nach Bekannt-werden des Grundes (§15 Abs. 2 BBIG) – Beendigung der Berufsausbildung (Kündigungsfrist vier Wochen) – strebt anderen Berufswunsch an

1.3 Ausbildungsinhalte

Die vorgestellten Rechtsvorschriften bestimmen die Inhalte Ihrer Ausbildung. Tourismuskaufleute organisieren und vermitteln Privat- und Geschäftsreisen. Diese Tätigkeiten erfordern viele verschiedene Fähigkeiten (z. B. kommunikative Fähigkeiten) aus unterschiedlichen Fachgebieten (z. B. Destinationswissen). Während der Ausbildungszeit sollen Sie erlernen, berufsbezogene Probleme zielorientiert, selbstständig handelnd zu lösen. Diese Fähigkeiten bezeichnet man als **Kompetenzen.** Sie sollen Ihnen korrektes und erfolgreiches Handeln in Ihrem späteren Beruf ermöglichen.

Eine Übersicht über die Inhalte finden Sie auf der beiliegenden DVD unter Zusatzinformationen zu LF 1, Kapitel 1.3 Ausbildungsinhalte.

Die Berufsausbildung gliedert sich inhaltlich in drei Abschnitte
» Abschnitt A Pflichtqualifikationseinheiten,
» Abschnitt B Wahlqualifikationseinheiten und
» Abschnitt C integrative Fertigkeiten, Kenntnisse und Fähigkeiten.

Siehe auch beiliegende DVD unter Zusatzinformation zu LF 1, Kapitel 1.1 Ausbildungsordnung und Rahmenlehrplan.

Abschnitt A Berufsprofilgebende Fertigkeiten, Kenntnisse und Fähigkeiten:	Abschnitt B Weitere berufsprofilgebende Fertigkeiten, Kenntnisse und Fähigkeiten in einer der Wahlqualifikationen:	Abschnitt C Integrative Fertigkeiten, Kenntnisse und Fähigkeiten:
1. Gestaltung von Produkten und Leistungen: 1.1 Tourismusspezifische Systematik, 1.2 Destinationen, 1.3 Produkte und Leistungen, 1.4 Eigenveranstaltungen, 1.5 Nachhaltigkeit und Umweltaspekte im Tourismus. **2. Touristisches Marketing:** 2.1 Marktanalyse und Marketingmaßnahmen, 2.2 Werbung und Verkaufsförderung, 2.3 Vertriebs- und Absatzkanäle, 2.4 Öffentlichkeitsarbeit. **3. Service und Qualität:** 3.1 Serviceleistungen, 3.2 Qualitätssicherung im Service. **4. Kommunikation, Kundenberatung und Verkauf:** 4.1 Kundenorientierte Kommunikation, Kundenbetreuung, 4.2 Beschwerdemanagement, 4.3 Anwenden einer Fremdsprache bei Fachaufgaben. **5. Rechtliche Grundlagen des Tourismus:** 5.1 Vertragsrecht, 5.2 Reise- und Beförderungsrecht. **6. Kaufmännische Steuerung und Kontrolle:** 6.1 Rechnerische Abwicklung und Zahlungsverkehr, 6.2 Kosten- und Leistungsrechnung, 6.3 Kaufmännische Steuerung, 6.4 Unternehmerisches Handeln.	**1. Reisevermittlung:** 1.1 Vorbereitung und Beratung, 1.2 Verkauf, 1.3 Nachbereitung und Service. **2. Reiseveranstaltung:** 2.1 Vorbereitung und Nachbereitung, 2.2 Leistungseinkauf und Vertragsgestaltung, 2.3 Vertriebsmedien und -kanäle, 2.4 Kundenservice. **3. Geschäftsreisen:** 3.1 Planung und Organisation, 3.2 Reservierung und Buchung, 3.3 Reisekostenabrechnung und Controlling.	**1. Der Ausbildungsbetrieb:** 1.1 Stellung, Rechtsform und Struktur des Ausbildungsbetriebes, 1.2 Berufsbildung, arbeits- und sozialrechtliche Grundlagen, Personalwirtschaft, 1.3 Sicherheit und Gesundheitsschutz bei der Arbeit, 1.4 Umweltschutz. **2. Arbeitsorganisation, Informations- und Kommunikationstechniken:** 2.1 Arbeitsorganisation, 2.2 Informations- und Datenkommunikationstechniken, 2.3 Kommunikation und Kooperation, 2.4 Beschaffung, 2.5 Datenschutz und Datensicherheit.

Quelle: www.bibb.de

Die Auszubildenden müssen sich für eine der drei Wahlqualifikation unter Abschnitt B der Ausbildungsinhalte entscheiden. Die anderen beiden nicht gewählten Wahlqualifikationen stehen leistungsstarken Auszubildenden als Zusatzqualifikation zur Verfügung. Die über die Ausbildung hinausgehende Qualifikation wird durch eine zusätzliche mündliche Prüfung abgenommen und durch ein Zeugnis bescheinigt.

Zur Ermittlung des Ausbildungsstandes wird eine **Zwischenprüfung** durchgeführt. Sie findet i. d. R. Mitte des zweiten Ausbildungsjahres statt. Am Ende der Ausbildung wird eine **Abschlussprüfung** durchgeführt. Hier müssen die Prüflinge zeigen, dass sie die erforderlichen beruflichen Fertigkeiten beherrschen.

Nach bestandener Abschlussprüfung arbeiten Tourismuskaufleute typischerweise in Reisebüros oder bei Reiseveranstaltern. Sie finden aber auch Tätigkeitsfelder im Geschäftsreise-Management oder sind bei touristischen Leistungsträgern beschäftigt.

Tourismuskaufleute (für Privat- und Geschäftsreisen) sollen über Kompetenzen in folgenden Tätigkeiten verfügen (www.bibb.de):

» Beratung von Endkunden und Vermittlung oder Verkauf von Veranstalterreisen, individuellen Reisen und Gruppenreisen unter Anwendung der Kenntnisse über Zielgebiete und Leistungsträger im Tourismus an Endkunden

» Planen und Durchführen von Veranstalterreisen, individuellen Reisen und Gruppenreisen oder Organisation und Management von Geschäftsreisen

» Ermittlung und Kalkulation von Preisen, Bearbeitung von Zahlungs- und Abrechnungsvorgängen

» Vermarktung und Verkauf von Produkten, Dienstleistungen und Zusatzleistungen

» Kooperation mit internen und externen Partnern

» Kommunikation auch in einer Fremdsprache, Koordination der Zusammenarbeit innerhalb der touristischen Wertschöpfungskette

» Entwicklung, Planung und Durchführung von Marketingmaßnahmen

» Ermittlung, Auswertung und Nutzung von Kennzahlen

» Nutzung von Informations-, Kommunikations- und Buchungssystemen

» Berücksichtigung von rechtlichen Rahmenbedingungen und Umweltgesichtspunkten

Ein Ausbildungsprofil lässt sich unter oben genannter Quellenangabe www.bibb.de ebenfalls abrufen.

1.4 Fort- und Weiterbildung

Fort- und Weiterbildungsmöglichkeiten in Ihrem Beruf werden von der IHK sowie privaten und staatlichen Bildungsträgern angeboten.

In einer schnelllebigen Branche wie der des Tourismus, ist die **berufslange Bildung** unbedingt notwendig. Folgende Bereiche Ihres Berufsalltags können/werden sich sicher verändern:

» angewandte Buchungs- und Abfragesysteme

» aktuelle Entwicklungen bezüglich des Reisens

» Reisebestimmungen, Preise, Vorort-Möglichkeiten in bestimmten Reiseländern oder -gebieten

» Trends in der Reisebranche

» usw.

> **!** **Um den Anforderungen Ihres Berufsalltags gerecht zu werden, ist es notwendig, immer über aktuelles Fachwissen zu verfügen und Neuerungen kennen und anwenden zu lernen.**

Dazu können Sie geeignete Weiterbildungsseminare und Kurse in verschiedenen Themenbereichen belegen.

Fachschulen bieten eine Weiterqualifikation, z. B. zum staatlich geprüften Fachwirt/-in oder Betriebswirt/-in, Schwerpunkt Touristik und Reiseverkehr an (nähere Informationen unter: www.bbs-nw.de/pages/home.htm); **Berufsakademien** den Diplom-Betriebswirt (BA); **Fachhochschulen** den Bachelor of arts in tourism and travel management; die IHK den/die Internationale/n Tourismusassistenten/-in und private Bildungsträger den Freizeitberater und Reiseleiter.

Für Personen mit entsprechender Berechtigung ist als Fortbildung auch ein Studium, z. B. der Betriebswirtschaft mit Ausrichtung auf den Tourismussektor, möglich. Ein solcher Studiengang wird vor allem an Fachhochschulen (University of Applied Sciences) angeboten. Er wird immer häufiger vor allem von Auszubildenden mit Abitur nach der Ausbildung angestrebt und ermöglicht den Zugang zu mittleren oder höheren Führungsebenen.

Und: Tourismuskaufleute können sich beispielsweise durch Gründung, Übernahme oder als Teilhaber eines Reisebüros eine Existenz aufbauen und selbstständig machen.

! Eine passende Weiter- oder Fortbildung sichert Ihre berufliche Position, erhöht Ihre berufliche Qualifikation und bildet die Basis für Ihren beruflichen Erfolg.

Eine Auswahl von Anbietern für Fort- oder Weiterbildungen finden Sie auf der beiliegenden DVD unter Zusatzinformationen zu LF 1, Kapitel 1.4 Fortbildungsangebote.

Aufgaben

1_ Welches Gesetz ist Grundlage der Berufsausbildung?

2_ Nennen und begründen Sie drei Rechtsvorschriften für die Ausbildung von Tourismuskaufleuten bzw. Kaufleuten für Tourismus und Freizeit.

3_ Warum muss der Ausbildungsvertrag bei der zuständigen Industrie- und Handelskammer registriert werden?

4_ Aus welchem Grund schreibt das BBiG zwingend Inhalte und Form eines Ausbildungsvertrages vor?

5_ Erarbeiten Sie die Inhalte des geltenden BBiG mithilfe der Ihnen zugänglichen Medien. Entscheiden und begründen Sie, ob in den folgenden Fällen gegen Bestimmungen des BBiG verstoßen wird:
a) Die Auszubildende weigert sich, die Katalogwand zu füllen.
b) Der Auszubildende raucht während eines Beratungsgespräches, obwohl sein Ausbilder es ihm untersagt hat.
c) Die Auszubildende weigert sich, an innerbetrieblichen Fortbildungen teilzunehmen.
d) Der Auszubildende erzählt seiner Freundin, dass der Kunde Meyer eine Kreuzfahrt für 3.500,00 € gebucht hat.
e) Der Auszubildende überträgt die Inhalte von einem anderen Ausbildungsnachweis in seinen Ausbildungsnachweis.
f) Der Ausbilder lässt den Auszubildenden eine Elektroleitung reparieren.

g) Der Ausbilder lässt den Auszubildenden einmal im Monat das Firmenfahrzeug reinigen.
h) Der Ausbilder ist der Meinung, dass die Auszubildende ihre eigenen Schreibwerkzeuge für die Arbeit am Counter nutzen muss.
i) Der Ausbilder untersagt einem schulpflichtigen Auszubildenden den Berufsschulbesuch aufgrund von Krankheit der übrigen Mitarbeiter.
j) Die Auszubildenden dürfen ihren Urlaub nur während der Schulzeit nehmen.
k) Ein Teil der Ausbildungsvergütung wird durch Reisegutscheine abgegolten. Begründen Sie die Pflichten, die sich aus der Zusammenarbeit der Lernorte Betrieb und Berufsschule ergeben.

6_ Wer ist für die Vermittlung der Lerninhalte des Rahmenlehrplanes für Ihren Ausbildungsberuf verantwortlich?

7_ Nennen Sie fünf Lerninhalte Ihres Ausbildungsplanes, die Sie persönlich am meisten interessieren.

Welche Arbeitsgebiete und Fachbereiche müssen Sie dafür erlernen?

8_ Ein Auszubildender besteht die Abschlussprüfung nicht. Der Ausbilder ist darüber so verärgert, dass er die Ausbildungszeit nicht verlängern will.

Nehmen Sie zu dem Sachverhalt Stellung.

Zusätzliche Aufgaben zu Kapitel 1 finden Sie auf der beiliegenden DVD.

2 Arbeitsvertrag und Arbeitsverhältnis

Nach dem Bundesbildungsgesetz ist die Berufsausbildung eine berufliche Erstausbildung in einem staatlich anerkannten Ausbildungsberuf. Sie hat den rechtlichen Status eines **besonderen Arbeitsverhältnisses** und wird demnach gesondert vertraglich behandelt. Arbeitsverhältnisse werden zwischen Arbeitnehmern und Arbeitgebern geschlossen.

> **!** Arbeitsverhältnisse unterliegen arbeitsrechtlichen Regelungen, in die sie gesetzmäßig eingebunden sind.

2.1 Arbeitsrecht

Das Arbeitsrecht hat sich in der Zeit nach dem Ersten Weltkrieg zu einem selbstständigen Rechtsgebiet entwickelt. Bis zu dieser Zeit wurden die **Rechtsbeziehungen** zwischen dem **Arbeitnehmer** und **Arbeitgeber** vorwiegend nach den Vorschriften des BGB über den **Dienstvertrag** geregelt. Die vom BGB eingeräumte Vertragsfreiheit erwies sich jedoch als unzureichend, da sie den sozialen Anforderungen eines adäquaten Arbeitsrechts der Arbeitnehmer nicht gerecht wurde.

Die Arbeitnehmer schlossen sich zur Erreichung ihrer Belange zu **Gewerkschaften** zusammen. Die Arbeitgeber beantworteten diese Maßnahme mit der Bildung von **Arbeitgeberverbänden** (siehe auch Kapitel 4).

Seitdem wird das heutige Arbeitsrecht auch durch diese beiden großen kollektiven Gruppen gestaltet.

Die **Tarifverträge** haben inzwischen eine Stellung im Rechtssystem erlangt, die der staatlichen Rechtsordnung fast gleichkommt. Der Staat hat mit einer umfangreichen Sondergesetzgebung ebenfalls zur Fortentwicklung des Arbeitsrechts abseits vom BGB beigetragen.

> **!** Das Arbeitsrecht ist die Gesamtheit der Rechtsnormen (Einzelgesetze, Verordnungen, Tarifverträge, Betriebsvereinbarungen), die die Rechtsbeziehung zwischen Arbeitnehmer und Arbeitgeber regeln.

Das **Arbeitsrecht** zeigt grundsätzlich zwei Rechtsbereiche auf:

Arbeitsrecht	
Individuelles Arbeitsrecht	**Kollektives Arbeitsrecht**
Regelt die Rechtsbeziehung zwischen dem einzelnen Arbeitgeber und Arbeitnehmer durch » Arbeitsvertragsrecht (→ Kapitel 2.2) » Arbeitsschutzrechte (→ Kapitel 2.5)	Bezieht sich auf das Recht zwischen den Sozialpartnern, den Gewerkschaften und den Arbeitgeberverbänden, vornehmlich im » Tarifrecht (→ Kapitel 4.3) » Betriebsverfassungsrecht (→ Kapitel 4.5)

Das **Sozialrecht** ergänzt das Arbeitsrecht für Arbeitnehmer (→ Kapitel 3).

2.2 Arbeitsvertragsrecht

> **!** Der Arbeitsvertrag ist eine Vereinbarung zwischen einem einzelnen Arbeitgeber und einem einzelnen Arbeitnehmer.

Er stellt im rechtlichen Sinne einen Dienstvertrag dar. Für den **Arbeitsvertrag** sind zunächst folgende Gesetze relevant:

1. Das **Allgemeine Gleichbehandlungsgesetz** kommt vor allem bei der Ausschreibung und Einstellung von Arbeitnehmern zum Zuge und schreibt dem Arbeitgeber vor, Auswahlkriterien und Einstellungsbedingungen, später dann Beschäftigungs- und Arbeitsbedingungen streng **diskriminierungsfrei** (keine Benachteiligung in Bezug auf Geschlecht, Religion, Herkunft etc.) zu gestalten (**siehe auch: DVD, Zusatzinformationen zu LF 1, Kapitel 2.1. Allgemeines Gleichbehandlungsgesetz**).
2. Das **Bürgerliche Gesetzbuch** ist von grundlegender Bedeutung, da in dem § 611 ff. BGB die Vorschriften über den **Dienstvertrag** geregelt sind. Danach stellt ein Arbeitsverhältnis einen Austausch von Arbeitsleistung und Vergütung im Rahmen eines **Dauerschuldverhältnisses** dar.
3. Das **Handelsgesetzbuch** regelt in § 59 ff. das Arbeitsvertragsrecht für Handlungsgehilfen (Angestellte) und Handlungslehrlinge (Auszubildende).
4. Die **Gewerbeordnung,** die im Titel VII die Stellung der gewerblichen Arbeitnehmer ausweist.

Entsprechend einer **EU-Richtlinie** von 1991 ist seit dem 30. Juni 1993 vorgeschrieben, dass die Arbeitnehmer binnen zwei Monaten nach Arbeitsaufnahme einen **schriftlichen Arbeitsvertrag** mit den wesentlichen Vertragsinhalten, vom Arbeitgeber unterschrieben, ausgehändigt bekommen.

Grundsätzlich gilt für das Arbeitsvertragsrecht Artikel 12 des Grundgesetzes, d. h. der Grundsatz der **Vertragsfreiheit** und **inhaltlichen Gestaltungsfreiheit.**

Die **Formfreiheit** erfährt ihre Grenzen, wenn Gesetze, Tarifverträge oder Betriebsvereinbarungen die Schriftform vorschreiben. Aus Gründen der Rechtssicherheit empfiehlt sich die **Schriftform** für den Arbeitsvertrag als solchen wie für etwaige Nebenabsprachen.

Prinzipiell lassen sich hinsichtlich der Laufzeit zwei **Arbeitsvertragsarten** unterscheiden.

> **Unbefristete Arbeitsverträge**
>
> enden aufgrund:
>
> – Kündigung des Arbeitgebers
> – Kündigung des Arbeitnehmers
> – vertraglicher Vereinbarung
>   zwischen Arbeitgeber und Arbeitnehmer (Aufhebungsvertrag)
>
> **Befristete Arbeitsverträge**
>
> enden nach Zeitablauf:
>
> – unmittelbar (z. B. 31. Dez. 20..)
> – mittelbar (z. B. nach Abschluss eines Projektes)

> **!** Befristete Arbeitsverträge dürfen nur geschlossen werden, wenn ihre Dauer und ihr Umfang sachlich begründet sind.

Befristete Arbeitsverträge können ohne sachlichen Grund bis zu einer **Höchstdauer von zwei Jahren** und bei **höchstens dreimaliger Verlängerung** abgeschlossen werden. Daneben sind sie erlaubt, wenn ein sachlicher Grund für die Verlängerung vorliegt, wie z. B. Schwangerschaft.

Grundsätzlich gilt für den Arbeitsvertrag Artikel 12 des Grundgesetzes. Für Vertragsinhalte lassen sich die folgenden typischen Inhalte nennen:

505322

Vertragsinhalte

- Vertragsparteien
- Vertragsbeginn
- Tätigkeitsbezeichnung
- Tätigkeitsbeschreibung (inkl. etwaiger Vollmachten)
- Vergütung (Art, Höhe, Fälligkeit)
- Sozialleistungen
- Arbeitszeit (regelmäßige; Mehrarbeit)
- Urlaub

- Wettbewerbsverbot
- Probezeit
- Kündigungsfrist

Ein **Arbeitsvertrag** darf von einer **geschäftsfähigen Person** abgeschlossen werden, für Geschäftsunfähige bedarf es des gesetzlichen Vertreters. **Beschränkt Geschäftsfähige** können mit Zustimmung des gesetzlichen Vertreters Arbeitsverträge abschließen (Geschäftsfähigkeit → Kapitel 5.2).

2.3 Rechte und Pflichten aus dem Arbeitsverhältnis

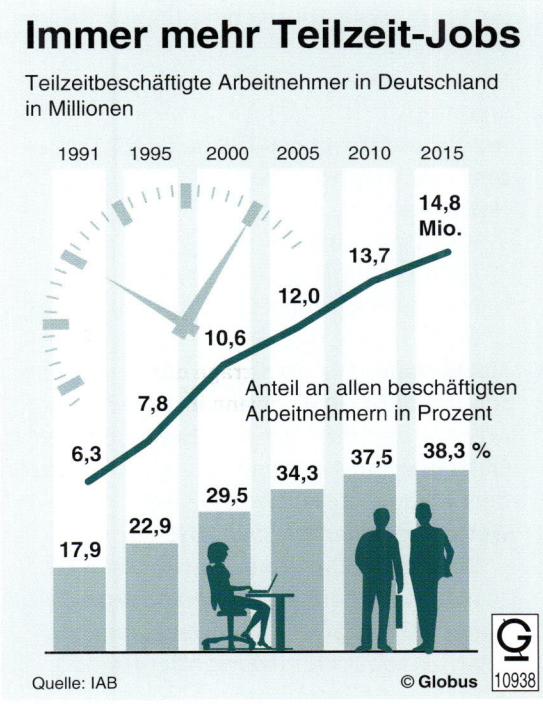

Immer mehr Teilzeit-Jobs

Teilzeitbeschäftigte Arbeitnehmer in Deutschland in Millionen

1991	1995	2000	2005	2010	2015

14,8 Mio.

13,7

12,0

10,6

7,8

6,3

Anteil an allen beschäftigten Arbeitnehmern in Prozent

17,9   22,9   29,5   34,3   37,5   38,3 %

Quelle: IAB

© Globus 10938

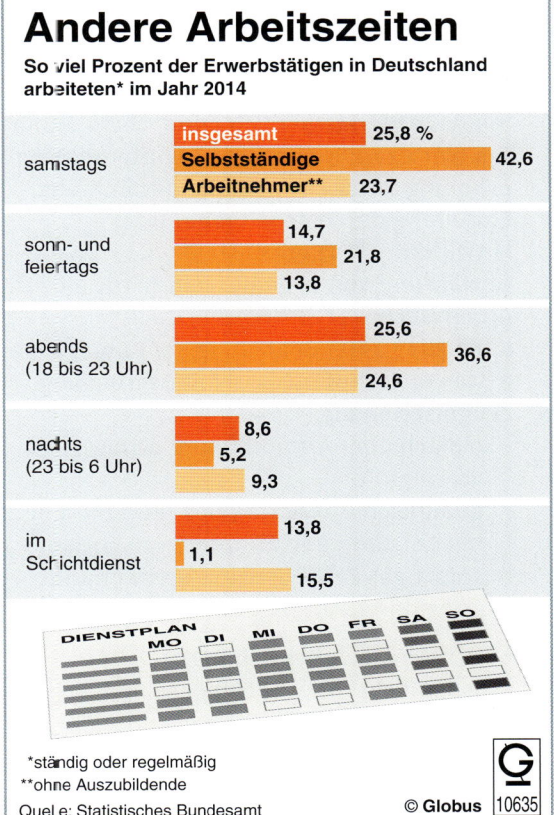

Andere Arbeitszeiten

So viel Prozent der Erwerbstätigen in Deutschland arbeiteten* im Jahr 2014

samstags
insgesamt 25,8 %
Selbstständige 42,6
Arbeitnehmer** 23,7

sonn- und feiertags
14,7
21,8
13,8

abends (18 bis 23 Uhr)
25,6
36,6
24,6

nachts (23 bis 6 Uhr)
8,6
5,2
9,3

im Schichtdienst
13,8
1,1
15,5

DIENSTPLAN   MO DI MI DO FR SA SO

*ständig oder regelmäßig
**ohne Auszubildende
Quelle: Statistisches Bundesamt

© Globus 10635

Pflichten aus dem Arbeitsverhältnis

Die Pflichten des **Arbeitgebers**:

» **Gehaltszahlung** (= Hauptpflicht):
  – lt. Tarif oder
  – lt. Vertrag oder
  – angemessen = ortsüblich
  – spätestens nach vier Wochen/HGB: Ende des Monats
  – Abführung der Sozialversicherungsbeiträge
  – Entgeltfortzahlung für Feiertage und bis zu sechs Wochen bei unverschuldeter Krankheit
» Schutz von Leben und Gesundheit (**Fürsorgepflicht**) nach Arbeitsschutzgesetzen
» **Menschengerechte** Arbeitsgestaltung im Rahmen des technisch und wirtschaftlich Zumutbaren
» Schutz der eingebrachten **Sachen**
» **Beschäftigung** des Arbeitnehmers aus Persönlichkeitsrecht
» Gewährung von **Urlaub** nach Tarifvertrag, Bundesurlaubsgesetz oder Arbeitsvertrag: mind. 24 Werktage nach mind. sechs Monaten Wartezeit (monatlich: Zwölftelung) zur Erholung unter Fortzahlung des Entgelts; Einteilung durch Arbeitgeber oder unter Mitwirkung des Betriebsrats
» Gewährung von angemessener Freizeit zur **Arbeitssuche**
» **Kündigung** unter Beachtung der Kündigungsfristen nur **schriftlich** und mit **Begründung**
» **Zeugniserteilung**:
  – **einfach** über Art und Dauer des Arbeitsvertrags
  – **qualifiziert** auf Antrag des Arbeitnehmers mit Leistung und Führung;
  – sofortiges Zwischenzeugnis bei Kündigung durch Arbeitgeber

Die Pflichten des **Arbeitnehmers**:

» **Arbeitspflicht** (= Hauptpflicht):
  – persönlich (§ 613 BGB) gegenüber Arbeitgeber; Ausnahme: Zeitarbeitsfirmen = Arbeitnehmerüberlassung
  – Inhalt lt. Arbeitsvertrag und/oder im Rahmen der Weisungsgebundenheit - zustimmungspflichtig bei Arbeitswechsel
  – lt. Arbeitsvertrag für bestimmten Betrieb/Ort, u. U. auch häufig wechselnde Orte (Monteure); in einem anderen Betrieb nur mit Zustimmung
  – Versetzung (= Zuweisung eines anderen Arbeitsbereichs) ist mitbestimmungspflichtig (sofern Betriebsrat vorhanden)
  – Tägliche/wöchentliche Dauer der Arbeitszeit häufig nach Tarifvertrag, sonst Arbeitszeitgesetz (48 Std.), auch Einzelarbeitsvertrag
  – Arbeitsmenge: den Kräften und Fähigkeiten angemessen
  – Zeitliche Lage der Arbeitszeit: in Übereinstimmung mit Betriebsrat, sofern vorhanden, sonst nach Weisung im Rahmen der Arbeitsschutzgesetze
  – Befreiung bei Krankheit, Urlaub
» **Verschwiegenheit** über Geschäfts- und Betriebsgeheimnisse (Herstellungsverfahren, neue Produkte, Kreditverhältnisse)
» **Verbot der Schmiergeldannahme** (Geschenke, Vorteilsgewährung bei pflichtwidrigem Verhalten)
» **Schadensanzeige**, Pflicht zur Schadensabwendung
» **Ärztliches Attest bei Krankheit nach spätestens drei (Kalender-)Tagen**
» **Haftung** bei:
  – Vorsatz/grober Fahrlässigkeit
  – leichter Fahrlässigkeit: nicht
  – normaler Fahrlässigkeit: quotal aufgeteilt
» **Mankohaftung** (z. B. Kassenfehlbestand) bei schuldhafter oder fahrlässiger Handlung; Arbeitgeber muss Verschulden nur nachweisen, wenn Arbeitnehmer nicht allein für den Schaden verantwortlich ist
» **Wettbewerbsverbot** (§ 60 HGB):
  – Grundsätzlich: ohne Einwilligung darf man weder ein eigenes Handelsgewerbe noch Geschäfte im Handelszweig des Arbeitgebers für eigene oder fremde Rechnung betreiben
  – nach Beendigung: nur bei schriftlicher Vereinbarung und Vergütung, längstens zwei Jahre

2.4 Beendigung eines Arbeitsverhältnisses

Ein Arbeitsverhältnis kann durch unterschiedliche Ursachen enden:
Der **Aufhebungsvertrag** beendet das Vertragsverhältnis in beiderseitigem Einvernehmen. Oft wird eine Abfindung ausgehandelt. Beim **Zeitablauf** endet das Vertragsverhältnis bei Erreichung einer vertraglich festgelegten Frist oder bei Erreichung des gesetzlichen Rentenalters. Die **Vertragsauflösung durch das Arbeitsgericht** kann verschiedene Gründe haben (→ Kapitel 2.6). Die **Zweckerreichung** beendet das Arbeitsverhältnis z. B. nach Abschluss eines Projektes, wie eine Software-Entwicklung. Üblicherweise ist die Beendigung eines Arbeitsverhältnisses rechtlich unproblematisch. Ausnahme hiervon ist nur die Kündigung. Deswegen soll sie näher erläutert werden.

Kündigung

> **!** Die Kündigung ist eine einseitige, empfangsbedürftige Willenserklärung eines Vertragspartners, das bestehende Arbeitsverhältnis zu lösen. Die Schriftform ist vorgeschrieben.

Das Mitbestimmungsrecht des Betriebsrates (→ Kapitel 4.5) bei Kündigungen muss der Arbeitgeber berücksichtigen.

> **!** Der Arbeitgeber muss bei einer Kündigung das *Kündigungsschutzgesetz* beachten, bestimmte *Fristen* einhalten und einen *Kündigungsgrund* haben (siehe nachfolgende Tabelle unten).

> **!** Personalabbau im Rahmen von betriebsbedingten Kündigungen muss sozial verträglich sein. Bei ungerechtfertigter sozialer Auswahl steht dem Betriebsrat ein Widerspruchsrecht zu.

Kriterien für die **Sozialauswahl** sind Lebensalter, Betriebszugehörigkeit und Unterhaltsverpflichtungen. Es sollen ggf. nur Mitarbeiter entlassen werden, für die es die geringere soziale Härte bedeutet; es müssen Umsetzungsmöglichkeiten geprüft und die Verhältnismäßigkeit gewahrt werden.

Besonderen Kündigungsschutz genießen:

» **Betriebsratsmitglieder, Jugend- und Auszubildendenvertreter (§ 15 Kündigungsschutzgesetz)**
Der Arbeitgeber darf diesen Mitarbeitern und Mitarbeiterinnen nur aus einem wichtigen Grund kündigen. Üben sie während ihrer Berufsausbildung eine der genannten Funktionen aus, müssen sie nach ihrer Berufsausbildung in ein unbefristetes Arbeitsverhältnis übernommen werden, sofern ihnen nicht drei Monate vor Abschluss ihrer Ausbildungszeit gekündigt wurde.

» **Werdende Mütter (§ 9 Mutterschutzgesetz)**
Frauen darf während der Schwangerschaft und vier Monate nach der Entbindung nicht gekündigt werden.

» **Junge Väter/Mütter (§§ 4, 15, 18 Bundeserziehungsgeldgesetz)**
Eine Kündigung während der Elternzeit ist nicht statthaft.

» **Schwerbehinderte (§§ 85 – 92 SGB IX Schwerbehindertenrecht)**
Eine Kündigung ist nur mit Zustimmung der Hauptfürsorgestelle möglich.

Personenbedingte Gründe	Verhaltensbedingte Gründe	Betriebliche Gründe
» Mangelnde Qualifikation » Eingeschränkte geistige und körperliche Leistung » Erkrankung ohne Aussicht auf Genesung » Alkohol- und Drogensucht oder -missbrauch	» Arbeitsverweigerung » fehlende/r Motivation/Leistungswille » Verstöße gegen Vertragspflichten (Verschwiegenheitspflicht) » Unterschlagung	» Rationalisierungsmaßnahmen » Stilllegung einer Betriebsstätte » Absatzprobleme » Änderung der Fertigungsverfahren

Ordentliche Kündigung (fristgerechte Kündigung)

Eine ordentliche Kündigung durch den Arbeitgeber bedarf konkreter Gründe, eine ordentliche Kündigung durch den Arbeitnehmer bedarf keiner Begründung und darf unter Berücksichtigung der **einfachen Kündigungsfrist** von vier Wochen zum Fünfzehnten oder zum Ende eines Kalendermonats gelöst werden (§ 622 BGB).

Innerhalb einer Probezeit beträgt die Kündigungsfrist zwei Wochen.

> **!** Per Vertrag dürfen grundsätzlich (Ausnahme: Tarifvertrag, Aushilfen, Kleinbetriebe unter 20 Beschäftigten) längere, aber nicht kürzere Kündigungsfristen durch den Arbeitgeber als die vom Gesetz bestimmten vereinbart werden (§ 622 BGB).

Ab einer Betriebszugehörigkeit von mehr als zwei Jahren gelten **verlängerte Kündigungsfristen**.

Außerordentliche Kündigung (fristlose Kündigung)

Ein Arbeitsverhältnis kann von jeder Vertragspartei fristlos gelöst werden, sofern ein **wichtiger Grund** vorliegt (§ 626 BGB). Wichtige Gründe sind im folgenden Beispiel-Kasten genannt.

> Beharrliche Arbeitsverweigerung, Diebstahl, Tätlichkeiten, Beleidigungen, Mobbing, Weitergabe interner Betriebsdaten, Drohungen, Unmöglichkeit die Arbeitsleistung zu erbringen (z. B. Haft)

Nach der Kündigung hat der Arbeitnehmer gemäß § 629 BGB einen Anspruch auf Gewährung von Freizeit zur Stellensuche (besonders Vorstellungsgespräche oder medizinische Eignungsuntersuchungen). Ebenso sollte der Arbeitgeber die Teilnahme an erforderlichen Qualifizierungsmaßnahmen ermöglichen.

Im Rahmen der Gesetze für moderne Dienstleistungen am Arbeitsmarkt hat der Gesetzgeber verschiedene Pflichten von Arbeitgeber und Arbeitnehmer, die aus der Beendigung eines Arbeitsverhältnisses entstehen, festgelegt:

Die **Meldeverpflichtung des Arbeitsuchenden** bei der Arbeitsagentur unverzüglich nach Kenntnis des Beendigungszeitpunktes muss persönlich erfolgen (also nicht schriftlich oder telefonisch).

Die gesetzlichen Kündigungsfristen

jeweils zum Monatsende bei einer ordentlichen Kündigung **durch den Arbeitgeber**

Betriebszugehörigkeit des Arbeitnehmers	Kündigungsfrist
unter 2 Jahre	4 Wochen*
ab 2 Jahren	1 Monat
ab 5 Jahren	2 Monate
ab 8 Jahren	3 Monate
ab 10 Jahren	4 Monate
ab 12 Jahren	5 Monate
ab 15 Jahren	6 Monate
ab 20 Jahren	7 Monate

zum 15. oder zum Monatsende

Kündigungsschutz
▶ für neu Eingestellte nur noch in Betrieben mit mehr als zehn Beschäftigten

Betriebsbedingte Kündigungen
▶ müssen nach Sozialauswahl erfolgen.
Berücksichtigt werden:
Dauer der Betriebszugehörigkeit, Alter, Unterhaltspflichten, Schwerbehinderungen

Abfindungsregelung
▶ Bei betriebsbedingter Kündigung kann der Arbeitnehmer zwischen Kündigungsschutzklage oder einer Abfindung (0,5 Monatsverdienste je Beschäftigungsjahr) wählen

dpa·Grafik 2235

> **!** Der Betriebsrat kann ordentlichen Kündigungen innerhalb einer Woche, außerordentlichen binnen drei Tagen widersprechen (§ 102 BetrVG).
> Sollte der Arbeitnehmer mit der Kündigung nicht einverstanden sein, muss er/sie binnen drei Wochen nach Zugang der Kündigung eine Kündigungsschutzklage beim Arbeitsgericht erheben oder er/sie akzeptiert bei betriebsbedingter Kündigung eine Abfindung in Höhe von 0,5 Monatsgehältern je Beschäftigungsjahr.

505326

Außerordentliche Kündigung	Ordentliche Kündigung
» Die Kündigung muss **schriftlich** erfolgen. » Bei **Berufsausbildungsverhältnissen ist die Angabe des Kündigungsgrundes** vorgeschrieben. » Die **Kündigung kann nur aus wichtigem Grund** erfolgen. Das bedeutet, dem Arbeitgeber ist die Fortsetzung des Arbeitsverhältnisses bis zum nächsten ordentlichen Kündigungstermin nicht zumutbar (wenn z. B. Verdacht einer schwerwiegenden strafbaren Handlung besteht). » Der Arbeitnehmer muss **grundsätzlich vor der Kündigung abgemahnt** werden. Nur bei besonders schweren Pflichtverstößen ist die Abmahnung nicht erforderlich. » Es besteht **kein besonderer Kündigungsschutz** (für bestimmte Personengruppen → Kapitel 2.5). » Die außerordentliche Kündigung wurde **innerhalb zwei Wochen nach Eintreten des wichtigen Grundes** ausgesprochen und ging innerhalb dieser Frist dem Arbeitnehmer zu. » Der **Betriebsrat wurde gehört.** Ist die Anhörung des Betriebsrates unterblieben, ist die Kündigung unwirksam. » Der Betriebsrat hat nicht **innerhalb drei Tagen** der Kündigung widersprochen. » Sollte der Arbeitnehmer mit der Kündigung nicht einverstanden sein, muss er innerhalb von drei Wochen nach Zugang der Kündigung eine **Kündigungsschutzklage** erheben. » Die **Ausschlussfrist** beginnt mit dem Zeitpunkt, in dem der Arbeitgeber von den für die Kündigung maßgebenden Tatsachen **sichere Kenntnis** erlangt.	» Die Kündigung muss **schriftlich** erfolgen. » Bei **Berufsausbildungsverhältnissen ist die Angabe des Kündigungsgrundes** vorgeschrieben. » Die Kündigung ist **sozial gerechtfertigt** » Eine **gerechte soziale Auswahl** wurde getroffen, sofern die Kündigung aus dringenden betrieblichen Erfordernissen erfolgt. » Erfolgt die Kündigung aus personen- oder verhaltensbedingten Gründen, ist eine **vorherige Abmahnung** erfolgt. » **Kündigungsfristen und ggf. besonderer Kündigungsschutz** (→ Kapitel 2.5) wurden beachtet. » Der **Betriebsrat wurde vor der Kündigung gehört** (sonst ist sie unwirksam). » Der Betriebsrat hat unter bestimmten Voraussetzungen ein **förmliches Widerspruchsrecht.** Macht er von diesem Gebrauch, so hat der Arbeitnehmer bis zur rechtskräftigen Entscheidung über die Kündigungsschutzklage ein Recht auf Weiterbeschäftigung. » Sollte der Arbeitnehmer mit der Kündigung nicht einverstanden sein, muss er binnen drei Wochen nach Zugang der Kündigung eine **Kündigungsschutzklage** erheben.

> ❗ **Meldet sich der Arbeitslose entgegen seiner Verpflichtung nicht unverzüglich, mindert sich das Arbeitslosengeld pro Tag der verspäteten Meldung um einen festgelegten Betrag.**

Der Arbeitgeber hat zum Ende des Arbeitsverhältnisses folgende Arbeitspapiere auszuhändigen:
» Arbeitszeugnis (§ 109 Gewerbeordnung: Zeugnis)
» Arbeitsbescheinigung (§ 312 SGB III)
» einen nach amtlich vorgeschriebenem Muster gefertigten Ausdruck der elektronischen Lohnsteuerbescheinigung (ELStAM). Der Ausdruck ist auszuhändigen oder elektronisch bereitzustellen (§ 41b Absatz 1 Satz 3 EStG).

» Urlaubsbescheinigung (über den im laufenden Kalenderjahr bereits gewährten oder abgegoltenen Urlaub)
» Unterlagen über eventuelle betriebliche Altersversorgung
» Gesundheitsbescheinigung (bei minderjährigen Auszubildenden Erstuntersuchung bzw. Nachuntersuchung nach dem Jugendarbeitsschutzgesetz)
» unter Umständen die Arbeitsgenehmigung

Der Arbeitgeber hat kein Recht, die Arbeitspapiere zurückzuhalten, selbst wenn er noch Forderungen gegen den Arbeitnehmer aus dem Arbeitsverhältnis hat. Der Arbeitnehmer kann den Anspruch auf **Herausgabe der Arbeitspapiere** vor den Arbeitsgerichten einklagen. Hält der Arbeitgeber die Arbeitspapiere zurück, so macht er sich, wenn dem Arbeitnehmer aus der Zurückhaltung der Arbeitspapiere ein Schaden entsteht, schadensersatzpflichtig.

Weitere Angaben zu Zeugnisformulierungen finden Sie auf der beiliegenden DVD unter

Zusatzinformationen zu LF 1, Kapitel 2.4 Arbeitszeugnisse.

2.5 Arbeitsschutzrechte

Der **Arbeitsschutz** ist Teil des allgemeinen Arbeitsrechts. Er beinhaltet alle Maßnahmen, die Arbeitnehmer vor den gesundheitlichen Gefahren des Arbeitslebens schützen sollen. Er ist im Arbeitsschutzgesetz und in weiteren gesetzlichen Normen geregelt, stellt Gebote und Verbote auf, die vom Arbeitgeber zu beachten sind. In den wichtigsten Vorschriften über den Arbeitsschutz ist angeordnet, dass Arbeitsschutzbestimmungen durch **Auslegung** oder **Aushang** in den betroffenen Betrieben allgemein zugänglich gemacht werden. Die Gewerbeaufsichtsämter und die Berufsgenossenschaften überwachen die Einhaltung.

---

§ Arbeitsschutzgesetz (ArbSchG)

Das Gesetz dient dazu, die Sicherheit und den Gesundheitsschutz der Beschäftigten bei der Arbeit zu sichern und zu verbessern. Es gilt in allen Tätigkeitsbereichen. Das Unfallschutzgesetz ist in das Arbeitsschutzgesetz integriert.

In den allgemeinen Grundsätzen (§ 4 des ArbSchG) sind die Verpflichtungen des Arbeitgebers beschrieben:

1. Die Arbeit ist so zu gestalten, dass eine Gefährdung für Leben und Gesundheit möglichst vermieden und die verbleibende Gefährdung möglichst gering gehalten wird;
2. Gefahren sind an ihrer Quelle zu bekämpfen;
3. bei den Maßnahmen sind der Stand von Technik, Arbeitsmedizin und Hygiene sowie sonstige gesicherte arbeitswissenschaftliche Erkenntnisse zu berücksichtigen;
4. Maßnahmen sind mit dem Ziel zu planen, Technik, Arbeitsorganisation, sonstige Arbeitsbedingungen, soziale Beziehungen und Einfluss der Umwelt auf den Arbeitsplatz sachgerecht zu verknüpfen;
5. individuelle Schutzmaßnahmen sind nachrangig zu anderen Maßnahmen;
6. spezielle Gefahren für besonders schutzbedürftige Beschäftigtengruppen sind zu berücksichtigen;
7. den Beschäftigten sind geeignete Anweisungen zu erteilen;
8. mittelbar oder unmittelbar geschlechtsspezifisch wirkende Regelungen sind nur zulässig, wenn dies aus biologischen Gründen zwingend geboten ist.

 Arbeitsschutzbestimmungen sind Gesetze und Verordnungen, Vorschriften und Regelungen, die den Betriebs- und Gefahrenschutz sowie den sozialen Arbeitsschutz umfassen.

Wichtige gesetzliche Arbeitsschutzbestimmungen (Mutter- und Kündigungsschutz werden an anderer Stelle behandelt)

Weitere Details finden Sie auf der beiliegenden DVD unter Zusatzinformationen zu LF 1, Kapitel 2.5 Arbeitsschutzbestimmungen.

505328

Gesetz	Geltungsbereich	Wesentliche Bestimmungen
Gewerbeordnung (GewO)	alle Arbeitgeber, Arbeitnehmer	Arbeitsräume, Maschinen usw. sind so einzurichten, dass das Leben und die Gesundheit der Arbeitnehmer geschützt sind, soweit es die Natur des Betriebes erlaubt. Es ist für genügend Licht und Abgasbeseitigung zu sorgen (vgl. § 120a).
Arbeitszeitgesetz (ArbZG)	alle Arbeitgeber und alle Belegschafts-mitglieder, für die keine Sondervor-schriften gelten (wie z. B. für Jugend-liche)	Werktägliche Arbeitszeit darf acht Stunden nicht über-schreiten. Arbeitszeit kann auf bis zu zehn Stunden erhöht werden, wenn innerhalb von sechs Kalendermonaten oder 24 Wochen im Durchschnitt acht Stunden werktäglich nicht überschritten werden (§ 3). Die Ruhezeit zwischen den „Schichten" beträgt elf Stunden. Nach einer Arbeitszeit von mehr als sechs Stunden ist eine mindestens 30-minutige Ruhepause zu gewähren (§ 4).
Schwerbehinder-tenrecht	alle Arbeitgeber mit mehr als 20 regulä-ren Arbeitsplätzen	Arbeitgeber sind hiernach verpflichtet, 5 % Schwerbehinder-te (Behinderungsgrad ≥ 50) zu beschäftigen. Für unbesetzte Plätze muss eine monatliche Ausgleichszahlung zwischen 105 und 260 €, abhängig von der Anzahl Schwerbehinderter, geleistet werden (vgl. § 77); der Urlaub von beschäftigten Schwerbehinderten muss um 5 Tage verlängert werden.
Bundeselterngeld- und Elternzeit-gesetz (BEEG)	alle Mütter und Väter, die während des Bezuges von Elterngeld nicht im vollen Umfang erwerbstätig sind	Nach Ablauf der Mutterschutzfrist können Mütter oder Väter einen Erziehungsurlaub erhalten, der vier Wochen vor Antritt beim Arbeitgeber zu beantragen ist. Das Elterngeld für Vater oder Mutter beläuft sich auf 67 % des Nettogehaltes des Elternteils, der nach der Geburt des Kindes zu Hause bleibt, für max. 36 Monate (ElterngeldPlus und Partnerschaft-bonusmonate unter bestimmten Bedingungen z. B. wenn beide Eltern nur Teilzeit arbeiten, siehe auch www.familien-wegweiser.de). Das Elterngeld beträgt mind. 300,00 €/Monat, maximal 1.800,00 €/Monat. Der Erziehungsurlaub wird auf die Rentenversicherung angerechnet. Das im Gesetz gewährte Betreuungsgeld von 150,00 € für Eltern, die das Kind zu Hause erziehen, ist vom Bundesverfas-sungsgericht für verfassungswidrig erklärt worden und wird daher nicht vom Bund bereitgestellt.
Jugendarbeits-schutzgesetz (JArbSchG)	jugendliche Arbeit-nehmer (unter 18 Jahren)	Das Gesetz verbietet die Beschäftigung von Kindern und Jugendlichen unter 15 Jahren, regelt Besonderheiten bezüg-lich Arbeitszeiten, Ruhepausen und Urlaub, Arbeitsplatzge-staltung, gesundheitliche Betreuung und Berufsschulbesuch (Einzelheiten siehe Kapitel 1.2) von jugendlichen Arbeitneh-mern (bis 18 Jahre).
Bundes-Immisionsschutz-gesetz (BImschG)	alle Arbeitgeber und Arbeitnehmer	Es ist das Gesetz zum **Schutz vor schädlichen Umwelteinwir-kungen** durch Luftverunreinigungen, Geräusche, Erschüt-terungen und ähnliche Vorgänge (früher: Umweltschutz-gesetz). Zweck des Gesetzes ist es, uns selbst und unsere Mitmenschen, Tiere und Pflanzen, den Boden, das Wasser, die Atmosphäre sowie auch Kultur- und sonstige Sachgüter zu schützen und dem Entstehen schädlicher Umwelteinwir-kungen vorzubeugen. Auf betrieblicher Ebene kann dies z. B. bei Wasser und Papier oder sonstigen Einsparungen beginnen (siehe auch Lf 12, Kapitel 8).

Gesetz	Geltungsbereich	Wesentliche Bestimmungen
Arbeitsstätten-verordnung (ArbStättV)	alle Arbeitgeber	Diese Verordnung dient der **Sicherheit und dem Gesundheits-schutz** der Beschäftigten beim Einrichten und Betreiben von Arbeitsstätten. Der Arbeitgeber hat dafür zu sorgen, dass Arbeitsstätten so eingerichtet und betrieben werden, dass von ihnen keine Gefährdungen für die Sicherheit und die Gesundheit der Beschäftigten ausgehen. § 5 z. B. sagt, dass der Arbeitgeber die erforderlichen Maßnahmen zu treffen hat, die nicht rauchenden Beschäftigten wirksam vor den Gesundheitsgefahren durch Tabakrauch zu schützen (siehe auch oben Regelungen im Arbeitsschutzgesetz).
Kündigungsschutz-gesetz (KüSchG) (siehe auch Kapitel 2.4)	alle privatwirtschaft-lichen Arbeitgeber	Das Kündigungsschutzgesetz gilt für Arbeitnehmerinnen und Arbeitnehmer, die im selben Unternehmen ohne Unterbrechung sechs Monate beschäftigt waren, und schützt vor sozial ungerecht-fertigter Entlassung. Der allgemeine Kündigungsschutz gilt nur für Unternehmen, die mehr als zehn Arbeitnehmer ohne Auszubilden-de beschäftigen. Teilzeitbeschäftigte werden bei der Ermittlung der Arbeitnehmer anteilig berücksichtigt, Auszubildende und der Chef werden nicht mitgezählt.

Mutterschutz

Schwangere Frauen bedürfen eines besonde-ren Schutzes ihrer Gesundheit und der ihres ungeborenen Kindes. Wichtige Bereiche des **Mutterschutzgesetzes** betreffen daher die Gefahren am Arbeitsplatz und den besonderen Kündigungsschutz.

Gesetz zum Schutz der erwerbstätigen Mutter	
Freistellung	» gilt sechs Wochen vor und acht Wochen nach der Entbindung. » In der Schutzfrist vor der Entbindung kann auf Wunsch gearbeitet werden. » Es besteht Anspruch auf ein Mutterschaftsgeld für Frauen in der gesetzlichen Sozialversicherung nach dem Sozialgesetzbuch (max. 210,00 €) für die Zeit des Schwangerschaftsurlaubs.
Beschäftigungs-verbot	» besteht in der Schutzfrist nach der Entbindung. » gilt bei schweren körperlichen Arbeiten (für regelmäßige Lasten von mehr als 5 kg oder gelegentliche Lasten von mehr als 10 kg Gewicht). » gilt bei Arbeiten mit erhöhter Unfallgefahr (Fall oder Sturz). » für Akkord- und Fließbandarbeit, Mehrarbeit, Nachtarbeit (zwischen 20:00 und 06:00 Uhr), Sonntagsarbeit. » gilt für Arbeiten auf Beförderungsfahrzeugen aller Art (nach Ablauf des dritten Schwangerschaftsmonats). » gilt bei mehr als vier Stunden stehender Arbeit (nach Ablauf des fünften Schwan-gerschaftsmonats).
Kündigungsschutz	» besteht während der Schwangerschaft bis vier Monate nach der Entbindung und während der Elternzeit.
Elternzeit	» kann bis zur Vollendung des dritten Lebensjahres des Kindes beansprucht werden (auch vom Vater). » Drittes Elternzeitjahr kann mit Zustimmung des Arbeitgebers bis zum achten Lebensjahr des Kindes genommen werden. » Es besteht ein Rechtsanspruch auf Teilzeitarbeit bis 30 Wochenstunden. » Es besteht Anspruch auf Stillzeit von zweimal 30 oder einmal 60 Minuten unter Fortzahlung der Bezüge.

2.6 Arbeitsgerichtsbarkeit

Das **Arbeitsgericht** (ArbGG) entscheidet über Streitigkeiten zwischen Arbeitgeber und Arbeitnehmern und/oder deren Verbänden, sofern eine gütliche Einigung versucht wurde, diese aber nicht zu einem Ergebnis führte. Arbeitsgerichte gibt es auf kommunaler, Landes- und Bundesebene.

Gang des Verfahrens

1. Güteverhandlung (mit nur einem Richter). Die Gerichtskosten sind niedrig (bei Güteverhandlungen entstehen gar keine Kosten für die Parteien), damit auch Arbeitnehmer mit geringem Einkommen klagen können. Die Prozessgegner tragen nur ihre Kosten (z. B. Verdienstausfall, Fahrtkosten, ggf. Anwalt). Der Prozessgewinner bekommt nicht – wie beim Zivilprozess – seine Kosten vom Prozessverlierer ersetzt.

2. Bei Ablehnung oder Scheitern der Güteverhandlung folgt ein Kammertermin vor dem Arbeitsgericht (drei Richter) mit einem Urteil.

3. Bei einer Berufung (durch eine oder beide Parteien) vor dem Landesarbeitsgericht (LAG) erfolgt eine Neuverhandlung mit Urteil.

4. Bei der Zulassung oder Revision durch das LAG kommt es zur Verhandlung beim Bundesarbeitsgericht (BAG) mit Urteil.

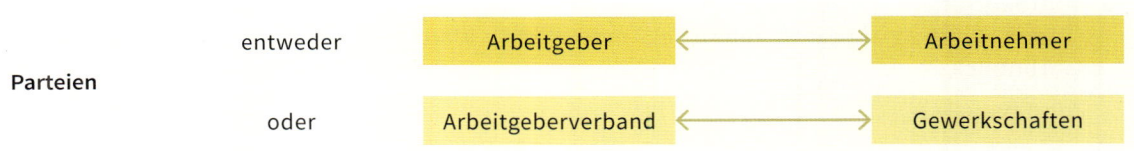

Gericht	Zuständigkeit	**Vertretung** der Parteien vor Gericht
Arbeitsgerichte in Großstädten Kreisstädten (grundsätzlich: Erfüllungsort des Vertrages bzw. Sitz der juristischen Person)	Zuständig für Streitigkeiten » aus dem Arbeitsverhältnis » aus der Mitbestimmung » aus Tarifverträgen Kammern besetzt mit » einem Richter » jeweils einem Arbeitgeber- und einem Arbeitnehmervertreter	» Anwalt » Verbandsvertreter » selbst
Landesarbeitsgerichte in Großstädten Kreisstädten	Zuständig für **Berufungen** (= Neuverhandlung) ab einem Streitwert von 600,00 € Kammern besetzt mit » einem Berufsrichter » jeweils einem Arbeitgeber- und einem Arbeitnehmervertreter	» Anwalt » Verbands-/Gewerkschaftsvertreter
Bundesarbeitsgericht in Erfurt	Zuständig für **Revisionen** (= Überprüfung des Verfahrens) und **Grundsatzentscheidungen** Senate besetzt mit » **drei** Berufsrichtern sowie » jeweils **einem** Arbeitgeber- und einem Arbeitnehmervertreter	» Anwalt

Aufgaben

1_ Welche Rechtsbereiche umfasst das Arbeitsrecht?

2_ Erklären Sie den Begriff „individuelles Arbeitsrecht".

3_ Warum ist der Arbeitsvertrag ein Dauerschuldverhältnis?

4_ Unter welcher Voraussetzung darf ein befristeter Arbeitsvertrag geschlossen werden?

5_ Ein 17-Jähriger möchte einen Arbeitsvertrag abschließen. Die Eltern verweigern ihre Zustimmung. Kann ein Arbeitsvertrag zustande kommen?

6_ Überprüfen Sie Ihren eigenen Ausbildungsvertrag auf Gesetzmäßigkeit im Hinblick

    a) Dienstort,

    b) Ausbildungsvergütung,

    c) Abgeltung von Mehrarbeit,

    d) Welche Kündigungsfristen wurden vereinbart?

7_ Erklären Sie anhand von Beispielen folgende Begriffe: Fürsorgepflicht, personenbezogene Daten, Zeugnispflicht.

8_ Nehmen Sie zu folgenden Sachverhalten Stellung:

    a) Die Ausbildungsvergütung wird immer bis zum 10. des darauf folgenden Monats gezahlt.

    b) Sozialversicherungsbeiträge werden in eine Reisekasse eingezahlt.

    c) Urlaubsgewährung erfolgt ausschließlich im August.

    d) Krankheitstage werden mit den Urlaubstagen verrechnet.

    e) Das Arbeitsentgelt wird bei Krankheitstagen anteilig gemindert.

    f) Im Arbeitszeugnis wird auf die Gewerkschaftsmitglieder und eine Parteizugehörigkeit hingewiesen.

9_ Ein Arbeitnehmer übt neben seiner Tätigkeit als Mitarbeiter in einem Reisebüro noch selbstständig eine Vermittlungstätigkeit mit Reisen, Versicherungen bzw. Immobilien aus. Ist das erlaubt? Nehmen Sie Stellung zu den Einzeltätigkeiten hinsichtlich den Pflichten als Arbeitnehmer.

10_ Wie lange beträgt die Kündigungsfrist für eine 36-jährige Angestellte, die dem Betrieb fünf bzw. acht Jahre angehört?

11_ Warum stehen werdende Mütter und Betriebsratsmitglieder unter einem besonderen Kündigungsschutz?

12_ Wozu dient eine Abmahnung?

13_ Welche Kündigungsfristen muss ein Auszubildender nach der Probezeit einhalten, wenn er den Ausbildungsberuf wechseln möchte?

14_ Ist in den folgenden Fällen eine fristlose Kündigung gerechtfertigt? Begründen Sie Ihre Entscheidung.

    a) Ein Mitarbeiter beleidigt den Personalleiter; die fristlose Kündigung wird vier Wochen nach dem Vorfall ausgesprochen.

    b) Ein Mitarbeiter nutzt ein PC-Programm für seinen privaten PC, für das nur eine Unternehmenslizenz erworben wurde.

    c) Zwei Mitarbeiter eines Reisemittlers löschen den Datenbestand einer Mitarbeiterin, um sie als unqualifiziert darzustellen.

505332

15_ Wem kann mit welcher Frist aus Arbeitsmangel gekündigt werden?

    a) 32-jähriger Angestellter mit drei Kindern, seit acht Jahren im Betrieb

    b) 36-jähriger lediger Angestellter, seit zwölf Jahren im Betrieb

    c) 23-jährige Angestellte, im sechsten Monat schwanger, fünf Jahre im Betrieb

    d) einer ganzen Abteilung, da ihre Aufgabe jetzt von einer Fremdfirma wahrgenommen wird

    e) einem jungen Vater während der Elternzeit

    f) einem Auszubildenden zwei Monate vor der Abschlussprüfung

    g) einem Auszubildenden während der Probezeit

16_ Nennen Sie Gründe für eine außerordentliche Kündigung.

17_ Welche Möglichkeiten sieht das Betriebsverfassungsgesetz vor, wenn ein Arbeitnehmer mit seiner ordentlichen Kündigung durch den Arbeitgeber nicht einverstanden ist?

18_ Welcher Personenkreis wird durch das Arbeitsschutzgesetz besonders geschützt?

19_ Nach wie viel Arbeitsstunden ist eine Pause zu gewähren?

20_ Wie sind Väter im Bundeserziehungsgeldgesetz berücksichtigt?

21_ Begründen Sie anhand jeweils eines Beispiels die Notwendigkeit der in der Tabelle auf Buch S. 29-30 aufgeführten Arbeitsschutzbestimmungen.

22_ Nennen und begründen Sie vier für Sie persönlich wichtige Schutzvorschriften des JArbSchG. Warum gibt es ein besonderes Jugendarbeitsschutzgesetz?

23_ Die folgenden Absätze finden sich im JArbSchG:

§ **§ 16 Samstagsruhe (Auszug)**

(3) Werden Jugendliche am Samstag beschäftigt, ist ihnen die Fünf-Tage-Woche (§15) durch Freistellung an einem anderen berufsschulfreien Arbeitstag derselben Woche sicherzustellen. In Betrieben mit einem Betriebsruhetag in der Woche kann die Freistellung auch an diesem Tage erfolgen, wenn die Jugendlichen an diesem Tage keinen Berufsschulunterricht haben.

(4) Können Jugendliche in den Fällen des Absatzes 2 Nr. 2 am Samstag nicht acht Stunden beschäftigt werden, kann der Unterschied zwischen der tatsächlichen und der nach § 8 Abs. 1 höchstzulässigen Arbeitszeit an dem Tage bis 13 Uhr ausgeglichen werden, an dem die Jugendlichen nach Absatz 3 Satz 1 freizustellen sind.

Quelle: www.gesetze-im-internet.de/jarbschg
(Stand 3/2016)

Ein Auszubildender wird 14-tägig samstags von 09:00–13:00 Uhr zum *Counter*dienst herangezogen.

    a) Kann bei einem 17-Jährigen ein entsprechender Zeitausgleich dadurch erreicht werden, dass er nach dem Berufsschulunterricht (von 08:00–15:15 Uhr) nicht mehr im Ausbildungsbetrieb zu erscheinen braucht?

    b) Wie gestaltet sich ein entsprechender Zeitausgleich für eine 19-Jährige?

Zusätzliche Aufgaben zu Kapitel 2 finden Sie auf der beiliegenden DVD.

3 Arbeitsentlohnung und soziale Sicherung

Einmal im Monat während des Auszubildenden- oder Arbeitsverhältnisses, erhalten Sie die Ihnen zustehende Entlohnung. Von dieser behält der Staat in Form von Steuerabzügen und Sozialversicherungsbeiträgen einen Teil ein. Die Höhe der Abzüge ist gesetzlich geregelt.

3.1 Entlohnung der Arbeitsleistung

Lohn ist betriebswirtschaftlich und arbeitsrechtlich der Inbegriff aller Formen des **Arbeitsentgeltes**. Wesentlich ist dabei, dass Arbeitnehmerinnen und Arbeitnehmer so entlohnt werden, wie es den Anforderungen und Leistungen an ihrem Arbeitsplatz entspricht. Zu beachten ist, dass ein gesetzlicher Mindestlohn von derzeit 8,50 € für alle Tätigkeiten (mit Ausnahmen) vorgeschrieben ist, um ein Existenzminimum durch Arbeit zu gewährleisten (das wäre bei einem Vollarbeitsplatz mit 180 Stunden ein Bruttolohn von 1.530,00 € und ein Nettolohn je nach Steuerklasse von etwa 1.100,00 €). Der gerechte Lohn ist allerdings eine ethische Größe, für die es keine objektiven Maßstäbe gibt. Die Arbeitnehmerinnen und Arbeitnehmer müssen das Empfinden haben,

gerecht behandelt zu werden. Dazu gehört auch eine Staffelung des Einkommens für qualifizierte und weniger qualifizierte Tätigkeiten.

> ❗ **Arbeitslohn ist i. d. R. Geldlohn, der unter Umständen durch Lohnergänzungen oder andere Vorteilsgewährungen aufgestockt oder teilweise abgegolten wird.**

Folgende Möglichkeiten können zur Realisierung der Lohngerechtigkeit beitragen:
1. **angemessene Beteiligung** der Arbeitnehmerinnen und Arbeitnehmer an der einzelwirtschaftlichen **Wertschöpfung** des Unternehmens
2. angemessene **Lohnformen**
3. **Lohnergänzungen**

Zusatzinformationen finden Sie auf der beiliegenden DVD unter LF 1, Kapitel 3.1. Lohnformen.

Lohnergänzung/-abgeltung

- Sachbezüge (freie Verpflegung, freie Unterkunft, freie Wohnung)
- Belegschaftsrabatte (Freibetrag 1.080,00 €, Stand 2009)
- Preisvorteile durch Dritte
- Vorruhestandsleistungen
- Vermögensbeteiligungen von Arbeitnehmern

Verdienste in Deutschland

So viel verdienten vollzeitbeschäftigte Arbeitnehmer im Jahr 2015 durchschnittlich pro Monat* in diesen Bereichen (Auswahl): ■ Männer ■ Frauen

Bereich	Männer	Frauen
Finanz- und Versicherungsdienstleistungen	5 408 Euro	3 941
Information und Kommunikation	5 105	3 948
Energieversorgung	5 024	4 073
Erziehung und Unterricht	4 506	3 947
Gesundheits- und Sozialwesen	4 259	3 138
Kunst, Unterhaltung und Erholung	4 163	2 777
Grundstücks- und Wohnungswesen	4 117	3 368
Verarbeitendes Gewerbe	4 052	3 140
Bergbau	4 000	3 881
Öffentliche Verwaltung, Verteidigung, Sozialversicherung	3 680	3 376
Handel	3 528	2 812
Wasserversorgung	3 240	3 228
Baugewerbe	3 031	2 983
Verkehr und Lagerei	2 989	2 858
Gastgewerbe	2 350	2 002

© Globus
11006 *brutto, ohne Sonderzahlungen Quelle: Statistisches Bundesamt

Lohnformen	
Zeitlohn	» Stundenlohn » Tageslohn » Monatslohn
Leistungslohn	» Prämienlohn » Pensumlohn
Beteiligungslohn	» Ergebnisbeteiligung » Kapitalbeteiligung
Soziallohn	» Familienlohn » Zahlung von Kranken-, Urlaubs- und Weihnachtsgeld » Arbeitgeberanteil zur Sozialversicherung

505334

Die Grundprinzipien der deutschen Sozialversicherung

In existenziellen Risikosituationen den Lebensstandard des Versicherten und seine Stellung im Rahmen der Gesellschaft zu erhalten – das ist die Aufgabe der deutschen Sozialversicherung. Nur durch grundlegende Prinzipien können die Träger der deutschen Sozialversicherung für den Ausgleich eines Einkommensausfalls aufkommen. Nachfolgend erhalten Sie einen Überblick über die wichtigsten Grundprinzipien.

Das Prinzip der Versicherungspflicht
In Deutschland sind nahezu 90 % der Bevölkerung in der Sozialversicherung pflicht- oder freiwillig versichert.

Das Prinzip der Beitragsfinanzierung
Die Sozialversicherungen werden überwiegend aus Beiträgen der Arbeitnehmer und Arbeitgeber finanziert und grundsätzlich von beiden Seiten zu gleichen Teilen übernommen. Die Beiträge orientieren sich am Gehalt des Arbeitnehmers.

Das Prinzip der Solidarität
Die zu versichernden Risiken werden von allen Versicherten gemeinsam getragen. Unabhängig davon, wie viel die Versicherten an die Sozialversicherungen gezahlt haben, sind sie in umfassendem Maße abgesichert. Durch diesen solidarischen Ansatz wird ein Ausgleich zwischen Gesunden und Kranken, zwischen besser und weniger gut Verdienenden, zwischen Jung und Alt, zwischen Familien und Singles geschaffen.

Das Prinzip der Selbstverwaltung
Beim Selbstverwaltungsprinzip wird der Staat durch Delegation von Aufgaben und Verantwortungsbereichen an die Träger entlastet (Subsidiaritätsprinzip). Das heißt, dass die Träger der Sozialversicherung als öffentlich-rechtliche Körperschaft alle Steuerungsaufgaben in Eigenverantwortung unter Rechtsaufsicht des Staates

erfüllen. Damit sind sie organisatorisch und finanziell selbstständig. Das Besondere an diesem Prinzip ist, dass Arbeitnehmer und Arbeitgeber unmittelbar an der Selbstverwaltung beteiligt sind.

Das Prinzip der Freizügigkeit
Das Prinzip der Freizügigkeit wurde innerhalb der Europäischen Union im Rahmen des Binnenmarktes eingeführt. Es bedeutet den freien Verkehr von Waren, Dienstleistungen und Kapital innerhalb der EU-Mitgliedstaaten. Die Freizügigkeit, mit der ursprünglich insbesondere wirtschaftliche Ziele verfolgt wurden, betraf zunächst ausschließlich die Arbeitgeber. Die Regelung wurde aber schrittweise erweitert, um jedem Bürger der Union die Möglichkeit zu geben, sich in allen EU-Mitgliedsstaaten frei zu bewegen und aufzuhalten.

Das Prinzip der Äquivalenz
Im Rahmen der deutschen Sozialversicherung gilt es allein für die Rentenversicherung und beinhaltet das Verhältnis zwischen der Höhe der gezahlten Beiträge und den Leistungen, die ein Versicherter erhält. Grundsätzlich richten sich die Leistungen nach der Höhe der in der Erwerbsphase gezahlten Beiträge.

verändert nach:
www.deutsche-sozialversicherung.de
Stand: Januar 2016

Zusatzinformationen zur Entstehung der Sozialversicherung finden Sie auf der beiliegenden DVD unter LF 1, Kapitel 3.2 Sozialversicherung.

3.2 Sozialversicherung

Das **Sozialstaatsprinzip** nach Artikel 20 und 28 Grundgesetz verpflichtet den Staat, in angemessener Weise für die soziale Sicherheit seiner Bürger zu sorgen und soziale Härten zu mindern.

Zum Netz der sozialen Sicherung gehören beispielsweise eine Absicherung der finanziellen Lebensgrundlagen im Alter, ein Schutz vor finanziell gravierenden Einbußen bei Krankheit, die Milderung der Folgen von Arbeitslosigkeit

und die Herabsetzung finanzieller Hürden bei der beruflichen Bildung.

Im Wesentlichen unterscheidet man bei der sozialen Sicherung zwischen **Versicherung, Versorgung und Sozialhilfe.**

Zweige und Träger

Das Sozialgesetzbuch unterscheidet folgende Sozialversicherungszweige:

Versicherungszweige nach SGB				
Krankenversicherung (SGB V)	Unfallversicherung (SGB VII)	Rentenversicherung (SGB VI)	Arbeitslosenversicherung (SGB II/III)	Pflegeversicherung (SGB XI)

Ergänzt werden die Sozialversicherungen durch **soziale Ausgleichs- und Vorsorgeleistungen** in Form von Kindergeld, Erziehungsgeld, Bildungs- und Arbeitsförderung, Wohngeld und Ähnlichem.

Das Sozialgeld oder die **Sozialhilfe** soll ein der Menschenwürde entsprechendes Leben ermöglichen. Gesetzlich geregelt ist sie im SGB XII. Hierbei fallen bedürftige, aber als erwerbsfähig eingestufte Personen zusammen mit ihren Angehörigen als Bedarfsgemeinschaft unter das SGB II, und damit unter das Arbeitslosengeld II (auch als Hartz IV bekannt). Sie werden dann nicht mehr als Sozialhilfebezieher geführt.

Die **Versicherungsträger** der Sozialversicherungen sind **juristische Personen des öffentlichen Rechts,** deren Selbstverwaltung in den §§ 29 bis 90 SGVB IV festgelegt ist. Aufgrund der fehlenden Praxisrelevanz wird auf eine nähere Erläuterung verzichtet.

Gemeinsame Vorschriften (SGB IV)

> **!** Das Sozialversicherungsgesetz gilt für die Versicherungszweige der Kranken-, Unfall-, Renten- und Pflegeversicherung.

Für die Sozialversicherung besteht eine **Versicherungspflicht** (gesetzliche Zwangsversicherung); sie kann aber auch durch den eigenen Beitritt aufgrund einer **Versicherungsberechtigung** begründet werden. Diese allgemeine Feststellung wird in § 2 SGB IV um den Personenkreis, der als **Versicherungsnehmer** in Betracht kommt, ergänzt.

> **Versicherungsnehmer**
> – Personen, die gegen Arbeitsentgelt oder zu ihrer Berufsausbildung beschäftigt sind
> – Behinderte, die in geschützten Einrichtungen beschäftigt werden
> – Landwirte

Entsprechend dem **Territorialprinzip** besteht eine Versicherungspflicht bzw. eine Versiche-

rungsberechtigung in dem Land und zu den Landesbedingungen, in dem man seine berufliche Tätigkeit ausübt.

> **Versicherungspflicht/-berechtigung**
> 1. Beschäftigung oder selbstständige Tätigkeit wird im Inland ausgeübt.
> 2. Wohnsitz oder gewöhnlicher Aufenthalt ist im Staatsgebiet.

Letztere Möglichkeit ist für die freiwillig Versicherten von Bedeutung.

Aus- und Einstrahlung

Die deutsche Sozialversicherungsgesetzgebung gilt entsprechend §§ 4 und 5 SGB IV auch für Beschäftigte, die eine Beschäftigung für einen **Arbeitgeber mit Sitz im Inland** im Ausland ausüben (Ausstrahlung).

Jedoch gelten die deutschen Sozialversicherungsgesetze nicht für **ausländisch Beschäftigte** mit zeitlich begrenzter **Inlandstätigkeit** (Einstrahlung).

Beschäftigungsverhältnis

Ein Beschäftigungsverhältnis liegt gemäß § 7 SGB IV dann vor, wenn **nichtselbstständige Arbeit** ausgeübt wird, insbesondere in einem Arbeitsverhältnis.

Geringfügige Beschäftigung

Hierunter fallen geringfügig entlohnte Beschäftigung, Beschäftigung im Privathaushalt, kurzfristige Beschäftigung und Jobs im Niedriglohnbereich bis 450,00 €. Zur Sozialversicherungspflicht siehe Kapitel 3.4.

Selbstständige Tätigkeit

Dieser Begriff ist im SGB nicht definiert. Die Rechtsprechung sieht sie unter folgenden Voraussetzungen gegeben:
» eigenes Unternehmensrisiko (Ungewissheit des Erfolges)
» freigestaltete Tätigkeit und Arbeitszeit
» Einkommensteuer aus Unternehmertätigkeit und Vermögen oder freiberuflicher

Tätigkeit (niedergelassener Arzt, Anwalt, Steuerberater, Künstler)

Beschäftigungsort

Der Beschäftigungsort eines Arbeitnehmers ist der Ort, an dem sich die Arbeitsstätte des Versicherten befindet.

Er ist u. a. für die Mitgliedschaft und den Beitragseinzug der örtlich zuständigen Krankenkasse von Bedeutung.

Beitrag

Die Sozialversicherung finanziert sich durch Beiträge der Versicherten, der Arbeitgeber und Dritter. Der Arbeitgeber ist verpflichtet, die Gesamtsozialversicherungsbeiträge aus allen Sozialversicherungszweigen an die Krankenkassen zu zahlen.

Die **Fälligkeit der Sozialversicherungsbeiträge** richtet sich nicht nach der tatsächlichen Zahlung des Lohns, sondern nach dem Entstehen des Anspruchs. Entsprechend sind die Beiträge spätestens am drittletzten Bankentag des Monats fällig.

Die sogenannte **Insolvenzgeldumlage** (0,12 % des rentenversicherungspflichtigen Arbeitsentgeltes) ist zusammen mit dem Gesamtsozialversicherungsbeitrag monatlich an die Krankenkasse des Arbeitnehmers abzuführen (vgl. dazu auch www.lohn-info.de).

> **!** **Die Beiträge sind (in voraussichtlicher Höhe der Beitragsschuld) spätestens am drittletzten Bankenarbeitstag eines Monats fällig.**

Sozialversicherungsausweis und Meldepflicht

Zur Erhaltung der Funktionsfähigkeit der Sozialversicherung ist es notwendig, dass alle Betroffenen ihren Verpflichtungen nachkommen und Missbrauch von Leistungsansprüchen ausgeschlossen wird.

Seit dem 31. Dezember 1995 besitzt jeder Beschäftigte einen **Sozialversicherungsausweis,** den er beim Arbeitgeber vorzulegen hat und bei seiner Beschäftigungsausübung für Kontrollen mit sich führen muss oder beim Sozialleistungsträger hinterlegen kann. Durch dieses **Kontrollinstrument** sollen illegale Beschäftigungsverhältnisse und Leistungsmissbrauch verhindert werden.

3.3 Sozialversicherungszweige

3.3.1 Gesetzliche Krankenversicherung (KV)

Träger: Allgemeine Ortskrankenkassen (AOK), Innungs-, Betriebs-, Ersatzkassen	
Versicherte	**Leistungen**
Versicherungspflichtige: » Alle **Arbeitnehmer** bis zur Beitragsbemessungs-grenze (wird jährlich neu festgelegt) » Auszubildende, Studenten, Arbeitslose, Rentner, Freiwillige im sozialen Jahr (FSJler) **Freiwillig Versicherte:** » Personen, die aus der Pflichtmitgliedschaft ausgeschieden sind » Selbstständige » Arbeitnehmer über der Pflichtgrenze » Familienmitglieder **Beiträge** (2016): » Arbeitnehmer und -geber (2016) je 7,3 % » zusätzlich Arbeitnehmerbeitrag von derzeit je nach Krankenkasse 1,1 %	» **Aufklärung** und Beratung » **Zahnärztliche** Regeluntersuchung und Vorsorgebehandlung » **Früherkennung** von Krankheiten » **Ambulante** und **stationäre Krankenbehandlung** » **Krankengeld** (ab der 7. Krankheitswoche durchschnittlich 70 % vom Brutto (bis max. 90 % vom Netto) bis zu 72 Wochen insgesamt innerhalb von drei Jahren für dieselbe Krankheit) » Leistungen bei **Schwangerschaft** und **Mutterschaft** (Vorsorgeuntersuchungen, Krankenhauskosten, Mutterschaftsgeld) » **Familienhilfe:** Leistungen für die Familienangehörigen des Versicherten

Weitere Informationen unter: www.gkv-spitzenverband.de

Ausgaben für die Gesundheit

Im Jahr 2014 in Deutschland insgesamt: **328,0 Milliarden Euro**

Wer zahlt?

Gesetzliche Krankenversicherung	191,8 Mrd. €
Private Haushalte/Private Organisationen*	43,2
Private Krankenversicherung	29,3
Soziale Pflegeversicherung	25,5
Staat	14,8
Arbeitgeber	13,9
Gesetzliche Unfallversicherung	5,2
Gesetzliche Rentenversicherung	4,4

Wofür?

Krankenhaus	85,9 Mrd. €
Arzt, Zahnarzt	75,1
Apotheken	44,7
Pflege	41,8
Gesundheitshandwerk/-einzelhandel	18,9
Verwaltung	17,3
Med. Praxen (ohne Arztpraxen)	11,5
Vorsorge, Rehabilitation	9,0
Investitionen	6,2
Rettungsdienste	3,9
Sonstiges	13,6

Quelle: Statistisches Bundesamt (2016)   rundungsbed. Differenz   *ohne Erwerbszweck   © Globus 10888

505338

3.3.2 Gesetzliche Pflegeversicherung (PV)

Träger: Pflegekassen, die von den Organen der Krankenkassen mitbetreut werden	
Versicherte	**Leistungen**
Versicherungspflichtige: » **Alle**, die in der **gesetzlichen Krankenversicherung** versichert sind. » **Alle**, die sich **privat** gegen Krankheit versichert haben, müssen eine **private Pflegeversicherung** abschließen. » **Beiträge** (2016): » Arbeitnehmer und -geber je 1,175 % » Kinderlose Arbeitnehmer ab 23 Jahren + 0,25 %	**Aus drei Pflegestufen** werden (2017) **fünf Pflegegrade** (einschließlich Demenzkranke) ermittelt durch Einstufung in eine Punktetafel: » **Pflegegrad 1:** Mindestzeitaufwand ab 27 Min./Tag bis … » **Pflegegrad 5:** mit psychosozialer Betreuung und auch nächtlicher Pflege bis 280 Min./Tag » Leistungen für **häusliche Pflege** je nach Pflegegrad von 231,00 € bis 1.612,00 € (2016) » **Pflegesachleistungen** (auch für ambulanten Pflegedienst) » **Teil- und vollstationäre** Pflege

Weitere Informationen unter: www.bmg.bund.de

3.3.3 Gesetzliche Rentenversicherung (RV)

Träger: Deutsche Rentenversicherung mit angeschlossenen Landesversicherungsanstalten; Knappschaft	
Versicherte	**Leistungen**
Versicherungspflichtige: » **Alle** gegen Entgelt beschäftigten **Arbeitnehmer** und Auszubildenden, » FSJler » Personen im Erziehungsurlaub » Bezieher von Lohnersatzleistungen **Versicherungsfrei:** Personen mit eigener Versorgung (berufsständische Versorgungswerke, Beamte) **Freiwillig Versicherte:** » Selbstständige » Beamte » Hausfrauen/-männer **Prinzip: „Generationenvertrag":** Heute Aktive zahlen die Rente mit ihren Beiträgen für die heutigen Rentner. **Beiträge** (2016): » Arbeitnehmer und -geber je 9,35 %	**Rentenzahlungen:** » **Regelaltersrente** ab dem 65. Lebensjahr (allg. Wartezeit von 5 Jahren erfüllt) mit schrittweiser Anhebung auf 67 » **Altersrente** für langjährig Versicherte ab dem 60. Lebensjahr (Wartezeit von 35 Jahren erfüllt – Abschlag pro Monat 0,3 %), » **Abschlagsfreie Altersrente** bei 45 Beitragsjahren ab 63 bei ebenfalls schrittweiser Anhebung auf 65 » **Erwerbsminderungsrente** für Versicherte, die eine regelmäßige Erwerbstätigkeit nicht mehr ausüben können » **Hinterbliebenenrente** (Witwen/Witwer, Waisen) **Leistungen der Rehabilitation:** » Heilbehandlungen » Berufsfördernde Maßnahmen (Fortbildung, Umschulung).

Weitere Informationen unter: www.deutsche-rentenversicherung.de

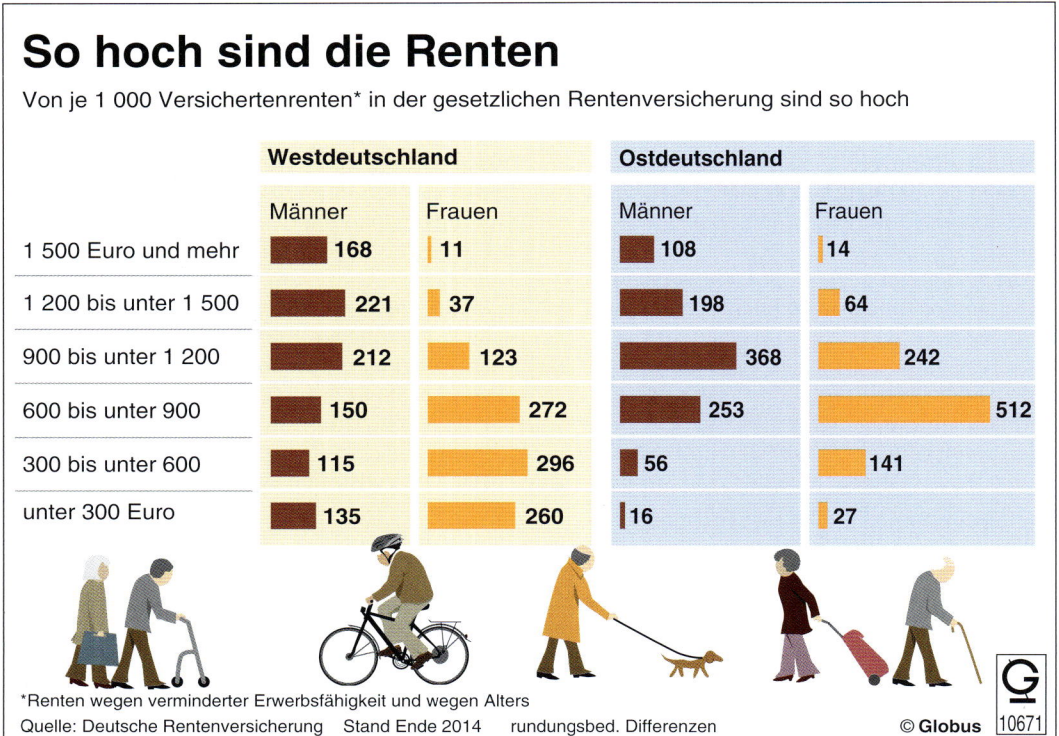

So hoch sind die Renten

Von je 1 000 Versichertenrenten* in der gesetzlichen Rentenversicherung sind so hoch

	Westdeutschland		**Ostdeutschland**	
	Männer	Frauen	Männer	Frauen
1 500 Euro und mehr	168	11	108	14
1 200 bis unter 1 500	221	37	198	64
900 bis unter 1 200	212	123	368	242
600 bis unter 900	150	272	253	512
300 bis unter 600	115	296	56	141
unter 300 Euro	135	260	16	27

*Renten wegen verminderter Erwerbsfähigkeit und wegen Alters
Quelle: Deutsche Rentenversicherung   Stand Ende 2014   rundungsbed. Differenzen

© **Globus**   10671

3.3.4 Gesetzliche Arbeitslosenversicherung (Alv)

Träger: Bundesagentur für Arbeit	
Versicherte	**Leistungen**
Versicherungspflichtige: Alle gegen Entgelt beschäftigten **Arbeitnehmer** und **Auszubildenden** **Ausgenommen** u. a. » geringfügig beschäftigte Teilzeitkräfte » Aushilfen, Beamte » Schüler und Studenten » Selbstständige **Ein freiwilliger Beitritt zur ALV ist nicht möglich (z. B. freiberufliche Künstler)** **Beiträge** (2016): Arbeitnehmer und -geber je 1,5 %	» **Arbeitsvermittlung** (Berufsberatung) » **Umschulung**, Zuschüsse zur Aus- und Fortbildung) » **Arbeitslosengeld I:** ab zwölf Monaten Beschäftigung für sechs Monate bis max. 24 Monate ab 58 Jahren und Beitragszeit von 48 Monaten **Höhe**: 67 % vom durchschnittlichen Nettoarbeitsentgelt (für kinderlose Arbeitslose 60 %) » **Arbeitslosengeld II** (auch **Hartz IV**): wenn kein Anspruch (mehr) auf ALG I besteht, ohne zeitliche Beschränkung mit Pro-Kopf-Höchstsätzen (2016: 404,00 € + Wohnkosten, **siehe auch: DVD zu LF 1, Kap. 3.2 Arbeitslosengeld II**) » **Insolvenzgeld** » **Kurzarbeitergeld** (max. zwölf Monate) » **Schlechtwettergeld** » **Gründungszuschuss** » **Eingliederungsbeihilfen** » **Fahrtkostenbeihilfen** » **Lohnkostenzuschüsse** » Beiträge zur gesetzlichen KV, PV, und RV

Weitere Informationen unter: www.sozialleistungen.info oder www.bmas.de

505340

3.3.5 Gesetzliche Unfallversicherung (GUV)

Träger: Berufsgenossenschaften und Unfallkassen von Bund, Ländern, Gemeinden	
Versicherte	**Leistungen**
Versicherungspflichtige: » **Alle** gegen Entgelt beschäftigten **Arbeitnehmer** und Auszubildenden » Arbeitslose » Schüler, Studenten » Kinder in Kindergärten und Vorschulen Gegen **Arbeits-** und **Wegeunfälle (von** und **zur Arbeit)** **Beiträge** (2016): Diese trägt der Arbeitgeber allein, nach Beschäftigtenzahl und Gefahrenklasse, im Durchschnitt ca. 1,3 % der Bruttogehaltssumme aller Beschäftigten.	**Unfallverhütung:** » Erlass von Unfallverhütungsvorschriften » Überwachung durch Aufsichtsbeamte » Maßnahmen zur Früherkennung von Berufskrankheiten **Leistungen nach Arbeits- oder Wegeunfällen:** » **Heilbehandlung** und Krankengeld während der Behandlung » **Rehabilitation** und berufsfördernde Leistungen (Umschulung) oder Übergangsgeld » **Verletztenrente** nach Beendigung der Heilbehandlung bei mindestens 20 % Erwerbsbeschränkung (Unfallrente) » **Verletztengeld** » **Pflegegeld** » **Hinterbliebenenrente** » **Kapitalabfindung** statt Verletzten- oder Hinterbliebenenrente » **Sterbegeld**

Weitere Informationen unter: www.dguv.de

3.4 Sozialversicherungsbeiträge

Die Leistungen der gesetzlichen Sozialversicherung werden grundsätzlich (Ausnahmen: siehe Beiträge zu den einzelnen Versicherungszweigen) von Arbeitnehmern und Arbeitgebern zur Hälfte getragen.

Für sogenannte geringfügig Beschäftigte (bis monatlich 450,00 € Bruttolohn) entrichtet der Arbeitgeber (in der Regel) pauschal 30 % an Steuern und Sozialversicherungen.

Dabei werden die Beiträge insofern gedeckt, als die Bundesregierung jährlich sogenannte Beitragsbemessungsgrenzen für die einzelnen Versicherungszweige festlegt, bis zu deren Erreichen die jeweiligen Beiträge errechnet werden, indem das Bruttogehalt mit dem Beitragssatz multipliziert wird.

Auch dieser Beitragssatz wird jährlich von der Bundesregierung für die verschiedenen Zweige neu festgelegt.

Eine Besonderheit der Kranken- und Pflegeversicherung besteht darin, dass Arbeitnehmer über der Beitragsbemessungsgrenze aus der gesetzlichen Versicherung ausscheiden und sich privat versichern können, was gut überlegt werden sollte, vor allem von Familien mit Kindern.

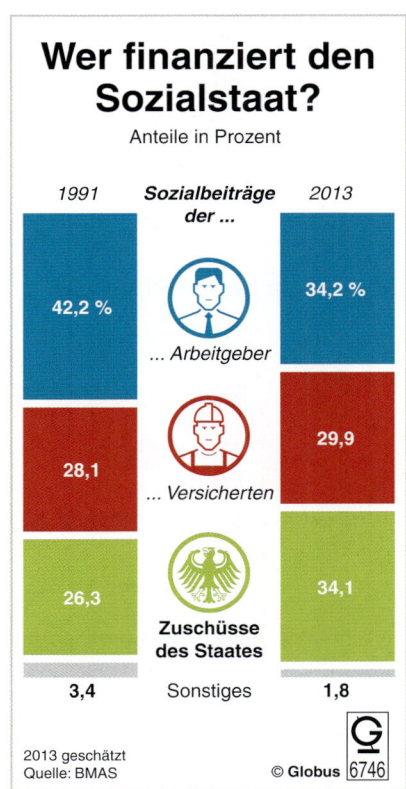

Wer finanziert den Sozialstaat?
Anteile in Prozent

1991	*Sozialbeiträge der ...*	2013
42,2 %	... Arbeitgeber	34,2 %
28,1	... Versicherten	29,9
26,3	Zuschüsse des Staates	34,1
3,4	Sonstiges	1,8

2013 geschätzt
Quelle: BMAS

© Globus 6746

Überblick über Werte des Jahres 2016.[1]

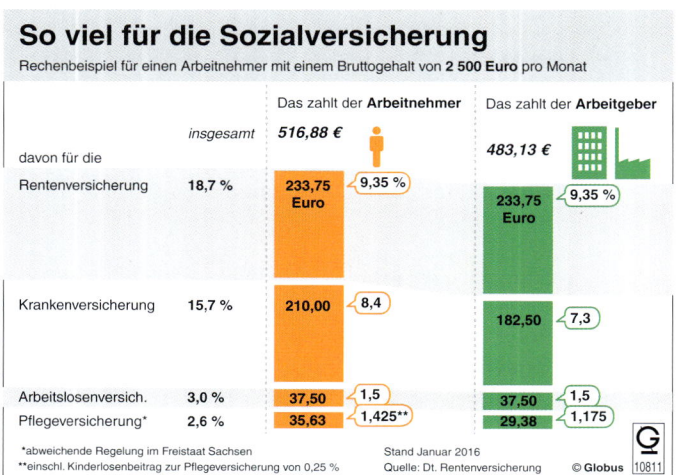

3.5 Sozialgerichtsbarkeit

Sozialgerichte sind Sondergerichte für **Sozialversicherungsangelegenheiten**; Rechtsgrundlage ist das Sozialgerichtsgesetz (SGG).

Sie sind zuständig für **Streitigkeiten** zwischen den **Sozialversicherungsträgern** einerseits und den dort **Versicherten** andererseits.

Jeder Streitfall beginnt unabhängig von der Höhe des Streitwertes beim **Sozialgericht.**

Gegen dessen Urteil kann u. U. Berufung beim **Landessozialgericht** eingelegt werden. Gegen Urteile des Landessozialgerichts ist u. U. Revision beim **Bundessozialgericht** möglich.

Die Instanzen der Sozialgerichtsbarkeit werden aus Berufsrichtern und ehrenamtlichen Richtern gebildet (siehe Grafik).

Aufbau der Sozialgerichtsbarkeit

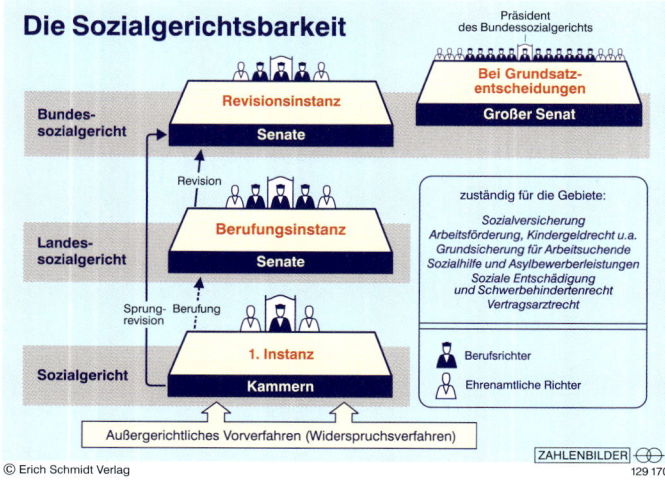

1 Aktuelle Zahlen finden sich z. B. unter: www.sozialversicherung-beitragssaetze.de

505342

3.6 Bruttogehalt und Nettogehalt

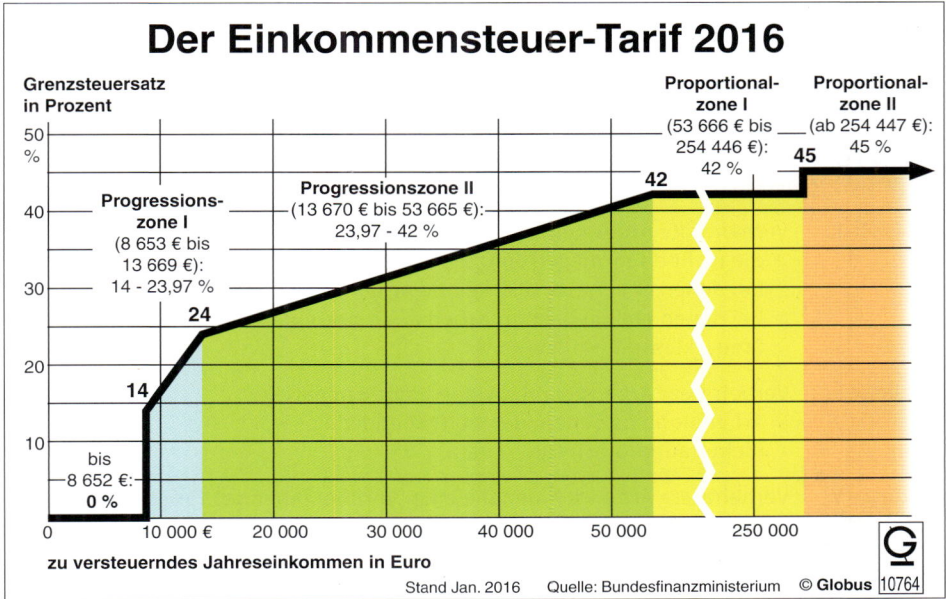

Vom **Bruttogehalt** werden die Sozialversicherungsbeiträge in Höhe der jährlich neu festgelegten Prozentpunkte (wie in der Tabelle in → Kapitel 3.4 dargestellt) abgezogen.

Der **Nettoverdienst** ergibt sich aus dem Gesamtbruttogehalt abzüglich der zu entrichtenden Steuern und Sozialversicherungsbeiträge.

Steuerabzüge

Der an den Staat abzugebende Steueranteil des erhaltenen Einkommens setzt sich aus mehreren Steuern zusammen. Diese Steuern werden dem Finanzamt im Abzugsverfahren durch den Arbeitgeber direkt überwiesen.

Die **Lohnsteuer** ist Teil der Einkommensteuer und zurzeit ab einem Bruttoverdienst von 8.652,00 € im Jahr fällig. Von Lohnsteuer spricht man bei nicht selbstständigen Arbeitnehmern.

Für die **Kirchensteuer** ist die zu entrichtende Lohnsteuer die Bemessungsgrundlage.

Ein **Solidaritätszuschlag** für den Aufbau der neuen Bundesländer in Höhe von zurzeit 5,5 % der Einkommensteuer bzw. Körperschaftsteuer (Teil der Einkommensteuer, geltend für Unternehmen und Vermögensmassen) ist außerdem abzugeben.

Die Höhe der vom Arbeitgeber einbehaltenen Lohnsteuer richtet sich nach derzeit sechs Steuerklassen. Die Zuordnung zu diesen Steuerklassen ergibt sich aus dem Familienstand und der Anzahl der Beschäftigungsverhältnisse des Arbeitnehmers.

Die Wahl der Steuerklasse (siehe Tabelle auf Folgeseite) beeinflusst auch die Höhe von Lohnersatzleistungen entscheidend mit: Wer ALG I oder eine andere Lohnersatzleistung erhält, wird auf der Grundlage der Lohnsteuerklasse einer bestimmten Leistungsgruppe zugeordnet. Somit ist das Hauptziel eines Steuerklassenwechsels bei Ehepaaren, ein höheres Nettoeinkommen für den Partner mit Anspruch auf eine Sozialleistung zu erzielen.

Seit 2011 liegt die Verwaltung der Lohnsteuermerkmale bei den zuständigen Finanzämtern. Die Finanzämter sind verantwortlich für die
» die Neuausstellung,
» die Änderungen der Steuerklasse, Religionszugehörigkeit, Namen, Kinderzahl und Wohnsitz und
» die Eintragung von Frei- und Hinzurechnungsbeiträgen.

Lohnsteuerklasse I	Arbeitnehmer, die: » ledig oder geschieden sind, » verheiratet sind, aber dauernd getrennt leben, » verwitwet sind, » keinen Anspruch mehr auf Steuerklasse III haben.
Lohnsteuerklasse II	Arbeitnehmer, die: » Bedingungen für Steuerklasse I erfüllen und » bei denen mindestens ein Kind im Haushalt lebt.
Lohnsteuerklasse III	Verheiratete Arbeitnehmer: » die nicht dauernd getrennt leben, » bei denen ein Ehepartner keinen Arbeitslohn bezieht oder » bei denen ein Ehepartner Arbeitslohn bezieht und der andere Ehepartner in Steuerklasse V eingereiht ist.
Lohnsteuerklasse IV	Verheiratete Arbeitnehmer, wenn beide Ehegatten: » Arbeitslohn beziehen, der weitgehend gleich hoch ist, » nicht dauernd getrennt leben.
Lohnsteuerklasse V	Verheiratete Arbeitnehmer, die eine (vorübergehende) Tätigkeit ausüben: » bei der das Einkommen so gering ist, dass die Freibeträge, die Steuerklasse IV enthält, nicht ausgeschöpft werden » oder wenn ein Ehegatte bereits in Steuerklasse III eingereiht wurde.
Lohnsteuerklasse VI	Arbeitnehmer, die gleichzeitig von mehreren Arbeitgebern Arbeitslohn beziehen: » die Steuerklasse wird auf die zweite bzw. jede weitere Lohnsteuerkarte eingetragen.

Berechnungsbeispiel 1 auf Grundlage der Daten für 2016

Beispiel 1: Herr Klein ist 1972 geboren, ledig, rk und kinderlos; er hat während des ganzen Kalenderjahres gearbeitet und wohnt in Worms.
Beispiel 2: Ines ist Auszubildende, 24 Jahre alt, ledig und kinderlos; sie wohnt in Hamburg.

	Lohn/Gehalt Nettoberechnung		
	Beispiel 1		**Beispiel 2**
Steuerpfl. brutto:	3.000,00 €	0,00 €	720,00 €
dar. Versorgungsbezüge:		0,00 €	
V-Bez. im Jan. od. im erst. voll. Monat:		0,00 €	
vorauss. Sonderzahlung V-Bezüge:		0	
Zahl der Monate für V-Bezüge:		0,00 €	
Sachbezüge:			
Lohnsteuer:	439,50 €		0,00 €
Solidaritätszuschlag:	24,17 €		0,00 €
Kirchensteuer:	39,56 €		0,00 €
Krankenversicherung (14,6 % · 0,5 + 1,1 % indiv. Kassenbeitr.):	252,00 €		67,32 €
Pflegeversicherung (2,35 % · 0,5 + AN 0,25 %):	42,75 €		10,26 €
Rentenversicherung (18,7 % · 0,5):	280,50 €		67,32 €
Arbeitslosenversicherung (3,0 % · 0,5):	45,00 €		10,80 €
netto:	**1.876,53 €**		**571,14 €**

Zum Ende des Jahres 2012 wurden die Lohnsteuerkarten durch das elektronische Verfahren „Elektronische Lohnsteuer-Abzugs-Merkmale" (**ELStAM**) ersetzt. Das neue Verfahren erlaubt es dem Arbeitgeber, die Lohnsteuerabzugsmerkmale für den Arbeitnehmer beim Bundeszentralamt für Steuern online abzurufen (§ 39 e Abs. 4 EStG). Der Arbeitnehmer muss ihm dazu bei Dienstantritt seine Steuer-Identifikationsnummer und sein Geburtsdatum mitteilen (siehe Berechnungsbeispiel Seite 44).

3.7 Sachbezüge im Tourismus

Wie in → Kapitel 3.1 festgestellt, ist Arbeitslohn i. d. R. Geldlohn, der unter Umständen durch **Sachbezüge** oder andere **Vorteilsgewährungen** ergänzt oder teilweise abgegolten wird. Diese geldwerten Einnahmen unterliegen, sofern ein Wert von 44,00 € im Monat überschritten wird, der Einkommensteuer bzw. Lohnbesteuerung und der gesetzlichen Sozialversicherung.

> **§** **Arbeitslohn und Sachbezüge**
>
> Alle Güter, die dem Arbeitnehmer im Rahmen seines Dienstverhältnisses zufließen unabhängig davon, unter welcher Bezeichnung oder in welcher Form sie gewährt werden, zählen **nach § 8 Abs. 1 EStG in Verbindung mit § 2 Abs. 1 LStDV** zum Arbeitslohn. Bestehen die Güter nicht in Geld, sondern in Geldeswert, so spricht man von Sachbezügen.

> **!** Sachbezüge, wie Wohnraumüberlassung, verbilligte Mahlzeiten oder Gutscheine, sind geldwerte Güter, die einem Arbeitnehmer im Rahmen seines Dienstverhältnisses als nicht geldlicher Arbeitslohn zufließen.

Allgemeine Berechnung des Sachbezuges

» Erhält der Arbeitnehmer als Sachbezug **Waren oder Dienstleistungen** – nicht Nutzungsüberlassungen – so kann gem. § 31 Absatz 2 LStR der übliche Endpreis mit 96 % des Preises angesetzt werden, zu dem sie fremden Letztverbrauchern angeboten werden (Angebotspreis).

» Liegt das Entgelt, das der Arbeitnehmer für die Waren oder Dienstleistungen erbringen muss, unter dem o. g. Wert, so fließt dem Arbeitnehmer ein **geldwerter Vorteil** zu, der grundsätzlich dem steuerpflichtigen Arbeitslohn zugerechnet wird (§ 8 Absatz 3 EStG).

» Erhält der Arbeitnehmer aufgrund eines Dienstverhältnisses unentgeltlich oder verbilligt Waren, die der Arbeitgeber herstellt oder vertreibt, oder Dienstleistungen, die vom Arbeitgeber erbracht werden, so gelten die **Sonderregelungen zur Rabattbesteuerung.** Zunächst wird der Endpreis um 4 % gemindert. Von dem verbleibenden Preis wird ggf. der Rabattfreibetrag (jährlich 1.080,00 € im Jahr 2016) abgezogen. Der Rest ist grundsätzlich lohnsteuerpflichtiger Arbeitslohn des Arbeitnehmers.

In der **Sozialversicherungsentgeltverordnung** (SVEV, auch **Sachbezugsverordnung**) werden für die Gewährung kostenloser Verpflegung und Unterkunft amtliche Sachbezugswerte festgesetzt.

Der Sachbezugswert für freie Verpflegung beträgt in 2016 monatlich 229,00 € im gesamten Bundesgebiet. Der Sachbezugswert für freie Unterkunft beträgt in 2016 223,00 € monatlich. (Sozialversicherungsentgeltverordnung – SVEV, Stand 2016).

Im Bereich Tourismus gibt es prinzipiell zwei Gruppen von „Lohnaufbesserungen" in Form von **Arbeitnehmerreisen**: 1. Dienstreisen (Auswärtstätigkeit), Informationsreisen und Belohnungsreisen und 2. Reisen des Arbeitnehmers unter in Anspruchnahme von Reisepreisermäßigungen und Reisegutscheinen aufgrund seiner Tätigkeit. Letztere fallen unter die Sachbezüge.

Der Arbeitnehmer eines Reisebüros hat für eine vom Arbeitgeber vermittelte Pauschalreise, die im Katalog des Reiseveranstalters zum Preis von 2.000,00 € angeboten wird, nur 1.500,00 € zu zahlen.

Vom Preisnachlass entfallen 300,00 € auf die Reiseleistung des Veranstalters und 200,00 € auf die Vermittlung des Arbeitgebers, der keine Vermittlungsprovision erhält. Die unentgeltliche Vermittlungsleistung des Reisebüros ist mit

ihrem um 4 v. H. = 8,00 € geminderten Endpreis von 200,00 € zu bewerten, sodass sich ein Arbeitslohn von 192,00 € ergibt, der im Rahmen des Rabattbeitrages von 1.080,00 € jährlich steuerfrei bleibt. Auf die 300,00 € ist der Rabattfreibetrag nicht anwendbar, weil die Reiseveranstaltung nicht vom Arbeitgeber durchgeführt wird (vgl. § 8 Absatz 3 S. 2 EStG); der Preisnachlass ist als Lohnzahlung durch Dritte in voller Höhe als Arbeitslohn zu versteuern.

Aufgaben

1_ Was verstehen Sie unter Versicherungspflicht?

2_ Begründen Sie die Einführung eines Sozialversicherungsausweises.

3_ Wer ist Träger der Sozialversicherungen?

4_ Auf welchem Weg werden Arbeitnehmer zur Sozialversicherung angemeldet?

5_ Zwischen welchen Krankenkassen können krankenversicherungspflichtige Arbeitnehmer generell wählen?

6_ Wieso ist in der gesetzlichen Unfallversicherung immer eine bestimmte Tätigkeit versichert?

7_ Erläutern Sie die Probleme der Rentenversicherung unter Berücksichtigung der Beitragszahler und der Rentenempfänger.

8_ Ein Arbeitgeber vergisst, einen neuen Mitarbeiter bei der Krankenversicherung anzumelden. Ist der neue Mitarbeiter ohne Versicherungsschutz?

9_ Wie hoch ist der Arbeitgeberanteil für Pflichtversicherte zur Krankenversicherung?

10_ Nennen Sie die drei Träger der gesetzlichen Rentenversicherung.

11_ Die Grundprinzipien der Sozialversicherung werden von der Generation < 40 häufig aufgrund der demografischen Entwicklung in Deutschland infrage gestellt.

a) Weshalb ist die demografische Entwicklung in Deutschland für das Sozialversicherungssystem als problematisch anzusehen?

b) Erläutern Sie fünf Argumente, die diese jüngere Generation für eine Veränderung des bestehenden Systems anführt.

12_ Welche Sachbezüge kann der Inhaber eines Reisebüros gewähren, die wie Arbeitslohn behandelt werden?

4 Kollektives Arbeitsrecht

Streiks bei Bahn und Lufthansa

Heftige Streik- und Warnstreikrunden, genervte Bahnfahrer und immer wieder neue Vorwürfe – über mehr als ein Jahr beschäftigte der Tarifkonflikt zwischen Deutscher Bahn und der Gewerkschaft der Lokführer (GDL) Deutschland. Hunderttausende Reisende der **Deutschen Bahn** mussten sich wegen eines mehrtägigen Streiks der Lokführer auf Verspätungen und Zugausfälle einstellen.

Bisher ist in Deutschland die Anzahl wegen Streiks ausgefallener Arbeitstage recht gering, doch haben sich in letzter Zeit (vor allem in 2015) einige neue Entwicklungen ergeben.

Die (Streik-) Aktivitäten sog. Branchen- oder Berufsgewerkschaften wie GDL (Gewerkschaft der Lokführer), Vereinigung Cockpit (Gewerkschaft der Piloten bei der Lufthansa) oder UFO (Unabhängige Flugbegleiter Organisation, bei der LH) können mit geringem Aufwand (wenige Streikende) zum Teil ganze Wirtschaftszweige bzw. vor allem wichtige Teile der Infrastruktur lahmlegen:

Beim Streik der **Lufthansa** im November 2015 waren 550 000 Passagiere betroffen. Und bereits knapp zwei Wochen später stand ein neuer Ausstand des Kabinenpersonals an.

„In den Tarifkonflikten (der LH) mit den verschiedenen Gewerkschaften geht es zwar zunächst um Löhne und die umstrittene Übergangsversorgung für ältere Arbeitnehmer. Im Hintergrund aber steht immer auch der Streit

um das Sparkonzept ‚Wings'. Die Lufthansa will im Konkurrenzkampf mit den Wettbewerbern auf mehr Strecken Billigflüge anbieten. Das Personal der günstigen Billigtochter Eurowings soll nicht nach den Lufthansa-Tarifen bezahlt werden, sondern schlechter." (Quelle: Handelsblatt, Platzeck schlichtet bei der Lufthansa, 27.11.2015)

Es wird abzuwarten sein, inwieweit das neue **Gesetz zur Tarifeinheit** (ab 1.7.2015) Änderungen herbeiführt und wie vor allem die kleineren Gewerkschaften, die in diesem Gesetz einen Angriff auf die Koalitionsfreiheit sehen (sie haben auch schon Klage beim Bundesverfassungsgericht eingereicht) reagieren:

Das Tarifeinheitsgesetz sieht vor, dass bei kollidierenden Tarifverträgen in einem Betrieb nur die Rechtsnormen des Tarifvertrags derjenigen Gewerkschaft anwendbar sind, die zum Zeitpunkt des Abschlusses des zuletzt abgeschlossenen Tarifvertrags im Betrieb die **meisten Mitglieder** hat. Der Grundsatz lautet also „ein Betrieb – ein Tarif". Zur Begründung wurde angebracht, dass das Nebeneinander mehrerer Tarifverträge unüberwindliche praktische Schwierigkeiten für den Arbeitgeber mit sich bringen würde. Dies gelte umso mehr, als die Arbeitnehmer jederzeit die Gewerkschaft wechseln könnten. Zur Wahrung der Rechtssicherheit und der Rechtsklarheit müsse daher auf den gesamten Betrieb bezogen ein einzelner Tarifvertrag gelten. Welcher das sei, ergebe sich aus dem Grundsatz der Spezialität (nach Wikipedia, Tarifeinheit).

Das individuelle Arbeitsrecht (also die Rechtsverhältnisse zwischen den einzelnen Arbeitgebern und -nehmern) darf nicht losgelöst von dem **kollektiven Arbeitsrecht** (Betriebsverfassungsrecht und Tarifvertragsrecht) gesehen werden. Die Zulässigkeit von z. B. individualvertraglichen Vereinbarungen ist durch Tarifverträge, Betriebsvereinbarungen und Gesetze begrenzt.

> **!** **Das kollektive Arbeitsrecht regelt die Rechtsverhältnisse zwischen den Sozialpartnern.**

Die Grundlage für das kollektive Arbeitsrecht, die sogenannte **„Koalitionsfreiheit",** ist als Grundrecht in Artikel 9 des Grundgesetzes gewährleistet („Recht zur Vereinigung zum Zweck der Förderung der Arbeits- und Wirtschaftsbedingungen"). Der Begriff umfasst die individuelle und die kollektive Koalitionsfreiheit. Die **individuelle Koalitionsfreiheit** bietet dem Arbeitnehmer z. B. die Möglichkeit, zur besseren Durchsetzung seiner Arbeitnehmerinteressen einer Gewerkschaft beizutreten. Die **kollektive Koalitionsfreiheit** garantiert z. B., dass Gewerkschaften frei von staatlichem Eingriff gebildet werden können. Gewerkschaften (➔ Kapitel 4.2) sind in ihren internen Strukturen autonom, soweit die allgemeinen Gesetze, insbesondere die verfassungsrechtlichen Grundsätze, eingehalten werden. Selbstverständlich gilt die Koalitionsfreiheit auch für Arbeitgeber. Sie organisieren sich in Arbeitgeberverbänden, die Unternehmensinteressen gegenüber den Gewerkschaften und dem Staat vertreten. Der **Dachverband der Arbeitgeber** ist die **Bundesvereinigung der Deutschen Arbeitgeberverbände (BDA).** Er sieht als seine zentrale Aufgabe, die unternehmerischen Interessen im Bereich der Sozialpolitik aktiv zu vertreten.

> **!** **Zum kollektiven Arbeitsrecht gehören das Tarifvertragsrecht, das Arbeitskampfrecht und das Mitbestimmungsrecht.**

Die für Ihren Beruf wichtigsten arbeitsrechtlichen Koalitionen (Verbände und Gewerkschaften) sowie die weiteren Bereiche des kollektiven Arbeitsrechts werden hier nacheinander vorgestellt.

4.1 Arbeitgebervereinigungen und Kammern

Die BDA ist die Dachorganisation der Arbeitgeberfachverbände. Sie nimmt die **gemeinschaftlichen sozialpolitischen Interessen der Arbeitgeber** wahr. Sie formuliert Grundlagen der Arbeitgeberpolitik, ohne selbst an Tarifverhandlungen beteiligt zu sein. Sie äußert sich in Fragen der Lohn- und Tarifpolitik, des Arbeitsrechtes und der Sozialversicherungen sowie der Wirtschafts-, Sozial- und betrieblichen Personalpolitik; die Aus- und Fortbildung stellt ein weiteres Arbeitsfeld dar. Die BDA vertritt 48 entsprechend den **Wirtschaftszweigen** gegliederte Fachspitzenverbände und

15 Landesarbeitgeberverbände. Die wichtigsten Verbände im Bereich des Tourismus sind:
» der Deutsche Reiseverband (DRV), der vor allem Reisebüros und Reiseveranstalter vertritt,
» der Deutsche Tourismusverband (DTV), der hauptsächlich das Sprachrohr der Tourismusverbände und Informationsstellen in Deutschland ist,
» der Deutsche Hotel- und Gaststättenverband (DEHOGA).

> **!** **Fachspitzenverbände und Landesarbeitgeberverbände und die diese vertretende Dachorganisation BDA sind privatrechtliche Arbeitgebervereinigungen.**

Kammern dagegen sind öffentlich-rechtliche Arbeitgebervereinigungen. Berufe, die in Gewerben, Unternehmen und Betrieben ausgeübt werden, werden den entsprechenden Kammern zugeordnet.
» Die **Handwerkskammern (HWK)** sind hierbei die gesetzlichen Berufsvertretungen der Handwerksbetriebe und handwerksähnlichen Betriebe im jeweiligen Kammerbezirk, ergänzt durch verschiedene Innungen (z. B. der Friseure).
» Betriebe mit einem hohen Anteil an betriebswirtschaftlich orientierter Warenproduktion und Warenverkäufen und Dienstleistungsbetriebe werden dagegen der **Industrie- und Handelskammer (IHK)** des entsprechenden Kammerbezirks zugeordnet.
» Außerdem gibt es **berufsständige Vertretungen** auf gesetzlicher Grundlage, wie z. B. Steuerberaterkammern, Wirtschaftsprüferkammern, Rechtsanwaltskammern usw.

> **!** **Kammern sind öffentlich-rechtliche Arbeitgebervereinigungen, die als Vertreter für die Betriebe oder die Berufsstände bei Bund und Ländern auftreten. Für sie besteht Mitgliedspflicht.**

Ihr Ausbildungsberuf ist der IHK zugeordnet (vgl. auch ➔ Kapitel 1.1).

4.2 Arbeitnehmervereinigungen: Gewerkschaften

Gewerkschaften sind nach Industriegruppen, nach Berufen oder nach politischen oder religiösen Richtungen gegliederte Vereinigungen von Arbeitnehmern bzw. von **Arbeitnehmervereinigungen** zur Verbesserung der sozialen und **wirtschaftlichen Lebensbedingungen.** Sie treten als sonstige Interessenvertretungen gegenüber dem Staat und den Arbeitgebern auf.

Ziele der Gewerkschaften:

» die Erhöhung der Lohnquote, d. h. des prozentualen Anteils der Arbeitnehmereinkommen am Volkseinkommen
» die Anhebung der unteren Lohngruppen, also die Verringerung der Lohnunterschiede zwischen den einzelnen Arbeitnehmergruppen
» die Humanisierung der Arbeitsbedingungen
» die Förderung des Ausbildungsstandes der Arbeitnehmer
» die Sicherung von Arbeitsplätzen
» die Bekämpfung der Arbeitslosigkeit

Das ver.di-Konzept

Das Lebenselixier der Gewerkschaften ist die Solidarität. Mit ver.di leisten sich über zwei Millionen Mitglieder für **ein Prozent** ihres Bruttoverdienstes eine Organisation, die sie über ihre Rechte informiert und berät, in Betriebs- und Personalräten vertritt, Gehälter und Arbeitsbedingungen aushandelt und, falls nötig, auch Streiks organisiert und so lange Streikgeld zahlt, bis ein akzeptables Ergebnis erreicht ist.

Gewerkschaft heute

In globalen Zeiten und Krisen zeigt sich, wie schnell Löhne sinken, Arbeitsbedingungen sich verschlechtern und Arbeitsplätze verloren gehen können. Während Gewinne und Höchsteinkommen drastisch steigen, gehen kleine und mittlere Realeinkommen sogar zurück. Und für die meisten Beschäftigten, die ihren Arbeitsplatz verlieren, liegen nur noch 12 Monate zwischen dem Verlust des Arbeitsplatzes und dem Abstieg in Hartz IV. Absoluten Schutz können auch wir nicht garantieren, das ist richtig. Aber mehr Sicherheit, Hilfe und Ertrag aus der eigenen Arbeit kann man nicht haben und erreichen als in und mit der Gewerkschaft. Und mit jedem neuen Mitglied wächst unsere Kraft.

Quelle: www.verdi.de (Stand 01/2016)

Rechtliche Aufgaben der Gewerkschaften:

» Abschluss von **Tarifverträgen**
» Durchführung von **Arbeitskämpfen**
» Vertretung ihrer Mitglieder vor dem Arbeitsgericht (→ Kapitel 2.6)

Die „moderne" Gewerkschaft ver.di

Die Gewerkschaft **ver.di** vereint 2 Millionen Mitglieder. Sie gestaltet die Arbeit und bietet Leistungen für die Beschäftigten in mehr als 1 000 Berufen aus 13 Fachbereichen, einer davon ist der Bereich Tourismus.

Damit ist ver.di zur weltweit größten Einzelgewerkschaft geworden.

4.3 Tarifverträge und Tarifautonomie

> **!** **Tarifverträge sind entsprechend dem Tarifvertragsgesetz ein bürgerlich-rechtlicher Vertrag zwischen Parteien, die Tariffähigkeit besitzen, zur Regelung ihrer Rechte und Pflichten und zur Festsetzung von arbeitsrechtlichen Normen.**

Sie werden zwischen **Arbeitgeberverbänden und Gewerkschaften** oder zwischen **Unternehmen** und Gewerkschaften geschlossen. Sie gelten für die **gewerkschaftlich organisierten Arbeitnehmer** und die in den **Arbeitgeberverbänden zusammengeschlossenen Unternehmen.** Es kann jedoch auch im Arbeitsvertrag vereinbart werden, dass der jeweils aktuelle Tarifvertrag für ein bestimmtes Arbeitsverhältnis Anwendung finden soll.

Tarifverträge unterliegen der **Schriftform** und werden vom Bundesminister für Arbeit und Soziales in das Tarifregister eingetragen. Da sie in eigener Verantwortung von den Tarifparteien geschlossen werden, spricht man auch von **Tarifautonomie.**

Das Tarifvertragsgesetz (TVG) regelt das Tarifvertragsrecht. Nach dem Inhalt werden folgende Arten unterschieden:

» **Lohn- und Gehaltstarifvertrag**
Er beinhaltet: Lohn- und Gehaltshöhe, Lohn- und Gehaltsgruppen.

Leistungslohnregelung, Erfolgsbeteiligung und die Lohnfortzahlung. Die Regelung über die Vergütung wird i. d. R. für ein Jahr abgeschlossen.

» **Manteltarifvertrag**
Er beinhaltet: Arbeitsbedingungen, Urlaubsregelungen, Arbeitszeit, Arbeitsschutz und u. U. Rationalisierungsschutz. Seine Geltungsdauer wird für einen längeren Zeitraum abgeschlossen.

» **Rahmentarifvertrag**
Er hat ebenfalls eine längere Geltungsdauer und regelt die Bedingungen zur Ermittlung des Entgeltes.

Nach dem Geltungsbereich werden folgende Arten unterschieden:

» **Verbandstarifvertrag**
Dieser Vertrag wird zwischen einem oder mehreren Arbeitgeberverbänden und einer oder mehreren Gewerkschaften abgeschlossen und gilt für das Gebiet der Tarifvertragsparteien.

» **Firmentarifvertrag**
Diese Vereinbarung bezieht sich auf sämtliche Betriebsteile des Arbeitgebers und

wird zwischen Arbeitgeber und einer oder mehreren Gewerkschaften geschlossen.

In jedem Tarifvertrag muss der **Geltungsbereich** definiert sein.

Räumlich
Bundesgebiet, Bundesland, Regierungsbezirk, Ort, Werk

Fachlich
chemische Industrie, Metallindustrie usw.

Persönlich
Auszubildender, Angestellter, Arbeiter usw.

Das Bundesministerium für Arbeit und Soziales kann nach § 5 Tarifvertragsgesetz einen **Tarifvertrag** bei Vorliegen eines „öffentlichen Interesses" für allgemeinverbindlich (av) erklären.

Allgemein verbindliche Tarifverträge gibt es u. a. zurzeit im Baugewerbe, im Maler- und Lackiererhandwerk sowie im Dachdeckerhandwerk. Hinzu kommt seit 2015 der gesetzliche Mindestlohn von 8,50 €.

! Während der Gültigkeitsdauer eines Tarifvertrages herrscht Friedenspflicht, d. h., Arbeitskampfmaßnahmen wie Streik und Aussperrung (→ Kapitel 4.4) sind verboten.

Mitarbeiter und Betriebsrat können den Tarifvertrag durch Vereinbarungen mit der Geschäftsleitung ergänzen.

! Eine solche **Betriebsvereinbarung** ist dann für die Arbeitsverhältnisse des betreffenden Unternehmens bindend.

Betriebsvereinbarungen
Gleitzeit, Pausenregelung, Urlaub, betriebliche Sozialleistungen

Mit und ohne Tarifvertrag

Von je 100 Beschäftigten in Deutschland arbeiten in Betrieben ...

West | Ost

53 | 36 — mit Branchentarifvertrag

11

7 — mit Firmentarifvertrag

40 | 54 — ohne Tarifvertrag

rundungsbed. Differenz
Quelle: IAB-Betriebspanel
10330 © **Globus** Stand 2014

für Arbeitgeber	Vorteile von Tarifverträgen	für Arbeitnehmer
» Aufgrund einheitlicher Lohn- und Gehaltstarife besteht eine einheitliche Kalkulationsgrundlage. » Arbeitsvertragsabschluss wird vereinfacht » Rechte und Pflichten sind festgelegt » Personalwerbung innerhalb einer Branche ist eingeschränkt.		» Sicherheit über Arbeitsmindestbedingungen (Mindestlohn, Kündigungsschutz, soziale Komponenten) » Schutz vor willkürlichen Verfahrensweisen bei gleichartigen Tätigkeiten » Vereinfachung des Arbeitsvertragsabschlusses

Eine Betriebsvereinbarung darf entsprechend dem Betriebsverfassungsgesetz (BetrVG → Kapitel 4.5) jedoch zu keiner Schlechterstellung gegenüber dem Tarifvertrag führen. Diesen Rechtsgrundsatz nennt man **Günstigkeitsprinzip.**

> **!** **Nach dem Günstigkeitsprinzip gilt bei Kollision verschiedener Rechtsnormen die für den Betroffenen günstigere Regelung.**

Das Günstigkeitsprinzip gilt im Verhältnis zwischen Tarifvertrag und Einzelvertrag oder Betriebsvereinbarung, was in § 4 Absatz 3 Halbsatz 2 des Tarifvertragsgesetzes (TVG) ausdrücklich festgeschrieben ist.

> Sieht der Tarifvertrag einen Stundenlohn von 18,00 € vor, dann kann im Arbeitsvertrag auch ein Stundenlohn von 19,00 € vereinbart werden.
>
> Nicht zulässig ist es aber, einen Stundenlohn von 16,00 € zu zahlen (weniger als tarifvertraglich zugesichert).

Um in Betrieben neue Gesamtregelungen zuzulassen, die einzelne Arbeitsverhältnisse benachteiligen, während andere besser gestellt werden (z. B. bei einer Anpassung der betrieblichen Zulagenregelung), hat die Rechtsprechung das **kollektive Günstigkeitsprinzip** entwickelt. Danach ist die Ablösung einheitsvertraglicher Regelungen zulässig, wenn die Neuregelung für die Mehrheit der betroffenen Arbeitnehmer günstiger ist. Eine Verminderung seiner Gesamtbelastung (Abzüge) kann der Arbeitgeber mit diesem Prinzip aber nicht erreichen.

4.4 Arbeitskampf

> **!** **Unter Arbeitskampf versteht man die von Arbeitnehmern oder Arbeitgeberseite aufgrund eines Kampfbeschlusses vorgenommene Unterbrechung des Arbeitsablaufes.**

Der Arbeitskampf dient dem Zweck, durch **kollektiven Druck** eine verbesserte kollektivvertragliche Regelung (z. B. einen Tarifvertrag)

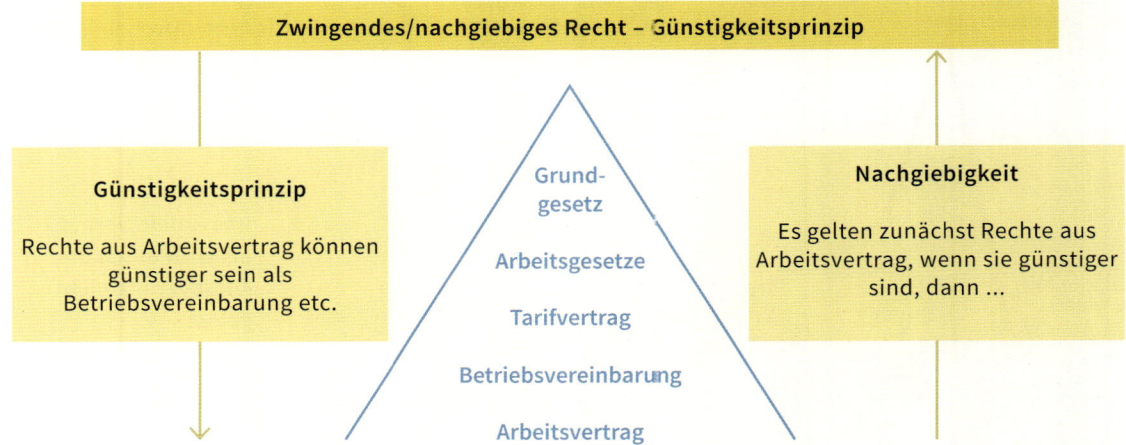

505351

der Arbeitsbedingungen oder Löhne durchzusetzen oder abzuwehren, die ohne Kampfmaßnahmen nicht erreichbar wäre.

Streik

In der Bundesrepublik Deutschland gibt es kein einheitliches Streikrecht, da dieses nach Auffassung der Gewerkschaften eine Regelung wäre, die ihre Autonomie und ihre Gestaltungsrechte einschränken würde. Vielmehr ist das **Streikrecht** ein aus Artikel 9 Absatz 3 des Grundgesetzes **abgeleitetes Recht** des Arbeitskampfes. Bevor der Gewerkschaftsvorstand oder z. B. die Tarifkommission zu einem Streik aufrufen darf, müssen 75 % der gewerkschaftlich organisierten Mitglieder sich in einer **Urabstimmung** für den Streik aussprechen. Ein Streik ist dennoch nicht unabwendbar, da es in weiteren Tarifverhandlungen zu einem Konsens zwischen den Tarifparteien oder auch zu einer Schlichtung kommen kann. Da dem Streik keine Kündigung des Arbeitsverhältnisses vorausgeht, bleibt dieses auch während der Kampfmaßnahme erhalten, allerdings wird die Lohnzahlung für die Streikenden ausgesetzt. Streikberechtigt sind sowohl Gewerkschaftsmitglieder als auch nicht organisierte Arbeitnehmerinnen und Arbeitnehmer. **Streikgeld** erhalten jedoch von der Gewerkschaft nur deren Mitglieder.

Spontane **Arbeitsniederlegungen** und **Warnstreiks,** also eine Demonstration zur Streikbereitschaft, sind erlaubt.

Zur **Beendigung des Streiks** ist eine erneute Urabstimmung notwendig, an der sich mindestens 25 % (plus eine Stimme) der Gewerkschaftsmitglieder für die Beendigung des Streiks und die Annahme eines Tarif- oder Schlichtungsergebnisses aussprechen.

Streikformen		
organisierter Streik	»	ist von den Gewerkschaften beschlossen und organisiert
wilder Streik	»	ist von den Gewerkschaften nicht gestattet und nicht arrangiert
Generalstreik	»	die wichtigsten Unternehmen eines Landes werden bestreikt
Schwerpunktstreik	»	Schlüsselunternehmen werden bestreikt
Teilstreik	»	er wird nur von Belegschaftsteilen durchgeführt

Aussperrung

Aussperrung ist die vorübergehende Freistellung der Arbeitnehmer von der Arbeit ohne Fortzahlung des Lohns – die Gewerkschaften müssen mehr Streikgeld zahlen – und damit eine Arbeitskampfmaßnahme der Arbeitgeber, um eine eigene Forderung durchzusetzen (sog. heiße Aussperrung) oder eine der Gewerkschaften abzuwehren.

> **!** Das Arbeitsverhältnis wird durch die Aussperrung nicht gelöst.

Die Teilbelegschaft bzw. **Belegschaft** ist bis zur

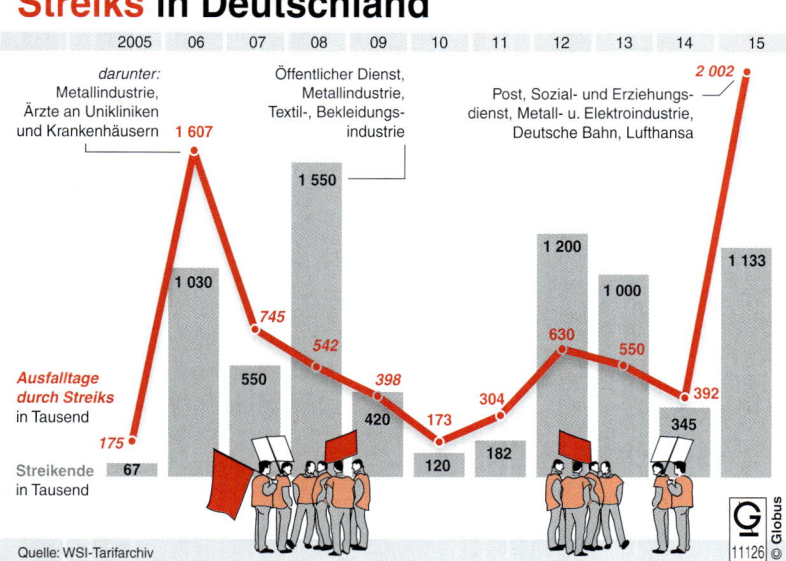

Streiks in Deutschland

2005   06   07   08   09   10   11   12   13   14   15

darunter:
Metallindustrie, Ärzte an Unikliniken und Krankenhäusern

Öffentlicher Dienst, Metallindustrie, Textil-, Bekleidungsindustrie

Post, Sozial- und Erziehungsdienst, Metall- u. Elektroindustrie, Deutsche Bahn, Lufthansa

Ausfalltage durch Streiks in Tausend

175   1 607   1 030   745   542   398   173   304   630   550   392   2 002

Streikende in Tausend
67   550   1 550   420   120   182   1 200   1 000   345   1 133

Quelle: WSI-Tarifarchiv

11126 © Globus

Beendigung des Arbeitskampfes genauso wie der Arbeitgeber vorübergehend **von** seinen **Rechten** und **Pflichten** aus dem Arbeitsverhältnis **befreit** (z. B. keine Gehaltszahlung, keine Arbeitsleistung). Der Arbeitgeber hat **nach der Aussperrung** die Pflicht, die gesamte Belegschaft weiterzubeschäftigen; dies gilt nicht für Initiatoren eines „wilden" Streiks.

Schlichtung

Gelten Tarifverhandlungen als gescheitert, kommt es in der Regel zu einem Schlichtungsverfahren.

Zu unterscheiden sind hierbei:

1. Privates Schlichtungsverfahren
Es wird von Schlichtungsstellen durchgeführt, deren Zusammensetzung im bestehenden Tarifvertrag festgeschrieben ist; daher spricht man auch von vereinbarter Schlichtung, die aber nicht in allen Tarifverträgen vorgesehen ist (z. B. nicht bei Bahn und Lufthansa).

2. Behördliches Schlichtungsverfahren
Es kann von den Tarifparteien beantragt werden, sofern das private **Schlichtungsverfahren** zu keinem Konsens führt. Die Schlichtung bei der Lufthansa begann im Januar 2016 unter der Leitung des Ex-Politikers Matthias Platzeck.

Im Jahr 2015 hatte die Bahnschlichtung Erfolg: Nach einem Jahr Streit haben der Konzern und die Lockführergewerkschaft GDL einen Tarifkompromiss erzielt. Damit sind Streiks bei der Bahn bis Herbst 2016 ausgeschlossen.

> **!** Dieses Verfahren dient der Beilegung von arbeitsrechtlichen Gesamtstreitigkeiten, d. h. der Schaffung von neuen oder ergänzenden Tatbeständen in den Tarifverträgen.

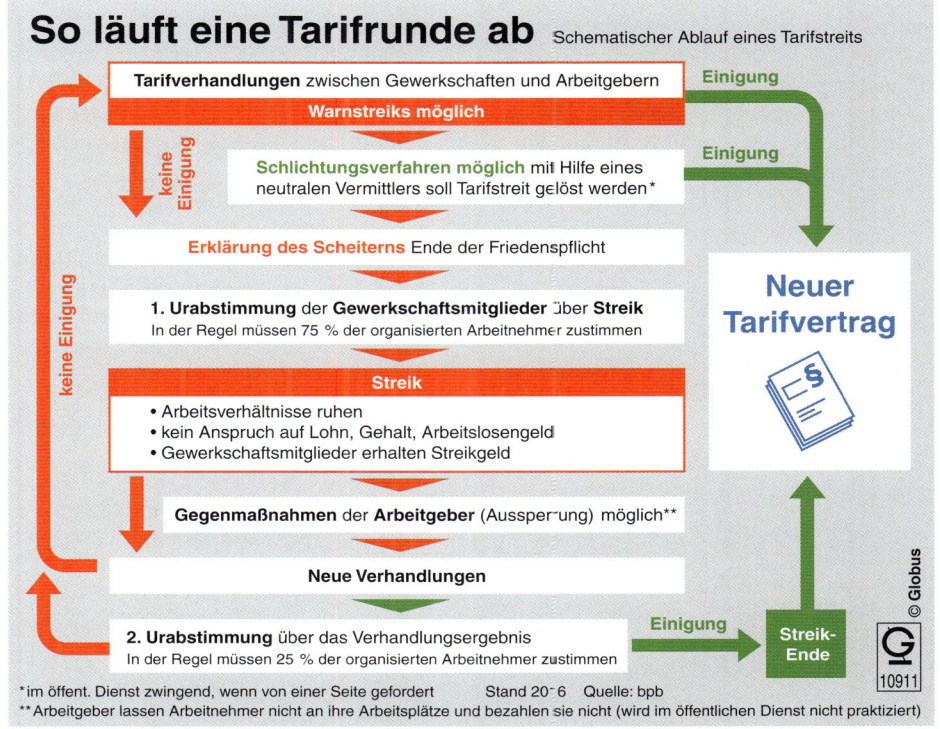

So läuft eine Tarifrunde ab
Schematischer Ablauf eines Tarifstreits

Tarifverhandlungen zwischen Gewerkschaften und Arbeitgebern — Einigung

Warnstreiks möglich

keine Einigung

Schlichtungsverfahren möglich mit Hilfe eines neutralen Vermittlers soll Tarifstreit gelöst werden* — Einigung

Erklärung des Scheiterns Ende der Friedenspflicht

1. Urabstimmung der **Gewerkschaftsmitglieder** über **Streik**
In der Regel müssen 75 % der organisierten Arbeitnehmer zustimmen

Streik
• Arbeitsverhältnisse ruhen
• kein Anspruch auf Lohn, Gehalt, Arbeitslosengeld
• Gewerkschaftsmitglieder erhalten Streikgeld

Gegenmaßnahmen der **Arbeitgeber** (Aussperrung) möglich**

Neue Verhandlungen

2. Urabstimmung über das Verhandlungsergebnis
In der Regel müssen 25 % der organisierten Arbeitnehmer zustimmen — Einigung — **Streik-Ende**

Neuer Tarifvertrag

keine Einigung

© Globus
10911

*im öffent. Dienst zwingend, wenn von einer Seite gefordert   Stand 2016   Quelle: bpb
**Arbeitgeber lassen Arbeitnehmer nicht an ihre Arbeitsplätze und bezahlen sie nicht (wird im öffentlichen Dienst nicht praktiziert)

Ein Schiedsspruch im Schlichtungsverfahren ist für die Tarifparteien nur dann bindend, sofern sie die Annahme erklärt haben bzw. nach der Verkündung erklären.

Mittelbar vom Arbeitskampf betroffene Arbeitnehmerinnen und Arbeitnehmer haben einen Leistungsanspruch auf **Kurzarbeiter- und Arbeitslosengeld,** wenn ihr Unternehmen weder aussperrt noch bestreikt wird und **außerhalb** des räumlichen und fachlichen Geltungsbereichs des umstrittenen Tarifbereichs liegt.

Die Bundesagentur für Arbeit darf während eines Arbeitskampfes an **direkt vom Arbeitskampf** betroffene Arbeitnehmerinnen und Arbeitnehmer kein Arbeitslosen- und Kurzarbeitergeld zahlen.

> **!** **Während eines Arbeitskampfes gilt für die Bundesagentur für Arbeit das Neutralitätsgebot (§ 116 Absatz 1 Satz 1 AFG).**

4.5 Mitwirkung und Mitbestimmung

In der Begründung für den Beteiligungslohn wurde bereits darauf hingewiesen, dass die betriebliche Leistung auf das Zusammenwirken aller Produktionsfaktoren zurückzuführen ist.

> **!** **Der Anspruch der Arbeitnehmer auf Mitbestimmung leitet sich somit aus der Gleichstellung von Arbeit und Kapital ab.**

In der Bundesrepublik Deutschland ist zwischen zwei Ebenen der Mitbestimmung zu unterscheiden:

Mitbestimmung in Unternehmen	Mitbestimmung in Betrieben
» Ein **Unternehmen** kann als Rechtsträger (→ Kapitel 5) einen oder mehrere Betriebe führen. » Die Mitbestimmungsrechte der Arbeitnehmer beziehen sich hier auf die **Unternehmensverfassung;** die Mitwirkungsrechte auf die **Aufsichtsräte.** » Die Unternehmensmitbestimmung ist im **Betriebsverfassungsgesetz** (BetrVG), im **Mitbestimmungsgesetz** und im **Montan-Mitbestimmungsgesetz** geregelt. **Zusatzinformationen finden Sie unter Zusatzinformationen zu LF 1, Kapitel 4.5 auf der beiliegenden DVD.**	» Ein **Betrieb** ist eine organisatorische Einheit, die für ein Unternehmen einen Betriebszweck erfüllt (z. B. Produktion, Vertrieb usw.) » Die Mitbestimmungsrechte der Arbeitnehmer beziehen sich hier auf die **Betriebsverfassung;** die Mitwirkungsrechte auf den **Betriebsrat** (Arbeitnehmer) und die **Sprecherausschüsse** (leitende Angestellte). » Die betriebliche Mitbestimmung ist im **Betriebsverfassungsgesetz** (BetrVG) geregelt. » Für Beamte gilt in Betrieben der öffentlichen Hand das von den Ländern erlassene Personalvertretungsgesetz, bei Behörden auf Bundesebene das Bundespersonalvertretungsgesetz.

Das BetrVG von 1952, in der zuletzt geänderten Fassung vom 20. April 2013, lässt sich in drei Bereiche gliedern:

1. Unmittelbare Beteiligungsrechte der Belegschaft
2. Mittelbare Beteiligungsrechte der Belegschaft durch den Betriebsrat
3. Mittelbare Beteiligungsrechte der Belegschaft durch Sitz im Aufsichtsrat bei Kapitalgesellschaften.

Unmittelbare Rechte der Belegschaft

Das **Betriebsverfassungsgesetz** legt folgende **unmittelbare Rechte** der einzelnen Arbeitnehmerinnen und Arbeitnehmer fest:

» **Recht auf Unterrichtung**
Der Arbeitgeber muss das einzelne Belegschaftsmitglied über seine Aufgabe und Verantwortung sowie die Art der Tätigkeit unterrichten (§ 81 BetrVG).

» **Recht auf Anhörung**
Mitarbeiterinnen und Mitarbeiter sind von den zuständigen Stellen des Betriebes in

allen betrieblichen Angelegenheiten zu hören, soweit es ihre Person betrifft (§ 82 BetrVG).

» **Einsicht in die Personalakte**
Arbeitnehmerinnen und Arbeitnehmer haben das Recht, in die über sie geführte Personalakte Einsicht zu nehmen; dabei kann ein Mitglied des Betriebsrates hinzugezogen werden (§ 83 BetrVG).

» **Beschwerderechte**
Sollten Belegschaftsmitglieder vom Arbeitgeber oder Arbeitskollegen benachteiligt oder ungerecht behandelt werden, können sie sich bei der dafür zuständigen Stelle des Betriebes beschweren (§ 84 BetrVG).

Mittelbare Beteiligungsrechte der Belegschaft

 Mittelbare Beteiligungsrechte werden über den von der Belegschaft zu wählenden Betriebsrat wahrgenommen.

Der Betriebsrat ist für die Betriebe, die mindestens **fünf wahlberechtigte Mitarbeiterinnen** und **Mitarbeiter** haben, von denen drei wählbar sind (Absatz „Wahlrecht"), **vorgeschrieben.** Die Anzahl der Betriebsratsmitglieder richtet sich nach der Anzahl der Wahlberechtigten.

Details finden Sie im Internet unter www.gesetze-im-internet.de/betrvg sowie unter Zusatzinformationen zu LF 1, Kapitel 4.5 auf der beiliegenden DVD.

I. Mitbestimmung des Betriebsrates

Gesetzliche Grundlage: **Betriebsverfassungsgesetz** i. d. F. von 2013

Betriebsversammlung (BV)	Betriebsrat (BR) (in Betrieben mit mind. 5 Arbeitnehmern)	Jugendvertretung (JAV)
⫸ **Anzahl:** vierteljährlich für alle Arbeitnehmer ⫸ **Leitung:** BR-Vorsitzender ⫸ **Aufgaben:** – Rechenschaftsbericht – Anträge an BR behandeln – Stellungnahmen zur bisherigen Tätigkeit des BR ⫸ **Beschlüsse:** für BR nicht bindend ⫸ **Arbeitgeber:** – ist zu laden, – einmal im Jahr hat er Bericht abzugeben	⫸ **Wahlberechtigt (= aktives Wahlrecht):** Alle Arbeitnehmer über 18 Jahre ⫸ **Wählbar (= passives Wahlrecht):** Alle Arbeitnehmer über **18 J.** mit mind. **6** Monaten Betriebszugehörigkeit **Nicht wählbar** und **wahlberechtigt:** ⫸ Mitglieder der gesetzlichen Vertretungsorgane von Kapitalgesellschaften (Vorstandsvorsitzender einer AG, Aufsichtsratsmitglieder einer GmbH) ⫸ die zur Geschäftsführung befugten Gesellschafter einer Personengesellschaft (Komplementär einer KG, Gesellschafter einer OHG) ⫸ leitende Angestellte ⫸ **Größe:** – bei 5–20 Besch.: 1 Obmann – darüber je nach Betriebsgröße: 3–35 – ab 200 Besch. Freistellungen ⫸ **Amtszeit:** 4 Jahre; Kündigungsschutz + 1 Jahr ⫸ **Zusammensetzung:** Gruppen/Geschlechter/Betriebsteile nach ihrem Anteil ⫸ **Vertretung:** 1 Vorsitzender + 1 Stellvertreter	⫸ **Wahlberechtigt:** alle (mind. 5) Jugendliche bis **18** Jahre sowie Auszubildende bis **24** (= Vollendung **25.** Lebensjahrs) ⫸ **Wählbar:** Betriebsangehörige unter **25.** Lebensjahr ⫸ **Amtszeit:** 2 Jahre ⫸ **Aufgaben:** – Maßnahmen für Jugendliche, Anregungen von Jugendlichen **dem BR** vortragen – Überwachung geltender Gesetze, Vorschriften etc. dem BR vortragen – **1** Vertreter geht zu **allen** BR-Sitzungen, alle JAV bei Angelegenheiten der Jugend/Auszubildende

Allgemeine Aufgaben des Betriebsrats:

❭ Zusammenarbeit zum Wohl des Betriebs (u.a. in monatlichen Besprechungen mit der Geschäftsleitung)
❭ Beschäftigungssicherung und Qualifizierung
❭ Integration der Arbeitnehmer in den Betrieb
❭ Mitwirkung am betrieblichen Umweltschutz
❭ Förderung der Chancengleichheit von Männern und Frauen sowie deutschen und ausländischen Arbeitnehmern
❭ Verhinderung/Bekämpfung von Diskriminierung, Rassismus und Fremdenfeindlichkeit

R E C H T E des Betriebsrats (BR)

Rechtzeitige Information und Erörterung (Beratung) **vor** der Umsetzung:
❭ Personalplanung
❭ Betriebsänderungen: Rationalisierungen, Stilllegungen
❭ Investitionen
❭ Gestaltung von Arbeitsplätzen

Umfassende Information (§ 106 f.) (im Wirtschaftsausschuss in Betrieben mit über 100 Besch.) über:
❭ wirtschaftliche und finanzielle Angelegenheiten
❭ Produktions- und Absatzplan
❭ Rationalisierungen
❭ Einschränkungen, Verlagerungen

Mitbestimmung in sozialen Angelegenheiten (§ 87 f.), d.h. nur mit **Zustimmung** des BR kann Maßnahme durchgeführt werden (Letztentscheidung bei **Einigungsstelle***) für:
❭ Arbeitszeit (Mehrarbeit, Kurzarbeit, Lage, Pausen)
❭ Lohnzahlung und Entlohnungsgrundsätze
❭ Beurteilungsgrundsätze
❭ Urlaubsplanung und -grundsätze
❭ Ausbildung
❭ Betriebsordnung
❭ Soziale Einrichtungen
❭ Erstellung eines Personalfragebogens
❭ Betriebsvereinbarungen

* Aus AG- und AN-Vertretern **paritätisch** besetztes Gremium mit einem gemeinsam gewählten **neutralen Vorsitzenden** (häufig: Arbeitsrichter)

Mitwirkung in personellen Angelegenheiten (§ 92 f.), d.h. **Widerspruchsrecht** mit Letztentscheidung durch **Arbeitsgericht** bei:
❭ Einstellungen
❭ Umgruppierungen, Lohneingruppierungen
❭ Versetzungen
❭ Kündigungen
❭ Betriebsänderungen, u.a. auch Sozialplan

II. MITBESTIMMUNG im Aufsichtsrat (AR) des Unternehmens
(nur Kapitalgesellschaften: AG, GmbH, KGaA, eG, VvaG)

Drittelparität (BVG 1972, Drittelparitätsgesetz):
❭ in Kapitalgesellschaften mit mehr als **500** Beschäftigten
❭ **ein Drittel** der AR-Mitglieder Arbeitnehmer

Mitbestimmungsgesetz von 1976
❭ in Kapitalgesellschaften mit mehr als **2 000** Beschäftigten
❭ **50 %** der AR-Mitglieder Arbeitnehmervertreter, davon **50 %** aus dem Betrieb und mind. ein leitender Angestellter
❭ Vorsitzender wird mit **Zweidrittel**-Mehrheit gewählt
❭ Vorsitzender hat **doppelte** Stimme bei Stichentscheid

Der **Schutz von Betriebsratsmitgliedern** ist gewährleistet. Nicht nur die **Kündigung** von Betriebsratsmitgliedern vor, während und nach der Wahl, sondern auch deren **Versetzung** bedarf der Zustimmung des Betriebsrats, wenn sie gegen dessen Willen erfolgt und zum Verlust der Mitgliedschaft im Betriebsrat führen würde (§ 103 Absatz 3).

Betriebsordnung

> **!** Eine schriftliche Betriebsvereinbarung (→ Kapitel 4.3), die von der Arbeitgeberseite und dem Betriebsrat unterzeichnet ist, ist eine Betriebsordnung.

In ihr werden u. a. zusätzliche Vereinbarungen zur Unfallverhütung, zum Gesundheitsschutz, zur Vermögensbildung und über die Einrichtung von Sozialeinrichtungen (z. B. Kantinen, Erholungsheime) festgelegt.

Sozialplan

> **!** Der Sozialplan ist eine besondere Betriebsvereinbarung.

Er soll Härten für die Belegschaft bei geplanten Betriebsveränderungen verhindern. Ein Sozialplan kann u. a. Umzugshilfen bei Versetzungen an einen anderen Ort, die Finanzierung von Umschulungsmaßnahmen, Zuschüsse bei vorzeitigem Ruhestandseintritt und Abfindungen bei Personalabbau beinhalten.

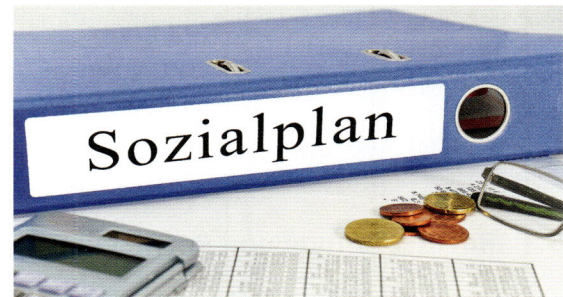

Aufgaben

1_ Was ist kollektives Arbeitsrecht?

2_ Welche Aufgaben nehmen die öffentlich-rechtlichen Arbeitgebervereinigungen und die privatrechtlichen Arbeitgebervereinigungen wahr?

3_ Erklären Sie zwei Ziele der Gewerkschaften.

4_ Warum müssen in jedem Tarifvertrag der räumliche, der fachliche und der persönliche Geltungsbereich definiert sein?

5_ Kann eine Betriebsvereinbarung einen Tarifvertrag ersetzen?

6_ Erklären Sie zwei Formen des Arbeitskampfes.

7_ Welche Möglichkeiten der Schlichtung kennen Sie?

8_ Erläutern Sie das Günstigkeitsprinzip.

9_ Welche unmittelbaren und mittelbaren Beteiligungsrechte sind nach dem Betriebsverfassungsgesetz zu unterscheiden?

10_ Wann muss eine Jugend- und Auszubildendenvertretung gewählt werden?

11_ Halten Sie es für gerechtfertigt, dass Betriebsratsmitglieder nach dem BetrVG einem besonderen Schutz unterliegen?

5 Rechtsbegriffe

Der Rechtsraum mit seinen vielen Rechten, die unsere Gesellschaft, unser Zusammenleben und unser Arbeitsleben strukturieren, organisieren und umgeben ist gleichsam vielfältig und verwirrend. Trotzdem ist es notwendig und wichtig, einige Teilbereiche und deren Ineinandergreifen zu kennen, um ein gewisses Verständnis für unser Handeln und Tun und die daraus resultierenden Auswirkungen zu wecken.

Die vorangehenden Kapitel machten Sie bereits mit einigen Rechten und Pflichten Ihrer Ausbildung, des Sozialrechts und des Arbeitsrechts vertraut. Dieses Kapitel soll Ihnen dabei helfen, den Sie privat und beruflich umgebenden Rechtsraum noch ein wenig mehr kennen- und begreifen zu lernen.

5.1 Rechtsordnung und Rechtsgebiete

Die über den einzelnen Rechten stehende **Rechtsordnung sorgt für einen Interessenausgleich** in der Summe aller Rechtsbeziehungen.

Die Rechte können grundsätzlich in vier Rechtsformen unterteilt werden:

Gewohnheitsrecht

Das **Gewohnheitsrecht** ist die ursprüngliche Form des Rechts. Es ist ohne das Zutun eines Gesetzgebers aus den von Generation zu Generation **überlieferten Rechtsanschauungen** eines Volkes entstanden; die Kurtaxe oder das Wegerecht seien als Beispiele genannt. Gewohnheitsrechte sind ungeschriebenes Recht.

Gesetzesrecht

Mit Beginn der Neuzeit trat das **gesetzte Recht** neben das Gewohnheitsrecht. So wurden in der zweiten Hälfte des 19. Jahrhunderts viele Gesetze gemacht, die zum Teil heute noch gelten.
» Strafgesetzbuch 1871
» Zivilprozessordnung 1877
» Strafprozessordnung 1877
» Bürgerliches Gesetzbuch 1900
» Handelsgesetzbuch 1900

! **Gesetze sind geschriebene Rechtsnormen, die in einem förmlichen Verfahren von den Parlamenten erlassen werden.**

Vertragsrecht

Durch individuelle Vereinbarungen zwischen Vertragspartnern (Rechtssubjekte → Kapitel 5.2) können für diese bindende, geschriebene und ungeschriebene Rechtsnormen entstehen. Sie finden ihre Grenzen dort, wo gegen die Rechte Dritter bzw. bestehende Gesetze verstoßen wird.

! **Verträge sind Vereinbarungen, die durch mindestens zwei übereinstimmende Willenserklärungen zustande kommen.**

Zusatzinformationen finden Sie auf der beliegenden DVD unter LF 1, Kapitel 5.1 Rechtsgeschäfte und Willenserklärung.

Richterrecht

Richterrecht ist faktisches Recht, das durch die Rechtsprechung der Gerichte entsteht. Es dient – wie auch das Gewohnheitsrecht – vor allem der Schließung bestehender Gesetzeslücken, aber auch der Rechtsfortbildung als Reaktion auf sich verändernde Verhältnisse.

! **Entgegen einer klaren gesetzlichen Regelung ist eine Rechtsfortbildung durch die Gerichte aber nicht zulässig (Beispiel: Frankfurter Tabelle für Reisemängel → LF 4, Kapitel 7.1).**

Die Rechtsordnung wird durch die **Rechtsprechung** aufrecht erhalten. Die Rechtsprechung entscheidet, was Recht ist. Sie ist in Deutschland eine selbstständige Staatsgewalt und in selbstständigen Gerichtszweigen klar geregelt.

Die Rechtsprechung befasst sich mit verschiedenen **Rechtsgebieten.** Methodisch unterteilt

Gesetztes Recht

Verfassung
Gesetz
Rechtsverordnung
Satzung

Gewohnheitsrecht

gebildet durch:
- Überzeugung
- gleichmäßige Übung
- Billigung der Mehrheit

Beispiel:
Bundesrecht bricht Landesrecht

Rechtsgebiete

Öffentliches Recht

Völker- und Staatsrecht	Strafrecht	Kirchen- recht

Völkerrecht

1. UN-Charta

2. EU-Recht

bindet ...

Staatsrecht

1. **Verfassungsrecht**
   - Grundgesetz
   - Länderverfassungen
   - Wahlgesetze
   - Gemeindeordnungen

2. **Verwaltungsrecht**
   - Finanz- und Steuerrecht
   - Gewerberecht
   - Verkehrsrecht
   - Schulrecht

Strafgesetzbuch (StGB)

...

Privatrecht

Handelsrecht (HGB)	Bürgerliches Recht (BGB)	Bank- Börsen- recht

1. Handelsstand
2. Handelsgesellschaften
3. Handelsbücher
4. Handelsgeschäfte
5. Seehandel

1. Allgemeiner Teil
2. Schuldverhältnisse
3. Sachenrecht
4. Familienrecht
5. Erbrecht

...

Deutschlands Gerichte

Bundesverfassungsgericht	Verfassungsgerichte der Länder

OBERSTE GERICHTE DES BUNDES

Bundes- gerichtshof	Bundesverwal- tungsgericht	Bundes- finanzhof	Bundes- sozialgericht	Bundes- arbeitsgericht

GERICHTE DER LÄNDER

Oberlandes- gericht	Oberverwal- tungsgericht	Finanzgericht	Landessozial- gericht	Landesarbeits- gericht
Landgericht	Verwaltungs- gericht		Sozialgericht	Arbeitsgericht
Amtsgericht				

Ordentliche Gerichtsbarkeit (Zivil- und Strafsachen)	Verwaltungs- gerichtsbarkeit	Finanz- gerichtsbarkeit	Sozial- gerichtsbarkeit	Arbeits- gerichtsbarkeit
Zivilprozesse, z.B. Mietrecht; Strafsachen, z.B. Diebstahl	Streit zwischen Bürger und Behörden, z.B. Baugenehmigungen	Streit zwischen Steuerpflichtigen und Finanzbehörden, z.B. Steuerbescheid	Streit über gesetzl. Sozialleistungen, z.B. Arbeitslosengeld	Streit zwischen Arbeitnehmer und -geber, z.B. Kündigungen

außerdem: Bundespatentgericht
(unter dem Bundesgerichtshof eingeordnet)

Quelle: Bundesjustizministerium
Stand Oktober 2015

© Globus 10619

Strafprozessordnung (StPO)

Zivilprozessordnung (ZPO)

sind das Privatrecht (Zivilrecht), das öffentliche Recht und das Strafrecht. Sachlich oder inhaltlich (methodenübergreifend) unterteilt sind z. B. das Verkehrsrecht, das Wirtschaftsrecht oder auch das Reiserecht.

Als Grundlage sollen hier die Rechtsgebiete des Zivilrechts und des öffentlichen Rechts etwas genauer vorgestellt werden.

Privatrecht (Zivilrecht)

> **!** **Das Privatrecht regelt die Rechtsbeziehungen (Rechte und Pflichten) der Privatpersonen gegenüber anderen Staatsbürgern und privaten Einrichtungen untereinander nach dem Grundsatz der Gleichberechtigung.**

Das Privatrecht ist **nachgiebiges Recht;** somit können bestehende Gesetze durch individuelle vertragliche Vereinbarungen geändert werden. Diese Tatsache bezeichnet man als **Vertragsfreiheit.** Die Vertragspartner können Verträge im Rahmen bestehender Gesetze ausgestalten. Somit können u. a. der Zeitpunkt des Vertragsabschlusses, der Inhalt und die Dauer grundsätzlich frei festgelegt werden. Eine Rechtsnorm greift in diesem Fall nur dann, wenn keine andere vertragliche Vereinbarung getroffen wurde.

Das Privatrecht umfasst:
» das **bürgerliche Recht** (BGB)
» das **Handelsrecht** (HGB)

Öffentliches Recht

> **!** **Das öffentliche Recht befasst sich grundsätzlich mit der Rechtsbeziehung der Privatperson bzw. privaten Einrichtung zum Staat und seinen Einrichtungen (Kreis, Gemeinde, Land, Bund) untereinander.**

Es gilt hier das **Prinzip der Unterordnung unter die Staatsgewalt,** d. h. die im Gesetz verankerten Rechtsnormen sind für die Privatperson bzw. öffentliche Einrichtung zwingend.

Das öffentliche Recht wird durch **Verwaltungsakte** vollzogen. Hierunter versteht man hoheitliche Maßnahmen, die zur Regelung eines Einzelfalls von einer Behörde getroffen werden und der sich die Privatperson bzw. private Einrichtung, sofern kein Rechtsbehelf möglich ist, nicht verweigern kann.

Aus den Rechtsnormen und Rechten (als Teile des „objektives Rechts") ergeben sich Berechtigungen („subjektive Rechte"), diese anzuwenden.

5.2 Rechtssubjekte und ihre „Fähigkeiten"

Der Begriff **Rechtsfähigkeit** ist der zentralste in der gesamten Rechtsordnung. Er scheidet die sogenannten **Rechtssubjekte** von den **Rechtsobjekten.**

> **!** **Wer rechtsfähig ist, ist Rechtssubjekt.**

» Rechtssubjekte sind natürliche und juristische Personen.
» Rechtssubjekte können von Rechts wegen Träger von Rechten und Pflichten sein.
» Rechtssubjekte besitzen die Fähigkeit, sich am Rechtsverkehr zu beteiligen.

Wer nicht rechtsfähig ist, hat auch keine Möglichkeit, Verträge abzuschließen, Rechtsansprüche geltend zu machen, **Eigentum** zu besitzen und vor Gericht als Kläger oder **Beklagter** aufzutreten.

Die natürliche Person

Nach **§ 1 BGB** sind alle **Menschen rechtsfähig,** Erwachsene und Kinder, ein Inländer wie ein Ausländer, Kranke und Gesunde. Das BGB geht von der **rechtlichen Gleichheit** aller Menschen aus. Da der Rechtsfähigkeit eine besondere Bedeutung zukommt, z. B. bei erbrechtlichen Auseinandersetzungen, werden Geburts- und Todesstunde jeder Person im Geburts- und Sterberegister der Standesämter dokumentiert.

505360

Rechtsfähigkeit natürlicher Personen

» Rechtsfähig sind alle Menschen.
» Rechtsfähigkeit beginnt mit Vollendung der Geburt und endet mit dem Tod.

Ein 2-jähriges Kind kann aufgrund einer Schenkung Eigentümer einer Immobilie werden.

Die juristische Person

Im rechtsgeschäftlichen Verkehr spielen die juristischen Personen häufig eine bedeutendere Rolle als die natürlichen Personen, da sie im Wirtschaftsleben oft eine dominante Rolle innehaben. Hierbei handelt es sich insbesondere um Aktiengesellschaften (AG), Gesellschaften mit beschränkter Haftung (GmbH) und rechtsfähige Genossenschaften (e. G.).

Ihre **Rechtsfähigkeit** beginnt mit ihrer Eintragung in das **Handelsregister** bzw. Genossen-schaftsregister. Die Rechtsfähigkeit **endet** mit der **Löschung** der Eintragung der betreffenden juristischen Person im Handelsregister bzw. Genossenschaftsregister.

Juristische Personen des öffentlichen Rechts

» **Körperschaften** des öffentlichen Rechts

– Gebietskörperschaften (Gemeinde, Land, Bund)
– Personenkörperschaften (IHK, Religionsgemeinschaften)

» **Anstalten** des öffentlichen Rechts

– Sparkassen, Rundfunk-/Fernsehanstalten (ARD, ZDF)

» **Stiftungen** des öffentlichen Rechts

– Stiftung Warentest

Die ARD (Informationsversorgung der Bevölkerung) oder eine Gemeinde als Schulträger nehmen öffentliche Aufgaben wahr.

Juristische Personen des privaten Rechts

» **Rechtsfähige Vereine und Gesellschaften**

– eingetragene Vereine (e. V.) ——————————→ ideelle Zielsetzung
– Aktiengesellschaften (AG)
– Kommanditgesellschaften auf Aktien (KGaA) ——→ wirtschaftliche
– Gesellschaften mit beschränkter Haftung (GmbH) — Zielsetzung
– eingetragene Genossenschaften (e. G.) ————→ ideelle und wirtschaftliche Zielsetzungen (Selbsthilfe)

» **Privatrechtliche Stiftungen (§ 80 BGB)**

– Vermögensmassen (z. B. Vermögen mit bestimmter Zweckwidmung)

Rechtsfähigkeit juristischer Personen

» Juristische Personen sind alle anerkannten Personenvereinigungen oder Vermögensmassen mit eigener Rechtspersönlichkeit.
» Man unterscheidet zwischen juristischen Personen des öffentlichen und des privaten Rechts.
» Die Rechtsfähigkeit juristischer Personen des Privatrechts beginnt und endet mit einem Verwaltungsakt (Eintrag und Löschung im Unternehmensregister).

Die GmbH ist eine **juristische Person des Privatrechts.** Ihre Rechtsfähigkeit beginnt mit der Eintragung ins Handelsregister/Unternehmensregister. Da sie Rechtssubjekt ist, kann die GmbH auch zur Zahlung von Steuern herangezogen werden (z. B. Körperschaftsteuer).

Die nicht rechtsfähige Personenvereinigung

Bei nicht rechtsfähigen Personenvereinigungen sind die **Mitglieder** in ihrer Gesamtheit **Träger** von **Rechten** und **Pflichten**. Kommt es zu rechtlichen Auseinandersetzungen mit Dritten, werden sie **gemeinsam** verklagt oder müssen klagen.

> » Gesellschaften bürgerlichen Rechts (§ 705 BGB)
> » nicht eingetragene Vereine (§ 54 BGB)
> » Erbengemeinschaften (§ 2032 BGB)

Wer rechtsfähig ist, braucht damit noch nicht **handlungsfähig** zu sein. Säuglinge sind rechtsfähig, aber nicht handlungsfähig. Sie können sich nicht selbst am Rechtsverkehr beteiligen. Dies gilt ebenso für die juristischen Personen. Sie können als juristische Gedankengebilde keine rechtlich bedeutsamen Handlungen vornehmen, an die das Recht Rechtsfolgen knüpft.

! **Um durch Handeln rechtswirksame Folgen zu bewirken, bedarf es der Handlungsfähigkeit.**

Handlungsfähigkeit (§ 104 ff. BGB) gliedert sich in: Geschäftsfähigkeit und Deliktsfähigkeit.

Zusatzinformationen zur Deliktsfähigkeit finden Sie unter LF 1, Kapitel 5.2 auf der beiliegenden DVD.

Geschäftsfähigkeit

Die Geschäftsfähigkeit bestimmt den Umfang der Teilnahme am rechtsgeschäftlichen Verkehr, insbesondere durch Abgabe von rechtsbedeutsamen Erklärungen oder den Abschluss von Verträgen.

Kinder können somit bis zur **Vollendung** des 7. Lebensjahres weder rechtswirksamen **Willenserklärungen** abgeben noch entgegennehmen (§ 104 Ziff. 1 BGB).

! **Geschäftsunfähige geben keine rechtswirksame Willenserklärung ab; solche Willenserklärungen sind nichtig (von Anfang an ungültig) (§ 105 BGB).**

Damit diese Personengruppe Rechtsgeschäfte abschließen kann, benötigt sie einen **gesetzlichen Vertreter**. Dies sind bei Kindern i. d. R. kraft Gesetzes die Eltern.

> Der 5-jährige Jürgen soll von seinem Patenonkel eine Gitarre geschenkt bekommen. Die Eltern erklären sich damit einverstanden. Jürgen ist Eigentümer des Instruments, weil er rechtsfähig ist.

! **Willenserklärungen werden gegenüber Geschäftsunfähigen erst rechtswirksam, wenn sie deren gesetzlichen Vertretern zugehen (§ 131 BGB).**

Beschränkte Geschäftsfähigkeit

Willenserklärungen, die von **beschränkt geschäftsfähigen Personen** abgegeben werden, sind schwebend unwirksam. Sie erhalten nur dann Gültigkeit, wenn die **gesetzlichen Vertreter** ihre Zustimmung vor dem Rechtsgeschäft oder nach dem Rechtsgeschäft ihre Einwilligung erteilen (§§ 107, 108 BGB).

> Der 17-jährige Hans kauft einen Computer zum Preis von 1.200,00 €. Wird die Zustimmung des gesetzlichen Vertreters nicht erteilt, ist die Willenserklärung des Jugendlichen unwirksam. Ein Kaufvertrag kommt nicht zustande.

! **Ein Rechtsgeschäft ohne Einwilligung der gesetzlichen Vertreter kommt bei beschränkt Geschäftsfähigen nicht zustande.**

Diese generelle Regelung wird jedoch von Ausnahmefällen durchbrochen, in denen beschränkt Geschäftsfähige ohne Zustimmung des gesetzlichen Vertreters rechtlich wirksame Willenserklärungen abgeben können oder diese Zustimmung nachträglich einholen können:

> » **Der rechtliche Vorteil**
> Ein beschränkt Geschäftsfähiger darf eine Willenserklärung rechtsverbindlich abgeben, wenn er durch sie lediglich einen **rechtlichen Vorteil** erlangt (§ 107 BGB).

505362

> Der 12-jährige Manfred bekommt von seinem Onkel dessen Fahrrad geschenkt. Nimmt der Junge das Geschenk an, ist das Rechtsgeschäft auch ohne Zustimmung der gesetzlichen Vertreter rechtswirksam.

> Die 16-jährige Andrea schließt mit Einwilligung der gesetzlichen Vertreter einen Ausbildungsvertrag ab. Sie kann ein Girokonto bei einem Kreditinstitut eröffnen, auf das ihre Ausbildungsvergütung überwiesen wird.

» **Taschengeldparagraf**

Schließt ein beschränkt Geschäftsfähiger ohne die Zustimmung der gesetzlichen Vertreter ein Rechtsgeschäft ab, so ist dieses rechtswirksam, wenn er die vertragliche Verpflichtung aus Mitteln erfüllen kann, die ihm zu diesem **Zweck** oder zur **freien Verfügung** von seinen gesetzlichen Vertretern oder mit ihrer Zustimmung von einem Dritten zur freien Verfügung überlassen worden sind (§ 110 BGB).

> Die 8-jährige Alina kauft von ihrem Taschengeld ein Kinderbuch. Der 11-jährige Steffen kauft sich von seinem gesparten Taschengeld einen Lederfußball.

» **Selbstständiger Betrieb eines Erwerbsgeschäftes**
Ein beschränkt Geschäftsfähiger kann unbeschränkt Rechtsgeschäfte im **Rahmen eines Geschäftsbetriebs** nur dann abschließen, wenn die Ermächtigung dazu der gesetzliche Vertreter mit Genehmigung des Vormundschaftsgerichts erteilt hat (§ 112 BGB).

> Der 16-jährige Norbert betreibt unter den oben genannten Voraussetzungen den Vertrieb von Computerzubehör.

» **Dienst- und Arbeitsverhältnis**
Schließt ein beschränkt Geschäftsfähiger einen Dienst- oder Arbeitsvertrag mit Einwilligung der gesetzlichen Vertreter ab, so ist er für solche Rechtsgeschäfte unbeschränkt geschäftsfähig, die sich im Rahmen eines solchen Verhältnisses nach Art und Erfüllung ergeben (§ 113 BGB).

Geschäftsunfähig sind Minderjährige unter sieben Jahren und Personen, deren Geisteszustand eine freie Willensbestimmung ausschließt. Hierunter fallen häufig Personen mit geistigen Behinderungen oder psychischen Krankheiten wie senile Demenz (Altersdemenz, vaskuläre Demenz oder Alzheimer Krankheit), angeborene geistige Minderbegabung, Schizophrenie, Alkoholkrankheit, Manie usw.

Teilweise muss durch gerichtliche Verfahren entschieden werden, ob eine Geschäftsunfähigkeit vorliegt. Die von einem Geschäftsunfähigen abgegebene Willenserklärung ist nicht rechtsverbindlich, ein getätigtes Rechtsgeschäft damit ungültig und nichtig. Der Geschäftsunfähige benötigt einen gesetzlichen Vertreter oder Betreuer.

Geschäftsfähigkeit juristischer Personen

Juristische Personen als juristische Gedankengebilde können nicht selbst handeln. Sie benötigen zur Teilnahme am Rechtsverkehr durch das Gesetz bestimmte Organe. Dies sind Menschen, denen die Rechtsordnung die Rechtsstellung von **gesetzlichen Vertretern** einräumt. Wer Organ ist und welche Befugnisse diese im Einzelnen haben, wird bei rechtsfähigen Personenvereinigungen durch die Satzung und bei rechtsfähigen Stiftungen durch die Stiftungsurkunde bestimmt.

> Die Geschäftsführung und Vertretung einer Aktiengesellschaft obliegt dem Vorstand in eigener Verantwortung.

! **Juristische Personen sind von ihrer Gründung, also mit Erlangen der Rechtsfähigkeit, bis zur Auflösung unbeschränkt geschäftsfähig.**

Zusatzinformationen zu Rechtsobjekten sowie zu Eigentum und Besitz finden Sie unter LF 1, Kapitel 5.2 auf der beiliegenden DVD.

Aufgaben

1_ Wozu bedarf es einer Rechtsordnung?

2_ Unterscheiden Sie die Formen des Rechts.

3_ Welche Merkmale grenzen das Privatrecht von dem öffentlichen Recht ab?

4_ In welcher Form wird das öffentliche Recht vollzogen?

5_ Nennen Sie vier Gebiete des öffentlichen Rechts.

6_ Wann beginnt und endet die Rechtsfähigkeit

a) natürlicher Personen?

b) juristischer Personen?

7_ Erklären Sie folgende Aussage: Wer rechtsfähig ist, ist Rechtssubjekt.

8_ Wer ist Träger von Rechten und Pflichten einer nicht rechtsfähigen Personenvereinigung?

9_ Erläutern Sie den Begriff Geschäftsfähigkeit.

Zusätzliche Aufgaben zu Kapitel 5 finden Sie auf der beiliegenden DVD.

6 Tourismusunternehmen

6.1 Rechtsformen von Touristikunternehmen

Für die Wahl einer bestimmten **Rechtsform des Unternehmens** sind sowohl **rechtliche** als auch **betriebswirtschaftliche Faktoren** relevant.

rechtliche Einflussgrößen

» Firma
» Handelsregistereintragung
» Geschäftsführung Vertretungsbefugnis
» Haftung
» Besteuerung
» Publizität des Jahresabschlusses

betriebswirtschaftliche Einflussgrößen

» Kapitalaufbringung
» Ergebnisverteilung
» Kreditbasis
» Mitbestimmung der Arbeitnehmer

Nach der **Zahl der Inhaber des Unternehmens** unterscheidet man zwischen **Einzel- und Gesellschaftsunternehmen.**

Aufgrund der Marktgegebenheiten im Segment Tourismus werden hier nur die Rechtsformen e. K., GmbH und eingeschränkt der AG näher erläutert.

Einzelunternehmen (e. K.)

Das **Einzelunternehmen** ist die häufigste Unternehmensform und eignet sich für kleine und mittelgroße Unternehmen. Ein Einzelunternehmen ist voll rechtsfähig und kann in der Person des Inhabers oder Eigentümers als Rechtssubjekt Eigentum oder Rechte an Sachen (Rechtsobjekten) erwerben.

Beispiel:

Globetrotter e. K., Worms

Der **Eigentümer** eines Einzelunternehmens führt dieses in alleiniger Verantwortung. Er **vereinigt** alle **Rechte** und **Pflichten** in einer Person.

505364

» Er ist für die Kapitalaufbringung allein verantwortlich (kein Mindestkapital erforderlich).

» Er haftet mit dem Privat- und Geschäftsvermögen.

» Er hat die alleinige Vertretungsbefugnis (allerdings besteht die Möglichkeit, Prokura oder Handlungsvollmacht zu erteilen).

» Er kann den erwirtschafteten Gewinn alleine vereinnahmen, eventuelle Verluste muss er aber auch alleine tragen.

Der Einzelunternehmer ist **Istkaufmann** nach § 1 HGB, sofern er ein **Handelsgewerbe** (ein in kaufmännischer Weise eingerichteter Gewerbebetrieb, notwendig ab einem Umsatz von 600.000,00 €, lt. Bundesfinanzministerium) betreibt, ansonsten ist er **Nichtkaufmann** (ggf. Kannkaufmann).

Durch die Vereinfachung und Liberalisierung des Firmenrechts haben auch die Einzelkaufleute eine größere Freiheit bei der Wahl ihrer Firma (Name des Kaufmanns/Unternehmens;

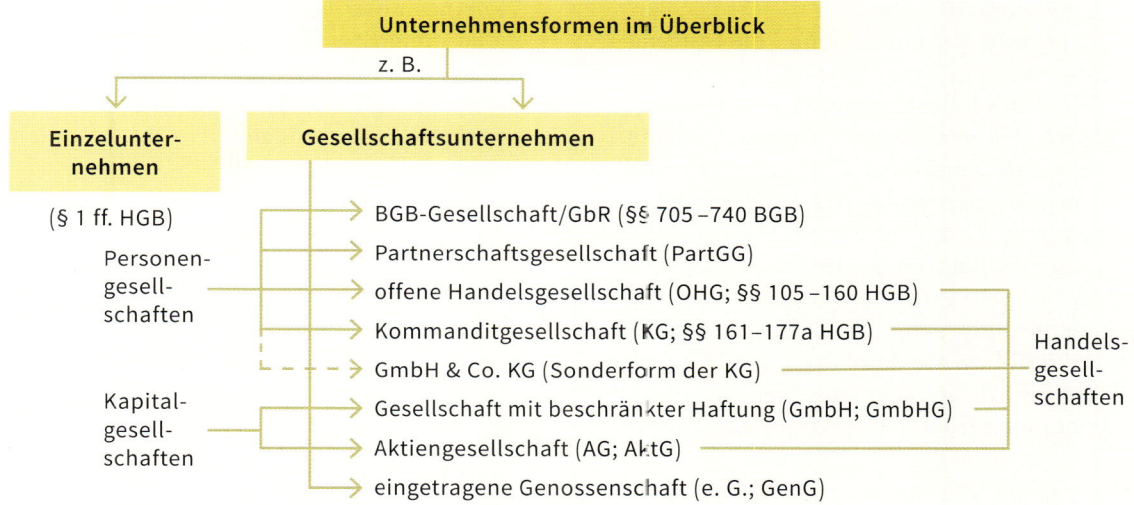

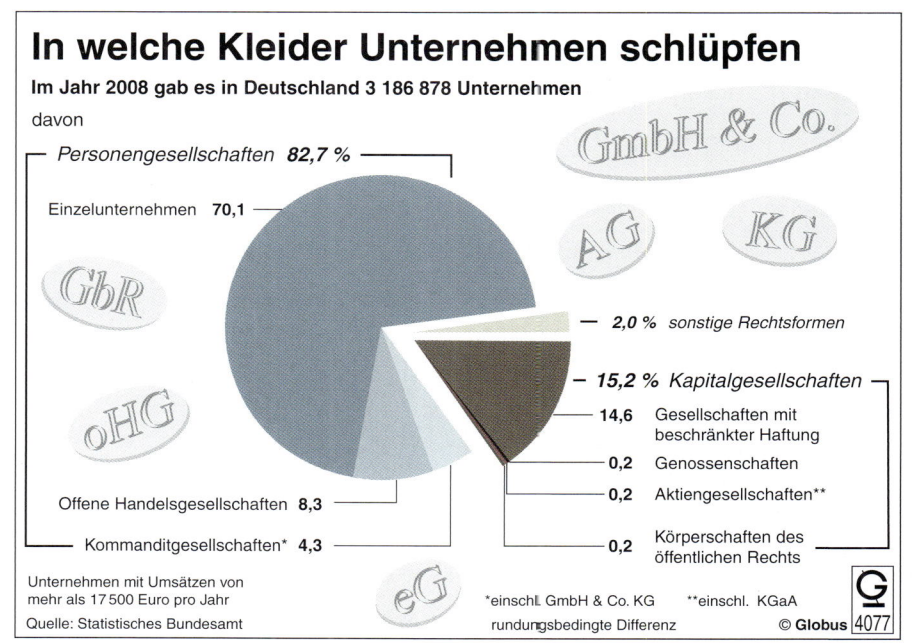

Personen-, Sach- oder Fantasiefirma). Unter Beachtung der allgemeinen Firmengrundsätze (z. B. Firmenwahrheit, -klarheit und -beständigkeit …) muss die Firma des Kaufmanns zwingend die Bezeichnung der Rechtsform eingetragener Kaufmann bzw. eingetragene Kauffrau oder eine übliche Abkürzung dieser Bezeichnung enthalten (§ 19 Absatz 1 Nr. 1 HGB).

Vor- und Nachteile

Die Vor- bzw. Nachteile eines Einzelunternehmens ergeben sich im Hinblick auf:

» **Kapital und Haftung**
Die Kapitalausstattung und die Haftung sind abhängig von der finanziellen Situation des Einzelunternehmers. Eine zu geringe Kapitalkraft schlägt sich auf die Kreditbeschaffungsmöglichkeiten und das Vertrauensverhältnis zu den Geschäftspartnern (z. B. Lieferanten) nieder. In jedem Fall haftet der Unternehmer auch mit seinem Privatvermögen!
Insbesondere durch die begrenzte Kapitalkraft und die damit verbundene geringe Haftungsgrundlage stößt das Einzelunternehmen an seine Grenzen.

» **Geschäftsführung und Vertretung**
Durch das alleinige Entscheidungsrecht kann der Einzelunternehmer schnell auf sich ändernde wirtschaftliche Gegebenheiten reagieren. Bei unzureichender unternehmerischer Qualifikation können diese Merkmale den Bestand des Unternehmens gefährden.

» **Ergebnisverteilung**
Da der Gewinn dem Unternehmer allein zusteht, ergibt sich ein besonderer Leistungsanreiz.

» **steuerliche Aspekte**
  – Einzelunternehmer unterliegt der Einkommensteuer (§ 1 Absatz 1 EStG)
  – Gewerbebetrieb unterliegt der Gewerbesteuer (§ 15 EStG)
  – Umsätze unterliegen der Umsatzsteuer (§ 2 UStG)

Gesellschaft mit beschränkter Haftung

Diese Rechtsform wird eingehender behandelt, weil sie im touristischen Bereich die vorherrschende Unternehmensform ist, vor allem bei Reisebüros und (eher kleineren) Veranstaltern.

Die GmbH im Überblick	
Namens-/Firmenzusatz	GmbH
Firma	Personen-, Sach-, Fantasie- oder gemischte Firma
Kapitalaufbringung Mindestzahl der Gründer	eine oder mehrere Personen
Mindestkapital	Mindeststammkapital 25.000,00 €, die Hälfte als Bar-, Sach- oder Mischeinlage
Mindesteinlage	Stammeinlage eines Gesellschafters mindestens 1,00 €, 25 % sind einzuzahlen
Haftung	Gegenüber den Gläubigern haftet die Gesellschaft mit Gesellschaftsvermögen (§ 13 II GmbHG). Wenn im Gesellschaftsvertrag vorgesehen, können Gesellschafter beschließen, dass über die Stammeinlage hinaus weitere Einzahlungen (Nachschüsse) erbracht werden müssen.
Geschäftsführung (Innenverhältnis)	durch einen oder mehrere Geschäftsführer (natürliche Personen); Gesamtgeschäftsführungsbefugnis
Vertretung (Außenverhältnis)	Gesamtvertretungsmacht aller Geschäftsführer; Einzelvertretungsbefugnis kann im Gesellschaftsvertrag vereinbart werden (§ 35 GmbHG).
Ergebnisverteilung	Gewinn: Verteilung des Bilanzgewinns nach Anteilen (§ 29 GmbHG).

505366

Die Gesellschaft mit beschränkter Haftung (GmbH) stellt eine Weiterentwicklung der **Personengesellschaft** dar, bei der sich die Gesellschafter mit Stammeinlagen am Stammkapital beteiligen, **ohne persönlich für die Verbindlichkeiten der Gesellschaft zu haften.**

Zur **Errichtung** ist ein **Gesellschaftsvertrag** notwendig, der folgende **Mindestbestandteile** enthalten muss (§ 2 f. GmbHG):
1. Firma und Sitz der Gesellschaft,
2. Gegenstand des Unternehmens,
3. Betrag des Stammkapitals,
4. Höhe der Stammeinlage eines jeden Gesellschafters.

Zur **Entstehung** einer GmbH ist die **Eintragung ins Handelsregister** (Abteilung B) durch elektronische Einreichung notwendig.

Der Handelsregistereintrag hat **konstitutive (rechtserzeugende) Wirkung,** d. h., erst durch diesen Eintrag
» hat die GmbH eine eigene Rechtspersönlichkeit (**juristische Person**);
» **haftet** die GmbH den Gläubigern nur mit dem Gesellschaftsvermögen;
» gilt sie als **Handelsgesellschaft** im Sinne des HGB, auch wenn sie kein Handelsgewerbe betreibt (§ 13 GmbHG).

Werden schon vor diesem Eintrag Geschäfte im Namen der Gesellschaft durchgeführt, haften die Handelnden persönlich und solidarisch (§ 11 Absatz 2 GmbHG).

Mögliche Firmenbeispiele:

Frau Graf, Frau Zimmer und Herr Golz betreiben zusammen ein Reisebüro.
Mögliche Firmierungen sind u. a.
- als Personenfirma: Graf GmbH; Zimmer GmbH; Golz GmbH
- als Sachfirma: Reiseservice GmbH

Beispiel: FTI Frosch Touristik GmbH

FTI
TOURISTIK

Durch die zum Handelsregister einzureichende **Gesellschafterliste** wird der Gesellschafterbestand für Außenstehende transparent. Hiervon profitieren potenzielle Geschäftspartner einer GmbH, da sie sich leichter informieren können, wer hinter der Gesellschaft steht, was insbesondere bei der Übertragung von Geschäftsanteilen von Bedeutung ist.

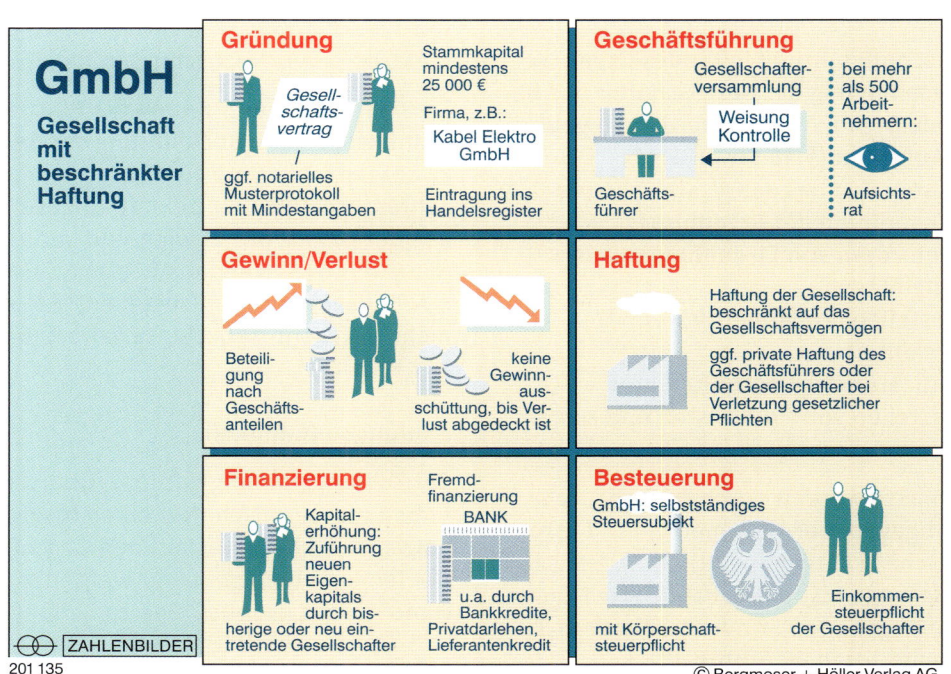

© Bergmoser + Höller Verlag AG

Kapitalaufbringung und Haftung

Die Mindeststammeinlage ergibt sich aus dem Gesellschaftsvertrag. Das **Stammkapital** einer GmbH beträgt mindestens 25.000,00 €, von dem die Hälfte, also ein Betrag von 12.500,00 € zur Gründung aufgebracht werden muss. Dieser kann als Bar-, Sach- oder Mischmittel eingezahlt werden. Die Gesellschafter haften dann nur mit ihrer Stammeinlage, die GmbH mit dem Gesellschaftsvermögen. Dies mindert in der Regel ihre Kreditwürdigkeit.

Geschäftsführung

Die **Geschäftsführung** erfolgt durch **den/die Geschäftsführer.** Bei einer GmbH können dies sein (§ 6 GmbHG):
» ein oder mehrere Gesellschafter oder
» andere Personen, die nicht gleichzeitig Gesellschafter sind (Angestellte der GmbH).

Zum Geschäftsführer kann nur bestellt werden, wer nicht gegen zentrale Bestimmungen des Wirtschaftsstrafrechts verstoßen hat (§§ 82, 84 Absatz 1).

Organe

Die GmbH als **juristische Person handelt durch ihre Organe,** die sich aus natürlichen Personen zusammensetzen.

Ist die Geschäftsführung leitendes Organ, so ist die **Versammlung der Gesellschafter** das **beschließende Organ.** Als oberstes Organ gehört zu ihren Aufgaben (§ 46 GmbHG):
» das Feststellen des Jahresabschlusses,
» die Verwendung des Ergebnisses,
» das Einfordern von Einzahlungen auf Stammeinlagen,
» das Bestellen und Abberufen von Geschäftsführern,
» das Entlasten der Geschäftsführer,
» das Bestellen von Prokuristen und Handlungsbevollmächtigten.

Die Beschlüsse werden durch **einfache Mehrheit** der abgegebenen Stimmen gefasst (pro 1,00 € Geschäftsanteil eine Stimme). Bei Satzungsänderungen ist eine **qualifizierte Mehrheit** der abgegebenen Stimmen erforderlich (§§ 53 Absatz 1 und 60 GmbHG).

Ein **Aufsichtsrat** als **überwachendes Organ** ist vorgeschrieben nach
» dem Betriebsverfassungsgesetz (§ 77) für Gesellschaften mit mehr als 500 Arbeitnehmern,
» dem Mitbestimmungsgesetz (§ 1) bei mehr als 2 000 Arbeitnehmern,
» dem Montanmitbestimmungsgesetz (§ 3) für Unternehmen der Montanindustrie.

Ergebnisverteilung

Grundsätzlich haben die Gesellschafter **Anspruch auf den Jahresüberschuss** (§ 29 Absatz 1 GmbHG). Die **Verteilung** erfolgt im **Verhältnis der Geschäftsanteile,** sofern im Gesellschaftsvertrag keine andere Regelung getroffen wurde (§ 29 Absatz 3 GmbHG). Es besteht auch die Möglichkeit, Teile des Ergebnisses zur Stärkung der Finanzkraft des Unternehmens in sogenannte Gewinnrücklagen einzustellen oder als Gewinn vorzutragen.

Ein **negatives Ergebnis** kann durch einen Gewinnvortrag des Vorjahres oder die Auflösung von Rücklagen ausgeglichen werden.

Des Weiteren wäre ein Verlustvortrag oder das Einfordern von Nachschüssen möglich.

Die Geschäftsführer haben die Pflicht, für eine **ordnungsgemäße Buchführung der Gesellschaft** zu sorgen (§ 41 GmbHG). Sie erstellen den **Jahresabschluss,** der bei Kapitalgesellschaften aus der **Bilanz,** der **Gewinn-und-Verlust-Rechnung** und einem **Anhang** besteht. Zusätzlich ist ein **Lagebericht** aufzustellen, der jedoch nicht zum Jahresabschluss gehört (§§ 242 und 264 HGB).

Zahlungsunfähigkeit

Bei Zahlungsunfähigkeit bzw. Überschuldung haben die Gesellschafter einen **Insolvenzantrag** zu stellen, was auf den Geschäftsbriefen kenntlich gemacht werden muss; im Handelsregister muss eine zustellungsfähige inländische Geschäftsanschrift eingetragen werden. Dies gilt auch für Aktiengesellschaften, Einzelkaufleute, Personenhandelsgesellschaften sowie Zweigniederlassungen (auch von Auslandsgesellschaften).

Das **Gesetz zur Modernisierung des GmbH-Rechts und zur Bekämpfung von Missbräuchen (MoMiG)** ermöglicht eine Variante der GmbH:

Die sogenannte **Mini-GmbH** oder **1-Euro-GmbH** ist keine eigenständige Rechtsform, sondern eine GmbH, die **ohne** bestimmtes Mindeststammkapital gegründet werden kann. Trotzdem darf sie nicht als GmbH firmieren, sondern muss die Bezeichnung **Unternehmergesellschaft (haftungsbeschränkt)** oder **UG (haftungsbeschränkt)** führen. Der Hinweis auf die Haftungsbeschränkung darf nicht abgekürzt werden, sonst haften die Gesellschafter unbeschränkt (§ 5 a GmbHG). Die haftungsbeschränkte UG ist damit die Einstiegsvariante der GmbH und kann bereits ab 1,00 € Mindesteinlage gegründet werden. Im Gegenzug müssen dafür mindestens 25 % des Jahresgewinns als Rücklage angesammelt werden,

bis auf diese Weise das Mindeststammkapital von 25.000,00 € der „normalen GmbH" nach und nach angespart worden ist. Erreichen die Rücklagen die Schwelle von 25.000,00 €, kann der Rechtsformzusatz „haftungsbeschränkt" entfallen oder die UG kann in eine GmbH umfirmieren.

> **!** **Eine Umwandlung der UG im Rechtssinne ist nicht erforderlich, da sie bereits strukturell eine GmbH ist.**

Aktiengesellschaft

Die Aktiengesellschaft (AG) ist der Prototyp einer **Kapitalgesellschaft.** Durch ihre rechtliche Gestaltung eignet sich diese Organisationsform besonders für Unternehmen, die für die Realisierung ihrer Vorhaben **hohe Kapitalsummen** benötigen. Die Rechtsform wird aus diesem Grund von Großunternehmen der Industrie, des Verkehrs, des Handels sowie von

Die AG im Überblick	
Namens-/Firmenzusatz	AG
Firma	Personen-, Sach-, Fantasie- oder gemischte Firma
Kapitalaufbringung Mindestzahl der Gründer	mindestens eine Person (natürliche oder juristische)
Mindestkapital bzw. Mindesteinlage	Grundkapital mindestens 50.000,00 €; Stückelung in Nennbetragsaktien (mindestens 1,00 € bzw. höhere volle Eurobeträge) oder Stückaktien[1]
Haftung	nur das Gesellschaftsvermögen (§ 1 AktG)
Rechtspersönlichkeit	juristische Person
HR-Eintragung	konstitutive Wirkung
Organe	Vorstand (leitendes Organ), Aufsichtsrat (überwachendes Organ), Hauptversammlung (Interessenvertretung der Aktionäre)
Geschäftsführung (Innenverhältnis)	Vorstand, Gesamtgeschäftsführung; abweichende Regelungen durch Satzung möglich. (§ 77 AktG)
Vertretung (Außenverhältnis)	Vorstand, Gesamtvertretung; abweichende Regelungen durch Satzung möglich (§ 78 AktG)
Ergebnisverteilung	Hauptversammlung beschließt über Verwendung des Bilanzgewinns (§ 174 AktG); Verzinsung im Verhältnis der Anteile.

---

1 Stückaktien lauten auf keinen Nennbetrag

Banken und Versicherungen bevorzugt. Die Rechtsgrundlagen befinden sich hauptsächlich im Aktiengesetz (AktG) und im Handelsgesetzbuch (HGB).

Die Aktiengesellschaft hat eine eigene Rechtspersönlichkeit (**juristische Person**). Sie gilt als **Handelsgesellschaft,** auch wenn der Gegenstand des Unternehmens nicht im Betrieb eines Handelsgewerbes besteht (§ 3 AktG).

Die **Firma** (Personen-, Sach- oder Fantasiefirma) **muss** die Bezeichnung Aktiengesellschaft oder eine allgemein verständliche Abkürzung dieser Bezeichnung enthalten (§ 4 AktG).

Eine neue Aktiengesellschaft mit dem Ziel, umweltfreundliche Pauschalreisen zu entwickeln, soll gegründet werden. Die Firma könnte lauten: Pauschalreisen AG (= Sachfirma).

Weitere AGs: Thomas Cook AG, TUI AG

Zusatzinformationen finden Sie auf der beiliegenden DVD unter LF 1, Kapitel 6.1 Unternehmensformen.

6.2 Betriebliche Strukturen

6.2.1 Aufbauorganisation

Ein touristisches Unternehmen verfolgt verschiedene betriebliche Ziele wie z. B.:
» Erhöhung der Umsatzes
» Qualitativ bestmögliche Reisen anbieten
» Gewinnung neuer Kunden
» Steigerung des Gewinns

Um diese, zum Teil sehr unterschiedlichen Ziele zu erreichen, braucht das Unternehmen eine entsprechende Organisation, um die vorhandenen Ressourcen sinnvoll einzusetzen.

Je nach Betrachtungsweise kann die betriebliche Organisation als Aufbauorganisation oder als Ablauforganisation beschrieben werden.

Zweck der **Aufbauorganisation** ist es, durch Bildung und Verteilung von Aufgaben eine sinnvolle Ordnung der betrieblichen Handlungsprozesse zu erreichen. Erreicht wird dies durch eine **hierarchische Ordnung** von Stellen sowie einer dauerhaften Festlegung von Aufgaben und Pflichten der Stellen. Als Stelle werden die zusammengefassten Aufgaben eines Arbeitsgebietes des einzelnen Mitarbeiters bezeichnet. Eine Abteilung eines Unternehmens besteht aus der Zusammenfassung mehrerer Stellen mit zusammenhängenden Aufgaben.

Die hierarchisch gegliederten Organisationsformen werden auch Leitungssysteme genannt. Im Folgenden sollen gängige Formen der Leitungssysteme näher beschrieben werden.

Einliniensystem

Das Einliniensystem ist die straffste Organisationsform. Danach darf eine Organisationseinheit nur von einer übergeordneten Instanz Anweisungen erhalten. Somit sind sämtliche Abteilungen in einem einheitlichen Instanzenweg gegliedert, es besteht von der untersten Stelle bis zur Unternehmensleitung eine eindeutige Linie der Weisungsbefugnis und Verantwortung.

Die **Vorteile** des Einliniensystems liegen im Wesentlichen in einer klaren Kompetenzabgrenzung, einer genauen Übersicht hinsichtlich der Organisation eines Unternehmens, sowie eindeutig geregelter Kommunikationswege.

Nachteile dieser Organisationsform liegen in einer fehlenden Dynamik, in umständlichen Kommunikationswegen (nach oben) und „Befehlswegen" (nach unten) sowie in einer unflexiblen Entscheidungsfindung. Daneben

505370

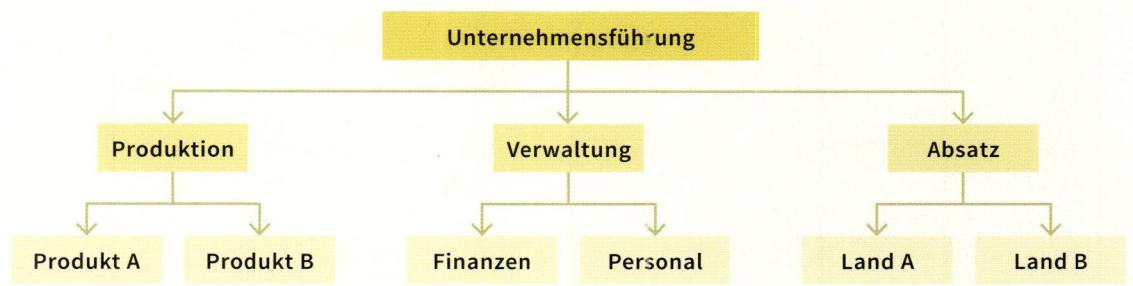

Einliniensystem

sind die Zwischeninstanzen durch die Kommunikationswege stark belastet und alle Instanzen unterliegen dem Nachteil der Informationsfilterung durch Vorinstanzen. Man findet diese Art des Aufbaus in der öffentlichen Verwaltung, aber vor allem auch in kleineren Betrieben mit relativ wenigen Beschäftigten.

Mehrliniensystem

Bei einem Mehrliniensystem erhält eine untergeordnete Stelle von mehreren übergeordneten Stellen Weisungen. Die Einheitlichkeit der Leitung und Aufgabenverteilung ist aufgehoben.

Der wesentliche Vorteil dieser Organisationsform sind die kurzen und schnellen Informations- und Entscheidungswege. Nachteilig sind hingegen die Überschneidungsgefahr von Kompetenzen und Aufgaben sowie die möglicherweise leistungshemmende Wirkung mehrerer Vorgesetzter auf einen Mitarbeiter.

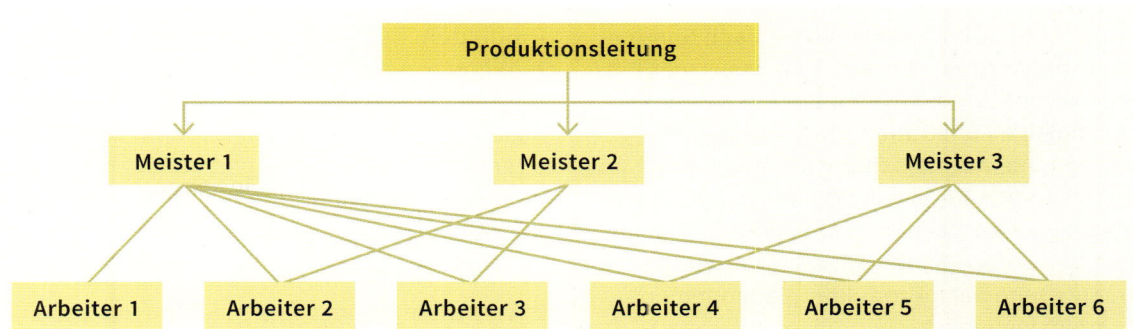

Mehrliniensystem

Stabliniensystem

Eine Kombination der Vorteile der zuvor beschriebenen Systeme stellt das Stab-Liniensystem dar. Bei diesem System werden einzelnen Instanzen sogenannte Stabstellen zugeordnet. Diese Stabstellen sind einer Abteilung direkt zugeordnet und empfangen deren Weisungen. Stabstellen haben selbst jedoch keine Weisungsbefugnis. Die Stabstellen haben zumeist beratende Funktionen und entlasten dadurch die ihnen übergeordnete Li-

nieninstanz. Klassische Beispiele für Stabstellen sind die Finanz- und Personalabteilung.

Die Vorteile des Stabliniensystems sind die klaren Anweisungsstrukturen, die Einschaltung von Spezialisten in Sachfragen, sowie die Entlastung der Instanzen durch die Stabstellen. Ein großer Nachteil dieses Modells ist die Trennung von Entscheidungsvorbereitung und der eigentlichen Entscheidung. So kann beispielsweise die Strategieabteilung eine Unternehmensstrategie erarbeiten, hat die Kon-

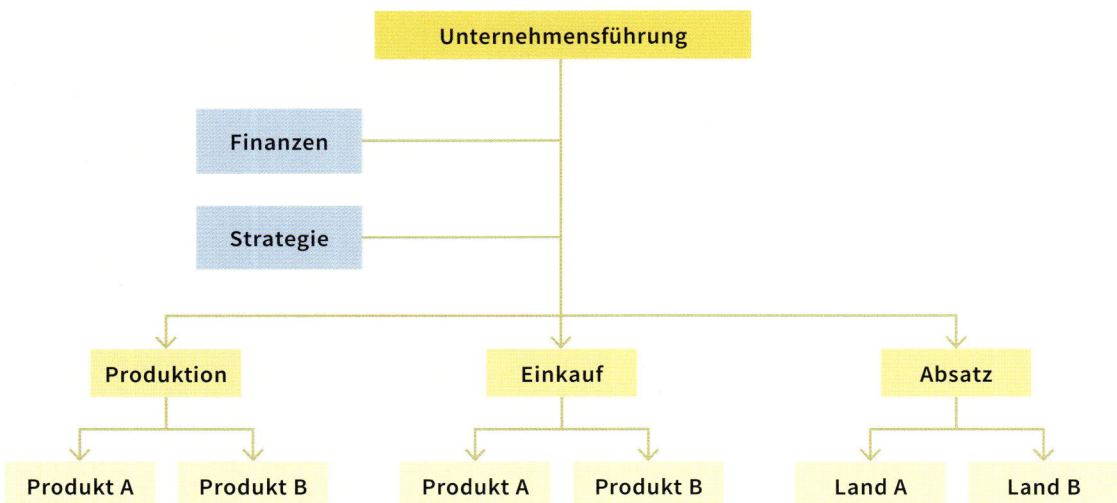

Stabliniensystem

sequenzen aus der Strategieumsetzung jedoch nicht selbst zu tragen. Daneben kann sich die mangelnde Entscheidungsbefugnis der Stäbe negativ auf deren Motivation auswirken.

Die drei genannten Leitungssysteme können hierarchisch entweder nach **Funktionen** (funktionale Organisation) oder nach **Sparten** (divisionale Organisation) organisiert werden. Bei der funktionalen Organisation werden gleichartige Funktionen (Beschaffung, Produktion, Absatz, Forschung & Entwicklung) im Unternehmen für alle Produkte zentralisiert. Hingegen wird bei der divisionalen Organisation das Unternehmen auf der zweiten Hierarchieebene nach Produkten, Regionen oder Kunden gegliedert.

Die **Funktionale** Organisationsstruktur (Gliederung nach Aufgaben) eignet sich besonders für Unternehmen, die ein nur wenig schwankendes Produktionsprogramm haben und über stabile Absatzmärkte verfügen, wie mittelständische Maschinenbauer oder Anlagenhersteller.

Die **Divisionale** Struktur (Gliederung ab der zweiten Hierarchiestufe nach Objekten wie Produkten, Kundengruppen oder Absatzgebieten) hingegen eignet sich besonders für Unternehmen, die über ein stark diversifiziertes Absatzprogramm oder in mehreren Ländern über große Niederlassungen verfügen, wie z. B. die großen Automobilhersteller wie VW oder Daimler.

Zusatzinformationen finden Sie auf der beiliegenden DVD unter LF1, Kapitel 6.1 Organigramme von Tourismus-Unternehmen und Kapitel 6.2.1 Matrixorganisation.

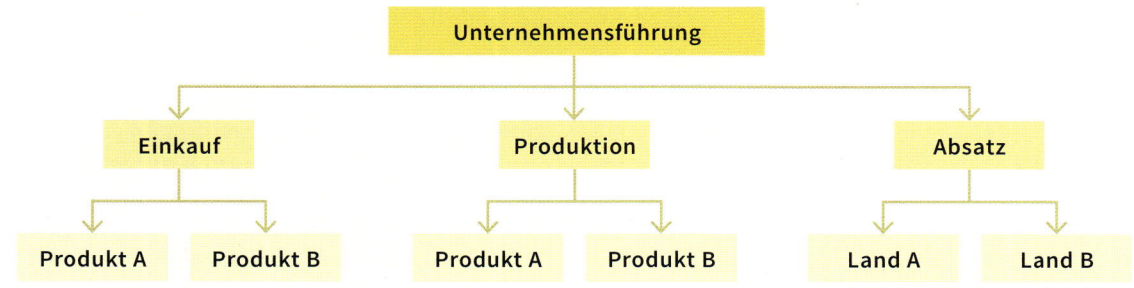

Einliniensystem – Funktionale Organisation

```
                    ┌─────────────────────────┐
                    │   Unternehmensführung   │
                    └─────────────────────────┘
                   ┌───────────┴───────────┐
                   ▼                       ▼
            ┌────────────┐          ┌────────────┐
            │ Produkt A  │          │ Produkt B  │
            └────────────┘          └────────────┘
```

| Einkauf A | Produktion A | Absatz A | | Einkauf B | Produktion B | Absatz A |

Einliniensystem – Divisionale Organisation

6.2.2 Ablauforganisation

Die Gestaltung des Betriebsablaufs ist Aufgabe der **Ablauforganisation.** Sie legt die notwendigen Arbeitsprozesse unter Berücksichtigung der Faktoren **Inhalt, Zeit, Raum, Sachmittel und Personen** fest. Ziel der Ablauforganisation ist ein störungsfreier Ablauf von Arbeitsvorgängen im Unternehmen.

Bei der Ordnung des **Arbeitsinhaltes** ist die vom Unternehmen zu erfüllenden Gesamtaufgabe zunächst zu analysieren, um die Gesamtaufgabe in mehrere Teilaufgaben gliedern zu können. Dazu werden die Aufgaben in ihre einzelnen Bestandteile zerlegt (**Aufgabenanalyse**). Folgende Elemente sind bei der Analyse zu beachten:

» Verrichtung – durch welche Art von Tätigkeit soll die Aufgabe erledigt werden
» Objekt – an welchem Gegenstand soll die Verrichtung vollzogen werden
» Aufgabenträger – wer soll die Aufgabe ausführen
» Hilfsmittel – durch welche Sach- und Arbeitsmittel soll die Aufgabenerledigung erfolgen
» Raum – an welchem Ort soll die Aufgabenerledigung erfolgen
» Zeit – zu welchem Zeitpunkt soll die Aufgabe erledigt sein

Im zweiten Schritt werden die analysierten Teilaufgaben in Arbeitsgängen zusammengefasst (**Aufgabensynthese**). Ziel der Aufgabensynthese ist es, die gebildeten Teilaufgaben so zu kombinieren, dass daraus arbeitsteilige Einheiten (Stellen) entstehen. Die notwendi-

ge Verkettung der einzelnen Teilaufgaben ist Aufgabe der Ablauforganisation.

Die Ordnung der **Arbeitszeit** erfolgt in drei Stufen. Zunächst ist die Reihenfolge einzelner Teilaufgaben festzulegen, im Anschluss muss die Dauer jeder Teilaufgabe bestimmt werden, um auf der dritten Stufe den Kalenderzeitpunkt der Fertigstellung der Teilaufgabe zu bestimmen.

Auch die **räumliche Zuordnung** der Aufgabenverrichtung ist Aufgabe der Ablauforganisation. Ziel ist es, einzelne Stellen räumlich so zu organisieren, dass die bestmögliche Wirtschaftlichkeit erreicht wird.

Ebenfalls Aufgabe der Ablauforganisation ist die **Zuordnung von Sachmitteln und Personen** zu den einzelnen Teilaufgaben.

Es wird ersichtlich, dass zwischen der Aufbau- und der Ablauforganisation sehr enge Beziehungen bestehen. Dadurch ist es sinnvoll, die Organisation von Aufbau und Ablauf synchron erfolgen zu lassen.

Zusatzinformationen finden Sie auf der beiliegenden DVD unter LF 1, Kapitel 6.2.2 Instrumente der Ablaufplanung.

6.2.3 Führungsstile

Neben der Organisation kann auch der Führungsstil einen erheblichen Einfluss auf den Erfolg eines Unternehmens haben. Werden Mitarbeiter gut geführt, führt dies regelmäßig zu einer **hohen Motivation** und einem großen Engagement. Dadurch wird auch die Zufriedenheit der Kunden gesteigert, was sich wiederum positiv auf den wirtschaftlichen Erfolg auswirkt.

In der klassischen Betrachtungsweise werden drei Führungsstile unterschieden. Der **autoritäre** Führungsstil, der **demokratische** und **Laisser-faire** Führungsstil. Bei der Laisser-faire-Führung sind die Mitarbeiter sich selbst überlassen, es handelt sich bei diesem Stil vielmehr um eine „Nichtführung" der Mitarbeiter. Zwischen den beiden extremen Stilausprägungen autoritär und demokratisch lassen sich feinere Abstufungen beschreiben: vom autoritären über den patriarchischen, beratenden, informierenden, kooperativen und partizipativen zum demokratischen Stil.

Merkmale des **autoritären Führungsstils** sind neben der **alleinigen Entscheidungsgewalt des Vorgesetzten** und einer strikten Vorgabe von Zielen und Aufgaben eine fehlende Delegation von Verantwortung an die Mitarbeiter. Die Degradierung zu „Befehlsempfängern" ohne eigenen Verantwortungsbereich kann bei den Mitarbeitern zu einem Motivationsverlust führen. Ein Vorteil dieses Führungsstils ist jedoch die hohe Entscheidungsgeschwindigkeit.

Im Gegensatz zum autoritären Führungsstil ist die Machtstellung des Vorgesetzten beim **demokratischen Führungsstil** stark beschränkt. Vorgesetzter und Mitarbeiter **gestalten zusammen** die betrieblichen Aufgaben und Ziele. Notwendig hierfür ist eine systematische, kooperative Kommunikation. Alle Mitarbeiter müssen durch den Vorgesetzten hinreichend informiert werden, um auch komplexe Aufgaben korrekt erledigen zu können. Daneben sind eine hohe Selbstständigkeit der Mitarbeiter und die Bereitschaft, Verantwortung zu übernehmen, für diesen Führungsstil unabdingbar.

Zusatzinformationen finden Sie auf der beiliegenden DVD unter LF 1, Kapitel 6.2.3 Managementprinzipien.

6.2.4 Vollmachten

Kann ein gesetzlicher Vertreter einer Gesellschaft seine Funktion aufgrund von Abwesenheit (z. B. Krankheit, Urlaub) nicht selbstständig ausüben, sind Vertretungs- und Vollmachtsregelungen nötig, um reibungslose Geschäftsabläufe zu gewährleisten.

Die **Prokura** stellt eine umfangreiche Vollmacht dar. Nach § 49 HGB ermächtigt die Prokura den Prokuristen, für das Unternehmen **alle Arten** von **gerichtlichen** und **außergerichtlichen** Geschäften und Rechtshandlungen zu tätigen. Gegenüber Dritten gilt die Prokura als erteilt, sobald die Erteilung im Handelsregister eingetragen und veröffentlicht wurde. Sie wird beendet durch Widerruf, Auflösung des Unternehmens, Tod des Prokuristen, Wechsel des Gesellschafters oder durch einen Arbeitsplatzwechsel des Prokuristen. Bei der Prokura werden zwei Arten der Vertretungsvollmacht unterschieden: Darf der Prokurist seine Vollmacht alleine, ohne Mitwirkung eines Geschäftsführers oder weiterer Prokuristen ausführen, handelt es sich um eine **Einzelprokura.** Bei einer **Gesamtprokura** hingegen darf der Prokurist seine Vollmacht nur mit einer weiteren vertretungsberechtigten Person ausüben.

Bei einer **Handlungsvollmacht** verfügt der Vertretungsberechtigte nur über eingeschränkte Vollmachten. Im Rahmen der **allgemeinen Handlungsvollmacht** ist es dem Handlungsbevollmächtigten dauerhaft gestattet, das Unternehmen in allen Geschäften und Rechtshandlungen zu vertreten, die der **Betrieb eines bestimmten Handelsgewerbes gewöhnlich** mit sich bringt (§ 54 HGB). Bei einer **Artvollmacht** darf der Vertreter dauerhaft eine bestimmte Art von wiederkehrenden Geschäften durchführen, wie beispielsweise den Materialeinkauf. Soll eine Vollmacht nur für ein bestimmtes Rechtsgeschäft erteilt werden, wird dies als **Spezialvollmacht** bezeichnet.

Der Gesetzgeber hat die Möglichkeiten der Vertretungsbefugnis für besondere Rechtsgeschäfte vollständig ausgeschlossen, diese dürfen nur durch die Geschäftsführung vorgenommen werden:
» Anmeldung Insolvenz
» Eintrag ins Handelsregister leisten
» Erteilung von Prokura
» Unterschreiben des Jahresabschlusses
» Verkauf der Gesellschaft

» Aufnahme zusätzlicher Gesellschafter
» Einen Eid für die Gesellschaft leisten
» Unterschreiben der Steuererklärung

Zusatzinformationen finden Sie auf der beiliegenden DVD unter LF 1, Kapitel 6.2.4 Vollmachten.

Aufgaben

1_ Warum werden viele Reisebüros als Einzelunternehmen gegründet?

2_ Welche Vor- und Nachteile hat diese Unternehmensform?

3_ Bilden Sie vier Firmierungsmöglichkeiten für ein Einzelunternehmen in der Reisemittlertätigkeit.

4_ Warum ist der Reisemittler ein Gewerbetreibender?

5_ Wieso ist die Kreditwürdigkeit eines Einzelunternehmens häufig begrenzt?

6_ Welche Daten über ein Einzelunternehmen können Sie dem Handelsregister entnehmen?

7_ Sandra Obenauer ist eine versierte Reiseverkehrskauffrau und möchte sich in der Tourismusbranche selbstständig machen. Vorerst möchte sie als Reisemittlerin tätig sein. Sie träumt jedoch davon, später ihre eigenen Produkte als Reiseveranstalterin zu vermarkten.

Welche Unternehmensformen würden Sie Sandra Obenauer empfehlen? Berücksichtigen Sie dabei auch das Vorhaben in der Zukunft.

8_ a) Welche Unternehmensformen zählen zu den Personen- bzw. den Kapitalgesellschaften?

b) Welche Vorteile bieten die Kapitalgesellschaften den Eigenkapitalgebern im Vergleich zu den Personengesellschaften?

9_ a) Was versteht man unter dem Begriff Handelsgesellschaft?

b) Welche Unternehmensformen zählen zu den Handelsgesellschaften?

Zusätzliche Aufgaben zu Kapitel 6 finden Sie auf der beiliegenden DVD.

Arbeitsplatz einrichten und Abläufe organisieren

1 Aspekte für die Ausstattung von Arbeitsplätzen

Im Laufe Ihres gerade begonnenen Berufslebens werden Sie eine lange Zeit an Ihrem Arbeitsplatz verbringen. Daher ist es sehr wichtig, dass Ihr Arbeitsplatz in ergonomischer Hinsicht optimal eingerichtet ist, um langfristig Gesundheitsschäden oder Ermüdungszustände zu vermeiden. Weiterhin wird auch das Thema Nachhaltigkeit (und damit ökologische Aspekte) ein wichtiges Einrichtungskriterium sein.

1.1 Ergonomische Aspekte

 Ergonomie: Die Wissenschaft der optimalen Arbeitsbedingungen der Menschen

Um optimale Arbeitsbedingungen an einem Bildschirm- bzw. Büroarbeitsplatz zu schaffen, können auch Sie einen Teil dazu beitragen. Umfassende Informationen dazu stellt z. B. Ihre Berufsgenossenschaft zur Verfügung.

Bildschirm

Der Bildschirm sollte so aufgestellt sein, dass Reflexionen auf dem Monitor durch künstliches Licht oder durch Tageslicht vermieden werden. Die sinnvollste Lösung ist, den Bildschirm so aufzustellen, dass er zwischen zwei Leuchtbändern steht und Ihre Blickrichtung parallel zum Fenster ist. Stellen Sie Ihren Monitor so auf, dass die oberste Zeile auf dem Bildschirm keinesfalls oberhalb der horizontalen Sehachse liegt.

Um eine entspannte Kopfhaltung zu erzielen, sollte der Blickwinkel um etwa 35° aus der Waagerechten abgesenkt werden. Der Sehabstand muss der jeweiligen Sehaufgabe entsprechen und sollte bei einem 17"-Monitor ungefähr 55 cm betragen.

Tastatur

Die Tastatur sollte in der mittleren Tastaturreihe eine Höhe von höchstens 30 mm haben. Dies ist in der Regel durch Einklappen der Aufstellpunkte leicht zu erreichen. Außerdem muss vor der Tastatur eine Handballenauflage von 5 bis 10 cm möglich sein.

Software

Sorgen Sie durch entsprechende Fortbildungen dafür, dass Sie sicher im Umgang mit dem PC werden und problemlos arbeiten können. Nur so vermeiden Sie Überforderungssituationen, die z. B. zu zusätzlichen Verkrampfungen führen.

Arbeitstisch

Die Schreibtische sind in aller Regel in der Höhe einstellbar. Um eine ergonomische Sitzhaltung einnehmen zu können (nachfolgend noch näher beschrieben), ist es zum Teil sinnvoll, die Höhe des Schreibtisches anzupassen. Optimal ist ein Tisch, der auch das Arbeiten im Stehen ermöglicht. Sollte der Schreibtisch nicht höhenverstellbar sein, kann auch eine Fußstütze zum gewünschten Ergebnis führen. Stellen Sie die Arbeitsfläche nicht mit unnötigen Gegenständen voll. Meist ist der Schreibtisch mit Bildschirm, Tastatur, Maus, Drucker, Telefon, Rechenmaschine und den notwendigen Arbeitsutensilien ausreichend „beladen". Die Tischtiefe sollte bei einem 17"-Röhrenmonitor 100 cm betragen.

Stuhl

Achten Sie darauf, wenn nicht bereits bei der Beschaffung geschehen, dass Sie die richtigen Rollen am Stuhl haben. Teilweise – gerade durch Umzüge bedingt – ist dies nicht gewährleistet. Hierfür gibt es eine einfache Regel: Harter Boden – weiche Rollen, weicher Boden –

505376

harte Rollen. Bei PVC-Boden nimmt man z. B. die weichen Rollen (erkennbar an dem meist grauen Gummirand). Sind hier harte Rollen im Einsatz, rollt man durch leichtes Abstoßen an der Schreibtischkante viel zu weit. Die umgekehrte Folge ist, dass der Stuhl mit weichen Rollen auf dem Teppichboden hakt und man teilweise hängen bleibt. Probieren Sie die einzelnen Funktionen Ihres Stuhles regelmäßig aus. Stellen Sie hierbei einen Mangel fest, melden Sie diesen.

Richtiges Sitzen

Ihre Ober- und Ihre Unterschenkel sollten einen 90° Winkel bilden. Ebenso auch Ihre Ober- und Unterarme (wobei dieser auch etwas weiter als 90° sein kann). Stimmt die Haltung Ihrer Arme und Beine, aber Sie können dann die Füße nicht mehr ganzflächig aufstellen, sollte in erster Linie der Tisch in der Höhe verstellt werden. Ist dies nicht möglich, beantragen Sie eine Fußstütze. Stehen Sie zwischendurch auf; legen Sie nicht alle Vorgänge in Ihre unmittelbare Nähe. Dynamisches Sitzen ist immer weiter verbreitet, versuchen Sie es einfach einmal. Lösen Sie Ihre Rückenlehne, damit Sie sich z. B. beim Telefonieren auch mal nach hinten lehnen können.

Mobiliar

Sollten Ihre Schränke eine Ablagenhöhe haben, die Sie nicht ohne Stuhl oder Sonstiges erreichen, beantragen Sie lieber einen Rollhocker (auch bekannt als Elefantenfuß), diese sind wesentlich geeigneter und auch sicherer. Sollte das vorhandene Mobiliar defekt sein, beanstanden Sie dies. Es ist wenig sinnvoll, wenn Sie beim Herausziehen eines Ordners den entsprechenden Einlegeboden jedes Mal festhalten müssen, damit er nicht heraus fällt.

Arbeitsumgebung

Achten Sie darauf, dass keine störenden Kabel unter dem Schreibtisch herumliegen. Diese können in der Regel in dafür vorgesehenen Kabelkanälen oder Kabelwannen verstaut werden. Stellen Sie die Verkehrswege nicht

mit z. B. Mülleimern oder Sonstigem zu, denn diese sollten auf jeden Fall immer freigehalten werden. Die Verkehrswege müssen 80 cm breit sein. Hinter dem Arbeitsplatz sollten Sie 100 cm Platz haben. Des Weiteren sollte ein Zugang zum Fenster vorhanden sein. Stellen Sie z. B. die Rollcontainer nicht unter den Tischwinkel, um die Beinfreiheit nicht einzuschränken.

Licht

Die richtige Beleuchtung ist ein wichtiger Bestandteil eines ergonomischen Arbeitsplatzes. Zwar können Sie in der Regel keine Messungen durchführen, aber eine zu schwache Beleuchtung wird sich bemerkbar machen. Geeignete Lampen sind Spiegelrasterleuchten, die gleichzeitig eine Blendung vermeiden sollen. Der Raum sollte gleichmäßig ausgeleuchtet sein, damit nicht ein ständiger Wechsel der Lichtverhältnisse auf Ihre Augen wirkt. Vermeiden Sie es, Schreibtischlampen ohne die Deckenbeleuchtung oder genügend Licht von außen einzuschalten. Um die Blendung von außen durch Sonnenlicht verhindern zu können, sollten geeignete Vorrichtungen an den Fenstern angebracht sein (z. B. Rollos oder Lamellen).

Klima

Eine Klimamessung können Sie in der Regel auch nicht selber durchführen; jedoch können Sie selbst etwas dafür tun. Lüften Sie täglich für eine gute Luftfeuchtigkeit. Auch Pflanzen im Büro können das Klima verbessern. Um im Winter die Wärme im Raum halten zu können, lüften Sie kurz mit weit geöffneten Fenstern durch (Stoßlüftung), statt das Fenster ganztägig gekippt zu halten. Im Sommer lassen sich zu große Wärmeeinwirkungen der Sonne durch Rollos o. ä. vermindern.

Augenärztliche Untersuchung

Die Erstuntersuchung sollte vor Aufnahme der Tätigkeit am Bildschirm erfolgen. Nachuntersuchungen werden bei Beschäftigten unter 40 Jahren im Abstand von fünf Jahren, bei

Beschäftigten über 40 Jahren im Abstand von drei Jahren durchgeführt. Der Arbeitgeber stellt Ihnen diese Untersuchung kostenfrei zu Verfügung. Nehmen Sie diese in Anspruch!

1.2 Ökologische Aspekte

Ihr Betrieb muss viele Umweltschutzgesetze beachten, die Mindeststandards für die umweltverträgliche Arbeit Ihres Unternehmens setzt. Die folgende Liste gibt Beispiele für infrage kommende Verträge, Gesetze und Verordnungen:

» die Agenda 21 von Rio
» Kreislaufwirtschafts- und Abfallgesetz (KrW/AbfG) mit den entsprechenden Verordnungen
» Bundesimmissionsschutzgesetz (BimSchG) mit den entsprechenden Verordnungen
» das neue Störfallrecht: Die Störfallverordnung (2001)
» EU-Öko-Audit-Verordnung (EMAS II), Umsetzung in nationales Recht
» Klimaschutzprogramm der Bundesregierung vom Oktober 2000 (Fortschreibung 2005)
» Energiewirtschaftsgesetz (EnWG)
» Erneuerbare-Energien-Gesetz (EEG)
» Ökosteuergesetz
» Gesetz zur Förderung der Kraft-Wärme-Kopplung (KWK-Gesetz)
» Bundesnaturschutzgesetz
» Umwelthaftungsrecht
» Umweltinformationsgesetz (UIG)
» Wasserhaushaltsgesetz (WHG) mit Verordnungen, Landeswassergesetze
» Regelungen und Verordnungen zur Energieeinsparung
» Umweltschutzrechte im Betriebsverfassungsgesetz

Viele Unternehmen haben aber inzwischen erkannt, dass ökologisches Wirtschaften auch ökonomisches Wirtschaften heißen kann. Durch umweltschonende Energie- und Materialverwendung kann Geld gespart werden. Durch umweltschonende Entsorgung und Abfallvermeidung kann die Umwelt entlastet werden.

Am Arbeitsplatz lassen sich Ressourcen auf vielfältige Weise einsparen. Das steigert die Arbeitseffizienz und senkt gleichzeitig die Kosten. Durch Berücksichtigung der folgenden Hinweise schützen Sie die Umwelt und sparen dabei auch noch Geld.

Recycling

Toner- und Tintenkartuschen gehören nicht in den normalen Müll. Sie können problemlos recycelt werden. Es gibt Firmen, die gebrauchte Kartuschen aufkaufen, reinigen und wiederbefüllen. Die zahlreichen Giftstoffe, die sich in Toner und Tintenpatronen finden, werden zudem korrekt entsorgt.

CD-ROMs und DVD-ROMs können in vielen Computergeschäften mit Sammelstellen für gebrauchte CD-ROMs abgeben werden. Um Datenmissbrauch zu vermeiden, reicht es i. d. R. aus, wenn Sie mit einem scharfen Gegenstand die glänzende Seite der CD wiederholt vom inneren Kreis zum Rand hin einritzen. Lassen Sie CDs mit sensiblen Daten jedoch professionell entsorgen.

Wer zum Sichern und Austauschen von Daten häufig CD-ROMs nutzt, sollte sich einen CD-RW-Brenner anschaffen. CD-RWs können im Gegensatz zu herkömmlichen CD-ROMs immer wieder beschrieben werden.

Alternativ können auch **USB-Sticks** zum schnellen Datenaustausch genutzt werden. Sie lassen sich problemlos an jedem moderneren Computer anschließen.

Altpapier sollte, wie in den meisten Haushalten bereits üblich, auch in Büros getrennt gesammelt und der Wiederverwertung zugeführt werden. Fehldrucke, einseitig beschriebene Seiten etc. können darüber hinaus als Schmierpapier für Notizen genutzt werden.

Müll sollte, wenn immer möglich, vermieden werden. Ist er nicht zu vermeiden, sollte er ordnungsgemäß getrennt und entsogt werden (Gelber Sack, Biomüll etc.).

505378

Ökonomisch arbeiten

Probedrucke mit niedrigerer Auflösung: Für Probedrucke bieten die meisten Drucker die Möglichkeit, in den Druckereinstellungen einen Sparmodus einzustellen oder die sogenannte Druckauflösung herunterzusetzen. Das spart teure Tinte oder Druckertoner.

Nicht alle E-Mails ausdrucken: Prüfen Sie, ob es wirklich nötig ist, eine E-Mail auszudrucken. In vielen Fällen können E-Mails auch elektronisch weiterverarbeitet werden.

Beim Kopieren und Drucken die Verkleinerungsfunktion nutzen: Mit den Druckoptionen „mehrere Seiten pro Blatt drucken" oder „Vor- und Rückseite bedrucken" lässt sich Papier einsparen.

Strom sparen

TFT statt Röhrenbildschirm: TFT-Bildschirme benötigen je nach Modell nur bis zu einem Viertel des Stroms eines vergleichbar großen Röhrenmonitors. Achten Sie bei der Anschaffung aber trotzdem auf den Energieverbrauch, da es zwischen verschiedenen Modellen teilweise deutliche Unterschiede gibt. Dazu sind TFT-Bildschirme ergonomischer, da sie flimmerfrei sind, ein gestochen scharfes Bild liefern und keine schädliche Strahlung abgeben. Sie können sehr platzsparend aufgestellt werden.

Bildschirme in Pausen ganz abschalten: Wenn Ihre Arbeit für längere Zeit unterbrochen wird z. B. in der Mittagspause, sollten Sie Ihren Bildschirm mit dem Ein/Ausschalter einfach abschalten.

Keine Bildschirmschoner verwenden: Aufwendige Bildschirmschoner verursachen eine nicht unwesentliche Rechenleistung. Diese wirkt sich negativ auf den Stromverbrauch aus.

Stand-By-Modi vermeiden: Wichtig ist es, die Geräte wirklich abzuschalten und nicht nur in den Bereitschaftsmodus zu schalten. Auch im Stand-By-Modus verbrauchen die Geräte Strom.

Festplattenruhemodus aktivieren: Eine arbeitende Festplatte rotiert mit mehreren Tausend Umdrehungen in der Minute. Im Festplattenmodus schaltet sich die Festplatte nach einer gewissen Zeit im Ruhezustand automatisch ab und verbraucht weniger Strom. Wenn Sie weiterarbeiten möchten, dauert es nur 1–2 Sekunden, bis die Festplatte die normale Arbeitsgeschwindigkeit wieder erreicht hat. Den Zeitraum für den Ruhezustand können Sie selbst festlegen.

Geräte vom Netz trennen: Auch scheinbar ausgeschaltete Geräte können Strom verbrauchen. Oft sind es die Netzteile, deren Transformatoren auch im Ruhezustand Strom verbrauchen. Teilweise macht sich das durch leichtes Vibrieren oder durch Wärmeabstrahlung bemerkbar. Diese Geräte sollten durch eine Steckdosenleiste mit eigenem An- und Ausschalter konsequent vom Stromnetz getrennt werden. Dies gilt insbesondere für Zusatzgeräte wie Scanner, Drucker, aktive Lautsprecherboxen etc., die nicht ständig benötigt werden.

Das elektronische Büro

Die Verwaltung der meisten Daten kann auf elektronischem Wege anstatt auf Papier erfolgen. Vorteile:

» Daten können leicht mehreren Mitarbeitern zugänglich gemacht werden.
» Daten können über Suchfunktionen leicht nach bestimmten Themen oder Stichwörtern durchsucht werden.
» Der Platzbedarf ist geringer als bei endlosen Aktenschränken.

Allerdings muss ein adäquates Sicherungssystem für die Daten sichergestellt werden. Denn beschädigte Hardware, Computerviren und andere Probleme können in einem elektronischen Büro schnell zu Datenverlust mit schweren wirtschaftlichen Folgen führen.

Büromöbel

Bei Anschaffung von Holzmöbeln sollten Sie darauf achten, dass sie ein Zertifikat für nachhaltige Waldbewirtschaftung z. B. des Forest Stewardship Council (FSC) tragen. Tropenhölzer aus Regenwäldern ohne ein solches Zertifikat sollten Sie auf alle Fälle meiden.

> **!** Jedes Büro bietet andere Voraussetzungen für das Einsparen von Ressourcen. Daher ist jeder selbst aufgefordert, in seiner (Arbeits-)Umgebung nach Einsparmöglichkeiten zu suchen und sie konsequent zu nutzen.

1.3 Ablauforganisatorische Aspekte

Ihr Arbeitsplatz nimmt eine gewisse Stellung innerhalb Ihres Betriebes ein, die sich durch die Aufbauorganisation (vgl. → LF 1, Kapitel 6.2.1) ergibt.

> **!** Die Aufbauorganisation bildet das Gerüst eines Unternehmens mit entsprechenden Weisungsbefugnissen innerhalb dieses Gerüstes.

> **!** Die Ablauforganisation sorgt dafür, dass die Arbeitsabläufe im Unternehmen innerhalb dieses Gerüstes optimal ablaufen.

Die Aufbauorganisation und die Ablauforganisation stehen in einem Abhängigkeitsverhältnis und betrachten somit gleiche Objekte unter verschiedenen Aspekten.

Mit der Ablauforganisation wird geregelt, wie die innerbetriebliche mündliche und schriftliche Kommunikation und Berichterstattung erfolgt.

An Ihrem Arbeitsplatz sollten die Arbeitsabläufe im besten Fall so organisiert werden, dass
» die Kapazitäten voll ausgeschöpft werden,
» die Warte- und Leerzeiten minimiert werden,
» dadurch die Kosten der Vorgangsbearbeitung reduziert werden,
» die Vorgangsbearbeitung und die Arbeitsbedingungen sich verbessern und
» die Verteil- und Transportaufwendungen reduziert werden, in dem die Arbeitsplatzanordnung optimal ist.

Ist einer dieser Punkte nicht erfüllt, sollte das Anlass für eine Reorganisation sein. Schwachstellen (z. B. lange Wege zwischen Mitarbeitern, die eng zusammenarbeiten; Informationsverlust, häufige Nachfragen) müssen analysiert und optimiert werden. Wichtig ist dabei, dass die betroffenen Mitarbeiter beteiligt sind, Verbesserungsvorschläge einbringen können und dazu ermuntert werden.

1.4 Wirtschaftliche Aspekte

Wie oben schon mehrmals erwähnt, trägt bereits die Beachtung ökologischer Gesichtspunkte auch zur Wirtschaftlichkeit einer Beschaffung bei. Wichtigstes Entscheidungskriterium bleibt jedoch der Kostenfaktor.

1.4.1 Quantitativer Angebotsvergleich

Nach dem ökonomischen Prinzip in der Ausprägung des Minimalprinzips werden Sie also versuchen, z. B. einen bestimmten Schreibtisch, den sie nach den oben genannten Kriterien der Ergonomie und Ökologie ausgesucht haben, zum niedrigsten Preis zu erwerben.

> **!** Das Minimalprinzip: Ein bestimmtes Ziel mit möglichst geringen Mitteln erreichen.

Um dieses Ziel zu erreichen, ist es sinnvoll, mehrere Anbieter aufzufordern, ein entsprechendes Angebot abzugeben. Mithilfe eines quantitativen Angebotsvergleichs können Sie dann entscheiden, welches Angebot das kostengünstigste ist.

Beim Vergleich sind u. a. folgende Punkte zu beachten (vgl. → Kapitel 2.1):
» der Preis,
» Rabatte und Skonti,
» Zahlungsbedingungen (Zahlungsziel, Skonti, Vorkasse, Nachnahme),
» Lieferbedingungen (frachtfrei, frei Haus, frei Bahnhof, frei Rampe),
» Verpackungskosten und
» Montagekosten.

505380

Der quantitative Angebotsvergleich ist durch messbare Größen berechenbar.

1.4.2 Qualitativer Angebotsvergleich

In die Entscheidung für einen bestimmten Anbieter fließen aber auch andere Faktoren mit ein, die nicht in Geldgrößen fassbar sind, z. B.
» Herstellungsland
» Erfüllungsort
» Lieferzeit
» Zuverlässigkeit
» Bestehende Geschäftsbeziehungen

» Servicequalität
» Gewährleistung
» Erreichbarkeit
» Ökologische Aspekte
» Kulanz

Um auch diese Kriterien in die Entscheidung einzubeziehen, bedienen sich viele Unternehmen einer Entscheidungsmatrix, in der die Kriterien gewichtet werden. Das Problem dabei ist zum einen die Festlegung der Kriterien und zum anderen die Gewichtung der Kriterien. Jedes Unternehmen muss für sich entscheiden, welches Kriterium ihm wie wichtig ist.

Die Fly and Bike Reisen GmbH sucht einen Lieferanten für die Ausstattung ihrer Büroräume. Sie hat Angebote von drei Lieferanten und führt einen qualitativen Angebotsvergleich durch. Dabei bedient sich das Unternehmen einer Entscheidungsmatrix. Es können 1 bis 10 Punkte vergeben werden, die Summe der Gewichtungsfaktoren ergibt 100.

Kriterien	Gewichtungsfaktor	Büromöbel AG		Office GmbH		Wolter KG	
		Punkte	x Faktor	Punkte	x Faktor	Punkte	x Faktor
Bestehende Geschäftsbeziehung	20	8	160	1	20	4	80
Erreichbarkeit	15	4	60	6	90	7	105
Servicequalität	30	6	180	3	90	2	60
Lieferzeit	15	3	45	5	75	9	135
Ökologie	20	6	120	3	60	8	160
Gesamtwert	100		565		335		540

Damit schneidet die Büromöbel AG am besten ab. Zusammen mit dem Ergebnis des quantitativen Angebotsvergleichs kann die Fly and Bike Reisen GmbH eine Entscheidung herbeiführen.

1.4.3 Optimale Bestellmenge

Bei Waren, die regelmäßig in einem Unternehmen in einer gewissen Menge vorrätig sein müssen (z. B. Druckerpapier oder Give aways wie T-Shirts oder Schlüsselbänder) stellt sich die Frage nach der optimalen Bestellmenge. Dazu muss man wissen, dass die Lagerkosten und die Bezugskosten in einem bestimmten Abhängigkeitsverhältnis zueinander stehen: je niedriger die Lagerkosten, umso höher die Bezugskosten und umgekehrt.

Die optimale Bestellmenge ist die Lösung für folgenden Zielkonflikt
» Je höher Bestellmenge, desto höher fallen die Lagerkosten durch das gebundene Kapital, das nicht anderweitig genutzt werden kann, aus, während sich die Bezugskosten durch Rabatte und geringere Transportkosten mindern, da weniger Lieferungen im Jahr erfolgen müssen.
» Je geringer die Bestellmenge, desto niedriger sind Lagerkosten und Kapitalbindung bei gleichzeitig hoher Lagerumschlagshäufigkeit. Jedoch bedeutet eine geringe

Bestellmenge auch mehr Bestellungen bei gleichem Bedarf und damit höhere Kosten für Transport und Verpackung bei gleichzeitig geringeren Rabatten. Dem Unternehmen steht allerdings aktuell Kapital zur Verfügung, welches sonst im Lager gebunden wäre.

Tabellarische Lösung

In der tabellarischen Lösung werden die Kosten in einer Tabelle für verschiedene mögliche Bestellmengen aufgeschlüsselt und schließlich die Bestellmenge ausgesucht, welche die niedrigsten Gesamtkosten hat. Die Lagerkosten (inkl. Kapitalbindung) werden dabei mit einem Lagerzinssatz berechnet, der auf das durchschnittlich im Lager gebundene Kapital berechnet wird.

Das durchschnittliche gebundene Kapital wird durch die Hälfte des Bestellwerts ermittelt, da anzunehmen ist, dass sich das Lager nach der Lieferung gleichmäßig leert und vor der nächsten Bestellung fast vollständig leer ist:

$$\frac{\text{Bestellwert}}{2} \cdot \text{Lagerzinssatz} = \text{Lagerkosten}$$

Die Fly and Bike Reisen GmbH verschickt an ihre Kunden zusammen mit der Buchungsbestätigung zu jeder gebuchten Fahrradreise ein Reparaturset für Fahrradschläuche. Diese Sets werden von einem Lieferanten bezogen und in einem Lagerraum vorgehalten. Aus der Bedarfsermittlung sind folgende Zahlen bekannt:
» Jahresbedarf: 20 000 Stück
» Lagerkosten (inkl. Kapitalverzinsung): 20% des durchschnittlichen Lagerwerts
» Kosten je Bestellung: 60,00 €
» Stückpreis: 5,00 €
» Lagerkapazität: 10 000 Stück

Bestellmenge	Bestellungen	Bestellwert	durchschn. Bestandswert	Bezugskosten	Lagerkosten	Gesamtkosten
1 000	20	5.000	2.500	1.200	500	1.700
2 000	10	10.000	5.000	600	1.000	1.600
3 333	6	16.665	8.333	360	1.667	2.027
4 000	5	20.000	10.000	300	2.000	2.300
5 000	4	25.000	12.500	240	2.500	2.740
6 666	3	33.330	16.665	180	3.333	3.513
10 000	2	50.000	25.000	120	5.000	5.120
20 000	1	100.000	50.000	60	10.000	10.060

Die optimale Bestellmenge liegt in diesem Fall bei 2 000 Stück.

505382

Grafische Lösung

Mittels eines Kostengraphen lässt sich bei konstantem Verbrauch ebenso die optimale Bestellmenge ermitteln:

» am Minimum der Gesamtkostenkurve oder
» am Schnittpunkt zwischen Lagerkostengerade und Bezugskostenkurve

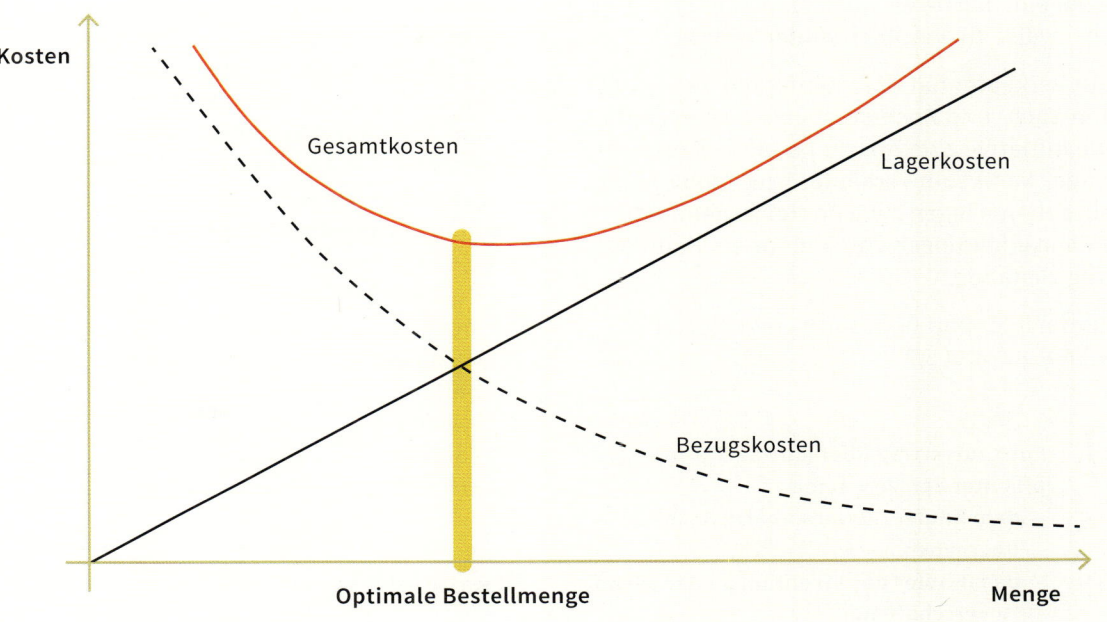

Optimale Bestellmenge

Aufgabe

1_ Die Fly and bike Reisen GmbH lagert unter anderem auch Kopierpapier für die Abteilung Verkauf.

Ermitteln Sie die optimale Bestellmenge!

Folgende Daten sind bekannt:
– Jahresbedarf: 2 000 Kartons à 2 500 Blatt
– Lagerkosten: 10 %
– Bezugskosten: 30,00 € pro Lieferung
– Stückpreis pro Karton 25,00 €

2 Kaufvertrag

2.1 Das Zustandekommen eines Kaufvertrages

Der Gegenstand eines Kaufvertrages kann sowohl eine Sache als auch ein Recht sein. Er ist ein zweiseitig verpflichtender Vertrag.

Der Verkäufer hat dem Käufer die Sache frei von Sach- und Rechtsmängeln zu verschaffen. Die Initiative zum Abschluss eines Kaufvertrages kann vom Verkäufer bzw. vom Käufer ausgehen. Liegen zwei übereinstimmende **Willenserklärungen** vor, kommt ein Kaufvertrag zustande.

Zur Rechts- und Geschäftsfähigkeit siehe → LF 1, Kapitel 5.2

> **!** **Ein Kaufvertrag über eine Sache verpflichtet den Verkäufer:**
> – **dem Käufer die vereinbarte Sache zu übergeben,**
> – **dem Käufer das Eigentum an der Sache zu verschaffen.**
>
> **Ein Kaufvertrag über eine Sache verpflichtet den Käufer:**
> – **dem Verkäufer den ausgemachten Kaufpreis zu zahlen,**
> – **dem Verkäufer die gekaufte Sache abzunehmen.**

I. Antrag geht vom Verkäufer aus:

Der Verkäufer formuliert ein Angebot (Offerte), das der Käufer in Form einer Bestellung annimmt. Hierbei ist es unerheblich, ob es sich um ein verlangtes/nicht verlangtes Angebot handelt, ob eine Anfrage vorausging oder der Lieferer von sich aus aktiv wurde.

Um Missverständnisse zu vermeiden, wird eine Bestellung häufig durch eine Auftragsbestätigung belegt. Durch das Angebot teilt der Verkäufer einer bestimmten Person mit, unter welchen Bedingungen er bereit ist, zu einem späteren Zeitpunkt einen Kaufvertrag abzuschließen. An diese Willenserklärung ist er gebunden, wenn das Angebot die entscheidenden Vertragsinhalte aufweist. Von Bedeutung sind vor allem:

- » Kennzeichnung der Ware
- » Menge und Preisangaben
- » Verpackung
- » Beförderung
- » Lieferzeit
- » Zahlungsbedingungen
- » Erfüllungsort und Gerichtsstand

II. Antrag geht vom Käufer aus:

Der Käufer unterbreitet einen Vertragsantrag durch eine Bestellung. Der Verkäufer entspricht dieser durch die Vertragsannahme in Form einer Auftragsbestätigung bzw. der Lieferung der Ware. Der Bestellung können Anpreisungen durch den Verkäufer, z. B. durch Zeitungsinserate, Schaufensterauslagen, Werbematerialien, vorausgegangen sein.

> **!** **Aufgrund von Antrag und Annahme wird ein Verpflichtungsgeschäft begründet, das die Vertragspartner zur Erfüllung der vereinbarten Leistung verpflichtet.**

Wer einem anderen die Schließung eines Vertrages anträgt, ist an den Antrag gebunden, es sei denn, dass er die Gebundenheit ausgeschlossen hat.

505384

Keine rechtliche Bindung an den Vertragsantrag besteht	
» wenn Freizeichnungsklauseln (unverbindlich, solange der Vorrat reicht, freibleibend, Zwischenverkauf vorbehalten) die Bindung ausschließen, » die **Antragsfrist** abgelaufen ist (§ 148 BGB), » die Annahme nach Ablauf einer **gesetzten Frist** erfolgte (§ 149 BGB),	» der Antrag abgeändert oder erweitert wurde (§ 150 Absatz 2 BGB), » der Antrag rechtzeitig widerrufen wurde (§ 130 Absatz 1 BGB), » auf das Angebot geschwiegen wurde.

Wird einem Kaufinteressenten in dessen Anwesenheit ein **mündlicher Antrag** unterbreitet, ist dieser nur für die Dauer des persönlichen oder telefonischen Gespräches bindend.

Ein **schriftlicher Antrag** gegenüber Abwesenden gilt nur so lange, wie der Anbietende unter normalen Umständen eine Antwort erwarten darf. Die Antwort muss dabei auf dem gleichen **Verkehrswege** erfolgen, auf dem der Antrag unterbreitet wurde. Der **Widerruf** muss vor oder gleichzeitig mit dem Angebot eintreffen.

Bei der **Zusendung unbestellter Sachen,** die als Antrag anzusehen sind, ist zu unterscheiden, ob der Empfänger ein Kaufmann oder ein Nichtkaufmann ist. Ist der Adressat ein **Nichtkaufmann,** so gilt: Bestanden bisher keine Geschäftsbeziehungen zum Absender der Sache, wird die Zahlung des Kaufpreises oder die Nutzung der Sache als Annahme des Antrages verstanden. Der Empfänger hat zwar **keine Annahme- und Rücksendungspflicht;** es besteht jedoch eine Aufbewahrungspflicht für einen bestimmten Zeitraum. (Die Rechtsprechung geht z. B. bei der Zusendung von Zeitschriften von drei Tagen aus.)

> **!** Das Schweigen des Adressaten gilt hier weder als Zustimmung noch als Ablehnung des Angebotes. Für einen Kaufmann, der bereits geschäftlichen Kontakt zum Absender unterhält, gilt Schweigen als Antragsannahme.

Der Kaufmann muss den Antrag unverzüglich ablehnen, die Ware aufbewahren und zurücksenden. An dieser Stelle sei auf die Besonderheit für Haustür- und Abzahlungsgeschäfte hingewiesen. Solche Verträge können binnen zwei Wochen nach schriftlicher Widerrufsbelehrung, die der Kunde unterschreiben muss, schriftlich widerrufen werden.

Kein Widerrufsrecht besteht, wenn
» ein Vertrag notariell beurkundet wurde,
» der Kunde den Vertreter selbst bestellt,
» Bagatellgeschäft (Wertgrenze 40,00 €).

Durch den Abschluss des Kaufvertrages sind Vereinbarungen getroffen worden, die den Vertragspartnern die Pflicht auferlegen, das eingegangene Schuldverhältnis zu erfüllen (Verpflichtungsgeschäft).

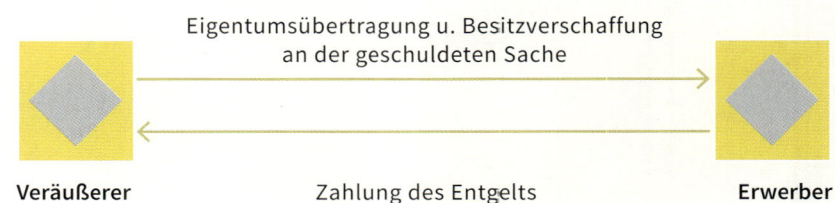

Eigentumsübertragung u. Besitzverschaffung an der geschuldeten Sache

Veräußerer — Zahlung des Entgelts — Erwerber

Kaufvertrag			
Verpflichtungsgeschäft		Erfüllungsgeschäft	
Verkäuferpflichten » einwandfreie Ware am richtigen Ort » in der richtigen Menge, Art und Weise » zur richtigen Zeit liefern » Zahlung annehmen	**Käuferpflichten** » die Ware annehmen » dem Verkäufer fristgerecht das Entgelt zukommen lassen	**Verkäufererfüllung** » Ware liefern » Eigentum übertragen	**Käufererfüllung** » Warenannahme » Kaufpreis zahlen
Pflicht	**Gegenpflicht**	**Leistung**	**Gegenleistung**

Entgelt ist alles, was der Leistungsempfänger (Erwerber) aufwendet, um die Leistung zu erhalten.

> **!** **Das Erfüllungsgeschäft ist ein eigenes Rechtsgeschäft, durch das jeder Vertragspartner seinen jeweils eingegangenen Verpflichtungen aus dem Verpflichtungsgeschäft nachkommt. Durch das Erfüllungsgeschäft erlischt das entstandene Schuldverhältnis (§ 362 BGB).**

- Geld gegen Ware
- Ware gegen Ware
- eine sonstige Leistung gegen Ware
- Ware und Geld gegen Ware
- eine sonstige Leistung gegen Geld

> **!** **Die Vertragspartner werden erst durch ihre jeweiligen Leistungen am Leistungsort von dem Verpflichtungsgeschäft befreit.**

Leistungsort

Grundsätzlich muss nach § 269 BGB die Leistung an dem Ort erfolgen, an dem der Schuldner zum Zeitpunkt des Vertragsabschlusses seinen **Wohnsitz** bzw. seine **gewerbliche Niederlassung** hat.

> **!** **Warenschulden sind Holschulden.**

Der Veräußerer trägt die Kosten der Übergabe; die Kosten und Gefahren der Übernahme und des Transports sind vom Erwerber zu tragen.

Somit trägt der Erwerber ab der Übergabe die Gefahr des zufälligen Unterganges oder der zufälligen Verschlechterung der Ware (§ 446 BGB).

> Familie Boll erwirbt in einem Möbelhaus einen Schreibtisch, den sie selbst nach Hause transportiert. Beim Verladen wird die Arbeitsplatte verkratzt. Den Schaden trägt Familie Boll, da der Leistungsort das Möbelhaus war.

505386

Leistungsort			
Gesetzlicher Leistungsort		**Vertraglicher Leistungsort**	
Verkäuferpflichten	**Käuferpflichten**	**Verkäufererfüllung**	**Käufererfüllung**
» Verkäufer schuldet Ware	» Käufer schuldet Geld	» Verkäufer schuldet Ware	» Käufer schuldet Geld
an seinem Wohn- oder Geschäftssitz	an seinem Wohn- oder Geschäftssitz	am jeweils vereinbarten Ort (häufig Sitz des Verkäufers)	
zwei Schuldner, zwei Leistungsorte		**zwei Schuldner, ein Leistungsort**	

Neben dem gesetzlichen **Leistungsort** können die Vertragsparteien einen anderen Leistungsort aufgrund der **Vertragsfreiheit** bestimmen.

> Der Verkäufer in Worms und der Käufer in Neustadt vereinbaren:
>
> „Leistungsort für beide Teile ist Worms."

Wird eine Ware auf Verlangen des Käufers durch einen Dritten (Spediteur, Frachtführer) befördert, so erfolgt der **Gefahrenübergang** mit der Übergabe der Ware an die beauftragte Person, da beim **Versendungskauf** die **Verfügungsmacht** des Verkäufers zu diesem Zeitpunkt übergeht.

Zahlungsort ist hingegen grundsätzlich der Wohn- oder Geschäftssitz des Gläubigers. Somit hat der Käufer seine Zahlung auf eigene Kosten und Gefahr dem Verkäufer zukommen zu lassen, obwohl sein **Wohn-** bzw. **Geschäftssitz** der **Leistungsort** für den Kaufpreis ist.

> **!** Geldschulden sind Bring- bzw. Schickschulden.

Gerichtsstand

Ergeben sich zwischen den Vertragsparteien Streitigkeiten über das Bestehen, die Auslegung oder bezüglich der Erfüllung des Vertragsverhältnisses, so können sie die Hilfe des zuständigen Gerichts in Anspruch nehmen (vgl. auch → Kapitel 2.2).

> **!** – Die sachliche Zuständigkeit bestimmt die Gerichtsart, bei der Klage zu erheben ist (Amtsgericht, Landgericht, Finanzgericht).
> – Die örtliche Zuständigkeit regelt den Gerichtsort, an dem zu klagen ist.

Der allgemeine Gerichtsstand (**gesetzlicher Gerichtsstand**) ist der Sitz desjenigen Gerichtes, in dessen Bezirk der Beklagte seinen **Wohn-** bzw. **Geschäftssitz** hat (**gesetzlicher Leistungsort**).

> bei Warenklage: Sitz des Verkäufers
>
> bei Zahlungsklage: Sitz des Käufers

Kaufleute und juristische Personen des öffentlichen Rechts können einen Gerichtsstand frei vereinbaren (**vertraglicher Gerichtsstand**).

> Der Einzelhändler Klein in Mainz vereinbart mit dem Großhändler Nolte aus Trier, dass der Gerichtsstand für beide Vertragsparteien Mainz sein soll.

Durch das Vereinbaren eines Erfüllungsortes kann zugleich der Gerichtsstand bestimmt werden, da dadurch unmittelbar und stillschweigend der Gerichtsstand festgelegt wird (**besonderer Gerichtsstand**).

> Zwischen dem Reisebüro Rausch GmbH, Köln, und der SAB-Computer GmbH, Wiesbaden, wird für die Lieferung einer DV-Anlage als gemeinsamer Erfüllungsort Köln vereinbart. Gerichtsstand für die Waren- und Zahlungsklage ist Köln.

Kaufvertragsarten

Die in einem Kaufvertrag fixierten Zahlungsbedingungen und Lieferbedingungen und die Rechtsstellung der beteiligten Vertragspartner beeinflussen den Ablauf von Verpflichtungs– und Erfüllungsgeschäft und die damit verbundenen Rechte.

Kaufvertrag	
» **Barkauf, Nachnahmekauf**	Zahlung des Kaufpreises Zug um Zug (Waren gegen Geld, bei Lieferung)
» **Vorauszahlungskauf**	Der Käufer entrichtet den gesamten Kaufpreis oder Teilbeträge vor Lieferung
» **Zielkauf und Ratenkauf**	die Zahlung erfolgt innerhalb einer bestimmten Frist (Zielkauf) oder in Teilbeträgen (Ratenkauf) nach der Lieferung

Nach § 271 BGB kann der Verkäufer die sofortige Zahlung verlangen; daneben können besondere Vereinbarungen getroffen werden.

> **!** **Zahlungsbedingungen regeln den Zeitpunkt oder Zeitraum sowie die Art der Zahlung.**

> **!** **Lieferbedingungen regeln den Zeitpunkt bzw. Zeitraum der Lieferung sowie die Übernahme der Versandkosten.**

Vereinbarungen über die Versandkosten	
1. Der Käufer trägt alle Kosten	→ ab Werk, ab Lager
2. Der Verkäufer trägt alle Kosten	→ frei Haus, frei Lager, frei Werk
3. Der Käufer trägt die Kosten ab Versandstation	→ ab hier, ab Bahnhof hier, unfrei
4. Der Käufer trägt die Kosten ab Empfangsstation	→ frachtfrei, frei dort, frei Bahnhof dort

505388

Kaufvertragsarten nach den Lieferbedingungen	
» **Tageskauf**	Die Lieferung der Ware erfolgt unmittelbar nach Vertragsabschluss.
» **Terminkauf/Fixkauf**	Beim Terminkauf erfolgt die Lieferung innerhalb einer vereinbarten Frist, beim Fixkauf muss die Lieferung an oder bis zu einem genau festgelegten Zeitpunkt erfolgen.
» **Deckungskauf**	Kauf bei einem anderen Lieferer nach einem Lieferungsverzug
» **Kauf auf Abruf**	Selbstbestimmung der Lieferzeitpunkte durch den Käufer innerhalb einer festgesetzten Frist
» **Spezifikationskauf**	Der Grundstoff der verkauften Sache ist angegeben, der Käufer muss sie jedoch innerhalb einer Frist nach Form, Farbe und Maß näher bestimmen.

Häufig beinhalten Kaufverträge Klauseln, die einen **Eigentumsvorbehalt** regeln. Sie sind in Kaufverträgen zu finden, die die Übereignung einer **beweglichen Sache** beinhalten. Im Fall des Eigentumsvorbehalts hat der Verkäufer ein Rücktrittsrecht vom Vertrag und das Recht zur Rückforderung der Ware, wenn der Käufer den vereinbarten **Zahlungsverpflichtungen** nicht nachkommt. Der Käufer wird somit bei Übergabe der Ware Besitzer, aber das **Eigentumsrecht** an der Ware hat weiterhin der Verkäufer.

Auch der Rechtsstellung der Vertragspartner kommt bei den Kaufvertragsarten eine besondere Bedeutung zu. Entscheidet sie doch u. a., ob Betriebsausgaben geltend gemacht werden können oder Vorsteuerabzug möglich ist. Des Weiteren bestimmt sie die gesetzlichen Grundlagen des Kaufvertrages.

Kaufvertragsarten nach der Rechtsstellung der Vertragspartner		
Verkäufer	**Käufer**	**Vertragsart**
Privatmann	Privatmann	**Bürgerlicher Kauf** (nach BGB)
Privatmann	Kaufmann	**Einseitiger Handelskauf** (nach BGB und HGB)
Kaufmann	Kaufmann	**Zweiseitiger Handelskauf** (nach HGB)

2.2 Kaufvertragsstörungen

Die Stufen der Leistungserfüllung und die Rechte und Pflichten von Verkäufern und Käufern sind genauestens vertraglich geregelt. Aber nicht jeder Kaufvertrag läuft reibungslos ab. Gerichte befassen sich häufig mit den Folgen von Kaufvertragsstörungen. Diese werden in Nicht-Recht-zeitig-Leistung, Schlechtleistung, Annahmeverzug und Zahlungsverzug unterschieden. Klare Verfahrensweisen regeln deren Beseitigung.

Bis auf den Annahmeverzug werden die Kaufvertragsstörungen auf den nächsten Seiten behandelt.

2.2.1 Nicht-Rechtzeitig-Leistung (Lieferungsverzug)

Die fristgerechte **Lieferung** einer vereinbarten **Leistung** gehört zu den Verpflichtungen aus dem **Kaufvertrag** (§ 323 BGB).

> **!** **Nicht-Rechtzeitig-Leistung (Lieferungsverzug) besteht, wenn trotz Vorliegens eines gültigen Kaufvertrages eine fällige Leistung vom Lieferer schuldhaft nicht oder nicht vertragsgemäß erbracht wird und der Gläubiger erfolglos dem Schuldner eine angemessene Frist zur Leistung oder Nacherfüllung bestimmt hat.**

Verschulden des Lieferers

Den Lieferer trifft ein Verschulden an der unterbliebenen Leistung, wenn er **fahrlässig** oder durch **vorsätzliches Handeln** die Nichtlieferung zu vertreten hat. Dies gilt ebenso für seine gesetzlichen Vertreter oder **Erfüllungsgehilfen** (§ 276 BGB).

> – Der Liefertermin wird überschritten, weil der Verkäufer die verkaufte Ware seinerseits zu spät geordert hat.
>
> – Der Geschäftsinhaber bestellt für die Zeit seines Urlaubs keinen Vertreter.

Höhere Gewalt bedeutet dabei kein Verschulden des Lieferers, da er sie nicht zu vertreten hat (§ 75 BGB).

> Schwere Krankheit, Streik, Hochwasser, Lieferstopp der entsprechenden Exportländer.

Fälligkeit der Lieferung und Fristsetzung

» Ist beim Kaufvertragsabschluss **kein Liefertermin** bestimmt worden, kann der Käufer die Leistung sofort verlangen, der Verkäufer muss sofort liefern.

» Ist die **Leistungszeit** kalendermäßig bestimmt oder bestimmbar, liegt ein Terminkauf (Lieferung Ende August 20..) oder ein Fixkauf (Lieferung 18. Juni 20..) vor.

> Ware ist exakt am 28. Juli zu liefern ..., Lieferung bis 13. Mai 20.., präzise Anlieferung der Blumen bis spätestens 13. Nov. ..

Besteht der Käufer weiterhin auf Lieferung, muss er dies dem Verkäufer mitteilen.

» Der Lieferer kommt mit Eintritt der **Fälligkeit in Verzug;** eine **Mahnung** des Käufers ist **nicht erforderlich.**

» Kann die Lieferzeit **kalendermäßig** nicht oder **nicht genau** bestimmt werden, so muss der Käufer den Verkäufer durch eine **Mahnung** in **Verzug** setzen.

> Lieferung erfolgt so bald wie möglich; Lieferung erfolgt ab 04. August 20..; Bestellung erfolgt zur sofortigen Lieferung.

» Eine Mahnung erübrigt sich, wenn der Verkäufer erklärt, dass er nicht liefern will oder kann (**Selbstinverzugsetzung** § 286 BGB).

» Eine Nachfristsetzung ist auch nicht erforderlich, wenn der Schuldner die **Leistung** ernsthaft und endgültig **verweigert** oder der Schuldner die Leistung zu einem im Vertrag bestimmten Termin oder innerhalb einer bestimmten Frist nicht bewirkt.

505390

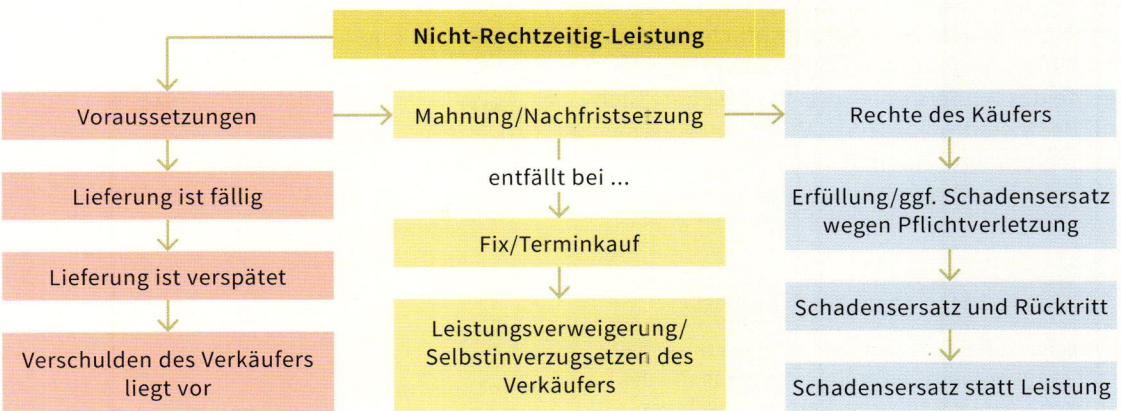

! **Bei Lieferungsverzug kann der Käufer**
- **auf Vertragserfüllung bestehen,**
- **Erfüllung und Schadensersatz wegen Fälligkeitsüberschreitung fordern,**
- **Rücktritt vom Vertrag und/oder**
- **Schadensersatz statt Leistung wegen Nichterfüllung einfordern.**

Um den Lieferer zur Lieferungspünktlichkeit anzuhalten, kann für den Fall der Lieferfristüberschreitung eine Vertragsstrafe (**Konventionalstrafe**) vereinbart werden.

2.2.2 Schlechtleistung

Als eine Schlechtleistung wird kaufvertragsrechtlich ein Sachmangel und/oder ein Rechtsmangel verstanden.

! **Sachmängel werden in offene, versteckte und arglistig verschwiegene Mängel unterschieden.**

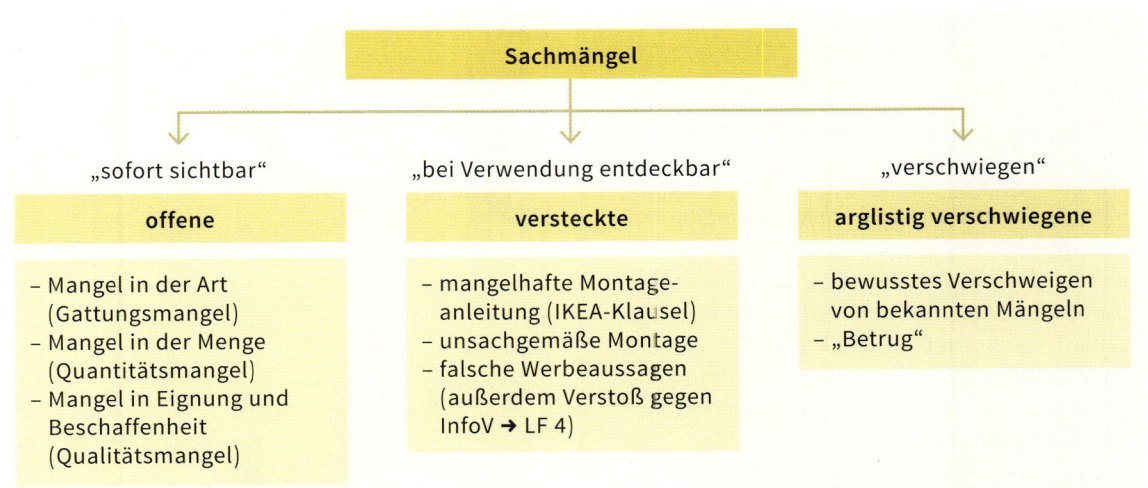

Nach § 433 Absatz 1 BGB gehört das **Fehlen von Sachmängeln** zur **Leistungspflicht** des Verkäufers. Es gibt keine Differenzierung der **Rechte des Käufers bei Mängeln** zwischen Sach- und Rechtsmängeln (§ 437 BGB). Der Begriff des Sachmangels ist in § 434 BGB definiert und eine Regelung über den Rechtsmangel befindet sich in § 435 BGB.

Sachmangel (§ 434 BGB)

Die **Sache** ist **frei** von Sachmängeln, wenn sie bei Gefahrenübergang die vereinbarte **Beschaffenheit** hat. Wenn der Verkäufer bei Vertragsabschluss die Eigenschaft einer Sache in bestimmter Weise beschreibt oder zuvor eine Probe geliefert hat, so werden die Eigenschaften der Probe zum Inhalt der Beschaffenheitsvereinbarung.

Die **Kaufsache** ist **frei** von Sachmängeln, wenn sie sich für die nach dem Vertrag **vorausgesetzte Verwendung eignet**. Hierzu reicht eine *konkludente* Übereinstimmung der Parteien über den Verwendungszweck aus.

Rechtsmangel (§ 435 BGB)

Die Sache ist **frei** von **Rechtsmangel,** wenn **Dritte** in Bezug auf die Sache **keine** oder nur die im Kaufvertrag übernommenen **Rechte** gegen den Käufer **geltend machen können.**

Mängel im Recht liegen z. B. vor, wenn die gelieferte Ware unter Eigentumsvorbehalt eines Dritten steht, sich als Pfand beim Verkäufer befindet oder zur Sicherung übereignet ist.

Mangel in Eignung und Beschaffenheit

Die Kaufsache ist **mangelhaft,** wenn sie sich **nicht** für die **gewöhnliche Verwendung eignet** und eine Beschaffenheit aufweist, die bei Sachen gleicher Art üblich ist und die der Käufer nach Art der Sache erwarten kann. Der Verkäufer schuldet somit eine Sache von „üblicher Beschaffenheit", d. h., die Tauglichkeit zur „gewöhnlichen Verwendung" darf nicht beeinträchtigt sein.

Zur üblichen Beschaffenheit zählen auch die Eigenschaften, die der Käufer nach öffentlichen Äußerungen des Verkäufers, des Herstellers oder seiner Gehilfen, insbesondere in der Werbung oder bei der Kennzeichnung über bestimmte Eigenschaften der Sache, erwarten kann.

 Eine Haftung des Verkäufers für Werbeaussagen des Herstellers ist auch dann gegeben, wenn der Verkäufer die Äußerungen nicht kannte.

Montagemangel

Ein Sachmangel liegt auch vor, wenn die **vereinbarte Montage** durch den Verkäufer oder dessen Erfüllungsgehilfen **unsachgemäß** durchgeführt worden ist.

Ebenso liegt ein **Sachmangel** vor, wenn die **Kaufsache zur Montage** bestimmt ist und die Montageanleitung mangelhaft ist (sog. **IKEA-Klausel**).

Mangel in der Menge

Einem Sachmangel steht gleich, wenn der Verkäufer eine andere oder eine zu **geringe Menge** liefert (vgl. § 434 Absatz 3 BGB).

Reklamation im Elektrogeschäft

505392

---- **EXKURS »**

Gewährleistung und Produkthaftung

Muss der Verkäufer für eine Schlechtleistung (fehlerhaftes oder ungenügend leistungsfähiges Produkt oder Dienstleistung) eintreten, ist das seine Gewährleistungspflicht.

! Gewährleistung ist das Eintreten für das Erfüllen von Leistungen.

Gewährleistung gilt im Rahmen von Verträgen und ausschließlich zwischen den Vertragspartnern. Sie ist beim einseitigen Handelskauf zeitlich auf 24 Monate befristet (vertretbare Sachen), wobei die Beweislast in den ersten sechs Monaten beim Verkäufer liegt.

Der Verkäufer kann im Übrigen durch juristisch einwandfreie Formulierungen, wie „Gewährleistungsrechte schließe ich aus." oder „Ich übernehme keine Haftung für Sach- oder Rechtsmängel." seine Gewährleistungspflicht im Rahmen der Vertragsfreiheit ausschließen, bzw. die Gewährleistung ist ausgeschlossen u. a. unter folgenden Voraussetzungen:

Gewährleistungsausschluss gem. § 442 BGB
Sie ist ausgeschlossen, wenn der Käufer den Mangel bei Vertragsabschluss kennt.

Gewährleistungsausschluss gem. § 445 BGB
Wird eine Sache in einer öffentlichen Versteigerung ohne weitere Absprachen als Pfand verkauft, entfällt die Gewährleistung.

Haftungsausschluss gem. § 377 HGB
Verletzt der Käufer beim zweiseitigen Handelskauf die Prüf- und Rügepflicht (s. u.), ist die Gewährleistung ausgeschlossen.

Quelle: Beck-Texte im dtv

Mit dem Produkthaftungsgesetz, das seit dem 1. Januar 1990 in Kraft ist, wird neben der **Mängelhaftung** dem Verbraucher ein **Schadensersatzanspruch** gegenüber dem Hersteller eingeräumt.

! Wird durch den Fehler eines Produktes jemand getötet, sein Körper oder seine Gesundheit verletzt oder eine Sache beschädigt, dann ist der Hersteller des Produktes verpflichtet, dem Geschädigten den daraus entstandenen Schaden zu ersetzen.

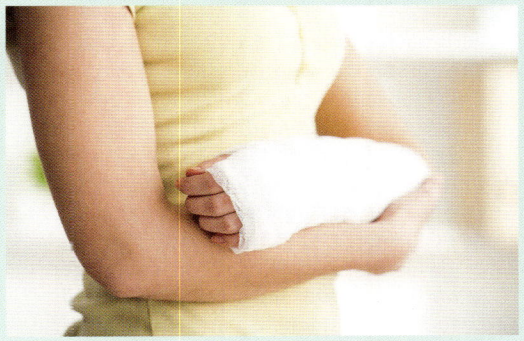

Demnach fällt das fehlerhafte Produkt selbst unter die **Mängelhaftung (Gewährleistung)** und das Eintreten für die Folgen von Schäden fehlerhafter Produkte an Personen oder Sachen unter die **Produkthaftung.** Dieses Eintreten des Verkäufers wird allgemein als **Haftung** bezeichnet.

Nach dem Schadensersatzrecht vom 1. August 2002 gibt es Schmerzensgeld nicht nur bei unerlaubten Handlungen, sondern auch bei verschuldeten Reisemängeln mit Personenschaden. So beträgt z. B. die Schadensersatzhöchstgrenze für Personenschäden bei einem Inlandsflug 600.000,00 € (Reisemängel und Schadensersatz auch → LF 9, Kapitel 3.4).

Im Falle der Sachbeschädigung gilt **Schadensersatzpflicht** nur, wenn eine andere Sache als das fehlerhafte Produkt beschädigt wird und diese andere Sache ihrer Art nach gewöhnlich für den privaten Ge- oder Verbrauch bestimmt und hierzu von dem Geschädigten hauptsächlich verwendet worden ist. (Produkt im Sinne des Gesetzes ist i. d. R. jede bewegliche Sache.) Es liegt dann ein **Verbrauchsgüterkauf** nach den §§ 474 ff. BGB vor.

! Wenn ein Verbraucher von einem Unternehmer eine bewegliche Sache kauft, spricht man von einem **Verbrauchsgüterkauf.**

D. h., die Paragrafen auf Kaufverträge beim bürgerlichen Kauf, beim ein- und zweiseitigen Handelskauf (→ Kapitel 2.4) und beim Kauf von unbeweglichen Sachen (Grundstücke oder Wohnungen) finden keine Anwendung.

» **Verbraucher** ist gem. **§ 13 BGB** jede natürliche Person, die ein Rechtsgeschäft zu einem Zweck abschließt, der weder ihrer gewerblichen noch ihrer selbstständigen beruflichen Tätigkeit zugerechnet werden kann.

» **Unternehmer** ist gem. **§ 14 BGB** eine natürliche oder juristische Person, eine rechtsfähige Personengesellschaft, die beim Abschluss eines Rechtsgeschäftes in **Ausübung ihrer gewerblichen oder selbstständigen beruflichen Tätigkeit handelt.** Damit fallen unter den Unternehmerbegriff nicht nur Gewerbetreibende, sondern auch Freiberufler, Handwerker und Landwirte.

Beweislastumkehr und Unternehmerregress

Zeigt sich beim **Verbrauchsgüterkauf innerhalb von sechs Monaten seit Gefahrübergang** ein **Sachmangel,** so wird grundsätzlich **vermutet,** dass die Sache bereits bei Gefahrübergang mangelhaft war. Es handelt sich um eine **Beweislastumkehr** zugunsten des Verbrauchers (vgl. § 476 BGB).

! Ein Verkäufer, der für mangelhafte Ware einstehen musste, obwohl er den Mangel nicht zu vertreten hat, hat ein Rückgriffsrecht auf seinen Lieferanten. Die Rückgriffskette endet beim Verursacher des Schadens (vgl. §§ 478, 479 BGB).

Eine Rückgriffsregel für den Verbrauchsgüterkauf ist erforderlich, weil anderenfalls die Gefahr besteht, dass der Einzelhändler allein die Nachteile des verbesserten Verbraucherschutzes tragen muss, obwohl in der Regel der Grund für die Haftung nicht in seinem Bereich entstanden ist, sondern bei der Herstellung.

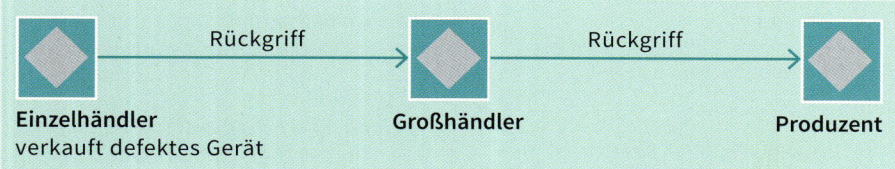

Einzelhändler — Rückgriff → Großhändler — Rückgriff → Produzent

Einzelhändler verkauft defektes Gerät   **Großhändler**   **Produzent**

Des Weiteren gelten auch die Rechte für den Verbrauchsgüterkauf.

Mängelrüge

Prüfpflicht und Rügepflicht
→ Beim **zweiseitigen Handelskauf** hat der Käufer die gelieferte Ware
  » **unverzüglich,** d. h. ohne schuldhaftes Verzögern, zu prüfen.
→ Werden Mängel festgestellt, müssen diese
  » **unverzüglich gerügt** werden.
→ Beim **einseitigen Handelskauf** und beim **bürgerlichen** Kauf muss
  » der Käufer weder unverzüglich prüfen
  » noch unverzüglich rügen.

Prüfung und Rüge können **innerhalb von zwei Jahren** nach Lieferung bzw. während der vereinbarten Gewährleistungsfrist für bewegliche Sachen erfolgen.

Form der Mängelrüge
Die Mängelrüge kann **formlos** erfolgen. Wesentlich ist, dass der Mangel präzise beschrieben ist. Die Mängelrüge ist eine empfangsbedürftige **Willenserklärung.** Aufgrund dessen muss der Käufer die rechtzeitige Absendung

505394

und den Zugang beim Verkäufer beweisen. Daher empfiehlt sich eine schriftliche und eine beweissichere Form, z. B. per **Einschreiben** mit Rückschein.

Aufbewahrung der gerügten Ware beim zweiseitigen Handelskauf

Befindet sich der Erfüllungsort für Verkäufer und Käufer am gleichen Ort (**Platzkauf**), so muss die mangelhafte Ware zurückgeschickt werden. Beim Versendungskauf (**Distanzkauf**) muss der Käufer die Ware für den Verkäufer aufbewahren oder bei einem Dritten ordnungsgemäß zulasten des Lieferers einlagern.

Ist Gefahr im Verzug oder handelt es sich um verderbliche Ware, kann der Käufer die gerügte Ware versteigern oder zu einem **Börsen-** oder **Marktpreis** verkaufen lassen.

Rechte des Käufers bei Sach- oder Rechtsmangel

> **!** Im Vordergrund der kaufrechtlichen Gewährleistung steht der Nacherfüllungsanspruch aus §§ 437 und 439 BGB. Er ist vorrangiges Recht.

Dabei gilt gem. § 440 S. 2 BGB die Nachbesserung nach dem erfolglosen zweiten Versuch grundsätzlich als fehlgeschlagen.

Die weiteren Rechte – **Rücktritt** oder **Minderung** und **Schadensersatz** oder **Aufwendungs-**

ersatz – kann der Käufer grundsätzlich erst unter bestimmten Voraussetzungen geltend machen.

> **!** Die Voraussetzungen für die nachrangigen Rechte:
> 1. Es besteht ein wirksamer Kaufvertrag zwischen Verkäufer und Käufer.
> 2. Die Kaufsache muss bei Gefahrübergang mit einem Mangel behaftet sein.
> 3. Erfolgloser Ablauf einer dem Verkäufer vom Käufer gesetzten angemessenen Frist.
> 4. Zwei Nacherfüllungen verliefen erfolglos.

Dabei ist die Fristsetzung (Mahnung) entbehrlich, wenn
» der Schuldner die Leistung ernsthaft und endgültig verweigert,
» ein Fixgeschäft vorliegt,
» besondere Umstände vorliegen, die unter Abwägung der beiderseitigen Interessen den sofortigen Rücktritt rechtfertigen,
» die Nacherfüllung unmöglich ist bzw. der Verkäufer ein Leistungsverweigerungsrecht gem. § 275 BGB Absatz 2 oder Absatz 3 hat,
» der Verkäufer beide Arten der Nacherfüllung gem. § 439 BGB Absatz 3 zu Recht verweigert,
» die dem Käufer zustehende Art der Nacherfüllung fehlgeschlagen oder ihm unzumutbar ist.

Rücktritt

Sind die vorgenannten Voraussetzungen gegeben, kann der Käufer vom Vertrag zurücktreten. Er wird dies z. B. tun, wenn er die Sache bei einem Dritten preisgünstiger erwerben kann.

Pflichten des Käufers:
Nach § 346 BGB Absatz 1 muss er die Kaufsache zurückgeben.

Pflichten des Verkäufers:

1. Er muss den Kaufpreis zurückzahlen.
2. Gem. § 346 BGB Absatz 1 sind beim gesetzlichen Rücktritt die empfangenen Leistungen zurückzugewähren.
3. Der Verkäufer muss nach dem Rücktritt des Käufers die Kaufsache abholen.
4. Der Verkäufer muss Vertragskosten als nutzlose Aufwendungen im Rahmen von §§ 437 Nr. 3, 284 BGB ersetzen.

Spezielle Ausschlussgründe für das Rücktrittsrecht

» Ausschluss gem. § 323 BGB Absatz 5 S. 2:
Bei einem unerheblichen Mangel ist das Rücktrittsrecht ausgeschlossen, nicht aber die Minderung.

» Ausschluss gem. § 323 BGB Absatz 6:
– alleinige oder weit überwiegende Verantwortlichkeit des Käufers für den Rücktrittsgrund,
– Annahmeverzug des Käufers bei Eintritt des Rücktrittsgrundes.

Quelle: Beck-Texte im dtv

! **Das Rücktrittsrecht ist ausgeschlossen, wenn die Gewährleistung insgesamt ausgeschlossen ist. Das Rücktrittsrecht wird dann unwirksam, wenn der Anspruch auf Nacherfüllung verjährt ist.**

Minderung des Kaufpreises

! **Die Minderung steht alternativ neben dem Rücktrittsrecht.**

Ausschluss des Minderungsrechts:
Anders als das Rücktrittsrecht ist das Minderungsrecht nicht ausgeschlossen bei unerheblichen Mängeln (§ 323 BGB Absatz 5). Aber: Ausschluss des Minderungsrechts, wenn Gewährleistung ausgeschlossen ist. Unwirksamkeit der Minderung tritt ein (§§ 438 BGB Absatz 5, 218 BGB), wenn der Anspruch auf Nacherfüllung verjährt ist.

Rechtsfolge (§ 441 BGB Absatz 3)

Bei der Minderung ist der **Kaufpreis** in dem Verhältnis **herabzusetzen,** in welchem zur Zeit des Vertragsschlusses der Wert der Sache im mangelfreien Zustand zu dem wirklichen Wert gestanden haben würde. Die Minderung ist, soweit erforderlich, durch Schätzung zu ermitteln.

Quelle: Beck-Texte im dtv

Schadensersatz und Aufwendungsersatz

Der Käufer kann bei Lieferung einer mangelhaften Sache durch den Verkäufer Schadensersatz verlangen, weil der Verkäufer seine Pflicht aus § 433 Absatz 1 Satz 2 verletzt hat, dem Käufer die Sachen frei von Sach- und Rechtsmängeln zu verschaffen. Folgende **Schadensersatzansprüche** des Käufers kommen in Betracht:

Schadensersatz aufgrund

» der **Unmöglichkeit der Nacherfüllung**, z. B. ein als echt verkaufter Monet ist nur ein Bild nach Art Monets.

» **nachträglicher Unmöglichkeit der Nacherfüllung**, z. B. wenn bei einem Gattungskauf[1] eine mangelhafte Sache geliefert und anschließend der ganze Bestand vernichtet wird.

---

1 Bei einem Gattungskauf werden Gattungswaren geliefert. Gattungswaren (Gattung = Art), wie Zeitschriften, Hemden, Orangen, werden durch Angaben wie Farben, Muster, Qualität, Preis oder Menge näher bestimmt und sind austauschbar. Der Verkäufer ist verpflichtet, eine mittlere Qualität der Ware zu liefern, wenn nichts anderes vereinbart ist.

505396

Es gilt zwischen **vier möglichen Schadenser-satzleistungen** zu unterscheiden:

» Mangel-Schadensersatz erhält der Käufer, wenn der Verkäufer schlecht erfüllt hat und die Nacherfüllung scheitert. Der Ausgleich der **Wertdifferenz** zwischen der mangelhaften Sache und der mangelfreien Sache wird ersetzt (sog. **kleiner Schadensersatz**).

» Schadensersatz **statt der ganzen Leistung** erhält der Käufer unter den Voraussetzungen der §§ 437 Nr. 3, 280 Absatz 1 und 3 und 281 Absatz 1 BGB. Der **sog. große Schadensersatz** setzt zusätzlich voraus, dass die Pflichtverletzung nicht unerheblich ist.

» Entstehen dem Käufer durch den Mangel der Kaufsache **Folgeschäden** an anderen Rechtsgütern, so kann der Käufer diese Schäden ersetzt verlangen.

» Kommt der Verkäufer mit der Nacherfüllung in Verzug, so kann der Käufer den **Verzögerungsschaden** i. S. von §§ 437 Nr. 3, 280 Absatz 1, 286 BGB ersetzt verlangen.

Der Käufer kann keinen Ersatz verlangen, wenn die festgestellten Mängel unerheblich sind.

Verzugsschaden § 280 BGB

– konkrete Schadensberechnung durch z. B. Preisdifferenz bei der Beschaffung von Ersatzware durch den Käufer (Deckungskauf).

– abstrakte Schadensberechnung: Der Schaden wird aufgrund von Erfahrungen geschätzt; z. B. entgangener Gewinn (§ 252 BGB).

Rücktritt oder Schadensersatz

Der Käufer wird sich bei sinkenden Preisen für der Rücktritt, bei steigendem Preis für den Schadensersatz bei Gattungswaren entscheiden.

Ersatz der vergeblichen Aufwendungen

Bereitstellungszinsen für einen Kredit, den der Käufer ausschließlich zur Finanzierung der Kaufsache aufgenommen hat.

In den Fällen, in denen der Käufer einen Schadensersatzanspruch statt der Leistung hat, kann er stattdessen auch **Ersatz** seiner **vergeblichen Aufwendungen** verlangen (vgl. §§ 437 Nr. 3, 284 BGB).

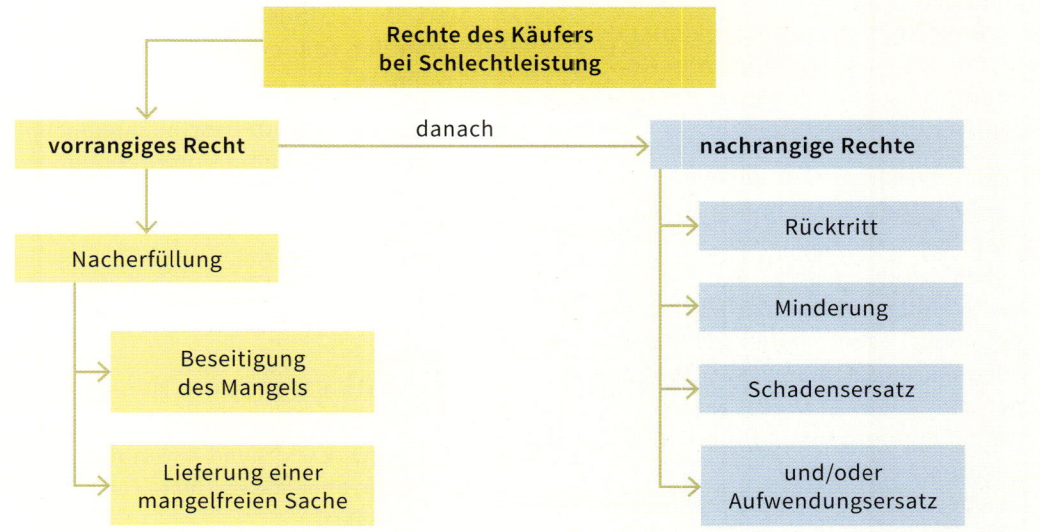

2.2.3 Nicht-Rechtzeitig-Zahlung (Zahlungsverzug)

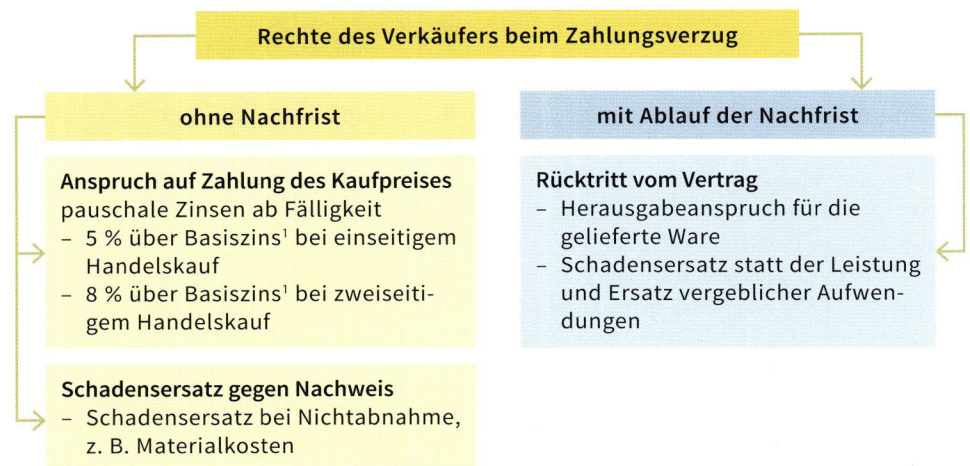

Der **Käufer** kommt in **Zahlungsverzug,** wenn er die vereinbarte Zahlungspflicht **schuldhaft** nicht oder nicht **rechtzeitig erfüllt.**

> **Voraussetzungen für den Zahlungsverzug**
>
> – gültiger Kaufvertrag
>
> – Fälligkeit der Zahlung
>
> – Verschulden des Verzuges

Ist im **Kaufvertrag** kein genauer Zahlungszeitpunkt festgelegt, muss der Verkäufer den Käufer erst durch eine **Mahnung** unter Gewährung einer angemessenen **Zahlungsfrist** in Verzug setzen.

Der Zahlungsverzug tritt ein, wenn

» der Schuldner nicht auf eine Mahnung des Gläubigers, die nach dem Eintritt der Fälligkeit erfolgt, leistet,

» der Schuldner nicht innerhalb einer kalendermäßig bestimmbaren Zeit leistet, in der vereinbarungsgemäß die Leistung zu erbringen ist,

» der Schuldner ernsthaft und endgültig die Leistung verweigert,

» aus besonderen Gründen der Verzug sofort gerechtfertigt ist (z. B. Zug-um-Zug-Geschäft).

Der Schuldner kommt jedoch **nicht** in **Zahlungsverzug,** solange die Leistung aufgrund eines **Umstandes** unterbleibt, den er **nicht zu vertreten** hat, z. B. bei höherer Gewalt.

Kaufvertragsstörungen können nicht nur zu einem getrübten Verhältnis zwischen den vorher „einigen" Vertragspartnern führen, sondern können auch erhebliche Kosten verursachen.

Häufig ist für den Fall der Nichtzahlung beim Kaufvertrag ein Eigentumsvorbehalt vereinbart. Diese Klausel erleichtert es i. d. R. dem Verkäufer, wieder in den Besitz seiner Ware zu kommen.

Mit dem **Gesetz zur Beschleunigung fälliger Zahlungen** soll kleineren Unternehmen, insbesondere Handwerksbetrieben geholfen werden, bei denen unpünktlich gezahlte Rechnungen zu wirtschaftlichen Schwierigkeiten führen können.

> **!** **Nach § 286 BGB tritt 30 Tage nach Fälligkeit und Zugang einer Rechnung Verzug und somit Zinszahlungspflicht ein, ohne dass es hierzu einer Mahnung bedarf.**

---

1 Basiszins: Zu diesem Zinssatz gewährt die EZB Geschäftsbanken Kredite für die Laufzeit von höchstens drei Monaten.

Dies gilt gegenüber einem Schuldner, der Verbraucher ist, nur, wenn auf diese Folge in der Rechnung besonders hingewiesen worden ist. Den Zugang der Rechnung muss im Streitfall der Gläubiger beweisen.

2.3 Mahnverfahren

Das **außergerichtliche Mahnverfahren** hat zweierlei Ursachen. Zum einen findet es Anwendung, wenn der Fälligkeitstag einer Verbindlichkeit nicht kalendermäßig bestimmt ist, um den Kunden in Verzug zu setzen. Zum anderen möchte man den Kunden, sofern er bereits im **Verzug** ist, zur **Erfüllung** seiner **Verpflichtung** veranlassen, ohne das Gericht zu bemühen.

Für dieses, auch **kaufmännisches Mahnverfahren** genannt, gibt es keine Formvorschrift, dennoch hat sich in der Praxis folgendes Ablaufschema herausgebildet.
» **Zahlungserinnerung:** Sie ist eine höfliche Aufforderung, die fällige Zahlung zu leisten und erfolgt häufig mit der entsprechenden Rechnungskopie bzw. dem Kontoauszug.
» **1. Mahnung:** Durch sie wird ausdrücklich auf die Fälligkeit der Zahlung hingewiesen und eine letzte **Zahlungsfrist** festgesetzt.
» **2. Mahnung:** Dem Kunden wird angedroht, die überfällige Zahlung durch Nachnahme oder ein **Inkassoinstitut** einziehen zu lassen.

Ferner erfolgt ein Hinweis auf die dadurch zusätzlich entstehenden Kosten.
» **3. Mahnung:** Die letzte Mahnung beinhaltet eine letzte Fristsetzung. In ihr werden weiterhin eine **Klage** auf Zahlung oder ein **gerichtliches Mahnverfahren** angedroht.

Sollte das außergerichtliche Mahnverfahren nicht zur Erfüllung der Zahlungspflicht führen, kann der Gläubiger, der in diesem Verfahren laut **Zivilprozessordnung** nun Antragsteller zu nennen ist, den Erlass eines **Mahnbescheides** beantragen. Durch ihn wird der Antragsgegner, der Schuldner, zur Zahlung aufgefordert und das **gerichtliche Mahnverfahren** eröffnet.

Das gerichtliche Mahnverfahren

> **!** **Zweck dieses Verfahrens ist es, einerseits die Verjährung einer Forderung zu unterbrechen und andererseits den Prozessweg (Klage auf Zahlung) zu vermeiden.**

Zuständig für den Antrag auf Erlass eines Mahnbescheides ist ein zentrales Mahngericht im Bundesland des Antragstellers, unabhängig von der Forderungshöhe. Der Antrag auf Erlass eines Mahnbescheides kann online erfolgen.

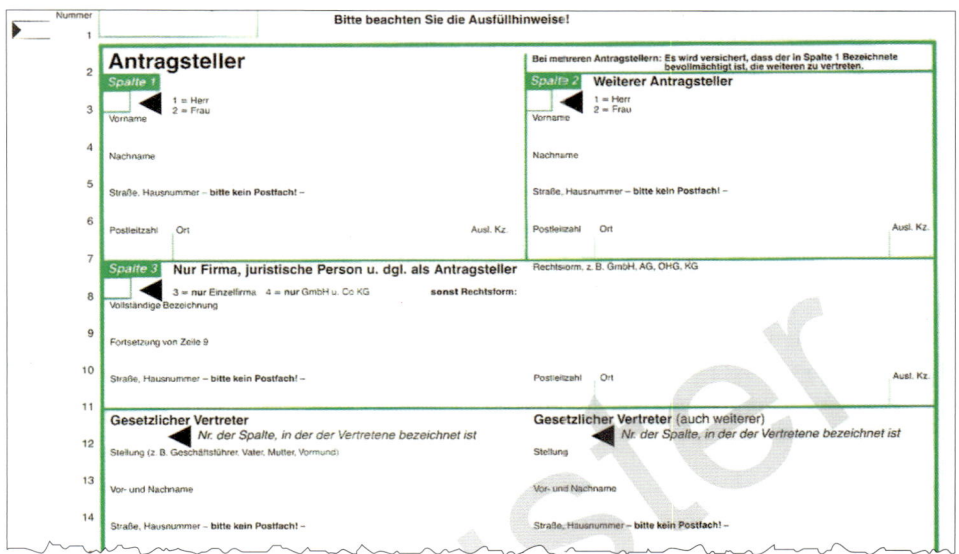

Der **Mahnbescheid** wird i. d. R. vom **Rechts-pfleger** erlassen, ohne dass das Gericht geprüft hat, ob der geltend gemachte Anspruch tatsächlich besteht, und dem Antragsgegner von Amts wegen zugestellt.

Der Antragsgegner kann auf den Mahn-bescheid folgendermaßen reagieren:

1. Er zahlt den angemahnten Betrag sowie angefallene **Verzugszinsen, Mahnkosten und Gerichtskosten** an den Antragsteller. Damit ist das Verfahren beendet.
2. Der Antragsgegner erhebt innerhalb zwei Wochen seit Zustellung schriftlich **Widerspruch** gegen den **Mahnbescheid.** Im Falle des fristgerechten **Widerspruchs** kann nun der Antragsteller oder Antrags-gegner den Rechtsstreit durch einen **Zivilprozess** klären lassen.
Sollte die Bearbeitung des Mahnbe-scheidantrages durch ein zentrales Gericht erfolgt sein, so ist dies zunächst auch von Amts wegen zuständig für die Prozessdurchführung. Es kann jedoch auf Antrag des Klägers den *Prozess* an das in Wahrheit sachlich und örtlich zuständige Gericht verweisen.
3. Sollte der **Antragsgegner** nichts unter-nehmen, kann der **Antragsteller** nach Ablauf der Widerspruchsfrist beim **Mahngericht** beantragen, dass der **Mahn-**bescheid für vorläufig vollstreckbar erklärt wird. Dies geschieht durch Ausfertigung des **Vollstreckungsbescheides** durch das Mahngericht.

Wird gegen einen Mahnbescheid kein Wider-spruch erhoben oder binnen sechs Monaten seit Zustellung kein Antrag auf Erlass eines Vollstreckungsbescheides gestellt, verliert der Mahnbescheid seine Wirkung.

Vollstreckungsbescheid

Durch den Vollstreckungsbescheid (**Vollstre-ckungstitel**) ist der Antragsteller berechtigt, die **Zwangsvollstreckung** zu betreiben. Der An-tragsteller kann einen Gerichtsvollzieher mit der Zustellung beauftragen. **Der Antragsgegner hat daraufhin folgende Möglichkeiten:**

» Er erfüllt die im Vollstreckungsbescheid bezeichnete Forderung.
» Er erhebt **Einspruch** binnen zwei Wochen ab Zustellung des **Vollstreckungsbeschei-des.** Dies führt ebenso wie der Widerspruch gegen den **Mahnbescheid** zu einem Ge-richtsverfahren.
» Er bleibt untätig. Der Antragsteller hat nach Ablauf der **Einspruchsfrist** nun das Recht, den **Gerichtsvollzieher** mit der **Pfän-dung** zu beauftragen.

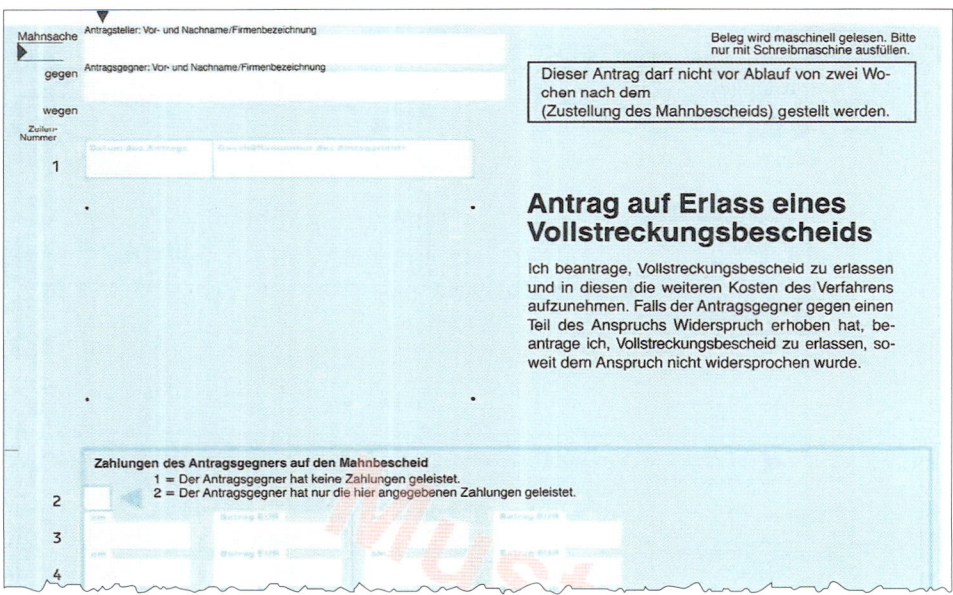

Zwangsvollstreckung

Geldforderungen können im Rahmen der Zwangsvollstreckung durch Pfändung in das bewegliche Vermögen und in Grundstücke befriedigt werden.

Der **Gerichtsvollzieher** nimmt hierbei die beweglichen Sachen in seinen Besitz (z. B. Briefmarkensammlung, Goldmünzen, Schmuck, Geld) oder kennzeichnet sie durch Anbringen der **Pfandmarke** als gepfändet, z. B. Möbel, Computeranlage. Barvermögen wird unmittelbar zur Befriedigung des Antragstellers herangezogen, während die sonstigen beweglichen Sachen zunächst öffentlich durch den **Gerichtsvollzieher** versteigert werden (§ 814 ZPO) und der Erlös hieraus zur weiteren Befriedigung des Antragstellers verwertet wird.

Das **unbewegliche Vermögen** des Antragsgegners kann zur Deckung der Forderung **zwangsverwaltet** oder **zwangsversteigert** werden.

Ablauf des gerichtlichen Mahnverfahrens

Eine Forderung des Antragsgegners kann zugunsten des Antragstellers durch einen **Pfändungsbeschluss** verwertet werden; d. h., die Forderung fließt dem Antragsteller zu.

Der Pfändung nicht unterworfen sind u. a.:

» bewegliche Gegenstände, deren Pfändung die wirtschaftliche Existenz des Schuldners gefährden:

> Kleidungsstücke, Wäsche, Betten, Küchengeräte

» Gegenstände, die der Erwerbstätigkeit dienen:

> Lupe eines Optikers, Fahrzeug eines Taxifahrers

» bestimmte Teile des Arbeitseinkommens:

> Umzugskosten, Schmutzzulage, Geburtsbeihilfe

Sollte die **Zwangsvollstreckung** erfolglos sein, kann der Antragsteller beim zuständigen **Amtsgericht** beantragen, dass der Antragsgegner ein **Vermögensverzeichnis** einreicht und seine Angaben an Eides statt versichert. Die Abgabe der Erklärung wird in ein **öffentliches Schuldenverzeichnis** aufgenommen. Weigert sich der Antragsgegner, die **eidesstattliche**

Versicherung abzugeben, so kann er auf Antrag des Antragstellers bis zu sechs Monate in Erzwingungshaft genommen werden.

 Kann der Antragsteller seine Forderung bzw. einen Teil der Forderungen nicht durch das gerichtliche Mahn- und Vollstreckungsverfahren eintreiben, bleiben die Ansprüche 30 Jahre bestehen.

Streitiges Verfahren (Klageverfahren)

Zum einen kann der **Widerspruch** gegen den **Mahnbescheid** bzw. der **Einspruch** gegen den **Vollstreckungsbescheid** zu einem Gerichtsverfahren führen. Zum anderen ist es dem Gläubiger unbenommen, zur Klärung und Durchsetzung seiner Rechtsansprüche (z. B. Forderungen) Klage zu erheben.

Die Prozessparteien können sich in **Zivilprozessen** selbst beim Amtsgericht vertreten. In Prozessen beim **Landgericht, Oberlandesgericht** oder **Bundesgerichtshof** müssen sie sich durch einen beim entsprechenden Gericht zugelassenen Rechtsanwalt vertreten lassen (Anwaltzwang).

Zuständigkeit der Gerichte	
» **sachliche Zuständigkeit**	» **örtliche Zuständigkeit**
» Amtsgericht Streitwert nicht mehr als 5.000,00 €	» Prozessgericht ist dort, wo der Beklagte seinen Geschäfts- oder Wohnsitz hat (§ 12 f. ZPO).
» Landgericht Streitwert über 5.000,00 € (§ 23 GVG)	» Ausnahme: Die Parteien sind Kaufleute und haben schriftlich einen abweichenden Gerichtsstand vereinbart (§§ 29, 38 ZPO).

Die aufgeführten **Streitwertschwellen** verstehen sich ohne Zinsen und Nebenkosten.

5053102

Instanzenweg der ordentlichen Gerichtsbarkeit für zivile Streitigkeiten		
1. Streitwert ≤ 600,00 €	Amtsgericht	→ Aufgrund der Streitwertschwelle kann keine weitere Instanz angerufen werden.
2. Streitwert > 600,00 €	Amtsgericht 1. Instanz	→ Berufung · Landgericht 2. Instanz
3. Streitwert > 5.000,00 €	Landgericht 1. Instanz	→ Berufung · Oberlandesgericht 2. Instanz

Gerichtsverfahren

Nach der Klageerhebung prüft das Gericht diese und setzt einen mündlichen Verhandlungstermin fest. Die Prozessparteien bekommen diesen in der Klageschrift mitgeteilt und werden dazu geladen. Eine **Klageschrift** muss neben der Bezeichnung der Parteien den **Klageantrag** und den **Klagegrund** enthalten.

Prozessparteien: Feinkost Müller ./. Gästeservice GmbH

Klageantrag: … die Beklagte zu verurteilen, dem Kläger 7.000,00 € nebst 8 % Zinsen seit dem 13. Mai 20.. zu zahlen.

Klagegrund: … aufgrund einer Forderung von 7.000,00 € aus dem Kaufvertrag zwischen dem Kläger und Beklagten vom …

Während der **Gerichtsverhandlung** können beide Parteien aus ihrer Sicht zur Klage Stellung nehmen. Im Rahmen der **Beweisaufnahme** werden unter Umständen auch Dritte gehört, die zur Klärung des Sachverhaltes beitragen könnten. Nach Abschluss der Beweisaufnahme ergeht das **Urteil**.

Das **Gerichtsurteil** wird rechtskräftig, d. h. vollstreckbar, sofern es nicht mehr durch Rechtsmittel (Berufung, Revision) angefochten werden kann, Kläger oder Beklagter auf **Rechtsmittel** verzichten oder die Frist zur Einlegung von Rechtsmitteln abgelaufen ist.

Berufung und Revision

Möchte der Kläger oder der Beklagte das Urteil nicht annehmen, so hat er die Möglichkeit, Berufung einzulegen. Dies führt zur neuen Untersuchung des Tatbestandes. Die Berufung erfolgt immer bei dem der Klageinstanz übergeordneten Gericht, der Berufungsinstanz. Eine Berufung bei vermögensrechtlichen Streitigkeiten ist jedoch nur möglich, sofern der Streitwert größer als 600,00 € ist (§ 511 a ZPO).

Klagerecht: Amtsgericht Worms
Streitwert: 500,00 €

Das dem Amtsgericht übergeordnete Gericht ist das Landgericht Mainz. Aufgrund des Streitwertes könnte die Berufungsinstanz nicht angerufen werden.

Das Oberlandesgericht ist die dem Landgericht übergeordnete **Instanz**. Gegen Berufungsurteile kann – sofern die Sache grundsätzliche Bedeutung hat und das Berufungsgericht die Revision zugelassen hat – beim Bundesgerichtshof Revision eingelegt werden.

Gegen eine Nichtzulassung der Revision kann ab einer Revisionssumme von 20.000,00 € Beschwerde beim Bundesgerichtshof eingelegt werden. Der Bundesgerichtshof kann dann ggf. die Revision zulassen.

Bei der Revision werden Tatbestände nicht neu gewürdigt, es findet nur noch eine Prüfung des Urteils in rechtlicher Hinsicht statt.

Aufgaben

1_ Ein Reiseveranstalter kauft einen gebrauchten Bus, der laut Aussage des Gebrauchtwagenhändlers unfallfrei sein soll. Später stellt sich heraus, dass das Fahrzeug in einen schweren Verkehrsunfall verwickelt war. Der Verkäufer hatte diesen Umstand auf Nachfrage des Käufers verschwiegen. Wie ist dieses Rechtsgeschäft zu beurteilen? Kann es angefochten werden und wann?

2_ Kommt in folgenden Fällen ein Vertrag zustande?

a) Herr Meyer findet eine Postwurfsendung in seinem Briefkasten und bestellt Ware zu den aufgeführten Bedingungen.

b) Herr Schulz bestellt Waren, ohne ein Angebot erhalten zu haben. Der Verkäufer reagiert sieben Monate später.

c) Frau Grün ändert die Preise des vorliegenden Angebotes in ihrer Bestellung.

3_ Der Verkäufer hat seinen Geschäftssitz in Nürnberg; der Käufer, ein Privatmann, wohnt in Würzburg. Wer trägt die Versandkosten bei folgenden Vereinbarungen: unfrei, ab hier, ab Lager, frei Lager, frei Werk, ab Bahnhof hier, ab Werk?

4_ Welche Aussage trifft zu?

Bei Lieferungsverzug kann der Käufer vom Verkäufer:

a) Schadensersatz verlangen,

b) Schadensersatz wegen nachweislich entgangenem Gewinn verlangen,

c) auf Vertragserfüllung bestehen,

d) ohne Nachfrist vom Kaufvertrag zurücktreten,

e) beim Fixkauf ohne Nachfrist vom Kaufvertrag zurücktreten,

f) trotz höherer Gewalt Schadensersatz verlangen,

g) nur bei Gattungswaren Schadensersatz verlangen,

h) nur eine vereinbarte Konventionalstrafe verlangen und

i) nur bei einem Zweckgeschäft Schadensersatz verlangen.

5_ Bestimmen Sie, wann der Zahlungsverzug eintritt.

a) Zahlung bis 28. Juni 20..

b) Zahlung innerhalb von 14 Tagen nach Lieferung

c) Zahlung Anfang Oktober

d) Zahlung spätestens 3 Wochen nach Rechnungserhalt

e) Zahlung sofort

5053104

3 Finanzierungsmöglichkeiten

Im Geschäftsleben ist es durchaus üblich und sinnvoll, Investitionen nicht aus eigenen Mitteln zu bestreiten, sondern andere Finanzierungsmöglichkeiten zu nutzen, an erster Stelle Kredite.

Das Wort Kredit kommt von den lateinischen Worten „credere" und „creditum" = glauben, vertrauen, das Anvertraute. Der **Kreditgeber** (**Gläubiger**) vertraut darauf, dass der **Kreditnehmer** (**Schuldner**) die geschuldete Leistung zu einem in der Zukunft liegenden Zeitpunkt ordnungsgemäß erbringt.

Ein Kredit wird auch als Darlehen bezeichnet, wenn eine feste Tilgungsvereinbarung getroffen wurde. Die Tilgung kann in Raten oder auf einmal am Ende der Laufzeit erfolgen.

Für die befristete Überlassung von Geld oder Sachen zahlt der Kreditnehmer einen Preis, den **Zins.**

Da Sie Geschäfte im Auftrag der Veranstalter vermitteln, werden Sie und Ihre Kunden in der Abwicklung von Verträgen, wie z. B. Reise-, Miet- und Geschäftsbesorgungsvertrag oder Kaufvertrag mit der Finanzierungsfrage konfrontiert.

Sie müssen als Privatperson Ihr Leben finanzieren. Auch sind die Funktionsbereiche Ihres Arbeitsplatzes im Unternehmen oder Betrieb von Ihrem Arbeitgeber zu finanzieren. Kredite können Finanzbedürfnisse befriedigen und Finanzierungen ermöglichen.

> **!** Die Beschaffung von Geld- und Sachkapital zur Deckung des Finanzbedarfs eines Unternehmens oder Haushalts wird Fremdfinanzierung oder Kreditfinanzierung genannt.

Es gilt aus der Vielzahl von Krediten möglichst die Art herauszusuchen, die für die spezielle Finanzierung gut geeignet ist.

3.1 Kreditvertrag und Kreditsicherung

Die Überlassung eines Kredits setzt einen **Kreditantrag** voraus.

Angaben im Kreditantrag bei natürlichen Personen
» Nachname, Vorname
» Geburtsdatum
» Adresse
» Beruf
» Familienstand
» Güterstand
» Staatsangehörigkeit

Angaben im Kreditantrag bei natürlichen Personen
» Firma
» Registereintrag
» Geschäftssitz
» Geschäftszweig/Branche
» Rechtsform

Generelle Angaben im Kreditvertrag
» Kredithöhe
» Sicherheiten
» Kreditart
» Rückzahlungswünsche
» Verwendungszweck

Das Kreditinstitut prüft aufgrund der im Kreditgesuch aufgeführten Daten die **Kreditfähigkeit** und die **Kreditwürdigkeit.**

> **!** Kreditfähigkeit ist die Fähigkeit, Kreditverträge rechtswirksam abzuschließen.

Kreditfähigkeit besitzen alle natürlichen Personen, die voll geschäftsfähig sind sowie alle juristischen Personen (z. B. eine GmbH). Sind die natürlichen Personen beschränkt geschäftsfähig, benötigen sie zur Kreditaufnahme die Einwilligung des gesetzlichen Vertreters und des Vormundschaftsgerichtes.

```
                    Prüfung der Kreditwürdigkeit

        persönliche                      materielle
        Kreditwürdigkeit                 Kreditwürdigkeit

                                 Privatpersonen          Unternehmen

  ⟩ Charakter                    ⟩ Einkommen            ⟩ Vermögens- und
  ⟩ Ruf                          ⟩ Vermögen               Kapitalstruktur
  ⟩ berufliche und unterneh-     ⟩ Gehaltsabrechnung    ⟩ Ertragslage
    merische Fähigkeit                                  ⟩ Liquiditätslage
  ⟩ Einholen von Auskünften/
    Referenzen
```

Im Rahmen der **Kreditwürdigkeit** werden zum einen die materielle und zum anderen die persönliche Kreditwürdigkeit geprüft.

Dabei holen Kreditgeber u. a. Auskünfte über den Kreditnehmer bei der **SCHUFA Holding AG** (Schutzgemeinschaft für Allgemeine Kreditsicherung AG) ein, indem sie die Personendaten des Kreditnehmers und den zu gewährenden Kredit melden.

Erst die Einwilligung zu der sogenannten **Schufa-Klausel** ermöglicht diese Datenweitergabe und Abfrage, denn Kreditgeber erhalten als Rückmeldung eine sogenannte **Schufa-Auskunft** über den Kreditnehmer. Dies beinhaltet z. B. Informationen über eventuell weitere bestehende Kredite oder Vermerke über Unregelmäßigkeiten bei der Abwicklung früherer Kredite. Das von der SCHUFA geführte Register soll die Vertragspartner vor Forderungsausfällen schützen bzw. Überschuldung vermeiden.

Ist die Prüfung des Kreditantrages für den Kreditsuchenden positiv, so erhält er von dem Kreditinstitut ein entsprechendes **Kreditangebot.** Mit der Angebotsannahme kommt der **Kreditvertrag** zustande.

Der Kreditvertrag enthält u. a. folgende Einzelheiten:

» persönliche Daten des Kreditnehmers
» Daten des Kreditgebers
» Kredithöhe
» Verwendungszweck
» Zinssatz
» Zinsfestschreibungszeitraum
» Auszahlung
» *Disagio* (Abgeld)
» Bereitstellungszeitpunkt
» Bereitstellungsprovision
» Tilgungsraten
» Sondertilgungsmöglichkeiten
» Kündigungsmöglichkeiten
» Informationen über Widerrufsrecht

Entsprechend der Kreditsicherung unterscheidet man zwischen persönlich gesicherten Krediten (**Personalkrediten**) und dinglich gesicherten Krediten (**Realkrediten**).

Die Kreditsicherung dient der Rechtssicherheit des Gläubigers (Kreditgeber) zu seiner Forderung zu kommen und motiviert den Schuldner (Kreditnehmer), seine Schuld zu begleichen.

Zusatzinformationen und ein Video über die „Schufa" finden Sie unter LF 2, Kapitel 3.1 auf der beiliegenden DVD.

5053106

Im Falle der Nichterfüllung der Schuld werden zur Kreditsicherung herangezogene Werte von Vermögensgegenständen oder Eigentum zur Kreditauslösung herangezogen.

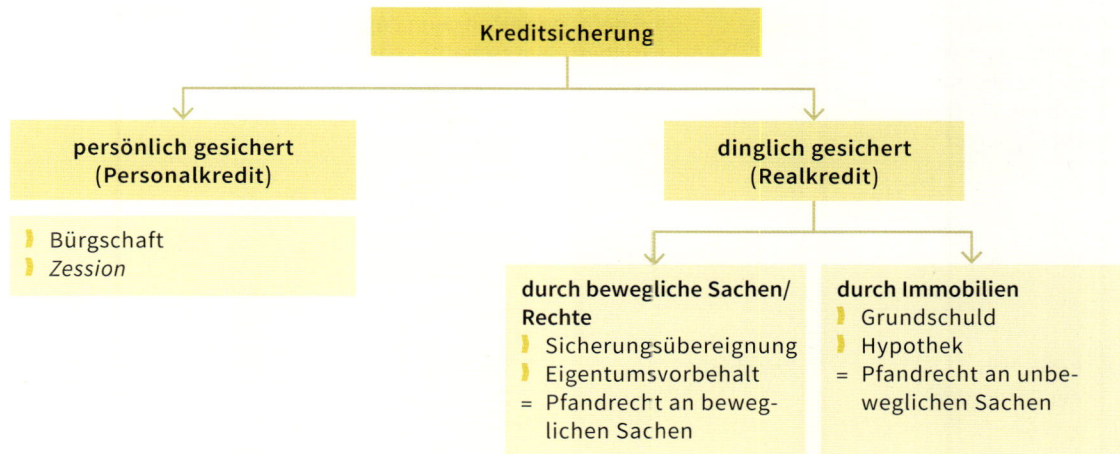

3.2 Personalkredite

Bürgschaft

Die Bürgschaft zählt zu den **verstärkten Personalkrediten** und stellt ein umfassendes Sicherungsinstrument für bestehende, künftige oder bedingte Forderungen dar.

Die Bürgschaft ist ein Vertrag zwischen Kreditgeber bzw. Gläubiger und dem Bürgen, wonach der Bürge sich verpflichtet, für die Verbindlichkeiten eines Dritten (Hauptschuldner) zu haften bzw. einzustehen. Außer bei Kaufleuten im Rahmen eines Handelsgeschäftes (§ 350 HGB) bedarf die Bürgschaft der Schriftform. Der Bürge haftet nur in dem Umfang, in dem auch der Hauptschuldner haftet, sie ist *akzessorisch*.

Der Bürge kann grundsätzlich dieselben Rechte gegen eine Zahlung geltend machen wie der Hauptschuldner, z. B. Einrede der Verjährung. Merkmal der gewöhnlichen Bürgschaft ist, dass der Bürge die Einrede der Vorausklage in Anspruch nehmen kann. Macht er sie geltend, dann muss er erst nach erfolgloser Zwangsvollstreckung in das Vermögen des Hauptschuldners eintreten.

Jeder Bürgschaftsvertrag hat individuelle Bestandteile, beinhaltet aber auch feste Elemente, wie z. B.

» Vereinbarung des Sicherungsumfangs (Forderung des Hauptschuldners)
» Vereinbarung der Bürgschaft (Haftungssumme, Art und Ende der Bürgschaft)
» weitere Bestimmungen sind: Schriftform, Erfüllungsort, AGB des jeweiligen Kreditinstitutes, Gesetzestexte, Adresse und Unterschriften des Hauptschuldners, des Bürgen und des Gläubigers, Pflichten des Gläubigers gegenüber dem Bürgen, Recht des Gläubigers, Informationen über den Bürgen einzuholen, Verhältnis zwischen Bürge und Hauptschuldner.

Kreditinstitute bevorzugen selbstschuldnerische und unbefristete Bürgschaften und eine Unterschrift zur Schufa-Klausel (SCHUFA → Kapitel 3.1). Bei Inanspruchnahme der Bürgschaft geht die Forderung gegen den Schuldner auf den Bürgen über.

> **!** Die Bürgschaft muss im Einklang mit den Kreditsicherungsinteressen stehen, die Verhältnismäßigkeit wahren und der Bürge muss mindestens die Zinslast tragen können, ansonsten ist sie u. U. sittenwidrig.

Bürgschaftsarten	Merkmale
» selbstschuldnerische Bürgschaft	Verzicht auf Einrede der Vorausklage
» Höchstbetrag-Bürgschaft	wie selbstschuldnerisch, jedoch bis zu einem Maximalbetrag
» Zeitbürgschaft	auf definierten Zeitraum begrenzt
» Kreditbürgschaft	gesicherte Bürgschaft in Form eines Bankkredits
» Ausfallbürgschaft	gezahlt wird erst bei Ausfall des Kreditnehmers
» Rückbürgschaft	jemand verbürgt sich dem Bürgen gegenüber
» Nachbürgschaft	erst bei Ausfall des Erstbürgen zahlt der Nachbürge

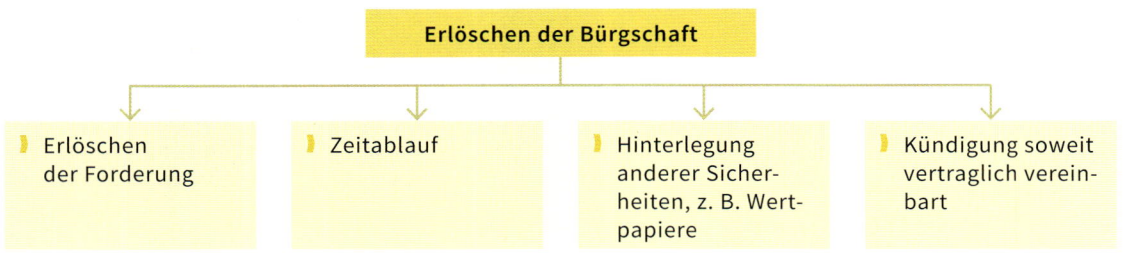

Erlöschen der Bürgschaft

- Erlöschen der Forderung
- Zeitablauf
- Hinterlegung anderer Sicherheiten, z. B. Wertpapiere
- Kündigung soweit vertraglich vereinbart

Zession

Der Zessionskredit ist ein Personalkredit, der zusätzlich durch Abtretung *(Zession)* einer oder mehrerer Forderungen des Kreditnehmers *(Zedent)* gesichert ist. Die Zession ist also eine Übertragung eines Anspruches vom bisherigen Gläubiger auf einen Dritten. Die Übertragung erfolgt mithilfe einer **Abtretungserklärung.**

Neben der Abtretung von Forderungen aus Kauf- und Dienstleistungsverträgen können auch Ansprüche aus Lebensversicherungen, Bausparverträgen oder Lohn- und Gehaltszahlungen an Kreditinstitute *(Zessionare)* abgetreten werden.

Die Abtretungserklärung ist an **keine Formvorschrift** gebunden. Es genügt in der Regel ein formloser (auch mündlicher) Vertrag, der zwischen dem *Zedenten* und dem *Zessionar* ohne Mitwirkung des Drittschuldners geschlossen wird und aus dem hervorgeht, dass die Abtretung zur Sicherstellung erfolgt. Der dann bestehende Abtretungsvertrag verschafft dem *Zessionar* die volle Rechtsstellung eines Gläubigers. Der *Zedent* gibt seine Gläubigerstellung, die er bisher gegenüber dem Drittschuldner innehatte, auf.

Zessionsvertrag

Zedent   Übertragung   **Zessionar**

Forderung

Drittschuldner

5053108

Arten der Abtretung

» **Offene** *Zession*
Wird die Abtretung dem Drittschuldner mitgeteilt, so liegt eine offene Zession vor. In diesem Fall darf er nicht mehr an den Darlehensnehmer zahlen, sondern nur noch an das Kreditinstitut. Die Banken lassen sich in diesem Fall vom Drittschuldner den **Empfang der Abtretungsanzeige** bestätigen, um sich zu vergewissern, dass er von der Abtretung Kenntnis erhalten hat.

Eine offene *Zession* bringt für den Kreditnehmer Nachteile mit sich, denn die Benachrichtigung des Drittschuldners von der Abtretung erweckt den Anschein wirtschaftlicher Schwäche und kann zu einer Schädigung seines Ansehens führen. Der Kreditnehmer sieht es deshalb lieber, wenn seine Kunden von der Kreditaufnahme nichts erfahren.

» **Stille** *Zession*
Verzichtet die Bank auf eine Abtretungsanzeige an den Drittschuldner, spricht man von einer stillen *Zession*. Der Drittschuldner erfährt von der *Zession* erst, wenn es Zahlungsprobleme beim *Zedenten* gibt und der Drittschuldner ersatzweise zur Kasse gebeten wird. Bei einer Besicherung durch stille Abtretung prüfen die Kreditinstitute von Zeit zu Zeit den Bestand der abgetretenen Forderungen anhand der vom Kreditnehmer in seiner Buchhaltung geführten Konten.

Ein Bankkunde nimmt einen Kredit bei seiner Bank auf. Diese verlangt zur Absicherung ihrer Forderungen eine stille Gehaltsabtretung für den Fall der Fälle. Der Arbeitgeber erfährt zunächst nichts. Sollte der Bankkunde plötzlich seinen Ratenzahlungsverpflichtungen nicht mehr nachkommen, kann die Bank das Geld vom Arbeitgeber des Bankkunden direkt (nun offen) einfordern. Dies stellt aber für die Bank insofern ein Risiko dar, sollte der Kreditnehmer (Bankkunde) ohne deren Wissen bereits seit zwei Monaten arbeitslos sein. Dann ist auch eine Gehaltspfändung nicht mehr möglich, so dass deren Forderungen nicht getilgt werden können und die Bank selbst den Schaden hat.

Die Frage, ob die Abtretungen offen gelegt und die Drittschuldner um Bestätigung gebeten oder die Abtretungen still behandelt werden, ist vom Einzelfall, d. h. von dem Ergebnis der Kreditprüfung, abhängig.

» **Einzel***zession*
Die Einzelzession ist die Abtretung einer einzelnen Forderung entweder offen oder still an den Darlehensgeber. Diese Form der Kreditsicherung wird gewählt, wenn der Bankkredit entweder als Bevorschussung einer speziellen Forderung gedacht ist oder wenn es sich um einen kurzfristigen und einmaligen Kreditbedarf handelt, zu dessen Absicherung die Abtretung einer Einzelforderung ausreicht.

» **Rahmen***zession***svertrag**
Für länger dauernde und hohe Kredite ist die Form der Einzel*zession* nicht zweckmäßig. Da die Außenstände sich meist aus einer Vielzahl kleinerer Posten zusammensetzen, die unterschiedlich fällig sind, müssen die Abtretungsverträge der einzelnen abgetretenen Forderungen bei Bezahlung laufend erneuert werden. Deshalb hat die Praxis sogenannte Rahmenabtretungsverträge entwickelt, und zwar die Mantel*zession* und die Global*zession*, die in stiller und offener Form vorgenommen werden können.

» **Mantel***zession***svertrag**
Im Mantel*zession*vertrag wird festgelegt, dass zur Sicherung des Kredits der *Zedent* Forderungen gegen mehrere Drittschuldner in einem bestimmten Gesamtbetrag der Bank abtritt und erledigte bezahlte Forderungen durch neue ersetzt.

» **Globalzession**
Mit der Global*zession* verpflichtet sich der Darlehensnehmer gegenüber dem Kreditinstitut, nur bestimmte bestehende oder künftige Forderungen abzutreten. Dies kann bedeuten, dass er die Forderungen gegenüber Kunden, z. B. mit den Anfangsbuchstaben A–L, dem Kreditinstitut überträgt.

3.3 Realkredite

Das Pfandrecht gibt dem Gläubiger das Recht, zur Befriedigung seiner Forderung das Pfand zu verwerten, z. B. bei Nichttilgung eines Kredites (§ 1228 ff. BGB).

> **!** **Das Pfandrecht entsteht durch Einigung und Übergabe des zu verpfändenden Gegenstandes (Faustpfandprinzip) bei einer beweglichen Sache oder durch die Belastung mit dem Pfandrecht an einer unbeweglichen Sache.**

Der Pfandgläubiger (Kreditgeber) wird Besitzer des Pfandes, der Schuldner (Kreditnehmer) bleibt Eigentümer. Der Kreditgeber ist verpflichtet, das Pfand mit der Sorgfalt eines Lagerhalters zu verwahren oder zu verwalten. Die Verpfändung ist **streng** *akzessorisch*, d. h. an den Bestand der Forderung gebunden. Die Bewertung des Pfandes erfolgt zum Marktwert, Rückkaufswert oder Börsenkurs abzüglich eines Risikozuschlages.

Sollte das Pfandrecht in Anspruch genommen werden, stehen folgende Möglichkeiten zur Verfügung:

Einlösung des Pfandrechts	
bewegliche Sachen	**Forderungen/Rechte**
» öffentliche Versteigerung » freihändiger Verkauf, wenn Marktpreis existiert	» Drittschuldner muss an den Gläubiger leisten, nach einer Verpfändungsanzeige
Wertpapiere	**unbewegliche Sachen**
» freihändiger Verkauf zum Börsenpreis	» Unterwerfungsklauselvollstreckung/ Titel

Besteht keine Forderung mehr, so muss das Pfand dem Eigentümer übergeben werden.

Grundpfandrechte	
» Grundschuld	» Hypothek

Grundstücke können mit einem Pfandrecht (Grundschuld) belastet werden. Somit dient das Grundstück dem jeweiligen Grundpfandrechtsgläubiger (dem Begünstigten) als Sicherheit für ein Darlehen gegen den Grundstückseigentümer.

> **!** **Darlehen, die durch Grundpfandrechte gesichert sind, bezeichnet man als Hypothekendarlehen.**

Kommt der Darlehensnehmer seinen Verpflichtungen aus dem Darlehensvertrag nicht nach, so kann der Grundpfandrechtsgläubiger seine Ansprüche aus der Verwertung, z. B. durch die öffentliche Versteigerung des Grundstückes, befriedigen.

Grundschuld

Der § 1191 BGB (Grundschuld) hat denselben Wortlaut wie § 1113 BGB (die Hypothek), allerdings mit dem entscheidenden Unterschied, dass folgende Worte fehlen: „zur Befriedigung wegen einer ihm zustehenden Forderung". Somit ist die Grundschuld im Unterschied zur Hypothek nicht an eine Forderung gebunden, sie ist abstrakt. Daher sind Konditionsanpassungen, Umschuldungen, Abtretungen sowie Nachbelastungen mit weniger Aufwand und Kosten verbunden.

> **!** **Die Grundschuld ist die Belastung eines Grundstücks in der Weise, dass an denjenigen, zu dessen Gunsten die Belastung erfolgt, eine bestimmte Geldsumme aus dem Grundstück zu zahlen ist.**

5053110

Dieses Grundpfandrecht wird meist zur Sicherung einer Forderung bestellt.

Die **Grundschuldbestellung** erfolgt in Form einer **notariellen Urkunde,** in der der Grundstückseigentümer zustimmt, eine Belastung seines Grundstückes in das Grundbuch eintragen zu lassen.

Der Grundstückseigentümer kann die Grundschuld zugunsten eines Kreditgebers (Fremdgrundschuld) oder für sich selbst eintragen lassen (originäre Eigentümergrundschuld § 1196 BGB). Der Eigentümer verschafft sich im Fall der Eigentümergrundschuld eine absolute Rangstelle zur künftigen Verwertung der Grundschuld, d. h., er kann sie abtreten oder verpfänden und sich so einen Kredit beschaffen.

Die **Rangstelle** gibt bei mehreren im Grundbuch eingetragenen Rechten (Vorlasten) Aufschluss über die Reihenfolge, in der die Gläubiger im Fall der Zwangsvollstreckung aus dem Erlös befriedigt werden.

Die Grundschuld kann als Buch- (Einigung und Eintragung ins Grundbuch) oder Briefgrundschuld (zusätzliche Ausstellung eines Grundschuldbriefes) bestellt werden.

Hypothek

Ebenso wie die Grundschuld dient die Hypothek zur Sicherung einer Forderung. Anders als die Grundschuld ist sie unmittelbar mit einer Forderung verbunden und somit abhängig von der zugrunde liegenden Forderung, sie ist *akzessorisch.* Ist die Forderung nichtig, so ist es die Hypothek folglich auch. Bei der Hypothek besteht eine persönliche und dingliche Haftung, Schuldner und Grundstück haften also gemeinsam. Ebenso wie die Grundschuld wird die Hypothek durch einen Notar bestellt.

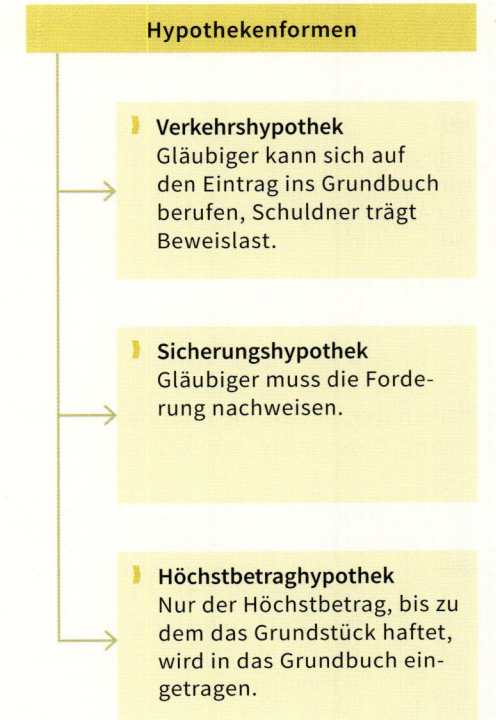

Nach der Tilgung des Darlehens kann der Kreditnehmer die Hypothek löschen oder in eine Grundschuld umwandeln. In der Praxis ist die Hypothek weitgehend durch die Grundschuld ersetzt. Darlehen, die durch Grundpfandrechte gesichert sind, bezeichnet man als Hypothekendarlehen.

Sicherungsübereignung

Durch die Sicherungsübereignung erwirbt der Kreditgeber das treuhänderische (bedingte) Eigentum an einer Sache, der Kreditnehmer bleibt Besitzer. Die Übergabe der Sache wird durch einen Sicherungsübereignungsvertrag (Besitzkonstitut) ersetzt, es handelt sich somit um eine abstrakte Sicherheit.

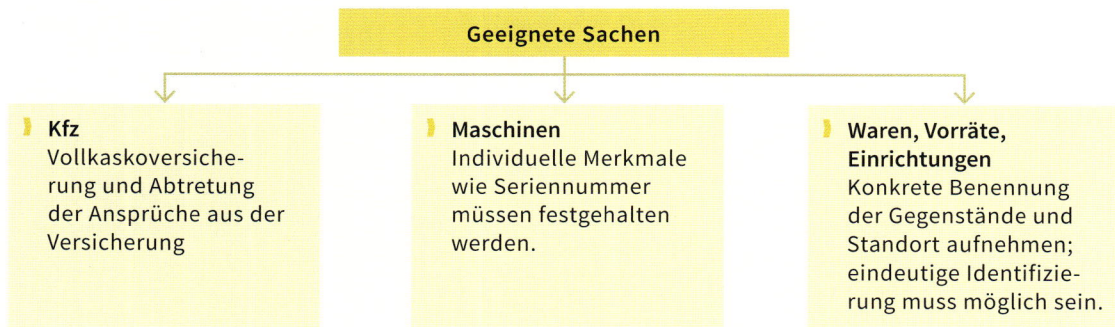

Die Risiken der Sicherungsübereignung sind u. a.: Veralterung der Sache, doppelte Übereignung, Abnutzung, Zerstörung, Weiterverkauf.

Beurteilung der Sicherungsübereignung		
Vorteile	**durch den Kreditnehmer**	**durch den Kreditgeber**
	» Produktion wird nicht gestört. » Übereignung ist nach außen nicht erkennbar.	» Sicherung der Kreditrückzahlung durch Erhaltung der wirtschaftlichen Existenz des Schuldners » schnelle Verwertbarkeit der Sicherungsgegenstände
Nachteile	» keine freie Verfügung über die Sicherungsgegenstände » Kosten durch Versicherung der Gegenstände » Für die Sicherungsübereignung gibt es keine festen gesetzlichen Regeln.	» Gefahr des Untergangs der Sache » Sache steht unter Eigentumsvorbehalt.

Eigentumsvorbehalt

Durch die Vereinbarung eines **einfachen Eigentumsvorbehalts** (§ 449 BGB) bleibt der Verkäufer bis zur vollständigen Bezahlung Eigentümer einer Ware. Der Käufer kann bis dahin lediglich das Besitzrecht ausüben.

Möchte der Erwerber die Ware weiterveräußern oder verarbeiten, so ist für den Verkäufer die Vereinbarung eines **verlängerten Eigentumsvorbehalts** sinnvoll. Im Falle eines Weiterverkaufs gelten die daraus resultierenden Forderungen als an den ursprünglichen Lieferanten abgetreten. Auch im Falle einer Weiterverarbeitung wird der Käufer nicht Eigentümer der neu entstandenen Sache, sondern der Lieferant behält darüber die rechtliche Herrschaft.

Zur Sicherung seiner Forderungen kann der Verkäufer auch einen **erweiterten Eigentumsvorbehalt** vereinbaren. Er beinhaltet, dass das Eigentum an einer Leistung erst gegeben ist, wenn die Zahlung **aller** Forderungen an den Gläubiger geleistet sind, die im Rahmen der Geschäftsbeziehungen bestehen.

3.4 Kreditarten

Im allgemeinen Wirtschaftsleben unterscheidet man Kreditarten, die auf die jeweiligen Bedürfnisse und die Situation des Kunden zugeschnitten sein sollten, nach gängigen Kriterien, wie z. B. Laufzeit, Besicherung, Höhe der geliehenen Summe, Bereitstellungsart, Verwendung und Kreditgeber.

5053112

Aufgrund dessen werden Kreditarten üblicherweise folgendermaßen systematisiert:

	Kreditart	**Erklärung**	**Beispiel/Handhabung**
Laufzeit	kurzfristige Kredite mittelfristige Kredite langfristige Kredite	bis 12 Monate 12–48 Monate über 48 Monate	Kontokorrentkredit Darlehen Anleihen
Verwendung	Investitionskredit Betriebsmittelkredit Saisonkredit Konsumkredit	Produktivkredit an Unternehmen an Privathaushalt	Gebäude Maschinen Weihnachtsgeschäft Haushaltsgeräte
Befristung	befristete Kredite unbefristete Kredite	mit Rückzahlungstermi- nen kein bestimmter Rückzahlungstermin	einziger oder mehrere Rückzahlungstermine Kündigungsfristen
Kapitalherkunft	Lieferantenkredit Kundenkredit Privatkredit Bankkredit	Zahlungsziel Anzahlung Privatpersonen Privatbanken/Sparkassen	ER-Ausgleich binnen 30 Tagen (Eingangsrech- nung wird bezahlt) Sonderanfertigung Mutter → Tochter Sparkasse
Sicherheit	gesicherte Kredite reine Personalkredite	Personal-/Sachsicherheit keine Sicherheit	Bürgschaft/Grundschuld Dispositionskredit
Verfügbarkeit	Geldleihe Kreditleihe	Bereitstellung von Bar-/Buchgeld Kreditinstitut stellt seine eigene Kreditwürdigkeit zur Verfügung	Kontokorrentkredit Avalkredit

Im Weiteren werden die Kreditarten unter dem Aspekt der unterschiedlichen Laufzeiten darge-stellt.

3.4.1 Kurz- und mittelfristige Kredite

Kurz- und mittelfristige Kredite lassen sich nach der Art der zur Verfügung gestellten Mittel in **Geldleihe (Effektivkredit)** und **Kreditleihe (Eventualkredit)** unterteilen.

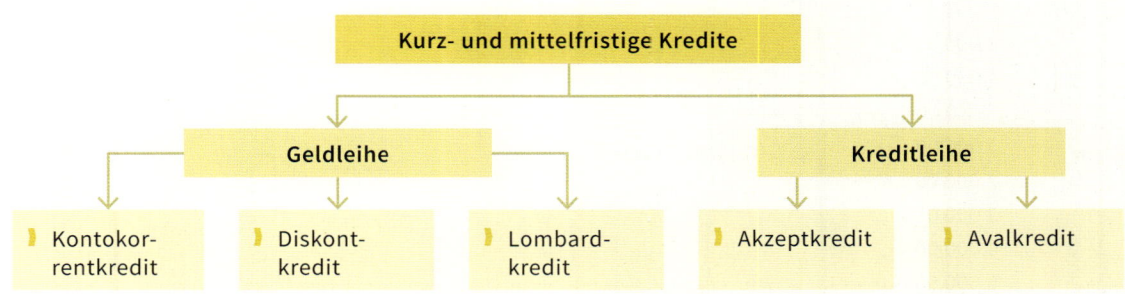

Bei der Geldleihe erhält der Kreditnehmer Bargeld oder eine Gutschrift auf sein Konto. Die Kredit-leihe besteht darin, dass das Kreditinstitut seine eigene Kreditwürdigkeit zur Verfügung stellt.

Kundenkredit

Die Gewährleistung von Kundenkrediten in Form von Anzahlungen ist u. a. in der Industrie und der Tourismusbranche, insbesondere bei Pauschalreisen, üblich.

> Mit Erhalt der schriftlichen Reisebestätigung und Aushändigung des Sicherungsscheines werden Anzahlungen wie folgt fällig:
>
> 20 % des Reisepreises, höchstens 250,00 € pro Person. Bei Ferienwohnungen beträgt die Anzahlung 20 % des Preises je Wohneinheitbuchung. Die Anzahlung wird auf den Reisepreis angerechnet.

Die Anzahlung hat einen Finanzierungseffekt, da sie vor der Erbringung der Gegenleistung, d. h. der Reisedurchführung erfolgt.

Lieferantenkredit

Der Lieferantenkredit ist ein Mittel zur Absatzförderung. Dabei räumt der Lieferer dem Kunden ein Zahlungsziel von z. B. 20 Tagen ein. Um ihn jedoch zu einer vorzeitigen Zahlung zu veranlassen, gewährt der Lieferer einen Preisnachlass in Form von Skonti, z. B. 3 %.

> Die Hard- und Software GmbH bietet der Reiseinsel eines Kaufmannes folgende Zahlungsbedingungen: „3 % Skonto innerhalb von 10 Tagen, 30 Tage netto".
>
> Mithilfe folgender Formel kann man den gewährten Skontosatz als Jahreszins ausdrücken:

$$\text{Jahreszins} = \frac{\text{Skontosatz in \%} \cdot 360}{\text{Zahlungsziel} - \text{Skontofrist}} = 54\ (\%)$$

$$\text{Jahreszins} = \frac{3 \cdot 360}{30 - 10}$$

Kontokorrentkredit

Der Kontokorrentkredit (ital. Il conto corrente = laufende Rechnung) kann von den Kunden bis zu einer Kreditgrenze (Limit) in Anspruch genommen werden und dient der Abwicklung des Zahlungsverkehrs (→ Exkurs Kontokorrentkonto in Kapitel 4.1). Durch die unterschiedlichen Last- und Gutschriften variiert die Inanspruchnahme des Kontokorrentkredits.

> **!** **Das Wesen des Kontokorrentkredites besteht darin, dass dem Kreditnehmer über sein Bankkonto ein Kreditrahmen eingeräumt wird, der ihm roulierend zur Verfügung steht.**

D. h., der Kreditnehmer kann den Kreditrahmen jederzeit beliebig ausnutzen und teilweise sogar überziehen. Dabei werden die gegenseitigen Forderungen der Vertragspartner gestundet und in regelmäßigen Zeitabständen, in der Regel quartalsweise, gegeneinander verrechnet.

Die Kosten für einen Kontokorrentkredit setzen sich zusammen aus: Sollzinsen, Umsatzprovision, Überziehungsprovision, Kreditprovision und Auslagen.

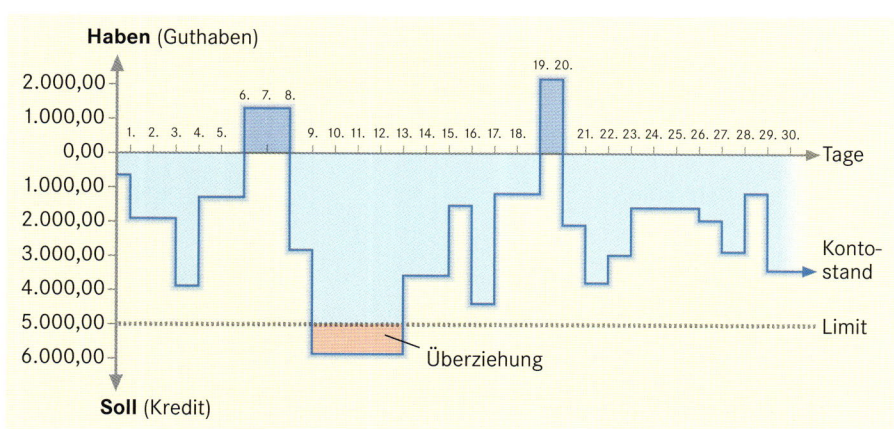

Je nach Verwendungszweck wird der Kontokorrentkredit unterschiedlich bezeichnet:

Kontokorrentkreditverwendung

Betriebsmittel-/Umsatzkredit
z. B.
Finanzierung der Produktion oder des Warenumschlages

Saisonkredit
z. B.
Überbrückung saisonaler Engpässe (Spielzeugindustrie, Weihnachtsgeschäft)

Zwischenkredit
z. B.
Baufortschrittszahlungen, bis langfristige Finanzierung greift

Überziehungskredit
z. B.
für Skontoausnutzung, sonstige Liquiditätsengpässe

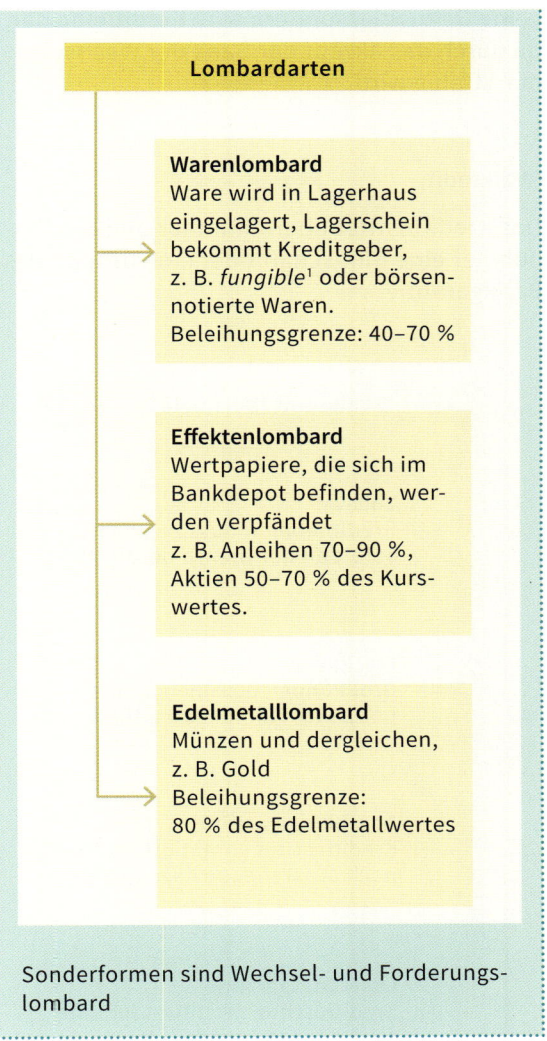

Lombardarten

Warenlombard
Ware wird in Lagerhaus eingelagert, Lagerschein bekommt Kreditgeber, z. B. *fungible*[1] oder börsennotierte Waren.
Beleihungsgrenze: 40–70 %

Effektenlombard
Wertpapiere, die sich im Bankdepot befinden, werden verpfändet
z. B. Anleihen 70–90 %, Aktien 50–70 % des Kurswertes.

Edelmetalllombard
Münzen und dergleichen, z. B. Gold
Beleihungsgrenze:
80 % des Edelmetallwertes

Sonderformen sind Wechsel- und Forderungslombard

Ein Kontokorrentkredit an Privatpersonen wird als **Dispositionskredit** bezeichnet.

Lombardkredit

Der Lombardkredit (Beleihungskredit) besteht in der Gewährung eines kurzfristigen Darlehens gegen Verpfändung beweglicher, marktgängiger Vermögensobjekte des Schuldners. Das Pfand dient der Kreditsicherung.

Akzeptkredit

Der Akzeptkredit ist ein Wechselkredit, bei dem eine Bank einen vom Kunden auf sie gezogenen Wechsel akzeptiert und sich damit wechselrechtlich verpflichtet, dem Wechselinhaber den Kreditbetrag bei Fälligkeit zu zahlen. Der Kreditnehmer kann den Wechsel somit entweder zahlungshalber an einen Gläubiger weitergeben oder bei einem Kreditinstitut diskontieren lassen. Der Kreditnehmer verpflichtet sich, dem Kreditinstitut den Wechselbetrag vor seiner Fälligkeit zu Verfügung zu stellen. Der Akzeptkredit stellt somit

---

1 *fungibilis* (lat.: im Zählen bestehend); *Fungibilität* bezeichnet die leichte Austauschbarkeit, Handelbarkeit bzw. Marktgängigkeit von Waren, Devisen oder Wertpapieren, z. B. Getreide, Tabak, Kaffee, standardisierte Wertpapiere.

keine Geldleihe, sondern eine Kreditleihe dar, da durch das Akzept der Bank der Wechsel marktfähig wird.

Avalkredit

Das Kreditinstitut übernimmt für den Kreditnehmer eine Bürgschaft oder eine besondere Bankgarantie.

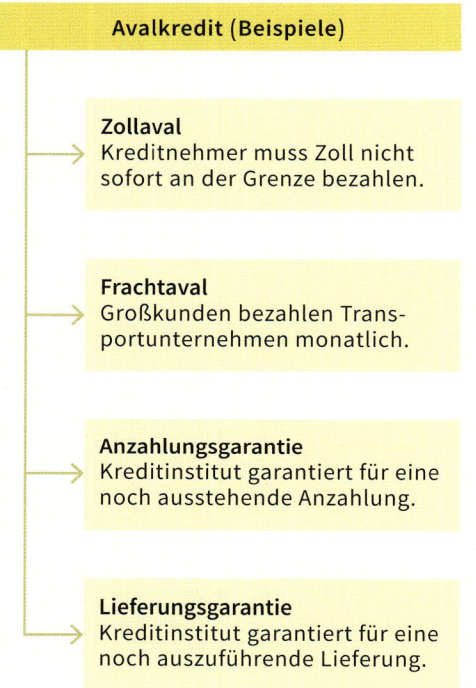

Avalkredit (Beispiele)

Zollaval
Kreditnehmer muss Zoll nicht sofort an der Grenze bezahlen.

Frachtaval
Großkunden bezahlen Transportunternehmen monatlich.

Anzahlungsgarantie
Kreditinstitut garantiert für eine noch ausstehende Anzahlung.

Lieferungsgarantie
Kreditinstitut garantiert für eine noch auszuführende Lieferung.

Avalkredite dienen der Sicherung von gestundeten Steuern, Zöllen oder Frachten bzw. sichern einen wirtschaftlichen Erfolg ab.

3.4.2 Mittel- und langfristige Kredite (Darlehen)

Kredite werden üblicherweise entsprechend ihrer Laufzeit in mittelfristige (12–48 Monate) und langfristige Kredite (Laufzeit > 48 Monate) unterteilt. Es werden Darlehen und Kapitalmarktpapiere unterschieden.

Aufgrund der geringen Relevanz für Ihre Ausbildung werden die Kapitalmarktpapiere nicht dargestellt, die Darlehen dafür umso ausführlicher.

> **!** Kredite, die in einer Summe oder Teilbeträgen gewährt werden und dann entweder am Fälligkeitstag in einer Summe oder in festgelegten Beträgen in einer vorher bestimmten Laufzeit getilgt werden, sind Darlehen.

In der Regel haben sie eine Laufzeit zwischen einem und 30 Jahren.

Wird ein Ratenkredit für überwiegend private Zwecke aufgenommen und übersteigt der Nettokreditbetrag 200,00 €, so liegt nach § 491 BGB ein **Verbraucherdarlehen** vor.

Investitionsdarlehen sind gegeben, wenn mit ihnen Investitionsgüter/Waren finanziert werden und die Rückführung aus dem Umsatzerlös erfolgt.

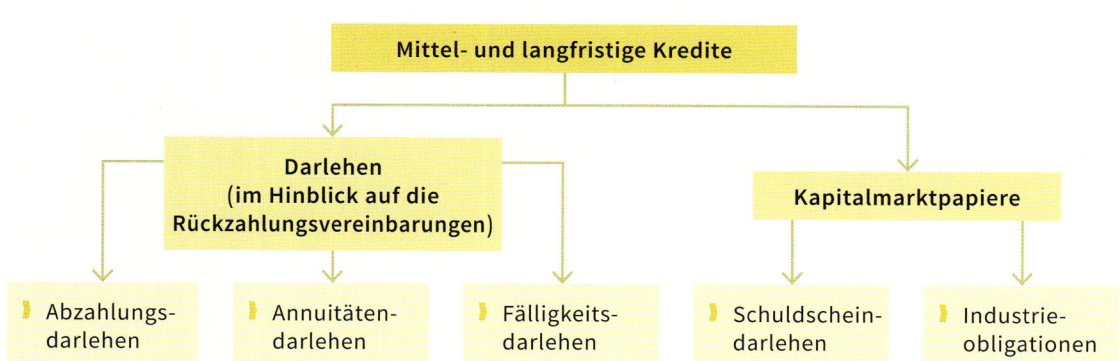

Mittel- und langfristige Kredite

Darlehen
(im Hinblick auf die Rückzahlungsvereinbarungen)

Kapitalmarktpapiere

Abzahlungsdarlehen

Annuitätendarlehen

Fälligkeitsdarlehen

Schuldscheindarlehen

Industrieobligationen

Praxisdarlehen dienen zur Finanzierung der Praxisausstattung von Selbstständigen (z. B. Steuerberater). Je länger die Laufzeit eines Kredites, desto höher ist das Ausfallrisiko. Aus diesem Grund werden Darlehen durch Sachen abgesichert (**Realkredit →** Kapitel 3.3).

Auszahlungskurs

Kreditsumme: 200.000,00 €
Disagio: 4 %
Auszahlungsbetrag: 192.000,00 € (96 %)

Ein Darlehen kann zum Nominalbetrag (100 %) oder zu einem niedrigeren Auszahlungskurs an den Kreditnehmer ausgezahlt werden. Die Differenz zwischen Nominalbetrag und niedrigerem Auszahlungskurs nennt man **Disagio** (lat.: *Damnum*).

Das Disagio kann die Funktion einer laufzeitunabhängigen Bearbeitungsgebühr haben oder eine laufzeitabhängige Zinsvorauszahlung darstellen, die zu einer geringen Nominalverzinsung des Darlehens führt.

Bei einem Darlehen wird ein bestimmter Kreditbetrag für eine bestimmte Zeit auf einem eigenständigen Konto in einer Summe oder in Teilbeträgen zur Verfügung gestellt. Die Tilgung (Rückzahlung) des Darlehens erfolgt in festgelegten Beträgen oder in einer Summe.

Im Hinblick auf die Rückzahlungsmöglichkeiten unterscheidet man **Abzahlungsannuitäten-** und **Fälligkeitsdarlehen.**

Die Jahresleistung *(Annuität)* des Kreditnehmers umfasst beim Abzahlungs- und Annuitätendarlehen **Zins und Tilgung,** beim Fälligkeitsdarlehen nur die **Zinszahlungen.** Die Preisangabenverordnung schreibt vor, dass in Darlehensverträgen die Effektivverzinsung auszuweisen ist. Je nach Kapitalmarktlage werden Nominalzins, ein Disagio sowie weitere Kreditkosten berücksichtigt. Die Angabe der Effektivverzinsung ermöglicht eine bessere Vergleichbarkeit der Darlehenskonditionen.

Fälligkeitsdarlehen

Bei dieser Darlehensform fallen jährlich nur Zinsen an. Für die Rückzahlung der gesamten Darlehenssumme ist ein bestimmter Termin vereinbart, z. B. „rückzahlbar am 31. Dezember 20..".

Weitere langfristige Finanzierungsinstrumente sind: Null-Kupon-Anleihen, Doppelwährungsanleihen, Floating-Rate-Notes, Wandelanleihen, Gewinnschuldverschreibungen und Optionsanleihen.

Zur Finanzierung einer Immobilie nimmt Familie Schmalhans ein Grundschulddarlehen über 100.000,00 € mit einer Laufzeit von 15 Jahren auf. Zum Ausgleich des Darlehens schließt sie eine Lebensversicherung in der entsprechenden Höhe ab.

Während der Laufzeit des Darlehens bezahlt Familie Schmalhans lediglich die Zinsen, die Tilgung erfolgt am Ende der Laufzeit über die Auszahlung der Lebensversicherung.

Abzahlungsdarlehen

Beim Abzahlungsdarlehen bleibt der jährliche Tilgungsanteil während des gesamten Rückzahlungszeitraumes konstant. Da die Restschuld von Jahr zu Jahr abnimmt, verringert sich auch die Höhe der zu zahlenden Zinsen. Somit sinkt auch die Höhe der *Annuität*.

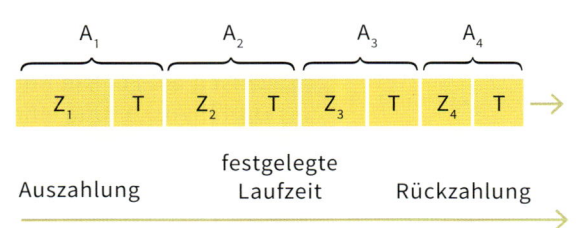

Z = Zinsen
T = Tilgung
A = Annuität

Die am Ende eines beliebigen Jahres n **zu zahlenden Zinsen** ergeben sich aus:

$$Z_n = [K - (n - 1) \cdot T] \cdot \frac{P}{100}$$

Die am Ende eines beliebigen Jahres „n" **fällige Annuität** berechnet sich aus der Summe von T + Zn.

$$A_n = [K - (n - 1) \cdot T] \cdot \frac{P}{100} + T$$

Annuitätendarlehen

Das Charakteristikum der Annuitätendarlehen ist die gleichbleibende Leistung des Kreditnehmers während der gesamten Kreditlaufzeit. Da der Zinsanteil aufgrund der Vereinbarung der Restschuld sinkt, steigt der Tilgungsanteil entsprechend. Durch die stetige Erhöhung des Tilgungsanteils ist die Rückführung eines solchen Darlehens zeitlich schneller als beim Abzahlungsdarlehen.

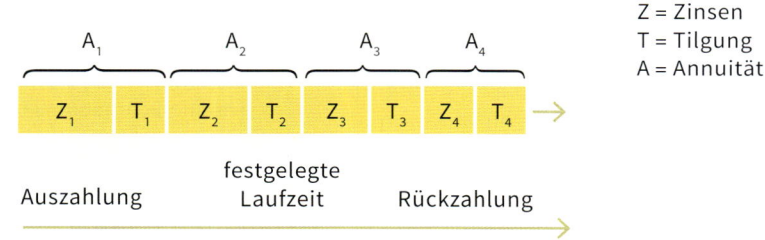

Z = Zinsen
T = Tilgung
A = Annuität

Ein Darlehen in Höhe von 60.000,00 € ist mit 6 % p. a. zu verzinsen. Es ist in fünf gleichen Jahresraten zurückzuzahlen.

Folgender Tilgungsplan veranschaulicht den Schuldenabbau:

Annuitätentilgungsplan mit fester Laufzeit (Angabe in €)				
Jahr	Schuld	Zinsen	Tilgung	Annuität
1	60.000,00	3.600,00	10.643,78	14.243,78
2	49.356,22	2.961,37	11.282,41	14.243,78
3	38.073,81	2.284,43	11.959,35	14.243,78
4	26.114,46	1.566,87	12.676,91	14.243,78
5	13.437,55	806,25	13.437,53	14.243,78

Die Annuität beträgt in dem obigen Beispiel 14.243,78 €. Diesen Betrag hat der Schuldner am Ende eines jeden Jahres der Darlehenslaufzeit an den Darlehensgeber zu zahlen.

5053118

Berechnung der Annuität

$$A = K \cdot \frac{q^n \cdot (q-1)}{q^n - 1} \Rightarrow \begin{array}{l} A = 60.000,00 \cdot \dfrac{1,06^5 \cdot (1,06-1)}{1,06^5 - 1} \\ A = 14.243,73 \end{array}$$

3.5 Leasing

! **Leasing ist eine Sonderform der Fremd-finanzierung.**

Durch *Leasing* werden vertragliche Nutzungs-rechte an langlebigen beweglichen Sachen oder Immobilien vom Leasinggeber (Vermie-ter) auf den Leasingnehmer (Mieter/Pächter) übertragen.

Der Leasinggeber gewährt somit einen **Sach-kredit**, für dessen Nutzungsrechte im Laufe der Nutzungsdauer **Mietzahlungen** geleistet werden müssen. Somit stellt *Leasing* eine **Son-derform des Mietvertrages** (→ LF 4, Kapitel 6.3) oder der Verpachtung dar.

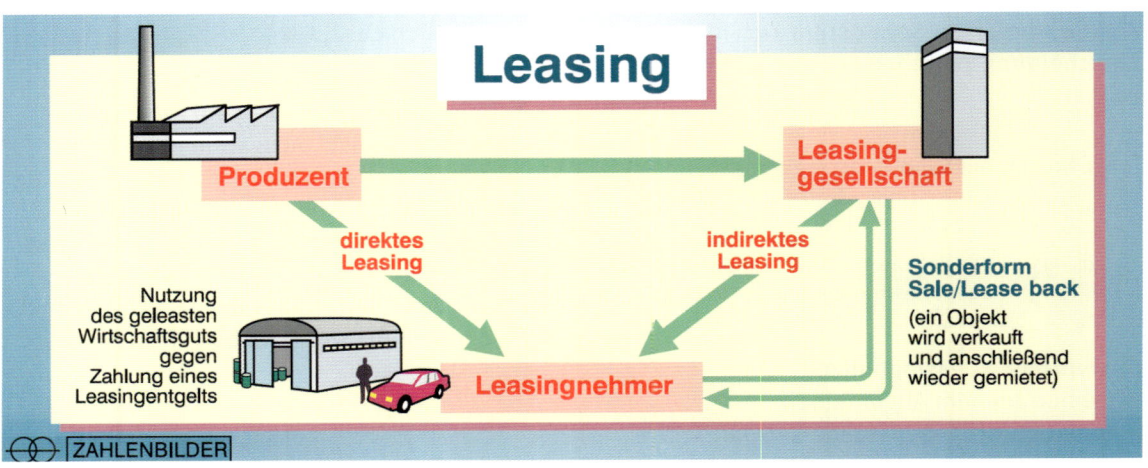

Leasingarten	
nach dem Gegenstand	**nach dem Leasinggeber**
Mobilien-Leasing (Maschinen, Fahrzeuge)	**Direktes Leasing** Produzent = Leasinggeber
Immobilien-Leasing (Gebäude)	**Indirektes Leasing** Leasinggesellschaft = Leasinggeber
Nach den Kündigungsmöglichkeiten des Vertrages	
Operate-**Leasing** » Vertragspartner haben ein Kündigungsrecht » Gegenstände lassen sich wiederholt vermieten » Leasinggeber trägt das Investitionsrisiko » zusätzliche Dienstleistung, z. B. Kfz-Wartung möglich (*Full-Service*-Vertrag)	**Finanzierungs**-*Leasing* » in der Grundmietzeit unkündbar » Leasingnehmer trägt Wartungs-, Versicherungs-, Reparaturkosten während der Grundmietzeit » Gefahr der Überalterung in der Grundmietzeit

Eine weitere Unterscheidung des Leasings ist nach der **Verwertungsmöglichkeit des Leasinggegenstandes** möglich.

Der Kreditvertrag enthält u. a. folgende Einzelheiten:	
Leasingraten decken während der Grundmietzeit das eingesetzte Kapital des Leasinggebers (Anschaffungskosten, Zinsen, Wagnisprämie, Verwaltungskosten, Gewinn). » **mit Kaufoptionsrecht:** Leasingnehmer kann nach der Grundmietzeit den Gegenstand zu einem vorher ausgemachten Betrag erwerben. » **mit Mietoptionsrecht:** Leasingvertrag kann nach Grundmietzeit verlängert werden.	Leasinggeber trägt Risiko, da das von ihm eingesetzte Kapital durch die Leasingrate nicht voll gedeckt ist. » **mit Andienungsrecht:** Kommt keine Vertragsverlängerung zustande, kann der Leasingnehmer zum Kauf des Gegenstandes zu einem vorher vereinbarten Preis gezwungen werden. » **mit Erlösbeteiligung:** Bei Veräußerung des Gegenstandes nach der Grundmietzeit wird der Leasingnehmer am Erlös beteiligt.

Die Praxis zeigt, dass Unternehmer mit ausreichend eigenen finanziellen Mitteln den Kauf dem **Leasing** aufgrund der damit verbundenen Kosten vorziehen. Somit stellt sich nur die Entscheidung zwischen **Leasing** und Kreditkauf.

> **Kreditkauf:** Aufwand = Abschreibungsbeträge + Zinsen (ausgabewirksam auch die Tilgungsbeträge)
>
> *Leasing:* Leasingraten sind in voller Höhe ausgabewirksame Aufwendungen

Die typischen Leasinglaufzeiten und Leasingsätze betragen im Allgemeinen:

» Ausrüstungsgegenstände 2–6 Jahre, Dreijahresvertrag/monatlich ca. 3 %

» Komplette Industrieanlagen bis zu 14 Jahren, Vierjahresvertrag/monatlich ca. 2,7 %

» Gebäude bis 30 Jahre, Fünfjahresvertrag/ monatlich ca. 2,3 %

Eine Entscheidungshilfe kann die Gegenüberstellung von Leasingraten und anfallenden Aufwendungen bzw. Ausgaben beim Kreditkauf geben. Dabei sollte jedoch berücksichtigt werden, dass der Abschluss eines Leasingvertrages die Bilanz nicht tangiert, wenn das Wirtschaftsgut beim Leasinggeber bilanziert wird. Im Jahresabschluss des Leasingnehmers sind die Kosten nur in der GuV[1]-Rechnung berücksichtigt.

Die Vor- und Nachteile von Leasing:

	Leasinggeber	Leasingnehmer
Vorteile	» Absatzförderung » dauerhafter und guter Kundenkontakt	» keine hohen Anschaffungskosten » keine Überalterung von Anlagen
Nachteile	» unsachgemäßer Umgang mit dem Leasinggegenstand » Leasingvertrag kann gekündigt werden	» Beeinträchtigung der Liquidität durch monatliche Mietkosten » bei längerer Vertragsdauer insgesamt höhere Aufwendungen als beim Kauf

---

1 GuV = Gewinn- und Verlustrechnung

Mieten statt kaufen

Neue Leasing-Objekte in Deutschland 2014
(Angaben in Prozent)

Die Mieter

Energie, Wasser, Berg-
bau, Landwirtschaft **3** — **2** Staat

Baugewerbe —

7

Handel —

10

37

Private
Haushalte

11

%

Dienstleister
(Banken,
Versiche-
rungen u. a.)

Verkehr,
Nachrichten-
übermittlung

11

19

Industrie

Quelle: Bundesverband Deutscher Leasing-Unternehmen

Die Mietobjekte

Luft-, Wasser-,
Schienenfahrzeuge **2** — **1** Medizintechnik

Sonstiges

Büromaschi-
nen, EDV —

7

7

54

Pkw

Produktions-
maschinen

13

%

Busse,
Lkw etc.

16

ohne Immobilien-Leasing

© **Globus** 10466

Aufgaben

1_ Welche Bürgschaftsart bietet für den Gläubiger die größte Sicherheit und für den Bürgen das geringste Risiko?

2_ Hans Martens, Inhaber und Geschäftsführer von Globus Reisen GmbH, richtet sein Reisebüro mit neuen Möbeln ein. Der Warenwert beträgt 19.500,00 €. Die Zahlungsbedingungen lauten: 30 Tage netto Kasse, bei Zahlung innerhalb von 8 Tagen 3 % Skonto. Für einen Kontokorrentkredit der Hausbank wären 12 % effektiver Jahreszins zu entrichten. Herr Martens möchte den Skonto nutzen, muss dafür aber den Kontokorrentkredit in Anspruch nehmen.

a) Ermitteln Sie den Überweisungsbetrag nach Skontoabzug.

b) Ermitteln Sie die Zinsen für den Kontokorrentkredit.

c) Ermitteln Sie den Finanzierungsgewinn.

d) Ermitteln Sie den Effektivzinssatz für den Skonto.

3_ Erklären Sie die verschiedenen Arten des Darlehens.

Zusätzliche Aufgaben zu Kapitel 3 finden Sie auf der beiliegenden DVD.

4   Zahlungsverkehr

4.1   Zahlungsmittel

Zu den **Zahlungsmitteln** zählen **Geld** (Bargeld, Buchgeld und elektronisches Geld) **sowie Geldersatzmittel** (Scheck und Wechsel), auch Geld*surrogate* genannt.

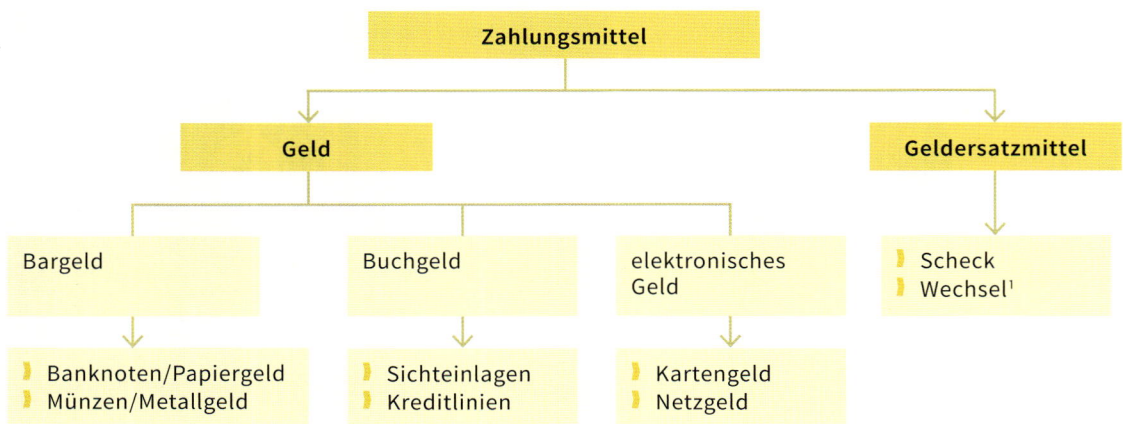

Zahlungen bestimmen den Zahlungsverkehr, der in seiner Gesamtheit den vertraglichen Austausch von Waren und Gütern sowie Dienstleistungen darstellt. Er lässt sich nach den Zahlungsformen, also nach der Art und Weise, wie gezahlt wird, in baren, halbbaren und bargeldlosen Zahlungsverkehr einteilen. Getätigt wird er von den Wirtschaftssubjekten mithilfe von Zahlungsmitteln.

> **!**   Zahlungsmittel sind allgemein anerkannt und werden regelmäßig zum Gütererwerb, zur Schuldentilgung und zur Schenkung verwendet. Erst die Zahlungsmittel ermöglichen Personen, die am Wirtschaftsleben teilnehmen, die Durchführung des Zahlungsverkehrs.

Da Geld besondere Eigenschaften aufweist (z. B. leichte Übertragbarkeit, Teilbarkeit, relative Wertbeständigkeit), ist es geeignet, bestimmte Funktionen in einer modernen Wirtschaft zu erfüllen:

Geld ist
» **Tauschmittel,** d. h., es wird dazu benutzt, Güter und Dienstleistungen einzutauschen.
» **Recheneinheit bzw. Wertmesser,** d. h., jedes wirtschaftliche Gut und jede Dienstleistung kann in Geldeinheiten bewertet werden.
» **Wertübertragungsmittel,** d. h., es kann von einem Wirtschaftssubjekt auf ein anderes übertragen werden.
» **Wertaufbewahrungsmittel,** d. h., es kann für die Zukunft zurückgelegt (gespart) werden.

Bargeld (Banknoten und Münzen) ist **gesetzliches Zahlungsmittel,** für das Annahmezwang besteht. Eingegangene Schuldverhältnisse erlöschen sofort durch die Zahlung mit Bargeld (schuldbefreiende Wirkung).

Seit 01. Januar 2002 hat die Deutsche Mark ihre Gültigkeit als gesetzliches Zahlungsmittel verloren. Der **Euro** hat in allen Teilnehmerländern der Europäischen Währungsunion die nationalen Währungen als gesetzliches Zahlungsmittel ersetzt.

---

1 Der Wechsel hat an Bedeutung verloren, da die EZB keine Wechsel mehr ankauft und er europäisch nicht anerkannt ist. Er wird daher im Rahmen dieses Buches nicht behandelt.

5053122

Bisher hatte die Deutsche Bundesbank allein verantwortlich das Recht, Banknoten herauszugeben (Notenmonopol, § 14 BBankG). Seit 01. Januar 2002 steht dieses Recht der **Europäischen Zentralbank** in Zusammenarbeit mit den nationalen Notenbanken zu. Die Euro-Scheine weisen eine Stückelung von 5, 10, 20, 50, 100, 200 und 500 Euro auf. Für diese Noten besteht ein **uneingeschränkter Annahmezwang,** d. h., jeder Gläubiger ist verpflichtet, Banknoten in unbegrenztem Umfang zur Begleichung der Verbindlichkeiten vom Schuldner anzunehmen.

Für Euro-Münzen, deren Ausgabe durch die Regierungen der beteiligten Staaten vorgenommen wird (Münzregal), besteht ein **eingeschränkter Annahmezwang,** d. h., Personen des privaten Rechts sind nicht verpflichtet, bei einer Zahlung mehr als 50 Münzen zu akzeptieren. Diese Beschränkung gilt nicht für öffentliche Kassen und Kreditinstitute. Die Euro-Münzen werden als 1, 2, 5, 10, 20 oder 50 Cent sowie 1 oder 2 Euro geprägt. Der sogenannte **Münzgewinn** kommt den nationalen Staatshaushalten zugute.

Der Münzgewinn (Schlagschatz oder Seigniorage) ergibt sich aus der Differenz zwischen dem Nennwert einer Münze und den bei ihrer Herstellung anfallenden Kosten sowie das Inverkehrbringen und z. B. dem Austausch beschädigter Münzen und Noten.

Buchgeld setzt sich aus dem Geld auf **Girokonten (Sichteinlagen)** und der Einräumung von Krediten auf **Kontokorrent- und Darlehenskonten**, die für den Zahlungsverkehr zur Verfügung stehen, zusammen.

> Ein Kontoinhaber zahlt 6.000,00 € bar auf sein Girokonto ein. Es entsteht eine Sichteinlage in Höhe von 6.000,00 €.
>
> Ein Kreditinstitut gewährt seiner Kundin einen Kredit über 9.000,00 € auf ihrem Kontokorrentkonto. Die Kundin kann über diese Kreditlinien verfügen.

Spareinlagen gehören nicht zum Buchgeld, da sie nicht dem Zahlungsverkehr dienen. Für Buchgeld besteht kein Annahmezwang, sofern z. B. auf einer Rechnung keine Kontoverbindung angegeben ist. **Elektronisches Geld** *(electronic money)* wird als dritte Form des Geldes in Kartengeld (kartengestütztes E-Geld) und Netzgeld (softwaregestütztes E-Geld) unterteilt. Die vom Zentralen Kreditausschuss der Banken (ZKA) herausgegebene GeldKarte als ein Beispiel für **Kartengeld** speichert elektronische Werteinheiten auf einem in einer Karte befindlichen Chip, die im Voraus bezahlt, bei Bedarf abgerufen werden können. Das **Netzgeld** (früher: *Cyber-Money* oder digitales Geld genannt) sind elektronische Werteinheiten, die vom Kunden an einen Herausgeber des Netzgeldes (eine Bank oder ein E-Geld-Institut) überwiesen, dort auf einem Computer gespeichert und als Betrag an den Kunden in Form von digitalem Geld übermittelt werden. Der monetäre Betrag kann dann vom Benutzer nach erfolgter Authentifizierung (→ Kapitel 4.5) durch das Institut zu Zahlungszwecken online eingesetzt werden.
Auch **Schecks und Wechsel** können als Zahlungsmittel dem Zahlungsverkehr dienen. Sie werden als **Geldersatzmittel** *(Geldsurrogate)* bezeichnet. Für sie besteht **kein Annahmezwang.**

> **!** Während bei der Zahlung mit Bargeld das Schuldverhältnis sofort erlischt, bleibt es bei der Zahlung mit Geldersatzmitteln rechtlich so lange bestehen, bis der Gläubiger das Geld gutgeschrieben bekommen hat und das Schuldnerkonto belastet wurde. Die Zahlung erfolgt zahlungshalber (erfüllungshalber).

Kontokorrentkonto

Die **Rechtsgrundlage des Kontokorrentkontos** (Girokontos) ist der **§ 355 HGB.**

Jeder Kaufmann (z. B. Kreditinstitut) kann ein solches Konto in der dort beschriebenen Form führen. **Wesentliche Merkmale eines Kontokorrentkontos sind:**
» Mindestens ein Vertragspartner muss Kaufmann sein (ein Kreditinstitut ist Kaufmann gemäß § 1 HGB).
» Es erfolgt eine gegenseitige Verrechnung der Ansprüche und Leistungen (Belastungen und Gutschriften).
» Der Rechnungsabschluss erfolgt mindestens einmal jährlich. Kreditinstitute rechnen i. d. R. vierteljährlich ab.
» Das Kontokorrentverhältnis kann jederzeit, ohne Einhaltung einer Frist, gekündigt werden.

Das Kontokorrentkonto kann kreditorisch (auf Guthabenbasis) und debitorisch (auf Schuldnerbasis) geführt werden. Das Girokonto, rechtlich eine Unterart des Kontokorrentkontos, ist ein kreditorisches Konto. In der Praxis werden aber auch auf diesen Konten in beschränktem Maße Überziehungen zugelassen (z. B. bis zum Zweifachen bzw. Dreifachen des Monatsgehaltes).

Falls das Konto debitorisch geführt wird, entstehen für den Kontoinhaber Kosten in Form von
» Sollzinsen,
» Kreditprovision und
» Überziehungsprovision.

Für die Kontoführung berechnen die Kreditinstitute u. a. Buchungsgebühren, die dem Konto belastet werden.

Teilweise werden von den Kreditinstituten auch Habenzinsen vergütet.

Die folgende Übersicht zeigt mögliche **Belastungen und Vergütungen** auf einem Kontokorrentkonto:

S	Kontokorrentkonto	H
Barabhebungen Überweisungsaufträge Scheckbelastung Sollzinsen, Gebühren		Bareinzahlungen Überweisungseingänge Scheckgutschriften Habenzinsen

Der Kontoinhaber erhält je nach Vereinbarung in gewissen Zeitabständen einen Kontoauszug, der ihn über alle Veränderungen auf seinem Konto informiert.

Der Kontoauszug enthält im Wesentlichen:
» Namen und Kontonummer des Kontoinhabers
» Saldo des letzten Kontoauszuges
» Art und Höhe der Soll- bzw. Habenumsätze
» den aktuellen Kontostand

Für Privatleute und insbesondere Unternehmen, die gesetzlich verpflichtet sind, Bücher zu führen, wird somit die Buchhaltung übersichtlich und erheblich vereinfacht.

4.2 Zahlungsformen

Traditionell werden drei Zahlungsformen unterschieden:
– Barzahlung   – halbbare Zahlung   – bargeldlose Zahlung

Barzahlung

Der Zahlende zahlt mit Bargeld, der Empfänger erhält Bargeld. Die **Zahlung mit Bargeld** erfolgt heutzutage hauptsächlich beim Einkauf von Waren und bei der Inanspruchnahme von Dienstleistungen des täglichen Bedarfs in Form der **persönlichen Übergabe.** Weitere Möglichkeiten:
» Zahlung durch Boten
» „Minutenservice"
» Expressbrief

Der Schuldner übergibt dem Gläubiger persönlich das Bargeld (**Zahlung von Hand zu Hand**) bzw. beauftragt dazu einen Dritten (Boten). Die Postbank bietet dafür den sogenannten **Minutenservice** oder **Western Union Geldtransfer** an. Beträge, die der Schuldner bei einem Postamt bar eingezahlt hat, werden dem Gläubiger am Postbankschalter eines beliebigen Postamtes wieder bar ausgezahlt. Die **Zahlung per Expressbrief** ist eine Dienstleistung der Deutschen Post-Tochter DHL: Mit diesem können Wertsachen (z. B. Wertpapiere oder Bargeld) versandt werden, die durch einen Eilboten in gesonderten Behältern befördert und zugestellt werden.

Als Nachweis für die erfolgte Zahlung sollte der Schuldner (Bote) sich eine **Quittung** ausstellen lassen.

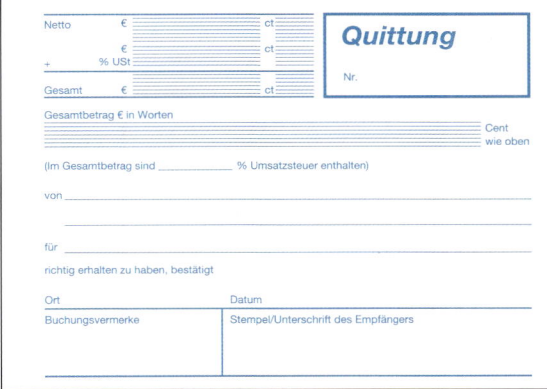

Wesentliche Bestandteile der Quittung

» Gesamtbetrag
» Zahlungspflichtiger
» Anlass der Zahlung (z. B. Leistung)
» Ort und Datum der Zahlung
» Unterschrift des Zahlungsempfängers

Halbbare Zahlung

Während bei der Barzahlung kein Konto bei einem Kreditinstitut eingeschaltet wird, benötigen die beiden Möglichkeiten der halbbaren Zahlung **entweder ein Konto des Zahlungsempfängers oder ein Konto des Zahlungspflichtigen.** Hat der **Zahlungspflichtige kein Konto** und/oder möchte er seine Verbindlichkeit durch eine **Zahlung auf das Konto des Zahlungsempfängers** begleichen, kann er eine **Bareinzahlung** vornehmen.

> **Möglichkeiten**
> – Zahlschein   – Barscheck

Der Schuldner kann mit dem dafür auszufüllenden Formular bei jedem Kreditinstitut den geforderten Betrag bar einzahlen. Der Zahlungsempfänger erhält den Betrag auf seinem Konto gutgeschrieben (unbarer Teil).

Auch die zweite Möglichkeit der halbbaren Zahlung, das Benutzen eines **Barschecks,** kommt heute in der Praxis relativ selten vor, da der **vom Zahlungspflichtigen ausgestellte Scheck** dem Empfänger nur **bei dem Kreditinstitut des Zahlungspflichtigen bar ausgezahlt** wird. (Weitere Informationen zum Barscheck → Kapitel 4.3.3)

> Die Barzahlung sowie die halbbare Zahlung weisen Nachteile auf, da Bargeld übertragen wird. Sie sind:
> – unsicher (Verlust-/Diebstahlgefahr),
> – teuer (Buchungskosten, Fahrtkosten),
> – zeitraubend (Vor- und Nachzählen des Geldes, große Entfernungen).

Diese Nachteile versuchen die bargeldlosen Zahlungsmöglichkeiten zu beseitigen.

Bargeldlose Zahlung

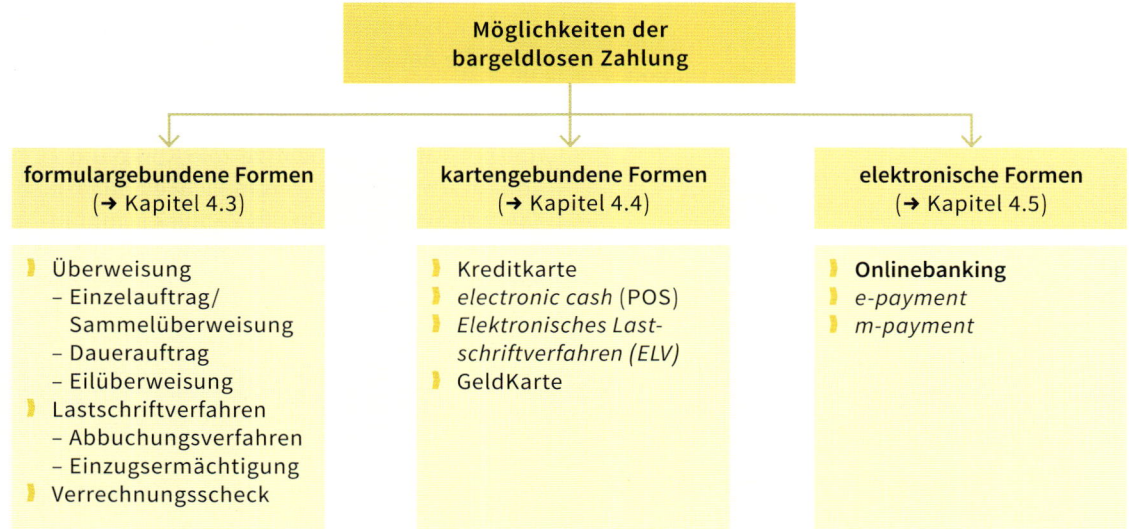

Bargeldlose **(unbare) Zahlungsformen** sind relativ **sicher, kostengünstig** und **bequem** durchzuführen. Sie vereinfachen sowohl für den Zahlungspflichtigen als auch für den Zahlungsempfänger den Zahlungsverkehr.

Allerdings besteht die Gefahr, dass der Zahlungspflichtige schnell den Überblick über seine Geldflüsse verliert. Insbesondere wenn zwischen bargeldloser Zahlung und Kontobelastung ein längerer Zeitraum liegt.

Außerdem muss der sorgfältige Umgang mit sicherheitsrelevanten Daten wie z. B. dem PIN-Code gewährleistet sein, um die Gefahr

von Missbrauch und Manipulation möglichst gering zu halten.

4.3 Formulargebundene unbare Zahlungen

Bei den formulargebundenen unbaren Zahlungsformen wird mithilfe von Zahlungsträgern Buchgeld vom Konto des Zahlungspflichtigen (Belastung) auf das Konto des Zahlungsempfängers (Gutschrift) übertragen.

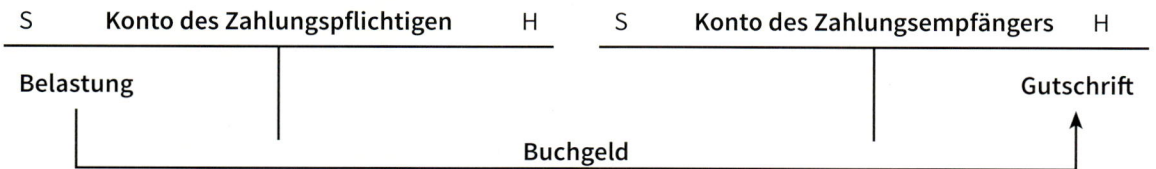

5053126

4.3.1 Überweisung

Bei der Überweisung **erteilt der Zahlende (Schuldner) seinem Kreditinstitut den Auftrag, einen bestimmten Betrag von seinem Konto auf das Konto des Zahlungsempfängers (Gläubiger) zu übertragen.** Dieser Auftrag kann entweder beleghaft mit einem Überweisungsvordruck oder beleglos (an einem Kundenterminal oder online) unter Eingabe der **PIN** (**P**ersönliche **I**dentifikations-**N**ummer, engl.: Personal Identifying Number) erfolgen (→ Kapitel 4.5).

Der Überweisungsvordruck ist einteilig (Überweisungsauftrag mit anhängender Durchschrift für den Auftraggeber). Die notwendigen Daten:

> » Name, Vorname oder Firma des Empfängers
> » IBAN (International Bank Account Number)[1] des Kreditinstituts des Zahlungsempfängers
> » Betrag
> » Verwendungszweck
> » Name, Vorname oder Firma des Zahlungspflichtigen sowie
> » IBAN[1] des Zahlungspflichtigen

Der Überweisungsvordruck sollte in Druckschrift mit Großbuchstaben ausgefüllt werden. Er wird mit Datum und Unterschrift des Auftraggebers versehen und an dessen Kreditinstitut zur elektronischen Bearbeitung und Weiterleitung gegeben. Die Durchschrift verbleibt beim Auftraggeber.

Viele Kunden, die die technischen Voraussetzungen aufweisen, tätigen Online-Überweisungen (→ Kapitel 4.5).

> **!** Die Überweisung ist die buchmäßige Übertragung einer bestimmten Geldmenge vom Konto des Zahlungspflichtigen auf das Konto des Zahlungsempfängers gemäß einem schriftlichen Auftrag an das Kreditinstitut.

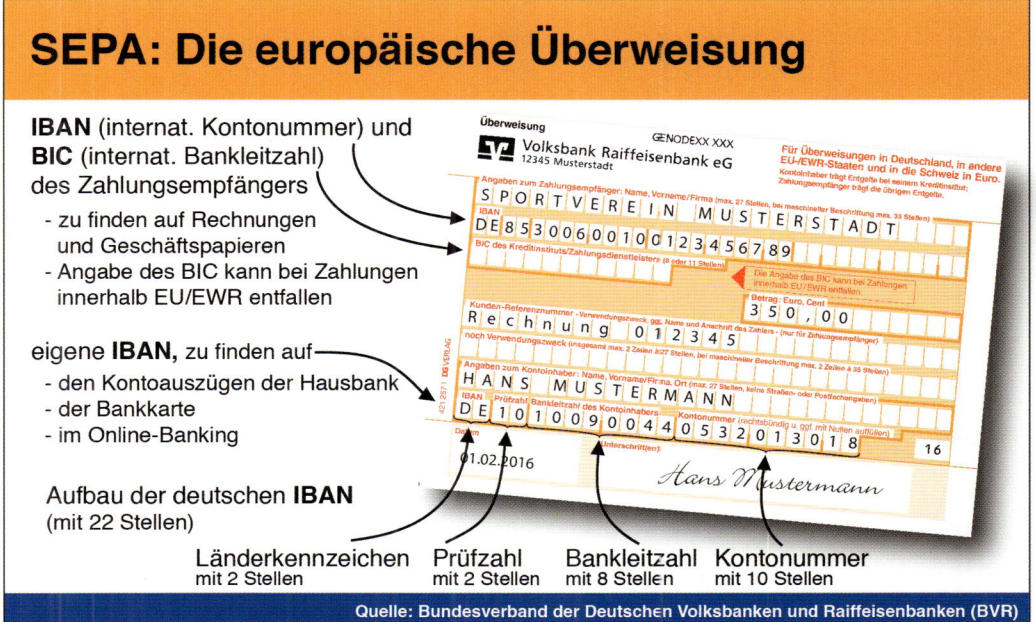

Neuer Überweisungsträger

---

[1] Seit 01.02.2014 ersetzt die IBAN (International Bank Account Number) die nationale Kontokennung (in Deutschland die Kontonummer und Bankleitzahl). Für grenzüberschreitende Zahlungen in EU-Länder musste bis zum 01.02.2016 neben der IBAN noch der Bank Indentifier Code (BIC) angegeben werden. Seitdem ist nur noch die IBAN notwendig (→ Vg.. Kapitel 4.6).

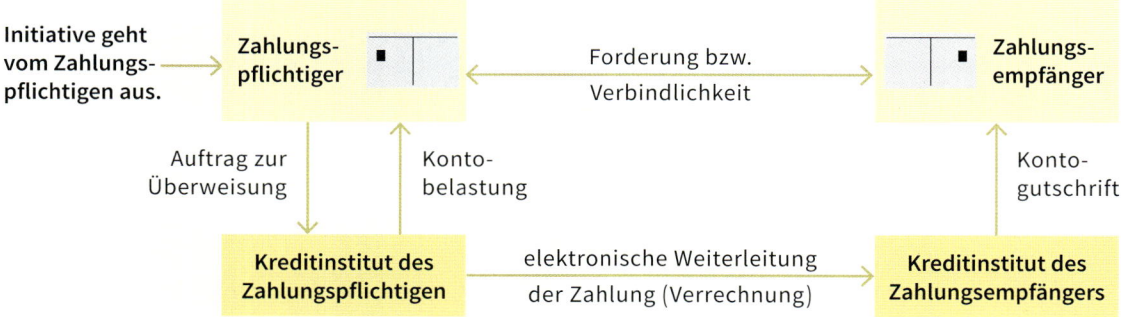

Die Überweisung ist eine Zahlung an Erfüllung statt, d. h., der Gläubiger hat eine Forderung in Höhe des Überweisungsbetrages an seine Bank anstelle des ursprünglichen Schuldverhältnisses.

Eine Überweisung ist **rechtzeitig** getätigt, wenn
» alle Angaben auf dem Überweisungsbeleg eindeutig und korrekt sind,
» genügend Guthaben oder eine verfügbare Kreditlinie zur Ausführung bereitstehen,
» sie bis zum letzten Tag der Fälligkeit zur Buchung bei der Bank abgegeben ist.

Ausnahme: Bei Steuerzahlungen zählt der fristgerechte Eingang auf dem Konto der Finanzkasse als rechtzeitig!

Hierbei ist zu beachten, dass Bankgeschäftstage definierte Werktage sind. Samstage, echte Feiertage und Schließungstage gehören nicht dazu.

Ausführungsfristen in Bankgeschäftstagen	
– Auslandszahlungen in €	5 Tage
– Inlandszahlungen institutsübergreifend	3 Tage
– Zahlungen innerhalb eines Instituts	2 Tage
– Zahlungen derselben Haupt- oder Zweigstelle	1 Tag

Ein **Rückruf** einer Überweisung ist nur möglich, solange der Überweisungsbetrag noch nicht auf dem Empfängerkonto gutgeschrieben wurde.

Überweisungen können als Einzelaufträge getätigt werden, jedoch ist es mithilfe der **Sammelüberweisung** möglich, mehrere Überweisungen an verschiedene Zahlungsempfänger mit einem einzigen Auftrag zu tätigen.

Für regelmäßig wiederkehrende Zahlungen in gleicher Höhe (z. B. Miete, Beiträge) eignet sich der **Dauerauftrag.** Er ist eine einmalige Anweisung des Zahlungspflichtigen an das Kreditinstitut, bis auf Widerruf oder befristet eine definierte Geldsumme regelmäßig terminiert an einen bestimmten Empfänger zu überweisen.

Die **Eilüberweisung** verkürzt die Laufzeit einer Überweisung aufgrund taggleicher Buchung.

4.3.2 Lastschriftverfahren

Bei der Lastschrift geht die **Initiative für den Zahlungsvorgang vom Zahlungsempfänger** aus. Dieser erteilt seinem Kreditinstitut (Inkassostelle[1]) den **Auftrag, eine** fällige Forderung beim **Zahlungspflichtigen einzuziehen.**

Der Vordruck wird im Gegensatz zur Überweisung nicht unterschrieben. **Aufgrund des eingereichten Formulars schreibt das Kreditinstitut des Zahlungsempfängers** (*Inkasso*stelle) **den Betrag „Eingang vorbehalten" (E. v.) gut und zieht den Gegenwert** unter Mithilfe des Kreditinstituts des Zahlungspflichtigen (Zahlstelle) **vom Konto des Zahlungspflichtigen ein.**

---

1 *Inkasso*stelle = Institut, das mit dem Einzug (Inkasso) beauftragt wird.

5053128

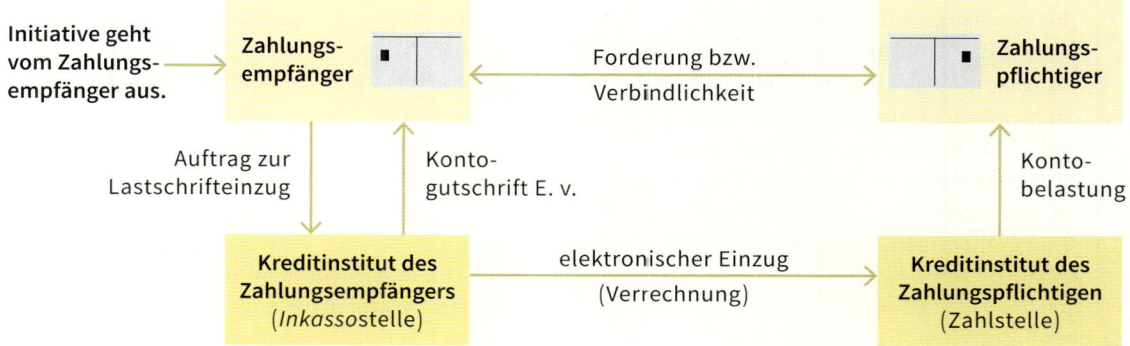

Der Lastschriftvordruck ist einteilig. Die notwendigen Daten sollten auch hier in Druckschrift mit Großbuchstaben geschrieben werden:

> » Name, Vorname bzw. Firma des Zahlungspflichtigen
> » Kontokennung des Zahlungspflichtigen
> » Betrag
> » Verwendungszweck
> » Name, Vorname bzw. Firma des Zahlungsempfängers
> » Kontokennung des Zahlungsempfängers

Viele Kunden, die die technischen Voraussetzungen aufweisen, reichen ihre Lastschriften **beleglos** ein, d. h. online (→ Kapitel 4.5).

Um per Lastschrift eine Forderung einziehen zu können, muss die Vereinbarung des Zahlungsempfängers mit seinem Kreditinstitut folgende Punkte beinhalten:
» bei Einzug muss eine Ermächtigung des Zahlungspflichtigen vorliegen,
» die Ermächtigung muss auf Verlangen dem Kreditinstitut vorgelegt werden,
» nur der Einzug fälliger Zahlungen ist erlaubt,
» Fristen, Termine, Fälligkeiten u. Ä. gelten als nicht geschrieben auf dem Beleg,

» die Lastschrift ist bei Sicht fällig,
» Wertstellung (= Valutierung = Festsetzung des Tages, an dem eine Gutschrift oder Belastung für den Kunden erfolgt) ist zwei Tage nach Einreichung,
» bei Rückgabe wird als Rückbuchungsdatum der Wertstellungstag genommen,
» zurückgegebene Lastschriften wegen Widerspruch dürfen kein weiteres Mal eingereicht werden,
» Teileinlösungen sind nicht möglich.

Da der Zahlungsempfänger mithilfe der Lastschrift über das Konto des Zahlungspflichtigen verfügt, benötigt er die **Zustimmung des Zahlungspflichtigen.** Nach dem Abkommen über den Lastschriftverkehr (Lastschriftabkommen), das die Spitzenverbände der Kreditwirtschaft und die Deutsche Bundesbank vereinbart haben, kann diese Zustimmung als **Einzugsermächtigung** oder als **Abbuchungsauftrag** erfolgen.

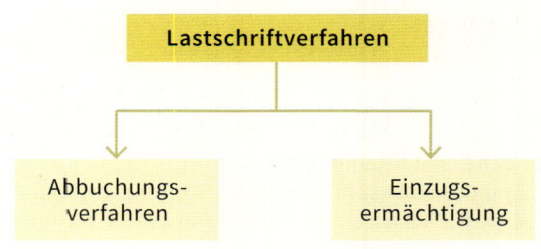

! Beim Einzugsermächtigungsverfahren erteilt der Zahlungspflichtige dem Zahlungsempfänger eine jederzeit widerrufliche Ermächtigung, fällige Forderungen mithilfe von Lastschriften von seinem Konto abbuchen zu lassen. Gleichzeitig ist es eine Weisung an die Bank des Zahlungspflichtigen, zu zahlen.

! Beim Abbuchungsauftragsverfahren erteilt der Zahlungspflichtige seinem Kreditinstitut (Zahlstelle) einen jederzeit widerruflichen Auftrag, eingehende Lastschriften eines bestimmten Zahlungsempfängers einzulösen.

Die beteiligten Kreditinstitute sind nicht verpflichtet, die Ordnungsmäßigkeit der Lastschriftangaben zu überprüfen. Sollte eine unberechtigte Belastung vorgenommen worden sein, kann der Zahlungspflichtige unverzüglich **Widerspruch** bei seinem Kreditinstitut einlegen. Die Zahlstelle ist verpflichtet, die Belastung zurückzunehmen (Stornobuchung). Einer unautorisierten Lastschrift kann bis 13 Monate lang widersprochen werden.

Nach dem Lastschriftabkommen ist eine Rückgabe der Lastschrift durch die Zahlstelle an den Zahlungsempfänger ausgeschlossen, wenn eine **Frist von acht Wochen** nach Belastungsbuchung vergangen ist.

Da bei diesem Verfahren der Zahlstelle ein Kundenauftrag vorliegt, wird i. d. R. zwischen Bank und Schuldner ein Ausschluss des Widerrufs vereinbart.

Das Abbuchungsauftragsverfahren wird wegen des hohen Prüfungsaufwandes i. d. R. nur bei der Zahlung von hohen Beträgen zwischen Wirtschaftsunternehmen angewendet, während das Einzugsermächtigungsverfahren im Massenzahlungsverkehr vorkommt.

Das Lastschriftverfahren eignet sich besonders für den **Einzug von Forderungen in wechselnder Höhe** (z. B. Telefongebühren). Es bietet dem Zahlungsempfänger rasche Zahlungssicherheit.

Vorteile des Lastschriftverfahrens	
für den Zahlungsempfänger	**für den Zahlungspflichtigen**
» Er löst den Zahlungsvorgang aus und bestimmt somit den Zahlungseingang.	» Er versäumt keine Zahlungstermine, da der Zahlungsempfänger die Initiative ergreift.
» Er erhält den Gesamtbetrag der eingereichten Lastschriften sofort gutgeschrieben.	» Er spart Arbeit und Zeit, da er kein Zahlungsformular ausfüllen und weitergeben muss.
» Er kann aufgrund der zurückgegebenen Lastschriften das Mahnverfahren auslösen.	» Er erfährt durch den Kontoauszug, dass seine Zahlungsverpflichtung erfüllt ist.
» Er kann i. d. R. sofort über den Gutschriftsbetrag verfügen und damit eigene Verbindlichkeiten begleichen.	

Nachteile des Lastschriftverfahrens	
für den Zahlungsempfänger	**für den Zahlungspflichtigen**
» Er muss insbesondere mit der Stornierung der E.-v.-Gutschriften rechnen, wenn die Lastschriften vom Zahlungspflichtigen zurückgegeben werden.	» Er muss zu den Fälligkeitsterminen und evtl. darüber hinaus (falls der Zahlungsempfänger später einziehen lässt) für ausreichende Kontodeckung sorgen.

4.3.3 Scheck und Co.

Der Scheck ist eine schriftliche Anweisung des Ausstellers an sein Kreditinstitut, zulasten seines Kontos einen bestimmten Betrag gegen Vorlage (bei Sicht) des Schecks zu zahlen.

Schecks können nach unterschiedlichen Gesichtspunkten eingeteilt werden.

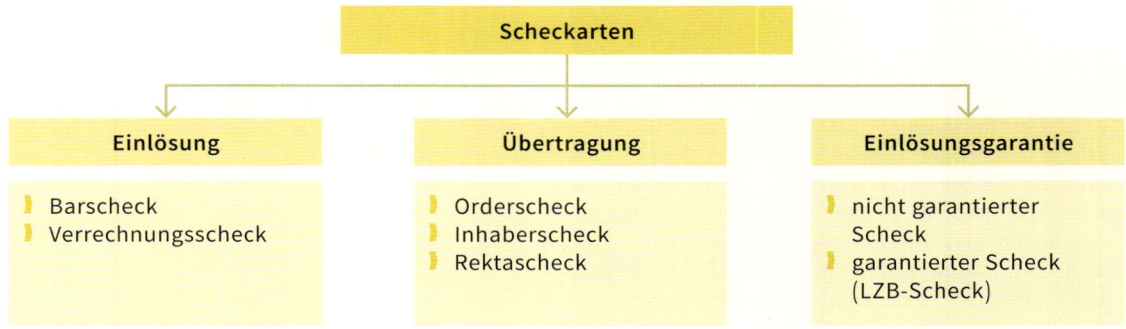

! Der Kunde akzeptiert die Verwendung von Scheckvordrucken im Rahmen eines Geschäftsbesorgungsvertrages mit seiner Bank.

Schecks sollen für den Scheckaussteller **kein Kreditmittel** sein. Deshalb schreibt Artikel 28 ScheckG vor, dass **Schecks „bei Sicht" fällig** sind; so ist ein Scheck, der vor dem Ausstellungsdatum zur Zahlung vorgelegt wird, am Tage der Vorlage zahlbar.

Die **Vorlegungsfristen** für Schecks sollen bezwecken, dass in Umlauf befindliche Schecks so schnell wie möglich dem bezogenen Kreditinstitut zur Einlösung vorgelegt werden. Sie betragen für in Deutschland zahlbare Schecks (Art. 29 ScheckG):

» **8 Tage,** wenn im Inland ausgestellt;

» **20 Tage,** wenn im in Europa oder in einem der Mittelmeerstaaten;

» **70 Tage,** wenn in einem sonstigen Land ausgestellt.

! Gesperrte Schecks dürfen nach BGH-Urteil auch binnen von Vorlagefristen nicht ausgezahlt oder verrechnet werden.

Die Vorlegungsfristen beginnen an dem Tag, der auf dem Scheck als Ausstellungsdatum angegeben ist. Werden diese Fristen überschritten, ist das bezogene Kreditinstitut nicht mehr zur Einlösung des Schecks verpflichtet. In der Praxis werden aber auch verspätet eingereichte Schecks i. d. R. eingelöst, wenn keine schwerwiegenden Gründe (z. B. Scheckwiderruf, Schecksperre) dagegen sprechen.

Barscheck

Gegen Vorlage des Barschecks wird der entsprechende Geldbetrag an jeden Überbringer ausgezahlt. Die Auszahlung erfolgt jedoch nur bei dem bezogenen Kreditinstitut, da dieses die Rechtmäßigkeit des Schecks anhand der vorliegenden Kontounterlagen prüfen kann. Erfolgt die Auszahlung, kann der Vorgang als **halbbare Zahlung** verstanden werden. Eine Einreichung zur Gutschrift auf ein Konto ist bei jedem Kreditinstitut möglich.

Verrechnungsscheck

Der **Verrechnungsscheck erhöht die Sicherheit,** da sich die Zahlung des bezogenen Kreditinstituts buchhalterisch bis auf das Konto des Zahlungsempfängers zurückverfolgen lässt. Der Gläubiger übergibt den Scheck an sein Kreditinstitut. Dieses schreibt den Gegenwert „Eingang vorbehalten" (E. v.) gut und lässt den Scheck durch das Kreditinstitut des Schuldners belasten (Zahlungsform = unbare Zahlung).

Wird ein Scheck auf der Vorderseite mit dem Vermerk „nur zur Verrechnung" gekennzeichnet, darf das bezogene Institut diesen Scheck nur im Wege der Kontogutschrift einlösen, selbst wenn der Vermerk (wieder) durchgestrichen wurde!

Orderscheck

Der Orderscheck nennt den Namen des Zahlungsempfängers und hat in der Regel den Vermerk „oder Order" (Orderklausel). Durch einen Übertragungsvermerk *(Indossament)* auf der Rückseite des Orderschecks kann der Scheckberechtigte *(Indossant)* seine **Rechte an Dritte** weitergeben.
Das Kreditinstitut hat die Pflicht, die Lückenlosigkeit der Indossamentenkette und die *Legitimation* des Einreichers zu prüfen.

Beim *Vollindossament* wird über der Unterschrift des Indossanten der Name des Dritten *(Indossatars)* angegeben.
Beispiel:
– Für mich an die Order …
  „Name, Unterschrift"

Das *Blankoindossament* besteht lediglich aus der Unterschrift des *Indossanten*. Über der Unterschrift wird Raum freigelassen, um später den Namen des *Indossatars* einzutragen. Dies erleichtert die Weitergabe des Schecks.
Beispiel:
– Unterschrift des *Indossanten*

Die Einreichung von Orderschecks erfolgt nur zur Verrechnung. Die Scheckrechte werden durch Einigung, Indossament und Übergabe übertragen. Orderschecks werden in der Praxis nur bei hohen Scheckbeträgen verwendet bzw. spielen im Auslandszahlungsverkehr eine Rolle.

Inhaberscheck

Die im Inland verwendeten Schecks sind Inhaberschecks (Überbringerschecks). Durch die Überbringerklausel kann jeder den Inhaberscheck einlösen. Das Kreditinstitut ist von der Pflicht der *Legitimations*prüfung befreit. Die Weitergabe solcher Schecks und der Rechte daran erfolgt durch Einigung und Übergabe. Der Inhaberscheck **vereinfacht die Weitergabe** des Schecks und **erleichtert dem bezogenen Kreditinstitut die Einlösung,** da **jeder Überbringer des Schecks als Berechtigter angesehen wird,** während bei Orderschecks die Berechtigung nachgewiesen werden muss (z. B. durch Vorlage des Ausweises).

Rektascheck

Bei Rektaschecks wird die Übertragung der Scheckrechte erschwert: Der Rektascheck ist nur an eine namentlich genannte Person zahlbar. Er trägt den Vermerk „Nicht an Order" (negative Orderklausel). Die Überlassung der Rechte aus dem Scheck ist nur durch eine Abtretung (Zession) möglich.

Die Einlösung der bisher beschriebenen Scheckarten durch das bezogene Kreditinstitut hängt u. a. davon ab, ob das Konto des Scheckausstellers Deckung (Guthaben oder eingeräumte Kreditlinien) aufweist oder nicht. Das Kreditinstitut kann die Einlösung u. U. verweigern, für den Schecknehmer besteht also **keine Einlösungsgarantie.**

> **!** Die Scheckarten, die nach den Kriterien „Übertragung und Einlösungsgarantie" gegliedert wurden, sind untereinander kombinierbar.

EXKURS »

Reisechecks (Travellerschecks)

Reisechecks sind in einigen Ländern ebenfalls ein sinnvolles Reisezahlungsmittel. Je nach Land kann man sie entweder bei Banken/Wechselstuben zu Bargeld machen (nach Entgelten erkundigen!), in anderen Ländern (USA wird hier öfter genannt) kann man bargeldlos damit bezahlen. Reisechecks gibt es von mehreren Anbietern wie Visa, American Express und Thomas Cook.

Wie funktioniert ein Reisecheck?

Man erwirbt vor seiner Reise über seine Bank oder sonstige Verkaufsstellen Reisechecks (Thomas Cook Wechselstuben und American Express Reisebüros verkaufen auch die eigenen Reisechecks) in der gewünschten Währung (entweder die Landeswährung des Urlaubslandes oder leicht konvertierbare Währungen wie US-Dollar) und Stückelung (es gibt die Schecks in verschiedenen Stückelungen). Hierbei wird in der Regel eine Verkaufsprovision von 1 % des Verkaufspreises fällig. Die Schecks sind bei Empfang in dem jeweils dafür vorgesehenen

Feld mit einer ersten Unterschrift zu versehen. Außerdem erhält man eine Verkaufsquittung, auf der die verkauften Schecks inkl. Seriennummer aufgeführt sind. Diese sollte man sicher und getrennt von den Schecks aufbewahren!

Wenn man einen Scheck einlösen oder damit bezahlen möchte, muss dieser vor den Augen des Empfängers zum zweiten Mal unterschrieben werden, ggf. wird noch ein Ausweispapier verlangt. Die Einschränkung, dass immer nur der Käufer die Reisechecks auch ausgeben kann, wird dadurch aufgelöst, dass es auch Schecks gibt, bei denen zwei Erstunterschriften vorgesehen sind und zur Einlösung eine der beiden Unterschriften ausreicht.

Ein immer wieder gerne ins Feld geführtes Argument für den Scheck ist, dass Reisechecks bei Verlust ersetzt werden. Hierzu muss aber auf jeden Fall die Verkaufsquittung vorliegen. Darum bei gemeinsamer Reise diese zum Beispiel vom Reisepartner verwahren lassen. Auf den angepriesenen Ersatz vor Ort innerhalb von 24 Stunden sollte man sich aber nicht

unbedingt verlassen, wenn man irgendwo im Hinterland beklaut wird!

Vor dem Kauf von Reisechecks sollten Sie sich außerdem bei der Verkaufsstelle erkundigen, wie die Rücknahme von überzähligen Reisechecks geregelt ist. Manche Verkaufsstellen nehmen eigene Reisechecks ohne Provision zurück, manche

berechnen noch einmal ein Entgelt. Hier lohnt es sich ggf., ein bisschen herumzufragen.

Quelle: www.zahlungsverkehrsfragen.de

Vorteile von Reiseschecks

» Reiseschecks werden nahezu bei jeder Bank weltweit gegen Bargeld eingelöst,
» sehr viele Geschäfte akzeptieren Reiseschecks als Zahlungsmittel,
» bei Diebstahl/Verlust werden die Travellerschecks in der Regel innerhalb von 24 Stunden ersetzt, sie sind daher sicherer als Bargeld.

Nachteile von Reiseschecks

» Reiseschecks gibt es nur in den wichtigsten Währungen (z. B. Euro, US-$, Britisches Pfund),
» Wechsel-Gebühren von 1 bis 2 %,
» man muss schon vor Reisebeginn festlegen, wie viel Geld man in Reiseschecks wechseln bzw. im Urlaub ausgeben will, da die Schecks vor Reisebeginn erworben werden müssen,
» Rechnungsunterlagen müssen getrennt von Reiseschecks aufbewahrt werden.

Alternativen zu Reiseschecks

Statt schon zu Hause Reiseschecks einzukaufen, ohne dass man weiß wie viel Geld man tatsächlich im Urlaub benötigt, oder größere Bargeldmengen mitzunehmen, empfiehlt es sich, Bargeld vor Ort am Urlaubsziel am Geldautomaten abzuheben.

4.4 Kartengebundene Zahlungen

Kreditkarte

Unter dem Begriff Kreditkarten werden alle Karten zusammengefasst, die ein Logo einer Kreditfirma tragen. Sie werden von Banken oder Kreditkartenfirmen in verschiedenen Varianten von „normal" (Silber, Classic) über „besonders" (Goldkarte) bis hin zu „superexklusiv" (Centurion) herausgegeben. Anbieter sind z. B. Eurocard/Mastercard, Visa, Amex (American Express) oder Diners Club. Je nach Ausstattung (z. B. auf Wunsch mit Telefonchip) ändern sich der Preis und die Zusatzleistungen (Versicherungen, Servicepaket, Buchungsdienste usw.), die mit der Karte verknüpft sind. Von einer Kreditkartenorganisation erhält der Kunde gegen Zahlung einer Gebühr eine Kreditkarte zugeschickt. Mit dieser **Ausweiskarte** kann **der Inhaber** bei bestimmten Unternehmen (**Vertragsunternehmen, Akzeptanzstellen**) Waren und Dienstleistungen **durch seine Unterschrift auf einem** von der Akzeptanzstelle erstellten **Beleg** oder durch die

Angabe der Nummer im Internet **bezahlen.** Das Vertragsunternehmen reicht diesen Beleg bei der Kreditkartenorganisation ein und erhält den Gegenwert unter Abzug von ca. 5 % des Rechnungsbetrages *(Disagio)* gutgeschrieben. Der Kreditkarteninhaber wird i. d. R. einmal pro Monat belastet und erhält gleichzeitig eine Übersicht, aus der er die getätigten Umsätze erkennen kann.

Der Einsatz der Kreditkarte beschränkt sich nicht nur auf das bargeldlose Bezahlen. Sie kann **auch zur Bargeldbeschaffung an Geldausgabeautomaten unter Verwendung einer Geheimnummer** (PIN ➜ Kapitel 4.5) eingesetzt werden. Hierbei entstehen jedoch für den Benutzer relativ hohe Gebühren (ca. 1–4 % des Auszahlungsbetrages), sodass diese Möglichkeit seit Einführung grenzüberschreitender *Electronic-cash*-Auszahlungen immer weniger Nutzer findet.

Abrechnungsmodalitäten bei Kreditkarten		
» *charge card* Umsätze werden gesammelt und am Ende des Monats per Lastschrift vom Konto abgebucht.	» *credit card* Kunde entscheidet, ob er am Ende des Monats mit dem Gesamtbeitrag oder nur einer Rate belastet werden möchte.	» *debit card* Umsatz wird taggenau erfasst und mit Sollzinsen belastet. Der Kunde entscheidet am Monatsende, ob er Gesamtbelastung oder Ratenzahlung möchte.

Das girocard-System

Im Einzelhandel, in welchem in Deutschland zwar noch immer überwiegend bar bezahlt wird, ist auch immer öfter die bargeldlose Zahlung möglich. Das Bezahlen mit girocard und PIN (ehemals electronic cash) sowie das Deutsche Geldautomatensystem wurden 2007 als girocard-System zusammengefasst. Am POS (Point of Sale) kann so schnell und einfach bezahlt werden: Karte stecken, Zahlbetrag prüfen und mit der persönlichen Geheimzahl (PIN) bestätigen. Nach einem kurzen Augenblick ist die Zahlung abgeschlossen. Über einem Autorisierungsvorgang werden die auf der Karte gespeicherten Daten und die Geheimzahl überprüft. Fällt die Überprüfung positiv aus (im Display erscheint „Zahlung erfolgt"), heißt dies, dass das **Karten ausgebende Kreditinstitut** gegenüber dem Händler eine **Zahlungsgarantie** für diesen Betrag abgibt. Der Kunde bekommt den quittierten Kassenbeleg, der Händler erhält den Betrag (abzüglich Gebühren) später auf seinem Konto gutgeschrieben. Das Kundenkonto wird belastet.

Das Girocard-Logo ersetzt schrittweise die Electronic-Cash-Symbole.

> **!** Bei der POS-Zahlung ist eine *Online-Authorisierung* mit Zahlungsgarantie des Kreditinstitutes bei Deckung gegeben. Gegen die Abbuchung ist kein Widerspruch möglich.

Diese Logos weisen auf die Möglichkeit hin, im europäischen Ausland mit Karte und PIN zu bezahlen.

ELV (Elektronisches Lastschriftverfahren)

Auch hier wird mit Karte gezahlt, allerdings erstellt der Händler dabei eine Lastschrift und lässt sich die Einzugsermächtigung vom Kunden unterschreiben. Der Kunde benötigt keine Geheimzahl. Das Kreditinstitut übernimmt jedoch im Gegensatz zu POS keine Einlösungsgarantie. Bei Verlust, Diebstahl usw. sollte man sein „Plastikgeld" schnellstmöglich sperren lassen und Anzeige bei der Polizei erstatten. Mit der Abgabe der Sperrmeldung haftet man i. d. R. nicht mehr für den Missbrauch mit der abhandengekommenen Karte.

> **!** Der Vorteil des ELV gegenüber dem POS-Verfahren sind die geringeren Kosten; dem steht jedoch der Nachteil der nicht garantierten Zahlung gegenüber.

---

1 „Punkt des Verkaufs"

GeldKarte und girogo

Die **elektronische Geldbörse** dient insbesondere der **Bezahlung von geringen Beträgen an Verkaufsstellen** (Kiosk, Automaten aller Art, Einzelhandelsunternehmen

usw.) und ist das Predpaid-System auf der girocard vieler Banken und Sparkassen. Es ist keine eigene Karte.

Der Kunde kann seine GeldKarte am Geldautomaten und an bestimmten Ladeterminals durch **Eingabe seiner Geheimzahl bis zu einem Betrag von 200,00 € aufladen.** Der Betrag wird seinem Konto belastet. Für die Verwendung der elektronischen Geldbörse ist somit eine **Vorauszahlung notwendig.**

Mit der aufgeladenen Karte ist ein **Bezahlen „wie bei einer Barzahlung"** bei Verkaufsstellen möglich, die einen Kartenleser für die elektronische Geldbörse zur Verfügung stellen *(Terminal).* Der Käufer führt seine Karte in dieses Gerät ein und bestätigt den angezeigten Kaufbetrag. **Der Betrag wird von der GeldKarte abgebucht und letztendlich dem Händler auf**

dem Verrechnungsweg gutgeschrieben.** Beim eigentlichen Zahlungsvorgang ist weder die Eingabe einer Geheimzahl noch eine Unterschrift des Käufers notwendig. Gegenüber dem Händler übernimmt das kartenausgebende Institut eine **Zahlungsgarantie.**

Durch die Verwendung der modernen Zahlungsmöglichkeiten ergeben sich folgende **Vorteile:**

» Die Kunden benötigen zum Bezahlen **weder Bargeld noch Geldersatzmittel.**
» Das Risiko, das mit hohen Kassenbeständen verbunden ist, **wird reduziert.**

Als **Nachteil** ergibt sich hauptsächlich der **hohe Investitionsaufwand für die technischen Voraussetzungen** (z. B. Ausstattung der Kassen oder Terminals).

Da sich die Bezahlung mit der Geldkarte bisher nicht durchsetzen konnte, wird mit girogo ein neues Verfahren getestet. Mit einem Funkchip auf der Debitkarte können Beträge bis 25,00 Euro an teilnehmenden Händlerterminals kontaktlos bezahlt werden.

···· EXKURS »

Von der EC-Karte zur girocard

Die früher zusammen mit einem Scheck vorzulegende EC-Karte *(Eurocheque*-Karte) hatte sich zu einem wahren Multitalent weiterentwickelt. Die Karte wurde von den ausgebenden Institu-

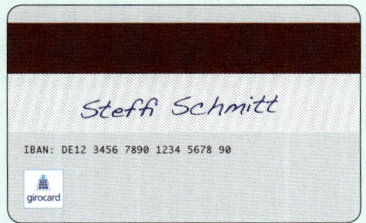

ten individuell gestaltet. Der Nachteil dabei war, dass der gut eingeführte Name, der als Marke Generationen ein Begriff war, verloren ging. Das „EC" steht heute bereits für *electronic cash* und kaum mehr für die europäische Marke *„Euro-cheque".*

Die EC-Karte wurde von **Kreditinstituten** an ihre Girokonteninhaber i. d. R. als Kundenkarte ausgegeben. Typische Basisfunktionen waren und sind die Bedienung des Kontoauszugsdruckers, die Barabhebung am Geldautomaten unter Eingabe einer Geheimzahl sowie nationale oder grenzüberschreitende *Electronic-cash-*Zahlungen.

Oft ermöglicht ein mit Geld aufladbarer, integrierter *Chip* die bargeldlose Zahlung im Verfahren der GeldKarte an der Ladentheke oder am Automaten.

5053136

Häufige Kartenfunktionen

 Diese Karte ist für Nutzung von *electronic cash* vorgesehen.

 Diese Karte kann für Maestro-Zahlungen im Ausland benutzt werden.

 Diese Karte kann für das Geldautomatennetz der europäischen Sparkassen benutzt werden.

 Diese Karte verfügt über die GeldKarten-Funktion auf dem Chip zur Nutzung als elektronische Geldbörse.

 Diese Karte verfügt über einen funkfähigen Chip mit girogo-Funktion zur kontaktlosen Bezahlung mit girogo.

Die Symbole für die unterstützten Zahlverfahren finden sich auf der Rückseite der Karte.

Für die Zukunft ist vorauszusehen, dass das „Multitalent" immer weiter seine heutige Bedeutung verliert.

In 2008 haben die europäischen Kreditinstitute damit begonnen, statt der bisherigen EC-Karte eine sogenannte „girocard" herauszugeben. Geändert hat sich dabei nur der Name.

„**girocard**" ist das übergeordnete und neutrale Instrument der deutschen Kreditwirtschaft für die beiden Debitkarten-Zahlungssysteme electronic cash im Handel (→ *Point of Sale*, POS) und das Deutsche Geldautomaten-System und garantiert den stets sicheren und einfachen Einsatz von Debitkarten (heutige EC-Karten) unter Verwendung der persönlichen Geheimzahl (PIN).

Dazu muss die Karte nur kurz vor den Terminal gehalten werden.

4.5 Elektronische Zahlungen

Fortschreitende technische Entwicklungen und der Einzug des Computers nicht nur in unsere Arbeitswelt, sondern auch in unserem Zuhause, haben die Möglichkeiten und Formen von bargeldlosen und formularunabhängigen elektronischen Zahlungen gefördert. Mittlerweile gibt es so viele verschiedene Verfahren, dass hier lediglich Bezug auf die wichtigsten genommen wird.

Elektronische Zahlungen können über verschiedene digitale Medien getätigt werden: Computer, Laptop, PDA, Telefon, Mobiltelefon, Online-Terminal. Sie können von unterwegs oder von zu Hause erfolgen. Sie unterliegen verschiedenen Vorgehensweisen. Aber ihnen ist gemeinsam: eine notwendige **Identitätsüberprüfung** des Zahlenden vor bzw. während des Zahlvorganges. Hierzu erhält jeder Benutzer (wie auch der Kartenkunde in → Kapitel 4.4) eine persönliche Geheimzahl, seine PIN. Mit dieser ist es möglich, dem Zahlvorgang eine bestimmte Person und die mit ihr verknüpften elektronischen Eigenschaften, Ausstattung und erlaubten Freischaltungen

Die *Authentifizierung* (engl. *authentication*) bezeichnet den Vorgang der Überprüfung der Identität eines Gegenübers (zum Beispiel einer Person oder eines Computerprogramms).

Die *Authentisierung* bezeichnet den Vorgang des Nachweises der eigenen Identität.

Im Englischen wird zwischen den beiden Begriffen nicht unterschieden, das Wort *authentication* steht für beides. Dementsprechend werden auch im Deutschen die Begriffe oft synonym verwendet.

Bei einer Identitätsüberprüfung oder **Identifizierung** gibt es daher immer einen Teilnehmer, der sich authentisiert und einen, der diesen authentifiziert. In einem Computerprogramm werden einer Identität (das heißt einer identifizierten Person) üblicherweise Rechte zugeordnet. Autorisierung bezeichnet den Vorgang, mit dem ein Computerprogramm prüft, ob eine bestimmte Identität ein bestimmtes Recht besitzt (und damit zum Beispiel eine bestimmte Aktion ausführen darf).

Quelle: Wikipedia, Die freie Enzyklopädie

zuzuordnen. Die PIN ersetzt die Unterschrift des Zahlenden.

Onlinebanking

Wie in → Kapitel 4.4 erwähnt, können **Überweisungen und Lastschriften,** aber auch Kontostandabfragen und mehr bei entsprechender technischer Ausstattung elektronisch getätigt werden. Beim *Homebanking* sind hierzu vereinfacht gesagt ein Computer mit Internetzugang, eine entsprechende Software (ein elektronisches Girokonto) und das *password*-geschützte Einloggen in dieses nötig. Es gibt mittlerweile viele Banken, die Online-Konten anbieten und viele Kunden (im Jahr 2013 ca. 54 Mio.), die diese Angebote nutzen.

Einige Vorteile des *Homebankings* **aus Sicht des Bankkunden:**

» geringe Gebühren für Kontoführung und Transaktionen,
» Kontozugang unabhängig von Bankfilialöffnungszeiten,
» kein Anfahrtsweg für Bankgänge und Zeitersparnis,
» EDV-gesteuerte Terminierung von Überweisungen und Daueraufträgen.

Um eine Transaktion, z. B. eine Überweisung ausführen zu können, benötigt man eine weitere Nummer, die sogenannte **Transaktions-Nummer (TAN).** Aufgrund von bekannt gewordenen Missbrauchsfällen wird aus Sicherheitsgründen das „Sm@rt-TAN plus-Verfahren" eingeführt, bei dem ein Kartenlesegerät verwendet wird, das die TAN bei Bedarf für eine bestimmte Transaktion unabhängig vom PC und offline ermittelt. Eine weitere Möglichkeit ist die „mobile TAN", die bei Bedarf per SMS an

das Mobiltelefon des Kontoinhabers gesendet wird.

Der derzeit sicherste Standard für die elektronische Kommunikation mit der Bank ist das *Homebanking Computer Interface* (HBCI). Man benötigt wiederum ein Password, aber anstelle von PIN und TAN eine **elektronisch verschlüsselte Signatur.** Die Verwendung einer HBCI-Chipkarte, die von der Bank dem Kunden zur Verfügung gestellt wird, oder auch ein anderer Datenträger, z. B. ein USB-Stick, der diese Signatur enthält, sind dazu nötig.

e-payment

Für das electronic *payment* ist in den letzten Jahren stark experimentiert worden. Verschiedenste Anbieter und verschiedenste Verfahren sollen das **Bezahlen in Internetshops,** die es mittlerweile von fast allen Warenketten und zuhauf als Einzelhändler im Internet gibt, erleichtern. Zurzeit sind es aber immer noch die herkömmlichen Bezahlsysteme (**Macropayment,** für die Zahlung von Beträgen ab 10,00 €), die von den Anbietern genutzt und von deren Kunden geschätzt werden.

Zwei Bezahlformen des *Micropayments* (Zahlung von Beträgen unter 10,00 €) sollen hier vorgestellt werden:

Click&buy

Bislang besetzt insbesondere das internetgestützte Firstgate click&buy den Bereich der Kleinstbeträge recht erfolgreich. Firstgate click&buy *aggregiert* (ansammeln, anhäufen) Zahlungen und bucht den Gesamtbetrag vom Konto des Käufers ab. Die Zahlung wird durch Eingeben von Benutzername und Passwort angewiesen. Anonymität ist dadurch gewährleistet, dass weder der Verkäufer über personenbezogene Daten des Käufers, noch der Systembetreiber über nähere Information zum eigentlichen Warentausch verfügen.

PayPal

Als Micropayment-System war ursprünglich auch PayPal ausgelegt. Durch den Aufkauf von PayPal durch eBay wurde das System für Millionen von eBay-Kunden zugänglich und verbreitete sich rasend schnell im Internet. Mit PayPal lassen sich nicht nur Beträge bezahlen, sondern auch auf andere PayPal-Konten überweisen. Das Prinzip hinter PayPal sieht vor, dass man ein virtuelles Konto führt, auf das man Beträge von seinem echten Konto überweisen kann, aber auch von seinem PayPal-Konto wiederum zurück auf sein reales Konto transferieren kann. Das Prinzip funktioniert sowohl für Kleinstbeträge als auch für normale Käufe im Internet, wie zum Beispiel auf eBay.

Quelle: www.ecin.de/zahlungssysteme

---

m-payment

Das *mobile payment* [als Weiterentwicklung des Tele(fon)banking] gewinnt immer mehr Anhänger, da die Mobilfunktechnik in den letzten Jahren komfortabler und preisgünstiger geworden ist. Gerade Menschen, die viel unterwegs sind, schätzen die Möglichkeit, Zahlungen im Laden, am Parkscheinautomaten oder im Reisebüro per „Handy" zu tätigen.

Die neue NFC-Technologie (Near Field Communication, auf Deutsch: Kurzstreckenfunk) macht das möglich. Dazu müssen zwei Geräte mit einem entsprechenden Chip ausgestattet und in der Lage sein, miteinander Daten zu tauschen.

Die Technik wird bereits für funkende Türöffner oder für die Arbeitszeiterfassung in größeren Unternehmen genutzt. Um mit dem Handy zu bezahlen, benötigt man ebenfalls einer Funkchip. Dieser wird auf das Handy aufgeklebt. Neue Handys haben zum Teil bereits einen entsprechenden Chip eingebaut.

Dieser Chip wird mit einem (virtuellen) Guthaben aufgeladen, indem man Geld vom Girokonto auf das Guthabenkonto des Anbieters überweist. Im Geschäft an der Kasse wird beim Bezahlen das Handy an das Lesegerät gehalten. Die Zahlung erfolgt via Funk in Sekunden. Dieses Zahlungsverfahren kommt im Einzelhandel für Beträge bis 20,00 Euro und an Automaten zum Einsatz.

Derzeit drängen viele verschiedene Anbieter (z. B. mpass, mywallet oder girogo) auf den deutschen Markt. Zwar nutzen alle die NFC-Technologie, aber je nach Anbieter gibt es (noch?) verschiedene Varianten.

Bislang ist dieses kontaktlose Bezahlverfahren nicht weit verbreitet. Allerdings könnte sich das bald ändern, wenn die Zahl der Akzeptanzstellen steigt, sich ein einheitliches System etabliert und alle Sicherheitsfragen geklärt sind.

Pay-before-Verfahren	Pay-now-Verfahren	Pay-later-Verfahren

Hardware-basiert
 Software-basiert
 z. B. paysafecard
     MicroMoney
     WEB.Cent
	Nachnahme
	 Lastschrift
	 Online-Überweisung
	 z. B. Pago/e-Prompt
	     fun communication
	
	 mobile payment
	 z. B. Simpay
	     m-pay
	     Paybox (AUT)
	     handypay
	
	 Bezahlen per E-Mail
	 z. B. PayPal
	     Moneybookers
		Kreditkarte
		 u. a. „Verified by Visa"
		     „Secure Code"
		     Money Send
		
		 Rechnung
		 z. B. iclear
		
		 Billingverfahren
		 z. B. T-Pay
		     Firstgate

Konto- Waren- belastung erhalt → t	Warenerhalt Kontobelastung → t	Waren- Konto- erhalt belastung → t

Auch bei elektronischen Zahlungen gilt es zwischen verschiedenen Bezahlabläufen zu unterscheiden. Die oben abgebildete Tabelle gibt derzeitige Verfahren im Vergleich zu formular- oder kartengestützten Verfahren wieder.

Besonders geeignet für **digitale Güter** (z. B. Online-Fahrscheine, Eintrittskarten) ist das *Pay-before*-Verfahren, da der Händler sein Geld erhält, bevor er die Ware versendet. Beim *Pay-now*-Verfahren handelt es sich um die klassische Nachnahme, Ware gegen Geld. Im *Pay-later*-Bereich bezahlt der Kunde erst nach Erhalt der Ware.

4.6 Der neue europäische Zahlungs- verkehrsraum

Die europäische Kreditwirtschaft arbeitet derzeit an der Realisierung eines einheitlichen europäischen Zahlungsverkehrsraumes, genannt **SEPA** *(Single Euro Payments Area)*. Ziel ist es, allen Bürgern Zahlungsverkehrsdienstleistungen im Euro-Raum und zwischen Island, Liechtenstein, Norwegen und der Schweiz zu den gleichen Bedingungen zu ermöglichen wie im Heimatland.

Die „Europäisierung" hat zur Konsequenz, dass die bisher verwendeten nationalen Kontonummern und Bankleitzahlen durch einheitliche Formate ersetzt werden mussten. Bei der sogenannten **IBAN** *(International Bank Account Number)* handelt es sich daher um eine **internationale Bank-Kontonummer für ein Girokonto,** die vom ECBS *(European Committee for Banking)* eingeführt wurde. Seit dem 01. Februar 2016 ist das SEPA-Verfahren verpflichtend für alle nationalen und grenzüberschreitenden Zahlungen in der EU.

Aufbau der IBAN

Die IBAN besteht aus einem internationalen Teil, der sich aus einem Länderkennzeichen und einer Prüfziffer zusammensetzt, und einer national festgelegten Ergänzung, für Deutschland sind das die Bankleitzahl und die Kontonummer. Sie umfasst maximal 34 alphanumerischen Zeichen, ihre Länge ist aber je nach Land unterschiedlich. In Deutschland besteht die IBAN aus insgesamt 22 Zeichen (Buchstaben und Ziffern) und muss seit dem 1. Februar 2016 verwendet werden. Die Angabe von Kontonummer und Bankleitzahl ist seitdem auch für Privatleute nicht mehr zulässig.

5053140

IBAN in Deutschland an einem konkreten Beispiel

Bestandteile des IBAN-Standards	Kurz-bezeichnung	Formatierung und Vergaben	Beispiel
Ländercode	LL	Konstant „DE"	DE
Prüfziffer	PZ	2-stellig, Modulus 97-10 (ISO 7064)	21
Bankleitzahl	BLZ	Konstant 8-stellig, Bankidentifikation entsprechend deutschem Bankleitzahlenverzeichnis	70051995
Kontonummer	KTO	Konstant 10-stellig (ggf. mit vorangestellten Nullen) Kunden-Kontonummer	7229

Die IBAN für dieses Beispiel würde also lauten: DE21 7005 1995 0000 0072 29 (Papierformat) und DE21700519950000007229 (elektronisches Format).

Quelle: www.iban.de/berechnung_iban.html

Der BIC oder SWIFT-Code

X X X X X X X X X X X SWIFT-Code (BIC)

- 4-stelliger Bankcode,
- 2-stelliger Ländercode,
- 2-stellige Codierung des Ortes und
- 3-stellige Kennzeichnung der Filiale (optional).

Beim **BIC** *(Bank Identifier Code)* handelt es sich um eine **international gültige Bankleitzahl,** die von der SWIFT *(Society for Worldwide Interbank Financial Telecommunication)* festgelegt wird. Daher wird er auch SWIFT-Code genannt. Zusammen mit der IBAN als international einheitlicher Kontonummer, bildet er die Daten, die zur Identifizierung eines Kontos im Rahmen von SEPA und der seit 2008 gültigen → „Euro-Überweisung" benötigt werden, um sowohl im nationalen, als auch im internationalen Zahlungsverkehr einem Empfänger oder ein Kreditinstitut einwandfrei identifizieren zu können. Der Code ist bei allen nationalen und grenzüberschreitenden Zahlungen in der EU bis Februar 2014 verpflichtend. Danach muss er nur noch bei den grenzüberschreitenden Zahlungen verwendet werden. Ab Februar 2016 muss auch hier nur noch die IBAN angegeben werden.

> **!** Im europäischen Zahlungsverkehrsraum regelt die SWIFT den internationalen Datenaustausch zwischen Banken. Jede teilnehmende Bank erhält als eindeutige Kennung den BIC.

Die SEPA- oder „Euro-Überweisung"

Mit der SEPA-Überweisung sind sowohl Inlandsüberweisungen als auch internationale Überweisungen innerhalb der EU sowie von und nach Island, Liechtenstein, Norwegen und der Schweiz möglich. Bankverbindungen des Überweisenden und Begünstigten werden anhand von IBAN und BIC identifiziert. Die wichtigsten Merkmale der „Euro-Überweisung" sind:
» Die Gutschrift erfolgt spätestens nach drei Bankarbeitstagen.
» Der Betrag wird ohne Abzüge gutgeschrieben.
» Für die Höhe des Betrags gibt es keine Begrenzung.

SEPA: Bargeldlos zahlen in Europa

SEPA ist das neue europäische Zahlungsverfahren. Die internationale Kontonummer IBAN und die internationale Bankleitzahl BIC lösen die alten Kontonummern und Bankleitzahlen ab.

34 teilnehmende Länder

- 28 EU-Staaten
- Island
- Liechtenstein
- Monaco
- Norwegen
- San Marino
- Schweiz

Geltungsbereiche

- Kartenzahlungen
- Überweisungen
- Lastschriften

Für eine SEPA-fähige Euro-Überweisung werden benötigt

IBAN (internationale Kontonummer)

IBAN

D E 0 1 1 2 3 4 5 6 7 8 0 1 2 3 4 5 6 7 8 9

Länderkürzel | Prüfziffer | Bankleitzahl mit 8 Stellen | Kontonummer mit 10 Stellen

BIC (internationale Bankleitzahl, 8- oder 11-stellig)

BIC des Kreditinstituts (8 oder 11 Stellen)

A B C D D E F F X X X

Bankkürzel | Länderkürzel | Filialbezeichnung

Identifikationsmerkmal

IBAN des Auftraggebers steht auf Kontoauszügen der Hausbank

IBAN und **BIC** des Begünstigten auf Rechnungen und Geschäftspost

SEPA = Single Euro Payments Area (Einheitlicher Euro-Zahlungsverkehrsraum)

IBAN = International Bank Account Number (Internationale Bankkontonummer)

BIC = Business Identifier Code (Geschäftskennzeichen)

10667 © Globus   Stand November 2015   Quelle: EZB, Bundesbank

Die europäische Lastschrift („Euro-Lastschrift")

Mit der europäische Lastschrift können Gelder von Konten im europäischen Binnenmarkt eingezogen werden. Grundlage ist ein Mandat des Zahlungspflichtigen, das den Zahlungsempfänger zum Einzug berechtigt. Als Identifizierung der Bankverbindungen gelten IBAN und BIC. Die wichtigsten Merkmale der „Euro-Lastschrift" sind:

- » Jeder Empfänger im europäischen Zahlungsverkehrsraum ist per Lastschrift erreichbar.
- » Bankverbindungen werden anhand von IBAN und BIC identifiziert.
- » Jeder Lastschrifteinreicher hat eine eigene Kennung zur Identifizierung.
- » Die Lastschrift hat einen festen Fälligkeits-Termin.
- » Einmalige und wiederkehrende Lastschriften sind möglich.
- » Kunden können einer Lastschrift acht Wochen lang widersprechen.

Kartenzahlungen in Europa – das SEPA Cards Framework

Im SEPA Cards Framework (übersetzt „Rahmenwerk für Kartenzahlungen") definiert der European Payments Council (EPC) Mindestanforderungen für die SEPA-Fähigkeit der betreffenden Zahlungssysteme und Zahlungskarten, die das Bezahlen in Europa vereinfachen sollen. Die wichtigsten Merkmale sind:

- » Man kann mit der Bankkarte überall in Europa bezahlen und an allen Geldautomaten in Europa Geld abheben.
- » Für Kartenzahlungen gelten europaweit einheitliche Sicherheits-Standards.
- » Unter der Maxime „Any card at any terminal" (übersetzt „Jede Karte an jedem Terminal") soll sichergestellt werden, dass eine in Europa ausgegebene Karte an jedem europäischen Terminal einsetzbar ist.

5053142

Bislang konnten der europäische Binnenmarkt und die gemeinsame Währung des Euro ihre positiven Wirkungen nicht voll entfalten. Die Schaffung eines gemeinsamen Zahlungsverkehrsraums in Europa (SEPA) war eine weitere Voraussetzung für die Vollendung des Binnenmarktes.

bequemer und der Mehrwert der EU begreifbarer. Für die europäische Wirtschaft und die Verbraucher sind mit dem Projekt hohe Kostenersparnisse und Effizienzgewinne verbunden.

Die Abwicklung von Überweisungen, Lastschriftverfahren und Kartenzahlungen wird europaweit vereinheitlicht und bewirkt schnellere, barrierefreiere und kostengünstigere Geldtransfers. Urlaube, Auslandsaufenthalte und Auslandsgeschäfte werden

Die **EU-Zahlungsverkehrsrichtlinie** ist die rechtliche Basis für den europäischen Zahlungsraum SEPA *(Single Euro Payments Area)*. Kernelemente der Richtlinie sind Transparenz- und Informationsanforderungen sowie standardisierte Rechte und Pflichten für die Erbringer und Nutzer von Zahlungsdienstleistungen.

Aufgaben

1_ Welche Funktionen erfüllt das Geld in einer modernen Volkswirtschaft? Geben Sie je ein praktisches Beispiel.

2_ Überweisung oder Lastschriftverfahren?
a) Erläutern Sie die Unterschiede zwischen einer Überweisung und einer Lastschrift im Hinblick auf die zu verwendenden Formulare bzw. die Verrechnungswege.
b) Welche Vor- bzw. Nachteile hat das Lastschriftverfahren für die Beteiligten?

3_ Sie überweisen am 13. Juni 2011 1.100,00 € an ein Bürobedarfgeschäft, das den Betrag am 15. Juni 2011 gutgeschrieben bekommt. Am 16. Juni stellen Sie fest, dass Sie vergessen haben, den Rechnungsbetrag um einen Preisnachlass von 3 % zu mindern und möchten den Betrag rückrufen.

Wie sind Ihre Aussichten für einen Rückruf?

4_ Nennen Sie drei Beispiele für den sinnvollen Einsatz eines Dauerauftrages.

5_ Typische elektronische Zahlungsarten sind: e-Payment, m-Payment, onlinepayment.
Grenzen Sie die Begriffe ab!

6_ Die Kreditkarte gehört weltweit zu den bargeldlosen Zahlungsmitteln in der Tourismuswirtschaft, wie auch in anderen Wirtschaftszweigen.
a) Erläutern Sie jeweils sechs Vorteile aus Sicht des Karteninhabers, die das Verfahren der bargeldlosen Bezahlung mit der Kreditkarte aufweist.
b) Erläutern Sie jeweils drei Nachteile aus Sicht des Karteninhabers, die das Verfahren der bargeldlosen Bezahlung mit der Kreditkarte aufweist.
c) Erläutern Sie jeweils vier Vorteile aus Sicht des Zahlungsempfängers, die das Verfahren der bargeldlosen Bezahlung mit der Kreditkarte aufweist.
d) Erläutern Sie jeweils zwei Nachteile aus Sicht des Zahlungsempfängers, die das Verfahren der bargeldlosen Bezahlung mit der Kreditkarte aufweist.
e) Welche Vorteile können sich für ein Hotel aus einem Vertrag mit einem Kreditunternehmen als Kreditkartenvertragspartner ergeben?
f) Welche Nachteile sehen Sie durch einen Vertrag mit einem Kreditunternehmen für das Hotel?

5 Zeitmanagement

Wenn Ihr Arbeitsplatz optimal gestaltet ist, ist eine wichtige Voraussetzung erfüllt, dass Sie Ihre Aufgaben mühelos und kompetent lösen können. Darüber hinaus ist es wichtig, dass Sie die Ihnen zur Verfügung stehende (Arbeits-) Zeit optimal nutzen. Dabei sollen Ihnen Methoden des Zeitmanagements helfen.

Im Folgenden finden Sie einige Ratschläge, die Sie befolgen können, um Zeit, auch Freizeit, zu gewinnen.

Welche der genannten Methoden für Sie persönlich sinnvoll ist, müssen Sie selbst herausfinden. Zum Thema Zeitmanagement werden auch Seminare angeboten, auf denen zahlreiche andere Methoden behandelt werden.

» **Der Tagesplan**

Führen Sie einen Tagesplan, elektronisch oder in Papierform. Tragen Sie alle Termine ein, auch die Pausen und Freizeitaktivitäten. Haken Sie die Termine ab, die Sie erledigt haben.

» **Die ALPEN-Methode**

Die ALPEN-Methode liefert fünf Schlüsselkategorien für eine geordnete Tagesplanung:
» Aufgaben und Termine aufschreiben
» Länge der Aktivitäten einschätzen
» Pufferzeiten reservieren
» Entscheidung über die Prioritäten
» Nachkontrolle

» **Die SMART-Methode**

Überprüfen Sie vor Arbeitsbeginn Ihre Zielsetzungen mit der SMART-Methode: Sind die Ziele
» **Spezifisch?**
  Das bedeutet, dass Sie sich nicht allgemeine Ziele setzen sollen, sondern speziell für eine ganz bestimmte Situation und Aufgabe.
» **Messbar?**
  Es muss überprüfbar sein, ob Sie das Ziel erreicht haben.
» **Anspruchsvoll?**
  Legen Sie bei der Formulierung des Zieles etwas Ehrgeiz an den Tag.
» **Realistisch?**
  Das Ziel sollte erreichbar sein.
» **Terminiert?**
  Bestimmen Sie einen Zeitpunkt, bis zu dem Sie das Ziel erreicht haben möchten.

» **Die 60:40-Methode**

Verplanen Sie nur 60 % Ihrer Zeit für Arbeit, der Rest füllt sich von alleine. Dadurch sollen automatisch genügend lange Pufferzeiten entstehen, die 60:40-Methode könnte also als Ergänzung zur ALPEN-Methode eingesetzt werden, bei der ausdrücklich gefordert wird, Pufferzeiten zu reservieren.

» **Die Eisenhower-Methode**

Die nach dem ehemaligen amerikanischen Präsidenten benannte Methode besagt: Ordne deine Aufgaben nach Wichtigkeit und Dringlichkeit. Dadurch lassen sich vier Aufgabenklassen bilden. Aufgrund dieser Einteilung können Sie Ihre Arbeitszeit entsprechend einplanen.

unwichtig	**Aufgabe delegieren**	**Aufgabe muss nicht erledigt werden**
wichtig	**Aufgabe sofort selbst erledigen**	**Aufgabe später selbst erledigen**
	dringend	nicht dringend

5053144

Rahmenbedingungen touristischer Dienstleistungen analysieren

1 Überblick über die Tourismusbranche in Deutschland

1.1 Aktuelle Statistiken

1.1.1 Darstellungsmöglichkeiten von Statistiken

> **!** **Um eine Statistik richtig zu interpretieren, ist auf folgende Merkmale zu achten:**
> - **Art der einbezogenen Daten**
> - **Informationsquellen zur Gewinnung dieser Daten**
> - **Datenmenge: Je mehr Daten (z. B. befragte Personen) zur Erstellung einer Statistik herangezogen werden, desto repräsentativer wird diese.**
> - **Aufbau der Grafik**

Mithilfe von Statistiken lässt sich nach landläufiger Meinung alles beweisen, was gerade erwünscht ist oder als notwendig erachtet wird. Man findet solche Zählungen und Messungen daher heute überall: in Zeitungen und Zeitschriften, in der Werbung, in Unternehmensmeldungen etc. Sie werden von amtlichen Stellen (z. B. vom Statistischen Bundesamt) oder auch von Unternehmen oder Verbänden (z. B. vom Deutschen Reiseverband DRV) durchgeführt. Meist sind die Ergebnisse zur besseren Übersicht in Grafiken abgebildet.

Die einfachste Methode, die Aufteilung einer bestimmten Menge auf verschiedene Einheiten darzustellen, ist die **tabellarische Form.** Dabei wird meist zwischen **absoluten und relativen Häufigkeiten** unterschieden. Relative Häufigkeiten, also prozentuale Angaben, eignen sich besser zu Vergleichszwecken als absolute Häufigkeiten. Entwicklungen können durch Wachstumsraten verdeutlicht werden.

Anschaulicher sind grafische Darstellungen in Form von Kreis-, Stab- oder Kurvendiagrammen.

Kreisdiagramme zeigen oft eine Verteilung der relativen Häufigkeiten, wobei der volle Kreis 100 % darstellt und in einzelne „Kuchenstücke" jeweils in der Größe des relativen Anteils des dargestellten Merkmals aufgeteilt ist.

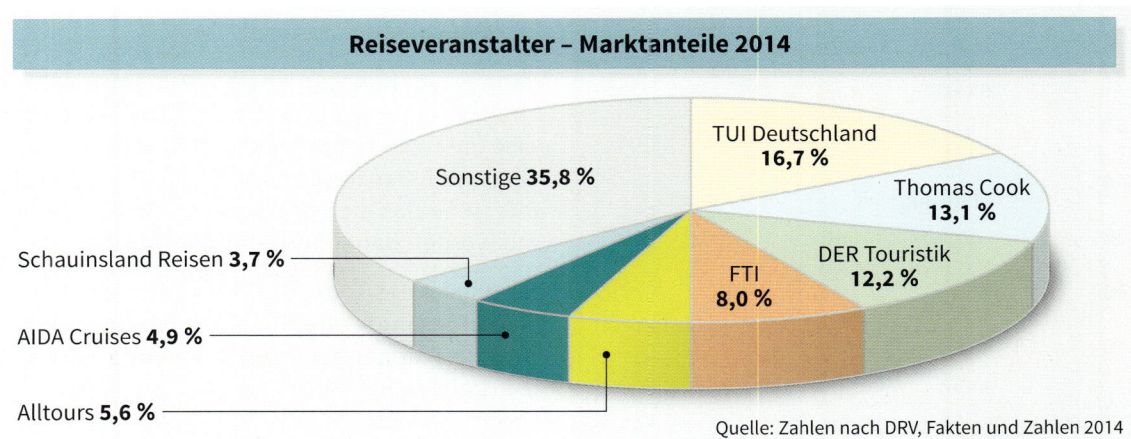

Reiseveranstalter – Marktanteile 2014

- TUI Deutschland **16,7 %**
- Thomas Cook **13,1 %**
- DER Touristik **12,2 %**
- FTI **8,0 %**
- Sonstige **35,8 %**
- Schauinsland Reisen **3,7 %**
- AIDA Cruises **4,9 %**
- Alltours **5,6 %**

Quelle: Zahlen nach DRV, Fakten und Zahlen 2014

Beispiel für ein Kreisdiagramm

Stab- oder Säulendiagramme können absolute oder relative Häufigkeiten darstellen, wobei die Säulenhöhe eines Merkmals gut mit denen der anderen Merkmale verglichen werden kann.

Quelle: Zahlen nach DRV, Fakten und Zahlen 2014

Beispiel für ein Säulendiagramm

Kurvendiagramme werden bei der Darstellung von Entwicklungen über einen längeren Zeitraum verwendet. Sehr typische Kurvendiagramme sind z. B. die Darstellungen der Aktienkurse in Form von sogenannten Charts oder die Umsatzentwicklung von Unternehmen.

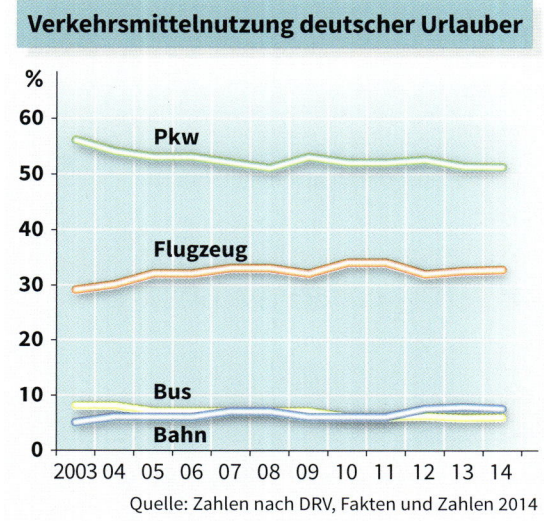

Quelle: Zahlen nach DRV, Fakten und Zahlen 2014

Beispiel für ein Kurvendiagramm

1.1.2 Touristische Kennzahlen

Zahlreiche amtliche Stellen und tourismusnahe Institute untersuchen regelmäßig das Reiseverhalten sowohl der Deutschen, die ins Ausland reisen (Outgoing-Tourismus) oder die ihren Urlaub im Inland verbringen (Domestic-Tourismus) als auch der internationalen Gäste, die nach Deutschland kommen (Incoming-Tourismus). Dies sind z. B.

» das Statistische Bundesamt (Tourismus),
» die Forschungsgemeinschaft Urlaub und Reisen e. V. (FUR, „Reiseanalyse"),
» der Deutsche Reiseverband (DRV, „Fakten und Zahlen zum deutschen Reisemarkt),
» der ADAC (Reisemonitor),
» das Institut für Management und Tourismus (Destination Brand),
» der Deutsche Tourismus Verband (DTV, Zahlen und Statistiken),
» die Gesellschaft für Konsumforschung (GfK Travel Scope),
» Tourism Watch (Nachhaltiger Tourismus) und
» der Verband Internet Reisevertrieb e. V. (Daten und Fakten).

Nicht immer herrscht Einigkeit über die Definition von „Reise" oder „Tourismus". Der Begriff „Tourismus" beinhaltet z. B. nach einer Definition der WTO (World Tourism Organization) sowohl private Reisen und Geschäftsreisen als auch Tagesreisen ohne Übernachtung. Dagegen beinhaltet eine Reise nach Ansicht vieler deutscher Institutionen (DRV, FUR) mindestens vier Übernachtungen (ansonsten handelt es sich um eine Kurzreise).

Wenn es um Kennzahlen des Tourismus geht, wird zwischen der **Urlaubs-** und der **Geschäftsreise** unterschieden. Anlass, Ziel, Durchführung und Finanzierung von Geschäftsreisen unterscheiden sich deutlich von Urlaubsreisen und werden daher getrennt untersucht.

Der Begriff des Tourismus beinhaltet keinen Einwanderungs- oder Umsiedlerverkehr, militärische Truppenbewegungen oder langfristige Arbeitsaufenthalte.

Reise- oder Urlaubsintensität

Die Reiseintensität gibt Aufschluss über das Reiseverhalten der gesamten deutschen Bevölkerung. Der Begriff „Intensität" weist hierbei nicht auf Dauer oder Häufigkeit von Reisen hin, was häufig vermutet wird.

> **!** **Reiseintensität = prozentualer Anteil der deutschen Bevölkerung (ab 14 Jahren), der mindestens eine Urlaubsreise unternommen hat, die länger als vier Tage dauerte. Dabei spielt es keine Rolle, ob die Reise zwei oder fünf Wochen gedauert hat oder wie viele Reisen zusätzlich unternommen worden sind.**

Die Reiseintensität in Deutschland beträgt zurzeit etwa 76 %.

Reisehäufigkeit und Reisedauer

Diese Kennzahlen beziehen sich nur auf den Anteil der Bevölkerung, der überhaupt eine Reise von mindestens fünf Tagen Dauer unternommen hat.

> **!** **Reisehäufigkeit = durchschnittliche Anzahl von Reisen je Reisendem innerhalb eines Jahres (Anzahl Urlaubsreisen/Anzahl Urlaubsreisender)**

Die Reisehäufigkeit in Deutschland beträgt momentan etwa 1,3.

> **!** **Reisedauer = durchschnittliche Länge einer Urlaubsreise (Summe der Urlaubsreisen in Tagen/Anzahl Urlaubsreisen). Bei der Berechnung der Reisedauer ist darauf zu achten, ob lediglich die Haupturlaubsreise oder auch die Zweit- und Drittreisen berücksichtigt werden!**

Die durchschnittliche Reisedauer liegt etwa bei 10,3 Tagen.

Sonstige Kennzahlen

Interessante Erkenntnisse besonders für Reiseveranstalter und Verkehrsträger (Fluggesellschaften, Busunternehmen etc.) bringen die jährlichen Statistiken über die genutzten **Reiseverkehrsmittel** sowie die beliebtesten **Reiseziele.**

Das Verkehrsmittel Nummer eins der Deutschen ist das Auto (ca. 51 %), allerdings nimmt der prozentuale Anteil der Urlauber, die mit dem Auto verreisen, allmählich ab, während immer mehr Menschen in die Ferien fliegen (ca. 32 %). Dies liegt hauptsächlich an den sinkenden Flugpreisen und dem auch dadurch bedingten Zuwachs außereuropäischer Reiseziele. Der Anteil der Bus- und Bahnreisenden stagniert seit einigen Jahren etwa bei 6 % bzw. 7,5 %.

Umfragen über die **Reiseorganisation** sollen Hinweise darüber geben, welcher Anteil der Reisenden die Dienstleistungen eines Reisebüros in Anspruch genommen oder die Angebote von Reiseveranstaltern genutzt hat.

1.2 Leistungsanbieter in der touristischen Dienstleistungskette

Von der Planung einer Urlaubsreise bis zu ihrer Nachbereitung werden verschiedene Dienstleistungen in Anspruch genommen, wie die nachfolgende Übersicht zeigt:

Phase	Anbieter der benötigten Dienstleistung
Reisevorbereitung/-information	Reisebuchverlage, Medien, Messegesellschaften, Online-Reiseführer, Reiseportale, Zielgebiete mit ihren Homepages
Reisevermittlung	Örtliche Reisebüros, Online-Reisebüros, einzelne Leistungsträger, sonstige Reisevermittler
Reisevorbereitung und -organisation	Reiseveranstalter oder Selbstorganisation (durch aktuelle Medien)
Anreise	Transportunternehmen (Fluggesellschaft, Busunternehmen, Bahn, Reederei)
Reiseorganisation im Zielland	Incoming Agenturen
Reiseinformation im Zielland	Reiseveranstalter oder Incoming Agentur, Tourist Boards, Informationsbüros, andere Reisende
Inlandstransport	Transportunternehmen (Fluggesellschaft, Busunternehmen, Mietwagenunternehmen, Taxiunternehmen, ...)
Unterkunft	Beherbergungsbetriebe
Verpflegung	Hotellerie, Restaurants, Lebensmittelgeschäfte
Touristische Aktivitäten	Reiseveranstalter (Reiseleiter, Animateure), Vergnügungsparks, Geräteverleiher, Sportlehrer, Führer
Nebenaktivitäten	Betreiber von Bars, Souvenir- und Fotobedarfsläden etc.
Rückreise	Transportunternehmen
Reisenachbereitung	Reiseveranstalter, Reisebüros, Bewertungsportale

Die Liste könnte noch weiter verfeinert werden, denn schließlich profitieren z. B. auch die Kosmetik- oder Bekleidungsindustrie in gewissem Sinne vom Tourismus. Viele Anbieter sind lediglich tourismusnah tätig. Daher ist es auch schwierig, die Tourismusbranche gegen andere Branchen abzugrenzen.

Die touristische Wertschöpfungskette besteht also aus drei Stufen: Leistungsträger und Destinationen (1), deren Produkte bzw. Dienstleistungen durch verschiedene, weltweit miteinander vernetzte Vertriebssysteme (Global Distribution Systems, GDS) sowie Reiseveranstalter (2) einzeln oder gebündelt weitergegeben werden an die Reisemittler (3; Reisebüros, Online-Plattformen, sonstige Anbieter).

! Betriebe, deren primärer Zweck in der Durchführung, Veranstaltung und/oder Vermittlung von Reisen besteht, können grob in drei Gruppen unterteilt werden:
- Die Leistungsträger, die die Grundleistungen der Reise erbringen (z. B. Beherbergungs- und Transportbetriebe, Mietwagenunternehmen),
- Unternehmen, die Bereitstellungs- und Vermittlungsaufgaben übernehmen (Reiseveranstalter und Reisevermittler) und
- Destinationen mit ihren Einrichtungen (z. B. Fremdenverkehrsvereine, Tourist-Informationen).

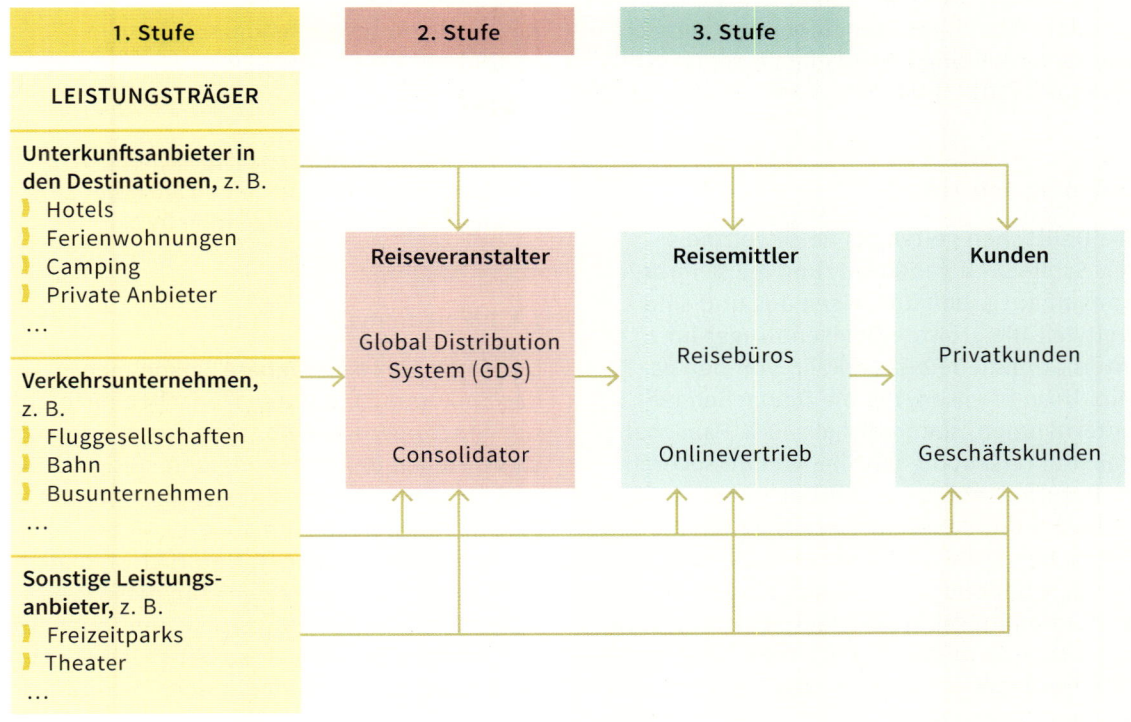

Insbesondere die im Tourismus tätigen Leistungsträger werden ausführlich in LF 8 vorgestellt.

1.3 Wirtschaftliche Bedeutung des Tourismus

Die Tourismusbranche ist einer der beständigsten und dennoch dynamischsten Wirtschaftsbereiche. Die Destinationen sowie die tourismusnahen Branchen profitieren dabei vom Incoming- und Domestic-Tourismus. In vielen Ländern ist der Tourismus zur Hauptquelle für Devisen (ausländische Währungen) geworden. Leistungsträger, Veranstalter und Vermittler dagegen leben vom Outgoing-Tourismus.

Incoming-Tourismus in Deutschland

Der Anteil der vom Tourismus abhängigen Arbeitsplätze an der Gesamtbeschäftigung in Deutschland liegt bei ungefähr 8 %; dies entspricht ca. 2,9 Millionen Arbeitsplätzen. Insbesondere für Regionen, die in größerer Distanz zu den Industrie- und Dienstleistungszentren liegen, kommt den Einnahmen aus der Tourismuswirtschaft eine große Bedeutung für die Sicherung von Arbeitsplätzen und die Erhaltung und Förderung der regionalen Wirtschaftskraft zu. Über 80 % der Reisenden in Deutschland kommen aus dem Inland (Domestic-Tourismus). Außerdem stammen viele Gäste aus den europäischen Nachbarländern sowie den USA. Ein Drittel der deutschen Gemeinden sind in Tourismusverbänden organisiert, über 300 davon sind als Heilbäder oder Kurorte anerkannt.

Deutschland ist weltweit einer der wichtigsten Standorte für internationale Messen und Kongresse. Berlin rangiert auf Platz 4 der Messestandorte (2014, hinter Paris, Wien und Madrid).

Outgoing-Tourismus

Die Deutschen gelten als Reiseweltmeister. Schließlich geben sie rund 4,2 % ihrer Konsumausgaben für Reisen aus und sind weltweit die größten Devisenbringer im internationalen Reiseverkehr. Von den ca. 70 Mio. Urlaubsreisen, die die Deutschen jährlich unternehmen, sind mehr als 40 % Pauschal-/Bausteinreisen, die mithilfe von Reiseveranstaltern/Reisebüros organisiert werden. Die Mehrzahl der Pauschalreisen buchten die Deutschen 2014 weiterhin im Reisebüro (ca. 85 %), schließlich gibt es hierzulande eine der dichtesten Reisebüro-Abdeckungen weltweit. Vermittelt werden u. a. Reisen von über 2 500 Reiseveranstaltern. Neben den Verkehrsunternehmen stellen diese touristischen Dienstleister also einen bedeutenden Anteil der Arbeitsplätze im Tourismus.

Aktuelle Informationen erhalten Sie in der jährlich erscheinenden Broschüre „Fakten und Zahlen zum deutschen Reisemarkt" vom DRV.

1.4 Rahmenbedingungen für die Tourismusentwicklung

Das Wachstum des Tourismus in den Industrieländern wurde durch verschiedene Faktoren, häufig Boomfaktoren oder Megatrends genannt, wesentlich beschleunigt. Andere Faktoren wirken eher bremsend.

Wesentliche Einflussfaktoren sind
- » Einkommen/Wohlstand
- » Verfügbare Freizeit/Urlaub
- » Transportwesen/Mobilität

- » Kommunikationswesen
- » Bevölkerungswachstum/-stuktur
- » Globalisierung/offene Grenzen
- » Umwelt

Zusatzinformationen zur historischen Entwicklung des Tourismus finden Sie unter LF 3, Kapitel 1.4 auf der beiliegenden DVD.

1.4.1 Einkommen und Freizeit

Das sogenannte **verfügbare Einkommen,** also das Einkommen, das den Menschen nach Abzug von Steuern und Abgaben zur Verfügung steht, ist seit der Nachkriegszeit stetig gestiegen. Der Stundenlohn hat sich von 1,29 DM (= 0,66 €) im Jahr 1950 auf etwa 19,00 € in 2008 verfünfundzwanzigfacht. Natürlich sind auch die Preise gestiegen. Wenn man diese Preissteigerung berücksichtigt, also den sogenannten Reallohn betrachtet, so hat sich dieser im genannten Zeitraum immer noch verfünffacht.

Aus diesem Grund können die Menschen heute ihre Grundbedürfnisse leichter decken. Es bleibt ihnen sehr viel mehr Geld für den gehobenen Bedarf übrig, also für Luxusgüter oder Freizeitunternehmungen, wie z. B. Reisen. Ob sie dieses zusätzliche Einkommen für Reisen verwenden, hängt von ihrer Freizeit ab. Urlaub war zu Beginn des 20. Jahrhunderts für Arbeiter noch ein Fremdwort. Ihr Tag bestand durchschnittlich aus 10,5 Arbeitsstunden. Nach dem Zweiten Weltkrieg stieg der Einfluss der Gewerkschaften an, die Zahl der **Urlaubstage** stieg von 12 Tagen im Jahr 1950 auf durchschnittlich 31 Tage im Jahr 2000, die Zahl der Arbeitsstunden pro Woche sank im gleichen Zeitraum von 48 auf 38 Stunden.

Heute steht den Deutschen mit durchschnittlich etwa 27 Urlaubstagen und einer Arbeitszeit von ca. 40 Stunden/Woche zwar weniger Freizeit als in den 1990er Jahren zur Verfügung, unseren europäischen Nachbarn geht es aber ähnlich.

1.4.2 Mobilität und Verkehrsmittel

Mobilität kann zum einen technisch, zum anderen gesellschaftlich verstanden werden. Die **technische Mobilität** bezieht sich auf die Verkürzung der Reisezeiten durch schnellere und bequemere Transportmittel und die Verringerung der Transferzeiten als logistische Herausforderung. Die **gesellschaftliche Mobilität** findet in den Köpfen der Menschen statt. Man hat weniger Angst vor der Fremde, dem Fremden. Die Auslandsreise ist kein unkalkulierbares Abenteuer, wenn die Großeltern bereits ihren Lebensabend auf Mallorca verbringen oder Freunde begeistert von ihren Fernreisen nach Indonesien oder Mexiko erzählen. Die Medien informieren laufend und werben für Reisen in die entferntesten Winkel der Erde. Englisch als Universalsprache hilft Sprachbarrieren zu überwinden und erleichtert die Kommunikation. Und wenn man unbedingt will, kann man sich in der Fremde bei Rippchen, Kraut und Bier, umgeben von deutschen Mitstreitern und Tages- und Sportschau wie zu Hause fühlen.

Die Möglichkeit, überhaupt ohne größeren Aufwand an einen anderen Ort zu reisen, war noch vor wenigen Jahrzehnten nicht gegeben. Durch den Ausbau des Straßen- und Schienennetzes, die Ausweitung der privaten Motorisierung in den 1960er Jahren und schließlich die Entwicklung auf dem Flugsektor ist die technische Mobilität der Menschen in den Industrieländern rasant gestiegen.

Der eigene **PKW** ist nach wie vor das Reiseverkehrsmittel Nummer Eins der Deutschen. Der eigentliche Massentourismus entstand jedoch erst durch das Aufkommen von Charterreisen mit **Großraumflugzeugen,** wodurch sich die Reisezeit erheblich verkürzt hat.

Trotz schneller ICE-Verbindungen und neuer Hochgeschwindigkeitszüge stagniert die Bedeutung des ältesten Transportmittels für Urlauber, der **Bahn,** bereits seit Jahren.

Inwieweit sich eine Weiterentwicklung der Verkehrsmittel noch positiv auf die Mobilität der Menschen auswirken wird und welche Entwicklungen auf uns zukommen, bleibt abzuwarten. Fest steht jedoch, dass die Kapazitäten von Straße und Luftraum bald ausgelastet sein werden und daher neue Lösungen und Verkehrskonzepte entwickelt werden müssen.

1.4.3 Informationstechnologie im Tourismus

Die Entwicklung der modernen Kommunikationstechnologien hat wesentlich zum Wachstum des Tourismus beigetragen. Moderne, leistungsstarke und vernetzte Hardware ermöglichen die Reservierung von Beförderungs- und Unterkunftskapazitäten im In- und Ausland von nahezu jedem Punkt der Erde aus. Reise- und Länderberichte in Zeitungen, Funk und Fernsehen und im Internet zeigen fremde Kulturen und exotische Landschaften und fördern oftmals den Wunsch, diese hautnah zu erleben. Dadurch wächst die Nachfrage nach Auslandsreisen. Gleichzeitig erleichtern moderne Kommunikationstechnologien der Tourismusindustrie die Planung und machen Buchungsabwicklungen effektiver und damit kostengünstiger. Große Datenmengen können schneller verarbeitet werden, sodass es immer leichter wird, viele Menschen auf einmal auf die Reise zu schicken, und das sehr kurzfristig. Sogenannte Computer-Reservierungs-Systeme (CRS) und Global Distribution Systeme (GDS) wie AMADEUS, SABRE, GALILEO (Travelport) bzw. WORLDSPAN (Travelport) ermöglichen dies.

In der Tourismusbranche werden Informationstechnologie-Systeme in allen Bereichen der Wertschöpfungskette eingesetzt. Man unterscheidet üblicherweise die Bereiche Leistungsträger-, Reiseveranstalter-, Reisemittler- und die in der ganzen Wertschöpfungskette eingesetzten Managementsysteme. Im direkten Kontakt zum Kunden stehen die Endkundensysteme zur Verfügung. Diese Informationsmanagementsysteme stellen weitestgehend alle Geschäftsprozesse im Unternehmen, den Geschäftspartner und Kunden dar, sind untereinander stark vernetzt und aufeinander abgestimmt.

» **IT der Leistungsträger:** Anbieter im öffentlichen Personenverkehr (z. B. Lufthansa und Deutsche Bahn) verwenden sogenannte **Netzmanagementsysteme,** um auf der Basis von aktuellen Nachfragemodellen und Wettbewerbsmodellen ihre Ressourcen wie Flug- und Fahrzeuge gewinnbringend einzusetzen. **Operative Systeme** werden bei der Durchführung der Dienstleistung eingesetzt, d. h. die Hauptaufgaben sind die Überwachung und Kontrolle des durchgeführten Fluges bzw. der Zugfahrt. Hierunter fallen auch alle Prozesse der Einsatzplanung des begleitenden Personals. **Administrative Systeme** dienen der Analyse von Daten (z. B. Darstellung von Ticketverkäufen und Anfragen), der Abrechnung von erbrachten und eingekauften Leistungen, sowie dem Vertrieb der Leistungen von der Auskunft zu einer bestimmten Verbindung bis zur Zahlung der Leistung durch den Kunden. Durch den Einsatz von Internet Booking Engines (IBE) sind Endkunden zunehmend direkt an den Leistungsträger bzw. deren CRS angeschlossen.

» **IT der Reiseveranstalter:** Ein Reiseveranstalter kauft mit seinen **Systemen für die Einkaufs- und Kontingentverwaltung** Angebote der Leistungsträger auf Basis seiner Saisonplanungsdaten ein. In den **Produktionssystemen** werden diese eingekauften Leistungen vorab (Pre-Packaging) zu festgelegten Pauschal-/Rund- oder Bausteinreisen gebündelt und der entsprechende Preis kalkuliert. Beim Dynamic Pre-Packaging werden die bereits eingekauften Leistungen kurzfristig zu Reisepaketen gebündelt und Last Minute über die verschiedenen Vertriebskanäle angeboten. Noch aufwendiger ist das Dynamic Packaging. Hier werden Pauschalreisen nicht vorproduziert, sondern erst auf der Basis einer Kundenanfrage individuell zusammengestellt. Der Einkauf der Leistungen vom Leistungsträger erfolgt parallel zur Buchung des Kunden.

» **IT im Reisebüro:** Im Reisebüro unterscheidet man zwischen Front-, Mid- und Back-Office Systemen. Im direkten Kundenkontakt unterstützen die IT-Systeme im **Front-Office** den Expedienten z. B. bei der Bedarfsanalyse, der Angebotspräsentation und der ausführlichen Information des Kunden. Dem **Mid-Office,** der Schnittstelle

zwischen Front- und Back-Office, werden alle Aufgaben zugerechnet, die zwar einen direkten Kundenbezug haben, aber nicht im unmittelbaren Kundenkontakt ausgeführt werden. IT-Systeme unterstützen z. B. bei der Abwicklung des Zahlungsverkehrs, der Auswertung automatisch erfasster Kundendaten zu Marketingzwecken. Dem **Back-Office** werden alle Tätigkeiten zugerechnet, die keinen direkten Kundenbezug haben, also nicht am Counter ausgeführt werden. Hier stehen im Reisebüro IT-Systeme zur Verfügung, die Verwaltungsaufgaben wie z. B. die Buchhaltung erleichtern sollen. Bisher gibt es keine für alle Vorgänge übergreifende Komplettlösung, da abhängig vom Sortiment des Reisebüros, seiner erworbenen Lizenzen (IATA, DB) und seiner Kundengruppen unterschiedliche Anforderungen an das IT-System gestellt werden.

» **Marketing-Systeme:** Sie werden über die ganzen Wertschöpfungskette von touristischen Anbietern eingesetzt. **Yield-Management Systeme,** ursprünglich von Luftverkehrsunternehmen entwickelt, steuern automatisch in Abhängigkeit vom Kundenverhalten den Preis für eine angebotene Leistung so, dass der maximale Ertrag bzw. Gewinn für das Unternehmen erwirtschaftet werden kann. **Vertriebskanalsysteme** verteilen die touristischen Leistungen von der Herstellung bis zum Kunden und bestimmen, über welchen Vertriebskanal die Leistung dem Kunden angeboten wird. Beispielsweise kann eine Leistung über das Reisebüro offline an den Kunden vermittelt werden oder über einen Onlinevertriebsweg (E-Commerce Portale) zu ihm gelangen. Da meistens beide Vertriebswege gleichzeitig eingesetzt werden (Multi Chanel), ist eine ergebnisoptimale Steuerung durch IT-Systeme unverzichtbar. **CRM-Systeme** (Customer Relation Management) werden eingesetzt, um den Kunden stärker an das Unternehmen zu binden. Darunter fallen u. a. Kundenbindungsprogramme, wie z. B. die BahnCard der DB AG, aber auch Systeme, die das Beschwerdemanagement der Unternehmen unterstützen.

» **Global Distribution Systeme (GDS):** Weltweit vermitteln Leistungsträger und Reiseveranstalter ihre Leistungen über ein sog. globales Vertriebssystem. Der in Deutschland führende Anbieter Amadeus Germany GmbH vertreibt über die verschiedenen Vertriebskanäle wie Reisebüro, Call Center und Internet die Leistungen von Fluggesellschaften, Hotels, Mietwagen-Firmen, Reiseveranstaltern, europäischen Bahnen, Fähranbietern, Versicherungs- sowie Kreuzfahrtanbietern. Außerdem bietet Amadeus Germany umfangreiche Mid- und Back-Office-Lösungen für die Reisebranche an.

Touristik-Reisebüros	Geschäftsreisebüros	Corporates	Online-Reisebüro
▌ Amadeus Selling Plattform ▌ Bistro Portal ▌ Amadeus all Fares ▌ Booking Engines Touristik & Amadeus Internet Engine ▌ Travel Expert Community ▌ Help Desk	▌ Alle Reisemittlerlösungen, zusätzlich: ▌ „Full Content" ▌ Amadeus Ticketless ▌ Hotel Plus ▌ Robotic-Lösungen ▌ Policy Arranger ▌ Schnittstellen	▌ Amadeus Selling Plattform ▌ Amadeus E-Travel Management ▌ SAP Travel Management ▌ Mobile Devices ▌ Coporates Rates ▌ Service & Consulting	▌ Booking Engines Touristik ▌ Amadeus Internet Engine ▌ Vergleichs- und Beratungssysteme

Amadeus Lösungen			
Fluggesellschaften	**Bahnen**	**Hotels**	**Reiseveranstalter**

▌ Full Altea Suite
  – Inventory
  – Reservation
  – Departure Control
▌ Amadeus Ticketless Access
▌ Ticket Changer
▌ Low Cost Carrier Lösungen
	▌ Kernfunktionen
	  – Fahrplanauskunft
	  – Reservierung
	  – Ticketing
	▌ Amadeus Rail Plus
	▌ Amadeus Fly by Rail
	▌ Amadeus Airport Express
		▌ Amadeus Property Management System
		▌ Amadeus Revenue Management System
		▌ Amadeus Distribution
		▌ Amadeus Hotel Plattform
			▌ Amadeus Selling Plattform
			▌ Bistro Portal
			▌ Toma

Grafik nach Schulz, Weithöner, Goecke: Informationsmanagement im Tourismus, München 2010

1.4.5 Bevölkerungsentwicklung

Weltweit stellt das Bevölkerungswachstum ein großes Problem dar, da die natürlichen Ressourcen schon heute und erst recht in Zukunft erschöpft sein werden. Von diesem Problem sind direkt zunächst eher die Entwicklungsländer betroffen.

In den Industrieländern zeichnet sich eine andere, eher entgegengesetzte Schwierigkeit ab: das zahlenmäßige Verhältnis von älteren zu jungen Menschen wird immer ungünstiger.

Problematisch ist diese Entwicklung im Hinblick auf die finanzielle, soziale und medizinische Versorgung der älteren Menschen durch die jüngeren Erwerbstätigen, deren Anteil an der Gesellschaft durch steigendes Lebensalter und sinkende Geburtsraten abnimmt.

Diese Entwicklung der Altersstruktur wird sich natürlich auch auf die Struktur der Reisenden auswirken und damit das touristische Angebot verändern. Sie hat in jüngerer Vergangenheit sicherlich nicht zuletzt zur steigenden Nachfrage nach Wellness-Reisen und Kreuzfahrten geführt.

Die niedrige Geburtenrate spiegelt sich aber auch in der Haushaltsstruktur wider. Seit der Nachkriegszeit kann eine drastische Veränderung der Haushaltsgrößen festgestellt werden. So ging die Zahl der Haushalte mit vier und mehr Personen von 1950 bis 2000 von ca. 32 %

auf ca. 18 % zurück. Im gleichen Zeitraum nahmen die der Einpersonenhaushalte von 19 % auf 37 % zu (Statistisches Bundesamt, 2007). Die Zahl der in einem Haushalt lebenden Personen steht in einem negativen Verhältnis zur Reiseintensität: je weniger Personen demnach in einem Haushalt leben, umso größer sind tendenziell die Reiseintensität sowie die Reisehäufigkeit und -ausgaben.

Altersstruktur in Deutschland				
Jahr	0–20 Jahre Anteil in %	20–50 Jahre Anteil in %	über 50 Jahre Anteil in %	Bevölkerung insgesamt
1991	21,70	44,18	34,28	80,3 Mio.
2005	20,72	43,02	36,25	82,5 Mio.
2010	18,70	41,61	39,71	82,9 Mio.
2020	17,67	37,11	45,22	82,2 Mio.
2050	16,36	34,71	48,93	73,6 Mio.

nach: Statistisches Bundesamt 2005

1.4.6 Offene Grenzen und internationale Zusammenarbeit

Die Welt wächst zusammen. Nicht nur durch schnellere Verkehrs- und Kommunikationsmittel, sondern vor allem durch den Abbau von Hindernissen und den Aufbau von Verbindungen können wir heute ohne Schwierigkeiten in fast jedes Land reisen. Da der Tourismus ein wichtiger Wirtschaftsfaktor ist, also z. B. viele Arbeitsplätze durch ihn entstehen, wird besonders in Europa, aber auch weltweit eine **Tourismuspolitik** verfolgt, die sein langfristiges Wachstum sicherstellen soll. Teile dieser Politik sind z. B. der Aufbau einer grenzüberschreitenden Verkehrsinfrastruktur und der Abbau von Zoll-, Pass- und Devisenvorschriften.

Pass und Personalausweis gelten als Ausweispapiere. Während die Ausstellung des Personalausweises in Deutschland für jede meldepflichtige Person ab dem vollendeten 16. Lebensjahr als Legitimationspapier gesetzlich vorgeschrieben ist, wird der Reisepass nur auf Antrag ausgestellt. Grundsätzlich gilt der Pass als Nachweis der Staatsangehörigkeit, so dass allein dieses Dokument international anerkannt wird. Das stimmt zwar heute so nicht

mehr. Immer mehr ausländische Staaten akzeptieren den deutschen Personalausweis als Legitimation bei der Einreise. Aber nur im Reisepass können Ein- und Ausreise im Zielland durch die entsprechenden Stempel beglaubigt werden und nur dort werden Transit- oder Einreisevisum eingetragen. Aufgrund der Ereignisse vom 11. September 2001 stellen die USA allerdings hohe Anforderungen an die Qualität des Reisepasses, wenn man visafrei einreisen will. So verlangen sie gegenwärtig den sogenannten E-passport, mit biometrischen Daten in Chipform.

Bürokratische Hemmnisse, die bewusst den Reiseverkehr erschweren und dem jeweiligen Staat eine Kontrolle über die Ein- und Ausreise von Ausländern ermöglichen, gehören glücklicherweise in vielen Ländern der Erde der Vergangenheit an. Vor allen Dingen ist es der Integrationspolitik der Europäischen Union zu verdanken, dass Grenzkontrollen in den Staaten, die das Schengener Abkommen von 1995 ratifiziert haben, nicht mehr existieren. Norwegen und Island als Nicht-EU-Mitglieder traten dem Abkommen 1996 bei und die

5053154

Schweiz hat 2005 in einer Volksabstimmung den Beitritt ebenfalls beschlossen.

Seit 1993 verwirklicht die Europäische Union den freien Verkehr von Waren, Dienstleistungen, Kapital und Arbeit. Im sog. Europäischen Binnenmarkt sind prinzipiell alle Handelshemmnisse beseitigt. Damit entfallen die Warenkontrollen an den Grenzen und das Kabotagerecht[1] im Transportgewerbe. Mehr Wettbewerb und somit günstigere Preise und Bedingungen für Reisende sind die Folge. Nicht zuletzt erleichtert der Binnenmarkt die Einfuhr von Mitbringseln aus dem Urlaubsort – ein positiver Effekt für die Destinationen.

Mit der Einführung des Euro in den meisten Ländern der Europäischen Union und der Entwicklung eines einheitlichen europäischen Zahlungsraums (SEPA = single euro payment area) gilt für alle Unternehmen und Bürger der Teilnehmerstaaten eine höhere Sicherheit beim Ausgleich ihrer Rechnungen. Währungsschwankungen sind gerade für die Veranstalter, die langfristig kalkulieren müssen, ein kaum zu kalkulierendes Risiko. Etwa 40 % aller Auslandsreisen ab Deutschland führen in Länder der Eurozone und damit entfällt seit 2002 für Veranstalter und Urlauber das lästige und oft kostspielige Umrechnen und Umtauschen in fremde Währungen.

Zusatzinformationen zu Fernreisen im Spannungsfeld zwischen Trend und Sicherheit finden Sie unter LF 3, Kapitel 1.4.6 auf der beiliegenden DVD.

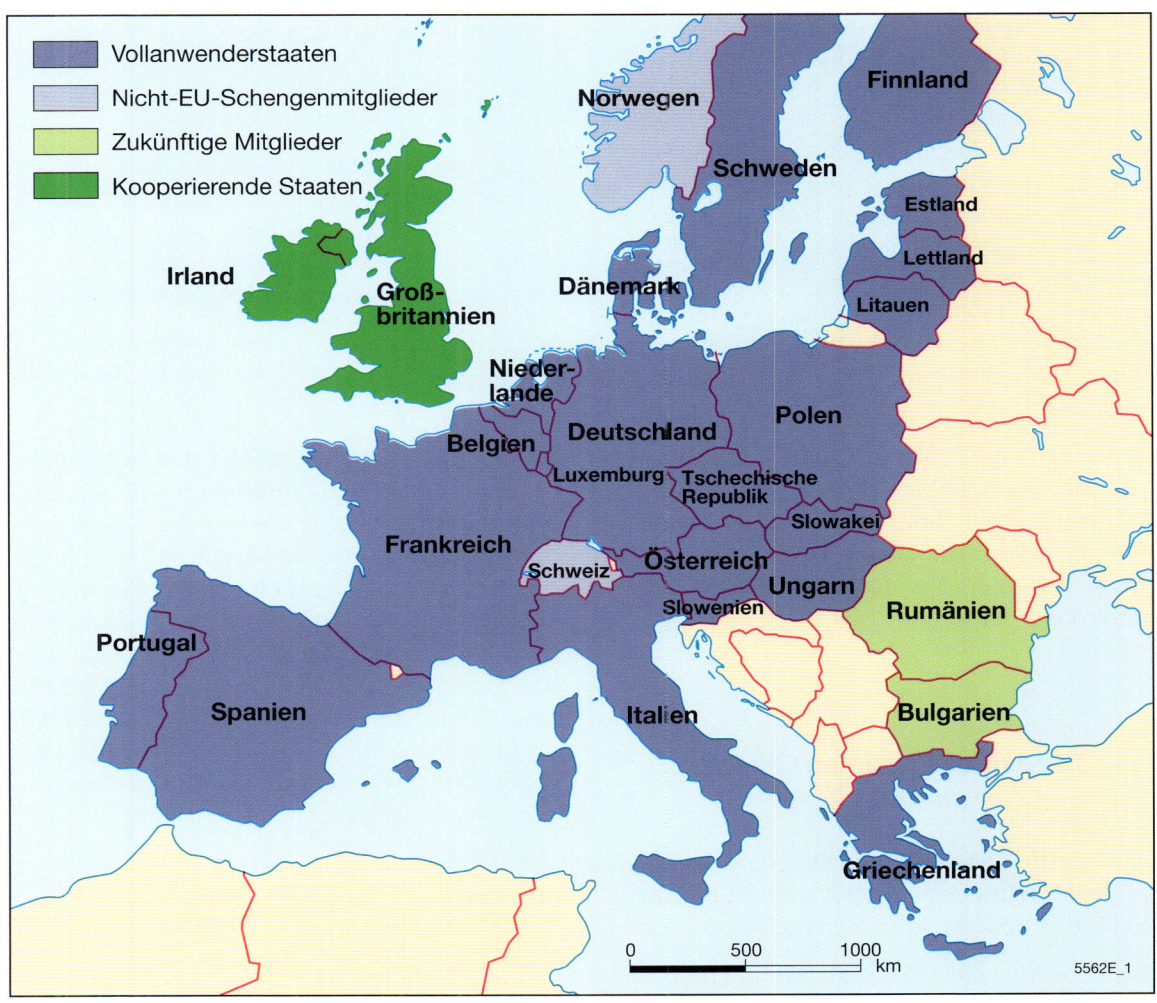

1 Vorrecht (Monopol) der nationalen Verkehrsträger für gewerbliche Fahrten innerhalb des eigenen Landes

1.4.7 Umwelt

Für den Tourismus ist ein intaktes natürliches Angebot – Natur, Landschaft, Wasser und Luft – von zentraler Bedeutung. Insbesondere für Gäste, die ihren Urlaub in Deutschland verbringen, ist dies zum zentralen Hauptanziehungspunkt geworden. Naturnahe Aktivitäten vor Ort sind gefragter denn je. Untersuchungen zeigen, dass für einen Großteil der Befragten die Möglichkeit, Natur unmittelbar zu erleben, für die Reiseentscheidung wichtig ist. Für 35 % der Befragten würde die Möglichkeit, einen Natur- oder Nationalpark mit intakter Tier- und Pflanzenwelt zu besuchen, ihre Reiseentscheidung positiv beeinflussen. Die Badegewässerqualität ist von zentraler Bedeutung für Gäste und Gastgeber. In diesem Zusammenhang kommt dem Meeres- und Küstenschutz eine besondere Bedeutung zu. Neben der notwendigen Rücksichtnahme auf Natur und Umwelt ist es für eine nachhaltige und nachfragegerechte Weiterentwicklung in den einzelnen Regionen wichtig, attraktive Erlebnismöglichkeiten in und mit der Natur zu eröffnen. Damit wird der einheimischen Bevölkerung besonders in ökologisch sensiblen Regionen ermöglicht, auf ökologisch nachteilige Nutzungen zu verzichten und neue Einkommensalternativen zugunsten eines zukunftsfähigen Tourismus in ihrer Region zu entwickeln.

Der Tourismus ist daher auch eine Schlüsselbranche für das globale Ziel der nachhaltigen Entwicklung. Allerdings können auch negative Wirkungen vom Tourismus auf die Umwelt ausgehen, die im nachfolgenden Kapitel aufgeführt werden.

1.5 Tourismus zwischen Ökologie und Ökonomie

Die Begriffe Ökonomie und Ökologie haben beide ihre Wurzeln in dem griechischen Wort *oikos*, das Gehöft, Haus, Haushalt bedeutet.

Aus dem Wort *oikos* hat man **Ökonomie** (Wirtschaft) abgeleitet. Ernst Haeckel (1823 –1919)

hat 1866 das Wort *oikos* zu einer weiteren Begriffsableitung genutzt: **Ökologie.** Er verstand hierunter die Wissenschaft von den Beziehungen des Organismus zur umgebenden Außenwelt, zu der wir im weitesten Sinne alle Existenzbedingungen rechnen können. Beide Begriffe haben also einen Ursprung.

Es besteht heute ein Spannungsverhältnis zwischen Ökonomie und Ökologie aufgrund des Primats der Ökonomie gegenüber der Ökologie im Denken und Handeln des Menschen.

Der Mensch betrachtet den irreparablen Eingriff der Wirtschaft in die Natur zu oft noch als objektiv notwendige Tatsache.

> – Übererschließung von Küstenregionen am Mittelmeer
> – Übererschließung von Gebirgsregionen in Österreich
> – mangelhafte Planung von Feriendestinationen, wie z. B. Pattaya in Thailand
> – Eingriffe in die Wildreservate Afrikas

1.5.1 Umweltauswirkungen des Tourismus

Die Tourismusbranche zählt zu den beständigsten und dynamischsten Wirtschaftsbereichen.

Wie in jeder anderen Branche auch werden im Tourismus nicht vermehrbare und nicht erneuerbare Ressourcen verbraucht und Umweltbelastungen verursacht. Gemäß einer Studie des WWF (World Wildlife Fund: Der touristische Klima-Fußabdruck) verursacht der Tourismus weltweit 5 % aller Treibhausgasemissionen, die für den Klimawandel verantwortlich sind. Dabei spielen natürlich Flugreisen eine große Rolle. Diese tragen neben dem Autoverkehr zudem erheblich zur Lärmbelastung in den Heimat- und Urlaubsländern bei.

Neben Auswirkungen auf Luft, Klima, Wasser, Boden, Flora und Fauna beeinflusst der Tourismus auch das soziale, kulturelle und ökonomische Gefüge in den Zielgebieten. Die im Grundsatz schon seit der Umweltkonferenz in Rio de Janeiro 1992 als zukunftsbedrohlich eingestufte globale Erwärmung mit all ihren Folgen erhält durch den 2013 veröffentlichten Bericht des Weltklimarates (Intergovernmental Panel on Climate Change – IPCC) neue Aktualität und damit wieder politische und öffentliche Aufmerksamkeit.

Zusatzinformationen zum Treibhauseffekt finden Sie unter LF 3, Kapitel 1.5.1 auf der beiliegenden DVD.

Der Tourismus ist ein Beispiel für die engen Wechselwirkungen zwischen wirtschaftlicher Entwicklung und Umwelt. Vom Tourismus können negative wie positive Wirkungen auf die Umwelt ausgehen. Insbesondere werden die folgenden Umweltbelastungen vom Tourismus verursacht:

» Flächeninanspruchnahme durch die touristische Infrastruktur (Hotels, Freizeitanlagen, Zubringerstraßen);
» Emissionen von Schadstoffen (z. B. Kfz-Abgase), Treibhausgasen (Kohlendioxid CO_2) und Lärm durch den Transport und den Verkehr in den Zielgebieten;
» daraus resultierende Klimaverschiebungen, die die Wetterverhältnisse und damit die Nutzbarkeit von touristischen Regionen (z. B. in Wintersportgebieten) beeinträchtigen;
» Ressourcenverbrauch (Energie, Wasser) und vermehrte Abfälle durch Beherbergung, Verpflegung und Transport;
» Störung und Gefährdung wild lebender Tiere und Pflanzen durch Souvenirhandel und Freizeitaktivitäten in den Zielgebieten.

Andererseits ist der Tourismus selbst wesentlich von einer intakten Umwelt und Natur abhängig, denn Urlaub und Erholung verlangen nach einer gesunden Umwelt. Die touristische Qualität eines Feriengebietes wird maßgeblich von sauberem Wasser, reiner Luft und einer intakten Landschaft bestimmt. Umweltschutz ist unabdingbar, um die natürlichen Grundlagen des Tourismus dauerhaft zu sichern.

Vom Tourismus können darüber hinaus durch „Inwertsetzung" von Natur und Landschaft auch positive Wirkungen auf die Umwelt ausgehen. So kann der Tourismus dazu beitragen, traditionelle Kulturlandschaften und

Wirtschaftsformen (z. B. Berglandwirtschaft) zu erhalten sowie historische Stätten oder Schutzgebiete zu finanzieren.

> **Beispiele für die Inwertsetzung der Natur durch den Tourismus:**
>
> – Die Anerkennung als Weltnaturerbe (z. B. das Wattenmeer);
> – Ausweisung von Naturparks und Landschaftsschutzgebieten (z. B. in Südafrika);
> – durch die UNESCO anerkannte Biosphärenreservate (z. B. Donaudelta).

Berliner Erklärung

Die Bundesregierung hatte 1997 mit der „Berliner Erklärung" eine internationale Initiative für ein globales Abkommen über umweltverträglichen Tourismus gestartet.

Kernaussagen daraus sind u. a.:

» Nachhaltiger Tourismus stellt eine sinnvolle Nutzung der biologischen Vielfalt dar und kann zur Erhaltung der biologischen Vielfalt beitragen.
» Die Tourismusentwicklung bedarf der Steuerung und eines sorgfältigen Managements, um sicherzustellen, dass sie in nachhaltigen Bahnen verläuft; geeignete Steuerungsinstrumente werden benannt.
» Dem Tourismus muss in ökologisch und kulturell sensiblen Gebieten besondere Aufmerksamkeit gewidmet werden. Massentourismus sollte in diesen Gebieten vermieden werden.
» Große Bedeutung wird der lokalen Ebene beigemessen, die nicht nur Verantwortung für eine nachhaltige Entwicklung des Tourismus trägt, sondern auch in besonderer Weise aus dem Tourismus Nutzen ziehen soll.
» Für eine nachhaltige Tourismusentwicklung sind alle Akteure verantwortlich, insbesondere auch der private Sektor; freiwillige Initiativen der Wirtschaft (Selbstverpflichtungen, Verhaltenskodizes, Gütesiegel) sind zu ermutigen.

Die Deutsche Tourismuswirtschaft unterstützt ausdrücklich die internationalen Aktivitäten der Bundesregierung in einer gemeinsamen Umwelterklärung. Die Tourismuswirtschaft unterstützt außerdem die Entwicklung international harmonisierter Regelungen für eine nachhaltige Tourismusentwicklung.

Auf der internationalen Konferenz in Berlin vom 11. bis 13. Oktober 2000 *(Sustainable Tourism, Environment and Employment)* wurde in einer Empfehlung darauf hingewiesen, dass u. a. zur Umsetzung der „Berliner Erklärung" Tourismusfachkräfte im Bereich Umweltmanagement ausgebildet werden sollten mit der Zielsetzung, die Kenntnisse von Reiseveranstaltern in den folgenden Bereichen zu verbessern:

» Erhalt der natürlichen Ökosysteme (Küsten- und Meeresökosysteme, Berge, Wasserläufe und dazugehörige Feuchtgebiete, Feuchtgebiete auf dem Land, Wälder und Grasland);
» Erhalt von Landschaften sowie Erhalt des kulturellen und biologischen Erbes;
» begrenzte Nutzung von Mineral- und Energieressourcen;
» Management von Wasserressourcen;
» Kontrollmaßnahmen gegen Verschmutzung und Störung;
» Förderung der Lebensqualität;
» Berücksichtigung von Umweltgesichtspunkten bei sämtlichen betriebswirtschaftlichen Aktivitäten;
» Interesse an globalen Problemen.

> **!** **Wegen der internationalen Dimension des Tourismus besteht nicht nur für die nationale Umwelt eine Verantwortung!**

Ökologisch orientierte Veranstalter in der Zwickmühle

Kundenwünsche, Nachhaltigkeitskriterien und die Verhältnisse im Reiseland sind für Reiseveranstalter oftmals schwer zu vereinen. Die Gründe dafür sind vielfältig:

» soziale Gründe verbieten eigentlich eine Reise in bestimmte Gebiete, nach denen allerdings eine starke Nachfrage der Reisenden besteht;

» die Anreise in viele Zielgebiete ist nur mit dem Flugzeug möglich;
» durch die begrenzte Zeit, die der Besucher zur Verfügung hat, sind schnelle Transportmöglichkeiten (Auto, Flugzeug) notwendig;
» der erste Blick des Kunden gilt häufig dem Preis einer Reise, ohne die Leistungen (besonders unter Nachhaltigkeitsaspekten) genau zu vergleichen;
» die Erwartungen des Kunden an die gebotenen Leistungen und den Komfort sind nicht mit den Möglichkeiten des Landes in Einklang zu bringen;
» die einheimische Reiseleitung genügt bezüglich des Bildungsniveaus und der Sprachkenntnisse nicht den Ansprüchen der Kunden;
» durch die Anwesenheit der Touristen werden Ressourcen (Nahrungsmittel, Wasser, Plätze in Transportmitteln) verbraucht, die von den Einheimischen dringend selbst benötigt werden. Diese steigende Nachfrage treibt die Preise in die Höhe und verstärkt damit die Armut.

Diese Zwickmühlen sind bei vielen Reiseveranstaltern Alltag. Der Konflikt besteht in der Erfüllung der Kundenwünsche einerseits und der Schonung von Mensch und Natur als übergeordnetes Ziel andererseits. Er ist nur zu lösen durch eine Sensibilisierung der Reisenden für die Belange von Natur und Bevölkerung in ihrem bereisten Land.

1.5.2 Kulturelle Auswirkungen des Tourismus

Neben den Eingriffen in die Umwelt führt der Tourismus auch zu Problemen für die gastgebenden Gesellschaften.

So wird u. a. die **Lebensqualität der Einheimischen** spürbar eingeschränkt durch die häufig stark steigenden Preise, die nur von Touristen bezahlt werden können. Es kommt zur inneren Entfremdung derjenigen Einwohner, die am

> Herrschte früher noch Gastfreundschaft, wird heute der Tourismus nicht selten als „Melkkuh" gesehen. Kennen Sie Beispiele?

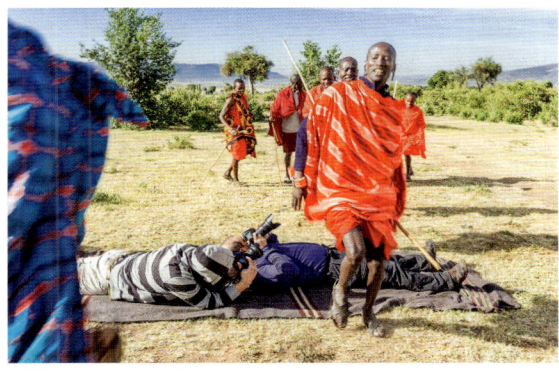

Tourismus mit ihren zahlreichen Wirtschafts-, Gewerbe- und Industriezweigen verdienen (wie Gastronomie-, Verkehrs- und Bauwirtschaft) und denen, die leer ausgehen.

Vielfach wird der Tourismus auch mit als Ursache für den **Verlust der eigenen kulturellen Identität** der Gastgeber genannt, da sie u. a. ihre Kulturgüter wie religiöse Feste, Rituale, Gegenstände nach dem Geschmack und den Wünschen der Touristen kommerzialisieren.

Ein asiatisches Sprichwort sagt: „Tourismus ist wie ein Feuer – man kann seine Suppe damit kochen. Man kann auch sein Haus damit abbrennen."

Vieles, was der Reisende in seinem Urlaub schätzt, ist durch sein Reiseverhalten gefährdet. Vieles, vor dem er aus seinem Alltag fliehen will, holt ihn schon längst an den Urlaubsorten wieder ein.

Damit auch in Zukunft das Reisen noch lohnenswert ist, muss nicht nur die Natur als wichtigste Grundlage geschützt werden, sondern auch sozial verträglicher Tourismus

stattfinden. Nur so wird sichergestellt, auch in Zukunft ferne Regionen kennenzulernen, fremde Kulturen zu erleben und Freundschaften mit Menschen aus anderen Ländern zu schließen.

> ! **Die These von Hans Magnus Enzensberger darf keine Gültigkeit haben: „Der Tourist zerstört, was er sucht, indem er es findet."**

Der Wohlstand in meist westlichen Industrienationen, billige Flüge und schnelle Erreichbarkeit von verschiedensten Destinationen der Erde ermöglichen seit der zweiten Hälfte des letzten Jahrhunderts verschiedene Arten von Tourismus mit allen ihren Auswirkungen auf (die Umwelt und) die sozialen Strukturen der Urlaubsländer. „Sextourismus" ist eine Form davon.

Sextourismus

Der Tourismus ist trotz globaler Krisen nach wie vor eine wachsende Branche. Parallel dazu entwickelt sich die sexuelle Ausbeutung von Kindern als zentraler Bestandteil des allgemeinen Sextourismus. Sextourismus begünstigt umgekehrt den Tourismus als solchen, indem bestimmte Kundengruppen für ausgewählte Destinationen angesprochen werden.
Die sexuelle Ausbeutung von Kindern im Tourismus steigt im Umfeld der Tourismusindustrie weiter an. Kommerzielle sexuelle Ausbeutung von Kindern durch Touristen findet nach Untersuchungen zum größten Teil in Hotels statt, die z. T. Vertragsnehmer großer Veranstalter sind. Darauf bezogene Maßnahmen müssen dementsprechend auf unmittelbare wirtschaftliche Aktivitäten der Veranstalter, ihrer Vertragsnehmer und Lieferanten ausgerichtet sein. Das erfordert entsprechende Aufklärung, Täterausschluss und eine Bearbeitung des touristischen Umfeldes.
Verschiedene Untersuchungen zeigen, dass trotz der Unterzeichnung durch den Deutschen Reiseverkehrsverband (DRV) bislang keine nachhaltige Umsetzung in der Geschäftspolitik von Unternehmen erfolgt ist.

Quelle: www.giz.de vom 07. Dez. 2006

> ❗ Tourismus verändert die Infrastruktur und die sozialen und kulturellen Strukturen eines Reiselandes. Es muss daher im Interesse der touristisch tätigen Unternehmen liegen, Mechanismen zu entwickeln, die der Zerstörung der eigenen Wirtschaftsgrundlage Einhalt gebieten.

1.5.3 Nachhaltigkeit im Tourismus

Seit dem „Erdgipfel"[1] von **Rio de Janeiro** 1992 ist der Begriff **Nachhaltigkeit** zu einem **Leitbegriff** für das neue Jahrhundert geworden. Das englische „Sustainable Development", das in der UN-Deklaration von Rio verwendet wurde, macht deutlich, dass es um mehr als Umweltschutz im traditionellen Sinne geht.

„Die zentralen Parameter für Mensch und Umwelt müssen so gestaltet sein, dass eine dauerhafte Existenzfähigkeit der menschlichen Gemeinschaft gewährleistet ist", so wurde der Begriff von der **Umweltkonferenz** in Rio umschrieben.

> ❗ Somit beinhaltet der Begriff Nachhaltigkeit die Verantwortung für zukünftige Generationen und die Notwendigkeit des schonenden Umganges mit der Natur.

Er mündet in der Aufgabe, den Faktor Umwelt in das wirtschaftliche und das gesellschaftspolitische Handeln zu integrieren.

Mehr Nachhaltigkeit = mehr Qualität

Durch verstärkte Kooperation in Gemeindenetzwerken und durch gemeinsames Marketing können Tourismusorte und -regionen die Synergieeffekte nutzen, die sie zum Überleben und zur Amortisation ihrer Umwelt-Investitionen dringend brauchen. Im „grenzenlosen" Tourismus ist hier auch die europäische Politik mit ihren Förderprogrammen gefragt, vor allem wenn es um die Reduzierung von Belastungen durch den ständig steigenden Tourismus- und Warenverkehr geht.

Allerdings: Durch freiwillige Umweltleistungen der wachstumsorientierten Wirtschaft wird der tourismusbedingte CO_2-Ausstoß wohl kaum zurückgehen. Neben den nicht ausreichenden „weichen" Instrumenten wie Selbstverpflichtungen und Umwelt-Audits, Ökosiegel und Umweltpreise, Netzwerke und Seminare sind „harte" Instrumente wie Trinkwasserpreise und Abfallgebühren, die Aufhebung der Steuerbefreiung für Flugbenzin oder eine CO_2/Energie-Steuer zur Durchsetzung des Verursacherprinzips

(polluter pays principle) unerlässlich. Je eher und klarer die Politik auf nationaler wie auf internationaler Ebene entsprechende gesetzliche und steuerliche Regelungen erlässt, je eher auf nationaler Ebene verbindliche Umweltpläne im Stile von „Sustainable Netherlands" erarbeitet und als Entwicklungsrahmen vorgegeben werden, desto besser und sicherer können die Anbieter im Tourismus kalkulieren und investieren. Damit investieren sie auch in Qualität. Denn mehr Nachhaltigkeit im touristischen Angebot – also mehr regionale Produkte, weniger Lärm und Abgase, weniger Abfälle und ungeklärte Abwässer – bedeutet für die Bevölkerung mehr Arbeitsplätze und Lebensqualität und für den Gast eine vielfach neue Urlaubsqualität. Nachhaltigkeit und Qualität im Tourismus sind zwei Seiten einer Medaille.

Quelle: „Nachhaltiger Tourismus – Schlüssel zum Erfolg" www.eco-tip.org Stand 07/2007

Ökonomie und **Ökologie** schließen einander nicht aus, sondern **sind** in der Wirklichkeit **miteinander verflochten.** Wirtschaftliche Entwicklung ist in einer zerstörten Umwelt nur schwer möglich.

Das Ziel von Rio kann jedoch nur realisiert werden, wenn alle Akteure die sozialen und wirtschaftlichen Konsequenzen tragen.

Zwischen Umwelt, Sozialem und Wirtschaftlichem bestehen vielschichtige Zusammenhänge und Abhängigkeiten, zwischen ihnen gilt es, eine Balance zu finden.

Zusatzinformationen zu Ökonomie und Ökologie finden Sie unter LF 3, Kapitel 1.5.3 auf der beiliegenden DVD.

---

[1] United Nations Conference on Environment and Development = UNCED; generelle Ergebnisse: Klima-Rahmenkonvention zur Eindämmung des Treibhauseffektes, Erklärung von Rio für das 21. Jahrhundert (Agenda 21) und Übereinkommen über Artenvielfalt und Waldprinzipien.

5053160

Aufgaben

1_ Führen Sie eine Umfrage über das Reiseverhalten der Schülerinnen und Schüler Ihrer Klasse (oder auch: Ihrer Schule) durch. Halten Sie die Ergebnisse über Reiseintensität, Reisehäufigkeit, Reiseziele und Reiseausgaben tabellarisch und grafisch fest! Zu jeder Kennzahl können Sie eine Kleingruppe bilden!

2_ Besorgen Sie sich die aktuelle Broschüre „Fakten und Zahlen zum deutschen Reisemarkt" des DRV oder informieren Sie sich im Internet über die „Reiseanalyse" der FUR und diskutieren Sie die Ihrer Meinung nach wichtigsten Entwicklungen.

3_ Welches sind zurzeit die wichtigsten Reiseländer der Deutschen a) in Europa, b) weltweit?

4_ Ordnen Sie Ihre berufliche Tätigkeit in die Übersicht der touristischen Wertschöpfungskette ein (vgl. → Kapitel 1.2).

5_ In welche Richtung gehen Ihrer Meinung nach aktuelle Trends im Tourismus – welcher Leistungsanbieter profitieren von diesen Trends, welche sind benachteiligt?

6_ Die Abbildung „Karte der Schengen-Staaten" nennt die Namen der Mitgliedstaaten, aber nicht deren Hauptstädte. Erstellen Sie bitte die entsprechende Liste (beginnend im Norden).

7_ Betrachten Sie die einzelnen Rahmenbedingungen des Tourismus (1.4.1 bis 1.4.6) und entwickeln Sie in Kleingruppen ein Bild des Tourismus in 50 Jahren (wie wird gereist, wer reist, wohin reisen die Menschen etc.). Sie können das Bild malen, eine Collage machen oder Ihre Vision aufschreiben! Stellen Sie anschließend Ihr Ergebnis der Klasse vor.

8_ Erarbeiten Sie Vorschläge, wie die durch den Tourismus verursachten Emissionen gesenkt werden können!

9_ Informieren Sie sich im Internet über die Möglichkeiten des „klimaneutralen" Fliegens und stellen Sie die Projekte vor!

10_ Erläutern Sie anhand konkreter Beispiele die Übererschließung von Küstenregionen im westlichen und östlichen Mittelmeer.

11_ Informieren Sie sich über die Feriendestination Pattaya in Thailand. Worin sehen Sie Planungsmängel?

12_ Welche Gefahren sehen Sie in der zunehmenden Erwärmung der Erdatmosphäre für den Tourismus? Nennen Sie sechs gefährdete Destinationen.

Zusätzliche Aufgaben zu Kapitel 1.5.3 finden Sie auf der beiliegenden DVD.

2 Reisemotive und Reisearten

Aus welchen Gründen unternehmen Urlauber ganz verschiedene Reisearten? Diese Frage ist von großer Bedeutung, nicht nur für die Programmplanung von Reiseveranstaltern, sondern auch für die zielgerichtete Beratung im Reisebüro. Um sie beantworten zu können, sind zunächst die Faktoren zu betrachten, die generell Einfluss auf die Nachfrage nach Urlaubsreisen haben. Hier spielen die wirtschaftliche und gesellschaftliche Situation im Herkunftsland eine bedeutsame Rolle. Ausschlaggebend sind neben diesen exogenen Einflüssen besonders die individuellen Wertvorstellungen der Reisenden (endogene Einflüsse). Innerhalb dieser drei großen Einflussgebiete wirken die persönlichen Bedürfnisse sowie die von Familienmitgliedern, Freunden oder Geschäftskollegen auf die Bildung bestimmter Reisemotive und damit auf die Nachfrage nach bestimmten Reisearten ein.

2.1 Reisemotive

Individuelle Bedürfnisse stellen ein Gefühl des Mangels dar, wobei der Wunsch besteht, diesen Mangel zu beseitigen. Je nach ihrer Wichtigkeit für den Menschen können sie in verschiedene Gruppen eingeteilt werden.

Vgl. dazu LF 4 Kapitel 3.1 Maslow'sche Bedürfnispyramide.

Urlaubsreisen stellen demnach also kein Grundbedürfnis dar, obwohl sie in unserer Gesellschaft inzwischen Standard geworden sind und nicht mehr als Luxus angesehen werden. Dementsprechend werden in der touristischen Fachliteratur Erholungs- oder Kuraufenthalte teilweise den Grundbedürfnissen zugeordnet, während Erlebnisreisen den ganz oben angesiedelten Bedürfnissen entsprechen.

Umfragen, wie z. B. die jährlich durchgeführte Reiseanalyse, nehmen jedoch keinen Bezug auf die Maslow'sche Bedürfnispyramide, sondern orientieren sich eher an praktisch erfahr-

baren Reisemotiven, die aber durchaus in die Pyramide einzuordnen sind. Meist werden vier bis fünf Motivgruppen unterschieden:

» **Psychische Motivation:** Geistiger Ausgleich zum Alltag; abschalten, genießen, vom Alltag erholen,

» **Physische Motivation:** Körperlicher Ausgleich zum Alltag; sportlich aktiv sein, viel erleben oder auch ausruhen, faulenzen,

» **Interpersonelle Motivation:** Kommunikation; Leute kennenlernen, mit Freunden/ Familie zusammensein,

» **Kulturelle Motivation:** Bildung, Kulturinteresse, Abwechslung; Neues kennenlernen, fremde Kulturen erleben, zu religiösen Stätten reisen und

» **Prestige-/Status-Motivation:** Anerkennung, Selbstverwirklichung; Neues lernen, Abenteuer erleben.

„Weg von-" und „Hin zu-Motive"

> „Wohin reist du, Herr?" „Ich weiß es nicht", sagte ich, „nur weg von hier. Immerfort weg von hier, nur so kann ich mein Ziel erreichen." „Du kennst also dein Ziel?" fragte er. „Ja", antwortete ich, ich sagte es doch: „Weg-von-hier, das ist mein Ziel." (Kafka, Der Aufbruch)

Die **„Weg-von"-Motive** sind vor allem darauf ausgerichtet, einen Ausgleich zum Alltag zu bilden. Reisen, die diese Motive befriedigen, haben oftmals auch eine Ventilfunktion für den Ärger und die Entbehrungen des Alltags. „Ich bin urlaubsreif", heißt es dann und im Reisebüro wird gefragt nach einem kurzfristig buchbaren Angebot „irgendwo in den Süden, wo es schön warm ist und wo ich Sport treiben kann …".

Offenbar gewinnen diese „Weg-von"-Motive immer mehr an Bedeutung und verdrängen die ursprüngliche Motivation des **„Hin-zu"-Reisens,** das weniger mit Alltagsfrustration und vielmehr mit der Lust am Forschen und dem Interesse an fremden Ländern und Menschen zu tun hat.

5053162

2.2 Urlaubertypologien

Die Kombination des Wissens über Reisemotive mit soziodemografischen Daten (Alter, Beruf, Wohnort, Familienstand etc.) ermöglicht eine Gruppierung der Reisenden in Urlaubertypen:

> **!** **Ein Urlaubertyp ist innerhalb einer Urlaubertypologie ein empirisch gewonnenes idealtypisches Konstrukt einer Anzahl von Urlaubern mit ähnlichen Reisemotiven, Urlaubsverhaltensweisen und Urlaubsformen.**

Häufig bedient sich die Gruppierung der Einteilung einer Gesellschaft in verschiedene Milieus, deren Angehörige sich in **Lebensauffassung und Lebensweise ähneln.** Diese Einteilung bezieht Faktoren wie Alltagseinstellung zu Arbeit, Familie, Freizeit, Geld und Konsum ebenso mit ein wie grundlegende Wertorientierungen.

Die Gesellschaft für Konsumforschung (GfK) teilt Urlauber nach ihren Reisemotiven und -vorlieben in „Naturfans", „Wintersportler", „Wanderfreunde", „Heimatverbundene", „Kulturliebhaber", „Golden Ager", „Eventreisence", „Genießer", „aktive Familien", „Familienorientierte" und „Pauschalreisende" ein.

Eine andere Herangehensweise ist auf unterschiedliche Lebensstile ausgerichtet. Daher nennt man solche Typologien auch Lifestyle-Typologien, wie z. B. die Studie „Österreich 2000":

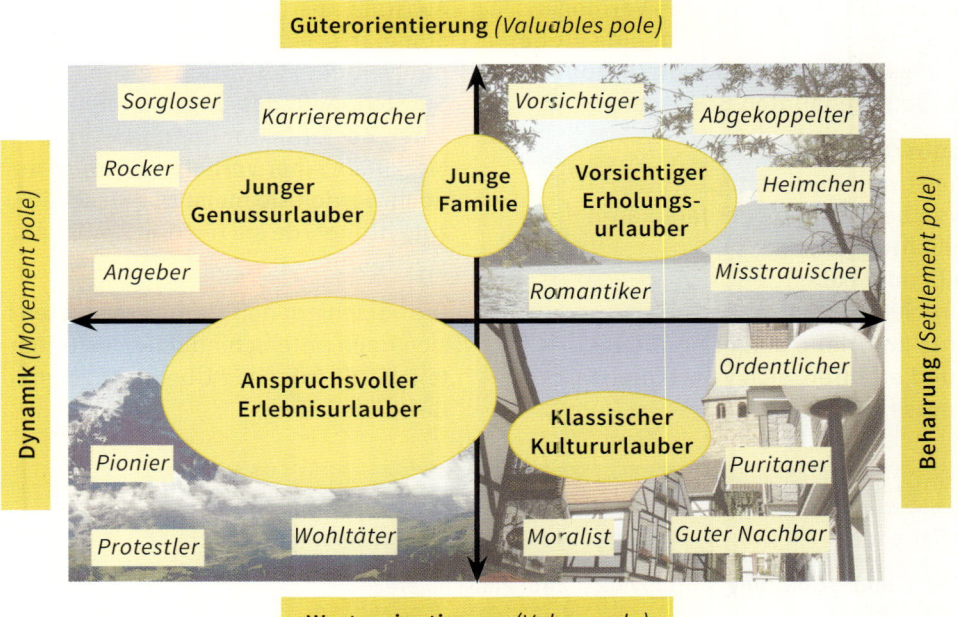

Typ	Beschreibung
Der vorsichtige Erholungsurlauber	Vorsichtige, Heimchen, Misstrauische, Abgekoppelte
Der klassische Kultururlauber	Moralisten, Ordentliche, Puritaner
Der anspruchsvolle Erlebnisurlauber	Karrieremacher, Protestler, Pioniere, Wohltäter, gute Nachbarn
Der junge Genussurlauber	Rocker, Angeber, Draufgänger
Die junge Familie	Romantiker, Sorglose

Obwohl derartige Typologisierungen recht oberflächlich erscheinen, ermöglichen sie doch Aussagen über die Vorlieben bei der Urlaubsplanung und können damit als erste Grundlage für einen Beratungsansatz dienen, besonders nach einer eingehenden Bedarfsanalyse im Gespräch mit dem Kunden (vgl. LF 4).

Der Einfluss des demografischen Wandels

Niedrige Geburtenraten auf der einen, höhere Lebenserwartungen auf der anderen Seite führen zu einer zunehmenden Überalterung der deutschen Bevölkerung. Dies bezeichnet man als demografischen Wandel. Das relativ frühe Rentenalter, die körperliche und geistige Fitness vieler älterer Menschen und das Phänomen der Erbengeneration (das Durchschnittsalter von Erben größeren Vermögens liegt bereits bei 58 Jahren) bringt eine große und zahlungskräftige Gruppe von Urlaubern mit sich, die sogenannten Best Ager:

Der Urlaubertyp Best Ager
» ist meist zahlungskräftig,
» frei von beruflichen oder familiären Verpflichtungen,
» mobil und flexibel,
» anspruchsvoll,
» möchte im Urlaub aktiv sein, Neues erleben und erfahren, sich verwöhnen lassen und entspannen und

» interessiert sich zunehmend (neben Busreisen) für Fern- und Städtereisen sowie Kreuzfahrten.

2.3 Reisearten

Je nachdem, welche Motive ein Reisender hat bzw. welchem der verschiedenen Urlaubertypologien er zuzuordnen ist, begibt er sich auf eine bestimmte Art von Reise. Die grobe Einteilung von Reisen in **investive Geschäfts- und konsumptive Urlaubsreisen** kann noch weiter in verschiedene Reisearten unterteilt werden.

Der Bereich der **Geschäftsreisen** umfasst die klassische Geschäftsreise zur Anbahnung oder Aufrechterhaltung wirtschaftlicher Unternehmensbeziehungen, aber auch Messe- und Ausstellungsreisen sowie Kongress- und Seminarreisen. Incentive-Reisen sind Belohnungs- oder Motivationsreisen für Mitarbeiter. Sie stellen für das Unternehmen also eher einen Kostenfaktor dar und weisen typische Merkmale einer Vergnügungsreise auf. Dennoch werden sie meist den Geschäftsreisen zugeordnet, da sie nicht in der Urlaubszeit stattfinden.

Die verschiedenen **Urlaubsreisearten** lassen sich nach unterschiedlichen Kriterien unterteilen. Die folgende Übersicht zeigt einige Beispiele auf:

Kriterien	(Urlaubs-)Reisearten
Alter der Reisenden	Kinder-, Jugend-, Familien-, Seniorenreise
Reiseplanung und -gestaltung	Individual- und Pauschalereise
Beförderungsmittel	Rad-, Pkw-, Bus-, Bahn-, Flug-, Schiffsreise
Zahl der Mitreisenden	Single-, Paar-, Familien- und Gruppenreise
Unterkunft	Camping-, Bauernhof-, Pensions-, Hotel-, Club-, Schiffsreise
Destination	Inlands- und Auslandsreise, Nah- und Fernreise, Land- und Städtereise, See- und Bergreise
Reisemotiv	Sport-, Abenteuer-, Erholungs-, Besichtigungs-, Bildungs-, Event-, Shopping-, Gesundheits-, Pilgerreise
Reisedauer und Zeitpunkt	Sommer- und Winterreise Tages-, Kurz- und Langzeitreise

Ungeklärt ist die Frage, ob **Kur- und Bäderreisen,** die zwar auch der Erholung dienen, aber nicht während der Urlaubszeit unternommen werden, und Verwandten- und Bekanntenbesuche auch zu den Urlaubsreisen zu zählen sind oder eine ganz andere, eigene Kategorie bilden.

2.4 Merkmale von Zielgebieten

„Wenn einer eine Reise tut ..." sollte er sich vorab über sein Ziel und dessen Eigenarten informieren. Häufig interessiert lediglich die Frage nach dem Wetter, der Nähe des Strandes und der Verpflegung vor Ort. Seit der Ferntourismus sehr an Bedeutung gewonnen hat, sind weitergehende Informationen aber unerlässlich, um unangenehme Überraschungen sowohl für den Reisenden als auch für seine Gastgeber zu vermeiden. Viele Reisende bereiten sich natürlich anhand von Reiseführern und Zeitschriften gründlich vor. Reisebüros und -veranstalter haben aber auch die Pflicht, ihre Kunden auf die wichtigsten Merkmale ihres Zielgebiets hinzuweisen. Neben Informationen über Einreisebestimmungen, Anreisewege sowie die Attraktionsfaktoren (z. B. Sehenswürdigkeiten) des Urlaubslandes können die folgenden Aspekte für den Reisenden von großer Bedeutung sein:

» **Klima:** Häufig für den Urlauber ausschlaggebend. Dazu gehören jedoch nicht nur die Temperaturen, sondern auch Luftfeuchtigkeit, Regenmengen, Winde und Wassertemperatur. Daher sollte z. B. klar sein, in welcher Klimazone sich der Urlaubsort befindet. Beispiele: Schwüle Hitze in den Tropen, eisige Kälte in New York bis in den Frühling, eiskalte Gewässer an den Westküsten der USA und des südlichen Afrikas.

» **Topografie:** Je nachdem, wie der Reisende seinen Aufenthalt verbringen will, kann es für ihn bedeutsam sein, welche landschaftlichen Besonderheiten sein Urlaubsort aufweist. Dazu gehören z. B. Gebirge, Flachland, Feuchtgebiete, Wüsten, Regenwälder oder auch großflächige Besiedlung.

Beispiele: Feuchtgebiete in Florida mit Mückenplagen, endlose Wüstengebiete im Südwesten der USA oder schneebedeckte Gipfel in Andalusien.

» **Natur:** Wenn nicht schon Fluggesellschaften oder Reiseveranstalter für eine angemessene Schonung der Umwelt des Urlaubslandes sorgen, so sollten bereits bei der Reisevorbereitung wichtige Verhaltensregeln verinnerlicht werden. Dazu gehören u. a. Informationen über Wasserknappheit, Naturschutzgebiete etc. oder auch Warnungen vor Urlaubstrophäen wie z. B. abgebrochene Korallen oder Tierbestandteile. Beispiele: Müllproblem auf Inseln wie den Malediven oder Zerstörung der Korallenbänke im Roten Meer durch Urlauber.

» **Infrastruktur:** Besonders für Individualreisende sind Informationen über die örtlichen Transportmittel (Bus-/Bahnverbindungen), bei Selbstfahrern auch Straßenanbindungen und -zustand sowie die Unterkunftsmöglichkeiten unabdingbar. Beispiele: Linksverkehr in Südafrika, gutes Bus- und Bahnnetz in Thailand oder Verbot der Durchreise für Wohnmobile im Death Valley (Kalifornien) im Sommer.

» **Kulturkreis und Religion:** Selbst bei Reisen in ausgesprochene „Touristenghettos" mit all-inclusive-Angebot und deutschsprachiger Animation sollte der Urlauber auf Begegnungen mit Einheimischen bei Ausflügen oder während der An- und Abreise vorbereitet sein. Es genügt dabei nicht zu wissen, dass es sich etwa um eine muslimische oder buddhistische Kultur handelt. Die wichtigsten Verhaltensregeln sollte der Gast auf jeden Fall kennen und beherzigen, um seine Gastgeber nicht zu verletzen. Zur allgemeinen Völkerverständigung wäre es aber wünschenswert, wenn Reisende versuchen würden, die kulturellen und religiösen Gebräuche und Besonderheiten ihres Ziels zu verstehen bzw. zumindest zu respektieren. Beispiele: Keine freizügige Kleidung bei Besuchen auf Souks oder gar in Moscheen in moslimischen Ländern oder keine Berührung des Kopfes von Kindern in buddhistischen Ländern.

» **Bevölkerung:** Reisenden sollte in etwa klar sein, unter welchen wirtschaftlichen und sozialen Bedingungen ihre Gastgeber leben. Dies ist nicht nur entscheidend für ihre eigene Urlaubszufriedenheit – nicht jeder fühlt sich in einem Luxushotel am Rande der ärmsten Slums wohl –, sondern sollte auch ihr Verhalten vor Ort beeinflussen. Zu den Informationen über die Bevölkerung gehören aber auch ggf. Hinweise auf deren Hautfarbe oder Temperament. Beispiele: Hinweise auf Armut z. B. in Indien, Tipps für das Verhalten auf Märkten und in Geschäften in der Türkei und arabischen Ländern oder auf den Umgang mit Annäherungsversuchen in Kenia oder Jamaica.

» **Sprache bzw. benötigte Sprachkenntnisse:** Nicht überall auf der Welt wird englisch gesprochen und verstanden, geschweige denn deutsch. Es kann daher hilfreich sein, sich einige wichtige Wörter und Sätze zurecht zu legen, um in Notsituationen nicht gänzlich hilflos dazustehen. Beispiele: Besonders wichtig ist dies z. B. in China, wo nur wenige Menschen englisch sprechen, für den karibischen und südamerikanischen Raum sind einfache Spanischkenntnisse hilfreich.

» **Politische Situation und geschichtliche Entwicklung:** Besonders Pauschaltouristen werden kaum Interesse für diese Merkmale ihres Urlaubslandes zeigen. Einige Länder und deren Bevölkerung sind jedoch derart von ihrer geschichtlichen und politischen Entwicklung geprägt, dass sie stark auf die Urlaubsbedingungen der Reisenden einwirken. Grobe Kenntnisse können hier vor bösen Überraschungen und Unverständnis schützen. Beispiele: das sozialistische und durch Korruption und Vetternwirtschaft geprägte Kuba, China mit seinem rasanten Wirtschaftswachstum, die vom Nahostkonflikt gebeutelten Gebiete in Israel und Palästina oder Südafrika mit seiner Apartheid-Vergangenheit.

Einreise- und Gesundheitsbestimmungen:
Gemäß der Informationspflichtenverordnung (InfoVO) müssen Reisevermittler und -veranstalter ihre Kunden auf Pass- und Visumerfordernisse für das Reiseland hinweisen,

ebenso auf die Gesundheitsbestimmungen. Innerhalb Europas benötigen Reisende Dank der Schengen-Vereinbarung meist lediglich ihren Personalausweis. Aber insbesondere bei Fernreisen ist eine sorgfältige Vorbereitung hinsichtlich benötigter Ausweispapiere, Visa und Impfungen nötig.

Informationen über Einreise- und Gesundheitsbestimmungen sowie über Zollvorschriften und sonstige beachtenswerte Merkmale der Länder sind in aktueller Form erhältlich

» beim Auswärtigen Amt (www.auswaertiges-amt.de),
» bei den Konsulaten[1] oder Botschaften[2] der jeweiligen Länder,
» im monatlich erscheinenden Handbuch tim (travel information manual), das viele Reisebüros und -veranstalter kostenpflichtig abonniert haben und
» online im digitalen tim „timatic", ebenfalls kostenpflichtig zu abonnieren.

Checkliste für die Einreise:
» Braucht man einen Reisepass? Welche Gültigkeit ist vorgeschrieben (z. B. sechs Monate ab Einreise)?
» Benötigt man für die Dauer des Aufenthalts ein Visum (häufig erst ab dreimonatigem Aufenthalt)? Wo kann dies beantragt werden?
» Sind Einträge im Pass vorhanden, mit denen die Einreise verweigert werden könnte (z. B. israelischer Stempel bei Reisen in den Nahen Osten)?
» Sind Impfungen vorgeschrieben oder empfohlen?
» Welche Dinge dürfen nicht oder nur begrenzt ins Zielland eingeführt werden?

Bei Konflikten, Naturkatastrophen oder sonstigen Ereignissen, die das Leben oder die Reise in ein bestimmtes Land erschweren und unsicher machen, gibt das Auswärtige Amt Sicherheitshinweise und Reisewarnungen heraus. Reisewarnungen werden nur bei besonders schwerwiegenden Sicherheitsproblemen in einem Land ausgesprochen und sind ent-

---

1 Konsulate sind Vertretungen der staatlichen Verwaltung eines Landes im Ausland.
2 Botschaften sind diplomatische Vertretungen der Regierung eines Landes im Ausland.

5053166

sprechend selten, sollten aber besonders von Reisenden sehr ernst genommen werden. Für Reiseveranstalter ist eine Reisewarnung der Anlass, den Kunden eine kostenlose Stornierung anzubieten oder die Reise selbst abzusagen. Geschäftsreisevermittler haben meist ein eigenes Travel Risk Management, das in Absprache mit den Kunden entsprechende Maßnahmen im Krisenfall anbietet (Vgl. auch → LF 8, Kapitel 2).

2.5 Tourismusausprägungen und Trends

Tourismus zeigt sich in vielerlei Varianten. Nicht nur unterscheidet sich z. B. der typische Winterurlaub vom Sommerurlaub oder auch der Aufenthalt in den Alpen von dem an der Südsee. Auch innerhalb eines Zielgebietes können sich mannigfaltige Reisearten (vgl. → Kapitel 2.3) nebeneinander finden. Und selbst auf den ersten Blick gleiche Reisemotive (vgl. → Kapitel 2.1) münden doch in verschiedenen Urlaubsvariationen.

Diese verschiedenen Ausprägungen unterscheiden sich nicht nur in ihrem Nutzen und den Kosten für den Reisenden selbst. Sie bringen auch unterschiedliche Konsequenzen für das Zielgebiet mit sich, und zwar hinsichtlich ihres ökonomischen Wertes für das Ziel, ihren Auswirkungen auf dessen Umwelt und soziale Strukturen sowie auf die allgemeine Völkerverständigung zwischen den Entsendestaaten der Urlauber sowie dem Zielland.

Betrachtet man diese Aspekte, kann man gravierende Unterschiede z. B. zwischen den folgenden Tourismusausprägungen feststellen:

» **Massentourismus:** Die steigende Reiseintensität (vgl. → Kapitel 1.1) und die immer größer konzipierten Beförderungsmittel (z. B. Großraumflugzeuge) und Urlaubszentren in den Zielgebieten bringen ein massenhaftes Auftreten von Urlaubern an einem Ort mit sich. Eigentlich verpönt, ist diese Art des Urlaubs recht praktisch: Alles ist organisiert, meist recht preisgünstig, vor Ort ist man auf die Bedürfnisse der Touristen eingestellt, das Unterhaltungsangebot ist reichhaltig und somit steht einem erholsamen und erlebnisreichen Aufenthalt nichts im Wege. Im Übrigen bleiben die Urlauber meist unter sich, Natur und Gesellschaftsstrukturen des Ziellandes bleiben u. U. eher intakt als bei einem hohen Aufkommen an Individualtouristen.

» **Caravaning:** Die Freiheit, im Urlaub rund um die Uhr mobil sein zu können, wird von Urlaubern hoch geschätzt. Die Devise lautet: weit reisen, viel sehen und überall nur kurz bleiben. Im gemütlichen Wohnmobil genießt man die Freiheit von Zwängen, ein hohes Maß an Individualität und ein intensives Naturerleben – und fühlt sich fast wie zu Hause.

» **Öko- oder sanfter Tourismus:** Seit in den 1980er Jahren die Kritik am Massentourismus und seinen Folgen immer lauter wurde, ist der sanfte Tourismus inzwischen überall zu finden. Schließlich ist eine (zumindest auf den ersten Blick) intakte Natur eine, wenn nicht die Voraussetzung für einen zufriedenstellenden Urlaub für die meisten Reisenden. So wird dann auch gerne auf tägliches Handtuchwechseln oder Plastikbehälter für die Frühstücksmarmelade verzichtet. Ursprünglich war mit dem Begriff des sanften Tourismus allerdings ein sehr viel weitreichenderer Verzicht gemeint. Es sollte nämlich ein Tourismus sein, der a) wirtschaftliche Vorteile für die Einheimischen mit sich bringt, b) die im Gebiet vorhandenen Einrichtungen nutzt und vor allem c) keine neuen landschaftsbelastenden Tourismuseinrichtungen erfordert. Neuer ist der Begriff des nachhaltigen Tourismus, bei dem es darum geht, dass er langfristig zur positiven Entwicklung des Zielgebietes beiträgt, und zwar sowohl auf ökologischer, ökonomischer und sozialer Ebene (vgl. → Kapitel 1.5).

» **Qualitätstourismus:** Mit Qualitätstourismus ist hier nicht, wie man meinen könnte, ein Tourismus gemeint, der z. B. natürliche Ressourcen und somit den Wert des Urlaubslandes erhält. Umweltqualität ist aber inzwischen für die meisten Urlauber schon selbstverständlich geworden (auch wenn sie sich selbst häufig nicht entsprechend verhalten). Stattdessen wird immer mehr auf alles geachtet, was mit Servicequalität im weitesten Sinne verbunden werden kann. Dazu zählt nicht nur die Anzahl der Sterne des Hotels, sondern auch Wellness-, Sport- und Unterhaltungsangebote oder z. B. die Verbindung mit einem Event (kultureller oder sportlicher Art). Auch möchte man eher unter sich sein (Klasse statt Masse) und seine Individualität auch und vor allem im Urlaub ausleben (die Veranstalter tragen diesem Bedürfnis durch das Baukastenprinzip Rechnung).

» **Seereisen:** Urlaub auf dem Wasser ist für den einen Luxus pur, für den anderen das letzte Abenteuer. Ob an Bord eines schwimmenden Hotels oder auf eigenem Motor- oder Segelboot, immer mehr Urlauber sind vom Reisen auf dem Wasser fasziniert. Wasserlandschaften werden als Urlaubslandschaften immer attraktiver. Die Landschaft zieht gemächlich vorüber, man fühlt sich in die Natur eingebunden und geht nur an Land, um kurze Ausflüge zu machen oder einzukaufen. Noch dazu gibt es keine Anpassungsprobleme kultureller, sprachlicher oder sonstiger Art, schließlich befindet man sich immer unter Seinesgleichen in angenehmer Atmosphäre bzw. in den eigenen vier Wänden.

» **Langzeittourismus:** Wer wollte nicht dem kalten Winter einfach den Rücken kehren, dorthin gehen, wo auch im Winter die Sonne lacht? Mehr als zwei Millionen Deutsche, vorwiegend Best Ager und Senioren, verwirklichen sich bereits diesen Traum besonders auf den Badeorten rund ums Mittelmeer und auf den Kanaren. Als Langzeiturlaub bezeichnet man einen Aufenthaltszeitraum zwischen vier bis zwölf Wochen. „Billiger als daheim zu bleiben!" – mit solchen Versprechungen locken Reiseveranstalter jedes Jahr in der kalten Jahreszeit Reiselustige mit viel Zeit zum Überwintern in den Süden. Und tatsächlich ist ein zwölfwöchiger Aufenthalt (inkl. Flug und Frühstück) am Mittelmeer bereits für weniger als 2.000,00 € zu bekommen. Weniger günstig, aber auch besonders auf den Kanaren sehr beliebt, ist das Time-Sharing: Urlauber, die vorhaben, regelmäßig in einer bestimmten Anlage ihren Urlaub zu verbringen, kaufen (für meist unverhältnismäßig hohe Preise) ein Appartement für eine vorgegebene Zeit im Jahr (z. B. die ersten vier Wochen eines jeden Jahres). Für eine geringe Servicegebühr haben sie dann das Recht, jedes Jahr ihren Urlaub in „ihrer" Wohnung zu verbringen.

Aufgaben

1_ Ordnen Sie den verschiedenen Reisemotiven passende Reisearten zu und diskutieren Sie, welche Reisemotive die Urlaubertypen jeweils haben.

2_ Worin liegt Ihrer Meinung nach der Nutzen, worin die Gefahr einer Typologisierung der Urlauber (für Reisebüros und für Reiseveranstalter)?

3_ Stellen Sie Ihren Mitschüler/Innen „Ihren Typ", seine Reisemotive und die passende(n) Reiseart(en) kurz vor!

4_ Welche Reisearten passen zu den verschiedenen Stufen der Maslow'schen Bedürfnispyramide?

5_ Erarbeiten Sie in arbeitsteiliger Gruppenarbeit die Merkmale verschiedener Urlaubsländer. Berücksichtigen Sie bei der Auswahl die Gebiete, mit denen Sie in Ihrer beruflichen Praxis überwiegend zu tun haben.

Zusätzliche Aufgaben zu Kapitel 2 finden Sie auf der beiliegenden DVD.

3 Geografische Grundlagen

3.1 Darstellungen der Erde

3.1.1 Karten und Maßstäbe

Entstehung der Kartografie

Die Darstellung der Erdoberfläche in Karten, also in einer zweidimensionalen Ebene, beschäftigt die Menschheit schon seit Jahrtausenden. Erste datierbare Darstellungsformen gehen bis auf das Jahr 6200 v. Chr. zurück, z. B. die in der Türkei gefundenen Wandzeichnung einer Siedlung unterhalb eines Vulkans. Die Grundlagen der modernen Kartografie entstanden allerdings erst ca. 150 n. Chr. durch den Astronom und Mathematiker Ptolemäus. Er nutzte die naturwissenschaftlichen Erkenntnisse der Griechen, um die damals bekannte und besiedelte Erdoberfläche (Europa, Asien und Afrika) mit ihren Ländern, Orten, Bergen und Flüssen lagerichtig in einem Gradnetz – unter der Angabe von Breiten- und Längengraden – wiederzugeben.

Im Mittelalter ging das erworbene kartografische Wissen aufgrund religiöser Zensur zeitweise unter. Karten wurden im Mittelalter nicht vermessen und dienten somit, mit Ausnahme von Seekarten, nicht der Praxis, indem sie ein möglich genaues Abbild der Erde gaben, sondern der Übermittlung eines bestimmten Weltbildes. Ein Beispiel hierfür sind die Radkarten der christlichen Mönche, die die Erde als Scheibe mit ihren Mittelpunkten in Rom und Jerusalem darstellten.

Erst an der Wende vom Mittelalter zur Neuzeit (ca. 1400–1600) setzte sich, im Gegensatz zur damals herrschenden kirchlichen Lehre, die von den Wissenschaftlern Galilei und Kopernikus vertretene Auffassung durch: Die Erde ist eine Kugel, die sich um die eigene Achse dreht und um die Sonne kreist. Das Problem, die nun anerkannte Kugelgestalt der Erde auf die Ebene einer Landkarte zu projizieren, wurde unter Rückgriff auf die Geografie Ptolemäus' von dem berühmten Kartografen Gerhard Mercator (1512–1594) gelöst. Neben der Ausrichtung der Himmelsrichtungen auf ihre heute übliche Lage hatte Mercator die geniale Idee, die Kugelgestalt der Erde winkeltreu auf die Fläche zu übertragen. Eine solche Übertragung des Gradnetzes und der Oberfläche der Erde in eine Kartenebene nennt man Projektion. Die Mercator-Projektion wird auch heute noch bei der Herstellung von Navigationskarten, also z. B. in der Luft-, Schiff- und Raumfahrt genutzt.

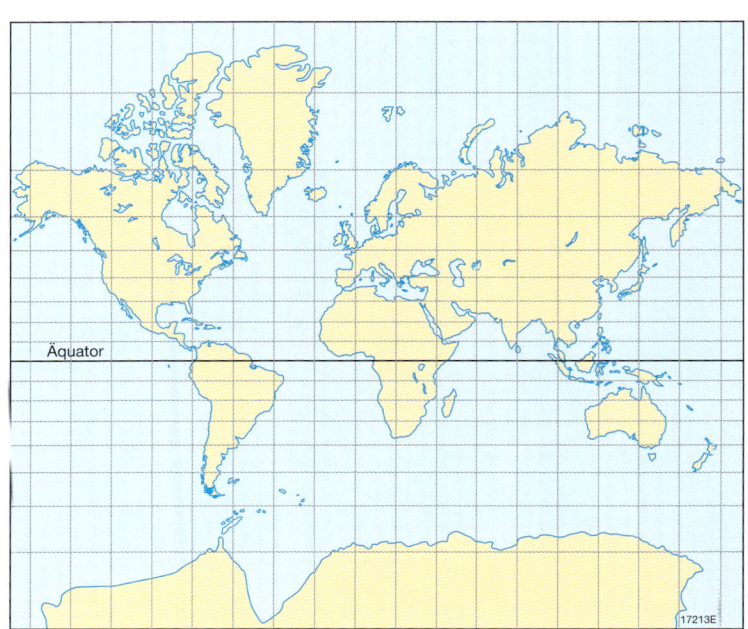

Mercator-Karte: Eine winkeltreue Karte, die sich für die Navigation eignet, aber die Länder und Kontinent mit falschen Umrissen zeigt.

Projektionen

Wegen ihrer Kugelform kommt es bei allen Projektionen der Erde auf eine Kartenebene zu Verzerrungen. Denn auch die Schale einer Orange kann man nicht glatt auf einer ebenen Fläche ausbreiten, ohne sie zu pressen, zu strecken oder sonst wie zu verzerren.

Um trotz dieser Verzerrungen mit Karten arbeiten zu können, müssen drei Kriterien berücksichtigt werden:

» Flächentreue: Besagt, dass kleine Flächen bzw. Länder klein und große Flächen bzw. Länder dementsprechend groß, also in ihrem tatsächlichen Verhältnis zueinander dargestellt werden.

» Winkeltreue: Besagt, dass die auf der Karte dargestellten Himmelsrichtungen denen in der Natur entsprechen. Deshalb sind winkeltreue Karten, wie z. B. die von Mercator entwickelte, besonders für Navigationskarten (z. B. Luftfahrt-, Seefahrtkarten) zur Kursbestimmung geeignet.

» Längentreue: Besagt, dass die Abstände, sprich die Entfernungen, in der Wirklichkeit exakt mit denen der Karte übereinstimmen. Dieses Kriterium lässt sich wegen der Kugelform der Erde auf keiner Karte vollkommen erfüllen.

Da die Forderung nach gleichzeitiger Flächen-, Winkel- und Längentreue von keiner Karte alleine erfüllt werden kann, wird je nach praktischen Anforderungen von vielen Karten nur jeweils ein Kriterium erfüllt: Entweder das der Flächentreue oder der Winkeltreue.

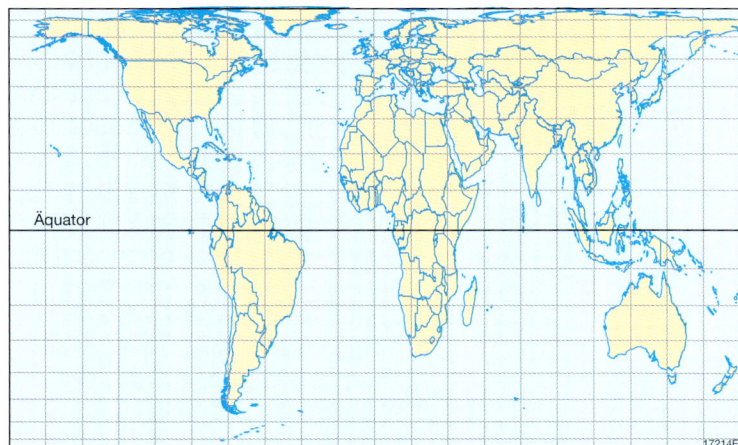

Flächentreue Karte nach Peters: Die Proportionen stimmen, aber die Peters-Projektion zieht Kontinente in die Länge

Zerteilte Erde – flächentreue Projektion nach de Goode: Die Erde sieht auf der Karte wie ein geschälter Apfel aus. Die zerteilte Darstellung strebt möglichst geringe Verzerrungen an beiden Polen an. Jedoch: Die Pole sind zerteilt.

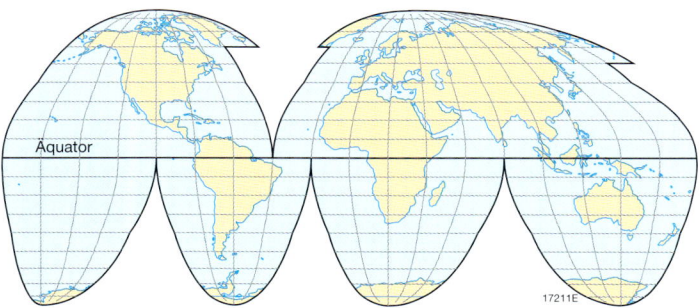

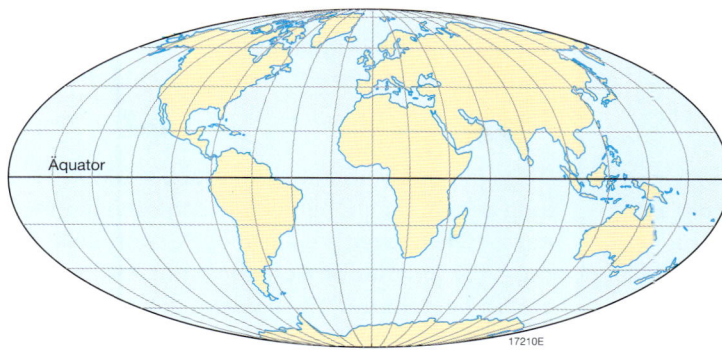

Äquator

17210E

Vermittelnde Karte nach Mollweide: Relativ flächentreue Karte, aber nicht winkeltreu. Ein Kompromiss.

Einen Kompromiss stellen die Vermittelnden Karten dar. Sie erfüllen zwar keines der drei genannten Kriterien ganz, verteilen aber ihre Ungenauigkeiten gleichmäßig über die Erdoberfläche. So bleibt das einzig „richtige" Modell der Erde mit gleichzeitiger Flächen-, Winkel- und Längentreue der Globus.

Kartentypen

Je nach Verwendungszweck einer Karte gibt es nicht nur unterschiedliche Projektionen, sondern auch verschiedene Kartentypen. Da wegen der Übersichtlichkeit und der Lesbarkeit keine Karte alle in der Natur vorhandenen Objekte darstellen kann, werden je nach Kartentyp nur für diesen Typ wichtige in der Natur vorzufindende Gegebenheiten hervorgehoben. Andere, für den Verwendungszweck jedoch weniger wichtige Gegebenheiten, werden reduziert oder ganz weggelassen. Diesen Vorgang der vereinfachten Wiedergabe der Natur in einer Karte nennt man Generalisierung. Aufgrund der in einer Karte behandelten Sachverhalte lassen sich grob zwei Kartentypen unterscheiden:

» Topografische Karten: (Topografie (altgriechisch) = Ortsbeschreibung) Geben eine Landschaft je nach Maßstab vollständig und korrekt wieder. Sie beruhen auf exakter Landvermessung, die für die Bundesrepublik Deutschland von den Landesvermessungsämtern durchgeführt wird. Daher kommt auch die oftmals verwendete Be-

zeichnung amtliche Karten. Zum Inhalt einer topografischen Karte gehören u. a. die Geländedarstellung mit Höhenlinien sowie die landschaftsgetreuen Eintragungen von Verkehrswegen, Siedlungen, Gewässern und anderen Geländemerkmalen. Topografische Karten sind immer großmaßstäbig (1 : 25 000 – 1 : 100 000).

» Thematische Karten: Sind eine Sammelbezeichnung für alle Karten, deren Inhalte je nach Anforderung über die einer topografischen Karte hinausgehen. Sie behandeln nur einen oder wenige Sachverhalte, diese dafür aber umso detaillierter. Wichtige thematische Karten sind z. B. Straßen- und Wanderkarten, Klimakarten, Vegetationskarten und Geschichtskarten.

Maßstäbe

Der Maßstab ist das Verkleinerungsverhältnis des Kartenbildes gegenüber der Natur. Er wird meistens als Bruch oder Verhältnis dargestellt, wobei der Zähler eine Einheit auf der Karte angibt und der Nenner die Anzahl derselben Einheiten in der Natur wiedergibt.

> Ein Maßstab von 1 : 100 000 bedeutet, dass 1 cm auf der Karte 100 000 cm oder umgerechnet 1 km in der Natur entsprechen.
>
> Ein Maßstab von 1 : 10 000 entspricht damit 10 000 cm oder 100 m in der Natur.

> **!** Je kleiner die Maßstabszahl (der Nenner), desto größer der Maßstab und desto kleiner ist der auf der Karte dargestellte Teil der Erde.
> Je größer die Maßstabszahl, desto kleiner der Maßstab und desto größer ist der auf der Karte gezeigte Ausschnitt der Erde.

Anders ausgedrückt: Karten mit großem Maßstab bieten viel Platz für die in ihr dargestellten Objekte und sind deshalb präzise. Karten mit kleinem Maßstab bieten nur wenig Platz für die dargestellten Objekte und sind deshalb ungenau.

Diese je nach Maßstab vereinfachte Darstellung der tatsächlichen Gegebenheiten in einer Karte ist eine weitere Form der Generalisierung. Die kunstvolle Aufgabe eines Kartografen besteht demnach darin, die Karte je nach Einsatzzweck und Maßstab ausgewogen, verständlich und übersichtlich zu gestalten.

Aufgaben

1_ Von Frankfurt nach New York sind es ca. 6 200 km. Schätzen Sie anhand der Peterskarte, wie weit es von Frankfurt nach Kapstadt (Südafrika) ist. Welches Kriterium wird in diesem Fall verletzt?

2_ a) Vergleichen Sie die Projektionen „Mercator" und „Peters" in Bezug auf die Flächen Brasiliens, Afrikas und Grönlands und deren Lage in der Karte!

b) Welche der beiden Projektionen ist winkeltreu, welche flächentreu?

c) Wo glauben Sie, dass in der Praxis Winkeltreue von Bedeutung ist, wo Flächentreue?

d) Welche der beiden Karten sind Sie gewohnt?

3_ Überlegen Sie, wie mit verschiedenen Projektionen manipuliert werden kann.

4_ Welche Projektion würden Sie bei der Erstellung einer Schulwandkarte bevorzugen?

Zusätzliche Aufgaben zu Kapitel 3.1 finden Sie auf der beiliegenden DVD.

3.1.2 Das Gradnetz

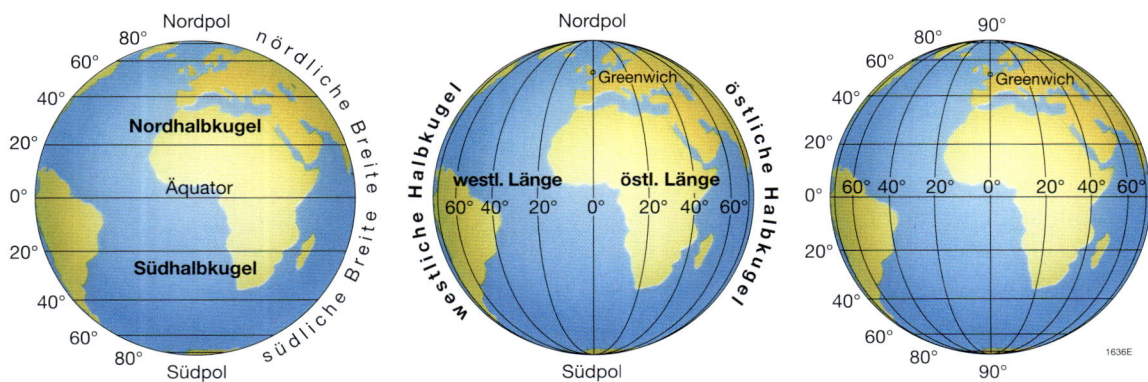

Über die Erde ist zur Ortsbestimmung und Orientierung ein Gradnetz gelegt, mit dessen Hilfe jeder Punkt auf der Erde durch Bezugnahme auf die Netzlinien genau bestimmt werden kann. Dieses Gradnetz besteht aus 180 Breitenkreisen und 360 Längenkreisen.

Breitenkreise

Der 0. Breitenkreis, der Äquator, stellt mit 40 000 km den längsten Breitenkreis dar. Parallel zum Äquator (= Gleicher) verlaufen jeweils 89 Breitenkreise in Richtung der beiden Pole. Die 89. Breitenkreise haben nur noch eine Länge von 702 km, die beiden 90. Kreise sind jeweils Punkte, nämlich der Südpol sowie der Nordpol. Neben dem Äquator sind die beiden Wendekreise (23. südlicher und 23. nördlicher Breitenkreis) und Polarkreise (66. Breitenkreise) wichtige Breitenkreise.

Im allgemein üblichen Sprachgebrauch spricht man aber nicht von Breitenkreisen, sondern von Breitengraden. Ein Breitengrad ist die Breite des Streifens auf der Erdoberfläche, der von zwei Breitenkreisen eingeschlossen wird. Dieser Streifen ist etwa 111 km breit.

> Mainz liegt genau auf dem 50. nördlichen Breitenkreis. Man sagt „Mainz liegt bei 50° nördlicher Breite".

Längenkreise

Sie werden auch Meridiane genannt, da alle Orte auf dem selben Längenkreis zur gleichen Zeit Mittag haben (meridies = Mittag). Sie verlaufen senkrecht zum Äquator durch die geografischen Pole. Im Gegensatz zu den Breitenkreisen zählt man sie nach Halbkreisen. Der Globus hat zweimal 180 Längen(halb)kreise. Der Nullmeridian (0. Längenkreis) verläuft durch die Sternwarte von Greenwich (bei London); von ihm ausgehend werden die Halbkreise nach Osten als östliche, die nach Westen als westliche Längenkreise bezeichnet. Früher wurden auch andere Nullmeridiane benutzt, weil in der Entwicklung der Seeschifffahrt die Nationen ihr Gradnetz nach landeseigenen Nullpunkten festlegten (z. B. Paris für die Franzosen, Ferro für die Portugiesen und Spanier). Heute rechnen die Geografen, Nautiker und Astronomen allgemein nach dem Nullmeridian von Greenwich.

Auch hier spricht man üblicherweise eher von Längengraden (Bereich zwischen zwei Längenkreisen). Die Breite eines Längengrads beträgt am Äquator 111 km und nimmt zu den Polen hin bis auf Null ab.

> Rio de Janeiro liegt auf dem 43. westlichen Längenkreis. Man sagt „Rio de Janeiro liegt bei 43° westlicher Länge".

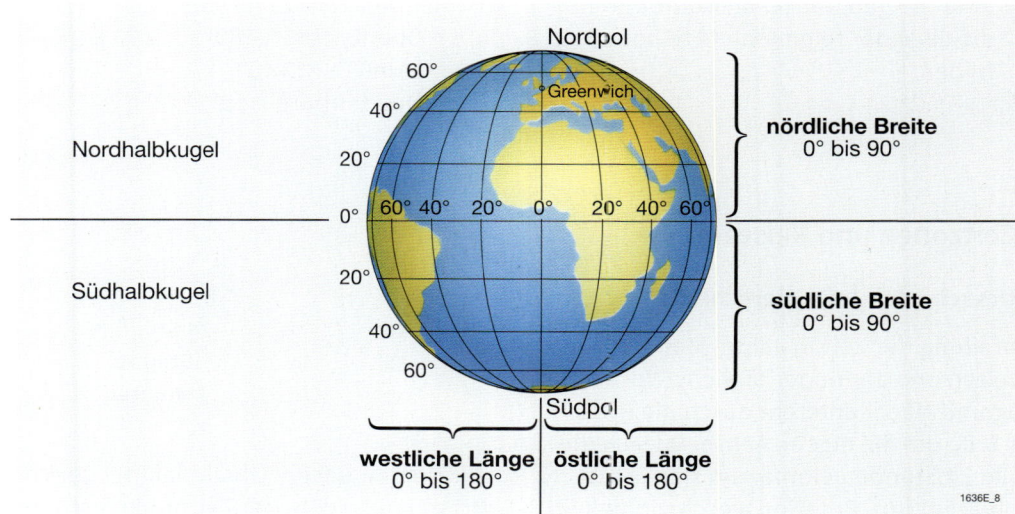

1636E_8

Position

Um die Lage eines Ortes genau zu bestimmen, wird also seine Position innerhalb dieses Gradnetzes angegeben, also seine Lage bezüglich der Breitenkreise sowie der Längenkreise. Bei der schriftlichen Kurzbezeichnung werden zunächst der Breitengrad (n. B. oder s. B.) und dann der Längengrad (ö. L. oder w. L.) genannt. Eine andere Schreibweise verwendet jeweils ‚+' für östlich und ‚–' für westlich bzw. ‚+' für nördlich und ‚–' für südlich.

> Die isländische Hauptstadt Reykjavik liegt auf dem 64. nördlichen Breitenkreis und auf dem 23. westlichen Längenkreis. Man sagt „Reykjavik liegt bei 64° nördlicher Breite und 23° westlicher Länge.
>
> Reykjavik: (64° n. B., 23° w. L.) bzw. (+64°, –23°)

Zur exakten Angabe der Lage eines Ortes wird ein Grad (°) weiter in 60 Minuten (´), die wiederum jeweils aus 60 Sekunden (˝) bestehen, unterteilt. Dabei entspricht 1° 60´ (Minuten), 1´ entspricht 60˝ (Sekunden).

> Frankfurt/Main liegt bei 08° 41´ östlicher Länge und 50° 07´ nördlicher Breite. Oftmals werden die Bogensekunden als Dezimalstellen der Bogenminuten angegeben, statt 12° 26´ 39˝ wird dann geschrieben: 12° 26,65´.

Aufgaben

1_ Finden Sie anhand des Atlas große Städte, die ungefähr auf dem gleichen Breitengrad liegen wie Frankfurt/Main sowie Städte, die ungefähr auf dem gleichen Längengrad liegen!

2_ Was bedeutet in Worten: Bounty (–47° 30´; +179° 10´)?

3_ Versuchen Sie anhand der Angaben über die geografischen Koordinaten die Lage der folgenden Orte herauszufinden.

Hilfestellung: Der Äquator verläuft durch Ecuador, Nord-Brasilien, D. R. Kongo, Kenia, südlich der Malediven und Indonesien. Der Nullmeridian verläuft durch London, Algerien, Ghana; der gegenüberliegende Längengrad (+/–180°) durch Ostsibirien und den Pazifik.
Fairbanks (+65°; –150°)
Tampico (+22°; –98°)
Bounty (–46°; 180°)
Lamu (–2°; +40°)
Quedlinburg (+52°; +11°)

3.2 Zeitzonen und Reisezeiten

3.2.1 Ursache des Zeitunterschieds

Die Einteilung der Zeit in Jahre, Monate, Tage, Tageszeiten und damit der tägliche Wechsel von Tag und Nacht entsteht durch die Rotation der Erde um die eigene Achse. Da sich die Erde alle 24 Stunden einmal um sich selbst dreht, beträgt ihre Rotationsgeschwindigkeit:

!	360°	in	24 Stunden	oder
	15°	in	1 Stunde	oder
	1°	in	4 Minuten	

Wir richten unsere Uhrzeit an der sogenannten **Ortszeit** aus, d. h. der Zeitpunkt, an dem die

Sonne ihren höchsten Stand über dem Horizont erreicht, entspricht genau einer Uhrzeit von 12 Uhr. Würden nun alle Uhren entsprechend der Ortszeit ausgerichtet werden, hätte man auch unterschiedliche Ortszeiten, da der Sonnenhöchststand je nach Lage des Ortes unterschiedlich ist.

> **!** **Orte, die östlich von uns liegen, haben ihren Sonnenhöchststand früher; Orte, die westlich von uns liegen, haben ihren Sonnenhöchststand später und damit auch eine spätere Ortszeit.**

Vergleicht man beispielsweise die Ortszeiten der Städte Köln (ca. 7° östliche Länge) und Kassel (ca. 9° 30´ östliche Länge) dann würden die Uhren in Kassel um 10 Minuten vorgehen. Statt bspw. 12 Uhr Mittags in Köln wäre es damit in Kassel bereits 12:10 Uhr.

3.2.2 Entstehung eines vereinheitlichten Zeitsystems

Bis Mitte des 19. Jahrhunderts galt an den meisten Orten der Erde tatsächlich Ortszeit. Solange die Menschen keine großen Distanzen zurücklegen konnten und mussten, waren die unterschiedlichen Ortszeiten kein großes Problem. Dies änderte sich aber mit der

Entwicklung eines Verkehrswesens. Mit der Einführung der Eisenbahn konnten verschiedene Orte relativ schnell erreicht werden, damit wurden aber Probleme unterschiedlicher Ortszeiten offensichtlich: Abfahrts- und Ankunftszeiten galten nur für den Ort, dessen Ortszeit als Grundlage für den Fahrplan galt. Die Erstellung eines überregionalen Fahrplans war wegen unterschiedlicher Ortszeiten nicht durchführbar.

Unabhängig voneinander vereinheitlichten die Eisenbahngesellschaften in England ab 1840 die lokalen Ortszeiten. Jede einzelne Eisenbahngesellschaft verwendete für ihre Fahrpläne die Ortszeit, an welcher die Gesellschaft ihren Firmensitz hatte. Die Folge davon war, dass an Bahnhöfen, die von unterschiedlichen Gesellschaften angefahren wurden, Uhren mit den verschiedenen Zeiten der unterschiedlichen Gesellschaften aufgestellt werden mussten und entsprechend eine weitere Uhr mit der Ortszeit des Bahnhofs. Später schlossen sich allerdings die einzelnen Eisenbahngesellschaften zusammen und führten die Greenwich Zeit als gemeinsame **Eisenbahnzeit** für das gesamte Netz Englands ein. Der Unterschied zwischen Ortszeit und Eisenbahnzeit bestand bis 1880, bis England als erstes Land die Eisenbahnzeit als **Standardzeit** einführte. 1884 wurde auf einer internationalen Konferenz in Washington beschlossen, die Erde in **Zeitzonen** aufzuteilen.

3.2.3 Zeitzonen

Mit der Einführung von Zeitzonen wurde auch der **Nullmeridian** als Basis der Zeitberechnung verbindlich festgelegt. Er verläuft als **0. Längengrad** genau durch die Königliche Sternwarte Greenwich in England.

Von diesem Nullmeridian ausgehend teilte man eine östlich und westlich gelegene Zone von jeweils 7° 30´ Breite ein, in der die **Greenwich Mean Time (GMT)** gelten sollte.

Davon ausgehend wurden alle 15° östlich (22° 30´ ö. L., 37° 30´ ö. L. usw.) weitere Zonen gebildet, in der jeweils eine Stunde dazu addiert wurde. Analog dazu wurden in westlicher Richtung alle 15° (22° 30´ w. L., 37° 30´

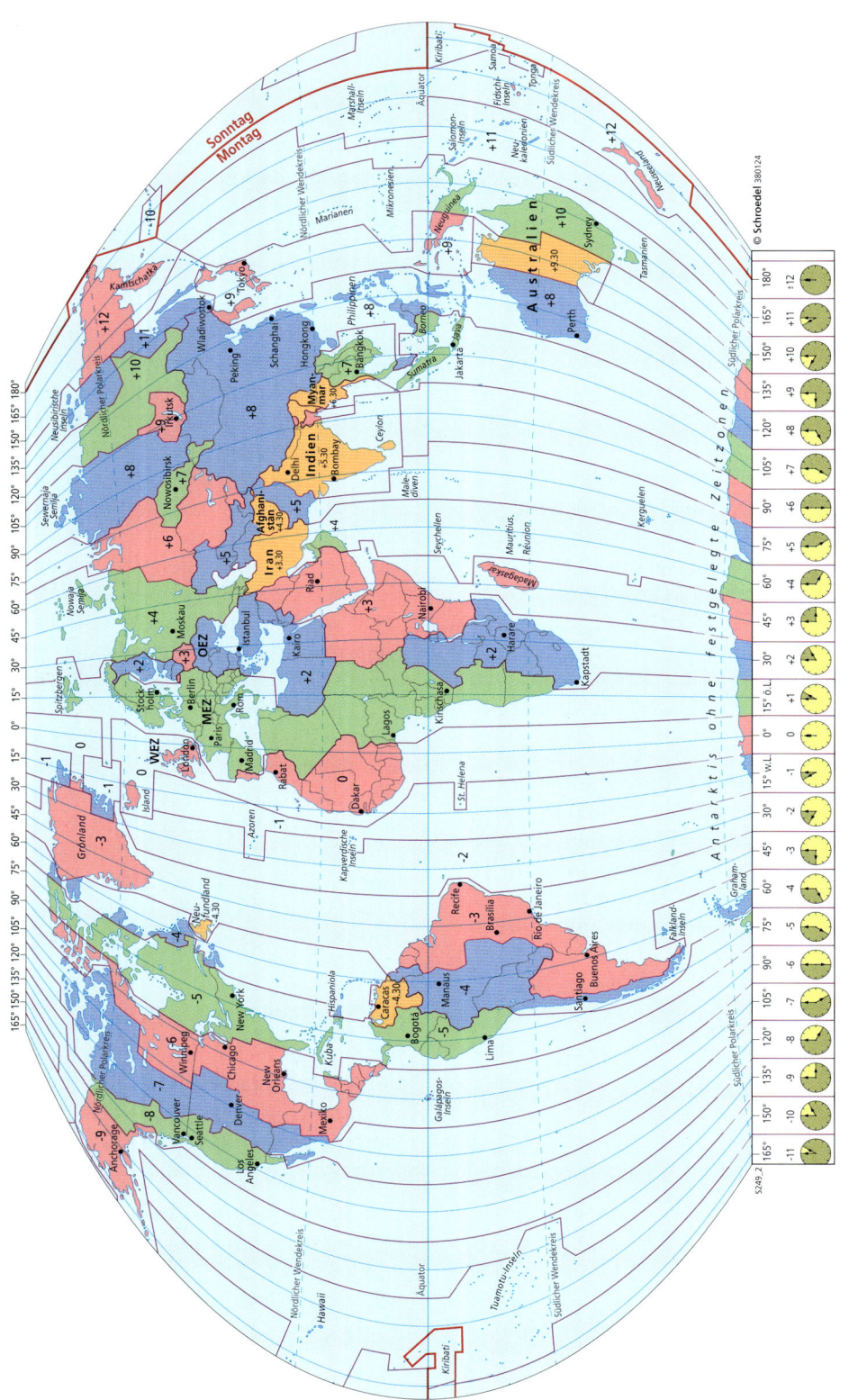

Zeitzonen nach koordinierter Weltzeit (UTC) – evtl. Sommerzeitregelungen sind nicht berücksichtigt

© Schroedel 380124

w. L. usw.) Zonen gebildet, in denen jeweils eine Stunde abgezogen wurde. So entstanden **24 Zeitzonen,** die jeweils eine Breite von 15 Längengraden umfassen. Der durch den Pazifik verlaufende 180. Längengrad trennt die beiden Tage, in denen es 12 Uhr in Greenwich ist. Er stellt die sogenannte **Datumsgrenze (International Date Line)** dar. Beim Überqueren der Datumsgrenze von West nach Ost wird ein Tag zweimal gezählt, beim Überqueren von Ost nach West wird ein Tag übergangen.

1972 wurde die GMT zu **UTC (Universal Time Coordinated)** umbenannt, wobei die alte Bezeichnung GMT aber immer noch gebräuchlich ist. Andere Bezeichnungen für diese Zeit sind **Zulu-Time** oder **Westeuropäische Zeit.** In Mitteleuropa dagegen gilt die **Mitteleuropäische Zeit (MEZ = UTC + 1).** Sie ist die genaue Ortszeit der Insel Bornholm, die auf dem 15. Grad östlicher Länge in der Ostsee liegt. Nach der **Osteuropäischen Zeit (OEZ = UTC + 2 Stunden)** gehen die Uhren in Finnland, den Balkanländern, Griechenland und im westlichen Teil Russlands.

Die genaue Einteilung der Zeitzonen in ein jeweils 15 Längengrad breites Gebiet wird allerdings nur auf dem Meer eingehalten. Ganze Staaten und Staatengruppen sind aufgrund wirtschaftlicher und kommunikativer Überlegungen zu einer einheitlichen Zonenzeit z. B. MEZ übergegangen.

Bei der Nennung einer bestimmten Uhrzeit in einer Zeitzone ist weiterhin die **Sommerzeit (Daylight Saving Time = DST)** zu berücksichtigen. Sie wird von den einzelnen nationalen Regierungen festgelegt und ist deshalb nicht durchgehend für eine Zeitzonenregion anwendbar. Ein Überblick der genauen Ortszeiten (Zonenzeiten unter Berücksichtigung der Sommerzeit) der einzelnen Länder gibt der **Official Airline Guide (OAG)** unter der Rubrik International Time Calculator.

3.2.4 Berechnung von Reisezeiten

In Flugplänen (z. B. OAG) werden alle Abflugs- und Ankunftszeiten in der jeweiligen Ortszeit angegeben. Außerdem ist bei der Beschreibung des Flughafens meist die Abweichung der Ortszeit des Flughafens gegenüber GMT/UTC angegeben.
Anhand des International Time Calculator ist es leicht, die jeweilige Ortszeit in GMT/UTC und umgekehrt auszurechnen:

» Nach GMT/UTC ist es 11:00 Uhr. Wie spät ist es in Vietnam?
Vietnam ist GMT/UTC 7 Stunden voraus, also ist es in Vietnam bereits 18:00 Uhr.

» In San Francisco ist 12:45 Uhr. Wie spät ist es nach GMT/UTC?
San Francisco (USA) befindet sich am Pazifik und hat damit Pacific Time, die 8 Stunden hinter GMT/UTC liegt. Es ist nach GMT/UTC (12:45 Uhr + 8 Stunden) 20:45 Uhr.

» In Singapur ist es Montag 05:15 Uhr. Wie spät ist es nach GMT/UTC?
Singapur ist GMT/UTC 8 Stunden voraus. Also ist es nach GMT/UTC (05:15 Uhr – 8 Stunden) Sonntag 21:15 Uhr.

Das Umrechnen einer Ortszeit in eine andere erfolgt zunächst über die Berechnung von GMT/UTC der angegebenen Zeit. Anschließend wird die berechnete GMT/UTC Zeit in die gefragte Ortszeit umgerechnet.

» In Berlin ist es im November 10:00 Uhr. Wie spät ist es in Kapstadt?
Berlin ist eine Stunde vor GMT/UTC, also ist es nach GMT 9:00 Uhr. Kapstadt (Südafrika) ist 2 Stunden vor GMT/UTC, also ist es (GMT 09:00 Uhr + 2 Stunden) 11:00 Uhr in Kapstadt.

Schwieriger ist die Berechnung von **Reisezeiten** unter der Verwendung von Abflugs- und Ankunftszeiten. Unter Reisezeit wird die gesamte Zeitdauer verstanden, die ein Passagier vom Abflugsort bis zum Ankunftsort benötigt. In der Reisezeit sind alle von Zwischenlandungen und Umsteigezeiten mit eingeschlossen, während sich der Begriff der **Flugzeit** nur auf die reine Flugdauer ohne Bodenzeiten bezieht.

Es gibt verschiedene Methoden, die Reisezeit zu berechnen. Die sicherste Methode ist es, zunächst die Abflugs- und Ankunftszeiten auf GMT/UTC umzurechnen und anschließend die Differenz zwischen beiden zu ermitteln.

» Der Lufthansa Flug von Athen nach Los Angeles (via Frankfurt) startet montags um 06:00 Uhr in Athen und landet in Los Angeles um 12:55 Uhr. Wie lange ist die Reisezeit?

		+/− GMT/UTC	GMT/UTC
Abflug Athen	Montag 06:00 Uhr	+ 2	Montag 04:00 Uhr
Ankunft Los Angeles	Montag 12:55 Uhr	− 8	Montag 20:55 Uhr
Differenz = Reisedauer		16:55 Stunden	

» Der Flug der Air New Zealand startet montags um 14:50 Uhr von den Fidschi Inseln (Nadi), überquert die Datumsgrenze in östlicher Richtung und landet auf Hawaii (Honolulu) am Sonntag um 23:15 Uhr.

		+/− GMT/UTC	GMT/UTC
Abflug Fidschi Inseln	Montag 14:50 Uhr	+ 12	Montag 02:50 Uhr
Ankunft Hawai	Sonntag 23:15 Uhr	− 10	Montag 09:15 Uhr
Differenz = Reisedauer		06:25 Stunden	

Zusätzliche Aufgaben zu Kapitel 3.2.4 finden Sie auf der beiliegenden DVD.

3.3 Das Klima der Erde

3.3.1 Die Entstehung der Jahreszeiten

Reiseentscheidungen werden in hohem Maße von der Jahreszeit und dem entsprechenden Klima in den potenziellen Urlaubsländern beeinflusst. Doch wie kommt es zu den verschiedenen Jahreszeiten und dazu, dass unsere Sommerferien nicht gerade die beste Zeit für Reisen in die südlichen Länder der Südhalbkugel sind?

Die Entstehung der Jahreszeiten auf unserer Erde wird oft dem Umstand zugeschrieben, dass sich die Entfernung Erde–Sonne wegen der elliptischen Erdbahn um die Sonne (eiförmig, nicht kreisrund) im Laufe eines Jahres ändert. Allerdings haben diese Differenzen nur sehr geringe Auswirkungen, da der Sonnenabstand von uns Anfang Januar 147 Mio. km und Anfang Juli 152 Mio. km beträgt – diese für diese Größenordnung relativ kleine Differenz von rund 3 % spüren wir nicht.

Die Jahreszeiten entstehen vielmehr durch die **Schrägstellung der Erdachse,** die während der Wanderung um die Sonne ihre räumliche Lage beibehält. Sie beträgt genau 23° 27´. Da einmal die Nordhalbkugel, dann wieder ein halbes Jahr später die Südhalbkugel steiler und länger von den Sonnenstrahlen getroffen wird, sind die Jahreszeiten auf beiden Erdhalbkugeln stets entgegengesetzt – Weihnachten feiert man daher z. B. in Neuseeland oder Chile im dortigen Hochsommer! Für eine Umdrehung um die Sonne benötigt die Erde somit etwa (nicht exakt, daher gibt es Schaltjahre) 365 Tage, also ein Jahr.

Die Abbildung rechts zeigt die Bahn der Erde um die Sonne. Man kann gut sehen, wie die Erde aufgrund der Neigung der Äquatorebene in unterschiedlicher Weise von der Sonne beschienen wird.

In der Abbildung unten sieht man, dass die Sonne am 21.06. senkrecht über dem nördlichen und am 21.12. über dem südlichen Wendekreis der Erde steht.

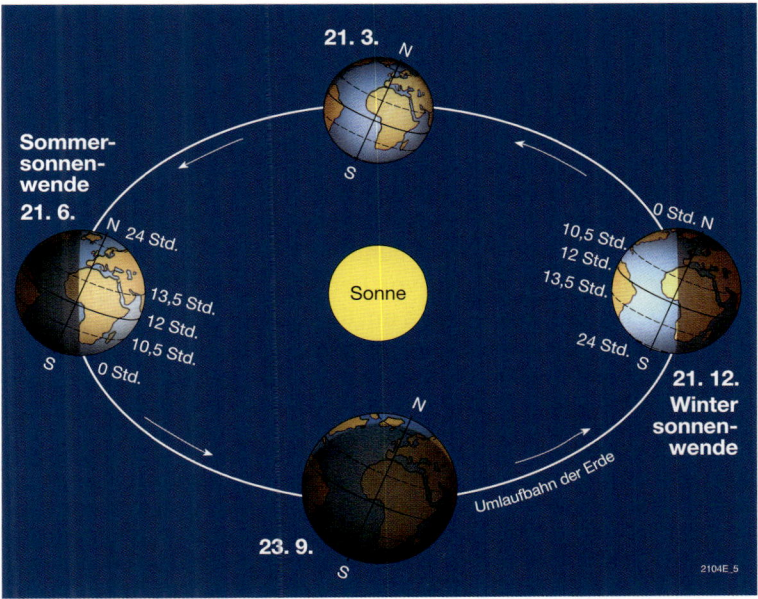

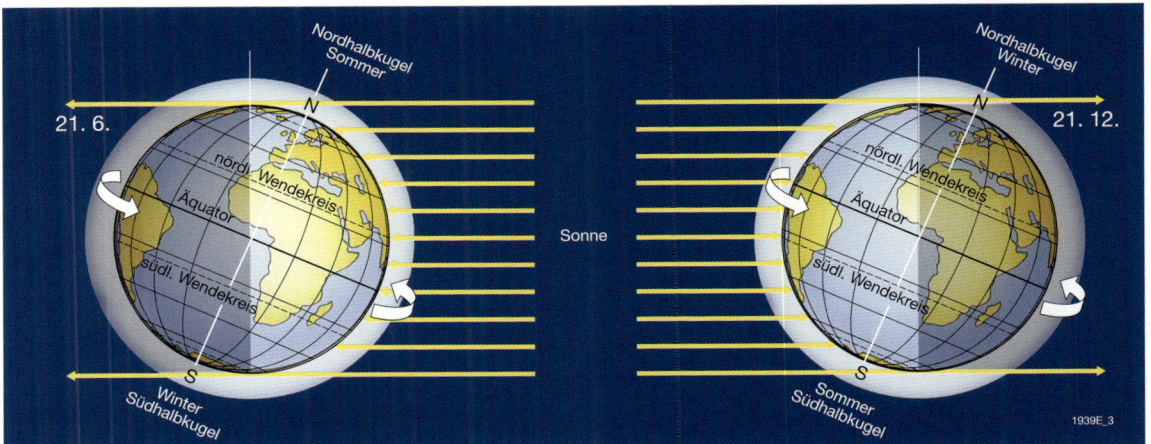

Aufgaben

1_ Erklären Sie (auch anhand der Abbildungen), wie es dazu kommt, dass die Sonne z. B. in Nordnorwegen im Hochsommer zur Sommersonnenwende nicht untergeht und im Winter die Tage dort so dunkel sind.

2_ Ihre Kunden, die Sie heute im Reisebüro zu beraten haben, stellen Ihnen die folgenden Fragen:

a) „Ich dachte, in der Karibik seien die Abende lange hell! Stattdessen ist die Sonne immer schon gegen 18:00 Uhr untergegangen! In welchem Monat ist es denn dort länger hell?"

b) „Ich freue mich schon richtig auf weiße Weihnachten in Südafrika! Meinen Sie, in den Bergen dort haben wir im Dezember Schnee?"

c) „Ich möchte eine Kreuzfahrt in die Antarktis machen. Damit es nicht ganz so kalt wird, sollte ich in den Sommerferien reisen, oder?"

3.3.2 Die Klimazonen

Die Wissenschaft unterteilt das Klima in verschiedene Typen, vom polaren bis zum tropischen. Welches Klima jeweils vorherrscht, hängt jedoch nicht nur vom Breitengrad ab, auch die Lage am Ost- oder am Westrand der Kontinente, die Nähe zum Ozean, die Abgrenzung durch hohe Gebirgsketten und die Höhe über dem Meeresspiegel sind von Bedeutung. So nimmt die Temperatur etwa um 6,5°C pro 1000 m Höhenunterschied ab, an den windzugewandten Seiten (Luv) der Berge kommt es häufig zu Niederschlägen, während die windabgewandten Seiten (Lee) im Regenschatten eher trocken sind. Große Wasserflächen wirken klimatisch ausgleichend, da Wasser die Wärme besser und länger speichert als Festland und sie auch leitet – warme Meeresströme (wie z. B. der Golfstrom) spielen daher eine große Rolle für das Küstenklima.

> Die karge Wüste des Sinai, der schneebedeckte Gipfel des Mount Everest und die dschungelähnlichen Wälder Floridas liegen alle etwa auf dem 28. Breitengrad und gehören dennoch völlig verschiedenen Klimatypen an.

Lässt man solche geografischen Feinheiten außer Acht, lassen sich um die Erde herum verschieden breite Streifen unterscheiden, die Klimazonen. Sie sind durch bestimmte klimatische Merkmale gekennzeichnet:

Die Tropen: Dies ist die Klimazone zwischen den beiden Wendekreisen (solares Klima), also beiderseits des Äquators jeweils bis etwa zum 20. Breitenkreis. Die Tropen nehmen etwa zwei Fünftel der Landoberfläche der Erde ein. Hier herrschen stets hohe Temperaturen vor (außer in den Gebirgen), die geringe Tagesschwankungen haben, aber noch geringere Jahresschwankungen. Die Tropen gliedern sich in zwei Hauptvegetationszonen, nämlich den tropischen Regenwald und die nördlich und südlich daran anschließenden Savannen. Diese Vegetationszonen kommen dadurch zustande, dass die Tropen in eine immerfeuchte Zone nahe des Äquators und eine wechselfeuchte Zone mit ausgeprägten Regen- und Trockenperioden unterteilt sind.

Die Regenzeiten in der wechselfeuchten Zone fallen in der Regel nördlich des Äquators in den Juli/August, südlich des Äquators in den Dezember/Januar.

> **Beispiele für Reisezielgebiete in den Tropen:**
>
> Regenzeit Juli/August: Malediven, Sri Lanka, Südindien, Thailand (außer östliche Inseln), Vietnam, Hong Kong und Südchina, Karibik (z. B. kleine und große Antillen), Mittelamerika, Südflorida, Kapverden, Westafrika.
>
> Regenzeit Dezember/Januar: Indonesien, Malaysia, Nordaustralien, Südbrasilien, Peru, Seychellen, Mauritius, Fiji/Südseeinseln.
>
> Immerfeuchte Gebiete: Kenia, Nordtansania, Singapur, Nordbrasilien.

Die Subtropen: Sie liegen etwa zwischen den Wendekreisen und dem 45. Breitenkreis und bilden somit die Übergangszone zwischen den Tropen und der gemäßigten Zone. Hier ist das Klima an den Westflanken der Kontinente durch heiße, trockene Sommer und milde, feuchte Winter gekennzeichnet (Mittelmeerklima, z. B. Portugal), an den Ostflanken sind die Sommer eher niederschlagsreich (z. B. Florida). Es handelt sich also – im Gegensatz zum Klima der Tropen – um ein Jahreszeitenklima.

> **Beispiele für Reisezielgebiete in den Subtropen:**
>
> Nordhalbkugel, Westflanken (Mittelmeerklima): europäischer Mittelmeerraum, Portugal, Rotes Meer, Kalifornien, Mexikanische Pazifikküste, Kanarische Inseln, Marokko.
>
> Nordhalbkugel, Ostflanken (Sommerregenklima): China, Florida und Südstaaten.
>
> Südhalbkugel, Westflanken: Chile, Namibia und Südafrika (Westküste), Australien (Westküste).
>
> Südhalbkugel, Ostflanken: Südbrasilien, Südafrika (Ostküste), Australien (Ostküste).

Die gemäßigte Zone: Diese Zone liegt zwischen der subtropischen und der subpolaren bzw. kalten Zone. Die Bezeichnung gemäßigt leitet sich vom in Mitteleuropa herrschenden ozeanisch geprägten Westwindklima ab. Diese Westwinde und die damit in Zusammenhang stehende Tiefdruckzone lassen Regen zu allen Jahreszeiten erwarten, d. h. es gibt keine Trocken- und Regenzeiten. Aufgrund der jeweiligen geografischen Breite lassen sich jedoch, z. B. im Gegensatz zur tropischen Zone, stark ausgeprägte Jahreszeiten ausmachen. Allerdings handelt es sich hier um eine äußerst heterogene Zone. Das jeweilige Klima hängt stark von Ozeanität bzw. Kontinentalität eines

> **Beispiele für Reisezielgebiete in der gemäßigten Zone:**
>
> Nordhalbkugel, Westflanken: Nordkalifornien (San Francisco), Westkanada (Vancouver), Frankreich (Paris), Großbritannien (London), Skandinavien.
>
> Nordhalbkugel, Ostflanken: New York und die sog. Neuenglandstaaten, Nordchina (Peking).
>
> Nordhalbkugel, kontinentale Lage: Osteuropa (ab Berlin), Russland (Moskau, St. Petersburg).
>
> Südhalbkugel, Westflanken: Südchile, Südinsel Neuseelands.
>
> Südhalbkugel, Ostflanken: Südl. Argentinien.

Ortes sowie seiner Lage an der Ost- oder West-flanke des Festlands ab (wie auch innerhalb der Subtropen).

Die kalte Zone: Diese Zone liegt jeweils um die Pole herum und wird bereits deutlich durch ihren Namen charakterisiert: kalt. Auf lange, teils sehr kalte Winter folgen kurze, warme Sommer. Die Niederschlagsmenge und auch die Temperatur hängt auch hier sehr stark von der Lage bzw. der Nähe zum Ozean ab.

Neben diesen Klimazonen, die sich auf einer Weltkarte ausgehend von der geografischen Breite relativ leicht ausmachen lassen, können noch drei weitere Klimatypen unterschieden werden, die, wie oben angedeutet, eher von der Lage zum Ozean abhängen. Sie verstärken die Kennzeichen der oben beschriebenen Klimazonen noch.

Das ozeanische Klima (auch maritimes oder Seeklima): Es wird in erster Linie durch die Einflüsse der großen Wassermassen der Ozeane geprägt. Diese heizen sich nicht so stark auf, speichern Wärme jedoch länger als das Festland und leiten sie an die Küsten weiter.

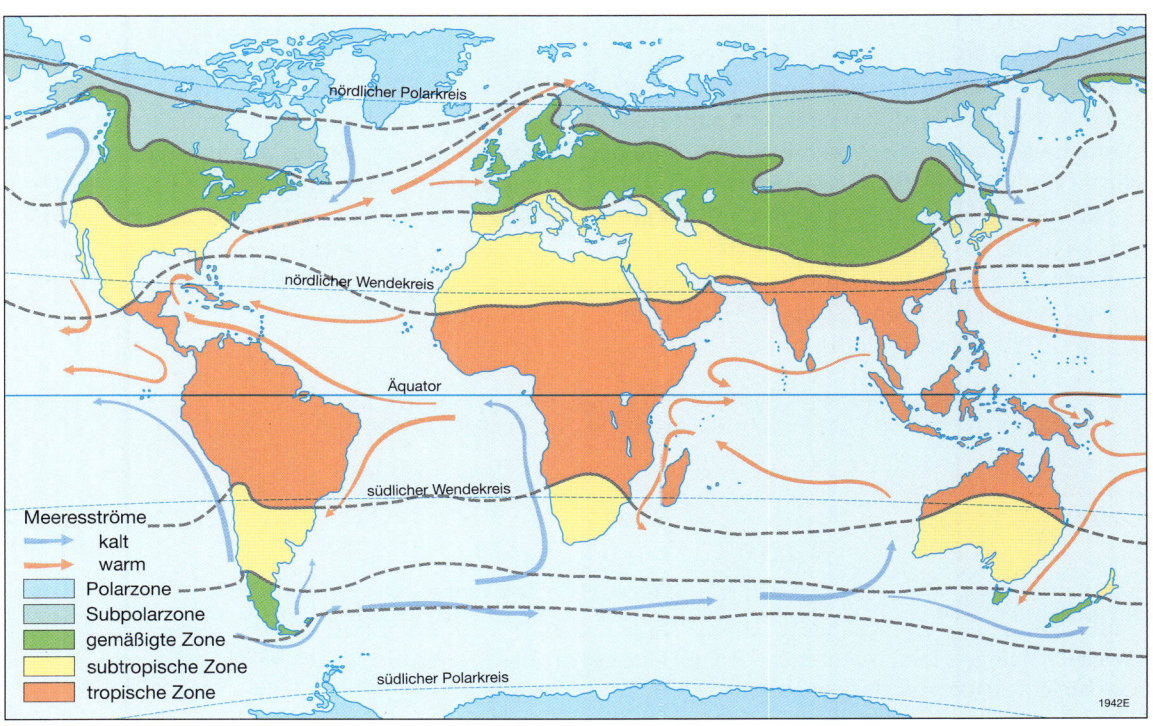

Die Klimazonen

Das ozeanische Klima wirkt somit ausgleichend auf die benachbarten Landgebiete. Kennzeichen sind nicht zu heiße Sommer und milde Winter. Dieses Klima findet man z. B. in Westeuropa oder im Westen der USA. An den Ostflanken der Kontinente finden sich die Merkmale des ozeanischen Klimas selten, da hier meist Winde vom Festland heiße oder polare Luftmassen an die Küsten bringen. Meereswinde kommen fast nur von Westen her über das Festland.

Das kontinentale Klima (oder Binnen- bzw. Landklima): Das Klima der inneren, meerfernen Festlandgebiete unterscheidet sich vom Seeklima durch geringere Luftfeuchte und allgemein geringere Bewölkung sowie geringere Jahresniederschlagsmengen mit Maximum im Sommer. Die Sommer sind hier sehr heiß, die Winter dagegen lang und kalt. Frühling und Herbst sind relativ kurz. Besonders ausgeprägtes kontinentales Klima herrscht in Russland, den USA sowie Kanada vor. Auch die Ostflanken des Festlands weisen häufig die Kennzeichen des kontinentalen Klimas auf (z. B. an der Ostküste Nordamerikas).

Das Mittelmeerklima (auch Etesienklima): Hier handelt es sich um ein Winterregenklima, das im Sommer von der Passatwindzone, im Winter von den Tiefdruckgebieten der Westwindzone beeinflusst wird. Kennzeichen sind trockene heiße Sommer sowie milde, regenreiche Winter und die daran angepasste immergrüne Hartlaubvegetation. Dieses Klima findet man jedoch nicht ausschließlich am Mittelmeer, sondern an der Westseite der Kontinente etwa um 40° nördlicher Breite sowie 35° südlicher Breite (z. B. Kalifornien oder Chile).

3.3.3 Klimatabellen und -diagramme

Eine Klimatabelle zu einem geografischen Ort, wie man sie z. B. in den Informationsteilen der Reisekataloge findet, gibt Aufschluss über die Wetterbedingungen, die über das Jahr vorherrschen. Meist ist erkennbar, in welcher Klimazone der jeweilige Ort liegt. Neben Angaben über durchschnittliche Temperaturen in den einzelnen Monaten (Tages-, ggf. auch Nachttemperaturen) sowie Niederschlagsmengen finden sich manchmal auch Zahl der Sonnen- und/ oder Regentage oder Informationen über die Luftfeuchtigkeit.

Die Niederschlagsmenge wird fast immer in mm angegeben. An den Messstationen wird ein Gefäß mit 126 mm Durchmesser aufgestellt, in das der Regen fällt. Anschließend wird gemessen, bis zu welcher Höhe – gemessen in mm – das Wasser im Gefäß steht. 1 mm Wasser entspricht einer Regenmenge von 1 Liter pro Quadratmeter. Pro Jahr regnet es z. B. in London etwa 600 mm, im brasilianischen Regenwald kann diese Menge dagegen in einem einzigen Tag zustande kommen, im Jahr sind es hier bis zu 2 700 mm!
Häufig werden besonders für Urlauber auch Angaben über die Regentage pro Monat gemacht. Zu beachten ist aber in jedem Fall, dass in den Tropen häufig jeden Tag große Regenmengen gemessen werden, allerdings fällt dieser Regen meist nur am Spätnachmittag und so heftig, dass in kurzer Zeit diese großen Mengen entstehen. In Westeuropa dagegen werden geringere Regenmengen verzeichnet, obwohl es oftmals tagelang ständig regnet bzw. nieselt!

Klimatabelle der Seychellen												
	J	F	M	A	M	J	J	A	S	O	N	D
°C/Max.	28	29	30	32	30	29	27	27	28	28	29	30
°C/Min.	24	22	26	25	25	25	24	25	25	24	24	25
mm Regen	380	280	250	200	180	120	110	80	130	160	220	330

Die gleichmäßigen Temperaturen weisen auf eine Lage in den Tropen hin, die Regenzeit im Dezember/Januar auf eine Lage südlich des Äquators (vgl. 3.2.2).

5053182

Um das Jahresklima anschaulicher darzustellen und besser vergleichbar zu machen, wird es häufig in Form eines Klimadiagramms dargestellt.

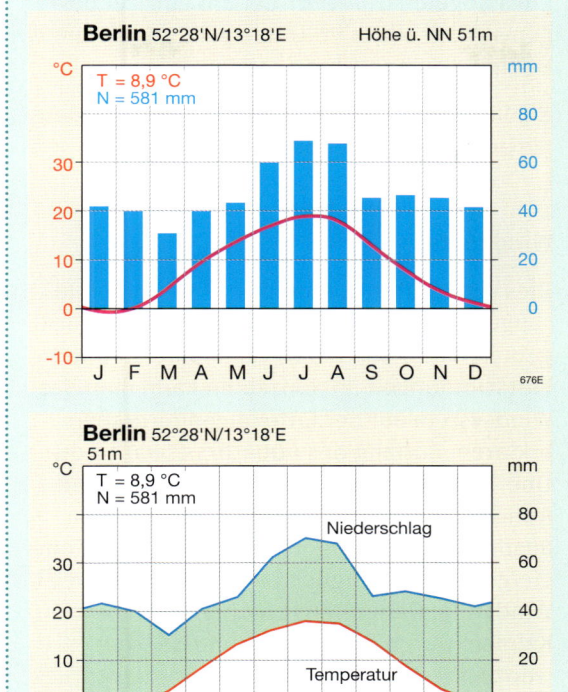

Klassisches Klimadiagramm
Abzisse: Monatsangaben
Rechte Ordinate: Niederschlagsmenge (mm)
Linke Ordinate: Temperaturwerte (°C)
Die Kurve zeigt die monatlichen Durchschnittstemperaturen, die Säulen die monatlichen Niederschlagsmengen.

Hygrothermisches Klimadiagramm
Abzisse: Monatsangaben
Rechte Ordinate: Niederschlagsmenge (mm)
Linke Ordinate: Temperaturwerte (°C)
Wenn die Temperaturkurve oberhalb des Niederschlags verläuft, handelt es sich um eine aride (trockene) Periode, unterschreitet die Temperatur die Niederschlagskurve, herrschen humide (feuchte) Verhältnisse.

Aufgaben

1_ Verschiedene Kunden kommen zu Ihnen ins Reisebüro und erkundigen sich nach den unten aufgeführten Reisezielen.
Welches ist Ihrer Meinung nach die jeweils beste Reisezeit? Begründen Sie Ihre Ansicht (diese Aufgabe können Sie in arbeitsteiliger Gruppenarbeit erledigen und die Ergebnisse dann Ihren Mitschülern/innen darlegen)!
Singapur – Nordostaustralien – Santiago de Chile – Los Angeles – Tokio – Mumbai – Rio de Janeiro – St. Petersburg – Miami – Bali – Westkanada – Kapstadt

2_ Erstellen Sie aus folgenden Angaben eines Reisekatalogs ein Klimadiagramm!

	J	F	M	A	M	J	J	A	S	O	N	D
°C/Max.	28	27	27	24	18	13	12	15	22	24	27	29
°C/Min.	14	12	8	7	6	3	3	4	7	9	10	10
mm Regen	60	62	71	59	60	58	56	59	61	73	65	59

3_ Wo könnte der Ort, zu dem diese Klimatabelle gehört, Ihrer Meinung nach liegen (Klimazone und Lage auf der Weltkarte)? Begründen Sie!

4_ Erstellen Sie ein typisches Klimadiagramm für die nördlichen Tropen und eins für subtropisches Westseitenklima (Mittelmeerklima)!

3.3.4 Das Windsystem

Folge der ungleichmäßigen Aufheizung der Erdoberfläche durch die Sonne ist die Bildung von Hochdruck- und Tiefdruckgebieten. Warme Luft dehnt sich aus und steigt nach oben; dadurch sinkt der Luftdruck über dem warmen Gebiet. Es entsteht ein Tiefdruckgebiet. Hochdruckgebiete entstehen dagegen durch absinkende kühle Luft, die in Bodennähe zu hohem Luftdruck führt. Unterschiedliche Drucklagen führen dazu, dass Luft mit hohem Druck ausweicht in Gebiete mit niedrigem Druck. Winde wehen daher immer von Hochdruckgebieten zu Tiefdruckgebieten. Durch die Drehung der Erde von West nach Ost werden diese Luftströme aber abgelenkt. Strömt die Luft aus einem Hochdruckgebiet auf der Nordhalbkugel zu einem Tief, wird sie nach rechts abgelenkt. Das nördlichere Tiefdruckgebiet nimmt die Luft in einer Linksdrehung auf. Somit entstehen um die Druckzentren Wirbel: auf der Nordhalbkugel um Hochdruckgebiete im Uhrzeigersinn und um Tiefdruckgebiete andersherum (siehe Abbildung). Auf der Südhalbkugel verhält es sich umgekehrt:

Luftströme zwischen Hoch- und Tiefdruckgebieten auf der nördlichen Halbkugel

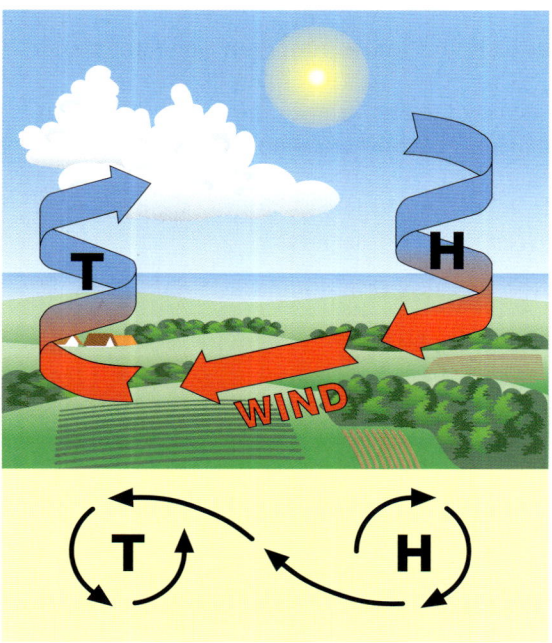

Luftströme, die von einem Hochdruckgebiet zu einem Tiefdruckgebiet strömen, werden nach links abgelenkt. Die Wirbel um ein Tief bewegen sich also hier im Uhrzeigersinn, die um ein Hoch gegen den Uhrzeigersinn.

Ein Video zu der Entstehung von Wind finden Sie auf der beiliegenden DVD.

Windgürtel

Dies sind grundlegende physikalische Erklärungen der Bildung von Hoch- und Tiefdruckgebieten und den dazwischen auftretenden Luftströmungen. Im Einzelnen kann man das Windsystem auf der Erde folgendermaßen erklären: Entlang des Äquators erwärmt die Oberflächenstrahlung der Erde die unteren Atmosphärenschichten, die sich daraufhin ausdehnen und emporsteigen. In dieser Zone steigt die Luft lediglich auf, es herrscht meist Windstille. Daher nennt man diese Zone die **Kalmen.** Durch die Ausdehnung der sich erwärmenden Luft entsteht niedriger Luftdruck. Daher findet sich entlang des Äquators eine andauernde **Tiefdruckzone** (Tiefdruck = niedriger Luftdruck). Die aufsteigenden Luftmassen kühlen ab, verdichten sich und durch die nun geringere Fähigkeit, Flüssigkeit zu speichern, fällt Regen. Gleichzeitig weichen sie nach Norden und Süden aus, um bei etwa 30° nördlicher und südlicher Breite zu Boden zu sinken. Es entstehen zwei Gürtel mit hohem Luftdruck (**Hochdruckzone**). Die nun trockene, absinkende Luft bewirkt ausgedehnte Wüstengebiete an der Erdoberfläche, z. B. die Sahara. Das Gebiet der absinkenden Luftmassen nennt man auch die **Rossbreiten**[1]; sie sind weitgehend windstill. Die dichte Luft in diesem Gebiet fließt nun zum Teil Richtung Äquator, um den dort herrschenden niedrigen Luftdruck auszugleichen. Da sie durch die Erdrotation abgelenkt werden (siehe oben), entstehen die gleichmäßigen von Nordosten (Nordhalbkugel) bzw. Südosten (Südhalbkugel) kommenden **Passatwinde**[2]. Sie treffen am

---

1 Dieser Begriff kommt aus der frühen Schifffahrt: die Windstille im Bereich der Rossbreiten hat die Fahrt durch diese Gebiete erheblich verlangsamt. Kapitäne waren angeblich häufig dazu gezwungen, an Bord befindliche Rösser wegen ihrem zu großen Gewicht oder fehlender Futtermittel über Bord zu werfen.

2 passata (span.) = Überfahrt. Die Passatwinde halfen den Segelschiffen der früheren Jahrhunderte bei ihrer schnellen Überfahrt.

Äquator aufeinander. Diese Zone wird daher **innertropische Konvergenzzone**[1] genannt.

Sie ist gekennzeichnet durch Windstille (Kalmen) und regelmäßige Regenfälle. Ein anderer Teil der an den Rossbreiten absinkenden Luftmassen wird zu den Polen hingezogen, da sich etwa zwischen 40° und 50° nördlicher und südlicher Breite wiederum große Tiefdruckgebiete befinden. Dadurch entstehen die auch bei uns vorherrschenden **Westwinde.** Die Pole sind Gebiete hohen Luftdrucks, der durch das Absinken kalter, dichter Luft verursacht wird. Hier herrschen Ostwinde vor.

Abgesehen von lokalen Winden stellen sich die planetarischen Windgürtel folgendermaßen dar:

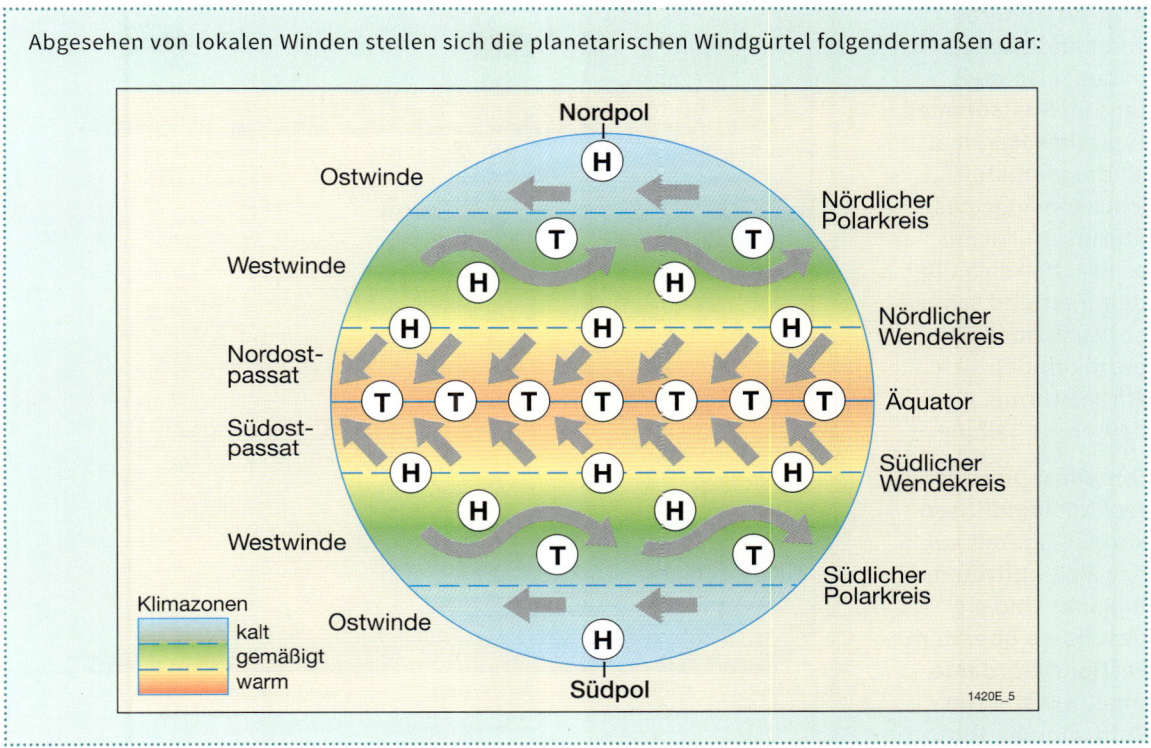

Ein besonders für den Ferntourismus nach Südostasien bedeutsames Phänomen ist der **Monsun.** Auch er tritt wie die oben erklärten Winde regelmäßig auf. Eigentlich versteht man darunter die wechselnden Winde in Ostasien: Im Sommer (der Nordhalbkugel) handelt es sich um die Feuchtigkeit bringenden Südwestwinde, im Winter um die trockenen Nordostwinde Indiens. Meist denkt man bei dem Begriff des Monsuns aber an die sommerliche Regenzeit in Süd- und Ostasien, besonders die auf dem indischen Festland, wo es regelmäßig zu schlimmen Überschwemmungen kommt. Diese **Monsunregen** finden dadurch ihre Erklärung, dass die innertropische Konvergenzzone dem jahreszeitlich wandernden Sonnenhöchststand folgt. Im Juli befindet sie sich daher nördlich, im Januar etwas südlich vom Äquator. Seine Feuchtigkeit nimmt der Südwestmonsun aus dem Arabischen Meer auf, denn von dort kommt die Luft, die sich über Indien stark aufheizt und daher besonders schnell abregnet. Die entsprechende Erscheinung ist der Nordwestmonsun Indonesiens und Nordaustraliens, der im Sommer der Südhalbkugel auftritt.

Die nachfolgenden Abbildungen sollen die beschriebenen Luftzirkulationen verdeutlichen. Achten Sie besonders auf die Verschiebung dieser Zirkulationen gemäß der Jahreszeit. Neben diesen allgemeinen Luftzirkulationen finden sich überall auf der Welt regionale Windphänomene, wie z. B.:

---

1 Konvergenz = Übereinstimmung, Zusammentreffen, Überschneidung

Hurricans: Diese tropischen Wirbelstürme treten im Bereich des karibischen Meeres auf. Sie entstehen durch Störungen der Passate über Meeresgebieten, die eine Wassertemperatur von mindestens 27°C haben, also meistens im Spätsommer. Typisches Merkmal ist das windstille, trockene Auge des Sturms. Hurricans schwächen sich über dem Festland schnell ab. Auch im Westpazifik finden sich Wirbelstürme, hier heißen sie **Taifune.**

Tornados: Diese senkrechten Windhosen können überall auf der Welt auftreten. Bekannt sind sie besonders über dem Festland Nordamerikas (Twister) im Frühsommer. Ihre Entstehung ist sehr komplex und wird noch immer erforscht. Sie treten häufig in Verbindung mit Gewitter auf.

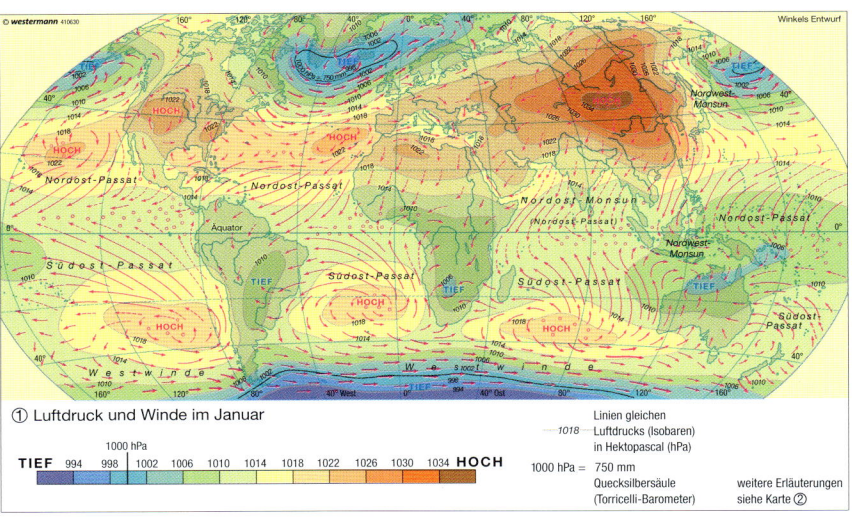

① Luftdruck und Winde im Januar

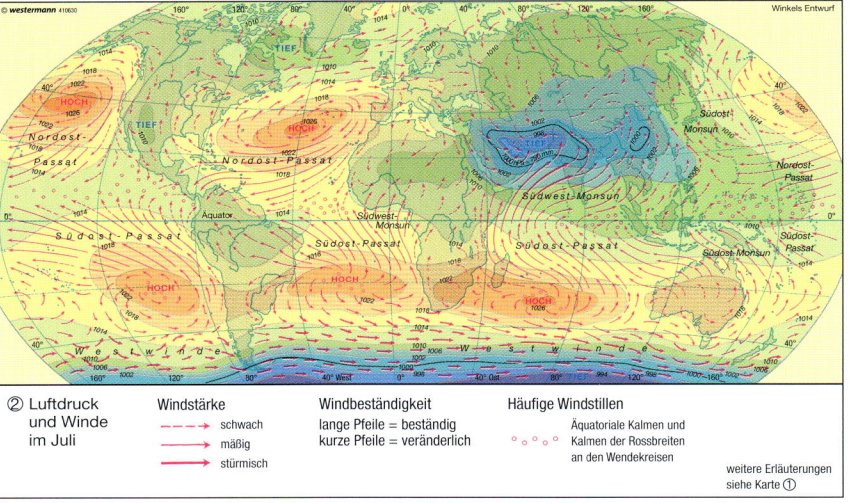

② Luftdruck und Winde im Juli

Windstärke
- - - → schwach
——→ mäßig
——→ stürmisch

Windbeständigkeit
lange Pfeile = beständig
kurze Pfeile = veränderlich

Häufige Windstillen
○ ○ ○ ○ ○ Äquatoriale Kalmen und Kalmen der Rossbreiten an den Wendekreisen

weitere Erläuterungen siehe Karte ①

Warme lokal auftretende Winde sind z. B. die **Etesien.** Sie treten im Sommer im östlichen Mittelmeer auf. Es handelt sich um sehr trockene Nordwinde, die über den Alpen entstehen.

Der **Föhn** ist ein warmer, trockener Fallwind am Rande eines Gebirges. Am bekanntesten ist der Föhn auf der Nordseite der Alpen. Er entsteht durch Luftmassen, die an einem Gebirge emporsteigen, sich dadurch abkühlen und abregnen. Dadurch werden sie leichter, sinken auf der windabgewandten Bergseite (Lee) wieder ab und erwärmen sich dadurch. Sein nordamerikanischer Verwandter, der **Chinook,** fällt an der Ostseite der Rocky Mountains herab.

Schirokko wird ein heißer Wind aus der Sahara genannt, der im gesamten Sommer im östlichen Mittelmeer auftreten kann. Obwohl er meist Sand mit sich trägt, ist er nicht immer trocken, da er über dem Mittelmeer Feuchtigkeit aufnimmt. Winde aus der Sahara werden auf den Kanaren **Kalima,** auf dem spanischen Festland **Leveche** und in Nordafrika **Khamsin** genannt.

Bekannte kalte Luftströmungen sind z. B. in Nordamerika der schneereiche **Blizzard,** an der östlichen Adria im Winter die kalte und böige **Bora** sowie in Südfrankreich der meist im Frühjahr auftretende trockene **Mistral.**

Aufgaben

1_ Welche Windrichtung herrscht in West- und Mitteleuropa vor?

2_ Was sind Passatwinde?

3_ In welcher Region der Erde tritt der Monsun auf?

4_ Wie entsteht der Monsun?

5_ Warum bringt der Sommermonsun die meisten Regenfälle in dieser Region?

6_ Warum dauern Flüge von Nordamerika nach Europa meist weniger lang als von Europa nach Nordamerika?

7_ Ordnen Sie die folgenden lokalen Winde den entsprechenden Regionen zu.

Winde	Regionen
1 Schirokko	A Kroatische Küste
2 Etesien	B Italien
3 Bora	C Bayern
4 Mistral	D Ägäis
5 Khamsin	E Rhonetal
6 Chinook	F Ägypten
7 Föhn	G Nordamerika

8_ Welche der genannten sind warme bis heiße Winde?

3.4 Hauptreisezeiten für touristisch bedeutsame Ziele

3.4.1 Reisezeiten nach Regionen

Auch wenn Kenntnisse über Klimazonen, Unterschiede zwischen ozeanischem und kontinentalem Klima sowie über die vorherrschenden Winde bei der Auswahl der passenden Reisezeit für ein bestimmtes Ziel sehr hilfreich sind, bergen viele Reiseziele doch ihre spezifischen klimatischen Eigenarten, die es zu beachten gilt. Die nachfolgenden Tabellen geben die beste Reisezeit für ausgewählte Ziele der ganzen Welt an; sie sind jeweils dunkel markiert. Weniger empfehlenswert (helle Felder) sind Zeiten, die z. B. geprägt sind durch Monsunregen, größere Hitze oder Kälte.

Europa

Der größte Teil von Europa liegt in den kalt- und warm gemäßigten Klimazonen. Nur der äußerste Norden mit Lappland ist subpolar (mit kühlen Sommern und sehr kalten Wintern) und der Süden mit den Mittelmeer-ländern subtropisch (Sommer trocken und heiß, Winter mild und feucht). Im Vergleich zu anderen Regionen, die auf dem gleichen Breitengraden liegen, ist das Klima milder mit geringen jahreszeitlichen Temperaturschwankungen. Dies liegt vor allem an dem relativ warmen Nordatlantikstrom – der Verlängerung des Golfstroms –, der wie eine Heizung wirkt und zu milden Wintern bzw. kühlen, feuchten Sommern führt. Nimmt der Einfluss des Nordatlantikstroms und des Meeres ab – etwa auf der mittleren Länge von Polen – wird das Klima kontinental mit heißen Sommern und kalten Wintern. Zusätzlich gibt es drei Luftdrucksysteme, die das Klima in Europa beeinflussen, das Azorenhoch, das Islandtief und das je nach Jahreszeit wechselnde Hoch-/Tiefdruckgebiet, das über Asien liegt.

Da die Winde in Europa vornehmlich aus westlicher Richtung kommen, gelangt feuchte Luft vom Atlantik weit ins Innere Europas und bringt ganzjährig Niederschläge. Die Alpen wirken dabei als Klimascheide. Sie halten an ihren West- und Nordrändern die Regenfron-

ten vom Osten Europas fern und trennen das nördliche gemäßigte vom südlichen subtropischen Klima.

	J	F	M	A	M	Jn	Jl	A	S	O	N	D
Skandinavien												
Östliches Mittelmeer												
Westliches Mittelmeer												
Alpen												
Osteuropa												
Kanaren												
Madeira												

☐ eher ungeeignet   ☐ geeignet

Südostasien liegt in der tropischen Klimazone und wird vor allen Dingen vom Monsun beeinflusst. Über die jahreszeitliche Verteilung der Niederschläge kann man Südostasien in drei Bereiche einteilen. In den **äquatorialen Tropen** (Singapur, Mittel-Sumatra, Mittel-Borneo), gibt es fast täglich nachmittags wolkenbruchartige Regenfälle und dadurch große jährliche Niederschlagsmengen. Die Temperaturen liegen knapp unter 30 Grad und unterliegen kaum jahreszeitlichen Schwankun-

gen. Dies gilt auch für die sich nördlich und südlich bis zum 7. Breitengrad anschließenden **wechselfeuchten Tropen** (bis Nordmalaysia, Süd-Philippinen, Java, Neuguinea), die keine ausgeprägte Trockenzeit kennen und daher ebenfalls viele Regentage und hohe Niederschlagsmengen verzeichnen. Nördlich und südlich schließen sich die **feucht-trockenheißen Tropen** an, in denen es aufgrund wechselnder Monsunwinde längere heiße Trockenperioden gibt.

	J	F	M	A	M	Jn	Jl	A	S	O	N	D
Nepal												
Sri Lanka – Südwestküste												
– Ostküste												
Malediven												
Südindien												
Thailand												
– Ko Samui												
Malaysia – Ostküste												
– Westküste												
Indonesien												
Vietnam – Zentral												
– Süden												
Laos, Kambodscha												

5053188

Ostasien wird von der außertropischen Monsunzirkulation mit starken Regenfällen im Frühjahr und Sommer beherrscht. Der Süd-Ost Monsun bringt im Sommer warme feuchte Luft vom Pazifik bis weit ins innere Zentralasiens. Im Winter weht der Nord-West Monsun, der kalte trockene Luft vom asiatischen Kontinent bringt. Trotz der großen Fläche sind die Temperaturunterschiede in weiten Teilen Ostasiens im Sommer gering, im Winter allerdings hoch, da an den Küsten das Meer Wärme abgibt und sich im Gegensatz dazu im Inneren die Landmasse stark abkühlt. Die Temperaturen sind subtropisch und Niederschläge gibt es das ganze Jahr über, vor allem aber im Sommer, wenn der Süd-Ost Monsun weht. Die Bereiche im Inneren Zentralasiens (z. B. Mongolei), zu denen der Süd-Ost Monsun keine Feuchtigkeit bringt, sind wüstenhaft trocken. Die besten Reisezeiten sind Frühling bis Herbst; im Winter ist es in den Regionen Tibet, Nordchina, Nordjapan und Korea zu kalt. Im Hochsommer Juli/August ist es vor allem in Südchina, Japan, Taiwan und Hongkong sehr heiß und regenreich.

	J	F	M	A	M	Jn	Jl	A	S	O	N	D
Hongkong												
China												
Japan												

Afrika ist im Wesentlichen durch die Lage zum Äquator geprägt, der den Kontinent etwa in der Mitte durchläuft und so für eine der größten zusammenhängenden Tropenflächen sorgt, und zum anderen durch die Sahara, die das trockene Nordafrika von der feuchteren Mitte trennt. Im äußersten Norden Afrikas findet man ein mediterranes Klima vor, daran schließt sich südlich die Sahara mit subtropischem Trockenklima an. In Äquatornähe ist es tropisch mit Regenwald und ganzjährigen Niederschlägen. Im südlichen Teil von Afrika herrscht wieder subtropisches Klima mit trockenen Savannen- und Steppenlandschaften und wegen Regenmangels Wüsten wie der Kalahari- oder Namib-Wüste. In der Kapregion ist das Klima wie im Norden wieder mediterran mit ausgiebigem Regen im Winter. Im äquatorialen Ostafrika (z. B. Kenia, Tansania) gibt es zwei Regenzeiten im Jahr, die lange Regenzeit im März bis April und die kurze Regenzeit im Oktober und November. Beste Reisezeit im Hochland Ostafrikas für z. B. die Besteigung des Kilimandscharo ist wegen der Tockenzeit der Zeitraum Dezember bis März bzw. Juli/August, Safaris werden am Besten zwischen Juli und Oktober unternommen. Beste Reisezeit für die Inseln im Indischen Ozean ist von April bis Oktober (Regenzeit: November – März), wobei die Temperaturen in diesen Monaten in Mauritius bis auf 15°C in der Nacht sinken können.

	J	F	M	A	M	Jn	Jl	A	S	O	N	D
Nordafrika												
Kapverden												
Ostafrika												
Westafrika												
Südl. Afrika – Kapregion												
– nördliche Regionen												
Indischer Ozean – Mauritius												
– Seychellen												
– Sansibar												

Australien/Ozeanien ist aufgrund der großen Nord-Südausdehnung in unterschiedliche Klimazonen geteilt. Der Norden ist tropisch, es schließt sich ein subtropisches Gebiet an. Im Süden ist das Klima gemäßigt, dazwischen befindet sich ein großes subtropisches Gebiet. Im Sommer (Dezember/Januar/Februar) bildet sich in Zentralaustralien ein Hitzetief, das zu starken Regenfällen im Norden führt. Für den Norden und Nordosten besteht zu dieser Zeit auch die Gefahr von verheerenden Wirbelstürmen, die Zyklone oder Willy-Willies genannt werden. Der Süden dagegen bleibt zu dieser Zeit meist niederschlagsfrei. Im australischen Winter (Juni/Juli/August) bleibt es hochdrucksbedingt im Norden trocken und im Süden

feucht. Im Zentrum und dem Nordwesten bleibt es ganzjährig trocken. Oft wird der Osten von dem Phänomen der Southern Oscillation beeinflusst: El-Nino-Jahre sorgen für außergewöhnliche Dürren, La-Nina-Jahre führen zu starken Regenfällen und Überflutungen, auch über die östlichen Landesteile hinaus.

Die tropisch- bis subtropischen Pazifikinseln Ost-Ozeaniens sind durch ein tropisch-maritimes Klima bestimmt. Kühlende Winde sorgen für Temperaturen um 30°C und bringen ganzjährig leichte Niederschläge. Die Regenzeit mit hohen Temperaturen, hoher Luftfeuchtigkeit und kurzen, heftigen Schauern dauert in der Regel von Ende November bis April. Manchmal können in dieser Zeit Zyklone auftreten.

	J	F	M	A	M	Jn	Jl	A	S	O	N	D
Australien – Westküste												
– Outback und Norden												
– Süden und Südosten												
Neuseeland												
Fidji, Samoa, Tonga												

Nordamerika umfasst klimatisch große Extreme. Es reicht von der polaren Kälte Alaskas über die trockene Hitze der Wüsten Mexikos bis hin zur tropischen Feuchtigkeit Floridas und der Karibikküste. Im Osten Amerikas herrscht wegen des Atlantiks meist gleichmäßig feuchtes Klima vor, das nördlich der Linie Philadelphia-Kansas City gemäßigt und südlich davon subtropisch ist. Südflorida hat randtropisches Klima. Der Westen ist trockener, z. T. wüstenhaft, die Pazifikküste im Norden feuchtgemäßigt und im Süden von mediterranen Winterregen

geprägt. Das Fehlen ostwestlich angeordneter Gebirge in Nordamerika ermöglicht einen raschen nordsüdlichen Luftmassenaustausch und damit sehr schnelle Temperaturwechsel und Kaltlufteinbrüche. Die Folge sind katastrophale Schneestürme (Blizzards), Tornados und die kalten Northers, die selbst an der subtropischen Golfküste zu Frösten und Ernteschäden führen können. Auch Wirbelstürme (Hurrikan) können wegen dem fehlenden Querriegel der Gebirge von der Karibik weit ins Landesinnere vordringen.

	J	F	M	A	M	Jn	Jl	A	S	O	N	D
West-USA – Arizona, Utah												
– Südkalifornien												
– Nordkalifornien												
Ost-USA – New York												
– Florida, Südstaaten												
Hawaii												
Alaska												
Kanada												

Lateinamerika ist klimatisch im Norden Mexikos subtropisch-trocken, sonst tropisch-wechselfeucht mit einer Regenzeit im Sommer. Die mexikanische Halbinsel Yucatan ist ganzjährig feucht. Während die karibische Seite und die Gebirgsregionen recht niederschlagsreich sind, gehören die Täler und Hochbecken im Landesinneren zu den eher trockenen Gebieten. Auf den karibischen Inseln herrscht vorwiegend ein wechselfeuchtes Tropenklima mit geringen Temperaturschwankungen und teils reichen Niederschlägen im Sommer. Die gefürchtete Hurrikansaison, von der fast die gesamte Region betroffen werden kann, startet offiziell am 01. Juni und endet am 30. November.

In **Südamerika** ist das Klima vorwiegend tropisch heiß und feucht. Die Anden sind Klimascheide. Im Westen am Pazifik herrscht von Nord nach Süd tropisches Regenwald-, Wüsten-, subtropisches und ozean-gemäßigtes Klima. Das ozean-gemäßigte Klima wird durch den kühlen Humboldtstrom verursacht. Südlich des 30. Breitengrads und auf den Andenhochflächen herrscht gemäßtes bis kühles Klima. Östlich der Anden herrscht im Norden (Amazonasbecken) feuchtheißes Äquatorialklima, das in wechselfeuchtes Tropenklima übergeht. Weiter südlich folgen Gebiete mit warmen, regenreichen Sommern und mäßig warmen, regenarmen Wintern. In Patagonien trifft man Wüsten- und Steppenklima an, gefolgt von subpolarem Klima ganz im Süden.

	J	F	M	A	M	Jn	Jl	A	S	O	N	D
Karibik												
Costa Rica												
Mexico – Yucatan												
– Pazifik Küste												
Peru, Ecuador – Küste												
– Hochland												
Brasilien – Rio und Süden												
– Nordosten												
– Amazonas												
Argentinien, Chile												

Aufgabe

1_ Versuchen Sie herauszufinden, welche Gründe für die in den einzelnen Zielgebieten empfohlenen Reisezeiten sprechen. Diese Aufgabe können Sie in arbeitsteiliger Gruppenarbeit bearbeiten; die Ergebnisse sollten Sie dann aber im Plenum diskutieren.

3.4.2 Reiseziele nach Reisearten

Die nachfolgende Tabelle gibt die beste Reisezeit für verschiedene Reisearten in ausgewählten Zielen der ganzen Welt an. Die folgenden Voraussetzungen sind für die Tabelle zugrunde gelegt worden:

Badereise: Wasser- und Lufttemperaturen sowie eine möglichst hohe Sonnenscheindauer erlauben einen angenehmen Aufenthalt an der Küste sowie im (Meer-)Wasser (Luft mind. 25°C, Wasser mind. 20°C).

Studien-/Städtereise: Im Vordergrund stehen kulturelle Besichtigungen, die häufig in geschlossenen Räumen, aber auch draußen stattfinden. Große Hitze oder Kälte sowie Regenzeiten sind für solche Reisen zu vermeiden.

Rundreise: Ein größeres Gebiet wird per Fahrzeug (Bus, Mietwagen, öffentliche Verkehrsmittel) erkundet. Günstig für gute Sicht während der Fahrt sind geringe Niederschläge, weniger ausschlaggebend sind Dank moderner Klimatechnik die Temperaturen, wobei große Hitze oder Kälte natürlich zu vermeiden sind.

Sporturlaub (Schwerpunkt hier: Golf, Wandern): Obwohl der Zweck dieser Reiseart ein völlig anderer ist, sind hier Temperaturen wie bei den Studien- und Städtereisen vorzuziehen, also weder große Hitze noch Kälte. Es sollte außerdem eine möglichst trockene Zeit im jeweiligen Zielgebiet gewählt werden.

Wintersporturlaub: Je nach Höhenlage des Gebiets sind Zeiten zu wählen, in denen es wahrscheinlich schneit bzw. bereits geschneit hat. Extreme Kälte hält die wenigsten Wintersportler ab, viele bevorzugen aber Zeiten mit hoher Sonnenscheinwahrscheinlichkeit.

Kreuzfahrt: Da das Urlaubsgefühl auf einem Schiff sich vor allem an Deck einstellt, sind Sonne und angenehme Temperaturen erwünscht. Bedeutsam für diese Reiseart sind die lokalen Winde bzw. Stürme, die eine Schiffsreise sehr unangenehm machen können.

	Dez/Jan	Feb/Mär	Apr/Mai	Jun/Jul	Aug/Sep	Okt/Nov
Baden	Kanaren, Kapverden Malediven, Thailand, VAE Florida, Karibik, Nordbrasilien		Andalusien, Süditalien, Südtürkei, Kreta, Karibik, Nordbrasilien, Florida, Mauritius, Südsee	Gesamter Mittelmeerraum, Florida, Hawaii, Südkalifornien, Rio und Südbrasilien	Nord-/Ostsee, Mittelmeer, Binnenseen, Hawaii, Atlantikküste, Rio und Südbrasilien	Südliches Mittelmeer, Malediven, Thailand, VAE Hawaii, Nordbrasilien, Kapverden, Ägypten, Zypern, Mauritius
			Thailand (Östliche Inseln), VAE, Fidschi, Seychellen			
Studien-/ Städte-/ Rundreisen	Kanaren, New York (Dez.), Südafrika	Sizilien, Andalusien, Barcelona, Lissabon, Südtürkei	Östl. Mittelmeer, Italien incl. Sizilien, Provence, Balearen, Thailand, Vietnam, New York, Chicago	Wien, Budapest, Prag, London, Paris, deutsche und osteuropäische Städte, Alpenländer, Skandinavien, Großbritannien, baltische Staaten, Chile, Ostafrika (Safari)		Wie Feb/Mär Kreta, New York, Chicago, San Francisco Südwest-USA, Oststaaten der USA, Ägypten
	Rom, Neapel, Athen, Dubai, Hong Kong, Singapur Ägypten, Südindien, Westküste Sri Lankas und Malaysias, arabische Halbinsel, Thailand, Vietnam, Florida, Südaustralien, Costa Rica		Bali, China, Ostküste Sri Lankas, Singapur, San Francisco, Florida, Südwest-USA, Nordkalifornien, Alaska, Peru, Namibia, Nordaustralien			
Sport	Kanaren, Arabische Halbinsel, Thailand, Nepal, Florida		Mittelmeer, Nepal, Florida	Mitteleuropa, Alpenländer, Skandinavien	Mitteleuropa	Kanaren, Balearen, Andalusien
		Balearen, Hawaii	Bali, Hawaii, Azoren, Madeira			

	Dez/Jan	Feb/Mär	Apr/Mai	Jun/Jul	Aug/Sep	Okt/Nov
Wintersport	Alpenländer, Weststaaten (Kalifornien, Colorado, Wyoming), West-Kanada, Alaska		Gletschergebiete der Alpen			
		Tschechien, Slowakei, Slowenien, Polen				
Kreuzfahrt		westliches Mittelmeer	Arabische Halbinsel, Flusskreuzfahrt Yangtse, Karibik	Transatlantik, Nordatlantik	Nordatlantik	Wie Dez/Jan (nicht Karibik) Mittelmeer Flusskreuzfahrt Asien
	Kanaren, Arabische Halbinsel, Südchinesisches Meer, Indischer Ozean, Karibik	Mittelmeer, Nord- und Ostsee, Flusskreuzfahren (z. B. Donau), Fernost (Pazifik), Westkanada, Alaska				

Aufgabe

1_ Zwei Bergsteiger möchten in den hiesigen Wintermonaten eine Hochgebirgstrekkingtour oder eine Wanderreise durchführen. Welche Länder und Regionen können Sie empfehlen?

2_ Zwei junge Frauen möchten ein Jahr lang Süd- und Ostasien bereisen. Sie möchten die Reise im Juli antreten. Welche Reiseroute empfehlen Sie?

3_ Ein Ehepaar plant im hiesigen Winter eine zweimonatige Reise nach Australien (Rundreise) mit anschließendem Badeaufenthalt in der Pazifik-Region. Was können Sie ihnen hinsichtlich des Klimas in Australien sagen und welche Insel(n) im Pazifik empfehlen Sie?

4_ Ein Lehrer plant in den Herbstferien einen Afrika-Trip. Welche Länder können Sie ihm empfehlen?

5_ Eine Bekannte plant eine längere Reise nach Sri Lanka.

a) Wann sollte sie wohin reisen? Nehmen Sie ggf. auch Reisekataloge zur Hand, um zu erkennen, wo die Hauptattraktionen dieser Insel liegen.

b) Wie erklären Sie sich die Klimaunterschiede zwischen dem Südwesten und der Ostküste der Insel?

Verkaufsgespräche zielorientiert führen

1 Vorbereitung von Kundenkontakten

Im Rahmen eines jeden Verkaufssystems und einer jeden Vertriebsstruktur gehört die praxisorientierte Vorbereitung von Kundenkontakten zu den wichtigsten Erfolgsfaktoren.

> **!** Die Praxis belegt, dass die in die Vorbereitung investierte Zeit hinterher Arbeit, Zeit und Kosten spart.

Zu den in Ihrem Beruf wichtigsten Kundenkontakten gehört die Beratung des Kunden im Reisebüro oder am Agenturschalter, am Telefon und der schriftliche Kontakt, z. B. per E-Mail und Briefsendung. Hierfür sind besondere Vorgehensweisen und Regeln zu beachten, die die Kommunikation mit dem Kunden erleichtern.

1.1 Was ist Kommunikation?

Der Begriff kommt aus dem Lateinischen. *Communicare* wird mit teilen, mitteilen und gemeinsam machen übersetzt. **Kommunikation** ist das Umsetzen und Weitergeben von Informationen in Sprache, Gestik, Mimik, Schrift, Bild oder in u. a. elektronischen Impulsen.

Das **Ziel von Kommunikation** ist, neben dem Mitteilen auch Wissen zu vermehren, Beziehungen zu knüpfen oder Leistungen zu erhalten. Dies geschieht genau dann, wenn ein wechselseitiges Weitergeben von Informationen stattfindet. Es wird auch als Interaktion oder als Austausch bezeichnet, der über verschiedene Medien und zwischen mindestens zwei Personen (oder auch Maschinen, z. B. Computern) stattfindet.

Das **Wesen der Kommunikation** kann mithilfe verschiedener Modelle verdeutlicht und verstanden werden. Das wohl bekannteste Modell ist das **Sender-Empfänger-Modell.**

Der Sender übermittelt eine dem Empfänger und seiner Zielsetzung angepasste kodierte Information und nutzt dazu ein Medium. Die übermittelte Botschaft wird vom Empfänger entschlüsselt und es folgt eine Rückkopplung an den Sender. Störungen treten auf, wenn die Botschaft nicht richtig beim Empfänger ankommt, die Botschaft nicht richtig entschlüsselt wird oder die verwendete „Kodierung" unpassend war.

Ein Gespräch läuft auf verschiedenen Ebenen ab, die alle dessen Verlauf und Ausgang beeinflussen können. Es ist zwischen **verbaler** (sprachlicher) und **nonverbaler Kommunikation** zu unterscheiden. Die Körpersprache kann

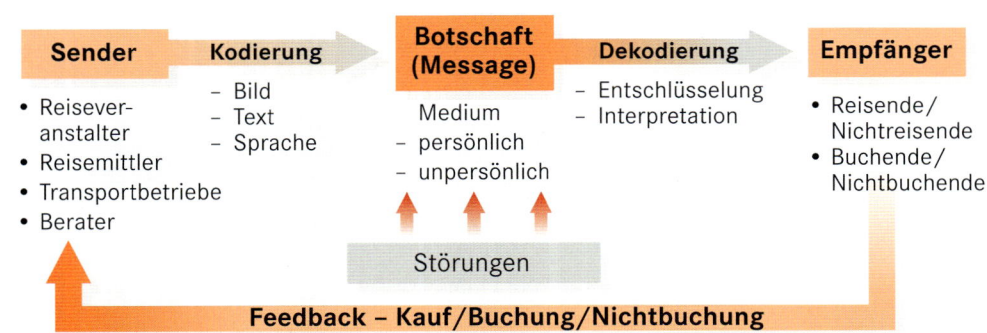

5053194

sich von den verbal geäußerten Gesprächsinhalten unterscheiden und kann eine Kommunikationsstörung verursachen. Daher werden bei jedem Gespräch **inhaltliche Aspekte** (Informationen) und **Beziehungsaspekte** (zwischenmenschliche Beziehung, z. B. Kunde – Verkäufer) ins Gewicht fallen.

> **!** Für die Übermittlung von Botschaften zwischen Berater/Verkäufer und Kunde gibt es bestimmte Regeln, die helfen sollen, Kommunikationsstörungen im Verkaufsgespräch zu vermeiden.

1.2 Verkaufsmodelle und Verkaufsgespräche im Tourismus

Der **Verkaufsvorgang** wird in der Regel in drei Grundphasen unterteilt.

» Begrüßungs- und Kontaktphase (= Anbahnung des Geschäfts)
» Beratungsphase, Verhandlungsphase (= Angebotsaufbau und Einstimmung)
» Abschluss- und Weiterführungsphase (= Geschäftsabschluss mit Anbahnung weiterer Geschäfte)

Aus der Erfahrung entfallen auf die generalisierten Phasen eines Verkaufs, und zwar unerheblich vom Produkt, folgende Zeitansätze:

» 50 % Analyse des Kundenbedarfs
» 35 % Angebotsdarlegung und Problemlösung
» 10 % Nutzenargumentation
» 5 % Abschluss

Mit Augenmerk darauf, dass zwischen 20 und 30 % aller Kundenkontakte im Tourismus per Telefon oder schriftlicher und 70 – 80 % persönlicher Natur sind, wird der richtige Umgang mit Kunden hauptsächlich am Beispiel des Beratungsgespräches dargestellt (→ Kapitel 2 bis 5).

Jedes **Verkaufsgespräch** in der Tourismusbranche sollte in einem Fünf-Phasen-Schema ablaufen.

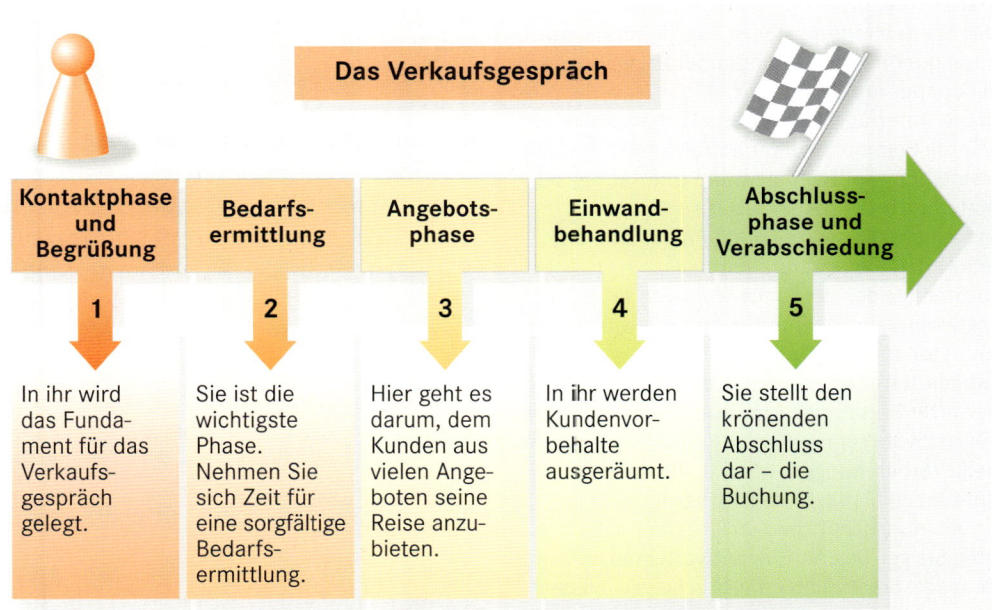

Im Anschluss an das Verkaufsgespräch folgt die Nachbereitung.

1.3 Praxisorientierte Vorbereitung

Die Vorbereitungen für die unterschiedlichen Kundenkontakte haben gemeinsame, aber auch unterschiedliche Komponenten. Eine gemeinsame Komponente ist Ihre **fachliche Kompetenz.** Hierunter werden gute fachliche Kenntnisse über Ihre Arbeitsinhalte verstanden.

Praxisorientierte Vorbereitung von Kundenkontakten

» Hauptreisezeit: Vorabprüfung der Vakanz beliebter Ziele
» neue Kataloge: Übersicht verschaffen, Reisebüroaufkleber anbringen
» Schaufensterangebote: Kenntnis der Inhalte

 Fachliche Kompetenz ist das erste Gebot!

Mögliche, zu treffende Vorbereitungen für einen persönlichen Kundenkontakt

» Überprüfen Sie, dass alle zur Kundenberatung nötigen technischen Abfragesysteme und die technische Ausstattung (z. B. Kopiergerät, Drucker) eingeschaltet sind und störungsfrei funktionieren.
» Sichern Sie den reibungslosen Zugriff auf die Kundendatei oder legen Sie Kundenberatungsbogen in ausreichender Anzahl zurecht.
» Legen Sie Unterlagen für eventuelle terminlich anzubietende Buchungen oder Aufführungen zurecht.
» Ihr Arbeitsplatz sollte aufgeräumt und sauber sein, Ihre Kataloge und Prospekte gut sortiert.
» Legen Sie Schreibwerkzeug und Papier zurecht, um sich Notizen machen zu können.
» Überprüfen Sie das Vorhandensein von sauberen Trinkgefäßen, falls Sie Ihrem Kunden etwas zu Trinken anbieten möchten.
» Ein gut gelüfteter/angenehm beduftete und wohltemperierter Beratungsraum wird vom Kunden oft unbewusst wahrgenommen und sehr geschätzt.
» Spezielle Vorbereitungen, wie z. B. die Bereitlegung der Unterlagen für die terminlich vereinbarte Beratung von Kundschaft sind im Einzelfall zu treffen. Schalten Sie ggf. den Anrufbeantworter ein, um Ihr Beratungsgespräch nicht unterbrechen zu müssen oder vereinbaren Sie mit einem Kollegen/einer Kollegin die Übernahme der für Sie während des Beratungsgesprächs eingehenden Anrufe, falls möglich.
» Sehen Sie noch einmal in den Spiegel – ein gepflegtes Äußeres ist wichtig!

Für jeden geplanten oder nicht geplanten Kundenkontakt ist es wichtig, Zugriff auf die **aktuelle Kundendatei** Ihres Unternehmens zu haben. Sei es, um Neukundendaten eingeben zu können oder zu notieren, oder um die Daten bereits bekannter Kunden zu erweitern, zu aktualisieren und zu pflegen (Datenpflege).

 Jeder Kontakt bietet die Möglichkeit, die Kundendatei um für Sie oder Ihren Betrieb nutzbare Informationen zu erweitern.

Für die Speicherung und Nutzung der Kundendaten gibt es gesetzliche Regelungen, die Sie und das Sie ausbildende Unternehmen beachten müssen. Diese Regelungen sind im **Bundesdatenschutzgesetz** formuliert.

Für die Tätigkeit eines Reiseveranstalters sind die Rechtmäßigkeitsvoraussetzungen der Datenverarbeitung, das Datengeheimnis, technische und organisatorische Maßnahmen sowie die Bestellung eines Datenschutzbeauftragten nicht durch Berufsrecht geregelt. Hingegen finden sich für diese Bereiche verschiedene Vorschriften im Bundesdatenschutzgesetz (BDSG). Für die Tätigkeit eines Reisemittlers gilt: Weisen Sie den Kunden darauf hin, dass die Angaben, die er im Rahmen eines Reisevertragsverhältnisses macht (insbesondere über personenbezogene Daten), von Ihnen in dem für die Begründung des Vertragsverhältnisses, der inhaltlichen Ausgestaltung oder der Änderung des Vertragsverhältnisses erforderlichen Umfang im automatisierten Verfahren gespeichert, erhoben, verarbeitet und genutzt werden. Der Kunde muss schriftlich einwilligen, dass er damit einverstanden ist. Die erhobenen Daten werden für die Betreuung des Kunden vor, während und nach seiner Reise benötigt.

 Bundesdatenschutzgesetz (BDSG)

§ 1 Zweck und Anwendungsbereich des Gesetzes

(1) Zweck dieses Gesetzes ist es, den Einzelnen davor zu schützen, dass er durch den Umgang mit

seinen personenbezogenen Daten in seinem Persönlichkeitsrecht beeinträchtigt wird.

(2) Dieses Gesetz gilt für die Erhebung, Verarbeitung und Nutzung personenbezogener Daten durch

(…)

3. nicht-öffentliche Stellen, soweit sie die Daten unter Einsatz von Datenverarbeitungsanlagen verarbeiten, nutzen oder dafür erheben oder die Daten in oder aus nicht automatisierten Dateien verarbeiten, nutzen oder dafür erheben, es sei denn, die Erhebung, Verarbeitung oder Nutzung der Daten erfolgt ausschließlich für persönliche oder familiäre Tätigkeiten.

(…)

§ 3 Weitere Begriffsbestimmungen

(1) Personenbezogene Daten sind Einzelangaben über persönliche oder sachliche Verhältnisse einer bestimmten oder bestimmbaren natürlichen Person (Betroffener).

(2) Automatisierte Verarbeitung ist die Erhebung, Verarbeitung oder Nutzung personenbezogener Daten unter Einsatz von Datenverarbeitungsanlagen. Eine nicht automatisierte Datei ist jede nicht automatisierte Sammlung personenbezogener Daten, die gleichartig aufgebaut ist und nach bestimmten Merkmalen zugänglich ist und ausgewertet werden kann.

(3) Erheben ist das Beschaffen von Daten über den Betroffenen.

(4) Verarbeiten ist das Speichern, Verändern, Übermitteln, Sperren und Löschen personenbezogener Daten. (…)

§ 3a Datenvermeidung und Datensparsamkeit

Die Erhebung, Verarbeitung und Nutzung personenbezogener Daten und die Auswahl und Gestaltung von Datenverarbeitungssystemen sind an dem Ziel auszurichten, so wenig personenbezogene Daten wie möglich zu erheben, zu verarbeiten oder zu nutzen. Insbesondere sind personenbezogene Daten zu anonymisieren oder zu pseudonymisieren, soweit dies nach dem Verwendungszweck möglich ist und keinen im Verhältnis zu dem angestrebten Schutzzweck unverhältnismäßigen Aufwand erfordert.

§ 4a Einwilligung

(1) Die Einwilligung ist nur wirksam, wenn sie auf der freien Entscheidung des Betroffenen beruht. Er ist auf den vorgesehenen Zweck der Erhebung, Verarbeitung oder Nutzung sowie, soweit nach den Umständen des Einzelfalles erforderlich oder auf Verlangen, auf die Folgen der Verweigerung der Einwilligung hinzuweisen. Die Einwilligung bedarf der Schriftform, soweit nicht wegen besonderer Umstände eine andere Form angemessen ist. Soll die Einwilligung zusammen mit anderen Erklärungen schriftlich erteilt werden, ist sie besonders hervorzuheben.

> **!** **Daten von natürlichen Personen, die ihnen unmittelbar zugeordnet werden können und in einer Datei enthalten sind, unterliegen dem Datenschutz.**

Unternehmen, die Daten im Sinne des BDSG automatisiert erheben und weiterverarbeiten, müssen einen Datenschutzbeauftragten bestellen, wenn mehr als neun Personen regelmäßig mit der automatisierten Verarbeitung von personenbezogenen Daten beschäftigt sind, ganz gleich ob es sich dabei um Kundendaten handelt oder um die Daten der Mitarbeiter des Betriebes. Der Datenschutzbeauftragte muss die Umsetzung und Einhaltung der datenschutzrechtlichen Bestimmungen kontrollieren und dem Unternehmen beratend zur Seite sehen. Damit soll der betriebliche Datenschutz gewährleistet werden.

Darüber hinaus muss auch das Problem der Datensicherung gelöst werden. Dabei geht es um die Frage, wie Daten vor dem unzulässigen Zugriff Dritter zuverlässig geschützt werden können. Dazu gehören Maßnahmen zur

» Hardwaresicherung: Sind Festplatten und Computer vor Diebstahl geschützt, ist der Zugang durch Passwörter geschützt?

» Softwaresicherung: Ist das Betriebssystem sicher, werden regelmäßig backups und Sicherungskopien auf externen Speichermedien (externe Festplatte, USB- Sticks) der erhobenen Daten angefertigt und sicher gelagert? Ist ein Virenschutzprogramm und eine Firewall installiert?

» Räumliche Sicherung: Wird der Zugang zu Räumen, in denen Hardware untergebracht und Sicherungskopien gelagert werden, durch besondere Zugangssysteme oder andere bauliche Maßnahmen erschwert?

Aber auch die Entsorgung von „Datenmüll" (z. B. Fehlkopien, Akten, deren Aufbewahrungsfrist abgelaufen ist, CDs) muss fachgerecht erfolgen, indem geeignete Schredderanlagen eingesetzt werden.

Aufgaben

1_ Nennen Sie jeweils drei Beispiele für Kommunikationsstörungen
a) im Hinblick auf inhaltliche Aspekte,
b) im Hinblick auf Beziehungsaspekte.

2_ Wie kann die Ausgestaltung Ihres Arbeitsplatzes dazu beitragen, Kommunikationsstörungen zu vermeiden?

3_ Wie bereiten Sie sich persönlich auf einen Kundenkontakt vor?

4_ Wie können Sie Ihre fachliche Kompetenz auf dem aktuellen Stand halten? Nennen Sie sechs Beispiele.

5_ Unterscheiden Sie zwischen berufsrechtlichen und datenschutzrechtlichen Vorschriften.

6_ Warum sind auch Auszubildende in der Tourismuswirtschaft zur Verschwiegenheit zu verpflichten?

7_ Was verstehen Sie unter personenbezogenen Daten?

8_ Definieren Sie den Begriff Datei.

9_ Welche Unterschiede bestehen zwischen einer automatisierten und nicht automatisierten Datei?

10_ Unter welcher Voraussetzung dürfen Daten nur verarbeitet werden?

11_ Welche Maßnahmen umfasst der Begriff Datensicherung?

12_ Unter welchen Voraussetzungen ist ein betrieblicher Datenschutzbeauftragter zu bestellen?

13_ Wer ist die oberste Behörde für den nicht öffentlichen Datenschutz in Ihrem Bundesland?

14_ Warum ist es dem Arbeitgeber nicht erlaubt, mithilfe der Datenverarbeitung Persönlichkeitsprofile von Mitarbeitern zu erstellen?

2 Kontaktphase und Begrüßung

Die **Kontaktphase** ist entscheidend für das Ge- oder Misslingen des Verkaufsgespräches. Deshalb sollten Sie zu Beginn eine Vertrauens- und Sympathiebasis schaffen. Dies erreichen Sie durch die Beherrschung von **Kommunikationsregeln und -techniken.**

Vermeiden Sie den Eindruck, der Kunde würde Sie stören. Vermitteln Sie viel mehr das Gefühl, dass er ein willkommener Gesprächspartner ist. Dazu gehört beim persönlichen Kontakt u. a. auch die Gleichberechtigung beim Platzangebot. Ferner sollte der Kunde Schreib- und Ablagemöglichkeiten vorfinden.

> Bedenken Sie, für den ersten Eindruck haben Sie keine zweite Chance!

Eindruck nach fünf Sekunden

gms – Um einen guten Eindruck zu machen, bleiben nur drei bis fünf Sekunden. Dann hat der Gesprächspartner bereits unbewusst zu 90 Prozent sein Urteil gefällt, heißt es im Magazin „MM Wissen". In 70 Prozent der Fälle sei der erste Eindruck sogar richtig, haben demnach neuere Forschungen ergeben. Entscheidend beteiligt an diesem Eindruck sind Körpersprache, Kleidung, Statussymbole und der Geruch, so das Magazin. Auch die Stimme sei wichtig. Auf den Inhalt des Gesagten komme es zunächst kaum an. Psychologen folgern aus diesen Ergebnissen, dass die Beherrschung der Körpersprache zu den „Schlüsselfähigkeiten" bei Verhandlungen jeder Art zählt.

Quelle: Wormser Zeitung, 17. Mai 2000

2.1 Ansprüche an den Berater

Als zukünftiger Expedient tragen Sie viel zu einer guten Atmosphäre und Verkaufsstruktur bei. Generell sollten Sie Spaß am Umgang mit Menschen haben und Spaß daran, Kundenbedürfnisse zu erarbeiten und zu erfüllen.

Wer bin ich?

» der akribische Typ

» der geduldige Typ

» der freundliche Typ

» der gründliche, genaue Typ

» der genaue, fordernde Typ

» der soziale, durchsetzungsfähige Typ

» der kreative Typ

» der hartnäckige Typ

» der Entscheidungsträger

» der liebenswürdige, nachgiebige Typ

» der soziale, politische Typ

» der Dienstleistungstyp

» der kalkulierbare Typ

» der methodische Typ

» der überzeugende Typ

» der analytische Typ

» der Dampfmacher

» der praktische Realist

Anforderungsprofil für die Kommunikation mit dem Kunden

Aufgrund von Erfahrungen lässt sich für den Expedienten folgendes Anforderungsprofil aufstellen:

	sehr wichtig	wichtig	weniger wichtig
Fähigkeit zu planen und zu organisieren	●		
Flexibilität (wechselnde Aufgaben)	●		
schriftliches Ausdrucksvermögen		●	
sprachliches Ausdrucksvermögen		●	
rechnerische Fähigkeiten		●	
Verhandlungsgeschick		●	
Verschwiegenheit, Taktgefühl	●		
Denken in Zusammenhängen	●		
Geschick im Umgang mit Menschen	●		
Einfühlungsvermögen in andere Menschen	●		
Bereitschaft und Fähigkeit zu Teamarbeit	●		
Ideenreichtum		●	
Ertragen von Stress (Arbeitsspitzen)		●	
gepflegtes Äußeres		●	

Anhand der in LF 1 dargestellten Ausbildungsinhalte lassen sich förderliche und eher nachteilige Interessen und Fähigkeiten für Ihren zu erlernenden Beruf ableiten. Fehlende Kommunikations- oder Teamfähigkeit ist z. B. eher hinderlich.

Achten Sie auf Ihr gepflegtes Äußeres und lassen Sie Ihre Allgemeinbildung nicht zu kurz kommen; Sie werden sich mit Ihrem Kunden auch einmal über „Gott und die Welt" unterhalten. Ein versierter Expedient ist einladend, entgegenkommend, aufmerksam, freundlich und dienstbereit.

Wesenszüge eines „Antiverkäufers" sind hingegen:

» Überheblichkeit,
» Ungeduld,
» Aufdringlichkeit,
» Desinteressiertheit

2.2 Willkommen Kunde

Der Empfang Ihres Kunden beginnt bereits, bevor er oder sie die Agentur oder das Reisebüro betreten: Bereits bei Betrachtung des Schaufensters soll die Präsentation Ihres Angebotes Aufmerksamkeit erregen und Interesse wecken. Die **Gestaltung Ihres Schaufensters** sollte so ausgerichtet sein, dass werbliche Inhalte mithilfe von Formen und Farben nach bestimmten Vorgaben und Gesetzmäßigkeiten wahrnehmbar gemacht werden.

> **!** **Gestaltungsprinzip ist ein sinnvolles Gruppieren, Kombinieren, Zusammenfügen von Einzelheiten zu einem Ganzen.**

Verschiedene **Farben, Formen und Materialien** lösen unterschiedliche Gefühle aus. Sie können den Verkauf fördern und hemmen. Für den Erfolg der Schauwerbegestaltung ist ihr Einsatz von entscheidender Bedeutung.

Farbgruppen und ihre Bedeutung im Hinblick auf die touristische Verwendung	
Rot	Leidenschaft, Liebe, Lebensfreude, Aktivität, Dynamik, Wärme, Gefahr, Kraft, Feuer, Energie, Lebendigkeit, Mut
Orange	Vergnügen, Heiterkeit, Fröhlichkeit, Entspannung, Erleichterung, Zerstreuung, Selbstbewusstsein, Unabhängigkeit, Genuss, Lust, Freude, Geselligkeit
Gelb	Sonne, Licht, Wärme, Lebhaftigkeit, Leichtigkeit, Sommer, Optimismus, Überfluss, Pracht, Reichtum, Luxus, Glück
Grün	Natur, Leben, Frische, Vitalität, Jugend, Sicherheit, Hoffnung, Zufriedenheit, Erholung, Ruhe, „Öko", Harmonie
Blau	Himmel, Ferne, Weite, Sehnsucht, Sympathie, Harmonie, Entspannung, Sportlichkeit, Ruhe, Frieden, Freundschaft, Tiefe

Farbgruppen und ihre Bedeutung im Hinblick auf die touristische Verwendung	
Violett	Spannung, Melancholie, Spiritualität, Mystik, Macht, Magie, Fantasie, Festlichkeit
Braun	Gutbürgerlichkeit, Konservativität, Gemütlichkeit, Gelassenheit, Zuversicht, Geborgenheit, Ruhe
Schwarz	Eleganz, Besonderheit, Würde, Modernität, Sachlichkeit, Macht, Kreativität, Urteilskraft
Weiß	Klarheit, Ehrlichkeit, Unschuld, Vollkommenheit, Reinheit, Leichtigkeit, Helligkeit, Würde, Weisheit, Sauberkeit

Starre Gesetze, welche Farben, welche Farbzusammenstellungen usw. richtig oder falsch sind, gibt es nicht. Es gibt lediglich einige Grundregeln über die Bedeutung bestimmter Farbgruppen.

> **!** **Um Farben in der Schauwerbegestaltung erfolgreich einzusetzen, muss letztendlich jedes Mal in Kombinationen mit Materialien, Objekten, Figuren und Accessoires neu entschieden werden.**

Beleuchtung und Schriftzüge in realistischer oder illusionärer Form sollten sich in die Gesamtgestaltung des Schaufensters einfügen.

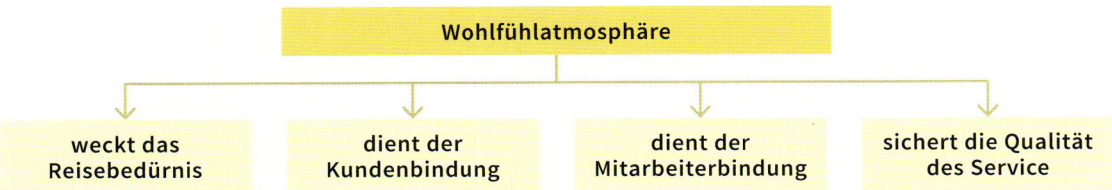

Wohlfühlatmosphäre			
weckt das Reisebedürnis	dient der Kundenbindung	dient der Mitarbeiterbindung	sichert die Qualität des Service

Beim Betreten der Agentur oder des Reisebüros sollte der Kunde eine „Wohlfühlatmosphäre" zu spüren bekommen.

Der **Empfang** findet in einem *Welcome-Desk* oder an einem *Extra-Counter* statt. Kaffeeautomat, Erfrischungsgetränke und Spielecke für begleitende Kinder sind selbstverständlich; Internet-Terminals verkürzen dem Kunden die Wartezeit.

Im **Reisebüro** wird eine Urlaubsatmosphäre durch Düfte, Sound und visuelle Animation geschaffen. Decke, Wand- und Bodenbelag sind Garant für eine gute Akustik, Möbel haben ein helles Furnier.

Eine entsprechende Beleuchtung unterstützt das entspannende Ambiente. Einrichtung und Beleuchtung sollten auch für Informations- und Verkaufsschalter mit Geschick ausgewählt werden.

Daneben sind die Freundlichkeit und die Kompetenz des Beratungspersonals und die technische Ausstattung weitere **Qualitätsmerkmale.**

Sie können ergänzt werden um Urkunden und Zertifikate über Aus- und Weiterbildung des Personals.

Im **Empfangsbereich** werden auch die Schnellgeschäfte *(Quick-Counter)* abgewickelt. Für Schnäppchenjäger gibt es eine Last-Minute-Theke. Prospektschränke sind zentral aufgestellt und freie Wandflächen dienen zum Anbringen von Großfotos oder als Projektionswand.

Vom Empfangsbereich wird der Kunde z. B. in einem Reisebüro zu den **Beratungsinseln** geleitet. Ohne Wartende im Rücken des Kunden können hier seine Wünsche erforscht und umgesetzt werden. Der Expedient selbst ist mobil und hat seine Arbeitsunterlagen günstigenfalls in einem rollbaren Container dabei.

> **!** Offener Zugang, Kundenkontakt ohne Sichtsperren, Atmosphäre, gekoppelt mit modernster Technik kann Buchungsbedürfnisse wecken, den Kunden binden, den Service verbessern und die Mitarbeiter motivieren und binden.

Störungen der Atmosphäre (z. B. lautes Rufen durch den Raum, Gesprächsunterbrechungen durch eingehende Telefonate, durch Kolleginnen und Kollegen, Ihre Kunden finden keinen Sitzplatz oder keine „Wartebeschäftigung") können das Reisebedürfnis des Kunden und den Erfolg eines individuellen Beratungsgespräches erheblich schmälern.

2.3 Die Begrüßung

Die Begrüßung ist der Grundstein für einen vertrauensvollen Gesprächseinstieg und eine positive Gesprächsatmosphäre.

2.3.1 Der optimale Empfang

Der optimale Empfang am Counter ist gekennzeichnet durch:
» Blickkontakt
» Frage nach dem Kundenwunsch
» Aufstehen
» persönliche Vorstellung
» Lächeln
» Platz anbieten
» offene Körperhaltung
» Erfragen des Kundennamen
» Dienstbereitschaft signalisieren

Die folgenden Punkte sollen von Ihnen nicht abgearbeitet werden, sondern je nach der Situation als Hilfe dienen:
» Nehmen Sie mit dem eintretenden Kunden Blickkontakt auf. Dadurch fühlt sich der Kunde zur Kenntnis genommen.
» Stehen Sie auf und gehen Sie auf den Kunden zu. Halten Sie dabei weiterhin Blickkontakt, dadurch wird er Ihr Kunde.
» Begrüßen Sie Ihren Gesprächspartner betont und freundlich.
» Kunden, die Ihnen persönlich bekannt sind, sprechen Sie mit dem Namen an.
» Fragen Sie den Kunden nach seinem Wunsch.
» Bei Kunden, die Ihnen bereits bekannt sind, eröffnen Sie das Gespräch verbindlicher (z. B. „Wie war Ihr letzter Urlaub, Frau/ Herr …").

> **Fragen nach dem Kundenwunsch:**
> – Was kann/darf ich für Sie tun?
> – Wie kann ich Ihnen helfen?
> – Wie kann ich Ihnen behilflich sein?

Reagieren Sie positiv auf den Kundenwunsch und signalisieren Sie Dienstbereitschaft, indem Sie auf den vom Kunden geäußerten Wunsch eingehen und die Vielfalt Ihres Angebots darlegen.

> **Kunde:** „Ich möchte zwei Wochen Urlaub auf den Kanaren verbringen."
>
> **Expedient:** – „Ja gerne, da kann ich Ihnen sicher helfen."
>
> – „Ja gerne, da werde ich sicher etwas Schönes für Sie finden."
>
> – „Da haben Sie sich ein schönes Reiseziel ausgesucht!"
>
> – „Da kann ich Ihnen einiges anbieten."

Bei unangebrachten Fragen wie, „Haben Sie sich schon etwas ausgesucht?" oder „Wie viel möchten Sie ausgeben?" oder „Kann ich Ihnen weiterhelfen?" übernimmt der Kunde die Gesprächsführung. Diese Art von Fragen sollten Sie vermeiden.

> **!** **Die Verhaltensweisen in der Begrüßungsphase sind:**
> – **Lächeln Sie Ihren Kunden an.**
> – **Wechseln Sie die ersten Worte im Stehen.**
> – **Signalisieren Sie dem Kunden Ihre Dienstbereitschaft.**
> – **Bieten Sie Ihrem Kunden einen Platz an.**

Sollte der Kunde nicht unverzüglich von Ihnen beraten werden können, müssen Sie ihm trotzdem vermitteln, dass er willkommen ist. Deshalb, reagieren Sie positiv!

» Signalisieren Sie dem Kunden verbal und durch Blickkontakt, dass er schnellstmöglich beraten wird.
» Zur Überbrückung der Wartezeit bieten Sie ihm einen Sitzplatz an und ggf. ein Getränk.
» Verweisen Sie auf bereitliegende Reisemagazine, Kataloge etc.
» Bestätigen Sie, dass der nächste frei werdende Expedient sofort für den Wartenden zur Verfügung steht. Sollte die voraussichtliche Wartezeit zu lang sein, bieten Sie dem Kunden lieber gleich einen Katalog und in Folge einen persönlichen, ggf. telefonischen Termin an, den Sie sich für ihn freihalten.

> **!** **Kunden warten nicht gerne. Ein potenzieller Kunde wird wahrscheinlich nach einer kurzen Wartezeit das Reisebüro verlassen und ist damit vielleicht für Sie als Kunde verloren.**

2.3.2 Die Vorstellung

Nachdem der Kunde Platz genommen hat, stellen Sie sich vor.

> „Ich freue mich, dass Sie zu uns gekommen sind, mein Name ist Killig, Wolfgang Killig."

Der Vorname wirkt persönlicher und der Kunde hat Zeit, sich Ihren Namen zu merken.

Der Kunde wird sich in der Regel daraufhin ebenfalls vorstellen. Andernfalls fragen Sie nach seinem Namen.

> – „Sagen Sie mir bitte auch Ihren Namen?"
> – „Wie darf Ich Sie ansprechen?"
> – „Wie ist Ihr Name?"

Sprechen Sie den Kunden von jetzt an mit seinem Namen an! Notieren Sie sich den Kundennamen! Sollten Sie den Namen akustisch nicht verstanden haben, so verwenden Sie folgende Formulierungshilfen:

> – „Bitte sagen Sie mir Ihren Namen noch einmal."
> – „Wie schreibt man Ihren Namen?"
> – „Bitte buchstabieren Sie mir Ihren Namen."

Bedanken Sie sich für die Hilfe. Vermeiden Sie in einer solchen Situation Fragen, von denen der Kunde den Eindruck gewinnen könnte, dass Sie ihn nicht ernst nehmen. Solche ungeeigneten Namensnachfragen sind Formulierungen, wie „Wie war Ihr Name?" (… hat nicht zugehört) oder „Können Sie mir Ihren Namen buchstabieren?" (… glaubt, ich kann das Alphabet nicht).

2.3.3 Der Telefonkontakt

Das Telefon ist ein wichtiges Medium zur „Außenwelt" und für Ihren Kunden die Möglichkeit, Sie zu sprechen, ohne Ihren Buchungsschalter oder Ihre Agentur aufsuchen zu müssen.

Für den Kunden hat die Kontaktaufnahme per Telefon drei entscheidende **Vorteile:**
1. Anfragen, Angebote, Bestellungen, Wünsche oder Reklamationen können kostengünstiger abgewickelt werden als beim herkömmlichen Schriftwechsel (= Kunde spart Geld).
2. Ein Telefonberater kann unverzüglich Auskunft geben und der Kunde kann sofort nachfragen (= Kunde spart Zeit).

5053204

3. Der Experte am Telefon garantiert individuelle Beratung (= Kunde steht im Mittelpunkt).

Diese Sichtweisen des Kunden bedeuten für Sie, dass Sie zu erreichen sind, das heißt ansprechbar sind und – falls Sie gerade einen Kunden persönlich betreuen – flexibel genug, das Beratungsgespräch zu unterbrechen. Sollten Sie einmal nicht in der Lage sein, das Telefonat anzunehmen, sollten Sie einen **Anrufbeantworter** eingeschaltet haben.

Bitte beachten Sie hierbei:
» Besprechen Sie diesen mit freundlicher Stimme.
» Gestalten Sie den aufgesprochenen Text nicht zu lang.
» Rufen Sie so schnell wie möglich zurück; spätestens am folgenden Tag.

> **!** Der Anrufbeantworter ist die „mündliche Visitenkarte" Ihres Unternehmens. Der aufgesprochene Text sollte eindeutig und verständlich sein.

Für telefonische Kontakte gelten eigene Regeln, die im Folgenden dargestellt werden.

Am Telefon müssen wir auf folgende Einflussfaktoren verzichten:

» das persönliche eigene Erscheinungsbild
» den Blickkontakt
» Anschauungsmaterialien
» die Büroatmosphäre
» die Körpersprache

Beeinflussen können wir unseren Gesprächspartner durch:

» unsere Stimme
» unsere Sprechweise
» unsere Formulierungen
» unsere Gesprächsinhalte
» unsere persönliche Ansprache
» unser Zuhören

Stimme

Lassen Sie sich nicht auf die Lautstärke Ihres Gesprächspartners ein, pointieren Sie durch Heben und Senken der Stimme. Eine gewisse Distanz in der Stimme vermittelt einen selbstsicheren Eindruck. Verzichten Sie auf eine zu starke Dialektfärbung, wenn der Kunde Dialekt spricht, äffen Sie keinen Dialekt nach.

Sprachrhythmus und Akzentuierung

Benutzen Sie keine eintönige Sprachmelodie, sie erzeugt Langeweile. Bewegen Sie Ihre Stimme in einem natürlichen Auf und Ab; Satzzeichen vermitteln Sie akustisch. Pausen von ein bis zwei Sekunden geben dem Gesprächspartner die Möglichkeit, Ihre Informationen zu verarbeiten und erzeugen Spannung.

Formulierungen

Benutzen Sie den Indikativ (Wirklichkeitsform); der Konjunktiv (Möglichkeitsform) drückt Unsicherheit aus. Vermeiden Sie Telefonlaute und Füllwörter.

ungeeignete Formulierungen	Kundenwertung
» müsste, hätte, könnte, wäre, würde	» unsicher
» ääh, hmm, mm	» unkonzentriert
» eigentlich, vielleicht	» aussagelos

Vermeiden Sie auch das Futur (Zukunft). Zukunftsaussagen suggerieren Unsicherheit. Nutzen Sie das Präsens (Gegenwartsform), da diese Form keinen Spielraum für eventuelle Hindernisse zulässt.

Stacheldrahtphrasen und Sperrformulierungen

Stacheldrahtphrasen können einen Gesprächsverlauf sehr schnell hemmen oder zu einem Gesprächsabbruch führen, da sich der Gesprächspartner durch sie angegriffen fühlt. Zusammen mit Sperrformulierungen sind sie Angriffspunkte, die in der eigenen Person, dem Gesprächspartner, dem Gesprächsgegenstand oder in den Rahmenbedingungen des Gespräches begründet sind.

– Das machen wir immer so …

– Ich verstehe gar nicht, wo Sie noch ein Problem sehen …

– Was für eine Pfeife ist denn darauf gekommen …

– Das wird sowieso nichts …

– Da kommt doch nichts bei raus …

– Das kann doch nicht Ihr Ernst sein …

– Das glauben Sie doch selber nicht …

– Das ist nicht unsere (Ihre) Aufgabe …

– Dafür habe ich keine Zeit …

– Auf dem Gebiet habe ich die größere Erfahrung …

– Was Sie sagen, ist einfach falsch …

– Wir haben schon alles versucht …

– Im Moment sind wir dazu nicht in der Lage …

– Darüber reden wir ein andermal …

– Das geht mich nichts an …

– Das können Sie nicht beurteilen …

! **Beim Telefonat beeinflussen Sie Ihren Gesprächspartner zu 85 % durch die Art, wie Sie sprechen, zu 15 % durch das, was Sie sagen.**

Entsprechend dem Text auf dem Anrufbeantworter (s. o.) ist die telefonische Begrüßung die „mündliche Visitenkarte" Ihres Unternehmens. Sie ist für ein erfolgreiches Gespräch notwendig und wichtig.

Telefonische Begrüßung	
» Guten Tag	= Grußformel
» Reisebüro „Palmen und Meer"	= Unternehmensnennung
» Mein Name ist Alina Berg.	= persönliche Vorstellung
» Was kann ich für Sie tun?	= Dienstbereitschaft signalisieren

> **!** Sie werden vom Kunden angerufen – die korrekte Begrüßung am Telefon wird als „4er-Meldung" bezeichnet.

Für einen Anrufer wirkt es nachlässig und interesselos, wenn der Angerufene sich schon meldet, bevor die Sprechmuschel in der richtigen Position ist. Er versteht vom Tagesgruß nur noch „… Tag" oder von der Unternehmensnennung nur noch „… Meer".

Es gibt auch eine Vielzahl von Gründen, warum Sie den Kunden anrufen, z. B.:

» das Servicegespräch vor/nach der Reise (Kundenbindung)
» die Nachfrage bei Katalogabholern
» die Kontaktaufnahme bei „Nicht-mehr-Buchern"
» der Rückruf bei Nachricht auf dem Anrufbeantworter
» das telefonische Direktmarketing

Egal weshalb Sie auch immer die Initiative ergreifen, ein Telefongespräch bedarf einer guten Vorbereitung.

Fragen der Anrufsvorbereitung
» Wer ist mein Gesprächspartner?
» Welche Informationen habe ich über meinen Gesprächspartner? (→ Kundenkartei)
» Welches Ziel möchte ich mit meinem Anruf erreichen?
» Welcher Kundennutzen ist mit meinem Anruf verbunden?

Wie auch beim persönlichen Empfang ist es wichtig, mit dem Kunden von Beginn des Telefonates an eine **gute Gesprächsatmosphäre** aufzubauen. Nutzen Sie Ihre Stimme und die angebrachten Formulierungen. Seien Sie freundlich, aber nicht überfreundlich. Bedenken Sie, dass der Kunde nicht durch Ihr Aussehen oder Ihre Körpersprache abgelenkt ist; er/sie achtet noch intensiver auf Ihre Stimmlage und Ihre Worte.

Wenn Sie den Kunden anrufen, benutzen Sie die „3er-Meldung":	
Telefonische Visitenkarte/Ansprache (3er-Meldung)	Guten Tag. Hier ist Ihr Reisebüro „Sonne und Meer". Mein Name ist Hannelore Ehrlich.
Identifizierung des Ansprechpartners	Frau Spengler?
Bestätigung	Schön, Frau Spengler, dass ich Sie persönlich erreiche.
Aufhänger (Zielfixierung und Eröffnung)	Ich habe die Informationen für Sie, die Sie wünschten …

Weitere Formulierungsbeispiele für gutes Telefonieren	

» **positive Gesprächsatmosphäre**
  - Wie Sie wissen, ist es für unser Reisebüro selbstverständlich, dass …
  - In Ihrem besonderen Fall werden wir gerne für Sie …
» **Kundenappelle**
  - Wäre es Ihnen vielleicht ausnahmsweise möglich, dass …
  - Könnten Sie dies bitte in diesem Ausnahmefall selbst veranlassen?

» **Entschuldigungen**
  - Bitte entschuldigen Sie vielmals …
  - Es tut mir außerordentlich leid, dass …
» **Schlussformulierung**
  - Selbstverständlich werde ich mich unverzüglich um Ihre Angelegenheit kümmern.
  - Ich werde rückfragen und Sie sofort wieder anrufen.

Vermeiden Sie in Ihren Telefonaten, aber auch im direkten Beratungsgespräch, **Negativ-Formulierungen**; sie führen zu Konfrontationen oder gar zum Abbruch des Gespräches.

» Nein, das geht so nicht.

» Das sehen Sie völlig falsch.

» Ich bitte Sie, so etwas würde ich niemals sagen.

» Aber nein, das kann doch nicht Ihr Ernst sein.

> **!** Machen Sie sich während oder nach dem Telefonat Notizen über die wichtigsten Besprechungspunkte und ausstehende oder erledigte Aufgaben. Ergänzen Sie Ihre Kundendatei, wenn möglich.

Aufgaben

1_ Nennen Sie acht Faktoren, die die Reisebüro- oder Agenturatmosphäre stören können.
Unterbreiten Sie entsprechende Vorschläge zur Abhilfe.

2_ Analysieren Sie das Sollprofil für Ihren Ausbildungsberuf und wählen Sie sechs Merkmale auf Ihre Person bezogen aus, die Sie für verbesserungsfähig halten.

3_ Formulieren Sie jeweils zwei selbst gewählte Redeverhaltensweisen zu den einzelnen Gesprächstypen und Ihre individuelle Reaktion darauf.

4_ Erläutern Sie fünf konkrete Vorschläge, um Kundenärgernisse abzubauen.

5_ Nennen Sie jeweils drei Signale für Interesse und Desinteresse.

6_ Nennen Sie vier Elemente nonverbaler Kommunikation.

7_ Bitte formulieren Sie die folgenden Phrasen entsprechend um:

a) Formulieren Sie im Indikativ:
Würden Sie sich bitte melden, wenn …
Da müsste ich noch einmal nachsehen …
Das könnte bis Dienstag fertig werden …

b) Formulieren Sie im Präsens:
Ich werde mich bis Freitag melden …
Sie werden unsere Prospekte erhalten …
Ich werde das Angebot zur Post geben …

c) Formulieren Sie nachfolgende negativen Formulierungen positiv:
Dafür bin ich nicht zuständig.
Das ist eine schlechte Reisezeit für Koh Samui.
Da haben Sie mich falsch verstanden.

8_ Wie bereiten Sie sich auf ein Telefongespräch vor? Nennen Sie jeweils ein Beispiel für die dazu benötigten Informationen, Materialien und Aktivitäten.

5053208

3 Die Bedarfsermittlung

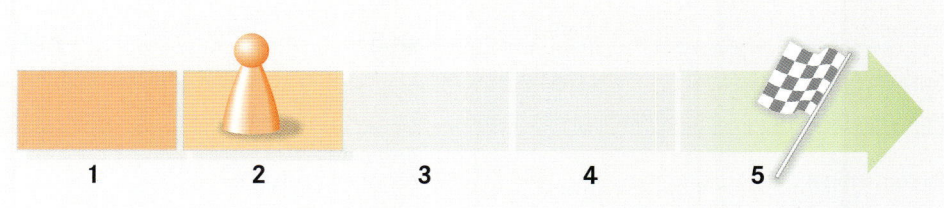

Je exakter die gewonnenen Informationen in der Phase der Bedarfsermittlung sind, desto erfolgreicher verläuft Ihr Verkaufsgespräch.

Sie benötigen den Bedarf, die Reisemotive des Kunden:

» für eine adäquate (bedarfsgerechte) Beantwortung einer Anfrage
» für ein adäquates Angebot oder Alternativangebote
» für die Einwandbehandlung
» für die Preisargumentation
» für die Abschlussphase

Führen Sie den Kunden dabei mithilfe von Fragen (→ Kapitel 3.2). Gegebenenfalls begründen Sie Ihre Fragen mit dem Argument, dass Sie ihm/ihr/ihnen ein individuelles und maßgeschneidertes Angebot unterbreiten möchten. Lassen Sie den Kunden ausreden. Hören Sie aktiv zu (→ Kapitel 3.4)! Dokumentieren Sie alle wichtigen Informationen nach und nach in einem Kundenberatungsbogen (nächste Seite) oder in der entsprechenden Maske Ihres Computerprogramms. Er gibt Ihnen einen „roten Faden" für die Bedarfsermittlung vor und zeigt dem Kunden, dass er ernst genommen wird.

 Der Bedarf des Kunden ist der Schlüssel zum Abschluss!

3.1 Buchungsmotive

Die Ursachen für das Reisen oder das Buchen von Events sind vielfältig. In der Tourismuswirtschaft interessieren vor allem die den Entscheidungen zugrunde liegenden ökonomischen Überlegungen.

Reisen oder Ausflüge/Veranstaltungsbesuche als ökonomische Güter dienen der Befriedigung von Bedürfnissen. Dabei wird die **Maslow'sche Bedürfnispyramide** am häufigsten zur Erklärung herangezogen.

Kundenberatungsbogen Name des Kunden:_____

Datum: _____   Uhrzeit: _____   Expedient: _____

früheste Abreise: _____   späteste Abreise: _____   Reisedauer: _____

Personen gesamt:_____   Anzahl Erwachsene: _____   Anzahl Kinder: _____   Alter: _____

Verkehrsmittel:_____   Veranstalter/Airlinewunsch: _____

Ausgangsflughafen/Ausgangsbahnhof: _____   Zielflughafen/Zielbahnhof: _____

Beförderungsklasse: _____   ☐ Raucher   ☐ Nichtraucher   ☐ Fenster   ☐ Gang

Hotel/Fewo/Kabine: _____   Anzahl/Art Zimmer: _____   Verpflegung: _____

(optional) Preis: _____ Euro   Zielgebiet: _____

Name des Kunden _____

Geburtsdatum _____

Straße _____

PLZ/Wohnort _____

Telefon privat _____

Telefon geschäftlich _____

Telefax/E-Mail _____

Mitreisende (Namen) _____

Urlaubserwartungen

_____
_____
_____
_____

Vorschläge des Beraters

_____
_____
_____
_____

Sonstiges

_____
_____
_____

Buchungs-/Options-Nr.:_____   Option ☐ fest / ☐ verfällt   Optionsende (Datum): _____

Gesprächspartner/Leistungsträger:_____

Zusatzleistungen: ☐ Mietwagen   ☐ Stadtrundfahrt   ☐ Reiseversicherung

Sonstiges:_____

Sonstiges

☐ Kabinenplan
☐ Landausflüge
☐ Tischplatz/Sitzung
☐ Reiseführer
☐ ausführliche Bestätigung
☐ Willkommensgrußkarte
☐ Buchungsdokumentation
☐ Blumen/Sekt/Zimmer/Kabine
☐ Restaurantempfehlung
☐ Reiseführer/Autokarte
☐ Hotelanschrift
☐ Hotelprospekt/Länderinfos
☐ Telefonanruf nach der Ankunft
☐ TV-Termine

	Anzahlung	Endbetrag
allgemeine Zahlungsvereinbarungen		
Direktinkasso des Reiseveranstalters	☐	☐
EC-Karte/bar	☐	☐
Scheck	☐	☐
besondere Zahlungsvereinbarungen		
Überweisung	☐	☐
Barscheck	☐	☐
Lastschrift	☐	☐
Kreditkarte	☐	☐

Gesellschaft _____

Nummer _____   Gültigkeit _____

5053210

Die Begriffe der Maslow'schen Bedürfnispyramide:

Physiologische Grundbedürfnisse » Essen, Trinken, Schlafen, Wohnen	**Touristische Umsetzung** » Fahrten zur Arbeit, Geschäftsreisen
Soziale Sicherheit » Gesetze, Versicherungen, Vorsorge	**Touristische Umsetzung** » Reisen zur Sicherung des Einkommens, z. B. Kurzreisen, Geschäftsreisen, Regeneration der Arbeitskraft (Kuren)
Soziale Bindungsbedürfnisse » Zuneigung, Liebe, Geselligkeit, Freundschaft, Kontakt, Kommunikation, Familie	**Touristische Umsetzung** » private und gesellschaftliche Ereignisse/ Besucherreisen
Selbstachtung » Prestigebedürfnis, Anerkennung durch andere, Macht, Freiheit	**Touristische Umsetzung** » Reisen oder Veranstaltungsbesuche als Prestige, gesellschaftliche Achtung
Selbstverwirklichung » Unabhängigkeit, Freude, Glück, Kreativität, Persönlichkeitsentfaltung	**Touristische Umsetzung** » Reisen oder Events als Selbstzweck, Freude, Vergnügen, „Sonnenhunger", „Erlebnishunger"

Die Pyramide macht deutlich, dass der Mensch zunächst Grundbedürfnisse befriedigt, ehe er Interessen entwickelt, die über das Lebensnotwendige hinausgehen.

Unter Beachtung dieser Erkenntnis lassen sich Faktoren, die das Motiv des Kunden bestimmen, generell in zwei Ebenen unterscheiden:

Ebene der extrinsischen Faktoren **(von außen vorgegebene Faktoren)**

» die **individuellen Verhältnisse** des Kunden, d. h. Geschlecht, Alter, Gesundheit, Bildung, Budget, Urlaubszeitraum
» der **Informationsstand** des Kunden durch Radio, Fernsehen, Presse, Kataloge, Reisebüros
» die **Empfehlungen** durch Familie, Freunde, Nachbarn
» eigene **Erfahrungen** während des letzten Urlaubs oder Events

Die extrinsischen Faktoren für das Motiv Ihres Kunden erfragen Sie mithilfe von **Produktfragen:**
» Wohin soll's denn gehen?
» Welche Anreisemöglichkeit?

» Wie viele Personen, Kinder (Alter)?
» Kategorie des Hotels?
» Wann?
» Welche Verpflegung?
» Wie lange?
» Welcher Abflughafen?

Ebene der intrinsischen Faktoren **(von innen vorgegebene Faktoren)**

Tapetenwechsel, abschalten, ausspannen, Zeit füreinander haben, gut essen, Spaß und Unterhaltung haben, Sport treiben, sich verwöhnen lassen, reinere Luft, sauberes Wasser, Horizont erweitern, Verwandte/Bekannte besuchen

Die intrinsischen Faktoren für das Motiv Ihres Kunden erfragen Sie mithilfe von **Emotionsfragen:**
» Wie stellen Sie sich Ihren Urlaub/Ausflug vor?
» Was hat Ihnen im letzten Urlaub besonders gefallen?
» Worauf legen Sie in Ihrem Urlaub besonderen Wert?
» Was ist Ihnen im Urlaub besonders wichtig?

Buchungsmotive, die Elemente beider Ebenen enthalten

» **häufige, unbewusste Motive**
Partnersuche, Sex, Kontakt knüpfen, Prestige, Sicherheit, Sparen, Bequemlichkeit
» **Flucht vor dem Alltag**
Die Reise dient dazu, etwas hinter sich zu lassen (z. B. Arbeit, Stress, Familie) und etwas für die Gesundheit zu tun. Häufig wird das auch als Ankunftsmotiv bezeichnet, da die Ankunft im Zielgebiet schon den Reisezweck erfüllt.
» **Neues erleben und erlernen**
Die Reise wird unternommen, um etwas zu erleben (z. B. Land eigenständig erforschen, Attraktion zu sehen) und/oder Neues zu erlernen (z. B. Tauchen, Töpfern).

> ! **Bitte beachten Sie, dass Bedürfnisse zu 80 % emotionaler Natur sind!**

Die Motivliste lässt sich natürlich noch beliebig erweitern, doch eines ist allen Motiven gemeinsam: Der Kunde ist voller Erwartungen, wenn er Ihr Reisebüro betritt! Da diese Erwartungen (Bedürfnisse) bei jedem Kunden unterschiedlich sind, kann der Expedient nur

dann durch Angebote und Empfehlungen zur Bedürfnisbefriedigung beitragen, wenn er die Motive seines Kunden kennt.

3.2 Fragetechnik zur Bedarfsanalyse

> ! **Durch gezieltes Fragen erhalten Sie die notwendigen Informationen, um ein entsprechendes Angebot zu präsentieren. Sie helfen dem Kunden, sich über die eigenen Wünsche klar zu werden.**

Der Fragetechnik kommt aus folgenden Gründen besondere Bedeutung zu:
» Wer fragt, führt das Gespräch.
» Wer fragt, aktiviert den Gesprächspartner.
» Wer fragt, erhält Informationen.
» Wer fragt, zeigt Interesse.

5053212

Die offene Frage

Der Zweck der offenen Frage ist es, Bedürfnisse, Motive, Wünsche, Sehnsüchte, Träume, Meinungen, Gefühle und Probleme des Kunden herauszufinden.

Der Gesprächspartner hat durch diese Frageform selbst die Möglichkeit, seine Wünsche zu akzentuieren, ihnen eine Gewichtung zu geben. Dabei kann der Kunde mit einem Satz oder nur mit einem Wort antworten.

> – „Welche Vorstellungen haben Sie von Ihrem Urlaub?"
> – „Wie möchten Sie Ihren Urlaub gestalten?"
> – „Was ist Ihnen besonders wichtig im Urlaub?"

Die offene Frage beginnt immer mit einem Fragewort: Wer? Was? Wie? Wann? Wo? Wen? Wie viel? Womit? Wieso? Warum? Wozu? Weshalb? …

Diese Fragetechnik eignet sich besonders
» für den Beginn eines Verkaufsgespräches,
» für die Bedarfsermittlung,
» als Impuls bei Gesprächsstockungen und
» für die Behandlung von Einwänden.

Der Nachteil bei dieser Frageform kann unter Umständen ein Abschweifen sein.

Die geschlossene Frage

Eine solche Frage hat einen konkreten Informationsgehalt. Sie kann nur mit einem „Ja" oder „Nein" beantwortet werden, unter Umständen auch mal mit einem „Vielleicht". Sie dient dazu, die Zustimmung für einen Vorschlag oder ein Angebot zu bekommen. Die geschlossene Frage beginnt immer mit einem Verb: Möchten Sie? Haben Sie? Sind Sie? Kennen Sie? Gefällt Ihnen? Wissen Sie? …

> – „Möchten Sie nach Mallorca reisen?"
> – „Entspricht dieses Angebot Ihren Vorstellungen?"
> – „Wünschen Sie ein Zimmer mit Balkon?"

Der Nachteil bei dieser Frageform ist, dass es sehr mühsam sein kann, Informationen vom Kunden zu erlangen, wenn er sich darauf beschränkt, nur mit Ja oder Nein zu antworten.

Die Alternativfrage

Durch diese Frageform bieten Sie dem Kunden die Möglichkeit, frei und selbstständig unter mehreren Möglichkeiten wählen zu können und geben ihm das Gefühl, die richtige Wahl getroffen zu haben. Alternativfragen werden häufig in der Bedarfsermittlung und auch in der Abschlussphase (Kapitel 5) eingesetzt. Ziel ist es, „Nein-Antworten" zu vermeiden. Die Alternativfrage beginnt mit einem Verb, zeigt aber eine zweite Möglichkeit (z. B. Steigerung, Gegenteil), verknüpft durch „oder", auf: Möchten Sie … oder lieber …? Soll ich heute … oder morgen …? Bezahlen Sie … oder …?

> – „Möchten Sie ab München oder Frankfurt fliegen?"
> – „Bevorzugen Sie Voll- oder Halbpension?"
> – „Wäre Ihnen ein Einzel- oder Doppelzimmer angenehm?"
> – „Wünschen Sie ein Hotel oder eine Ferienwohnung?"

Der Nachteil dieser Frageform ist, dass der Gesprächspartner regelmäßig die erste Alternative vergisst. Diesen Nachteil können Sie zu Ihrem Vorteil einsetzen: Präzisieren Sie immer die zweite Variante, damit sich der Kunde erst recht für die zweite Variante entscheidet!

Die Suggestivfrage

Die Suggestivfrage bedarf keiner Antwort; sie nimmt die Antwort vorweg. Die Fragen beginnen mit „Sie" und enthalten häufig Redewendungen:
Sie sind doch auch der Meinung, dass …?
Sie haben sicherlich schon die Erfahrung gemacht, dass …?
Sicherlich ist Ihnen auch bekannt, dass …?

> – „Sie sind doch sicher auch der Meinung, dass dieses Hotel eine ausgezeichnete Lage hat?"
>
> – „Finden Sie nicht auch, dass der beste Urlaubsmonat der Oktober ist?"

Der Nachteil dieser Frageform ist die Manipulation (Steuerung, Kunstgriff). Die Bedarfsermittlung sollte daher nie mit Suggestivfragen geführt werden! Der Kunde könnte sonst leicht den Eindruck haben, Sie würden ihn manipulieren, übervorteilen oder überreden. Dadurch werden Sie auch sehr wahrscheinlich niemals den wahren Bedarf Ihres Kunden ermitteln. In der Angebotsphase (Kapitel 4) wird durch diese Frageform eine positive Wirkung erzielt, der Kunde bleibt bei der „Stange".

Die reflektierende Frage

Sie fasst Ausschnitte aus einem Gespräch zusammen und spiegelt im Rückblick das wider, was der Kunde gesagt hat. Die reflektierende Frage eignet sich besonders gut für die Bedarfsermittlung und die Abschlussphase.

> – „Wie Sie gerade schon sagten, legen Sie im Urlaub Wert auf ein 4-Sterne-Hotel, sportliche Betätigung und einen nahe gelegenen Strand. Habe ich etwas vergessen?"

Die Präzisierungsfrage

Häufig äußern die Kunden Urlaubswünsche, die es dem Verkäufer nicht ermöglichen, ein konkretes Angebot zu formulieren. Die Kundenaussage muss durch weitere Fragen des Expedienten präzisiert werden.

Die Präzisierungsfrage hilft dem Kunden, seine Bedürfnisse auf den „Punkt" zu bringen.

> – „Was konkret meinen Sie mit …?"
>
> – „Worauf genau legen Sie besonderen Wert?"
>
> – „Was speziell interessiert Sie?"
>
> – „Was genau verstehen Sie unter …?"
>
> – „Was meinen Sie mit …?"

Die Körpersprache

Beobachten Sie während des gesamten Dialogs die Körpersprache Ihres Kunden, denn die körperliche Ausdrucksweise wird häufig unbewusst angewandt. Sie gibt emotionale Zustände wieder.

Körperliche Ausdrucksweise
» **Mimik,** z. B. ein zufriedenes Lächeln (der Kunde formuliert seinen Wunsch)
» **Haltung,** z. B. offene Armhaltung (er übergibt Ihnen die Wünsche)
» **Gestik,** z. B. schaut auf die Uhr (er möchte das Gespräch beenden).

Machen Sie sich Notizen bezüglich der geäußerten Antworten.

Vorteile:
» Sie entlasten Ihr Gedächtnis.
» Sie können besser zusammenfassen.
» Sie erhalten eine Checkliste.
» Sie veranlassen den Kunden zur präzisen Aussage.
» Sie zeigen Interesse.

> **!** **Sie erinnern sich: Wer fragt, führt!**

3.3 Systematische Bedarfsermittlung

Die allgemeine Vorgehensweise für eine Bedarfsermittlung gestaltet sich in **fünf Schritten:**

1. **Schlüsselfrage:** Wie stellen Sie sich Ihren Urlaub vor?
2. **Weiterführende Frage:** Was ist Ihnen im Urlaub besonders wichtig?
3. **Konkretisierungsfrage:** Was konkret verstehen Sie unter …?
4. **Peripheriefrage:** Sie haben noch nicht erwähnt, wie Sie …? Wie sieht es damit aus?
5. **Sammelfrage:** Haben wir noch etwas vergessen?

Diese zentralen Fragen können noch weiter spezifiziert werden. Helfen Sie dem Kunden durch eine systematische Befragung, seine Bedürfnisse zu formulieren.

Systematische Befragung	
1. **Aufwärmfragen** (Rahmenbedingungen klären)	Wann soll die Reise sein? Wie lange möchten Sie verreisen? Wann können Sie frühestens Ihre Reise antreten? Was ist Ihr spätester Rückreisetermin? Mit wie vielen Personen möchten Sie verreisen? Wie viele Erwachsene nehmen an der Reise teil? Wie alt sind Ihre Kinder?
2. **Schlüsselfragen** (generell; Reisewünsche nach der Wichtigkeit ordnen)	Wie stellen Sie sich Ihren Urlaub vor? Worauf legen Sie besonderen Wert? Was möchten Sie in Ihrem Urlaub erleben? Was ist Ihnen generell im Urlaub wichtig? Worauf legt Ihr Partner wert?
Nachfassfrage	Welche weiteren Wünsche haben Sie noch?
3. **Frage nach Bedürfnissen** (speziell; das passende Angebot zu finden)	Sie haben mir noch nichts über Ihre … gesagt (z. B. Hobbys, kulturellen Interessen, Unterhaltung, Unterbringung, Verpflegung, Verkehrsmittel, Preisvorstellung …).
4. **Präzisierungsfragen** (Der Kunde bringt seine Bedürfnisse auf den Punkt.)	Was verstehen Sie unter Wellness? Was bedeutet für Sie …? Was meinen Sie konkret damit? Was darf ich darunter verstehen? Was soll das Angebot umfassen?
5. **Zusammenfassung** (Damit überprüfen Sie Ihre bisher erhaltenen Informationen.)	Ich möchte Ihre Reisewünsche kurz zusammenfassen, damit Sie sehen, ob ich alle Punkte richtig notiert habe. Ich sehe einmal schnell auf meinem „Spickzettel" nach, damit wir auch keine wichtige Frage vergessen.
6. **Rückkopplungsfragen** (Dadurch erzielen Sie Einigkeit im Hinblick auf die Reisewünsche.)	Habe ich etwas übersehen? Habe ich etwas nicht genannt? Habe ich etwas Wesentliches vergessen?

Sollte sich kein Zielgebiet aus der Bedarfsanalyse ergeben, so bieten Sie verschiedene Zielgebiete an und kreisen das Ziel dann räumlich ein. Diese Vorgehensweise wird auch **„Adlertechnik"** genannt. Fragen Sie, welches Zielgebiet den Kunden am meisten interessiert.

- „Fernreise oder Europa?"
- „Nord- oder Südeuropa?"
- „Festland oder Insel?"

Mithilfe von **Leerformeln** können Sie während des Verkaufsgespräches eine Atempause gewinnen, denn die Beantwortung entsprechender Fragen/Antworten beeinflusst Ihr Angebot nicht.

- – Um es ganz deutlich zu sagen …
- – Man kann es auch so ausdrücken …
- – Eine Frage bleibt noch …

Lassen Sie dosiert **„Zauberworte"** in Ihr Gespräch einfließen. Sie werden unbewusst vom Kunden registriert und Sie zeigen so Ihre Freundlichkeit.

– bitte	– gerne
– danke	– selbstverständlich
– sofort	

3.4 Aktives Zuhören

Aktives Zuhören heißt: „Die Welt mit den Augen meines/r Gesprächspartners/-in sehen." Es erfordert eine bewusste Entscheidung, dem Gesprächspartner während des gesamten Verkaufsgespräches wirklich zuzuhören, sowohl auf der inhaltlichen als auch auf der emotionalen Ebene. Das erfordert einerseits von Ihnen Konzentration und Reaktionsbereitschaft, zum anderen aber auch Sicherheit in den Phasen der Verkaufstechnik, da Sie durch das Zuhören Informationen gewinnen, die Sie jederzeit wieder für sich nutzen können.

Gespräch ohne Blickkontakt

Aktives Zuhören und offene Fragen:

» Das war sicher ein tolles Erlebnis für Sie!
» Das freut mich für Sie!
» Prima!
» Da haben Sie ja gute Erfahrungen gemacht!
» Wie waren Sie mit dem Service zufrieden?
» Besser kann man es nicht treffen!
» Was hat Ihnen besonders gut gefallen?
» Worauf legen Sie besonderen Wert?
» Sie sagten, die Animation sei nicht nach Ihren Vorstellungen gewesen?

Gespräch mit Blickkontakt

Signale für ein aktives Zuhören sind Blickkontakt zum Sprechenden, sogenannte Bestätigungslaute wie „ähm" oder „mh", Rückfragen und Zusammenfassung.

> Was der Kunde oder Sie sagen, ist nicht immer das, was der andere auch darunter versteht!

Um ein guter Gesprächspartner zu sein – denn erst ein guter Zuhörer macht ein gutes Gespräch aus – sollten Sie sich durch folgende Fragen kontrollieren:
1. Habe ich die Inhalte der Aussage meines Gesprächspartners verstanden?
2. Habe ich die Gefühle des Gesprächspartners erkannt?

Ob Sie die Inhalte/Gefühle/Bedürfnisse Ihres Gesprächspartners richtig verstanden haben, kontrollieren Sie mit **reflektierenden Aussagen.**

Inhaltskomponente

» Mit anderen Worten, Sie meinen …
» Wenn ich Sie richtig verstanden habe, dann …
» Sie sind der Ansicht, dass …
» Sie glauben, dass …

Gefühlskomponente

» Sie befürchten, dass …
» Sie haben Bedenken, dass …
» Sie fühlen sich …
» Sie sind verärgert, weil …

Visueller *Dissens*

Wissen als Kippfigur? Was sehen Sie: junges Mädchen oder Schwiegermutter?

Die reflektierende Aussage ist die **positive Wiederholung einer Aussage** des/der Gesprächspartners/-in, um zu kontrollieren, ob man ihn/sie richtig verstanden hat. Dabei wird entweder die Aussage bestätigt und bekräftigt oder die Aussage zum eigenen Vorteil günstiger formuliert.

Durch aktives Zuhören entspannen Sie die Gesprächsatmosphäre und versichern sich, Ihren Gesprächspartner tatsächlich verstanden zu haben. Sie vermeiden einen *Dissens* (= Interpretationsunterschied). Den sprachlichen *Dissens* nennt man auch Verständnis*dissens*.

> **Expedient:** Die Ferienanlage ist nur durch eine Straße vom Strand entfernt.
>
> **Kunde interpretiert:** Der Strand ist bequem zu erreichen oder aber: Das bedeutet: Lärm, Verkehr, Gefahr.

Kommt es zu einem solchen Missverständnis, wird die korrekte Bedarfsanalyse erheblich erschwert. Man redet „aneinander vorbei" und verbleibt in einer Schleife. Das heißt, dass als Konsequenz der Falschinterpretation Ihrer reflektierenden Aussage der Kunde seine Bedürfnisse wieder und nun vielleicht anders konkretisiert.

Neben dem sprachlichen existiert auch der visuelle *Dissens*. Zu diesem kann es durch die unterschiedlichen Betrachtungsweisen, Erziehungen und Erfahrungen, intellektuellen Fähigkeiten, Lebenseinstellungen, aber auch z. B. durch Vorurteile von verschiedenen Betrachtern kommen. Bei Verwendung von Katalogabbildungen zur Bedarfsanalyse sollten Sie daher besser durch konkretes Nachfragen (reflektierende Fragen) einen visuellen *Dissens* ausschließen.

3.5 Umgang mit Katalogabholern und „Last-Minute-Kunden"

Ebenso wie bei der Begrüßung in einem kompletten Verkaufsgespräch reagieren Sie beim Katalogabholer dienstbereit und positiv auf die Wünsche des Kunden. Weisen Sie sich als Fachmann/-frau aus, indem Sie anbieten, gerne ein paar Informationen und wichtige Tipps zu einem Zielgebiet zu geben. Bieten Sie hierzu dem Kunden einen Sitzplatz an mit dem Hinweis, dass Sie dafür einige Anhaltspunkte über seine Urlaubsvorstellungen benötigen und führen Sie dann die Bedarfsermittlung durch.

Sollte ein gewünschter Katalog vergriffen sein, bieten Sie dem Kunden an, den Katalog zu besorgen und zum Abholen bereitzulegen. Alternativ können Sie anbieten, ihn dem Kunden zuzusenden, indem Sie die Kundenadresse erfragen und notieren.

! In allen Fällen bieten Sie dem Kunden eine Beratung zu einem späteren Zeitpunkt an und informieren ihn auch über die Möglichkeit einer telefonischen Buchung.

! Im Übrigen gilt: Alle Kataloge tragen Reisebüro- oder Agenturaufkleber!

Auch Katalogabholer sind für Sie eine Chance, neue Kunden zu gewinnen. Dieser Personenkreis hat häufig konkrete Urlaubswünsche, jedoch noch „Schwellenangst" vor dem individuellen Beratungsgespräch.

Aufgaben

1_ Beschreiben Sie die Zielsetzung der Phasen des Verkaufsgespräches.

2_ Überprüfen Sie Ihren Arbeitsplatz auf „Gleichberechtigung" im Platzangebot.

3_ Formulieren Sie fünf Fragen nach dem Kundenwunsch in der Begrüßungsphase.

4_ Nennen Sie vier Möglichkeiten, Dienstbereitschaft zu signalisieren.

5_ Formulieren Sie jeweils zwei Beispiele für
  – Ihre persönliche Vorstellung,
  – das Erfragen des Kundennamens.

6_ Erklären Sie die Maslow'sche Bedürfnispyramide.

7_ Warum sind Reisemotive dynamisch?

8_ Welche Elemente eines Buchungsangebotes dienen der Bedürfnisbefriedigung, der Wunscherfüllung und der Problemlösung eines Kunden? Beantworten Sie die Frage am Beispiel einer Pauschalreise, einer Städtereise und einer Kreuzfahrt.

Zusätzliche Aufgaben zu Kapitel 3 finden Sie auf der beiliegenden DVD.

4 Angebotsphase

In der Angebotsphase unterbreiten Sie dem Kunden ein bedarfsorientiertes, auf ihn passendes Angebot. Sie sind nun im Kommunikationsmodell (→ Kapitel 1.1) der Sender, der eine möglichst passende Kodierung für die Übermittlung der Botschaft verwenden muss.

„Urlaubsbilder"

– *all-inclusive*

Dieses Hotel verspricht ein besonders angenehmes Urlaubserlebnis: Verpflegung, *Snacks*, Unterhaltung und diverse Sportangebote sind bereits im Preis inbegriffen. *All-inclusive* heißt für Sie: sorglose Sonnentage!

– *Familienferien*

In dieser Ferienanlage können Sie mit Ihren Kindern unbeschwerten Urlaubsspaß erleben: Ob flache Strände, Spielplätze, *Miniclub*, Kinderfestspiele oder so praktische Dinge wie Hochstühle, Babybetten oder *Babysitting* – hier können Sie sich so richtig erholen.

– *Spanien, Balearen, Kanaren*

Urlaub auf Spanisch, so viel das Herz begehrt: feuriges Andalusien, sonnige Balearen, faszinierende Kanaren.

– *Türkei, Ägypten*

Buntes Treiben auf Basaren, herrliche Moscheen, Ausflüge in die Wüste, Hotels in Oasen, morgenländische Gastfreundschaft – erleben Sie Urlaub mit orientalischem Flair!

– *Griechenland/Korfu*

Wer denkt da nicht an Mythologie, antike Stätten, Olympische Spiele, Wein, Sirtaki und weiß gekalkte Häuser. Dazu kommen das tiefblaue Meer, griechische Gastfreundschaft und unzählige reizvolle Inseln, darunter auch Korfu. Die grüne Insel bietet lange Strände, versteckte, verträumte oder weit geschwungene Buchten, unberührte Natur und Lebensfreude pur.

– *Rhodos*

Sonne satt, Familienspaß, Strand und Meer, Unterhaltung, Sport und antike Stätten, historische Sehenswürdigkeiten, herrliche Landschaften – was braucht man mehr?

– *Karibik*

Feiner Sand unter nackten Füßen, glasklares Meerwasser, leises Palmenrauschen, exotische Drinks, der blaue Himmel, so weit das Auge reicht. Entdecken Sie Ihr ganz persönliches Paradies in der Ferne.

verändert nach: TV travelshop/Hannover

Heben Sie in Ihrer Destinationsbeschreibung das Typische hervor, das „Urlaubslogo".

Statt:	sagen Sie:
Ägypten	Land der Pharaonen
Berlin	Hier tanzt der Bär.
Brasilien	Samba am Zuckerhut
Dresden	Sachsens Elbflorenz
Côte d'Azur	Frankreichs edelstes Blau
Florida	Disneyland plus Reggae
Paris	Stadt der Liebe
Prag	die Goldene Stadt
Rom	die Ewige Stadt

4.1 Vakanz prüfen und Zusammenstellen des Angebots

Bei der Zusammenstellung des Angebots sollten Sie mit den „Augen des Kunden" sehen. Verwenden Sie die in der Bedarfsermittlung gesammelten Informationen und Daten. Beziehen Sie sich bei der Auswahl immer auf die Aussagen des Kunden. Nutzen Sie Ihre eigenen Erfahrungen und Erlebnisse nur soweit, wie sie mit den Kundenwünschen nicht in Konflikt geraten.

> **!** **Sie sollen die Kundenbedürfnisse befriedigen, nicht Ihre eigenen.**

> **!** **Sehen Sie bereits während der Angebotszusammenstellung stichprobenartig nach, ob es noch freie Plätze gibt oder suchen Sie direkt nach einem Alternativangebot, bevor Sie Ihrem Kunden ein gar nicht mehr vorhandenes Angebot unterbreiten.**

4.2 Angebotspräsentation

> Verwenden Sie bei der Präsentation des Angebots die dreistufige Argumentation:
> 1. **Produktmerkmal** herausheben,
> 2. **Produktvorteile** nennen,
> 3. **Kundennutzen** darstellen.

Legen Sie dem Kunden einen Katalog mit der entsprechenden, aufgeschlagenen Seite vor. Verwenden Sie dabei einen Katalog für den Kunden und einen für sich. Lesen Sie nicht „über Kopf".

Verwenden Sie für die Vorstellung und Demonstration des Angebotes eine **bildhafte Sprache.** Malen Sie Ihrem Kunden ein Bild von seinem Urlaub mit Ihren Worten. Geben Sie Ihrer Stimme den entsprechenden Klang. Die Sprache ist voller Bilder. Sie sprechen von Dingen wie von Personen.

So können Sie anschaulich Empfindungen wecken und beim Gesprächspartner Bilder von der angebotenen Reise entstehen lassen. Besonders anschaulich sind Vergleiche. Durch einen Vergleich wie „Das Wasser glänzt wie Gold" entsteht ein Bild vor unserem Auge.

Der **bildhafte Vergleich** wird in den meisten Sätzen durch Wendungen eingeführt.

> – wie
> – als ob, als wenn
> – von der Farbe eines
> – von der Art eines

Verwenden Sie **Metaphern,** bildhafte Ausdrücke für sich (abstrakt) ähnelnde Eigenschaften, Gegenstände oder Begriffe (Bezeichnungsübertragungen, Gleichnisse).

> – „Der Höhleneingang gähnt."
> – „Die Sonne lacht."
> – „Der goldene Herbst"

Verdeutlichen Sie Ihre Beschreibungen durch Adjektive und Attribute. Schmücken Sie Ihre Aussagen durch die oben genannten Wortarten aus.

Statt:	sagen Sie:
„gutes Hotel"	„gemütlich ausgestattetes Haus mit Ambiente"
„sauberes Wasser"	„kristallklares Wasser"

Wählen Sie Substantive so, dass der geschilderte Sachverhalt bildhaft dargestellt wird und „Urlaubsbilder" entstehen.

schön gelegenes Hotel
- malerisch in einer Bucht gelegen
- inmitten üppiger Natur eingebettet
- für sich idyllisch in der Bucht
- fernab von allem Trubel

Kinder spielen oft die entscheidende Rolle bei der Wahl des Urlaubsziels. Wer ihre Wünsche am besten trifft, macht im Tauziehen um die Familien das Rennen.

Beziehen Sie durch Situationsbeschreibungen diese Kunden in den möglichen Reiseverlauf ein. Lassen Sie sie den Urlaub spüren.

Statt:	sagen Sie:
kinderfreundliches Hotel	– Da wird sich Ihre Tochter freuen.
	– Sie können Ihre Kinder unbesorgt herumtoben lassen.

! **Vermeiden Sie so weit wie möglich „Fachchinesisch". Sagen Sie Fluggesellschaft statt Airline, Bestätigungsvermerk statt Sticker, Hotelgutschein statt Voucher.**

! **Die fünf Schritte der Angebotsphase sind:**
1. **Vakanz prüfen**
2. **Angebot präsentieren**
3. **Nutzen deutlich machen**
4. **Zusatzleistungen**
5. **Gesamtpreis präsentieren**

Nennen Sie die **Merkmale** des Angebots. Nennen Sie die **Vorteile** des Angebots, indem Sie jeweils den Bezug zum Kundenwunsch herstellen.

– „Sie sagten, dass, erstens ... zweitens, dass ..."

– „Schauen Sie mal, hier kann ich Ihnen ... "

Stellen Sie nun das mögliche Reiseziel in einer Abfolge von festgelegten Schritten dar, die beim Kunden einen individuellen Charakter der Reise aufkommen lassen. Diese Vorgehensweise wird **Angebotstrichter** genannt.

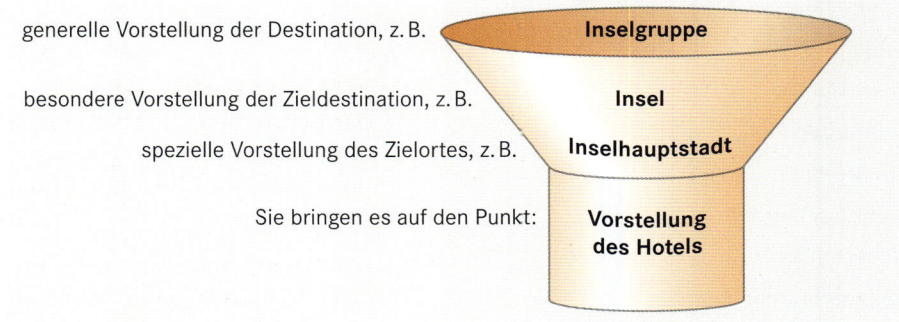

generelle Vorstellung der Destination, z. B. — **Inselgruppe**

besondere Vorstellung der Zieldestination, z. B. — **Insel**

spezielle Vorstellung des Zielortes, z. B. — **Inselhauptstadt**

Sie bringen es auf den Punkt: — **Vorstellung des Hotels**

Lassen Sie sich durch bestätigende Fragen während der einzelnen Schritte des Angebotstrichters die Attraktivität Ihres Angebots vom Kunden versichern.

4.3 Nutzen deutlich machen

Bauen Sie dem Kunden Schritt für Schritt eine Nutzenbrücke von den Merkmalen einer bestimmten Reise zum persönlichen Kundennutzen.

Merkmal	Nutzenbrücke	Kundennutzen
Das Hotel liegt mitten in der Altstadt.	Das bedeutet für Sie, …	… dass Sie die Sehenswürdigkeiten zu Fuß besichtigen können.
Als Verpflegung wird „All Inclusive" angeboten.	Das bietet Ihnen den Vorteil, …	… dass Sie geringe Nebenkosten haben.
Die Transfers zwischen Flughafen und Hotel sind im Reisepreis eingeschlossen.	Damit sparen Sie sich …	… Kosten und langes Suchen nach einem Taxi.
Das Schiff legt jeden Tag in einem anderen Hafen an.	Das ermöglicht Ihnen …	… in kurzer Zeit viele verschiedene Städte und Kulturen kennenzulernen.

Brückenformulierungen:

… das erhöht Ihre …

… das garantiert Ihnen …

… dadurch erzielen Sie …

… das bringt Ihnen …

… das senkt Ihre …

… damit sparen Sie …

… damit erhalten Sie …

… das erklärt Ihnen …

… das beinhaltet für Sie …

… das sichert Ihnen …

… das bedeutet für Sie …

… das vereinfacht für Sie …

Von der Reise, die Sie dem Kunden anbieten, müssen Sie selbst überzeugt sein und die entsprechenden Vorteile und Nachteile kennen. Primär ist jedoch, dass Sie alle Vorteile Ihres Angebotes als Nutzen für Ihren Kunden darstellen können.

4.4 Die Zusatzleistungen

Zusatzleistungen komplettieren eine Reise. Bevor Sie diese jedoch anbieten, muss die Enscheidung des Kunden für die Reise gefallen sein.

Zusätzliche Leistungen werden angeboten, weil
» der Kunde danach gefragt hat,
» der Kunde den Bedarf danach direkt bzw. indirekt zu erkennen gibt,
» der Expedient ihn auf den Bedarf aufmerksam macht.

Die **Kernleistungen** einer Reise sind vor allem Transport-, Verpflegungs- und Beherbergungsleistungen, die häufig als selbstverständlich angesehen werden.

Zusatzprodukte sind u. a. wahrnehmbare Leistungseigenschaften, die durch die Touristen gefühlt, gerochen, gesehen, gehört oder als Sicherheit verstanden werden.

> Auch hier gilt: Machen Sie den Zusatznutzen dem Kunden deutlich!

Er liegt vor allem im imagebildenden und -fördernden Bereich sowie im Sicherheitsgefühl.

5053222

Typische Zusatzleistungen:

- Reiseversicherungen
- Ausflüge im Zielgebiet
- Mietwagen
- Eintrittskarten
- Sportkurse

! Sprechen Sie im Zusammenhang von Versicherungen immer von **Reiseschutz** und gebrauchen Sie so die Nutzenbrücke **Sicherheit**.

Der folgende Überblick informiert Sie über die wichtigsten Versicherungsarten und deren entsprechende Leistungen.

Die Reiseversicherungen

Rund um die Reise gibt es verschiedene Versicherungsleistungen, die in der gebuchten Urlaubsleistung meist nicht enthalten sind.

Sparte (Versicherungen)	Leistungen
– Reiserücktrittskosten	Stornokosten/Nachreisekosten
– Reiseabbruch	zusätzliche Reisekosten/nicht in Anspruch genommene Reiseleistungen/Reisegutscheine
– Reisekrankheit	ambulante und stationäre Behandlungskosten/Krankenrücktransport (medizinisch sinnvoll)/Überführungskosten
– Reisenotruf	Kostenübernahmeerklärung/Krankenrücktransport (operative Maßnahme)/weitere Hilfeleistungen (Krankenbesuch usw.)
– Reiseunfall	bei den Ereignissen Unfall und Tod: Entschädigung entsprechend den abgeschlossenen Versicherungssummen
– Reisegepäck	mitgeführtes persönliches Reisegepäck: Entschädigung entsprechend der abgeschlossenen Versicherungssumme
– Reisehaftpflicht	bei Sach- und Personenschäden gegenüber Dritten: Entschädigung entsprechend den abgeschlossenen Versicherungssummen

nach: Elvia Reiseversicherung

Die aufgeführten Einzelversicherungen werden häufig zu Versicherungspaketen kombiniert. Diese Pakete unterscheiden sich hinsichtlich der Transportmittel und den verschiedenen Reisezielen (europa-/weltweit).

Weitere Informationen zu Reiseversicherungen finden Sie in LF 8, Kapitel 6.1.

Mietwagen

Fast 60 % aller Kunden nutzen in ihrem Urlaub einen Mietwagen. Viele davon werden erst im Zielgebiet angemietet. Erwähnen Sie die Möglichkeit dieser Zusatzleistung bereits in der Angebotsphase (→ Kapitel 4). Machen Sie in der Abschlussphase noch einmal auf den

Mehrwert eines Mietwagens für den Urlaub aufmerksam. Bauen Sie Nutzenbrücken mit den Argumenten: Mobilität, Individualität, Unabhängigkeit und Freiheit.

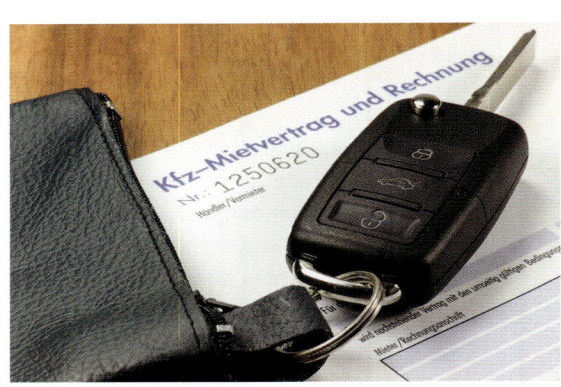

Zusatzprogramme vor Ort

Zeigen Sie Möglichkeiten auf, Land und Leute des Zielgebietes kennen zu lernen, Naturschönheiten zu erleben und Sehenswürdigkeiten zu genießen. Bieten sie an, diese Ausflüge direkt bei Ihnen zu buchen.

Zeigen Sie Ihrem Kunden den Weg aus dem Alltag auf; informieren Sie ihn über Sport- und Wellness-Angebote im Hotel. Bieten Sie Ihrem Kunden das „Tüpfelchen auf dem i" und runden Sie den Urlaub durch das Anbieten der Zusatzleistung von z. B. Theater-, Musical- oder Opernbesuch ab.

4.5 Reisebedingungen und Informationspflicht

Ihre Informationspflicht als Reisevermittler oder Veranstaltungsvermittler endet aber nicht bei den Zusatzleistungen. Sie beinhaltet weiterhin, dass Sie Ihre Kunden von den **allgemeinen Reisebedingungen** des Veranstalters unterrichten. Sie werden Bestandteil des Vertrages zwischen dem Kunden und dem Reiseveranstalter.

> **!** In den allgemeinen Reisebedingungen definiert der Veranstalter seine über den Vertrag hinausgehenden Bedingungen. Diese dürfen allerdings nicht zu einer Schlechterstellung des Kunden oder zu einer Beschneidung seiner gesetzlich verankerten Rechte führen.

In diesen Vertragsanhängen definiert der Veranstalter u. a. die Bedingungen bezüglich Anmeldung und Bestätigung des Vertrages, Bezahlung (Anzahlung, Betragsstaffelung), Leistungsabweichungen und Preisveränderungen (z. B. durch gesetzlich beschlossene höhere Besteuerung von Flugzeugbenzin), Rücktritt und Umbuchungen (vom Buchenden zu tragende Ausfall- oder Stornokosten), Rücktritt und Kündigung durch den Veranstalter (z. B. bei Nichterreichung der Mindestteilnehmerzahl), Gewährleistungs- und Haftungsbeschränkungen (bei Mängelanzeigen bzw. grob fahrlässigem Verhalten des Kunden) usw. Händigen Sie Ihrem Kunden die geltenden Reisebedingungen des Veranstalters aus. Sie sind meist in den Veranstalterkatalogen oder Prospekten abgedruckt. Klären Sie ggf. einzelne Passagen.

Dieser Schritt Ihrer Informationspflicht gegenüber Ihrem Kunden hat seine Basis ebenfalls in der **BGB-Informationspflichten-Verordnung** (BGB-InfoV). Sie regelt den Geschäftsbesorgungsvertrag, den Fernabsatzvertrag und die Informationspflicht von Reiseveranstaltern und Kreditgebern.

> **!** Es sei noch einmal ausdrücklich darauf hingewiesen, dass Sie als Reisemittler der vollen Informationspflicht gegenüber dem Kunden Genüge tun müssen.

Die BGB-Informationspflichten-Verordnung finden Sie unter Zusatzinformationen zu LF 9, Kapitel 3.4.2 auf der beiliegenden DVD.

Weiterführende Informationen im Lehrbuch finden Sie in LF 9, Kapitel 3.4.2 Die Reisebestätigung.

4.6 Gesamtpreis präsentieren

Der Preis für eine Reise muss richtig präsentiert werden. Verkaufen Sie den Preis!

Hierzu eignet sich u. a. die **Sandwich-Methode.** Sie zeichnet sich dadurch aus, dass negative Tatsachen (der Preis) von positiven Argumenten eingerahmt werden.

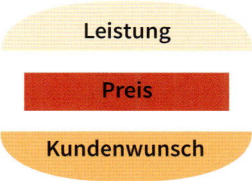

Ihre Vorgehensweise ist dabei folgende:

1. Zählen Sie die einzelnen **Haupt- und Nebenleistungen** auf.

> Die Reise enthält folgende Leistungen:
>
> Bahnfahrt 1. Klasse von Mannheim nach Innsbruck und zurück, Bustransfer nach Sölden und zurück, zehn Hotelübernachtungen mit Halbpension und ein Skipass für zehn Tage.

2. Nennen Sie den **Preis.**

> Das alles kostet Sie zusammen nur 480,00 €.

> **!** Vorsicht!
> **Immer erst die Leistungen nennen, sonst besteht die Gefahr, dass der Kunde bei der Nennung des Preises sich verschließt und die Leistungen nicht aufnimmt.**

3. Stellen Sie den **Bezug zum Kundenwunsch** her.

> … Sie sehen, diese Reise ist genau die, die Sie sich gewünscht haben.
>
> … Dies entspricht in vollem Umfang Ihren Wünschen.
>
> … Sie sehen also, genau maßgeschneidert für Sie

Preisrelativierung

Eine weitere Methode ist die sogenannte „**Salamitaktik**", die **Preisrelativierung.** Hierbei legen sie z. B. den Gesamtpreis auf eine Woche, einen Tag oder eine Person um. Diese Taktik wird auch **Zerlegungsmethode** genannt.

> Dies alles kostet Sie zusammen 480,00 €, also für nur 48,00 € pro Tag haben Sie Skispaß pur.

> **!** **Wesentlich für das „Preisverkaufen" ist, dass der Kunde**
> – **ein Wertbewusstsein für die Leistung erhält,**
> – **den Reisepreis als angemessen bewertet,**
> – **den Zusatznutzen erkennt,**
> – **von der Qualität des Angebotes überzeugt ist.**

5 Umgang mit Kundeneinwänden

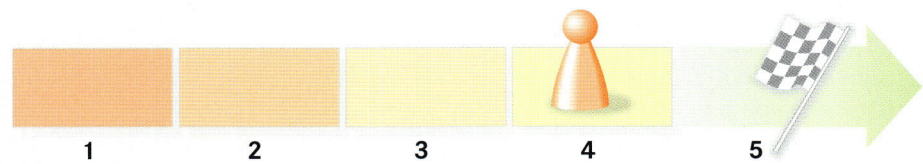

Da Kundeneinwände das „tägliche Brot" eines Expedienten sind, sollten Sie alle ernst nehmen und damit umgehen lernen. Einwände signalisieren das grundsätzliche Interesse des Kunden an der Leistung. Sie geben Ihnen die Möglichkeit, letzte Unsicherheiten zu entkräften.

Die vom Kunden geäußerten Bedenken haben verschiedene Ursachen:

Zum einen kann es sich um **allgemeine Einwände** handeln, z. B. gegen das Buchen selbst/ eine Entscheidung überhaupt zu treffen, zum anderen gegen den Service oder gegen Sie als Berater. „Einsprüche" dieser Art gelten als keine „echten" Einwände und sollten mithilfe der nachfolgend aufgeführten Methoden entkräftet oder „überhört" werden.

Häufiger kommen aber **spezielle Einwände** vor, wie solche gegen einen Teil des Angebots (den Preis, das Hotel) oder gegen das unterbreitete Angebot in seiner Gesamtheit (das Arrangement ist zu starr). Hier können Sie immer auch ein **Alternativangebot** unterbreiten, das diese speziellen Vorbehalte des Kunden berücksichtigt, oder die Einwendungen versuchen zu entkräften.

» Typische Kundeneinwände lassen Sie in das Verkaufsgespräch einfließen und entkräften sie an geeigneter Stelle.
» Formuliert der Kunde „Proteste", stimmen Sie diesen zunächst zu (Streicheleinheit) und wiegen sie durch entsprechende Vorteilsnennungen auf.

> **!** **Alle Reaktionen des Expedienten auf Kundeneinwände sollten einem Ziel untergeordnet sein: einer vertrauensvollen und dauerhaften Geschäftsbeziehung.**

Drei Methoden zum Umgang mit Kundeneinwänden werden Ihnen nachfolgend vorgestellt.

Das Antizipieren

Expedienten wissen aus Erfahrung um die üblichen Kundeneinwände. Deshalb nehmen sie selbst ganz bestimmte Einwände vorweg und verhindern so einen Konflikt. Die Vorteile der **Vorwegnahmemethode** sind u. a., dass der Expedient selbst den Zeitpunkt der Einwandbehandlung bestimmen kann und zugleich Offenheit zeigt; dadurch verliert der Einwand an Bedeutung.

Thema	Flugzeit
Einwand	zu lang
Antizipieren	Sie werden feststellen, dass durch den hervorragenden Service an Bord die Zeit wie im Fluge vergeht.

5053226

Die Drei-A-Methode	

Sie akzeptieren den Kundeneinwand, lösen ihn und wiegen ihn auf.

Einwand	Da ist es mir zu heiß.
Akzeptieren	Ja, der von Ihnen gewünschte Reisetermin ist die heißeste Zeit.
Auflösen	Es ist aber eine trockene Hitze, die Sie gut ertragen können.
Aufwiegen	… doch eben hier finden Sie die prachtvollsten Korallenriffe, auf die Sie so viel Wert legen.

Bitte beachten Sie:

» Die **Drei-A-Methode** eignet sich nicht für den Einwand „zu teuer", da ein Preis nicht aufgewogen werden kann. I. d. R. hilft gegen eine Preisbeanstandung nur ein neues Angebot.

Die Ja-aber-Methode	

Bejahen Sie zunächst den Kundeneinwand und gehen Sie anschließend auf ihn ein.

Thema	Strandnähe
Einwand	Der Strand ist mir zu weit vom Hotel entfernt.
Ja-aber-Methode	Ja, bis zum Strand sind es zu Fuß gut 15 Minuten. Aber Sie werden dadurch entschädigt, dass die Badebucht sehr idyllisch liegt und das seichte Wasser ideal zum Planschen für Ihre beiden Mädels ist.

Weitere Beispiele Ja-aber-Methode

Das klingt gut, … aber man sollte auch bedenken …
Das kann man sicher so sehen, … aber bitte beachten Sie auch …
Ihr Einwand ist durchaus berechtigt, … aber ich bin der Meinung …

Aufgaben

1_ Formulieren Sie fünf „Urlaubsbilder" als Vergleich, Metapher und durch den Gebrauch von Adjektiven und Attributen.

2_ Nennen Sie jeweils fünf sinnverwandte Wörter für schön, gut, sauber, ruhig und familienfreundlich.

3_ Zeigen Sie eine Situationsbeschreibung bei der Vorstellung Ihres Angebots unter Einbeziehung von Kindern auf.

4_ Nennen Sie fünf Redewendungen, die „Urlaubsbilder" entstehen lassen.

5_ Beschreiben Sie je ein „Urlaubsbild" für Thailand, Sizilien und Andalusien, bzw. für Bayern, Mecklenburg-Vorpommern und für Ihre Region.

6_ Formulieren Sie mithilfe eines aktuellen Kataloges jeweils sechs Haupt- und drei Nebenleistungen im Rahmen der Sandwich-Methode für einen Cluburlaub, eine Städtereise, Kreuzfahrt und Golfreise.

Stellen Sie für Ihre Beispiele den Bezug zu einem fiktiven Kundenwunsch dar.

7_ Formulieren Sie drei Beispiele einer Preisnennung.

8_ Bieten Sie jeweils Lösungen durch
 – Antizipieren
 – Ja-aber-Methode
 – Drei-A-Methode

für folgende Kundeneinwände an: Abflugzeit, Fluggesellschaft, Hotelgröße, Verpflegung, Transfer zu lang, Felsstrand.

Zusätzliche Aufgaben zu Kapitel 5 finden Sie auf der beiliegenden DVD.

6 Abschlussphase und Verabschiedung

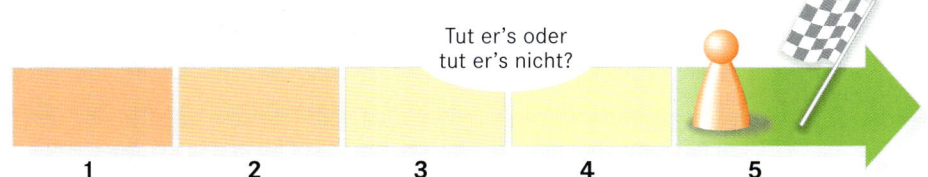

Tut er's oder tut er's nicht?

1   2   3   4   5

6.1 Kaufsignale verstehen

Kaufsignale im Verlauf des Beratungsgespräches zu verstehen ist wichtig, da der Kunde z. B. nicht immer sagt: „Diese Reise möchte ich buchen." Die Erfahrung zeigt, dass Kunden häufig schneller bereit sind zu buchen, als man es erwartet. Sollten Sie als Expedient hier das Angebot noch vertiefen wollen, können unter Umständen bereits getroffene Entscheidungen wieder in Zweifel gezogen werden.

Ein positives Gesprächsklima ist die Voraussetzung für den Erfolg eines jeden Verkaufsgespräches. Deshalb ist es notwendig, zuerst **klimaorientiert** und dann **sachorientiert** zu sprechen. Die Grafik vermittelt einen Überblick über die Faktoren, die ein positives Klima während eines Verkaufsgespräches schaffen können.

Kaufsignale

- Kunde spricht von meiner/unserer Reise.

- Kunde fragt den Expedienten nach persönlichen Empfehlungen.

- Kunde bestätigt verbal, dass er mit dem Angebot zufrieden ist: „Das passt." „Das klingt gut."
  „Das entspricht meinen Vorstellungen." „So habe ich es mir vorgestellt."

- Kunde fragt nach Zusatzleistungen (Versicherung, Mietwagen, Ausflüge).

- Kunde fragt nach Details: Impfungen, Reisebestimmungen, Anzahlung.

- Kunde fragt nach Sekundärinformationen: Kleidung, Trinkgeld, Verträglichkeit.

- Kunde fragt nach den erforderlichen Reiseunterlagen.

- Kunde bestätigt das Angebot durch Gestik und Mimik.

Grundlagen der Kommunikation – positive Gesprächsklimafaktoren –

Bestätigungen

Dienstbereitschaft signalisieren

„Urlaubsbilder" formulieren

namentliche Anrede

„Streicheleinheiten"

offene Körperhaltung

I STAY HERE!

aktives Zuhören

richtige Fragetechnik

Nutzenbrücken

! Die Kaufsignale werden in einer offenen Gesprächsatmosphäre schneller und eindeutiger geäußert.

6.2 Abschlussmethoden

Um zu einem erfolgreichen Buchungsabschluss zu kommen, gehen Sie folgendermaßen vor:

Sie beachten die Kaufsignale:

» Nachfragen signalisiert Interesse.
» Kunde äußert sich zustimmend.
» Kunde ist ruhig geworden.
» Kunde möchte Detailfragen klären.

Sie bemerken, der Kunde ist noch unentschlossen:

» Wenden Sie eine der folgenden Techniken an:

> Die **„Mal sehen, ob noch frei ist"-Technik** – Sie arbeiten auf den Buchungsabschluss hin, indem Sie telefonisch oder per Internet noch einmal nachfragen/nachsehen, ob das Angebot zur gewünschten Zeit wirklich noch verfügbar ist.
>
> Die **Reservierungstechnik** – Bei dieser schlagen Sie dem Kunden vor, ein bestimmtes Hotel/ einen Flug/eine ganze Reise bis zu einem bestimmten Zeitpunkt zu reservieren. Verstärkend wirken Aussagen, wie „... die besten Zimmer in diesem Hotel sind sonst schnell ausgebucht."
>
> Die **Vorwegnahme-Technik** – Sie nehmen Einzelfragen der Buchung vorweg. Der Kunde sieht die Buchung dann bereits als vollzogen an. Beispiele: „Sollen wir das Visum besorgen?", „Möchten Sie mit Kreditkarte zahlen?"

Sie stellen die Buchungsfrage:

» direkt: „Sie haben sich für ... entschlossen. Ich buche also für Sie ..."
» indirekt: „Sollen wir den Mietwagen gleich mit dazu buchen?"
» oder Sie nutzen andere Techniken und Methoden.

> **!** **Die Buchung einer Reise soll der Kunde als Erlebnis erfahren, sie soll ihm wertvoll erscheinen.**

Das Erlebnis für den Kunden besteht darin, dass er sich selbst für seine Reise entscheidet und nicht der Expedient. Die folgenden Abschlussmethoden eignen sich für dieses „Kundenerlebnis".

Die Bestätigung

Voraussetzung für diese Methode sind eindeutige Kaufsignale, da sich der Kunde ansonsten „über den Tisch" gezogen fühlen könnte.

> „Sie haben sich also für ... entschlossen."
>
> „Dies entspricht in vollem Umfang Ihren Vorstellungen. Ich buche für Sie ..."

Die Empfehlung

Sie, als Expedient, empfehlen die Buchung der Reise dadurch, dass Sie im „Sie-Stil" den Vorschlag unterbreiten, offerieren, anraten, zuraten, vorschlagen, den Rat geben, anregen, hinweisen, nahe legen, ...

Durch die Empfehlung wird dem Kunden die Entscheidung erleichtert und Sie erzielen dadurch ein schnelleres Ergebnis.

> „Ich empfehle Ihnen in Ihrem speziellen Fall ..."
>
> „Am besten entscheiden Sie sich für ..."
>
> „In Ihrem Fall ist dies genau das Richtige."

Die Alternativmethode

Der Expedient bietet seinem Kunden i. d. R. zwei (in Ausnahmefällen mehrere) Entscheidungsmöglichkeiten an, die sich aus dem bisherigen Verkaufsgespräch herauskristallisiert haben. Die Frage des eigentlichen Buchens ist hierbei nicht mehr relevant, sondern nur noch, wie Sie diesen Vertrag abschließen.

> „Zuerst die Rundreise oder den Badeaufenthalt?"
>
> „Bevorzugen Sie Halbpension oder Vollpension?"
>
> „Möchten Sie die Anzahlung in bar oder mit Kreditkarte zahlen?"

Die Ja-Straße

Mit gezielt eingesetzten Ja-Fragen steuert der Expedient seinen Kunden direkt zur Buchung. Sie formulieren eine Kette von Kontroll- und Bestätigungsfragen, die der Kunde mit „Ja" beantworten wird, sodass abschließend die Buchungsfrage auch nur logischerweise mit einem „Ja" beantwortet werden kann.

> Expedient: „Sie wollten doch Golf spielen?"
>
> Kunde: „Ja!"
>
> Expedient: „Im letzten Urlaub hatten Sie vom Hotel 30 Minuten Transfer zum Golfplatz?"
>
> Kunde: „Ja."
>
> Expedient: „Sie möchten jetzt ein Hotel mit einem eigenen Golfplatz?"
>
> Kunde: „Ja!"
>
> Expedient: „Dann bleibt nur das Hotel ..."
>
> Kunde: „Ja, einverstanden."

6.3 Buchungsabschluss und Verabschiedung

Genauso wie der erste Eindruck hat auch der letzte Eindruck des Kunden, der das Reisebüro verlässt, eine besondere Kundenwirkung. Geben Sie Ihrem Kunden nicht das Gefühl mit auf den Weg, dass er nun mit seiner Buchung alleine gelassen ist. Bestärken Sie ihn nochmals darin, das Richtige getan zu haben.

» Fassen Sie die buchungsrelevanten Daten noch einmal zusammen.

» Vergewissern Sie sich, dass Sie die allgemeinen Reisebedingungen und die AGB (falls wirksam) des Veranstalters an den Kunden ausgehändigt haben.

» Drucken Sie eine Reisebestätigung aus und gehen Sie diese gemeinsam mit dem Kunden durch.

» Händigen Sie dem Kunden mit der Reisebestätigung den Sicherungsschein aus, wenn der Kunde eine Anzahlung leistet.

» Weisen Sie auf Einreise- und Impfbestimmungen im Zielgebiet hin.

» Vervollständigen Sie den Kundenberatungsbogen oder legen Sie ein Kundenblatt mit den wichtigsten Informationen über Ihren Kunden an.

» Geben Sie dann alle relevanten Unterlagen in einer Mappe/einem Umschlag an den Kunden weiter.

» Signalisieren Sie weiterhin Dienstbereitschaft.

> **!** Nach dem Urlaub ist vor dem Urlaub und der erste Eindruck entscheidet, der letzte Eindruck bleibt.

Verabschieden Sie nun Ihren Kunden.

> – „Da haben Sie die richtige Wahl getroffen."
>
> – „Ich verspreche Ihnen, dass ... (die Türkei) Ihnen diese Tage doppelt und dreifach zurückschenkt, mit tollen Urlaubserlebnissen und unvergesslichen Eindrücken."
>
> – „Wenden Sie sich in allen Reiseangelegenheiten in Zukunft einfach an mich."

5053230

7 Nachbereitung

Nach dem Kundenkontakt ist vor dem Kundenkontakt.

Notieren Sie sich nach dem Verkaufsgespräch kurz alle neuen Erkenntnisse und pflegen Sie die Informationen des Gesprächs sofort in Ihre Daten ein:

» Soft Facts (Jahrestage, Geburtstage, Kinder, Hobbies, etc.)
» Hard Facts (Namen, Umsatz etc.)
» Kundentyp
» Die elementaren Kaufimpulse
» Ansatzpunkte für Cross Selling und Up Selling
» Potenziale für Empfehlungen
» Sonstige Informationen
» Ihr Eindruck unmittelbar nach dem Gespräch

Kundenbindung und Kundenloyalität haben für die meisten Unternehmen eine enorme ökonomische Bedeutung. Es wird geschätzt, dass es fünfmal günstiger ist, einen Kunden zu halten, als einen neuen zu gewinnen. Begeisterte Kunden sind loyaler als nur zufriedene Kunden – dazu ist allerdings der ganz besondere, der individuell abgestimmte Kundendienst notwendig, ein Service, den die Kunden nicht erwarten und der über die eigentliche Dienstleistung hinausgeht.

Lassen Sie das Verkaufsgespräch noch einmal Revue passieren. Unterziehen Sie sich einer Selbstanalyse:

» War ich gut genug vorbereitet? Lagen mir alle relevanten Informationen vor?
» Wie lief die Kommunikation mit meinem Gesprächspartner? Wie waren die Gesprächsanteile verteilt?
» Konnte ich ihn mit meinen Fragen aktivieren oder zeigte er wenig Bereitschaft, Informationen zu liefern?
» Habe ich alle Einwände meines Gesprächspartners entkräftet? Konnte ich ihm den individuellen Nutzen meines Angebots überzeugend vermitteln?
» Was ist gut gelungen, wo sind Fehler unterlaufen? Und wie kann ich diese Erkenntnisse für weitere Kontakte mit diesem und anderen Kunden nutzen?
» Welche Zusagen habe ich gemacht?
» Worauf legte mein Gesprächspartner besonderen Wert? Was waren seine Buchungsmotive?
» Habe ich wichtige Zusatzinformationen erhalten, die ich zukünftig für Up- und Cross-Selling nutzen kann?
» Habe ich Hinweise bekommen, wie ich ihn zukünftig weiter unterstützen kann?
» Hat mein Gesprächspartner über Persönliches wie Hobbys oder Familie gesprochen? Ergeben sich daraus weitere Anknüpfungspunkte?

Aufgaben

1_ Nennen Sie jeweils fünf verbale und nonverbale Kaufsignale.

2_ Formulieren Sie jeweils fünf konkrete Beispiele unter Verwendung eines aktuellen Katalogs für die Abschlussmethoden „Empfehlung" und „Ja-Straße".

3_ Bilden Sie drei Formulierungshilfen für die „Bestätigungs-" und die „Alternativmethode".

4_ Formulieren Sie jeweils eine Nutzenbrücke für die Reiserücktrittskosten-, Reiseabbruch- und Reisekranken-Versicherung und für drei Zusatzleistungen Ihrer Wahl (vgl. auch → LF 8, Kapitel 6).

5_ Formulieren Sie jeweils vier Beispiele, um eine positive Gesprächsatmosphäre zu erzeugen, sowie Kundenappelle, Entschuldigungen und Schlussformulierungen.

Zusätzliche Aufgaben zu Kapitel 7 finden Sie auf der beiliegenden DVD.

8 Rechtsgeschäfte im Tourismus

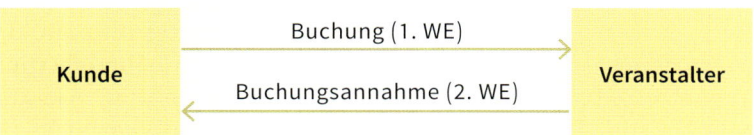

Bucht ein Kunde eine Reise, eine Beförderung, eine Veranstaltung oder eine Übernachtung bei Ihnen, bahnt sich ein Rechtsgeschäft an.

> **!** **Ein zweiseitiges Rechtsgeschäft bezeichnet man als Vertrag.**

Ein Vertrag – im Privat- und im Wirtschaftsleben – kommt zustande
» durch zwei übereinstimmende Willenserklärungen,
» die auf einen definierten Erfolg zielen,
» gewollt sind und zwangsfrei erklärt werden.

Der Vertragsantrag (erste Willenserklärung, WE) muss der Vertragsannahme (zweite Willenserklärung, WE) entsprechen.

Ein **Vertragsantrag** ist durch folgende Merkmale gekennzeichnet: Er
» muss an eine bestimmte Person gerichtet sein,
» ist empfangsbedürftig,
» muss durch ein einfaches „Ja" angenommen werden können,
» beeinhaltet einen Bindungswillen des Antragstellers.

Eine **Annahme** ist die Bestätigung der im Antrag formulierten Bedingungen. Sie
» ist in der Regel empfangsbedürftig,
» muss sofort bzw. in angemessener Zeit geschehen,
» kann in Ausnahmefällen durch Schweigen erfolgen,
» gilt aufgrund verspäteter Annahme oder Abänderung als neuer Antrag.

Das „Rechtsgeschäft Reise" setzt sich – je nach Umfang – aus einzelnen oder mehreren verschiedenen Einzelverträgen zusammen.

Eine ausführliche Darstellung der Inhalte dieser Verträge finden Sie in LF 8 und LF 9.

5053232

8.1 Das „Rechtsgeschäft Reise"

Als Reiseermittler buchen Sie dem Kunden stellvertretend für den Veranstalter die Komponenten seiner Reise im Rahmen eines Geschäftsbesorgungsvertrages.

Stellen Sie selbst Komponenten zu einer Reise zusammen, agieren Sie als Veranstalter.

In einem **Geschäftsbesorgungsvertrag** verpflichtet sich jemand, selbstständig eine Tätigkeit wirtschaftlicher Art für einen anderen und in dessen Interesse zu besorgen (vgl. § 675 BGB). Im Vertrag zwischen Kunde und Reisemittler verpflichtet sich der Reisemittler durch die Annahme eines Auftrages das übertragene Geschäft für diesen unentgeltlich zu besorgen (vgl. § 662 BGB). Ein Serviceentgelt darf nur verlangt werden, wenn vor der Aufnahme der Tätigkeit durch den Reisemittler darauf hingewiesen wurde.

§ 675
Entgeltliche Geschäftsbesorgung

(1) Auf einen Dienstvertrag oder einen Werkvertrag, der eine Geschäftsbesorgung zum Gegenstand hat, finden, soweit in diesem Untertitel nichts Abweichendes bestimmt wird, die Vorschriften der §§ 663, 665 bis 670, 672 bis 674 und, wenn dem Verpflichteten das Recht zusteht, ohne Einhaltung einer Kündigungsfrist zu kündigen, auch die Vorschrift des § 671 Abs. 2 entsprechende Anwendung.

(2) Wer einem anderen einen Rat oder eine Empfehlung erteilt, ist, unbeschadet der sich aus einem Vertragsverhältnis, einer unerlaubten Handlung oder einer sonstigen gesetzlichen Bestimmung ergebenden Verantwortlichkeit, zum Ersatz des aus der Befolgung des Rates oder der Empfehlung entstehenden Schadens nicht verpflichtet.

Der auch **Auftrag, Reiseberatungsvertrag** oder **Vermittlungsvertrag** genannte Vorgang kommt dann zustande, wenn der Kunde Informationen, eine Beratung oder die konkrete Buchung einer Pauschalreise, eines Reisearrangements oder eine oder mehrere Einzelleistungen nach seinen Vorgaben wünscht.

BGB
Auftrag und Geschäfts-
besorgungsvertrag (Auszug)
Untertitel 1
Auftrag

§ 662 [Vertragstypische Pflichten beim Auftrag]
Durch die Annahme eines Auftrags verpflichtet sich der Beauftragte, ein ihm von dem Auftraggeber übertragenes Geschäft für diesen unentgeltlich zu besorgen.

§ 663 [Anzeigepflicht bei Ablehnung]
Wer zur Besorgung gewisser Geschäfte öffentlich bestellt ist oder sich öffentlich erboten hat, ist, wenn er einen auf solche Geschäfte gerichteten Auftrag nicht annimmt, verpflichtet die Ablehnung dem Auftraggeber unverzüglich anzuzeigen. Das Gleiche gilt, wenn sich jemand dem Auftraggeber gegenüber zu Besorgung gewisser Geschäfte erboten hat.

§ 664 [Unüberbrückbarkeit; Haftung für Gehilfen]

> **!** Der Reisemittler ist verpflichtet, die Aufträge des Kunden mit der Sorgfalt eines ordentlichen Kaufmanns zu erfüllen.

Sorgfältige Beratung:
» Weiterleitung der korrekt ausgefüllten Anmeldung an den Reiseveranstalter
» Weiterleitung von Sonderwünschen des Kunden
» Weitergabe der Reisebestätigung des Reiseveranstalters an den Kunden
» Aushändigung des Sicherungsscheines
» Aushändigung der Reiseunterlagen gegen (Rest-)Zahlung des Reisepreises
» Unverzügliche Weiterleitung von Reklamationen (→ Kapitel 9)

Sorgfalts- und Informationspflicht:
» Überprüfung der Volljährigkeit des Vertragspartners
» Korrekte Fahrplan-/Flugplanauskunft
» Hinweis auf Pass-/Visum- und Gesundheitsbestimmungen
» Hinweis auf Reiserücktrittskosten-Versicherung (→ LF 8, Kapitel 6)
» Hinweis auf die Reisebedingungen (→ LF 9, Kapitel 3.4)
» Unverzügliches Weiterleiten von Stornierungen

Reisemittler	Agenturvertrag/	Reiseveranstalter
= Reisebüro	Handelsvertretervertrag §§ 84 f. HGB	= Handelsherr
= Handelsvertreter	←——————————→	= Unternehmer

Auch zwischen Vermittler und Veranstalter besteht ein Geschäftsbesorgungsvertrag. Allerdings ist dieser dienst- oder werkvertraglicher Natur und daher gegen Entgelt. Das Vermittlungsgeschäft selbst erfolgt auf Grundlage des **Agenturvertrages** (**→ Ein Beispiel finden Sie auf der beiliegenden DVD, LF 12, Kapitel 1**).

Der Agenturvertrag ist die rechtliche Grundlage für die Geschäftsbeziehung. Er enthält insbesondere Bestimmungen über die Annahme und Abwicklung der Buchungen und das Inkasso und regelt den Provisionsanspruch des Reisemittlers. Unter **Provision** wird das Entgelt für die Vermittlungsleistung verstanden.

Reiseagenturen, Reisebüros und sonstige Reisemittler sind ständig damit betraut, als **Handelsvertreter** (vgl. §§ 84 ff., HGB) für einen oder eine Vielzahl von Reiseveranstaltern oder Beförderungsunternehmen usw. Geschäfte zu vermitteln oder in deren Namen abzuschließen.

Aus § 86 Absatz 1 HGB und dem Agenturvertrag ergeben sich weitere **Pflichten für den Reisemittler.**

1. **Um Vertragsanbahnung bemühen:**
   » Erfassen des vollständigen Namens und der Anschrift des Kunden,
   » exakte katalogmäßige Bezeichnung der Reise verwenden,
   » Hinweis auf Reisebedingungen,
   » Unterschrift des Kunden auf der Reiseanmeldung einholen,
   » Anerkennung der Reisebedingungen bestätigen.

2. **Alle erforderlichen Nachrichten zu der jeweiligen Buchung übermitteln.**

3. **Entgegennahme der Anzahlung des Kunden bei Reisebestätigung.**

Auf der Grundlage des Agenturvertrages arbeitet der Reisemittler als selbstständiger

Gewerbetreibender, der zwischen Kunde und Reiseveranstalter Reiseverträge vermittelt und abschließt, ohne dass er in der Regel selbst für Erfolg und Wirkung des Reisevertrages verantwortlich ist.

> **!** Bei der Bündelung von touristischen Dienstleistungen wird das Reisebüro als Veranstalter angesehen und haftet entsprechend für Reisemängel. Abhilfe: Das Reisebüro tritt gegenüber dem Kunden im fremden Namen und auf fremde Rechnung auf, d. h. aus der Buchung, dem Anmeldeformular und der Reisebestätigung sind die Leistungsträger ersichtlich (EuGH C-400/00, 2002-04-30).

8.2 Reisevertrag

Ein **Reisevertrag** kommt regelmäßig mit einem Reiseveranstalter zustande.

> **!** Nach § 651a Absatz 1 BGB ist jeder, der mindestens zwei Hauptreiseleistungen wie Beförderung, Unterbringung, Verpflegung, Ausflugsprogramme, Animation, Transfer usw. zu einer Gesamtheit von Reiseleistungen – der Pauschalreise – bündelt und zu einem Gesamtpreis verkauft, Reiseveranstalter.

5053234

Somit können z. B. Banken, Vereine, Zeitungen, Radiosender usw. zum Reiseveranstalter werden. Reiseveranstalter schließen in der Regel ihrerseits Verträge mit weiteren Leistungsträgern, um die vertragsmäßig vereinbarten Leistungen für ihre Kunden zu erbringen, ohne dass die Kunden zu diesen in einem Vertragsverhältnis stehen.

Das Reisevertragsrecht findet auf alle Pauschalreisen Anwendung.

> ! **Pauschalreise = mind. zwei Hauptreiseleistungen, gebündelt und zum Gesamtpreis verkauft.**

Daneben wurde in Artikel 2 Nummer 1 der Richtlinie 90/314/EWG verbindlich festgelegt, dass Reisen, die von einem Reisebüro auf Wunsch und nach den Vorgaben eines Verbrauchers oder einer definierten Verbrauchergruppe organisiert werden, ebenfalls als **Pauschalreise** anzusetzen sind.

Aufgrund der Vertragsfreiheit können zwischen dem Reiseveranstalter und dem Kunden sowie zwischen dem Reisebüro als Vermittler und dem Kunden **Allgemeine Geschäftsbedingungen** (AGB) frei ausgehandelt werden, welche **die gesetzlichen Regelungen zu Reisen ergänzen.**

Die folgenden Punkte sollten die **AGB eines Reisebüros** möglichst genau abhandeln, um rechtlich nicht „zwischen" Kunde und Veranstalter zu „sitzen" und sich vor unnötigen Forderungen zu schützen:

» Abschluss des Reise-/Veranstaltungsvertrages
» Übergabe der Reise-/Veranstaltungsunterlagen
» Leistungen verschiedener Veranstalter
» Aushändigung von Reisebedingungen und AGB der verschiedenen Veranstalter
» Reiseversicherung
» Rücktritt von der gebuchten Reise
» Anzahlung und Bezahlung des (Rest-)Reisepreises
» Haftung und Haftungsausschluss
» Gerichtsstand und anzuwendendes Gesetz

Gerade wenn es zu Reklamationen nach der Urlaubsreise kommt (→ Kapitel 9) ist die Kenntnis um die Inhalte der AGB sinnvoll und wichtig.

8.3 Beherbergungs- und Beförderungsvertrag

Zwischen dem Unterkunftsbetrieb und dem Gast wird ein **Beherbergungsvertrag** abgeschlossen. Er verpflichtet zum einen Unterkunft zu gewähren und zum anderen, dafür ein Entgelt zu bezahlen.

Es handelt sich rechtlich gesehen um einen **Mietvertrag** mit teilweise dienst-, werk- und kaufvertraglichen Bestandteilen.

Neben dem Beherbergungsvertrag stellt der Beförderungsvertrag einen weiteren möglichen Baustein des „Rechtsgeschäft Reise" dar.

Der **Beförderungsvertrag** ist im Sinne der §§ 631 ff. BGB ein Werkvertrag, der die Beförderung von Personen zum Gegenstand hat.

> **Der Verkehrsträger ist zur ordnungsgemäßen Beförderung bis zum Reiseziel und der Inanspruchnehmende zur Entrichtung des Beförderungsentgeltes verpflichtet.**

Der Vertrag kommt in der Regel durch den Kauf eines Fahrausweises zustande. Er unterliegt den von den Verkehrsträgern formulierten **allgemeinen Beförderungsbedingungen (ABB).**

Für bestimmte Verkehrsträger gelten gesetzliche Sonderregelungen, z. B. Allgemeines Eisenbahngesetz (AEG), Luftverkehrsgesetz (LuftVG) oder Personenbeförderungsgesetz (PBefG).

Aufgaben

1_ Berichtigen oder bestätigen Sie folgende Aussagen

a) Allgemeine Geschäftsbedingungen (AGB) sind Individualabreden zwischen Reiseveranstalter und Verbraucher.

b) AGB müssen jedem Verbraucher vom Reisemittler ausgehändigt werden.

c) Der Reisemittler darf Individualabreden des Reiseveranstalters mit dem Verbraucher ändern.

2_ Durch welche Willenserklärungen kommt ein Reisevertrag zustande?

3_ Worin bestehen das Verpflichtungs- und das Erfüllungsgeschäft bei folgenden Vertragsarten?
– Geschäftsbesorgungsvertrag
– Beherbergungsvertrag
– Beförderungsvertrag
– Reiseversicherungsvertrag

4_ Wer ist Reiseveranstalter?

5_ Warum sind die Reise- und Zahlungsbedingungen Bestandteil eines geschlossenen Reisevertrages?

6_ Welche Rechte und Pflichten ergeben sich aus einem Agenturvertrag **(vgl. DVD, Zusatzinformationen zu LF 12, Kapitel 1.1)** im Hinblick auf die Vertragsparteien für
– den Vertragsgegenstand,
– die Voraussetzung zur Zusammenarbeit,
– die Provisionsvereinbarung,
– den Zahlungsverkehr,
– die Wirksamkeit des Vertrages,
– die Kündigung?

7_ Welche Verpflichtungen entstehen für den Reisemittler dem Kunden gegenüber aus dem zwischen beiden bestehenden Geschäftsbesorgungsvertrag?

8_ Erkundungsauftrag: Besorgen Sie sich die §§ 305 – 310 BGB, lesen Sie sorgfältig deren Inhalte und notieren Sie die wichtigsten Aussagen.

9_ Welche Mindestanforderungen muss das Reisebüro erfüllen, damit die AGB Bestandteil eines Vertrages werden?

10_ Warum muss das Reisebüro „bei Vertragsschluss" den Kunden ausdrücklich auf die AGB hinweisen und die Mindestanforderungen erfüllen?

5053236

9 Beschwerdemanagement

9.1 Umgang mit Kundenbeschwerden

Reklamationen sind Ausdruck von Abweichungen der ursprünglichen Erwartungen Reisender und deren Erfüllung. Nicht immer ist eine Schlechtleistung der Grund für die Unzufriedenheit des Kunden. Eine Reklamation kann sich auch gegen von Ihnen oder vom Veranstalter unbeeinflussbare Dinge richten, wie z. B. schlechtes Wetter oder andauernde Familien-Streitigkeiten im Urlaub. Diese können dann dazu führen, dass der Kunde die angebotene Leistung sehr kritisch sieht oder gar gänzlich ablehnt.

Ergründen Sie die genauen Motive der Reklamation! Handelt es sich wirklich um bemängelte (Dienst-) Leistungen, können die Gründe für die Reklamation zum einen in unrealistischen Erwartungen liegen, andererseits aber auch in der fehlerhaften Erfüllung von vorab zugesicherten Eigenschaften einer Reise.

Generell gibt es für den Umgang mit verärgerten Kunden folgende **Verhaltensregeln:**
» Kunden freundlich begrüßen
» Verständnis zeigen
» auf die Gefühle des Kunden eingehen
» seine Reklamation ernst nehmen
» dem Kunden einen ungestörten Platz anbieten
» Kunden mit dem Namen ansprechen
» gut zuhören
» Notizen machen

» Fragen und Sachverhalt klären
» Reklamation zusammenfassen
» sich entschuldigen
» nichts beschönigen
» sich nicht vor der Verantwortung drücken
» schnelle Erledigungen zusagen
» bei unberechtigten Reklamationen nicht triumphieren
» sich für die Reklamation bedanken

Reklamationen abfangen (telefonisch)

 Reklamationen spiegeln den Dissens zwischen den Kundenwünschen und unseren Dienstleistungen wider.

Die folgenden Formulierungen können Ihnen helfen, Beschwerden und Reklamationen von anrufenden Kunden abzufangen.

– Es ist gut, dass Sie uns anrufen.

– Es ist gut, dass Sie mich darüber informieren.

– Sie geben uns nützliche Hinweise.

– Es tut mir leid, dass …

– Wir bedauern, dass uns da eine Panne unterlaufen ist.

– Ich kann Ihre Enttäuschung verstehen.

– Ich werde das unverzüglich für Sie klären.

Gerade hier wird die Beziehung zu Ihrem Kunden auf die Probe gestellt. In der Regel geht einer Beschwerde der Wunsch für eine weitere geschäftliche Beziehung voraus. Freuen Sie sich über jeden Kunden, der mit einer Reklamation zu Ihnen kommt, denn damit zeigt er Ihnen gegenüber ein gewisses Vertrauen. Die Alternative wäre, dass der Kunde sich verärgert ein anderes Reisebüro sucht. Oberstes Ziel der Reklamationsbehandlung muss es daher sein, die Unstimmigkeit auszuräumen, um somit eine neue Vertrauensbasis für künftige Geschäfte zu schaffen.

Die **GEWINN-Formel** soll Ihnen im Alltag helfen, verlorenes Vertrauen beim Kunden zurückzugewinnen.

G = gut zuhören (aktives Zuhören, nicht unterbrechen, ausreden lassen)

E = Entschuldigung (Verständnis zeigen)

W = Wiederholung (gravierendste Mängel)

I = Information (Fragen stellen)

N = Notiz (Wichtiges mitschreiben)

N = Nachfragen (bei Veranstalter nachfassen)

> **!** **Reklamationen werden zügig, unbürokratisch und schnell erledigt!**

Im Hinblick auf die rechtlichen Aspekte der Reklamationsbearbeitung sollen für den Reisemittler noch folgende praxisorientierte Empfehlungen erwähnt werden:

» Nehmen Sie keine Bewertung der Reklamation des Kunden vor.

» Formulieren Sie keine Beschwerdeschreiben für Ihren Kunden.

» Bitten Sie die Vertragspartner (Kunde/Veranstalter), die entsprechende Korrespondenz direkt zu führen.

» Führen Sie keine Verhandlungen mit einem Veranstalter über Erstattungsansprüche.

» Nehmen Sie Schreiben zur Weiterleitung an den Veranstalter nur an, wenn Sie sicher sein können, die fristgerechte Vermittlung zu gewährleisten (ein Monat nach vertraglich vorgesehenem Reiseende).

» Verweisen Sie allgemein auf das Einholen von rechtlichem Rat.

> **!** **Professionelles Beschwerdemanagement ist ein wichtiges Instrument der Kundenbetreuung und Kundenbindung.**

9.2 Garantie, Gewährleistung und Kulanz

Die Gewährung einer **Garantie** kann im Rahmen der Vertragsfreiheit vereinbart werden. In einem sogenannten Garantievertrag übernimmt der Hauptschuldner eine Einstandspflicht, ohne dass die den Erfolg betreffende Schuld besteht.

> **!** **Ein Anspruch auf Garantie ist nicht gesetzlich, sondern einzelvertraglich geregelt.**

Im Gegensatz zur Garantie ist die **Gewährleistung** im BGB gesetzlich geregelt.

> **!** **Unter dem Begriff Gewährleistung (Mängelanspruch) wird die gesetzliche Verpflichtung des Schuldners verstanden, eine Sache oder ein Werk in mangelfreiem Zustand abzuliefern.**

Die beim Reisevertrag bestehenden Gewährleistungsansprüche sind u. a. Minderung des Kaufpreises, Anspruch auf Schadensersatz und Abhilfeverlangen (§§ 651c ff. BGB). Um Gewährleistungsansprüche wegen mangelhafter Reiseleistungen erfolgreich geltend machen zu können, muss jedoch eine **1-monatige Meldefrist** beachtet werden.

> **!** **Zur Geltendmachung von Ansprüchen gegenüber dem Reiseveranstalter gilt eine 1-monatige Frist nach der vertraglich vorgesehenen Beendigung der Reise.**

Eine spätere Anmeldung ist nur dann rechtswirksam, wenn der Reisende ohne Verschulden an der Einhaltung der Frist gehindert worden ist. In den **AGB der Reiseveranstalter** (u. a. in → Kapitel 5.4) ist meist festgelegt, dass Ansprüche nur unmittelbar beim Reiseveranstalter geltend gemacht werden dürfen und nicht beim Reisebüro.

Als **Kulanz** gilt eine erbrachte Gewährleistung für ein mangelhaftes Produkt bzw. eine mangelhafte Dienstleistung, ohne dass hierzu eine rechtliche Verpflichtung bestand. Kulanz kann, muss aber nicht gewährt werden. Sie liegt im Ermessen des Vertragspartners.

> Ein Kunde bucht eine Pauschalreise in der Annahme, dass er für diesen Zeitraum im Sommer Urlaub von seinem Arbeitgeber erhält. Aus betrieblichen Gründen kann der Urlaub jedoch erst für einen späteren Zeitraum genehmigt werden. Der Reiseveranstalter ist kulanterweise mit einer kostenlosen Umbuchung der Reise auf einen späteren Termin einverstanden.

Für berechtigte Reklamationen und daraus resultierende Ansprüche gelten **Verjährungsfristen,** die es zu kennen gilt.

9.3 Verjährungsfristen im Tourismus

Reisevertragliche Ansprüche verjähren in zwei Jahren mit Beginn des geplanten Termins der Rückreise.

Eine fristgerecht angezeigte Mängelrüge startet die **24-monatige Verjährungsfrist,** beginnend mit dem Tag, an dem die Reise dem Vertrag nach enden sollte.

Diese gesetzliche Verjährungsfrist für Gewährleistungsansprüche kann der Reiseveranstalter durch seine AGB von zwei Jahren auf ein Jahr verkürzen. Machen Sie Ihre Kunden auf diesen Umstand aufmerksam!

Verjährungsfristen sind nicht einheitlich geregelt. Abhängig von der Art des jeweiligen Anspruchs gelten unterschiedliche Fristen für die Verjährung.

Verjährungsfristen		
Art des Anspruchs	**Fristbeginn**	**Frist**
Regelmäßige Verjährung für alle vertraglichen Ansprüche, z. B.: Zahlungs- und Lieferansprüche aus einem Kaufvertrag	Nach Ablauf des Entstehungsjahres und Kenntnis des Gläubigers von Anspruch und Schuldner	3 Jahre

Besondere Verjährungsfristen		
Art des Anspruchs	**Fristbeginn**	**Frist**
Ansprüche des Vermieters wegen Veränderung oder Verschlechterung der vermieteten Sache	Ab Rückgabe der Mietsache	6 Monate
Ansprüche des Mieters wegen Aufwendungen	Ab Beendigung des Mietverhältnisses	
Ansprüche des Reisenden aus einem Reisevertrag	Geplanter Rückreisetermin	2 Jahre
Mängelansprüche aus einem Kaufvertrag (Ausnahmen möglich: siehe unten)	Übergabe der gekauften Sache	
Mängelansprüche aus einem Werkvertrag (Ausnahmen möglich: siehe unten)	Abnahme des Werkes	
Ansprüche wegen arglistig verschwiegenen Mängeln an der Kaufsache durch den Verkäufer	Nach Ablauf des Entstehungsjahres und Kenntnis des Gläubigers von Anspruch und Schuldner	3 Jahre
Ansprüche wegen arglistig verschwiegenen Mängeln am Werk durch den Hersteller	Nach Ablauf des Entstehungsjahres und Kenntnis des Gläubigers von Anspruch und Schuldner	
Mängelansprüche bei einem Kaufvertrag über ein Bauwerk bzw. einem Gegenstand, der einen Fehler an einem Bauwerk verursacht hat	Übergabe der Sache	5 Jahre
Mängelansprüche aus der Herstellung eines Bauwerkes oder aus Arbeiten am Bauwerk	Ab Abnahme des Werkes	
Ansprüche auf Übertragung des Eigentums an einem Grundstück	Ab Entstehung des Anspruchs	10 Jahre
Ansprüche aus vollstreckbaren Vergleichen oder Urkunden (Vollstreckungsbescheid)	Mit der Errichtung des vollstreckbaren Titels	30 Jahre
Rechtskräftig durch Urteil festgestellte Ansprüche	Mit der Rechtskraft der Entscheidung	
Schadensersatzansprüche, die auf Verletzung des Lebens, des Körpers, der Gesundheit oder der Freiheit beruhen	Ab Begehung der Handlung	
Herausgabeansprüche aus Eigentum und anderen dinglichen (= einen körperlichen Gegenstand betreffend) Rechten	Entstehung des Anspruchs	
Familien- und Erbrechtliche Ansprüche	Entstehung des Anspruchs	

5053240

> **!** **Die Verjährung einer Forderung tritt nicht ein**
> – **bei Hemmung (= Unterbrechung) oder**
> – **bei Neubeginn der Verjährung.**

» **Gehemmt** ist die Verjährung, wenn z. B. der Schuldner wegen Stundung der Forderung die Leistung zu einem späteren Zeitpunkt erbringen kann. Der Lauf der Verjährung wird dann ausgesetzt (vgl. § 204 BGB Hemmung der Verjährung durch Rechtsverfolgung).

» **Neubeginn der Verjährung** bedeutet, dass der Lauf der Verjährung vorzeitig und vollständig abgebrochen wird und mit der gesamten ursprünglichen Frist wieder neu beginnt.

Informieren Sie Ihre Kunden, dass außergerichtliche Mahnungen, also private Zahlungsaufforderungen, die laufende Verjährung der Ansprüche nicht unterbrechen, selbst wenn sie schriftlich und in Form eines eingeschriebenen Briefes erfolgen. Auch mehrfache schriftliche Mahnungen bewirken keine Verjährungsunterbrechung auf die Ansprüche.

> Meist sind Sie nicht selbst der Veranstalter und dürfen weder aktiv eingreifen noch sollten Sie sich einmischen, aber „begleiten" Sie Ihren Kunden „auf seinem Weg" der Abwicklung von Vertragsstörungen und vermitteln Sie zwischen Kunde und Veranstalter bei Reklamationen. Nur eine Vertrauensbasis zwischen Ihnen und Ihrem Kunden kann der Grundstein für weitere Vermittlungsgeschäfte sein.

Aufgaben

1_ Begründen Sie, warum der Reisemittler nicht aktiv in das Reklamationsmanagement des Reiseveranstalters eingreifen darf (vgl. § 6 BGB-InfoV → Kapitel 5.4).

2_ Sie erhalten von einem Kunden nach einer Reise einen Beschwerdebrief **(vgl. DVD, Zusatzinformationen zu LF 4, Kapitel 9.1).**

Sie sind

a) Veranstalter

b) Reisemittler

Formulieren Sie jeweils ein Antwortschreiben auf die Reklamation!

3_ Grenzen Sie die Begriffe Garantie, Gewährleistung und Kulanz voneinander ab.

4_ Erläutern Sie die Begriffe

– Hemmung der Verjährung

– Neubeginn der Verjährung.

10 Kundenbindungskonzepte

Voraussetzung für die Kundenbindung ist ein zufriedener Kunde.

> **!** **Zufriedenheit wird durch die touristische Leistung erzeugt, d. h., sie muss zur richtigen Zeit, im vereinbarten Umfang und in der zugesicherten Qualität bereitgestellt werden.**

Wesentliche Leistungsmerkmale sind neben der eigentlichen Reise aber auch die Darbietung der Reise, Ambiente und Flair im Reisebüro/in der Agentur sowie Freundlichkeit und Hilfsbereitschaft des Personals.

Der Erfolg einer Reise (und damit die Zufriedenheit des Kunden) ist aber auch von den **Mitwirkungsmöglichkeiten** des Reisenden abhängig. Dies erfordert vom Dienstleister, dass entsprechende Kenntnisse über Kundenwünsche vorhanden sind und dass er/sie auf diese eingeht.

> **!** **Sollten diese Faktoren nicht verwirklicht werden, wird die Kundenbindung bereits in der Phase der ersten Reisebuchung gestört.**

Erfragen Sie möglichst immer die genauen **Kundenwünsche** (→ Kapitel 3) und versuchen Sie diese – soweit wie möglich – zu erfüllen. Notieren Sie sich besondere Vorlieben oder besondere Zufriedenheitsäußerungen des Kunden in der Kundendatei, aber auch Kritikpunkte aus dem Beschwerdemanagement (→ Kapitel 9). Zusammen mit den Aufzeichnungen aus der Nachbereitung (→ Kapitel 7) erwächst so nach und nach ein persönliches **Kundenprofil.**

Basierend auf den erarbeiteten Kundenprofilen sind gezielte Werbemaßnahmen wie z. B. das in Kapitel 10.2 dargestellte Direktmarketing oder auch die Beglückwünschung zum Kundengeburtstag möglich. Immer wird Ihr Kunde Ihre Aufmerksamkeit zu schätzen wissen.

10.1 Betreuung von Einzelkunden und Stammkunden

> ### Marketing: Blumen für die Treue der Stammkunden
>
> **Frankfurt (ta).** Zu den Kunden zählen Aida, Airtours, TUI und Lufthansa – jetzt will die Valentins GmbH auch verstärkt Reisebüros für ihr Konzept gewinnen: dem Direktversand von Blumen, die individuell gestaltet
>
>
>
> und je nach Bedarf mit Giveaways geschmückt werden können. Blumen 2 Business nennt sich der Service, der vor allem für Kundenbindung und Beschwerde-Management eingesetzt werden kann. Wie erfolgreich der Service
>
> sein kann, zeigen die Erfahrungen des Skandinavischen Reisebüros. Die Reisebüro-Kette mit Niederlassungen in Hamburg, Düsseldorf, Stuttgart und Berlin verschickt unter anderem Blumensträuße an Stammkunden, wenn diese nach der Reise wieder zu Hause sind. „Die Leute sind so überrascht, dass sie oftmals sogar bei uns anrufen, um sich zu bedanken", berichtet Vertriebsleiter Jens Meyer-Bosse. Auch wenn es bei einer Reise mal Unannehmlichkeiten gegeben habe, versuche man mitunter, mittels Blumen die Wogen zu glätten. „Und das unabhängig davon, wer für das Problem verantwortlich war", betont Meyer-Bosse. Informationen über Valentins per E-Mail unter schiffel@valentins.de.
>
> Quelle: TRAVEL ONE 12. Juli 2006

Es ist eine Maßnahme der Nachbetreuung, wenn Sie Ihren Kunden drei bis vier Tage nach Rückkehr von der Reise anrufen. Dieser Kundenkontakt wird auch **Welcome-home-Service** genannt. Erkundigen Sie sich, ob der Urlaub gefallen hat und ob der Kunde ggf. bereits Ideen/Wünsche/Vorschläge für seinen nächsten Urlaub hat. Das ist aktive Kundenbindung nach dem Verkauf (**After-Sale-Service**).

Weitere Möglichkeiten der Betreuung des **Einzelkunden** bieten Einzelaktionen zu bestimmten (Reise-)Themen, wie eine Kundenbefragung oder eine Einladung zu einem Vortragsabend.

! **Maßnahmen der Nachbetreuung, d. h., Aktivitäten nach dem Verlassen des Urlaubsortes, ein professionelles Reisereklamationsmanagement und regelmäßiges Aufmerksammachen auf neue Reiseziele (unter Berücksichtigung des Kundenprofils), tragen zur aktiven Kundenbindung bei.**

Bucht ein Kunde ein weiteres Mal seine Reise bei/mit Ihnen, ist er auf dem Weg zum **Stammkunden.** Die Motivation hierfür kann mithilfe besonderer Maßnahmen noch gefördert werden. Gilt ein Kunde als Stammkunde, locken spezielle Angebote und Vergünstigungen.

Sun Express startet eigenes Vielflieger-Programm

Der türkisch-deutsche Carrier will von Ende Juli an ein eigenes Vielfliegerprogramm auflegen. Den Namen des neuen Kundenbindungsinstruments gibt Paul Schwaiger, Chef des Joint Ventures von Lufthansa und Turkish Airlines, allerdings noch nicht preis. Das Programm soll wie üblich geflogene Strecken honorieren. Die Höhe der Punkte, die gesammelt werden können, richtet sich allerdings nicht nach der geflogenen Entfernung, sondern nach dem Preis. Berücksichtigt werden sollen neben den reinen Flugbuchungen auch die Anteile der jeweiligen Flüge an Pauschalreisen. Dafür habe man sich bereits mit den wichtigsten Veranstaltern in Verbindung gesetzt, erklärt Schwaiger. Auch eine Verbindung zu den Vielfliegerprogrammen von Lufthansa und Turkish Airlines sei geplant.

TRAVEL ONE 02.07.2010

10.2 Direktmarketing

Direktmarketing nutzt eine Vielzahl von Medien, um den Kunden zu erreichen bzw. für ihn erreichbar zu sein. Der Kunde wird über den Postweg, das (Mobil-)Telefon, per E-Mail und Internet angesprochen. Direktmarketing ist eines der bedeutendsten Kommunikationswerkzeuge zur Kundenwerbung im Tourismus.

Charakteristische Punkte für das Direktmarketing

1. Es ist **interaktiv,** d. h., zwischen Reisemittler und Kunden kann individuell kommuniziert werden.
2. Es ist **medienunbeschränkt,** d. h., es ist auf kein spezielles Medium beschränkt.
3. Es ist **messbar,** d. h., der Erfolg ist mit geringen Abweichungen genau zu bestimmen.
4. Es ist vom **Standort unabhängig,** d. h., Direktmarketing kann von überall durchgeführt werden.
5. Es beinhaltet einen **Antwortmechanismus,** d. h., potenzielle Kunden werden durch direkte Ansprache zu einer sofortigen Reaktion bewegt.

Beispiele für Mittel des Direktmarketing

Werbebriefe, Prospekte mit response, Telefon-Marketing, Directmails, Online-Marketing, Couponing.

! **Ein Konzept der aktiven Kundenbindung (engl. Customer Relationship Management CRM–Concept) verschafft Ihnen einen klaren Wettbewerbsvorteil. Die regelmäßige „Pflege" Ihrer Kundendatei, d. h., regelmäßige Adressenaktualisierung und lückenlose Eingabe aller Kundenwünsche und Reklamationen, sind hierfür allerdings Voraussetzungen.**

Im Lernfeld 9 und im Lernfeld 10 erfahren Sie mehr über das Marketing.

Veranstalterreisen vermitteln

1 Badereisen am Beispiel der Balearen und Thailands

1.1 Allgemeine Merkmale einer Badereise

Den typischen Badeurlauber gibt es nicht, denn die Motive für einen Badeurlaub sind vielfältig. Die einen verbringen den ganzen Urlaub mehr oder weniger am Strand, die anderen wollen neben dem Strand auch noch etwas von dem Land sehen. Für die einen ist ein ruhiger Urlaubsort wichtig, die anderen verlangt es nach möglichst viel Freizeitange-

boten, insbesondere am Abend. So sind die typischen Reisemotive bei einem Badeurlaub wie „abschalten", „vom Alltag erholen", „sportlich aktiv sein", „faulenzen", „Leute kennen lernen", „mit der Familie zusammen sein", „fremde Kulturen erleben", „Neues kennen lernen" oder „Selbstverwirklichung" alle vertreten.

1.2 Die Balearen

Die Inselgruppe (Archipel) der Balearen liegt zwischen 100 und 200 km von der spanischen Ostküste entfernt. Zu ihr gehören Mallorca, Menorca und Cabrera als die eigentlichen Balearen und die „Pytusen" (Pinieninseln) genannten Inseln Ibiza und Formentera.

Mit Ausnahme von Mallorca, das über einen größeren Gebirgszug mit über 1 000 m hohen Bergen verfügt, sind die Inseln hügelig mit kleineren Bergen von selten mehr als 300 m Höhe.

Die Inselgruppe bildet eine autonome Gemeinschaft innerhalb Spaniens; Hauptstadt

ist Palma de Mallorca (ca. 420 000 Einwohner). Spanisch und Katalanisch sind die Amtssprachen, daneben spielen im öffentlichen Leben auch die örtlichen (katalanischen) Dialekte wie Mallorquinisch, Ibizenkisch und Menorquinisch eine große Rolle.

Von den rund eine Million Einwohnern der Balearen leben ca. 80 % auf Mallorca. Von den jährlich acht bis zehn Millionen Touristen, die die Balearen besuchen, verbringen ca. 90 % ihren Urlaub auf Mallorca.

Die Balearen sind das ideale Ziel für einen Badeurlaub. Mallorca ist die landschaftlich vielseitigste Insel, die Strände in allen Variationen und das größte Angebot an Ausflugsmöglichkeiten bietet. Ibiza ist als Partyinsel bekannt und hier geht es etwas teurer und exklusiver zu als auf Mallorca. Strandurlaub und Partyurlaub dominieren im Wechsel mit etwas exklusiverem Erholungsurlaub. Wer mehr Ruhe sucht, für den ist Formentera geeignet. Auf Menorca geht es ebenfalls ruhiger zu und die Insel bietet mit ihren großen Naturschutzgebieten viel Ursprünglichkeit. Die Bademöglichkeiten auf den Balearen – wie fast überall am Mittelmeer – sind ideal. Gezeiten sind kaum vorhanden, sodass sowohl bei Ebbe als auch bei Flut gebadet werden kann, und im Sommer präsentiert sich das Meer in der Regel ruhig mit nicht zu hohen Wellen.

Klima

Die Balearen liegen im Bereich des subtropischen Mittelmeerklimas mit milden Wintern und warmen bis heißen Sommern, wobei Ibiza hinsichtlich der Temperaturen und der Regentage am günstigsten und Menorca am wenigsten günstig liegt. Der meiste Regen fällt von Oktober bis Dezember sowie dann weniger werdend von Januar bis März/April. Juni, Juli und August sind fast niederschlagsfrei.

Das Frühjahr bringt Temperaturen von 15 bis 19°C. Dies ist die beste Zeit für Wanderungen und Radtouren. Ende April beginnt der Sommer und bis Ende September ist die ideale Zeit für Sonnenhungrige und Badeurlauber. Die Wassertemperaturen steigen ab Mai von ca.

18°C bis August auf über 25°C und selbst Ende Oktober liegen sie noch bei 20° bis 22°C.

Anreise mit dem Flugzeug
Die Flugzeit beträgt ca. 2 Stunden. Zielflughäfen sind: **PMI** – Palma de Mallorca **IBZ** – Ibiza-Stadt **MAH** – Mahon (Menorca)

Anreise mit dem eigenen Pkw/Fähre
Fährverbindungen gibt es u. a. Von Barcelona nach Mallorca/Menorca/Ibiza (Dauer ca. 4 –7 Std.) Von Valencia und Denia nach Mallorca/Ibiza (Dauer ca. 2 – 4 Std.) Siehe auch www.ocean24.de oder www.faehren.de

Mallorca

Mallorca gliedert sich in drei größere Landschaftseinheiten. Der **Nordwesten** wird von der Serra de Tramuntana bestimmt. Das 88 km lange und 10 bis 15 km breite Gebirge hat zehn Gipfel, die mehr als 1 000 m hoch sind. Tiefe Schluchten schneiden in die Bergwelt und öffnen sich zu winzigen Buchten. Höchster Berg ist der Puig Major (1 443 m). An das Bergland schließt sich die fruchtbare zentrale Ebene (Es Pla) an. Der **Südosten** besteht aus einem höhlenreichen Gebirgszug (Serra de Llevant), der bis auf 561 m ansteigt. An der **Ostküste** gibt es viele kleine Buchten (cales) mit Sandstränden.

Mallorca	
Badeorte Nordküste	**Sehenswertes in der Nähe**
Die Nordostküste wird bestimmt durch die **Bucht von Pollensa** (ca. 3 km Sandstrand) mit dem Ferienort **Port de Pollensa** (exklusiver Yachthafen, internationales Publikum) und die **Bucht von Alcudia** zwischen **Puerto de Alcudia** und **Ca'n Picafort** mit ca. 12 km flach ins Meer fallendem Sandstrand, besonders geeignet für Familien mit Kindern.	**Alcudia:** zwischen den beiden Buchten gelegen, mit gut erhaltener mittelalterlicher Stadtmauer und Gebäuden aus dem 16./17. Jh. **Pollensa:** kleines, verwinkeltes Städtchen, Musikfestspiele im Juli/August **Formentor:** die im äußersten Nordwesten gelegene, bis zum Leuchtturm am Cap Formentor 13 km lange Halbinsel, bietet herrliche Aussichtspunkte auf die gebirgige Küste und das Meer, beliebtester Strand ist der Platja de Formentor **Naturpark Albufera:** Vogelschutzgebiet mit Wanderwegen

Badeorte Ostküste	Sehenswertes in der Nähe
Cala Mesquida: eingebettet in Dünen und Kieferwäldern, kleine feinsandige Bucht; **Cala Ratjada:** kleines Fischerstädtchen in grüner, felsiger Umgebung mit versteckten Buchten in der Nähe.	**Capdepera:** die mittelalterliche Burg oberhalb des Ortes ist die größte Wehranlage Mallorcas; Sehenswertes in der Nähe: **Arta:** kleiner mittelalterlicher Ort mit wehrhaftem Schloss; **Cuevas de Arta:** Tropfsteinhöhlen oberhalb der Steilküste.
Bucht von Cala Millor: sehr lebhaft, 1,5 km langer, flach abfallender Sandstrand, beliebt bei Familien und – nur von einer Halbinsel getrennt – befinden sich hier die Badeorte **Sa Coma/S'Illot**; **Cala Mandia/Calas de Mallorca/Cala d'Or:** die stark zerklüftete Küste bietet herrliche Badebuchten mit idealen Tauchmöglichkeiten.	**Cuevas del Drach (Drachenhöhlen):** 1,5 km südlich von Porto Christo, mit vier großen Kammern und 1 300 m Länge gehören sie zu den größten Tropfsteinhöhlen Europas, eine Bootsfahrt auf einem unterirdischen See, begleitet von klassischer Musik, ist ein unvergessliches Erlebnis. **Manacor:** Zentrum der Perlenmanufaktur (Marjorica-Perlen).

Badeorte Südküste	Sehenswertes in der Nähe
Colonia de Sant Jordi: besonders beliebt bei Erholungssuchenden und Naturverbundenen, zu beiden Seiten des kleinen Fischerortes liegen traumhafte Natursandstrände; **Playa de Palma:** die berühmte feinsandige Bucht erstreckt sich zwischen dem ruhigeren **Can Pastilla** und dem alten, eher lauten Urlaubsort **El Arenal** auf einer Länge von 8 km, mit einer schönen Promenade für lange Spaziergänge. Berühmt natürlich wegen u. a. Schinken-, Bierstraße, Ballermann 6, Diskothek Riu Palace ... **Paguera:** bei Deutschen beliebt, 1 km Strand und von Pinienwäldern und einer malerischen Berglandschaft umgeben, für Sommer- und Winterurlauber geeignet; **Magaluf:** das El Arenal der Engländer.	Die Inselhauptstadt **Palma de Mallorca;** **Llucmayor:** bekannt für seine engen Gassen und den farbenfrohen Obst- und Gemüsemarkt; **Insel Cabrera:** Nationalpark, Schiffausflug von Colonia St. Jordi aus; **Es Trenc:** breiter und über 3 km langer Naturstrand im Südosten der Insel, nur über kleine Straßen zu erreichen, ohne Hotels.

Badeorte Westküste	Sehenswertes in der Nähe
Port de Sóller: einziger geschützter Fischerhafen an der Westküste mit kleinem Strand, durch die umliegenden hohen Berge schön gelegen.	**La Calobra:** eine von ungewöhnlich hohen und schroffen Felswänden umgebene Bucht (mit Sandstrand) am Ende einer Schlucht, am einfachsten zu erreichen mit dem Schiff von Port de Soller, am spannendsten aber über die abenteuerliche Serpentinenstraße, die aus 800 m Höhe in zahllosen Kurven hinunterführt.

Weitere sehenswerte Orte

Palma de Mallorca:
» Kathedrale La Seo
» Almudaina (Königspalast)
» La Llotja (mittelalterliche Börse, heute Ausstellungshalle)

» zahlreiche Stadtpaläste aus dem 15./16. Jh. (meist im Kathedralenviertel)
» Banys Arabs (maurische Bäder)
» Plaza Mayor
» Mallorca Museum

» Miro-Museum (in einem Vorort gelegen)
» Castell Bellver aus dem 14. Jh. (liegt außerhalb, schöner Blick auf Palma)
» „Roter Blitz": Historische Bahn von Palma über die Berge und Tunnel nach Soller (ca. 1 Std. inklusive einem Stop), von dort weiter mit einer ebenfalls nostalgischen Straßenbahn ins 4,5 km entfernte Port de Soller

Port d'Andratx: Prominentenort mit noblem Yachthafen, attraktiver Bar- und Restaurantszene, wenige, dafür exklusive Hotels und fast keine Strände;

Valldemosa: mittelalterliches Handwerkerstädtchen, in einem Hochtal gelegen, berühmt durch den Aufenthalt von Frederic Chopin und seiner Gefährtin George Sand im Winter 1838/39 in der mittelalterlichen Kartause (Klosteranlage);

Deia: malerisch gelegenes Bergdorf, bekannt geworden durch seine Künstlerkolonie;

Kloster Lluc: weites Klostergelände aus dem 13. Jh., Wallfahrtsort seit dem Mittelalter, Verehrung der Schwarzen Madonna, Singschule für Knaben, guter Ausgangspunkt für Bergtouren;

Inca: Zentrum der Lederindustrie.

Ibiza

Die Landschaft ist durch unzählige bewaldete (Pinien-) Hügel geprägt, die selten über 400 m ansteigen (höchster Berg 475m). Die Küsten sind meist felsig mit vielen kleinen windgeschützten Buchten (calas). Eine Ausnahme bildet die Region um Ibiza-Stadt im Süden der Insel. Hier erstreckt sich die fruchtbare Ebene Es Pla mit einigen der wenigen flachen Sandstrände der Insel und den ehemaligen Salinenfeldern, die heute ein Naturschutzgebiet sind.

Ibiza Stadt (Eivissa): Die maueramwehrte Altstadt (Weltkulturerbe der Unesco) mit einem Kastell, vielen verwinkelten Gassen und historischen Plätzen wird von einer Kathedrale aus dem 13. Jh. gekrönt. Hier von der Oberstadt hat man einen schönen Blick auf die Stadt und die Umgebung. In der Unterstadt am Hafen in den Vierteln La Marina und Sa Penya – dem ehemaligen Fischerviertel – pulsiert das (Nacht-) Leben. Große Barszene, Restaurants, Diskotheken, Geschäfte und Boutiquen, Galerien und Juweliergeschäfte.

Strände	
Südküste	**Playa d'en Bossa** – 3 km Strand mit großem Unterhaltungsangebot, aber auch beliebt bei Familien; **Figueretas** – wenig Strand, aber die Altstadt von Ibiza-Stadt ist ganz in der Nähe; **Playa de Talamanca** – beschaulicher, schöne Badebucht mit flach abfallenden Strand (bei allen drei Orten kann die Nähe zum Flughafen zu Lärmbelästigungen führen).
Ostküste	**Santa Eulalia** – ehemaliger Fischerort mit Badebucht und attraktivem Zentrum zum Flanieren; **Cala Nova** – kleine abfallende Bucht, im Ortsteil Es Canar findet wöchentlich der berühmte Hippiemarkt statt; **Cala Llonga** – kleiner Ferienort mit breitem, flachen Strand, ideal für Kinder.
Westküste	**San Antonio** – zweitgrößte Stadt mit einer großen weiten Bucht, vielen Hochhäusern und ein ebenfalls sehr ausgeprägtes Nachtleben.
Nordküste	**Portinatx** – kleiner Badeort mit felsiger Küste und mehreren Badebuchten.

Aktivitäten/Ausflüge:
» Alle Arten von Wassersport,
» Inselrundfahrt,
» Flohmarkt und Nachtleben Ibiza-Stadt,
» Schiffsfahrten in abgelegene Buchten,
» Wandern und Radtouren und
» Inselrundfahrt Formentera.

Formentera

Ein 4 km langer Meeresarm trennt Ibiza von der kleinen Insel, die nur 23 km lang und zwischen 1,7 und 17 km breit ist. Die Südküste besteht aus Sandstränden, während die Nordküste felsig ist. Über Serpentinen erreicht man die Hochebene von La Mola (ca. 200 m hoch), von wo aus man einen schönen Blick über die ganze Insel hat. Durch das Fehlen eines Flughafens ist die einzige Verbindung zur Insel die Fähre, die von Ibiza zwischen 30 bis 45 Minuten braucht.

Kilometerlange feinsandige Strände am seichten türkisblauen Wasser schaffen fast Karibik-Flair. Ein Badeparadies auch für Kinder. Die unberührte Dünenlandschaft steht unter Naturschutz. Mit dem Hauptverkehrsmittel der Insel, dem Fahrrad, kann jeder sein stilles Plätzchen am Strand finden.

Sport & Fitness: Surfen, Segeln, Katamaran fahren und die Unterwasserwelt vor bizarrem Küstengestein erkunden. Wassersport- und Tauchbasen bieten Kurse an. Es gibt Tennisplätze und vor allem Fahrradverleihe.

San Francisco Xavier ist die Hauptstadt der Insel.

Es Pujos ist das Zentrum des Tourismus auf der Insel, mit vielen Geschäften, Restaurants, Bars und Diskotheken und einer langgezogenen, feinsandigen Bucht.

Der **Platja Mitjorn** ist mit fast 5 km Länge und nur wenigen Hotels der schönste Strand der Insel. Der **Platja des ses Illetes** liegt im Norden der Insel und bietet Sonnenschirme und Liegen sowie alle möglichen Wassersportarten. Zu ihm zieht es auch die meisten der Tagesausflügler aus Ibiza.

Menorca

Menorca ist am weitesten vom Festland entfernt und lässt sich landschaftlich in zwei Hauptregionen einteilen. Der Norden (Tramuntana) mit hoch aufragender Steilküste, bizarren Felsformationen und fjordähnlich eingeschnittenen Buchten bietet ideale Windverhältnisse für Segler, Surfer und Windsurfer. Der Küstenstreifen im Süden (Migjorn) ist flacher und hier befinden sich auch die meisten (windgeschützten) Badebuchten und Strände, an die es die Mehrzahl der Besucher zieht. Das Zentrum der Insel präsentiert sich grüner mit üppigen Feldern, kleinen Pinien- oder Steineichenwälder sowie einer flachen Hügelkette, deren höchste Erhebung der Monte Toro (357 m) ist.

Obwohl relativ grün, ist die Vegetation nicht so reich wie auf den anderen Baleareninseln. Die ganze Insel ist ein Biosphärenreservat der UNESCO, 40 % der Insel stehen unter Natur- und Landschaftsschutz und der Naturpark S'Albufera d'es Grau zählt zu den bedeutendsten Feuchtbiotopen Südeuropas.

Menorca ist außergewöhnlich reich an prähistorischen Monumenten (Megalithkultur). Hunderte Dörfer und Bauten aus der Bronzezeit (2000 – 1000 v. Chr.) sind über die Insel verstreut. Am bekanntesten sind die großen „talaiot" (Steintürme), die die Landschaft prägen, sowie die „taulas" (T-förmige Steinmonumente) und die „navetas" (steinerne Häuser/Grabstätten).

Mahón (Maó) liegt am Ende einer 6 km langen natürlichen Hafenbucht. Der Hafen gehört zu den schönsten des Mittelmeeres und ist die größte Attraktion der Inselhauptstadt. Eine Hafenrundfahrt, bei der im Sommer auch Badebuchten angelaufen werden, ist ein „Muss" für Menorca-Urlauber. Die Stadt erstreckt sich vom Hafen einen steilen Hügel hinauf und weist architektonisch noch viele Zeugnisse aus der britischen Kolonialzeit auf.

Ciutadella war die einstige Hauptstadt der Insel und das Stadtbild ist mehr spanisch-maurisch geprägt. Eine stattliche Kathedrale, zahlreiche Adelspaläste, von Arkaden umsäumte Plätze und ein malerischer Hafen machen den Reiz der Stadt aus.

Badeorte	
Nordküste	Wegen der guten Windverhältnisse ist die Nordküste insbesondere bei Seglern und Surfern beliebt, die Strände dort sind eher dunkel und grobkörnig: » **Fornells,** » **Arenal d'en Castell und** » **Son Parc** (mit dem einzigen Golfplatz der Insel).
Südküste	An der Südküste sind die Strände der von Hügeln und Felsen eingerahmten Badebuchten meist flach ins Meer abfallend. Viele Strände bieten hier weißen Sand und kristallklares Wasser. » **Cala'n Bosch** – größter Touristenort; » **Cala Galdana** – Bucht mit imposanter Steilküste; » **Son Bou** – mit 3 km Länge gilt er als der größte Sandstrand der Insel, eingerahmt von Dünen und an ein Naturschutzgebiet grenzend, ideal für Kinder; » **Punta Prima** – kleiner Ort mit nur 200 m Strand und wenigen Hotels.

Verkaufsargumente für die Destination Badeurlaub Balearen

» Kurze Anreise (Flugzeit nur ca. 2 Stunden)
» Badeurlaub von Mai bis September möglich
» Für alle Reisemotive einer Badereise und für alle Altersgruppen finden sich auf den Inseln geeignete Badeorte
» Vorwiegend Sandstrände, viele davon flach abfallend, deshalb besonders für Familien geeignet
» Kaum Sprachbarrieren, in vielen Urlaubsorten wird auch Deutsch gesprochen
» Gut ausgebaute Infrastruktur für Spaziergänger in den Urlaubsorten und gutes Straßennetz im Inland für eigene Unternehmungen mit dem Mietwagen
» Zahlreiche Ausflugsmöglichkeiten (Sport, Natur, Kultur)
» Mallorca ist die landschaftlich abwechslungsreichste Insel und bietet viele Ausflugsmöglichkeiten
» Die Hauptstadt Palma de Mallorca bietet Großstadtflair und ein großes Kulturangebot

1.3 Badeurlaub in Thailand

Thailand, das historische Siam, hat sich zu einem der beliebtesten exotischen Reiseziele der Deutschen entwickelt. Die ausgezeichnete touristische Infrastruktur, zahlreiche und schnelle Flugverbindungen, die breite Palette von Urlaubsaktivitäten und das sehr gute Preis-Leistungsverhältnis haben diesen Erfolg möglich gemacht. Mit ihrer Freundlichkeit und ihrem liebenswürdigen Service haben die Thais die Herzen ihrer Gäste erobert. Kultur, Abenteuer, Natur, Sonne, Sand, Meer und Sport – in Thailand finden Reisende den Urlaub, den sie suchen.

Das Meer präsentiert sich außerhalb der Monsunzeiten in der Regel ruhig mit nicht zu hohen Wellen. Jedoch machen sich die Gezeiten stärker bemerkbar, sodass an vielen Stränden nur bei einsetzender Flut die besten Badebedingungen herrschen, bei Ebbe kann man herrliche Strandwanderungen machen, aber eben kaum baden. Die Reiseveranstalter weisen in ihren Katalogen auf die besonderen Strandverhältnisse hin.

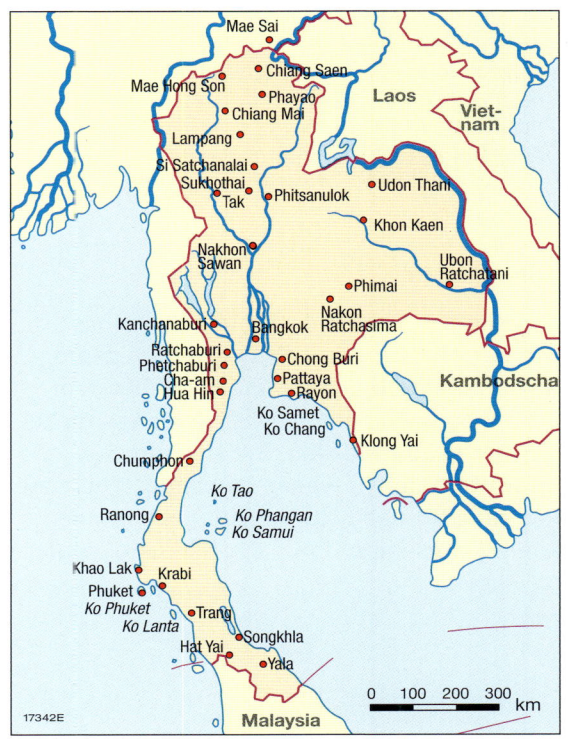

Thailand in Kürze

Staatsform	Konstitutionelle Monarchie
Landschaften	Gebirgsketten im Westen und Norden bis zur Halbinsel Malakka, Kernraum des Landes ist das Tiefland von Menam (Chao Phraya)
Einwohner	Ca. 67 Mio, davon ungefähr 80 % ethnische Thai sowie Chinesen, die sogenannten Bergvölker und Malaien
Religion	Ca. 95 % der Thais sind Buddhisten, die größtenteils in der Grenznähe zu Malaysia lebenden Muslime stellen rund 4 % der Bevölkerung
Sprache	Thai, Englisch ist Handelssprache
Währung	Baht
Gesundheitsvorschriften	keine, Malariaprophylaxe wird empfohlen
Einreisebestimmungen	bis 30 Tage nur gültiger Reisepass erforderlich (noch mind. 6 Monate nach Ende der Reise gültig), Visum bei längerem Aufenthalt
Flugdauer nach Bangkok (BKK) oder Phuket (HKT)	ca. 11 Stunden (non-stop ab FRA) ca. 14 – 17 Stunden (Umsteigeverbindungen)

Klima und Reisezeit

Das Klima in Thailand wird in erster Linie von den Monsun- bzw. Passatwinden geprägt. Im Sommerhalbjahr kommen die über dem Indischen Ozean mit Feuchtigkeit angereicherten Winde aus Südwest (SW-Monsum). Im Winterhalbjahr wehen beständig Winde aus Richtung Nordost (NO-Monsun). Sie bringen kühles, trockenes Klima, der Ostküste jedoch oft Regen.

Bangkok und der Golf von Thailand (Norden)	November bis Februar warm und trocken (beste Reisezeit), März bis Juni heiß und trocken, Juli bis Oktober heiß und regnerisch (hohe Luftfeuchtigkeit). Die heißesten Monate sind April/Mai (bis 35°/40°C). Die meisten Regenfälle fallen im September/Oktober. Als beste Reisezeiten gelten die Monate November bis April, wobei in den Sommermonaten die Badeorte Cha Am/Hua Hin auch zu empfehlen sind, da sie vom Südwest-Monsun weniger stark betroffen sind als die östlich gelegenen Badeorte von Pattaya bis Ko Chang.
Der Süden	Im Winterhalbjahr warm und nicht so schwül. Im Sommerhalbjahr heiß und schwül (hohe Luftfeuchtigkeit). Die heißesten Monate sind März und April (bis 35°/40°C). Zwischen Mai und September starker Monsunregen an der Westküste (Phuket). Im November/Dezember starker Monsunregen an der Ostküste (Samui). Während der Monsunregenzeit ist das Meer stark aufgewühlt und die Bademöglichkeiten sind dadurch eingeschränkt. Als beste Reisezeiten für die Westküste (Phuket) gelten November bis April, für die Ostküste (Samui) Januar bis September.

Bangkok ist für die meisten Badeorte Ziel- oder Umsteigeflughafen. Viele Urlauber nutzen die Gelegenheit, sich die Stadt für einen oder mehrere Tage auf dem Hin- oder Rückflug anzuschauen. Ebenso nutzen viele Urlauber in den Badeorten am nördlichen Golf von Thailand (Pattaya, Hua Hin) die Nähe zu Bangkok für einen Tagesausflug.

Sehenswürdigkeiten Bangkok:
» Großer Königspalast (weitläufige Anlage, mit vielen reich verzierten Pavillons und Tempeln, u. a. Wat Phra Kaeo),

- » Wat Arun (Wahrzeichen von Bangkok, 45 m hoch),
- » Wat Pho (Tempel mit einem 46 m langen, ruhenden Buddha),
- » Wat Saket und der Goldene Hügel (schöner Panoramablick auf Tempelbezirk),
- » Chinatown (u .a. ein Gassenlabyrinth mit vielen Verkaufsbuden und Wat Traimit – Tempel des goldenen Buddha),
- » Vivanmek Palast (größter, ausschließlich aus Teakholz gebauter Palast der Welt),
- » Jim-Thompson-Haus (eine der besterhaltenen traditionellen Thai-Wohnanlagen),
- » Bootsfahrt durch die Klongs (Kanäle),
- » berühmtes Kolonialhotel: das Oriental,
- » eine Fahrt mit dem Tuk-Tuk (dreirädriges Motorrad) und
- » Shopping.

Tempelanlage in Bangkok

1.3.1 Badeorte am Golf von Thailand – der Nordosten

Pattaya/Jomtien

Pattaya ist der bekannteste und auch wegen seiner vielen Bars berüchtigste Badeort seit über 30 Jahren und bietet mit seinen über 40 000 Hotelbetten aller Kategorien Unterhaltungsmöglichkeiten bei Tag und bei Nacht, aber auch Familien und Rentner verbringen hier ihren Urlaub. In den 1990er Jahren umfassend saniert, bietet der Ort heute eine 4 km lange Strandpromenade, viele Grünanlagen und über zehn Golfplätze in der Nähe. Alle möglichen Arten von Wassersport sind möglich, entsprechend lebhaft geht es am Strand zu. Abends verwandeln sich einige Straßenzüge in eine

Fußgängerzone mit Straßenständen und Garküchen. Je nach Strandabschnitt bieten sich den Touristen unzählige Bars, Pubs, Restaurants, Travestie-Shows, Diskotheken und ein riesiges Shoppingangebot.

Die ca. 4 km lange sichelförmige Bucht von Pattaya teilt sich in North (eher ruhig mit vielen 4 und 5 Sterne Hotels), Central (viele Geschäfte und Restaurants) und South Pattaya, dem eigentlichen Vergnügungsviertel. Von den Hotels zum Strand muss eine laute Strandstraße überquert werden. Südlich von Pattaya Beach liegt Pattaya Cliff auf einer Klippe, hier befinden sich Hotels mit ruhigeren Buchten.

Jomtien mit seinem 6 km langen Strand ist nur durch Pattaya Cliff von Pattaya getrennt. Auch hier geht es je nach Strandabschnitt lebhaft zu, aber insgesamt ist es beschaulicher und eher die familienfreundlichere Ausgabe von Pattaya.

Die Bademöglichkeiten in Pattaya/Jomtien sind durch die Gezeiten etwas eingeschränkt, Schwimmen und viele Wassersportaktivitäten sind meist nur bei Flut möglich.

Aktivitäten/Ausflüge:
- » Elephant Village (Vorführungen von Arbeits-Elefanten);
- » Mini Siam (maßstabgetreue, verkleinerte Kopien der bedeutendsten Bauten Thailands);
- » Nong Nooch Village – riesiger Park mit Orchideenzucht, Kunsthandwerkszentrum und Kulturshows (Tänze, Zeremonien);
- » Pattaya Park – Wasser-Vergnügungspark;
- » Ripleys „Believe it or not" – Kuriositätenmuseum;
- » „Sanctuary of truth" – ein Teakholztempel in einer Bucht im nördlichen Teil von Pattaya, 105 m hoch und 100 m lang, seit 20 Jahren wird an ihm gebaut und geschnitzt;
- » Pattaya Tower – zwei Drehrestaurants in 250 m Höhe;
- » Badeausflug zu einer der vorgelegenen Inseln;
- » Tagesausflug nach Bangkok.

Anreise:
Bustransfer von Bangkok, ca. 2 Stunden (Pattaya) bzw. 2,5 Stunden (Jomtien).

Ko Samet

Die nur 6 km lange und 3 km breite Insel mit vielen Kokosnussplantagen ist hügelig und herrliche Strände mit weißem Sand verteilen sich auf 15 Buchten. Die Westküste verfügt über die flacheren Strände, während sich an der Ostküste die Gezeiten stärker bemerkbar machen und die Wellen höher sind. Die gesamte Insel sowie die umliegenden Inseln und mehrere Festlandsstrände gehören zu einem Meeresnationalpark. Wer einen ruhigen Badeurlaub sucht, ist hier richtig.

Aktivitäten/Ausflüge:
Ausflüge zu den nahegelegenen Inseln, ansonsten Schwimmen, Schnorcheln, Tauchen.

Anreise:
Bustransfer von Bangkok zur Fähre ca. 3 Stunden, die Überfahrt mit der Fähre dauert ca. 30 Minuten.

Ko Chang

Die zweitgrößte Insel Thailands liegt nahe der kambodschanischen Grenze und ist 30 km lang und zwischen 8 und 13 km breit. Das Inselinnere ist gebirgig (bis 800 m), was auch den Namen „Elefanteninsel" erklärt, da die Bergkämme aus größerer Entfernung wie eine Herde Elefanten aussehen sollen. Ungefähr 70 % der Insel bestehen aus ursprünglichem Regenwald, und die üppige grüne Vegetation zusammen mit den herrlichen weißen, flachen Sandstränden machen den Reiz der Insel aus. Die gesamte Insel sowie 46 umliegende kleinere Inseln gehören zu einem Meeresnationalpark. Die schönsten Strände liegen an der Westküste, wobei die 3 km lange White Sand Beach (Hat Sai Kao) und die fast 6 km lange Klong Prao Beach touristisch am besten erschlossen sind. Die Insel bietet Naturerlebnisse und einen ruhigen Badeurlaub.

Aktivitäten/Ausflüge:
» Organisierte Wanderungen und Trekkingtouren in den Regenwald, in dem auch noch viele Wildtiere leben, und zu drei Wasserfällen;
» Bade- und Tauchausflüge zu nahegelegenen Inseln.

Anreise:
» Flug von Bangkok mit Bangkok Airways (PG) nach Trat (TDX) – Flugdauer ca. 45 Minuten, Fahrt zur Fähre, Überfahrt und Transfer zum Hotel ca. 1,5 –2 Stunden,
» Per Bus von Bangkok nach Trat ca. 4 Stunden.

1.3.2 Badeorte am Golf von Thailand – der Nordwesten

Cha Am

Der kleine Ort liegt ca. 25 km nördlich von Hua Hin und ist eigentlich nur Namensgeber für eine südlich von Cha Am gelegene Ferienregion mit einem endlos langen, breiten und flachen Sandstrand, an dem sich zahlreiche Hotels befinden. Sie ist ideal für einen erholsamen Urlaub, denn in unmittelbarer Umgebung der Hotelanlagen befindet sich nicht allzuviel und Cha Am und Hua Hin sind etliche Kilometer entfernt. Von fast allen Hotelanlagen fahren allerdings Busse nach Hua Hin (u. U. gegen Gebühr).

Hua Hin (ca. 200 km südlich von Bangkok)

Der historische Badeort – schon in den 1920er Jahren machte der thailändische König hier Urlaub – hat ungefähr 45 000 Einwohner und ist ruhiger und stilvoller als Pattaya und Phuket, wenngleich auch hier am Abend in der Altstadt einiges geboten wird mit Nachtbars, Diskotheken und Nachtmarkt (ab ca. 18.00 Uhr viele Verkaufsstände und Garküchen). Auch viele Thais verbringen hier ihre Urlaubstage. Besonders beliebt sind die vielen Seafood-Restaurants am Fischereihafen. Dort beginnt auch der lange, breite Strand, der sich 3 km in Richtung Süden zieht, bis zu einem Felsvorsprung im Meer, den ein buddhistischer Tempel krönt.

Aktivitäten/Ausflüge:
» Alle Arten von Wassersport und Golfen auf einem der fünf 18-Loch-Plätze;
» lange Strandwanderungen – auch zu Pferde;
» Besichtigung des Sommerpalasts des thailändischen Königs 2 km nördlich von Hua Hin oder des königlichen Wartehäuschens am Bahnhof von Hua Hin;

» Der Khao Sam Roi Yot Nationalpark
(„Gebirge der 300 Gipfel") liegt 63 km
südlich von Hua Hin und bietet neben den
zerklüfteten Kalksteinbergen Mangroven-
sümpfe, Strände und eine reiche Tier- und
Pflanzenwelt;

» Der Kaeng Krachan Nationalpark (ca. 50 km
westlich) ist der größte Nationalpark Thailands mit Bergen, Wasserfällen, Stausee
und reicher Fauna, noch heute leben hier
Tiger, Affen und Elefanten;

» Floating Market in Damnoen Saduak
(ca. 120 km nördlich) und Rose Gardens
(Folkoreaufführungen und Elefanten-
shows);

» Die Brücke am Kwai bei Kanchanaburi
(Mahnmal für die Opfer der im 2. Weltkrieg
unter japanischer Besetzung gebauten
Bahnlinie).

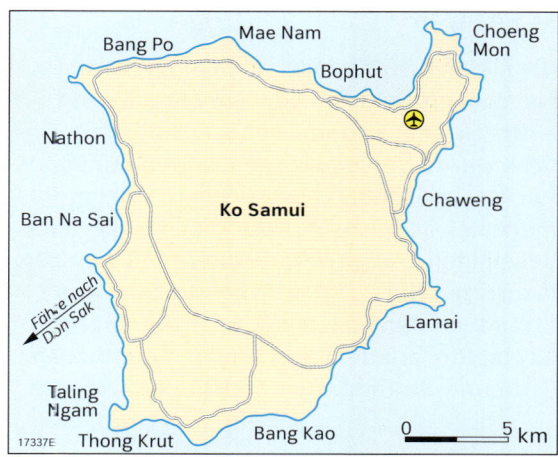

Floating Market

Anreise:
Busfahrt von Bangkok ca. 3 bis 3,5 Stunden.

1.3.3 Badeorte am Golf von Thailand – der Süden

Ko Samui

Ehemals Paradies für Rucksackreisende gehört
die sogenannte „Kokosnussinsel" zu den popu-
lärsten Badezielen Thailands. Heute teilen sich
Rucksackreisende und Pauschalurlauber aller
Kategorien die Insel. Über die rund 50 km lange
Ringstraße, die fast immer an der Küste entlang-
führt, erreicht man fast alle Buchten und Strände. Das Inselinnere ist hügelig und von dichtem
Regenwald und Kokosnussplantagen durchzo-
gen. Die bekanntesten, belebtesten und schönsten Strände sind Chaweng und Lamai, die sich

kilometerlang über mehrere Buchten erstrecken
und immer wieder von felsigen Landzungen
unterbrochen sind. Unzählige Freiluft-Bars, Geschäfte, Restaurants und Straßenstände sowie
am Abend (Strand-) Diskos warten hier auf das
vorwiegend junge Publikum. Wer's ruhiger mag,
wählt andere Strände wie z. B. Mae Nam oder
Bophut im Norden. Die Insel bietet etwas für
jeden, Familienurlaub, alle Arten von Wassersport, Party, und auch der Ruhesuchende wird
seine Bucht finden. Das alles in ungezwungener,
entspannter, internationaler Atmosphäre.

Aktivitäten/Ausflüge:

» Sehenswert auf der Insel sind neben der
Erkundung der anderen Strände (vorzugsweise mit einem Motorroller) zwei Wasserfälle im Landesinneren, die 12 m hohe Big-
Buddha-Statue im Norden und ein Besuch
des Hauptortes und Fährhafens Nathon;

» Ausflug zu dem 40 Inseln umfassenden
Ang-Thong-Meeresnationalpark mit seinen
herrlichen Stränden, klarem Wasser und
bizarren Kalksteinformationen;

» Ausflug zur wegen ihrer Form „Schildkrö-
teninsel" genannten Insel Ko Tao mit ihren
versteckten Buchten und ausgedehnten
Korallenriffs, die zum Tauchen und Schor-
cheln einladen;

» Abend- und Nachtausflug zur „Full Moon
Party" nach Ko Phangan.

Anreise:
Flug von Bangkok mit Bangkok Airways (PG)
nach Ko Samui (USM) – Flugdauer ca. 1 Stunde.

Ko Phangan

Die kleine Nachbarinsel Ko Samuis ist gebirgig, zum größten Teil bewaldet und bis auf einige Strandregionen wenig erschlossen. Die Insel wurde bis vor wenigen Jahren nur von Rucksackreisenden, denen Samui zu kommerziell war, besucht. Inzwischen ist sie auch bei einigen großen Veranstaltern mit wenigen luxuriösen Hotels im Angebot. Bekanntester Strand mit den meisten Bungalowanlagen ist Hat Rin, auf dem auch die allmonatlichen Vollmond-Strandparties stattfinden.

Aktivitäten/Ausflüge:
» Ausflüge mit dem Jeep ins bergige Landesinnere und zu abgelegenen Stränden;
» Bootsausflüge entlang der Küste zu abgelegenen Stränden;
» Ausflüge zum Ang-Thong-Meeresnationalpark oder nach Ko Samui.

Anreise:
Von Bangkok Flug nach Ko Samui, von dort nach Ko Phangan mit der Fähre – ca. 30 Min.

1.3.4 Badeorte an der Südwestküste Thailands (Andamanensee)

Phuket

Die größte Insel Thailands (ca. 50 km lang und 22 km breit) liegt rund 860 km südlich von Bangkok und gehört mit 16 Stränden zu den beliebtesten Urlaubszielen Südostasiens. Die Insel ist im Norden nur durch eine 700 m lange Brücke vom Festland getrennt. Vor allem an der Westküste liegen die traumhaften Sandstrände in kleinen und großen Buchten, an die sich eine gebirgige Hügellandschaft anschließt. Im Inselinneren ist durch Zinnabbau und Plantagenwirtschaft vom tropischen Regenwald nicht viel übrig geblieben. Nur der im Norden gelegene Khao-Phra-Taeo-Nationalpark bietet auf ca. 7 % der Inselfläche noch ein echtes Dschungelerlebnis. Die Ostküste ist weitgehend flach mit vielen Mangrovenwäldern. Patong ist die Bucht mit den meisten Hotels und dem größten Angebot an Bars, Restaurants, Geschäften und Nachtleben. Wer es weniger laut mag, weicht in die südlich gelegenen Buchten Karon, Kata Yai und Kata Noi sowie die nördlich gelegenen Strände Bang Tao und Mai Khao aus, wobei die Regel gilt, je weiter weg von Patong, umso ruhiger. Die vielfältigen Ausflugsmöglichkeiten auf der Insel sind insbesondere ideal für einen Familienurlaub.

Aktivitäten/Ausflüge:
Alle Wassersportarten wie Windsurfing, Jetski, Paragliding, Speedboot, Wasserski, Tauchen usw.

Ausflüge:
» Phuket-Town (ca. 70 000 Einwohner): koloniales Viertel mit Villen in chinesisch-portugiesischer Architektur, chinesische Tempel, 24-Stunden-Markt und vielen Geschäften;
» Schmetterlingsgarten und Aquarium sowie Thaidorf (Kulturshows aus den verschiedenen Regionen Thailands) und Orchideengarten. Beide Attraktionen liegen in der Nähe von Phuket-Town;
» Elefantencamps (Show und Reiten);
» Inselrundfahrt mit dem Mietwagen oder dem Motorroller;
» Khao-Phra-Taeo-Nationalpark (zwei Wasserfälle, Gibbon Auswilderungsstation);
» Tauchsafari zu den Similan-Inseln;
» „James Bond Insel" in der Phang Nga Bucht (aus dem Film „Der Mann mit dem goldenen Colt");

» Kanu-Tour in der Phang Nga Bucht (grün bewachsene Kalksteinfelsen, die aus dem Meer ragen);
» Phi Phi Islands.

„James Bond Insel" in der Phang Nga Bucht

Anreise:
Condor und Air Berlin fliegen nonstop nach Phuket (ca. 11 Stunden), alle anderen Fluggesellschaften haben einen Zwischenstopp (insg. ca. 13–15 Stunden), die Transferzeit auf Phuket beträgt je nach Lage des Hotels 10–50 Minuten.

Khao Lak

Die Strände von Khao Lak befinden sich ca. 70–90 km nördlich vom Flughafen Phuket. Ohne eigentliches Zentrum reiht sich ein Strandabschnitt an den anderen, gelegentlich nur unterbrochen von wenigen Felsen. Hinter einem flachen Landstreifen ragen die bewaldeten Berge des Khao-Lak-Nationalparks auf. Die Küstenstraße, an der sich meist auch zahlreiche Restaurants und Geschäfte befinden, verläuft mehrere Hundert Meter vom Strand entfernt. Ideale Voraussetzungen also für einen Urlaub zum Entspannen und Abschalten.

Aktivitäten/Ausflüge:
» Ausflüge in die nahe gelegenen Nationalparks Khao Lak und Khao Sok (reiche Pflanzen- und Tierwelt in einer bergigen Landschaft mit schroffen Kalksteinbergen, Flüssen, Stauseen und Höhlen);

» Tauch- und Schnorchelausflüge zu den Surin- und Similan-Inseln;
» Ausflug in die Phang Nga Bucht zur „James-Bond-Insel".

Anreise:
Transferdauer vom Flughafen Phuket ca. 1,5 Stunden.

Ko Phi Phi

Hierzu gehören die beiden Inseln Phi Phi Don und die unbewohnte Insel Phi Phi Lei. Die Inseln sind berühmt für ihre atemberaubende Landschaft mit den senkrecht in die Höhe reichende Kalksteinfelsen (über 300 m). Dies insbesondere auf Phi Phi Don, wo rechts und links aufragende Felsen mit einem schmalen, ein Kilometer langen, flachen Landstreifen verbunden sind, der auf beiden Seiten einen Strand aufweist. Dort befinden sich auch die meisten Hotels und Bungalowanlagen sowie ein kleines Fischerdorf. Wer Ruhe sucht, wird sie erst am späten Nachmittag finden, wenn alle Tagesausflügler von Phuket oder Krabi die Insel verlassen haben.

Aktivitäten/Ausflüge:
» Aufstieg zu den beiden Felsmassiven von Phi Phi Don;
» Schnorchel- und Tauchausflüge nach Phi Phi Lei oder anderen nahe gelegenen Inseln;
» Ausflüge nach Phuket oder Phang Nga.

Anreise:
Transfer vom Flughafen Phuket zur Fähre und Überfahrt ca. 2–4 Stunden (je nach Schifftyp).

Krabi

Die Region Krabi zählt zu den schönstgelegenen Badeorten Thailands. Sie ist von bis zu 300 m hohen Kalksteinfelsen umgeben. Sowohl auf dem Festland als auch auf den vielen vorgelagerten Inseln bietet sie den Urlaubern ein unvergleichliches Panorama. Hauptstrand mit den meisten Hotels und Geschäften ist Ao Nang Beach, der auch Ausgangspunkt ist zu

Anreise:

» Von Bangkok Flug mit Thai Airways nach Krabi (KBV) – ca. 1 Stunde – Transfer zu den Hotels ca. 20 – 40 Minuten,

» Von Phuket mit dem Bus – ca. 4 Stunden.

Ko Lanta

Die Inselgruppe mit insgesamt 52 Inseln liegt 70 km südlich von Krabi und touristisch ist nur die Insel Ko Lanta Yai (ca. 25 km lang) erschlossen. Teile von Ko Lanta Yai sowie mehrere Inseln gehören zu einem Marine-Nationalpark. Das Landesinnere ist hügelig und von dichtem Dschungel überwuchert und für jene, die Ruhe und Einsamkeit suchen, ist die Insel mit ihren endlosen Stränden ein idealer Urlaubsort.

Aktivitäten/Ausflüge:

» Bootsausflüge auf nahe gelegene Inseln zum Schwimmen, Schnorcheln, Tauchen;

» Ausflug in den Dschungel im Inselinneren mit Wasserfällen, Fledermaushöhlen (auch auf dem Rücken eines Elefanten möglich);

» Tagesausflug zu den Phi Phi Inseln.

Anreise: Vom Flughafen Krabi mit dem Bus und Fähre – ca. 2 Stunden.

Eine komplexe Aufgabe zur Reisepreisberechnung finden Sie auf der beiliegenden DVD.

abgelegeneren Stränden, die nur über Boot erreichbar sind, wie die Postkartenstände der Rai-Leh-Landzunge (Phra Nang Beach). Abgesehen von Ao Nang ist die Region ideal für Erholungssuchende, wer allerdings viele Buchten, Felsen, Höhlen und Strände sehen möchte, muss schon aktiv sein, denn mobil ist man nur mit einem Boot.

Aktivitäten/Ausflüge:

» Bootsausflüge auf vorgelagerte Inseln (von Ao Nang nur eine halbe Bootsstunde entfernt) mit herrlichen Stränden und Tauch-/Schnorchelmöglichkeiten oder zur Rai-Leh-Phra-Nang-Landzunge;

» Fahrt in die Provinzhauptstadt Krabi (eigentlich nur ein Fischerdorf);

» Kanutouren entlang der Küste;

» Tagesausflug zu den Phi-Phi-Inseln.

Verkaufsargumente für die Destination Badeurlaub Thailand

» Badeurlaub ist je nach Region ganzjährig möglich.

» Temperaturen in den Badeorten sinken ganzjährig nachts nicht unter 20° C, tagsüber immer um die 30° C, Wassertemperaturen um die 26° bis 30° C.

» Die Thais sind äußerst freundliche Gastgeber.

» Mit Englischkenntnissen kann man sich in den Badeorten gut verständigen.

» Für Bangkok und die Badedestinationen sind normalerweise keine Impfungen notwendig.

» Bis 30 Tage Aufenthalt kein Visum notwendig.

» Thailand ist ein sicheres Reiseland, die Kriminalitätsrate ist gering.

» Gutes Preis-Leistungsverhältnis für 4- und 5-Sterne-Hotels.

» Die Hauptstadt Bangkok bietet zahlreiche Zeugnisse der thailändischen Kultur.

» Die meisten Badeorte bieten eine faszinierende vorgelagerte Inselwelt.

» Zahlreiche Ausflüge mit sportlicher Aktivität und Naturerlebnissen sind möglich.

Aufgaben

1_ Nennen Sie für die drei Zielflughäfen der Balearen die Three-Letter-Codes.

2_ Nennen Sie zwei Orte auf dem Spanischem Festland, von denen aus Fährverbindungen auf die Balearen bestehen.

3_ Welche Baleareninsel liegt hinsichtlich der Regentage und Temperaturen am günstigsten?

4_ In welchem Zeitraum können Sie einen Badeurlaub auf den Balearen empfehlen?

5_ Welches sind die beiden Amtssprachen auf den Balearen?

6_ Ihre Kundin möchte für ihren Ibiza-Urlaub einen Urlaubsort, der nicht allzu weit von Ibiza-Stadt entfernt ist. Empfehlen Sie zwei Orte.

7_ Nennen Sie zwei Badeorte auf Mallorca, die für einen Familienurlaub besonders geeignet sind.

8_ Von welcher Baleareninsel können Sie die Insel Formentera und mit welchem Transportmittel erreichen? Wie lange dauert das ungefähr?

9_ Welche Aktivitäten können Sie auf Formentera nicht anbieten?

a) Surfen   d) Bergwandern

b) Segeln   e) Radtouren

c) Tauchen

10_ Sehenswert auf Menorca sind prähistorischen Monumente aus der sogenannten Megalithkultur, die Taulas, die Talaiots und die Navetas. Ordnen Sie den Beschreibungen jeweils ein Monument zu.

Name der Monumente	Beschreibung der Monumente
	Steintürme
	Steinerne Häuser/Grabstätten
	T-förmige Steinmonumente

11_ Wodurch unterscheiden sich die beiden Städte Mahon und Ciutadella auf Menorca in architektonischer Hinsicht?

12_ Welches ist die größte Attraktion der Inselhauptstadt Mahón?

13_ Welche Region auf Menorca empfehlen Sie einer Familie mit Kindern, die einen ruhigen Urlaub mit schönen Stränden erleben möchte?

14_ Beschreiben Sie kurz die drei Landschaften von Mallorca von West nach Ost.

15_ Nennen Sie vier Sehenswürdigkeiten von Palma de Mallorca-Stadt.

16_ Ein Kunde hat vom „Roten Blitz" gehört. Erläutern Sie ihm, worum es sich dabei handelt.

Zusätzliche Aufgaben zu Kapitel 1 finden Sie auf der beiliegenden DVD.

2 Studienreisen am Beispiel Siziliens

2.1 Allgemeine Merkmale einer Studienreise

! „Eine Studienreise ist eine Reise mit begrenzter Teilnehmerzahl (in der Regel 10 – 30 Teilnehmer), festgelegtem Reisethema und Reiseverlauf und deutschsprachiger, fachlich qualifizierter Reiseleitung.“[1]

Dennoch bereitet es Schwierigkeiten, die Studienreise exakt von anderen Rundreisen abzugrenzen. Die Spezialveranstalter wie Studiosus, Klingenstein, Gebeco/Dr. Tigges (TUI) oder Karawane haben das ursprüngliche Produkt der klassischen Bildungsreise für Akademiker – respektlos auch Trümmertourismus genannt – ausgeweitet auf Wander-, Natur-, Erlebnis- und Forschungsreisen. Im weiteren Sinne spricht man deshalb auch von Kulturtourismus, wenn der Reisende die besonderen kulturellen Eigenarten eines Ortes oder einer Region erleben will: Festspiele, Tradition und Brauchtum, Industriedenkmäler, Gastronomie, Oper, Theater, historische Persönlichkeiten, Museen, Ausstellungen.

Diese Reisen werden heute weltweit angeboten, nicht mehr nur nach Italien, Griechenland und Ägypten. Die Zielgruppen sind allerdings immer noch überwiegend Reisende mit Hochschulabschluss und in einem relativ hohen Alter, einfach deshalb, weil sie über die notwendigen finanziellen Mittel und genügend Freizeit verfügen, denn die Studienreise ist ein Hochpreisprodukt, da der Gast stärker betreut und beraten wird. Aber die Gruppen bestehen heute nicht nur aus Lehrern – alle Berufsgruppen sind vertreten: Apotheker, Ärzte, Ingenieure und Manager. Zudem bemühen sich die Veranstalter, das Zielgebiet nochmals unter einem anderen Schwerpunkt in ihr Programm aufzunehmen. Damit soll der Reisende erneut motiviert werden, das Land zu besuchen, bzw. es sollen andere – vor allen Dingen – jüngere Zielgruppen motiviert werden.

Sizilien – Programmvielfalt am Beispiel des Marktführers Studiosus (Katalog 2015)

– Sizilien – Höhepunkte
  (8 Tage)

– Sizilien – Insel mit vielen Gesichtern
  (8 Tage)

– Sizilien – PreisWert wandern
  (10 Tage)

– Sizilien – Erlebnis und Freizeit
  (12 Tage)

– Sizilien – Tempel und Vulkane
  (11 Tage)

– Sizilien – Äolische Inseln von Insel zu Insel
  (11 Tage)

– Sizilien – Tempel – Kirchen und Paläste
  (11 Tage)

– Sizilien – Wanderungen und Kunsterlebnis
  (14 Tage)

– Sizilien – Mit Muße
  (15 Tage)

– Sizilien – Die umfassende Reise
  (14 Tage)

– Sizilien – Von Palermo nach Taormina
  (9 Tage)

– Äolische Inseln aktiv erleben
  (9 Tage)

Diese Angebote unterscheiden sich in der Reisedauer, im Preis (von 1.300,00 bis 2.700,00 € pro Person), in der Wahl der Hotels, in der Zahl der angebotenen Termine und in den Attraktionsfaktoren. Es sind dies Kultur, Geschichte, Architektur, Kunst und Vulkanismus/Naturphänomene. Unterschiede bestehen in der Gestaltung der Rundreise durch die Elemente Wandern, zusätzliche Freizeitangebote und Begegnung mit dem Alltagsleben statt Besichtigung, um weitere Zielgruppen anzusprechen. Das Programm der Studienreisen auf Sizilien ergänzt Studiosus mit dem Inselhopping auf den Äolischen Inseln (Vulcano,

---

1 Definition der „Arbeitsgemeinschaft Studienreisen", zitiert nach J. W. Mundt, Reiseveranstaltung, München, 6. Aufl., 2007, S. 320.

Lipari, Alicudi, Filicudi, Salina, Panera, Stromboli) und Eventreisen zur Mandelblüte. Denkbar wäre eine weitere Studienreise mit dem Schwerpunkt „Große Vulkane in Italien: Vesuv – Ätna – Stromboli", die die Kampanien, Kalabrien und Sizilien verbindet. Gemeinsam ist allen Studienreisen nach Sizilien, dass die Anreise per Flug erfolgt, es sich fast immer um Rundreisen mit einem Reisebus handelt, individuelle Verlängerungsmöglichkeiten angeboten werden und eine Mindest- bzw. Höchstteilnehmerzahl angegeben ist. Bei den Rundreisen auf und zu den Äolischen Inseln werden zusätzlich seegängige Motorboote eingesetzt.

Neben den kommerziellen Leistungsträgern müssen noch die gemeinnützigen Organisationen erwähnt werden, wie Volkshochschulen, Kirchengemeinden, politische Stiftungen und Vereine, die Studienreisen für ihre Mitglieder organisieren, oft in Kooperation mit dem örtlichen Reisebüro als Veranstalter.

Kommerzielle Studienreisen sind in der Regel offene Gruppenreisen. Die Teilnehmer melden sich einzeln an und lernen sich erst kennen, wenn die Reise am Zielort beginnt. Man weiß nichts voneinander. Man kann zwar das Alter der Teilnehmer einschätzen, sieht, ob es Paare oder Alleinreisende sind und erfährt vielleicht, dass sie das Zielland bereits kennen oder dass sie Erfahrungen mit Gruppenreisen haben. Und man kann vermuten, dass die anderen Teilnehmer die gleichen oder ähnliche Interessen haben:

» Man will die Kultur und Sehenswürdigkeiten des Landes kennenlernen.
» Man will neuen und interessanten Menschen begegnen und Kontakte und Freundschaften knüpfen.
» Man bewertet das Gruppen- und Gemeinschaftserlebnis als eine Bereicherung.
» Man sucht neue und außergewöhnliche Erfahrungen.

Aber wie verhält sich die zusammengewürfelte Gruppe tatsächlich, mit der man die nächsten Tage verbringen muss? Welches ist ihre soziale Herkunft? Welche Einstellungen und Vorstellungen haben die Teilnehmer? Wie werden die einzelnen Gruppenmitglieder miteinander auskommen? Je nachdem, wie die jeweilige

Gruppe und ihr Reiseleiter mit möglichen Konflikten umgehen, kann dies zu einer starken Beschäftigung der Teilnehmer mit sich selbst führen, die den Erlebniswert der Reise erheblich einschränkt. Die gruppendynamischen Prozesse mit der Bildung von Teilgruppen, von Sympathien und Aversionen führen möglicherweise dazu, dass die Beziehungen der Reisenden untereinander eine größere Bedeutung erlangen als die täglich besuchten Reiseziele.

Es ist die Aufgabe des Reiseleiters, dies zu verhindern bzw. Lösungen anzubieten, die allen Teilnehmern gerecht werden. Von seinen Fähigkeiten hängt letzten Endes der Erfolg der Reise und der Ruf seines Veranstalters ab. Der qualifizierte **Studienreiseleiter** verbindet detaillierte Sachkenntnisse über die zu besichtigenden Orte und den spezifischen sozialen Hintergrund des Gastlandes mit dem Fingerspitzengefühl eines guten Animateurs, der souverän auf die Wünsche und Launen seiner Gäste reagiert. Einzelne Fachleute vertreten die Ansicht, dass gut 80 % des Erfolges einer Studienreise von der Fachkompetenz und der Kommunikationsfähigkeit des Reiseleiters abhängen.

Anforderungen an den Reiseleiter

Gepflegtes Äußeres, gute Umgangsformen, umfangreiches Allgemeinwissen, landeskundliches und kunstgeschichtliches Wissen, Durchsetzungsvermögen, Hilfsbereitschaft, Belastbarkeit, Organisationstalent, Kontaktfreude, Einfühlungsvermögen, sprachliche Fähigkeiten, Improvisationsvermögen, Orientierungssinn und Fremdsprachenkenntnisse

---

Das Berufsbild des Studienreiseleiters ist in Deutschland weder geschützt noch geregelt. Veranstalter im Hochpreissegment erwarten von ihren Kräften eine abgeschlossene Hochschulausbildung in Archäologie oder Kunstgeschichte und vertiefte Fremdsprachenkenntnisse. Eine freiwillige Qualifizierungsmaßnahme bietet beispielsweise die Hochschule in Bremen mit dem Erwerb des Reiseleiterzertifikates des BTW (Bundesverband der Deutschen Tourismuswirtschaft) an.

Will der Kunde den geschilderten Problemen einer Gruppenreise aus dem Weg gehen, kann er auf die Individualreise – zumindest im Fall von Sizilien – zurückgreifen. Große Veranstalter, z. B. DERTOUR, bieten acht- bzw. vierzehntägige Mietwagenreisen in vorgebuchten Hotels an, die mit dem Routenverlauf der Gruppenreisen weitgehend übereinstimmen. Möglicherweise wird der Reisende es dann allerdings bedauern, dass ihm die fachkundigen Erläuterungen des Reiseleiters und die Ortskenntnisse des Busfahrers fehlen.

2.2 Studienreise durch Sizilien

Viele Eroberer haben das Gesicht von Sizilien geprägt und ihre Spuren hinterlassen. Auf der klassischen Rundreise wird der Teilnehmer sie alle kennenlernen: Griechen, Römer, Byzantiner, Sarazenen (Araber), Normannen, Staufer und Spanier. Aber auch der Ätna, mit ca. 3 350 m der höchste, imposanteste und aktivste Vulkan Europas kann ein wichtiger Programmpunkt werden. Daneben locken so bekannte Badeorte wie Taormina mit seinen Nachbarorten Letojani und Gardini Naxos an der Ostküste und Mondello bei Palermo und Cefalu an der Nordküste zu einer Verlängerung des Urlaubs nach der Gruppenreise.

Die hier beschriebene Studienreise soll als klassische Rundreise in Catania beginnen und im Uhrzeigersinn wieder zurück nach Catania führen. Im Wesentlichen folgt die Route dem Küstenverlauf, nur Piazza Armerina liegt im Landesinneren. Die Gruppe besichtigt die folgenden Orte:

Catania liegt an den Südhängen des Ätna und wurde durch Erdbeben und Vulkanausbrüche Ende des 17. Jahrhunderts (1693) vollständig zerstört. Wenige Jahre später begann der Wiederaufbau im Stil des römischen Barock. Auf dem Domplatz befindet sich der Elefantenbrunnen, das Wahrzeichen Catanias. Ihn umringen der nach 1693 neu erbaute Dom und zwei barocke Paläste. Weitere Höhepunkte der Barockarchitektur sind die Kirche Sant'Agata (neben dem Dom) und die Universität mit ihrem eleganten Innenhof. Beeindruckend ist auch die staufische Zwingburg, das viertürmige Castello Ursino, aus dem 13. Jahrhundert, direkt neben dem lebendigen Fischmarkt.

Syrakus war zwischen dem 5. und 3. Jahrhundert vor Christi Geburt die größte und bedeutendste Stadt, die auf die Kolonisierung durch Griechenland zurückgeht. Am Rande der Innenstadt liegt der weitläufige Archäologische

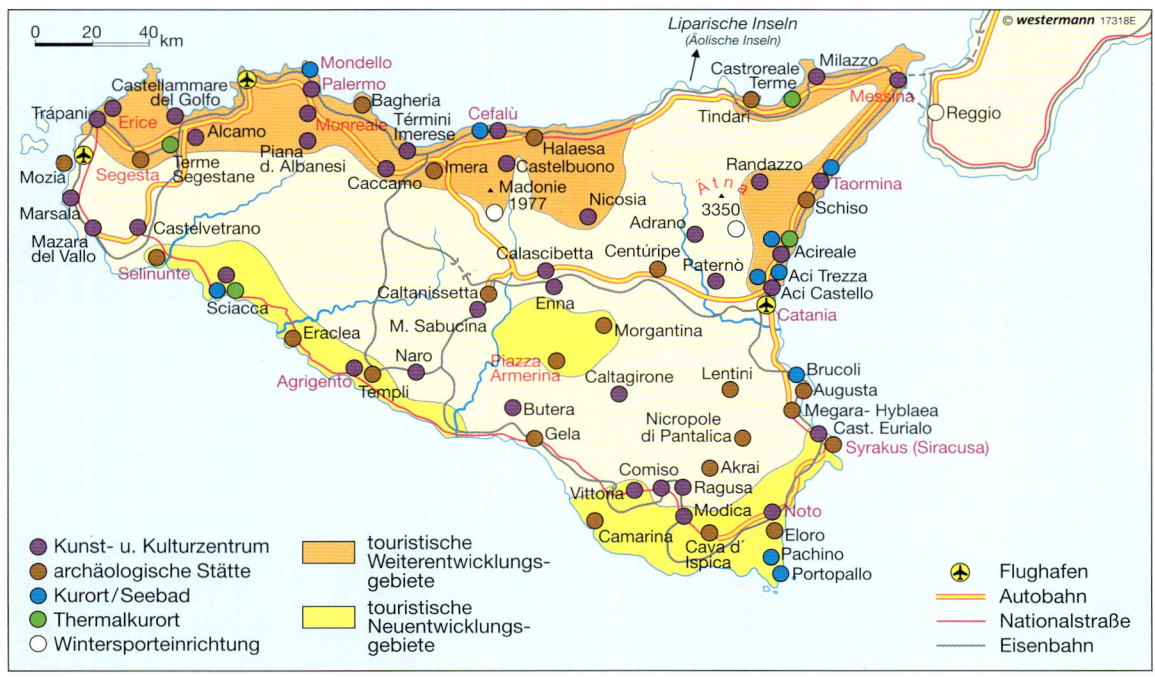

Park der Neapolis (Neustadt), mit dem Griechischen Theater und dem Römischen Amphitheater, dem Ohr des Dionysos (einer riesigen künstlichen Höhle mit fantastischer Akustik) und dem monumentalen, fast 200 m langen, Altar des Hieron II. Die barocke Altstadt befindet sich auf der Insel Ortigia. Sehenswert sind der Dom aus dem 18. Jahrhundert – die Barockfassade des Domes verbirgt den Athenatempel, dessen Säulen in den Dom integriert wurden –, der Artemisbrunnen und die Quelle der Arethusa, einer Süßwasserquelle, die direkt am Meer entspringt. An der äußersten Spitze der Insel findet man das Castello Maniace, von Friedrich II. 1239 erbaut.

Noto, die Hauptstadt des sizilianischen Barock, wurde nach dem verheerenden Erdbeben von 1693 im frühen 18. Jahrhundert in dieser Stilrichtung von Grund auf an anderer Stelle neu errichtet. Kirchen, Klöster oder Paläste, keine Fassade ohne Schnörkel in goldgelbem, honigfarbenem Sandstein. Eine Besichtigung des barocken Theaters sollte man nicht versäumen.

Agrigent: Außerhalb des heutigen Agrigent liegt das Tal der Tempel. Auf dem Gebiet der antiken griechischen Stadt, der zweitmächtigsten nach Syrakus mit über 400 000 Einwohnern, sind mehrere Tempelanlagen zu bestaunen. Sie stammen meist aus der Zeit zwischen 500 und 400 v. Christus. Darunter auch der Concordia Tempel, der wohl einer der am besten erhaltenen Tempel der griechischen Antike ist. Weitere Anlagen, die zur Besichtigung einladen, sind die Tempel von Hera, Zeus und Herakles. Man sollte die Kultstätten nochmals

Segesta

am Abend besuchen, wenn die vielen Scheinwerfer die Bauten in ein warmes Licht tauchen.

Selinunt: Von der ehemals bedeutenden griechischen Stadt ist wenig übrig geblieben. Sehenswert sind die Reste von acht Tempeln, insbesondere der Tempel der Hera, und die antike Akropolis mit ihren mächtigen Mauern. Die weitläufige Anlage liegt inmitten einer großartigen – fast unberührten – Landschaft, und im kleinen Hafen von Selinunt kann man wunderbar essen. Der lange Sandstrand lädt im Sommer zum Baden ein.

Segesta: Hier befindet sich ein wuchtiger dorischer Tempel auf einem einsamen Hang, nach dem Concordia-Tempel von Agrigent der wohl schönste griechische Kultbau auf Sizilien. Er ist auch deshalb einmalig, weil er im Rohbau aufgegeben wurde. Der Besucher sollte unbedingt das Angebot des archäologischen Parkes nutzen und mit dem Pendelbus zum hochgelegenen griechischen Theater fahren. Er wird mit einem großartigen Blick auf den Monte Erice und den Golf von Castellammare belohnt.

Palermo: Die Hauptstadt Siziliens und bedeutende Hafenstadt (Fährhafen) schmiegt sich an die schützende Flanke des Monte Pellegrino. Araber und Normannen haben ein reiches architektonisches Erbe hinterlassen, Barock- und Jugendstilbauten runden das Gesamtbild ab. Spätestens hier sollte der Reiseleiter über die Geisel Siziliens informieren, die Mafia, die bis vor wenigen Jahren die Stadt in ihrem unheilvollen Griff hielt.

» Kathedrale (Dom): Im 12. Jahrhundert von den Normannen auf einer Moschee gegründet, ist sie das größte Gotteshaus der Stadt mit mehreren berühmten Grabstätten u. a. des deutschen Kaisers Friedrich II.

» Normannenpalast (Palazzo Reale): Hauptattraktion sind die Capella Palatina, sie verbindet byzantinisches, islamisches und normannisches Kunsthandwerk für die luxuriösen königlichen Gemächer.

» San Giovanni degli Eremiti: Normannische Kirche, erbaut auf den Resten einer Moschee; mit ihren rosaroten Rundkuppeln ist sie eines der beliebtesten Fotomotive der Stadt.

» Quattro Canti (Piazza Vigliena): Von vier sich gleichenden, konkav gewölbten Häuserfassaden begrenzter Platz im Schnittpunkt der Hauptverkehrsstraßen. Er ist geschmückt mit Brunnen, Nischen und Statuen und beliebt bei den Bürgern von Palermo.

» Kapuzinergruft: Ca. 8 000 Mumien vorwiegend wohlhabender Bürger und kirchlicher Würdenträger aus dem 16. bis 19. Jahrhundert warten auf den Besucher, ein Ort zum Gruseln.

Monreale: Das Städtchen liegt rund 10 km entfernt von Palermo in den Bergen. Hauptsehenswürdigkeit ist der Normannische Dom mit seinen prachtvollen Mosaiken, ein Juwel arabisch-normannischer Baukunst im Stil der Romanik. Sehenswert sind auch Hauptportal und der romanische Kreuzgang im ehemaligen Benediktinerkloster, direkt neben dem Dom. Vom Belvedere hat man einen fantastischen Blick auf Palermo und die Conca d'Oro, das von den Sarazenen kultivierte fruchtbare Becken um die Hauptstadt Siziliens.

Mondello ist ca. 10 km westlich von Palermo gelegen und der Badestrand der Palermitaner sowie vieler Touristen. Bereits um 1900 als mondänes Seebad berühmt, bietet Mondello viele Hotels und Luxusvillen im Jugendstil.

Messina befindet sich am Ausgang der gleichnamigen Meerenge und seine Fähren verbinden Sizilien mit dem italienischen Festland (Reggio di Calabria). Häufig von Erdbeben heimgesucht, – das letzte im Jahr 1908 zerstörte 90 % aller Gebäude –, ist Messina vor allen Dingen Industrie- und Handelsstadt. Lohnenswert ist allein die Besichtigung des wieder aufgebauten Domes aus dem 12. Jahrhundert und seines Glockenturms (Campanile) mit der größten mechanischen Uhr der Welt.

Taormina liegt traumhaft in 200 m Höhe am Meer und ist Siziliens bekanntester und ältester Urlaubsort. Hauptsehenswürdigkeit ist das Griechische Theater mit dem Ätna als Hintergrundkulisse. Im Sommer finden hier Konzert- und Opernaufführungen statt. Der Corso Umberto, die Fußgängerzone mit zahlreichen mondänen Geschäften, Kaffees und Restaurants, zieht sich durch den ganzen Ort. Links und rechts davon befinden sich alte Patrizierhäuser, Paläste und Kirchen und immer wieder herrliche Ausblicke auf die Küste und den Ätna. Man sollte es nicht versäumen, einen Espresso im Café Wunderbar zu trinken und von der glanzvollen Vergangenheit von Taormina zu träumen. Eine Seilbahn verbindet das Stadtzentrum mit **Mazzaro,** dem nächstgelegenen Badeort.

Das Griechische Theater von Taormina und der Ätna

Ätna: Er ist einer der aktivsten Vulkane weltweit und eine der größten Attraktionen im Nordosten Siziliens. Auf dem Gipfel befinden sich die vier Hauptkrater und über den Berg verteilt rund 520 Nebenkrater. Mit dem Reisebus gelangt man bis auf eine Höhe von 1 900 m. Dort können erloschene Krater besichtigt werden. Wer weiter hinauf will, kommt mit einer Seilbahn (wenn sie nicht gerade mal wieder durch einen Ausbruch zerstört wurde) und Jeep bis auf 2 917 m. In der kalten Jahreszeit ist auf dem Ätna Wintersport möglich und der Schnee bedeckt den Gipfel bis in den Frühling hinein.

Mosaiken aus der Villa del Casale

5053262

Piazza Armerina: Nahe der mittelalterlichen Stadt findet man die **Villa del Casale.** Hier wurden mehr als 40 Mosaik-Fußböden freigelegt. Sie zählen zu den schönsten, aber auch informativsten Darstellungen aus der römischen Epoche. Weltberühmt sind die römischen „Bikini-Mädchen".

Der Abstecher nach Piazza Amerina wurde von Catania aus unternommen. Die Studienreise ist nach einem gemeinsamen Abend der Gruppenmitglieder beendet. Am nächsten Morgen fliegen sie zurück in ihre verschiedenen Heimatorte.

Verkaufsargumente für die Destination Studienreise Sizilien

» Ganzjahresdestination, beste Reisezeit für Studienreisen Frühjahr und Herbst (mediterranes Klima)
» breite Angebotspalette der Veranstalter – sowohl der Generalisten als auch der Spezialreiseveranstalter
» keine Währungsverluste aufgrund der gemeinsamen Währung
» keine Zeitumstellung; MEZ
» Wahl zwischen Gruppen- (mit Reiseleitung) und Individualreise im Mietwagen und ausgearbeiteter Reiseroute in vorgebuchten Hotels
» Kombination von Studienreise und Badeurlaub
» glorreiche Zeugen der Vergangenheit: Tempel, Kirchen, Theater und andere Artefakte
» Sizilien verdichtet die Entwicklungsstufen der europäischen Zivilisation: Griechenland, Rom, Byzanz, Araber, Normannen, Staufer, Spanier
» Ätna, der größte aktive Vulkan Europas

Aufgaben

1_ Studienreisen finden heute weltweit statt. Welche fünf verschiedenen Studienreisen würden Sie einem Kunden anbieten, wenn er Sie um entsprechende Vorschläge bittet?

2_ Welcher Verkehrsträger wird im Gegensatz zu Sizilien auf einer Studienreise in Ägypten vom Veranstalter hauptsächlich eingesetzt? Bitte begründen Sie Ihre Antwort!

3_ Bei kommerziellen Studienreisen überwiegt die Zahl der weiblichen Gäste. Auf welche Gründe ist dies zurückzuführen?

4_ Warum werden bei Studienreisen generell Mindest- bzw. Höchstteilnehmerzahlen angegeben?

5_ Welche Vor- und Nachteile gibt es bei einer Individualreise gegenüber der geführten Gruppenstudienreise?

6_ Für die Teilnehmer Ihrer Studienreise bereiten Sie das „Handout Sizilien von A bis Z" vor. Ergänzen Sie bitte die folgenden Stichpunkte!

Ankunft mit dem Flugzeug, Anreise mit der Fähre, Einwohner, Fläche, Klima, Grenzübergänge, Impfungen, Kleidung, Feiertage, Souvenirs, Sprache, Reisezeiten, Religion, Strom, Telefonieren, Handyempfang, Trinkgeld, Währung, Zeitzone, Nützliche Links

7_ Stellen Sie bitte eine achttägige Studienreise durch Sizilien zusammen und nennen Sie für die geplanten Besuchsorte jeweils ein bis zwei Sehenswürdigkeiten. Die Reise soll in Catania beginnen und die Gruppe will über Palermo zurückfliegen.

Studienreise Sizilien
1. Tag
2. Tag
3. Tag
…

3 Rundreisen

3.1 Merkmale, Kundennutzen und Zielgebietsanforderungen

> **!** **Eine Rundreise ist eine mehrtägige Reise, bei der verschiedene Orte eines Zielgebiets möglichst in sinnvoller Reihenfolge mit einem Fahrzeug (Auto/Bus/Fahrrad) besucht werden.**

Die Übernachtungsorte der Rundreisenden wechseln also häufig. Im Vordergrund steht das Kennenlernen von Landschaften, Städten und kulturellen Attraktionsfaktoren innerhalb eines mehr oder weniger großen Gebietes. Gut organisierte Rundreisen beinhalten ein abwechslungsreiches Besichtigungsprogramm, genügend Erholungspausen, z. B. in reizvollen Naturlandschaften sowie landestypische kulturelle Veranstaltungen.

Rundreisen unterscheiden sich hinsichtlich ihrer Organisationsform, der Teilnehmeranzahl, der Fortbewegungsmittel, der Unterkunftsarten sowie der Aktivitäten während der Reise:

Rundreiseart	Gruppengröße, Organisation	Merkmale und Inhalte
Klassische Busrundreise	Gruppen ab 20 Personen in Komfortbussen. Geführt von deutschsprachiger Reisebegleitung, unterstützt von einheimischer Reiseleitung. Komplett organisierte Pauschalreise, mehrere feste Termine im Jahr.	Meist Besuch der Highlights eines Zielgebiets zur Gewinnung eines ersten oder zweiten Eindrucks. Übernachtung in größeren Hotels oder Hotelketten. Bequemlichkeit steht im Vordergrund.
Kleingruppenreise per Bus	Max. 15 Personen in Kleinbussen mit deutschsprachiger Reisebegleitung und einheimischer Reiseleitung. Komplett organisierte Pauschalreise. Möglichst Gruppentreffen vor Beginn der Reise zum Kennenlernen und zur Klärung von Fragen.	Besuch der Höhepunkte eines Zielgebiets, aber auch Konzentration auf bestimmte Themen (z. B. Kultur, Natur) oder Aktivitäten (z. B. Wandern, Besuch von Kirchen). Oft Fahrt abseits der üblichen Routen und Übernachtung in kleineren landestypischen Hotels. Erlebnisse in der Gruppe stehen im Vordergrund.
Organisierte Mietwagenrundreise (Auto, z. T. auch Motorrad)	Selbstfahrer-Reisen mit vorgebuchtem Besichtigungs- und Übernachtungsprogramm oder Chauffeur-Reisen, wobei der Fahrer meist auch die Rolle des Reiseleiters oder Naturführers übernimmt (bes. bei Afrika- und Asienreisen).	Individuelles Reisen bei Ausnutzung der Fachkenntnisse eines Veranstalters und ggf. sogar eines Fahrers. Tagesetappen sind kurz genug für Besichtigungen und entspanntes Reisen. Übernachtungen in kleineren landestypischen Hotels, oft werden mehrere Alternativen angeboten.
Individuelle Selbstfahrer-Rundreisen (Auto, Motorrad)	Planung, Organisation und Durchführung der Reise liegt in den Händen der Reisenden. Nutzung des Bausteinangebots von Veranstaltern oder Zusammenstellung der Reise mithilfe eines spezialisierten Reisebüros oder anhand von Angeboten im Internet.	Erfordert genaue Vorbereitung und Informationssammlung durch die Reisenden. Meist in Ländern mit entsprechender Infrastruktur (gutes Straßenverkehrsnetz, moderates Verhalten der anderen Verkehrsteilnehmer, vielfältige Übernachtungsmöglichkeiten). Individualität und intensives Erleben von Land und Leuten steht im Vordergrund.

Rundreiseart	Gruppengröße, Organisation	Merkmale und Inhalte
Wohnmobil-, Camperrund-reisen, Jeep-Safaris	Vororganisiert oder individuell, Jeep-Safaris oftmals mit Fahrer.	Übernachtung in naturnahen Unter-künften (Campingplätzen, Lodges), Naturerlebnisse stehen im Vorder-grund.
Schiffsrundreisen (siehe Kap. 10 „Kreuzfahrten")	Hochsee- oder Flusskreuzfahrten, auf Schiffen verschiedener Größe und Ausstattung.	„Rundreise ohne Kofferpacken", verschiedene Schwerpunkte (Sport, Natur, Kultur, Abenteuer …) und Komfortstufen. Erkundung der Attraktivitätsfaktoren an den Küsten mit einem hohen Maß an Bequem-lichkeit.
(Luxus-)Zugreisen	Individuell gebucht oder Teil einer (Gruppen-)Pauschalreise, oftmals kombiniert mit einer Bus- oder Auto-rundreise, da meist nur Teilstrecken der Rundreise per Zug zurückgelegt werden.	Fahrt in nostalgischen (Orient Express), besonders komfortab-len (Rovos Rail) oder spektakuläre Routen nutzenden (Glacier Express) Zügen. Gemächliche und bequeme Fahrt entlang traditionsreicher oder besonders sehenswerter Routen. Übernachtung meist in luxuriösen Schlafwagen, Verpflegung in nostal-gischen Zugrestaurants.
Fahrradrundreisen (ähnli-ches gilt für Wander-, Ka-nurundreisen und andere Aktivreisen)	Individuell oder in Kleingruppen mit Führer. Organisierte Rundreisen bie-ten den Komfort des Gepäcktrans-ports zu den Unterkünften und ggf. die Begleitung durch ein Fahrzeug (Hilfe bei Pannen, Überanstrengung etc.).	Unterschiedliche Anforderun-gen und Komfortstufen. Von der gemütlichen Fahrt entlang Flüssen oder Tälern mit Übernachtung nach Tagesetappen von 20 km in gehobe-neren Hotels bis zur Mountain-Bike-Tour im Gebirge abseits asphaltier-ter Straßen und Übernachtung in Berghütten oder Camps. Meist steht neben der Bewegung die Natur im Vordergrund, Kulturfahrradreisen werden aber immer beliebter.

Erwünschter Kundennutzen von Rundreisen

Aus den Reisemotiven der Urlauber ergeben sich verschiedene Erwartungen an ihre Reise und den Nutzen, den sie daraus ziehen. Diese Erwartungen beziehen sich meist auf das Urlaubsland mit seinen Merkmalen, das Rei-seerlebnis sowie die Organisation der Reise. Darüber hinaus spielen praktische Gesichts-punkte besonders bei Fernreisen eine Rolle; dies sind z. B. die Dauer und der Komfort der Anreise, Einreise- und Gesundheitsbestim-mungen des Urlaubslandes, die Infrastruktur des Landes sowie die kulturellen, sozialen, gesundheitlichen und politischen Gegebenhei-ten im Land.

Nutzenstruktur von Rundreisen

Neben dem Grundnutzen einer Rundreise, der sich aus den Reisemotiven der Urlauber ablei-ten lässt, bieten die verschiedenen Arten der Rundreisen einen oder mehrere Zusatznutzen, die dieser besonderen Art ihren Charakter verleihen. Eine klassische Busrundreise z. B. bietet vielfältigere Kontakt- und Kommuni-kationsmöglichkeiten mit Mitreisenden als eine selbst organisierte Mietwagenrundreise, dafür hat der Urlauber hier eher das Gefühl der Unabhängigkeit und Freiheit. Zum unvergesslichen Erlebnis wird die Reise, wenn sie etwas Einmaliges bietet. Das kann bereits im Angebot des Veranstalters enthalten sein (z. B. der Auftritt des Lieblingssängers auf der Kreuzfahrt oder die Übernachtung in einer Tropfsteinhöhle während der Fahrradrundreise); oftmals ergibt sich dieses einmalige Erlebnis aber zufällig und unerwartet während der Reise.

Einmaligkeit
z. B. Highlights, Events, Überraschungen

Zusatznutzen
z. B. Naturerlebnis, Luxus, Freiheit, Abenteuer, Kommunikation

Grundnutzen
Bei allen Rundreisen: viel sehen und erleben, Abwechslung

Anforderungsprofil für Rundreise-Zielgebiete

Wer eine Rundreise macht, ist neugierig auf Land und Leute, Natur und Kultur. Viele Rundreisende haben daher hohe Erwartungen an ihre Reise bzw. an die Gegebenheiten im Urlaubsland:

» Gut ausgebaute touristische Infrastruktur mit bestimmten (Straßen-)Verkehrs- und Hotelstandards, Restaurants und Raststätten;
» Reibungsloser Ablauf der Rundreise ohne Behinderungen bürokratischer, politischer, hygienischer oder klimatischer Art;
» Gut zugängliche und interessant arrangierte Attraktionen, historische Stätten, Monumente und Museen;
» Qualifizierte Informationen über die verschiedenen Besuchsstätten und/oder mehrsprachige Informationen vor Ort;
» Saubere und erlebenswerte Landschaften und Siedlungen;
» Saubere Luft, Strände und Gewässer.

Diese Anforderungen werden in hohem Maße z. B. vom Südwesten der USA als auch von Südafrika erfüllt. Daher werden diese beiden beliebten Rundreisezielgebiete im Folgenden exemplarisch vorgestellt.

3.2 Rundreisen durch den Südwesten der USA

Grundlegende Informationen zum Zielgebiet

Staatsform

Die United States of America sind eine präsidiale Republik mit bundesstaatlicher Verwaltung. Daher können verschiedene Vorschriften – z. B. Verkehrsregeln – in den einzelnen Bundesstaaten unterschiedlich sein. Es gibt insgesamt 50 Bundesstaaten sowie den sog. District of Columbia (D.C.), in dem die **Hauptstadt Washington** liegt.

Fläche/Einwohner

Auf einer Fläche von 9 630 000 km² leben ca. 320 Millionen Einwohner, das entspricht einer Bevölkerungsdichte von etwa **32 Einwohnern pro km²** (zum Vergleich: in Deutschland leben 230 Einwohner auf einem km²!). 74 % der Amerikaner haben **europäische Vorfahren,** Afroamerikaner, mehrheitlich Nachfahren afrikanischer Sklaven, machen etwa 13 % aus, Asiaten etwa 4 %. Im Südwesten der USA gibt es einen hohen Bevölkerungsanteil **lateinamerikanischer** – hier besonders mexikanischer – Herkunft, die dort pauschal als „Hispanics" oder „Latinos" bezeichnet werden. Da sie sehr an ihrer Kultur und Sprache festhalten, wird in bestimmten Gegenden, z. B. in Teilen Los Angeles, eher **spanisch** als englisch gesprochen. Die Indianer („Native Americans" oder „American Indians") stellen heute nur noch rund 1 % der Bevölkerung und leben vorwiegend im Südwesten sowie in Alaska.

Zeitverschiebung

Mitteleuropäische Zeit –**9 Std.** (Pacific Time, z. B. in Kalifornien, Nevada), –**8 Std.** (Mountain Time, z. B. in Arizona, Utah) bis zu –**6 Std.** (Eastern Standard Time, z. B. in Florida). Vom ersten Sonntag im April bis zum letzten Sonntag im Oktober gilt die Daylight Saving Time (Sommerzeit), die Uhr wird um 1 Stunde vorgestellt.

Währung/Zahlungsmittel

1 US-Dollar (USD, $) = 100 Cent (¢), als Zahlungsmittel werden neben Bargeld gerne **Kreditkarten** sowie Reisechecks angenommen. Auch die in Europa gängige MAESTRO-Card wird inzwischen immer häufiger akzeptiert. Als Sicherheit bei Autovermietungen und in Hotels ist die Mitnahme einer Kreditkarte unbedingt zu empfehlen.

Einreisebestimmungen

Deutsche Touristen und Geschäftsreisende können im Rahmen des Programmes „**Visa Waiver**" für max. 90 Tage visumfrei in die USA einreisen, wenn sie einen maschinenlesbaren Reisepass oder einen E-Pass (mit biometrischen Daten) besitzen, der mindestens für die Dauer des Aufenthalts gültig ist. Allerdings gilt für alle Reisenden aus Ländern, welche für eine Einreise ohne Visum zugelassen sind, die Pflicht zur Durchführung einer **Online-Registrierung** und Beantragung einer (gebührenpflichtigen) Einreisegenehmigung möglichst bis 72 Stunden vor der Einreise (Electronic System for Travel Athorization, ESTA genannt). Voraussetzungen für eine reibungslose Einreise sind weiterhin der Besitz eines Weiter- oder Rückreisetickets sowie ausreichender Zahlungsmittel.

Darüber hinaus sind die Fluggesellschaften verpflichtet, der US-amerikanischen Transportation Security Administration (TSA) bis 72 Stunden vor Abflug die Flug- und Reservierungsangaben jedes Passagiers zur Verfügung zu stellen, der aus der EU in die oder über die USA reist (Secure Flight Passenger Data). Die EU-Kommission hat mit den amerikanischen Behörden die Offenlegung der Reservierungs- und Check-In Daten vereinbart. Reisende müssen (gemäß Bundesdatenschutzgesetz) bereits vor Abschluss der Buchung über diese Vereinbarung informiert werden! Darüber hinaus sind Passagiere verpflichtet, spätestens beim Check-In das sog. APIS-Formular (Advanced Passenger Information System) auszufüllen, in dem z. B. Angaben über die erste Adresse oder die Mietwagenstation in den USA gemacht werden müssen.

Anreise/Internationale Flughäfen

Ankunft meist auf einem der großen internationalen Flughäfen Los Angeles World Airports (LAX), San Francisco International Airport (SFO) oder Las Vegas Mc Carran International Airport (LAS). **Flugdauer: 10–11 Stunden.**

Inneramerikanischer Reiseverkehr

Die offizielle Bahngesellschaft AMTRAK sowie die öffentlichen Verkehrsmittel in den Städten spielen für den internationalen Reiseverkehr praktisch keine Rolle. Inlandsflüge sind relativ günstig und die größeren Städte bieten durch ihre nationalen Flughäfen gute Anschlussmöglichkeiten.

Die USA sind ein perfektes **Selbstfahrerland.**

Durch das gut ausgebaute und beschilderte Netz von Highways und Freeways, die ruhige Fahrweise der Amerikaner, das große Angebot an Raststätten, Parkplätzen und Motels und schließlich durch die weiten und menschenleeren Landschaften stellt sich bei vielen Urlaubern am Steuer eines zwei- oder vierrädrigen Fahrzeugs ein großartiges Gefühl von Freiheit ein.

Highway

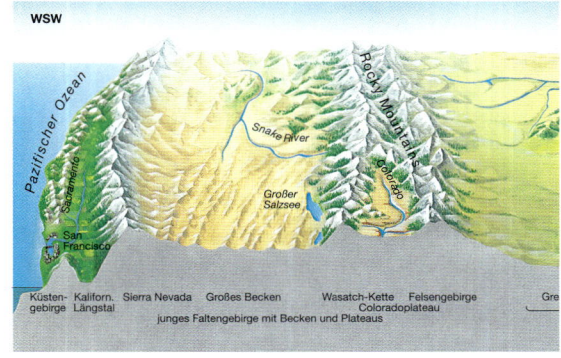

Für Mietwagen und Wohnmobile sind die USA ein ideales Reiseland.

Durch die hohe Dichte an komfortablen Campingplätzen sind auch Wohnmobilreisen sehr beliebt. Entfernungen werden in **Meilen** angegeben (1 Meile = 1,61 km) und sind nicht zu unterschätzen.

Beispiele für Entfernungen im Südwesten der USA:

San Francisco – Los Angeles: 641 km

Los Angeles – San Diego: 200 km

Los Angeles – Las Vegas: 443 km

Las Vegas – Grand Canyon: 443 km

San Diego – Tucson: 659

Grand Canyon – Salt Lake City: 844 km

Las Vegas – San Francisco: 917 km

Topografie

Der Südwesten der USA gliedert sich wie folgt, von West nach Ost:

» Schmale **Küstenebene,** östlich davon die Coast Ranges (Mittelgebirgsketten);

» Dahinter das kalifornische Längstal, an das sich östlich die **Sierra Nevada** anschließt. Hier liegt im Kings Canyon National Park die höchste Erhebung des US-amerikanischen Festlands: der **Mount Whitney mit 4 420 m** Höhe.

» Südöstlich der Sierra Nevada befindet sich in der heißen **Mojave Wüste** der tiefste Punkt der westlichen Hemisphäre, **Badwater im Death Valley Nationalpark mit 85,5 m unter dem Meeresspiegel.**

» In Nevada schließt sich nördlich von Las Vegas die kühle **Great Basin Wüste** an, hier befinden sich im nördlichen Utah einige **Salzseen,** z. B. der große Salzsee bei Salt Lake City.

» Westlich von Las Vegas liegen viele monumentale Nationalparks (z. B. Grand Canyon, Arches Nationalpark) im durchschnittlich **1 500 m hohen Colorado Plateau,** das sich bis zu den Rocky Mountains erstreckt.

© Ing.-Büro für Kartographie J. Zwick

Hier findet man Verwerfungen, Schluchten, Tafelberge, Bögen und Säulen sowie den landschaftsbildenden **Colorado-Fluss,** der westlich von Las Vegas mehrmals gestaut wird (große **Stauseen,** z. B. Lake Mead, Lake Powell).

» Im südlichen Arizona liegt die artenreiche **Sonora-Wüste.**

Klima/Reisezeiten

Das Klima im Südwesten der USA ist sehr **kontrastreich** und differenziert sich hauptsächlich nach der Höhenlage:

» Südliche Küste Kaliforniens: subtropisches Mittelmeerklima.
» Mittlere und nördliche Küste Kaliforniens: feuchtes, besonders im Sommer zu Nebel neigendes ozeanisches Klima (kalter Kalifornienstrom; niedrige Wassertemperaturen!).
» Höhenlagen der Sierra Nevada, Arizonas und Utahs: Milde Sommer, kalte schneereiche Winter.
» Wüstengebiete, z. B. Mojave Wüste, südliches Nevada: heiße, trockene Sommermonate mit bis zu 50 °C, milde Winter, Höhenlagen jedoch kalt.

Die „beste" Reisezeit für eine Rundreise durch den Südwesten der USA richtet sich daher nach ihrem Verlauf. Während das südliche Kalifornien sowie die Wüstengebiete ganzjährig bereist werden können, muss von Reisen im Winter dringend abgeraten werden, wenn z. B. die Sierra Nevada oder die Höhenlagen Arizonas besucht werden sollen. Viele Straßen und Unterkünfte sind dann nämlich aufgrund der winterlichen Verhältnisse gesperrt und auch der Aufenthalt ist wenig angenehm. Ebenso gibt es Gegenden, die im Hochsommer nicht zu empfehlen sind, zum einen wegen der großen Hitze (vor allem in den Wüstengebieten), zum anderen wegen Überfüllung in Ferienzeiten.

> **!** **Als optimale Reisezeit für eine Rundreise, die große Teile des Südwestens beinhaltet, können daher die Monate April bis Juni sowie September und Oktober empfohlen werden.**

Attraktionsfaktoren im Südwesten der USA

Der Südwesten der USA ist für viele ein Traumziel: charakteristisch für die Region sind die endlosen, kargen **Wüstenlandschaften** Kaliforniens sowie das rund 2 000 m hochgelegene Colorado-Plateau mit seinen Canyonlands. Im Gegensatz dazu steht die abwechslungsreiche Küstenregion mit **interessanten Städten,** weiten **Stränden** und wilderen Abschnitten Richtung Norden.

Viele Amerikaner lieben die Natur, insbesondere die natürlichen Attraktionen ihres Landes, auf die sie sehr stolz sind. Sie verbringen trotz oder gerade wegen ihrer wenigen Urlaubstage viel Zeit in den **Nationalparks und National Forests** des Landes, um dort zu campen oder zu wandern. Aber sie lieben auch große und moderne **Shopping- und Freizeit-Malls,** die sich mit Sonderangeboten unterbieten und daher auch bei Touristen sehr beliebt sind.

Eine typische Rundreise führt durch die US-Bundesstaaten **Kalifornien, Nevada, Utah, Arizona** und ggf. Colorado zu einigen der spektakulärsten Reisezielen des amerikanischen Südwestens. Sie gilt als der Klassiker unter den Rundreisen im Westen der USA, weil sie eine Vielzahl von abwechslungsreichen Attraktionen wie eine Perlenkette aneinanderreiht.

Im Folgenden werden einige der wichtigsten Ziele einer Rundreise in den einzelnen Bundesstaaten vorgestellt, jeweils von **Nord nach Süd:**

Städte in Kalifornien	
San Francisco	In der San Francisco Bay gelegen, hügelig, überschaubar, toleranter Lebensstil, eher europäisch anmutend. **Sehenswürdigkeiten**: Chinatown, Restauriertes Hafengebiet Fisherman's Wharf mit seiner Pier 39, Fahrt mit der nostalgischen Straßenbahn „Cable Cars", die Golden Gate Bridge, der abwechslungs- und kulturreiche Golden Gate Park, die Gefängnisinsel Alcatraz. Ausflüge ins mediterrane Sausalito, zum Muir Woods National Monument mit Mammutbäumen, ins Küstlerörtchen Mendocino und ins Weingebiet Napa Valley.  San Francisco
Santa Barbara	Spanische, exklusive Kolonialstadt mit Palmenalleen, langen Sandstränden, attraktivem Stadtzentrum und schöner spanischer Mission.
Los Angeles	Riesiges Stadtgebiet, viele Stände (z. B. Malibu der Prominenten, Santa Monica der Strandgänger, Venice zum Sehen und Gesehen werden, Long Beach mit dem Museumsschiff Queen Mary). **Sehenswert:** Hollywood (mit Walk of Fame und Mann's Chinese Theatre, Griffith Park), Sunset Boulevard, Beverly Hills und das „reichste Museum der Welt": J. Paul Getty Museum. Ausflüge ins Freizeitparadies Anaheim (Disneyland u. a.).  Surfer bei Malibu

Städte in Kalifornien *(Fortsetzung)*	
Palm Springs	Exklusives Winterziel von Golfern und Kururlaubern in der Wüste. Ausflüge in die bis 3 000 m hohen Berge und Indianerhöhlen.
San Diego	Großstadt mit ganzjähriger Badesaison und spanisch-mexikanischem Flair in der schönen Altstadt, Freizeitpark Sea World, Balboa Park mit weltberühmtem San Diego Zoo, Wild Animal Park, Point Loma (beeindruckender Aussichtspunkt) und dem alten Traditionshotel Coronado. Ausflüge ins mexikanische Tijuana.

Natürliche Attraktionsfaktoren in Kalifornien	
Yosemite N. P.	Beliebtes Ausflugs-, Wander- und Kletterziel mit den Erhebungen El Captain und Half Dome, spektakulären Yosemite Falls im Yosemite Valley, Aussichtspunkt Glacier Point oberhalb des Tales, Mammutbäumen in der Mariposa Grove und hochalpiner Traumstrecke Tioga Pass Road (im Winter gesperrt).  Half Dome im Yosemite National Park
Kings Canyon N. P. und Sequoia N. P.	Riesige Bergwälder mit mächtigen Sequoia-Bäumen (Mammutbäume mit einem Durchmesser von bis zu 11 Metern), Hochgebirge, Wandergebiet. Hier liegt der 4 421 m hohe Mount Whitney, der höchste Berg der USA außerhalb Alaskas.  Im Sequoia National Park
Death Valley N. P.	Heißester Ort der Erde mit Sanddünen, Kraterlandschaften, Canyons, Salzseen und Aussichtspunkten (Dante's View oder Zabriski Point).
Küstenstraße Highway No 1	Traumstraße zwischen San Francisco und Los Angeles (700 km) mit malerischen Städtchen (z. B. auf der Monterey-Halbinsel das Fischerörtchen Monterey mit dem spektakulären 17-Mile-Drive zum Künstlerort Carmel), einzigartigen Küstenlandschaften (z. B. Big Sur), Naturschutzgebieten (z. B. Point Lobos State Reserve) und Stränden (z. B. Pismo Beach).

natürliche Attraktionsfaktoren in Kalifornien *(Fortsetzung)*	
Joshua Tree N. P.	Bizarre Joshua Bäume, Kakteen und schroffe Granitmonolithe zwischen Mojave- und Colorado-Wüste, im Winter beliebt bei Kletterern.  Joshua Tree National Park

Nevada	
Las Vegas	Spieler- und Vergnügungsparadies mit spektakulären Hotel-Casinos am „Strip", attraktiven Shows (Lasershows, künstliche Vulkanausbrüche, Wasserfontänen, Seeschlachten), Shopping Malls und Auftritten internationaler Künstler. 350 m hoher Showturm „Stratosphere" mit Achterbahn. Zahlreiche Ausflugsangebote zum Grand Canyon Nationalpark.  Hotels in Las Vegas am Strip

Städte in Arizona	
Phoenix	Großstadt mit attraktivem Vorort Scottsdale, beliebt bei Golfspielern. Nostalgische Städtchen an der historischen Route 66 gelegen sind z. B. Seligman, Holbrook und Kingman, beliebt bei Motorradreisenden.  An der historischen Route 66

5053272

Natürliche Attraktionsfaktoren in Arizona	
Grand Canyon N. P.	Durch den Colorado River entstandene größte Schlucht der Erde, bis zu 1 800 m tief, Aussichtspunkte am South Rim (z. B. Sky Walk über Glasplattform, um das Touristenzentrum Grand Canyon Village herum) oder am North Rim (im Winter gesperrt), Wanderwege, Helicopter-Flüge ab Las Vegas.  Colorado River im Grand Canyon
Lower und Upper Antelope Canyon	Kurze und enge Slot Canyons nahe Page (Arizona) am Lake Powell mit sagenhaften durch Auswaschungen entstandenen Formen, Farben und versteinerten Sanddünen. Betreut von Navajo-Indianern, daher kein nationales Schutzgebiet. Zum Durchlaufen.  Im Antelope Canyon
Petrified Forest N. P.	Farbenprächtige Wüstenlandschaft („painted desert") mit versteinerten Bäumen.
Monument Valley (Grenze zu Utah)	Wüstenebene innerhalb der Navajo-Nation-Reservation (daher kein staatliches Schutzgebiet), beeindruckende Tafelberge, Monolithe und Felsnadeln, diente oft als Kulisse für Dreharbeiten. Holperige Rundfahrt als Selbstfahrer oder per geführter Tour möglich.  Monument Valley

Natürliche Attraktionsfaktoren in Utha	
Capitol Reef N. P.	Bergkette am Fremont River, senkrechte Felswände. Große und markante „Faltung" von Bodenschichten mit gut ausgebautem Wanderwegenetz.
Canyonlands N. P.	Hochebene mit tiefen Canyons, gebildet durch den Colorado und den Green River, abwechslungsreiche Landschaft mit Felsspitzen, Schluchten und Steinbögen.
Arches N. P.	Weltweit größte Konzentration an durch Erosion entstandenen Steinbögen (ca. 2 000 Bögen) in der Wüstenlandschaft des Colorado Plateaus, bekanntester Bogen: Delicate Arche mit 14 m Höhe. Delicate Arche
Bryce Canyon N. P.	Einzigartiger Park mit tausenden von turmhohen farbigen Kalksteinskulpturen, sogenannten Hoodoos. Panoramastraße am Rand des Canyons, das Zentrum bildet das Bryce Amphitheater, in das Wanderwege hineinführen. „Hoodoos" im Bryce Canyon
Zion N. P.	Schluchtenreiche Landschaft um den Virgin River mit zahlreichen Canyons, Kuppeln und steil aufragenden Felswänden. Panoramastraße in der Schlucht, Wander- und Kletterrouten. Virgin River im Kings Canyon

Colorado	
Mesa Verde N. P.	Kulturhistorisch bedeutsamster Nationalpark der USA im Südwesten des Staates, in dessen Canyons unter höhlenartigen Überhängen sog. Cliff Dwellings angelegt sind, Steinbehausungen, die vor über 800 Jahren von Indianerstämmen gebaut worden sind. Museum über Lebensweise der Indianer.

Im Mesa Verde N. P.

Verkaufsargumente für die Destination Rundreisen durch den Südwesten der USA

» Abwechslungsreiche Erlebnisse (Berge, Städte, Küstenlandschaften, Wüsten)
» Grandiose Landschaften im Westen der USA erleben
» Unterschiedliche Städte Kaliforniens und Nevadas kennen lernen
» Zahlreiche Outdoor-Aktivitäten möglich (Wandern, Schwimmen, Klettern, Golf spielen …)
» Einkaufen in den zahlreichen Einkaufszentren und Outlet-Stores
» Durch die gute Infrastruktur ist individuelles und entspanntes Reisen möglich
» Keine Verständigungsschwierigkeiten mit englischen Sprachkenntnissen
» Gute medizinische Versorgung, keine besonderen gesundheitlichen Risiken
» Keine zeitliche Einschränkung, Rundreisen sind zu jeder Jahreszeit möglich
» Zahlreiche Anreisemöglichkeiten durch viele internationale Flughäfen mit Direktverbindungen ab Deutschland

Aufgaben

1_ Machen Sie sich mit den aktuellen Einreisebestimmungen der USA vertraut (benötigte Daten, Anforderungsmerkmale für Pässe, Kosten der Einreisegenehmigung)!

2_ Informieren Sie sich über die Großräume von San Francisco, Los Angeles und Las Vegas. Legen Sie „Counterhilfen" an (z. B. in Form von Tabellen) mit Angaben zu kulturellen und natürlichen Attraktionen, möglichen Aktivitäten, Ausflüge in die nähere Umgebung sowie nahegelegene Nationalparks.

3_ Familie Schmidt möchte eine Wohnmobil-Rundreise durch Kalifornien unternehmen. Sie planen entweder in den Osterferien (März) oder in den Sommerferien (August) zu reisen. Wägen Sie die Vor- und Nachteile dieser Termine gegeneinander ab. Von welchen Zielen würden Sie zu den jeweiligen Terminen abraten?

4_ Stellen Sie eine sinnvolle Reihenfolge der angegebenen Ziele für eine ca. dreiwöchige Rundreise zu den Highlights des amerikanischen Südwestens zusammen. Dafür können Sie sich auch über die aktuellen Angebote der verschiedenen Reiseveranstalter informieren.

3.3 Rundreisen durch Südafrika

Grundlegende Informationen zum Zielgebiet

Staatsform

Die Republik Südafrika ist seit 1961 eine Parlamentarische Republik und im Commonwealth vertreten. Sie gliedert sich in neun Provinzen (Eastern Cape, Free State, Gauteng, KwaZulu-Natal, Limpopo, Mpumalanga, Northern Cape, North-West und Western Cape).

Fläche/Einwohner

Auf einer Fläche von 1 219 100 km² leben ca. 53 Millionen Einwohner, das entspricht einer Bevölkerungsdichte von etwa **42 Einwohnern pro km²** (zum Vergleich: in Deutschland leben 230 Einwohner auf einem km²!). Südafrika hat die größte europäischstämmige Bevölkerung

Afrikas und viele Einwohner mit indischer Herkunft. Schwarzafrikaner machen dennoch 79 % der Gesamtbevölkerung aus und setzen sich hauptsächlich aus den Gruppen der Zulu, Xhosa, Basotho, Venda, Tswana, Tsonga, Swazi und Ndebele zusammen. Aufgrund seiner ethnischen Durchmischung wird Südafrika auch als Regenbogennation bezeichnet. Unruhen und Konflikte zwischen den verschiedenen Ethnien, besonders zwischen der weißen Minderheit und den Schwarzafrikanern beherrschten die Geschichte und Politik des Landes. Die National Party der niederländisch-stämmigen Buren richtete nach ihrem Wahlsieg im Jahr 1948 das weltweit geächtete System der Apartheid ein, das bereits zuvor unter der britisch-stämmigen Staatsführung ihren Anfang genommen hatte. Die Wahl des ersten afrikanisch-stämmigen Präsidenten des Landes, Nelson Mandela, bedeutete eine Wende dieser Politik (1994). Die Apartheid wurde in den 1990er Jahren des letzten Jahrhunderts weitgehend abgeschafft.

···· **EXKURS »**

Während der Apartheid wurden in Südafrika sowie Namibia Wohnsiedlungen für schwarze, farbige oder indische Bevölkerungsgruppen eingerichtet, um die Ethnien voneinander zu trennen. Sie existieren heute noch z. T. mit Ausmaßen von großen Städten. Ein typisches und bekanntes Beispiel ist Soweto (South Western Township) bei Johannesburg. Der Besuch eines Townships gehört heute häufig zum Programm einer Rundreise durch Südafrika. In den Vorstellungen der Besucher handelt es sich oft um enge und dicht bebaute Siedlungen aus Wellblechhütten und Pappkartons mit hoher Kriminalität, Armut, Hunger und Krankheiten. Die Situation in den Townships hat sich jedoch in den letzten Jahrzehnten erheblich verbessert bzw. auch innerhalb einzelner Townships differenziert.

Zeitverschiebung

MEZ + 1 bzw. während der europäischen Sommerzeit 0 Std. (keine Sommerzeitumstellung in Südafrika!). Diese geringe zeitliche Umstellung ist für viele Urlauber eins der Hauptargumente für eine Reise nach Südafrika, auch Kurzreisen sind so möglich.

Sprachen

Aufgrund der vielfältigen Ethnien gibt es die Amtssprachen Zulu, Xhosa, Pedi, Afrikaans, Englisch, Ndebele, Nordsotho, Südsotho, Setswana, Swati, Tsonga, Venda. Mit Englischkenntnissen kommt man im Land aber meist gut zurecht, obwohl die Mehrheit der Einwohner Afrikaans spricht.

Währung/Zahlungsmittel

1 Südafrikanischer Rand (R, ZAR) = 100 Cent. Als Zahlungsmittel werden neben Bargeld in den Städten und touristisch erschlossenen Gebieten Kreditkarten sowie die MEASTRO-Card akzeptiert. Vor der Fahrt in ländliche Gebiete sollte Bargeld, z. B. an Geldautomaten, besorgt werden. Aus Sicherheitsgründen empfiehlt sich außerdem die Mitnahme von Reiseschecks. Die Ein- und Ausfuhr der Landeswährung ist auf einen Betrag von 5.000,00 R begrenzt.

Einreise- und Gesundheitsbestimmungen

Für einen Aufenthalt bis zu 90 Tagen genügt für Einreisende aus den meisten EU-Ländern ein Reisepass, der noch 30 Tage über das Rückreisedatum hinaus gültig ist sowie zwei freie Seiten hat. Eine Impfung bei Einreise ist nur vorgeschrieben, wenn man aus einem Gelbfiebergebiet einreist. Empfohlen werden aber Impfungen gegen Hepatitis A (und ggf. B), Tetanus, Diphterie und Polio. Insbesondere der Krügerpark und der Norden der Provinz Kwazulu-Natal sind Malaria-Gebiet. Da die Krankheit durch die Anopheles-Mücke übertragen wird, ist neben einer wirksamen Malaria-Prophylaxe (über geeignetes Medikament

5053276

informieren!) auf intensiven Mückenschutz besonders abends und nachts zu achten.

Anreise/Internationale Flughäfen

Ankunftsflughäfen sind der Johannesburg International Airport (JNB) oder Kapstadt (Cape Town International Airport, CPT), nach einem Flug aus Deutschland von 11 bis 13 Stunden, z. B. mit Lufthansa, SAA, Air France oder Iberia.

Verkehrsmittel im Land

Obwohl nahezu alle größeren Städte Südafrikas durch ein Schienennetz verbunden sind, müssen die Züge wegen des schwierigen Terrains oftmals große Umwege über das Binnen-Hochland fahren und sind auf der kurvigen Strecken hinauf ins Hochland sehr langsam. Dadurch verlor der Bahnverkehr mit dem Ausbau der Straßen sowie gleichzeitigen Aufkommens von Überland-Bussen schnell an Bedeutung. Eine wichtige Rolle für den Tourismus spielen aber die berühmten Luxuszüge.

Der **Blue Train** ist der Traum vieler Südafrikareisender und berühmt für die luxuriösen Abteile, hervorragende Küche und perfekten Service in den Restaurant- und Panoramawagen. Leider ist der Zug oft über Monate hin ausgebucht und sollte daher mindestens ein halbes Jahr im Voraus reserviert werden. Die Standard-Strecke ist Pretoria – Kapstadt (1 600 km, 26 Stunden Fahrtzeit), aber es gibt auch Fahrten zu den Victoria Fällen und entlang der Garden Route. Im Verlauf der Fahrt werden mehrere kurze Stopps für Besichtigungen gemacht.

Der **Rovos Rail** ist bekannt für seine nostalgisch restaurierten Abteile und Speisewagen aus den 1920er und 1930er Jahren, aber dennoch mit modernem Komfort ausgestattet. Auf einigen kurzen Strecken wird der Zug von einer Dampflok gezogen. Wie auch der Blue Train besitzt der Zug eine hervorragende Küche und einen perfekten Roomservice und muss sehr langfristig im Voraus gebucht werden. Die Routen entsprechen teilweise denen des Blue Train, beliebt sind aber auch die Fahrten nach Namibia und Tansania.

Der **Shongololo-Express** (übersetzt „Tausendfüßler") bietet eine legerere Möglichkeit, Südafrika kennenzulernen: Der Hotelzug fährt während der Nacht z. B. auf der Strecke Kapstadt – Johannesburg (über Durban und die Gardenroute) und bietet tagsüber die Möglichkeit, mit klimatisierten Kleinbussen Ausflüge zu den verschiedenen Attraktionsfaktoren der jeweiligen Region zu unternehmen oder andere Ausflüge, z. B. auch mit dem Heißluftballon, zu unternehmen. Eine solche Reise dauert etwa 14 Tage.

Die Linienbusgesellschaften Greyhound Cityliner, Intercape Mainliner und Translux Express oder der komfortablere „Baz-Bus" verbinden regelmäßig die größeren Städte mit Zwischenstopps auf der Strecke.

Viele Urlauber reisen mit dem Mietwagen und ggf. einem Inlandsflug durch Südafrika. Inlandsflüge sind relativ günstig und die größeren Städte bieten durch ihre nationalen Flughäfen gute Anschlussmöglichkeiten. Die Straßen und Mietwagen haben europäischen Standard, die Infrastruktur ist gut und die Südafrikaner sind hilfsbereite und freundliche Gastgeber, die sich über Besucher sehr freuen. Allerdings herrscht Linksverkehr (Rechtssteuerung!).

Beispiele für Entfernungen in Südafrika:

Johannesburg – Kapstadt: 1 405 km

Johannesburg – Durban: 598 km

Kapstadt – Durban: 1 660 km

Kapstadt – Port Elizabeth: 756 km

Port Elizabeth – Durban: 927 km

Geografie und Topografie

Das Land mit der Hauptstadt **Pretoria** grenzt im Süden und Südosten an den Indischen Ozean und im Westen an den Atlantik. Im Norden liegen die Nachbarstaaten Namibia, Botsuana und Simbabwe, deren Besuch häufig mit einer Südafrikareise kombiniert wird.

Östliche Nachbarländer sind Mosambik und Swasiland, das Königreich Lesotho ist eine Enklave, wird also vollständig von Südafrika umschlossen.

Südafrikas Landschaften von Nord nach Süd gestalten sich wie folgt:

» Der äußerste Nordwesten wird an der Küste von der Küstenwüste Namaland (auch: Namaqualand), die sich an die Namib-Wüste in Namibia anschließt, sowie östlich davon von der **Kalahari-Wüste** dominiert. Im Nordosten liegt die hügelige Savanne, das sog. **Lowveld,** in dem sich der riesige **Krüger-Nationalpark** befindet.

» Die Westküste bis zur Südspitze des Kontinents am **Kap Agulhas,** wird vom kalten Benguelastrom bestimmt; die Landschaft ist karg und baumlos, wandelt sich im Frühling aber zu einem Blumenmeer.

» Das Zentralplateau, auch **Highveld** genannt, liegt in einer Höhe zwischen 900 und 2 000 Metern über dem Meeresspiegel. Es wird vom Lowveld durch die **Drakensberge** getrennt. Sie durchziehen das Land vom Nordosten bis in die Enklave Lesotho im Südosten und erreichen dabei bis zu 3 500 m, wodurch sie im Winter schneebedeckt sind. Die meisten Flüsse Südafrikas entspringen in den Drakensbergen und fließen nach Osten in Richtung Indischer Ozean. Der mit 1 860 km längste Fluss, der **Oranje,** entspringt auch in den Drakensbergen, fließt aber nach Westen und mündet als Grenzfluss zu Namibia in den Atlantischen Ozean.

» Die Ostküste um Durban verdankt dem warmen Agulhas-Strom ihr subtropisches

Klima. Die goldenen Strände machen die Region zu einem beliebten Badeurlaubsziel.

» Im Süden des Landes, hinter den Drakensbergen, erstreckt sich die Halbwüste **Karoo** fast bis an die abwechslungsreiche Küste westlich Port Elizabeths.

Klima/Reisezeiten

Da Südafrika südlich des Äquators liegt, sind die Jahreszeiten entgegengesetzt zu denen der nördlichen Halbkugel. Allerdings differenziert es sich auch wesentlich nach der Höhen- und Küstenlage:

» Küste am Kap bis Port Elizabeth: Oktober bis März trocken und sonnig, gleichmäßig verteilte Niederschläge. Kapregion mit feuchteren und kühlen Wintern.

» Subtropische Küste von Natal und der Nordosten (z. B. Krüger Nationalpark): Typisches Ostseiten-Klima mit Niederschlägen im Sommer (November bis März) und trockeneren Wintern, die sich aufgrund des warmen Agulhas-Stroms zum Baden eignen und auch für Tierbeobachtungen gut geeignet sind.

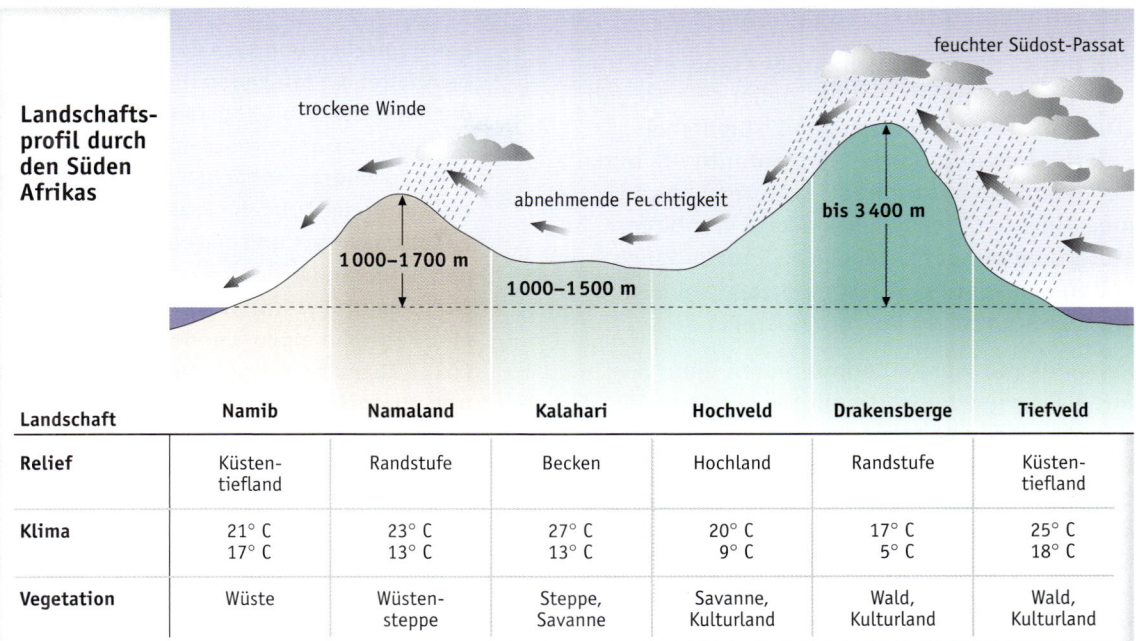

Landschaftsprofil durch den Süden Afrikas

feuchter Südost-Passat

trockene Winde

abnehmende Feuchtigkeit

bis 3 400 m

1 000–1 700 m

1 000–1 500 m

Landschaft	Namib	Namaland	Kalahari	Hochveld	Drakensberge	Tiefveld
Relief	Küsten-tiefland	Randstufe	Becken	Hochland	Randstufe	Küsten-tiefland
Klima	21° C 17° C	23° C 13° C	27° C 13° C	20° C 9° C	17° C 5° C	25° C 18° C
Vegetation	Wüste	Wüsten-steppe	Steppe, Savanne	Savanne, Kulturland	Wald, Kulturland	Wald, Kulturland

» Karoo-Halbwüste und Kalahari: Heiße Sommer, im Winter angenehmer.
» Highveld (u. a. Johannesburg) und Drakensberge: Warme, z. T. feuchte Sommer, kühle (nachts kalte) und trockene Winter mit Frost.
» Westküste: Warme Sommer und milde Winter mit stetigem frischen Wind. Winter-regenklima.

Die „beste" Reisezeit für eine Rundreise durch Südafrika richtet sich nach den Aktivitäten und Hauptzielen der Reise. Für Tierbeobachtungen eignet sich der dortige Winter, auch ist es an der Ostküste dann nicht so schwül; der Westen, die beliebte Kapregion und die Gardenroute sind aber von November bis März angenehmer und trockener.

> **!** Als optimale Reisezeit für eine Rundreise, die sowohl den Südwesten, die südlichen Küstenabschnitte sowie den Nordosten beinhaltet, also die klassischen Ziele des Landes, können daher der Frühling sowie der Herbst empfohlen werden. Die Temperaturen sind zu dieser Zeit in allen Regionen sehr angenehm und die Natur zeigt sich von ihrer schönsten Seite.

Hinweise für Reisen nach und durch Südafrika

» Hohe Kriminalitätsrate in den Innenstädten von Johannesburg, Durban, Kapstadt und Pretoria. Ein Besuch an Sonntagen und auch nach Geschäftsschluss ist zu vermeiden. Stadtbesichtigungen und Township-Besuche möglichst nur mit ortskundigem Führer.
» Taxis lieber bei bekannten Unternehmen reservieren anstatt die sog. Minibustaxis zu nehmen (Überfüllung und Sicherheitsmängel).
» Selbstfahrer möglichst Autofenster geschlossen halten und Türen abschließen, um Fahrzeugentführungen vorzubeugen. Keine Wertsachen im Auto liegen lassen. Nachtfahrten, einsame Nebenstraßen oder unbesuchte Rastplätze möglichst vermeiden oder besondere Vorsicht walten lassen.
» Besondere Vorsicht gilt bei Abhebungen von Geld an Geldautomaten!
» Wasser nur aus Flaschen trinken oder Leitungswasser abkochen. Lebensmittel schälen oder kochen und auch sonstige Hygieneregeln beachten.
» Die hohe HIV-/AIDS-Rate in Südafrika gebietet besondere Vorsicht vor unsauberen medizinischen Geräten und ungeschützten Sexualkontakten.

Attraktionsfaktoren in Südafrika

Südafrika ist ein Land mit großer landschaftlicher und kultureller Vielfalt, daher sein Slogan „Die ganze Welt in einem Land". Sightseeing, Safaris, Trekkingtouren, Badeaufenthalte und Begegnungen mit fremden Kulturen werden meist in einer einzigen Rundreise kombiniert. Außerdem bietet es vielseitige Sportmöglichkeiten – besonders Wassersportler, Golfer und Wanderer kommen auf ihre Kosten.

Reisende mit viel Zeit kombinieren eine Südafrikareise teilweise mit Besuchen in Botswana, Simbabwe oder Namibia. Neben Besichtigungen der Hauptsehenswürdigkeiten sollte Zeit für kurze Wanderungen und Erkundungen der Natur eingeplant werden. Übernachtet wird meist in gemütlichen Guest Houses, zentralen Stadthotels oder – in den Natur- und Nationalparks – in Lodges, die sich perfekt in die Natur ihrer Umgebung einpassen. Der Standard aller Unterkünfte reicht von einfachen Selbstverpfleger-Häusern bis hin zu komfortablen Luxusresorts.

! Eine typische Rundreise durch Südafrika beinhaltet die folgenden Highlights: die Kapprovinz mit Kapstadt, eine Fahrt entlang der Gardenroute mit ihrer üppigen und wildromantischen Landschaft, die Kultur der Zulu, die Erkundung der Panorama Route und der beeindruckenden Bergmassive der Drakensberge, eine Safari im Krüger Nationalpark und ggf. eine Fahrt mit einem der berühmten Luxus-Züge ab oder bis Johannesburg bzw. Pretoria. Für eine Reise, die alle diese Highlights beinhaltet, sollten drei Wochen veranschlagt werden.

Die Ziele im Einzelnen bei einer Tour ab Kapstadt	
Kapstadt	Schöne Stadt mit spektakulärer Lage am Tafelberg (Seilbahn) und den Sehenswürdigkeiten „Castle of Good Hope", dem Hafengebiet „Victoria & Alfred Waterfront", Signal Hill mit einmaligem Blick, Stadtzentrum mit Einkaufs- und Flanierstraßen (z. B. Long Street, Green Market Square), Botanischem Garten und Gefängnisinsel „Robben Island". Ausflüge entlang der spektakulären Küstenstraße zum Kap der Guten Hoffnung, Besuch der Pinguinkolonie bei Simon's Town, oder Richtung Osten in die Weinanbaugebiete um Stellenbosch, Franschhoek und Paarl.

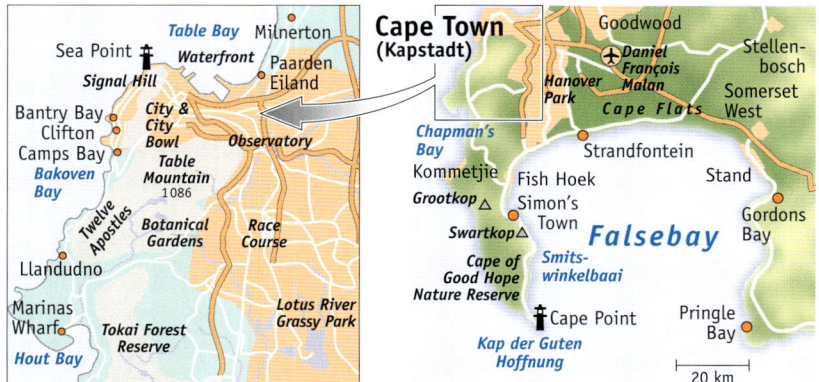

Die Ziele im Einzelnen bei einer Tour ab Kapstadt *(Fortsetzung)*	
Gardenroute	Mossel Bay bis Port Elizabeth. Von Kapstadt aus nach Hermanus (Strände, Walbeobachtungen im Winter), Cape Agulhas (südlichster Punkt Afrikas mit Leuchtturm) und Oudtshoorn (Straußenzuchtgebiet am Rande der Karoo Wüste, nördlich Tropfsteinhöhlen Cango Caves). Eigentliche Gardenroute mit schönen Küstenabschnitten, steilen Felsklippen und Buchten, Regenwald und kleine Seebäder (z. B. Wilderness, Knysna, Plettenberg Bay). Großes Angebot an Freizeitaktivitäten, Wanderungen in den wald- und wasserreichen Nationalparks Wilderness (Binnenseen) und Tsitsikamma, Nordöstlich von Port Elizabeth der Addo Elephant Nationalpark (Wildbeobachtungen). Von Port Elizabeth aus meist Inlandsflug nach Durban oder Johannesburg).
Durban	Zweitgrößte Stadt mit subtropischem Klima, indischem Flair, Küstenpromenade „Golden Mile".
Kwazulu-Natal	Fülle an Naturschutzgebieten, kulturellen Einblicken in die Dörfer der Zulu und weiten Sandstränden am indischen Ozean. Hluhluwe-Imfolozi Nationalpark (Nashörner, Löwen, Elefanten) und „iSimangaliso Wetland Park" am Lake St. Lucia.
Drakensberge	Tour mit allradbetriebenen Fahrzeugen durch die Bergwelt, z. B. ins Königreich Lesotho oder in die „Schweiz Afrikas" Swaziland.
Panoramaroute	Nördliche Drakensberge, drittgrößter Canyon der Welt Blyde River Canyon (grandiose Ausblicke bis über den Krüger Nationalpark und Mozambik), Passstraßen mit Wasserfällen, Goldgräberstadt Pilgrim's Rest. Blyde River Canyon
Krüger Nationalpark	Startpunkt für Touren in den größten Park des Landes ist oft Hazyview. Im Park selbst gut ausgebaute Infrastruktur durch Wälder und hügelige Savanne. Geführte Touren oder Pirschfahrten im eigenen Fahrzeug möglich, Aufenthalt meist zwei bis drei Tage. Verschiedene Camps und Lodges als Übernachtungs- und Informationsmöglichkeit. Beste Möglichkeit in Südafrika die „Big Five" in freier Wildbahn zu entdecken. Beste Zeit für Tierbeobachtungen im Südwinter (Trockenzeit).

···· **EXKURS** »

Als die „Big Five" werden in Afrika jene Wildtierarten bezeichnet, deren Bezwingung zu Zeiten der Großwildsafaris die Erfüllung jedes Jägers war. Und auch heute noch ist es ein besonderes Erlebnis für die Teilnehmer an „Foto-Safaris", diese imposanten Tiere vor die Kamera zu bekommen. Es handelt sich um den afrikanischen Elefanten, das Nashorn, den afrikanischen Büffel, den Löwen und den Leopard. Alle „großen Fünf" standen bereits kurz vor ihrer Ausrottung, u. a. aufgrund der Jagdlust früherer Jäger und Wilderer für Trophäen wie Stoßzähne, Hörner oder Felle. Heute wird die Jagd auf diese und andere Wildtiere in Südafrika und vielen anderen afrikanischen Ländern streng reglementiert.

Die Ziele im Einzelnen bei einer Tour ab Kapstadt *(Fortsetzung)*	
Johannesburg	Riesige Stadt, Zentrum mit modernen Hochhäusern und Art-Déco-Gebäuden, möglichst nur organisiert besichtigen. Grandioser Ausblick vom Carlton Centre. Ausflüge ins bekannte Township SOWETO, nach Gold Reef City ins Apartheid Museum, ins 60 km entfernte Pretoria (Hauptstadt mit ländlichem Flair, Jacaranda-Blüte im Oktober, vielen geschichtlichen Monumenten) oder ins 2 Stunden entfernte Freizeitparadies Sun City und dem nahe gelegenen Pilanesberg Nationalpark.

Verkaufsargumente für die Destination Rundreisen durch Südafrika

» Abwechslungsreiche Erlebnisse (Fremde Kulturen, Berg- und Küstenlandschaften, Städte, Tierbeobachtungen)
» Grandiose Landschaften im Süden Afrikas erleben
» Wildtiere – insbesondere die „Big Five" – in ihrem natürlichen Lebensraum beobachten
» Unterschiedliche Städte Südafrikas kennen lernen
» Verschiedene afrikanische Kulturen und deren Lebensweise erleben
» Zahlreiche Outdoor-Aktivitäten (Wandern, Wassersport, Golf spielen …)
» Relativ gute Infrastruktur macht individuelles Reisen möglich
» Abwechslungsreiches Reisen durch interessante Bahnverbindungen
» Kaum Verständigungsschwierigkeiten mit englischen Sprachkenntnissen
» Keine zeitliche Einschränkung, Rundreisen sind zu jeder Jahreszeit möglich
» Direkte Anreisemöglichkeiten ab Deutschland möglich
» Fernreise ohne Zeitverschiebung

Aufgaben

1_ Informieren Sie sich über die Großräume von Kapstadt, Durban und Johannesburg. Legen Sie „Counterhilfen" an (z. B. in Form von Tabellen) mit Angaben zu kulturellen und natürlichen Attraktionen, möglichen Aktivitäten, Ausflüge in die nähere Umgebung sowie nahegelegene Nationalparks.

2_ Frau und Herr Schmidt möchten ihren nächsten drei bis vierwöchigen Urlaub in Südafrika verbringen. Frau Schmidt verträgt keine große Hitze, außerdem möchte sie aufgrund einer Unverträglichkeit keine Malaria-Prophylaxe einnehmen.

a) Welche Reisezeit und welche Regionen empfehlen Sie dem Ehepaar?

b) Die Kunden möchten unbedingt die Gardenroute kennen lernen. Informieren Sie sich intensiv über Verlauf und Besonderheiten dieser Strecke und beschreiben Sie sie den Kunden.

c) Die Kunden sind sich unsicher, ob sie die Reise in einer Gruppe oder individuell antreten möchten. Weisen Sie die Kunden auf die Vor- und Nachteile beider Reiseformen in Südafrika hin!

d) Das Ehepaar Schmidt hat sich für eine individuelle Tour entschieden. Vergleichen Sie die Angebote der verschiedenen Veranstalter und machen Sie den Kunden einen Vorschlag für eine dreiwöchige Reise, die die angegebenen Prämissen berücksichtigt und auch eine interessante Großstadt beinhaltet.

4 Tauchurlaub am Roten Meer

4.1 Merkmale einer Tauchreise

Das Tauchen wird in verschiedene Taucharten unterteilt, wobei für den Tourismus nur das sogenannte Erholungs- bzw. Sporttauchen (Recreational Diving) eine Rolle spielt. Davon abzugrenzen ist das Berufstauchen, bei dem der Taucher meist mit Taucherhelm ausgestattet ist und über Schläuche mit Luft versorgt wird. Die Arten des Erholungstauchens unterscheiden sich in der Art und Weise des Atmens und in der Betätigung unter Wasser.

Taucharten	
Schnorcheltauchen (Snokeling)	Die Ausrüstung besteht minimal aus Maske (Tauchermaske/ Taucherbrille), Schnorchel, Flossen und wird auch ABC-Ausrüstung genannt.
Gerätetauchen (Scuba Diving)	Unter Wasser befindet sich der Taucher austariert im Schwebezustand. Seine Ausrüstung besteht im Wesentlichen aus dem Schnorchel-Equipment plus Atemgasvorrat in einer Flasche, Atemregler und Tariersystem
Freitauchen (Apnoe)	Die Ausrüstung besteht aus Tauchermaske, Flossen, Anzug und einem (oder keinem) kleinen Ballastgewicht. Da Freitaucher unter Wasser überhaupt nicht atmen, ist auch keine weitere Ausrüstung notwendig.
Tech-Tauchen (TEC-Tauchen)	TEC-Tauchen wird als Begriff für alle Möglichkeiten herangezogen, um Geräte-Tauchzeiten oder Geräte-Tauchtiefen des Sporttauchens zu überschreiten

Da es keine allgemeine Einteilung nach bestimmten Tauchertypen gibt, ist neben Kenntnissen über die gewünschte Tauchart des Kunden eine Bedarfsermittlung speziell im Hinblick auf das Produkt Tauchurlaub nötig. Die Bedarfsmitteilung sollte mindestens die folgenden Punkte beinhalten:

Bedarfsermittlung	
Wahl des Reisezieles	» Wann soll es wo und für wie lange hingehen? » Eher zu preiswerten Nahzielen im Mittelmeer oder zum nächstgelegenen tropischen Ziel ans Rote Meer oder zu den z. T. exklusiven Topzielen der Malediven, der Karibik, Thailands oder eher ganz weit weg ans Great Barrier Reef nach Australien?
Art des Tauchurlaubs	» Wird ein reiner Tauchurlaub geplant oder sogar eine Tauchsafari auf einem Schiff » oder eher ein Strandurlaub mit einem Schnuppertauchkurs, evtl. mit der Erlangung eines Tauchzertifikats » oder eine klassische Rundreise mit einem anschließenden Tauchaufenthalt als Reisebaustein?
Voraussetzungen des Kunden	» Besitzen die Kunden bereits eine Tauchlizenz? » Bei Paaren: Wollen beide tauchen? » Wenn nicht, was macht der Partner in der Zwischenzeit? » Wenn ja, haben sie das gleiche Tauchlevel? » Über welche Sprachkenntnisse verfügen die Kunden?

4.2 Tauchreisen am Beispiel des Roten Meeres

4.2.1 Allgemeine Informationen zu Tauchreisen in Ägypten

Attraktionsfaktoren Rotes Meer

Nur rund vier Stunden Flugzeit, ein subtropisches Meer, viele Wracks und die große Artenvielfalt: Ägypten ist das beliebteste Tauchreiseziel der Deutschen. Ob Hausriff, Tagestouren oder Tauchsafaris, Tauchausbildung oder Tec-Tauchen, die vorhandene Infrastruktur bietet für jeden das passende Angebot. Dazu kommen die großartigen kulturhistorischen Stätten in und um Kairo und dem Nil, die gleichermaßen bereist werden sollten.

Verkaufsargumente für die Destination Rotes Meer in Ägypten

» Ganzjähriges Tauch- und Reiseziel;

» Großer Fischreichtum z. B. Schwarmfische, Mantas, Haie und Schildkröten und Artenvielfalt;

» Kurze Anreise mit relativ häufigen Flugfrequenzen aus den verschiedensten Städten Deutschlands;

» Relativ preisgünstig im internationalen Vergleich;

» Vielfältige Tauchspots in Abhängigkeit vom gewählten Reisedatum und Können der Reisenden;

» Ein ausgebautes Netz an sicherheitszertifizierten und häufig deutschsprachigen Tauchbasen mit neuestem Equipment;

» Großes Angebot der Reiseveranstalter;

» Alle Arten von Tauchurlaub sind möglich, vor allem in der Verbindung zu einer Rundreise zu den kulturellen Stätten Ägyptens.

Die CDWS ist das erste und einzige öffentliche Organ in Ägypten, das ins Leben gerufen wurde, um Sporttauchen und Wassersportaktivitäten sicher zu machen und allgemein zu reglementieren. Alle Arten von Tauchsporteinrichtungen sollten der Sicherheit wegen mit diesem Label zertifiziert sein.

Lage und Geografie

Ägypten liegt in Nordostafrika. Es grenzt im Norden an das Mittelmeer, im Süden an den Sudan, im Westen an Libyen und im Osten an das Rote Meer und Israel. Das Nildelta liegt in Unterägypten und das Niltal in Oberägypten. Östlich des Suezkanals liegt die Sinai-Halbinsel. Hinter dem fruchtbaren Niltal beginnt die flache libysche Wüste, in der vereinzelte Oasen die einzigen fruchtbaren Regionen sind. Die schmalen Küstenregionen am Mittelmeer und an der afrikanischen Seite des Roten Meeres sind bewohnt, aber 99 % der Bevölkerung lebt am Nildelta. Auch die Sinai-Halbinsel ist allgemein sehr trocken.

Klima

Überwiegend herrscht in Ägypten ein trockenes Wüstenklima. Es gibt im Wesentlichen zwei Jahreszeiten – den Sommer von April bis Oktober und den Winter von September bis März. In den Sommermonaten ist es tagsüber bis zu 34°C warm, während es in der Nacht auf bis zu 23°C abkühlt. Im Winter liegen die Tagestemperaturen bei rund 23° C und sinken nachts auf 14°C. Im März/April bläst 50 Tage der Wüstenwind Chamsin, der neben Wüstensand abwechseln kalte und heiße Luft bringt. Nur im Mittelmeerrandgebiet fallen höhere Winterniederschläge. Beste Reisezeit: Im Norden und am Mittelmeer das ganze Jahr über; in Oberägypten von Oktober bis April.

5053284

Klimatabelle Ägypten												
	Jan	Feb	März	April	Mai	Juni	Juli	Aug	Sep	Okt	Nov	Dez
Temperatur (Max) °C	22	23	25	27	30	32	33	34	32	30	27	24
Temperatur (Min) °C	14	14	16	19	23	25	26	27	25	23	19	16
Wassertemperatur °C	22	21	22	23	25	26	27	28	27	27	25	24
Regentage	1	1	1	1	0	0	0	0	0	0	1	1

Im Sommer reicht am Tag und in der Nacht ein T-Shirt oder kurzärmliges Hemd. Im Winter sollte es tagsüber leichte Kleidung und am Abend mindestens ein Pullover sein. Für das Tauchen ist im Sommer ein 3 mm Neoprenanzug dick genug. Im Winter ist ein 5 mm Neoprenanzug angemessene Wahl. Vieltaucher und kälteepfindliche Menschen nehmen jeweils einen 2 mm dickeren Neoprenanzug. An Badeorten, die ein vorgelagertes Hausriff besitzen, ist die Mitnahme von Badeschuhen empfehlenswert.

Ortszeit

GMT + 2. Letzter Freitag im April bis letzter Freitag im September: GMT + 3 (Sommerzeit in Ägypten = Standardzeit MEZ (Winterzeit in Mitteleuropa) + 2 Std.).

Differenz zu Mitteleuropa beträgt im Winter und Sommer jeweils + 1 Std. (außer Monate April und Oktober: 0 Std.). Weil Ägypten aber östlicher von Mitteleuropa liegt, geht dort die Sonne früher unter. Im Oktober kann dies unter Umständen schon um 16:30 Uhr sein.

Religion und Verhalten

90 % Muslime (fast ausschließlich Sunniten); 9 % christliche Minderheiten (einschließlich der Koptischen Kirche) sowie eine kleine jüdische Gemeinde (1 %).

Die Rücksichtnahme auf die Moralvorstellungen einer islamisch geprägten Gesellschaft beim Aufenthalt in Ägypten ist ein allgemein geltendes Gebot der Achtung, Höflichkeit und des gesunden Menschenverstandes. Bei Aufenthalten außerhalb von Hotel- und Ferien-

anlagen, in Städten und bei Reisen über Land ist eine nicht körperbetonende, Arme und Beine bedeckende Kleidung angemessen.

Aufgrund der politischen Lage in Ägypten wird dringend empfohlen, die Reise- und Sicherheitshinweise des Auswärtigen Amtes (www.auswaertiges-amt.de) zu beachten.

Einreise

Ein Reisepass ist allgemein erforderlich, er muss bei der Einreise für deutsche Touristen mindestens sechs Monate gültig sein. Auch die Einreise mit dem Personalausweis ist möglich, er wird aber nicht von allen offiziellen Stellen anerkannt. Bei der Einreise ist ein Visum erforderlich, das direkt bei der Ankunft am Flughafen für ca. 25 $ erworben werden kann. Wenn das Visum über die Fluggesellschaft oder den Reiseveranstalter erworben wird, dann können durch Serviceentgelte deutlich höhere Kosten entstehen.

Anreise

Staatliche Fluggesellschaft ist Egyptair (MS). Internationale Flughäfen: Kairo International (CAI), Alexandria El Nouzha (ALY). Die Flughäfen Luxor Airport (LXR), Hurghada (HRG) und Sharm el Scheik (SSH) und Marsa Alam (RMF) werden auch von deutschen Fluggesellschaften wie z. B. Condor, Air Berlin, SunExpress und TuiFly bedient. Die Flugzeit beträgt ca. vier Stunden. Die Regelungen für Tauchgepäck sind bei den Fluggesellschaften unterschiedlichst geregelt, weshalb es notwendig ist, die Bedingungen der Airlines genau zu studieren.

Versicherungen

Neben dem Abschluss einer Reiserücktritt- und Reiseabbruchversicherung ist eine Reisegepäckversicherung – besonders bei der Beförderung der Tauchausrüstung – empfehlenswert. Auf den Abschluss einer Reisekrankenversicherung ist besonderes Augenmerk zu legen. Die Reisekrankenversicherung sollte auch für Tauchunfälle, insbesondere für den Einsatz von Druckkammern, aufkommen. Dies muss in den AGB der jeweiligen Reiseversicherer angegeben werden. Ansonsten ist eine spezielle Versicherung für Taucher und Tauchlehrer wie z. B. von Aqua Med zu empfehlen.

Gesundheit

Neben den Standardimpfungen für Kinder und Erwachsene empfiehlt das Auswärtige Amt den Schutz gegen Hepatitis A, Polio, Masern/Mumps/Röteln und Meningokokken-Meningitis, bei Langzeitaufenthalt über vier Wochen oder besonderer Exposition auch Hepatitis B, ggfs. Tollwut und Typhus. Durchfallerkrankungen kommen in Ägypten häufig vor. Durch eine entsprechende Lebensmittel- und Trinkwasserhygiene lassen sich allerdings viele Durchfallerkrankungen vermeiden. Leitungswasser sollte nicht getrunken werden. Obst und Gemüse vor dem Verzehr schälen oder desinfizieren.

Taucher benötigen eine Tauchtauglichkeitsbescheinigung, die bereits in Deutschland bei einem darauf spezialisierten Arzt erworben werden sollte.

Mehr Informationen hierzu finden Sie unter http://www.tauchtauglichkeit.org/.

Tauchgepäck

Tauchgepäck ist anmeldepflichtig und kostet bei der Condor z. B. zwischen 40,00 und 70,00 €. Tauchgepäck darf bis 30 kg befördert werden. Darüber hinaus wird es wie Übergepäck pro Kilo berechnet. Tauchflaschen werden nur entleert und mit geöffneten Ventilen befördert.

Die Beförderung der deaktivierten Tauchlampe (Birne oder Akku müssen ausgebaut sein) erfolgt ausschließlich im Handgepäck. Die Mitnahme von Tauchlampen im Handgepäck muss am Check-in angegeben werden.

Mehr Informationen unter http://www.condor.com

4.2.2 Urlaubsorte und Tauchreviere

Urlaubsorte und Tauchreviere	
Taba (Sinai Halbinsel)	Liegt etwa eine Stunde vom gleichnamigen Flughafen entfernt am Rand der Wüste. In Taba gibt es exklusive Hotels mit schönen Stränden. Tauchgänge werden hauptsächlich von Land aus durchgeführt. Aufgrund der wenigen Fluggesellschaften, die Taba anfliegen, ist es nötig, über den Flughafen Sharm el Sheik zu reisen. Die Transferzeit beträgt dann ca. 2,5 Stunden.
Nuweiba (Sinai Halbinsel)	Etwa 2,5 Stunden nördlich von Sharm el Sheik gelegen. Ruhig und entspannt mit vielen schönen Tauchspots (vorwiegend Landtauchgänge). Südlich von Nuweiba liegt Ras Abu Galum, ein besonders guter Tauchplatz.

Urlaubsorte und Tauchreviere *(Fortsetzung)*	
Dahab (Sinai Halbinsel)	Das aufstrebende Beduinendörfchen Dahab, etwa eine Stunde vom Flughafen Sharm el Sheik entfernt, ist touristisch gut erschlossen. Alle Hotelkategorien lassen sich am Ort finden. In Dahab selbst lädt eine Promenade mit vielen kleinen Restaurants und Kneipen zum Verweilen ein. Geschätzte Tauchgebiete wie das Blue Hole oder der Canyon haben das Städtchen bekannt gemacht. Nördlich von Dahab liegt Ras Abu Galum (Kameltauchsafari), das Blue Hole, Canyon. Im Süden faszinieren Tauchplätze wie Islands, Southern Oasis, Gabir Bend. Auch Schnorchler und Surfer finden ideale Bedingungen vor. Die Tauchbasen vor Ort organisieren gerne ein- oder mehrtägige „Kameltauchsafaris". Diese führen zu fast unberührten Tauchplätzen. Mit auf dem Programm steht der Besuch einer Oase.
Sharm el Sheikh (Sinai Halbinsel)	Die Gegend um Sharm el Sheikh bietet viel touristische Infrastruktur: Hervorragende Hotels, einen Golfplatz, beste Restaurants und attraktive Ausgehmöglichkeiten tagsüber und abends. Zum Urlaubsort Sharm el Sheikh zählen ferner Ras Umsid sowie die Naama Bay (nördlich), Shark Bay und Nabq. Besondere Tauchhighlights sind die Inseln von Tiran, Ras Mohammed und das Wrack der Thisstlegorm. Einige Hotels verfügen ferner über ein schönes Hausriff, von dem aus Landtauchgänge möglich sind.
El Gouna	El Gouna ist ein noch junger und ruhiger Urlaubsort mit orientalischem Flair etwa 15 km nördlich vom Flughafen Hurghada an einer Lagunenlandschaft gelegen. Man findet dort Hotels der gehobenen Kategorie, flankiert von Cafés und Discotheken. Die mit Booten zu erreichenden Tauchgebiete erstrecken sich von der Gubalinsel im Norden über Shadwan hinunter bis zu den Tauchplätzen von Hurghada. Es werden auch Tagestouren zum Tauchen an der Thisstlegorm angeboten. Einige Hotels besitzen hauseigene Golfplätze. Lage: El Gouna liegt ca. 15 km nördlich vom Flughafen Hurghada und gegenüber von Sharm el Sheikh. Sie haben über Hurghada viele Anreisemöglichkeiten.
Hurghada	Hurghada ist ein besonders lebhafter, bekannter Urlaubsort mit vielfältiger Hotelauswahl, der über die Nähe des Flughafens leicht zu erreichen ist. Gute Einkaufsmöglichkeiten und ein anregendes Nachtleben zeichnen den Ort aus. In Hurghada befindet sich die wohl größte Tauchbasendichte weltweit. Mit Booten sind die vielen verschiedenen Tauchgebiete in kurzen Fahrtzeiten erreichbar.
Makadi Bay	30 km südlich vom Flughafen entfernt ist die Makadi Bay einer der noch jüngeren Urlaubsorte zwischen Hurghada und Safaga. Die Hotellerie ist hochwertig und es gibt schöne Strände. Zum Tauchen geht es mit Booten auch in den Norden nach Hurghada und in den Süden zu den Riffen vor Safaga.
Safaga	Das Hafenstädtchen Safaga liegt an einer großen Bucht ca. 50 km vom Flughafen Hurghada entfernt. Der touristisch noch wenig erschlossene Ort bietet Hotels mit schönem Sandstrand und Wellengang fürs Surfen. Der schönste Strand der Region ist die Soma Bay, dort gibt es auch Hotels mit eigenen Golfplätzen. Von hier aus werden mit Booten z. B. die Tauchgebiete Panorama Riff, Abu Kafan oder das Wrack der Salem Express angefahren.
El Quseir	Das kleine Hafenstädtchen liegt 120 km südlich von Hurghada, die Transferdauer beträgt ca. 2,5 Stunden. Mit einer Stunde Transferdauer liegt der Flughafen Marsa Alam näher, ist aber nicht so stark frequentiert wie Hurghada. In El Quseir geht es ruhig zu. Vom einfachen Hotel bis zur neuen 5-Sterne-Anlage sind alle Hotelkategorien vertreten. Die Tauchgänge starten von Land oder vom Boot aus. Viele Hotels verfügen über Hausriffe, die über Stege vom Strand aus zu erreichen sind. Hier kommen Schnorchler auf ihre Kosten.

Marsa Alam	Marsa Alam bezeichnet einen 110 km langen Küstenstreifen, der sich über den Ort nach Süden zieht. Die Anreise kann über den nahe gelegen Flughafen Marsa Alam erfolgen oder über Hurghada in drei Stunden Transferdauer. Im Gegensatz zu El Quesir ist Marsa Alam kein Ort, sondern eher eine Häuseransammlung und dementsprechend ruhig. Die Umgebung wurde erst in jüngerer Zeit touristisch erschlossen, weshalb die Hotels neueren Ursprungs sind. Der zum Flughafen nächst gelegene Hafen Port Ghalib hat sich als Ausgangspunkt für Tauchsafaris etabliert. Viele der Hotelstrände der Region besitzen Hausriffe, die von Land aus betaucht werden können. Für Bootstauchgänge sind das Elphinstone Reef und das Dolphin House (Samedai) empfehlenswert.
Hamata und Berenice	Ist die südlichste Urlaubsregion Ägyptens am Roten Meer, etwa 2,5 Fahrtstunden vom Flughafen Marsa Alam entfernt. Hotels bieten Tauchern und Schnorchlern noch unberührte Plätze an. Die Region ist noch relativ unerschlossen und bietet neben dem Tauchen kaum touristische Infrastruktur. Landtauchgänge zu vorgelagerten Riffen sind an vielen Stellen möglich. Das Shab Cluade, nahe Berenice, ist ein aufregendes Höhlensystem, das auch von Sporttauchern gut betaucht werden kann, weil es jederzeit einen Durchgang zur Oberfläche gibt.

4.2.3 Tauchkreuzfahrten

Bedingung für eine Teilnahme an einer Tauchkreuzfahrt ist eine Taucherlizenz sowie – von der Region abhängig – der Nachweis über 30 bis 50 Tauchgänge. Da an jedem Tag ca. drei bis vier Tauchgänge an unterschiedlichen Stellen durchgeführt werden, eignet sich eine Tauchsafari nur für ambitionierte Sporttaucher.

Angeboten werden verschieden lange Routen in den unterschiedlichen Tauchrevieren, z. B. führt die M/Y OBSESSION in einer einwöchigen Tour von Ras Ghalib bis in den äußersten Süden zu den Riffen von St. Jones und zurück.

4.2.4 Ausflüge, Rundreisen und Kombinationen

Regionen	Attraktionsfaktoren
Sinai Halbinsel	Coloured & White Canyon (Felsenschluchten mit verschiedenen Gesteinsfarben); Berg Moses (hier soll Moses die zehn Gebote empfangen haben, besonders imposant zur Sonnenaufgangszeit; nicht für Gehbehinderte geeignet); Katharinenkloster (noch heute von orthodoxen Mönchen bewohnt, hier soll der Legende zufolge Gott aus einem brennenden Dornbusch zu Moses gesprochen haben); Mosesquelle (hier soll Moses Brackwasser zu Trinkwasser verwandelt haben). Jeepsafaris über mehrere Tage in die Wüste Sinai, mit der Möglichkeit, in Beduinendörfern zu übernachten.

Kameltour auf dem Sinai

5053288

Kairo und Umgebung	Ägyptisches Museum (Schatz des Tutanchamun mit der berühmten Goldmaske, Goldsarg und Kriegswagen); Al Azhar – Moschee mit der Universität; Khan-el-Khalili – Basar, Zitadelle mit Alabastermoschee, Memphis (alte Hauptstadt mit Statue Ramses' II und der Alabaster-Sphinx), Sakkara (Nekropole mit der Stufenpyramide des Djoser), Pyramiden von Gizeh das einzig erhaltene Weltwunder der Antike mit der Sphinx und den Pyramiden der Pharaonen Cheops, Chephren und Mykerinos.	 Pyramiden von Giseh mit Sphinx
Regionen	**Attraktionsfaktoren**	
Luxor und Theben	Luxor-Tempel (Zwillingsobelisken von der Place de la Concorde in Paris), Sphingenallee (3 km lang) verband den Luxor-Tempel mit dem Karnak-Tempel, dahinter der große Säulensaal, Tal der Könige (Grabmal des „Kindkönigs" Tutanchamun), Tal der Königinnen (mit dem Totentempel der Königin Hatschepsut), Memnon-Kolosse.	 Luxor Tempel
Nilkreuzfahrt	Dauer drei bis sieben Tage mit den Orten: Luxor – Theben – Karnak – Esna (Tempel des widderköpfigen Gottes Chnum) – Edfu (Horus-Tempel) – Kom Ombo (Doppeltempel des Suchos und des Haroeris) – Assuan (Nilinsel Elephantine, Kitchener Insel, Philae-Tempel, Assuan-Staudamm). **Ein Video über den Nil finden Sie auf der beiliegenden DVD.**	 Theben West – Tal der Könige

Abu Simbel	Per Schiff oder Flugzeug erreichbar, 280 km südlich von Assuan am Nasser Stausee gelegen. Felsentempel des Ramses II., Nefertari-Tempel.	 Felsentempel des Ramses II. (Abu Simbel)

Ein Video über Ägypten finden Sie auf der beiliegenden DVD.

Kombinationen

» Kairo + Tauch-/Badeurlaub am Roten Meer mit Flugtransfer,
» Nilkreuzfahrt + Tauch-/Badeurlaub am Roten Meer mit Bus- oder Flugtransfers,
» Kairo + Luxor + Tauch-/Badeurlaub mit Kombinierten Flug-/Bus Transfers,
» Kairo + Nilkreuzfahrt + Tauch-/Badeurlaub am Roten Meer mit kombinierten Flug-/Bus Transfers,
» Tauchkreuzfahrt mit Tauch-/Badeurlaub am Roten Meer oder
» Tauchkreuzfahrt mit Rundreise Sinai und Tauch-/Badeurlaub am Roten Meer

Natürlich sind auch andere Kombinationen bei vielen Reiseveranstaltern möglich.

Aufgaben

1_ Stellen Sie fest, an welchen Orten besonders gut am Hausriff geschnorchelt werden kann.

2_ Arbeiten Sie aus, für welche Kundentypen die einzelnen Bade-/Tauchorte zu empfehlen sind.

3_ Verschaffen Sie sich einen Überblick über Veranstalter in Deutschand, die sich auf Tauchreisen spezialisiert haben.

4_ Arbeiten Sie mithilfe von aktuellen Katalogen und/oder dem Internet in Kleingruppen zu jeder oben beschriebenen Reisekombination einen detaillierten Reiseverlauf aus.

5_ Recherchieren Sie im Internet, welche aktuellen Reise- und Sicherheitshinweise derzeit für Ägypten bestehen.

6_ Informieren Sie sich im Internet über ökologische Schäden, die durch Taucher verursacht werden können.
www.spiegel.de/reise/fernweh/oeko-tourismus-am-roten-meer-weniger-taucher-mehr-riff-a-691465.html
www.reefcheck.de

5 Golfreisen

5.1 Merkmale von Golfreisen

Golf während des Urlaubs zu spielen oder zu erlernen, ist heute ohne Einschränkungen fast überall möglich. Golfreisen im Winter in klimatisch günstigere Gegenden sind im Trend: Neben Südeuropa und den Kanaren werden Südostasien, Südafrika, die Karibik und die Vereinigten Arabischen Emirate gerne als Ziel für die Wintergolfreise gebucht.

Diverse Reiseveranstalter bieten „echte" Golfreisen anhand Sonderkatalogen an oder bauen die Möglichkeit zum Golfspielen als Baustein in ihre Angebote ein. Für Individualreisende bieten zahlreiche Golfanlagen auf der ganzen Welt in Kooperation mit nahen Hotel- oder Appartementanlagen Pauschalangebote an. In der Nähe der meisten Golfplätze haben sich Golfhotels und -resorts auf die Bedürfnisse der Golfer eingestellt: Sie bieten Wellness-, Fitness- und Entspannungsmöglichkeiten, Aufbewahrungsmöglichkeiten des Golfgepäcks, virtuelle Golfräume sowie oftmals hervorragende Restaurants.

Folgende Voraussetzungen sollten gegeben sein, damit der Golf spielende Kunde zufrieden gestellt wird:

» Die Golfbag wird von der Fluggesellschaft problemlos und möglichst gratis als Sportgepäck befördert.

» Vor Ort kann die Golfausrüstung (Bag, Schläger, Schuhe) geliehen werden.

» Die Golfplätze sind gepflegt, landschaftlich reizvoll und abwechslungsreich. Vor der Reise sollte geklärt werden, ob sog. Start- oder Abschlagszeiten gebucht werden müssen (die Spieler erhalten dann einen Starttermin für ihre Runde auf dem Platz).

» Die Höhe der Greenfees ist bekannt bzw. bereits im Reisepreis inbegriffen.

» Sonstige Voraussetzungen und Nebenkosten sind transparent (z. B. vorgeschriebene Benutzung eines Golfcarts).

» Der Transport zum Golfplatz ist geklärt (Fußweg, Shuttlebus, Mietwagen) und unkompliziert.

Gemäß den Ansprüchen und Wünschen der Kunden sind verschiedene Variationen von Golfreisen denkbar:

» Reine Golfurlaube mit praktischen und theoretischen Kursen und Erreichen eines bestimmten Ziels (z. B. Erreichen der Platzreife oder eines bestimmten Handicaps).

» Aufenthalte in Regionen mit attraktiven Golfplätzen, die während der Reise bespielt werden.

» Rundreisen und Kreuzfahrten mit Schwerpunkt Golf, d. h. der Verlauf der Reise berücksichtigt regelmäßige Golfplatzbesuche.

» Cluburlaube in Ferienclubs (z. B. Robinson, Aldiana) mit Schwerpunkt Golf.

» Gruppen-, Single-, Seniorengolfreisen.

Zusatzinformationen zu Grundlagen und Fachbegriffe des Golfsports finden Sie unter LF 7, Kapitel 5.1 auf der beiliegenden DVD.

5.1.1 Anbieter von Golfreisen

Der Markt für Golfreisen ist in den vergangenen Jahren stark gewachsen, sowohl im Angebot der etablierten Veranstalter als auch durch viele neue Spezialanbieter:

Anbieter von Golfreisen
DerTour verfügt über ein sehr umfangreiches und vielfältiges Angebot zum Thema Golfreisen und Golfurlaub, buchbar sind sowohl Golfurlaube mit Greenfee-Paket als auch Golfreisen zum Erlangen der Platzreife oder Verbesserung des Handicaps. (www.dertour.de)
Auch **TUI** und **Thomas Cook** (beide mit eigener „Golf-Akademie") bieten zahlreiche interessante Golfreisen an. (www.thomascook.de, www.tui.de)
Bounty Golf, eine Kooperation des Albrecht Golfverlags mit einem Spezialisten-Reisebüro, ist ein Spezialanbieter mit Golfreisen in alle Welt. (www.1golf.eu/golfreisen/)
Auch **Tchibo** bietet einige schöne Golfreisen an. Derzeit sind 13 verschiedene Reisedestinationen im Angebot, wobei neun davon in Deutschland liegen (hauptsächlich auf dem Golf- und Landclub Fleesensee) und vier im Ausland (Italien und Österreich). (www.tchibo.de/golf)
Ein Spezialveranstalter mit vielen Informationen auf der Homepage und gutem Preis-Leistungs-Verhältnis für Reisen in die ganze Welt ist **Fairway Golfreisen**. (www.fairway-golfreisen.de)
Golfmotion hat ein umfangreiches Angebot und bietet Specials auf den spanischen Inseln, aber auch auf dem Festland an, außerdem Golfreisen für Familien, Paare und Singles. (www.golfmotion.com)

5.2 Golfreisen nach Andalusien

Grundlegendes zum Zielgebiet

> **!** Spanien ist seit den ersten Pauschalreisen eines der liebsten Reiseländer der Deutschen. Dadurch hat sich ein dichtes Netz an Charterflughäfen, touristische Infrastruktur besonders an den Küsten und eine meist aufgeschlossene Bevölkerung herausgebildet, die das Reisen erleichtern.

Auto-, Autozug-Anreise

Entfernung Frankfurt/Main – Malaga: 1 800 km. Fahrt über Lyon, Barcelona, Alicante (Vorsicht: mautpflichtige Autobahnen in Frankreich und an der spanischen Mittelmeerküste) oder über Bordeaux am Atlantik auf Landstraßen nach Madrid bzw. durch die Extremadura (zentrales Westspanien). Dauer: mit Pausen ca. 24 bis 28 Stunden. Alternative für Selbstfahrer ist der Autozug, z. B. Neu-Isenburg – Narbonne über Nacht im Liege- oder Schlafwagen, von dort aus weiter durch Spanien.

Fluganreise

Die meisten deutschen Ferienfluggesellschaften, z. T. auch die Deutsche Lufthansa, fliegen in ca. drei Stunden die Flughäfen Malaga (Pablo Picasso International Airport, AGP), Sevilla (San Pablo, SVQ) und Jerez de la Frontera (XRY) an; die Flughäfen Almeria (ALM) und GranadaJaén (GRX) werden hauptsächlich von Billigfluggesellschaften genutzt.

Verkehrsmittel im Land

Die andalusischen Provinzhauptstädte (Sevilla, Granada, Cordoba, Cadiz, Malaga, Huelva, Jaen, Almeria) sind mit dem Zug erreichbar und an das Streckennetz der RENFE angeschlossen, der AVE Hochgeschwindigkeitszug verbindet Malaga über Cordoba mit Madrid (2,5 Std.). Gemächlicher, aber dafür sehr nostalgisch, fährt der historische Zug „Al Andaluz" ebenfalls von Madrid aus zu verschiedenen Stationen in Andalusien. An der Costa del Sol verkehrt ein Nahverkehrszug zwischen Malaga und Fuengirola. Das öffentliche Busnetz ist sowohl an der Küste als auch im Hinterland gut ausgebaut. Große Städte verfügen meistens über einen zentralen Busbahnhof. Das Straßen- und Autobahnennetz in Andalusien ist sehr gut ausgebaut und beschildert, so dass Selbstfahrer keine Probleme bekommen dürften.

5053292

Geografie und Topografie Andalusiens

Südlichste von 17 autonomen Gemeinschaften Spaniens. Hauptstadt: Sevilla. Im Norden liegen Kastilien-La Mancha und die Extremadura, im Süden Mittelmeer und Atlantik, im Osten Murcia und im Westen Portugal. Bedeutendste Naturräume sind das Becken des Guadalquivir-Flusses bei Sevilla und die Sierra Nevada bei Granada. Der Felsen der britischen Enklave Gibraltar bildet den südlichsten Teil des europäischen Feslandes. Bei Tarifa, der südlichsten Stadt, liegen Europa und Afrika nur 14 Kilometer voneinander entfernt, getrennt durch die Straße von Gibraltar. Gibraltar trennt auch die Küsten Andalusiens: Die am Atlantik gelegene Costa de la Luz hat goldfarbene feine Sandstränden mit Dünen, starke Gezeitenunterschiede und hohe Wellen, auch bedingt durch den stetigen Wind. Die Mittelmeerküste gliedert sich in die Costa del Sol, die Costa Tropical sowie die Costa de Almeria. Hier finden sich Steilküsten mit mehr oder weniger langen und breiten Buchten, ruhiges, transparentes und wärmeres Wasser.

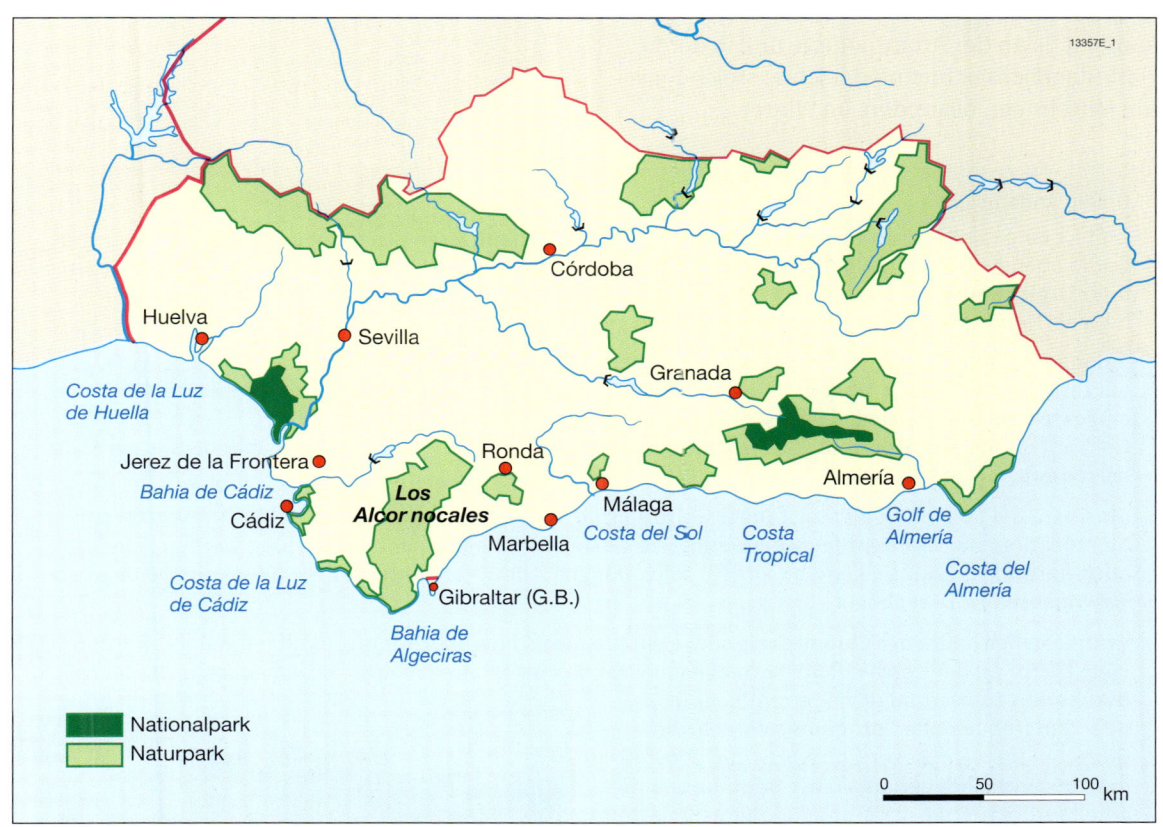

13357E_1

Córdoba

Huelva

Sevilla

Costa de la Luz de Huella

Granada

Jerez de la Frontera

Ronda

Bahia de Cádiz

Los Alcor nocales

Almería

Cádiz

Málaga

Golf de Almería

Marbella

Costa del Sol

Costa Tropical

Costa de la Luz de Cádiz

Gibraltar (G.B.)

Costa del Almería

Bahia de Algeciras

Nationalpark
Naturpark

0   50   100 km

Klima

Die Mittelmeerküsten haben – geschützt durch verschiedene Gebirgszüge wie die Sierra Nevada – ein sehr warmes subtropisches Klima. Im Sommer wird es hier sehr heiß, Frühjahr und Herbst sind angenehme Zeiten und sogar im Winter kann man – außer Baden – allen Urlaubsaktivitäten nachgehen. In den höher gelegenen Regionen dahinter können Frühjahr und Herbst besonders nachts recht kühl werden, im Winter findet man in der Sierra Nevada hervorragende Skigebiete (z. B. um den Mulhacen, mit 3 482 m die höchste Erhebung des spanischen Festlandes). Insgesamt ist es an der Atlantikküste und in deren Hinterland kühler und niederschlagsreicher als am Mittelmeer, besonders im Winter.

> **!** **Die beste Reisezeit für Golfer ist von Februar bis Juni sowie von September bis November. Die Landschaften sind im Herbst allerdings braun und ausgetrocknet, während im Frühjahr die Natur noch grün und blumenreich ist – was das Golfspielen noch reizvoller macht. Vorsicht aber in der „semana santa" (Woche vor Ostern) – viele Spanier sind in dieser Zeit unterwegs, sodass es zu Engpässen bei Verkehr und Unterbringungen kommen kann.**

Golf in Andalusien:

Golf ist eine der Sportarten, die in Málaga oder Cádiz am häufigsten ausgeübt wird. In Andalusien gibt es die höchste Golfplatzdichte in ganz Europa. Knapp ein Drittel aller spanischen Golfanlagen liegen hier. Es gibt kaum eine Straße ohne Golf-Wegweiser. In Golf-Ballungszentren ist dies so häufig, dass man als Neuling leicht die Orientierung verliert.

Anfänger fühlen sich meist auf den landschaftlich reizvollen Golfplätzen der Costa de la Luz wohl, die mit ihrem Kursangebot, Übungsgrüns und Driving Ranges ganz auf die Bedürfnisse von Neu-Golfern eingestellt sind. Aber auch Fortgeschrittene finden anspruchsvolle Plätze rund um die Hauptort des Golfsports Chiclana, Puerto de Santa María, Islantilla, Vejer de la Frontera, Costa Ballena und **Jerez de la Frontera.**

Die Costa del Sol, ein Gebiet mit langer Golftradition, wird häufig auch „Costa del Golf" genannt, da hier nicht nur außerordentlich viele Golfplätze existieren (über 50!) und neu gebaut werden, sondern auch besonders exklusive und anspruchsvolle Anlagen. Mit Greenfee-Beträgen von bis zu 300,00 € pro Tag muss man z. T. rechnen!

Grundsätzlich sollte der Clubausweis sowie ein Nachweis über das Handicap mitgenommen werden. Viele Plätze an der Costa del Sol verlangen ein Handicap von mindestens 28 (Damen 34), z. B. die weltberühmten Turnierplätze Valderrama, Almenara oder San Roque nahe Sotogrande östlich von Gibraltar. Da viele dieser Golfplätze auch besonders begehrt sind, verlangen die Betreiber häufig eine Kreditkartenabsicherung für die reservierten Startzeiten. Außerdem werden zur Schonung der außergewöhnlich gepflegten Grüns Schuhe mit Softspikes verlangt (keine Metallspikes mehr!). Die meisten Golfplätze liegen in den Küstennahen Gebieten Andalusiens. In den nächsten Jahren werden aber insbesondere im Umfeld der berühmten „Weißen Dörfer" von Cádiz zahlreiche neue Goflplätze in traumhafter Lage eröffnen.

Golfplatz Valderrama

Attraktivitätsfaktoren Andalusiens

Aus dem ehemaligen „Armenhaus Spaniens" ist eines der beliebtesten Touristenziele Europas geworden. Der Ausbau der Infrastruktur ermöglichte es den Besuchern, die schönen Strände, spektakulären Landschaften, fabelhaften Monumente und liebenswerten Städte mit den gastfreundlichen Bewohnern kennenzulernen. Insbesondere Golfer kommen immer wieder nach Andalusien zurück, nicht zuletzt wegen seines Klimas, das es zu einem Ganzjahresziel macht.

Kulturell bietet die Region nicht nur typisch spanische Traditionen wie Flamenco, Stierkampf und Tapas; der Sherry von Jerez ist weltbekannt ebenso wie die dortige Pferdezucht- und Reitkunst, und die sog. weißen Dörfer rund um Ronda ziehen immer mehr Besucher in ihren Bann. Es sind aber besonders die Hinterlassenschaften der Mauren, die Andalusien zu einem einzigartigen Reiseziel machen.

···· **EXKURS** »

Die Mauren waren eine Mischung aus Berbern und wenigen Arabern, die um 700 n. Chr. von Nordafrika über die Straße von Gibraltar nach Spanien eindrangen. Die dort herrschenden Westgoten hatten ihnen nicht viel entgegenzusetzen und so konnten die Mauren in kurzer Zeit die gesamte Region erobern, die sie al Andalus nannten. Unter ihrer Herrschaft erlebte Andalusien ein goldenes Zeitalter. Cordoba stiegt zur Hauptstadt der Mauren auf. Durch den Handel mit Gold, Silber, Leder, Seide, Parfüm und Gewürzen erlangte die Stadt ihren Reichtum und avancierte zum Zentrum von Kunst und Wissenschaft. Bewässerungssysteme ermöglichten einen Zuwachs an landwirtschaftlich genutzter Fläche und unzählige Gartenanlagen entstanden. Auch in Sevilla und Granada entstand eine der am höchsten entwickelten Zivilisation des Mittelalters. Die christliche Wiedereroberung (reconquista) des spanischen Nordens begann zwar schon im 8. Jahrhundert. Aber erst gegen Ende des 15. Jahrhunderts bildete Granada mit der Alhambra die letzte Bastion der Mauren auf dem spanischen Festland, 1492 übergab schließlich König Boabdil die Schlüssel der Alhambra an das katholische Königspaar Isabella von Kastilien und Ferdinand von Aragon. Mehr als 700 Jahre maurischer Herrschaft fanden ihr Ende.

Einige Ausflugsziele in Andalusien von West nach Ost	
Cádiz	Hafenstadt mit vielen Sehenswürdigkeiten und malerischer Altstadt auf einer Halbinsel. Sehenswürdigkeiten sind v. a. das Museo Provincial, die Iglesia de Santa Cruz, eine alte Kathedrale und die Heilige Höhle La Santa Cuerva, wo man einige Gemälde von Goya bestaunen kann. Besondere Attraktion: Der Karneval de Cadiz lockt jedes Jahr im Februar viele Besucher aus der ganzen Welt an.  Cádiz
Jerez de la Frontera	Berühmt für Sherry und Pferdezucht, Vorführungen der königlichen Andalusischen Reitschule, Besuch und Weinprobe in einer der Bodegas und sein historisches Stadtzentrum mit maurischer Festung Alcazar.

Sevilla	Kulturelles Zentrum Andalusiens, zahlreiche historische Baudenkmäler wie die **Kathedrale** von Sevilla (Santa María de la Sede, größte gotische Kirche der Welt, erbaut auf den Ruinen einer ehemaligen Moschee), der gegenüberliegende Glockenturm „**Giralda**" (ehemaliges Minarett), die vielen intakten Brunnen und die berühmte Stierkampfarena Plaza de Toros de la Real Maestranza. Die Stadt ist berühmt für ihr Nachtleben und gilt als Wiege des Flamenco.	 Die Kathedrale von Sevilla
Gibraltar	Britisches Überseegebiet am Felsen von Gibraltar, auf dem sich unzählige Affen niedergelassen haben („Affen-Felsen") und Höhlen zu besichtigen sind. Beliebte Shopping-Meile (Duty Free!) mit britischem Flair.	
Ronda	Kleines malerisches Städtchen im Hinterland der Costa del Sol, das durch eine 160 m hohe Schlucht geteilt wird, über die drei z. T. sehr alte Brücken führen. Ältestе Stierkampfarena Spaniens (1785). Fahrt zu den sog. **weißen Dörfern** im Umland Rondas.	 Die „puente nuevo" in Ronda
Cordoba	Imposante Weltkulturerbestadt mit über 2 000-jähriger Geschichte, ca. 200 km nördlich von Malaga. Bekannteste Sehenswürdigkeiten sind die riesige **Mezquita** mit prachtvoller Säulenhalle und innenliegender Kathedrale, das mittelalterliche Viertel Juderia, die Römische Brücke über den Fluss Guadalquivir und die Schlossanlage des „Alcazar de los Reyes Cristianos".	 Säulenhalle in der Mezquita von Cordoba
Malaga	Quirlige Hafenstadt an der Costa del Sol mit römischem Theater, arabischer Alcazaba (maurische Burg oberhalb der Stadt), Kathedrale, Palästen und Herrenhäusern in der Altstadt. **Pablo Picasso** wuchs hier auf, sein Geburtshaus und ein beachtliches Museum sind zu besichtigen.	

5053296

Einige Ausflugsziele in Andalusien von West nach Ost *(Fortsetzung)*	
Granada	Am Fuß der Sierra Nevada im Hinterland der Costa del Sol gelegen, zählt die Stadt zu den meistbesuchten Städten in Spanien. Sie beherbergt historische Bauten sowohl aus maurischer Zeit als auch aus Gotik und Renaissance, z. B. das alte maurische Viertel Albaicin, die Festung Alhambra oberhalb der Stadt mit wunderschönen Palästen und reizvoll angelegten Gärten und die Kathedrale von Granada mit der Grabkapelle der spanischen Könige. Granada ist bekannt für seine Gitarrenbaukunst.  Die Alhambra bei Granada

Verkaufsargumente für die Destination Golfreisen nach Andalusien

» Das angenehme Klima außerhalb der Sommersaison ermöglicht das Golfspiel auch in unserem Winter

» Die Auswahl von über 100 Golfplätzen, darunter einige Weltklasseplätze, bietet Abwechslung

» Zahlreiche Flughäfen, eine kurze Flugzeit und ein sehr gut ausgebautes Straßennetz erleichtern die Anreise

» Die erstklassige Hotellerie und ein großes Angebot an Ferienwohnungen und -häusern bieten für jeden Geschmack die passende Unterkunft

» Die Umgebung bietet vielfältige Möglichkeiten neben und nach dem Golfsport, wie z. B. interessante Kulturdenkmäler und Städte, feinsandige Strände und ein wildromantisches Hinterland

» Infrastruktur, Einkaufs- und Verpflegungsmöglichkeiten und medizinische Versorgung entsprechen dem westeuropäischen Standard

Aufgaben

Situation

Die Familie Meyer (Eltern mit zwei Kindern im Alter von 12 und 14 Jahren) möchte das Golfspielen erlernen und dafür eine Golfreise nach Andalusien machen. Alle kennen sich noch nicht mit den Eigenheiten des Golfsports aus und waren noch nie in Spanien. Um sich zu informieren und evtl. eine entsprechende Reise zu buchen, geht die Familie in das Reisebüro ihres Vertrauens.

ihres Vorhabens stellen könnte. Die Gruppe der Reisebüromitarbeiter/ innen stellt Informationen über den Golfsport zusammen (was ist wichtig für Neulinge?) und sucht Angebote und Informationen über das Reiseziel Andalusien zusammen. Die Gruppe der Reisebüromitarbeiter kann aus $^2/_3$ der Großgruppe bestehen und die Aufgabe in Kleingruppen aufteilen.

1_ Bereiten Sie sich in Gruppen auf ein Rollenspiel vor: die Gruppe der Kunden überlegt sich Fragen, die die Familie Meyer bei der Planung

2_ Führen Sie nach ca. 30-minütiger Vorbereitungszeit ein Rollenspiel mit jeweils zwei bis drei „Schauspielern" der Familien- und der Reisebürogruppe vor!

6 Winterurlaub in Tirol

6.1 Kundenspezifische Merkmale der Reiseart Winterurlaub

Welche Reisemotive und Wünsche des Kunden mit „Winterurlaub" angesprochen werden sollen, lässt sich nicht allgemein ermitteln. Hier hilft dem Expedienten nur die ausführliche Bedarfsermittlung weiter, um die Erwartungen des Kunden herauszuarbeiten und einen geeigneten Winterurlaub zu empfehlen. Im Folgenden werden daher exemplarisch einige Kundentypen und deren Ansprüche bzw. Wünsche bezüglich eines gelungenen Winterurlaubs dargestellt.

Wintersportler

Klassische Skifahrer: Schneesicheres (auch durch Beschneiung) und abwechslungsreiches Skigebiet evtl. mit ausgewiesenen Skirouten, ausreichend Liftkapazitäten ohne lange Wartezeiten, hinreichende Anzahl von Skihütten und Verpflegungsstationen, regelmäßig und kurz getaktete Skibusslinien, ausreichend Parkplätze an den Talstationen, beheiztes Ski-/Schuh Depot an den Tal- oder Bergstationen, angemessenes Preis-Leistungsverhältnis der Liftkarten, service-orientiertes Liftpersonal.

Snowboarder: neben den bereits genannten Ansprüchen klassischer Skifahrer zusätzlich Funpark mit Halfpipe und Parcour, gute Vernetzung der Lifte im Skigebiet ohne lange Ziehwege, wenig Schlepplifte.

Langläufer: ausgedehntes, abwechslungsreiches und gepflegtes Loipennetz mit unterschiedlichen Schwierigkeitsgraden, Unterkünfte nahe der Loipe, sinnvolle Skibussanbindungen, Umkleidekabinen am Loipenstart bzw. -ende, Sonnenplateau.

Freerider: schneesichere und auf dem Pistenplan ausgewiesene Tiefschneehänge, sicheres und einfach zu erreichendes Terrain, Bergführer mit ausgewiesenen Geländekenntnissen, exakte Informationen zu Wetter- und Schneeverhältnissen.

Tourengeher: geeignete Aufstiegsmöglichkeiten abseits gespurter Pisten, speziell geschulte Bergführer

Winterwanderer/Schneeschuhläufer: ausreichende Anzahl markierter und gepflegter Wanderwege und Trails, gute Erreichbarkeit der Wege von den Unterkünften, Einkehrmöglichkeiten unterwegs, gute Busanbindungen, geführte Gruppenexkursionen mit speziell geschultem Führer bei Schneeschuhläufern.

 Für alle hier beschrieben Wintersportarten gilt die Wintertouristische Grundregel „Ohne Schnee kein Wintersport und ohne Wintersport kein (oder kaum) Winterurlaub." Schneesicherheit ist also das zentrale Grundbedürfnis für Winterurlauber.

Wellnessorientierte Kunden

Zertifizierte Wellnesseinrichtungen im Hotel und Therme, Bäder und Saunaanlagen in der Umgebung, qualifiziertes Servicepersonal, abgestimmte Bewegungs-, Sport- und Gastronomieangebote, Spa & Beauty Einrichtungen im Hotel, evtl. Physio-Wellness Angebote in der Umgebung.

Familien

Kinderpauschalen im Hotel und Skigebiet, gute Erreichbarkeit der Liftanlagen, Kinderbetreuung von 2 bis 16 Jahren mit den entsprechenden Aktivitäten, zentral gelegene und preiswerte Einkaufsmöglichkeiten, verkehrsberuhigte Zonen, großzügig angelegte Hotelzimmer (evtl. mit Verbindungstür) und Apartments, Kindern angemessene Infrastruktur z. B. Spielplätze, Winter-Rodelbahnen usw., kindersichere Liftanlagen und Pisten.

5053298

Partyorientierte Kunden

Ausreichendes Apres-Ski Angebot, vielfältiges Nachtleben mit entsprechenden Öffnungszeiten, besondere Events und Inszenierungen, besondere Trendsportarten wie Snowkiting, Snowtubing.

Erholungssuchende Kunden

Verkehrsberuhigte Orte evtl. autofrei, kein obligatorischer Skizirkus, neben den traditionellem Wintersportangebot sollten weitere auch schneeunabhängige Aktivitäten wie z. B. Schlittenkutschfahrten, Hallenbad, Eisstockschießen angeboten werden.

Naturverbundene Kunden

Ursprüngliche überwältigende Landschaften und Panoramen, authentische Unterkünfte in kleinen Einheiten, ursprüngliche Ortsatmosphäre mit regionalen Gastronomieangeboten und Produkten, gelebtes Brauchtum.

Beispielsweise kann eine Familie mit zwei Kindern, 8/16 Jahre alt, durchaus Ansprüche aus allen hier genannten Kategorien von Kundentypen haben.

Die verschiedenen Anforderungen der Kunden an ihren Winterurlaub beziehen sich nicht ausschließlich auf eine Kategorie von Kundentypen. Bei der individuellen Beratung sind vielmehr die Bedürfnisse der verschiedenen Kundentypen zu berücksichtigen.

6.2. Winterurlaub am Beispiel Tirols

6.2.1 Allgemeine Informationen zum Winterurlaub in Tirol

Lage und Geografie

Tirol ist eines von neun Bundesländern Österreichs. Es ist in räumlich getrennte Regionen und Bezirken gegliedert:

Nordtirol: Imst, Innsbruck, Innsbruck-Land, Kitzbühel, Kufstein, Landeck, Reutte und Schwaz
Osttirol: Lienz

Tirol grenzt an die Nachbarstaaten Deutschland, Italien, Schweiz und die österreichischen Bundesländer Vorarlberg, Salzburg und Kärnten.
Einen Großteil der Landesfläche nimmt das Gebirge ein und der nutzbare Dauersiedlungsraum beträgt gerade 12 % der Gesamtfläche. Nordtirol liegt als Ganzes in den Ostalpen und hat Anteil an drei Großformationen der Alpen: an den Nördlichen Kalkalpen, an den Zentralalpen und an deren Grenze die Grauwackenzone. Abgetrennt von Nordtirol liegt Osttirol – der politische Bezirk Lienz – südlich des Alpenhauptkammes zwischen den Hohen Tauern und den beginnenden Karnischen Alpen. Der höchste Berg ist mit einer Höhe von 3 798 m der Großglockner in Osttirol, der höchste Gipfel in Nordtirol ist die Wildspitze (3 772 m).
Hauptstadt des Landes ist Innsbruck.

Klima

Tirol befindet sich im Grenzbereich atlantischer, kontinentalen und mediterranen Einflusses, besonders stark aber prägt das Gebirgsrelief das lokale Klima, das hier „alpines Klima" heißt. Kennzeichnend hierfür sind feuchte Sommer, ein trockener Herbst, schneereiche Winter und starke Unterschiede durch lokale Einflüsse.

Vor allem Kettengebirge (wie die nördlichen Kalkalpen) sind ausgeprägte Wetterscheiden, an denen es zu Staulagen und Niederschlag kommt. Auf der Wind abgewandten Leeseite ist es dagegen mild und trocken. Da Tirol im Einfluss der Westwetterzone liegt, die Niederschläge also vor allem von Westen her kommen, ist der nördliche Alpenrand feucht und schneereich. Die inneralpinen Täler haben dagegen ein viel milderes Klima. Beträgt die jährliche Niederschlagsmenge in Reutte im Mittel 1 375 mm, am Nordrand des Karwendels rund 2 000 mm und in Kufstein 1 330 mm, sind es um Innsbruck kaum 900 mm und im obersten Inntal gar nur noch 600 mm. Bedeutung hat in einem Gebirgsland auch, wie die Berge die Sonneneinstrahlung verkürzen. Verliert das breite Inntal in Ost-West-Richtung im Dezember etwa ein Drittel, im Juni aber nur ein

Siebtel des möglichen Sonnenscheins, büßen schmale Nord-Süd-Täler (Ötztal, Pitztal) im Dezember zwei Drittel und im Juni ein Drittel des Sonnenscheins ein.

Anreise

Pkw: Von München über Salzburg auf der A12 direkt nach Innsbruck oder weiter östlich über Bregenz auf der A14 und dem Arlbergtunnel nach Landeck. Für die Autobahnen und zahlreichen Bundesstraßen besteht Vignettenpflicht. Mautfrei kann die Anreise nach Tirol über Füssen, Reutte und dem Fernpass nach Landeck erfolgen. Winterausrüstung ist auf allen Strecken empfohlen oder vorgeschrieben.

Bahn: Der **ICE** verbindet Hamburg und Berlin auf der Karwendelstrecke zwischen Garmisch-Partenkirchen, Seefeld mit Innsbruck. Der **Railjet,** ein Hochgeschwindigkeitszug der ÖBB, fährt zweimal täglich von Zürich nach St. Anton, Landeck und Innsbruck. Regionalzüge der ÖBB verkehren von Innsbruck nach Landeck bis St. Anton und ins Zillertal. Eine Besonderheit in St. Anton ist die Eurocity-Station im Ortszentrum. Hier hält auch der Venice-Simplon Orient-Express. Weiterhin besteht eine Autoreisezugverbindung von Düsseldorf nach Innsbruck.

Postbusse: Alle Wintersportorte lassen sich über den nächstgelegenen Bahnhof über ein gut ausgebautes Postbusnetz erreichen.

Flug: Direktflüge von Deutschland nach Innsbruck (Flughafen Innsbruck-Kranebitten INN) mit z. B. Austrian und Air Berlin gibt es u. a. ab Hamburg, Berlin, Köln-Bonn, Frankfurt, Hannover und Weeze. Im Winter zur Skisaison verkehren die Fluglinien häufiger und verstärkt am Wochenende. Eine weitere Möglichkeit ist es, den Flughafen Zürich in der Schweiz zu nutzen und dann mit dem Railjet in die Skigebiete im Westen Tirols zu reisen.

Versicherungen

Neben dem Abschluss einer Reiserücktrittversicherung und Reiseabbruchversicherung (insbesondere wegen der hohen Stornierungsgebühren bei Ferienwohnungen und Apartments) ist eine Reisekrankenversicherung empfehlenswert. Über sie sollten auch die Kosten für die Pistenrettung incl. Hubschrauber abgedeckt sein. Eine Reisegepäckversicherung sollte für den Verlust der Skiausrüstung abgeschlossen werden, sofern dies nicht über die individuelle Hausratversicherung des Kunden abgedeckt ist.

Tourismus

Das Bundesland Tirol ist in Bezug auf Ankünfte und Übernachtungen das am stärksten nachgefragte Urlaubsziel in Österreich gefolgt von Salzburg und Wien.

6.2.2 Tirol als Winterdestination

Tirol wird vorwiegend als gemütliche Winterdestination gesehen, die als gastfreundlich, unterhaltsam und sehr symphatisch eingeschätzt wird. Tirol besitzt ein breites Angebot für jeden Kundentyp, wobei sich die einzelnen Regionen und Orte auf ihre Kundengruppe zu spezialisieren versuchen.

Auch Trendsetter sind in Tirol richtig. Viele Regionen in Tirol liegen beim Angebot verschiedener Trendsportarten ganz weit vorn und bieten eine Vielzahl von Fun- und Snowparks für Skifahrer, Snowboarder, Freerider und andere Pisten-Künstler. Von Anfang bis Ende der Wintersaison jagt eine hochkarätig besetzte Veranstaltung die nächste, z. B. das „Top Of Mountain" Ski-Opening auf der Idalp in Ischgl. Zudem sind die Aprés-Ski-Partys in Österreich an Berghütten-Charme und Musikvergnügen kaum zu überbieten.

Ischgl: Rockgiganten Muse auf 2.300 m Seehöhe

6.2.3 Wintersportorte in Tirol (Auswahl)

Region	Charakteri-sierung	Besonderheiten	Alpine Abfahrten/km	Preis*
St. Anton am Arlberg	Gigantisch-Vielseitig	180 km Tiefschneeabfahrten, Speedcheck an der Kandahar Herrenabfahrtsstrecke	271	••
Paznauntal		Silvretta-Center mit Erlebnishallenbad	300	
– Ischgl	Apres Ski	Mekka für Skifahrer und Snowboarder, „Schmuggler"-Ski-Tour in die Schweiz nach Samnaun	240	•••

Region	Charakteri-sierung	Besonderheiten	Alpine Abfahrten/km	Preis*
– Galtür	Familiär	Skisafari auf die Silvretta, 45 km Langlauf-loipen	35	•••
– Kappl	Anfänger-freundlich	„Sonnenbalkon", nur 13 % schwarze Abfahrten	35	••
Sefaus-Fiss-Ladis	Familien-freundlich	Betreuung ab Babyalter, 110 km Langlauf-loipen	175	••
Kaunertal	Snowboard-szene	Gletscherskigebiet 100 % schneesicher, Snowboard-Opening im Oktober	32	••
Pitztal	Snowboard-szene	Mit dem Pitzexpress in 7 Minuten auf den Gletscher, Höhenloipe	22	••
Ötztal		Futuristische Thermalbad Aqua Dom in Längenfeld		
– Sölden	Partyhoch-burg	markierte Skitour „Big 3 Rallye" mit 10 000 Höhenmetern, Sommerskigebiet	145	•••
– Obergurgl und Hochgurgl	Champagner Skihütten	Hüttenkultur mit Gourmetküche, 4 km lange 8-Gondel verbindet die beiden Skigebiete	55	•••
Tannheimer Tal	Langlauf-paradies	194 km Loipen, 47 km Winterwanderwege, kein Skizirkus	35	•
Zugspitz-arena	Anfänger-freundlich	Zusammenschluss von 7 Bergbauerndörfern zur Arena	132	•
Nauders	Familien-freundlich	Drei Skigebiete – zwei Nationen – ein Skipass	120	••
Kühtai	Familien-freundlich	Variantenreiche Tourenskimöglichkeiten	40	••
Seefeld	Langlauf-paradies	300 km Loipen aller Schwierigkeitsstufen, Snowboard AirStyle Contest	35	•••
Innsbruck	Stadtflair in Tirols Haupt-stadt	Freerideparadies am Hungerburgplateau, Olympiaabfahrtstrecke am Patscherkofel	82	••
Axamer Lixum	Snowboard-paradies	Variantenreicher Funpark und Freeridegebiet	41	••
Stubaital	Gletscherwelt	22 km Gletscherabfahrten, JumpPark für Snowboarder	120	••
Zillertal		365 Tage Skifahren am Tuxer Gletscher		
– Tuxer Tal	Gletscher-skipisten	12 km Abfahrt von der Gerorenen Wand, Europas höchstgelegener Weltcup-Halfpipe	86	••
– Mayrhofen und Fin-kenberg	Party Szene	Skizirkus rund um den Penken mit Talabfahrt, „Harakiri"-Abfahrt mit 78 % Gefälle		••
– Zell im Zillertal	Familien-freundlich	Zusammenschluss mit Gerlos und Königsleiten zur Zillertal Arena	160	••

5053302

Region	Charakteri-sierung	Besonderheiten	Alpine Abfahrten/km	Preis*
– Hochfü-gen-Hoch-zillertal	Free Ride Klassiker	Powderparadies für ambitionierte Abseitsfah-rer, aber auch familienorientiert	145	••
Alpachtal	Beschauliche Ruhe	„schönstes" Dorf Österreichs, kein Haus höher als zwei Stockwerke, viele Winterwanderwege	6	•
Wilder Kaiser	Familien-freundlich	Größtes zusammenhängendes Skigebiet Öster-reichs, viele blaue und rote Pisten	250	••
St. Johan	Familien-freundlich	Hallenbad mit größter Wasserrutsche Tirols, Heißluftballon-Fahrten	60	••
Kitzbühl	Snow-Society	Hahnenkamm-Weltcup Rennen mit der Streif	145	
Kaiserwinkel	Langlauf-paradies	Hochtal mit 150 km Langlaufloipen	30	••
Defereggen-tal	Anfänger-freundlich	Ideales Einsteiger- und Fam liengelände	27	•
Hochpuster-tal	Beschaulich	Altertümliche Bauerndörfer in Osttirol	45	•
Lienzer Dolomiten	Stadtflair	Mittelalterliches Lienz lockt mit Apres Ski und Kultur	14	••

* Preis: • = gering •• = mittel ••• = hoch

Verkaufsargumente für die Destination Winterurlaub in Tirol

» Vielfältiges Angebot aller Wintersportarten für alle Kundengruppen
» Wintersport ist in Tirol in den verschiedenen Höhenlagen möglich
» Gut ausgebaute Infrastruktur. Es gibt ca. 5 150 km Skipisten (ca. 0,6 % der Tiroler Landesfläche), daneben gibt es noch 3 900 km Loipen und 1 400 bewirtschaftete Hütten)
» Relative Schneesicherheit durch den Einsatz von mehr als 10 000 Schneekanonen
» Gute Erreichbarkeit der Skianlagen auch von außerhalb der Zentren durch das Postbussystem
» Leichte Erreichbarkeit durch Pkw, Zug und Flugzeug

Aufgaben

1_ Finden Sie noch weitere Wünsche der Kunden entsprechend des Kunden-typs.

2_ Informieren Sie sich im Internet über Sicherheitsstandards für das Fahren abseits der präparierten Pisten.

3_ Informieren Sie sich ausführlich über Umweltbeeinträchtigungen in Wintersportorten und den Konzepten der Orte, wie Nachhaltigkeit erreicht werden kann.

4_ Sprechen Sie für jede Wintersportart und jedem Kundentypen eine Orts-empfehlung aus und unterbreiten Sie ein konkretes Angebot mit Preisen für eine Woche über Silvester, mit Ü/HP und Skipass. Hilfsmittel Internet (Top Ten Skiregionen in Tirol).

7 Wanderurlaub im Allgäu

7.1 Kundenspezifische Merkmale einer Wanderreise

Wandern liegt derzeit in fast allen Alterstufen im Trend und der wird sich die nächsten Jahre auch fortsetzen. Allerdings hat sich nicht nur das Image des Wanderns geändert, sondern auch die Bedürfnisse der Zielgruppe. Im Vordergrund stehen die Motive Naturerlebnis, Gesundheit, Wohlbefinden und das Entdecken der regionalen Besonderheiten. Laut einer Studie des Bundesministerium für Wirtschaft (Grundlagenuntersuchung Freizeit- und Urlaubsmarkt Wandern 2010) hat sich das Durchschnittsalter der Wanderer auf 47 Jahre gesenkt, wobei sich der Anteil der 20 bis 39-Jährigen in zwei Jahren um 50 % erhöht hat. Die Studie zeigt auch, dass der Wanderer qualitätsbewusst und neben dem eigentlichen Wandern auch an kulturellen Angeboten interessiert ist. Bemerkenswert, dass die durchschnittliche Wanderdauer nur ca. 2:45 Stunden beträgt. Dies und der Wandel zu neuen Zielgruppen erfordert bei der Planung von Wandertourismus die verstärkte Berücksichtigung von kurzen flexiblen Einstiegsangeboten sowie den Ausbau eines Wanderwegenetzes mit unterschiedlichen Tourenanforderungen in abwechslungsreicher Landschaft. Weitere wichtige Faktoren für die Zufriedenheit von Wanderern sind laut der Studie des BMWI:

» Oberflächenqualität der Wege: Bevorzugt werden vor allem naturbelassene Wege im Gegensatz zu geschotterten bzw. asphaltierten Wegen.

» Einbindung der Wege in die Landschaft: Die Wanderwege sollten in unberührte Natur führen und nicht über oder entlang von Straßen geführt werden.
» Wegweisung und Markierung
» Absicherung von Gefahrenstellen

Neben diesen unabdingbaren Faktoren spielen auch die Rast- und Picknickmöglichkeiten, die Gastronomie sowie die Erreichbarkeit mit dem Pkw bei der Bewertung einer Wanderregion eine Rolle. Nur geringen Einfluss üben die Faktoren Anbindung an den öffentlichen Personen-Nahverkehr und die Errichtung von Schutzhütten auf die Bewertung aus.

Durch die Einführung von Qualitätssiegeln für Wanderwege und -Regionen wie z. B. die Prädikate
» „Qualitätsweg" (Deutscher Wanderverband),
» „Premiumweg" (Deutsches Wanderinstitut),
» „Qualitätsgastgeber" (auch Deutscher Wanderverband)

werden den Tourismusorganisationen in den Wanderregionen effektive Instrumente gegeben, die oben genannten Kriterien abzufragen und zu bewerten.

Aber auch „der Wanderer" ist keine einheitliche Zielgruppe, weshalb die unterschiedlichen Ansprüche berücksichtigt werden müssen.

Geschlechterprofile	
männlich	**weiblich**
Orientierung mit Karte	Infrastruktur, Leitsystem, Bänke
Herausfordernde Wege und Touren	Gemütliche Touren, bequeme Wege
Nutzung Internet	Interesse an Natur und Kultur
Unterwegs auch mal Bier und Wurstbrot	Nur leichte Getränke und Speisen
Insgesamt: Zünftiger Wanderer	Insgesamt: Genusswandern

Altersprofile	
Altersgruppe 40 –	**Altersgruppe 60 +**
Spontane Touren	Höhere Wandermotivation
Tourenideen von Freunden	Häufiger unterwegs, öfter Wanderurlaub
Motiv: Stressentlastung	Vorliebe für Inlandsurlaub und Mittelgebirge
Motiv: Sport und Abenteuer	Interesse an Natur und Kultur
Nutzung Internet	Infrastruktur und Wandermarkierungen wichtig
Kritik an Wanderwegen, Asphalt Aversion	Bessere Orientierungsfähigkeit
Kaum Mitglied von Wandervereinen	Beschwerdefreudig, contra Biker und Reiter
Stöcke stören	Geführte Touren, Gepäcktransport
Gerne Essengehen, Bummeln	Mitglied von Wandervereinen
	Stöcke dabei, Gesundheit wichtig
	Neigung zu Ausflügen und Besichtigungen
Ingesamt: flexibel und anspruchsvoll	Insgesamt: wanderfreudig und sensibel

Profilgruppe Familie	
eher orientiert an	**eher weniger orientiert an**
Sport und Abenteuer	Wanderintensität (Strecke, Frequenz)
Freizeitorientierung	Landschaftsorientierung
Schwimmen, Walking	Interesse an Fern- und Spitzenwegen
Bummeln	Ansprüche an Wanderinfrastruktur
Schlechtwetterangebote	Interesse an Wandervorschlägen
Pkw-Nutzung	Urteil Gastronomie
Ansprüche an Unterkünfte	Interesse an Kultur
Hohe Ansprüche an Umfeld	Geringes Wanderengagement

Alle drei Tabellen nach Dr. Rainer Brämer, Zielgruppen auf dem Wandermarkt, 2009 – kompletter Artikel unter www.wanderforschung.de.

7.2 Allgemeine Informationen zum Wanderurlaub im Allgäu

Lage und Geografie

Politisch ist das Allgäu seit einer Gebietsreform aus den 1970er Jahren in die Landkreise West, Ost-, Unter- und Oberallgäu aufgeteilt, eine genaue geografische Begrenzung der Region Allgäu gibt es jedoch nicht.
Die Region Allgäu erstreckt sich von den Ufern des Bodensees (bestehend aus Teilbezirken des bayrischen Landkreises Lindau und Teilen des baden-württembergischen Landkreises Ravensburg) über die Voralpenlandschaft bis zum nordöstlichen Grenzfluss Lech und im

Südosten bis zu den Ammergauer Alpen. Nach Süden wird das Allgäu durch den Hauptkamm der Allgäuer Alpen begrenzt. Dazu gehört auch – unter geografischen Gesichtspunkten – die zu Österreich/Tirol gehörende Enklave Jungholz, wobei aber teilweise umstritten ist, ob die Regionen auf österreichischem Territorialgebiet wie Kleinwalsertal, Tannheimer Tal und Reutte noch dem Allgäu zuzurechnen sind. Auch die nördliche geografische Grenze des Allgäus ist ungenau. Politisch dem Bezirk Ostallgäu zugeordnet, wird Bad Wörishofen geografisch nicht dem Allgäu zugerechnet, obwohl es aus touristischen Gründen das „… im Allgäu" im Namen trägt. Oftmals wird die Autobahn A 96 als nördlichste Grenze der geografischen Region Allgäu angesehen.

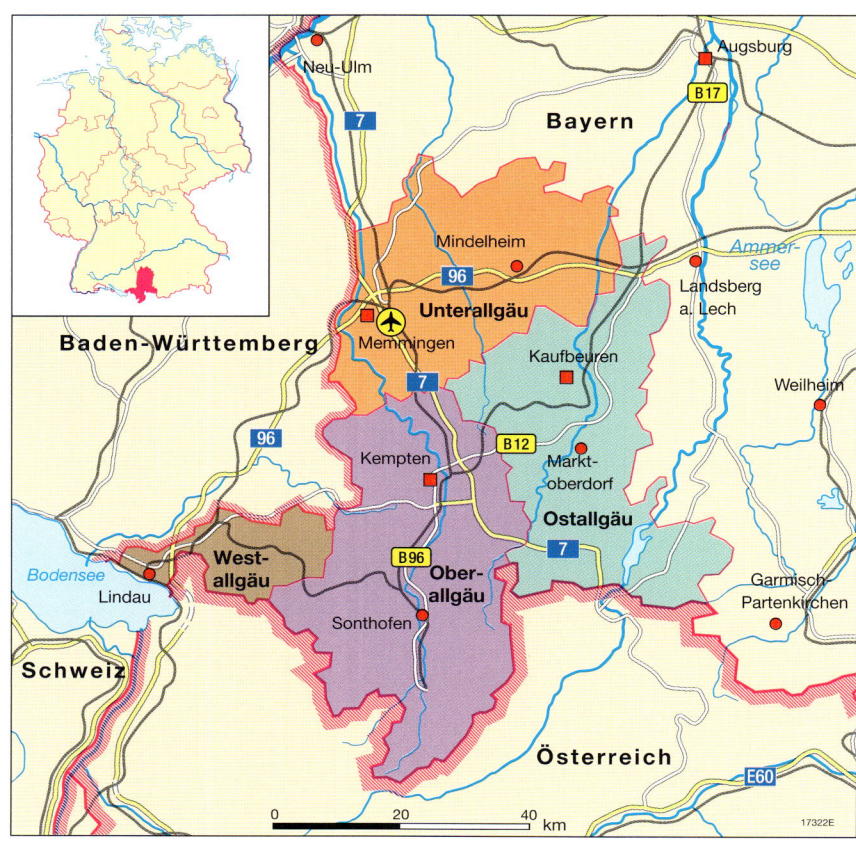

Geologisch entstanden die im Süden gelegenen 75 × 50 km großen Allgäuer Alpen im Erdmittelalter durch die enormen Kräfte der Plattentektonik, in dem unterschiedliche Sendimentgesteine emporgehoben, aufgefaltet und übereinander abgelagert wurden. Das nach der letzten Eiszeit vor ca. 20 000 Jahren entstandene Alpenvorland zwischen Lech und Bodensee ist eine Berg- und Hügellandschaft, die aus dem Rückgang der Gletscher durch hinterlassene Moränenwälle entstanden ist. Charakteristisch für diese Landschaftsform sind die in Mulden zurückgebliebenen Seen und Moore sowie die durch tiefe Schluchten schießenden Sturzbäche, die Tobel.

Klima

Das Allgäu liegt in der warm–gemäßigten Klimazone Mitteleuropas und zwischen dem maritimen Klima im Westen und dem kontinentalen Klima im Osten. Im Voralpenland ist ein gemäßigtes Klima mit häufigen Nebellagen im Winter und warmen, sonnigen Tagen im Sommern vorzufinden. In dem Bereich von Wangen bis Kempten ist die Sonneneinstrahlung einer der höchsten in Deutschland.

Die Wettergrenze ist das Allgäuer Tor ca. 25 km nördlich von Kempten, südlich davon scheint oft die Sonne im Winter, während der Rest des Alpenvorlandes im Nebel eingehüllt ist. In den südlicheren Bereichen wird es alpiner und die Jahresmitteltemperatur nimmt ab und der Niederschlag nimmt im Gebirge stetig mit der Höhe zu.

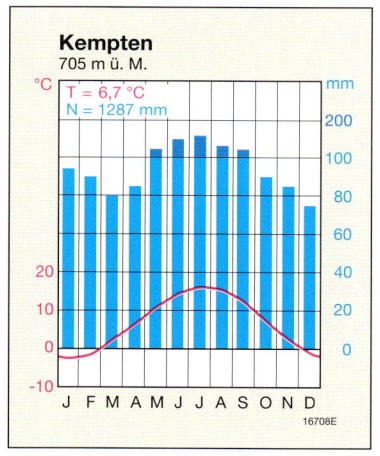

Durch den Wolkenstau vor den Alpen ist mit ergiebigen Niederschlägen in Form von Regen oder Schnee zu rechnen. Wie im gesamten Alpengebiet kommt es öfter zu Föhn, einem südlichen Wind, der zu höheren Temperaturen bzw. mildem Wetter führt.

Anreise

» **Pkw:** Aus dem Westen Deutschlands über die A5 bis Karlsruhe, dann weiter über die A8 bis Ulm, dann auf der A7 bis Kempten. Aus der Mitte Deutschlands direkt über die A7, die von Dänemark bis nach Kempten führt. Aus dem Osten Deutschlands über die A9 nach München, dann weiter über die A96 nach Memmingen.
» **Bahn:** Fast stündliche Verbindungen über Augsburg und München ins Allgäu.
» **Flug:** Der AllgäuAirport Memmingen (FMM) liegt direkt im Allgäu, wird aber derzeit nicht von innerdeutschen Abflugorten angeflogen. Deutschlandweit können die Flughäfen Friedrichshafen (FDH) und München (MUC) angeflogen werden, anschließend mit Bus (auch Privatanbieter) und Bahn ins Allgäu.

Ort	Kempten
Hamburg	770 km
Berlin	700 km
Köln	600 km
Frankfurt/Main	380 km
Stuttgart	185 km
München	150 km
Zürich	200 km
Salzburg	450 km
Mailand	400 km
Amsterdam	800 km
Brüssel	700 km

Tourismus

Über drei Millionen Gäste besuchten 2014 das Allgäu. Damit stieg die Zahl der Gäste von 2003 bis heute um 57 %. Rund ein Viertel der ausländischen Gäste kam aus der Schweiz, den Niederlanden, Italien und Großbritannien.

Das Allgäu ist als Wanderregion mit dem Leitwanderwegkonzept in die EU-Förderung aufgenommen worden. Initiator des Antrags war die Allgäu Marketing GmbH, die das Ziel verfolgt: Das Allgäu soll die Wanderregion Nummer eins in Deutschland werden.

Wandern

Das Allgäu erstreckt sich auf einer Fläche von ca. 4 600 Quadratkilometern, worauf 7 000 Kilometer Wanderwege und 4 000 Kilometer Radwege existieren. Das Wandern ist in drei Höhenlagen möglich:
» Im Tal an vielen Flüssen, Bächen und Seen und am Alpenrand durch feuchte Tobel und Klamme.
» In den mittleren Hochlagen der Voralpe findet der Wanderer leicht hügeliges Gelände mit verschiedenen Sennalpen vor und genießt den Blick auf die schroffen Allgäuer Alpen, Bodensee und Österreicher Alpen.
» Ambitionierte Bergwanderer bevorzugen die Höhenlagen der Allgäuer Hochalpen, zu denen auch die Berge der Kleinwalsertal und des Tannheimer Tals gehören.

7.3 Wandern und Ausflüge im Allgäu nach Regionen

	Oberallgäu	Westallgäu
Allgemein	Mit einem riesigen Angebot von Wanderwegen auf drei Höhenlagen mit schonendem Heilklima stehen dem Wanderer angefangen von der gemütlichen Wanderung in Allgäuer Täler über kleine Touren auf mittleren Höhen bis zu alpinen Höhenlagen und Klettersteigen alle Möglichkeiten auf einheitlichen und gut markierten Wanderwegen offen. Eine Besonderheit im Oberallgäu ist das Wandern zu 31 verschiedenen Sennalpen, über 1 000 Meter hoch gelegene bewirtschaftete Hochalpen.	Typisch für das Westallgäu ist das Geflecht aus Wäldern und Weiden, Hügeln und Schluchten, Bächen und Mooren, Höfen und kleine Siedlungen. Es besteht ein 620 Kilometer langes Wanderwegenetz, in das in den letzten Jahren viel Geld für eine einheitliche Beschilderung investiert worden ist, das Gehzeiten, Schwierigkeitsgrade und Wanderziele aufzeigt. In Oberstaufen (liegt eigentlich im Oberallgäu, wird aber von Westallgäu vermarktet) gibt es die einzigen mit „Premium" zertifizierten Wanderwege des Allgäus.
Wanderregionen und -wege	» Bärenweg (Bad Hindelang) » Panorama Weg (Oy-Mittelberg) » Petersthaler Horn (Oy-Mittelberg) » Rottachschlucht (Oy-Mittelberg) » Steinmeile (Oy-Mittelberg) » Große Alpsee Wander Runde (Immenstadt) » Mittag Steineberg Alpe Gund (Immenstadt) » Nebelhorn Bergbahn (Oberstdorf) » Fellhorn Bergbahn (Oberstdorf) » Söllereck Höhenweg (Oberstdorf) » Breitachklamm Alpe Dornach Tiefenbach (Oberstdorf) » Holzgau → Heilbronner Weg → Oberstdorf » Teufelsküche (Obergünzburg)	» Nagelfluhkette rund um Oberstaufen » Pfänderrücken bei Scheideck » Herrgottswiesen (Gestratz) » Königsalpe Pferrenberg (Stiefenhofen) » Jakobus-Pilgerweg » Besteigung der 1 068 Meter hohen Kugel bei Maierhöfe mit der Durchquerung des Eistobel » Europäische Fernwanderwege E4/E5
Sehenswürdigkeiten und Ausflüge	» Benediktinerabtei Ottobeuren » Geißalpsee » Breitachklamm (Tiefenbach) » Starzlachklamm (Sonthofen) » Hinanger Wasserfall » Allgäumuseum (Kempten) » Bergbauernmuseum (Immenstadt) » Surmannshöhle (Obermaiselstein)	» Eistobel (Maierhöfen) » Hausbachklamm (Weiler) » Ellhofer Tobel (Röthenbach) » Scheidecker Wasserfälle » Inselstadt Lindau » Konstanz mit Blumeninsel Mainau

5053308

	Ostallgäu	Unterallgäu
Allgemein	Das Ostallgäu bietet ein ausgedehntes Wanderwegenetz durch hügeliges bis hoch alpines Gelände. Das Angebot reicht von Rundwanderwegen, Themenwegen, alpinen Wanderwegen über Fernwanderwege bis hin zu Wanderungen in den Voralpen an den Flüssen Wertach und Lech. Das Wegenetz ist einheitlich und gut beschildert.	Das Kneippland Unterallgäu zwischen Iller und Mindel ist eine sanfthügelige Voralpenlandschaft mit zahlreichen Auen und Seen. Ausgebaute Wanderwege werden von den einzelnen Kommunen angeboten, ein überspannendes Wegenetz gibt es nicht. Vermarktet werden hauptsächlich die Pilgerwege.
Wanderregionen und -wege	» Füssen – Rote Wand – Pinswang (A) » Lechfall – Dreiländereck – Walderlebniszentrum (Füssen) » Alpe Beichelstein – Senkele Alm (Hopfen) » Alpspitze (Nesselwang) » Breitenberg (Pfronten) » Der Kappeler Höhenweg (Pfronten Kappel) » Der Trauchberg Höhenweg (Halblech) » Tegelbergbahn – Ahornreitweg – Bleckenau (Schwangau) » Rundweg Drachenköpfle (Eisenberg) » Fernwanderwege » Lech-Höhenweg » Ostallgäuer Höhenweg » Prälatenweg » Romantische Straße	» Crescentia-Pilgerweg » Jakobus-Pilgerweg » Kneipp-Wanderweg » Falken (Bad Grönenbach) » Aurikelschlucht (Markt Rettenbach) » Hochfirst (Frechenrieden) » Erlebniswanderung entlang der Iller
Sehenswürdigkeiten und Ausflüge	» Altstadt Füssen und Kaufbeuren » Schloss Hohenschwangau » Schloss Neuschwanstein » Forggensee mit Schifffahrt » Pöllatschlucht (Schwangau) » Wasserfall Nesselwang » Höllschlucht zur Kappeler Alm (Pfronten) » Lechfall (Füssen) » Reichenbachklamm (Pfronten) » Wasserfälle Lobental (Kenzen – Halblech) » Hängesteg und Wasserfall (Kaltenbrunn)	» Sebastian Kneipp Museum (Bad Wörishofen) » Altstadt Memmingen » Barockbasilika Ottobeuren » Hohes Schloss (Bad Grönebach) » Fuggerschlösser (Babenhausen und Kirchheim) » Schwäbisches Bauernhofmuseum (Illerbeuren)

7.4 Ausgewählte Wanderwege nach Art des Wanderns

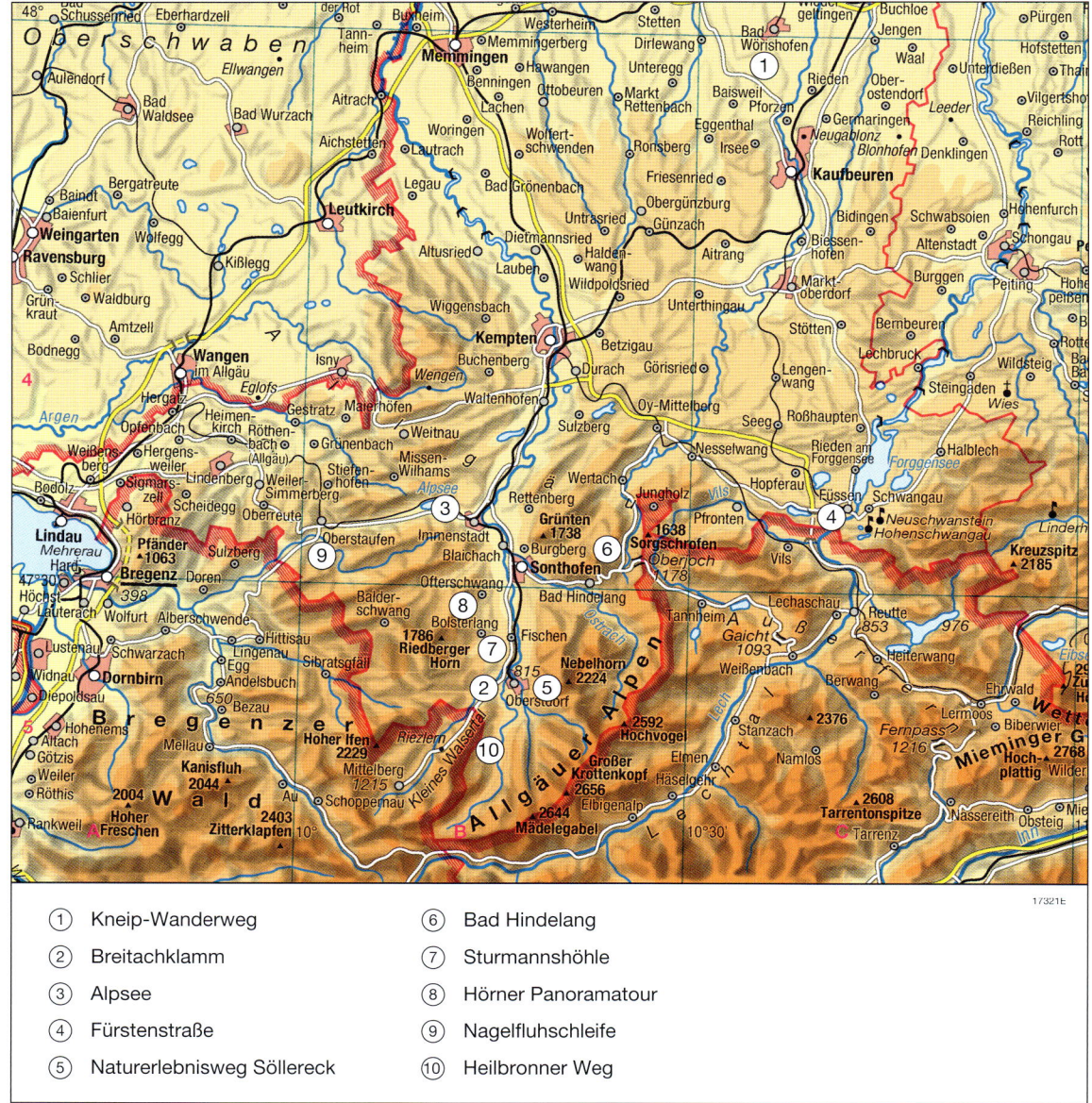

①	Kneip-Wanderweg	⑥	Bad Hindelang
②	Breitachklamm	⑦	Sturmannshöhle
③	Alpsee	⑧	Hörner Panoramatour
④	Fürstenstraße	⑨	Nagelfluhschleife
⑤	Naturerlebnisweg Söllereck	⑩	Heilbronner Weg

Talwandern

In dem leicht hügeligen Gelände der Allgäuer Tallandschaften kann vielerorts um Seen und entlang der vielen Flüsse ohne große Anstrengung gewandert werden. Das Wandern in mittleren Höhen in den Voralpen des Allgäus verspricht wegen den unterschiedlichen Landschaften wie Berge, Täler, Mulden und Wiesen große Abwechslung mit teils grandiosen Aussichten.

» **Kneipp-Wanderweg**
Auf dem 40 km langen Wanderweg von Bad Grönenbach nach Bad Wörishofen folgt man den Spuren des berühmten „Wasserdoktors" Sebastian Kneipp. Sein Geburtsort und seine Lebensstationen sind über den bachreichen Wanderweg miteinander verbunden. Die Wanderung führt auch vorbei an der sehenswerten barocken Benediktinerabtei Ottobeuren.

» **Breitachklamm**

Zwischen Oberstdorf und dem Kleinwalsertal liegt die Breitachklamm, eine in Mitteleuropa einzigartige Schlucht, durch die sich der Fluss Breitach hundert Meter tief mit senkrechten Wänden und Überhängen eingegraben hat. Über Stege und Brücken, hinter Wasserfällen vorbei und an Felshängen entlang führt ein gut gesicherter Pfad, auf dem die tosende Breitach beobachtet werden kann. Verschiedene Rundwege, die auch für Kinder geeignet sind, führen den Wanderer wieder zurück zum Ausgangspunkt seiner Route.

» **Um den großen Alpsee**

Bei Immenstadt im Oberallgäu beginnt der ca. 18 km lange gut beschilderte Rundwanderweg um den großen Alpsee. Der Weg führt meist – auch über Stege – an den Ufern des großen Alpsees entlang, der im Sommer zum Baden einlädt, bietet aber auch Abwechslung durch die Erwanderung verschiedener Gebirgsbäche und deren Tobel.

» **Fürstenstraße**

Die leichte ca. 5 km lange Wanderung führt auf der asphaltierten Fürstenstraße von Hohenschwangau vorbei am Alpsee, einem der schönsten Gebirgsseen der bayrischen Alpen, bis zum in Österreich gelegenen Gasthof Schluxen. Auf dem Weg bieten sich Ausblicke auf die berühmten Königsschlösser Hohenschwangau und Neuschwanstein.

Wandern mit Kindern

Für das Wandern mit Kindern aller Altersstufen gibt es im Allgäu eine große Auswahl an Touren mit unterschiedlichem Erlebnischarakter und Aktivitäten neben der eigentlichen Wanderung, wie z. B. Hochseilgärten. Familienwanderungen mit Babys im Kinderwagen sind wegen der vielen asphaltierten und für den Verkehr gesperrten Wege kein Problem.

» **Naturerlebnisweg Söllereck**

Ausgangspunkt für die leichte, auch mit Kinderwagen zu begehende, 3,5 stündige Tour ist die Bergstadion der Söllereckbahn auf 1 650 Metern Höhe in der Nähe von Oberstdorf. Auf dem ca. 9 km langen Weg erklären ein dutzend Stationen über die Fauna und Flora der Allgäuer Alpenwelt auf, verschiedene Mitmachstationen lassen keine Langeweile aufkommen. GPS-Geräte für das Geocaching können im Kletterwald Söllereck ausgeliehen werden.

» **Bad Hindelang – Hinterstein**

Ausgangspunkt für diesen Familienwanderweg ist Bad Hindelang auf 820 Metern Höhe. Auf diesem Wanderweg können Familien selbst entscheiden, wo, wie lange und in welchem Schwierigkeitsgrad sie laufen wollen. Über das Tal verteilt sind viele Spielstationen für Kinder, an denen es sich auch gut picknicken lässt. In den höheren Regionen Richtung Oberjoch und Hinterstein gibt es Wassertretbecken, Wasserspiele, Schaukeln und Rutschen. Je nach gewählter Route beträgt die Wegezeit zwischen drei und fünf Stunden.

» **Sturmannshöhle und der Sagenweg**

Die Sturmannshöhle am Schwarzenberg bei Obermaiselstein ist die einzige begehbare Höhle im Allgäu. Warme Kleidung und festes Schuhwerk sind erforderlich, da es Sommer wie Winter 4 bis 8° C hat und die 180 Treppenstufen hinab feucht und steil sind. Daran anschließend kann man auf dem Sagenweg viele Geschichten rund um die Höhle und den Schwarzenberg erfahren. Metallfiguren sind in den Wald gesetzt und Tafeln erläutern die Sagen. Anschließend kann noch der Alpenwildpark mit Gemsen, Steinböcken, Hirschen und seltenen Greifvögeln besucht werden.

Bergtouren und Alpwanderungen

Die Allgäuer Bergwelt bietet einige der schönsten Gipfel der Alpen. Viele Bergtouren im Allgäu sind nicht sehr anstrengend, da beispielsweise eine der vielen Sommerbergbahnen für die ersten Anstiege benutzt werden können. Die Vielzahl der Gipfel ermöglicht Wanderungen in jedem Schwierigkeitsgrad, von der gemütlichen Halbtagestour bis zur sportlichen Sechs-Tage-Tour. Allen gemein ist die herrliche Natur und die fabelhaften Ausblicke.

» **Hörner Panoramatour**
Der Klassiker zwischen den Hörnerdörfern Ofterschwang und Bolsterlang dauert von Talstation zu Talstation sechs Stunden und von bzw. zu den Bergstationen mit Gipfelbesteigungen nur drei Stunden. Geboten wird auf dem Weg eine phantastische Aussicht auf die Allgäuer Alpengipfel bis hin zu den Tiroler Bergen und unterwegs zahlreiche urige Einkehrmöglichkeiten.

» **Nagelfluhschleife „Alpenfreiheit"**
Der Wanderweg „Alpenfreiheit" ist ein zertifizierter Premiumwanderweg. Er lässt sich leicht über Oberstaufen und die Imbergbahn bei Steibis erreichen. Von der Bergstation der Imbergbahn geht es über den 13,6 Kilometer langen Bergpfad durch eine abwechslungsreiche Kulturlandschaft, die von einer jahrhundertealten Alpenwirtschaft geprägt ist. Auf dem Weg liegen zahlreiche Hütten und am Ende der Alperlebnispfad mit Stationen zu Wissenswertem über die Alpwirtschaft.

» **Heilbronner Weg**
Der 1899 eingeweihte Höhenweg über den Hauptkamm der Allgäuer Alpen ist ein Klassiker. Der Weg führt knapp unterhalb der Gradhöhe auf fast gleicher Höhe über den zentralen Teil der Allgäuer Alpen. Viele Panoramen wechseln sich mit bekannten Berghütten wie z. B. der Kemptner Hütte auf dem Weg ab. Bis auf ein gesichertes Stück ist der Weg relativ leicht zu begehen, zu beachten sind allerdings die große Höhe, auf der der Weg verläuft, sowie der Gefahr von Wetterstürzen mit Schnee im Sommer. Für den gesamten Weg sollten drei bis vier Tage eingeplant werden, aber auch kürzere Routen sind möglich.

Verkaufsargumente für die Destination Wandern im Allgäu

» Vielfältiges Natur- und Wandererlebnis in drei Höhenlagen
» Differenzierte Angebote für unterschiedliche Wandertypen: Genuss-, Sport-, Kultur-, Pilgerwandern und Nordic Walking
» Hervorragend ausgebautes Wanderwegenetz mit vielen zertifizierten Wanderwegen
» Wandern kann an der „Haustüre" beginnen, wenn nicht, so gibt es ein gut ausgebautes Busliniensystem
» Viele Aufstiegshilfen vorhanden
» Neben Wanderurlaub auch perfekt für Rad- und Motorradtouren
» Umweltgerechte kurze Anreise aus Deutschland

Aufgabe

1_ Erstellen Sie für eine Familie mit zwei Kindern (8 und 14 Jahre) ein detailliertes Angebot für einen zweiwöchigen Aufenthalt im Allgäu. Dieses Angebot sollte mindestens enthalten:

– Anreisemöglichkeiten, -empfehlungen und -strecken

– Ein durchdachtes Wander- und Ausflugsprogramm für 14 Tage mit Schlechtwetteralternativen
– Besondere Abendveranstaltungen
– Preise

Das Angebot sollte zwei A4-Seiten **nicht** überschreiten und normaler **Geschäftskorrespondenz** entsprechend gestaltet sein!

8 Städtereisen nach Wien und Rom

8.1 Allgemeine Merkmale einer Städtereise

Gemäß der Forschungsgemeinschaft Urlaub und Reisen e. V. (FUR) in Kiel liegen Städtereisen im Trend, denn die tatsächliche Nachfrage hat sich seit der Jahrtausendwende mehr als verdoppelt. Städtereisen gelten als wichtigste Reiseart im Rahmen der Kurzreisen von zwei bis vier Tagen.

Ursachen hierfür sind u. a. steigende Einkommen, verstärkter Rückgriff auf die sogenannten Brückentage, Flexibilisierung der Arbeitszeit, Angebote der Low-Cost-Carrier und die Zunahme der kinderlosen- und Singlehaushalte. Es fallen ungefähr ein Drittel der Zweit- und Drittreisen in dieses Segment.

Wichtige Reiseziele in Deutschland	Berlin, München, Hamburg, Dresden
Wichtige Reiseziele in Europa	Paris, Rom, Wien und London
Wichtige Reiseziele weltweit	Hongkong, Singapur, Dubai oder New York

Die Besucher wollen einen interessanten Ort erleben, um dessen kulturelle und gesellschaftlichen Attraktionen kennenzulernen. Städte werden wegen ihres Flairs besucht. Ausstellungen, Veranstaltungsangebote, Musicals, Konzerte, Theater- und Opernaufführungen können ein zusätzliches Motiv für die Reise darstellen. Das sich jährlich wiederholende Event der Wahl zur Kulturhauptstadt Europas führte im Jahr 2010 für das Ruhrgebiet unter dem Slogan „Metropole Ruhr" zu einem Anstieg der inländischen und ausländischen Übernachtungsgäste von 13 bzw. 19 % und positionierte das Ruhrgebiet mit seiner Industriekultur als beliebtes Ziel für Städtereisen.

Der Besucher einer Stadt fällt nicht sofort als Fremder auf. Je größer und internationaler die Stadt, desto geringer der Unterschied zwischen Reisenden und Bereisten. Die Attraktionsfaktoren wurden nicht speziell für den Reisenden geschaffen, sondern interessieren den Besucher aufgrund der städtischen Infrastruktur und ihrer gewachsenen kulturellen Eigenart.

Veranstalter bieten Städtereisen, zu denen auch Geschäfts- und Kongressreisen zählen, als Pauschalreisen für Einzelpersonen (Individualreisen) und Gruppen an. Letztere sind konzipiert als spezielle Klassen-, Jugend- und Seniorengruppenreisen, wobei alle Leistungen zu einem günstigen Gesamtpreis zusammengefasst werden. Das Leistungspaket kann sehr umfangreich sein, wenn es neben Anreise, Unterkunft und Verpflegung (meistens Halbpension) auch Stadtrundfahrten, Eintrittspreise für Museen, Theater- und Konzertbesuche beinhaltet.

Die vom Veranstalter arrangierte individuelle Reise kann ein ähnlich umfangreiches Leistungsangebot enthalten und unterscheidet sich letztlich von der Gruppenpauschalreise nur dadurch, dass der Reisende keinem vorgegebenen Programm folgt, sondern seinen Besuchsrhythmus weitgehend seinen eigenen Bedürfnissen anpasst und somit selbst bestimmt. Als Informationsquellen dienen ihm dann – statt des kundigen Reiseleiters – Literatur, Stadtpläne, Infoplattformen wie Facebook oder Audio City Guides.

Um die Attraktivität ihrer Stadt zu erhalten oder zu steigern, betreiben die zuständigen Tourismusmanager ein aktives Marketing. Über ihre Tourismusbüros versorgen sie den Gast vor und während seines Besuches mit Informationen (Veranstaltungskalender, Stadtpläne, Öffnungszeiten der Museen, Hinweise auf Events und Freizeitangebote, Hotelreservierungen, Angebot typischer Souvenirs). In vielen Städten werden zudem günstige Gutscheinhefte und City-Pässe für die Nutzung der öffentlichen Verkehrsmittel und den Besuch der Museen angeboten. Mit dem Marketing für weitere Events und Großveranstaltungen wollen die Destinationsmanager ein interessiertes Publikum zum Besuch motivieren. Sie müssen allerdings berücksichtigen, dass viele Projekte, die die Entwicklung ihrer Programme betreffen, nur im Rahmen der gesamten städtischen Planung und der Verbesserung der Infrastruktur gelöst werden können.

8.2 Städtereise nach Wien

! Wien, Hauptstadt Österreichs und eins der neun Bundesländer, ca. 1,7 Mio. Einwohner, einer von vier Sitzen der Vereinten Nationen (UNO), Sitz der OPEC und der IAEO. Wien zählt aufgrund seiner internationalen, politischen Bedeutung zu den Weltstädten (nicht wegen seiner Größe) – zu Zeiten der Habsburger war es kulturelles und politisches Zentrum Europas. Der politische Glanz ging im Weltkrieg I verloren, der kulturelle blieb. Wien gilt heute als Stadt mit der weltweit höchsten Lebensqualität und als Welthauptstadt der Musik und Zentrum des deutschsprachigen Theaters. Namen wie Mozart, Beethoven, Haydn, Schubert lassen die Herzen der Freunde der klassischen Musik höher schlagen. Für Strauß schwärmen die Fans des Wiener Walzers und der Operette. Klimt, Schiele, Kokoschka begeistern das Publikum der Gemäldegalerien.

Reiseausschreibung einer typischen Gruppenpauschalreise/Busreise – 5 Tage

Leistungen: Fahrt im modernen Reisebus, 4 Übernachtungen mit Frühstück im Hotel, 3 Abendessen an verschiedenen Orten (Hotel, Prater, Heurigenlokal), Eintrittspreise für Schönbrunn, Kloster Heiligenkreuz, Hinterbrühl und Riesenrad, Reiseleitung

Reiseverlauf
1. Tag Anreise Ankunft in Wien gegen 18:00 Uhr
2. Tag Stadtrundfahrt (ganztägig) u. a. Ringstraße, Oper, Burgtheater, Belvedere, Stephansdom, Schönbrunn und Prater
3. Tag individuelle Gestaltung oder Besichtigung der Hofburg und abends Besuch eines Konzertes mit typisch Wiener Melodien (Aufpreis)
4. Tag Rundfahrt Wienerwald und Abschiedsessen in Gumpoldskirchen bei Wein und Musik
5. Tag Heimreise

Reisepreis etwa 90,00 €/Tag/Person

Bei Städtereisen in das benachbarte deutschsprachige Ausland muss der Reisende zunächst entscheiden, welche Reiseart er wählen will:

» Gruppenpauschalreise mit Reisebus (Gelegenheitsverkehr) und vorgegebenem Besuchsprogramm
» Individualpauschalreise mit Flugzeug, Bahn und ausgewähltem Besuchsprogramm
» Individualreise, im Reisebüro werden Hotel und Verkehrsmittel (Bahn, Flugzeug, Linienbus) getrennt gebucht und über das Besuchsprogramm wird vor Ort entschieden.

Anreise

Die Entfernungen nach Wien betragen für Hamburg und Köln ca. 900, für Frankfurt 720, für Berlin 650 und München 400 km. Damit konkurrieren praktisch alle Verkehrsmittel, weil das Ziel innerhalb eines Tages bzw. im Nachtsprung zu erreichen ist. Die Deutsche Bahn bietet beispielsweise Direktverbindungen von Düsseldorf, Köln, Berlin und Hamburg mit ICE/EC bzw. EN an. Die Fahrzeit Frankfurt – Wien beträgt mit dem ICE sieben Stunden, die reine Flugzeit mit Lufthansa ab Frankfurt 1:25 Stunden, ab München 0:55 Stunden. Selbst mit dem Linienbus (Touring) kommt man von Dortmund, Frankfurt und Hamburg direkt zum Ziel. Nicht zu empfehlen ist die Anreise mit dem eigenen Pkw, weil man in Wien – wie in jeder Großstadt – als Fremder mehr Zeit mit der Parkplatzsuche als mit der Besichtigung verbringt. Sinnvoll ist dagegen der Kauf der **Wien-Karte,** mit der der Gast u. a. unbeschränkten Zugriff auf die öffentlichen Verkehrsmittel hat. Das hat auch den Vorteil, dass man nicht unbedingt auf ein Hotel in der Innenstadt angewiesen ist, sondern – wegen der guten Verkehrsverbindungen – auch auf günstigere Hotels in den Außenbezirken zurückgreifen kann.

Die Wien-Karte bekommt man in Hotels und den Tourist-Informationsstellen oder bereits vor der Anreise über das Internet zusammen mit einem Kuponheft und den notwendigen Erläuterungen. Die Wien-Karte bietet für 72 Stunden freie Fahrt auf fast allen Linien des öffentlichen Nahverkehrs, Rabatte auf den Verkehrsverbindungen zum Flughafen, auf die Eintrittspreise beim Besuch von Museen, Sehenswürdigkeiten, Theater, Konzerten, beim Einkaufen, beim Heurigen, in Cafés und Restaurants.

Rundgang durch die Innenstadt

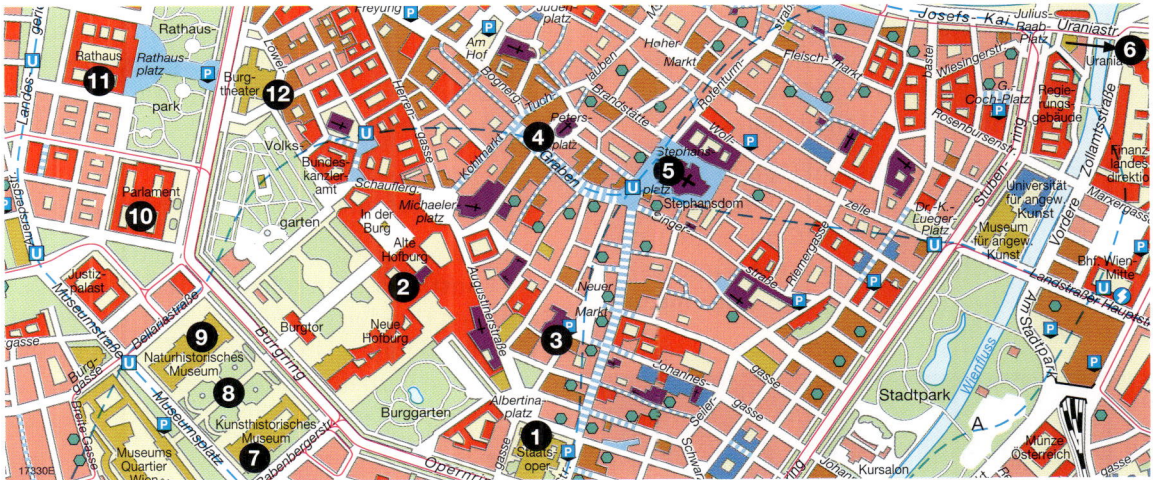

Wien Innenstadt

Unsere Stadterkundung beginnt – wegen der zentralen Lage – an der **Staatsoper** (1) Ecke Kärntner Straße/Opernring und wird am besten zu Fuß gemacht, denn der größte Teil der Innenstadt ist Fußgängerzone. Der Opernring selbst ist Teil der Ringstraße, jenes 60 m breiten Boulevards, der die Innenstadt mit seinen Prachtbauten aus der Gründerzeit des 19. Jahrhunderts umschließt. Die Kärntner Straße wiederum gehört mit den Straßen Graben und Kohlmarkt zu den luxuriösen Einkaufszeilen der Wiener. An der Kärntner Straße liegt das weltberühmte Hotel Sacher. In der Staatsoper spielen die Wiener Philharmoniker und einmal im Jahr zu Fasching findet der weltberühmte Opernball statt, der Höhepunkt der Wiener Ballsaison.

Nächste Station ist die **Hofburg** (2). 600 Jahre war sie Residenz der Habsburger, also der Kaiser Deutschlands bis 1806 (Heiliges Römisches

Hofburg

Reich Deutscher Nation) und später der Kaiser Österreichs und Könige Ungarns bis 1918. Sie haben einen riesigen und unübersichtlichen Komplex in verschiedenen Baustilen geschaffen. Besichtigenswert sind die Nationalbibliothek, die Winterreitschule der Lipizzaner (Spanische Hofreitschule), die Schatzkammer, die Kaiserappartements und die Räume der Kaiserin Elisabeth, besser bekannt als Sissi.

Weiter geht es zur **Kapuzinergruft** (3). In ihren unterirdischen Räumen findet man über 130 prunkvolle Särge der Habsburger und ihrer nächsten Angehörigen. Über den Graben mit der **Pestsäule** (4) nähert man sich dem **Stephansdom** (5). Die Pestsäule wurde errichtet in Erinnerung an die verheerende Pestepidemie von 1679 mit über 100 000 Toten.

Das Wahrzeichen und Highlight der Stadt ist der gotische Stephansdom mit seinen prächtigen, farbig lasierten Dachziegeln und dem gewaltigen, 137 m hohen Südturm. Das Kircheninnere beeindruckt durch seine mystische Atmosphäre (allerdings nur ohne die Heerscharen der Touristen) und die zahlreichen Sakralbauten, wie die steinerne Kanzel des Anton Pilgram.

Jetzt wird es Zeit für eine Erholungspause, am besten im Dachrestaurant des supermodernen Konsumtempels „Haas-Haus". Man genießt gleichzeitig den einmaligen Blick auf Kärntner Straße, Graben und Stephansdom.

Es lohnt ein Abstecher zur **Urania** (6), dem Volksbildungsheim der Stadt, 1909 im Jugendstil erbaut mit Sternwarte, Kino- und Vortragssälen. Von hier aus führt der Rundgang über die Ringstraßen am Stadtpark vorbei wieder in Richtung Hofburg und Heldenplatz.

Das **Kunsthistorische Museum** (7) und seine weltberühmte Gemäldegalerie (Rubens, Rembrandt, P. Bruegl d. Ä, Tizian, Caravaggio usw.) laden zur Besichtigung ein. Weniger interessant für den Touristen dürfte das **Naturhistorische Museum** (9) sein.

Kunsthistorisches Museum

Zwischen den beiden Museen steht das Denkmal von **Maria Theresia** (8). Sie lebte von 1717 bis 1780, wurde österreichische Kaiserin und war eine der bedeutendsten Regentinnen Europas. Das **Parlament** (10) gilt als der schönste Ringstraßenbau. In seinen Räumen tagen heute National- und Bundesrat.

Gegenüber dem neugotischen Prunkbau des **Neuen Rathauses** (11) stößt der Besucher auf das **Burgtheater** (12), der angeblich besten

Wiener Burgtheater

deutschsprachigen Bühne und Nationalheiligtum Österreichs. Karten für eine Aufführung müssen Monate vorher bestellt werden, das gilt übrigens auch für die Staatsoper, aber eine Besichtigung des Gebäudes kann empfohlen werden.

Sehenswertes außerhalb des Zentrums

Mit der Wohnanlage **Hundertwasserhaus** und dem **Kunsthaus-Wien** schuf der Maler Friedensreich Hundertwasser (geboren 1928) zwei Gebäudekomplexe, in denen nur ökologische Materialien verbaut wurden und der rechte Winkel verpönt ist.

Hunderwasserhaus

Ein Muss für jeden Touristen ist ein Fahrt mit dem Riesenrad auf dem **Prater,** dem weltberühmten Vergnügungspark, der das ganze Jahr geöffnet ist.

Auf der anderen Seite der Donau findet man die hochmodernen Bauten der **UNO-City** mit dem Vienna International Centre und vom

UNO-City

Drehrestaurant des Donauturms hat man einen herrlichen Blick über Wien.

Das Schloss **Schönbrunn,** die Sommerresidenz der Kaiserfamilie, gilt als die meistbesuchte Attraktion der Stadt. Nicht nur ein Besuch der im Schloss zur Besichtigung frei gegebenen Räume ist zu empfehlen, sondern auch der Besuch des Parks mit der Gloriette, der Wagenburg mit den prunkbeladenen Krönungskarossen und Leichenwagen, des Schlosstheaters und des ehemaligen Tiergartens der Kaiserfamilie. Schönbrunn scheut nicht den Vergleich mit dem Schloss Versailles von Ludwig XIV., dem Vorbild aller Barockschlösser.

Schloss Schönbrunn

Sehenswert sind weiterhin das **Obere** und **Untere Belvedere,** die beiden Barockschlösser des Feldherrn Prinz Eugen von Savoyen, der die Vorherrschaft der türkischen Osmanen auf dem Balkan beendete und mit dem der Aufstieg Österreichs zur Großmacht begann. Im Oberen Belvedere befindet sich die Galerie der österreichischen Maler des 19. und 20. Jahrhunderts mit überragenden Werken von Klimt, Schiele, Kokoschka und Makart.

Wiens Besonderheiten und nicht nur Kulinarisches

An der U-Bahn-Station Kettenbrückengasse findet täglich der **Naschmarkt** (Lebensmittel) und samstags der Flohmarkt statt. Bei einer Fahrt mit dem Fiaker erläutert der Kutscher die Sehenswürdigkeiten und informiert über den neuesten Tratsch der Stadt. Nicht nur im Hotel Sacher kann man die berühmte Torte probieren und die Grundbegriffe der Wiener Kaffeehauskultur lernen. Die „größten" Wiener Schnitzel gibt's beim Figlmüller in der Wollzeile, aber nicht nur da. Im „Bermuda-Dreieck" verbringt man den Abend und die Nächte in den angesagten Bars und Kneipen. In den Heurigenlokalen von Grinzing trinken Wiener und ihre Gäste den Hauswein, denn Wien verfügt über ausreichend eigene Weinanbaugebiete. Und wenn man viel Zeit erübrigt, lohnen sich Ausflüge in die Weinorte Baden und Gumpoldskirchen, die Besichtigung von Stift Klosterneuburg und Kloster Heiligenkreuz oder des Jagdschlosses Mayerling, wo sich 1889 Kronprinz Rudolf das Leben nahm und – wahrscheinlich – seine minderjährige Geliebte erschoss, wenn sie nicht doch Selbstmord begangen hat. Der Wein- und Kurort Baden mit seinen Schwefelquellen – bequem mit der Straßenbahn (Lokalbahn Wien – Baden) von der Staatsoper erreichbar – spiegelt wunderbar die vergangene k. k. (königlich/kaiserliche) Atmosphäre Österreichs wider.

Verkaufsargumente für die Destination Städtereise nach Wien

» Auswahl unter alternativen Verkehrsmitteln bei der Anreise
» Angebotsvielfalt der Veranstalter
» ideales Ziel für Kurz- (Zweit-, Dritt-)reisen
» geeignet für Gruppen- oder Individualreisen (Pauschalreisen)
» keine Verständigungsprobleme
» großes Angebot an unterschiedlichen Themenreisen
» keine Währungsprobleme (Euro)
» Ganzjahresdestination
» für alle Urlaubertypen von Interesse

Die Aufgaben 1 bis 10 zu Städtereisen nach Wien finden Sie im Lehrbuch auf Seite 323 und Zusatzaufgaben auf der beigefügten DVD.

8.3 Städtereise nach Rom

Rom, caput mundi (Haupt der Welt), die „Ewige Stadt", ist mit ihrer über 2000 Jahre alten Geschichte eines der meistbesuchten Touristenziele der Welt. Sie lockt mit Baudenkmälern aller Epochen – von der Antike bis zur italienischen Renaissance- und Barockarchitektur, berühmten Kunstsammlungen und einer offenen und internationalen Atmosphäre. Zugleich ist sie eines der wichtigsten Pilgerziele der katholischen Christenheit aus aller Welt. Modeateliers und die Filmstadt Cinecittà unterstreichen den Ruf einer modernen Weltstadt.

Geschichte

Der Sage nach 753 v. Chr. von den Zwillingen Romulus und Remus gegründet, entwickelte sich ein gewaltiges Imperium, das bis ca. ins 2. Jh. v. Chr. zunächst die in Mittelitalien herrschenden Etrusker sowie die Mittelmeermächte Karthago und Griechenland besiegte und unter Kaiser Trajan (98 –117) seine größte Ausdehnung erreichte. Der Kontakt mit der griechischen Zivilisation beeinflusste die römische Kunst, Architektur und Kultur in dieser Zeit. Mit der Verlegung der Hauptstadt des Reiches nach Konstantinopel (330) begann der Abstieg des antiken Rom. 756 wurde der Kirchenstaat gegründet, der bis 1870 existierte, aber erst Anfang des 15. Jh. begannen die Päpste die inzwischen entvölkerte Stadt wieder auszubauen, und während der Renaissance und Barock entstand mit prachtvollen Kirchen und grandiosen Palästen das heutige Stadtbild.

Lage

Die Landschaft um Rom – die Campagna Romana – ist hügelig, nur Richtung Westen zum Meer hin, liegt eine niedrige Schwemmlandebene. Die Innenstadt Roms erstreckt sich auf sieben Hügeln[1] zu beiden Seiten des Tibers.
Einwohner: ca. 2,8 Millionen, in den Vororten und dem Umland weitere ca. 1,5 Millionen.

Klima und Reisezeit

Rom ist ein Ganzjahresziel. Im Frühjahr von April bis Juni ist von den Temperaturen und Niederschlägen her jedoch die beste Reisezeit. Der Herbst von September bis Oktober ist ebenfalls zu empfehlen, obwohl ab Oktober die Monate mit den meisten Niederschlägen beginnen (ca. bis Februar). Der Sommer ist in der Regel zu heiß und zu schwül, zumindest für ältere Leute. Die Wintermonate sind ideal für den Besuch von Museen und man erhält eher einen Eindruck vom römischen Alltag.

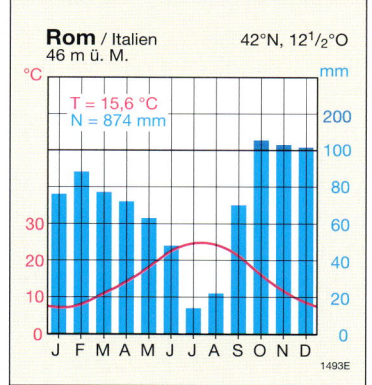

Anreise und Verkehrsmittel

Fiumicino (FCO), Roms größter Flughafen, auch als Leonardo da Vinci bekannt, wird u. a. von Lufthansa, Alitalia und germanwings bedient und liegt 26 km südwestlich vom Stadtzentrum. Der zweitgrößte Flughafen in Rom, Ciampino

---

1 Diese Hügel sind: Aventin, Caelius, Esquilin, Kapitol, Palatin, Quirinal und Viminal.

5053318

(CIA) liegt etwa 15 km südöstlich des Stadt-zentrums und wird hauptsächlich von Charter- und Low-Cost-Airlines angeflogen, z. B. tuifly, Ryanair, easyjet.

Die Flugzeit beträgt z. B. ab Frankfurt: 1:45 Stunden; der Transfer in die Stadt zur Stazione Termini, dem Knotenpunkt des Nahverkehrssystems (U-Bahnen und Busse) dauert mit dem Bus von beiden Flughäfen ca. 30 Minuten.

Hier enden auch die Auslandsverbindungen mit dem Zug. Die Fahrtzeit von München bis Rom beträgt ca. 10 Stunden.

Civitavecchia – der Hafen von Rom – ist in ca. einer Stunde mit dem Zug erreichbar.

Das antike Rom

Campidoglio (Kapitol): Wo einst die Tempel Jupiters und Junos standen, gestaltete Mi-chelangelo im Jahr 1536 den trapezförmigen Platz mit dem Sternenmuster, der vom Sena-torenpalast, dem römischen Rathaus, dem Konservatorenpalast und dem Palazzo Nuovo gerahmt wird. Den Piedestal, wo Kaiser Mark Aurel seit 1538 mit erhobener Hand grüß-te, schmückt seit April 1997 eine Kopie, das Original steht nach jahrelanger Restauration in einer verglasten Nische des Kapitolinischen Museums.

Konstantinbogen: monumentaler Triumphbo-gen (21 m hoch) in der Nähe des Kolosseums, der zu Ehren Kaiser Konstantins 313–315 errichtet wurde.

Der **Palatin** ist der älteste besiedelte Hügel Roms, hier wohnte der Adel und später ent-standen hier die Paläste der Kaiser. Sehenswert sind das **Haus der Livia** und *Haus des Augustus*.

Pantheon: Das am besten erhaltene und am schönsten proportionierte antike Denkmal Roms, das Pantheon, ist zu einem Symbol der Stadt geworden. Kaiser Hadrian ließ den runden Bau als Tempel für die Götter errich-ten (119–128 n. Chr); im Jahr 608 wurde er zu einer Kirche umgewandelt. Der Radius der Kuppel entspricht genau deren Höhe. Licht dringt in das Bauwerk durch eine neun Meter große Öffnung in der Mitte der Kuppel ein. Das Pantheon wurde einst von Götterdenkmälern

geschmückt, heute birgt es die Grabmäler zahl-reicher Berühmtheiten, u. a. das von Raffael.

Colosseo (Kolosseum): Kaiser Vespasian be-gann mit dem Bau des vierstöckigen Theaters 72 n. Chr., sein Sohn Titus weihte das Gebäude nach nur achtjähriger Bauzeit mit hunderttä-gigen Festspielen ein. 5 000 Tiere und unzähli-ge Gladiatoren wurden geopfert.

Forum Romanum: Inmitten des Lärms des brausenden Verkehrs findet man den ehema-ligen Hauptplatz Imperium Romanum. Einige Höhepunkte: Eingang von der Via dei Fori Imperiali, vorbei an der Basilika Aemilia, dem Tempel der Faustina, am Caesarstempel und Augustusbogen über die Via Sacra zur Rostra, der Rednertribüne; rechts davon der Lapis Niger, der Schwarze Stein, über dem Grab von Romulus, die Kurie des Senats, der Septimius-Severus-Bogen; linker Hand der Saturntempel und die Basilica Julia, die Gerichtshalle, von Caesar kurz vor seiner Ermordung gebaut; rechteckige Kastor- und Pollux-Tempel und der kreisrunde Vesta-Tempel, wo die Vestalinnen, Jungfrauen aus den vornehmsten Familien, das Heilige Feuer hüteten; die Via Sacra entlang, vorbei am Haus der Vestalinnen und dem Romulus-Tempel, den Maxentius für seinen früh verstorbenen Sohn baute und die Maxenti-us-Basilika, die sein Bezwinger Konstantin zur ersten christlichen Wallstatt umbaute. Beim Titusbogen führt der Weg hoch auf den Palatin, wo viele reiche Römer, Cicero, Catull und die Eltern des Augustus ihre Villen besaßen.

Mehr und mehr dehnte sich Rom aus, so dass ein Forum nicht mehr ausreichend war, es entstanden weitere **Kaiserforen.** Caesar, Augustus, Vespasian, Nerva und Trajan ließen je einen großen Platz bauen, der von öffent-lichen Gebäuden umgeben war. Sehenswert ist das **Trajan- Forum** mit den Gebäuden der **Trajansmärkte.** Das eindruckvollste Monument der Kaiserforen ist die 40m hohe **Trajanssäule,** deren Außenrelief mit über 2 500 Figuren sich spiralförmig nach oben zieht und mit einer Statue des Apostel Paulus gekrönt wird.

Die Engelsburg (Castello St. Angel) wurde unter Kaiser Hadrian erbaut und sollte als Mausoleum dienen. Sie wurde als Verteidi-gungsburg, päpstliche Festung und Gefängnis genutzt. Durch einen Gang auf den Grenzmauern des Vatikan gelangte man auf kürzestem Weg aus der Peterskirche zur sicheren Engelsburg. Heute befindet sich ein Museum in dem Bauwerk. Zu sehen ist die Geschichte der Engelsburg, die päpstlichen Gemächer, die Zellen der Gefangenen, Fresken, die Truhen der Kirchenschätze, Statuen.

Imposant ist auch die **Engelsbrücke,** die die Engelsburg mit dem Zentrum von Rom verbindet. Sie wurde 134 n. Chr. unter Kaiser Hadrian erbaut. Die barocken Statuen wurden erst unter Papst Clemens VII. im 16. Jahrhundert aufgestellt.

Katakomben: Für die Menschen der Antike gab es nichts Schlimmeres, als unbeerdigt und ungeehrt von den Angehörigen zu sein. Die Christen nahmen den römischen Grabkult auf. Da die Toten nicht innerhalb der Stadtmauern bestattet werden durften, boten sich die Tuffsteinhügel entlang den Ausfallstraßen als Gräber an. Vor dem Grabmal der Caecilia Metella an der Via Appia Antica liegt ein Talkessel „catacumba" (griechisch: bei der Senkung) genannt. Der Name setzte sich für alle unterirdischen Totenstädte durch.

Die verschiedenen Katakomben:
» Domitilla,
» Priscilla,
» San Castillo,
» Sant'Agnese fuori le Mura,
» Sebastiano

Die Vatikanstadt

Innerhalb der Vatikanstadt dürfen nur bestimmte Orte besucht werden: der Petersdom, der Petersplatz, das Vatikan-Museum und die Vatikangärten.

Der prächtige, im Renaissancestil gebaute **Petersdom** (San Pierro in Vaticano) dürfte wohl das bekannteste Wahrzeichen der Stadt sein; er kann nachmittags besichtigt werden, kostet allerdings Eintritt.

Petersplatz
Der vor dem Dom liegende Petersplatz ist eine Schöpfung des Architekten Bernini (errichtet 1656 bis 1667). Auf beiden Seiten stehen im Halbkreis angelehnte Kolonnaden. Der ägyptische Obelisk in der Mitte des Platzes wurde zur Zeit Caligulas errichtet. Der 1667 vollendete Petersplatz ist ein Meisterwerk, auch der optischen Illusion. Denn der kreisförmig anmutende Platz ist in Wirklichkeit eine Ellipse und das flach wirkende Rechteck vor dem Dom ein vier Meter ansteigendes Trapez. Von den kleinen Marmorplatten links und rechts des Brunnens betrachtet, verschmelzen die vier Säulenreihen zu einer einzigen Kolonne. Die halbkreisförmigen Kolonnadenkränze, mit 140 Heiligen bestückt, wirken wie einladende Arme. So erreichte Bernini sein Ziel: Michelangelos perfekte Kuppel, die hinter der missproportionierten Domfassade von Maderno fast verschwand, rückt wieder in den Mittelpunkt.

Vatikanische Museen
Rechts vom Petersdom stehen die Vatikanischen Paläste, die offizielle Residenz des Papstes. Die wichtigsten Kulturschätze des Palastes sind die Räume von Raffael, Wandmalereien von Raffael und seinen Schülern; das Gartenhaus; die Vatikan-Bibliothek, die 1450 gegründet wurde und einen unermesslichen Reichtum bibliophiler Kostbarkeiten beherbergt; die Kunst- und Gemäldesammlung des Vatikans und die **Sixtinische Kapelle** (s. u.) mit den weltberühmten Deckenmalereien von Michelangelo, die die Erschaffung der Welt darstellen, wie sie in der Bibel beschrieben wird. Zu den Vatikan-Museen gehören eine Anitquitätensammlung, das Ägyptische

Museum, das Etruskische Museum; das Museum für moderne religiöse Kunst mit Werken von Beckmann, el Greco, Kandinsky, Matisse, Munch und anderen und die Pinacoteca mit Gemälden vom Mittelalter bis zur Gegenwart, u. a. von Caravaggio, Cranach d. Ä., Raffael, Tizian, Leonardo da Vinci und niederländischen und flämischen Meistern. Im Museum gibt es ein Restaurant und auf dem Dach des Petersdoms eine Bar und Cafeteria.

Sixtinische Kapelle

Schon bei seiner Entstehung machte das „Jüngste Gericht", Michelangelos Spätwerk, an der Altarwand der Sixtinischen Kapelle im Vatikan Geschichte! An Allerheiligen im Jahr 1541 „lief ganz Rom, ja, die ganze Welt zusammen, um es mit Erstaunen und Verwunderung anzuschauen", schrieb der Maler und Kunsthistoriker Vasari: Ein nackter Christus, der mit einer machtvollen Geste einen Strudel von ebenfalls nackten Heiligen, Auferstandenen und Verdammten um sich zieht! Das war zu viel für die Zeit der Gegenreformation. Und so mussten Michelangelo und sein Schüler Daniele di Volterra den Unzüchtigen Schleier um die edlen Teile malen.

Als 453 Jahre später, am Osterfest 1994, das Gerüst zum zweiten Mal fiel und ein restauriertes Jüngstes Gericht in den alten Farben des Meisters erstrahlte, waren die Besucher begeistert. Bei der delikaten Frage, ob bei der Restaurierung die nachträglich aufgemalten Hüllen und Höschen fallen sollten, hat sich der Vatikan mit einem „Jein" aus der Affäre gezogen: Die Lendenschürze, die Daniele di Volterra den Heiligen verpasste, sollen als kunsthistorisches Zeugnis bleiben, 17 der insgesamt 40 Schamtüchlein, die spätere Puristen auftrugen, haben die Restauratoren jedoch abgewaschen. Damit ging die wohl aufwendigste Restaurierung des Jahrhunderts glücklich zu Ende.

Plätze, Straßen und Stadtteile

Campo dei Fiori

Der Name stammt von einer blumigen Rinderweide, die sich hier im Mittelalter befand. Heute findet man hier eher Gemüse und Grünzeug als Blumen. Zwischen Corso Vittorio Emanuele und der sehr viel vornehmeren Renaissancepiazza Farnese gelegen, von hohen, inzwischen etwas abgeblätterten Palästen umgeben, ist er besonders abends, wenn die Wirte ihre Tische aufs Straßenpflaster stellen, einer der romantischsten Essplätze Roms.

Piazza Navona

Nicht nur die Kunstwerke wie Berninis 4-Ströme-Brunnen, der Nil, Donau, Rio de la Plata und Ganges symbolisiert, die Kirche S. Agnese, die aprikosenfarbenen Paläste, vor allem das lebendige Inventar der Piazza muss man gesehen haben: Hier treffen sich in den teuren Cafés im Freien immer dieselben Künstler, Politiker und Journalisten, verweilen Handwerker, Nonnen und Großmütter mit Kindern auf den Marmorbänken.

Scalinata Trinità dei Monti (Spanische Treppe)

Die Balustraden unter der französischen Kirche Trinità dei Monti sind das harmonische Ergebnis eines jahrzehntelangen Streits zwischen den Päpsten und der französischen Krone. Die Franzosen stifteten die Taler, um den Aufgang zu ihrer Nationalkirche glanzvoll zu gestalten. Die Päpste brachten schließlich ihre Version durch und ließen 1723 den eleganten Aufgang von Alessandra Specchi und Francesco de Sanctis schaffen. Früher war diese Treppe Treffpunkt der internationalen Jugendszene, seit ihrer Restaurierung im Frühjahr 1996 ist sie nur noch eine schöne Treppe: Essen und Trinken ist nicht mehr erlaubt.

Via Appia Antica

Einst rollte hier der gesamte Verkehr des römischen Weltreiches, die der Zensor Appius Claudius Caecus 312 v. Chr. angelegt hatte, nach Süden bis zum Hafen Brindisi. Heute braust der Autoverkehr über die nur 4,30 m breite „Königin der Straßen". Es gibt keine Bürgersteige, sodass die Touristen auf den ersten Kilometern hinter der Porta S. Sebastiano gnadenlos an die Mauern gedrängt werden. Erst hinter dem Rundgrab der Caecilia Metella, Frau des Generals Crassus, wird die Via Appia ruhig und romantisch. Hier beginnt der eigentliche Spaziergang durch den archäologischen Park, gesäumt von antiken Grabmälern reicher Römer und den oft illegal gebauten Villen heutiger Römer.

Trastevere

Schön ist Trans Tiberim, also jenseits des Tibers, wie der Stadtteil zu Augustus Zeiten hieß, mit seinem Gewirr von Gässchen noch immer, aber auch ein wenig herausgeputzt. Der Immobilienboom der letzten Jahre hat das Handwerkerviertel zu einem Nobel- und Kneipenviertel vor allem für Ausländer gemacht. Aber es gibt noch viele alte Trasteverianer, die ihre kleinen, verwinkelten Wohnungen um keinen Preis verkaufen. Und die, die fortgezogen sind, kommen einmal im Jahr, zur „Festa de Noiantri" im Juli, zurück.

Museen

Ein Drittel aller Kunstschätze der Welt liegt in Italien, aber man hütet die Schätze schlecht. Und so sind denn auch viele der 60 römischen Museen Geistermuseen, von denen niemand weiß, ob es sie wirklich gibt oder ob sie nur die offizielle Statistik zieren, ob sie wegen Personalmangel oder Restaurierung immerfort geschlossen sind. Fast alle Museen haben verschiedene und häufig wechselnde Öffnungszeiten. Die meisten staatlichen Museen haben nur vormittags geöffnet und sind meist montags geschlossen. Tatsächlich hat es der jetzige Kultusminister gegen den erbitterten Widerstand der Museumswächter geschafft, dass die meisten Musentempel im Sommer länger geöffnet bleiben.

Einige von ihnen:
» **Galleria Borghese** mit Berninis sinnlichen Skulpturen im verfallenen Lustschloss.
» **Kapitolinische Museen** zeigen Venus, Wölfin und Kaiser Mark Aurel, der echte, hinter Glas.
» Das **Etruskische Museum** zeigt etruskische Kleinode in der päpstlichen Sommerresidenz, die seit 1889 das Etruskische Museum mit Funden aus den etruskischen Nekropolen in Latium, Umbrien und vor allem der Toskana beherbergt: Gläser, Schmuck, Tongefäße, Grabbeigaben und einen faszinierenden Sarkophag mit dem liegenden Ehepaar.
» Die **Galleria Spada,** ehemals Wohnsitz von Kardinal Bernardino Spada besticht vor allem durch den Palast selbst als Meisterwerk des italienischen Manierismus aus dem Jahre 1540, aber auch die perspektivische Spielerei im Innenhof verwirrt den Besucher.

Essen, Trinken und Einkaufen

Ob im Restaurant, im Café, in der Pizzeria oder im Schnellimbiss – Essen ist der Italiener, also auch der Römer Leidenschaft.

Für die modernen Römer liegt Kunst nicht unbedingt im Barock, in Marmorbüsten und antiken Trümmern, sondern in den alltäglichen Lebensgenüssen. Essen zu Hause oder im Ristorante! Und essen heißt immer auch pasta, pastasciutta. Es gibt bei den Nachfahren des Lukull, der natürlich Römer war, keinen nudelfreien Tag. Pastaläden bieten oft mehr Auswahl und Vielfalt als Spielzeuggeschäfte. Arm und Reich unterscheiden sich – an den Saucen. Alle lieben den Sugo aus Tomaten, aber für Betuchte dürfen es auch schon mal Bandnudeln mit frisch geriebenen Trüffeln oder mit Kaviar sein.

Einkaufen

Rom ist der Laufsteg, Mailand die Modefabrik. Die Modemessen finden im italienischen Norden statt, Modeschauen auf der Spanischen Treppe oder dem Kapitol. Fast alle Boutiquen der Modeschöpfer liegen im historischen Zentrum zwischen der Via del Corso, Piazza di Spagna und Via Frattina, die Ateliers in der Via Gregoriana und an der Piazza Mignanelli. Die berühmteste und wohl auch teuerste Adresse Roms ist immer noch die Via Condotti, die auf die Spanische Treppe führt, auch die Via Borgognona und Via delle Carrozze sind ein elegantes Pflaster; als schickste Querstraße hat sich die Via Bocca del Leone herausgeputzt. Ein Einkaufsbummel wird zum ästhetischen Erlebnis: Alta Moda, Italiens Exportartikel Nummer eins.

Flohmarkt Porta Portese

Es gibt nichts, was es hier nicht gibt. Jeden Sonntagmorgen kommen Römer, Neapolitaner, Russen, Polen oder Afrikaner und bieten Hüte, Schuhe, Ferngläser, Uhren und originelle Klamotten zuhauf an.

Ausflüge in die Umgebung

Tivoli, Frascati, Genzano, Castel Gandolfo und Rocca di Papa sind die beliebtesten Ausflugsziele weiter im Landesinneren.

Ostia, der alte Hafen von Rom, ist heute ein beliebter **Badeort** mit vielen Freizeiteinrichtungen. In Anzio, Sabaudia, San Felice Circeo, Terracina und Sperlonga kann man ebenfalls einen erholsamen Badeurlaub verbringen.

30 km vor der Küste liegt die idyllische Insel Ponza.

Civitavecchia ist ein bedeutender Handels- und Marinehafen, von hier aus fahren regelmäßig Schiffe nach Sardinien.

Verkaufsargumente für die Destination Städtereise nach Rom

» 2 000 Jahre Geschichte haben Baudenkmäler von der Antike bis zur italienischen Renaissance- und Barockarchitektur hinterlassen.

» Rom bietet eine Vielzahl von berühmten Kunstsammlungen.

» Rom ist eines der wichtigsten Pilgerziele der katholischen Christenheit.

» Modeateliers und Boutiquen der Modeschöpfer (Einkaufen!) sowie die Filmstadt Cinecittà unterstreichen den Ruf einer modernen Weltstadt.

» Rom ist aufgrund seines Klimas ein Ganzjahresziel und kann deshalb spontan besucht werden.

» Rom ist mit Flugzeug, Bahn, Auto und Bus von Deutschland aus gut erreichbar.

Aufgaben

1_ Gegenwärtig stagnieren die globalen Buchungszahlen für Pauschalreisen im Segment Städtereisen im stationären Vertrieb. Welche Ursachen können Sie dafür benennen?

2_ In Ihrer Stadt findet im nächsten Jahr die Landesgartenschau statt. Entwickeln Sie unter Berücksichtigung der gesamtstädtischen Planung und Infrastruktur ein Marketingkonzept!

3_ Ihr Kunde hat in seiner Reisebeschreibung die Begriffe OPEC, IAEO, Spanische Hofreitschule, Gloriette und Heurigenlokale gelesen und kann sich nichts darunter vorstellen. Bitte erläutern Sie ihm, was darunter zu verstehen ist!

4_ Welche Merkmale fallen Ihnen spontan ein, wenn Sie das besondere Flair von Wien beschreiben wollen?

5_ Ein Kunde will von Düsseldorf aus mit der Bahn nach Wien fahren. Welche Zugverbindung können Sie ihm für die Hinfahrt empfehlen, damit er einen zusätzlichen Tag für die Besichtigung der Stadt einplanen kann?

6_ Was sind die Besonderheiten des Hundertwasserhauses?

7_ Eine Kundin will die Schauplätze in Wien besuchen, an denen die Kaiserin Elisabeth (Sissi) gelebt hat. Welche Orte sollte sie besichtigen?

8_ Herr G. will wissen, in welchem Museum er Gemälde von G. Klimt finden kann.

9_ Sie sollen für eine Saisoneröffnungsfahrt nach Wien mit dem Bus einen Programmpunkt vorbereiten. Ihnen steht ein Nachmittag zur Verfügung, die Stadtrundfahrt hat bereits stattgefunden und Ihre Gruppe will sich in der Innenstadt bei einem Spaziergang einige Ziele in Ruhe anschauen. Planen Sie bitte auch eine Pause in einem typischen Wiener Kaffeehaus ein.

10_ … und Wien ist kulinarisch TOP. Welche Speisen und Getränke können Sie den Kunden empfehlen?

Zusätzliche Aufgaben zu Kapitel 8 finden Sie auf der beiliegenden DVD.

9 Gesundheits- und Wellnessurlaub am Beispiel Mecklenburg-Vorpommerns

9.1 Allgemeine Merkmale eines Gesundheits- und Wellnessurlaubs

Der Tourismus mit dem Motiv Gesundheit kann in zwei Formen abgegrenzt werden. Der von den Teilnehmerzahlen her rückläufige klassische Gesundheitstourismus, der sogenannte Kuraufenthalt, auf der einen Seite. Hier spielen die folgenden Aspekte eine besondere Rolle:

» Natürliche Heilmittel des Bodens oder des Klimas
» Einschlägige Kureinrichtungen
» Kurortcharakter
» Natürliche Heilwasser

Ziel eines Kuraufenthalts ist die Prävention von Erkrankungen, Rehabilitation nach Unfällen und medizinischen Eingriffen oder die Behandlung chronischer Erkrankungen. Kuraufenthalte sind stets an eine bestimmte Aufenthaltsdauer gekoppelt.

Auf der anderen Seite gibt es die moderne Form des Gesundheitstourismus, auch Wellness genannt.

Die Deutsche Zentrale für Tourismus (DZT) hat Wellness- und Gesundheitsurlaub zum Marketingschwerpunkt 2011 gemacht. Von 1999 bis 2006 hat der Umsatz in diesem Bereich um nahezu 40 % zugenommen, die Tendenz scheint ungebrochen. Die DZT geht von bis zu 1 600 Hotels aus, die Wellness anbieten. Doch wofür steht dieser Begriff?

Wellness

Dieser Begriff steht für eine Vielzahl von Angeboten, Produkten und Lebensweisen und ist bis heute weder geschützt noch genau definiert. Bereits in den 50er Jahren des letzten Jahrhunderts wurde dieser Begriff in den USA benutzt, um eine grundlegende Änderung des amerikanischen Gesundheitssystems hin zu mehr Förderung der Eigenverantwortung für die Gesundheit zu beschreiben. Die individuell vorhandenen Potenziale sollten nach dem

Sozialmediziner Halbert L. Dunn unter Berücksichtigung der jeweiligen Lebensumstände maximiert werden. Es sollte Einfluss auf die Lebensweise, auf Verhaltensmuster, innere Einstellungen und Überzeugungen genommen werden. Verbesserungen des Gesundheitszustands gelingen nur, wenn die den Verhaltensweisen zugrunde liegenden Motive, Emotionen und (meist unbewussten) Lebenskonzepte angesprochen werden.

Aus den vorgenannten Gründen definiert der Deutsche Wellness Verband den Begriff Wellness heute als „genussvoll gesunde Lebensweise".

Medical Wellness

Als weiterer Begriff davon abzugrenzen ist Medical Wellness. Auch hier liefert der Deutsche Wellness Verband eine Definition: „Medical Wellness bezeichnet die synergetische Kooperation von Medizin und Wellness, die in ihrer Kombination mehr gesundheitliche Wirkung erzielt als jedes der beiden Kompetenzfelder für sich allein. Entsprechende Angebote müssen auf Grundlage medizinischer Fachkompetenz die Lebensqualität verbessern und zur Stärkung der eigenen Gesundheit durch einen genussvoll gesunden Lebensstil befähigen. Zumindest im Falle bekannter gesund-

heitlicher Vorbelastungen oder Vorschäden ist eine ärztliche Mitwirkung unerlässlich."

Medical Wellness ist also mehr als Massage und Solarium. Die anspruchsvollen Medical Wellness Kunden wollen freiwillig und vorbeugend etwas für ihre Gesundheit tun. Sie wollen ggf. Verhaltensweisen, Ernährungsgewohnheiten und ihren Lebensstil ändern.

Aber Vorsicht: Auch dieser Begriff ist nicht geschützt. Jedes spärlich ausgestattete Kurhotel mit einem Masseur und Sauna kann mit dem Begriff werben. Allerdings sind die Wellnessverbände in Deutschland um einheitliche Kriterien bemüht. Sie haben Zertifikate entwickelt, die teilnehmende Einrichtungen auszeichnen.

> Zu Medical Wellness Anwendungen zählen u. a. Kneipp-Kuren, Ayurveda, traditionelle chinesische Medizin, Thalasso-Therapien, Akupunktur, Autogenes Training, Heilfasten, Fußreflexzonenmassagen, Anti-Stress-Training, Nordic Walking oder Balneo- und Hydrotherapie.

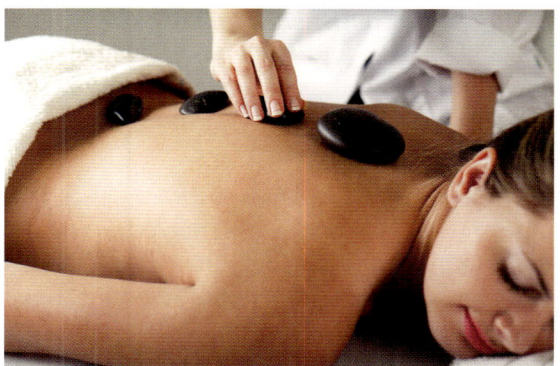

Der gesundheitsfördernde Nutzen ist aber nicht bei allen Methoden erwiesen. Im Zweifelsfall sollten sich die Kunden von einem Arzt beraten lassen.

Wellness- und Medical Wellness Angebote

Die Angebote sind zahlreich. So bemüht TUI sich mit „TUI Wellnesshotels" um seine Kunden.

Thomas Cook wirbt z. B. in seinen Katalogen „Care" (Neckermann) und „Wellness und Mehr" für klassische Wellnessreisen und der Veranstalter Ameropa zielt mit seinem Katalog „Wellness genießen" auf zwei Zielgruppen:

a) klassische Wellness: Paare und Frauen zwischen 35 und 55 Jahren, die auch gerne in kleinen Gruppen reisen. Gehobenes Haushaltseinkommen (> 3.000,00 € netto/ Monat), es wird ohne Kinder gereist.

b) Medical Wellness: Paare und Einzelreisende zwischen 45 und 65 Jahren. Schwerpunkt Prävention, etwas für die Gesundheit tun. Hier werden auch mehr Männer angesprochen als bei klassischer Wellness. Der Ameropa-Gast bleibt bei einer Urlaubsreise in Deutschland ca. 5,2 Nächte im Zielgebiet. Bei Wellnessaufenthalten kürzer (ca. 3,2 Nächte).

> Gesundheitsreisen werden, wenn es sich um Präventionskurse handelt, eventuell von den Krankenkassen bezuschusst. Die Höhe des Zuschusses ist aber von Kasse zu Kasse verschieden. Nachfragen lohnt sich!

9.2 Die Ostseeküste

Die Ostseeküste in Mecklenburg-Vorpommern weist 24 Seebäder und sechs Seeheilbäder auf. Grund genug, einen Wellnessurlaub an der Küste zu verbringen. Darüber hinaus bieten die Hansestädte Rostock, Wismar, Stralsund, Greifswald und Demmin sowie die Landeshauptstadt Schwerin Gelegenheiten für Tagesausflüge.

Graal Müritz

Die Stadt befindet sich zwischen der Hansestadt Rostock und der Halbinsel Fischland-Darß-Zingst. **Sehenswürdigkeiten:**

» Die 350 m lange **Seebrücke** wird mit Solarenergie betrieben und sieht sehr futuristisch aus (einzigartig in Europa).

» Der 5 km lange **Sandstrand** ist von der Europäischen Union mit der „Blaue Europaflagge" für die gute Qualität des Ostseewassers ausgezeichnet.

» Der ca. 4,5 ha große **Rhododendronpark** mit seinen 55 verschiedenen Azaleen- und Rhododendronarten ist einzigartig in Meckenburg und einer der größten in ganz Deutschland. In der Blütezeit Mai/Juni erstrahlen die über 2 100 Stauden im Park in allen Farben. Die Rhododendronkönigin führt in dieser Zeit durch den Park und wöchentlich finden Parkkonzerte statt.

» Die **Rostocker Heide** ist das größte, geschlossene Waldgebiet Norddeutschlands. Markierte Wander- und Radwanderwege laden zu aktiven Ausflügen ein.

» Die restaurierten **Fischerkaten** mit schilfgedeckten Dächern und die historischen Büdner-Häuser sind immer wieder sehenswert.

» Im Naturschutzgebiet **Ribnitz-Müritzer Hochmoor** sind zahlreiche Tiere und Pflanzen, die es nur noch sehr selten gibt zu Hause, darunter u. a. einige Orchideenarten und vom Aussterben bedrohte Vögel. Die Tourismus- und Kur GmbH bietet geführte Wanderungen durch das Moor an.

Ostseebad Wustrow

Seebrücke, Hafen, Kirche mit Rundblick, Kapitänshäuser, historische Seenotrettungsstation, Heimatstube, Fischlandhaus, Bauerngehöfte in Barnstorf, Friedhof mit Kapitäns- und Künstlergräbern.

Ostseebad Dierhagen

Küstenschutzwald mit Windflüchtern (Gespensterwald), Moorgebiete, Dorfkirche (Votivschiff), Friedhof mit alten Seemannsgräbern.

Fischland-Darß-Zingst

Fischland-Darß-Zingst ist eine 45 Kilometer lange Halbinsel an der Ostseeküste zwischen Rostock und Stralsund. Der südwestliche Teil der Halbinsel bildet das Fischland, es folgt der Darß, an den sich im Osten die Halbinseln Zingst und der Große Werder anschließen. Zu Fischland-Darß-Zingst gehören die Gemeinden Wustrow, Ahrenshoop, Born a. Darß, Wieck a. Darß, Prerow und Zingst. Die nördlichste Stelle der Halbinsel bildet der Darßer Ort mit seinem Leuchtturm.

Das Ostseebad **Ahrenshoop** mit dem Hohen Ufer von Althagen, dem Hafen Althagen, der Schifferkirche und dem Schifferfriedhof ist einen Ausflug wert. Die abgeschiedene und idyllische Landschaft um Ahrenshoop bewegte im letzten Jahrzehnt des 19. Jahrhunderts einige Maler dazu, hier eine **Künstlerkolonie** zu gründen. Die Häuser der Künstler stehen heute unter Denkmalschutz. 1909 ließen die Maler Paul Müller-Kaempf, Theobald Schorn und Fritz Wachenhusen den Kunstkaten im Stil eines Fischlandhauses bauen und schafften damit eine Ausstellungsmöglichkeit, die nicht nur Künstler aus Ahrenshoop nutzten.

Das ca. 50 ha große **Naturschutzgebiet Ahrenshooper Holz** liegt im Nordosten des Ostseebades. Im etwa 400 Jahre alten Wald wachsen Buchen und bis zu 4 m hohe Stechpalmen.

Usedom

Usedom ist eine deutsch-polnische Insel in der Ostsee vor dem Stettiner Haff. Zu Usedom gehören die Ostseebäder **Kölpinsee, Karlshagen, Trassenhagen, Zinnowitz,** die Bernsteinbäder **Zempin, Koserow, Loddin** und **Ückeritz** sowie die drei Kaiserbäder **Heringsdorf, Bansin** und **Ahlbeck** auf deutscher und **Swinemünde** auf polnischer Seite. Die Insel ist für den Fremdenverkehr beider Länder von großer Bedeutung.

Neben den Bernsteinbädern, Kaiserbädern und den anderen Badeorten an der Ostsee ziehen vor allem die auf der Insel gelegenen Binnenseen (Süßwasserseen) wie **Schmollensee, Gothensee** oder **Wolgastsee** viele Touristen an.

Mit seinen zahlreichen Sandstränden, der Bäderarchitektur, seinen Meerwasserbädern, der Schmetterlingsfarm (Trassenheide), den Bauernhöfen und Handwerksbetrieben (Strandkorbmanufaktur Heringsdorf), den Kletterparks, seinen Museen und mit etlichen Kultur- und Kinderangeboten hat Usedom für jeden etwas zu bieten.

Sehenswert im Hinterland: Städte Usedom und Penemünde, Dörfer mit Schlössern (Mellenthin, Schloss Stolpe), reetgedeckte Häuser, Salzhütten und Windmühlen (Benz, Pudagla, Trassenheide, Kamminke), die alte Hubbrücke Karnin und die Halbinseln Lieper Winkel und Gnitz.

Rügen

Neben den insgesamt 60 km feinen Sandstränden besticht Deutschlands größte Insel mit seiner landschaftlichen und strukturellen Vielfalt. Die Ostseebäder und die großen Nationalparks laden zu Aufenthalten ein. Die urigen Fischerdörfer, die vielen Hügelgräber und Opfersteine, Gärten, Parks, Schlösser und Herrenhäuser sind ebenfalls einen Besuch wert.

Binz	Binz ist das größte Seebad der Insel Rügen. Die 3,2 km lange Strandpromenade mit Häusern in typischer Bäderarchitektur lädt zum Spazierengehen ein. Den Mittelpunkt der Promenade bilden das Kurhaus, der Konzertplatz und die 1994 errichtete Seebrücke. Die Seebrücke ist 370 m lang und Ausgangspunkt für Schiffsfahrten u. a. zur Kreideküste. Die weitläufigen Waldgebiete der Schmalen Heide und der Granitz sowie die Parkanlagen (Park der Sinne am Schmachter See und Binzer Kurpark) sind ebenfalls ideal für Spaziergänge. Bei 1 872 Sonnenscheinstunden pro Jahr herrscht ein mildes Reizklima.
Sellin	Die faszinierende Bäderarchitektur, ein feiner Sandstrand und das vielseitige kulturelle Angebot zeichnen das Ostseebad aus. Das Wahrzeichen, die Seebrücke Sellins, ist mit 394 Metern die längste Seebrücke auf Rügen. Zu jeder Jahreszeit gibt es vielfältige Sport- und Freizeitmöglichkeiten.
Göhren	Das gefragte Ostseebad der Halbinsel Mönchgut verfügt über einen Nord- und Südstrand mit einer Gesamtlänge von 8 km. Die 270 m lange Seebrücke am Nordstrand wurde in den 1990er Jahren wieder neu errichtet. Kultur: Musikpavillon, in dem im Sommer oft Konzerte und Veranstaltungen stattfinden, die Komödie Rügen, der Kurpark und das Waldkino Göhren. Nordperd: Der markanteste Punkt und am weitesten östlich liegende Vorsprung Rügens. Vier von sechs Mönchguter Museen befinden sich in Göhren. Zu ihnen zählen das Heimatmuseum, das Rookhus und das Museumsschiff Luise.
Kap Arkona	Von Putgarten erreicht man mit der Kutsche, mit dem Fahrrad, der Pendelbahn oder zu Fuß das Kap Arkona. Die Jaromarsburg liegt an der äußersten Spitze des Kaps. Die Überreste der Tempelburg sind ein Zeugnis slawischer Kulturgeschichte im Ostseeraum. Die drei Türme: der Schinkelturm bietet auf allen Etagen Ausstellungen zur Seefahrt, der große Leuchtturm bietet eine grandiose Rundumsicht und der Peilturm ist für seine Kunstausstellungen und sein offenes Atelier bekannt. In den umgebauten Gutshofstallungen des „Rügenhofes" kann man den Töpfern, Schneidern, Korbflechtern und vielen anderen Handwerkern über die Schulter schauen und deren Produkte erwerben.
Bergen	Mit ca. 15 000 Einwohnern ist Bergen „Hauptstadt" und geografischer Mittelpunkt der Insel Rügen. Sehenswürdigkeiten: Das Benedix-Haus aus dem Jahr 1630 ist das älteste Wohnhaus Rügens. Das Postamt ist ein sehenswerter wilhelminischer Backsteinbau. Die Marienkirche ist das älteste Sakralgebäude Rügens und gleichzeitig eine der schönsten Backsteinkirchen des norddeutschen Raums. Vom ehemaligen Kloster ist nur noch der Klosterhof erhalten. Es dient heute als Stadtmuseum. Am und um den Rugard (höchster Punkt Bergens) befinden sich die Friedenseiche, eine Sommerrodelbahn, der 27 m hohe Ernst-Moritz-Arndt-Aussichtsturm und eine Naturbühne für Sommerkonzerte.
Kreideküste	Weiße Kreidefelsen, blaues Meer und grüner Buchenwald sind die Wahrzeichen auf Rügens nordöstlicher Halbinsel Jasmund. Mit einer Höhe von 118 m ist der Königsstuhl der größte Kreidefelsen. Die Wissower Klinken sind wohl die bizarrste Erscheinung der Kreideküste. Im Jahre 1818 verewigte Caspar David Friedrich die Wissower Klinken auf seinem weltbekannten Bild „Kreidefelsen auf Rügen".
Rasender Roland	Eine Fahrt mit der dampfbetriebenen Schmalspurbahn zwischen Putbus und Göhren begeistert die viele Rügenbesucher. Schnaufend durchqueren die Züge Wälder, Wiesen und Felder, aber auch die belebten Ostseebäder im Südosten der Insel Rügen. Zur Hauptsaison im Sommer verkehren sie im Stundentakt, in der übrigen Zeit in einem Zweistundentakt. Zusätzlich werden im Sommer die Verlängerung nach Lauterbach Mole und die beliebten Spätfahrten in den Abendstunden angeboten.

Stralsund

Die Hansestadt ist mit ihrer einmaligen Lage am Strelasund und ihrem maritimen Flair ein Anziehungspunkt der Ostseeküste. Bis heute hat sie ihren mittelalterlichen Grundriss, die aus der Zeit der Hanse charakteristischen Gebäudetypen und die gotische Backsteinbautechnik bewahrt. Im Jahr 2002 wurde Stralsund deshalb in die Welterbeliste der UNESCO aufgenommen. In der Altstadt findet man liebevoll restaurierte Bürgerhäuser und viele historische Backsteinbauten.

Besonders beeindruckend sind die sechs gotischen Backsteinkirchen, das Stralsunder Rathaus und eine Reihe von Wohn-, Handels- und Handwerksgebäuden. Eine der ältesten Pfarrkirchen ist die St. Nikolaikirche am Alten Markt. Sie gehört zu den schönsten Sakralbauten Nordeuropas und beherbergt eine selten erhaltene Orgel aus der Frühromantik. Vom Turm der Marienkirche – ebenfalls am Neuen Markt – hat man eine herrliche Panoramasicht über Stralsund und die Insel Rügen. Im St. Katharinen-Kloster, dessen gotische Substanz fast im Urzustand erhalten ist, findet man heute das Kulturhistorische Museum, das Deutsche Meeresmuseum und das Museum für Meereskunde und Fischerei. Das Kulturhistorische Museum beherbergt die bedeutenden Zeugnisse der Geschichte der Hansestadt.

Zusatzinformationen zur Mecklenburgischen Seenplatte finden Sie unter LF 7, Kapitel 9.2 auf der beiliegenden DVD.

Verkaufsargumente für einen Gesundheits- und Wellnessurlaub in Mecklenburg- Vorpommern

» An der Ostseeküste in Mecklenburg-Vorpommern gibt es aufgrund des besonderen Klimas 24 Seebäder und sechs Seeheilbäder.
» Die Ostseeküste Mecklenburg-Vorpommerns weist eine hervorragende touristische Infrastruktur auf.
» Alte Hansestädte laden bei längeren Aufenthalten zur Abwechslung zu Ausflügen ein.
» Die einmalige Landschaft und die zahlreichen Naturschutzgebiete mit Wander- und Radwegen ermöglichen einen aktiven Wellnessaufenthalt.
» Die Ostseeküste ist mit Bahn und Auto gut erreichbar.

Aufgaben

1_ Grenzen Sie „Kur", „Wellness" und „Medical Wellness" voneinander ab!

2_ Erläutern Sie drei Argumente, warum Ihr Ausbildungsbetrieb ein größeres Gewicht auf Wellnessangebote legen sollte!

3_ Finden Sie Argumente, mit denen Sie Kunden von einem Wellnessurlaub überzeugen können!

4_ Erstellen Sie eine Übersicht über typische Anwendungen und Aktivitäten, die unter dem Begriff Wellness angeboten werden!

5_ Organisieren Sie die Anreise an die Ostsee mit Auto, Bahn und Flugzeug!

6_ Überzeugen Sie einen Kunden mit vier Argumenten von einem Wellnessurlaub an der Ostsee!

7_ Informieren Sie sich über das Klima und über das Wellness-Angebot an der Ostsee!

10 Kreuzfahrten auf der Donau und in der Ägäis

10.1 Allgemeine Merkmale einer Flusskreuzfahrt

Flusskreuzfahrten werden inzwischen auf fast allen fahrbaren Flüssen der Welt angeboten. Die beliebtesten **Fahrgebiete** mit ca. 70 % Passagieraufkommen sind Donau, Nil, Yang Tse Kjang, der Rhein und seine Nebenflüsse.

Risiken für den Veranstalter resultieren aus politischen Krisen (Ägypten), kurzen Saisonzeiten (Russland/Ukraine), langen Regenzeiten (Asien) und Hoch- oder Niedrigwasser (Mitteleuropa, insbesondere auf der Elbe).

In den Wintermonaten (November – März) liegen in Europa – wetterbedingt – die Schiffe im Hafen fest und die Crew mustert ab. Mit **Eventreisen** zur Adventszeit und zum Jahreswechsel versuchen die Veranstalter die Saison zu verlängern.

Noch liegt die Zielgruppe für die meisten Fahrreviere bei den kulturinteressierten Best Agers (die „50-Plus-Generation" mit Reiseerfahrung). Aber die Veranstalter versuchen, mit neuen Produkten, wie z. B. Themen- und Lifestylereisen, neue und jüngere Zielgruppen anzusprechen. Laut einer Emnid-Umfrage können sich 42 % der Unter-30-Jährigen die Buchung einer Flusskreuzfahrt vorstellen.

A-Rosa Bella, Vier-Sterne-Plus – max. Passagierzahl 242, Länge 124 m, 4 Decks, 100 Außenkabinen

Die **Angebotsstruktur** der Reedereien und Veranstalter in der Flusskreuzfahrt Europas ist wesentlich umfangreicher und komplexer als in der Seekreuzfahrt. Hier hat ein entsprechender Konzentrationsprozess mit weltweit operierenden Unternehmen noch nicht stattgefunden. Auf der Donau kann ein Flussreiseveranstalter zwischen bulgarischen, deutschen, französischen, österreichischen, rumänischen, schweizerischen und ukrainischen Reedereien wählen, wenn er ein Schiff chartern will. Im **Vollcharter** hat der Veranstalter entscheidenden Einfluss auf die Reiseroute und die Gestaltung des Bordprogramms. Das Schiff führt zusätzlich seine Flagge am Bug.

Die Reedereien bieten den Kunden eigene Programme an oder verchartern ihre Flotte an deutsche und internationale Veranstalter wie z. B. Syclla Tours aus Basel. Sie verzichten damit auf eine eigene Vertriebsorganisation.

Der Veranstalter arbeitet entweder als **Paketer** oder bietet sein gechartertes Schiff im Eigenvertrieb den Kunden an. Paketgeschäft bedeutet, dass der Veranstalter sein Flussreiseprogramm mit den damit verbundenen Nebenleistungen anderen Veranstaltern anbietet, die das Produkt dann unter eigenem Namen vertreiben. Spezialveranstalter offerieren Flusskreuzfahrten (nicko cruises) oder aber Fluss- und Seekreuzfahrten (TransOcean, Phoenix Reisen). Beim **Bareboat Charter** (z. B. über Premicon) wird das **unbemannte** Schiff von der Reederei für einen vertraglich festgelegten Zeitraum dem Charterer gegen Entgelt überlassen. Beim Zeitcharter mietet der Charterer das bemannte und betriebsbereite Schiff für einen bestimmten Zeitraum.

Die Zahl der Schiffe selbst ist ungleich größer als in der Seekreuzfahrt. Allein auf der Donau stellen mehr als 170 Schiffe ihre Leistungen zur Verfügung. Häufig werden die Kreuzfahrtschiffe zusätzlich an großen Messeorten wie Frankfurt oder Köln als Hotelschiffe eingesetzt, um während der Messezeiten Kapazitätsengpässe zu überbrücken.

Flusskreuzfahrtschiffe lassen sich nicht mit Seekreuzfahrtschiffen vergleichen. Wegen der wesentlich geringeren Größe sind die Maße der Deckflächen, Kabinen und Aufenthaltsräume begrenzt. Die **Kapazität** der Schiffe liegt zwischen 40 und 250 Passagieren, wobei die

Wichtige Anbieter von Flusskreuzfahrten:

Unternehmung	Firmenporträt	Fahrgebiete
A-Rosa Flussschiff GmbH, Rostock	Die Premiummarke A-Rosa ist Marktführer auf der Donau, Eigentümer ihrer Schiffe und bietet Flussreisen sowohl im Eigenvertrieb als auch über andere Veranstalter an.	Donau, Rhone, Rhein
Compagnie de croisière fluviale, Straßburg	Reederei, Eigenvertrieb über Croisi Europe und Kooperation mit Veranstaltern, einer der größten europäischen Anbieter.	West-, Süd- und Mitteleuropa, Donau
nicko cruises GmbH, Stuttgart	Der Veranstalter disponiert fremde Schiffe im Vollcharter; Eigenvertrieb und Kooperation mit anderen Veranstaltern.	Mittel- und Osteuropa, Donau, Elbe Russland, Ukraine, China, Ägypten
Phoenix-Reisen GmbH, Bonn	Marke Phoenix Flussreisen, mit mehr als 50 Flussschiffen renommierter und preisbewusster Veranstalter für Flussreisen, alle Schiffe im Vollcharter mit weltweitem Angebot. Bietet eigene Hochseekreuzfahrten an.	West-, Mittel- und Osteuropa, Donau, Russland, Ukraine, Ägypten, China, Vietnam, Indien, Myanmar (Burma), Südamerika
Viking River Cruises S.A., Basel	Reederei, weltweiter und führender Anbieter im Premiumsegment, Quellmärkte u. a. USA, UK, Australien, 2013 Rückzug vom deutschen Markt, ab 2015 Aufbau einer Hochseekreuzfahrtflotte	Mittel-, West- und Südeuropa, Russland, Ukraine, Ägypten, China
Premicon AG, München	Fondsgesellschaft und Reederei, Vertrieb nur über Zeitcharter bzw. Bare Boat Charter – Kooperation u. a. mit Viking River Cruises, DERTOUR	Hauptsächlich Rhein, Main Donau

meisten Schiffe Platz für 150 bis 180 Gäste anbieten. Die **Kabinen** sind – konstruktionsbedingt – bis auf wenige Ausnahmen Außenkabinen. Neuere Schiffe bieten inzwischen Kabinen mit einem französischen Balkon. Die Tiefe des Balkons ist gerade so groß, dass man darauf stehen kann, reicht aber nicht aus, um Tisch und Stühle aufzustellen.

Der **Komfort** reicht von Mittelklasseschiffen bis zu Fünf-Sterne-Schiffen. Die Kabinengrößen sind generell kleiner als auf Seekreuzfahrtschiffen. Auf den älteren und einfacheren Schiffen beträgt sie oft nur ca. 10 qm, aber selbst die moderneren und luxuriöseren Fünf-Sterne-Schiffe bieten meist nur Kabinen mit 18 bis 19 qm an, oft sogar nur bis 14 bis 15 qm. Einige Fünf-Sterne-Schiffe verfügen über Suiten mit ca. 45 qm und Balkon.

Begründungen für Faszination und Erfolg einer Flusskreuzfahrt finden sich schon in den Katalogbeschreibungen der Veranstalter:

„Gemächlich ziehen Türme, Kirchen und Häuser vorbei. Die Weltstadt ist feierlich erleuchtet, darüber der tiefblaue Abendhimmel. Viel Zeit den Blick schweifen zu lassen, entspannt, genussvoll, abseits vom Alltagstrubel, Ruhe, eine sanfte Brise, sich treiben lassen, ein neues Ziel vor Augen, entspannen, ohne lästigen Hotelwechsel".

In einer schnelllebigen Welt bietet die geruhsame Flussreise einen wohltuenden und preiswerten[1] Kontrapunkt.

Neben den allgemeinen Vorteilen einer Seekreuzfahrt wie guter Verpflegung (Vollpension) und Unterhaltungsmöglichkeiten rund um die Uhr, die bereits im Preis enthalten sind, sowie dem Wegfall des bei Rundreisen üblichen

---

1 Tagespreise von ca. 140 Euro und weniger einschließlich Transfer sind möglich.

ständigen Kofferpackens (das Hotel reist mit und zwar in gleichbleibender Qualität), bieten Flusskreuzfahrten weitere Vorteile:

» Es gibt keinen (oder nur wenig) Wellengang, also auch keine Gefahr der Seekrankheit.
» Wechselnde Landschaften ziehen vorbei. Es vergeht kein Tag ohne Landsicht.
» Durch die überschaubare Größe und die geringe Zahl an Passagieren entsteht eine ungezwungene Atmosphäre mit besseren Kontaktmöglichkeiten, insbesondere für Einzelreisende. Auch der Kontakt zur Besatzung ist dadurch wesentlich persönlicher und Sprachprobleme lassen sich leichter überwinden.
» Regionen, Menschen und Kulturen lernt man vom Fluss aus kennen.
» Städte und Landschaften können besucht werden, zu denen Seeschiffe keinen Zugang haben.
» Oft werden an einem Tag mehrere Orte besucht, von denen Ausflüge unternommen werden.
» Die Schiffe legen häufig im Zentrum einer Stadt an. Die Gäste können dadurch problemlos von Bord gehen und einen individuellen Ausflug unternehmen.
» Außenkabinen sind die Regel. Sie verfügen somit über Tageslicht und gestatten einen freien Ausblick auf die vorüberziehende Landschaft.
» Es werden überwiegend klimatisierte Zweibettkabinen angeboten. Häufig lassen sich die Fenster auch öffnen. Eines der beiden Unterbetten wird tagsüber hochgeklappt, um den Aufenthalt in der Kabine angenehmer zu gestalten. Ansonsten gleicht die Standardausrüstung der Seekreuzfahrt (Nasszelle).

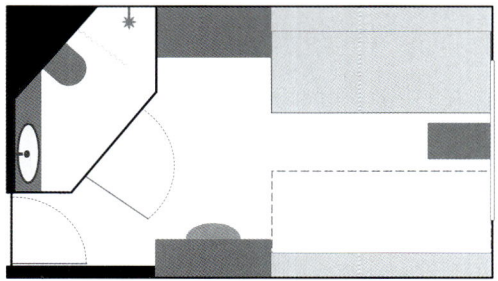

Grundriss einer Zwei-Bett-Standardkabine, ca. 10 m², bestehend aus Sofa-, Wandklappbett und Nasszelle

» Die Mahlzeiten werden im Restaurant eingenommen. Feste Essenszeiten sind üblich, i. d. R. mit nur einer Sitzung.
» Häufig befindet sich ein Schiffsarzt an Bord. Im Gegensatz zur Seekreuzfahrt handelt es sich aber um eine Serviceleistung der Reederei.

Als Besonderheiten der Flusskreuzfahrt, auf die die Veranstalter auch hinweisen, gelten:

» Für die Betreuung der Gäste ist der Reiseleiter des Veranstalters zuständig. Von seiner Kompetenz wird der Erfolg der Flusskreuzfahrt wesentlich mitbestimmt.
» Die abendlichen Unterhaltungsshows haben nicht das Niveau von vergleichbaren Veranstaltungen in der Hochseekreuzfahrt. Es überwiegen die vom Reiseleiter gestalteten Shows wie Bingo, Quiz oder JeKaMi (Jeder kann mitmachen – Gäste machen Programm für Gäste).
» Das Freizeitangebot ist eingeschränkt und spielt sich entweder auf dem Sonnendeck oder dem einzigen allgemein zugänglichen Raum ab, der Lounge (Salon) mit ihrer Bar.
» An manchen Anlagestellen liegen mehrere Schiffe nebeneinander, sodass mit Sicht- und Geräuschbelästigung gerechnet werden muss.
» Schiffstypische Geräusche (Maschinengeräusche) übertragen sich in fast alle Räumlichkeiten.
» Änderungen des Reiseablaufs aufgrund von Hoch- oder Niedrigwasser bzw. Verzögerungen bei Schleusen sind möglich, gegebenenfalls müssen andere Transportmittel eingesetzt werden.

Mit der Entwicklung des TwinCruisers (TC) durch Neptunwerft und Premicon AG wurden zum ersten Mal Antriebs- und Fahrgasteinheit getrennt. Beide sind über eine spezielle Kupplung fest miteinander verbunden. Im Frachtschiffsgeschäft spricht man in diesem Zusammenhang von einem Schubschiff. Das neuartige Konstruktionsprinzip des TwinCruisers ermöglicht es, Lärm und Vibration der Schiffsmotoren im Fahrgastraum wesentlich zu senken.

Für Beratung und Verkauf gelten folgende Kriterien:

» Welches Reisegebiet interessiert den Kunden?

» Welches Schiff entspricht am ehesten seinen Erwartungen?

» Welche Extrakosten fallen an (Landausflüge, Transfers, Bordkonto, Trinkgelder)?

Ermäßigungen auf den Festpreis existieren praktisch nur in der Form von Frühbuchertarifen und Abschlägen für Kinder. Auch kostspielige Marketingmaßnahmen zur Kundenbindung stellen eher die Ausnahme dar. Ursachen für dieses Verhalten der Unternehmen finden sich zum einen in der Marktsituation – es gibt sehr viele Anbieter – zum anderen darin, dass die Unternehmen aufgrund ihrer Größe nicht alle Fahrgebiete anbieten können und die Wiederholung der gleichen Kreuzfahrt eher selten ist.

Hat der Kunde den Reisevertrag abgeschlossen, gelten wiederum die Bedingungen des BGB zum Reiserecht. Die Haftungserweiterung für den deutschen Beförderer bzw. Veranstalter hinsichtlich Personen- und Sachschäden (Verschuldensprinzip) ist im Binnenschifffahrtsgesetz geregelt und weitgehend identisch mit den Vorschriften der Seeschifffahrt.

» Zwischen Fluss- und Hochseekreuzfahrten bestehen keine grundsätzlichen Unterschiede hinsichtlich Beratung, Verkauf und Buchungsablauf.

» Trotz einer komplexeren Marktstruktur in der Flusskreuzfahrt kann das Verkaufsgespräch zielgerichteter geführt werden, da das Fahrgebiet noch im Zentrum des Kundeninteresses steht.

Mit neuen Konzepten (Kurz- und Partyreisen, Wellnessurlauben, Themenreisen, ganztägiger Kinderbetreuung und Großkabinen für Familien) werden die Reedereien ihr Angebot ausweiten und neue Zielgruppen ansprechen.

10.2 Kreuzfahrten von Passau bis zur Donaumündung

Die Donau

Bei einer Gesamtlänge von 2 888 km ist die Donau nach der Wolga der zweitlängste Strom Europas. Sie ist die Königin unter den Flüssen Europas. Mit den Quellflüssen Brigach und Breg entspringt die Donau im Südschwarzwald, fließt in Richtung Südosteuropa durch das Alpenvorland, das Wiener Becken, die Pannonische Ebene, die Rumänische Tiefebene und mündet in einem großen Delta im Schwarzen Meer. Auf ihrem Weg durchquert sie die Gebirgslandschaften der Wachau (Teil des Böhmischen Gebirges) und der Karpaten (Eisernes Tor). Sie bildet die Grenze oder durchfließt zehn Anrainerstaaten – nämlich: Deutschland, Österreich, Slowakei, Ungarn, Kroatien, Serbien, Rumänien, Bulgarien, Republik Moldau und die Ukraine. Über den Rhein-Main-Donau-Kanal ist die Donau mit der Nordsee verbunden, sodass heute eine Großschifffahrtsstraße von Rotterdam (Nordsee) bis Constanza (Schwarzes Meer) – quer durch Europa – existiert. In Bulgarien, Rumänien, der Republik Moldau und der Ukraine gilt die Osteuropäische Zeit (UTC +3).

Die Donau und ihre Anrainerstaaten

Eine Kreuzfahrt auf der Donau gilt von jeher als beliebtestes Reiseziel unter den Flussreise-Liebhabern. Und die Veranstalter haben sich auf die Wünsche ihrer Kunden eingestellt. Die Saison beginnt Ende März und endet Ende Oktober. Als beste Reisezeit werden Frühjahr und Frühherbst empfohlen. Als Geheimtipp gilt eine Fahrt durch die Wachau zur Blütezeit der Marillen; das österreichische Wort für Aprikosen. Im Sommer ist es bei großer Hitze auf dem Wasser wegen des Fahrtwindes recht angenehm, aber die Besichtigungen der Metropolen Wien, Bratislava, Budapest, Belgrad und die Busfahrt nach Sofia können dann doch recht anstrengend werden.

Man unterscheidet drei Klimazonen:
» Obere Donau: relativ raues und feuchtes Kontinentalklima mit harten Wintern,
» Mittlere Donau: trockenes Kontinentalklima mit langen Sommern und Perioden der Trockenheit, aber milden Wintern,
» Untere Donau: sehr trockenes Kontinentalklima mit sehr heißen Sommern (durchschnittliche Tagestemperatur im Juli und August 28° C) und kalten Wintern, keine ausgeprägten Zwischenjahreszeiten.

Für den deutschen Gast beginnt die Reise in der Regel in Passau, seltener in Wien. Seine Anreise kann für Passau auf drei verschiedenen Wegen erfolgen

» mit dem eigenen Wagen, dann stellt der Veranstalter ihm einen bewachten Parkplatz oder eine Garage gegen Entgelt zur Verfügung,
» mit der Deutschen Bahn, dann bietet der Veranstalter ihm die Anreise deutschlandweit zum Pauschalpreis einschließlich Bustransfer zur Anlegestelle an,
» mit dem Bus, in diesem Fall kann er einen Busabfahrtsort wählen, der an seinem Wohnort liegt oder eine Haustürabholung mit dem Taxi zum Busabfahrtsort buchen.

Die Abfahrtszeiten der Schiffe liegen so, dass Zwischenübernachtungen nicht erforderlich sind.

Der Kunde kann für seine Donaureise unter den vielfältigsten Angeboten wählen. Die Expedientin im Reisebüro sollte bei der Beratung aber unbedingt darauf hinweisen, dass die Schiffe Tag und Nacht unterwegs sind (Continufahrt) und dass sie nur in Ausnahmefällen nachts anhalten. Bei einer One-Way-Reise riskiert er daher, bestimmte Sehenswürdigkeiten nicht zu erleben, weil sie zu nächtlicher Zeit angefahren werden. Bei einer Abreise von Passau gegen Abend gilt dies für die Wachau, denn der Reisende wacht am nächsten Morgen bei der Ankunft des Schiffes in Wien auf. Also unbedingt eine Hin- und Rückreise empfehlen.

Reiseangebote der Veranstalter

Reiserouten	Dauer je nach Reiseverlauf
Passau – Budapest – Passau	6 – 8 Tage
Wien – Budapest – Linz – Wien	7 – 8 Tage
Passau – Budapest – Südungarn (Puszta) – Passau	8 Tage
Passau – Donaudelta – Passau	11 – 15 Tage
Passau – Schwarzes Meer – Passau	11 – 15 Tage
Passau – Donaudelta (Ukraine) – Passau	17 Tage
Bukarest – Donaudelta – Passau	10 – 11 Tage

An Beliebtheit gewinnen Spezialreisen wie Radkreuzfahrten, Gourmetreisen auf Premiumschiffen, Kreuzfahrten plus Golfpaket und Sonderfahrten zu Silvester und Weihnachten.

Preisstruktur

» Drei bis vier Saisonzeiten,
» Mittelklasseschiffe (Drei-Sterne) bis Premium (Fünf-Stern-Plus),
» Unterschiedliche Preisstufen für Unterdeck – Hauptdeck – Oberdeck,
» Standardkabine ca. 10 qm ausgerüstet mit Klapp- und Sofabett, Nasszelle), abweichende Kabinengrößen, Sonderpreise für Suiten auf dem Sonnen- oder Promenadendeck, soweit vorhanden,
» Zuschläge für Zwei-Bett-Kabinen zur Alleinbenutzung,
» Kinderermäßigung.

Kundeninformationen

» Jeder Reisende muss ein Passagier-Manifest ausstellen, damit die behördliche Freigabe des Schiffes in den Häfen erfolgen kann.
» Kein Garderobenzwang, aber zum Abendessen wird dezente Garderobe erwartet (sportlich-elegant).
» Für Serbien als Nicht-EU-Mitglied benötigen deutsche Staatsbürger einen gültigen Reisepass, ansonsten reicht der Personalausweis.
» Währungen: Man benötigt neben dem Euro für Österreich und die Slowakei Leva für Bulgarien, Leu für Rumänien, Dinare für Serbien und Forint für Ungarn, die am besten vor Ort umgetauscht werden. Auf dem Schiff ist kein Umtausch möglich.
» Im Gegensatz zu den Seekreuzfahrtschiffen darf auf den Binnenschiffen im Innenbereich nicht geraucht werden.
» Die Mitnahme von Tieren ist nicht erlaubt (Ausnahmen).
» Trinkgelder sind allgemein üblich und werden vom Servicepersonal am Ende der Reise auch erwartet.

Reisebeschreibung von Passau bis zur Mündung (Stromkilometer Null)[1]

Der Reisende bewundert bei der Abfahrt die barocke Kulisse der Drei-Flüsse-Stadt Passau und nimmt die ersten Eindrücke von Schiff und Mannschaft auf. Die Donau fließt beinahe träge in einer fast flachen Landschaft. Nach Linz erreicht das Schiff die **Wachau** (UNESCO-Weltkulturerbe) zwischen dem weltberühmten **Stift (Kloster) Melk** und der mittelalterlichen Stadt Krems. Die Berge rücken näher, auf den Hängen wachsen die Trauben des Grünen Veltliners und von den Höhen grüßen die berühmten Burgen **Dürnstein,** Aggstein, Hinterhaus und Senftenberg. **Wien** ist nicht mehr weit und wenige Kilometer nach der Hauptstadt Österreichs beginnt der Nationalpark Donau-Auen mit seinen seltenen Vögeln und Tieren, der sich praktisch bis **Bratislava** erstreckt.

Wien – Prater

Weitere Informationen über Wien siehe Kapitel 8.

Bratislava – Hauptstadt der Slowakei

Auf der rechten Donauseite ein riesiges Wohnviertel in Plattenbauweise, ein Relikt aus der Zeit des Kommunismus, auf dem linken Donauufer das quirlige Zentrum mit seiner mächtigen Burg und den markanten vier Türmen. Sehenswert ist die Altstadt, leicht zu Fuß zu erreichen, mit dem bekannten St.-Martins-Dom.

Nach einem Zwischenstopp von etwa vier Stunden fährt das Schiff weiter Richtung **Budapest,** passiert **Esztergom,** überragt von der gewaltigen Basilika mit unvorstellbaren 8 000 Sitzplätzen, und das berühmte Donauknie, das

---

1 Es handelt sich um eine idealtypische Beschreibung. Die tatsächlichen Abfahrts-, Strecken- und Ankuftszeiten weichen ab.

den Reisenden eigentlich wenig beeindruckt. Aber die Donau hat ihre Laufrichtung geändert und fließt jetzt endgültig nach Süden.

Die Einfahrt in Ungarns Hauptstadt ist unvergesslich. Am rechten Ufer liegt das hügelige Buda mit Burgberg, Schloss und Fischerbastei. Am linken Ufer das flache Pest mit dem Parlamentsgebäude im bombastischen Neorenaissance-Stil mit Börse, Oper und modernen Bürogebäuden. Zahlreiche Brücken verbinden Buda und Pest, die bekannteste ist die Kettenbrücke von 1849.

Budapest – Parlament

Budapest 1,8 Millionen Einwohner – die Hauptstadt Ungarns – Sehenswürdigkeiten

Burgberg und Burgpalast sind am besten mit der Standseilbahn zu erreichen. Das ehemalige königliche Schloss (heute Museum) beherrscht den Burgberg. Von hier aus sind es nur wenige Schritte bis zur Fischerbastei, einem der großen Highlights von Budapest und einem beliebten Treffpunkt – vor allem der Jugend. Abends genießt man einen unvergleichlichen Blick auf das hell erleuchtete Pest. Nach der Besichtigung der mittelalterlichen Matthiaskirche lohnt sich der Spaziergang durch das Burgviertel. In der Matthiaskirche wurden die letzten ungarischen Könige gekrönt und Franz Liszt schrieb seine Krönungsmesse für die Thronbesteigung von Franz Joseph I. Das Burgviertel bietet mittelalterliche Gassen, barocke Palais und elegante Restaurants. Wenn der Reisende hier einkehrt, wird er von der Kapelle mit Zigeunermusik begrüßt und das ungarische Nationalgericht (Gulasch) schmeckt vorzüglich.

Weiterhin lohnt sich ein Bummel durch die Innenstadt von Pest mit seinen breiten Boulevards, den eleganten Geschäften und beeindruckenden Gebäuden aus der Gründerzeit. Wenn noch Zeit bleibt, sollte man unbedingt die Margareteninsel besuchen: Park und Konzertort. In einem ihrer Thermalbäder kann man sich wunderbar erholen, denn Budapest trägt sogar

offiziell den Beinamen Bäderstadt und ist für Heilkuren hervorragend geeignet. Seine warmen und heißen Quellen helfen bei Rheumabeschwerden. Das berühmteste Thermalbad im Jugendstil liegt auf dem Gellértberg und ist in eines der elegantesten Hotels von Budapest integriert.

Nach nur einem Tag Liegezeit heißt es wieder „Leinen los". Die meisten Passagiere haben an der Stadtrundfahrt teilgenommen. Sicher werden sie Budapest nochmals zum Ziel einer Reise machen. Der nächste Stopp ist **Mohács.** Der Veranstalter bietet einen Ausflug mit dem Bus nach Pécs an.

Pécs – Bischofssitz und bedeutende Universität, ehemaliges Zentrum der Donauschwaben.

Aufgrund seiner zahlreichen Kulturdenkmäler hat Pécs den Status eines UNESCO-Weltkulturerbes erhalten, vor allen Dingen wegen seines Friedhofs aus spätrömischer Zeit mit vielen ausgemalten Grabkammern. Er liegt direkt bei der Kathedrale und dem Bischofspalast und wurde zu einem Museum umgestaltet. Erwähnenswert sind außerdem die Moschee des Paschas Jakowali Hassan, das am besten erhaltene islamische Bauwerk in Ungarn, mit seinem hohen Minarett.

Am nächsten Tag erreicht das Schiff **Belgrad** am Zusammenfluss von Donau und Save. Es bleiben wenige Stunden Aufenthalt für eine Stadtrundfahrt und einen Abendausflug (serbische Folklore).

Belgrad – Hauptstadt Serbiens – 1,63 Millionen Einwohner

Das historische Zentrum liegt hoch über der Donau mit der osmanischen Festung Kalemagdan (heute Zoo und Kriegsmuseum) und der Altstadt. Zahlreiche Prachtbauten aus der Zwischenkriegszeit findet man u. a. auf der Hauptstraße Belgrads, der Fürst-Michael-Straße, wie das Gebäude der Serbischen Akademie der Künste und Wissenschaften und das Alte Schloss. Einige Regierungsgebäude wurden während der NATO-Bombardierung 1999 (Kosovokonflikt) schwer beschädigt und sind teilweise noch nicht wieder aufgebaut. An den Baustil von Byzanz erinnert die monumentale serbisch-orthodoxe Kathedrale des Heiligen Sava, der größte Sakralbau Südeuropas. Im Jugoslawien der Nachkriegszeit entstand auf dem linken Ufer der Save das völlig neue Viertel Novi Beograd mit seinen riesigen Wohnblöcken und dem Genex-Turm im internationalen Stil der Moderne.

5053336

Der Gast entspannt sich auf dem Sonnendeck, während sich das Schiff der rumänischen Grenze nähert und die Donau sich in ihr immer enger werdendes Flussbett zwängt. Wir kommen zum spektakulärsten Teil der Reise, der Passage durch das **Eiserne Tor**. Hoch ragen die Felswände auf beiden Seiten des Ufers auf, manchmal senkrecht abfallend. Die Straße verschwindet in zahlreichen Tunneln und das Flussbett, das einmal 1 000 m und mehr breit war, verengt sich im Kazan (Kessel) bis auf 150 m. Gegen Mittag ist „Djerdap I" erreicht, die größte Schleuse der Donau mit 32 m Höhenunterschied. Nach dem Durchbruch durch die Gebirge verbreitert sich der Strom auf 2 000 m in der flachen Landschaft der Walachei.

> Beim **Eisernen Tor** handelt es sich um eine etwa 100 km lange Flussstrecke – auch Kataraktenstrecke genannt –, auf der die Donau die Karpaten und die Ausläufer des Balkangebirges durchbricht. Bevor – unter Tito und Ceausescu – Staumauer, Kraftwerk und Schleuse gebaut wurden und 1972 der ca. 150 km lange Stausee entstand, war die Kataraktenstrecke tatsächlich die gefährlichste Fahrrinne der Donau für die gewerbliche Schifffahrt und durfte nur mit einem Lotsen befahren werden. Im gesamten Streckenbereich existierten viele Unterwasserriffe, in die man eine Durchfahrt gesprengt hatte, die man aber nicht sehen konnte. Im eigentlichen Eisernen Tor stauten zahlreiche Riffe quer zum Strom das Wasser. Gleichzeitig war der Wasserstand selbst so niedrig, dass man einen Kanal gegraben hatte, der das Passieren bei jedem Wasserstand erlaubte. Die Fließgeschwindigkeit der Donau aufgrund des Gefälles war allerdings so hoch, dass die Schiffe bei Bergfahrt mit speziellen Treidelloks gezogen werden mussten, weil die Leistung ihrer Schiffsmotoren nicht ausreichte.

Bevor das Kreuzfahrtschiff das **Donaudelta** erreicht, werden noch drei Zwischenaufenthalte eingelegt, einmal in Giurgiu (Rumänien), dann in Ruse, Bulgariens größtem Binnenhafen, und ein weiteres Mal in Oltenita (Rumänien).

» Giurgiu – Bukarest – Oltenita: Angebot des Veranstalters zu einem Busausflug nach Bukarest.

» Ruse: Angebot des Veranstalters zu einem Busausflug nach Veliko Tarnavo, der alten Hauptstadt Bulgariens.

Im Donaudelta können unterschiedliche Anlegestellen angefahren werden

» Tulcea (Rumänien) oder Meile 35 (Rumänier) für einen Bootsausflug ins Donaudelta,

» Cernavoda für einen Busausflug ans Schwarze Meer nach Constanza, beide Städte liegen in Rumänien,

» Wilkowo (Ukraine) für eine Busausflug zum Stromkilometer Null.

> Das **Donaudelta** (UNESCO-Biosphärenreservat) ist eine abenteuerliche, weitgehend unberührte Urlandschaft von riesigem Ausmaß (achtmal so groß wie der Bodensee), die sich durch die mitgeführten Sedimente der Donau ständig verändert, mit Ausnahme der drei kanalisierten Mündungsarme. Bei Stromkilometer Null in Sulina steht ein Leuchtturm (1802 gebaut), weil hier einmal das Schwarze Meer begann. Heute befindet er sich etwa ein Kilometer entfernt im Landesinnern. Im Irrgarten der unzähligen Wasserläufe unterscheidet man zwischen toten, versandeten, ehemaligen Armen der Donau, Kanälen, also begradigten und ausgebaggerten Flussarmen, Durchbruchsadern zum Meer als Wasseraustauscher zwischen Süß- und Salzwasser, Sümpfen, Seen und Lagunen. Dazu gesellen sich im Wasser treibende Schilfinseln und die Auenwälder an den Ufern. Einzigartig sind Fauna, Vogelwelt (Pelikan, Reiher Seeadler) und seltene Tiere wie Wolf, Fischotter, Wasser- und Sumpfschildkröte und Schlangen.

Unsere Reise endet im Delta, tatsächlich tritt das Kreuzfahrtschiff aber seinen langen Rückweg bis Passau an. Ob Städtepanorama oder Entdeckungsfahrt bis zum Schwarzen Meer – die Donau ist eine Reise wert.

Die Aufgaben zu den Teilkapiteln 10.1 und 10.2 „Kreuzfahrten auf der Donau" finden Sie auf Seite 350 im Lehrbuch. Zusatzaufgaben zu Kapitel 10.1 und 10.2 finden Sie auf der beiliegenden DVD.

Verkaufsargumente für die Destination Kreuzfahrt auf der Donau

» günstigere Tagesraten der Fluss- gegenüber der Seekreuzfahrt
» bequeme und sichere Art, ein Land kennenzulernen
» Quellmärkte sind getrennt, d. h. der deutsche Gast trifft auf seiner Reise überwiegend deutsches Publikum
» kurze Anreisewege, z. B. Passau als wichtigster Einschiffungshafen für Reisen auf der Donau
» mit Kurz-, Aktiv- und Themenreisen können auch andere Zielgruppen angesprochen werden als der favorisierte Kundentyp: z. B. kulturinteressierte Best Ager
» die Donau gilt als bevorzugte Destination der Flussreisen, etwa ein Drittel der deutschen Gäste entscheidet sich jährlich dafür
» breite Angebotsstruktur hinsichtlich Reisepreis und Reisedauer
» mit einwöchigen (Budapest) und zweiwöchigen (Donaumündung) Reisen kann der Kunde zur Wiederholung motiviert werden
» Beschreibung des Reiseweges und seiner Highlights

10.3 Allgemeine Merkmale einer Seekreuzfahrt

Kreuzfahrten liegen im Trend. Die AIDA-Schiffe haben sich als Durchbruch für die Branche in Deutschland erwiesen. Sie haben vor allem jüngeres Publikum an das Produkt herangeführt und inzwischen arbeiten fast alle Anbieter mit Erfolg an neuen Konzepten und Ideen, um für diese Form des Reisens einen immer größeren Kundenkreis zu erschließen.

Die Kreuzfahrt als Alternative zum klassischen Pauschalurlaub im Strandhotel gilt mittlerweile als modernes Lifestyle-Produkt, dessen Wachstumspotenzial in Deutschland noch nicht ausgeschöpft ist, denn nur 4 % aller Pauschalurlauber unternehmen bisher eine Seereise.

Für das Zielgebiet Ägäis/Östliches Mittelmeer sind die folgenden Arten von Seekreuzfahrten von Bedeutung:

Die **Turnus-Kreuzfahrt:** Damit bezeichnet man Reisen, die an mehreren Terminen auf gleicher Route und mit gleicher Dauer durchgeführt werden.

Die **Schmetterlings-Kreuzfahrt:** Ausgehend von einem Basishafen fährt das Schiff im Wochenrhythmus jeweils abwechselnd eine andere Route. Der Kunde kann zwischen dem ein- oder zweiwöchigen Turnus wählen.

Die **Kurz-Kreuzfahrt** (oder **Mini-Kreuzfahrt** bzw. Schnupper-Kreuzfahrt): Dieser Begriff stellt ausschließlich auf die Reisedauer ab. Sie beträgt bis zu vier Tagen. Damit sollen zum einen neue Kunden gewonnen werden, zum anderen wird sie als Zweitreise oder als Event für bestimmte Festtage (z. B. Sylvester-Kreuzfahrt) vermarktet.

Die **Themenkreuzfahrt:** Hier stehen Bordprogramm und Landausflüge unter einem

> **!** Bei einer klassischen Kreuzfahrt handelt es sich um eine mehrtägige Fahrt (mindestens fünf Tage) auf offener See (Hochseekreuzfahrt) oder Flüssen (Flusskreuzfahrt) auf einem Schiff mit zahlreichen urlaubsgerechten Einrichtungen und Aktivitäten. Es werden mehrere Häfen angelaufen und es besteht die Möglichkeit, individuelle oder geführte Landgänge bzw. -ausflüge zu unternehmen. Im Arrangement inbegriffen sind Übernachtung, Verpflegung, Unterhaltungsprogramme, Sport, Animation und meistens auch An- und Rückreise mit Flugzeug, Bus oder Bahn.

AIDA Schiff

80 % des weltweiten Marktvolumens teilen sich drei Kreuzfahrtgesellschaften		
Carnival Cruise Line (CCL)	**Royal Caribbean Cruises Ltd. (RCCL)**	**Norwegian Cruise Line Holdings Ltd.**
Zum weltgrößten Anbieter gehören: » Carnival, » Costa Crociere/Costa Cruises, » Aida Cruises, » Cunard, » P & O (Peninsular & Oriental), » Holland America Line und » Princess Cruises.	Zum zweitgrößten Anbieter gehören: » Royal Caribbean International (RCI), größte Kreuzfahrtmarke der Welt) und » Celebrity Cruises » TUI Cruises (50 %)	Der drittgrößte Anbieter ist nur mit einer Marke auf dem Markt: » Norwegian Cruise Line (NCL).

bestimmten Thema und im Zentrum der Reise. Die Reiseleitung wird unterstützt von wissenschaftlichen Fachkräften und bekannten Persönlichkeiten aus Kultur, Politik und Sport. Themenkreuzfahrten können unter den folgenden Mottos stehen: Golf, Fitness, Wein, Jazz usw.

Internationale und nationale Anbieter von Kreuzfahrten

Der deutsche Markt wird weitgehend von zwei Gesellschaften dominiert. Es sind dies MSC Kreuzfahrten (Mediterranean Shipping Company) und Carnival mit seinen beiden Marken (Töchtern) Costa und AIDA. In den letzten Jahren hat sich TUI Cruises mit ihren Schiffen „Mein Schiff 1–5" (Stand Sommer 2016) ebenfalls fest auf dem Markt positioniert.

Andere deutschen Anbieter wie Hapag-Lloyd Cruises, Phoenix Seereisen, Delphin Seereisen, Transocean Tours verfügen ausschließlich über kleinere Schiffe mit unter 1 000, meist sogar unter 500 Passagieren, die mit ihren Marktsegmenten Weltreisen, Themenreisen oder Expeditionskreuzfahrten ein entsprechend kleines Marktvolumen haben. Das Zielgebiet Ägäis wird von ihnen im Rahmen einer Weltreise oder Themenkreuzfahrt durchaus bedient, spielt aber eine eher untergeordnet Rolle.

Das Kreuzfahrtschiff

Das Qualitätsniveau eines Kreuzfahrtschiffes wird durch Sterne angegeben. Der Berlitz Cruise Guide von Douglas Ward stellt den bekanntesten Führer für Kreuzfahrtschiffe dar. Seine Einteilung der Schiffe in ein bis fünf Sterne gilt heute weltweit als Standard.

MS EUROPA und MS EUROPA 2 sind seit ihrer Indienststellung die einzigen beiden Kreuzfahrtschiffe weltweit mit der Klassifizierung Fünf-Sterne-Plus (MS EUROPA seit 1999 Jahren, MS EUROPA 2 seit 2013).

Allgemein unterscheidet man Luxusschiffe (Fünf Sterne), gehobener Kategorie (Vier Sterne), Mittelklasse (Drei Sterne) und Einsteigerschiffe (Zwei bis Drei Sterne).

Qualitätskriterien für ein Kreuzfahrtschiff:
» die Einrichtungen des Schiffes (Anzahl der Bars, Salons, Restaurants, Pools und Geschäfte sowie Bereiche für Sport, Fitness und Wellness),
» die Kabinenausstattung und -größe, (Mindestgröße, Zahl der Kabinen mit Balkon und Suiten),
» die Gastronomie (zusätzliche A-la-carte-Restaurants, Anzahl der Sitzungen im Hauptrestaurant beim Dinner),
» das Unterhaltungsangebot (Shows, Auftritte bekannter Künstler, Konzerte),
» die technische Ausstattung (Klimaanlage, Stabilisatoren, Laufruhe des Schiffsantriebs, Zahl der Tenderboote für schnelleres Ausschiffen),
» das Sicherheitsniveau,
» das Serviceniveau (Zahlenverhältnis Passagiere/Besatzung), ein Verhältnis von 2 zu 1 gilt als hervorragend;

» der Komfort an Bord; er wird durch die sogenannte Space Ratio gemessen, dem Verhältnis von Bruttoraumzahl des Schiffes zur Zahl der Passagiere. Eine Space Ratio von über 50 zählt zu einem optimalen Raumangebot und

» die Bordsprache und Bordwährung.

Für Liebhaber einer klassischen Kreuzfahrt (anspruchsvolles Unterhaltungsprogramm, feste Essenszeiten und Tischreservierungen, Captain's Dinner, persönliche Atmosphäre an Bord und Kleidervorschriften) gibt es sowohl kleine als auch große Schiffe, außerdem einige Segelschiffe, im Niedrigpreisbereich bis zur Luxusklasse. Nicht unerheblich ist auf der klassischen Kreuzfahrt die Kleidungsetikette. Wenn die Kunden abends den Smoking/ das Abendkleid bevorzugen, sind sie auf den (höher bewerteten) britischen und deutschen Schiffen (außer AIDA) richtig. Bevorzugen sie legere Kleidung, so fühlen sie sich auf den italienischen und amerikanischen Schiffen (jeder Preisklasse) wohler.

Moderne Schiffe, die eher der Turnus-Kreuzfahrt zuzuordnen sind, weisen natürlich noch Merkmale der klassischen Kreuzfahrt auf. Sie unterscheiden sich aber von den Schiffen einer klassischen Kreuzfahrt durch ihr großes Angebot für Familien (insbesondere die in Deutschland beliebten Schiffe der Costa Crociere), an Unterhaltung/Sport/Wellness, Spielkasinos, den großen zollfreien Einkaufsmalls oder den variableren Essensmöglichkeiten. Bei den Freestyle Cruising Schiffen von NCL ist die Abkehr von festen Essenszeiten und strengen Kleidervorschriften am weitesten fortgeschritten. Der Gast kann hier wählen, ob er zu zweit oder zu mehreren an einem Tisch sitzen möchte, die Essenszeiten sind frei wählbar, denn die Restaurants haben von 17:30 bis 22:00 Uhr geöffnet. Und die Kleidervorschriften sind dabei auf das notwendige Minimum beschränkt.

Als Fun- und Clubschiffe zählen vor allem die Carnival- und die AIDA-Schiffe. Unterhaltung und Spaß an Bord mit Animation und Entertainment, weniger reglementierten Essenssitzungen sowie generell zwangloserem Bordleben spielen hier eine große Rolle.

Zur Standardausstattung in allen Kabinen auf fast allen Schiffen gehört eine eigene Dusche/ WC (in den Suiten auch Bäder), eine individuell regelbare Klimaanlage. Radio/TV, Telefon, Safe und Minibar.

Die **Schiffskabinen** unterscheiden sich nach der Größe und Ausstattung sowie ihrer Lage:

Innenkabinen

Sie haben kein Tageslicht. Als Ersatz bieten die meisten Schiffe eine Bugkamera, so dass der Passagier bei eingeschaltetem Fernseher Tag und Nacht unterscheiden und zumindest einen Blick in Fahrtrichtung werfen kann.

Außenkabinen

Sie haben entweder einen Balkon, ein großes Fenster oder nur ein kleineres rundes Fenster, ein sog. Bullauge (meist auf den unteren Decks gelegen). Die Ausstattung, z. B. Balkon oder mehr Wohnfläche (oft mit der Bezeichnung Superior) sowie das gewählte Deck wirken sich auf den Preis aus. Nur die Balkonkabinen bieten die Möglichkeit der Frischluftzufuhr, die Fenster in den Außenkabinen ohne Balkon lassen sich aus Sicherheitsgründen nicht öffnen.

Suiten

Sie bieten die größte Wohnfläche mit getrennten Wohn- und Schlafbereichen, Fenstern und meist auch einem Balkon. Es gibt sie in unterschiedlichen Dimensionen und Bezeichnungen (von der kleineren Minisuite oder Juniorsuite bis zur großen Penthouse- oder Ownersuite).

Zweibettkabine

Zwei Betten nebeneinander bzw. Doppelbettkabine (ein großes Bett). Die Betten können auseinander bzw. zusammen geschoben werden.

Dreibett- bzw. Vierbett-Kabine

Sie besteht aus zwei Unter- und ein bzw. zwei Oberbetten. Die Oberbetten sind aus der Wand ausklappbar und werden auch Pullmanbetten genannt.

Doppelkabine

Ein Unter- und ein Oberbett. Sie werden meist nur als Innen-/Außenkabine mit Etagenbett bezeichnet. Es gibt sie fast nur noch auf älteren Schiffen oder auf Seglern.

des Schiffs auf einem mittleren Deck, weil sich hier die Rollbewegungen des Schiffes bei starkem Seegang am geringsten auswirken.

Unabhängig von der gebuchten Kabine kann grundsätzlich jeder Passagier alle Schiffseinrichtungen in gleichem Maße benutzen. Eine gewisse Ausnahme bilden die Cunard Schiffe (Queen Mary II, Queen Elisabeth und Queen Victoria). Hier bestimmt der Passagier über die gebuchte Kabine, welchem Restaurant er zugeordnet ist. Die höherwertige Kabine erlaubt den Eintritt in ein exklusiveres Restaurant.

Generell wird der Preis einer Kabine durch die Größe und Ausstattung, die Art der Unterbringung und auch ihre Lage bestimmt. Eine Vierbett-Kabine ist also preislich pro Passagier am günstigsten. Auf den höheren Decks liegen in der Regel die teureren Kabinen. Die Innenkabinen auf den unteren Decks sind die günstigsten. Daneben gibt es oft eine preisliche Differenzierung für Kabinen, die im Vorschiff gelegen sind (meist etwas kleiner und wegen des Bugstrahlruders und des Ankers lauter) sowie Kabinen am Heck (sie leiden unter Vibrationen durch Maschinen und Heckstrahlruder). Einzelkabinen sind auf vielen Schiffen buchbar, kosten aber in der Regel deutlich mehr als die Hälfte einer Zweibett-Kabine. Die ruhigsten Kabinen, insbesondere bei starkem Seegang, liegen mittschiffs, d. h. in der Mitte

Der Kunde sollte bei der Buchung seiner Kabine darauf achten, dass
- bei Außenkabinen auf dem Boots- oder Promenadendeck die Sicht oft durch Rettungsboote behindert wird.
- bei einer Suite mit Balkon in Fahrtrichtung der Balkon durch den ständigen Fahrtwind kaum zu gebrauchen ist.
- Ruhesuchende bei der Kabinenwahl die Nähe der Diskothek meiden sollten.
- eine Suite auf einem älteren Drei-Sterne-Schiff nicht unbedingt mehr Platz bietet als eine normale Kabine auf einem neueren Vier- oder Fünf-Sterne-Schiff.
- es zwar beliebt ist, wegen der Exklusivität eine Kabine möglichst weit oben im Schiff zu wählen, allerdings wird dann jede Schiffsbewegung stärker gefühlt.

Verkaufsargumente für eine Kreuzfahrt

» Eine Kreuzfahrt bietet die Möglichkeit, verschiedene Länder auf einer Reise kennen zu lernen.
» Es handelt sich um eine geruhsame Urlaubsform, bei der man viele Länder sieht, sein „Hotelzimmer" aber behält. Das lästige Kofferpacken bei einer Rundreise entfällt.
» Entertainment, Sportmöglichkeiten und gutes Essen sind stets verfügbar und meist im Preis eingeschlossen.
» Viele Sonderleistungen sind im Preis eingeschlossen.
» Man lernt schnell Leute kennen.
» Ein Arzt fährt immer mit, d. h. die medizinische Betreuung gerade für ältere Passagiere ist gewährleistet.
» Die Kinderbetreuung – i. d. R. ab drei Jahren – zählt zum festen Angebot.
» An Bord wird nur mit der Bordkarte gezahlt, die am Ende der Kreuzfahrt über die Kreditkarte oder bar abgerechnet wird.
» Man muss sich nicht mit ungewohntem Essen auseinandersetzen, denn auf den Schiffen wird internationale Küche angeboten.
» An Deck befindet man sich immer in gesunder Luft und der Klimawechsel bei Fahrten durch verschiedene Klima- und Zeitzonen vollzieht sich langsam und problemlos.

Zusatzinformationen zur Ausstattung von Kreuzfahrtschiffen, zum Programm auf Kreuzfahrtschiffen und zum Verkauf von Kreuzfahrten finden Sie unter LF 7, Kapitel 10.3 auf der beiliegenden DVD.

10.4 Kreuzfahrten in die Ägäis

Kreuzfahrten in der Ägäis bieten den Passagieren Ausflüge in die über 4 000 Jahre alte Geschichte Europas im griechischen Siedlungsraum, mit eindrucksvollen Ruinen und Bauten der ersten Hochkulturen (Minoer und Mykener), aus griechischer, römischer und byzantinischer Zeit sowie der Epochen der Kreuzfahrer, Venezianer, Genuesen und schließlich der Osmanen. Die Kombination von griechischer Inselwelt mit ihren Stränden, ihrer vielfältigen Landschaft und dem reichen kulturellen Erbe macht den Reiz einer Kreuzfahrt in diese Region aus.

Das Fahrtgebiet Ägäis umschließt die Ost- und Nordküste Griechenlands, die ägäische Küste der Türkei bis ungefähr Marmaris, sowie die ägäischen Inselgruppen, die im Süden durch Kreta begrenzt werden.

Klima und Reisezeit

Die Region Ägäis hat ein sommertrockenes Subtropenklima, gekennzeichnet durch lange, sehr warme und trockene Sommer mit viel Sonnenschein und mit mildem, feuchtem Winter. Frühling herrscht von März bis Mai. Die größeren Inseln wie Kreta und Rhodos und das angrenzende Festland haben um 30°C im Sommer, während die kleineren Inseln und die türkische Ägäisküste wegen des zwischen Juni und September wehenden trockenen Nordwindes Meltemi/Etesien unter Umständen ca. 5°C kühler sind (auch Etesienklima genannt).

Die Saison besteht normalerweise vom Frühjahr bis Herbst, da der Mittelmeerraum ab Oktober/November westlichen Luftströmungen ausgesetzt ist und dann zahlreiche Tiefdruckgebiete mit ihren Stürmen und Schlechtwetterzonen dorthin gelangen. Die meisten Schiffe wechseln deshalb im Winter in die Karibik. Inzwischen gibt es aber auch noch in den Monaten November bis März vereinzelt Angebote im Mittelmeer, z. B. von Costa, MSC, NCL und RCCL.

Die Osterzeit kann noch kühl und regnerisch sein.

Nicht nur für Studienreisende ist der Juni ideal, mit angenehmen, warmen Klima mit Bademöglichkeiten und einer Restblütezeit mit grüner Landschaft vor der Hauptsaison.

Ab Juli sind die Felder abgeerntet, die Gräser verdorrt und die Landschaft zeigt sich gelblich-braun.

Ein Badeurlaub ist insbesondere auf Kreta, Rhodos und der türkischen Ägäisküste bis in den Oktober möglich.

In der Wintersaison (November bis April) fällt je nach Region viel Regen (im südöstlichen Teil der Region liegt das Regenmaximum im Frühjahr), die Tagestemperaturen liegen dann im Durchschnitt meist unter 20° C, nachts unter 10° C und zum Baden ist es zu kalt.

Zielhäfen und Ausflüge

Die Ägäis gehört zu den Kreuzfahrten ins Östliche Mittelmeer, die meist ihren Ausgangspunkt von einem italienischen Hafen haben. Dabei werden außer der Ägäis Häfen in Italien, der Westküste Griechenlands, auf Zypern, in Ägypten, in Israel oder Istanbul besucht. Bei siebentägigen Fahrten gehören in der Regel ein bis zwei, bei 10 – 14-tägigen Fahrten ca. drei bis fünf Häfen in der Ägäis zum Programm. Eine Ausnahme bilden einige Kreuzfahrten mit Segelschiffen oder den exklusiven Yachtschiffen, die speziell die griechische Inselwelt der Ägäis zum Ziel haben.

Zu den im Folgenden beschriebenen Landausflügen ist zu ergänzen, dass in den Sommermonaten und abhängig vom Zielgebiet auch reine Badeausflüge zu öffentlichen Stränden oder in hochwertige Hotels mit entsprechender Infrastruktur angeboten werden.

5053342

Das griechische Festland

Die wichtigsten Häfen, die von den großen Kreuzfahrtschiffen auf dem griechischen Festland angelaufen werden, sind Piräus, Volos sowie Nauplia (Peleponnes-Halbinsel).

Häfen	Sehenswürdigkeiten	Typische Landausflüge
Piräus (Athen)	Piräus ist der drittgrößte Mittelmeerhafen und von hier starten alle Ausflüge nach Athen und Umgebung. Piräus wirkt heute eher laut und schmutzig, bietet aber Hafenatmosphäre mit Tavernen, Geschäften sowie ein sehenswertes Schifffahrtsmuseum. Mit der Metro erreicht man das Zentrum Athens in einer halben Stunde.	Athen Delphi Alt-Korinth und Kanal von Korinth Kap Sounion
Volos	Die Hafenstadt mit ca. 100 000 EW ist Ausgangspunkt für einen Ausflug zu den Meteora-Klöstern.	Meteora-Klöster
Nauplia	1. Hauptstadt des freien Griechenlands, sehr schöne Altstadt, teilweise aus osmanischer Zeit, mit gut erhaltenen Gebäuden auch aus dem 19. Jh. Über der Stadt thront die Festungsanlage Palamidi, die vor allem von den Venezianern ausgebaut wurde.	Nauplia Epidauros Mykene

Ausflugsziele	Sehenswürdigkeiten
Athen	Die **Akropolis** (= Oberstadt, Burgberg) ist ein Tempelbezirk aus dem 5. Jahrhundert v. Chr. auf einem etwa 150 m hohen Kalkfelsen, der der Stadtgöttin und Göttin der Weisheit Athena geweiht war und nachts angestrahlt wird. Am Eingang befinden sich die **Propyläen** (Torhalle), weiter geht es zum Athena **Nike Tempel** und zum **Parthenon,** dem Haupttempel der Akropolis. Er war einer der bedeutendsten Tempel der Antike mit 46 dorischen Säulen aus weißem Marmor um einen Innenraum mit der 11 m hohen Statue der Athena Parthenos. Sehenswert ist noch das **Erechtheion,** berühmt für seine Jungfrauenstatuen, die das Dach tragen. Akropolis

Nahe der Akropolis gelegen, breitet sich das älteste und malerischste Stadtviertel Athens aus. Enge, labyrinthische Gassen, niedrige Häuser neben schönen Herrenhäusern, Tavernen und Nachtlokale, zusammen mit vielen Volkskunstgeschäften machen die **Plaka** zu einem der beliebtesten Winkel Athens.

Monastiraki ist der Stadtteil mit den meisten Antiquitäten- und Volkskunstgeschäften jeder Art.

Am **Sintagmaplatz** ist das geschäftige Zentrum und der Repräsentationsplatz Athens. Das angrenzende, ehemalige Königsschloss dient heute als Parlamentssitz. In der Nähe befindet sich der Nationalgarten, eine Oase der Ruhe und Entspannung inmitten des Großstadttrubels.

Das **Archäologische Nationalmuseum** begeistert jeden Besucher den Schätzen des antiken Griechenlands, berühmt u. a. der Mykenische Saal mit der weltberühmten „Goldmaske (Totenmaske) des Agamemnon" (Sieger von Troya). Das **Neue Akropolis-Museum**, am Fuß der Akropolis gelegen, zeigt die Höhepunkte der klassischen Antike.

Delphi	**Delphi** war das Heiligtum des Apollo, Sitz des berühmten Orakels und liegt beeindruckend am Fuß eines steil aufragenden Gebirges. Der **Heilige Bezirk** erstreckt sich entlang der bergauf führenden Heiligen Straße mit den **Schatzhäusern** der Stadtstaaten, dem **Theater** und dem **Apollontempel.** Oberhalb des Heiligen Bezirks liegt das gut erhaltene Stadion.

Ausflugsziele	Sehenswürdigkeiten
Kap Sounion	Ausflug an die Südspitze Attikas mit dem **Poseidontempel** (444 v. Chr.), der auf einem Felsplateau oberhalb des Ägäischen Meeres liegt (besonders sehenswert zum Sonnenuntergang).
Korinth	Besichtigung von **Alt-Korinth,** der Hauptstadt des römischen Griechenlands mit Ruinen von Tempeln und der Agora. Eine Fahrt in den **Kanal von Korinth.** Der 6 km lange Kanal wurde Ende des 19. Jh. erbaut und ist nur 23 m schmal und die Seitenwände erheben sich bis zu 80 m hoch.
Epidaurus	Kurort der Antike mit Ruinen-Gelände, das dem Gott der Heilkunst **Asklepios** geweiht war. In der Nähe das besterhaltene Theater der Antike mit 12 000 Sitzplätzen, berühmt wegen seiner schönen Lage, direkt an einem Hang und seiner berühmten Akustik. Von Juli bis August finden alljährlich **Theaterfestspiele** statt.
Mykene	Über 3 000 Jahre alte Burg, Ausgrabungen durch Schliemann (u. a. die Schätze der Königsgräber mit der Maske des Agamemnon), das **Löwentor** am Eingang der Akropolis und das **Schatzhaus des Atreus.** Löwentor von Mykene
Meteora-Klöster	In einer Berglandschaft mit freistehenden, bizarren **Sandsteintürmen,** von denen einige 300 m hoch sind, befinden sich auf Klippen und Bergspitzen über 24 Klöster, die nur über Leitern oder Seilaufzüge zu erreichen sind. Die meisten davon sind allerdings mittlerweile verlassen. Die Fahrt von Volos dauert ca. 2 Stunden (150 km).

Die Inseln der Ägäis

Am häufigsten werden die Kykladeninseln Mykonos und Santorin sowie Kreta besucht. Die Dodekanes-Insel Rhodos ist ebenfalls sehr beliebt, während Kos (ebenfalls Dodekanes) und die Nordostägäische Insel Samos eher seltener angefahren werden.

Kreta	Ortsbeschreibung	Typische Landausflüge
Heraklion (Kreta)	**Heraklion** ist die Hauptstadt Kretas (ca. 150 000 EW). Zentrum der durch den starken Verkehr und die neuen Betonbauten teilweise unattraktiven Stadt ist der Platz Eleftheriou mit Cafes, Geschäften und Fußgängerzone sowie dem Markt und dem kleinen Park **El Greco** (berühmtester Maler Kretas, der aber in Spanien lebte), weiter sehenswert: der alte Hafen mit der **venezianischen Festung** und das **Archäologische Museum** mit der weltweit größten Sammlung minoischer Funde.	Heraklion Rethymnon Chania Knossos Phaistos Agios Nikolaos/Kritsa Kloster Arkadi Lassithi-Hochebene
Chania (Kreta)	**Chania** ist eine der schönsten Städte der Insel, mit zahlreichen Gebäuden aus venezianischer und türkischer Zeit und einem Hafen mit zahlreichen Cafes und Tavernen. Die Stadt ist auch bekannt für ihre vielen Geschäfte, die Lederwaren anbieten.	wie Heraklion, außer Agios Nikolaos/Kritsa

5053344

Ausflugsziele Kreta	Sehenswürdigkeiten
Rethymnon	In der Altstadt finden sich viele gut erhaltene venezianische und türkische Gebäude, eine riesige **venezianische Festung** überragt den Hafen mit seinem **Leuchtturm** aus dem 13. Jh., der mit seinen zahlreichen Straßencafes ein beliebter Anziehungspunkt für Touristen ist.
Agios Nikolaos	**Agios Nikolaos** gilt als einer der schönsten (und auch meistbesuchten) Ferienorte Kretas, herrlich gelegen am **Golf von Mirabello** mit einem lebhaften Hafen, dem ein See vorgelagert ist, vielen Tavernen und Einkaufsstraßen.
Kritsa	Eines der sehenswerten kretischen Bergdörfer, oberhalb von Agios Nikolaos gelegen mit **Blick auf die Mirabello Bucht,** bekannt wegen seiner **byzantinischen Kirche** und Zentrum kretischer Handwerkskunst (Spitzen, Teppiche und Stickereien).
Knossos	Der Palast von **Knossos** ist die besterhaltene bzw. rekonstruierte minoische Anlage des Königs Minos (ca. 1700 v. Chr.), Detailfunde befinden sich im Archäologischen Museum von Heraklion. Kreta – Archäologisches Museum von Heraklion
Phaistos	Der **Palast von Phaistos** ist die zweitgrößte minoische Palastanlage Kretas. Das Ruinenfeld liegt auf einem Hügel mit schönem **Blick auf die Küste und das Ida-Gebirge.**
Arkadi-Kloster	**Nationalheiligtum** der Kreter, da 1866 hier während der türkischen Belagerung Hunderte von Griechen Selbstmord begangen haben.
Lassithi-Hochebene	Sehr fruchtbare Hochebene, von Bergen eingerahmt, charakteristisch sind die vielen **Windmühlen.** Die Orte sind durch eine Ringstraße miteinander verbunden. Höhepunkt eines Ausflugs ist die **diktäische Höhle bei Psychro,** dem sagenhaften Geburtsort des Göttervaters Zeus.

Insel	Sehenswürdigkeiten/Ausflüge
Mykonos	Im Gegensatz zu vielen anderen Kykladen-Inseln ist Mykonos relativ flach (Höchste Erhebung 390 m). Die Vegetation sehr spärlich (kaum Bäume). Die Insel überzeugt mit vielen Sandstränden.
	Mykonos ist die **Partyinsel** der Ägäis mit internationalem Flair und entsprechend hohen Preisen. **Mykonos-Stadt** (Chora) ist das Zentrum des Nachtlebens. Der Ort zieht sich mit seinen weißen, kubischen Häusern, zahlreichen Kirchen, engen verwinkelten Gassen und mehreren Windmühlen im Halbrund um eine molengeschützte Bucht.
	Das **Kastro,** der älteste Teil der Stadt, erhebt sich hoch über dem Hafen. Hier befindet sich das **Volkskundemuseum** (u. a. mit einer restaurierten Windmühle) sowie das beliebte Postkartenmotiv, die Kirche **Panagia Paraportiani.**
	Das **Künstlerviertel Venetia** (Klein-Venedig) ist unten am Hafen. Die bemalten Balkone der Häuser ragen bis ins Meer, hier trifft man sich abends zum Sundowner.
	Ano Mera ist der einzige nennenswerte Ort im Inland mit zwei sehenswerten Klöstern.

Insel	Sehenswürdigkeiten/Ausflüge	
Mykonos *(Fortsetzung)*	Die Nachbarinsel **Delos** ist heute unbewohnt. In der Antike war sie dem Gott Apollon geweiht. Sehenswert sind die berühmte **Löwenterasse,** das antike Theater, der Apollontempel und die Tiermosaike.	 Löwenterrasse
Santorin	Die halbmondförmige **Vulkaninsel** entstand bei einem Vulkanausbruch um 1450 v. Chr. und besteht letztlich nur aus den Resten eines Kraterrandes des im Meer versunkenen Vulkans. Der Blick von der Steilküste des Kraterrandes (bis 370 m) auf das Halbrund des Kraters und das darunter liegende Meer mit drei kleineren Inseln ist unvergleichlich. Dies gilt ebenso für den Blick, der sich den Kreuzfahrtgästen bietet, wenn die Schiffe im sogenannten **Golf von Santorin** ankern. Der Hauptort der Insel **Thira/Fira** liegt terrassenförmig am Kraterrand und bietet herrliche Ausblicke. Mit seinen vielen Hotels, Bars, Restaurants und Geschäften in den engen Gassen ist er auch ein Zentrum des Nachtlebens auf der Insel. **Oia** der kleine, beschaulichere Ort im Norden der Insel besteht aus einem Labyrinth von Gässchen, Treppen, weißen Häusern und bietet den besten Blick auf den Golf von Santorin. Der Ort ist berühmt für seine atemberaubende Sonnenuntergänge. Der **Golf von Santorin** lädt zu einer Bootsfahrt mit Besuch der Inseln **Nea Kameni** (Vulkankrater) und **Palea Kameni** (heiße Schwefelquellen) ein.	

Rhodos	Ortsbeschreibung	Typische Landausflüge
Rhodos-Stadt	Hauptattraktion ist die von den Kreuzrittern des Johanniter-Ordens erbaute **Altstadt** aus dem 14.–16.Jh.: » **Stadtmauer:** 4 km lang, bis zu 12 m breit, » **Großmeisterpalast:** Kastell mit dreifachem Mauerring, an der höchsten Stelle der Stadt gelegen, » **Ritterstraße:** Ritterherbergen säumen diese Straße, » **Ordensritterhospital:** heute ein Archäologisches Museum, » **Türkisches Viertel** mit Moschee, türkischem Bad (Hamam). **Mandraki-Hafen:** Yachthafen außerhalb der Altstadt, Bronzestatuen von Hirsch und Hirschkuh flankieren die Einfahrt, angeblicher ehemaliger Standort des Kolosses von Rhodos, eines der antiken Weltwunder.	Rhodos-Stadt Petaloudes Kamiros Lindos

5053346

Ausflugsziele	Sehenswürdigkeiten
Petaloudes	Von Juni bis September bevölkern Tausende von Schmetterlingen das sogenannte **Tal der Schmetterlinge,** das in einer schmalen, grünen Schlucht liegt.
Lindos	Von der Akropolis, die auf einem 125 m hohen **Tafelberg** über dem Meer erbaut wurde, sind sehenswerte Reste einer antiken **Tempelanlage** erhalten. Sie wurden von den Johannitern im 15. Jh. mit einer mächtigen **Festungsmauer** umgeben. Der Ort selbst besteht aus weißen Häusern, die sogenannten **Kapitänshäuser,** die sich im Schatten der Festung am Burgberg entlang ziehen. Der ganze Ort gehört zu den bekanntesten Ausflugszielen der Insel.  Lindos
Kamiros	Eine der besterhaltenen griechischen Städte der Antike, auf einer Anhöhe gelegen.

Insel	Sehenswürdigkeiten/Ausflüge
Kos	Der Hauptort **Kos** bietet Strände, Nachtleben, griechische und römische Ausgrabungen, eine mächtige **Johanniterfestung am Hafen** und ein Archäologisches Museum mit sehenswerten Mosaikböden und Statuen aus römischer Zeit. Auf dem Marktplatz steht die Platane des Hippokrates, dem berühmtesten Arzt der Antike, der auf Kos geboren wurde. Landausflüge: **Kos-Stadt,** ein Besuch des 4 km entfernten **Asklepieion** (Ausgrabungsstätte mit Tempeln, medizinischer Schule und Krankenhaus, die sich über drei Terrassen erstreckt), Ausflug zu den **Asfendiou-Dörfern** (an den bewaldeten Hängen eines 846 m hohen Berges gelegen) mit viel griechischem Flair und vielen Geschäften und Tavernen.
Samos	Die relativ grüne, bewaldete Insel bietet eine malerische, an einem Bergrücken gelegene, überschaubare Insel-Hauptstadt, die im Halbkreis um die geschützte Hafenbucht liegt. Geschäfts- und Touristenzentrum ist die im 19. Jh. gegründete Unterstadt am Hafen, während die über 400 Jahre alte Oberstadt mit ihren Pflastergassen wesentlich weniger hektisch wirkt. Das Museum in der Stadt zeigt die Funde aus der berühmtesten Ausgrabungsstätte der Insel – dem **Heraion** – Pilgerstätte und Tempelanlage, der Göttin Hera gewidmet. Landausflüge: **Samos-Stadt,** Inselrundfahrten mit einem Besuch von Pythagorio (kleiner Hafenort, ehemalige, antike Hauptstadt mit einem antiken, unterirdischen Äquädukt, Geburtsort des Pythagoras) und dem Heraion.

Die türkische Ägäisküste

Die türkische Ägäisküste ist ein uraltes Siedlungsgebiet und insbesondere Griechen und Römer haben hier zahlreiche Spuren hinterlassen. Wegen ihrer Nähe zur antiken Stadt Ephesus sind Izmir und Kusadasi die Häfen mit den meisten Ankünften.

Türkische Ägäisküste

Kreuzfahrt-häfen	Ortsbeschreibung	Typische Landausflüge
Diliki	Das kleine Städtchen (ca. 13 000 EW) ist für Einheimische ein beliebter Badeort. Als Kreuzfahrthafen bekannt ist es wegen seiner Nähe zu der antiken Ausgrabungsstätte von Pergamon.	Pergamon
Izmir	Die drittgrößte Stadt (ca. 2,9 Mio.) der Türkei hieß in der Antike Smyrna. Sie ist kein erstrangiges Ausflugsziel, da Smog und Verkehrschaos das mediterrane Leben begleiten und die Altstadt 1922 bei einem Feuer zerstört wurde. Sehenswert sind der Burgberg mit grandiosem Ausblick, der Basar, die römische Agora und die Seepromenade mit Restaurants, Cafes, Bars.	Pergamon Ephesus
Kusadasi	Lebhaftes Touristenzentrum der türkischen Ägäis mit hervorragendem Bade-, Einkaufs- und Unterhaltungsmöglichkeiten. Beliebtes Kreuzfahrtziel wegen der Ausflugsziele, z. B. nach Ephesus und Pamukkale. Auf der vorgelagerten **Taubeninsel (= Kusadasi)** befindet sich eine genuesische Festung mit Restaurant und Disco.	Ephesus Pamukkale Priene Milet Didyma
Bodrum	Die Bucht von **Bodrum** bietet eines der malerischsten Panoramen der Mittelmeerküste. Weiße Häuser vor grüner hügeliger Landschaft und dem Blau der weitgeschwungenen Bucht mit dem **Johanniterkastell St. Peter** (mit einem einzigartigen Unterwasserarchäolgie-Museum) und Yachthafen bieten eine wunderbare Kulisse, die viele Künstler- und Lebenskünstler anzieht und eine mit Ibiza oder St. Tropez vergleichbare Szene mit zahlreichen Unterhaltungsmöglichkeiten entstehen ließ. In **Halikarnassos,** wie Bodrum in der Antike hieß, stand ein weiteres der sieben antiken Weltwunder: das **Mausoleum von Halikarnassos** (Grabtempel für König Mausolos, 4. Jh. v. Chr.), das wahrscheinlich durch Erdbeben beschädigt wurde und im Johanniterkastell im 15. Jh. verbaut wurde.	Bodrum Halikarnassos
Marmaris	Das in einer malerischen Bucht mit kleineren felsigen Inseln gelegene Marmaris ist heute eines der Tourismuszentren der Türkei, mit umfassender touristischer Infrastruktur einschließlich eines modernen Yachthafens. Hübschester Teil ist die Altstadt um ein kleines osmanisches Kastell; an der langen Uferpromenade befinden sich viele Restaurants und in der Bar Street viele Discos.	Dalyan Kaunas Fethiye

Ausflugsziele	Sehenswürdigkeiten
Pergamon	Das heutige **Bergama** (traditionelle türkische Stadt mit Basargassen – altem Handwerk, Teestuben etc.) wird überragt vom griechischen Burgberg (Akropolis) mit dem steilsten **Amphitheater** der Antike. In der Nähe befinden sich auch Ausgrabungen des griechischen Asklepieions (antiker Kurort nach dem griechischen Heilgott Asklepios). Bergama war im 3. Jh. Zentrum des Hellenismus – hier befand sich die zweitgrößte Bibliothek des Altertums (Pergamentrollen) und auch der Pergamon-Zeus-Altar (heute in Berlin im Pergamon-Museum). Pergamon

5053348

Ausflugsziele	Sehenswürdigkeiten
Ephesus	**Ephesus** ist das größte Ausgrabungsgebiet der Westküste und zeigt Überreste einer antiken Weltstadt, die als Hafen- und Handelsstadt wohlhabend wurde und als Standort des **Artemistempels,** eines der sieben Weltwunder, als Hauptstadt der römischen Provinz Asia und als Wirkungsstätte des Apostels Paulus und Sterbeort Marias eine bedeutende Rolle spielte. Ephesos
	Die wichtigsten Details des ausgedehnten Ruinenfeldes: Museum (u. a. mit Artemis-Statue), Großes Theater mit Blick über die Hauptstraße zum verlandeten Hafen, **Celsus-Bibliothek** mit sehr schöner Schaufassade und sehr gut erhaltenen Hauptstraßen (u. a. Hafen- und Marmorstraße) und dem Hadriantempel an der Straße der Kureten (Priester), **„Haus der Mutter Maria"** (Pilgerstätte).
Pamukkale	**Pamukkale (= Baumwollschloss),** eines der beeindruckendsten Naturphänomene des Mittelmeerraumes, entstanden durch den Ausfall von grauweißem Kalk bei der Abkühlung des heißen Quellwassers, das von einem Hügel in der Nähe des Ortes in Terrassen gestaffelt hinunterfließt. Inzwischen sind alle Hotels oberhalb der **Sinterterassen** stillgelegt, übrig geblieben ist ein preiswertes Thermalschwimmbad, auf dessen Grund die Badenden antike Säulen liegen sehen. Etwas oberhalb der Anlage befinden sich die Ruinen des römischen Kurortes **Hierapolis** sowie eine riesige **Nekropole** (Grabstätten).
Priene Milet Didyma	**Priene:** Antike verlandete Hafenstadt aus dem 4. Jh. v. Chr. Auf einem Bergrücken gelegen, zeigt das Ruinenfeld eine klassisch griechische Stadtanlage. Sehenswert sind der an einer Felswand gelegene Athena-Tempel, ein Theater und der **Agorabezirk,** an dem zahlreiche öffentliche Bauten freigelegt wurden.
	Milet war das politische und kulturelle Zentrum Ost-Griechenlands; heute beeindrucken vor allem das Theater, die Reste des riesigen Agora-Bezirks und die römischen Thermen der Faustina mit ihren unterschiedlichen Bädern.
	Didyma war keine Stadt, sondern nur der Tempelbezirk von Milet und neben Delphi war es die berühmteste Orakelstätte in der Antike. Hauptsehenswürdigkeit sind die Fragmente des riesigen **Apollon-Tempels.** Einige aufgerichtete Säulen, das Portal sowie ein großes Medusenhaupt vermitteln noch heute den monumentalen Charakter der früheren Anlage.
Dalyan/ Kaunos	Der **Dalyan-Strand,** mit den dort brütenden Meeresschildkröten, gehört zu einem der beliebtesten Tagesausflugsziele. Von dort geht es meist mit Booten auf dem Köycegiz-See zur nahe gelegenen antiken Stadt **Kaunos.** Sehenswert sind vor allem die monumentalen **lykischen Felsengräber** sowie ein Theater (mit schönem Blick über die Küste), Tempelfundamente und eine byzantinische Festung.
Fethiye	Bekannt durch die vielen **lykischen Felsengräber,** die idyllischen Strände und die zum Teil unbewohnten vorgelagerten Inseln, ist **Fethiye** heute ein Zentrum des Fremdenverkehrs. Ein ganz eigenartiges Flair verbreiten die noch vereinzelt zwischen den Häusern stehenden **lykischen Schiffskielsarkophage** sowie die Tempelfassadengräber im Steilhang über der Stadt. Der in 12 km Entfernung liegende Traumstrand **Ölü Deniz** zählt mit seiner geradezu paradiesischen Küstengebirgslandschaft zu den schönsten Stränden der Türkei.

Verkaufsargumente für die Destination Ägäis

» Angenehme Temperaturen mit Bademöglichkeiten von Mai bis Oktober
» Einzigartige Kulturregion mit Zeugnissen aus der über 4 000 Jahre alten Geschichte Europas mit dem Schwerpunkt griechische Antike.
» Der besondere Reiz der griechischen Inselwelt liegt in ihrer Kombination von vielfältiger Landschaft, malerischer Architektur ihrer Dörfer, den Stränden und dem reichen kulturellen Erbe.
» Die Vielzahl an sehenswerten Häfen ermöglichen wenige Seetage bei einer Kreuzfahrt.
» Die Kreuzfahrt lässt sich gut mit dem Badeurlaub vor Beginn oder nach Ende der Reise kombinieren.

Aufgaben

1_ Ein Kunde, der schon mehrere Seereisen gemacht hat, interessiert sich für eine Flusskreuzfahrt und möchte von Ihnen wissen, ob denn da ein grundsätzlicher Unterschied bestehe. Nennen Sie ihm im Verkaufsgespräch fünf typische Vorteile einer Fluss- gegenüber einer Seekreuzfahrt.

2_ Welche Freizeitangebote stehen den Passagieren auf einem Flusskreuzfahrtschiff in Zentraleuropa zur Verfügung? Beantworten Sie diese Frage mithilfe des entsprechenden Kataloges oder des Internets am Beispiel eines Veranstalters der Premiumklasse!

3_ Was versteht man unter dem Paketgeschäft in der Flusskreuzfahrt?

4_ Warum liegen in Zentraleuropa in den Wintermonaten die Schiffe still?

5_ Beschreiben Sie bitte mithilfe des Atlas das Flusssystem der Donau von der Quelle bis zur Mündung!

6_ Die Donau durchfließt oder bildet die Grenze für insgesamt zehn Staaten. Wie heißen die Staaten und ihre Hauptstädte (von der Quelle bis zur Mündung)?

7_ Welche Besonderheit kennzeichnet die Reiseroute Wien – Budapest – Linz?

8_ Welche Anreisewege für die Reise Bukarest – Donaudelta – Passau kommen nicht infrage?

Zusätzliche Aufgaben zu Kapitel 10 finden Sie auf der beiliegenden DVD.

11 Cluburlaub am Beispiel der türkischen Riviera

11.1 Der Cluburlaub

Die Idee des Cluburlaub geht auf den Mitbegründer des „Club Méditerranée", Gérard Blitz, zurück, der 1950 für seine Urlaubsgäste auf Mallorca ein Zeltlager anbot und dabei auch für die Unterhaltung seiner Gäste sorgte.

Bei den großen Cluburlaub-Anbietern (z. B. Club Med, Robinson Club und 1-2-fly-Fun-Club von TUI, Aldiana von Thomas Cook oder Club Calimera von Rewe) lassen sich Gemeinsamkeiten feststellen, anhand derer diese Urlaubsart gut zu charakterisieren ist:

» professionelles Sportprogramm,
» professionelle Kinderbetreuung,
» ein abwechslungsreiches Unterhaltungsprogramm sowie
» gute und reichhaltige Restauration.

Die Clubanlage, die oft der landestypischen Kultur nachempfunden ist oder berühmten Vorbildern (z. B. der Topkapi- Palast), in ihrer in der Regel landschaftlich reizvollen Umgebung sowie die professionelle Animation runden das umfangreiche Leistungsangebot ab. In diesem Ambiente wächst die Kommuniktionsbereitschaft, die das eigentliche Geheimnis für Akzeptanz und Erfolg des Cluburlaubs ist.

11.2 Die türkische Riviera

Sie erstreckt sich von **Tekirova/Kemer** bis hin nach **Alanya** und ist geprägt vom Golf von Antalya. Ein selbst in den Wintermonaten angenehmes Klima, schöne Sandstrände, ausgezeichnete Hotels und Clubanlagen sowie eine Fülle von Sehenswürdigkeiten – von Ruinenstädten, antiken Theatern bis hin zu großartigen Kreuzfahrerfestungen. Schon Marc Anton überließ diese Küste angeblich Kleopatra als Hochzeitsgeschenk.

Der **Flughafen Antalya (AYT)** wird von fast allen deutschen Charterflughafen bedient. Die Flugzeit beträgt ca. 3 Std.

Die teils pinienbewachsene, schroffe Berglandschaft des Taurusgebirges im Hinterland (bis über 3 000 m Höhe) sowie fruchtbare Ebenen, besonders um Antalya und Side, prägen die Landschaft. Die meist großen modernen Hotel- und Clubanlagen liegen überwiegend direkt am Strand außerhalb der Urlaubsorte und bieten häufig „all-inclusive-Comfort", ein breites Sportangebot für jeden Urlaubertyp und dazu Ausflugsprogramme und Animation.

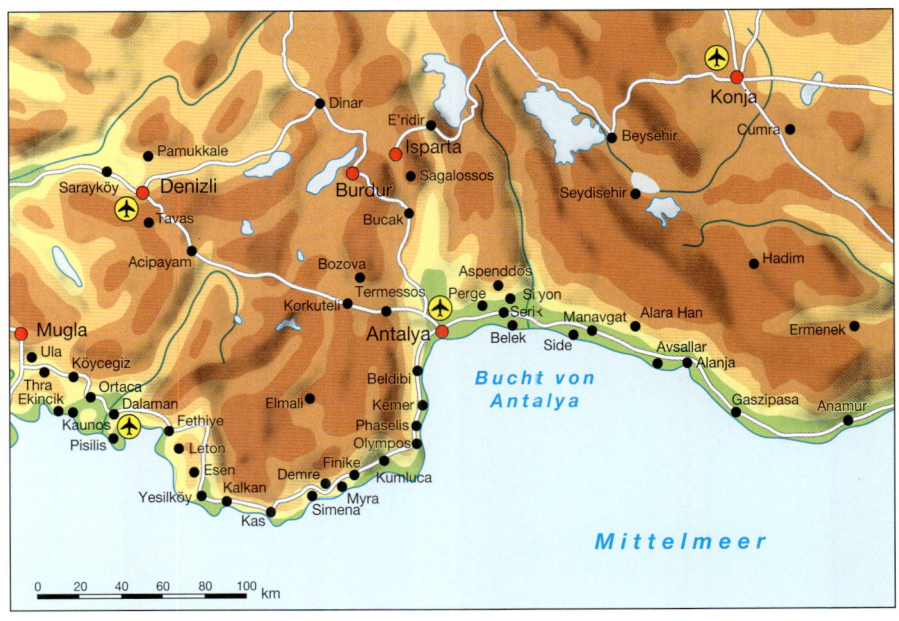

Antalya

Die Provinzhauptstadt **Antalya** mit ca. 600 000 Einwohnern gilt als die schönste Stadt der türkischen Mittelmeerküste. Sie ist berühmt für ihre schattigen Palmenboulevards, die malerische Altstadt und für den Jachthafen. **Sie breitet sich über eine felsige Terrasse** aus, die zu einer Bucht mit dem alten Hafen abfällt. Im Hintergrund bilden die Berge ein effektvolles Panorama. Im Osten zieht sich ein schöner langer Sandstrand (Lara-Strand) hin, der durch Bäche und Wasserfälle unterbrochen ist. Hier liegen auch einige 5-Sterne Hotels. Im Westen breitet sich der große Stein- und Kiesstrand von Konyaalti aus.

Sehenswert: Das gewaltige **Hadrianstor** mit seinen drei Bögen und den Marmorornamenten (130 n. Chr.) und die **Altstadt** mit den verwinkelten Gassen und Gebäuden aus osmanischer Zeit mit Souvenir- und Bazarläden und immer wieder Cafes/Restaurants mit Blick auf den Hafen. Die Altstadt wird überragt von dem **Yivili Minarett,** *dem Wahrzeichen der Stadt.* Die Parks auf den Klippen direkt am Meer laden zu einem Spaziergang ein. Das **Archäologische Museum** gilt als eines der bedeutendsten der Türkei mit sehenswerten Skulpturen aus vor allem hellenistischer und römischer Zeit. In

der Nähe des Lara-Strandes ergießen sich die unteren **Düden-Wasserfälle** über 50 m ins Meer.

Antalya und Umgebung

Konyaalti Beach Park erstreckt sich auf 3 km Länge, 16 verschiedene Abschnitte laden zum Verweilen ein, wobei es Liegen und Sonnenschirme nur gegen Gebühr gibt, zum Park gehören Cafes, Restaurants und ein über 500 000 qm großes Areal mit Sportangeboten, abends viele Beach- Partys und andere Unterhaltungen.

Lara: junges Urlaubsgebiet mit feinen, hellen Sandstränden. Hier befinden sich fast ausschließlich 5-Sterne-Luxushotels mit beeindruckender Architektur und großen Außenanlagen.

Lara Beach Park: auf 2 km Länge bietet der Küstenabschnitt Cafes, Restaurants, Bars und zahlreiche Diskotheken, am Abend wandelt sich der Sandstrand zur Partymeile.

Kundu: ebenfalls relativ neues Feriengebiet mit Themenhotels auf hohem Niveau.

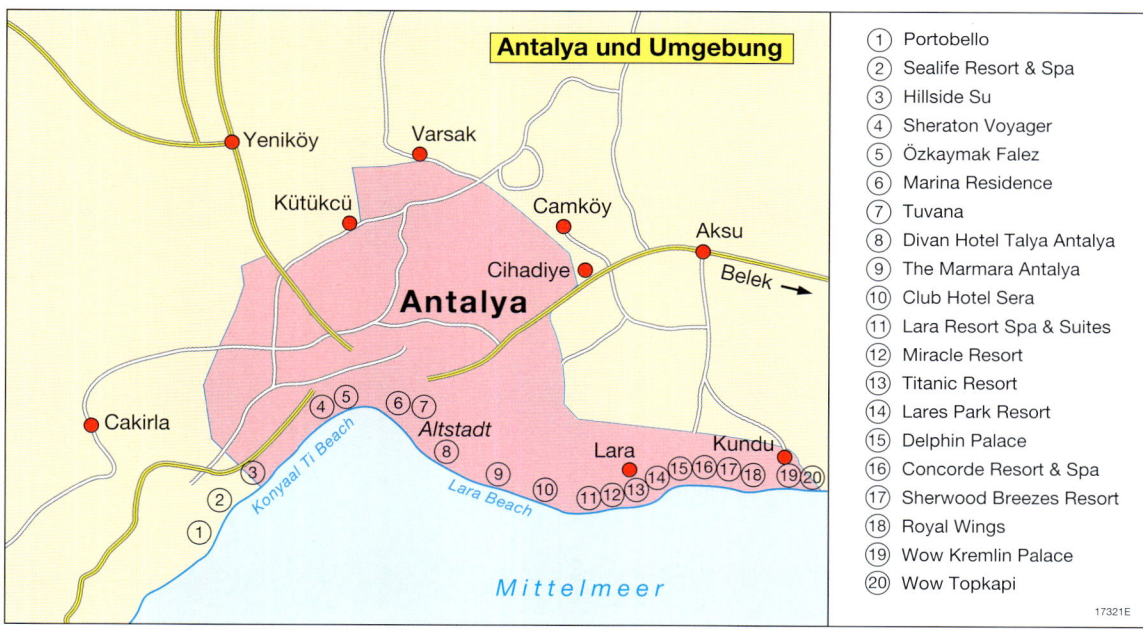

Antalya und Umgebung

1. Portobello
2. Sealife Resort & Spa
3. Hillside Su
4. Sheraton Voyager
5. Özkaymak Falez
6. Marina Residence
7. Tuvana
8. Divan Hotel Talya Antalya
9. The Marmara Antalya
10. Club Hotel Sera
11. Lara Resort Spa & Suites
12. Miracle Resort
13. Titanic Resort
14. Lares Park Resort
15. Delphin Palace
16. Concorde Resort & Spa
17. Sherwood Breezes Resort
18. Royal Wings
19. Wow Kremlin Palace
20. Wow Topkapi

17321E

5053352

Kemer und Umgebung

Über hundert Hotels, davon etliche in der 5-Sterne-Kategorie, Feriendörfer, Campingplätze und noch immer neue Baustellen – das ist Kemer. Kein Fischerdorf wie noch zu Anfang der 1980er Jahre, aber auch keine Großbaustelle mehr, sondern ein Ort für Urlauber, samt einer Vielzahl von Buchten und Stränden (Kies) mit Tennisplätzen und Yachthafen *vor der Kulisse des Taurusgebirges.* Die Hotels liegen meist außerhalb in kleineren Orten wie **Beldibi, Camyuya** und **Tekirova.**

Beldibi: dichte Pinienwälder mit langen Kieselstränden vor einem wilden Berpanorama.

Göynük: Ferienanlagen, die in natürliche Vegetation aus Pinien und Oleander eingebettet wurden.

Kemer-Stadt: lebhaftes Treiben am Yachthafen, mit vielen Geschäften, Bars, Lokalen sowie uriger Wochenmarkt mit vielfältigen Obst- und Gemüseangeboten.

Camyuva: zu Fuß oder per Fahrrad kann man die reizvolle Landschaft mit dem großartigen Panorama des Taurusgebirges im Hintergrund erkunden.

Tekirova: die langen, breiten Sandstrände zählen zu den schönsten der Region und laden zu ausgedehnten Spaziergängen ein.

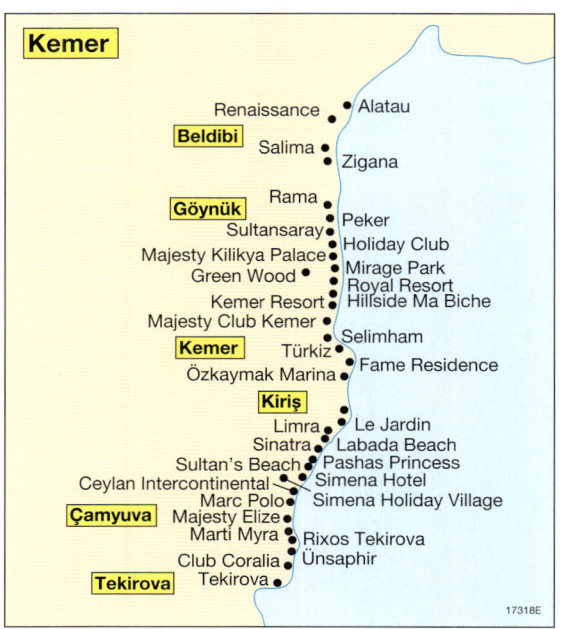

Zwischen Antalya und Alanya

Die in den letzten Jahren entstandene reine Urlaubsregion **Belek** liegt ca. 35 km östlich von Antalya. Der über 20 km lange Sandstrand (teilweise mit Kies) ist breit und flach abfallend. Die Hotels zählen zur gehobenen Luxus-Kategorie. Mit mehreren Golfplätzen, darunter ein 27-Loch-Platz, ist Belek das Golfzentrum der Südtürkei. In den Hotels und Clubanlagen stehen meist eine Vielzahl von Tennisplätzen zur Verfügung, Segeln, Surfen und Bootsfahrten runden das Angebot ab. Platz genug ist noch vorhanden, das Gebirge tritt hier weit von der Küste zurück.

In der weiten Bucht westlich und östlich des auf einer Landzunge gelegenen Ortes **Side** erstrecken sich Sandstrände, die zu den schönsten der Südküste gehören. Am Eingang des bereits in der Antike bekannte Ortes befindet sich das antike Theater aus römischer Zeit. Von den oberen Rängen hat man einen ausgezeichneten Blick über die Stadt und die Umgebung. Das Theater bildet einen Teil der mächtigen inneren Stadtmauer aus dem 4. Jh. v. Chr. In unmittelbarer Nähe befindet sich das Haupttor (Hadrianstor). Durch die lebhafte Hauptstraße (viele Souvenir-, Teppich-, Schmuck-, Ledergeschäfte) kommt man am Hafen zu den Resten eines Apollotempels.

In den Abendstunden erwacht Side zum Leben. Eine Vielzahl von Bars, Restaurants, Diskotheken und Geschäften lässt keine Langeweile aufkommen. Zusammen mit Manavgat werden etwa 65 000 Betten angeboten. Die kleine Provinzstadt **Manavgat** wird wegen der Wasserfälle des gleichnamigen Flusses viel besucht – entsprechend zahlreich sind die Restaurants und Picknickplätze. Auch der Montagsmarkt ist inzwischen sehr bekannt und zieht viele Touristen an.

Incekum, türkisch für „Feiner Sand", ist ein weitläufiges Strandgebiet, gelegentlich etwas kieselig. An der Rückfront der Hotels verläuft die Hauptstraße nach Alanya.

Hinter Incekum sind die Ausläufer des Taurus schon dicht an das Meer herangerückt. Dann plötzlich steigt in der Ferne ein steiler Berg aus dem Meer (120 m), der von kilometerlangen Mauern einer Seldschukenfestung gekrönt wird, die oberhalb von **Alanya** liegt. Die Zitadelle aus dem 13. Jh. mit ihrem doppelten Mauerring hat 150 Türme. Darin befindet sich eine Moschee, eine byzantinische Kirche, ein Basar, eine Karawanserei sowie Zisternen. Am Hafen von Alanya befindet sich der wuchtige, 33 m hohe Rote Turm (Wahrzeichen der Stadt) sowie eine Schiffswerft aus dem 13. Jh. Von dort gelangt man entlang der Hafenpromenade in das Basarviertel Alanyas mit Läden, Teehäusern und Restaurants. Diskotheken, Pubs und Bars mit internationalem Publikum warten abends auf die Nachtschwärmer, die Alanya aus diesem Grund als Reiseziel zu schätzen wissen.

Ausflüge

35 km nördlich von Antalya befindet sich in 1 050 m Höhe die antike Stadt **Termessos,** deren auf einem schmalen Felssattel gebautes Theater einen grandiosen Rundblick bietet.

Ein weiteres Highlight ist **Perge.** Die Agora wurden rekonstruiert, eine lange Kolonnadenstraße vom Südtor zum Akropolisberg wurde freigelegt; besonders sehenswert: das doppeltürmige hohe Tor mit hufeisenförmigen Hof und Gewölben. Außerhalb der Stadttore befindet sich ein ungewöhnlich gut erhaltenes Stadion und das in römischer Zeit umgebaute Theater.

Das besterhaltenen Theater der Antike befindet sich in **Aspendos.** Dieses Theater, das 20 000 Zuschauern Platz bot, wird noch heute bei den jährlichen Sommerfestspielen von Antalya genutzt. Außerdem Reste u. a. eines Stadions und eines Aquädukts.

Nördlich von Aspendos liegt der Köprülü Kanyon Nationalpark mit großen Wäldern, bizarren Felsen und einem der tiefsten Cañons der Türkei.

Die Festung **Anamur** gilt als schönste Burg der Südküste. Die vollständig erhaltenen Mauern ziehen sich direkt am Meer entlang.

Verkaufsargumente für die Destination Cluburlaub an der türkischen Riviera

» Schöne Sandstrände vor der Kulisse des Taurusgebirges ermöglichen genussvollen Badespaß und Wassersport.
» Zahlreiche Clubanlagen direkt an den Stränden bieten eine große Auswahl für jeden Geschmack.
» Eine Fülle von Sehenswürdigkeiten – von Ruinenstädten, antiken Theatern bis hin zu großartigen Kreuzfahrerfestungen – bietet Abwechslung vom Clubleben.
» Ein selbst in den Wintermonaten angenehmes Klima ergänzt die Annehmlichkeiten eines Cluburlaubs.
» Eine Vielzahl von Bars, Restaurants und Geschäften lässt in vielen Orten wie Kemer, Side oder Antalya auch außerhalb der Clubanlage keine Langeweile aufkommen.
» Der Flughafen Antalya wird von fast allen deutschen Charterflughäfen bedient.

Aufgaben

1_ Warum ist die türkische Riviera das besondere Badegebiet der Türkei?

2_ Schlagen Sie Kunden, die eine Reise nach Kemer bei Ihnen gebucht haben, drei Tagesausflüge vor und beschreiben Sie kurz, was die Kunden dort erwartet.

3_ Erklären Sie den Kunden, was ist eine blaue Reise ist!

4_ Die Kunden fragen Sie, wo es gute Möglichkeiten gibt, Golf zu spielen. Welchen Ort empfehlen Sie?

5_ Wie lautet der 3-Letter-Code von Antalya?

6_ Beschreiben Sie, welche Sehenswürdigkeiten die Kunden auf einem Ausflug östlich von Antalya besichtigen können!

Reiseleistungen für Privat- und Geschäftsreisende vermitteln und organisieren

1 Spezifische Bedürfnisse von Privat- und Geschäftsreisen

Die spezifischen Bedürfnisse und Motive von Privatreisenden sind im Lernfeld 3 dargestellt. In diesem Abschnitt wird deshalb nur auf wesentliche Unterschiede und Gemeinsamkeiten von Privat- und Geschäftsreisen eingegangen.

Privat- und Geschäftsreisen lassen sich anhand einiger Kriterien unterscheiden:

Kriterium	Geschäftsreise	Privatreise
Motiv/Anlass	Fremdbestimmt, durch Arbeitsverhältnis begründet	Selbstbestimmt, private Bedürfnisse und Interessen
Reisezeit/Saison	Arbeitswoche, ganzjährig	Am Wochenende, in der Urlaubs-/Ferienzeit
Reiseziel	Vorgegeben durch beruflichen Anlass, vorwiegend in wirtschaftliche Zentren	Entscheidung durch Reisenden, vorwiegend in Urlaubsregionen
Beförderungsmittel	Vorgegeben durch Arbeitgeber (Reiserichtlinien)	Entscheidung durch Reisenden
Buchungszeitraum	Überwiegend kurzfristig bei voller Flexibilität	Eher langfristig und Bindung an die Reservierung
Finanzierung	Arbeitgeber	Reisender
Umbuchungen	Häufig, z. B. durch Terminänderung	In Ausnahmefällen, z. B. Krankheit

Die klassischen Reiseanlässe für Geschäftsreisen sind Beratungs- und Verkaufsaktivitäten sowie die zum MICE Travel Bereich[1] gehörenden Besuche von Kongressen, Messen und Schulungen. Sie haben in den letzten Jahren für Hotels immer mehr an Bedeutung gewonnen. Die Anforderungen an die Professionalität in der Ausrichtung von Veranstaltungen sind z. B. mit Hotelzertifizierungen (Certified Business Hotel, Certified Conference Hotel oder Certified Green Hotels des VDR) gewachsen. Nach den Geschäftsreiseanalysen des VDR (Verband Deutsches Reisemanagement e.V.) ist das Geschäftsreisevolumen in Deutschland, gemessen am Umsatz, fast gleich groß wie das der Privatreisen.

Viele Geschäftsreisen führen in Länder/Regionen, darunter viele wirtschaftlich expandierende Regionen, die im normalen Tourismusgeschäft nur eine geringe Rolle spielen, z. B. Osteuropa, Russland, Südamerika, Naher Osten sowie in Schwellen- und Entwicklungsländer.

Ausländische Produktionsstätten deutscher Unternehmen spielen hier eine große Rolle. Geschäftsreisen können sich auch über einen längeren Zeitraum erstrecken wie z. B. bei Langzeitentsendungen von Mitarbeitern (Expatriates) zum Aufbau oder der Leitung eines Projekts.

Geschäftsreisende gelten als besondere Zielgruppe, die bestimmte Bedürfnisse haben bzw. Anforderungen stellen. Dazu zählen u. a.
» Hohe Ansprüche an Pünktlichkeit und Zuverlässigkeit der Beförderung;
» Hohe Service- und Komfortansprüche;
» Beratung zu Visa-Bestimmungen und Fortbewegungsmittel vor Ort, z. B. Mietwagen oder Taxi;
» Flexibilität bei der Reservierung, Buchung und Umbuchung;

---

1 Meetings – Tagungen, Incentives – Anreiz- und Belohnungsreisen, Conferences/Conventions – Konferenzen/Kongresse, Exhibitions/Events – Ausstellungen/(andere) Veranstaltungen

» Hohe Verfügbarkeiten auch bei kurzfristigem Bedarf;
» Sicherheit der Transportmittel;
» Zentrale Lage des Hotels;
» WLAN-Zugang, EDV-Arbeitsplatz, Aufenthalts- und Konferenzräume und
» Beratung über Kundenkarten und deren Leistungen.

Bis auf wenige Ausnahmen sind die oben genannten Punkte für Privatreisende natürlich ebenfalls von Bedeutung. Für sie spielt aber der Preis eine größere Rolle, sodass gegebenenfalls bei einem niedrigeren Preis bestimmte Bedürfnisse/Anforderungen als weniger wichtig erachtet werden.

Für den einzelnen Geschäftsreisenden hat die Preisgestaltung tendenziell eine untergeordnete Bedeutung, denn Geschäftstermine werden gegebenenfalls kurzfristig angesetzt oder verschoben und Zeitverzögerungen während der Reise und vor Ort sind zu vermeiden. Eine flexible Buchungsmöglichkeit, falls erforderlich ein Wechsel des Verkehrsmittels, eine Direktverbindung mit angenehmen Flugzeiten oder ein günstig gelegenes Hotel sind deshalb im Zweifelsfall wichtiger als der Preis.

Der Kontakt zum Verkäufer (Reisebüro) und die Beratungsleistung sind sowohl für Privatreisende als auch für Geschäftsreisende wichtig. Das häufig kurzfristige Buchungsverhalten von Geschäftsreisenden verlangt einen hohen Beratungsbedarf hinsichtlich von Alternativen der gewünschten Verkehrsmittel und Unterkünfte. Dies gilt ebenso für Probleme, die sich vor Ort ergeben, z. B. bei Umbuchungswünschen wegen Terminänderungen.

Das Sicherheitsbedürfnis von Geschäftsreisenden unterscheidet sich sicherlich nicht grundsätzlich von dem der privaten Urlaubsreisenden. Da Geschäftsreisen aber oft in Regionen oder Städte führen, die als sicherheits- oder gesundheitspolitisch bedenklich gelten, ist die Sensibilität gegenüber solchen Risiken eine höhere. Bei der langfristigen Entsendung von Mitarbeitern steigen diese Risiken und das Unternehmen muss im Rahmen seiner Fürsorgepflicht diesem Umstand Rechnung tragen. Vom Reisebüro wird daher erwartet, dass es

gegebenenfalls die nötigen Informationen bzw. Informationsquellen bereitstellen kann.

In diesem Zusammenhang kann es vorteilhaft sein, mit einem internationalen Geschäftsreisebüro zusammenzuarbeiten. Sie sind in zahlreichen Ländern präsent und finden Lösungen, die weltweit greifen. Im Jahr 2010 kamen z. B. durch die Vulkan-Aschewolke Reisen auf der ganzen Welt zum Erliegen.

Mithilfe von Reporting-Systemen war es internationalen Geschäftsreisebüros möglich, die Reisenden zu lokalisieren und Kontakt zu ihnen herzustellen. In den Büros vor Ort konnten sie sicherstellen, dass die Betroffenen schnell nach Hause gebracht werden konnten. Selbstbucher im Internet verfügen nicht über diesen Service.

Die generellen Anforderungen von Unternehmen an ihre Reisebüro-Partner haben sich in den letzten Jahren sehr stark verändert. Neben der reinen Reisevermittlung und Reisebuchung, die nur einen sehr kleinen Teil des Gesamtprozesses darstellen, sind wichtige Leistungen, die Geschäftsreise-Anbieter ihren Kunden heute u. a. bieten:
» die Bereitstellung von Online-Buchungsmöglichkeiten (Optimierung der Self-Booking-Tools),
» die Integration von Reiserichtlinien in die IT-Systeme,
» Analyse und Optimierung des Einkaufsprozesses (systematisches Monitoring) und
» ein 24-Stunden-Helpdesk.

2 Geschäftsreisen

2.1 Reiserichtlinien

„Bei allen Reisen sind vorzugsweise die preisgünstigsten Verkehrsmittel zu nutzen, soweit dies möglich und zweckmäßig ist. Vorrangig sollte online über unsere Internetanwendung gebucht werden. Bei Beratungsbedarf ist gegen höhere Gebühren bei unserem Vertragsbüro zu buchen. Dabei sind alle Ermäßigungen auszunutzen."

Reiserichtlinien regeln Genehmigung, Durchführung und Kostenerstattung von Geschäfts-/Dienstreisen der Mitarbeiter und Mitarbeiterinnen der Unternehmen und die Bewirtung von Geschäftsfreunden. Sie vereinfachen und rationalisieren die Geschäftsreiseprozesse und bilden die Grundlage für das Controlling.

Geschäftsreisen stellen für die Unternehmen einen erheblichen Kostenfaktor dar, dessen Wirtschaftlichkeit permanent überprüft wird. Vor jeder Genehmigung einer Geschäftsreise ist zu klären, ob nicht Alternativen möglich sind: Net-Meeting, Telefon- oder Videokonferenz. Heute ist es üblich, die Organisation und Abwicklung von Geschäftsreisen nicht mehr in Eigenregie durchzuführen, sondern den Reiseetat an einen Spezialisten (Geschäftsreisebüro oder -kette) zu delegieren (Outsourcing). Die Unternehmen vergeben ihr Reisebudget an Geschäftsreisebüros über zeitlich begrenzte Ausschreibungen (drei bis fünf Jahre), in denen sich Kunde und Reisebüro bzw. Kette vertraglich binden. Für seine Leistung erhält das Reisebüro eine entsprechende Provision (Service-Entgelt). Umgekehrt sind die Mitarbeiter bei der Organisation ihrer Reisen an das Reisebüro gebunden.

„Eine Dienstreise beginnt mit Verlassen des Dienstsitzes bzw. der Wohnung und endet mit dem Erreichen des Dienstsitzes bzw. der Wohnung.
Jede Dienstreise bedarf der Genehmigung des Vorgesetzten des Mitarbeiters.
Die Kosten der Dienstreise (Verkehrsmittel, Übernachtung, Verpflegung) sind auf das absolut notwendige Maß zu beschränken."

Bei der Aufstellung der Reiserichtlinien hat der Betriebsrat ein Mitbestimmungsrecht.

Ein erfolgreiches **Travel-Management** – ob extern oder intern – verlangt eine genaue Übersicht über die zu verwaltenden Reisekosten der Mitarbeiter und ihr Reiseverhalten, um beim Einkauf von Reiseleistungen Volumen zu bündeln, den Umsatz zu steuern und die Prozesse insgesamt transparent zu machen und auszuwerten. Das Vertragsreisebüro bürgt für Qualität und Sicherheit der Reiseleistungen, Service, Flexibilität und Kostenkontrolle bei der Abwicklung der Reise. Gerade im Bereich der Geschäftsreisen müssen Reisen aufgrund betrieblicher Prozesse kurzfristig umgeplant werden und dann müssen die Travelmanager entsprechend reagieren können. Sie steuern die Reiseausgaben des Kunden, seine Buchungs- und Abrechnungsprozesse. Die Reisemanager haben daher von den Mitarbeitern Profile angelegt, um ihre persönlichen Präferenzen, ihre Rechte, ihre Ansprüche, ihre Firmenkreditkarten (Corporate Credit Card) und ihre Bonuskarten automatisch zu berücksichtigen.

„Über Smartphones/Tabletts dürfen nur richtlinienkonforme Buchungen/Umbuchungen vorgenommen werden."

Mit dieser Vorschrift soll das „Direct Connect' eingedämmt werden, denn die Leistungsträger versuchen unter Ausnutzung der Möglichkeiten der neuen Medien verstärkt Geschäftsreisenden interessante Angebote direkt zu unterbreiten unter Umgehung des Travelmangements und unter Missachtung der Reiserichtlinie.

Inlandsreisen

Reiserichtlinien regeln u. a.

» den Versicherungsschutz des Mitarbeiters (Unfallversicherung, Reisegepäckversicherung, Kfz-Versicherung),

» die Nutzung der Verkehrsmittel einschließlich Mietwagen, privater und betriebseigener Pkw,

> „Alle Mitarbeiter reisen in der Economy Class, Business Class ist nur möglich bei Nachtflügen und einer Flugdauer von mehr als acht Stunden. Ein Flug in der Business Class muss von der Geschäftsleitung genehmigt werden. Die vom Reisebüro ermittelten Tarife und Airlines sind zu akzeptieren. Bonusmeilen können weiterhin privat genutzt werden.
>
> Nicht genutzte Fahrscheine/Flugtickets sind unmittelbar zur Gutschrift zurückzugeben."

» die Reisenebenkosten (z. B. Gepäckaufgabe, Telefon einschließlich Handy, Trinkgelder, Repräsentationskosten),

» die Übernachtungskosten (ausschließlich Frühstück),

> „Eine Erstattung der tatsächlich angefallenen Aufwendungen erfolgt gegen Vorlage der Originalrechnung, die auf das Unternehmen ausgestellt sein muss. Das Unternehmen behält sich vor, bestimmte Hotels vorzuschreiben. Das Frühstück zählt nicht zu den Unterbringungskosten."

» die Verpflegungskosten,

> „Pro Tag werden die vom Bundesministerium für Finanzen festgelegten Pauschbeträge für Verpflegungsmehraufwendungen ohne die dort angeführten Minderungen ersetzt. Das Hotelfrühstück ist Teil des Verpflegungsmehraufwandes."

» die Gästebewirtung im Rahmen einer Dienstreise und

» die Reisekostenvorschüsse.

Sonderregelungen für Auslandsreisen

Bei jeder Auslandsreise ist eine Risikoprüfung vorzunehmen. Sollte für das Zielland eine Reisewarnung des Auswärtigen Amtes vorliegen, entscheidet der Mitarbeiter nach Rücksprache mit der Geschäftsleitung, ob er die Reise durchführt, verschiebt oder absagt. Das Reisemanagement besorgt die notwendigen Visa und stellt Bargeldmittel für die Länder zur Verfügung, in denen die Firmenkreditkarten nicht akzeptiert werden.

Je nach Land gibt es für Übernachtungs- und Verpflegungskosten unterschiedliche Pauschbeträge. Dies ist dadurch begründet, dass die Lebenshaltungskosten länderspezifisch unterschiedlich hoch sein können. Sie können sogar innerhalb eines Landes variieren.

Bei Geschäftsreisen ins Ausland wird vom Arbeitgeber eine zusätzliche Auslandskranken- und Unfallversicherung abgeschlossen. Die Krankenversicherung bietet vollen Schutz bei allen Behandlungskosten im Ausland. Im Inland gilt weiterhin die gesetzliche Krankenversicherung des Mitarbeiters.

Travel Risk Management

Deutschland ist als eine der größten Exportnationen mit seinen Unternehmen und deren Mitarbeitern in allen Ländern der Welt tätig. Gleichzeitig werden die Reisen in einzelne Länder aus medizinischen und sicherheitsrelevanten Gründen immer risikoreicher. Krisenherde können entstehen aus Naturkatastrophen (Vulkanausbrüche, Erdbeben, Tsunamis, Hurrikane), Kriegen (Bürgerkriege, revolutionäre Bewegungen, religiöser Fundamentalismus), kriminellen Ursachen (Terrorismus, Kidnapping, Carjacking, Drogenschmuggel) oder Streiks.

Für die Unternehmen besteht neben der Fürsorgepflicht für die Gesundheit und Sicherheit ihrer Mitarbeiter ein wirtschaftliches Interesse, dass die Leistungserstellung möglichst wenig unterbrochen wird, um direkte und indirekte Kosten zu minimieren. Sie müssen ein vorsorgendes und begleitendes Risikomanagement betreiben.

International tätige Unternehmen können dies selbst in ihre Geschäftsprozesse einbauen oder Geschäftsreiseanbieter, Sicherheitsunternehmen oder Reiseversicherungen mit dem Risikomanagement beauftragen.

Ein umfassendes Travel Risk Management beinhaltet mehrere Stufen:

» Vorsorgende „pre-trip"-Maßnahmen: Medizinische und sicherheitsrelevante Länderinformationen mit Notfallrufnummern, Risikoanalysen, aktuelle Reisewarnungen, Krisenleitfaden, Versicherungspakete, Sicherheitstrainings. Abrufbar online oder telefonisch.

» Begleitende „on-trip"-Maßnahmen: Notfallrufnummern, medizinische Notfallhilfe, zentrale Koordinierungsstelle mit kompetenten Ansprechpartnern, Lokalisierung von Reisenden mit Kontaktmöglichkeit und aktive Kontaktaufnahme bei globalen Ereignissen.

» „Post-trip"-Maßnahmen: Hilfestellung bei der Krisenbewältigung, auch für Angehörige, und der Abrechnung mit Versicherungen; statistische Aufbereitung, Besprechung der Fälle (reportings).

In jedem Fall muss ein detaillierter **Krisenleitfaden** (Notfallplan, Sicherheitsleitfaden) in Zusammenarbeit zwischen Unternehmensleitung, Travel-Management und Betriebsrat erstellt werden. Seine Strukturen und Regeln sind laufend zu überarbeiten.

Mobile Kommunikation muss sicherstellen, dass der Mitarbeiter im Notfall jederzeit informiert werden kann. Größtes Problem dabei ist es, den aktuellen Standort des Mitarbeiters zu kennen. Wird vor Ort ein Hotel oder ein Mietwagen direkt gebucht, fehlt die erforderliche Zuordnung.

Geschäftsreisebüros sind heute in der Lage, mithilfe von Travel Tracking Tools (Tracking Systeme), ihren Partnern einen derartigen Sicherheitsservice anzubieten und eine verkehrsübergreifende Informationsversorgung jederzeit zu gewährleisten. Mithilfe dieser Software kann der Reisende schnell und effizient lokalisiert werden und es können entsprechende Maßnahmen via E-Mail oder SMS eingeleitet werden.

> **Tracking-Systeme**
>
> Basis bilden die PNR-Daten (Passenger Name Record), die bei einer Flugbuchung angelegt und über Schnittstellen, z. B. bei der elektronischen Buchung eines Mietwagens aus den verschiedensten CRS (Computer-Rreservierungs-System) in das System übernommen werden.

Tracking-Systeme sind verlässlicher als eine Ortung über Mobiltelefone, denn die Netze sind im Krisenfall überlastet oder werden aus politischen Gründen abgeschaltet. Auch Satellitentelefone sind entsprechend störanfällig.

2.2 Vergütungsmodelle

Wenn ein Unternehmen seine eigene Reisebüroabteilung/Reisestelle ganz oder teilweise auflöst und den Etat einem Spezialisten übergibt, handelt es sich um eine unternehmerische Entscheidung, die rational begründet ist. Es erwartet vom Reisebüro u. a. größere Kompetenz und vor allen Dingen Kosteneinsparungen. Dies muss zu einem Zielkonflikt führen, denn das Reisebüro ist grundsätzlich an seinen eigenen Provisionen interessiert, die möglichst hoch ausfallen sollen. Um diesen Konflikt zu entschärfen, vereinbaren Reisebüro und Unternehmen die Einführung einer Management Fee für die Leistungserbringung.

Management-Fee-Modell (MAF)

Für das gesamte Reisevolumen des Kunden wird eine Pauschalvergütung (Verwaltungsgebühr) vereinbart, mit der sämtliche Leistungen des Reisebüros abgegolten sind. Das Unternehmen erstattet nur die angelaufenen Kosten. Alle vom Reisebüro erwirtschafteten Provisionserlöse aufgrund der Buchungen bei den Leistungsträgern werden an den Kunden abgeführt. Die Vergütung ist für die Laufzeit des Vertrages festgelegt und wird monatlich, quartalsweise oder halbjährlich fällig. Das Modell ist vor allem verbreitet bei großen Unternehmen und sogenannten Implants (Reisebürofilialen in fremden Unternehmen). Das Reisebüro erhält seine Erlöse also nicht mehr von den beauftragten Leistungsträgern, sondern vom Kunden.

Vorteil für den Kunden:

» Die Ausgaben für das Reisebüro sind einfacher planbar.

Nachteile für den Kunden:

» Die Zuordnung auf die einzelnen Kostenstellen im Unternehmen ist schwierig und zeitaufwendig, da es nicht transparent ist, welche Kosten für die jeweiligen Einzelleistungen entstanden sind und welche Abteilungen die Dienste des Reisebüros am meisten in Anspruch genommen haben.

» Kommt es zu größeren Schwankungen in der Größe des Geschäfts, muss gegebenenfalls nachverhandelt werden.

Transaction-Fee-Modell (TAF)

In den Jahren 2004 und 2005 fingen die Fluggesellschaften an, den Reisebüros keine Provision mehr zu zahlen. Dies war der Auslöser, dass die Reisebüros über andere Bezahlmodelle für Privat- und Geschäftskunden nachdenken mussten. Im Privatkundenbereich haben sich in den letzten Jahren die Service-Entgelte durchgesetzt. Hier wird für jede Vermittlung eines Fluges vom Kunden ein Service-Entgelt erhoben, dessen Höhe in der Regel abhängig ist von der geflogenen Strecke, z. B. Europaflug oder Langstreckenflug/Interkontinentaler Verkehr.

Im Geschäftskundenbereich hat die Nullprovision dazu geführt, dass die Vorherrschaft des Management-Fee-Modells (MAF) bei den Vergütungsmodellen auf dem Markt vom Transaction-Fee-Modell (TAF) abgelöst wurde.

Beim TAF werden die Kunden für jede Buchung bzw. Leistung (z. B. Wahl des Transportmittels) mit unterschiedlichen, vorher vereinbarten Gebühren belastet.

Vorteil für den Kunden:

» Die Gebühren lassen sich einfach der jeweiligen Kostenstelle (z. B. Abteilugen) zuordnen.

Nachteil für den Kunden:

» Gebühren werden sofort fällig.

» Die Provisionen, die an das Reisebüro gezahlt werden müssen, variieren mit dem Reiseaufkommen der Mitarbeiter, sind also nicht mehr planbar.

» Je nach Modell ist es nicht immer nachvollziehbar, warum für unterschiedlich komplexe Leistungen nur ein Preis bezahlt werden muss, z. B. ein einfacher innerdeutscher Flug im Vergleich zu einer aufwendigen Recherche für eine bestimmte Destination.

Das Modell ist vor allem verbreitet bei kleinen und mittleren Unternehmen. Auf dem Markt werden hierbei drei Unterformen unterschieden:

Unbundled TAF (Ungebündeltes TAF)	Bundled TAF (Gebündeltes TAF)	Blended Air TAF (Vermischtes TAF)
Für jede gebuchte Leistung wird eine TAF erhoben. Beispiel: Es wird ein innerdeutscher Flug, ein Hotel und ein Mietwagen gebucht. Für jede Leistung ist ein Betrag vereinbart, der bei der Buchung anfällt (z. B. Flug innerdeutsch 20,00 €, Hotel 5,00 €, Mietwagen 5,00 €).	Die Vereinbarung sieht vor, dass immer der gleiche Betrag verrechnet wird. Also wird ein Durchschnittswert des angenommenen Geschäfts pro Buchungsvorgang (PNR) berechnet, unabhängig, ob es sich um einen Flug, einen Flug mit Hotel oder nur um eine Hotelreservierung handelt.	Alle Leistungen werden getrennt abgerechnet, für einen Flug, unabhängig von der Destination wird aber immer der gleiche Betrag berechnet, also z. B. 25,00 €, egal ob innerdeutscher oder Langstrecken-Flug.

Aufgaben

1_ Warum muss die Kfz-Versicherung in einer Reiserichtlinie besonders geregelt werden?

2_ Warum ist für Dienstreisen im Inland keine spezielle Krankenversicherung erforderlich?

3_ Darf die Firmenkreditkarte für private Zweck im Ausland genutzt werden?

4_ Entwickeln Sie eine Prozesskette für Geschäftsreisen!

5_ Welches Vergütungsmodell zwischen Unternehmen und Reisebüro ist im Sinne einer unkomplizierten Verteilung der Kosten auf die Kostenstellen für den Auftraggeber am vorteilhaftesten?

6_ Welche Nachteile des Management Fee Modells können sich für das Reisebüro und das Unternehmen ergeben?

7_ Nach § 618 BGB haben Unternehmen dafür zu sorgen, dass ihre Mitarbeiter soweit wie möglich „gegen Gefahr für Leben und Gesundheit geschützt" sind. Dies gilt auch für Dienstreisen und bedeutet für den Arbeitgeber, dass er das Haftungsrisiko trägt, wenn er seiner Fürsorgepflicht nicht nachkommt.

Nennen Sie drei Services bzw. Dienstleistungen, die ein Geschäftsreiseanbieter einem Kunden anbieten kann, um ihn beim Thema Reisesicherheit seiner Mitarbeiter vor und während einer Dienstreise zu unterstützen.

8_ Nennen Sie vier wichtige Kriterien, die sich Geschäftsreisende auf einer Dienstreise wünschen!

3 Nationale und internationale Verkehrsträger

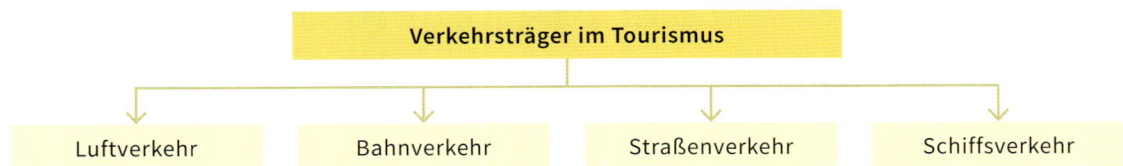

Verkehrsträger im Tourismus

Luftverkehr	Bahnverkehr	Straßenverkehr	Schiffsverkehr

3.1 Flugreisen

3.1.1 Rechtliche Rahmenbedingungen

Haftung im Luftverkehr

Zwischen Fluggästen und Fluggesellschaften entsteht ein **Beförderungsvertrag**. Ein Aspekt in diesen Verträgen ist die **Haftung der Fluggesellschaft** gegenüber Personen und Gepäck bei Unfällen. Diese Haftungsfragen bauen auf verschiedenen nationalen und internationalen rechtlichen Grundlagen auf, wobei die Bestimmungen des **Warschauer Abkommens** in der Vergangenheit die größte Rolle gespielt haben. Im Juni 2004 sind in der Europäischen Union das **Montrealer Übereinkommen** vom 28. Mai 1999, die EG-Verordnung 889/2002 und das Gesetz zur Harmonisierung des Haftungsrechts im Luftverkehr in Kraft getreten.

A 380

Für die Beitrittsstaaten des Montrealer Übereinkommens bedeutet dies eine Ablösung vom Warschauer Abkommen von 1929 (Alte Fassung) bzw. 1955 (Haager Protokoll – Neue Fassung) mit seinen wesentlich geringeren Haftungsregelungen.

Das neue einheitliche und verbesserte Schadensersatzrecht gilt bei internationalen Luftbeförderungen zwischen allen Vertragsstaaten des Montrealer Übereinkommens (darunter alle EU-Staaten, USA, Kanada, Japan und Australien), bei Luftbeförderungen durch ein Luftfahrtunternehmen der Europäischen Union sowie bei allen Luftbeförderungen innerhalb Deutschlands, wenn es dabei zu Personen-, Gepäck- oder Güterschäden kommt. Aber auch für sog. „Rundreisen" von Deutschland in ein Urlaubsland (das kein Unterzeichnerstaat ist) und wieder zurück nach Deutschland gelten die neuen Regelungen.

Als verantwortliche **Luftfrachtführer** im Rahmen des Montrealer Übereinkommens gelten nicht nur das ausführende Luftfahrtunternehmen, sondern auch der vertragliche Luftfrachtführer. Hierzu zählen insbesondere die Reiseveranstalter, die Flugpauschalreisen anbieten.

Das Warschauer Abkommen (alte und neue Fassung) wird weiter auf unbestimmte Zeit neben dem Montrealer Übereinkommen bestehen und immer dann zur Anwendung kommen, wenn der Luftverkehr Länder berührt, die das Montrealer Abkommen nicht unterzeichnet haben.

Daneben können in seltenen Fällen auch nationale Gesetze (in Deutschland: BGB, HGB und Luftverkehrsgesetz) sowie weitere **internationale Vereinbarungen** zur Geltung kommen, wenn Staaten/Luftverkehrsunternehmen

5053362

betroffen sind, die keines der internationalen Abkommen unterzeichnet haben oder in denen die Regelungen übergeordneter Abkommen keine Anwendung finden.

Das **internationale Transportrecht** ist sehr komplex und überschreitet weit die Grenzen Ihrer kaufmännischen Grundausbildung. Deshalb wird hier nur ein Überblick über die für Deutschland wichtigsten Regelungen gegeben, mit dem Schwerpunkt Montrealer Übereinkommen, und zum Vergleich einige Bestimmungen des Warschauer Abkommens.

In aktuellen Veröffentlichungen werden bei den Haftungsbeträgen immer unterschiedliche Beträge genannt. Der Hintergrund ist, dass in den Gesetzestexten alle Beträge in sogenannten „**Sonderziehungsrechten**" (**SZR**) angegeben werden, einer vom internationalen Währungsfonds festgesetzten Recheneinheit, die sich aus dem Tageskurs der vier wichtigsten Weltwährungen (US-Dollar, Euro, Britisches Pfund und Japanischer Yen) ergibt und täglich festgesetzt wird. 1,00 SZR = ca. 1,246 € (Stand Mai 2016).

	Montrealer Übereinkommen	Warschauer Abkommen
Haftung bei Personenschäden	Grundsätzlich haftet bei Unfällen an Bord eines Flugzeugs oder beim Ein- und Aussteigen, die den Tod oder eine Körperverletzung des Fluggastes zur Folge haben, der Luftfrachtführer unbeschränkt. Die unbeschränkte Haftung bezieht sich auf vermutetes Verschulden mit der Möglichkeit des Entlastungsbeweises, d. h. er haftet nur dann, soweit er nicht beweisen kann, dass ihn keine Schuld an dem Unfall trifft. Für Schäden bis 113.000,00 SZR hat der Luftfrachtführer diese Möglichkeit des Entlastungsbeweises nicht. Bis zu dieser Höchstsumme unterliegt er der **Gefährdungshaftung**, d. h. allein der Besitz und das Betreiben eines Flugzeugs stellt eine Gefahr dar, aus der sich im Falle eines Unfalls verschuldensunabhängig Haftungsansprüche der Fluggäste ableiten lassen. Im Falle eines Luftfahrtunfalles, der zum Tod oder einer Körperverletzung eines Fluggastes führt, ist ein europäisches Luftfahrtunternehmen zur unverzüglichen Zahlung eines Vorschusses verpflichtet. Die Höhe des Vorschusses zur Deckung der unmittelbaren wirtschaftlichen Bedürfnisse ist abhängig von der Schwere des Falles. Bei Tod schreibt die Verordnung (EG) Nr. 889/2002 mindestens 16.000,00 SZR je Fluggast vor.	Die unbegrenzte Haftung ist hier ebenfalls festgelegt. Allerdings nur für den in der Praxis schwer zu beweisenden Fall, dass dem Luftfrachtführer oder seinem Personal nachgewiesen werden kann, den Schaden durch eine Handlung oder Unterlassung verursacht zu haben und dies in absichtlicher oder leichtfertiger und bewusster Weise. Eine begrenzte Haftung in Höhe von 13.677,00 €/27.354,00 € (WA von 1929/1955) besteht für vermutetes Verschulden mit der Möglichkeit des Entlastungsbeweises. Kann der Luftfrachtführer nachweisen, dass er alle erforderlichen Maßnahmen zur Verhütung des Schadens getroffen hat oder es ihm unmöglich gewesen ist, diese zu treffen, besteht für ihn keine Pflicht zur Haftung.
Haftung bei Gepäckschäden	Bei der Beförderung von Reisegepäck haftet der Luftfrachtführer für Zerstörung, Verlust, Beschädigung oder Verspätung bis zu einem Betrag von 1.131,00 SZR je Reisenden, wobei bei aufgegebenem Gepäck die Haftung verschuldensunabhängig ist, bei Handgepäck muss der Reisende nachweisen, dass den Luftfrachtführer oder dessen Personal ein Verschulden trifft. Diese Haftungsgrenze ist unabhängig vom Gewicht des aufgegebenen Gepäcks. Die Haftung für Gepäck ist auf Schäden begrenzt, die an Bord des Flugzeuges oder beim Ein- und Aussteigen oder Ein- und Ausladen verursacht werden.	Der Höchstbetrag liegt bei 547,00 €, wobei für aufgegebenes Gepäck eine flexible, vom Koffergewicht abhängige Haftungsgrenze von 27,35 € pro kg besteht.
Haftung bei Verspätung	Wird der Fluggast verspätet befördert, sind entstandene Schäden (z. B. Hotelübernachtung, Verpflegung, entgangener Geschäftsgewinn etc.) bis zu einem Betrag von 4.694,00 SZR zu ersetzen.	Keine spezielle Regelung für Verspätungsschäden.

Die hier genannten Höchstsummen sind keineswegs die Beträge, die dem Geschädigten automatisch zustehen. Sie können nur beim Nachweis eines tatsächlich entstandenen Schadens gefordert werden.

Gerichtsstand

Nach dem Montrealer Übereinkommen muss die Klage auf **Schadenersatz** entweder am Wohn- oder Geschäftssitz des Luftfrachtführers oder im Zielland des Fluges eingereicht werden. Schadenersatzklagen wegen Tod oder Körperverletzung eines Reisenden können auch in dem Land eingereicht werden, in dem der Kläger zum Zeitpunkt des Unfalls seinen ständigen Wohnsitz hatte und in das oder aus dem der Luftfrachtführer Flugverbindungen unterhält und dort Geschäftsräume hat. Wer in Deutschland lebt und mit Egypt Air von Assuan nach Hurghada fliegt, hätte bei einem Unfall mit Personenschaden die Möglichkeit, in Deutschland zu klagen, da Egypt Air Flugverbindungen nach Deutschland unterhält und hier auch über Geschäftsräume verfügt.

Fluggastrechte bei Annullierung, Nichtbeförderung oder Verspätung

Flugreisende in der Europäischen Union können seit dem 17. Februar 2005 weiterreichende Rechte gegenüber den Fluggesellschaften geltend machen. Die VO (EG) Nr. 261/2004 befasst sich mit drei Kategorien von **inakzeptabler Beförderungsleistung:** Nichtbeförderung, Annullierung und Verspätung. Je nach Schwere der

Situation werden **Ausgleichs- und Unterstützungsleistungen** erforderlich. Die Regelungen beziehen sich sowohl auf Linien- als auch auf Nichtlinienflüge einschließlich der Flüge im Rahmen einer Pauschalreise und der Low Cost Airlines.

Voraussetzungen für die Ansprüche sind:
» der Fluggast hat rechtzeitig eingecheckt und
» der Beförderer ist eine Fluglinie mit Sitz in der EU oder
» der Flug wird in der EU angetreten

Dies bedeutet, dass bei einem Flug mit einer EU-Fluggesellschaft die Voraussetzungen immer erfüllt sind, bei einer Nicht-EU-Fluggesellschaft dagegen nur für die Strecke, die aus der EU herausführt.

Wer wegen Überbuchung oder Annullierung nicht befördert wird, erhält eine Entschädigung in Höhe von
» 250,00 € bei Flügen von 1 500 km oder weniger,
» 400,00 € bei Flügen innerhalb der EU und anderen Flügen über eine Entfernung von weniger als 3 500 km,
» 600,00 € bei Flügen außerhalb der EU und über eine Entfernung von mindestens 3 500 km.

> **!** Bei Überbuchung kann die Entschädigung auch nur die Hälfte betragen, wenn sich die Reise, je nach Entfernung, nicht länger als 2, 3 oder 4 Stunden verzögert.

Bei Annullierung eines Fluges besteht kein Anspruch auf die Entschädigungszahlungen, wenn die Annullierung 14 Tage vorher bekannt gegeben wird und gleichzeitig ein Angebot zu einer anderen zumutbaren Beförderung erfolgt. Bei einer Absage drei Wochen vor Abflug hat der Fluggast also keinen Anspruch.

Neben diesen Entschädigungszahlungen muss die Fluggesellschaft dem Fluggast zusätzlich anbieten:

» Die Wahl zwischen Erstattung des Flugpreises (und notfalls einen kostenlosen Rückflug zum Abflugort) oder eine anderweitige Beförderung zum Zielort und

» Mahlzeiten, Getränke, notfalls Hotelunterkunft (inklusive Transfer) sowie Möglichkeiten zur Telekommunikation (zwei Telefongespräche, Faxe, Telexe oder E-Mails).

Für **Verspätungen** sieht die Verordnung keine Ausgleichszahlungen vor. Die Fluggesellschaft muss dem Fluggast Mahlzeiten, Getränke, notfalls Hotelunterkunft (inklusive Transfer) sowie Möglichkeiten zur Telekommunikation anbieten.

Dies gilt für den Fall, dass die befördernde Fluggesellschaft eine Verspätung erwartet,
» die bei Flügen unter 1 500 km zwei Stunden oder mehr,
» bei längeren Flügen innerhalb der EU und anderen Flügen zwischen 1 500 und 3 500 km drei Stunden oder mehr,
» und bei Flügen über 3 500 km außerhalb der EU vier Stunden oder mehr beträgt.

Nach einer Entscheidung des Europäischen Gerichtshofes gelten allerdings Verspätungen ab drei Stunden (der geplanten Ankunftszeit am Zielort) als Annullierung des Fluges. Die Fluggesellschaften sind dann auch zu den oben genannten Ausgleichzahlungen je nach Länge der Flugstrecke verpflichtet.

Beträgt die Verspätung fünf Stunden oder mehr, muss die Fluggesellschaft auch eine Erstattung des Ticketpreises und gegebenenfalls einen kostenlosen Rückflug zum Abflugort anbieten.

Entschädigungen oder Erstattungen müssen bar, per Überweisung, per Scheck oder – mit dem schriftlichen Einverständnis des Fluggasts – in Form von Reisegutscheinen innerhalb von sieben Tagen geleistet werden.

Eine Ausgleichszahlung entfällt, wenn die Flugannullierung oder die Verspätung auf **außergewöhnlichen Umständen** beruht. Als Beispiele werden in der Verordnung schlechte Wetterbedingungen, politische Instabilität, Sicherheitsrisiken oder unerwartete Sicher-

heitsmängel genannt. Aber auch wenn ein solcher außergewöhnlicher Umstand vorliegt, muss die Fluggesellschaft zusätzlich nachweisen, dass sie alle zumutbaren Maßnahmen ergriffen hat, um den Flugausfall zu vermeiden. **Technische Defekte**, wie sie beim Betrieb eines Flugzeugs gelegentlich auftreten können, begründen für sich gesehen keine außergewöhnlichen Umstände. Dies gilt auch dann, wenn das Luftfahrtunternehmen alle vorgeschriebenen oder sonst bei Beachtung der erforderlichen Sorgfalt gebotenen Wartungsarbeiten frist- und ordnungsgemäß ausgeführt hat. Als außergewöhnlicher Umstand kann nach der Rechtsprechung des Europäischen Gerichtshofs ein technisches Problem nur dann angesehen werden, wenn es seine Ursache in einem der in Erwägungsgrund 14 der Verordnung genannten Umstände hat, beispielsweise auf versteckten Fabrikationsfehlern, Sabotageakten oder terroristischen Angriffen beruht.

Die bisherige Praxis hat gezeigt, dass bei der Umsetzung der EU-Verordnung teilweise Rechtsunsicherheiten bestehen oder die Regelungen nicht konsequent umgesetzt werden. Die Fluggesellschaften berufen sich häufig auf außergewöhnliche Umstände und es liegt dann an den Fluggästen, ihre Ansprüche vor Gericht durchzusetzen. Inzwischen gibt es auch Unternehmen, wie z. B. Fairplane, die Fluggästen gegen ein prozentuales Honorar anbieten, ihre Ausgleichsansprüche vor Gericht durchzusetzen.

Das Luftfahrtbundesamt ist die offizielle Durchsetzungs- und Beschwerdestelle für die Rechte der Fluggäste und sie überwacht die Einhaltung der Bestimmungen der EU-Verordnung. Sie nimmt die Anzeigen vermeintlicher Verstöße entgegen, zivilrechtliche Ansprüche, wie z. B. Ausgleichs- und Erstattungsleistungen, müssen vom Fluggast allerdings eigenständig durchgesetzt werden.

Pauschalreisende haben den Vorteil, dass sie sich zusätzlich an den Reiseveranstalter wenden können, um ihre Ansprüche aus dem Reisevertrag geltend machen zu können. Dies insbesondere, wenn die Voraussetzungen für eine Ausgleichszahlung nicht vorliegen.

3.1.2 Allianzen und Kooperationen von Fluggesellschaften

Fluggesellschaften arbeiten schon immer in vielen Bereichen zusammen, um ihre Kosten- und Ertragssituation zu verbessern. Die in den 1990er Jahren entstandenen strategischen Allianzen im Linienluftverkehr verbinden bereits bestehende **Kooperationsformen** mit der langfristigen Zielsetzung, die Marktposition der angeschlossenen Fluggesellschaften zu verbessern und zu stärken.

Die **Star Alliance** mit Lufthansa ist der größte und der am weitesten entwickelte Verbund. **Oneworld** (British Airways) und **Skyteam** (Air France-KLM) folgen auf den Rängen zwei und drei.

Mit der Abstimmung der einzelnen Netze zu einem weltumspannenden Netzwerk (**Code-share-Flüge**), der Kooperation bei den Vielfliegerprogrammen und Lounges, der Nutzung gemeinsamer Flughafeneinrichtungen und Stadtbüros ergeben sich nicht nur Ertrags- und Kostenvorteile für die einzelnen Partner, sondern auch die Möglichkeit, Kunden an die eigene Allianz zu binden und die oben genannte langfristige Zielsetzung zu erreichen.

Die Marktstellung im Verbund sichert Vorteile bei Flughafen- und Terminalneubauten, dem Einkauf von Kommunikationsdienstleistungen sowie bei der Spezifikation von Flugzeugen.

Weitere Kooperationsformen sind **Ground Handling Agreements** (Vereinbarung über die Bodenabfertigung durch eine ande-

re Fluggesellschaft auf einem Flughafen, auf dem man selbst keine eigene Station unterhält), Reparatur-, Wartungs- und Instandhaltungsabkommen, Cateringverträge oder auch **General Sales Agreements.** Hierunter versteht man, dass Reservierung, Ticketverkauf und Marketing gegen eine Provision an einem bestimmten Standort von einer anderen Fluggesellschaft übernommen werden.

Interline-Abkommen (auch Interlining genannt) sind Vereinbarungen zwischen Luftverkehrsgesellschaften, in denen sich die Vertragspartner verpflichten, ausgestellte Flugscheine gegenseitig zu akzeptieren und nach gemeinsam festgelegten Grundsätzen zu verrechnen. Die Abrechnung zwischen den Airlines für die einzelnen Streckenanteile erfolgt über das ICH (IATA Clearing House). Interlining ermöglicht es, internationale Flugreisen mit verschiedenen Fluggesellschaften auf einem einzigen **Flugschein** in einer einzigen Währung ausstellen zu können, ohne auf das Netz einer Fluggesellschaft oder einer Allianz angewiesen zu sein, was auch eine unkomplizierte Gepäckbeförderung bis zum Ziel einschließt.

Diese Abkommen gehen von einer Vergleichbarkeit der Leistungen aus (Preis, Bedingungen, Service usw.). Die individuelle **Tarifgestaltung** vieler Airlines, insbesondere im unteren Preissegment, hat aber dazu geführt, dass zunehmend Flugscheine von konkurrierenden Airlines als Berechtigung für die Beförderung auf eigenen Diensten nicht mehr anerkannt werden.

Ein **Codesharing-Abkommen** ist eine Marketingvereinbarung zwischen zwei Fluggesellschaften, in denen vereinbart wird, einen Flug jeweils mit eigener Flugnummer zu verkaufen, obwohl er teilweise oder ganz von der anderen Fluggesellschaft durchgeführt wird.

Beide Fluggesellschaften treten am Markt selbständig auf. Die tatsächlich fliegende Fluggesellschaft (**Operating Airline**) erhält für die zugekauften Plätze des Partners, die er unter eigener Flugnummer (**Marketing-Flugnummer**) verkauft hat, einen Anteil aus dem Ticketpreis.

5053366

Beispiel 1

Der Flug von Frankfurt nach Los Angeles wird von Lufthansa mit der Flugnummer LH 456 durchgeführt (Laufnummer 1). Mit der Laufnummer 2 wird derselbe Flug auch von United Airlines mit der Flugnummer UA 8845 angeboten – operating carrier ist Lufthansa.

```
AN01APR FRALAX
** AMADEUS AVAILABILITY - AN ** LAX LOS ANGELES.USCA
1   LH 456    F9 A9 J9 C9 D9 Z9 P9  /FRA 1 LAX  B  1005    1240   E0/388        11:35
              G9 E9 N9 Y9 B9 M9 U9 H9 Q9 V9 W9 S9 T9 L9 K9
2LH:UA8845    F4 A0 J4 C4 D4 Z4 P4  /FRA 1 LAX  B  1005    1240   E0/388        11:35
              Y4 B4 M4 U4 H4 Q4 V4 W4 S4 T4 L4 K4
```

Beispiel 2

```
AN20JUL FRAAKL
** AMADEUS AVAILABILITY - AN ** AKL AUCKLAND.NZ           289 WE 20JUL 0000
1 SQ:NZ 3335   C4 D4 Z4 J4 U4 E4 A4  FRA 1 SIN    1235    0650+1E0/388  TR
               O4 Y7 B7 M7 H7 Q7 T7 V7 W7 L7 S7 G7 K7
  NZ 281       C4 D4 Z4 J4 U4 E4 O4  SIN 3 AKL  I  0840+1  2220+1E0/789       23:45
               A4 Y7 B7 M7 H7 Q7 V7 W7 T7 L7 S7 G7 K7 P7
```

Der Flug von Frankfurt nach Auckland mit der Laufnummer 1 führt über zwei Teilstrecken:
» Flugnummer NZ 3335 von Frankfurt nach Singapur – operating carrier ist Singapore Airlines (SQ)
» Flugnummer NZ 281 von Singapur nach Auckland – operating carrier ist Air New Zealand (NZ)

Air New Zealand muss einen Anteil des eingenommenen Flugpreises für die Strecke Frankfurt – Auckland an Singapore Airlines abgeben.

Aus Gründen des **Verbraucherschutzes** und der Produktwahrheit stellen die Fluggesellschaften Codeshare-Flüge deutlich als solche dar. Lufthansa kennzeichnet Codeshare-Flüge im Flugplan durch Angabe des operating Carriers nach der Flugnummer, z. B. LH 6070 (SK) und im Flugschein durch den Hinweis „operated by Lufthansa Partner" und einem „+" vor der Flugnummer.

Vorteile von Codeshare-Abkommen sind u. a.:
» eine höhere Auslastung der eigenen Flugzeuge,
» geringerer Wettbewerb zwischen den Codeshare Partnern,
» mehr Marktanteile und Marktpräsenz durch die Ausweitung des Streckennetzes und der größeren Zahl von Flugverbindungen auf einer Strecke,
» Ausweitung des Vielfliegerprogramms auf die Flüge des Partners, Nutzung der Lounges der Partner und
» vorteilhaftere Darstellung in den Reservierungssystemen.

3.1.3 Angebote der Fluggesellschaften

Service bzw. Beförderungsklassen

Die großen Linienfluggesellschaften bieten ihren Kunden drei Beförderungsklassen an, die sich hinsichtlich der Service- und Komfortleistungen am Flughafen und an Bord sowie im Preis unterscheiden. Traditionell spricht man von
» First Class (mit der Abkürzung F),
» Business Class (mit der Abkürzung C),
» Economy Class (mit der Abkürzung Y).

Je nach Fluggesellschaft werden abhängig von der Strecke und Flugzeugtyp alle drei Beförderungsklassen, nur zwei oder nur eine angeboten. So gibt es wegen der Kürze der Strecke und auch der Größe der eingesetzten Maschinen innereuropäisch meist nur Economy und Business Class-Bestuhlung und der Komfort in der Business Class ist auf diesen Strecken nicht mit dem in größeren Maschinen auf der Langstrecke zu vergleichen. Grundsätzlich unterscheidet sich der Service an Bord bei einem Kurz-, Mittel- oder Langstreckenflug. Während bei einem Kurzstreckenflug meist nur ein Getränk und ein Imbiss angeboten wird, gibt es bei einem Langstreckenflug zwei bis drei Mahlzeiten.

Inzwischen wird von vielen Fluggesellschaften auf der Langstrecke eine höherwertige Economy Class mit mehr Service und Komfort angeboten. Zielgruppen für diese sog. **Premium Economy Class** sind Geschäftsreisende, denen auf der Langstrecke die Business Class durch ihre Reiserichtlinien verwehrt bleibt, sowie Privatreisende, die einen höheren Komfort wünschen, für die aber die Business Class aus Kostengründen nicht infrage kommt.

Je nach Fluggesellschaft gibt es Unterschiede bei den Produktmerkmalen für diese Beförderungsklasse, so werden z. B. eigene Check-in-Schalter, mehr Freigepäck oder ein Lounge-Zugang (gegen Aufpreis) nicht von allen angeboten.

Gegenüber der Economy-Class bietet die Premium Economy Class in der Regel folgende Leistungen:

First-Class-Sitze im A 380 (LH)

» mehr Komfort durch größeren Sitzabstand, breitere Sitze mit bequemerer Polsterung und eigener Armlehne, Fußstützen, mehr Stauraum
» größerer Bildschirm mit größerem Unterhaltungsangebot,
» Steckdose und USB-Anschluss
» mehr Auswahl an Speisen und Getränken

Leistungen der einzelnen Beförderungsklassen		
Economy Class	**Business Class**	**First Class**
» Begrüßungsgetränk » Imbiss oder warme Mahlzeit je nach Flugdauer » Spezialessen (nach vorheriger Anmeldung) » Kostenlose Tageszeitungen » Alkoholfreie und alkoholische Getränke, Kaffee, Tee » Kopfhörer für das Unterhaltungsprogramm (bei vielen Fluggesellschaften inzwischen gegen Gebühr)	» Höheres Freigepäck » Business Class Lounge am Flughafen » Eigener Check-in-Schalter » Prioritätsstatus bei überbuchten Maschinen » Kürzere Annahmeschlusszeiten » Höhere Anzahl gutgeschriebener Meilen für das Vielfliegerprogramm » Individueller Kabinenservice mit Begrüßungsgetränk » Menüwahl und getrenntes Servieren der einzelnen Gänge auf Porzellangeschirr » Größere Auswahl an alkoholischen Getränken, insbesondere an Weinen » Bequemere Sitze mit großem Neigungswinkel zum Liegen und höherem Sitzabstand » Umfangreicheres Unterhaltungsprogramm mit größerem eigenen Bildschirm » Große Auswahl an Lektüre » Ausstattungsutensilien für die Nacht » Eigene Toiletten und Waschräume » Individueller Laptop-Anschluss » Schnellere Gepäckausgabe am Zielflughafen	Service- und Komfortleistungen der Business Class und zusätzliche Leistungen: » Noch höheres Freigepäck sowie höhere Anzahl der gutgeschriebenen Meilen » Eigenes First Class Terminal mit Limousinenservice zum Flugzeug (nur LH in Frankfurt) » First Class Lounge mit freiem Essen und Getränken und teilweise eigenen Duschräumen » Noch größere Sitze mit mehr Sitzabstand, die zu einem Bett umgewandelt werden können » Menüwahl oder sogar Wunschmenü nach Voranmeldung, serviert auf besonderem Geschirr » Eigene Bettwäsche und exklusive Utensilien für die Nacht

5053368

Komfort und Service in ihren Beförderungsklassen sind für die Fluggesellschaften wichtige Elemente ihrer Produktpolitik, mit denen sie versuchen, sich von ihren Konkurrenten zu unterscheiden. Mit den **„Vollzahlern"**, insbesondere in Business Class und First Class, erzielen die Linienfluggesellschaften ihre wichtigsten Erträge, sodass für diese Kundengruppen der Markt besonders umkämpft ist.

Die Leistungen der **Chartergesellschaften** in der Economy Class sowie der Business Class (sofern sie eine anbieten) sind vergleichbar mit denen der **Linienfluggesellschaften.** Bei **Low-Cost-Airlines** gibt es nur eine Beförderungsklasse mit einem geringen Service. Für viele Leistungen muss ein Aufpreis bezahlt werden, wie z. B. für aufgegebenes Gepäck, schnelleres Boarden, Essen und Trinken an Bord.

Buchungs- bzw. Reservierungsklassen

Während in der First und Business Class die Passagiere in der Regel den vollen **Normaltarif** bezahlen (aber auch hier gibt es ermäßigte Sondertarife), werden in der Economy Class neben einem Normaltarif eine Vielzahl von günstigeren **Sondertarifen** angeboten, die sich u. a. in Einschränkungen der Gültigkeit, der Vorausbuchungsfrist, der Stopovermöglichkeiten oder der Kosten bei Umbuchung/Stornierung unterscheiden. Generell gilt, je flexibler ein Tarif, also je weniger Einschränkungen er hat, umso teurer ist er. Die teuersten Tarife sind die Normaltarife. Sie gelten ein Jahr und haben keine der für Sondertarife typischen Einschränkungen (sie sind z. B. kostenlos umbuchbar und stornierbar).

Den einzelnen Tarifen sind Buchungs- bzw. Reservierungsklassen in Buchstabencodes zugeordnet, z. B.: LH

- First Class: Buchungsklassen A, F
- Business Class: Buchungsklassen C, D, J, Z, P
- Premium Economy Class: Buchungsklassen E, G, N
- Economy Class: Buchungsklassen Y, B, M, H, X, V, W, Q, S, K, L, T, U

Unterschiede in den Buchungsklassen zeigen sich vor allem in der Flexibilität in Bezug auf Umbuchung und Rückerstattung des Tickets oder aber in Bezug auf Meilengutschriften und Upgradefähigkeit.

Die Fluggesellschaften ordnen die freien Plätze jeweils einer Buchungsklasse zu. Diese Zuordnung wird bis zum Abflugtermin, je nach Buchungslage, ständig angepasst. Bei guter Buchungslage werden z. B. weniger Buchungsklassen für günstige Sondertarife freigegeben. Ziel ist es, mit der vorhandenen Kapazität den größtmöglichen Ertrag zu erwirtschaften (**Yield Management**).

Lounges

Flughafenlounges dienen einem ausgewählten Kreis von Reisenden dazu, die Wartezeit in möglichst angenehmer und ruhiger Atmosphäre zu überbrücken. Inzwischen werden auch spezielle Ankunftslounges angeboten, in denen der Reisende neben Plätzen zum Arbeiten und Ruheräumen auch Bäder mit Dusche vorfindet. Lounges werden insbesondere von Fluggesellschaften im Rahmen der **Kundenbindung** für Vielflieger angeboten. Der Loungebesuch zählt für diesen Personenkreis zu einem der wichtigsten Privilegien in einem Vielfliegerprogramm. Daneben betreiben auch Flughäfen und private Dienstleister gegen Entgelt eigene Lounges. Airport Lounge Programme wie Priority Pass betreiben keine eigenen Lounges, sondern kooperieren mit bestehenden Lounges. Hier haben die Kunden mit einer Mitgliedskarte weltweit Zugang zu über 600 Lounges.

Bei Airline Lounges haben zunächst die eigenen Reisenden und Teilnehmer der Vielfliegerprogramme sowie Reisende der Allianzpartner freien Zugang. Die Beförderungsklasse (Business, First) oder der Status entscheiden darüber, für welche Lounges der Eintritt berechtigt. Bei den Anbietern, die ein Entgelt für einen Lounge-Besuch oder ihre Mitgliedskarte verlangen, stehen die Lounges in der Regel allen zur Verfügung.

Flughafenlounges unterscheiden sich in der Ausstattung, der Innenarchitektur und beim Service. Sie sind meist in der Nähe zu den Abflugsteigen gelegen, sodass sie erst zu Beginn des Boardings verlassen werden müssen. Zum Standard gehören eine gediegene, ruhige Atmosphäre (Teppichboden und Sessel) mit einem Angebot an Getränken und Essen, Arbeitsmöglichkeiten, Fernsehen und eine große Auswahl an Zeitungen und Zeitschriften.

Die Business Class Lounges sind stärker auf funktionale Aspekte wie Arbeitsplätze mit

PC, Telefon, Fax und W-Lan ausgerichtet. Gelegentlich werden auch Bäder mit Dusche, Ruheräume oder ein Bügelservice für den Anzug angeboten. Insbesondere für Geschäftsreisende steigert ein ruhiger Arbeitsplatz oder ein Ort zum Entspannen die Produktivität auf Reisen und auch die Motivation. Keine Berechtigung zu einer Lounge zu haben, bedeutet oft Zeitverlust.

In den **First Class Lounges** wird versucht, dem Kunden in edlem Ambiente den perfekten Service zu bieten. Darunter fallen z. B.

- persönliche Betreuung bis zum Einsteigen,
- Limousinenservice zum Flugsteig,
- Restaurant mit Bedienung,
- exklusive Getränkeauswahl („80 Whiskey-Sorten") und
- großzügiger Bad- und Wellnessbereich mit Spa.

Aufgaben

1_ Bei welcher Haftungsregelung im internationalen Luftverkehr hat der Fluggast bzw. der Berechtigte im Schadensfall und im Vorgriff auf eine spätere Regelung einen Anspruch auf Zahlung eines Vorschusses?

2_ Ein Fluggast stellt bei seiner Rückkehr aus Berlin in Frankfurt fest, dass Kleidungsstücke im Wert von 2.300,00 € durch eine ätzende Flüssigkeit beschädigt sind. In welcher Höhe und gemäß welchem Abkommen wird die Fluggesellschaft seinen Schaden maximal erstatten?

3_ Ihr Kunde hat davon gehört, dass seine Rechte als Fluggast durch EU-Regelungen stark verbessert wurden und bittet Sie, ihm einige Beispiele für diese Verbesserungen zu nennen. Welche beiden Aussagen dürfen Sie in diesem Zusammenhang nicht treffen?

a) Falls die Fluggesellschaft Ihren Flug absagt, haben Sie in jedem Fall einen Anspruch auf eine Entschädigungszahlung.

b) Ansprüche auf eine Entschädigungszahlung bestehen grundsätzlich, wenn der Flug in der EU angetreten wurde.

c) Bei Überbuchungen hängt die Höhe der Entschädigungszahlung davon ab, um wie viel Stunden sich Ihre Abreise verzögert.

d) Falls Ihr Flug nach Bangkok am Abend z. B. aufgrund einer Verzögerung auf den nächsten Vormittag verlegt wird, haben Sie Anspruch auf eine Hotelübernachtung und Verpflegung.

e) Neben einer Entschädigungszahlung muss die Fluggesellschaft bei Annullierung oder Überbuchung zusätzlich eine Erstattung des Flugscheins oder eine andere Weiterbeförderung anbieten.

f) Im Falle einer Nichtbeförderung wegen eines technischen Defekts am Fluggerät kann sich die Fluggesellschaft auf höhere Gewalt berufen.

g) Bei Annullierung, Überbuchung und Verspätungen sind kostenlose Mahlzeiten, Getränke und Möglichkeiten zur Telekommunikation als Entschädigung grundsätzlich vorgesehen.

4_ Nennen Sie ein Beispiel, bei denen die Fluggesellschaften nicht zu Ausgleichszahlungen verpflichtet sind.

5_ Welche Vorteile hat der Beitritt bzw. die Mitgliedschaft in eine strategische Allianz für eine Fluggesellschaft?

6_ Welche Vorteile haben Flugallianzen für die Kunden?

7_ Können Codeshare-Vereinbarungen nur zwischen Fluggesellschaften abgeschlossen werden, die sich auch in einer strategischen Allianz befinden?

8_ Wodurch unterscheidet sich ein Interline-Abkommen von einem Codeshare-Abkommen?

9_ Ein Kunde hat einen Business Class Flugschein für die Strecke:
FRA LH DXB EK BKK TG KUL MH FRA

a) Welche Fluggesellschaften verbergen sich hinter den Carrier-Codes LH, EK, TG und MH?

b) Welches Abkommen müssen die hier beteiligten Fluggesellschaften abgeschlossen haben, damit für diese Strecke ein einziger Flugschein ausgestellt werden konnte?

10_ Wodurch unterscheiden sich Beförderungsklassen und Buchungsklassen?

11_ Welche Bedeutung haben Flughafen-Lounges für Geschäftsleute?

12_ Beschreiben Sie einem Kunden jeweils drei Vorteile am Boden und in der Kabine, die er bei einer Buchung in der Business Class gegenüber der Economy Class hat!

13_ Nennen und erläutern Sie drei Vorteile der Premium Economy Class gegenüber der Economy Class.

Zusätzliche Aufgaben zu Kapitel 3.1.2 finden Sie auf der beiliegenden DVD.

3.1.4 Kundenbindungsprogramme

Die wesentlichen Ziele hierbei sind:

» Herstellung einer dauerhaften und stabilen Kundenbeziehung,
» Sammeln von Kundendaten für das Kundenbeziehungsmanagement und zur Optimierung von Werbemaßnahmen,
» Erzielung von zusätzlichen Einnahmen durch Kooperationen mit anderen Unternehmen.

Kundenbindung ist ein wichtiges Element der **Produktdifferenzierung** im Rahmen der Produktpolitik eines Unternehmens. Sie gehört

zum Aufgabenfeld des **Kundenbeziehungsmanagement (Customer Relationship Management)**.

Für Fluggesellschaften sind **Vielfliegerprogramme (Frequent Flyer Programs – FFP)** das wichtigste Instrument der Kundenbindung. Die Mitgliedschaft in den Programmen ist für den Kunden in der Regel kostenlos.

Viele Programme bestehen aus einer großen Anzahl von **Partnern** wie angeschlossene Fluggesellschaften, Hotelketten, Mietwagenfirmen sowie Unternehmen, die nicht der Reisebranche verbunden sind wie Einzelhandelsunternehmen, Zeitungen, Zeitschriften, Kreditkarten- und Telefongesellschaften, Versicherungen und Banken. Bei all diesen Partnern können **Punkte/Meilen** gesammelt werden, die ab einer bestimmten Anzahl in eine **Prämie** eingelöst werden können (Flüge, Upgrades, Erlebnisreisen, Hotelaufenthalte, Mietwagen etc.). Ab einer bestimmten Anzahl von Punkten/geflogener Meilen oder von Flügen kann bei vielen Programmen ein höherer Status erreicht werden (bei Lufthansa: Frequent Traveller, Senator, HON), der weitere Vorteile bietet, wie z. B. privilegierter Check-in, mehr Freigepäck, Zugang zu speziellen Lounges oder höhere Wartelistenpriorität.

Daneben gibt es auch Programme, die ohne Partner operieren. Hier können nur Meilen oder Punkte bei einer speziellen Fluggesellschaft gesammelt und eingelöst werden (z. B. Icelandair, Air Seychelles).

Das Vielfliegerprogramm Miles & More ist das wichtigste Kundenbindungsinstrument der Lufthansa. Durch Marketingkooperationen mit Unternehmen aus dem Non-Airline Bereich werden zusätzliche Einkünfte erzielt. Mit weltweit mehr als 28 Millionen Teilnehmern zählt es zu den erfolgreichsten Kundenbindungsprogrammen in Europa. Miles & More hat über 350 Kooperationspartnerschaften mit Unternehmen aus den verschiedensten Branchen (darunter mehr als 40 Fluggesellschaften). Bei jedem zweiten Flug entscheiden sich Miles-and-More-Teilnehmer für einen Lufthansaflug und zu rund 75 % werden die gesammelten Prämienmeilen für Flüge und Erlebnisreisen eingelöst.

Der Vorteil für die beteiligten Unternehmen liegt vor allem darin, dass der Kunde, wenn er die Wahl hat, bevorzugt bei den Fluggesellschaften bucht bzw. dort seine Einkäufe tätigt, bei denen ihm Punkte/Meilen auf seiner Kundenkarte gutgeschrieben werden. Ein weiterer Vorteil besteht darin, dass eine große Anzahl an gesammelten Punkten/Meilen nicht eingetauscht werden, sei es, weil sie verfallen oder der Kunde sie einfach nicht einlöst.

Alle namhaften Fluggesellschaften nehmen gleichzeitig an Programmen anderer Fluggesellschaften teil, wobei die Kooperation zum

Sammeln von Meilen/Punkten sich teilweise nur auf bestimmte Flugnummern beschränkt. Der Flugreisende muss entscheiden, an welchen Programmen er teilnehmen möchte und in welchem Programm er seine Punkte/Meilen gutschreiben will. Hat ein Reisender eine Vielfliegerkarte von Qantas und Iberia, muss er bei einem Flug mit Iberia entscheiden, bei welchem Programm er sich seine Punkte gutschreiben lassen will. Welche Wahl die beste ist, wird davon abhängen, mit welchen Fluggesellschaften er bevorzugt oder gewöhnlich fliegt und welche Vorteile die einzelnen Programme bieten, z. B. wie viele Meilen für einen Freiflug erforderlich sind.

Für Unternehmen stellen die Kundenbindungsprogramme der Fluggesellschaften in erster Linie eine Möglichkeit dar, ihre Kosten zu reduzieren. Im Vordergrund steht die Frage, mit welcher Fluggesellschaft im Falle einer Geschäftsreise geflogen wird.

Hier bieten die Fluggesellschaften kostenlose **Firmenförderprogramme** an. Sie funktionieren analog zu den individuellen Programmen, nur mit dem Unterschied, dass nicht der einzelne Passagier die Punkte/Meilen sammelt, sondern das Unternehmen. Für Unternehmen werden als einzig sinnvolle Prämienauswahl Freiflüge und Upgrades genannt.

Firmenförderprogramme für Großkunden werden meist zwischen dem Unternehmen und der Fluggesellschaft ausgehandelt. Hier geht es konkret um ermäßigte Tarife (**Corporate Net Rates – CNR**) für bestimmte Strecken, die vom Vertragsreisebüro gebucht werden können.

Firmenförderprogramme für kleine und mittlere Unternehmen (**KMU-Flugförderungsprogramme**) sind meist für alle Teilnehmer einheitlich. Einige Programme orientieren sich an den oben dargestellten Vielfliegerprogrammen und bieten Freiflüge, Upgrades, Sachprämien o. ä. ab einer bestimmten Anzahl von Meilen/Punkten an. Andere gewähren konkrete Rabatte auf ihre Flüge. Bei manchen Programmen wird auch ein Mindestumsatz verlangt. Ab einem bestimmten Volumen lassen sich auch weitere Vorteile wie Upgrades, Lounge-Zutritt, bevorzugter Check-in oder

Aufhebung der Restriktionen für bestimmte Sondertarife firmenindividuell vereinbaren.

Ob sich die Firmenförderprogramme lohnen, müssen die Unternehmen entscheiden. Wenn bekannt ist, wie viele Reisende wie oft auf welcher Strecke unterwegs sind und auf welche Fluggesellschaften sich dieses Volumen steuern lässt, ist die gezielte Auswahl eines bestimmten Firmenförderprogramms sinnvoll. Bei kleineren Fluggesellschaften kann es vorteilhafter sein, mit der Fluggesellschaft feste Firmenraten auszuhandeln.

Das Buchungsverhalten oder die vorgeschriebenen Buchungswege eines Unternehmens sind ebenfalls Entscheidungskriterien. Häufiges kurzfristiges (Um-)Buchen und Stornieren oder die Nutzung von günstigen Tarifen nach dem Best-Buy-Prinzip, die meist nur online buchbar sind, passen in der Regel nicht zu den Nutzungsbedingungen eines Förderprogramms.

3.1.5 Gepäckbestimmungen

Gepäck	
Freigepäck (Free Baggage Allowance)	Das erlaubte Gewicht bzw. Größe/Menge des aufgegebenen Gepäcks (wird im Gepäckraum des Flugzeugs befördert).
Handgepäck (Free Carry on Items)	Das erlaubte Gewicht bzw. Größe/Menge, das zusätzlich zum aufgegebenen Gepäck mit in die Kabine genommen werden darf.
Übergepäck (Excess Baggage)	Das die Freigepäckgrenze überschreitende Gepäck.

Für die Freigepäck-Höchstgrenzen gelten weltweit zwei unterschiedliche Regelungen. Dies sind:
» **Gewichtskonzept** (Weight Concept): das Freigepäck wird nach Gewicht festgelegt – ohne Beschränkung der Anzahl der

Gepäckbestimmungen der Lufthansa (Auszüge) – Stand Mai 2016

	Stückkonzept (Piece Concept)	
Freigepäck[1] **Erwachsene/Kinder**	First Class Business Class Premium Economy Class Economy Class jedes Stück mit den maximalen Ausmaßen von 158 cm (Summe aus Länge + Breite + Höhe)	3 Stück à 32 kg 2 Stück à 32 kg 2 Stück à 23 kg 1 Stück à 23 kg
Kleinkinder (INF)	1 Stück à 23 kg unabhängig von der Beförderungsklasse	
Handgepäck	» 1 Gepäckstück in Economy Class, und Premium Economy Class » 2 Gepäckstücke in Business/First Class, mit den maximalen Ausmaßen von 55 x 40 x 23 cm à 8 kg, sowie » 1 weiteres Gepäckstück (max. 30 x 40 x 10 cm, z. B. Handtasche, Laptoptasche) » pro Kind ein Babytragekorb oder ein Kinderautositz oder ein faltbarer Kinderwagen/Buggy (ggf. Transport im Frachtraum) sowie Rollstühle/orthopädische Hilfsmittel (z. B. Mobilitätshilfen)	
Übergepäck	Festbetrag für jedes Gepäckstück, » über der Freigepäckgrenze (1 bzw. 2 Stück) » über dem erlaubten Gewicht (23 bzw. 32 kg) » über den erlaubten Maßen (158 cm) Der Festbetrag ist abhängig von der geflogenen Strecke.	

---

1 Die hier dargestellten Freigepäckregeln gelten für von Lufthansa durchgeführte Interkontinentalflüge. Auf Europa-Flügen gibt es in der Economy Class auch einen Economy Light Tarif, bei dem nur Handgepäck kostenlos mitgenommen werden kann.

Gepäckstücke (z. B. 20 kg, 30 kg, 40 kg für Y/C/F-Class) und
» **Stückkonzept** (Piece Concept): das Freigepäck wird nach der Anzahl der Gepäckstücke festgelegt, die bestimmte Maße und Höchstgewichte nicht überschreiten dürfen.

Die Fluggesellschaften der großen Allianzen wenden inzwischen weitgehend das Stückkonzept an, wobei jede Fluggesellschaft zahlreiche Sonderregelungen aufweist. Generelle Aussagen über Gepäckbestimmungen sind kaum mehr möglich, sodass für eine fundierte Aussage immer ein Blick in die Gepäckbestimmungen der jeweiligen Fluggesellschaft notwendig ist.

Das Gewichtskonzept findet nur noch bei wenigen großen Fluggesellschaften Anwendung.

Weitere Gepäckbestimmungen

Für Flüssigkeiten im Handgepäck gilt folgende Beschränkung:
» Die Flüssigkeit befindet sich ein einem Behälter mit einem Fassungsvermögen von maximal 100 ml.
» Alle Flüssigkeitsbehälter mit einem maximalen Fassungsvermögen von 100 ml passen problemlos in eine durchsichtige, wieder verschließbare Plastiktasche mit 1 Liter Fassungsvermögen.

Unbegleitetes Gepäck

Als Luftfracht aufgegebenes Gepäck (nur persönliche Bekleidung und Wertsachen sind erlaubt). Es gelten spezielle Frachtraten, die in der Regel günstiger sind als die Übergepäckgebühren. Der Transport erfolgt nach Wahl des Luftfrachtführers (meist mit einem anderen Flug). Abzuholen ist das Gepäck beim Zoll.

Sperrgepäck

Wenn ein Gepäckstück ein bestimmtes Gewicht (z. B. 32 kg bei LH) oder bestimmte Maße (z. B. die Summe aus L + B + H ist größer als 203 cm bei LH) übersteigt, gelten andere Regelungen als bei normalem Gepäck. Ge-

päckstücke, die mehr als 32 kg wiegen, werden z.B. von Lufthansa nicht mehr als Reisegepäck, sondern nur per Luftfracht befördert.

Zusätzliche Aufgaben zu Kapitel 3.1.5 finden Sie auf der beiliegenden DVD.

Sportgepäck

Jede Fluggesellschaft hat eigene Bestimmungen hinsichtlich der Beförderung von Sportgepäck. Teilweise gibt es feste Sondergepäckgebühren, teilweise auch eine Anrechnung auf das Freigepäck. Meist müssen auch Größe, Gewicht und Art des Gepäckstücks rechtzeitig angemeldet werden.

Beförderung von Tieren

Tiere werden in besonderen Behältnissen (die man bei den Fluggesellschaften kaufen oder mieten kann) meist im Frachtraum befördert. Die Beförderung von Haustieren in der Kabine ist bei vielen Fluggesellschaften möglich (meist bis 5 bzw. 8 kg inklusive Behälter). In beiden Fällen ist es notwendig, schon bei der Reservierung eine Mitnahme von Tieren anzumelden, da nur eine bestimmte Anzahl von Tieren sowohl im Frachtraum als auch in der Kabine zugelassen sind. Der Fluggast ist selbst verantwortlich für die Einhaltung der Einreisebestimmungen (Impf- und Gesundheitsvorschriften, notwendige Einreisepapiere). Diese können sehr zeitaufwendig und mit erheblichen Kosten verbunden sein.

Tiere werden grundsätzlich nicht auf das Freigepäck angerechnet und die normalen Übergepäckgebühren werden für die Tiere inklusive Behälter angewendet. Allerdings gibt es Fluggesellschaften, die eine Anrechnung auf das Freigepäck zulassen.

Bei Lufthansa wird kostenlos befördert:
» Ein Hund (mit Maulkorb und an der Leine) für blinde oder hörbehinderte Fluggäste.

5053374

3.1.6 Tarifabfragen

FQD – Fare Quote Display

Beispiel: **FQDFRANYC/D20JAN/ALH** (Tarifabfrage Frankfurt – New York City)

```
20JAN16**20JAN16/LH FRANYC/NSP;AT/TPM  3851/MPM  4621
LN FARE BASIS   OW   EUR  RT  B PEN  DATES/DAYS    AP MIN MAX R
01+FCOUPON     9683     19366 F  -    -      -     + -   - 12M R
02+JCOUPON     6899     13798 J  -    -      -     + -   - 12M R
03+F77OW       6854           F  -    -      -     - -   -  M
04+F77RT             9140 F  -    -      -     - -   12M M
05+J77OW       4291           J  -    -      -     - -   -  M
06+FFFDEW            8180 F  -    -      -     + -   - 12M R
07+AFFDEW            6970 A  -    -      -     + +   - 12M R
08+GCOUPON     3271  6542 G  -    -      -     + -   - 12M R
09+G77OW       3269           G  -    -      -     - -   -  M
10+J77RT             6130 J  -    -      -     - -   12M M
11+YCOUPON     2812  5624 Y  -    -      -     + -   - 12M R
12+Y77OW       2810           Y  -    -      -     - -   -  M
13+JFFDEW            5170 J  -    -      -     + -   - 12M R
14+ARCDE14W          4970 A  +    -      -     + +   - 12M R
15+G77RT             4670 G  -    -      -     - -   12M M
16+ARNDEW            4470 A 410+   -      -    +60+ 6+ 1M R
17+CFFDEW            4470 C  -    -      -     + -   - 12M R
18+Y77RT             4014 Y  -    -      -     - -   12M M
19+DFFDEW            3670 D  -    -      -     + -  4+ 12M R
20+ZFFDEW            3370 Z  -    -      -     + -  4+ 12M R
21+ZRCDEW            2970 Z  +    -      -     + +SU+ 12M R
22+GFFEU2W           2810 G  -    -      -     + -   - 12M R
23+PNCDE28W          2720 P NRF   -      -     + +   + 12M R
24+PNCDE60W          2470 P NRF   -      -    +60 SU+ 12M R
25+EFFEU2W           2410 E  -    -      -     + +   - 12M R
26+PNCDE90W          2220 P NRF   -      -    +90 SU+ 12M R
27+YFFDEW            2210 Y  -    -      -     + -   - 12M R
28+BFFDEW            2010 B  -    -      -     + -   - 12M R
29+MFFDEW            1810 M  -    -      -     + -   - 12M R
30+ELRCEU2W          1510 E  +  S25DEC 17MAR+  + + 12M R
31+ULRCDEW           1230 U  +  S25DEC 17MAR+  + + 12M R
32+NLRCEU0W          1140 N  +  S25DEC 17MAR+  + + 12M R
33+HLRCDEW            930 H  +  S25DEC 17MAR+  + + 12M R
34+NLNCEU2W           780 N NRF S25DEC 17MAR+  + + 12M R
35+QLWRCDEW           760 Q  +    -      567+  + + 12M R
                                S25DEC 17MAR
36+QLXRCDEW           730 Q  +    -     1234+  + + 12M R
                                S25DEC 17MAR
37+VLWRCDEW           630 V  +    -      567+  + + 12M R
                                S25DEC 17MAR
38+VLXRCDEW           600 V  +    -     1234+  + + 12M R
                                S25DEC 17MAR
39+WLWNCDEW           530 W NRF   -      567+  + + 12M R
                                S25DEC 17MAR
40+NYNCEU2W           524 N NRF S11JAN 13MAR+  + + 12M R
41+WLXNCDEW           500 W NRF   -     1234+  + + 12M R
                                S25DEC 17MAR
42+SLWNCDEW           450 S NRF   -      567+  + + 12M R
                                S25DEC 17MAR
43+SLXNCDEW           420 S NRF   -     1234+  + + 12M R
                                S25DEC 17MAR
```

Erläuterungen zur FQD-Abfrage

```
20JAN16**20JAN16/LH FRANYC/NSP;AT/TPM 3851/MPM 4621
```

gültig für den 20. Januar 2013 / LH-Tarife für FRANYC / NSP = Normal and Special Fares; AT = global indicator (Richtungscode) / Angabe der TPM = Ticketed Point Mileages (geflogene Meilen) / MPM = Maximum Permitted Mileage (erlaubte Meilen)

LN	Line – Laufnummer
FARE BASIS	Tarifart
OW	Oneway-Preis: Preis für die einfache Strecke
EUR	Währung, in der die OW- und RT-Preise angezeigt sind (hier: Euro)
RT	Roundtrip-Preis: Preis für die Hin- und Rückstrecke
B	Booking Class: Buchungs- bzw. Reservierungsklasse (siehe → Kapitel 3.1.3)
PEN	Penalty Information: Informationen zu Umbuchungs- und Stornogebühren), z. B. *NRF = bei Storno Non Refundable (nicht erstattbar) oder 410 = 410,00 € Umbuchungs- oder Stornogebühr*
DATES/DAYS	Gültigkeit des Tarifs, z. B. *S = Season: (maßgeblich ist der Hinflug)* *B = Ticketausstellung bis zu diesem Datum* *C = Reise muss bis zu diesem Datum beendet sein* *E = Reisebeginn ab diesem Datum* *O = Hinflug bis zu diesem Datum*
AP	Advance Purchase: Vorausbuchungsfrist, z.B. 60 = 60 Tage
MIN MAX	Minimum /Maximum Stay Restrictions: Beschränkungen für Mindest- und Maximalaufenthalt z. B. **SU = Sunday Rule,** *d. h. der früheste Rückflug darf frühestens am nächsten Sonntag (nach der Hinreise) ab 00:01 Uhr erfolgen oder 6T bzw. 12M = 6 Tage bzw. 12 Monate*
R	Routing Information *(entweder M = es gilt das Meilensystem oder R = ein festes Routing ist vorgeschrieben)*

AT (global indicator) bedeutet, er fliegt den IATA Richtungscode Atlantik – von Tarifgebiet 1 (Amerika) nach Tarifgebiet 2 (Europa) oder umgekehrt.

NSP: Normal and Special Fares: Normaltarife sind die teuersten Tarife, sie unterliegen keinerlei Einschränkungen, d. h. u. a. sie sind generell ein Jahr gültig, es gibt keine Vorausbuchungsfristen, Umbuchungen und Stornos sind kostenlos möglich, im obigen Fall fangen die Special Fares für eco-Tarife ab Laufnummer 30 an.

Zur **Tarifart** gilt bei LH Folgendes:
1. Buchstabe: Buchungsklasse
2. Buchstabe: Season (L = Low Season, H = High Season, K, J oder andere = Zwischensaison (shoulder season), hier: ab Laufnummer 30

Nach der Season folgt ggf. W für Wochenend-Tarif bzw. X für Wochenmitte-Tarife; diese Tarife sind kombinierbar, je nachdem, an welchem Wochentag der Hin- oder Rückflug stattfindet, hier: Tarife ab Laufnummer 35;

5053376

dann folgt:

NN Non-refundable, no changes

NC Non-refundable, changes (against fee)

RC Restricted refund (against fee), changes (against fee)

RF Restricted refund (against fee), free changes

FF Free refund, free changes

TPM/MPM (Ticketed Point Mileage/Maximum Permitted Mileage)

Das Meilensystem (siehe Routing: M) erlaubt, dass man für einen bestimmten Preis nicht den direkten Weg nehmen muss. Man kann auch über Umwege zum Zielort fliegen, muss dabei aber die MPM einhalten, d. h. die Summe der geflogenen Meilen zwischen den verschiedenen Flugscheinorten (TPM) darf nicht höher als die MPM sein, andernfalls gibt es einen Aufschlag, und zwar 5, 10, 15, 20 oder 25 % (bei mehr als 25 % über den erlaubten Meilen, darf man so nicht mehr fliegen, zumindest nicht zu dem angegebenen Preis).

TPM 3851 bedeutet: die direkte Entfernung zwischen Frankfurt und New York beträgt 3 851 Meilen. Das ist kürzeste direkte Route, die im Jahresverlauf von irgendeiner IATA-Airline auf dieser Strecke geflogen wird.

MPM 4621 bedeutet: mit dem hier veröffentlichten Tarif darf der Fluggast maximal 4 621

Meilen pro Strecke fliegen. Wenn er mehr fliegt, muss er einen Aufpreis bezahlen. Bei einem Roundtrip (RT) werden die Meilen jeweils für die Hin- und Rückstrecke kontrolliert.

Die MPM werden von der IATA normalerweise mit der Formel TPM + 20 % berechnet (es gibt viele Ausnahmen), hier: $3\,851 \times 1,2 = 4\,621$

Die Formel zur Berechnung des Meilenaufschlags:

$$\frac{\text{Anzahl der geflogenen Meilen}}{\text{Anzahl der erlaubten Meilen}} = \frac{\text{TPM}}{\text{MPM}}$$

Ergebnis	Aufschlag
über 1,00 aber nicht höher als 1,05	5 %
über 1,05 aber nicht höher als 1,10	10 %
über 1,10 aber nicht höher als 1,15	15 %
über 1,15 aber nicht höher als 1,20	20 %
über 1,20 aber nicht höher als 1,25	25 %

Das +-Zeichen bedeutet: weitere Informationen stehen in den Notes (Tarifbedingungen), dort sollte man auf jeden Fall nachschauen.

Zusätzliche Begriffs- und Abkürzungserklärungen finden Sie unter Zusatzinformationen zu LF 8, Kapitel 3.1.6 auf der beiliegenden DVD.

3.1.7 Verfügbarkeitsabfrage

AN – Availability = Verfügbarkeits-Abfrage

```
AN20JANFRANYC/ALH
** AMADEUS AVAILABILITY - AN ** NYC NEW YORK.USNY           107 WE 20JAN 0000
1     LH 400   FL AL J9 C9 D9 Z9 P9 /FRA 1 JFK 1  1055    1345   E0/74H         8:50
               G9 E9 N9 Y9 B9 M9 U9 H9 Q9 V9 W9 S9 T9 L9 K9
2     LH 402   F8 A5 J9 C9 D9 Z9 P9 /FRA 1 EWR B  1330    1610   E0/74H         8:40
               G9 E9 N9 Y9 B9 M9 U9 H9 Q9 V9 W9 S9 T9 L9 K9
3LX:LH5770    J4 C4 D4 Z4 P4 Y4 B4 /FRA 1 ZRH     0850    0940   E0/320
               M4 U4 H4 Q4 V4 W4 S4 T4 L4 K4
  UA:LH8898    J4 C4 D4 Z4 P4 Y4 B4 /ZRH   EWR B  1020    1340   E0/764    TR  10:50
               M4 U4 H4 Q4 V4 W4 S4 T4 L4 K4
4     LH1004   J9 C9 D9 Z9 P9 Y9 B9 /FRA 1 BRU     0725    0825   E0/319
               M9 U9 H9 Q9 V9 W9 S9
  UA:LH8854    F2 A2 J4 C4 D4 Z4 P4 /BRU   EWR B  1000    1230   E0/777        11:05
               Y4 B4 M4 U4 H4 Q4 V4 W4 S4 T4 L4 K4
```

```
5    LH1184   J9 C9 D9 Z9 Y9 B9 M9 /FRA 1 ZRH     0830     0925   E0/733
              U9 H9 Q9 V9 W9 S9 T9 L9 K9
 UA:LH8898    J4 C4 D4 Z4 P4 Y4 B4 /ZRH   EWR B   1020     1340   E0/764   TR   11:10
              M4 U4 H4 Q4 V4 W4 S4 T4 L4 K4
6    LH 140   J7 C7 D7 Z7 P7 Y9 B9 /FRA 1 NUE     0800     0840   E0/733
              M9 U9 H9 Q9 V9 W9 S9 T9 L9 K9
 CL*LH2157    J7 C7 D7 Z7 P7 Y9 B9 /NUE   MUC 2   0935     1015   E0/CR9
              M9 U9 H9 Q9 V9 W9 S9 T9 L9 K9
     LH 410   F8 A6 J7 C7 D7 Z7 P7 /MUC 2 JFK 1   1215     1545   E0/333        13:45
              G9 E9 N9 Y9 B9 M9 U9 H9 Q9 V9 W9 S9 T9 L9 K9
```

Erläuterungen:

AN20JANFRANYC	Abfrage der Verfügbarkeit für den 20 JAN für Frankfurt-New York
107 WE 20JAN 0000	vom aktuellen Datum sind es noch 107 Tage bis zum Abfragedatum, Mittwoch (WE = Wednesday), dem 20. Januar, Abflüge ab 00:00 Uhr
1 LH 400	Laufnummer 1 ist der Lufthansa Flug LH 400 nach John F. Kennedy Airport, Terminal 1
3LX:LH5770 UA:LH8898	Laufnummer 3 sind 2 Codeshare-Verbindungen. Der erste Flug von Frankfurt nach Zürich wird von Swiss, der Flug von Zürich nach New York von United jeweils mit eigener Flugnummer durchgeführt. Lufthansa verkauft hier die Flüge mit den Flugnummern 5770 und 8898.
J9 (LN2) J4 (LN3) A5 (LN2)	Die Verfügbarkeit in den einzelnen Buchungsklassen: J9: noch mindestens 9 oder mehr Plätze in Buchungsklasse J sind verfügbar (bei anderen Airlines kann die höchste angegebene Ziffer auch anders sein, z. B. bei LX und UA (siehe LN 3). J4: mindestens 4 oder mehr freie Plätze
A5 (LN2)	A5: in Buchungsklasse A sind noch genau 5 Plätze verfügbar
FL (LN1)	FL: eine Warteliste für Buchungsklasse F ist möglich. L steht für Limited Sale (oder auch W für Waitlist open oder 0).
oder z. B. FR	FR: Plätze für Buchungsklasse F nur noch auf Anfrage (Request).
/FRA 1 EWR B (LN2)	/ = Last Seat Indicator: alle Plätze im Flugzeug werden angezeigt Abflug von Frankfurt Terminal 1, Ankunft in Newark Terminal B
1330 1610	Abflug in FRA um 13:30 Uhr, Ankunft in Newark um 20:30 Uhr (alles Ortszeiten)
E0 / oder E0.	**E**tix ist möglich, es gibt keine Zwischenlandungen (**0** = Nonstopflug) / gibt einen Hinweis über die Anbindung an das AMADEUS-System, hier: es besteht eine Verbindung in Echtzeit, d. h. die Daten zeigen den neuesten Stand an. Der Punkt bedeutet: die Daten werden nur in Zeitintervallen aktualisiert, d. h. sie zeigen nicht den neuesten Stand an.
74H	das Fluggerät ist eine Boeing 747-8I (I für International)
8:40	Gesamtreisezeit (inkl. Zwischenlandungen, Transfers)
CL*LH2157 (LN6)	Der Franchise-Partner Lufthansa CityLine (CL) führt den Flug für den Auftraggeber Lufthansa durch. Anders als beim Code-Sharing gibt es nur eine Flugnummer.
EWR B	Flughafen Newark (New Jersey), Terminal B

5053378

764		Boeing 767-400
333		Airbus 330-300
319/320		Airbus 319/320
CR9		Canadair Jet - CRJ 900
733		Boeing 737-300
TR	(LN3+5)	Traffic Restrictions (Einschränkung der Verkehrsrechte): Lufthansa darf wahrscheinlich mit ihrer Flugnummer 8898 keine Flugscheine ab Zürich verkaufen

3.1.8 Sondertarife

Sondertarife sind ermäßigte Flugpreise mit besonderen, gegenüber Normaltarifen, einschränkenden Bedingungen (**Notes**). Während Normaltarife z. B. grundsätzlich ein Jahr gültig sind und kostenlose Umbuchungen und Stornierungen erlauben, gibt es hierzu bei vielen Sondertarifen einschränkende Regelungen.

Für internationale Sondertarife gibt es Standardbedingungen. Sie sind mit einer Zwei-Buchstaben-Kennung in Standardparagrafen eingeteilt, z. B. MX für Maximum Stay oder SO für Stopovers.

Sie enthalten allgemeine Bestimmungen, die immer dann gelten, wenn in den speziellen Sondertarifen nichts anderes angegeben ist. Sie enthalten in der Regel keinerlei Einschränkungen, z. B.:

» Kein Mindestaufenthalt
» Keine Vorausbuchungsfrist
» Maximaldauer/Ticketgültigkeit beträgt eine Jahr
» Stopovers/Transfers erlaubt
» Keine Einschränkung bei Storno oder Umbuchung

Wenn in den Notes zu einem Sondertarif z. B. keine Angaben über Stopover enthalten sind, dann gelten die Standardbedingungen und in denen steht, dass Stopover grundsätzlich erlaubt sind.

Ein Beispiel für Tarifbedingungen – Notes finden Sie unter Zusatzinformationen zu LF 8, Kapitel 3.1.8 auf der beiliegenden DVD.

3.1.9 Beförderungsdokumente

Flugscheine

Seit Juni 2008 gibt es aufgrund eines Beschlusses der IATA von 2004 keine Flugscheine aus Papier mehr, sondern nur noch elektronische Flugscheine (E-Tickets, bei Lufthansa heißen sie etix).

Ein E-Ticket besteht aus einer Buchungsnummer (sog. Filekey) und dem Namen des Reisenden. Unter der Buchungsnummer sind alle Flugreservierungen einer Reise zusammengefasst. Ähnlich wie das frühere Papierticket besteht ein E-Ticket aus sechs Coupons, die allerdings nur noch elektronisch gespeichert sind:

» 1 Agent Coupon
» 1 Passenger Coupon
» 4 Flight Coupons

Der Agent Coupon – als Beleg für die ausstellende Agentur – wird bei der Ausstellung automatisch ausgedruckt und verbleibt beim Reisebüro. Der Passenger Coupon für den Kunden wird nur mit einem gesonderten Eingabebefehl ausgedruckt. Die einzelnen Flugcoupons werden beim Check-in am Flughafen für die jeweilige Strecke ausgestellt.

Bei einem Flugschein mit mehr als vier Flugsegmenten muss ein zweites E-Ticket mit aufeinanderfolgender Nummer ausgestellt werden. Diese zusammenhängenden Flugscheine werden als Conjunctionticket bezeichnet.

Der Kunde erhält in der Regel bei der Buchung im Reisebüro einen Passenger/Itinerary Receipt (entspricht dem Passenger Coupon), auf dem alle wesentlichen Daten seiner Buchung enthalten sind, wie z. B. aktuelle Reisedaten, erlaubtes Freigepäck, Flugpreis, Steuern und Gebühren, Buchungs- und Ticketnummer. Viele Fluggesellschaften beschränken sich mittlerweile auf noch weniger Informationen.

Bei der Buchung im Internet oder per E-Mail/Telefon/Fax erhält er vom Verkaufsbüro meist nur einen Ausdruck mit allen wesentlichen Daten seiner Buchung, der als Bestätigung seiner Buchung gilt. Den eigentlichen Passenger/Itinerary Receipt erhält er dann beim Check-in am Flughafen, gleichzeitig mit seiner Bordkarte (Boarding Pass) für die jeweils geflogene Strecke. Bei vielen Fluggesellschaften kann er sich sein Passenger/Itinerary Receipt auch schon zu Hause ausdrucken.

Einchecken kann der Kunde am Schalter oder an speziellen Quick Check-in Automaten (mit Kreditkarte/Kundenkarte oder auch nur mit der Buchungsnummer oder dem Namen). Für bestimmte Kundengruppen bietet z. B. Lufthansa einen SMS oder Telefon Check-In an, auf vielen Strecken auch einen Online Check-In (hierbei kann sich der Kunde seine Bordkarte zu Hause ausdrucken). Für SMS und Online Check-In ist auch eine Mobile Bordkarte auf einem Mobiltelefon (bestehend aus einem Barcode und Fluginformationen im Klartext) möglich.

Reisende mit aufzugebendem Gepäck müssen sich an den Check-In Schalter wenden. Sofern sie schon vorher eingecheckt haben (per Automat, SMS o. ä.) können sie ihr Gepäck auch an speziellen Gepäckabgabeschaltern aufgeben, diese werden aber nicht auf allen Flughäfen angeboten. An einigen Flughäfen ist es auch möglich, mit bis zu zwei Gepäckstücken an Automaten einzuchecken.

Der Flugschein stellt den Vertrag zwischen Fluggesellschaft und Fluggast über eine zu erbringende Beförderung dar (Beförderungsvertrag). Der frühere Flugschein aus Papier als Dokument für diesen Vertrag wird heute ersetzt durch das Passenger/Itinerary Receipt, das der Kunde als Ausdruck erhält bzw. sich selber ausdrucken kann.

Diesen Ausdruck sollte er als Beweisdokument während der gesamten Reise bei sich führen, insbesondere für Einreisebehörden.

Als Vorteile des E-Tickets gelten:
» Der Kunde kann den Flugschein nicht vergessen oder verlieren.
» Buchungen bis kurz vor Annahmeschluss sind möglich, ebenso kurzfristige Umbuchungen.
» Die Fluggesellschaften sparen Kosten (lt. Schätzung der IATA kostet die Erstellung und Verwaltung eines E-Tickets ein Dollar, die Herstellung und Verarbeitung eines Papiertickets dagegen zehn Dollar).
» Die Reisebüros sparen Kosten durch den Wegfall des Ausdruckens der Tickets und deren Versand.

Gültigkeit von Flugscheinen

Flugscheine sind grundsätzlich ein Jahr gültig (alle Flugscheine zum Normaltarif), es sei denn, der anwendbare Tarif bestimmt eine kürzere Gültigkeitsdauer (z. B. bei vielen Sondertarifen).

Die Gültigkeit wird gerechnet vom Ausstellungsdatum oder vom Zeitpunkt des Reiseantritts, sofern dieser innerhalb der Gültigkeit des Flugscheins erfolgt.

> **Beispiel:**
>
> Ausstellungsdatum: 01.05.2016
> Gültigkeit: 1 Jahr
> Reiseantritt: 25.06.2016
> Maximale Gültigkeit: 25.06.2017

Die einzelnen Coupons eines Tickets dürfen nur in der vorgegebenen Reihenfolge abgeflogen werden, andernfalls haben die übriggebliebenen Coupons nur noch einen evtl. Erstattungswert, sind aber nicht mehr zur Beförderung gültig. Die Fluggesellschaften stornieren gebuchte Rückflüge automatisch, wenn sie merken, dass der Hinflug nicht angetreten wurde.

5053380

EMD - Electronic Miscellaneous Document

Ein EMD wird eingesetzt, um Leistungen rund um das Fliegen, die nicht auf dem Flugschein selbst stehen, abrechnen und rückverfolgen zu können. Für den Fluggast ist es ein Beleg für die in Anspruch genommene Leistung. Das EMD ersetzt seit November 2014 die vorher ausgestellten Miscellaneous Charges Order-Varianten, z. B. MCO, VMCO, MPD.

Der Gültigkeitszeitraum, sofern von Bedeutung, beträgt ein Jahr (ab Ausstellungsdatum). Es gibt zwei Arten von EMDs:

Associated EMD (EMD-A)
Die Zusatzleistungen sind direkt mit einem Flugcoupon verbunden wie
» Übergepäck, Sportgepäck
» Mahlzeiten, Sitzplätze
» Gebühren für unbegleitete Kinder
» Aufzahlung für Upgrading
» Sitzplatzreservierungen
» Pet in cabin (PETC), Animal vivant in hold (AVIH)

Stand Alone EMD (EMD-S)
Die Zusatzleistungen sind nicht automatisch mit einem bestimmten Flugcoupon verbunden wie
» Umbuchungs- und Stornogebühr
» Residual Value (refunds), z. B. aus Ticket-Umschreibungen
» Lounge Access
» Gruppen-Anzahlungen

Ein Beispiel für ein E-Ticket finden Sie unter Zusatzinformationen zu LF 8, Kapitel 3.1.9 auf der beiliegenden DVD.

Zusätzliche Aufgaben zu Kapitel 3.1.6 bis 3.1.9 finden Sie ebenfalls auf der beiliegenden DVD.

3.2 Bahnreisen

3.2.1 Wettbewerbssituation des Verkehrsträgers Bahn

Als Flugzeug und Kfz noch keine Konkurrenz für den Zug darstellten, war die Bahn das einzige, schnelle Massenverkehrsmittel, das große Entfernungen in relativ kurzer Zeit bewältigte: konkurrenzlos, relativ billig, nicht immer komfortabel, aber sicher, pünktlich und zuverlässig. Diese Position gilt – mit Abstrichen – heute noch für den **Nahverkehr**. Im **Fernverkehr** hat die Bahn dieses Monopol und damit wichtige Marktanteile verloren, obwohl sie immer noch der bedeutendste Verkehrsträger Deutschlands ist. Auch am Counter ist die DB AG der wichtigste einzelne Leistungsträger nach Lufthansa.

Innerhalb Deutschlands kann sich die Bahn gegenüber dem Flugzeug mit dem Bau der Hochgeschwindigkeitsstrecken, anderer Infrastrukturprogramme und den schnellen ICE-Zügen behaupten. Auf vielen europäischen Strecken ist sie allerdings dem Flugzeug unterlegen, da zu langsam und zu teuer.

Wenn es allerdings gelingt, die Produkte der nationalen privaten und staatlichen Eisenbahngesellschaften grenzüberschreitend zu vernetzen und weitere durchgehende Verbindungen anzubieten, könnte diese Entwicklung umgekehrt werden. Mit der Gründung von Railteam (2007), der Allianz europäischer Eisenbahnverkehrsgesellschaften für den Hochgeschwindigkeitsverkehr wurde ein erster Anfang gemacht. Mitglieder von Railteam sind die Bahngesellschaften DB, Eurostar, ÖBB, SNCF, NS, SNCB und SBB. DB, NS und SNCB führen mit dem „ICE International" bereits seit 1999 gemeinsamen grenzüberschreitenden Zugverkehr durch. Der Bau der französischen Hochgeschwindigkeitsstrecke Paris – Straßburg hat dazu geführt, dass sich die Fahrzeit zwischen Frankfurt und Paris um 2,5 Stunden verkürzt und mit 3h 45min die Reisezeit mit dem Flugzeug unterbietet (München – Paris 5h 40min), da die beiden beteiligten Bahngesellschaften – SNCF und DB – noch weitere Systemvorteile geltend machen können. Die

Konferenz der EU-Verkehrsminister hat für 2030 ein gemeinsames Hochgeschwindigkeitsnetz konzipiert und fordert die Bildung eines „Integrierten Europäischen Eisenbahnraums". Das Hochgeschwindigkeitsnetz befindet sich weiterhin im Aufbau und verspricht den beteiligten Eisenbahngesellschaften weitere Marktanteile (vgl. Karte S. 383).

Die ICE-Hochleistungstrasse zwischen Nürnberg und Berlin ist das aktuell größte Verkehrsprojekt Deutschlands. Die Strecke wird Reisegeschwindigkeiten von bis zu 300 km/Stunde ermöglichen und die Fahrzeit zwischen Berlin und München von gegenwärtig knapp 6 auf 3,5 Stunden verkürzen.

Inzwischen stellt der **Fernlinienbus** ein weiteres konkurrierendes Verkehrsmittel dar. Hatte der Bahnkonzern im Jahr 2012 noch einen Milliardengewinn erwirtschaftet, so brach dieser in den folgenden beiden Jahren massiv ein und für 2015 muss zum ersten Mal seit 12 Jahren mit einem Verlust von knapp einer Mrd. Euro gerechnet werden. Die Konzernverluste sind nicht allein auf die Konkurrenz durch Fernlinienbusbetreiber zurückzuführen. Auch im Güterverkehr kumulieren sich Umsatzverluste und außerdem müssen Sondereffekte wie der langwierige Streik der Lokführergewerkschaft, das Sommerhochwasser 2013, Witterungskatastrophen 2014 und zusätzliche Investitionskosten berücksichtigt werden. Im Personenfernverkehr kam es 2014 zu einem Umsatzverlust von 120 Mio. Euro. Davon sind ca. 50 % durch den Umstieg von Bahnkunden auf den Bus bedingt und weitere 50 % durch den Verzicht auf Preiserhöhungen aufgrund der Konkurrenzsituation.

Zunächst reagierte die DB AG situativ auf die neue Konkurrenz:

» Auf der Rennstrecke Berlin – Hamburg (Relation mit dem dichtesten Fernlinienbusverkehr) wurde ein Interregio-Express (IRE) mit sehr günstigen Festpreisen in den Fahrplan aufgenommen. Die einfache Fahrt kostet 19,90 €, Hin- und Rückfahrt 29,90 € – zum Vergleich: der ICE Flexpreis (früher: Normalpreis) beträgt auf dieser Strecke 78,00 € bzw. 156,00 €. Die Fahrtdauer entspricht in etwa der des Linienbusses.

> **Kundenoffensive im Fernverkehr der Bahn zur Wiedergewinnung verlorener Marktanteile bei Auto, Bus und Flugzeug**
>
> **Ausbau des Fernverkehrsangebotes bis 2030 um 25 %**
>
> – **Programm Zukunft Bahn** –
>
> ICE (Kernnetz)
> – Ausbau des Netzes in der Fläche
> – Flottenausbau ermöglicht bis zu 150 zusätzliche Fahrten täglich
> – Einsatz der neuen ICE-4-Züge
> – IC-Verbindungen werden integriert
> – Angebot von mehr Frequenzen bei Nord-Süd-Verbindungen zwischen den Metropolen
> – Ausbau der 30-Minuten-Takte
> – weitere Reisezeitverkürzungen
> – kostenloses WLAN in allen ICE-Zügen
>
> IC (Flächennetz)
> – neues IC-Netz mit Anbindung aller deutschen Städte im Zwei-Stunden-Takt
> – 190 neue Direktverbindungen aus der Fläche in die 50 größten Städte
> – Ersatz der alten Waggons durch neue Doppelstock-Züge mit Internetzugang
> – weitere Tarifintegration mit dem ÖPNV
>
> Tarife
> – neue SparCards
> – Sparpreise ab 19,00 €
> – kostenlose Sitzplatzreservierung
> – Aufhebung der Vorkauffrist für alle Spezialtarife

» Auf weiteren Strecken mit intensiver Konkurrenz durch das neue Verkehrsmittel wurde ein neues Bahn-Spezial-Ticket aufgelegt, das aber nur über die Mobilitätsportale (Busvergleichssysteme) gebucht werden kann und das zahlreichen Tarifeinschränkungen unterliegt, z. B. keine kostenfreie Kindermitnahme.

Mit dem Programm „Zukunft Bahn" startete der Konzern 2015 eine Kundenoffensive. Bis 2030 soll das Fernverkehrsangebot um 25 % gesteigert und 50 Mio. Reisende sollen als zusätzliche Bahnkunden gewonnen werden.

Noch beherrscht der motorisierte Individualverkehr den Verkehrsmarkt. Wir ziehen das eigene Auto dem Zug vor (auch wenn es teurer ist), es ist grundsätzlich komfortabler, erlaubt die Fahrt von zu Hause zum Zielort ohne aufwendiges Umsteigen und steht dort immer zur Verfügung. Für den Geschäftsreisenden gilt diese Aussage nur mit Einschränkungen:

» Kann ich für den Geschäftstermin aufgrund der Bahnreise eine Übernachtung einsparen?
» Kann ich während der Reise arbeiten und mein Projekt vor- bzw. nachbereiten?
» Werde ich bequem befördert?
» Erreiche ich ausgeruht das Ziel?

Sollte das Straßensystem allerdings immer öfter an seine Kapazitätsgrenzen gelangen (stundenlange Staus nicht nur während der Ferienzeit und am Wochenende) wird auch bei Privatreisenden ein Umdenken einsetzen und sie werden sich bewusst werden, dass die Bahn eines der umweltfreundlichsten Verkehrssystems ist.

Seit 2013 werden drei Viertel des gesamten Fahrstroms der DB AG aus regenerativen Quellen gewonnen. Inhaber von Kundenkarten fahren ohne Aufpreis mit Strom aus erneuerbaren Energien. Käufer von Einzelfahrten ohne Abokarten können gegen einen Aufpreis von 1,00 € pro Person und Fahrtrichtung (Angebot „Umwelt-Plus") mit reinem Ökostrom fahren.

Mit der **Bahnreform** 1994 legte der Bund – als Eigentümer – wichtige Grundlagen für eine Neuordnung des Schienenverkehrs. Die Bahn wurde privatisiert, Deutsche Reichsbahn und Deutsche Bundesbahn zu einem Unternehmen verschmolzen, die erheblichen Schulden gestrichen und ein neues Unternehmen gegründet, die Deutsche Bahn Aktiengesellschaft (DB AG). Gleichzeitig erhielten andere Verkehrsunternehmen als Marktteilnehmer die Möglichkeit, Schienenverkehr auf dem bestehenden Schienennetz anzubieten, wie das Unternehmen HKX (Hamburg-Köln-Express), das seit 2012 diese Strecke betreibt. HKX bietet täglich außer sonntags drei Hin- und Rückfahrten an. Die DB AG dagegen bedient die Strecke im Stundentakt, zu den Hauptverkehrszeiten halbstündlich. HKX

Transeuropäisches Eisenbahnverkehrsnetz (TEN-V), Kernnetz Schiene (Personenverkehr)[1]

Zusatzinformationen zum Wettbewerb zwischen Bahn und Flugzeug finden Sie unter LF 8, Kapitel 3.2.1 auf der beiliegenden DVD.

1 Fertigstellung Neubaustrecke Berlin - München 2017/2018

ist in das Vertriebssystem der DB AG integriert (Interlining). Für Weiterfahrten muss deshalb kein zweites Ticket gekauft werden.

Außerdem wurde die Bahn regionalisiert. Der öffentliche **Personennahverkehr** ist heute Angelegenheit der Bundesländer und die Bahnunternehmen schließen mit ihnen die erforderlichen Rahmenverträge zur Gestaltung des Fahrplans, des Angebots, ab. Mit diesen Maßnahmen konnte die Wettbewerbsfähigkeit des Verkehrsträgers Bahn erhöht werden und in den letzten Jahren hatte sich die Erlössituation der DB AG wesentlich verbessert.

Heute ist die Bahn ein mehrstufiger Konzern mit u. a. den Unternehmen DB Mobility Logistic AG und den Bereichen Personenverkehr und Transport und Logistik (Frachtverkehr).

Im Personenverkehr trennt die DB zwischen Fernverkehr, Regionalverkehr und Stadtverkehr.

Die weiteren Ausführungen beziehen sich ausschließlich auf den **Personenfernverkehr.** Die Bahn befördert jedoch mehr als 90 % ihrer Fahrgäste im Regional- und Stadtverkehr. Der Verkauf ihrer Produkte erfolgt zu mehr als über 75 % im Eigenvertrieb (DB-Reisezentren in den Bahnhöfen, Service Stores, DB-Mobiliy-Center in großen Städten, Automaten, Call Center, Internet und Smartphones). Für den Fremdvertrieb im Vertriebsmix der Bahn sind ausschließlich ca. 2 500 Reisebüros zuständig. Sie schließen mit der DB AG einen Agenturvertrag ab und erhalten dafür eine Provision, die in den letzten Jahren mehrfach gesenkt wurde, sodass ein gestaffeltes Serviceentgelt von Geschäfts- und Privatkunden verlangt werden muss, um die Erlöse zu stabilisieren.

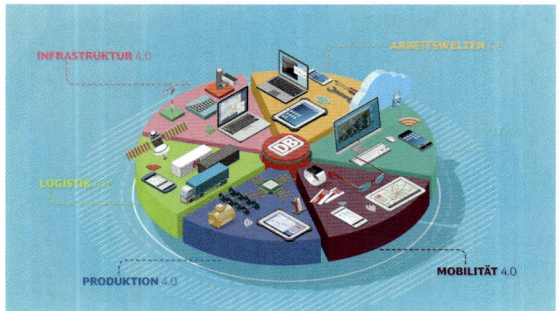

Gerade im Geschäftsreiseverkehr erfüllen die Agenturen wichtige Aufgaben, denn ca. 75 % des Umsatzes der Bahn mit Firmenkunden werden durch die Reisebüros generiert. Mit dem Online-Geschäftsreiseportal OBT (Online Business Travel), das Bahn, Flug, Hotel und Mietwagen bündelt, versucht die DB AG den Eigenvertrieb zu verstärken.

Zusätzliche Informationen zu den grundlegenden Vorschriften über die Eisenbahnverkehrsleistungen finden Sie unter LF 8, Kapitel 3.2.1 auf der beiliegenden DVD.

3.2.2 Beförderungsangebote der DB AG

Bahnsteighalle Hamburg Hauptbahnhof

Intercity Express (ICE)

Für die Bahn zählt der Triebwagenzug ICE in seinen fünf Versionen ICE 1 bis 3, ICE T und ICE TD zum Premiumangebot der Hochgeschwindigkeitszüge. Auf dem deutschen Schienennetz werden außerdem von Partnergesellschaften vergleichbare Zugeinheiten eingesetzt: Thalys (Dortmund – Brüssel – Paris), TGV (Paris – Straßburg – Stuttgart-München und Frankfurt – Lyon – Marseille), Railjet (Wien – München). Für einige dieser Züge besteht Reservierungspflicht.

Mit ihrer Einführung begann 1991 in Deutschland das Zeitalter der Hightech-Züge und zwar vor allen Dingen auf den Neubaustrecken, auf denen sie zunächst auch nur Verwendung fanden. So verkürzte sich die Fahrzeit auf der Strecke Hannover – Frankfurt um eine Stunde auf 2h 26min. Die ICE 1 erreichen eine planmäßige Geschwindigkeit von 250 km/h auf den Neubaustrecken, 280 km/h wären möglich. Es handelt sich hierbei um Triebwagenzüge mit zwei Triebköpfen, mehreren Mittelwagen der ersten und zweiten Klasse und einem Restaurantwagen. Jeder Mittelwagen kombiniert geschlossene Abteile mit einem Großraumbereich, verbunden mit hohem Komfort für die Fahrgäste: indirekte Beleuchtung, Teppichboden, Klimaanlage mit Druckausgleich, ruckfreies Fahren, Stellplätze für Rollstühle, barrierefreie Einstiege, Konferenzabteile für Geschäftsreisende und Mutter-und-Kind Abteile.

Die anderen Versionen des ICE stellen technische Weiterentwicklungen dar. So wurde der Energieverbrauch beim **ICE 2** gesenkt. Er wurde als Flügelzug konzipiert, um zwei Strecken gleichzeitig bedienen zu können. Beim Flügelzug wird eine fahrplanmäßige Zuggarnitur in zwei autonome Halbzüge geteilt.

Der **ICE 3** wurde schneller. Er erreicht z. B. eine maximale Geschwindigkeit von 330 km/h auf der Neubaustrecke Frankfurt – Köln und er kann als ICE3M international eingesetzt werden, weil er für unterschiedliche Stromnetze kompatibel ist.

Mit dem ICE-T mit Neigetechnik können Kurven auf der Strecke mit einer 30 % höheren Geschwindigkeit durchfahren werden. Dieser Triebzug eignet sich hervorragend für Bahnstrecken, die nicht ausgebaut werden sollen und er kann die Reisezeit um bis zu 20 % verkürzen.

Bei dem **ICE TD** handelt es sich um einen dieselelektrisch betriebenen Neigezug. Er ist einsetzbar auf Strecken, die nicht elektrifiziert wurden, und im internationalen Verkehr.

Die ICE-Flotte wurde 2015 modernisiert, u.a. durch die Einrichtung von Familienzonen, die die Bereiche Handy- und Ruhezonen ergänzen. Die Fahrzeuge erhalten außerdem das moderne Zugsicherungssystem ETCS (European Train Control System) und sind somit für den Einsatz auf Hochgeschwindigkeits-/Neubaustrecken im Ausland geeignet.

In Erprobung befindet sich der ICE 4. Mit dem Fahrplanwechsel Dezember 2016 soll er in den Regelbetrieb aufgenommen werden.

Steckbrief des ICE 4

- 12-teiliger Gliederzug (variable Zuglänge möglich)
- Länge 346 m
- Höchstgeschwindigkeit 250 km/h
- Sitzplätze 830 davon 205 in der 1. Klasse
- besonders leistungsfähige Klimaanlage
- Fahrradstellplätze

Aktuelle Streckennetzpläne finden Sie unter www.bahn.de

InterCity/EuroCity

IC-Züge verbinden wie der ICE die wichtigsten Wirtschaftszentren Deutschlands im integralen Taktverkehr (i. d. R. im Zweistundentakt). Das heißt, der IC verkehrt im regelmäßigen Rhythmus, sodass der Nutzer sich die Abfahrtszeiten leicht merken kann, und die Abfahrts- und Ankunftszeiten verschiedener Verbindungen an den Knotenpunkten sind aufeinander abgestimmt. Beim Umsteigen in einen anderen IC kann man komfortabel auf dem gleichen Bahnsteig von einem Zug in den anderen wechseln. IC/EC erreichen allerdings nicht den Standard des ICE. Ihre Reisegeschwindigkeit ist niedriger. Die mittlere Reisegeschwindigkeit beträgt 90 km/h. Alle Wagen sind klimatisiert, Komfort und Service aber weniger umfangreich. Sie halten öfter und verkehren häufiger auf Nebenstrecken. Wenn IC und ICE auf der gleichen Strecke konkurrieren, kostet der IC weniger.

Bei den IC handelt es sich immer um lokbespannte Züge mit einem Steuerwagen am anderen Zugende. Das Wagenmaterial besteht hauptsächlich aus Großraumwagen in der zweiten Klasse und Abteilwagen in der ersten Klasse. Die beiden Klassen sind durch einen Restaurant- oder Bordbistrowagen getrennt. Eine Fahrradmitnahme (Reservierungspflicht) ist möglich.

Die internationale Variante des IC heißt EuroCity (EC). Er verfügt ebenfalls über klimatisierte Wagen. Sie haben den gleichen Standard wie der IC und Grenzkontrollen finden während der Fahrt und nicht am Grenzbahnhof statt. EuroCity fahren häufig mit dem Wagenmaterial ausländischer Bahngesellschaften, z. B. Wagen der SBB oder der ÖBB.

2016 löst die neue IC2-Familie schrittweise die bestehende IC-Flotte ab.

Es handelt sich um lokbespannte Gliederzüge mit insgesamt 399 Sitzplätzen in der zweiten und 70 in der ersten Klasse. Es können bis zu zehn Fahrräder mitgenommen werden. Die Höchstgeschwindigkeit beträgt 160 km/h.

Regionalexpress

Er zählt zwar nicht zum Fernverkehr der DBAG, bietet allerdings preislich günstige und schnelle Verbindungen auf vielen Strecken. Der Regionalexpress ist allerdings nicht so komfortabel wie ICE oder IC/EC und hat noch mehr Haltepunkte als der IC.

Nachtreisezüge

Es handelt sich um spezielle Zuggattungen des nationalen und internationalen Fernverkehrs, die über Nacht große Entfernungen zurücklegen, wobei die Reisezeit zwischen Start- und/oder Zwischen- bzw. Zielort in etwa der Nachtruhe entsprechen soll. Die Unterwegshalte werden deshalb eingeschränkt und die Reisegeschwindigkeit den Komfortwünschen der Kunden nach ungestörter Nachtruhe angepasst. Um ein nächtliches Umsteigen zu vermeiden, werden Nachtzüge häufig an bestimmten Unterwegsbahnhöfen neu zusammengestellt, sodass von einem Abgangsbahnhof aus möglichst viele Zielorte erreicht werden können. Es wird wie üblich zwischen erster und zweiter Klasse unterschieden.

Die DB AG plant, ihren gesamten Nachtreisezugbetrieb mit dem Fahrplanwechsel 2016/17 einzustellen und durch zusätzliche nächtliche ICE sowie Nachtbusse zu ersetzen bzw. an die Österreichischen Bundesbahnen abzugeben.

Die Zuggattung **CNL** (CityNightLine) – früher ein eigenständiges Unternehmen – wird heute von DB Fernverkehr gemanagt. CNL betreibt gegenwärtig die Linie Hamburg – München und verschiedene internationale Verbindungen. Neben CNL bieten weitere europäische Eisenbahngesellschaften unter dem Markennamen Euronight (EN) Nachtreisezüge an oder betreiben eigene nationale Nachtzüge.

CNL doppelstöckiger Schlafwagen

CNL bietet eine nationale und viele internationale Verbindungen mit hohem Komfort nach Italien, den Niederlanden, Österreich, Polen, Tschechien und der Schweiz an. Die in Lichtgrau mit rotem Fensterband und dem Logo „CityNightLine" gehaltenen Wagen bestehen als Ganzzüge aus Sitzwagen, Liegewagen, Schlafwagen (Typ Doppelstock oder Comfortline – einstöckig), Loungewagen (Speisewagen und Bar) und kombinierten Liege-/Gepäckwagen für den zusätzlichen Transport von Fahrrädern. Alle Wagen sind selbstverständlich klimatisiert. Ehepaare, Familien und Geschäftsreisende stellen die wichtigsten Zielgruppen für Schlaf- und Liegewagen dar. Daneben existiert ein preiswertes Angebot in speziell konstruierten Ruhesesseln im Sitzwagen, das sich hauptsächlich an Jugendliche wendet.

Die Buchungen können über das Internet, allen DB Reisezentren, Reisebüros mit DB-Lizenz oder eine spezielle Hotline erfolgen. Alle Züge sind reservierungspflichtig. Bei freien Plätzen können Fahrausweise direkt im Zug gelöst werden. In den meisten Zügen ist eine Fahrradmitnahme gegen Gebühr und rechtzeitiger Reservierung möglich. Die Mitnahme von Reisegepäck erfolgt kostenlos. Um den nächtlichen Komfort der Reisenden zu erhöhen, wird beim jeweiligen Zuglauf zwischen Einsteigeorten (bis spätestens 01:00 Uhr) und Aussteigeorten (ab 01:00 Uhr) unterschieden. Morgens darf also in die Züge niemand mehr zusteigen. Desgleichen soll zwischen Mitternacht und 04:00 Uhr grundsätzlich kein Stop eingelegt werden. Diese Regelungen gelten auch für die anderen Nachtzuggattungen.

Für die Nutzung der Züge benötigt der Reisende eine Fahrkarte des Fernverkehrs (Flexpreis, Sparpreis, Auslandsfahrkarte) und eine besondere Reservierung (Aufpreis) entsprechend der gewünschten Komfortkategorie. Globalpreise – Fahrkarte inklusive Aufpreis – sind nur im Ausland erhältlich. Reservierungen und Fahrkarten können i. d. R. drei Monate vor Reisebeginn gebucht werden. Kinder bis einschließlich fünf Jahre werden in Begleitung eines Erwachsenen unentgeltlich befördert, wenn beide einen Bett-/Liegeplatz gemeinsam nutzen, ab sechs Jahren müssen sie allerdings einen Bett-/Liegeplatz zum vollen Aufpreis buchen.

EuroNight (EN) und D-NACHT sind grenzüberschreitende europäische Nachtreisezüge. Sie werden im Wesentlichen von den Eisenbahngesellschaften aus Frankreich, Italien, Österreich, Polen, Rumänien und Ungarn angeboten. Ein weiteres Angebot stellen die „D-Nacht" Züge dar, die Verbindungen nach Osteuropa bedienen. Lediglich nach Großbritannien gibt es keine Nachtverbindung. Für die Betreuung und den Service im Nachtreiseverkehr ist die DB European Railservice zuständig. Das klimatisierte Wagenmaterial entspricht im Wesentlichen den Standards der CNL. Da die europäischen Partnerbahnen auch für die Endpreise verantwortlich zeichnen, ist die Tarifgestaltung den unterschiedlichen Bedingungen der jeweiligen Gesellschaft angepasst und somit recht unübersichtlich. Einige EN-Relationen können daher auch nur bei der jeweiligen Partnerbahn gebucht werden.

Der **Autozug** wendet sich an alle Reisenden, die auf ihren Pkw nicht verzichten, ausgeruht im Zielgebiet ankommen oder nur einen Teil ihrer Strecke mit dem eigenen Kfz bewältigen wollen. Die Zuggarnituren bestehen aus Schlaf-/Liegewagen der ersten und zweiten Klasse und den notwendigen Autoträgerwagen. Das Angebot ist in erster Linie für Urlauber konzipiert. Auch Geschäftsreisende nutzen gern die Vorzüge des Autoreisezuges. Der Nachtsprung spart Zeit, Kosten (Hotelübernachtung, Sprit, Maut), schont das Auto und die Nerven des Fahrers.

Die **DB AG** wird allerdings ihre Autozüge wegen fehlender Nachfrage bis 2017 einstellen (Ausnahme: Niebüll - Westerland (Sylt)). 2016 bietet sie noch zwei Verbindungen an: Hamburg – Lörrach bzw. Hamburg – München. Die ÖBB bieten im Rahmen ihres EN eine Verbindung Hamburg – Wien mit Automitnahme an. Auch die SNCF hält weiter am Autozug fest.

Zusatzinformationen zu den Nachtreisezügen finden Sie unter LF 8, Kapitel 3.2.2 auf der beiliegenden DVD.

3.2.3 Tarifstruktur

Regeltarif (Flexpreis)

Er wird aufgrund des Normalpreises berechnet. Der Reisende kann voll flexibel reisen, ohne Zugbindung und einer möglichen Vorkaufsfrist. Der Fahrausweis kann (mit Aufschlag) sogar noch im Zug als Bordpreis erworben werden und eine Erstattung des Verkaufspreises vor dem ersten Geltungstag ist kostenlos. Allerdings muss der Reisende damit rechnen, dass er evtl. nur noch einen Stehplatz findet. Eine Reservierung ist heute immer empfehlenswert. Auf einzelnen Hochgeschwindigkeitszügen besteht inzwischen Reservierungspflicht, z. B. den Berlin Warschau Expresszügen und dem TGV/ICE nach Paris. Mit dem Kauf einer Fahrkarte gilt der Beförderungsvertrag als abgeschlossen. Kinder unter sechs Jahren fahren kostenlos, allerdings nur in Begleitung ihrer Eltern und ohne Anspruch auf einen eigenen Sitzplatz. Reisen Kinder ab sechs Jahren allein, bezahlen sie 50 % des Fahrpreises und haben Anspruch auf einen eigenen Sitzplatz. Sind sie auf der Fahrkarte eines Familienmitgliedes eingetragen, gilt diese Regelung bis zum Alter von 14 Jahren.

Das gesamte Reisegepäck gilt als Handgepäck und kann kostenlos mitgenommen werden. Der Reisende ist für den Transport selbst verantwortlich. Die Mitnahme von Hunden ist erlaubt, allerdings besteht Maulkorbpflicht. Sie kosten 50 % vom Normalpreis. Katzen in einem Transportbehälter fahren kostenlos. Es besteht keine Reservierungspflicht.

Früher wurde der Flexpreis als reiner Entfernungstarif berechnet, wobei der Kilometerpreis für weite Entfernungen sich verringerte (Entfernungsdegression). Heute gilt für den Fernverkehr, dass die Tarife nicht mehr nur an die Streckenlänge gebunden sind, sondern als Relationspreise auch andere Merkmale berücksichtigen: Streckengeschwindigkeit, Reisekomfort, Verbindungsqualität, Kapazitätsgrenzen usw.

Sondertarife

Der Verkauf von Fahrkarten aufgrund des Flexpreises hat gegenüber den Sondertarifen erheblich an Bedeutung verloren. Heute werden 40 % aller Fahrausweise als Sondertarife verkauft.

Sondertarife des Fernverkehrs (Stand 2016)

Konditionen	Sparpreis	Sparpreis Europa
Preise	Preisstaffel von 29,00 bis 139,00 € 1. Klasse ab 39,00 € 19,00 € für Strecken bis 250 km	Ab 39,00 € nicht für alle Länder Europas (u. a. Spanien, Portugal); bei grenznahen Bahnhöfen ab 19,00 €; 1. Klasse ab 69,00 €
Mitfahrerpreis	19,00 € Festpreis für jede weitere 2. bis 5. Person, Familienkinder unter 15 Jahren kostenlos	Nein, Familienkinder unter 15 Jahren kostenlos (länderbedingte Ausnahmen)
Fahrkarten	Einfache Fahrt	Einfache Fahrt
BahnCard 25 einschließlich Probe-BahnCard	Ja	Ja (Railplus)
BahnCard 50	Nein	Ja, im Ausland 25 %
Vorkaufsfrist	Nein	1 Tag
Zugbindung	Ja	Ja
Kontingent	Ja	Ja
Umtausch/ Erstattung	17,50 € bis zum 1. Geltungstag, danach nein	17,50 € vor dem 1. Geltungstag, danach nein

5053388

Sondertarife der DB Regio AG

Tarif	Konditionen
Länder Tickets	Tageskarte für eine bis fünf Personen, gültig Mo – Fr ab 09:00, Sa + So ab 00:00, entweder Globalpreis für fünf Personen oder Grundpreis für die 1. Person und Aufschläge für 2. bis 5. Person, zusätzliche Kindermitnahme kostenlos[1], Geltungsbereich ein Bundesland
Schönes-Wochen-ende-Ticket	Tageskarte für eine bis fünf Personen mit Wochenendbindung (Sa + So), Festpreis für den 1. Reisenden, für jeden weiteren Reisenden fester Zuschlag, zusätzliche Kindermitnahme kostenlos[1], bundesweiter Geltungsbereich, Tarif auf 2. Klasse beschränkt
Quer-Durchs-Land-Ticket	Tageskarte für eine bis fünf Personen, gültig Mo–Fr ab 09:00, Grundpreis für 1. Person und Aufschläge für jede weitere Person, zusätzliche Kindermitnahme kostenlos[1], bundesweiter Geltungsbereich, Tarif auf 2. Klasse beschränkt

Neben den Sondertarifen des Fernverkehrs bietet die Bahntochter DB Regio AG für ihre Nahverkehrszüge RB (Regionalbahn), RE (Regionalexpress) und IRE (InterRegioExpress) landes- und bundesweite Sondertarife an, um die Auslastung ihrer Züge in den verkehrsschwachen Zeiten – Wochenende, außerhalb des Berufsverkehrs – zu verbessern.

Wegen der Zugbindung besteht die Möglichkeit, eine DB-Sparpreisversicherung abzuschließen, dann wird der Fahrpreis erstattet, sollte der Reisende den Zug verpassen. Die Railplus Ermäßigung gilt im grenzüberschreitenden Verkehr auf der inländischen und ausländischen Strecke, nicht aber für den Binnenverkehr im Ausland.

Mit dem InterRail-Pass kann man für einen Monat oder nur für einige Tage innerhalb eines Monats mit der Bahn Europa erkunden. Man kauft entweder den sogenannten „One-Country-Pass" oder den „Global-Pass". Preise für die Pässe werden in den Kategorien Jugendliche (bis 26 Jahre) und Erwachsene angeboten. Für Rentner ab 60 Jahren gibt es Ermäßigungen.

BahnCards

Hier setzt die DB AG auf Kundenbindungsprogramme, denn diese Karten rentieren sich aufgrund des Anschaffungspreises erst, wenn

die Kunden häufiger das Verkehrsmittel nutzen. Mit der dreimonatigen Probe-BahnCard schafft die Bahn einen zusätzlichen Anreiz. Alle BahnCards sind im Nah- und Fernverkehr, bei den Buslinien der Bahn und bei zahlreichen Verkehrsverbünden gültig. Die BahnCards gelten jeweils für ein Jahr und die Zahl 25/50/100 bezeichnet die jeweilige Rabattstufe. Über die App „DB Navigator" kann jede BahnCard auf dem Smartphone gespeichert werden. Bei Reisen im Fernverkehr über eine Entfernung von 100 km ist das City-Ticket am Start- und Zielort in den meisten Städten im Fahrpreis mit einbegriffen. BahnCard-Besitzer können an den eigentlichen Kundenbindungsprogrammen „bahn.comfort" und „bahn.bonus" teilnehmen.

Bei der BahnCard 25 und BahnCard 50 fahren „Familienkinder" bis 14 Jahre in Begleitung

---

1 Bei maximal zwei gemeinsam reisenden Personen kann eine Person beliebig viele eigene Kinder unentgeltlich mitnehmen.

BahnCards im Überblick Gültigkeitsdauer ein Jahr (Stand 2016)

Preise	BahnCard 25	BahnCard 50	BahnCard 100
1. Klasse	125,00 €	515,00 €	6.890,00 €
2. Klasse	62,00 €	255,00 €	4.090,00 €
Zusatzkarte (2. Klasse)	10,00 €	–	BahnCard 25 kostenlos
Partnerkarte/Ermäßigte Karte			
1. Klasse	81,00 €	252,00 €	BahnCard 25/50 81,00/252,00 €
2. Klasse	41,00 €	127,00 €	BahnCard 25/50 41,00/127,00 €
Jugend (1. u. 2. Klasse)	10,00 €	–	–
Kreditkartenfunktion	Ja, ggf. Aufpreis	Ja, ggf. Aufpreis	inklusive

Zusatzkarten: Familien mit minderjährigen Kindern im Haushalt
Partnerkarten: Familien ohne minderjährige Kinder im Haushalt
Ermäßigte BahnCards: minderj. Kinder; Schüler, Auszubildende und Studenten bis 26, Senioren ab 60 Jahre
Bei der BahnCard 25 gilt die Rabattfunktion auch für Sparpreise, nicht aber bei der BahnCard 50

kostenlos. Die BahnCard 100 – die Vielfahrerkarte – bietet weitere Vorteile:

» kostenlosen Kurierservice für ein Stück Reisegepäck,
» Sonderkonditionen für Mietwagen, Carsharing und Call a Bike,
» bahn.comfort-Status und
» City-Ticket gilt für beliebig viele Fahrten.

Bahn.business (Firmenkundenprogramm)

Rund ein Drittel aller Reisen im Fernverkehr erfolgen durch Geschäftsreisende. Das Tarifangebot nur für Geschäftskunden heißt „bahn.business". Es handelt sich um eine spezielle webbasierte Plattform zur Buchung, Organisation und Optimierung von Geschäftsreisen.

Das Unternehmen wird auf Antrag für dieses Portal freigeschaltet. Die Identifizierung der Mitarbeiter erfolgt über die BahnCard, einen Lichtbildausweis oder Firmenkreditkarten. Fahrscheine können von den Travelmanagern der Unternehmen online gebucht werden bzw. sind in den Reisezentren der DB oder ihren Ticketautomaten hinterlegt oder über Smartphones abrufbar.

Ab einem Mindestumsatz von 3.000,00 € räumt die DB einen Sofortrabatt von 3 % auf alle

Tickets des Regeltarifs ein. Die Bonusstaffel erhöht sich bis auf 5 % bei einem Umsatz von 200.000,00 €.

Voraussetzung für die Teilnahme am Firmenkundenprogramm ist neben der jährlichen Umsatzhöhe der Erwerb einer Business BahnCard für die Mitarbeiter. Die Preise unterscheiden sich von BahnCards für Privatreisende (Stand 2016).

	Business BahnCard 25	Business BahnCard 50
1. Klasse	140,00 €	620,00 €
2. Klasse	70,00 €	310,00 €

Für Mitarbeiter mit sehr geringem Reisevolumen kann das jeweilige Unternehmen eine kostenlose BonusCard Business beantragen. Beim Kauf einer Fahrkarte erhöht sie den Geschäftsreiseumsatz des Unternehmens und der Großkundenrabatt (GKR) wird sofort abgezogen. Natürlich können die Business BahnCards – gemäß den Reiserichtlinien des Unternehmens – für private Fahrten genutzt werden, erhöhen aber in diesem Fall nicht den Umsatz für den GKR. Wie alle anderen Kundenkarten sind die Business BahnCards nicht übertragbar.

Geschäftsreisen werden standardmäßig mit reinem Ökostrom abgewickelt. Der Großkundenrabatt lässt sich mit den Ermäßigungen der verschiedenen BahnCards kombinieren. „Bahn.business" bietet seinen Firmenkunden weitere wichtige Vorteile:

» verlängerte Rücknahmefristen nicht benötigter Fahrscheine, d. h. ein kostenfreies Storno auch nach dem 1. Geltungstag,
» Angebot des City-Tickets, die kostenlose Weiterfahrt an Start- und Zielort,
» kostenlose Teilnahme aller Mitarbeiter des Unternehmens an den Kundenbindungsprogrammen „bahn.bonus" und „bahn.bonus comfort",
» mit dem Tool UmweltMobilCheck Beitrag zur Berechnung der Umweltbilanz.

Die BahnCard 100 wendet sich ebenfalls an Geschäftsreisende. Sie können für die Dauer eines Jahres die Transportleistungen unbegrenzt nutzen.

Der Online-Service „Touch&Travel" für Smartphones ermöglicht dem Geschäftsreisenden einen reibungslosen Reiseprozess. Die Anmeldung erfolgt entweder über GPS oder den Touch&Travel-Kontrollpunkt bei Reiseantritt. Am Ende der Reise ist eine Abmeldung erforderlich. Während der Reise wird das Smartphone des Kunden kontrolliert. Der Ticketpreis wird nachträglich berechnet und über Lastschrift eingezogen. Damit entfallen Stornierungen bzw. Rückerstattungen. Es kann nur zu Flextarifen abgerechnet werden, wobei die Reduktionen durch die Bonuskar-

---

§ **Allgemeines Eisenbahngesetz**
(Auszug)

(1) Tarife sind Beförderungsentgelte und Beförderungsbedingungen der Eisenbahnverkehrsunternehmen. Die Beförderungsbedingungen umfassen auch die Entgeltbedingungen. (…)

(2) Öffentliche Eisenbahnverkehrsunternehmen sind dazu verpflichtet, im Schienenpersonenverkehr Tarife aufzustellen, die alle Angaben, die zur Berechnung des Entgeltes für die Beförderung von Personen und für Nebenleistungen im Personenverkehr notwendig sind, sowie alle anderen für die Beförderung maßgebenden Bestimmungen enthalten. Tarife nach Satz 1 müssen gegenüber jedermann in gleicher Weise angewendet werden.

---

te berücksichtigt sind. Dieses Angebot wird 2017 ggf. enden bzw. auf Verkehrsverbünde beschränkt.

Großkunden und Geschäftsreiseketten fordern **frei** verhandelte und exklusive Nettopreise (Nego Fares), wie sie im Flugverkehr üblich sind. Aber aufgrund der Vorschriften des Allgemeinen Eisenbahngesetzes von 1994 ist die DB AG nicht in der Lage, diese anzubieten.

3.2.4 Serviceangebote der DB AG

Sie haben zur Zielsetzung
» die Kundenbindung zu vertiefen,
» die Mobilitätskette von Haus zu Haus zu ermöglichen,
» Neukunden zu gewinnen und
» die Bahnreise selbst angenehmer zu gestalten.

Als bestes Kundenbindungsprogramm erweist sich selbstverständlich die BahnCard in ihren unterschiedlichen Ausprägungen, denn jeder Kunde, der sie einmal erworben hat, will sie natürlich amortisieren, daher bezieht er den Verkehrsträger Bahn häufiger in seine Reiseplanungen ein. Das Kundenprogramm „**bahn.bonus**" ist ein reines Prämienprogramm für Bahnkunden. Voraussetzung für die Teilnahme sind BahnCard oder BonusCard Business. Für jeden bahn.bonusCard-Euro, der an die Bahn geht, gibt es je einen Prämien- und Statuspunkt. Das Programm bildet das Kundenbindungsprogramm „Miles & More" der Airlines ab. Der Reisende sammelt Punkte und kann sie gegen Prämien eintauschen. Ab einer bestimmten Punktzahl innerhalb eines Jahres erhält der Kunde den Status „bahn.bonus comfort" und damit zusätzliche Serviceleistungen wie eine exklusive Sitzplatzreservierung, einen speziellen Counter (nur für Kunden der ersten Klasse), freien Zutritt zu den nichtöffentlichen DB Lounges und reservierte Parkplätze an Bahnhöfen.

Die **DB Lounges** in den großen ICE-Bahnhöfen dienen nicht nur bei Zwischenaufenthalten zum Entspannen und Arbeiten. Sie sind reserviert für – wie bereits erwähnt – Bahn-Comfort-Kunden und Reisende der ersten Klasse (Exklusivbereich).

Der Tickethinterlegung dient der **Bahn-Tix-Service.** Der Reisende bestellt den Fahrausweis telefonisch oder Online in seinem Reisebüro und er liegt sofort zur Abholung am DB-Automaten des Abgangsbahnhofs bereit. Als Identifizierung dient entweder die Bahn- oder Kreditkarte.

Gleiches gilt für die kombinierte Bahn- und Flugreise (**Rail&Fly**). Die Fahrkarte ist im DB-Automaten des Abgangsbahnhofs hinterlegt und die Identifizierung erfolgt mittels der Auftragsnummer, die bei der Flugbuchung zugeteilt wurde.

Das Kooperationsprogramm von Bahn und Lufthansa heißt **Lufthansa Express Rail**. Es wird ausschließlich für Lufthansa Kunden aus dem Stuttgarter und Kölner Raum angeboten und erlaubt beim Hinflug das Checkin zum Flug bereits im Zubringer ICE. Die Gepäckaufgabe erfolgt im Lufthansa Terminal des Fernbahnhofs Frankfurt Flughafen und nicht im Terminal selbst, was den Kunden viel Zeit und Mühe erspart.

Die Bahn kümmert sich um das Gepäck ihrer Kunden. Gerade für ältere oder in der Mobilität eingeschränkte Menschen handelt es sich um einen Service, der die Bahnreise nicht nur angenehmer, sondern vielleicht erst überhaupt möglich macht. Das Reisegepäck (**Kuriergepäck-Service**) wird zu Hause abgeholt und zur Zieladresse gebracht.

Die Zustellung im Inland erfolgt innerhalb von zwei Werktagen nach Abholung. Der Auftrag zur Abholung selbst muss spätestens ein Tag vorher vorliegen. Das Höchstgewicht darf 30 kg nicht überschreiten. Für Fahrräder und Skier (Sondergepäck) ist immer eine Verpackung erforderlich.

Auch am Zielbahnhof bleibt der Reisende mobil. Er kann

» den ÖPNV (Öffentlicher Personennahverkehr) nutzen,
» ein Fahrrad mieten,
» einen Mietwagen buchen oder
» das DB Carsharing Angebot nutzen.

Zusätzlich zur Zug-Fahrkarte kann ein Verbundticket für den öffentlichen Nahverkehr

am Zielort mitgebucht werden. Bei Hin- und Rückfahrscheinen können zwei Einzelfahrkarten „**City mobil**" ausgestellt werden.

Mit **Call a Bike** hat die Bahn in Ballungszentren einen Service aufgebaut, der sich großer Beliebtheit – nicht nur bei Bahnkunden – erfreut. Nach entsprechender Registrierung kann der Kunde ein Fahrrad telefonisch am Bahnhof oder in der Nähe seines gegenwärtigen Aufenthaltsortes stundenweise mieten und auch wieder an einem beliebigen Ort zurückgeben.

Natürlich kann man sein Fahrrad in der Mehrzahl der IC/EC- und CNL-Züge auch gleich mitnehmen. Das Fahrrad wird während der Reise im IC-Steuerwagen oder im Fahrradabteil eines Großraumwagens abgestellt.

Die Bahn bietet ihren Geschäfts- und Privatreisenden Mietwagen zu Sonderkonditionen an, wobei der Vertragsabschluss mit Extrapunkten im Bonusprogramm honoriert wird. Beim **DB Carsharing Programm Flinkster** richten sich die Tarife nach Fahrzeugklasse und Mietdauer. Der Wagen selbst kann stunden- bis monatsweise gebucht werden.

Nicht zuletzt kooperiert die DB AG mit der Hotelkette **InterCity Hotels.** Ihre Hotels im Drei- und Vier-Sterne Bereich liegen direkt an den Bahnhöfen der großen Städte und sie bieten ihren Gästen ein kostenloses City-Ticket an.

Mit **Qixxit** eröffnet die Bahn ein intermodales Mobilitätsportal. Qixxit bildet Reiseketten von Haus zu Haus ab mit verschiedenen Verkehrsträgern wie Bahn, Fernbus und Flugzeug, aber auch Carsharing, Mitfahrdienste und Mietwagen. Mit diesem Reisewegplaner erhält der User seinen individuellen Reiseweg wettbewerbsneutral und entscheidet nach seinen persönlichen Präferenzen. Zum Buchen wird er auf die Webseite des ausgewählten Verkehrsträgers weitergeleitet. Qixxit wird im Internet und als App für Smartphones angeboten und ist Teil des angestrebten Wandels der DB AG zum Mobilitätsdienstleister, denn im Jahre 2020 dürfte die Bahn mehr als die Hälfte aller Einnahmen in diesem Geschäftsfeld aus Online-Kanälen requirieren.

Für mobilitätseingeschränkte Reisende (**Barrierefreies Reisen**) hält die Bahn zahlreiche Hilfen vor, die über die gesetzlichen Auflagen hinausgehen: Ein-, Um- und Ausstiegshilfen entweder mechanisch durch Hublifte oder durch die Unterstützung der DB-Mitarbeiter und der Bahnhofsmission. Außerdem stehen reservierte Sitzplätze und spezielle Rollstuhlplätze in den Zügen zur Verfügung. Auf fast allen CNL-Verbindungen wird ein Liegewagen mit rollstuhlgängigem Abteil vorgehalten.

> Die Hilfeleistungen können allerdings nicht zu jeder Zeit von der Bahn erbracht werden oder es treten Kapazitätsengpässe auf. Daher ist es sinnvoll, die Mobilitäts-Zentrale der Bahn vorab um Hilfe zu bitten. Sie berät, organisiert und reserviert die erforderlichen Zusatzleistungen.

3.2.5 Haftung

Haftung für Personen- und Sachschäden

Unabhängig von ihren Beförderungsbedingungen ist die Bahn aufgrund der „Verordnung über die Haftpflichtversicherung der Eisenbahnen" gezwungen, eine Haftpflichtversicherung zur Deckung betriebsbedingter Personen- und Sachschäden abzuschließen. Sie beträgt mindestens 10.226.000,00 € je Schadensereignis und je Halbjahr.

» Für Sachschäden beläuft sich die Höchsthaftung pro Schadensfall auf 1.000,00 €. Allerdings nur dann, wenn der Bahn nicht Vorsatz, grobe Fahrlässigkeit oder die Verletzung sogenannter Kardinalpflichten nachgewiesen werden können.

» Bei Personenschäden und der Verletzung von Kardinalpflichten wird die Haftung auf leichte Fahrlässigkeit erweitert. Bei Verletzung der Kardinalpflichten ist die Haftung auf den typischen, vorsehbaren Schaden begrenzt. Für einen getöteten oder verletzten Fahrgast muss das haftende Eisenbahnunternehmen einen finanziellen Vorschuss zur Abdeckung des wirtschaftlichen Schadens leisten. Dieser

Vorschuss beträgt im Todesfall mindestens 21.000,00 € je Reisenden. Er stellt allerdings keine Haftungsanerkennung dar und kann deshalb auch zurückgefordert werden.

> **!** Unter dem Rechtsbegriff „Kardinalpflicht" versteht man alle wesentlichen Pflichten für Auftraggeber und Auftragnehmer, die zur Erreichung des Vertragsziels von grundlegender Bedeutung sind.

Bei Verlust oder Beschädigung von Reisegepäck (Kuriergepäck) werden maximal 1.200,00 SZR (vgl. → Kapitel 3.1) pro Stück ersetzt. Bei verspäteter Auslieferung unterscheiden die Beförderungsbedingungen zwischen

» nachgewiesenem Schaden: Entschädigung maximal 14,00 SZR pro Gepäckstück für je angefangene 24 Stunden und

» nicht nachgewiesenem Schaden (Verspätungsschaden): Pauschalentschädigung 2,30 SZR pro Gepäckstück für je angefangene 24 Stunden.

Verspätungen – Fahrgastrechte

Das nationale Fahrgastrechte-Gesetz regelt außerdem die Entschädigungsansprüche von Fahrgästen der Bahn bei Verspätungen. Dieses Gesetz geht auf eine EG-Verordnung zurück, sodass diese Vorschriften EU-weit Anwendung finden werden. Der Anspruch auf Schadenersatz gilt allerdings nur, wenn die Bahn ein Verschulden trifft. Konkret heißt dies, dass für Verspätungen aufgrund von Bauarbeiten, auf

Art der Verspätung	Dauer der Verspätung	Rechte
Abfahrtsverspätung	mehr als 60 Minuten	Rücktritt vom Vertrag und Erstattung des Fahrpreises
Ankunftsverspätung	ab 20 Minuten	Fortsetzung der Reise mit einem anderen auch höherwertigen Zug
	60 bis 119 Minuten	Anspruch auf Rückzahlung von 25 % des einfachen Fahrpreises
	ab 120 Minuten	Anspruch auf Rückzahlung von 50 % des einfachen Fahrpreises
Anschlussverspätung	Ausfall des letzten fahrplanmäßigen Zug des Tages, Zielort kann nicht mehr vor 24:00 Uhr erreicht werden	Angebot einer Alternativbeförderung (Bus/Taxi) oder Hotelübernachtung – Ersatz der Mehrkosten bis 80,00 €
	ab 60 Minuten bei planmäßiger Ankunft zwischen 0:00 Uhr und 5:00 Uhr	Angebot einer Alternativbeförderung (Bus/Taxi) oder Hotelübernachtung – Ersatz der Mehrkosten bis 80,00 €

Die Fahrpreiserstattung von 25 bzw. 50 % gilt auch, wenn beim Umsteigen der Anschlusszug verpasst wird.

die vorab ausdrücklich hingewiesen wurde, nicht gehaftet wird. Im Falle höherer Gewalt (Streik, Naturkatastrophen) muss die DB AG seit einem Urteil des EUGH (Europäischer Gerichtshof) von 2013 allerdings haften. Dieses Urteil gilt für alle europäischen Bahnen, nicht aber für die anderen Verkehrsträger. Das Bahnmanagement hat bei der Europäischen Kommission Beschwerde eingelegt, da dadurch ihre Wettbewerbsfähigkeit massiv eingeschränkt wird.

Um seine Ansprüche geltend machen zu können, benötigt der Fahrgast ein sogenanntes Fahrgastrechte-Formular, das er entweder im Zug zusammen mit der Bestätigung seiner Verspätung vom Zugpersonal oder am DB Service Point erhält. Als Entschädigung kann er wählen zwischen einem Gutschein oder der Auszahlung des Betrages. Diese Forderung kann der Kunde auch in einem Reisebüro mit Bahn-Agentur stellen.

Im Streitfall kann sich der Bahnkunde an eine Schlichtungsstelle wenden, die zwischen den beiden Parteien vermittelt und eine gütliche außergerichtliche Einigung anstrebt. Er kann aber auch das Eisenbahn-Bundesamt anrufen. Diese Behörde kann die Fahrgastrechte gegenüber dem Eisenbahnunternehmen im begründeten Einzelfall direkt durchsetzen, denn sie ist weisungsbefugt.

Zugegeben, die Beratung für Bahnkunden ist außerordentlich arbeitsintensiv und der Umsatz für den Verkauf von Tickets liegt im Einzelfall selten im vierstelligen Bereich. Die zahlreichen Ausnahmen machen die Buchungen kompliziert. Aber Mitarbeiter und Mitarbeiterinnen mit guten Kenntnissen im Sektor Bahn werden von den Agenturen/Reisebüros dringend gesucht und bei Schwierigkeiten helfen die Internetplattformen „www.railguide.de" und „www.agenturservice.de" mit Sicherheit weiter. Es lohnt also, sich in die Problematik dieses Leistungsträgers einzuarbeiten.

Die Aufgaben zu Kapitel 3.2 des Lernfeldes finden Sie auf der beiliegenden DVD.

3.3 Fernlinienbusreisen

Eine regelmäßige Verkehrsverbindung zwischen bestimmten Ausgangs- und Endpunkten, auf der Fahrgäste an gekennzeichneten Haltestellen ein- und aussteigen können, bezeichnet man als Linienverkehr.

§ **Personenbeförderungsgesetz (PBefG)**

§ 42 Begriffsbestimmung Linienverkehr

Linienverkehr ist eine zwischen bestimmten Ausgangsund Endpunkten eingerichtete regelmäßige Verkehrsverbindung, auf der Fahrgäste an bestimmten Haltestellen ein- und aussteigen können. Er setzt nicht voraus, dass ein Fahrplan mit bestimmten Abfahrts- und Ankunftszeiten besteht oder Zwischenhaltestellen eingerichtet sind.

§ 42a Personenfernverkehr

Personenfernverkehr ist der Linienverkehr mit Kraftfahrzeugen, der nicht zum öffentlichen Personennahverkehr im Sinne des § 8 Absatz 1 und nicht zu den Sonderformen des Linienverkehrs nach § 43 gehört.

Die Beförderung von Personen zwischen zwei Haltestellen ist unzulässig, wenn

1. der Abstand zwischen diesen Haltestellen nichtmehr als 50 km beträgt oder

2 zwischen diesen Haltestellen Schienenpersonennahverkehr mit einer Reisezeit bis zu einer Stunde betrieben wird.

In der Genehmigung sind auf Antrag für einzelne Teilstrecken Ausnahmen zu gewähren, wenn

1 kein ausreichendes Nahverkehrsangebot besteht oder

2. das Fahrgastpotenzial der vorhandenen Verkehrsangebotenur unerheblich beeinträchtigt wird.

Die Begriffsbestimmung in § 42 gilt für den Nah- und Fernverkehr mit Kraftomnibussen. Zwischen Fahrgast und Busunternehmer wird ein Beförderungsvertrag abgeschlossen. Das statistische Bundesamt spricht von Linienfernverkehr, wenn die Reichweite 50 km und die Reisezeit eine Stunde übersteigt. Diese Abgrenzung hat jetzt der Gesetzgeber im PBefG übernommen.

Im Fernlinienverkehr beförderten ca. 80 private Busunternehmen 2012 über 2,8 Mio. Passagiere, davon allein auf der Verbindung Berlin –

Hamburg 400 000 Reisende. Zum Vergleich: Die Beförderungszahlen der Bahn im Fernverkehr betrugen im gleichen Zeitraum 131 Mio. und 2014 129 Mio. Rund drei Viertel aller Busreisen finden heute innerhalb Deutschlands statt, der Rest entfällt auf den grenzüberschreitenden Verkehr einschließlich des Transitverkehrs. Über 90 % aller Verkehrsleistungen mit Omnibussen werden im Nahverkehr erbracht und auch im Gelegenheitsfernverkehr wurde 2012 und 2014 ein Vielfaches an Passagieren befördert, ca. 52 Mio.

Mit der Liberalisierung dieser Verkehrsart zum 1. Januar 2013 begann der Fernlinienbusverkehr zu boomen. Es entstand ein neues Marktsegment, dessen Dynamik die Verkehrsträger durcheinander wirbelt. War die Deutsche Bahn im Jahr eins nach der Freigabe noch größter Fernbusbetreiber, so ist ihr Marktanteil Ende 2015 auf knapp 10 % geschrumpft.

Nach den jüngsten Zahlen des Statistischen Bundesamtes (Destatis) wurden 2014 16 Mio. (2013 8,2 Mio.) Fahrgäste mit Linienbussen im Fernverkehr befördert. Damit hat sich die Fahrgastzahl gegenüber 2012 **fast versechsfacht**! Das Verhältnis zwischen Inlands- und grenzüberschreitendem Verkehr bleibt unverändert. Das Bundesverkehrsministerium prognostiziert für 2016 ein weiteres kräftiges Wachstum auf über 25 Mio. Reisende. Die Marktstruktur der Anbieter entspricht inzwischen dem eines Oligopols mit zwei bis drei

FR Samstag/Sonntag 26./27. Juli 2014 Nr. 171

„Im Fernbusmarkt verdient bisher niemand Geld"

Interview mit dem Präsidenten des Bundes Deutscher Omnibusunternehmer Wolfgang Steinbrück

„...Wir erleben durch die Liberalisierung einen ruinösen Preiswettbewerb. Sie können mit dem Bus für weniger als zehn Euro von Berlin nach Hamburg fahren. Das sind keine kostendeckenden Preise. ... Wenn der Bus zur Hälfte besetzt ist, ist auf einer Strecke von rund 300 Kilometern ein Fahrpreis von 25 bis 30 Euro realistisch. Dann kann ich als Unternehmer meine Kosten decken und habe noch eine Gewinnspanne von fünf bis zehn Prozent. Und der Kunde zahlt immer noch gut 40 Prozent weniger als bei der Bahn. Das müsste doch eigentlich als Anreiz reichen. ..."

dominanten Unternehmen und vielen regionalen Mitbewerbern von geringer Bedeutung, was mittelfristig zu Preissteigerungen und einer Verkleinerung des Netzes führen wird.

Der Kampf um Marktanteile führt zu einem schonungslosen und ruinösen Preis- und Verdrängungswettbewerb mit der entsprechenden Marktkonzentration.

Das Angebot

Marktanteile der Fernbusanbieter nach wöchentlich gefahrenen Fahrplankilometern (Umsatzzahlen liegen nicht vor)			
Unternehmen	Marktanteile 2013 in %	Veränderungen	Marktanteile 2014 in %
Mein Fernbus	39,7	fusioniert mit Flixbus 2016 alleiniger Markenname des Unternehmens „Flixbus"	69,0
Flixbus	14,8		25,0
ADAC Postbus	7,5	ADAC-Tätigkeit beendet[2]	7,0
City-to-City-Bus	4,8	Tätigkeit beendet	
Deutsche Bahn	21,7		14,0
Deutsche Touring	1,8		2,0
Megabus			3,3
Sonstige	5,0		5,0

Die Nachfrage

Nach den Untersuchungen des Bundesamtes für Güterverkehr (BAG)[1] ergibt sich für die Nachfrageseite folgendes Bild für das Jahr 2014. Die Reisenden wurden einmalig beim Antritt ihrer Busfahrt nach den Gründen für ihre Entscheidung befragt.

Ehemalige Bahnkunden	30–40 %
davon ÖPNV	ca. 33 %
Umsteiger PKW	30–40 %
davon Mitfahrerzentrale	19–28 %
davon Mietwagen	5 %
Neukunden	10–30 %
Ehemalige Buskunden (Gelegenheitsverkehr)	10 %

Wie von den meisten Experten bei der Marktliberalisierung angenommen wurde, haben die neuen Fernlinienbusreisen im Wesentlichen zu einem Substitutionswettbewerb geführt, der sich vor allen Dingen zu Lasten der Bahn ausgewirkt hat und der hauptsächlich über die Angebotspreise ausgetragen wird. Nach Untersuchungen des IGES Institutes, Berlin, ist das durchschnittliche Preisniveau seit 2013 um mehr als 15 % gesunken. Mit ihren Dumpingpreisen im einstelligen Eurobereich auch für Fahrten bis zu 800 km und ihren zeitlich limitierten Sonderaktionen erkaufen sich die Anbieter regelrecht ihre Marktanteile, sodass kaum Gewinne erwirtschaftet werden. Die Preiskalkulation findet im Wesentlichen über das Yield-Management statt, dem dynamischen Abgleich von Fahrpreis und Sitzplatzkapazitäten.

Diese Entwicklung wird durch die Angebote der neu entstandenen Vergleichs- und Buchungsportale wie Check my bus, Fahrtenfuchs oder Fernbusse.de wesentlich unterstützt. Da viele Unternehmen die Strecken gleichzeitig bedienen, helfen die Vergleichsportale, den jeweils günstigsten Preis zu finden.

---

1 Quelle: Marktbeobachtung Güterverkehr Marktanalyse des Fernbuslinienverkehrs 2015, Herausgeber Bundesamt für Güterverkehr, Mainz 2016

2 2016 von Flixbus übernommen

Obwohl der Fernbusverkehr boomt, hat die Bahn die Anzahl ihrer Kunden im Fernverkehr 2013 konstant gehalten und erst 2014 ca. 2 Mio. verloren, wobei einmalige Ereignisse (Streik, Hochwasser) zu berücksichtigen sind. Das enorme Wachstum des Fernlinienbusverkehrs lässt sich daher nicht nur durch den Substitutionswettbewerb und die Zahl der Neukunden erklären, sondern man muss darüber hinaus davon ausgehen, dass die Kunden Busreisen im Laufe des Jahres häufig wiederholt haben.

Neben der Preissensibilität nennen die Reisenden als weitere Gründe für ihre Buchung
» das ausgebaute flächendeckende Streckennetz
  – mit den zahlreichen Punkt-zu-Punkt-Verbindungen
  – mit den eingerichteten Taktverkehren im Stundenabstand und aufeinander abgestimmten Umsteigeverbindungen
» die besonders gute Anbindung mittelgroßer Städte als Punkt-zu-Punkt-Verkehr, sodass der langsamere Fernbus durchaus mit den Fahrzeiten der Bahn mithalten kann, da eine oder mehrere Umsteigeverbindungen wegfallen
» die gute Erschließung strukturschwacher Regionen
» die Qualität der meist neuen Reisebusse mit ihren komfortablen Sitzabständen, WLAN, Multi-Media-Angebot, GPS-Livetracking
» die Einführung von Nacht- und Expressdiensten ohne oder mit wenigen Zwischenstopps
» die durchschnittliche Auslastung der Busse, die lediglich zwischen 40 und 70 % beträgt
» das europaweite Angebot.

Der Vertrieb

Der Verkauf der Bustickets erfolgt im Wesentlichen über die Onlinebuchungen der Kunden. Die Reservierungssysteme der Fernbusbetreiber sind Insellösungen, d.h. die Buchung durch das Reisebüro erfolgt über die Onlineplattform des jeweiligen Betreibers. Über die Tomamaske von Amadeus können Flixbus, IC-Bus und Touring aufgerufen werden. Postbus steht in Verhandlungen mit den GDS.

3.3.1 Wettbewerbssituation der Busunternehmen

Der Schwerpunkt der geschäftlichen Aktivitäten der Busunternehmen – ein mittelständisch organisiertes Gewerbe – liegt neben dem Liniennahverkehr noch im Gelegenheitsverkehr, den sie sowohl im Direktvertrieb als auch über die Reisebüros anbieten. Man unterscheidet:

1. Ferienzielreisen	Pauschalreisen, der Unternehmer verantwortet die Beförderungsleistung und kauft die weiteren Leistungen (Unterkunft, Verpflegung) ein, bietet das Gesamtprodukt aber in seinem Namen an. Man spricht auch von Paketreisen oder von Pendelverkehr, gemeint sind immer Punkt-zu-Punkt Verkehre, also direkte Fahrten vom Abgangs- zum Zielort und wieder zurück. Zwischenstopps zur Aufnahme von Fahrgästen sind möglich. Es dürfen nur Rückfahrscheine verkauft werden. Die erste Rückfahrt und die letzte Hinfahrt in der Reihe der Pendelfahrten sind Leerfahrten.
2. Ausflugsverkehr	Tages- und Mehrtagesfahrten zu einem oder wechselnden Orten mit der Verpflichtung zum Ausgangsort zurückzukehren, auch hier können weitere Leistungen hinzugekauft werden. Der Reisezweck muss im Katalog des Busunternehmers klar beschrieben sein und die Kunden müssen im Besitz eines Fahrscheins sein, der Beförderungsstrecke und Beförderungsentgelt ausweist.
3. Mietomnibusverkehr	Charterverkehr, das Unternehmen stellt Bus und Fahrer, die Reiseorganisation wird vom Charterer vorgenommen. Es handelt sich immer um geschlossene Gruppenreisen.

Zusatzinformationen zum Gelegenheitsverkehr finden Sie unter LF 8, Kapitel 3.3.1 auf der beiliegenden DVD.

Grundsätzlich bieten Fernlinienbusreisen den potenziellen Kunden Transportleistungen weltweit kostengünstig, umweltfreundlich und genauso sicher wie die Gelegenheitsver-

kehre an. Deshalb hat sich z. B. in Schweden, Finnland, USA, den Balkanstaaten und Großbritannien der Fernlinienverkehr mit Kraftomnibussen längst als alternativer Verkehrsträger zu Bahn und Flugzeug etabliert. Fernlinienbusse haben i. d. R. eine große Bedeutung in Ländern, in denen das Schienennetz schlecht ausgebaut oder der Bau einer Bahnstrecke wegen der geringen Bevölkerungsdichte betriebswirtschaftlich nicht vertretbar ist.

In Deutschland war der Ausbau des Netzes allerdings aufgrund einer restriktiven Verkehrspolitik zum Schutz der Bahn nicht möglich. Es gab zwar einzelne Punkt-zu-Punkt Verbindungen, aber kein flächendeckendes System mit günstigen Preisen und Abfahrtszeiten im Stundentakt. Die Regelungen des PBefG verhinderten, dass auf nationalen Strecken, auf denen bereits Eisenbahnverkehr bestand, ein **Parallelverkehr** mit Kraftomnibussen eingerichtet werden konnte. Im verkehrspolitischen Verständnis diente der Linienbusverkehr lange Zeit nur als Ersatz für unrentable Züge oder stillgelegte Strecken (Schienenersatzverkehr). Die antiquierten Vorschriften des PBefG sind inzwischen aufgehoben und seit 2013 ist der Fernverkehr mit Linienbussen liberalisiert.

Zusatzinformationen über die Situation vor der Reform finden Sie unter LF 8, Kapitel 3.3.1 auf der beiliegenden DVD.

Für das Betreiben von Fernlinienbusreisen herrscht heute freier Wettbewerb. Der Konkurrenzschutz für den Eisenbahnfernverkehr und vorhandene Fernbuslinien ist somit weggefallen. Eine Deregulierung des Fernlinienverkehrs muss allerdings faire Wettbewerbsbedingungen gewährleisten. Es dürfen keine Genehmigungen erteilt werden, wenn

der öffentlichen Hand Zusatzaufwendungen drohen, das gilt insbesondere für den ÖPNV (Öffentlicher Personennahverkehr). Der Mindestabstand zwischen zwei Haltestellen muss daher mindestens 50 km bzw. mehr als eine Stunde Reisezeit betragen.

Zusatzinformationen zur Marktsituation der Fernlinienbusreisen finden Sie unter LF 8, Kapitel 3.3.1 auf der beiliegenden DVD.

3.3.2 Das Personenbeförderungsgesetz (PBefG)[1]

Um das Produkt Personenbeförderung mit Bussen anbieten zu können, braucht jedes Unternehmen/jeder Unternehmer eine staatliche Genehmigung (Konzession). § 13 regelt die Voraussetzungen für die Erteilung. Den Antrag kann jeder Unternehmer stellen. Er muss fachlich geeignet sein, was er durch entsprechende Tätigkeit in einem Unternehmen des Stra-

---

1 In der Fassung von 1990 zuletzt geändert durch die Novelle vom Dezember 2012

ßenpersonenverkehrs bzw. durch eine Prüfung nachweist. Das Führen eines Betriebes ohne Genehmigung gilt als Ordnungswidrigkeit und bei Verstößen kann sie jederzeit widerrufen werden. Im Fernlinienverkehr wird eine Genehmigung immer nur für eine Strecke erteilt. Ihre Laufzeit beträgt maximal zehn, i. d. R. acht Jahre, kann aber verlängert werden. Die zuständige Behörde kann eine Genehmigung nicht mehr ablehnen, sobald die sachlichen und personellen Voraussetzungen vorliegen.

Wird die Genehmigung erteilt, hat der Unternehmer folgende Auflagen zu beachten:

Touring-Bus

Streckenbindung	Verkehrsverbindung mit festen Ausgangs- und Endpunkten, mindestens zwei Haltestellen, Haltestellenschilder mit Firmennamen, Liniennummer und Fahrplanaushang.
Betriebspflicht	Linienbedienung muss fristgemäß aufgenommen und aufrechterhalten werden.
Tarifpflicht	Struktur des Tarifsystems, z. B. Kilometer- oder Zonentarif; Ermäßigungen für Kinder, Jugendliche oder Senioren, Gepäckregelungen, Sondertarife
Fahrplan	Er muss die Führung der Linie, ihren Ausgangs- und Endpunkt sowie die Haltestellen und Fahrzeiten enthalten und veröffentlicht werden. Die Aufstellung eines Fahrplanes ist allerdings nicht zwingend vorgeschrieben.
Beförderungspflicht	Kein Fahrgast darf abgewiesen werden, es sei denn, er stellt eine Gefahr für Fahrer und die anderen Reisenden dar (Fahrgastfreiheit).
Beförderungsentgelte	Veröffentlichung, Allgemeinverbindlichkeit, Ermäßigungen kommen unter gleichen Bedingungen jedermann zugute.

3.3.3 Das Betreiben von Fernlinienbusreisen

Den Unternehmen werden von der Fahrzeugindustrie verschiedene Modelle unterschiedlicher Größe und Ausstattung angeboten. Die Platzangebote von Reisebussen liegen zwischen 30 und 59 Sitzen, Doppeldecker dürfen 70 Personen und mehr befördern. Stehplätze sind nicht erlaubt. Ausstattungsmerkmale können u. a. sein: Beckengurte (Anschnallpflicht bei Vorhandensein), Kopf- und Fußstützen, verstellbare Rücklehnen (Schlafsitze), Klapptische, Gepäckräume im Busboden, Klimaanlage, unterschiedliche Sitzabstände. Die Gütegemeinschaft Buskomfort e.V. hat Reisebusse in unterschiedliche Güteklassen (**siehe beiliegende DVD**) eingeteilt, vergleichbar den Sternen der Hotelzertifizierung. Sie vergibt diese Bussterne nach festgelegten, vom TÜV kontrollierten, Qualitätskriterien und verleiht eine Plakette mit dem zugeteilten Gütezeichen, die am Bus angebracht werden darf. Auf einzelnen Linien von Eurolines werden spezielle Business Class-Busse eingesetzt mit einem im Sitzplatz integrierten Bildschirm, einem Multi-Channel-System und Internet-Zugang über WLAN. Mit Ausnahme der Messeverkehre nutzen Geschäftsleute eher vereinzelt den Fernbus. FCM Travel Solutions hat diese Beförderungsart in sein Portfolio aufgenommen. Speziell ausgerüstete barrierefreie Reisebusse spielen im Linienfernverkehr noch keine Rolle. Ab 2016 wird die Barrierefreiheit für alle Neufahrzeuge Pflicht, es müssen zwei Rollstuhlplätze und eine Einstiegshilfe vorgehalten werden. Für Hochdeckerbusse ist eine aufwendige Hubvorrichtung erforderlich. Die neuer Vorschriften gelten nicht für den Gelegenheitsverkehr (Bustourismus).

In der EU-Sozialverordnung – VO (EG) Nr. 561/2006 – sind rechtlich bindend für alle Mitgliedsländer die Einsatzzeiten für Busfahrer geregelt. Mit dieser Vorschrift soll verhindert werden, dass die Nichtbeachtung der Lenk- und Ruhezeiten zu einer Übermüdung der Fahrer führt und es dadurch zu schwerwiegenden Unfällen kommt. Die Tageslenkzeit darf neun Stunden nicht übersteigen, mit der Ausnahmeregelung zwei Mal wöchentlich zehn Stunden (**weitere Erläuterungen finden Sie auf der beiliegenden DVD unter LF 8, Kapitel 3.3.3**). Mit dem Einbau des EG-Kontrollgerätes (Fahrtenschreiber) in die Lenksäule des Busses kann die Einsatzzeit des Fahrers lückenlos überprüft werden. Die Überwachung der Vorschriften erfolgt durch die Autobahnpolizei bzw. durch die Beamten des Bundesamtes für Güterverkehr. Aufgrund dieser Regelungen muss bei der Planung des Fernlinienverkehrs – vor allen Dingen im internationalen Bereich – vom Unternehmer festgelegt werden, ob eine Einfahrer- oder Mehrfahrerbesatzung erforderlich ist und ab welcher Teilstrecke ein Fahrerwechsel erfolgt.

3.3.4 Tarif- und Beförderungsbedingungen

Am Beispiel des Newcomers und Marktführers Flixbus und der Deutschen Touring GmbH, den beiden größten deutschen Unternehmen im nationalen und internationalen Fernlinienverkehr, soll die Tarifgestaltung aufgezeigt werden. **Firmenporträts der bedeutendsten Unternehmen finden Sie unter LF 8, Kapitel 3.3.4 auf der beiliegenden DVD.** Grundsätzlich können alle Transportunternehmen ihre Tarife und Beförderungsbedingungen frei und unabhängig voneinander gestalten, wenn sie folgende Bedingungen beachten:

» Jeder Tarif/jede Tarifänderung ist vorab von der zuständigen Behörde zu genehmigen.
» Die „Verordnung über die Allgemeinen Beförderungsbedingungen für den Straßenbahn- und Obusverkehr sowie den Linienverkehr mit Kfz" ist zu beachten.

Tarifstruktur (Überblick)

Elemente	Flixbus	Deutsche Touring GmbH
Regeltarif	entfernungsabhängig, keine Ermäßigungen für Hin- und Rückfahrt	entfernungsabhängig, auf internationalen Strecken Voranmeldefrist, Serviceentgelte
Spezialtarife	Sparpreise kontingentiert, keine Vorausbuchungsfrist, Ermäßigung maximal > 50 %, Yield	**Promotionstarife** Ermäßigungen gestaffelt nach Fristen vor Abfahrtstag, kontingentiert, Ermäßigung bis zu 90 % auf Regeltarif, Busbindung
Sondertarife	Kinder, Jugendliche bis einschließlich 15 Jahre Ermäßigung 40 % auf Regeltarif , Gruppen ab drei Personen 18 % auf Regeltarif	Kinder/Jugendliche < 4 Jahre 80 %, 4–12 Jahre 50 %, 13–26 Jahre 10 %, Studenten 20 %, Senioren 10 %; Gruppen ab 10 Personen zwischen 10 und 25 %
Reisegepäck	Handgepäck frei, zwei Gepäckstücke bis insgesamt 30 kg kostenfrei, Zusatzgepäck gegen Gebühr und Voranmeldung	Handgepäck frei, Gepäckstücke im Frachtraum begrenzt auf zwei Stück, max. 160 cm (Summe aus Länge, Höhe, Breite), Gepäckgebühr
Storno	Gegen Gebühr möglich, Ausnahme: Spezialtarife	Gegen Gebühr möglich, Ausnahme Promotionstarife
Sitzplatzreservierung	nicht möglich, mit der Buchung ist ein beliebiger Platz reserviert	nicht möglich
Beförderung von Tieren	nicht möglich, Ausnahme Blindenhunde	nicht möglich, Ausnahme Blindenhunde

5053400

Der Vertrieb erfolgt im Allgemeinen über das Internet, Callcenter, die Ticketbüros der beteiligten Unternehmen am Unternehmenssitz und in den Omnibusbahnhöfen, über Reisebüros mit entsprechenden Agenturvertrag, den Ticket-Centern in den Bahnhöfen und beim Fahrer selbst, wobei der Onlineverkauf überwiegt.

Verordnung über die Allgemeinen Beförderungsbedingungen für den Straßenbahn- und Obusverkehr sowie den Linienverkehr mit Kfz

Die Verordnung legt die Vertragsbedingungen zwischen Fahrgast und Unternehmer fest, d. h. Beförderungsrechte und -pflichten. Abweichungen sind möglich. Diese besonderen Beförderungsbedingungen des Unternehmers bedürfen allerdings der Zustimmung der Genehmigungsbehörde.
In der Verordnung werden u. a. geregelt
» Verhaltenspflichten der Fahrgäste
» Anspruch des Unternehmers auf Beförderungsentgelt
» Anspruch auf und Ausschluss von der Beförderung
» Erhöhtes Beförderungsentgelt für Passagiere ohne gültigen Fahrausweis
» Mitnahme von Sachen und Tieren
» Haftung für Sachschäden und Gerichtsstand
» Verjährungsfristen

Außerdem sind seit 2013 die Fahrgastrechte der Kunden für Fernlinienbusreisen ab einer planmäßigen Wegstrecke von über 250 km durch eine EU-Verordnung national und international geregelt. Bei geringeren Entfernungen bleibt den Unternehmen ein Ermessens-

spielraum. Diese EU-Verordnung gilt nicht für den Bustourismus (Gelegenheitsverkehr).

Zusatzinformationen zu den Fahrgastrechten nach der EU-Verordnung sowie Sonderformen des Linienverkehrs und internationaler Verkehre finden Sie unter LF 8, Kapitel 3.3.4 auf der beiliegenden DVD.

Die Aufgaben zu Kapitel 3.3 des Lernfeldes finden Sie auf der beiliegenden DVD.

3.4 Fährpassagen

3.4.1 Zielgruppen der Reedereien

Fährschiffe dienen dem Transport von Personen, Pkw, Lkw, Personenzugwagen, Bussen und Fracht in Containern auf Trailern oder in Güterwagen. Sie verkehren in Europa in der Ost- und Nordsee, insbesondere im Ärmelkanal, im Mittelmeer, in den Meerengen von Gibraltar und Messina, zwischen Italien, Griechenland und der Türkei, aber auch nach den Inseln Korsika, Sardinien und Malta und von den südfranzösischen Häfen nach Algerien, Tunesien und Marokko. Die weiteren Ausführungen beschränken sich auf die Fährverbindungen und internationaler Reedereien in der Ostsee, die Verkehre von deutschen Häfen aus anbieten. Fähren werden von Individual- und Geschäftsreisenden gebucht, die entweder auf ihren Pkw nicht verzichten wollen oder ihr Ziel nur so erreichen können, weil kein anderes Transportmittel zur Verfügung steht. Städte- und Rundreisen in die skandinavischen und baltischen Länder, Campingurlaub oder die Anreise zum Ferienhaus lassen sich aufgrund der geografischen Gegebenheiten am besten mit der Fähre bewältigen. Für die Pauschalreise mit dem Ferienbus zu diesen Destinationen wird ebenfalls die Fähre gebucht.

In den letzten Jahrzehnten sind die Schiffe immer luxuriöser geworden, sodass einige Passagiere Fährschiffe nicht nur als Transportmittel, sondern als Vergnügungsreise bzw. Mini-Kreuzfahrt nutzen. Dabei handelt es sich nach deutschem Reiserecht um ein Pauschalangebot der Reederei im Rahmen ihrer fahr-

Seit 2000 existiert eine feste Landverbindung nach Schweden über Dänemark durch die Brücken über den kleinen und großen Belt und die Querung des Öresunds durch eine Kombination von Tunnel und Brücke von der Insel Seeland (Kopenhagen) nach Malmö. Die Strecke ist mautpflichtig und hat sich zu einem Erfolgsprodukt entwickelt. Sie hat aber die Entwicklung des Fährverkehrs auf der Ostsee von Deutschland aus noch nicht entscheidend beeinflusst (Ausnahme Vogelfluglinie) – im Gegensatz zu den Eurotunnel-Shuttle- und Eurostar-Zügen, die den Kanaltunnel zwischen Dover und Calais benutzen. Hier mussten einige Fährverbindungen eingestellt werden.

planmäßigen Abfahrten einschließlich Besichtigungsprogramm am Zielort der Hinreise.

3.4.2 Fährschiffsarten

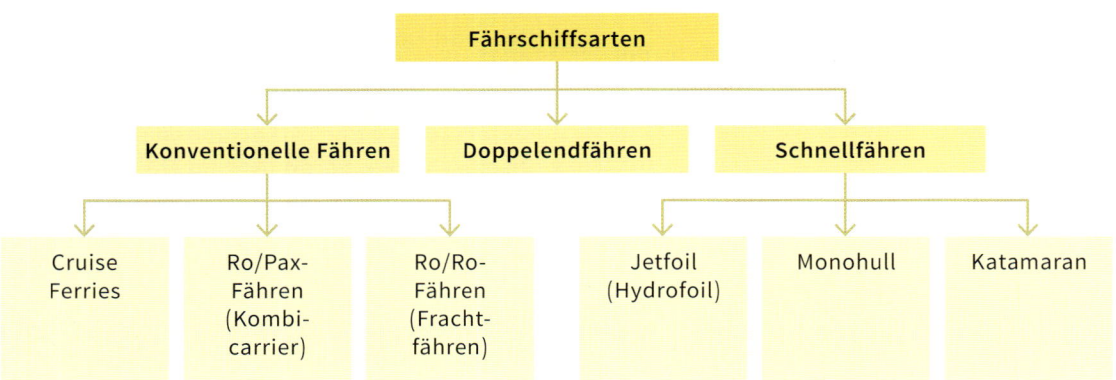

Konventionelle Fähren und Schnellfähren

Man unterscheidet zwischen konventionellen Fähren und Schnellfähren. Letztere dienen vor allen dem Transport von Personen. Bei allen konventionellen Fähren handelt es sich heute um sogenannte **Ro/Ro-Fähren** (Roll-on/Roll-off-Fähren), d. h. die Fahrzeuge können entweder durch die Bugtore auf- und die Heckklappe abfahren oder umgekehrt. Andere Fähren verfügen über zwei Heckklappen. Die Fahrzeuge fahren vorwärts auf das Schiff, drehen auf dem jeweiligen Deck und fahren bei Ankunft vorwärts wieder raus. Beide Techniken haben zur Folge, dass die Fahrzeuge nicht rangieren und sich somit die teureren Liegezeiten der Fähre verkürzen.

Doppelendfähren

Mit ihrem Propellerantrieb sowohl am Bug als auch am Heck des Schiffes haben sie den Vor-

ICE TD auf der Doppelkopffähre in Puttgarden

teil, dass sie im Hafen nicht wenden müssen und die Fahrzeuge die Fähre in der gleichen Fahrtrichtung verlassen können, in der sie auf die Fähre gefahren sind. Ihr eigentliches Fahrgebiet sind zwar in erster Linie Flüsse und Seen, aber ihr Einsatz auf der kurzen Seestrecke zwischen Puttgarden und Rödby (Vogelfluglinie) hat zu einer Verkürzung der Überfahrt von 60 auf 45 Minuten und damit auch zum dauerhaften Erfolg dieser Verbindung geführt.

Cruise Ferries

Color Fantasy

Sie werden auch Passagierfähren genannt und bieten je nach Größe und Strecke den Komfort, den man von einem Kreuzfahrtschiff mit Autodecks erwartet. Ihre Kapazität liegt bei 500 bis 3 000 Passagieren bzw. 150 bis 900 Pkw und Lkw. Der Passagier soll sich unbedingt wohl fühlen und die Überfahrt als interessanten Teil der Urlaubsreise genießen. Das Angebot besteht u. a. aus mehreren Restaurants für jeden Geldbeutel, Kino, einer großen Ladengalerie mit Boutiquen und Supermarkt, Spa und Sauna, Bars, Spielkasino, Salons, Disco, Showprogramm im Nightclub, Unterhaltungsangeboten für Kinder sowie einer Konferenzabteilung mit Tagungsräumen und einem Messecenter für Mustermessen, Ausstellungen und große Präsentationen. Auf einigen Routen – nach Norwegen, nach Russland und zu den Ålandinseln – gibt es noch die Möglichkeit, im Duty-Free-Shop günstig einzukaufen. Die Unterbringungsmöglichkeiten reichen von Pullmansesseln, unterschiedlich ausgestatteten Innen- und Außenkabinen bis hin zu Suiten. Einen neuen Standard setzen die Fährkreuzfahrtschiffe „Color Fantasy" und „Color Magic" von Color Line auf der Strecke

Kiel – Oslo. für 750 Fahrzeuge und Platz für maximal 2 750 Passagieren bieten die beiden Schiffe Einrichtungen und Unterhaltungsprogramme auf bestem Kreuzfahrtniveau, u. a. eine 160 m lange Shoppingcenter-Promenade. Diese Zusatzgeschäfte der Cruise Ferries führen zu einer erheblichen Umsatzsteigerung und ermöglichen günstigere Passagepreise durch Quersubventionierung.

Ro/Pax-Fähren

Finnstar Ro/Pax-Fähre – 500 Passagiere und 4 200 Lademeter, Länge 218 m

Ro/Pax-Fähren werden auch als Kombicarrier bezeichnet. Die Beförderung von Fracht steht im Vordergrund. Wegen der Überhöhe der Fahrzeugdecks ist dieser Fährtyp besonders für Caravan und Wohnmobilfahrer geeignet. Für die Passagiere gibt es ein Basis-Angebot an Bord. Restaurant und Bar sind selbstverständlich vorhanden und die Kabinen tragen unterschiedlichen Komfortbedürfnissen Rechnung. Aber die Unterhaltungsmöglichkeiten sind insgesamt begrenzt. Es gibt keine Boutiquen, Showprogramme, Spa-Angebote oder Kinosäle.

Jetfoil/Hydrofoil

Hierbei handelt es sich um reine Passagierschiffe, die u. a. im Verkehr zwischen den Griechischen Inseln eingesetzt werden. Bei einem Hydrofoil wird das Schiff über Schrauben so lange beschleunigt, bis die seitwärts angebrachten Kufen es aus dem Wasser heben und tragen. Bis zu 200 Passagieren werden mit einer Geschwindigkeit von ca. 37 Knoten befördert. Bei einem Jetfoil erfolgt der Antrieb über einen angesaugtem Wasserstrahl ähnlich dem eines Flugzeugtriebwerks. Bis zu 286 Passagiere können mit einer Geschwindigkeit von ca. 43 Knoten befördert werden.

Katamaran

Schnellfähre H/F Leonora Christina

Den Katamaran zeichnet seine hohe Geschwindigkeit aus und er hat im Gegensatz zu konventionellen Schiffen zwei Rümpfe, die über die darüber liegenden Schiffsaufbauten miteinander verbunden sind. Eine Sonderform des Katamarans war die HSS (Highspeed Sea Service) Stena Carisma von Stena Line mit einer Länge von 90 m, Breite von 30 m, maximaler Geschwindigkeit von 38 Knoten und einer Kapazität von 900 Passagieren, 10 Bussen/Lkw und 210 Pkw. Die Katamarane können in etwa die Überfahrtzeit konventioneller Fährschiffe halbieren. Damit machen sie eine Übernachtung bei vielen Destinationen überflüssig. Sie reagieren aber wesentlich empfindlicher auf stürmische See und sie verbrauchen mehr Treibstoff als konventionelle Fähren, was ihren Einsatz immer problematischer macht. Mit der „Stena Explorer" hat diese Fährgesellschaft 2015 ihren letzten Katamaran außer Dienst gestellt.

Monohull

Wie konventionelle Fähren haben diese Schnellfähren nur einen, dafür aber sehr strömungsgünstigen Rumpf mit einer auffällig kräftigen Maschine. Ihre Kapazität liegt bei ca. 650 Passagieren und bis zu 150 Pkw bei einer maximalen Geschwindigkeit von 35 Knoten. Bei stürmischer See liegen sie aber ruhiger im Wasser als Katamarane.

Beträgt die durchschnittliche Geschwindigkeit der konventionellen Fährschiffe etwa 19 Knoten, so spricht man von Schnellfähren, wenn die Reisegeschwindigkeit 30 Knoten übersteigt. Wegen der kürzeren Dauer der Überfahrt gibt es auf diesen Schiffen fast keine Kabinen. Für die Passagiere stehen an Bord Sessel zur Verfügung (auf einigen Schiffen wird eine 1. Klasse angeboten). Die Serviceeinrichtungen sind mit einer Bar, einem kleineren Restaurant oder Self-Service-Bereich weniger umfangreich.

Infolge der Erdölpreisverteuerungen befindet sich der Passagier- und Frachtmarkt im Umbruch. Auf der Ostsee werden im internationalen Verkehr kaum noch Schnellfähren eingesetzt, die diesen Geschwindigkeitsmerkmalen entsprechen. Die Reisegeschwindigkeit der neuen Super Speed Fähren von Color Line liegt nur noch bei 27 Knoten. Die künftige Entwicklung des Fährmarktes auf der Ostsee wird durch wachsende Umweltstandards beeinflusst, die eine Reduktion der Abgasemissionen verpflichtend machen.

Die IMO (International Maritime Organization), eine Unterorganisation der Vereinten Nationen, hat für die Seeschifffahrt strengere Emissionsvorschriften erarbeitet, die von den Anrainerstaaten der Nord- und Ostsee 2015 umgesetzt wurden. In sogenannten Emission Control Areas sind die Schwefelemissionen der Treibstoffe von 1,5 auf 0,1 % zu senken, um einen nachhaltigeren Fährverkehr zu gewährleisten. Die höheren Kosten für die umweltfreundlichen Kraftstoffe konnten nur teilweise durch eine Senkung der Fahrgeschwindigkeit (= geringerer Verbrauch) aufgefangen werden und führten zu Preiserhöhungen.

Gegenwärtig setzen die großen Fährgesellschaften der Ostsee unterschiedliche technische Lösungen zur Begrenzung der Abgaswerte ein:
» Hybrid-Fähren: Riesige Batterien im Schiffsinnern dienen zum Speichern überschüssiger Energie, die bei Bedarf wieder abgegeben wird und somit den Verbrauch senken. Zusätzliche Scrubber reinigen die in die Luft abgegebenen Schadstoffe (Scandlines).
» Scrubber: Das billige Schweröl wird weiterhin verwendet. In den installierten

Scrubbern (Abgaswaschanlagen) werden die Abgase von Schwefel und Feinstaub gereinigt (DFDS, Colorline).

» Methanol-Antrieb: Das herkömmliche Schweröl wird nach den entsprechenden Umbauten durch Methanol ersetzt, das praktisch frei von Abgasen verbrennt. Im Übrigen verursacht auslaufendes Methanol keine Ölpest, da es biologisch abbaubar ist (Stena).

Weitere Möglichkeiten, die Umweltauflagen zu erfüllen, bestehen für die Fährgesellschaften durch

» Einsatz von LNG (Liquefied Natural Gas, Flüssigerdgas); diese Lösung rechnet sich allerdings nur bei Neubauten,

» Wechsel von Schweröl zum wesentlich teureren Marinediesel.

3.4.3 Verkauf und Buchungsablauf einer Fährpassage

Der Kunde kommt mit konkreten Vorstellungen hinsichtlich des Zielhafens seiner Fährpassage in das Reisebüro. Im Beratungsgespräch kann es dann nur noch darum gehen, Alternativen vorzustellen und Zusatzleistungen anzubieten:

- Wahl eines günstigeren Abgangs- oder Zielhafens für das eigentliche Reiseziel
- Wahl einer anderen Reederei bzw. eines anderen Fährschiffstyps
- Wahl einer anderen Route
- Angebot zusätzlicher Leistungen während der Überfahrt
- Versicherungen
- Beratung bei der Abfertigung im Fährterminal

Buchungsanfrage und Buchung der Fährpassage erfolgen im Computerreservierungssystem von Amadeus oder Sabre über die TOMA/SFS Maske, die von Dertraffic generiert wird. Dertraffic hat als Generalagent den Vertrieb für über 50 europäische und nordafrikanische Reedereien übernommen. Die Reservierung, also die Prüfung der Verfügbarkeit, erfolgt entweder direkt im Online-Verfahren oder per Fax, Telefon oder E-Mail im manuellen Verfahren. Nach Abschluss des Beförderungsvertrages (Buchung) wird zwischen Kunden und Reederei der Dertraffic Schiffsfahrschein (ferry ticket) erstellt. Da die Fährschiffsanbieter dieses Transportdokument untereinander anerkennen, sind Durchgangstarife buchbar, d. h. die Kombination verschiedener Reedereien und Strecken auf einem Ticket. Die Kundengelder werden im monatlichen Abbuchungsverfahren an Dertraffic weitergeleitet und von ihm an die Reedereien überwiesen. Dertraffic selbst gehört als Marke zum Veranstalter DERTOUR GmbH & Co. KG. Sollte eine Reederei nicht von Dertraffic repräsentiert werden, muss sich das Reisebüro direkt an ihren jeweiligen Generalagenten wenden. Die Buchungen honorieren die Reedereien mit einer Provision von 5 bis 10 %. Reisemittler können bei entsprechenden Agenturverträgen auch direkt über die Homepages der Reedereien buchen.

Bei einigen Reedereien ist es möglich (vergleichbar der Unterbringung im Schlafwagen), eine Kabine zur Alleinbenutzung zu mieten oder aber ein Einzelbett in einer Damen- bzw. Herrenkabine. In der Reservierung des Fährfahrscheins sind die Mahlzeiten i. d. R. nicht enthalten. Sie müssen extra gebucht oder während der Überfahrt an Bord bezahlt werden. Fährtickets sind i. d. R. übertragbar, wenn die Buchungscodes übereinstimmen.

Da die Reedereien auf vielen Routen um die Kunden konkurrieren, wird eine aktive Preispolitik betrieben. Ermäßigungen auf den Festpreis existieren in der Form von Frühbuchertarifen, verschiedene Saisonzeiten, Abschlägen für Kleinkinder, Kinder, Jugendliche, Studenten und Senioren und generell für die gleichzeitige Reservierung von Hin- und Rückfahrt. Häufig werden zudem Familientari-

Benötigte Daten zur Ausstellung des Schiffsfahrscheins			
Personen	**Reisedaten**	**Unterbringung**	**Kfz**
Kundenname	Reederei	Deckspassage	Typ (Pkw, Minibus …)
Nationalität	Abfahrts- und Zielhafen	Ruhesessel	Länge, Höhe, Breite
Geschlecht	Abreisedatum	Art, Ausstattung und	(i. d. R. nicht erforder-
Anzahl der Mitreisenden	Abreisezeit	Lage der Kabine	lich)
Alter (vor Reiseantritt)		Ermäßigungscode	Kennzeichen

fe mit oder ohne Kabinenbenutzung oder Spezialtarife angeboten. Diese sind an bestimmte, einschränkende Bedingungen geknüpft, z. B. keine kostenlose Umbuchung für Hin- oder Rückfahrt.

Die auf den Tickets genannten Check-in-Zeiten sind verbindlich. Nach Ablauf der Frist erlischt der Anspruch auf die gebuchte Fährpassage.

> **!** Das Betreten der Autodecks ist aus Sicherheitsgründen während der Fahrt nicht gestattet und die entsprechenden Zugänge sind verschlossen. Auf diesen Umstand sollten die Kunden unbedingt hingewiesen werden.

3.4.4 Buchung einer Fährpassage

Ein konkretes Beispiel für die Preisberechnung finden Sie unter LF 8, Kapitel 3.4.4 auf der beiliegenden DVD.

3.4.5 Haftungsbestimmungen

Wenn der Passagier mit seinem Fahrzeug auf der Fähre eincheckt, können verschiedene Schäden auftreten. Die Beschädigung der Fahrzeuge kann beim Auffahren, beim Einparken im Autodeck, beim Abfahren oder beim Verrutschen der „Ladung" infolge starken Seegangs erfolgen. Hier kann man nur im Einzelfall entscheiden, ob die Kasko- bzw. Haftpflichtversicherung des Halters den Schaden abdeckt oder ob die Versicherung der Reederei eintreten muss. Bei Verletzungen während der Fährpassage oder bei Gepäckverlust in der Kabine bzw. im abgeschlossenen

Fahrzeug handelt es sich dagegen um typische Gefahren, für die die Reederei haften muss.

Internationale Verträge wie das Athener Übereinkommen von 1974 regeln weltweit die Bestimmungen für den Schadenersatz. Voraussetzung ist allerdings, dass dieses Vertragswerk vom Gesetzgeber des jeweiligen Landes, in dem die Fährreederei ihren Sitz hat, ratifiziert wurde. Es kann aber auch vorkommen, dass die Haftung aufgrund des jeweiligen Landesrechtes noch ungünstiger geregelt ist als im Athener Übereinkommen, dessen Risikoabdeckung mit maximal 55.000,00 € bei Tod oder Verletzung eher niedrig angesetzt ist.

Für das **Fahrgebiet der Ostsee** gelten national die Vorschriften des reformierten Seehandelsrechts (5. Buch des HGB, Zweiter Unterabschnitt Personenbeförderungsverträge §§ 536 ff.), das in Anlehnung an das Athener Übereinkommen, des Protokolls von 2002 zum Übereinkommen und der Verordnung der Europäischen Union (VO EG Nr. 392/2009) über die Unfallhaftung von Beförderern von Reisenden auf See mit dem Ziel eines besseren Schutzes für die Schiffspassagiere überarbeitet wurde. Diese Bestimmungen finden aller-

> **§** Grundsätzlich gilt im Seehandelsrecht das Prinzip der Verschuldenshaftung, d. h. dass der Kläger, also der Fahrgast, dem Beförderer bzw. seinem Beauftragten die Verantwortung für den Schaden nachweisen muss. Sollte das Schiff allerdings insgesamt in Gefahr geraten (z. B. bei Feuer, Explosion, Strandung) und der Schaden auf dieses Ereignis ursächlich zurückzuführen sein, so wird zunächst vermutet, dass ein Verschulden des Beförderers vorliegt (Umkehrung der Beweislast). Dies gilt auch für jedes andere „Schifffahrtsereignis". Bei grober Fahrlässigkeit und Vorsatz seitens des Beförderers entfällt eine Haftungsbeschränkung.

dings keine Anwendung, soweit die folgenden Regelungen maßgeblich sind:

» unmittelbare Regelungen der Europäischen Union
» unmittelbare Regelungen des Völkerrechts

Für den grenzüberschreitenden Verkehr auf der Ostsee sind somit die Haftungsregelungen der Europäischen Union von Bedeutung.

Im Einzelnen nennt der Gesetzgeber folgende Höchsthaftung im Schadensfall für den nationalen und grenzüberschreitenden Seeverkehr:

Wertsachen, Bargeld	keine Haftung, (es sei denn, sie wurden dem Beförderer zur Verwahrung übergeben, dann gilt die Haftungsgrenze für sonstiges Gepäck)
Kabinengepäck	wegen Verlust, Beschädigung, verspätete Auslieferung max. 2 250 Rechnungseinheiten (RE)[1] je Fahrgast
Fahrzeuge einschließlich Gepäck	wegen Verlust, Beschädigung, verspätete Auslieferung max. 12 700 RE je Kfz
Sonstiges Gepäck	wegen Verlust, Beschädigung, verspätete Auslieferung max. 3 375 RE
Personenschäden (Körperverletzung/Tod)	ohne Verschulden des Beförderers max. 250 000 RE je Fahrgast bei Nachweis des Verschuldens max. 400 000 RE je Fahrgast; bei mehrerer Fahrgästen max. 340 Mio. RE je Schiff und Schadensereignis

In den Allgemeinen Geschäftsbedingungen der Reedereien kann eine Selbstbeteiligung von max. 330 RE für Schäden am Fahrzeug und von 149 RE für Gepäckschäden vereinbart werden.

Um seine Ansprüche zu wahren, muss der Fahrgast bei offenen Mängeln unmittelbar bei Ausschiffung und bei versteckten Mängeln innerhalb von 15 Tagen eine schriftliche Schadensanzeige anfertigen. Die Ansprüche verjähren innerhalb von drei Jahren.

In der EG-Verordnung gelten zusätzlich folgende abweichenden Vorschriften:

» Verjährungsfrist zwei Jahre
» Pflicht zum Abschluss einer Haftpflichtversicherung für den Beförderer; diese Versicherung haftet dem geschädigten Fahrgast unmittelbar bis zu 250 000 RE.
» Vorschusszahlung im angemessenen Verhältnis zum erlittenen Schaden, im Todesfall mindestens 21.000,00 €
» Unterrichtung des Reisenden über ihre Rechte vor der Abfahrt[2].

Eine weitere Verordnung der Europäischen Union regelt die Fahrgastrechte bei Verspätung oder Annullierung des Transports durch den Beförderer. Diese Rechtsvorschrift ist eingeschränkt auch für Fluss- und Seekreuzfahrten anwendbar, soweit sie unter die Rechtshoheit der Mitgliedsstaaten fallen. Außerdem werden die Rechte „behinderter Menschen" oder „Personen mit eingeschränkter Mobilität" umfassend geregelt. Die wichtigste Bestimmung besagt, dass sie ein Recht auf Beförderung haben, sodass der Beförderer die Mitnahme aufgrund technischer Probleme nicht ablehnen kann. Im Einzelnen sind die Fährgesellschaften zu folgenden Maßnahmen verpflichtet:

» umfassende Information der Passagiere, spätestens 30 Minuten nach der fahrplanmäßigen Abfahrt
» bei einer Verspätung von mehr als 90 Minuten bzw. Annullierung muss eine angemessene Betreuung erfolgen (Verpflegung, Unterbringung). Die Kosten der Unterbringung können auf 80,00 € je Fahrgast und Nacht für maximal drei Nächte beschränkt werden.
» bei einer Verspätung von mehr als 90 Minuten bzw. Annullierung haben die Passagiere weitere Rechte zur Wahl
  – kostenlose anderweitige Beförderung zum Ziel zu annehmbaren Bedingungen

---

1 Eine Rechnungseinheit entspricht einem Sonderziehungsrecht des Internationalen Währungsfonds (IWF), kein fester Umrechnungskurs.

2 Diese Haftungsregelungen finden auch in der Kreuzschifffahrt Anwendung.

– Rücktritt vom Vertrag (Storno) und Erstattung des Fahrpreises

» bei verspäteter Ankunft: Entschädigung von 25 oder 50 % des Fahrpreises abhängig von der planmäßigen Reisezeit und der Dauer der eingetretenen Verspätung.

Wenn dem Passagier die gesetzlichen Deckungsbeiträge nicht ausreichend erscheinen, kann er zusätzlich Einzelversicherungen abschließen. In diesem Fall sollte man mindestens eine Reisegepäckversicherung empfehlen bzw. eine „Versicherung von Kraftfahrzeugen, Anhängern und Booten gegen Verlust und Beschädigung auf Autoreisezügen und Fähren". Sie gewährleisten höhere Versicherungssummen.

3.4.6 Fährverkehr ab Deutschland

In der folgenden Übersicht werden die bedeutendsten Fährhäfen Deutschlands in der Ostsee einschließlich der Fährgesellschaften, die diese Häfen anlaufen, aufgezählt. In der Nordsee gibt es gegenwärtig keine bedeutende internationale Fährreederei, die einen deutschen Hafen anläuft.

Deutsche Fährhäfen in der Ostsee	Fährgesellschaften
Sassnitz (Rügen)	TransExim, Russland Stena Line, Schweden Bornholms Faergen, Dänemark
Rostock	Scandlines, Deutschland TT-Line, Deutschland Finnlines, Finnland Stena Line, Schweden
Lübeck/-Travemünde	TransRussiaExpress (Finnlines) TT-Line, Deutschland Finnlines, Finnland
Puttgarden	Scandlines, Deutschland
Kiel	Color Line, Norwegen DFDS Seaways, Dänemark

Die Karte zeigt einen Überblick der bedeutenden Fährhäfen der Ostsee einschließlich Norwegens, die von Deutschland aus angelaufen werden (und umgekehrt). Informationen über die aktuellen Fährverbindungen erhalten Sie im Internet unter www.faehre-online.de.

Die Aufgaben zu Kapitel 3.4 des Lernfeldes finden Sie auf der beiliegenden DVD.

4 Mietwagen

Der Mietwagenmarkt lässt sich in zwei Bereiche aufteilen: Den Urlaubs- und Freizeitmietwagenmarkt (Anmietung vorwiegend im Ausland) sowie den Markt für Firmennutzung, Umzüge und Unfallersatzwagen (Anmietung vorwiegend im Inland).

Anbieter

Als Anbieter auf dem Markt treten die sogenannten Direktanbieter und Broker auf.

Direktanbieter sind Anbieter mit eigener Wagenflotte wie Sixt, Europcar, Avis, Hertz (die vier Großen auf dem deutschen Markt) sowie National und Alamo.

Sie gehören in der Regel internationalen Autovermieter-Ketten an und treten als Vermieter vor Ort auf. Daneben gibt es noch zahlreiche kleinere regionale Anbieter.

Broker vermitteln Fahrzeuge der Direktanbieter weiter, indem sie ihnen Kontingente abnehmen und dafür Rabatte eingeräumt bekommen. Im Gegensatz zu den Direktanbietern verfügen sie über keine eigene Wagenflotte. Die Wagen werden über eigene oder fremde Internetplattformen, Callcenter und in Zusammenarbeit mit Reisebüros angeboten. Vertragspartner für den Mietvertrag sind in diesem Fall der Mieter und die lokale Autovermietung vor Ort. Anbieter auf dem deutschen Markt sind u. a. Sunny Cars, Holiday Autos, Auto Europe, CarDelMar sowie die Reiseveranstalter-Marken Dertour Cars, DriveFTI und TUI Cars.

> Im Internet gibt es Seiten zum Preisvergleich, bei dem der Kunde die Angebote der Mietwagenbroker vergleichen und buchen kann, ohne dabei jeden Anbieter einzeln abfragen zu müssen z. B. www.mietwagenmarkt.de.

Für Geschäftskunden und hier insbesondere für kleinere und mittlere Unternehmen, denen ein eigener Fuhrpark zu teuer ist, bieten die vier großen Direktanbieter auf dem deutschen Markt eigene Portale im Internet an (z. B. Avis Bonus Plus, Sixt Mobility Solution, Europcar Business Plus), die mit günstigen Firmentarifen werben. Diese Firmenraten sind auch über das Reisebüro buchbar. Großkunden schließen mit einem Direktanbieter oft Verträge über ein bis drei Jahre ab. Abhängig vom eigenen Bedarf eines Unternehmens sind die Kriterien für die Auswahl eines Anbieters u. a. Mietpreise, Mengenrabatte, Zusatzgebühren, Flottengröße, Internationalität, Standorte, Versicherungen, Winterreifen, Navi-Garantie, Anlieferung- und Abholservice.

CRS-Code

Die Fahrzeugflotten der Anbieter sind in verschiedene Fahrzeuggruppen eingeteilt, in denen mehrere Fahrzeugmodelle zusammengefasst sind. Die Buchung eines Mietwagens wird mit einem international standardisierten CRS-Code aus vier Buchstaben erfasst. Der Code gibt Auskunft über die Fahrzeuggruppe, die Bauartmerkmale, die Schaltung und das Vorhandensein einer Klimaanlage. Dieser Code wird weltweit anerkannt und wird auch als ACRISS- oder SIPP-Code[1] bezeichnet. Der Kunde kann in der Regel nur eine bestimmte Fahrzeuggruppe buchen (und innerhalb der Gruppe meist nur ein Fahrzeug mit bestimmten Merkmalen), ohne einen Anspruch auf ein bestimmtes Fahrzeug zu haben. Die nachfolgende Tabelle zeigt eine Übersicht der CRS-/ACRISS-/SIPP-Codes und möchte nicht den Anspruch der Vollständigkeit erfüllen.

---

[1] ACRISS – Association of Car Rental Systems Standards, SIPP – Standard Interline Passenger Procedures

Fahrzeuggruppe	Beispiele bei Europcar	Bauartmerkmale	Schaltung	Klima-anlage
M Mini/Kleinstwagen	Smart	**B** 2 Türen	**A** Automatik	**R** ja
E Economy/Kleinwagen	VW Polo, Opel Corsa	**C** 2/4 Türen	**M** Manuell	**N** nein
C Kompakt	VW Golf	**D** 4 Türen		
I Intermediate/Untere Mittelklasse	VW Passat Kombi	**W** Kombi		
		V Van		
S Standard/Mittelklasse	A 4	**L** Limousine		
F Full Size/Obere Mittelklasse	BMW 3er, Mercedes C-Klasse	**S** Sport		
		T Kabrio		
P Premium/Luxusklasse	BMW 5er, Audi A 6	**F** Allrad (4x4)		
		P Pick Up		
L Luxury/Luxusklasse	Audi A 8, Mercedes S-Klasse	**J** Geländewagen		
		X Special		
X Special/Obere Luxusklasse	Audi Q 7			

Beispiel 1:

MBAR – Miniklasse, z. B. Smart Fortwo, 2 Türen, Automatik, mit Klimaanlage

Beispiel 2:

FDMR – Obere Mittelklasse, z. B. BMW 3er, 4 Türen, manuelle Schaltung, mit Klimaanlage

Der Markt für Urlaubsmietwagen hat in den letzten Jahren zugenommen. Immer mehr Menschen verreisen ohne Auto, möchten aber vor Ort mobil und flexibel sein. Das zunehmende Angebot von Billigfliegern verstärkt diesen Trend, da deren Zielflughäfen oft sehr abgelegen liegen.

Mietwagen sind für Geschäftsreisende ebenfalls interessant, insbesondere wenn sich ein Werk/eine Produktionsstätte in der Nähe von diesen Flughäfen befindet.

Vorteile für den Kunden bei der Anmietung in Deutschland:
- Er kann in Ruhe Preise und Konditionen vergleichen.
- Er kann die Buchung in seiner Muttersprache vornehmen.
- Er findet am Urlaubsort das von ihm gewünschte Fahrzeug vor.
- Er hat einen Vertrags- und Ansprechpartner in Deutschland (Betreuung vor, während und nach der Anmietung).

5053410

Versicherungen

Versicherungskürzel	Versicherungen
Third Party Liability Insurance	Haftpflichtversicherung
ALI (Additional Liability Insurance) **LIS** (Liability Insurance Supplement)	Pauschale Erhöhung der Haftpflicht-Deckungssumme, zum Schutz vor unterversicherten Unfallgegnern
LDW (Loss Damage Waiver)	Vollkaskoversicherung mit Haftungsbefreiung für Schäden am Mietwagen, auch bei Diebstahl und Vandalismus
CDW (Collision Damage Waiver)	Vollkaskoversicherung mit Haftungsreduzierung, aber nicht automatisch mit Haftungsbefreiung (von Land zu Land verschieden)
SCDW (Super CDW)	Vollkaskoversicherung mit besonders niedriger oder völlig ohne Selbstbeteiligung
PAI (Personal Accident Insurance)	Insassenversicherung bei Verletzung oder Tod
PEP (Personal Effects Protection) **PEC** (Personal Effects Coverage)	Gepäckversicherung
PERSPRO/CCP (Carefree Personal Protection)	Personen- und Gepäckversicherung, zusätzlich Deckung für einige Arztnotfalldienste
TP (Theft Waiver)	Diebstahlversicherung, häufig mit Selbstbeteiligung
STP (Super TP)	Diebstahlversicherung mit besonders niedriger oder völlig ohne Selbstbeteiligung
UMP (Uninsured Motorist Protection)	Zusatzversicherung bei Verletzung oder Tod durch unterversicherte/ flüchtige Unfallgegner

Bei den aufgeführten Versicherungskürzeln ist zu beachten, dass sie sich laut ADAC von Land zu Land und sogar von Anbieter zu Anbieter unterscheiden können.

Mietbedingungen

Der Kunde sollte bei der Mietwagenbuchung auf verschiedene Aspekte achten.

Für welche Leistungen werden Zusatzgebühren in welcher Höhe erhoben?
So z. B. für die Anmietung an Bahnhöfen und Flughäfen, zusätzliche oder jüngere Fahrer, Einwegmiete, Kilometerbegrenzung, Winterreifen, Dachgepäckträger, Kindersitze. Versicherungsleistungen, die im Mietpreis enthalten sind, können je nach Anbieter oder Land sehr unterschiedlich ausfallen.

Wie hoch ist die Deckungssumme bei der Kfz-Haftpflichtversicherung?
Die Kfz-Haftpflichtversicherung deckt Personenschäden (z. B. zusätzliche Heilungskosten, Schmerzensgeld), Sachschäden (z. B. am anderen Fahrzeug) und Vermögensschäden (z. B. Umsatzeinbußen) ab, allerdings keine Schäden beim Unfallverursacher. Ein Unfall, bei dem Personen zu Schaden kommen, kann sehr teuer werden und die gesetzlich vorgeschriebenen Mindestdeckungssummen in den verschiedenen Ländern sind unterschiedlich hoch. Eine Zusatzversicherung mit höheren Deckungssummen sollte in Betracht gezogen werden, denn bei nicht ausreichendem Versicherungsschutz haftet der Kunde mit seinem Privatvermögen. In Deutschland betragen die Mindestdeckungssummen: 1 Million € für Sachschäden und 7,5 Millionen € für Personenschäden.

Ist eine Teilkasko- oder Vollkaskoversicherung im Mietpreis enthalten und wie hoch ist die Selbstbeteiligung im Schadensfall?

Die Kaskoversicherung ist im Gegensatz zur Kfz-Haftpflichtversicherung gesetzlich nicht vorgeschrieben. Sie deckt Schäden ab, die am eigenen Fahrzeug entstehen. Bei einer Vollkaskoversicherung sind im Gegensatz zur Teilkaskoversicherung auch Unfallschäden am eigenen Fahrzeug und Vandalismusschäden mitversichert. Die Höhe der Selbstbeteiligung bei beiden Versicherungsarten kann in der Regel durch die Zahlung einer zusätzlichen Gebühr verringert werden oder ganz ausgeschlossen werden.

Kontrolle auf Schäden

Bei Abholung und bei Rückgabe sollte der Wagen im Beisein eines Station-Mitarbeiters auf Kratzer oder Schäden kontrolliert werden. Diese oder auch die Mängelfreiheit des Fahrzeugs sollte man sich schriftlich bestätigen lassen.

Mindestalter und Führerscheinbesitzdauer

Die Autovermieter fordern oft ein Mindestalter zwischen 21 und 25 Jahren, das auch abhängig von der Fahrzeugklasse sein kann. Der Kunde muss in der Regel mindestens ein Jahr im Besitz eines Führerscheins sein.

Fahrteinschränkungen für einige Länder

Für viele ost- und südeuropäische Länder gibt es Einreisebeschränkungen (Verbot der Einreise mit dem gemieteten Fahrzeug). Diese Einschränkungen sind vor allem abhängig von der Fahrzeugklasse.

Zahlungsmittel: Kreditkarte

Fast alle Mietwagenfirmen verlangen vom Kunden bei der Anmietung eine Kreditkarte (bei sehr teuren Fahrzeugen sogar zwei), die als Sicherheit für die zu hinterlegende Kaution gilt. Bei einigen Vermietern im Ausland kann es passieren, dass die Kaution bei der Anmietung gleich abgebucht und bei der Rückgabe wieder gutgeschrieben wird.

Aufgaben

1_ Wer sind die Vertragspartner bei der Buchung eines Mietwagens bei einem
a) Direktanbieter,
b) Mietwagenbroker?

2_ Welche Fahrzeugmerkmale verbergen sich unter den CRS-Codes?
a) EBMR d) XSAR
b) IDMR e) PDMR
c) PTMR

3_ Welche Nachteile können einem Kunden eventuell entstehen, wenn er seinen Mietwagen vor Ort anmieten will?

4_ Wodurch unterscheidet sich die Kfz-Haftpflichtversicherung von der Kfz-Kaskoversicherung?

5053412

5   Unterkunftsleistungen

Im Auftrag seiner Kunden reserviert das Reisebüro Unterkunftsleistungen. Für diese Dienstleistungen erhält es vom Betreiber des Hotels (Hotelier) eine Provision von ca. 10 %, lediglich einige Budgethotels honorieren die Buchung nicht. Im Vertriebsmix der Beherbergungsunternehmen selbst stellt das Reisebüro allerdings nur einen Vertriebskanal dar. Die Leistungen werden zusätzlich angeboten über Veranstalter, die eigene Hotel-Website, die CRS-Dienstleister, spezielle Online-Buchungsportale wie hotel.de, HRS, booking.com, Expedia und Callcenter. Die Plattformen haben sich zum zentralen Vertriebsweg für die Buchung von Unterkunftsleistungen entwickelt. Dies führt zu einer wachsenden strukturellen Abhängigkeit vieler Hotels. Aufgrund der „Best-Price-Garantie" droht eine Auslistung, wenn Hoteliers freie Zimmer online preisgünstiger anbieten als über die Portalpartner. Die freie Preisgestaltung der Hotels wird dadurch eingeschränkt. Außerdem kann man auch heute noch bei der Anreise direkt an der Rezeption des Hotels buchen oder besser direkt telefonisch reservieren!

> Uneingeschränkte Best-Price-Garantie bedeutet für das Partnerhotel einer Buchungsplattform im Regelfall die Garantie des jeweils günstigsten Hotelpreises, der höchstmöglichen Zimmerverfügbarkeit und die Gewährung der günstigsten Buchungs- und Stornierungskonditionen im Internet.

Die Kartellbehörden Deutschlands und anderer EU-Länder haben einzelne Buchungsportale abgemahnt und Änderungen der Best-Preis-Klausel erreicht. Diese Hotelportale verzichten jetzt auf die bislang geforderte Ratenparität (Meistbegünstigungsklausel). Das Hotel selbst darf allerdings auf seiner Homepage die Preise nicht unterbieten, lediglich offline an der Rezeption, am Telefon oder als spezielles Angebot für geschlossene Besuchergruppen. Für die Kartellbehörde Deutschlands und des Hotelverbandes Deutschland e.V. (IHA), Berlin, ist die Auseinandersetzung um die Best-Preis-Klausel erst dann abgeschlossen, wenn diese bei allen deutschen und internationalen Portalen vollständig gestrichen wird.

Mit dem Vordringen der Hotelketten und der damit verbundenen Globalisierung des Hotelmarktes wurde auch in Deutschland die **Markenhotellerie** zu einer feststehenden Größe. Es handelt sich um Hotelbetriebe mit einheitlichem Namen, Zeichen und Design als Identifikationsmittel für die Nachfrager. Es wird ein standardisiertes Qualitätsniveau angeboten, auf das der Kunde sich verlassen kann. Dies ist insbesondere bei Dienstleistungen, die vorab nicht auf ihre Qualität überprüft werden können, von großer Bedeutung. Für die Kunden, insbesondere den Geschäftsreisenden, wird der Suchaufwand erheblich vermindert, um in einer fremden Stadt das gewünschte Hotelzimmer zu finden. Außerdem ist die Markenhotellerie in der Lage, ihren Großkunden oder den Hotelsuchmaschinen für alle Häuser entsprechende Nachlässe zu gewähren.

Im Bereich der Markenhotellerie wurde auch der Begriff **Budgethotels (seltener Economy Hotels)** geprägt. Dabei handelt es sich um Beherbergungsstätten im Segment der Ein- und Zwei-Sterne-Häuser. Budgethotels bieten ein standardisiertes Angebot, das auf die reine Übernachtung ausgerichtet ist, den Service auf ein Minimum einschränkt und soweit wie möglich durch automatisierte Vorgänge ersetzt. Zu den Budgethotels zählen so bekannte Marken wie Motel One oder Ibis-Budget.

5.1 Der Hotelaufnahmevertrag

Jede Art der Zimmerreservierung ist verbindlich, denn der Kunde akzeptiert die allgemeinen Geschäftsbedingungen für den Hotelaufnahmevertrag (Gastaufnahmevertrag), auch Beherbergungsvertrag genannt. Grundsätzlich ist der Gast verpflichtet, den vereinbarten Zimmerpreis zu bezahlen, auch wenn er die Reservierung nicht wahrnimmt, d. h. einseitig vom Vertrag zurücktritt.

Im rechtlichen Sinne handelt es sich bei dem Beherbergungsvertrag immer um einen ge-

mischten Vertrag, der im BGB nicht besonders geregelt ist und dessen wesentlicher Bestandteil die Zimmermiete (Mietvertrag) darstellt. Der Gast bucht aber nicht nur die kurzfristige Raumnutzung, sondern die Beherbergung, sodass unter Umständen die Vorschriften über den Dienst- und den Werkvertrag bei Service, Heizung, Telefon, Gastronomie und anderen Nebenleistungen Anwendung finden.

Entgeltliche Vertragsbestandteile	
» kaufvertragliche	» Entnahme aus der Zimmerbar
» dienstvertragliche	» Gast nimmt Babysitterservice in Anspruch
» werkvertragliche	» Aufarbeitung und Reparatur des Abendkleides

Sollten beim Vertragsabschluss allerdings keine Stornobedingungen erwähnt werden, kann die Buchung i. d. R. kostenfrei bis 18:00 Uhr am Anreisetag storniert werden. Und sollte die Reservierung für eine deutsche Beherbergungsstätte vorgenommen sein, müsste der Vermieter (Gastwirt/Hotelier) akzeptieren,

STEIGENBERGER

HOTELS & RESORTS

Allgemeine Geschäftsbedingungen
für den Hotelaufnahmevertrag
(Auszug)

I. Geltungsbereich

1. Diese Geschäftsbedingungen gelten für Hotelaufnahmeverträge sowie alle für den Gast erbrachten weiteren Leistungen und Lieferungen des Hotels.
2. Abweichende Bestimmungen, auch soweit sie in Allgemeinen Geschäftsbedingungen des Gastes oder des Bestellers enthalten sind, finden keine Anwendung, es sei denn, sie werden vom Hotel ausdrücklich schriftlich anerkannt.

II. Vertragsabschluss

1. Auf eine Buchungsanfrage des Gastes hin kommt mit entsprechender Buchungsbestätigung des Hotels ein Hotelaufnahmevertrag (nachfolgend kurz „Vertrag") zustande.
2. Vertragspartner sind das Hotel und der Gast. Nimmt ein Dritter die Buchung für den Gast vor, haftet er dem Hotel gegenüber als Besteller zusammen mit dem Gast

als Gesamtschuldner für alle Verpflichtungen aus dem Vertrag, sofern dem Hotel eine entsprechende Erklärung des Bestellers vorliegt. Davon unabhängig ist jeder Besteller verpflichtet, alle buchungsrelevanten Informationen, insbesondere diese Allgemeinen Geschäftsbedingungen, an den Gast weiterzuleiten.
3. Die Unter- und Weitervermietung der überlassenen Zimmer sowie deren Nutzung zu anderen als der Beherbergung dienenden Zwecken bedürfen der vorherigen schriftlichen Zustimmung des Hotels.

III. Leistungen, Preise, Zahlung

1. Das Hotel ist verpflichtet, die vom Gast gebuchten Zimmer nach Maßgabe dieser Allgemeinen Geschäftsbedingungen bereitzuhalten und die vereinbarten Leistungen zu erbringen.
2. Der Gast ist verpflichtet, die für die Zimmerüberlassung und …

5053414

dass sein verhinderter Gast Preisminderungen geltend macht. Gemäß den Mustergeschäftsbedingungen des Deutschen Hotel- und Gaststättenverbandes, DEHOGA e. V., betragen diese bei Übernachtung mit Frühstück 20 %, bei Halbpension 30 % und bei Vollpension 40 % (einen Auszug aus den Allgemeinen Geschäftsbedingungen für einen Hotelaufnahmevertrag finden Sie unten auf der Vorseite).

Kann das nicht in Anspruch genommene Zimmer anderweitig vermietet werden, so entfällt der Erfüllungsanspruch des Gastwirtes.

> **Buchungs- und Stornobedingungen**
>
> (No Prepayment) Cancel 2 days prior to arrival date to avoid penalty of 1 nights room charge guaranteed by Credit Card: NO PREPAYMENT, PAY AT CHECK-OUT

5.2 Betriebs- und Leistungsarten

Die Betriebsarten des deutschen und internationalen Beherbergungsgewerbes sind so vielfältig, dass es unbedingt erforderlich ist, ihre wichtigsten Kategorien in Anlehnung an die Unterscheidungsmerkmale der Beherbergungsstatistik des Statistischen Bundesamtes, der DEHOGA bzw. der Touristischen Informationsnorm (TIN) des DTV und der DIRG im Überblick darzustellen. Gemeinsam ist allen Betriebsarten, dass sie jedermann zugänglich sein müssen.

Betriebsart	Merkmale
Aparthotel/ Apartmenthotel	Beherbergungsbetrieb in Stadtlage als Mittelfrist- und Langzeitangebot meist ohne Gastronomie, aber mit hotelmäßigen Roomservice (Serviced Apartments)
Hotel	Mindestens 20 Gästezimmer, Hotelempfang (Rezeption), Großteil der Zimmer mit Nasszelle, tägliche Zimmerreinigung und weitere Dienstleistungen, Restaurant für Hausgäste und Passanten
Hotel Garni	Beherbergungsangebot mit Frühstück, Getränken und höchstens kleinen Speisen für die Hausgäste
Gasthof	Ländliche Beherbergungsstätte mit Schwerpunkt auf der Gastronomie
Motel	Hotelbetrieb, der sich in erster Linie an Autofahrer wendet, ausreichende Parkmöglichkeiten und verkehrsgünstige Lage
Pension	Beherbergungsbetrieb für längeren Aufenthalt, Gastronomieangebot überwiegend für Hausgäste
Pension Garni/ Gästeheim	Vergleichbares Niveau wie Pension, es wird aber höchstens Frühstück an die Hausgäste ausgegeben
Jugendherberge/ Jugendhotel	Günstiges Übernachtungsangebot und Begegnungsstätte für Jugendliche, Gruppen und Familien mit Kindern; Gastronomie nur für Hausgäste, Voraussetzung für die Aufnahme ist die Mitgliedschaft im Deutschen Jugendherbergswerk
Hostel	Budgethotel der untersten Preisklasse, Schlafsäle, aber auch Einzelzimmer, Frühstück – vgl. Jugendherberge, jedoch ohne Zugangsbeschränkung
Privatunterkunft	Nicht gewerbliche Beherbergungsstätte mit bis zu acht Betten; Onlinevertriebsportale wie Airbnb

Betriebsarten, die sich vorwiegend oder ausschließlich an Gäste im Rahmen der Rehabilitation aufgrund medizinischer Indikationen wenden und in Kurorten oder Heilbädern liegen:

Betriebsart	Merkmale
Kurheim	Vergleichbar der Pension oder dem Gästeheim, aber ausgerichtet an den medizinischen Bedürfnissen des Gastes
Kurhotel	Gäste müssen medizinisch versorgt werden können und in der Gastronomie müssen Diätmenus angeboten werden
Kurklinik	(Vorsorge- und Rehaklinik) Beherbergungsstätte, die als Krankenanstalt (Sanatorium) zugelassen ist und unter ärztlicher Leitung steht oder die über Kurmöglichkeiten verfügt und sie in Zusammenarbeit mit Kurärzten anbietet

Reine Marketingbegriffe sind dagegen die folgenden Hotelbezeichnungen. Sie sagen entweder etwas über die Lage des Hotels oder suggerieren dem Gast ein besonderes Qualitätsmerkmal bzw. Angebotsschwerpunkt.

> Landhotel, Bahnhofshotel, Flughafenhotel, Berghotel, Seehotel, Schlosshotel, Unterwasserhotel, Parkhotel, Kongresshotel, Golfhotel, Weinhotel, Gourmethotel, Ferienhotel, Designhotel, Resorthotel, Boutiquehotel

Beim Resort handelt es sich zunächst um die Einheit, die der Gast als Reiseziel wählt. Damit wird der Begriff Resort zur eigentlich touristischen Destination, die alle für den Aufenthalt notwendigen Einrichtungen für Beherbergung, Verpflegung und Freizeitaktivitäten vorhält. Von Resorthotels spricht man, wenn Urlaubshotels der gehobenen Kategorie gemeint sind. Und mit dem Boutiquehotel ist ein kleines, feines Luxushotel gemeint, das keiner Kette oder Konzern angehört und außergewöhnlich gestaltet wurde (Designhotel).

Nach der Touristischen Informationsnorm sind bestimmte Leistungsarten des Beherbergungsgewerbes standardisiert. Hier eine Auswahl:

> **Einzelbett** Mindestmaße 90 × 190 cm
>
> **Doppelbett** Bett für zwei Personen mit geteilten Matratzen (zwei Einzelbetten)
>
> **King-Size-Bett** Mindestmaße 200 × 200 cm, einteilige Matratze
>
> **Queen-Size-Bett** Mindestmaße 150 × 200 cm, einteilige Matratze (Grand-Lit)
>
> **Dépandance** Nebengebäude eines Hotels, das praktisch nur aus Hotelzimmern besteht, alle übrigen Angebote wie Rezeption und Gastronomie befinden sich im Haupthaus

Weitere Leistungsarten werden nicht nur in der TIN definiert, sondern sind auch international typisiert und finden bei der Abgrenzung der Hoteltarife von Pauschalreisen Anwendung:

> **Continental Breakfast** einfachste Form eines Frühstücks (Kaffee/Tee, Brot/Brötchen, Butter und Marmelade)
>
> **American Breakfast** Frühstück mit Müsli, Wurst, Käse, Eierspeisen, Fruchtsäften; Selbstbedienung am Frühstücksbuffets
>
> **Continental Plan** Hoteltarif mit Übernachtung und Frühstück, wobei immer ein Continental Breakfast gemeint ist.
>
> **European Plan** Preis für Übernachtung ohne Frühstück

5053416

Full American Plan (FAP) Hoteltarif der Frühstück und zwei weitere warme Mahlzeiten umfasst (Vollpension)

American Plan (AP) FAP mit reduzierter Speiseauswahl

Modified American Plan Pauschalpreis für Halbpension und Übernachtung (MAP)

5.3 Sonderformen der Hotellerie (Parahotellerie)

Im Folgenden werden Betriebsarten und Beherbergungsstätten vorgestellt, die sich vorwiegend oder ausschließlich an Feriengäste wenden und an ihre Entscheidung, wie sie ihren Urlaub organisieren wollen. Diese Unternehmensformen werden den Einrichtungen der Parahotellerie zugerechnet und entstanden als Zwischenformen zwischen den Eckpunkten Campingplatz und Resorthotel. Zentraler Begriff ist dabei das Ferienzentrum mit mindestens 50 Einzelhäusern (Bungalows) oder Apartments und einem kompletten Freizeitangebot in Gemeinschaftseinrichtungen. Unabhängig von den Feriendörfern werden Ferienwohnungen/Gästezimmer auf Bauern-, Reiter- oder Winzerhöfen angeboten.

Aqua Mundo im Center Parc Bispinger Heide

5.3.1 Freizeitparks

Die Freizeit- oder Vergnügungsparks als fest installierte Einrichtungen in einem abgegrenzten Gelände und unterschiedlichen globalen Eintrittspreisen haben sich in der Sonderform der Themenparks zu touristischen Einrichtungen entwickelt, die neben Fahrgeschäften, Shows, Gastronomiebetrieben und Boutiquen ebenfalls Übernachtungsmöglichkeiten in Hotels oder Bungalows auf ihrem Gelände anbieten. Der größte deutsche Freizeitpark, der Europapark Rust bei Freiburg, verfügt im Rahmen einer langfristig angelegten Konzeption zum Ausbau europäischer Städtelandschaften über 14 unterschiedliche Themenbereiche mit mehr als 100 Attraktionen, Shows, mehreren Hotels und anderen Übernachtungsmöglichkeiten (Camp Resort). Bereits ein Viertel der über 5 Mio. Besucher (2015) übernachten im Park.

5.3.2 Ferienparks

Das Unternehmen Center Parcs Europe Group[1] bietet als Europas Marktführer mit den Marken Center Parcs und Sunparks im Segment der Ferienparks Familienkurzurlaube an. Mit 21 Anlagen in Europa, davon fünf in Deutschland (Stand 2015), wurde ein Urlaubskonzept entwickelt, das eine gelungene Kombination zwischen natürlich belassener,

---

1 Center Parcs Euope Group ist eine Tochter des französischen Veranstalters Pierre & Vacances

parkartiger Umgebung und wetterunabhängigen, ganzjährig nutzbaren Freizeitaktivitäten einschließlich komfortabler Unterbringung in Hotels, Hausbooten oder Bungalows unterschiedlicher Preiskategorien darstellt. Zentraler Treffpunkt der Gäste ist der Market Dome mit seinen Gastronomiebetrieben, und als Hauptattraktion gilt die subtropische überdeckte Badelandschaft mit ihren Wasserrutschen und Wildwasserbahnen und der angeschlossenen Sauna (Aqua Mundo). Darüber hinaus können die Gäste unter verschiedenen Freizeitaktivitäten wählen, wie Squash, Reiten, Golf usw.

Sowohl der Europapark als auch die Center Parcs mit ihrer Marke Business Solution wenden sich mit der Einrichtung und dem Ausbau von Tagungsräumen im Rahmen des Geschäftstourismus an eine weitere Zielgruppe: Unternehmen mit ihrem Weiterbildungsangebot (MICE). Denn diese Destinationen stellen eine außergewöhnliche Kulisse für Firmenevents und Meetings dar.

5.3.3 Lifestyleprodukt Cluburlaub

Von den zahlreichen weiteren Angebotsformen der Parahotellerie wie Hotelzüge und Hotelschiffe soll an dieser Stelle lediglich noch auf den Cluburlaub eingegangen werden, der als Lifestyleprodukt auf ein breites Stammpublikum zurückgreifen kann. Die Idee des Cluburlaubs (→ LF 7, Kapitel 11.1) entstand aus der Weiterentwicklung der Ferienlager. Beim Cluburlaub kümmert sich der Veranstalter nicht nur um die Unterbringung der Gäste, sondern auch um deren Freizeitgestaltung, für die ausgebildete Animateure zur Verfügung stehen. Das erste Clubdorf des späteren Club Med (Club Méditerrané) entstand 1950 in Alcudia (Mallorca). Der Gründer – Gerald Blitz – wollte, dass seine Gäste, die seine Freude an Sport und Meer teilten, ihre Ferien in aktiver Gemeinschaft auf einer Insel verbringen. Erfolgte die Unterbringung zunächst noch in Zelten und später in Strohunterkünften, so bewegte sich der Cluburlaub selbst von Anfang an auf einem gehobenen Leistungsniveau. Die Zeit der Zelte und Hütten ist längst Geschichte. Heute erfolgt die Unterbringung ausschließ-

lich in exklusiven Hotelanlagen. Auch die Perlenkette als Zahlungsmittel hat ausgedient und wurde durch All-Inclusive-Angebote ersetzt. Die Freizeitprogramme wurden immer ausgefeilter. Heute werden für das Training in zahlreichen Sportarten ehemalige Spitzensportler eingesetzt und die abendlichen Animationen von professionellen Künstlern gestaltet. Hoch geschätzt ist die fachmännische Kinderbetreuung, die den Eltern ein Optimum an stressfreiem Urlaub gewährt.

Club Med fand in Deutschland zahlreiche Nachahmer: Robinson und Magic Life von TUI, Aldiana von Thomas Cook, aber auch die Clubschiffe der Aida Serie. Kritiker beklagen den Ghettocharakter der Clubanlagen, da die Gäste aufgrund des All-Inclusive-Konzeptes die Anlagen kaum noch verlassen und die touristische Infrastruktur des Umlandes verödet, wenn bereits existierende Restaurants und Geschäfte schließen müssen.

5.4 Hotelsterne

Hotelangebote sind außerordentlich vielfältig und reichen von der preiswerten Privatunterkunft oder der Herberge bis zur Luxusübernachtung in einem der berühmtesten Hotels der Welt wie dem Frankfurter Hof in Frankfurt, dem Ritz in Paris, dem Carlton in London, dem Sacher in Wien, dem Burj al Arab in Dubai und dem ersten Armani Hotel im höchsten Gebäude der Welt, dem 828 m hohen Burj Khalifa (ausgesprochen Burdsch Chalifa) in Dubai.

> **Kategorien der Hotelsterne nach DEHOGA**
>
> * Tourist – Unterkunft für einfache Ansprüche
>
> ** Standard – Unterkunft für mittlere Ansprüche
>
> *** Komfort – Unterkunft für gehobene Ansprüche
>
> **** First Class – Unterkunft für hohe Ansprüche
>
> ***** Luxus – Unterkunft für höchste Ansprüche

Komfort und Leistungsstandard der Beherbergungsbetriebe stellen sich dabei so unterschiedlich dar, dass die Gäste eine verlässliche Übersicht verlangen, die die Qualität der einzelnen Anlage beschreibt, vor allen Dingen auch deshalb, weil der Übernachtungspreis nicht immer ein zuverlässiges Kriterium darstellt und die Reservierung im Allgemeinen erfolgt, bevor der Gast **sein** Zimmer in Augenschein genommen hat. Umgekehrt sehen gerade die mittelständischen Hotels in Deutschland in einer allgemein anerkannten Hotelklassifizierung ein absatzpolitisches Instrument, das sie am Markt besser positioniert. Seit 1996 bietet die Fachgruppe Hotel des DEHOGA ein bundesweit einheitliches Klassifizierungssystem an, das sich an internationalen Standards orientiert. Die Teilnahme ist – im Gegensatz zu anderen Ländern – freiwillig und längst nicht alle deutschen Hotels haben sich an diesem Verfahren beteiligt. Der Anteil der Betriebe, die die Klassifizierung nach DEHOGA beantragt haben, liegt bei über 40 % – mit steigender Tendenz.

Burj al Arab, Dubai

Die Verwendung von nicht in Deutschland klassifizierten Hotelsternen ist wettbewerbswidrig.

Nach einem Urteil des Landgerichts Berlin darf eine ausländische Hotelkette nicht in der Bundesrepublik Deutschland mit Hinweisen auf eine Sterneklassifizierung werben, wenn dem keine gültige Zertifizierung nach Maßgabe der deutschen Hotelklassifizierung zugrunde liegt. Die Sterne folgten einer eigenen Klassifizierung mit eigenen Kriterien und wurden nicht vom DEHOGA vergeben. Eine solche Zertifizierung sei irreführend, da der Verbraucher den Eindruck bekommen könnte, es handele sich um die objektive Einordnung einer unabhängigen Stelle.

Von DEHOGA wurden Mindestkriterien entwickelt und für die einzelnen Bereiche werden Punktzahlen vergeben, wobei das Prinzip gilt, je mehr Punkte erreicht werden, desto mehr Sterne werden vergeben. Bestimmte Kriterien müssen in der jeweiligen Klasse mindestens erfüllt werden (Pflichtkriterien), während andere Leistungen zusätzlich erbracht werden können und somit weitere Punkte bringen, ohne verbindlich zu sein. Für die Kategorie „Fünf Sterne" benötigt der Hotelier mindestens 570 und für die Kategorie „Ein Stern" lediglich 90 Punkte. Außerdem wird in jeder Klasse nochmals unterschieden zwischen „Garni" – es wurde nur die Mindestpunktzahl erreicht – und „Superior" – es handelt sich um einen Spitzenbetrieb, der deutlich die vorgegebene Punktzahl seiner Klasse überschreitet. In den Ferienkatalogen mancher Veranstalter erhöht man dann die Zahl der Sterne um 0,5 Punkte.

Nach Abschluss der Überprüfung, die alle drei Jahre wiederholt wird, erhält der Hotelier neben der Urkunde eine repräsentative bronzene Plakette, die die Anzahl der erteilten Sterne verbrieft und die er im Eingangsbereich seines Betriebes anbringen kann. Um den Besonderheiten der deutschen Beherbergungsbetriebe besser gerecht zu werden, führte DEHOGA 2005 eine weitere Klassifizierung für Gästehäuser, Gasthöfe und Pensionen ein.

In der Hotelklassifizierung wurden 270 (!) verschiedene Kriterien zur Festlegung der Leistungsstandards entwickelt. Aber bei allen Hotelkategorien gilt, dass Zimmer mit Dusche/

Ausgewählte Kriterien der Hotelklassifizierung	Tourist *	Standard **	Komfort ***	First Class ****	Luxus *****
Mindestgröße Einzelzimmer	8 m² ohne Bad/WC	12 m² inkl. Bad/WC	14 m² inkl. Bad/WC	16 m² inkl. Bad/WC	18 m² inkl. Bad/WC
Mindestgröße Doppelzimmer	12 m² ohne Bad/WC	16 m² inkl. Bad/WC	18 m² inkl. Bad/WC	22 m² inkl. Bad/WC	26 m² inkl. Bad/WC
Telefon im Zimmer	–	–	–	M	M
Internet-Anschluss im Zimmer, WLAN	–	–	M	M	M
1 Sitzgelegenheit pro Bett	–	–	M	M	M
Heizung im Bad	–	–	–	M	M
1 Handtuch pro Person	M	M	M	M	M
Bademantel	–	–	–	–	M
Minibar	–	–	–	M	M
Frühstücksbuffet	–	M	M	M (1)	M (1)
Tägliche Zimmerreinigung	M	M	M	M	M
Zweisprachige Mitarbeiter	–	–	M	M	M (2)

Erläuterungen:
(1) mit Roomservice und gleichwertiger Frühstückskarte
(2) dreisprachig
(M) Mindestvoraussetzung

Bad und WC heute zum Mindeststandard in Deutschland zählen. Lediglich in der Tourist- und Standardklasse dürfen noch Zimmer mit Etagendusche/WC angeboten werden. Der Hotelier ist jedoch verpflichtet, seinen Gast vorab auf diesen Umstand hinzuweisen. Gleiches gilt hinsichtlich der Mindestzimmergröße.

Es existiert kein verbindliches und einheitliches internationales Hotelklassifizierungssystem, denn dazu sind die landestypischen Unterschiede und die spezifischen Ansprüche der Gäste zu groß. Ein Vergleich unter den Nationen ist eigentlich nicht möglich und wenig sinnvoll. So sind sieben Sterne des Burj Al Arab ein reiner Marketinggag, denn auch in Dubai werden offiziell nur maximal fünf Sterne vergeben.

Bei der internationalen Einteilung der Hotelkategorien wird grundsätzlich zwischen einer freiwilligen oder obligatorischen Vergabe unterschieden. In Belgien, Dänemark und Spanien ist die Zertifizierung für alle Beherbergungsstätten verpflichtend und wird von einer nationalen Behörde durchgeführt. In Frankreich, Deutschland und Österreich ist sie dagegen freiwillig, wird aber in Frankreich vom Tourismusministerium und nicht von einem Fachverband vorgenommen. Diese Unsicherheiten öffnen den Markt für zahlreiche Hotelführer (Varta, Michelin, Gault Millau), die in Verbindung mit dem gastronomischen Angebot eine gezielte Auswahl der Hotels vor Ort für unterschiedliche Ansprüche treffen. Mit der Gründung der Hotelstars Union (2009)

Überprüfungsbereiche der DEHOGA Hotelklassifizierung:

– Gebäude/Raumangebot

– Einrichtung/Ausstattung

– Freizeitangebot

– Service

– Angebotsgestaltung

– hauseigener Tagungsbereich

5053420

wird eine europaweite Harmonisierung der Hotelklassifizierung angestrebt. Viele Länder Europas (darunter auch Deutschland) haben sich bereits auf einen einheitlichen Kriterienkatalog geeinigt.

In der jüngsten Vergangenheit haben im Internet Bewertungsportale – wie die HolidayCheck AG – ihre Websites geöffnet, die u. a. dem Nutzer eines konkreten Hotels die Möglichkeit bieten, seine Übernachtung zu bewerten und potenzielle Gäste über seine Erfahrung zu informieren. HolidayCheck sammelt, prüft, organisiert und publiziert dieses Informationen und gehört heute zu den mit am meisten nachgefragten Reiseportalen im Internet.

Im internationalen Pauschaltourismus haben die großen deutschen Veranstalter eigene einheitliche Standards für ihre Vertragshotels entwickelt. Sie orientieren sich an der offiziellen Einstufung des jeweiligen Landes und den eigenen Maßstäben. Die Bewertung der Veranstalter muss dabei nicht unbedingt mit den landesüblichen Kategorien übereinstimmen. Sie verwenden deshalb auch andere Symbole; Sonnen (TUI), N (Neckermann Reisen) Rauten (DERTOUR).

5.5 Unternehmensformen

Die Unternehmensformen und Unternehmenszusammenschlüsse der nationalen und internationalen Hotellerie unterscheiden sich grundsätzlich nicht vom Reisegewerbe. Atemberaubend kann allerdings ihre Größe sein. So verfügt die InterContinental Hotels Group – eine der größten der Branche – über mehr als 630 000 Zimmer und mehr als 4 600 Hotels in fast 100 Ländern der Erde. Zum Konzern, das in der Rechtsform einer AG betrieben wird, gehören u. a. die Marken InterContinental,

Steigenberger Grandhotel Handelshof Leipzig, Zimmer der Deluxe Kategorie

Crowne Plaza und Holiday Inn. Der Konzern besitzt eigene Hotels, leitet Hotels der eigenen Gruppe, die an Investoren verkauft wurden (Betreiberverträge), least Hotels und betätigt sich als Franchisegeber. Die meisten Hotels befinden sich im Einzelbesitz und werden unabhängig voneinander geführt, entsprechen aber in ihrem Standard der jeweiligen Marke.

Die Accor Gruppe, Europas größter Hotelkonzern, zählt mit mehr als 3 800 Hotels in allen Kategorien (Multi-Branding-Strategie) zu den Top Ten der Hotelketten der Welt und liegt im weltweiten Ranking der umsatzstärksten Hotelunternehmen auf Platz drei. Accor bietet ausschließlich Franchising an und betreibt die Mehrzahl seiner Häuser als Eigenbetriebe.

Die Steigenberger Hotels AG dagegen war bis 2009 ein reines Familienunternehmen in der Rechtsform der AG und wurde dann von der Travco Group, Ägypten übernommen. Der Konzern betreibt die Marken Steigenberger Hotels und Resorts im Luxussegment und InterCity-Hotel für gehobene Ansprüche und der Zielgruppe Geschäftsreisende. InterCityHotels liegen grundsätzlich in unmittelbarer Nähe

Accor – Internationale Hotelmarken im Überblick		
	Standardisiert	**Nicht Standardisiert**	**Langzeitaufenthalt**
Luxury		Sofitel	
Upscale		Pullmann, Grand Mercure, MGallery	The Sebel
Midscale	(Suite) Novotel , MamaShelter	Mercure	Adagio
Economy/Budget	Ibis Budget/Hotel F1	Ibis Styles	

zu Bahnhöfen und befinden sich zum Teil im Eigentum von Franchisepartnern.

Die Kempinski AG, zu deren Aktionären Lufthansa zählt, leitet unter dem Namen Kempinski Hotels ausschließlich Luxushotels in der ganzen Welt. Der wirtschaftliche Schwerpunkt von Kempinski Hotels liegt im Hotel Management. Lediglich das Hotel Vier Jahreszeiten Kempinski in München gehört dem Konzern. Das Hotel Adlon Kempinski in Berlin wurde geleast.

Die Kooperation Ringhotels e.V. gehört neben den Romantik-Hotels zu den führenden privaten Hotelkooperationen Deutschlands. Ringhotels wurde gegründet als Gegenpol zu den sich am deutschen Markt etablierenden internationalen Hotelketten. Mitglieder dürfen nur Hotels werden, die sich im Familienbesitz befinden. Als Kooperation in der Rechtsform eines Vereins mit dem Status der Gemeinnützigkeit verfolgt Ringhotels keine eigenwirtschaftlichen Zwecke. Ziele dagegen sind der gemeinsame Markenauftritt, die Stärkung der Marktposition, die Steigerung des Umsatzes

und ein zusätzlicher Imagegewinn für die Mitglieder der Kooperation. Diese Ziele sollen erreicht werden durch die Durchführung und Koordination gemeinsamer Maßnahmen in den Bereichen

» Marketing (Messeauftritte, freiwillige Qualitätskontrolle, Prospektproduktion, Gästemagazin),
» Promotion/Verkaufsaktivitäten (Kundenkarten, Rahmenabkommen mit Firmen und Reisebüros, Einrichtung von Shops in den Hotellobbies) und
» Ausbau der elektronischen Reservierungs- und Vertriebswege und des Callcenters.

Die Kooperationen bewegen sich eher auf mittelständischem Niveau. Nicht vergessen werden dürfen die zahlreichen, zum Teil alt eingesessenen, wirtschaftlich unabhängigen und inhabergeführten Privathotels. Die Stellung der Individualhotels – also die der klassischen Hotelbetriebe in der Form des Eigentümerhotels – wird allerdings durch den zunehmenden Konkurrenzdruck der Ketten immer komplizierter.

Aufgaben

1_ Welche Rechte und Pflichten hat der Gast nach Abschluss eines Beherbergungsvertrages?

2_ Erläutern Sie bitte einem Kunden die englischen Buchungs- und Stornobedingungen in → Kapitel 5.1 (Seite 415)!

3_ Was besagen die Abkürzungen DTV und DIRG?

4_ Wodurch unterscheiden sich Hotel und Kurhotel?

5_ Welche Einrichtungen der Parahotellerie sind Ihnen geläufig?

6_ Was versteht man unter der Abkürzung „MICE"?

7_ Beschreiben Sie bitte wichtige Unterschiede hinsichtlich den Leistungsstandards in den jeweiligen Hotelkategorien!

8_ Welche Bedingungen nennt der Hotelaufnahmevertrag der „Steigenberger Hotels und Ressorts" für Gast und Hotel (vgl. S. 427)?

9_ Was versteht man unter Franchising?

10_ Die Aufstellung „Accor Hotelmarken im Überblick"unterscheidet sich von der Typisierung der Hotelsterne. Stellen Sie bitte die Unterschiede dar!

11_ Als einer der bedeutendsten Freizeitparks Europas gilt der Disneyland Park, Paris. Bitte informieren Sie sich
 – welche Attraktionen dieser Freizeitkomplex anbietet
 – wie er am besten erreicht werden kann (Verkehrsinfrastruktur)
 – wie er in Deutschland vermarktet wird!

5053422

6 Reiseversicherungen und andere Zusatzleistungen

6.1 Reiseversicherungen

Zur Absicherung der Reiserisiken vermittelt das Reisebüro im Rahmen seiner Tätigkeit als Agent im Auftrag von Versicherungsunternehmen Versicherungsverträge zwischen den Kunden und den Reiseversicherern. Dabei entsteht zwischen dem Reisebüro und seinem Kunden ein Geschäftsbesorgungsvertrag. Von den sich daraus ergebenden Rechten und Pflichten sind die wichtigsten:

» Anspruch auf Provision und
» sorgfältige Beratung des Kunden.

Die Versicherer bieten zahlreiche Reiseversicherungen entweder als **Paket** (Bündelung mehrerer Leistungen) für Einzelpersonen (Privat- oder Geschäftsreisende) bzw. Familien und Gruppen oder als **Einzelleistung** an, um die unterschiedlichen Reiserisiken abzudecken. Beide Produkte werden auch als **Jahrespolicen** angeboten.

Ein Beispiel dafür finden Sie bei der Aufgabe Nr. 16 zu diesem Kapitel auf der beiliegenden DVD.

Die Prämien für die Einzelversicherungen berechnen sich aus der Höhe des Reisepreises, dem Alter des Versicherten und der Reisedauer.

Im ersten Jahr nach Vertragsabschluss sind die Jahresversicherungen sehr günstig, verteuern sich aber in den Folgejahren. Die Bedingungen können sich bei den einzelnen Versicherern unterscheiden. Ein Vergleich ist zu empfehlen.

Grob geschätzt gilt für das Buchungsverhalten der Kunden:

» Ein Drittel schließt eine oder mehrere Reiseversicherungen ab.
» Ein Drittel meint über die eigene Kreditkarte ausreichend abgesichert zu sein.
» Ein Drittel verzichtet auf Reiseschutz.

Zahlreiche Kreditkartenunternehmen bieten Reiseversicherungen im Rahmen ihres Leistungsvertrages kostenlos an. Die Kunden glauben, sie seien bereits rundum abgesichert. Aber oft sind gerade die Reiserücktritts- und

Reiseabbruchversicherung nicht im Leistungskatalog aller Kreditkartenunternehmen enthalten oder der Schutz ist nur unzureichend und gilt nicht für mitreisenden Angehörigen (Ausnahme: vom Veranstalter herausgegebenen Kreditkarten). Dies gilt auch für Geschäftsreisende. Ihre Firmenkreditkarten beinhalten häufig Versicherungspolicen, aber auch hier mit eingeschränkten Leistungen, z. B. begrenzte Schadenssummen, höhere Selbstbehalte oder die Ersatzpflicht beschränkt sich auf die Reisebausteine, die tatsächlich über die Karte gebucht wurden.

Ausgesuchte Inklusivleistungen machen die goldene Kreditkarte besonders wertvoll. Sie sparen bis zu 100,00 € pro Reise durch:

» kostenlose Reiserücktrittskostenversicherung für mit der VISA CARD GOLD bezahlte Reisen,
» inklusive Krankenversicherung für Auslandsreisen für Sie und Ihre Familie auf gemeinsamen Reisen.

Jedem Kunden sei daher geraten, sich genau über den Versicherungsumfang seines Kreditkartenvertrages zu informieren, um Unter- oder Überversicherung zu vermeiden.

6.1.1 Reiserücktrittskostenversicherung[1]

> **!** **Sie ersetzt die Stornokosten, wenn die Reise aus einem versicherten Grund nicht angetreten werden kann.**

Bei der Buchung einer Pauschalreise und zusätzlicher touristischer Einzelleistungen tritt der Käufer in Vorlage. Er kauft und zahlt für eine Dienstleistung, die erst in der Zukunft fällig wird. Dienstleistungen sind aber nicht lagerbar wie Industrieprodukte. Man kann den einmal abgeschlossenen Reisevertrag nicht kostenfrei kündigen, weil der Verkäufer bereits Vorleistungen erbracht hat, die er erstattet haben will.

Die reservierte Karibikreise kann nicht um drei Tage verschoben oder gegen eine andere umgetauscht werden, wenn der Kunde eine wichtige Familienfeier vergessen hat. Den Hinflug der Reise zu verpassen, bedeutet im ungünstigsten Fall, dass der Reisepreis für die Kreuzfahrt verloren ist oder dass ein Hotelvoucher verfällt. Sagt der Kunde die geplante Reise ab, können sich die Stornokosten schnell auf bis zu 90 % des Reisepreises beziffern.

> **!** **Reiseschutz ist notwendig, weil Ereignisse auf den Reisenden zukommen können, die nicht vorhersehbar sind und die nicht abgewendet werden können.**

Eine entsprechende Versicherung kann zumindest große Teile des materiellen Schadens ausgleichen. Im Versicherungsfall erstattet die Reiserücktrittskostenversicherung – mit oder ohne Selbstbehalt – die Stornokosten des Veranstalters, wenn der Kunde eine Reise vorzeitig absagt oder überraschend nicht antreten kann.

Während des Verkaufsgesprächs für eine Pauschalreise muss die Expedientin ausdrücklich fragen, ob der Kunde eine Reiserücktrittskostenversicherung und eine Versicherung zur Rückführung im Falle von Krankheit/Unfall

wünscht. Die Expedientin ist dazu aufgrund des mit dem Veranstalter abgeschlossenen Agenturvertrages verpflichtet. Dies ergibt sich aus der BGB-Informationspflichten-Verordnung – BGB-InfoV:

> **§** **§ 6 Reisebestätigung, Allgemeine Reisebedingungen**
>
> (1) Der Reiseveranstalter hat dem Reisenden bei oder unverzüglich nach Vertragsabschluss eine Urkunde über den Reisevertrag (Reisebestätigung) auszuhändigen.
> (2) Die Reisebestätigung muss … folgende Angaben enthalten:
> …
> (9) über den möglichen Abschluss einer Reiserücktrittskostenversicherung oder einer Versicherung zur Deckung der Rückführungskosten bei Unfall oder Krankheit unter Angabe von Namen und Anschrift des Versicherers.

Die Expedientin bietet die Reiserücktrittskosten- und die Reiseabbruchversicherung bereits bei der Buchung an und lässt sich durch die Unterschrift des Kunden bestätigen, ihn entsprechend beraten zu haben. Würde sie dies nicht tun, könnte der Kunde im Schadenfall das Reisebüro in Regress nehmen. Die Fristen für den Abschluss der Versicherung sind von Unternehmen zu Unternehmen unterschiedlich geregelt.

> **!** **Sofort bei Buchung der Reise, spätestens jedoch 30 Tage vor planmäßigem Reiseantritt. Bei Buchung innerhalb von 30 Tagen (Last minute) ist der Versicherungsabschluss nur am Buchungstag, spätestens innerhalb der nächsten drei Werktage möglich.**

Diese Regelung haben andere Versicherer übernommen.

Bucht der Kunde einen Reiseschutz, wird zum Reisevertrag ein Versicherungsvertrag abgeschlossen. Darüber muss ein Versicherungsschein ausgestellt werden, auf dem Prämie und Code der Leistung zu erfassen sind.

---

[1] Anmerkung: Man spricht auch von der Reiserücktrittsversicherung.

5053424

Leistungsumfang Reiserücktrittskostenversicherung (Überblick)

Mögliche Leistungen der Reiserücktrittskostenversicherung:

» Sie ersetzt die Stornokosten bei Reiserücktritt.
» Sie findet weltweit Anwendung für alle Reisearten mit einer maximalen Laufzeit von einem Jahr.
» Der Selbstbehalt (Selbstbeteiligung des Kunden) beträgt 20 % des erstattungsfähigen Schadens, mindestens aber 25,00 € je Person/Objekt (Ausnahme: stationärer Krankenhausaufenthalt).
» Die Familienprämie gilt für zwei Erwachsene und Kinder bis zur Vollendung des 21. Lebensjahres, unabhängig vom Verwandtschaftsverhältnis, wenn sie im Versicherungsvertrag namentlich genannt werden.
» Die Höchsthaftung ist auf einen Reisepreis von 10.000,00 € beschränkt.
» Mit der Notrufzentrale (Reise-Assistance) bieten die Versicherer weltweit Hilfe im Notfall an und organisieren diese falls erforderlich. Die Help-Line (Notrufzentrale) ist täglich 24 Stunden besetzt.
» Es gilt eine Reisepreisgarantie bei Umbuchung einer Reise in eine Saison mit höherem Preis – Ersatz der Mehrkosten bis zur Höhe der Stornokosten.
» Eine Abwahl des Selbstbehaltes ist möglich bei höherer Prämienzahlung.

> Die Prämien und Bedingungen der Versicherer können unterschiedlich sein, auch aufgrund ungleicher Reisepreis-Staffeln. Ein Vergleich könnte sich lohnen.

Die versicherten Reisenden, die in der Police namentlich genannt werden, können den Rücktritt von der Reise auslösen. Darüber hinaus können aber auch die in den Versicherungsbedingungen ausdrücklich genannten **Risikopersonen** (Personen, die nicht an der Reise teilnehmen) den Versicherungsfall auslösen.

> **Risikopersonen:**
>
> **Angehörige** der Versicherten
>
> Ehegatte, Lebenspartner, Verlobte, Kinder, Eltern, Großeltern, Geschwister, Onkel, Tante Cousine, Cousin, Pflegeeltern, Pflegekinder, Adoptiveltern, Adoptivkinder
>
> **Betreuer**
> nicht mitreisender Minderjähriger bzw. pflegebedürftiger Angehöriger

Es ist leicht nachzuvollziehen, dass die schwere Unfallverletzung des nicht mitreisenden Sohnes die Eltern bewegen wird, die gebuchte Reise zu stornieren.

Die Reiserücktrittskostenversicherung erstattet die vertraglich geschuldeten Stornokosten, wenn die Reise aus einem versicherten Grunde heraus nicht angetreten werden kann und gekündigt wird. Sie ersetzt zusätzlich die Mehrkosten für eine verspätete Hinreise zum Zielort bis zur Höhe der Stornokosten, wenn wegen einer Verspätung öffentlicher Verkehrsmittel von mehr als zwei Stunden die Anreise nicht pünktlich angetreten werden konnte. Der Versicherungsnehmer ist allerdings verpflichtet, die Kosten des Schadens so gering wie möglich zu halten. Allgemein anerkannte Gründe für einen Reiserücktritt sind:

Versicherungsnehmer und seine Mitreisenden
Impfunverträglichkeit
Erheblicher Schaden am Eigentum durch Feuer, Explosion, Sturm, Blitzschlag, Erdbeben, Hochwasser oder durch Einbruch, Einbruchdiebstahl und Raubüberfall
Unerwartete Kündigung des Arbeitsverhältnisses
Unerwartete Aufnahme eines Beschäftigungsverhältnis nach Arbeitslosigkeit
Überraschender Termin zur Wiederholung einer Prüfung
Krankheit, Unfall und Impfunverträglichkeit des zur Reise angemeldeten Hundes

Bei Risikopersonen
Schwere Unfallverletzung
Schwere Erkrankung
Beschwerden während der Schwangerschaft
Todesfall

In allen Fällen muss das Schadensereignis unerwartet eingetreten, von erheblicher Bedeutung und nicht abwendbar sein. Fast 90 % aller gemeldeten Schadensfälle lassen sich auf schwere Erkrankung oder Unfallverletzung zurückführen.

Die ursprünglich für die Abdeckung der Stornokosten bei Pauschalreisen entwickelte Reiserücktrittskostenversicherung wird inzwischen auf weitere Produkte ausgedehnt und zwar auf alle Reisearten und touristischen Leistungen, die nicht kostenlos storniert/umgebucht werden können bzw. deren Leistung an die Einhaltung eines bestimmten Termins gebunden ist: Flugtickets, Sparpreise bei der Bahn, Autoreisezug, Fährpassagen, Theaterkarten. In diesen Fällen sind die Leistungen der Reiserücktrittskostenversicherung auch für den Sektor der Geschäftsreisen von Bedeutung.

6.1.2 Reiseabbruchversicherung

Sie kann zusätzlich zur der Reiserücktrittskostenversicherung oder unabhängig von ihr vereinbart werden. Der Abschluss unterliegt keiner zeitlichen Begrenzung, kann also bis zum Abreisetag erfolgen.

Es sind viele Schadensfälle vorstellbar, die den Versicherungsnehmer bzw. die versicherten Mitreisenden veranlassen, die gebuchte Reise abzubrechen, zu unterbrechen oder zu verlängern. Das gilt auch für den Schutz der Risikopersonen.

Den Reisenden entstehen zusätzliche Kosten, wenn die vorzeitige Rückreise extra bezahlt werden muss und die Ausgaben für die verlorenen Urlaubstage und des regulären Rückfluges nicht erstattet werden.

Die Versicherer erstatten die Kosten im Versicherungsfall den gleichen Personengruppen wie bei der Reiserücktrittskostenversicherung und zwar:
» die nachweislich entstandenen Rückreisekosten,
» die anteilig nicht genutzten Reiseleistungen, wenn die Reise vorzeitig beendet werden musste unter Abzug der gebuchten Rückreisekosten,
» zusätzliche Kosten (nicht unbeschränkt) für die Unterkunft eines Mitreisenden, weil eine versicherte Person aufgrund eines schweren Unfalls oder einer schweren Erkrankung nicht transportfähig ist und am Urlaubsort weiterhin stationär behandelt werden muss,
» Nachreisekosten bei notwendiger Reiseunterbrechung zum Wiederanschluss an eine Reisegruppe bis zum Wert der noch nicht genutzten Reiseleistungen und
» bei Abbruch in der ersten Reisehälfte besteht die Berechtigung zur Wiederholung der gesamten Reise (Reisegutschein).

6.1.3 Reisekrankenversicherung

Die BGB-Informationspflichten-Verordnung verpflichtet den Veranstalter weiterhin – und damit das Reisebüro – auf den Abschluss einer „Versicherung zur Deckung der Rückführungskosten bei Unfall oder Krankheit" hinzuweisen. Wegen der Beweissicherung quittiert dies der Kunde ebenfalls auf der Reisebestätigung.

Eine Einzelversicherung zur Deckung der Kosten für den Krankenrücktransport wird von den Versicherern nicht angeboten, sondern immer nur verbunden mit einer Auslandskrankenversicherung.

Viele Privat- und Geschäftskunden gehen irrtümlicherweise davon aus, dass die eigene gesetzliche Krankenversicherung oder die Privatversicherung uneingeschränkt im Ausland wie im Inland gelte und damit eine zusätzliche Krankenversicherung überflüssig mache. Die Expedienten sollten im Interesse des Kunden über den Sachverhalt aufklären.

Der Versicherungsschutz der gesetzlichen Krankenkassen wird nach dem sog. Territorialprinzip geregelt, was nichts weiter heißt, als dass diese Versicherungsleistungen ausschließlich im Inland erbracht werden. Dieses Prinzip wurde im Rahmen der europäischen Integration auf die Länder des Europäischen Wirtschaftsraums (EWR) ausgeweitet. Zusätzlich existieren spezielle Sozialversicherungsabkommen zwischen weiteren europäischen Ländern, Tunesien und der Türkei. Für **alle** übrigen Länder gilt der Grundsatz, dass die deutschen Krankenkassen keine Leistungen übernehmen. Der Reisende muss seine Behandlungskosten im Krankheitsfall „aus eigener Tasche" bezahlen. Krankenrücktransporte zählen grundsätzlich nicht zu den Leistungen der gesetzlichen Krankenversicherung, auch nicht in Europa.

Europäische Krankenversicherungskarte

Sie ersetzt den sogenannten Auslandskrankenschein E 111, ist in der Versicherungskarte der jeweiligen gesetzlichen Krankenkasse integriert und gilt für alle Länder des EWR, Mazedonien, Serbien und die Schweiz.

Der Kranke legt die Karte direkt beim Vertragsarzt oder dem Vertragskrankenhaus vor. Die Kosten werden – abhängig vom jeweiligen Staat – von der ausländischen Krankenkasse übernommen oder in Deutschland auf Antrag erstattet. In der Mehrzahl der angeschlossenen Länder muss der Kranke allerdings die Behandlungskosten zunächst selbst bar bezahlen. Bei der Erstattung verlangt die deutsche Krankenkasse Verwaltungsgebühren und leistet ausschließlich nach deutschen Gebührensätzen. Neuerdings besteht für den Kranken die Möglichkeit, sich in einzelnen Urlaubsländern wie Österreich, Spanien und Italien, in ausgesuch-

ten Kliniken behandeln zu lassen, wobei die Klinikleitung **direkt** mit der deutschen Krankenkasse abrechnet. Nähere Auskünfte erteilt Ihre gesetzliche Krankenversicherung. Der Auslandsreiseschutz für Personen, die nicht gesetzlich versichert sind, ist von den Vertragsbedingungen des jeweiligen Versicherers abhängig.

In den anderen europäischen Ländern sowie in der Türkei und Tunesien kann die Versicherungskarte noch nicht eingesetzt werden. Stattdessen stellt die Krankenkasse einen Anspruchsnachweis aus, mit dem der Versicherte sich bei der jeweiligen Krankenkasse vor Ort einen Krankenschein besorgt und anschließend den Arzt aufsucht, der diesen Krankenschein anerkennt, sonst ist eine Kostenübernahme nicht möglich.

Auslandsreisekrankenversicherung

Die Auslandsreisekrankenversicherung gilt weltweit ohne Beschränkung des Reisepreises und kann bis zum Abreisetag abgeschlossen werden. Die maximal versicherbare Reisedauer beträgt in der Regel 93 Tage. Krankenrücktransport und Reise-Assistance sind Teil dieser Versicherung. Die Prämien können altersabhängig gestaffelt sein (>65 Jahre). Die Reisekrankenversicherung erstattet die Kosten für notwendige ärztliche Hilfe bei Krankheiten und Unfallverletzungen. Nimmt der Versicherte bei notwendigem stationären Aufenthalt Kontakt mit der Notfallnummer der Reise-Assistance auf und folgt ihren Empfehlungen, werden weitere Nebenkosten berücksichtigt. Der Versicherer trägt die Aufwendungen für den Rücktransport in das Krankenhaus am Wohnort des Versicherten – soweit medizinisch sinnvoll und vertretbar. Im Todesfall werden die Überführungskosten übernommen. Versicherer können von diesen Bedingungen abweichen, z. B.:

» Verzicht auf den Selbstbehalt bei Minderjährigen oder wenn der Versicherte nachweist, dass sich eine weitere Versicherung an den Krankheits- oder Unfallkosten beteiligt,
» Unterschiedliche Prämienstaffeln für Reisen nach Europa und dem Rest der Welt,
» Unterschiede bei der Stufung der Reisedauer und der Prämienhöhe.

Rückseite der Versichertenkarte

Der Verzicht des Selbstbehaltes hat natürlich bei Reisen in Europa, Türkei und Tunesien aufgrund der Kostenerstattung durch die gesetzliche Krankenversicherung eine große Bedeutung, da sich ja ein anderer Versicherer beteiligt. Dem Versicherten werden dann die Aufwendungen der Heilbehandlung voll ersetzt.

6.1.4 Reiseversicherungen für Geschäftsreisende

> **Doppeltes Pech:**
>
> Der Mitarbeiter eines deutschen Unternehmens erkrankt plötzlich während einer Geschäftsreise in den USA und muss stationär behandelt werden. Um die Vertragsverhandlungen nicht zu unterbrechen, schickt das Unternehmen sofort einen weiteren Mitarbeiter zum Verhandlungsort. Dort angekommen, bricht dieser sich beim Verlassen des Flughafens das Bein. Kosten für Klinikaufenthalt und Rücktransport der beiden Mitarbeiter fast 100.000,00 €.

Dieser Fall ist sicher nicht alltäglich, aber der Arbeitgeber hat gegenüber seinen Mitarbeitern eine gesetzliche Fürsorgepflicht gemäß § 618 BGB und muss die angefallenen Kosten übernehmen. Die Leistungen der Krankenkassen im Krankheitsfall und der Berufsgenossenschaft im Falle eines Unfalles werden nur im Inland erbracht (Ausnahme – Sozialversicherungsabkommen der GKV) und schließen einen besonderen Reiseschutz praktisch aus. Der Arbeitgeber ist also an einem umfassenden Versicherungsschutz für seine Mitarbeiter interessiert.

Die Versicherungen tragen diesen Bedürfnissen Rechnung durch ihre Leistungsangebote:
» Übernahme der Kosten bei Krankheit und Unfall einschließlich des Krankenrücktransportes (falls medizinisch erforderlich),
» Gepäckversicherung,
» Unfallversicherung,
» permanente Erreichbarkeit ihrer Notrufzentralen – weltweit,
» weltweite Gültigkeit aller Versicherungsleistungen,
» Soforthilfe,

» Garantie hoher Flexibilität der Mitarbeiter durch die Ausarbeitung von Notfallplänen,
» Kostenübernahme eines zweiten Mitarbeiters, um die Geschäftsreise effizient fortzuführen und
» Vermittlung zusätzlicher Dienstleistungen, z. B. Schlüsselnotdienst, Organisation von Rufumleitungen bei Verlust des Mobiltelefons, Vermittlung von Anwälten und Dolmetschern, Sicherheitstrainings für Reisen in Krisengebiete oder interkulturelle Weiterbildung.

Selbstverständlich werden diese Leistungen modular angeboten und individuell auf die nachfragenden Unternehmen zugeschnitten. Sie sind also nicht standardisiert wie beim Reiseschutz für Privatreisende.

> **2015 EU-Versicherungsvertriebs-Richtlinie verabschiedet**
>
> Der Versicherungsvertrieb wird europaweit harmonisiert. Die Richtlinie betrifft auch Veranstalter und Reisebüros, da sie nebenberuflich Reiseversicherungen gegen Entgelt anbieten. Bis zu einem Schwellenwert der Prämie von 600,00 € pro Jahr und pro Person gilt weiter die Ausnahmeregelung für nebenberufliche Versicherungstätigkeit. Darüber hinaus wird eine jährliche spezielle Qualifikation von den Mitarbeitern verlangt.
>
> Die Richtlinie muss bis zum 31.12.2018 in nationales Recht umgesetzt sein.

6.2 Reisespezifische Zusatzleistungen

Zusatzleistungen komplettieren eine Reise und sind ein wichtiges Element im Verkaufsgespräch mit dem Privatkunden, nachdem er sich für eine Reise entschieden hat. Bei Geschäftsreisenden sind sie eher eine Leistung, die konkret nachgefragt wird.

Typische Zusatzleistungen:
» spezielle Reiseversicherungen (z. B. Reisegepäckversicherung),
» Sitzplatzreservierungen,
» Transfers/Mietwagen,

5053428

» Ausflüge im Zielgebiet,
» Eintrittskarten,
» Sportkurse/Wellness-Angebote,
» besondere Verpflegung (z. B. Spezialitäten-restaurants, Galadinner),
» Visabeschaffung.

Geschäftsreisende nutzen dieselbe Infrastruktur vor Ort wie Privatreisende, sodass sie prinzipiell auch die gleichen Zusatzangebote in Anspruch nehmen. Darüber hinaus fragen sie weitere Zusatzleistungen nach:

Zusatzleistungen speziell für Geschäftsreisende:
» Incentive-Reisen organisieren,
» Tagungs- und Kongressräume,
» Catering für Veranstaltungen,
» Ausstellungsflächen,
» IT-Spezialisten,
» Sekretariatsdienst,
» Chauffeur-Service/Airport-Pickup,
» Übersetzungsdienste,
» spezielle Geschäftsreiseversicherungen.

Im Gruppen- und Incentivegeschäft spielen touristische Angebote wie Ausflüge, Abendveranstaltungen oder Restaurant-Reservierungen eine größere Rolle als im Einzelgeschäft.

6.3 Weitere Verträge

Ein Veranstaltungsvertrag kommt im Rahmen eines Überlassungsvertrages zwischen einem Raumanbieter und einem Besteller zustande, wenn z. B. Bankett- und Veranstaltungsräume oder Bühnen zur Durchführung von Veranstaltungen wie Konferenzen, Seminare, Tagungen, Aufführungen usw. zeitweise und zweckgebunden überlassen werden.

„Gastspielverträge sind Verträge, die der Unternehmer zur Ergänzung seines ständigen Personals und zur Ausgestaltung seines Spielplans mit Bühnenkünstlern in der Weise abschließt, dass sie nicht als ständige Mitglieder angestellt, sondern nur zur Mitwirkung für eine bestimmte Anzahl von Aufführungen, aber für nicht mehr als zweiundsiebzig während der Spielzeit, verpflichtet werden."

Quelle: BUNDESARBEITSGERICHT,
Urteil vom 02. Juli 2003, 7 AZR 613/02

Aufgaben

1_ Die RRV spielt für Geschäftsreisende keine entscheidende Rolle, denn flexible Buchungsmöglichkeiten und die kurzfristige Verschiebung von Terminen widersprechen den festen Buchungen bei Pauschalreisen. In welchen Fällen könnten Business-Travel-Storno- und Abbruch-Versicherungen für Geschäftsreisende trotzdem interessant sein?

2_ In den Versicherungsbedingungen wird deutlich darauf hingewiesen, dass die Buchung sofort zu stornieren ist, sobald der Versicherungsfall eintritt. Warum haben die Versicherer diese Klausel eingefügt?

Zusätzliche Aufgaben zu Kapitel 6 finden Sie auf der beiliegenden DVD.

Eigenveranstaltungen entwickeln

1 Marktformen und Preisbildung

Märkte können nach **qualitativen Merkmalen,** wie z. B. Gütermarkt, Arbeitsmarkt, Reisemarkt, aber auch nach **quantitativen Gesichtspunkten** eingeteilt werden. Im Vordergrund der quantitativen Betrachtungsweise steht die relative Stärke der Marktparteien aufgrund der Anbieter- und Nachfragerzahlen.

In der Regel sind sie durch die Kombinationen „viele relativ schwache – wenige etwa gleich starke – ein starker Anbieter" auf der Angebotsseite und „viele relativ schwache – wenige etwa gleich starke – ein starker Nachfrager" auf der Nachfrageseite gekennzeichnet.

Diese 3×3-Besetzungen der jeweiligen Marktseite ergeben kombiniert die neun einfachen typischen **Marktformen.**

 Die wichtigsten Marktformen sind Polypol, Oligopol und Monopol.

Die Begriffe sind Zusammensetzungen aus Wörtern der griechischen Sprache und bedeuten im Einzelnen:
polys = viel, mehr
olígos = wenig, gering
mónos = allein, einzig

Angebotsseite / Nachfrageseite	viele relativ schwache Anbieter	wenige gleich starke Anbieter	ein starker Anbieter
viele relativ schwache Nachfrager	zweiseitiges Polypol (vollständige Konkurrenz)	Angebotsoligopol	Angebotsmonopol
wenige etwa gleich starke Nachfrager	Nachfrageoligopol	zweiseitiges Oligopol	beschränktes Angebotsmonopol
ein starker Nachfrager	Nachfragemonopol	beschränktes Nachfragemonopol	zweiseitiges Monopol

Einen **Markt beherrschen** in der Regel Monopolisten sowie Oligopolisten dann, wenn zwischen ihnen **kein wesentlicher Wettbewerb** herrscht.

Marktformen	Anbieter/Nachfrager	Güterart (Beispiel)
Polypol	A: Blumenzüchter N: Einzelhändler und Verbraucher	Blumen
Nachfrageoligopol	A: Landwirte N: Molkereien	Milch
Nachfragemonopol	A: Kleiderfabriken N: Staat	Uniformen für die Bundeswehr
Angebotsoligopol	A: Mineralölgesellschaften N: Autofahrer	Benzin
zweiseitiges Oligopol	A: Autoproduzenten N: Bundesländer	Polizeifahrzeuge
Angebotsmonopol	A: DBAG (ICE Hamburg-München) N: Haushalte	Beförderung
zweiseitiges Monopol	A: Hersteller N: Deutsche Post AG	patentierte Postsortiermaschinen

Die relative **Stärke** der **Marktparteien** findet u. a. ihren Ausdruck in den Marktpreisen.

Der **ideale Markttyp** ist der **vollkommene Markt.** Auf ihm herrscht **vollkommener Wettbewerb** ohne Störung. Für diesen **Modellmarkt** müssen folgende Voraussetzungen erfüllt sein:

→ *Homo oeconomicus*
Der Mensch handelt ständig rational nach dem Wirtschaftlichkeitsprinzip (ökonomisches Prinzip).

> **Maximalprinzip**
>
> Mit einer Tankfüllung Benzin eine möglichst weite Strecke zurücklegen.

> **Minimalprinzip**
>
> Mit dem Fahrzeug nach Berlin fahren und auf dieser Reise möglichst wenig Benzin verbrauchen.

→ **keine persönlichen Präferenzen**
Nachfrager und Anbieter dürfen sich nicht wechselseitig bevorzugen.

> Kein Anbieter wird z. B. wegen besonders freundlicher Bedienung bevorzugt.

→ **vollständige Konkurrenz**
Ein Marktteilnehmer darf den Preis eines Gutes nicht von sich aus bestimmen können.

> Auf dem Wochenmarkt treffen viele Anbieter und viele Nachfrager von Obst aufeinander.

→ **Gleichartigkeit der Güter**
Die Güter müssen vollkommen gleichartig (homogen) sein.

> Es gibt keine Unterschiede in Qualität, Größe, Farbe und Umweltverträglichkeit.

→ **keine räumlichen Präferenzen**
Kein Anbieter hat Standortvorteile.

> Angebot und Nachfrage treffen auf einem Punktmarkt zur gleichen Zeit am gleich Ort zusammen, z. B. Wochenmarkt.

→ **keine zeitlichen Präferenzen**
Es bestehen keine unterschiedlichen Lieferfristen oder Abnahmetermine.

> Sämtliche Anbieter liefern sofort und alle Nachfrager sind bereit sofort abzunehmen.

→ **Markttransparenz**
Jeder einzelne Marktteilnehmer hat eine vollständige Marktübersicht.

> Anbieter und Nachfrager wissen was, wann, wo, in welcher Menge, zu welchem Preis und von wem angeboten oder nachgefragt wird.

Reale Märkte unterscheiden sich von dem Modellmarkt vor allem:

1. **durch fehlende Homogenität der Güter,**
2. **durch persönliche, räumliche oder zeitliche Präferenzen der Marktteilnehmer,**
3. **durch die fehlende Marktübersicht der Marktteilnehmer.**

Unter diesen Voraussetzungen sind die Wirkungszusammenhänge des beschriebenen Preisbildungsprozesses kompliziert.

> **!** **Für die Marktpreisbildung sind Angebot und Nachfrage von entscheidender Bedeutung.**

Unterstellt sei, dass mehrere Anbieter einer bestimmten Güterart an die Nachfrager herantreten und jeder Einzelne seinen vorher kalkulierten Preis fordert.

In der Regel werden die Preisforderungen der Anbieter unterschiedlich hoch sein. Unter der Voraussetzung, dass die Güter homogen sind, werden die Nachfrager bestrebt sein, möglichst wenig für die angebotenen Güter zu zahlen. Entsprechend würden zuerst die billigsten, dann die zweitbilligsten Güter usw. von den Nachfragern gekauft.

Obwohl ein solches Verhalten möglich ist, wird sich in der Regel der **Preis** eines **Gutes** nach den unterschiedlichen **Interessenlagen** von **Nachfragern** und **Anbietern** bilden. Diese stimmen nur bei einem bestimmten Preis überein. Bei dieser bestimmten Preishöhe decken sich die angebotene Menge und die nachgefragte Menge eines Gutes. Bei allen übrigen Preisen verändern sich Nachfrage und Angebot durch Zunahme oder Rückgang ihrer Nachfrage- bzw. Angebotsmenge.

Nachfragereaktion

» Saisonschlussverkauf
(Güterangebot > Güternachfrage)
Anbieter senkt die Preise → Nachfrage steigt
» Rohstoffverknappung
(Güternachfrage > Güterangebot)
Anbieter erhöht die Preise → Nachfrage sinkt

Angebotsreaktion

» Kommunikationsmittel kommen auf den Markt, für die Bedarf besteht.
Nachfrage groß → hoher Preis → Anbieter erhöht das Angebot
» Im Sommer ist Tannenbaumschmuck kaum gefragt.
Nachfrage gering → niedriger Preis → Anbieter senkt das Angebot

---

In einem Abstimmungsprozess pendeln sich die entgegengesetzten Verhaltensweisen von Angebot und Nachfrage ein. Es kommt schließlich zu einer Marktpreisbildung, die von beiden Seiten akzeptiert wird.

> **!** Der Abstimmungsprozess zwischen Anbieter und Nachfrager führt zur Bildung eines Marktpreises. Bei diesem Preis sind die effektiven (wirklichen) Nachfrage- und Angebotsmengen gleich groß (**Gleichgewichtsmenge**).

Der vorgestellte Preisbildungsmechanismus ist ein Modell und nicht für die Realität repräsentativ. Das liegt jedoch nicht an dem Preisbildungsmechanismus, sondern hauptsächlich daran, dass die Modellbedingungen, vollkommene Märkte, nur selten anzutreffen sind.

1.1 Preisbildung im Polypol

Im Folgenden soll der Abstimmungsprozess der Marktpreisbildung unter der Annahme einer **vollständigen Konkurrenz** und den Voraussetzungen eines **vollkommenen Marktes** untersucht werden.

Ein solcher Markt wird auch als Produktmarkt bezeichnet.

Als **Beispiel** hierzu eignet sich die **Börse.** Sie entspricht am ehesten dem **Polypol.**

Angebot = Nachfrage

Bankkunden können ihrer Bank den Auftrag erteilen, für sie Wertpapiere zu kaufen oder zu verkaufen. Die Wertpapierkäufer oder -verkäufer können dabei ihre **Aufträge begrenzen (limitieren).**

Angenommen, der Käufer beauftragt seine Bank, eine bestimmte Aktie für höchstens 100,00 € zu kaufen. Ist der Kurs am Kauftag höher, so darf sie den Auftrag für diesen speziellen Kunden nicht ausführen.

Ebenso kann der Verkäufer einer Aktie gegenüber seiner Bank bestimmen, zu welchem

5053432

Mindestpreis sie seine Aktien verkaufen darf. Wird dieser am Verkaufstag nicht erreicht, führt die Bank den Verkauf nicht durch.

Nicht limitierte Kauf- und Verkaufsverträge werden zum jeweils gültigen Kurs durchge-

führt. In der Fachsprache der Wertpapiermakler heißt dies: Verkäufe werden „bestens" und Käufe werden „billigst" durchgeführt.

Kaufaufträge (Nachfragemenge)	Verkaufsaufträge (Angebotsmenge)
40 Stück billigst	20 Stück bestens
35 Stück zu 51,00 € höchstens	35 Stück zu 51,00 € mindestens
50 Stück zu 52,00 € höchstens	65 Stück zu 52,00 € mindestens
20 Stück zu 53,00 € höchstens	30 Stück zu 53,00 € mindestens
10 Stück zu 54,00 € höchstens	25 Stück zu 54,00 € mindestens

Der Wertpapiermakler muss nun ermitteln, bei welchem Kurs der **höchste Umsatz** erreicht werden kann. Dazu ist es notwendig, die möglichen Umsätze bei den einzelnen Kursen zu bestimmen. Rechnerisch sind folgende Umsätze möglich:

mögliche Kurse	durchführbare Kaufaufträge	durchführbare Verkaufsaufträge	Umsatz	Verhältnis
50,00 €	155 Stück[1]	20 Stück[2]	1.000,00 €	N > A
51,00 €	155 Stück	55 Stück	2.805,00 €	N > A
52,00 €	120 Stück[3]	120 Stück	6.240,00 €	N = A
53,00 €	70 Stück	150 Stück	3.710,00 €	N < A
54,00 €	50 Stück	175 Stück	2.700,00 €	N < A

Der Wertpapiermakler wird in dem Beispiel den Kurs je Aktie auf 52,00 € festsetzen. **Zu diesem Preis** kann er die **meisten Kaufverträge** und **Verkaufsaufträge tätigen,** er erzielt den größtmöglichen Umsatz.

Für den Markt hat ein so bestimmter Preis die Eigenschaft, dass sich die effektiven Nachfrage- und Angebotsmengen im Gleichgewicht befinden.

> ! **Der Gleichgewichtspreis bringt Angebot und Nachfrage zum Ausgleich. Der Markt wird „geräumt".**

Kauf- und Verkaufswünsche lassen sich auch in einem Koordinatensystem veranschaulichen. Dazu werden abgetragen:

» auf der x-Achse die Angebots- und Nachfragemenge (Stückzahl),
» auf der y-Achse der Preis (Kurs).

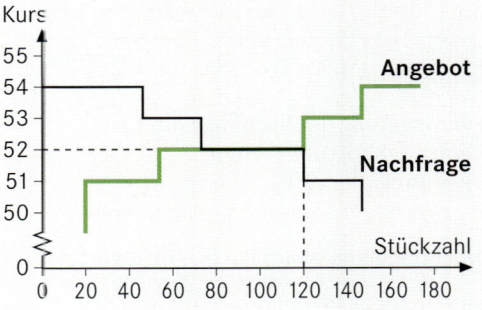

1 Bei diesem Kurs wollen alle Nachfrager kaufen.
2 Nur die Anbieter verkaufen, die nicht limitiert haben.
3 Bei diesem Kurs scheiden als Nachfrager diejenigen aus, die höchstens 51,00 € als Kurs akzeptieren.

Die **Nachfrage- und Angebotskurve** schneiden sich beim Preis (Kurs) von 52,00 € und einer Menge von 120 Stück.

Zu **höheren Preisen** wird mehr angeboten als nachgefragt. Man spricht von einem **Angebots-überhang. Unterhalb** des **Gleichgewichtspreises** übersteigt die Nachfrage das Angebot. Entsprechend wird dies als **Nachfrageüberhang** bezeichnet.

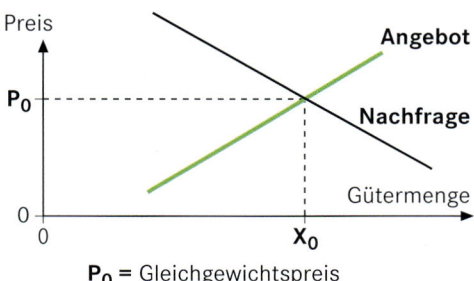

P_0 = Gleichgewichtspreis
X_0 = maximal umsetzbare Menge

> ! Mit steigendem Preis erhöht sich die Angebotsmenge und die Nachfragemenge vermindert sich. Mit sinkendem Preis vermindert sich die Angebotsmenge und die Nachfragemenge erhöht sich.

Das angeführte Beispiel berücksichtigt nur fünf Preise (Kurse), fünf Kaufaufträge (Nachfrage) und fünf Verkaufsaufträge (Angebot).

Aus diesem Grund haben die Angebots- und Nachfragekurve eine „Treppenform". Ersetzt man die **begrenzte Zahl von Anbietern und Nachfragern durch unendlich viele,** so ergibt sich folgendes Bild.

Der Markt ist aber keine statische (feste) Größe. Das Nachfrage- und Angebotsverhalten der Marktparteien verändert sich. Die **Nachfrage** nach bestimmten Güterarten kann sich z. B. aufgrund von Einkommenserhöhungen, Steuersenkungen oder in Erwartung künftiger Preissteigerungen **erhöhen.**

Andererseits kann die **Nachfrage** zu einem bestimmten (ursprünglichen) Preis **sinken.** Ein solches Verhalten kann z. B. durch Einkommensrückgang, Steuererhöhungen, Arbeitslosigkeit oder in Erwartung künftiger Preissenkungen hervorgerufen werden. Auf einem Produktmarkt kommt es zu **Abstimmungsprozessen,** wenn sich Angebot und Nachfrage verändern.

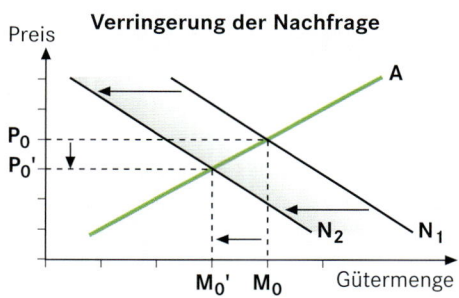

Verringerung der Nachfrage

Eine Verringerung der Nachfrage führt zu:
1. einem Angebotsüberhang,
2. einem Preisrückgang,
3. einer Verringerung der Angebotsmenge.

Die Nachfragekurve wird nach „links" verschoben.

Folge: Es bildet sich ein neues Marktgleichgewicht mit einem niedrigeren Gleichgewichtspreis und einer niedrigeren Gleichgewichtsmenge.

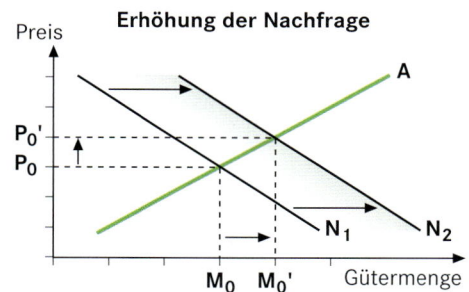

Erhöhung der Nachfrage

Eine Erhöhung der Nachfrage führt zu:
1. einem Nachfrageüberhang,
2. einem Preisanstieg,
3. einer Erhöhung der Angebotsmenge.

Die Nachfragekurve wird nach „rechts" verschoben.

Folge: Es bildet sich ein neues Marktgleichgewicht mit höheren Gleichgewichtspreisen und einer höheren Gleichgewichtsmenge.

5053434

Ebenso kann der Fall eintreten, dass das **Angebot** bei einem bestimmten (ursprünglichen) Preis und unveränderter Nachfrage **zu- oder abnimmt.** So führt z. B. eine Missernte in der Landwirtschaft zu einem Angebotsrückgang, ein „Jahrhundertsommer" zu Rekordernten und einer Angebotserhöhung.

<table>
<tr><td>

Eine Erhöhung des Angebots führt zu:
1. einem Angebotsüberhang,
2. einem Preisrückgang,
3. einer Verringerung der Angebotsmenge.

Die Nachfragekurve wird nach „rechts" verschoben.

Folge: Es bildet sich ein neues Marktgleichgewicht mit einem niedrigeren Gleichgewichtspreis und einer größeren Gleichgewichtsmenge.

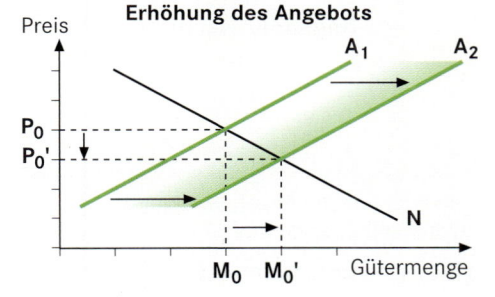

</td><td>

Eine Verringerung des Angebots führt zu:
1. einem Nachfrageüberhang,
2. einem Preisanstieg,
3. einer Verringerung der Nachfragemenge.

Die Nachfragekurve wird nach „links" verschoben.

Folge: Es bildet sich ein neues Marktgleichgewicht mit einem höheren Gleichgewichtspreis und einer niedrigeren Gleichgewichtsmenge.

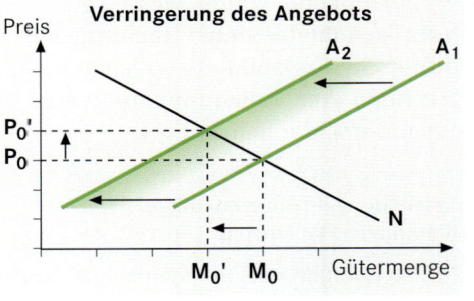

</td></tr>
</table>

Ein **Gleichgewichtspreis** kann sich nur auf **vollkommenen Märkten** bilden. In der **Realität** sind die **Märkte** aber **unvollkommen.** Den **Anbietern** ist es deshalb möglich, für ein homogenes Gut innerhalb eines bestimmten Rahmens **unterschiedliche Preise** zu verlangen.

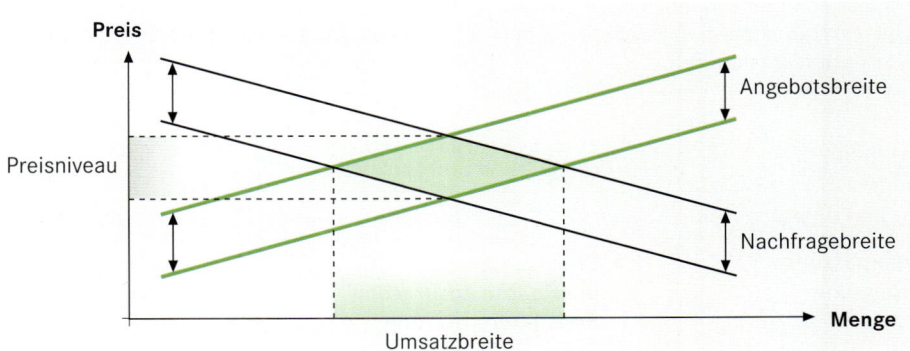

Auf einem Produktmarkt stehen sich Anbieter und Nachfrager gleichberechtigt gegenüber. Somit beeinflussen Sie auch gleichberechtigt den Preis, der wiederum sie selbst beeinflusst.

Dem **Preis** kommen demnach generell die drei folgenden Funktionen zu:

Funktionen des Preises

Lenkungsfunktion
Einsatz der Produktions-
faktoren in profitablen
Märkten.

Anreizfunktion
Profitable Märkte ziehen
weitere Anbieter an.

Ausgleichsfunktion
Gleicht die unterschied-
lichen Interessen von An-
bietern und Nachfragern
aus.

1.2 Preisbildung im Angebotsoligopol und -monopol

Im **Angebotsoligopol** stehen **wenige etwa
gleich starke Anbieter** vielen Nachfragern
gegenüber. Die Preisbildung vollzieht sich
entsprechend dem Vollkommenheitsgrad des
Marktes unterschiedlich:

Angebot < Nachfrage

**1. Preisbildung im Angebotsoligopol bei
vollkommener Konkurrenz**

In diesem Fall führt eine Preissenkung aufgrund
der Gegebenheiten des vollkommenen Marktes
zu einer unverzüglichen Reaktion bei den Nachfragern. Somit wäre es einem Oligopolisten
möglich – entsprechende Kapazitäten vorausgesetzt – **die gesamte Nachfrage auf sich zu ziehen.** Diese Tatsache zwingt die übrigen Anbieter
zu Preisreaktionen, es kommt zu Preiskämpfen.
Da dies für alle Anbieter schädlich ist, verleitet
eine solche Marktkonstellation zu Absprachen,
die diese Situation entschärfen.

**2. Preisbildung im Angebotsoligopol bei
unvollkommener Konkurrenz**

In dieser Konstellation sind die einzelnen Anbieter nicht unbedingt gezwungen, auf Preisveränderungen ihrer Mitbewerber zu reagieren,
da unterschiedliche Preise für eine Güterart am
Markt durchsetzbar sind. In diesem Zusammenhang sei auf das → Kapitel 2.4.2 „Preispolitik"
hingewiesen. So ist es erklärtes Ziel der Preisdifferenzierung, aufgrund der Umsätze auf
allen Teilmärkten eine optimale Ausschöpfung
und damit einen höheren Gewinn zu erzielen.

Preisbildung und Marktformen		
im Polypol	**im Oligopol**	**im Monopol**
» Mengenanpassung » Preisanpassung	» Preiskämpfe » unerlaubte Absprachen » Preisdifferenzierung	» Mengenfixierer » Preisfixierer

5053436

Im Angebotsmonopol steht ein Anbieter vielen Nachfragern gegenüber, wobei sich die Preisbildung mit Blick auf den Vollkommenheitsgrad des Marktes unterschiedlich darstellt:

---

1. Preisbildung im vollkommenen Angebotsmonopol

Dem Anbieter stehen zwei Handlungsalternativen zur Verfügung. Er kann die Gütermenge festlegen (**Mengenfixierer**), und die Nachfrager entscheiden durch ihr Verhalten über den Preis, oder er legt den Preis für sein Gut fest (**Preisfixierer**), und die Nachfrager entscheiden durch ihren Kauf über die absetzbare Gütermenge. Aufgrund der Vollkommenheit des Marktes ist dem Monopolisten keine Preisdifferenzierung möglich.

---

2. Preisbildung im unvollkommenen Angebotsmonopol

Diese Konstellation erlaubt es dem Monopolisten, für eine Güterart Preisdifferenzierung zu betreiben, indem er den Gesamtmarkt segmentiert und Präferenzen schafft.

1.3 Preisbildung in der Tourismusbranche

Der Tourismusmarkt ist ein **Käufermarkt,** d. h. hier stehen viele Anbieter (Vermittler und Veranstalter) einer begrenzten Nachfrage durch Kunden gegenüber. Der Preis wird daher als zentrales Instrument zur Marktplatzierung genutzt und schlägt sich in der Preispolitik eines touristischen Unternehmens genauso nieder wie in seinen Marketingstrategien.

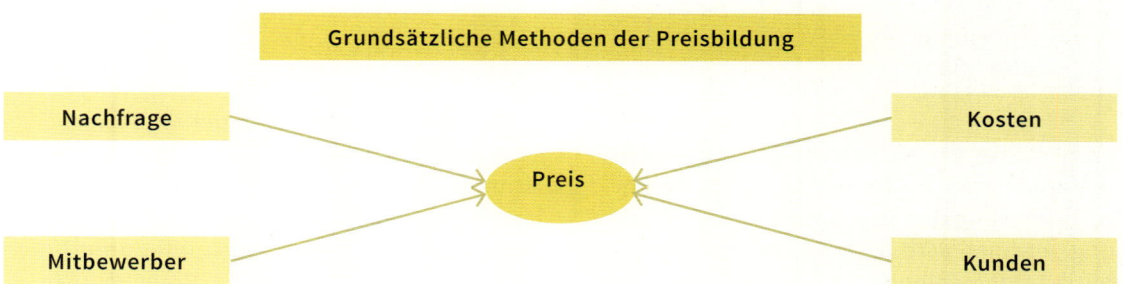

Angebot > Nachfrage

! **Die Preisbildung auf dem Tourismusmarkt erfolgt auf grundsätzlich einem Käufermarkt angepassten Wegen.**

Kostenorientierte Preisbildung

Bei diesem Verfahren werden die Preise für eine touristische Leistung anhand der Produktionskosten für diese Dienstleistung festgesetzt. Zu beachten ist dabei die Preisobergrenze. Das ist der Preis, für den der Abnehmer das Produkt maximal kaufen würde.

Zur Vermeidung von finanziellen Engpässen sollten durch eine gesetzte Preisuntergrenze langfristig die Vollkosten, kurzfristig die variablen Kosten zuzüglich eines Deckungsbeitrags zu einer mehr oder weniger großen Abdeckung der Fixkosten erwirtschaftet werden. Grundlage der kostenorientierten Preisbildung ist die Kalkulation der anfallenden Kosten.

Kalkulationsschema (vereinfacht)

Einzelkosten
+ Gemeinkosten (Personal, Miete ...)
+ Gewinnzuschlag
= Nettopreis
+ USt.
= Bruttoverkaufspreis

> **!** Ein Problem dieses Vorgehens ist, dass der Preis oft festgelegt werden muss, bevor die Leistung erbracht wird.

Nachfrageorientierte Preisbildung

Diese Form der Preisbildung geht von der Nachfrage und dem vorhandenen Angebot auf dem Markt aus. Der Preis ergibt sich entsprechend aus der Marktsituation und der Bereitschaft der Kunden, einen bestimmten oder einen höheren Preis zu zahlen. Die Preisbestimmung orientiert sich also am Nachfrager. Basis für die Preisbestimmung bilden dabei eine Reihe von Preistests, mit denen die Bereitschaft der Kunden, einen bestimmten Preis zu bezahlen, überprüft wird.

- – Abstufung des Preises nach Saisonzeiten
- – Studententarife
- – 14 = 10 – Offerte

Vorteil dieses Verfahrens ist, dass einerseits die Kapazitäten ausgenutzt werden und der Preisforderung der Tourismusbetriebe Rechnung getragen wird. Eine solche flexible Preispolitik trägt zu einem Ausgleich von Angebot und Nachfrage bei.

Ausschlaggebend für die Preisforderung des Anbieters ist der Nutzen des angebotenen Produktes für den Nachfrager. Hoher Nutzen bedeutet hoher Preis.

> **!** Ziel dieser Strategie ist es, verschiedenen Kundengruppen dasselbe Produkt für unterschiedliche, jedoch der Kundengruppe angepasste, Preise zu verkaufen.

Kundenorientierte Preisbildung

Sie ist die kundenfreundlichste Preisbildung und richtet sich entweder nach Zufriedenheit und/oder nach der Beziehung zwischen Anbieter und Kunden aus.

Zufriedenheitsorientierte Preisbildung

Das bestimmende Element dieses Konzeptes liegt in einem sehr guten Preis-Leistungs Verhältnis, das die Kunden überzeugen und begeistern soll. Hierzu gehören z. B. die Angebote, bei denen die Preis- und Qualitätsrisiken der Kunden vor allem durch Preis- und Leistungsgarantien sowie durch Pauschalpreise vermindert werden. Der Budgetsicherung des Kunden wird Rechnung getragen.

Beispiele: *all-inclusive, all-inclusive-ultra*

Beziehungsorientierte Preisbildung

Hierbei versucht man Kunden durch Bonusprogramme langfristig an das Unternehmen zu binden.

Beispiel: *miles & more*

Mitbewerberorientierte Preisbildung

Die Preise und Strategien der Mitbewerber werden berücksichtigt. Diese Methode bestimmt den Preis auf der Grundlage der Preisfestlegung der Mitbewerber; entsprechend wird der Preis kopiert, über- oder unterboten.

» Der Anbieter kann sich am Branchenpreis oder am Preis des Preisführers der Branche orientieren. Er richtet also seine Preisforderung nach einem sogenannten Preisführer. Ein Preiskampf wird hierdurch in der Regel vermieden.

» Bei Anstreben einer Preisführerschaft, also preisaktives Verhalten durch das Unterbieten der Mitbewerber, ist in besonderem Maße die Reaktionen der Mitwerber zu berücksichtigen: Sind diese in der Lage ebenfalls die Preise zu senken, und somit die frühere Preisrelation auf einem dann allerdings niedrigeren Niveau wiederherzustellen, so führt ein daraus entstandener Preiskampf zur Verdrängung schwacher Mitbewerber und zu einem unvorteilhaften Erlösverfall für die übrigen Beteiligten.

> **!** **Preisaktives Verhalten in Form von häufigen Aktionspreisen gefährdet das Qualitätsimage des Anbieters und führt zu einer Verunsicherung der Kunden.**

Für die Tourismuswirtschaft lässt sich für das Nachfrageverhalten auf Preisänderungen (Preiselastizität) Folgendes feststellen:

» In der Hauptreisezeit reagieren die Nachfrager weniger stark als bei Zweit- und Drittreisen während eines Kalenderjahres.

» Urlaubsreisende reagieren auf Preisänderungen im unteren Preissegment stärker als im Hochpreissegment.

» Nachfragereaktionen auf Preisänderungen sind in der Hochsaison geringer als in der Nebensaison.

» Geschäftsreisende reagieren weniger stark auf Preisänderungen als Privat- und Urlaubsreisende.

Aufgaben

1_ Erklären Sie den Begriff Markt.

2_ Warum sagt die Zuordnung der Marktteilnehmer, nach ihrer Anzahl zu den Marktformen, nicht unbedingt etwas über das reale Marktgeschehen aus?

3_ Welche Marktformen existieren in der Bundesrepublik Deutschland für Erdgas, Wasser, Grundnahrungsmittel, Gold, Wertpapiere, Textilien, Pauschalreisen, Reiseversicherungen, Charterflüge, Mietwagen, Internetzugänge und Buchungssysteme?

4_ Wie findet generell eine Preisbildung auf dem Markt statt?

5_ Worin unterscheiden sich vollkommener und unvollkommener Markt?

6_ Die Umkehrung des „Nachfragegesetzes" wird als anomale Nachfrage bezeichnet. (Als Beispiel sei an dieser Stelle auf den „Snob-Effekt" verwiesen.)
Nennen Sie drei Beispiele für anomales Buchungsverhalten und begründen Sie diese.

7_ Warum können für ein homogenes Gut (z. B. Pauschalreisen) unterschiedliche Preise auf dem Markt durchgesetzt werden?

8_ Erläutern Sie drei Beispiele aus Ihrer Praxis, wie Sie Präferenzbildung als Vermittler bzw. als Veranstalter betreiben.

9_ Wozu würde ein homogener Markt im Reiseverkehr führen?

10_ Beschreiben Sie die Angebotsbreite und die Nachfragebreite Ihres Betriebes.

11_ Ermitteln Sie rechnerisch und grafisch den Gleichgewichtspreis:

Kaufaufträge für die x-Aktie	Verkaufsaufträge für die x-Aktie
750 Stück zu 100,00 € höchstens	270 Stück zu 100,00 € mindestens
600 Stück zu 105,00 € höchstens	420 Stück zu 105,00 € mindestens
460 Stück zu 110,00 € höchstens	580 Stück zu 110,00 € mindestens
330 Stück zu 115,00 € höchstens	330 Stück zu 115,00 € mindestens

2 Marketing-Management

In einer Branche, die vom bedarfsgerechten Verkauf lebt und immer neue touristische Leistungen erschließen muss, ist das *Marketing-Management* das bedeutendste Instrument. Eine ganzheitliche, dienstleistungs- und prozessorientierte Marketingplanung und eine strategisch günstige Vertriebspolitik sind die Grundlagen für einen wirtschaftlichen Erfolg, für Kundenzufriedenheit und die langfristige Platzierung auf dem schnelllebigen Tourismusmarkt.

2.1 Grundlagen des Tourismus-Marketing

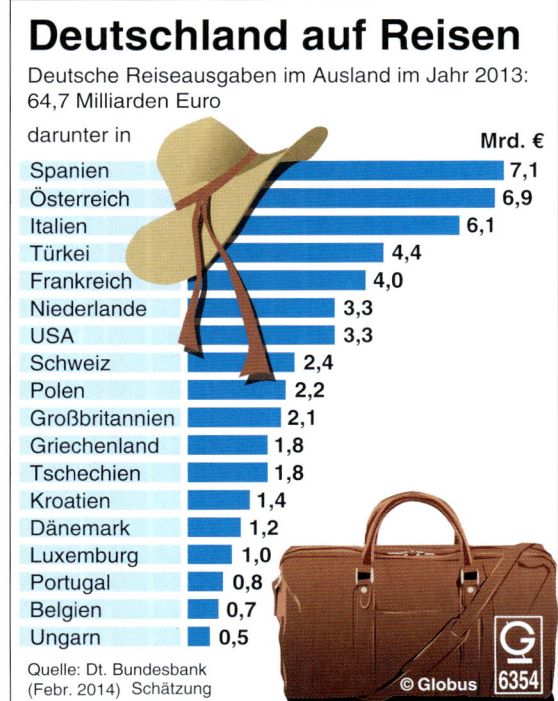

Deutschland auf Reisen

Deutsche Reiseausgaben im Ausland im Jahr 2013: 64,7 Milliarden Euro

darunter in	Mrd. €
Spanien	7,1
Österreich	6,9
Italien	6,1
Türkei	4,4
Frankreich	4,0
Niederlande	3,3
USA	3,3
Schweiz	2,4
Polen	2,2
Großbritannien	2,1
Griechenland	1,8
Tschechien	1,8
Kroatien	1,4
Dänemark	1,2
Luxemburg	1,0
Portugal	0,8
Belgien	0,7
Ungarn	0,5

Quelle: Dt. Bundesbank (Febr. 2014) Schätzung

© Globus 6354

Tourismus erfasst die Aktivitäten von Personen, die an Orte außerhalb ihrer gewohnten Umgebung reisen und sich dort zu Freizeit-, Geschäfts- oder bestimmten anderen Zwecken nicht länger als ein Jahr ohne Unterbrechung aufhalten (WTO 1993).

Bereitstellungsträger
- Reiseveranstalter
- Beherbergungsbetriebe

Grundleistungsträger
- Reisemittler
- Transportbetriebe

Der Begriff **Marketing** leitet sich von der Umschreibung *„to go into the market"* ab. Unter **Tourismus-Marketing** versteht man systematische, konzeptionelle Methoden, um sich auf dem Markt zu platzieren.

Das Marketing hat die Aufgabe, Marktanteile zu erschließen, zu sichern und auszuweiten. Marketing muss ferner den Markt gestalten. Marketing ist eine Führungstechnik, weil sie vom gesamten Unternehmen getragen werden muss.

> **!** **Marketing ist eine kundenorientierte Unternehmensphilosophie!**

Der Begriff **Management** bezeichnet den notwendigen Prozess, der Marketing in die Praxis umsetzt. Der Markt, an dem Produzenten und Konsumenten ihre Güter und Dienstleistungen austauschen, ist zentraler Bezugspunkt.

2.1.1 Der Markt

Der Markt ist der ökonomische Ort des Tausches, an dem sich durch Zusammentreffen von Angebot und Nachfrage eine Preisbildung vollzieht. Diese ergibt sich nach der Volkswirtschaftstheorie auf dem vollkommenen Markt im Schnittpunkt der Angebots- und Nachfragekurve (vgl. → Kapitel 1.1).

Beim **Gleichgewichtspreis** findet der maximale Umsatz statt, alle Marktteilnehmer sind zufrieden. Aber wie Sie bereits wissen, gibt es im wirtschaftlichen Marktgeschehen keinen vollkommenen Markt, weil

» durch Werbung Präferenzen aufgebaut werden,
» der einzelne Marktteilnehmer niemals eine vollständige Marktübersicht hat,
» ein versierter Kunde durchaus den Endpreis des Produktes beeinflussen kann.

Auf dem Reisemarkt stehen einem absolut oder relativ großen und umfangreichen Angebot, nämlich zahlreichen Veranstaltern bzw. Reisemittlern, auf der Nachfrageseite immer mehr reiseerfahrene potenzielle Kunden gegenüber. Diese suchen neue Reisedestinationen bzw. stehen Angeboten immer wählerischer und kritischer gegenüber.

> **!** Der Kunde ist die entscheidende Instanz am Markt. Daher spricht man in diesem Zusammenhang auch vom Konsumenten- bzw. Käufermarkt.

> **Käufermarkt = Angebot > Nachfrage**

Die Kundenorientierung am Markt für bestehende und künftige Nachfrage bedeutet **Marketing auch als Nachfragemanagement** zu verstehen. Hierbei ist zu berücksichtigen, dass Veranstalter und Reisemittler im Wettbewerb mit nationalen und internationalen Mitbewerbern stehen.

Daher ist Tourismus-Marketing vor allem **Präferenzionswettbewerb,** weil jeder Veranstalter bzw. Reisemittler trotz der Gleichartigkeit des Angebotes bestrebt sein muss, seine Leistung so anzubieten, dass sie als **individuell vom**

- örtliche: zentrale Lage
- zeitliche: schnelle Bedienung, Öffnungszeiten
- persönliche: Vertrauen, Image, Beraterqualität
- sachliche: Zusatznutzen, Beratungsqualität

Nachfrager empfunden wird. Dies ist nur zu erreichen, wenn die Zielgruppe, um die geworben wird, möglichst genau bekannt ist.

2.1.2 Die Kunden

Die Ermittlung von Motiven für das sich wandelnde Reiseverhalten der Kunden steht im Mittelpunkt des Interesses der **Konsumforschung** für touristische Leitungsträger und der Reisemittler. Mit der Erforschung des Reiseverhaltens wird vor allem der Konsum- und Lebensstil der Kunden untersucht. Nähere Ausführungen zu Urlaubertypologien und ihrem Nachfrageverhalten finden Sie in → LF 3, Kapitel 2.

2.1.3 Marketing-Zielbestimmung

Die Marketing-Zielfindung erfolgt in der Praxis mithilfe von Handlungs- bzw. Orientierungszielebenen, welche in einer Wechselbeziehung zueinander stehen.

Handlungziele geben den „Weg" an. An der Spitze der **Orientierungsziele** steht die **Unternehmensidentität.** Sie prägt maßgeblich die Marketing-Ziele. Die spezielle Marketing-Strategie wird von dort formulierten Zielen abgeleitet.

> **!** Eine Konkretisierung der primären Unternehmensziele muss für alle Aufgabenbereiche bzw. Abteilungen vorgenommen werden; so auch für den Marketing-Bereich- bzw. die Marketing-Abteilung.

Die so erhaltenen **Aufgabenbereichsziele des Marketings** legen eindeutig fest, welche Ziele in welchem Umfang erreicht werden müssen. Um den Zielerreichungsgrad messen zu können, bedarf es **Zielvereinbarungen** und deren Bestimmung mithilfe von **Zielelementen.**

> **Zielvereinbarung**
>
> Steigerung des Umsatzes im Marktsegment „Pauschalreisen" durch Familien um 15 % in einem Jahr.

Primäre Unternehmensziele		
quantitative Ziele	qualitative Ziele	soziale Ziele

Analysiert man die Zielvereinbarung genauer, so lassen sich fünf Zielelemente einer solchen Operationalisierung erkennen:

» Steigerung
» um 15 %
» Marktsegment „Pauschalreisen"
» in einem Jahr
» durch Familien

Der Zielerreichungsgrad wird gemessen:

1. durch einen Vergleich zum derzeitigen Ist-zustand:

2. durch einen Vergleich des jeweiligen Leistungsangebotes, z. B. Städtereisen, Kreuzfahrten, Fernreisen;

3. im Hinblick auf die Akzeptanz von Konsumenten, z. B. Singles, Senioren;

4. in quantitativer Hinsicht, z. B. prozentual, absolut;

5. unter Berücksichtigung des Zeitraumes, z. B. Jahr, Monat.

Entsprechend den **touristischen Leistungsstufen** erfolgt eine weitere Spezifizierung der Aufgaben.

Leistungsstufe	Zielbestimmung	Beispiele
Bereitstellungsstufe	▪ Bereitstellung der touristischen Leistung ▪ Vertrauensbildung des touristischen Einzelbetriebes	▪ Beratungsqualität ▪ Leistungsbereitschaft ▪ Kompetenz
Durchführungsstufe	▪ qualitative und quantitative Leistungserstellung	▪ Transfer ▪ Unterkunft ▪ Verpflegung ▪ Service
Ergebnisstufe	▪ Abgleich des Kunden im Hinblick auf Versprechungen, Erwartungen und deren Erfüllung	▪ Kundenzufriedenheit ▪ Kundenbindung ▪ Reklamationsmanagement

In den Absatzfeldern (Erschließung neuer Zielgebiete) und in den darauf wirkenden Instrumenten erfolgt die konkreteste Formulierung der Marketing-Ziele, sie werden dort vor allem in einem „Tun" ausgedrückt.

Marketing-Ziele in Bezug auf ihre Konkretisierung

Marketing als kundenorientierte Unternehmensführung geht von vorhandenen und potenziellen Kunden aus. Durch Befriedigung von Kundenwünschen sollen Gewinne erzielt werden. Zur Umsetzung eines Marketing-Konzepts werden die Marktforschung und die marketing-politischen Instrumente eingesetzt.

Eine solche marktorientierte Unternehmenspolitik muss einerseits gezielt Kundenwünsche ansprechen, also Präferenzen erzeugen, und andererseits dem gesellschaftlichen Wertewandel etwa von Arbeit und Freizeit Rechnung tragen.

> **Notwendigkeit von Marketing-Aktivitäten**
>
> Alle großen Reiseveranstalter bieten Reisen zu den Urlaubsgebieten auf den Balearen und Kanaren an. Der Kunde kann somit zwischen verschiedenen Anbietern wählen. Die Anbieter müssen sich, um erfolgreich zu sein, mit ihren Marketing-Aktivitäten an den Kundenwünschen orientieren.

Marktgegebenheiten, z. B. Kundenwünsche, Ferienzeiten, Einkommen, Bevölkerungsstruktur bestimmen die Leistungen für den Markt. **Tourismus-Marketing** hat das Ziel, ein profitables Umsatzvolumen zu erwirtschaften auf der Grundlage von Kundenzufriedenheit.

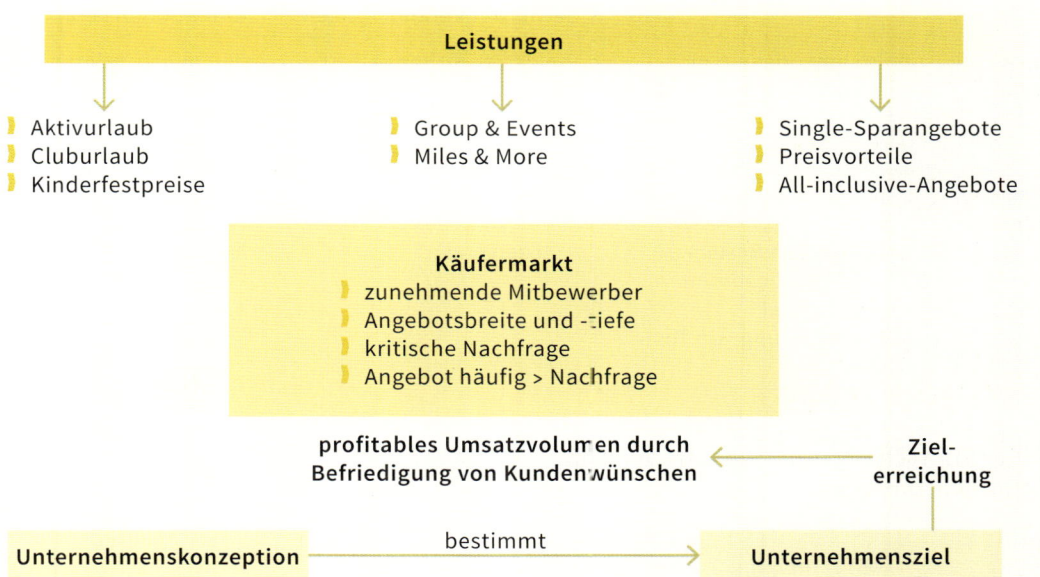

2.2 Marktforschung und Marktanalyse

Marktforschung ist die systematische Erfassung, Aufzeichnung, Verarbeitung von Marktdaten sowie deren Kontrolle, Analyse und Interpretation. Ihre Aufgaben sind vielfältig.

Grundsätzlich kann Marktforschung vom eigenen Unternehmen oder durch fremde Personen durchgeführt werden.

Man unterscheidet in der Marktforschung zwei Methoden:

Im Rahmen der Primärforschung werden Daten erhoben, die die Sekundärforschung nicht bereitstellen kann. Die Methoden der Primärforschung sind die **Marktbeobachtung,** das **Experiment** und die **Befragung.**

Für die Befragung ist die Auswahl der Befragten von wesentlicher Bedeutung für die Qualität der Ergebnisse.

Primärforschung *(field research)*

= Demoskopie

─ **dient der Erhebung von**

→ subjektiven Sachverhalten, z. B. Einstellungen, Meinungen, Motiven

→ objektiven Sachverhalten, z. B. Käufer, Alter, Einkommen

Sekundärforschung *(desk research)*

= Ökoskopie

─ **Auswertung von**

→ internen Betriebsdaten und Verbrauchsdaten, z. B. Umsatz/Mitarbeiter des eigenen Betriebes zu gleichartigen Betrieben

→ externen Quellen im Hinblick auf den Markt, z. B. Marktanteil

Methoden der Primärforschung			
	Marktbeobachtung	**Experiment**	**Befragung**
Definition	Beobachtung des Marktgeschehens im Zeitablauf	Ermittlung der Entwicklung auf dem Markt aufgrund bewusster Veränderungen	Personen werden durch Fragen zur Abgabe von Informationen veranlasst
Durchführung	teilnehmende und nicht teilnehmende Beobachtung	*Pre-Tests* (vorherige Tests) bei Testpersonen oder auf Testmärkten	persönlich, telefonisch, schriftlich, durch direkte/indirekte sowie offene/geschlossene Fragen
Beispiele/ Tourismus	» Kaufverhalten am Counter » Zählen von Besuchern an einem bestimmten Ausflugsziel » Durchführung von Testverkäufen	» Preistest » Produkttest » Anzeigetest	» Wie oft im Jahr fahren Sie in den Urlaub? » Welche Reiseveranstalter kennen Sie? » Kennen Sie den Reiseveranstalter?

Die Primärforschung unterscheidet verschiedene Auswahlverfahren:

Vollerhebung

Alle Personen der Grundgesamtheit werden befragt;

z. B. alle Mitarbeiter eines Reisebüros.

Stichprobe

Alle Personen aus der Gesamtheit müssen dieselbe Chance haben, in die Auswahl aufgenommen zu werden;

z. B. jeder zehnte Passant wird befragt.

Random

Alle Personen werden so in Gruppen aufgeteilt, dass diese repräsentativ sind.
Aus jeder Gruppe werden dann Stichproben gezogen;

z. B. jeder Zehnte einer spezifischen Gruppe wird befragt.

Daten über das allgemeine Reiseverhalten und die spezielle Tourismus-Marktentwicklung, die für die Sekundärforschung benötigt werden, bieten u. a. amtliche Statistiken, Tourismusverbände und touristische Fachzeitschriften.

2.2.1 Die Aufgaben der Marktforschung

 Eine touristische Leistung wird im Prozesscharakter bewirkt und zeichnet sich dadurch aus, dass sie immateriell ist sowie den externen Faktor Kunde integrieren muss.

Entsprechend dem Prozesscharakter wird die Marktforschung für die einzelnen Bereitstellungsstufen gegliedert durchgeführt.

Die Aufgaben der Marktforschung in der Bereitstellungsstufe

» **Bereitstellungsbewertung**
Die Marktforschung hat die Aufgabe, Bewertungskriterien der potenziellen Kunden im Hinblick auf das eigene Angebot sowie im Vergleich zu den Mitbewerbern zu erforschen.

– Gästebefragung im Hinblick auf die Erwartungshaltung an eine Pauschalreise (all-inklusive, Animation, ...).

» **Kaufverhaltensforschung**
Diese Teilphase versucht, Aufschluss über die Nutzung von Informationsquellen und Buchungsstellen zu geben.

» **Bereitstellungsforschung**
Sie gibt Auskunft über die saisonale Verteilung von Reiseinformationsnachfrage, Reisebuchung, Reisezahlung und Reisedurchführung.

– Reiseveranstalter benötigen die Daten, um entsprechende Kontingente in Hotel- und Transportbetrieben zu beschaffen.

» **Qualitätsforschung**
Im Vordergrund steht hier die Messung der Servicequalität im Hinblick auf Beratung und Bereitstellung der zu erbringenden touristischen Leistungen.

 Dominante Aufgabe der Marktforschung in der anschließenden Durchführungsstufe ist die Erforschung des Interaktionsvorganges zwischen den touristischen Leistungserstellern und den Leistungskonsumenten.

Die Aufgaben der Marktforschung in der Durchführungsstufe

» **Integrationsverhaltensuntersuchung der Konsumenten und Kontaktpersonen**
Sie soll Aufschluss über die Gästezufriedenheit geben und erfolgt durch Befragung der Kontaktpersonen wie Reiseleiter, Empfangspersonal, Animateure usw. Diese können durch Beobachtungen und Gespräche den Grad der Zufriedenheit und weitere Bedürfnisse des Reisenden ermitteln.

» **Reiseverhaltensanalyse**
Aufgrund von Beobachtungen und Befragungen ergründet man die Aktivitäten des Konsumenten am Urlaubsort im Hinblick auf die Nutzung der touristischen Leistungspalette.
Diese Teilphase kann Auskunft über die Übereinstimmung vor Reiseabsichten und tatsächlichem Reiseverhalten geben. Dem kommt besondere Bedeutung im Hinblick auf die Reisedestination und die saisonale Verteilung von Reisen zu.

» **Reisezufriedenheits- und Qualitätsanalyse**
Durch die Befragung der Reisenden ermittelt man eine Bewertung des vorhandenen touristischen Angebotes und eine Einschätzung über weitere gewünschte Leistungen. Für eine Qualitätsanalyse werden auch neutrale Testpersonen eingesetzt.

Auch in der **Ergebnisstufe der Marktforschung** ist die Gästebefragung das häufigste Instrument, um Aufschluss über die Erfüllung von Urlaubsmotiven und -erwartungen zu erhalten.

Die Aufgaben der Marktforschung in der Ergebnisstufe

» **Zufriedenheitsanalyse**

Die Zufriedenheitsanalyse gibt Aufschluss über die Zufriedenheit mit Teilleistungen wie Transport und Beherbergung und zeigt Unterschiede im Hinblick auf die Bereitstellungs- und Durchführungsstufe auf. Urlaubszufriedenheit ist das wichtigste Entscheidungskriterium für den Konsumenten, z. B. an einen Urlaubsort zurückzukehren, die gleiche Urlaubsform wieder zu wählen oder bei dem gleichen Veranstalter wieder zu buchen bzw. dasselbe Reisebüro erneut als Vermittler zu beauftragen.

Ein Muster für eine Zufriedenheitsbefragung finden Sie unter Zusatzinformationen zu LF 9, Kapitel 2.2.1 auf der beiliegenden DVD.

> **!** Der Zufriedenheitsanalyse kommt eine zentrale Bedeutung zu. Sie erforscht u. a. die Abweichung zwischen den zugesicherten Eigenschaften einer Reise und der tatsächlichen Erfüllung. Hinweise hierzu liefern die Auswertung von Kummerkästen und Beschwerdebüchern sowie die Auswertung von Gästekritiken, um die Wiederholerrate zu ermitteln.

Da die Leistungsträger am Urlaubsort auf die Urlaubszufriedenheit einen entscheidenden Einfluss haben, werden die Gastgeber im Hinblick auf die wirtschaftlichen, sozialen und ökologischen Folgen des Reisens in die Untersuchung mit einbezogen (Total Quality Management).

» **Einstellungs- und Imageanalyse**
Hier erfolgt ein Abgleich des Bildes, das die touristischen Leistungsträger von sich selbst haben, mit dem Bild, das die Konsumenten von ihnen haben (*Corporate Identity und Corporate Image*).

» **Ergebnisqualitätsmessung**
Gästebefragungen geben Aufschluss über die Zufriedenheit im Vergleich zu den Erwartungen oder die Versprechungen im Vergleich mit der jeweiligen Erfüllung.

Ergebnisse solcher Messungen spiegeln sich z. B. in der Anzahl der Stammgäste, in den Hitlisten der Fluggesellschaften und den Untersuchungen u. a. der Stiftung Warentest wider.

Die Marktforschung ist zum einen in der Lage zu erforschen, ob ein Absatzmarkt für ein bestimmtes Produkt oder eine bestimmte Dienstleistung vorhanden ist, und zum anderen in der Lage, einen ganzen Prozess, in Einzelteile „zerlegt" durch das Sammeln von Informationen zu erforschen und zu analysieren.

Die Marktforschung im Tourismus wird sinnvollerweise in die quantitative und qualitative Marktforschung unterteilt.

» Die **quantitative Marktforschung** befasst sich mit der Sammlung, Aufbereitung sowie Interpretation von unternehmensrelevanten Daten.

» Die **qualitative Marktforschung** versucht Begründungen und Motive für das Reiseverhalten transparent zu machen.

Im Vordergrund der Untersuchungen stehen somit Bedürfnisse, Einstellungen und Meinungen von Personen. Sie sind zur Entscheidungsfindung (z. B. Marketing-Zielbestimmung) und/oder zur Absicherung von Entscheidungen (Marketing-Entscheidungen) geeignet.

> **!** Marktforschung ist die Voraussetzung für eine marktnahe Umsetzung aller Marketing-Aktivitäten. Sie ist eines der wichtigsten Werkzeuge des Marketings.

Die Marktforschung zeigt die Trends für die nächsten Jahre auf.

5053446

2.2.2 Die Kaufverhaltensforschung

Dieser Bereich der Marktforschung bzw. Konsumforschung erklärt und **prognostiziert das Konsumverhalten.** Vor allem die Auswahl des Zielgebietes sowie das Reiseverhalten werden untersucht. Dabei fließen in das touristische Kaufverhalten verschiedene Aspekte ein:

Aspekte beim touristischen Kaufverhalten

Konsument	Wer?	Reisekäufer
Marke	Was?	Reiseform/-art
Motivation	Warum?	Reisemotiv
Entscheidung	Wie?	Buchungsverhalten
Kaufmenge	Wie viel?	Reisehaupt- und -nebenleistungen
Zeitpunkt	Wann?	Ankunfts-, Abreisedatum, Zeit
Einkaufsort	Wo?	Reisebüro, Internet, Direktbuchung
Zahlungsweise	Womit?	Kreditkarte, bar, Scheck

Beschließt also ein potenzieller Kunde, seine Kaufabsicht durchzuführen, werden bis zu acht Entscheidungen getroffen.

Modelle zur Prognose des Konsumverhaltens

Das Blackbox-**Modell** geht davon aus, dass der psychische Prozess bei der Kaufentscheidung der Konsumenten nicht beobachtbar ist. Er findet in einer sogenannten „Blackbox" statt und ist somit kein Untersuchungsgegenstand. Das Verhalten der Konsumenten wird vielmehr als Reaktion (R) auf beobachtbare Stimuli (S), d. h. Einflussgrößen, interpretiert. Die touristische Reiseverhaltensforschung unterscheidet folgende Stimuli:

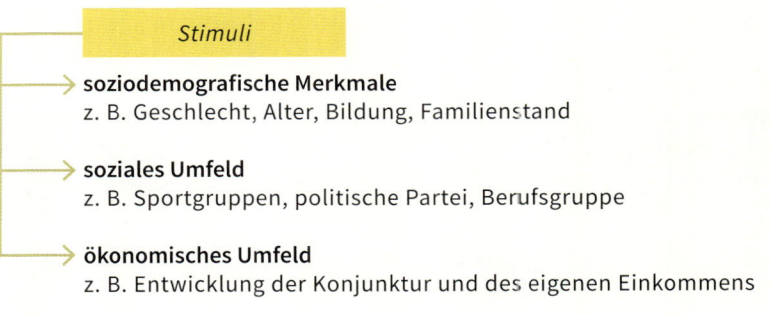

Stimuli

→ **soziodemografische Merkmale**
z. B. Geschlecht, Alter, Bildung, Familienstand

→ **soziales Umfeld**
z. B. Sportgruppen, politische Partei, Berufsgruppe

→ **ökonomisches Umfeld**
z. B. Entwicklung der Konjunktur und des eigenen Einkommens

Forschungsgegenstand des Blackbox-Modells (auch Stimuli-Reaktions-Modells) ist die Reaktion auf eine Veränderung der Stimuli.

Befragt man Gäste eines Robinson-Clubs nach Einkommen, Alter, Beruf und Herkunftsregion, so kann man einen Zusammenhang zwischen den soziodemografischen Merkmalen und dem speziellen Cluburlaub vermuten. Man weiß jedoch nicht, wie die Entscheidung für den Robinson-Club zustande kam.

Stimuli	Blackbox	Reaktion
Zeitraum Herbstferien	Konsument	Pauschalreise auf die Kanaren
Preissenkung in der Nebensaison		Ad-hoc-Reise (Impulsreise)

Das **Stimulus(S)-Organismus(O)-Reaktions(R)-Modell** wiederum untersucht auch die „*Blackbox*". Es unterstellt, dass der Kaufentscheidungsprozess im Organismus von aktivierenden und kognitiven Komponenten bestimmt wird.

Emotionen	**Wahrnehmung**
Flucht aus dem Alltag	z. B. Werbeanzeige eines Urlaubsortes
Motivation	**Denken**
sonnenhungrig	z. B. Klima individuell erträglich
Einstellung	**Lernen**
Kanaren garantieren Sonne pur	z. B. Veranstaltervergleich und Buchung
= gefühlsbetonte Faktoren	= verstandbetonte Faktoren
= **aktivierende Komponenten**	= **kognitive Komponenten**

Stimuli	Organismus	Reaktion
	= Prozess der kognitiven und aktivierenden Informationsverarbeitung	
Informationen über die Balearen	Gefühls- und Verstandes-Check	Buchung

Beim S-O-R-Modell wird insbesondere versucht, **das Reiseverhalten** zu begreifen. Dazu zählen die Forschung über Unterkunft, Reisedauer, Verkehrsmittel, Reiseorganisationsformen, Zahl der Reiseteilnehmer und Reisekosten.

Was im Urlaub zählt

Die wichtigsten Qualitätsmerkmale
Angaben in % (Mehrfachnennungen)

schöne Landschaft	71
gesundes Klima	61
gutes Essen	61
Sauberkeit	58
gemütliche Atmosphäre	57
gutes Preis-Leistungs-Verhältnis	57
Bademöglichkeit (Meer/See)	56
Gastfreundschaft/Freundlichkeit	52
preiswerte Unterkunft	52
wenig Verkehr	49

Die **Ergebnisse der Kaufverhaltensforschung** lassen einen Rückschluss auf erfolgreiche Verkaufsmodelle zu (wie z. B. „AIDA-Formel").

5053448

2.2.3 Die Marktanalyse

Die Marktanalyse ist eine **Betrachtung der Marktsituation zu einem bestimmten Zeitpunkt.** Hierzu können sowohl interne Daten (z. B. Buchungszahlen) als auch externe Daten (z. B. Reiseverhalten der Deutschen) herangezogen werden.

> **!** **Das Ziel einer Marktanalyse ist es, alle für das touristische Marketing bedeutenden Faktoren eines speziellen Tourismusmarktes aktuell zu untersuchen, um mögliche Chancen zu nutzen und Risiken zu vermeiden.**

Die Marktanalyse dient der Absatzplanung auf der Grundlage von Messung und Abschätzung von Marktvolumen und -entwicklung (Wachstum, Stagnation, Schrumpfung) sowie der Analyse von Marktanteilen, relevanten Marktsegmenten und Produkttypen.

Umfeldanalyse

Die Umfeldanalyse ist eine Methode, alle von dem „Projekt" betroffenen Bereiche und Interessengruppen zu untersuchen und zueinander in Beziehung zu setzen. Dabei gilt es, alle Einflussfaktoren zu erfassen, speziell die Risikofaktoren für das Gelingen oder den Misserfolg.

> – Typische Analysefelder sind:
>   Reisemarktvolumen und -entwicklung
>   Reisepreisentwicklung
>
> – Typische Reiseteilmarktanalysen untersuchen:
>   Regionen/Länder,
>   Reiseproduktgruppen
>   Kundentypen
>   Absatzkanäle.

Die Methode wird auch **Projektumfeldanalyse (PUMA oder PUA)** oder Stakeholderanalyse (engl. stakeholder = Interessenvertreter/-gruppe) genannt und meist zu Beginn einer Marketing-Entscheidung angewandt. Dies fördert die Einbindung und das Verständnis der Interessengruppen für die daraus resul-

tierenden Folgen. Die PUMA ist Basis für eine Risikoanalyse, da meist Störungen von außen für einen veränderten Ergebnisverlauf sorgen und ein Erfolgsrisiko darstellen können.

Die allgemeinen Umfeldbedingungen des Reisemarktes beziehen sich in der Hauptsache auf die gesellschaftlichen Einflussgrößen und ihre spezifischen Auswirkungen auf das Touristik-Marketing. Die Umfeldanalyse im Tourismus betrachtet vor allem:

» regionale/lokale Gegebenheiten (Lage, Klima, Erwerbs- und Wirtschaftsstruktur, …)
» volkswirtschaftliche Entwicklung (Konjunkturlage, Wechselkurse, Inflationsrate, …)
» Reisepräferenzen (Trend verstärkt zu Kurzurlauben, …)
» politische Veränderungen (politische Stabilität von Urlaubszielen, …)
» juristische Rahmenbedingungen (Zunahme von Umweltschutzbestimmungen, …)

Die Notwendigkeit einer solchen Analyse ergibt sich zum einen aus der Zukunftsbezogenheit und zum anderen aus der daraus resultierenden Unsicherheit von Marketing-Entscheidungen.

Konkurrenz-/Mitbewerberanalyse

Während sich die Umfeldanalyse mit der Informationsgewinnung über den Absatzmarkt befasst, ist es Aufgabe der Konkurrenz- oder Mitbewerberanalyse (Competitive-Intelligence oder -Business), sich mit der Sammlung und Auswertung von Informationen über die „Konkurrenz" zu befassen. Als Konkurrenz gelten dabei sowohl Unternehmen als auch Produkte.

> **!** **Die Konkurrenz- oder Mitbewerberanalyse ermöglicht es Unternehmen, frühzeitig ihre Marketing-Strategie den Marktgegebenheiten anzupassen und dadurch Wettbewerbsvorteile zu erzielen.**

Die Methoden der Marktanalyse werden (zusammen mit den Methoden der Marktforschung) dazu verwendet, Voraussagen über Absatzmärkte zu treffen und mögliche Marketing-Strategien zu entwickeln oder anzupassen.

- Konkurrenten und deren Produkte auf dem Markt
- mögliche Substitutionsprodukte
- Produktlebenszyklusanalyse

! **Marktforschung und Marktanalyse sind wichtige Instrumente zur Marketing-Zielbestimmung und zur Wahl der richtigen Marketing-Strategie.**

2.2.4 Marktsegmentierung

Ein Käufermarkt macht eine Marketing-Strategie erforderlich, die den immer wieder neuen Marktgegebenheiten der Nachfrage entspricht.

Grundsätzlich lassen sich dabei zwei Vorgehensweisen unterscheiden:

Die konzentrierte Strategie

Der touristische Einzelbetrieb konzentriert sich hierbei mit seiner Strategie auf ein häufig homogenes Marktsegment und in diesem wiederum um eine dominante Marktstellung.

Beispiel: Pauschaltouristen mit dem Zielgebiet westliches Mittelmeer.

Die differenzierte Strategie

Hierbei versuchen Einzelbetriebe aufgrund mehrerer Strategien unterschiedliche Marktsegmente zu erreichen und abzudecken.

Beispiel: Städtetourismus und Kreuzfahrten

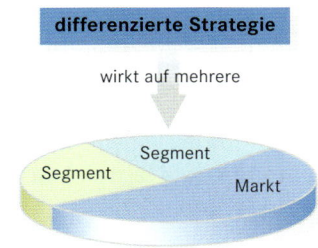

Diese in der Literatur auch als „Scharfschützen-Konzeption" bezeichneten Taktiken zeichnen sich gegenüber der in der Vergangenheit verwendeten Massenmarktstrategie dadurch aus, dass sie das „Wen" und das „Was" definieren.

Hier erfolgt eine Marktunterteilung auf der Grundlage von **Kriterien wie Ort, Jahreszeit, Produkt, Personen(-daten) und Marktform.** Ziel ist es, für homogene Personengruppen ein Leistungsangebot zusammenzustellen und profitabel zu vertreiben.

1. Der räumliche Gesichtspunkt

Diese Form der Eingrenzung umfasst alle möglichen und vorhandenen Konsumenten für eine touristische Leistung innerhalb eines Einzugsgebietes.

Lokale Marktsegmentierung

- Für ein Reisebüro in München ist der zu berücksichtigende bzw. erreichbare Markt auf einen Teilbereich der Stadt beschränkt.
- Für einen Einwohner von Bad Vilbel sind die Angebote der Reisebüros in Bad Vilbel relevant.
- Für eine internationale Airline mit einer Niederlassung in Frankfurt ist ganz Deutschland als Markt anzusetzen.

Strategiebildung aufgrund der Nielsen-Regional-Strukturen

Der Tourismusmarkt Deutschland kann nach den sogenannten „Nielsengebieten" unterteilt werden. Eine solche
Segmentierung beantwortet zum einen die Frage nach der
Herkunft des Konsumenten und zum anderen gibt sie Aufschluss über die Reiseziele der Verbraucher in Deutschland.

---

2. Der saisonale Gesichtspunkt

Die meisten touristischen Märkte verändern sich saisonal.

Saisonale Marktsegmentierung

– Während im Sommer vorrangig Reisen ins westliche und östliche Mittelmeer gebucht werden, sind
im Winter zumeist Fernreisen und Skireisen gefragt.

---

3. Der produktbezogene Gesichtspunkt

Es folgt eine Abgrenzung hinsichtlich der gehandelten konsumierenden und substituierenden touristischen
Leistungen.

Produktbezogene Marktsegementierung

– Fast von jedem Veranstalter werden Pauschalreisen in den Mittelmeerraum angeboten. Dabei stehen
sich die Angebote westliches und östliches Mittelmeer konkurrierend gegenüber. Tendenziell könnte
dabei die Türkei als Urlaubsregion die Balearen ersetzen.

---

4. Der sozioökonomische und demografische Gesichtspunkt

Diese Markteingrenzung erfolgt mithilfe von personenbezogenen Daten wie z. B. Alter, Geschlecht, Bildung,
Beruf, Einkommen, Familienstand und Haushaltsgröße.

Sozioökonomische und demografische Marktsegmentierung

– Es existieren Jugend- und Seniorenreisemärkte.
– Psychografische Marktsegmentierung

---

5. Die Marktform

Der Tourismusmarkt stellt sich bis auf wenige Ausnahmen als Käufermarkt dar.

Als Ergebnis einer Segmentierung erhält man das Markt- und Absatzvolumen.

> **!** Unter **Marktvolumen** versteht man die realisierten Umsätze aller Marktteilnehmer des Tourismusmarktes. Das **Absatzvolumen** hingegen ist der mengen- und wertmäßige Absatz eines touristischen Betriebes.

2.3 Marketing-Strategien

betriebliche Ausgangssituation

↓

Weg =
Marketing-Strategie

↓

Ziel

- Profit
- Kundenzufriedenheit
- Umweltverträglichkeit

Touristische Betriebe müssen sich auf dem Markt systematisch und zielorientiert verhalten. Diese für eine bestimmte Zeit festgelegte Verhaltensweise bezeichnet man als **Marketing-Strategie.**

Strategisches Marketing heißt langfristiges Agieren! Um jedoch auf dem Markt strategisch handeln zu können, ist es notwendig, die Ausgangssituation des jeweiligen Betriebes zu analysieren, Entwicklungsmöglichkeiten aufzuzeigen und Unternehmensziele zu definieren.

Im Folgenden werden **Diagnosemethoden** beschrieben, die die eigene betriebliche Lage beleuchten und entsprechend unterschiedliche strategische Aussagen ermöglichen.

Chancen-Risiken-Analyse

Sie zeigt generelle Entwicklungstendenzen für den Absatzmarkt auf, in den Richtungsausprägungen Optimismus bis Pessimismus.

> **Chancen für den Mallorca-Tourismus**
> - Trend zu Kurzreisen
> - mehr Individualurlauber
> - neues „Sylt"

> **Risiken für den Mallorca-Tourismus**
> - Stagnation bzw. Rückgang der Pauschalreisen
> - zunehmende Umweltprobleme
> - hohes Preisniveau

Stärken-Schwächen-Analyse

In ihr werden zur Beurteilung von touristischen Destinationen **angebotsbestimmende Elemente** herausgestellt.

Eine Bewertung erfolgt zwischen „sehr gut" und „mangelhaft" für die einzelnen Elemente. Stärken zeigen dabei Wettbewerbsvorteile und Schwächen Wettbewerbsnachteile auf.

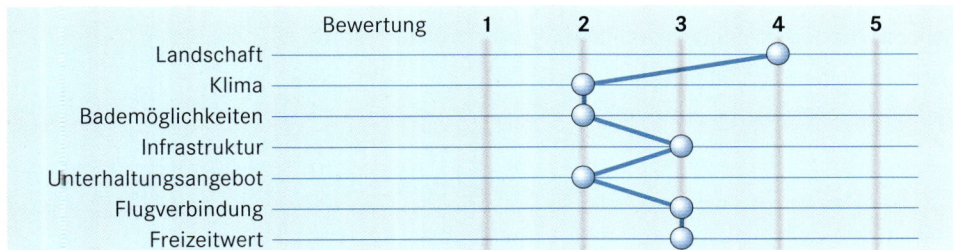

S-W-O-T-Analyse

S = *Strength* W = *Weakness*

O = *Opportunity* T = *Threats*

Sinnvollerweise wird die Chancen-Risiken-Analyse durch die **Ressourcenanalyse** ergänzt. Deren Aufgabe ist es, ein Profil der wichtigsten Leistungsfaktoren des Unternehmens (z. B. Produkt, Markenanteil, Service, Image) zu erstellen. Die jeweiligen Stärken und Schwächen zum nächsten Konkurrenten zu ermitteln und daraus Erkenntnisse für die eigene Kompetenz zu gewinnen.

Die Ergebnisse beider Analysen lassen sich in einer Matrix zusammenführen, die als S-W-O-T-Analyse bezeichnet wird. Mit dieser Untersuchung werden die Stärken und Schwächen offengelegt und der Handlungsbedarf für das Unternehmen erkennbar.

Stärken

- Preis-Leistungs-Verhältnis
- Service
- Infrastruktur

Schwächen

- Sauberkeit
- Landschaftspflege
- Events

Chancen

- Pauschalurlauber
- Sehenswürdigkeiten
- Freizeitwert

Risiken

- Landschaftszersiedlung
- Verkehrsaufkommen
- Umweltbelastung

Benchmarking

Benchmarking ist eine Methode, die Qualität eines Unternehmens und seiner Leistungen zu erhalten und zu verbessern. Dies geschieht, indem ein ständiger Vergleich von Produkten, Leistungen und Abläufen mit anderen Unternehmen durchgeführt wird, wobei die Benchmark („Referenzpunkt") die Bestleistung eines Mitbewerbers ist, die es zu erreichen gilt.

Die Fragestellungen für das eigene Unternehmen hierbei sind:

» Was unterscheidet mein Unternehmen mit seinen Leistungen von denen meiner Mitbewerber?
» Was machen meine Mitbewerber besser?
» Warum bestehen diese Unterschiede?
» Welche Möglichkeiten habe ich, mich zu verbessern?

Ziel des Benchmarking ist es, die wirkungsvollsten Methoden der Besten einer Branche herauszufinden und für das eigene Unternehmen zu nutzen.

Nutzwert von Benchmarking	
Direkter Nutzen	**Indirekter Nutzen**
» analysiert das Unternehmen » vergleicht Unternehmensbereiche und Unternehmen » definiert Bestleistungen » identifiziert Leistungsdefizite » bewertet Lösungsalternativen	» erzeugt Verständnis für die eigenen Geschäftsabläufe » legt die Unternehmensziele fest » überprüft die Unternehmensstrategien » stärkt die Wettbewerbsfähigkeit » initiiert einen kontinuierlichen Verbesserungsprozess

Quelle: Aus Berg, Waldemar: Tourismusmanagement, Kiehl Verlag, 2006

2.3.1 Produkt-Markt-Strategien

Die Marktstrategie gibt den Orientierungsrahmen vor, ob und wie das derzeitige Leistungsangebot aktualisiert und ausgestaltet werden soll.

Grundsatzfragen der Strategieentscheidung:
1. Wo soll der touristische Einzelbetrieb aktiv werden?
2. Wie soll er dabei vorgehen?

Um die entsprechenden strategischen Möglichkeiten zu bestimmen, bedient man sich verschiedener Methoden. Die bekannteste ist die **Produkt-Markt-** oder auch **Ansoff-Matrix.** Sie unterscheidet vier Strategiemöglichkeiten:

Produkte \ Märkte	gegenwärtig	neu
gegenwärtig	Marktdurchdringung	Markterschließung
neu	Produktentwicklung	Diversifikation

1. Marktdurchdringung	Devise:	Mit einem unveränderten Leistungsangebot wird der gleiche, also unveränderte Markt besser genutzt.
	Strategie:	Werbemaßnahmen werden z. B. für eine Destination unter Beibehaltung der Zielgruppe erhöht.
2. Markterschließung	Devise:	Mit einem unveränderten Leistungsangebot werden zusätzliche Märkte erschlossen.
	Strategie:	Werbemaßnahmen für eine Destination werden erhöht, um weitere Zielgruppen anzusprechen.
3. Produktentwicklung	Devise:	Mit einem neuen Leistungsangebot soll die bisherige Zielgruppe verstärkt erreicht und gewonnen werden.
	Strategie:	Werbemaßnahmen für das neue Leistungsprofil unter Beibehaltung der Adressaten.
4. Diversifikation	Devise:	Mit neuem Leistungsangebot erschließt man neue Märkte.
	Strategie:	Aufnahme vergleichbarer bzw. bisher nicht angebotener Leistungen in das Angebot.

In der Regel werden die einzelnen Strategien in Z-Form nacheinander eingesetzt.

Die Ansoff-Matrix erlebte mehrere Erweiterungen, u. a. unter Hinzufügen weiterer Kategorien, wie modifizierte Produkte und geplante Märkte (z. B. neue Geografie) zwischen gegenwärtigen und neuen. Das kann, insbesondere in schnelllebigen Branchen wie dem Tourismusmarkt einfacher zu analysieren sein, da die Entwicklungs- oder Etablierungszeit von einem gegenwärtigen zu einem neuen Produkt oder auf einen neuen Markt viele (Zwischen-) Modifikationen zulässt.

Portfolio-Analysen

Im Rahmen dieser Analyse werden Produkte bzw. Produktgruppen, die gleiche Marketing-Maßnahmen erfordern, zu strategischen Geschäftsfeldern (SGF) zusammengefasst. Mithilfe betriebsinterner und betriebsexterner Daten wird die Stellung der SGF am Markt untersucht:

1. Erstellung einer **Vierfelder-Matrix.**
2. Achsen der Matrix werden in die Bereiche niedrig und hoch unterteilt.
3. Das zu analysierende Geschäftsfeld/Produkt wird nach den **Kriterien Marktanteil und Marktwachstum** in eines der Matrixfelder positioniert.
4. Entsprechend der Eingruppierung des SGF werden unterschiedliche Strategien empfohlen, die auf den sogenannten **Normstrategien Wachsen, Selektieren und Ernten** aufbauen.

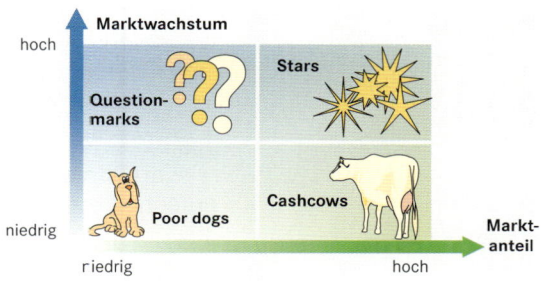

» **Im Matrixfeld oben links stehen die sogenannten** *Questionmarks* **(Fragezeichen):**

Als solche werden Produkte bezeichnet, die sich in der Einführungsphase befinden und noch einen relativ niedrigen Marktanteil haben.

Erfolgversprechende Produkte sollten ausgewählt und zu *Stars* entwickelt werden. Produkte mit geringem bzw. keinen Erfolgsaussichten werden eliminiert.

Questionmarks erfordern i. d. R. Investitionen (Finanzbedarf) damit sie der Wachstumsmarkt von morgen werden. Das Fragezeichen für das Geschäftsfeld oben links in der Matrix verweist auf das Risiko für die Unternehmensleitung im Rahmen einer solchen Entscheidung.

Marketing-Strategie: **offensiv**

» **Im Matrixfeld oben rechts stehen die sogenannten** *Stars* **(Sterne):**

Die Produkte eines solchen SGF haben sich in einem attraktiven Markt etabliert. Kennzeichnend für sie sind ein hoher Marktanteil und ein hohes Marktwachstumspotenzial. Zur Siche-

rung und Stärkung der Marktposition sind weitere Investitionen notwendig, sollen die „Sternchen" doch die *Cashcows* von morgen werden und das „Geld verdienen".

Marketing-Strategie: **Investition**

» **Im Matrixfeld unten rechts stehen die sogenannten** *Cashcows* **(„Geldkühe"):**

Sie zeichnen sich durch einen hohen Marktanteil in einem zunehmend unattraktiveren Markt und durch ein niedriges Wachstumspotenzial aus.

Aufgrund der Marktstellung ist die Ertragssituation (*Cashflow* = Zahlungsmittelüberschuss) ausgezeichnet. Der *Cashflow* sollte aufgrund des schrumpfenden Marktes
1. zur Entwicklung und Markteinführung neuer Produkte,
2. zur Sicherung der Marktpositionen der *Cashcows* und
3. zur Förderung der *Questionmarks* und *Stars* verwendet werden.

Marketing-Strategie: **Abschöpfung**

» **Im Matrixfeld unten links stehen die sogenannten** *Poor dogs* **(armen Hunde):**

Sie sind unattraktive Geschäftsfelder in unattraktiven Märkten mit niedrigem Marktanteil. Auch die Marktwachstumsprognose ist negativ, obwohl sie durchaus noch eine positive Ertragssituation aufweisen. Auf weitere Investitionen sollte zugunsten von *Questionmarks* und *Stars* verzichtet werden und vorhandene Kapazitäten für erfolgversprechendere Produkte eingesetzt werden. Bei einem negativen *Cashflow* sollten sie aus dem Markt genommen werden.

Marketing-Strategie: **Desinvestition**

 Portfolio-**Analysen sind ein Instrument der strategischen Marketing-Planung. Über eine einfache grafische Darstellung werden komplexe Zusammenhänge veranschaulicht, z. B. das unternehmerische Potenzial eines SGF.**

Eine weitere Form dieser Strategiefindung ist die **Marktattraktivitäts-Wettbewerbsvorteils-Matrix**. In ihr wird unterstellt, dass der Vorteil gegenüber den Mitbewerbern in der Qualität oder im Preis liegt. Dazu vergleicht der Einzelbetrieb zunächst seine Marktattraktivität mit den Mitbewerbern und bewertet diese. Den gleichen Vorgang wiederholt er in Bezug auf den Preis.

Attraktivitätsvorteile

– Leistungsangebot, Leistungsbreite
– Leistungstiefe, Service, Pünktlichkeit
– Beratungsqualität

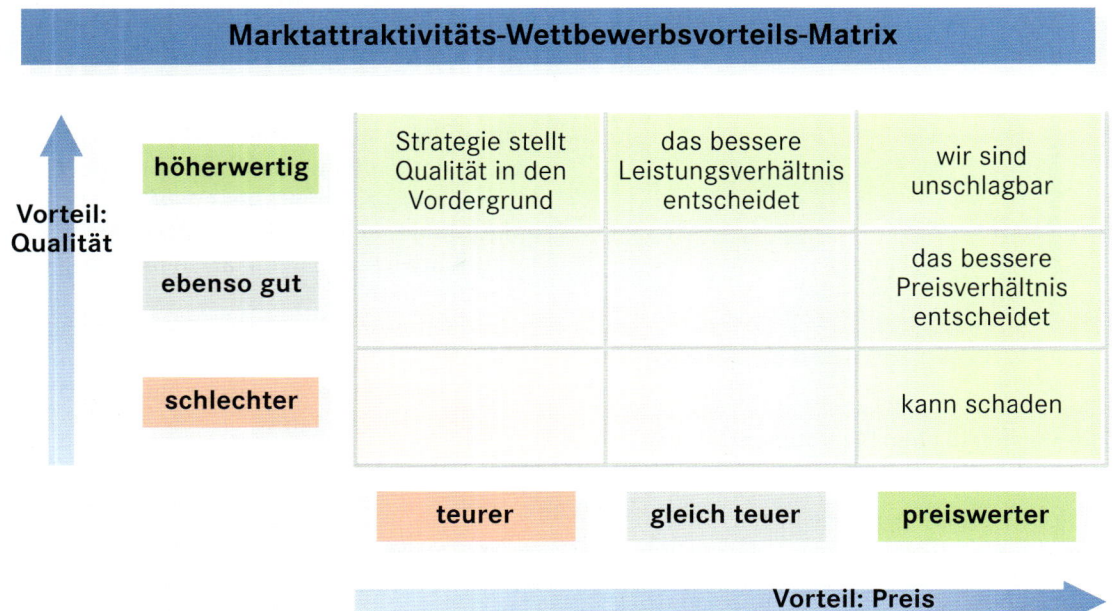

2.4 Marketing-Instrumente

Sie dienen dem Unternehmen dazu, die verschiedenen strategischen Ziele durch aktiven Einfluss auf dem Absatzmarkt umzusetzen.

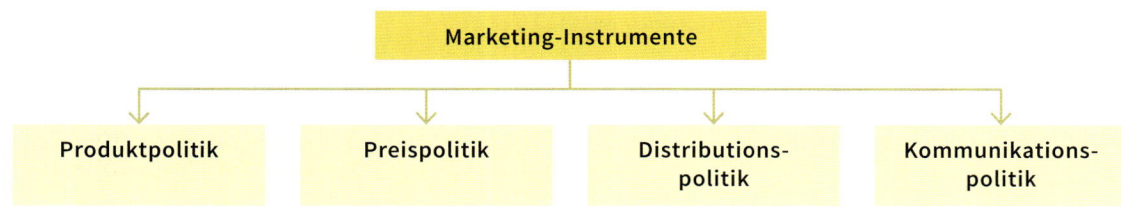

Im Weiteren werden die einzelnen marketing-politischen Instrumente entsprechend den Prozessstufen beim touristischen Marketing behandelt.

5053456

2.4.1 Produktpolitik

Unter Produktpolitik versteht man alle mit der touristischen Leistung zusammenhängenden Maßnahmen, um für ein Preisangebot eine bessere subjektive Einschätzung der Kunden zu erreichen.

Dem Leistungsträger muss im Rahmen seiner Produktpolitik bewusst sein, dass die Konsumenten die **touristischen Grundleistungen** häufig bereits als selbstverständlich betrachten. Der Kunde wünscht ein darüber hinausgehendes „Produkterlebnis", das er über seine Sinne wahrnehmen kann und bei ihm erst sein persönliches „Urlaubsfeeling" auslöst.

- Beherbergung
- Verpflegung
- Beförderung
- Vermittlungsleistungen

„Produkterlebnis"

kognitive Ebene   **affektive Ebene**

freundlicher Umgangston (hören) ⟶	Gastfreundschaft
hochwertige Ausstattung (sehen) ⟶	Luxus
landestypische Blumen (riechen) ⟶	Erholung
einheimisches Buffet (schmecken) ⟶	Erlebnis

In diesem Zusammenhang sind auch die Bedarfs- und die Buchungsmotive-Ermittlung wichtig.

Leistungsebenen eines Vermittlers			
Grundnutzen	**Kundenerwartung**	**Zusatznutzen**	**„Überraschung"**
» Informationen	» breites Sortiment	» tiefes Sortiment	» Urkunde nach der
» Prospekte	» Kompetenz	» Spezialangebote	Reise/Veranstaltung
» Kataloge			

Für die einzelnen **Leistungsstufen** bedeutet dies konkret:

Produktpolitik in der Bereitstellungsstufe	Hier sind die Mitarbeiter gefordert, durch entsprechende Informationen und Beratung Vertrauen im Hinblick auf die Leistungsbereitschaft und das Leistungsergebnis (die Reise) zu schaffen. Dies geschieht zum einen entscheidend durch Korrektheit und Glaubwürdigkeit, z. B. des Expedienten im Reisebüro, und zum anderen aufgrund der Attraktivität des Reiseangebotes.
» Vertrauensbildung beim Kunden » Leistungsbereitstellung » Produktportfolio und Markenpolitik	Des Weiteren gilt es in dieser Stufe, die nachgefragten Reiseplätze zuverlässig bereitzustellen. Die Zusammenstellung des **Produkt**portfolio und die **Markenpolitik** ermöglichen dabei eine Abgrenzung gegenüber Mitbewerbern und signalisieren eine unternehmensspezifische, gleichbleibende Qualität.

Produktpolitik in der Durchführungsstufe	In dieser Stufe „erfüllen" sich die vereinbarten Reiseleistungen. Erfüllung heißt in diesem Zusammenhang zunächst, dass die gebuchte Leistung qualitativ und quantitativ zur rechten Zeit und am rechten Ort abgerufen werden kann.	
» qualitativer und quantitativer Service » Kundeneinbindung in die touristische Leistung » Innenmarketing	Neben dieser **Kernleistung** gehören auch die „Gastfreundschaft" des Personals, die Servicequalität, Sauberkeit, Funktionalität der Hoteleinrichtung, Pünktlichkeit und die Integration des Reisenden für die Dauer des Aufenthaltes in den „Urlaubsalltag". Der Dienstleistende muss die Wünsche der Gäste erkennen und sorgt gegebenenfalls durch eine Kooperation mit anderen Leistungsträgern für die **Befriedigung** der Gästewünsche.	

Produktpolitik in der Ergebnisstufe	Sie beginnt nach der gebuchten „Leistungsentnahme", z. B. dem Urlaub, und bezieht sich auf die Nachbetreuung des Kunden durch den Leistungsträger.	– ein Willkommensgruß zu Hause – ein Anruf – eine Einladung zum *Après*-Urlaubsgespräch
» Kundennachbetreuung » Kundenbindung	Ziel dieser Aufmerksamkeit ist die **Kundenbindung.** Weitere unterstützende Maßnahmen sind Bonussysteme für Kunden, die wiederholt buchen, Einladungen zu Foto- und Filmabenden und Urkunden für Destinationsstammkunden.	

In der Umsetzung entsteht so eine Leistungskette (touristische Dienstleistungskette).

> **!** Die Produktpolitik hat zum Ziel, die Produkte und Dienstleistungen auf die Bedürfnisse und Wünsche der Kunden auszurichten. Sie umfasst alle Entscheidungen, die das Leistungsangebot betreffen, und beinhaltet u. a. die Gestaltung der Produktbeschaffenheit.

Der Produktlebenszyklus

Der Produktlebenszyklus zeigt den gesamten „Lebensweg" eines Produktes. Mithilfe von unternehmensinternen und Branchendaten kann ein bestimmtes Produkt bzw. Geschäftsfeld einer Phase zugeordnet werden.

Aus dieser Erkenntnis heraus können Strategien entwickelt werden, wann z. B. ein neues Produkt eingeführt bzw. ein altes Produkt aus dem Markt genommen wird. Grundgedanke hierbei ist, dass genau so viel neue, erfolgversprechende Produkte in den Markt gelangen, wie ihn alte verlassen, um so die **Unternehmenskontinuität** im Markt zu sichern.

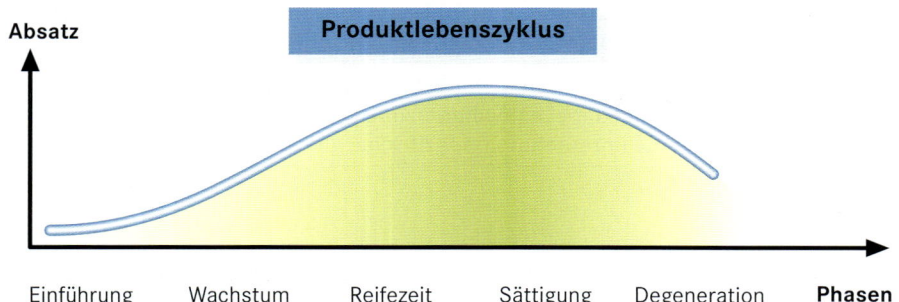

5053458

! Der Produktlebenszyklus kann z. B. auf eine Destination (d. h. die Reiseattraktivität eines Zielgebietes), auf Transferleistungen, Zusatzleistungen und auf eine spezielle Reiseform angewendet werden.

Phasen des Produktlebenszyklusses	
Einführungsphase	Der Kunde wird mit einem neuen Produkt vertraut gemacht. Es kommt zu Neugierbuchungen.
Wachstumsphase	Das Produkt wird einem größeren Kundenkreis bekannt und die Nachfrage erhöht sich kontinuierlich oder sprunghaft.
Reife- und Sättigungsphase	Das Produkt hat sich am Markt durchgesetzt. Absolut steigt die Anzahl der Buchungen weiterhin, aber die Zuwachsraten flachen ab.
Degeneration	Die Nachfrage nach dem Produkt geht absolut zurück. Es lässt sich zunehmend nur noch über den Preis absetzen. Neue Produkte ersetzen zunehmend das vorhandene.

Das Produktportfolio

! Die Gesamtheit der von einem Unternehmen angebotenen und vertriebenen Produkte wird als Produktportfolio, Produktprogramm oder Sortiment bezeichnet.

Als **Programmbreite** wird die Anzahl der nebeneinander existierenden Produktlinien verstanden, als **Programmtiefe** die Anzahl der Produktvarianten innerhalb einer Produktlinie.

Programmtiefe – Programmbreite

Spezialanbieter – Pauschalanbieter

Das Produktportfolio ermöglicht dem touristischen Unternehmen die Abgrenzung gegenüber Mitbewerbern.

Die Zusammenstellung des Produktprogramms unterliegt Überlegungen der Unternehmenszielplanung, die das **Unternehmensleitbild** (**Corporate Identity, CI**) und das **Total Quality Management** (**TQM**) mit einbezieht, sowie den Marktgegebenheiten und Kundenbedürfnissen.

Ändert sich eine oder mehrere dieser Bedingungen, muss das Produktprogramm den neuen Erfordernissen angepasst werden, indem es

» erweitert wird, das heißt, neue Produkte werden entwickelt (**Produktinnovation**), vorhandene Produktlinien um Produkte ergänzt (**Produktdifferenzierung**) oder weitere, passende Produktlinien aufnimmt (**Produktdiversifikation**),

» verbessert oder neu zusammengestellt wird (**Produktvariation**),

» verkleinert wird (**Produktelimination**).

Ebenso wie die Produkte selbst unterliegt auch das gesamte, unternehmenseigene Produktportfolio einem Lebenszyklus, der fortlaufend beobachtet und analysiert werden sollte.

Markenpolitik

Im Rahmen des Produktportfolios hat die Markenpolitik eine besondere Bedeutung. Ihre Aufgabe ist es, vorher eigentlich austauschbare Produkte so miteinander zu verbinden und zu vertreiben, dass sie in ihrer Gesamtheit zu einem Begriff werden und dann nicht mehr „austauschbar" oder anonym sind.

Vom Kunden kann dann eine Abgrenzung zu Konkurrenzprodukten erfolgen und er wird „seiner Marke" weitgehend treu bleiben, denn sie gibt ihm Sicherheit, das zu erhalten, was er wünscht oder bereit ist, dafür zu bezahlen. Wichtig in diesem Zusammenhang ist, dass für die Marke ein signifikantes Logo gefunden wird. Es dient als Kommunikationsmittel mit dem Kunden und hat einen Wiedererkennungswert.

> **!** **Eingetragene Marken sind geschützt und dürfen von niemand anderem als dem markenführenden Unternehmen verwendet werden.**

Für die Produktpolitik eines Unternehmens bedeutet die Anwendung von Markenpolitik eine strategische Erweiterung und eine eigene Sparte. Wie auch für das Portfolio ist zu entscheiden, ob die Marke den sich verändernden Bedingungen angepasst werden soll oder ob sogar eine Markenerweiterung infrage kommt. Es ist eine Tatsache, dass bereits bekannte Marken, die um ein neues, bisher noch nicht in der Marke verankertes Produkt erweitert werden oder auf eines übertragen werden, bei den Kunden gut ankommen und gute Marktanteile erzielen.

Strategische Produktpolitik

Grundsätzlich beziehen sich Strategien der Produktpolitik im touristischen Einzelbetrieb auf folgende Komponenten:
» Leistungssortiment (Was?)
» Leistungsquantität (Wie viel?)
» Leistungsqualität (In welcher Ausprägung?)
» Leistungspositionierung (Auf welchem Marktsegment?)

Es sind für alle vier Bereiche **zwei Grundstrategien denkbar:**
1. Beharren auf dem *Status quo*
2. Differenzierung in quantitativer und qualitativer Hinsicht
   – im Hinblick auf eine Erweiterung/Verbesserung
   – im Hinblick auf eine Reduktion/Verschlechterung

5053460

2.4.2 Preispolitik

 Preispolitik beinhaltet alle marktbezogenen Maßnahmen und Entscheidungen, einen Verkaufspreis unter Berücksichtigung der Marketing-Ziele und -Strategien festzulegen.

Preispolitik bezieht sich auf alle Entscheidungen des Unternehmens, zum einen Einfluss auf die Reise zu nehmen und zum anderen, diese auf dem Markt durchzusetzen.

zielorientierte Preispolitik

» Gewinn
» Umsatz
» Kostenziele
» Existenzerhaltung
» Wachstumsziele
» Image
» Bekanntheitsgrad

strategische Preispolitik

» Positionierung auf bestimmten Marktsegmenten
» mitbewerberorientierte, aggressive Preisstrategie
» konsumentenorientierte Preispolitik
» optimale Kapazitätenauslastung durch Preisdifferenzierung

Die Darstellung von Methoden der strategischen Preispolitik erfolgt in → Kapitel 2.4.3.

Preispolitik in der Bereitstellungsstufe

Die meisten Preise für eine touristische Leistung werden bereits vor Erbringung der Reise festgelegt. Daraus ergeben sich für die Tourismusbranche folgende spezielle Aufgaben im Rahmen der Preispolitik.

» Die Signalsetzung
Der Konsument muss im Rahmen einer vorgegebenen Preisstruktur einschätzen können, ob seine individuelle Problemlösung angeboten wird. Hohe Preise signalisieren entsprechend ein hohes Leistungsangebot, niedrigere Preise eine eingeschränktere Qualität.
Im Hinblick auf die Mitbewerber kann sich der touristische Anbieter auf den Preissegmenten billig bis teuer positionieren, um seine Zielgruppe anzusprechen.

» Die Kapazitätspolitik
Die Effektivauslastung der Kapazitäten ist erst nach der Leistungsabgabe bzw. dem Leistungsabgabezeitraum, z. B. Saison, möglich. Daher versucht man, das Kapazitätsrisiko durch Sondertarife (**Frühbucherrabatt**) oder Preisanpassungen für „Spätbucher" (**Last-Minute-Angebote**) zu mindern. Durch **Yield-Management** versucht man, eine gleichmäßige Auslastung bei schwankender Nachfrage zu erreichen.

» Die Konditionenpolitik
Sie betrifft vor allem die Konditionen im Hinblick auf die Bezahlung der gebuchten und in Anspruch/nicht in Anspruch genommenen Leistung.
– Zahlungstermine, Ratenzahlung   – Rücktrittskosten
– Anzahlung   – Kreditkartenbenutzung

» Die Gesamtpreispolitik
Die Bildung von sogenannten Preispaketen ermöglicht es dem Kunden, die Gesamtkosten für seine Problemlösung abzuschätzen. Dies trifft vor allem für Pauschalreiseangebote zu und findet seine weitestgehende Form in den sogenannten All-inclusive-Angeboten.

Preispolitik in der Durchführungsstufe
Der Kunde konsumiert die bereits bezahlte Reise, sodass die Preispolitik sich in der Regel nur noch auf die „Nebenkosten" beschränkt.

Auf die **Nebenkosten** haben die klassischen Leistungsträger im Rahmen von Pauschalreisen nur noch geringen Einfluss. Sie werden häufig durch *Ad-hoc*-Entscheidungen des Konsumenten bestimmt. Das Buchen von Ausflügen und der Souvenireinkauf vor Ort unterliegen Entscheidungen, die sich häufig durch ein Zusatznutzen-Bedürfnis ergeben.

Häufig führt ein **Preisvergleich** der Kunden vor Ort zu Unzufriedenheit, da sie hier erst die Preistransparenz für die Leistung erhalten.

Preispolitik in der Ergebnisstufe
Preispolitik findet hier zum einen durch eine Bewertung des Kunden statt und zum anderen im Rahmen der Nachbetreuung durch die Leistungsträger.

Der Kunde stellt nach der Reise fest, inwieweit der geleistete Reisepreis den erwarteten Problemlösungen entsprochen hat. Durch diese **Bewertung** kann das Preis-Nutzen-Verhältnis überprüft werden.
Im Rahmen der **Mängelabwicklung** müssen u. U. Rückerstattungen geleistet werden, die der Nutzeneinschränkung adäquat sind.
Im Übrigen sind Maßnahmen zur Messung der Kundenzufriedenheit im Zuge der **Nachbetreuung** durchzuführen.

2.4.3 Strategische Preispolitik

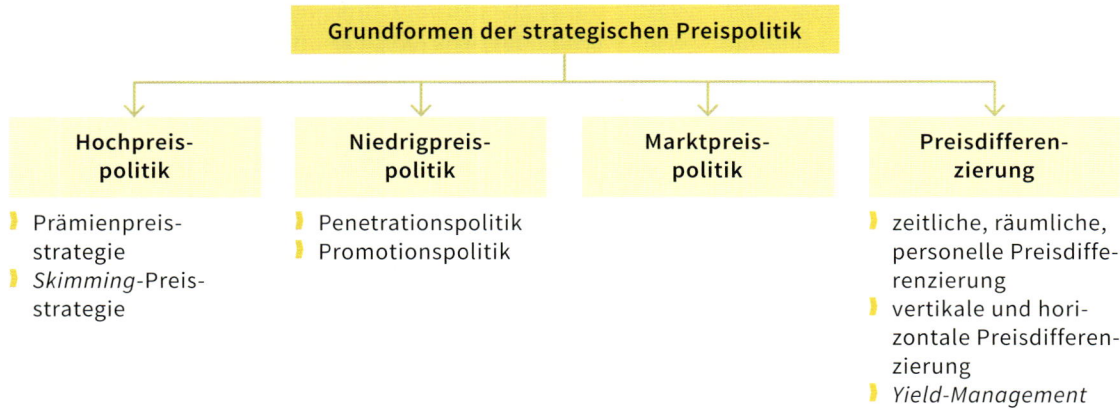

Die Hochpreispolitik

Bei dieser Strategie versucht man einen relativ hohen Preis aufgrund von Produktqualität, Image und Exklusivität zu erzielen. Sie setzt auf Präferenzbildung beim Konsumenten und auf Preis-Nutzen-Vorteil beim Leistungsträger.

Sie findet in der **Prämienpreisstrategie,** die auf Dauer angelegt ist, und der *Skimming*-**Preis-**

strategie (engl.: abschöpfen) ihren Ausdruck. Bei letzterer Strategie passt sich der Hochpreis wieder nach und nach dem Marktniveau an.

- Club-Med
- Preisstrategie der Insel Sylt

Die Niedrigpreispolitik

Diese Strategie kann sowohl als Penetrationspreispolitik als auch Promotionspreispolitik betrieben werden.

Penetrationspolitik wird als Strategie häufig beim Neuzugang zu einem Markt eingesetzt. Zunächst ist der Preis niedrig, um sich nach erfolgreichem Markteintritt auf das Marktniveau einzupendeln. Mit dieser Politik versucht man für neue Produkte schnell große Absatzmengen zu erzielen.

Bei der **Promotionspreispolitik** versucht man über einen längeren Zeitraum, aufgrund niedriger Preise gegenüber den Mitbewerbern Marktvorteile zu erzielen.

Die Marktpreispolitik

In diesem Fall dient die Preisstrategie lediglich dazu, auf dem Markt mit anderen Anbietern mitzuschwimmen, ohne eigene Akzente zu setzen.

Die Preisdifferenzierung

In der Tourismusbranche ist die am häufigsten eingesetzte Strategie die Preisdifferenzierung. Ein Leistungsträger fordert für die gleiche Leistung verschiedene Preise.

Dies ist jedoch nur unter bestimmten Voraussetzungen möglich.
- » Der Markt muss sich in Teilmärkte gliedern lassen.
- » Der Nachfrager kann nicht ohne Weiteres auf andere Teilmärkte wechseln.
- » Der Markt muss unvollkommen sein.
- » Der Leistungsträger muss über eine Marktmacht verfügen.

- » Es müssen sich Nachfragergruppen unterscheiden lassen.

In der Theorie der Preisdifferenzierung werden generell zwei Formen unterschieden:
- » Bei der **horizontalen Preisdifferenzierung** wird der Gesamtmarkt künstlich in Teilmärkte unterteilt. Durch eine sektorale Preisabsenkung in den Teilmärkten werden verschiedene Käuferschichten angesprochen. Die horizontale Preisdifferenzierung sondiert somit den Markt nach Kaufkraft und Bedarf.
- » Die **vertikale Preisdifferenzierung** kommt bei vorgegebenen Einzelmärkten zum Tragen. Diese unterschiedlichen, von einander unabhängigen Teilmärkte führen zu abweichenden Preisen.

> **!** Ziel der Preisdifferenzierung ist es, auf allen Teilmärkten eine optimale Ausschöpfung und damit einen höheren Gewinn zu erzielen.

- – Hochsaison – Hochpreispolitik
- – Nebensaison – Niedrigpreispolitik

Voraussetzung für eine Preisdifferenzierung ist eine **Marktsegmentierung.** Diese kann in Bezug auf den Preis für eine Reise oder Leistung strategisch nach Konsum- oder Buchungszeit, Regionsstruktur und Zielgruppe erfolgen:

Zeitliche Differenzierung

Hauptgrund ist hier das Schwanken der Nachfrage hinsichtlich des Reisezeitpunktes bzw. der Buchung der Reise.

- – Hauptsaison, Nebensaison
- – Wochentage, Sonn- und Feiertage
- – Frühbucherrabatt
- – Last-Minute

Räumliche Differenzierung

Aufgrund der geografischen Lage und der damit unterschiedlichen Kunden- und Konkurrenzstruktur kommt es hier zu einer Differenzierung.

> Abflughäfen

Personelle Differenzierung

Für diese Unterteilung sind Käufermerkmale relevant.

– Rabatte für Kinder, Schüler, Studenten, Senioren
– Sonderpreis für Reisemittler
– Familienpreise

Yield-Management

Eine touristische Leistungserbringung unterliegt Nachfrageschwankungen aufgrund der Saisonalität, des Standorts oder aufgrund von Kunden, die in der Planung des Reisezeitpunktes flexibel bzw. unflexibel sind. Die touristischen Unternehmen versuchen diese Probleme durch entsprechende **Preissysteme** zu lösen.

Voraussetzung hierzu ist jedoch, dass die Kunden gezwungen oder gewillt sind, **für ein und dieselbe Leistung unterschiedliche Preise** zu bezahlen. Die entsprechenden Angebotspreise liegen unter den oben genannten *Prämissen* für nachfrageschwache Zeiten deutlich unter denen für nachfragestarke Zeiten. Dadurch

soll entsprechende Nachfrage stimuliert und die Kapazitäten besser ausgelastet werden.

> **!** **Hauptaufgabe des** *Yield-Management* **ist eine ertragsorientierte Steuerung von Preis und Menge. Somit stellt es ein Ertragssteuerungssystem dar, das im Rahmen der Preisdifferenzierung eine Umsatzoptimierung als Ziel hat.**

Unter einem *Yield-Management*-System versteht man ein EDV-gestütztes System zur Umsatzoptimierung eines durch Preisdifferenzierung gesteigerten Kapazitätsauslastungsmanagements.

Yield-Management **ist unter folgenden Gesichtspunkten sinnvoll:**
» Am Markt können unterschiedliche Preise für dieselbe Leistung durchgesetzt werden.
» Die angebotenen Leistungen unterliegen Nachfrageschwankungen.
» Die angebotene Leistung ist endlich, sie verfällt also bei Nichtabnahme.
» Die Preisuntergrenzen für die Leistung werden von den Fixkosten bestimmt.
» Die Leistung kann aufgrund von Leistungsdifferenzierung in verschiedene Preisklassen eingeteilt werden.

– 14 = 10	– Last-Minute-Tarif
– Frühbucherrabatt	– Gruppenrabatt
– Kinderermäßigug	– Seniorenermäßigung
– Single mit Kind	– Ratensystem

Preisdifferenzierung nach dem Zeitpunkt	
der Inanspruchnahme der Leistung	**der Reservierung/ des Kaufs der Leistung**
▸ Stadthotels bieten günstige Wochenendpreise ▸ Ferienhotels unterscheiden Vor-, Haupt- und Nachsaison	▸ Günstigere Flugtarife aufgrund von Vorausbuchungsfristen ▸ Frühbucherrabatt ▸ Restplatzbörse

5053464

Das Reisebüro Ehrlich Reisen GmbH bietet eine 14-tägige Pauschalreise nach Bulgarien an. Dazu hat der Veranstalter 200 Flugsitze und dieselbe Anzahl Hotelbetten eingekauft.

Abhängig vom Reisepreis wird folgende Nachfrage erwartet:

Reisepreis pro Person	potenzielle Teilnehmer	Gesamtumsatz
750,00 €	60 ≙ A	45.000,00 €
600,00 €	100 ≙ B	60.000,00 €
450,00 €	200 ≙ C	90.000,00 €

Die potenzielle Nachfrage beträgt somit 360 Reisende, das Reisekontingent ist jedoch auf 200 (= Kapazität) Reisende limitiert. Handelt der Veranstalter nach dem Maximalprinzip (hier höchster Gewinn), so wird er folgende Verkaufsstrategie zugrunde legen:

Reisepreis pro Person	angestrebte Teilnehmer	Gesamtumsatz
750,00 €	60 ≙ A	45.000,00 €
600,00 €	100 ≙ B	60.000,00 €
450,00 €	40 ≙ C	18.000,00 €

Da die Ehrlich Reisen GmbH Gewinnmaximierung anstrebt, wird sie versuchen, die Vollzahler alle zu befriedigen und die übrigen entsprechend in der Reihenfolge ihrer Nachfragepreise. Dabei gilt es zu beachten, dass die Vollzahler jederzeit die Möglichkeit haben müssen, ihre Reise zu buchen.

Um diese Absatzstrategie zu realisieren, nutzt der Veranstalter eine Vielzahl von Daten, z. B. Ferientermine der Schulen, Werksferien großer Unternehmen, Feiertage, Brückentage, Reisetrends und Buchungsdaten vorausgegangener Jahre. Aus diesen Informationen wird der mögliche Buchungsverlauf prognostiziert (= Sollkurve) und mit der aktuellen Buchungssituation (= Istkurve) verglichen.

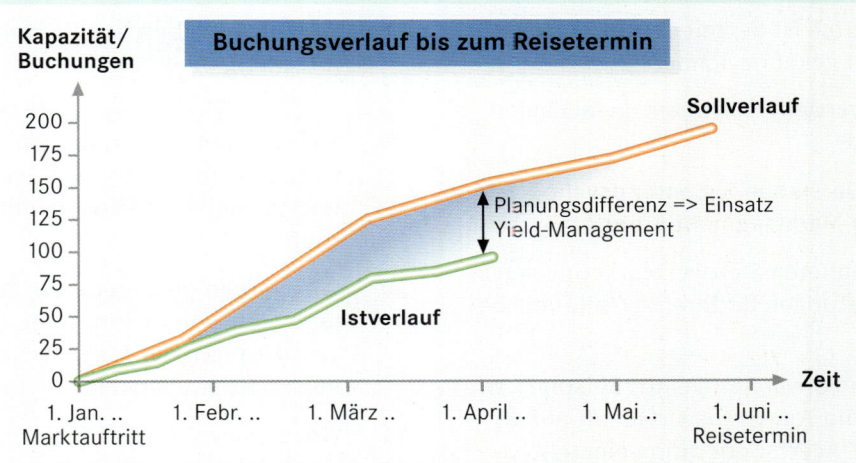

Unterscheiden sich der geplanter und der tatsächlicher Buchungsverlauf, so ist mit *Yield-Management* dafür zu sorgen, dass die Abweichung aufgehoben oder zumindest verringert wird.

Aufgaben

1_ Beschreiben Sie die Zielsetzung des Tourismus-Marketings.

2_ Warum wird Marketing als kundenorientierte Unternehmensphilosophie bezeichnet?

3_ Sowohl die Tourismusunternehmen als auch die Konsumenten verhindern die Bildung eines vollkommenen Marktes.

   a) Welche Maßnahmen treffen dazu die Tourismusbetriebe?

   b) Welche Aktivitäten gehen dazu vom Konsumenten aus?

   c) Welche Zielsetzung steht dabei seitens der Marktpartner im Vordergrund?

4_ Nehmen Sie zur folgenden Aussage Stellung: „Marketing hat die Aufgabe, einen unvollkommenen Markt zu schaffen."

5_ Wodurch ist derzeit der touristische Markt gekennzeichnet?

6_ Was versteht man unter einem Käufermarkt?

7_ Was verstehen Sie unter psychografischer Marktsegmentierung?

8_ Formulieren Sie zwei Marketingzielvereinbarungen für Ihren Ausbildungsbetrieb.

9_ Zeigen Sie anhand eines Beispiels, wie sich die Tourismuswirtschaft auf die „Best-Ager"-Generation einstellt.

10_ Auf welche Verhaltensmuster versucht der Reiseveranstalter bzw. Reisemittler, verstärkt Einfluss zu nehmen?

11_ Unterscheiden Sie den Untersuchungsansatz zwischen dem Blackbox-Modell und dem S-O-R-Modell.

12_ Welche Probleme ergeben sich aus der Eisberg-Theorie?

13_ Wodurch nimmt Ihr Ausbildungsbetrieb auf die Input-Faktoren des dynamischen Kaufentscheidungsmodells Einfluss?

14_ Unterscheiden Sie zwischen den Methoden und den Zielsetzungen der primären und der sekundären Marktforschung.

15_ Entwerfen Sie schriftlich einen Fragebogen zur direkten Befragung unter Verwendung von fünf offenen und fünf geschlossenen Fragen zur Motivergründung warum der Kunde eine Ferienwohnung bzw. eine Pauschalreise gebucht hat.

16_ Warum ist die Auswahl der Befragten wichtig für das Ergebnis einer Befragung?

17_ Erläutern Sie den Prozesscharakter einer touristischen Leistung.

18_ Welche Aufgaben hat die Marktforschung innerhalb der einzelnen Prozessstufen?

19_ Worin sehen Sie den Nutzen der Marktforschung für die Tourismusbetriebe und speziell für Ihren Ausbildungsbetrieb?

20_ Wie werden die Ergebnisse der Marktforschung von Destinationen, Reiseveranstaltern, Fluggesellschaften und Reisemittlern verwertet?

21_ Wozu dienen die Beobachtungen und die Kundenbefragung im Rahmen der Kaufverhaltensforschung?

22_ Welche Bedeutung hat die Bereitstellungsbewertung auf das Beschaffungsmarketing der Reiseveranstalter und Reisemittler?

23_ Nennen Sie Qualitätsmerkmale innerhalb der Bereitstellungsstufe für Veranstalter und Vermittler.

5053466

24_ Warum kommt der Interaktion von Bereisten und Reisenden während der Durchführungsstufe eine besondere Bedeutung zu?

25_ Welche Infoquellen können für die Marktforschung in der Durchführungsstufe genutzt werden?

26_ Nehmen Sie Stellung zu folgender Aussage:
„Das Integrationsverhalten des Reisenden ist ausschlaggebend für seine Reisezufriedenheit."

27_ Welche Möglichkeiten nutzt Ihr Ausbildungsbetrieb, um Kundenzufriedenheit in der Ergebnisstufe zu testen?

28_ Beschreiben Sie anhand eines Beispieles welche Input Faktoren Sie einem potenziellen Kunden im Rahmen des Verkaufsgespräches geben, wie diese „überprüft" werden und wie der „Response" abläuft.
Weshalb sind Kaufentscheidungsmodelle „dynamisch"?

Ablauf dynamischer Kaufentscheidungsmodelle		
Produkt Preis Werbung	Motivaktivierung Wahrnehmensvorgänge Lernprozesse Einstellungsänderung der Persönlichkeit	Beschäftigung mit Produkt Kauf des Produktes Inanspruchnahme des Produktes
= Input	= Organismus	= Response

29_ Ordnen Sie die folgenden Begriffe der Demoskopie bzw. Ökoskopie zu:
– amtliche Statistiken von Bund, Ländern, Städten, Behörden
– Verbandsunterlagen
– Wirtschaftsinformationsdienste
– Fachpresse
– Messeberichte
– Firmenberichte
– persönliche Marktkenntnisse
– Dokumentationsstellen
– Auslandstatistiken
– Bibliotheken
– Datenbanken
– Gästelisten
– Marktuntersuchungen
– fertige Marktstudien
– Wirtschaftspresse

30_ Was verstehen Sie unter strategischer Produktpolitik?

31_ Erläutern und begründen Sie die strategische Preispolitik mit jeweils einem Beispiel.

32_ Was versteht man unter Yield-Management?

33_ Beschreiben Sie Ihre „persönliche Marketing-Strategie" in Hinsicht auf Ihren Beruf.

34_ Entwerfen Sie eine Chancen-Risiken-Analyse für das Urlaubsland Türkei.

35_ Erläutern Sie die S-W-O-T-Analyse am Beispiel Schwarzwald.

36_ Führen Sie eine Stärken-Schwächen-Analyse für eine Städtereise nach Berlin durch.

37_ Erläutern Sie die Zielsetzung der Marktsegmentierung.

38_ Welche Möglichkeiten der Marktsegmentierung sind Ihnen bekannt?

39_ Warum ist kundenorientierte Marktsegmentierung von besonderer Bedeutung?

40_ Welche Vor- und Nachteile sehen Sie in der konzentrierten bzw. differenzierten Marketing-Strategie?

Zusätzliche Aufgaben zu Kapitel 2 finden Sie auf der beiliegenden DVD.

3 Reiseveranstalter

3.1 Reiseveranstalterarten

> **!** Ein Reiseveranstalter (Tour Operator) ist eine Unternehmung, die eigene Leistungen sowie Leistungen Dritter (Leistungsträger) zu marktfähigen touristischen Angeboten (Pauschalreisen) kombiniert und für deren Vermarktung sorgt, wobei diese Pauschalreisen in eigenem Namen, auf eigene Rechnung und auf eigenes Risiko angeboten werden (vgl. Kirstges, Thorsten: Expansionsstrategien im Tourismus, S. 63).

Zur näheren Präzisierung können in Anlehnung an W. Pompl: Touristikmanagement, Band 1 Beschaffungsmanagement, 1997 folgende Veranstaltertypen unterschieden werden:

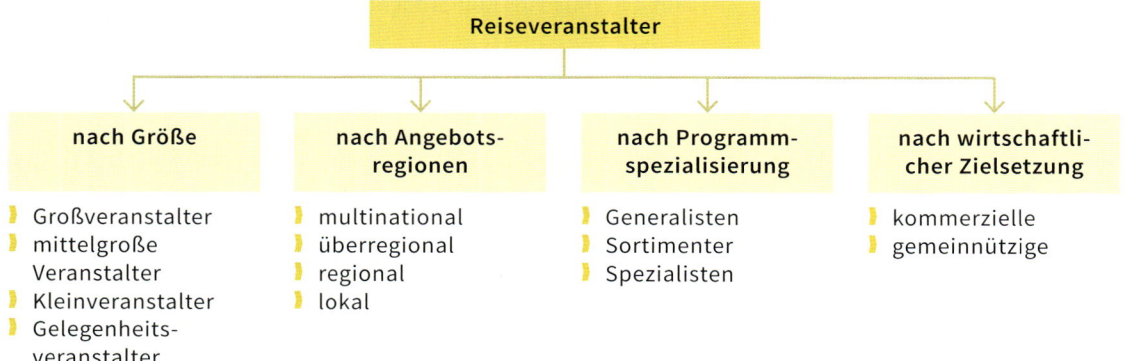

Zu einem neuen Typ Veranstalter zählen die sogenannten X-Veranstalter. Meist sind das Töchter etablierter Veranstalter. Sie haben Namen wie Alltours-X, LMX oder X-1-2-Fly und bieten Pauschalreisen aus verfügbaren Hotelzimmern und Flügen zum günstigen Tagespreis. Festpreise gibt es nicht – Angebot und Nachfrage bestimmen den Preis.

Klassifikation von Reiseveranstaltern

Klassifikation nach Größe

» **Großveranstalter**: Hierzu zählen Veranstalter mit jährlich über 1 000 000 Teilnehmern. Die „Big five" der Touristikbranche heißen: TUI Deutschland, Thomas Cook, DER-Touristik, FTI und Alltours.
» **Mittelgroße Veranstalter**: verbuchen jährlich zwischen 10 000 und 1 000 000 Teilnehmer.
» **Kleinveranstalter**: Diese Gruppe hat jährliche Teilnehmerzahlen von unter 10 000.
» **Gelegenheitsveranstalter**: Für diese Unternehmen ist die Veranstaltung von Reisen nur eine Nebentätigkeit, z. B. Zeitungsverlage, die mit Leserreisen eine Kundenbindung an die Zeitung erreichen wollen.

Klassifikation nach dem Angebotsgebiet

» **Multinationale Veranstalter**: Bieten ihre Reisen in mehreren Ländern an bzw. haben dort eigene Niederlassungen oder Beteiligungen an touristischen Unternehmungen.
» **Überregionale Veranstalter**: vertreiben ihre Reisen bundesweit.
» **Regionale Veranstalter**: bieten ihre Reisen nur in einem geografisch begrenzten Gebiet an.
» **Lokale Veranstalter**: sind mit dem Vertrieb von Reisen nur auf ihren Niederlassungsort beschränkt, z. B. ein örtlicher Busreiseveranstalter.

Klassifikation nach Spezialisierung des Reiseprogramms

» **Generalisten**: decken den Markt umfassend mit verschiedenen Reiseformen ab. Sie besitzen eine große Programmbreite (Angebot an verschiedenen Reisearten, z. B. Bade-, Studien-, Städtereisen) und eine große Produkttiefe (Angebot von verschiedenen Produkten innerhalb einer Reiseart, z. B. Studienreisen mit unterschiedlichen Verkehrsträgern, Studienreisen für verschiedene Kundentypen, Studienreisen unterschiedlicher Komfortklassen usw.).
» **Sortimenter**: besitzen eine Stellung zwischen den Generalisten und den Spezialisten. Mehrere Reisearten werden in unterschiedlicher Produkttiefe angeboten, z. B. Linienflugreisen in viele Länder in Form von Bade-, Erlebnis-, Städte- oder Studienreisen.
» **Spezialreiseveranstalter**: haben sich auf bestimmte Reisearten und/oder Reiseziele spezialisiert und bieten die Produkte in einer großen Tiefe, sprich in vielen Variationen an.

Klassifizierung nach dem kommerziellen Status

» **Kommerzielle Veranstalter**: Bei ihnen steht die Gewinnerwirtschaftung im Vordergrund.
» **Gemeinnützige Veranstalter**: Die Gewinnerzielung steht bei diesen Veranstaltern nicht im Vordergrund, sondern eher soziale oder gemeinnützige Ziele. Dies kann z. B. eine vom Jugendamt der Stadt organisierte Kinderfreizeit in den Ferien sein.

3.2 Volkswirtschaftliche Bedeutung der Reiseveranstalter

Wie aus der Definition des Reiseveranstalters ersichtlich wird, kombiniert er eigene und fremde Teilleistungen zu einem eigenständigen Produkt, weshalb man auch von der **Produktion** von Reisen sprechen kann. Der Reisende hat gegenüber einer selbst organisierten Reise (Individualreise) mit der Einschaltung eines Reiseveranstalters u. a. Kostenvorteile. Ein Reiseveranstalter bezahlt bei Leistungsträgern einen wesentlich günstigeren Preis als Individualreisende, da er größere Mengen an Hotelbetten oder Flugsitzplätzen abnimmt. Obwohl Leistungsträger von Individualreisenden höhere Preise verlangen können, ist es auch für sie vorteilhaft, mit einem Reiseveranstalter zusammenzuarbeiten. Denn ein Reiseveranstalter

» garantiert den Leistungsträgern, über einen längeren Zeitraum (Saison) einen Teil ihrer Kapazitäten abzunehmen;
» übernimmt für die Leistungsträger die Vermarktung des Angebots, d. h., er übernimmt es, die Angebote der Leistungsträger über seine Absatzkanäle zu den Kunden zu bringen;
» übernimmt beim Einkauf von Festkontingenten[1] für den Leistungsträger das Auslastungsrisiko.

Die einzelnen Aufgaben der Reiseveranstalter für die Leistungsträger fasst man auch unter dem Begriff der **Handelsfunktion** von Reiseveranstaltern zusammen.

Aber auch für die Kunden hat der Reiseveranstalter wichtige Aufgaben zu erfüllen. Indem er mit seiner Erfahrung die einzelnen Leistungsbestandteile zu einer Pauschalreise zusammenstellt, entlastet er die Urlauber, von für sie fremden ausländischen Herstellern z. T. unbekannte Produkte zu beziehen. Auch rechtlich vermindert sich für den Urlauber durch die Inanspruchnahme eines Veranstalters das **Risiko,** da er nach den Allgemeinen Geschäftsbedingungen des eigenen Landes für Mängel haftet und nicht der einzelne Leistungsträger im Ausland. Die Kataloge der Veranstalter enthalten, obwohl sie zuallererst Werbeinstrument sind, zudem die wichtigsten Informationen über die Reiseländer. Diese über die Kataloge ausgeübte **Informationsfunktion** der Reiseveranstalter ist nicht nur

---

1 Zum Beispiel bei einem Kontingentvertrag zwischen Hotelier und Reiseveranstalter. Hier verpflichtet sich der Reiseveranstalter, eine feste Anzahl von Betten zu vereinbarten Zeiten zu belegen und zu bezahlen. Leer stehende Betten oder Zimmer sind das Risiko des Reiseveranstalters.

für Pauschalurlauber wichtig, sondern auch für die Individualreisenden, da sie Kataloge oftmals als Anregung und Informationsquelle für die Planung ihrer Reise verwenden. Nicht zuletzt erfüllt der Reiseveranstalter auch für das Zielgebiet wichtige Aufgaben, denn erst durch seine Tätigkeit ist gewährleistet, dass das Zielgebiet über einen längeren Zeitraum mit Gästen versorgt wird. Nur wenn für die Zielgebiete ein hohes Gästeaufkommen vorhergesagt werden kann, wird auch die Infrastruktur wie z. B. das Verkehrsnetz und die Abfallentsorgung, entsprechend angepasst. Der Veranstalter übernimmt damit die Aufgabe, ein Zielgebiet zu erschließen (**Erschließungsfunktion**).

3.3 Produkte der Reiseveranstalter

Wie aus der Definition am Anfang dieses Kapitels hervorgeht, kombinieren Reiseveranstalter die Leistungen mehrerer Leistungsträger zu einem Leistungsbündel, sprich Pauschalreise. Eine Pauschalreise muss – auch rechtlich gesehen – mindestens zwei Reiseleistungen enthalten, die beide einen von der anderen Leistung losgelösten erheblichen Eigenwert haben. Solche Leistungen nennt man auch **Hauptleistungen** und dies sind z. B. innerhalb einer Pauschalreise die Flug- bzw. die Hotelleistung. Nur wenn mindestens zwei dieser Hauptleistungen vom Reiseveranstalter kombiniert werden, entsteht eine Pauschalreise. Keine Pauschalreise entsteht wenn eine Hauptleistung und eine Nebenleistung kombiniert werden, wie z. B. ein Flug mit Bordverpflegung, eine Unterkunft mit örtlicher Reiseleitung oder einer Fährüberfahrt mit Unterkunft.

Neben den eher formalen Kriterien einer Pauschalreise lassen sich verschiedene Arten von Pauschalreisen unterscheiden, wobei die Grenzen zwischen diesen einzelnen Arten allerdings fließend sind.

Vollpauschalreisen

Hier ist der Urlauber vom Anfang bis zum Ende seiner Reise an das Produkt des Reiseveranstalters gebunden. Solche Leistungen eines Reiseveranstalters umfassen i. d. R. die Beförderung, den Transfer, die Unterkunft/Verpflegung, eine örtliche Reiseleitung sowie oftmals ein Ausflugs- und Besichtigungsprogramm. Dies wird zu einem Gesamtpreis angeboten.

Einzel- oder Gruppenpauschalreisen, IT-Reisen (Inclusive Tours)

Dies sind Flugpauschalreisen mit Linienfluggesellschaften, die auf Sondertarifen der Fluggesellschaften beruhen. Diese Sondertarife dürfen dem Kunden i. d. R. nur in Verbindung mit einer Unterkunft und einer weiteren Leistung, z. B. Transfer, Mietwagen oder Stadtrundfahrt angeboten werden. Auf den Flugtickets selbst fehlen die Preisangaben. Die Bedeutung dieser IT-Reisen ist mit der Liberalisierung des Flugverkehrs in der Europäischen Union gesunken. Ein großer Veranstalter, der IT-Reisen anbietet, ist die Firma Airtours International. Eine Sonderform der IT-Reisen ist die RIT (Rail Inclusive Tour). Dieser Tarif ermöglicht es Bahnkunden, innerhalb Europas zu stark ermäßigten Preisen zu fahren. Voraussetzung ist auch hier, dass in dem Pauschalangebot mindestens die Übernachtung enthalten sein muss. Anbieter von RIT-Reisen sind z. B. Ameropa und DERTOUR.

Teilpauschalreisen

Darunter fallen die über Kataloge angebotenen Einzelleistungen der Veranstalter, z. B. „Nur-Flug"- oder „Nur-Hotel"-Angebote, die der Kunde einzeln buchen kann. Diese Angebote enthalten keine zwei Hauptleistungen, werden aber rechtlich wie Pauschalreisen behandelt, da sie über die Kataloge der Reiseveranstalter angeboten werden.

All-inclusive-Reisen

Neben den üblichen Leistungen einer Pauschalreise sollten bei dieser Reiseart auch alle vor Ort erbrachten Leistungen im Reisepreis enthalten sein. Dies gilt grundsätzlich für alle Verpflegungsleistungen sowie für die meisten Sport- und Freizeitangebote. Besondere Sportarten, wie z. B. Tauchen, Golfen, müssen meist extra bezahlt werden. Da es in der Vergangenheit zu Unstimmigkeiten gekommen ist, welche Leistungen grundsätzlich in All-inclusive-Angeboten enthalten sein müssen, sind deutsche Reiseveranstalter dazu übergegangen, Mindeststandards festzulegen. Bei TUI beinhaltet all-inclusive mindestens die folgenden Leistungen

5053470

vor Ort: Vollpension, Snacks und/oder Kuchen, alle nationalen alkoholischen und alkoholfreien Getränke während der Mahlzeiten und zu den Öffnungszeiten der Bars, mindestens drei Sportarten sowie zweimal wöchentlich abendliche Unterhaltung.

Individuelle Pauschalreisen

In Form eines Bausteinsystems wird das relativ starre Angebot einer Vollpauschalreise flexibilisiert. Für den Kunden heißt das, dass er innerhalb eines Bausteinkatalogs verschiedene Anreisearten, die Verpflegungsarten und unterschiedliche Serviceangebote einzeln auswählen und während der Reise das Urlaubsquartier einmal oder mehrmals wechseln kann. Der Kunde kann so die Einzelleistungen innerhalb eines gewissen Rahmens beliebig kombinieren. Solche individualisierten Pauschalreisen werden mittlerweile von vielen Veranstaltern angeboten, z. B. TUI und DERTOUR.

Dynamic Packaging

Dynamic Packaging ist ein spezielles Produkt vieler Veranstalter, das in letzten Jahren immer mehr an Bedeutung gewonnen hat. Hier wird bei einer Buchungsanfrage gemäß den individuellen Wünschen des Kunden ein Pauschalangebot in Echtzeit zusammengestellt. Bei jeder Buchungsanfrage kann sich der Preis verändern, da die Reise erst in diesem Moment zu einem Gesamtpaket gebündelt wird. Im Falle einer Kundenanfrage Flug oder Hotel bedeutet dies, dass aktuelle Informationen von Fluggesellschaften und Hotels über freie Kontingente abgefragt und zu einem Reisepaket mit einem tagesaktuellen Gesamtpreis angeboten werden. Neben Dynamic-Packaging-Spezialisten wie Vtours, die auch als virtuelle Veranstalter bezeichnet werden, bieten inzwischen fast alle großen bekannten Veranstalter wie TUI, Dertour oder Thomas Cook diese Produkte an. In diesem Zusammenhang spricht man auch von X-Reisen, X-Veranstaltern oder X-Produkten, weil in den Buchungscomputern vor dem Veranstalternamen meist ein X steht (z. B. XTUI, XDER, XTOC).
Der Vertrieb erfolgt über stationäre Reisebüros (verfügbar u. a. in Toma, Merlin oder Bistro Portal) und online-Plattformen wie expedia.de oder opodo.de bzw. der eigenen Veranstalter-Online-Portale. Neben einer Pauschalreise können die Kunden bei den virtuellen Reiseveranstaltern die einzelnen Reisebausteine wie Flug, Hotel oder Transfer auch separat buchen.

Was unterscheidet Dynamic Packaging von klassischen Veranstaltern?

» Keine Produktion von Reisen und Festlegung von Preisen im Voraus,

» kein gedruckter Katalog (nur Online-Katalog), Kalkulation der Preise erst bei Buchungsanfrage,
» Flexiblere Produktion durch virtuelle Lagerhaltung und schnelle Reaktionsfähigkeit auf Marktveränderungen.

Vorteile für Kunden:

» Individuelle Wünsche des Kunden können realisiert werden hinsichtlich Fluggesellschaft, Hotel, Termin, Dauer der Reise, mit/ohne Transfer usw.
» Er muss sich nicht bei verschiedenen Veranstaltern oder Internetseiten seine Reise zusammenstellen, sondern erhält alles aus einer Hand.
» Er erhält nach dem Best-Price-Prinzip im Moment der Buchungsanfrage den bestmöglich verfügbaren Preis.
» Er erwirbt eine reiserechtlich abgesicherte Pauschalreise.

Darauf sollte der Kunde achten:

» Transfers und/oder Reiseleitung sind häufiger im Gesamtpaket nicht enthalten.
» Zwischen Buchungsanfrage und Buchungsabschluss kann es zu Preissteigerungen kommen.
» Anzahlungen und Stornogebühren bei X-Reisen liegen in der Regel höher.
» Einige Versicherer haben ihre Tarife für die Reiserücktrittskostenversicherung den höheren Stornogebühren angepasst.

3.4 Der Reisevertrag

Die vertragliche Beziehung zwischen dem Reiseveranstalter und dem Kunden ist der Reisevertrag, dessen Inhalte im Bürgerlichen Gesetzbuch im **§ 651** gesetzlich geregelt sind. Sie wurden unter der Überschrift „Reisevertrag" in den Gesetzestext eingefügt (vgl. → LF 4, Kapitel 8.1. und 8.2).

Den vollständigen Gesetzestext finden Sie unter Zusatzinformationen zu LF 9, Kapitel 3.4 auf der beiliegenden DVD.

Nicht im Reiserecht geregelt: Der Garantievertrag

Fehlender Schnee im Skiurlaub bedeutet an sich noch keinen Reisemangel. Anders stellt sich die Situation dar, wenn der Veranstalter eine ausdrückliche Schneegarantie verspricht. Die Gewährung einer Garantie kann im Rahmen der Vertragsfreiheit vereinbart werden. In einem sogenannten **Garantievertrag** übernimmt der Hauptschuldner eine Ein-

TUI Schneegarantie

Unser Winterversprechen – Wir lassen Sie nicht im Grünen stehen

Sollten 7 Tage vor Anreise wegen Schneemangel nicht mindestens 75 % der Lifte in dem Skigebiet des Zielortes geöffnet sein, können Sie in der Zeit vom 05.01. bis zum 01.04.20.. bis 5 Tage vor Antritt der Reise auf ein anderes TUI Hotel oder auf einen anderen Zeitpunkt gebührenfrei umbuchen. … Im Garantiefall kontaktieren Sie bitte Ihr TUI Reisebüro.

Nach: www.TUI.com

standspflicht, ohne dass die den Erfolg betreffende Schuld feststeht.

> Ein Anspruch auf Garantie ist nicht gesetzlich, sondern einzelvertraglich geregelt.

Im Gegensatz zur Garantie ist die **Gewährleistung** im BGB gesetzlich geregelt.

> Unter Gewährleistung wird die gesetzliche Verpflichtung des Schuldners verstanden, eine Sache oder ein Werk in mangelfreiem Zustand abzuliefern.

Unter **Kulanz** versteht man ein Entgegenkommen zwischen Vertragspartnern nach Abschluss des Vertrages. Ein sehr guter Kunde muss beispielsweise seine Pauschalreise umbuchen. Der Reiseveranstalter ist aus Kulanz mit einer kostenlosen Umbuchung einverstanden. Der Veranstalter verzichtet auf seinen Rechtsanspruch mit dem Ziel, den Kunden weiter an sich zu binden (vgl. → LF 4, Kapitel 9.2).

3.4.1 Die Pauschalreise

Sie wird nach **§ 651 a Abs. 1 BGB** als eine „**Gesamtheit von Reiseleistungen**" angeboten, d. h. mindestens zwei touristische Hauptleistungen müssen zu einem Leistungsbündel verknüpft und zu einem Gesamtpreis – im eigenen Na-

men – verkauft werden. Auf die überwiegenden Produkte eines Reiseveranstalters trifft diese Definition zu. Allerdings ist zu beachten, dass Reiseveranstalter auch (nicht gebündelte) Einzelprodukte wie Flüge, Hotels, Rundreisen in ihren Katalogen anbieten. Werden aber einzelne Hauptleistungen wie Flug oder Hotel über einen Veranstalter gebucht, werden auch sie rechtlich wie eine Pauschalreise behandelt; es gilt also das Reiserecht.

Der **Gesamtreisepreis** ist gemäß Preisangabenverordnung immer ein Endpreis. Er beinhaltet die Umsatzsteuer und schließt zusätzliche Nebenkosten wie besondere Beratungskosten oder spezielle Serviceentgelte ausdrücklich aus. So darf beispielsweise bei einem über das Reisebüro abgeschlossenen Vertrag über die Anmietung einer Ferienwohnung nicht vor Ort zusätzlich eine Pauschale für die Endreinigung vom Vermieter verlangt werden, wenn sie bei der Reisebestätigung nicht vereinbart wurde.

Wie beim Werkvertrag schuldet der Reiseveranstalter im Unterschied zum Dienstvertrag dem Kunden den Erfolg, d. h. Planung und Durchführung der Reise müssen mit dem im Katalog ausgeschriebenen Programm übereinstimmen.

Grundsätzlich lassen sich die Produkte eines Reiseveranstalters wie folgt typisieren:
» Vollpauschalreise
» Teilpauschalreise
» Individuelle Pauschalreise
» Inclusive Tour (vgl. → Kapitel 3.3)

> Pauschalreise: Mindestens zwei Hauptreiseleistungen werden gebündelt und zu einem Gesamtpreis verkauft.

3.4.2 Die Reisebestätigung

§ 651 a Abs. 3 BGB bestimmt, dass dem Kunden bei oder unverzüglich nach Abschluss des Reisevertrages die Reisebestätigung (Urkunde des Vertrages) übergeben wird. Reisebestätigung, Katalog- oder Prospektbeschreibung und Nebenvereinbarungen haben bestimmte Formvorschriften zu erfüllen, die in einer besonderen Rechtsverordnung von den Bundesministerien für Justiz und für Wirtschaft erlassen wurden. Im vollen Wortlaut heißt diese Rechtsvorschrift

Verordnung über Informations- und Nachweispflichten nach bürgerlichem Recht (**BGB-Informationspflichten-Verordnung**). Sie regelt die
Informations- und Nachweispflichten von Reiseveranstaltern. Mit dieser Verordnung wurden
die zwingenden Vorschriften der **EU-Pauschalreiserichtlinie** in deutsches Recht umgesetzt.

Die Bestimmungen der **BGB-InfoV** gelten nicht
für Gelegenheitsreiseveranstalter und nur
eingeschränkt, wenn die Buchung sieben
Werktage vor Reiseantritt erfolgt. Die AGB
müssen dem Reisenden vor Vertragsabschluss
bekannt gegeben werden. Sie sind deshalb in
den Katalogen immer abgebildet.

Nachstehend finden Sie einen Überblick über
die wichtigsten Punkte der Verordnung über
Informations- und Nachweispflichten von
Reiseveranstaltern.

**Den vollständigen Text der BGB-InfoV finden
Sie unter Zusatzinformationen zu LF 9, Kapitel 3.2 auf der beiliegenden DVD.**

Prospekt- bzw. Katalogangaben	**Zwingend:** Reisepreis, Anzahlung[1], Fälligkeit des Restbetrages **Falls erforderlich:** Bestimmungsort, Transportmittel, Unterbringung, Verpflegung, Reiseroute, Einreisebestimmungen einschließlich der Gesundheitsvorschriften, Mindestteilnehmerzahl Diese Angaben sind für den Reiseveranstalter bindend. Ein Vorbehalt der Preisanpassung ist jedoch möglich, wenn in den Reise-AGB ausdrücklich vermerkt.
Preisanpassung	Vor Vertragsabschluss bei Erhöhung der Beförderungskosten, der Abgaben, der Wechselkurse und wenn die Reise nur durch den Einkauf zusätzlicher Kontingente verfügbar ist.
Reisebestätigung, Allgemeine Reisebedingungen	Aushändigung einer schriftlichen Reisebestätigung sofort nach Vertragsabschluss **Inhalt der Reisebestätigung** » Reisepreis und Zahlungsmodalitäten » Weitere Angaben sind nicht erforderlich, wenn vor Vertragsabschluss die Allgemeinen Geschäftsbedingungen ausgehändigt wurden bzw. auf den entsprechenden Katalog des Reiseveranstalters verwiesen wurde. Ansonsten müssen folgende Punkte angesprochen werden: » Bestimmungsort » Zeit und Ort für Abreise und Rückkehr » Leistungsumfang » Vereinbarte Sonderwünsche » Vorschriften über Mängelanzeige » Abschluss der Reiserücktrittskosten-, einer Reiseunfall- und Reisekrankenversicherung
Unterrichtung vor Beginn der Reise	» Abfahrts- und Ankunftszeiten, Zwischenstationen » Platzreservierung » Vertretung des Reiseveranstalters vor Ort Diese Angaben sind nicht erforderlich, soweit der Reisende bereits im Katalog oder der Reisebestätigung darüber informiert wurde.
Sicherungsschein für Pauschalreisen	Formvorschriften für die Gestaltung des Sicherungsscheins

---

1 2014 entschied der BGH, dass die Anzahlung auf Pauschalreisen bei Vertragsabschluss 20 % nicht übersteigen darf, es sei denn ein besonderer sachlicher Grund liegt vor. Der Restreisepreis ist frühestens 30 Tage vor Reisebeginn fällig.

2014 hat der Bundesgerichtshof endgültig entschieden, dass die Anzahlung auf Pauschalreisen bei Vertragsabschluss 20 % nicht übersteigen darf. Es sei denn, ein besonderer sachlicher Grund liegt vor. Der Restreisepreis ist frühestens 30 Tage vor Reisebeginn fällig.

3.4.3 Die Reisepreisanpassung

Reisekataloge werden viele Monate, bevor die Kunden die Reisen antreten, erstellt und haben nach Erscheinungsdatum häufig eine Gültigkeitsdauer von bis zu einem Jahr und mehr. Deshalb gilt die Schutzklausel der BGB-Informationspflichten-Verordnung, dass **vor Abschluss** des Reisevertrages Preisänderungen gegenüber den ausgedruckten Katalogpreisen jederzeit möglich sind, wenn in den Allgemeinen Geschäftsbedingungen des Veranstalters konkret darauf hingewiesen wird (Preisänderungsvorbehalt). Damit kann er auf bestimmte, unvorhersehbare Kostenänderungen reagieren. In letzter Konsequenz führt das zu tagesaktuellen Preissystemen mit der entsprechenden Ertragssteuerung (Yield-Management). Im Katalog wird lediglich ein Grundpreis für die entsprechende Pauschalreise genannt, der sich je nach Buchungszeitpunkt erhöhen oder ermäßigen kann. Über den jeweils aktuellen Preis informiert das Reisebüro.

Nach Vertragsabschluss darf der Endpreis nur unter ganz bestimmten engen Voraussetzungen geändert werden, wie sie in **§ 651 a Abs. 4 BGB** und in **§ 309 BGB** geregelt sind. § 309 ist Teil der Vorschriften über die „Allgemeinen Geschäftsbedingungen" und untersagt generell Unternehmen die Möglichkeit von Preiserhöhungen innerhalb eines Zeitraumes von vier Monaten nach Vertragsabschluss. Außerhalb dieses Zeitraumes ist nach **§ 651 a Abs. 4** – also dem speziellen Reiserecht – eine Preisanhebung nur aufgrund der folgenden Ursachen möglich:

» Erhöhung der Beförderungskosten,
» Erhöhung bestimmter Abgaben (z. B. Hafengebühren) und
» Wechselkursanpassungen.

Die Preiserhöhungen müssen gegenüber dem Kunden genau begründet und der Reisende muss mindestens 21 Tage vor Reisetermin darüber informiert werden. Sollte die Preisanpassung 5 % übersteigen, hat der Reisende nach **§ 651 a Abs. 5 BGB** ein kostenfreies Rücktrittsrecht oder die Möglichkeit, eine gleichwertige Ersatzreise beim gleichen Veranstalter zu buchen (kostenlose Umbuchung).

Auszug aus den Reisebedingungen des Veranstalters TC-Touristik GmbH

(...) Erhöhen sich die bei Abschluss des Reisevertrages bestehenden Beförderungskosten, insbesondere die Treibstoffkosten, so können wir den Reisepreis nach Maßgabe der nachfolgenden Berechnung erhöhen:

– Bei einer auf den Sitzplatz bezogenen Erhöhung können wir von Ihnen den Erhöhungsbetrag verlangen.

– In anderen Fällen werden die vom Beförderungsunternehmen pro Beförderungsmittel geforderten, zusätzlichen Beförderungskosten durch die Zahl der Sitzplätze des vereinbarten Beförderungsmittels geteilt. Den sich so ergebenden Erhöhungsbetrag für den Einzelplatz können wir von Ihnen verlangen. (…)

3.4.4 Der Ersatzreisende – Sonderfall der Umbuchung

Bis zum Beginn der Reise kann der Reisende einem Dritten seinen **Reisevertrag abtreten** – also weiterverkaufen. Er wird von dieser Möglichkeit Gebrauch machen, die ihm **§ 651 b Abs. 1 und 2 BGB** einräumt, wenn er entweder keine Reiserücktrittskosten-Versicherung abgeschlossen hat oder aber aus einem Grund, der durch die Versicherung nicht gedeckt wird, die Reise nicht antreten kann. In beiden Fällen wird er die Stornokosten vermeiden. Der Begriff „Reisebeginn" darf allerdings nicht wörtlich genommen, da – gemäß Gerichtsentscheidungen – dem Veranstalter eine

5053474

Frist von ca. drei Tagen einzuräumen ist, um die erforderlichen Umschreibungen vorzunehmen. Der Veranstalter muss nicht jede Ersatzperson akzeptieren. Bei einer ausgeschriebenen Seniorenreise kann der Enkel als Ersatzperson abgelehnt werden, weil er die besonderen Reiseerfordernisse nicht erfüllt. Kann das erforderliche Einreisevisum nicht mehr rechtzeitig beschafft werden, erlischt diese Möglichkeit aus rechtlichen Gründen. Reisender und Ersatzreisender haften dem Veranstalter als **Gesamtschuldner** für den Reisepreis und die Umbuchungsgebühren, d. h. dass jeder Schuldner gegenüber dem Gläubiger verpflichtet ist, die gesamte Schuld zu leisten. Natürlich hat der Ersatzreisende dann einen schuldrechtlichen Anspruch gegenüber dem ursprünglichen Auftraggeber.

Bei der Stellung eines Ersatzreisenden handelt es sich tatsächlich um eine Umbuchung. Sie unterscheidet sich aber rechtlich von der eigentlichen Umbuchung aufgrund von Änderungswünschen nach Erhalt der Reisebestätigung. In diesem Fall entscheidet sich der Kunde nachträglich für einen anderen Reisetermin oder ein anderes Reiseziel. Umbuchungen, die sich nicht auf den Ersatzreisenden beziehen, sind nur in den Geschäftsbedingungen der Veranstalter geregelt – nicht im BGB. Sie können zeitlich befristet (z. B. 50 Tage vor Reisebeginn) und mit einer pauschalisierten Umbuchungsgebühr belastet werden. Oder sie werden so behandelt, als ob der Kunde vom Reisevertrag zurücktritt mit der entsprechenden Belastung aufgrund der Stornobedingungen. Sie können auch ganz ausgeschlossen werden.

3.4.5 Reisemängel – Gewährleistungsansprüche – Fristen

> Reiseveranstalter und Reisemittler können durch Beachtung der Informationspflichten und dem Hinweis auf die Sprache der Urlaubskataloge bereits im Verkaufsgespräch Kaufvertragsstörungen bzw. Mängelrügen vorbeugen.

Die Paragraphen **651 c bis 651 f** befassen sich mit den zentralen Problemen des Reiserechts: den Reisemängeln und den sich daraus ergebenden Gewährleistungsansprüchen. Also mit der unerfreulichen Feststellung, dass der Kunde von der Reise insgesamt oder einzelnen Elementen enttäuscht ist, sich bitter beschwert und Abhilfe verlangt. Aber von sachkundigen Dritten bestätigt bekommt, dass es sich lediglich um eine Unannehmlichkeit handele, die er akzeptieren müsse. Bei Auslandsreisen sprechen die Gerichte dann häufig von landestypischen Besonderheiten und unerheblichen Reisemängeln.

Reisemängel nach BGB		
Unerhebliche Reisemängel	**Einfache Reisemängel**	**Erhebliche Reisemängel**
(Unannehmlichkeit) müssen vom Reisenden akzeptiert werden – keine Rechtsfolgen	» Reisender verlangt Abhilfe § 651 c Abs. 2, **Nachbesserungsrecht** aus Sicht des Veranstalters » Reisender schafft selbst Abhilfe und verlangt Ersatz der erforderlichen Aufwendungen § 651 c Abs. 3 » Reisender verlangt Minderung des Reisepreises § 651 d Abs. 1 » Reisender verlangt Schadensersatz wegen Nichterfüllung § 651 f Abs. 1	» Reisender kündigt den Vertrag § 651 e Abs. 1 » Reisender verlangt Schadensersatz wegen nutzlos aufgewendeter Urlaubszeit § 651 f Abs. 2

Zunächst erläutert der Gesetzgeber, was unter einem Reisemangel zu verstehen ist: Der Reise fehlt – sinngemäß – eine Eigenschaft, die ihren Wert nach den im Vertrag vorausgesetzten Nutzen aufhebt oder mindert (§ 651 c Abs. 1). Das ist eine Umschreibung für die Tatsache, dass es sich zunächst um ein subjektives Empfinden des Reisenden handelt und dass Menschen unterschiedlich reagieren. Was für den einen unerträglich erscheint, nämlich die permanente Belästigung am Strand durch aufdringliche Verkäufer, ist für den anderen eine eher interessante Abwechslung.

Reisemängel sind eben nicht allgemein Fehler in der Beschaffenheit einer serienmäßig gefertigten Sache oder eines Gutes, das tausendfach industriell identisch hergestellt wird, sodass Abweichungen leicht feststellbar und objektiv nachprüfbar sind, sondern zunächst subjektiv bedingte Empfindungen. Auch wenn im Zeitalter des Massentourismus die Pauschalreise praktisch wie ein industriell gefertigtes Serienprodukt hergestellt und ebenfalls tausendfach angeboten wird, bleibt sie doch eine singuläre Dienstleistung und in ihrer Wiederholung kann es zwangsläufig zu Abweichungen kommen. Allein schon deshalb, weil es sich um einen anderen Reisenden handelt. Hinzu kommt, dass die Interessenlage der Vertragspartner unterschiedlich ist.

> Der Kunde fühlt sich vom Veranstalter um seine unbeschwerte Urlaubszeit betrogen, wenn er jeden Abend zur Essenszeit am Buffet eine halbe Stunde in der Schlange wartet und der Vertreter des Veranstalters stöhnt – bei den entsprechenden Beschwerden – darüber, dass fast alle deutschen Kunden partout um Punkt 19:00 Uhr essen wollen.

Daher werden viele Reklamationen erst durch die Gerichte endgültig entschieden. Die Klage wird immer vor dem Amts- bzw. Landgericht am Firmensitz des Beklagten, also des Veranstalters, verhandelt.

Regelung der Zuständigkeiten im Gerichtsverfassungsgesetz

> **!** **Das Amtsgericht (Einzelrichter) stellt die unterste Instanz der Gerichtsbarkeit dar. Es ist zuständig bei allen Zivilprozessen bis zu einem Streitwert von 5.000,00 €. Ab einem Streitwert von 600,00 € wird grundsätzlich eine Berufung beim Landgericht zugelassen. Bei einem Streitwert über 5.000,00 € verlagert sich die Zuständigkeit auf das Landgericht.**

Der Richter oder die Richterin können sich in der Entscheidungsfindung an der sogenannten Frankfurter Tabelle zur Reisepreisminderung orientieren, sind dazu aber nicht verpflichtet. Umgekehrt wird der Reiseveranstalter in seiner Berechnung der finanziellen Folgen des Reisemangels immer die Werte der Frankfurter Tabelle zugrunde legen.

Einen Abdruck der Frankfurter Tabelle finden Sie auf der unter Zusatzinformationen zu LF 9, Kapitel 3.4.5 beiliegenden DVD.

Ausschluss- und Verjährungsfristen

Die Ansprüche des Kunden sind „innerhalb eines Monats nach der vertraglich vorgesehenen Beendigung der Reise gegenüber dem Reiseveranstalter geltend zu machen" (§ 651 g Abs. 1). Wird diese Frist versäumt, sind alle Ansprüche verfallen, wobei es keine Rolle spielt, wie berechtigt sie waren (vgl. → LF 4, Kapitel 9.2).

Die **gesetzliche Verjährungsfrist** beträgt zwei Jahre (§ 651 g Abs. 2) und zwar wieder beginnend mit dem Tag, an dem die Reise vertragsgemäß enden sollte. Innerhalb dieser Frist muss die Klage beim zuständigen Gericht eingereicht werden, sonst sind die Ansprüche verfallen (verjährt). Sollte der Beklagte auf die Tatsache der Verjährung hinweisen können, wird das Verfahren sofort eingestellt. Ausgenommen von dieser Verjährungsfrist sind die Ansprüche wegen Körperverletzung oder Tod des Reisenden (unerlaubte Handlung, deliktische Haftung), wenn sie in den Verantwortungsbereich des Reiseveranstalters fallen.

5053476

Die zweijährige Verjährungsfrist spielt in der Praxis keine Rolle, da das BGB in § 651 g den Veranstaltern die Möglichkeit eingeräumt hat, sie in ihren Allgemeinen Geschäftsbedingungen (AGB) auf ein Jahr zu verkürzen.

Auszug aus den Allgemeinen Geschäftsbedingungen der TUI Deutschland GmbH

(…)

14.2 Ansprüche des Reisenden … verjähren in einem Jahr. Die Verjährung beginnt mit dem Tag, an dem die Reise dem Vertrag nach enden sollte. Schweben zwischen dem Reisenden und dem Reiseveranstalter Verhandlungen über den Anspruch oder die an den Anspruch begründeten Umstände, so ist die Verjährung gehemmt, bis der Reisende oder der Reiseveranstalter die Fortsetzung der Verhandlungen verweigert. Die Verjährung tritt frühestens drei Monate nach dem Ende der Hemmung ein. (…)

Höchsthaftung

Die vertragliche Haftungsbeschränkung (Höchsthaftung des Veranstalters) auf den „dreifachen Reisepreis" (§ 651 h) zu begrenzen, ist nur dann möglich, wenn sie in die AGB des Veranstalters übernommen wurde, der Anspruch des Reisenden nicht auf unerlaubter Handlung beruht und der Veranstalter „weder vorsätzlich noch grob fahrlässig" (BGB) gehandelt hat. Ist beispielsweise eine Reise überbucht, so handelt der Veranstalter grob fahrlässig und kann sich daher gegenüber dem Reisenden nicht auf diese Haftungsbeschränkung berufen.

Aufgaben des Reisebüros bei der Abwicklung eines Schadensfalls

Denken Sie bitte immer daran, dass der Reisevertrag zwischen Ihrem Kunden und dem Veranstalter abgeschlossen wurde. Sie dürfen daher niemals Ihre unzufriedenen Kunden bei der Abfassung der Mängelrüge beraten oder ihnen gar konkrete Zusagen machen. Ihre einzige Aufgabe ist es, den Empfang des Schadensprotokolls und anderer Unterlagen zu bestätigen und treuhänderisch weiterzuleiten. Alles andere könnte eine Regressforderung des beklagten Veranstalters zur Folge haben.

Auszug aus den Allgemeinen Geschäftsbedingungen (AGB) der TUI Deutschland GmbH

(…)

14.3 Ihr Reisebüro tritt nur als Vermittler beim Abschluss des Reisevertrages auf. Es ist nicht befugt, nach Reiseende die Anmeldung von Gewährleistung- und Schadensersatzansprüchen durch Reisende entgegenzunehmen. (…)

Konkrete Situationen zur Unterscheidung der Reisemängel sowie weitere Erläuterungen finden Sie unter LF 9, Kapitel 3.4.5 auf der beiliegenden DVD.

3.4.6 Stornokosten

Ein einmal abgeschlossener und mängelfreier Reisevertrag kann nicht kostenlos gekündigt werden. Kündigt der Kunde vor Reiseantritt aber doch den Vertrag (**§ 651 i BGB**), verliert der Reiseveranstalter zwar den Anspruch auf den Reisepreis, kann aber eine angemessene Entschädigung verlangen. Sie bemisst sich entweder

» nach der Höhe des Reisepreises minus ersparter Aufwendungen, z. B. wenn die Reise nochmals verkauft wird oder

» die Entschädigungskosten (Stornokosten) können – gestaffelt nach Reisearten und Zeitpunkt der Kündigung – pauschalisiert werden.

In den AGB der Veranstalter wird eine konkrete Berechnung des Einzelfalles der Entschädigung bei Kündigung vor Reisebeginn zwar nicht generell ausgeschlossen aber praktisch unmöglich gemacht, denn diese Regelung gilt allgemein als praxisfern, weil zu aufwendig. Die Pauschalisierung der Stornokosten wird daher von der Rechtsprechung auch nicht infrage gestellt. Je näher der Reisetermin rückt, desto höher sind die Stornokosten, da die Möglichkeit, diese Reise nochmals zu verkaufen, immer geringer wird. Es ist aber durchaus legitim, die Reise ein zweites Mal zu verkaufen – evtl. als Last-Minute –, ohne dass der Kunde darüber informiert werden muss. Sollte er von dieser Tatsache jedoch erfahren und dies nachweisen können, hat er natürlich einen Anspruch auf Anrechnung der ersparten Aufwendungen.

3.4.7 Reiseabsagen

Höhere Gewalt

Bei höherer Gewalt (**§ 651 j BGB**), d. h. im Falle eines katastrophalen Ereignisses, das bei Vertragsabschluss nicht voraussehbar und danach auch durch äußerste Sorgfalt von keiner Seite abgewendet werden konnte, dürfen Veranstalter oder Reisender die Reise kündigen. Dieses Sonderkündigungsrecht bedeutet vor Reiseantritt, dass dem Kunden keine Stornokosten entstehen und dass der Veranstalter nicht mit Schadenersatzforderungen des Reisenden rechnen muss. Tritt der Fall der höheren Gewalt während der Reise auf und führt zum Reiseabbruch, sind „die Mehrkosten für die Rückbeförderung" (BGB) von Kunde und Veranstalter je zur Hälfte zu tragen. Im Einzelfall ist die Situation schwer zu beurteilen und erfordert ein professionelles Krisenmanagement seitens der Veranstalter.

Als am 26. Dezember 2004 die Tsunami-Katastrophe über Thailand hereinbrach, wurden an der Westküste Urlaubszentren wie Phuket und Khao Lak total zerstört und Tausende Tote waren zu beklagen. Selbstverständlich wurden alle Urlaubsreisen in diese Zielgebiete abgesagt bzw. die Kunden stornierten kostenfrei ihre Buchungen. Pattaya und Ko Samui, die der Tsunami nicht erreicht hatte, blieben von der Katastrophe unberührt, also war – rein rechtlich – eine stornofreie Kündigung des Reisevertrages nicht möglich. Stattdessen haben die Veranstalter ihren Kunden kostenfreie Umbuchungen angeboten, falls diese nicht an einem thailändischen Strand entspannen wollten, wenn einige 100 Kilometer weiter verzweifelte Menschen ihre vermissten Angehörigen unter den Trümmern suchten.

Erklärt das Auswärtige Amt eine bestimmte Region zum Krisengebiet (generelle Reisewarnung), ist in der Regel von höherer Gewalt auszugehen. Muss der Abflug verschoben werden, weil beispielsweise die Fluglotsen streiken, liegt höhere Gewalt vor, da der Veranstalter keine Möglichkeit hat, den Ablauf des Arbeitskampfes zu beeinflussen. Streikt dagegen das Personal eines Vertragshotels, liegt keine höhere Gewalt vor und der Veranstalter haftet gegenüber seinem Kunden für entstandene Schäden.

Mindestteilnehmerzahl

Katalogauszug:

(…) Studienreise nach Indochina

Höchstteilnehmerzahl 25

Mindestteilnehmerzahl 12 (…)

Für diese Reise hat der Veranstalter in seinem Katalog festgelegt, dass bei weniger als zwölf Reiseanmeldungen die Reise abgesagt und dem Kunden der anteilige Reisepreis erstattet wird. Zusätzlich findet sich in den AGB des Veranstalters ein Hinweis darauf, bis zu welchem Zeitpunkt vor Reisebeginn (ca. drei Wochen) der Kunde informiert werden muss. Natürlich hat er – wie im Fall einer Preiserhöhung um mehr als 5 % – das Recht, an einer gleichwertigen Ersatzreise teilzunehmen. Hinter der Entscheidung des Veranstalters, die Reise komplett abzusagen, stehen ausschließlich betriebswirtschaftliche Überlegungen (Erreichen der Gewinnschwelle). Dieses Sonderkündigungsrecht des Veranstalters wegen Unterschreitung der Mindestteilnehmerzahl bei den Anmeldungen finden Sie nur in den Vorschriften in der BGB-Informationspflichten-Verordnung und nicht im eigentlichen Gesetzestext. Natürlich handelt es sich hier nicht um einen Fall höherer Gewalt, aber die Kündigung ist rechtens, weil die Klausel aufgrund der AGB Teil des Reisevertrages wurde.

3.4.8 Der Sicherungsschein

> Staatsanwalt ermittelt gegen Interflug
>
> Veranstalter verkaufte Reisen ohne die vorgeschriebene Konkursabsicherung.
>
> Chaotische Zustände in Antalya. Mehr als 1 000 Kunden drohen nun auf ihren Zusatzkosten sitzen zu bleiben. (...)

Diese oder ähnliche Meldungen waren und sind immer mal wieder in der Tagespresse zu lesen. Für die Reisenden ist die Situation in Wirklichkeit oft katastrophal. Je nach Situation müssen sie

» ihren Urlaub abbrechen und sofort das Hotelzimmer verlassen oder die Kosten für Unterkunft, Verpflegung und Rücktransport selbst übernehmen,

» den Transfer zum Flughafen selbst organisieren,

» am Flughafen Stunden, manchmal auch Tage, auf eine Reservierung für den Rückflug warten und die Kosten übernehmen,

» bei Überschreitung der Urlaubszeit akzeptieren, dass ihr Arbeitgeber sie wegen unentschuldigten Fernbleibens vom Arbeitsplatz abmahnt oder zusätzliche Urlaubstage abrechnet bzw. Gehaltsabzüge vornimmt.

Sollten sie die Reise noch nicht angetreten haben, ist der Reisepreis bzw. die jeweilige Anzahlung verloren.

Im Fall des betrügerischen Reiseveranstalters konnte die Kundengeldabsicherung nicht helfer, die gegen die Insolvenzrisiken vor und nach Reisebeginn aufgrund der praxisüblichen Vorkasse schützen soll, da die Kunden ja keine Sicherungsscheine erhalten hatten. Als einziges Recht blieb den Kunden im Falle von Interflug die Möglichkeit, ihre Ansprüche beim Insolvenzrichter anzumelden, wobei man davon ausgehen kann, dass mangels Masse ihre Forderungen nicht erstattet wurden. Dieser Bankrott stellt eine Ausnahmesituation dar, denn wenn der betrügerische Veranstalter einen Sicherungsschein bei Vertragsabschluss aushändigt, muss der Versicherer haften, wie der Europäische Gerichtshof (EUGH) 2012 endgültig entschieden hat.

Jeder Reiseveranstalter ist verpflichtet, die Gelder seiner Kunden im Falle einer immer möglichen **Insolvenz** (Konkurs) vor dem Zugriff seiner Gläubiger zu schützen (**§ 651 k BGB**). Gemäß BGB-Informationspflichten-Verordnung ist der Text des **Sicherungsscheins** gesetzlich festgelegt. Er wird entweder auf der Rückseite der Reisebestätigung abgebildet oder es wird ein separater Sicherungsschein ausgestellt. Damit soll erreicht werden, dass den Kunden im Falle der Beendigung der Geschäftstätigkeit aufgrund der **Zahlungsunfähigkeit** des Veranstalters der Reisepreis wieder erstattet wird, wenn die Reise noch nicht angetreten wurde. Wurde die Reise bereits angetreten, werden am Urlaubsort der

---

Sicherungsscheinnummer: 1102554583 Versicherungsscheinnummer: 10010010
Reiseveranstalter: Testveranstalter

**Sicherungsschein für Pauschalreisen
gemäß § 651k des Bürgerlichen Gesetzbuchs**

Dieser Sicherungsschein gilt für den Buchenden und alle Reiseteilnehmer. Der Sicherungsschein ist nur gültig für Reisen, die bis zum 31.12.07 gebucht wurden und begonnen werden sollen. Er verliert seine Gültigkeit mit Beendigung der gebuchten Reise.

Der unten angegebene Kundengeldabsicherer stellt für den oben bezeichneten Reiseveranstalter gegenüber dem Reisenden sicher, dass von ihm erstattet werden

1. der gezahlte Reisepreis, soweit Reiseleistungen infolge Zahlungsunfähigkeit oder Eröffnung des Insolvenzverfahrens über das Vermögen des Reiseveranstalters ausfallen, und

2. notwendige Aufwendungen, die dem Reisenden infolge Zahlungsunfähigkeit oder Eröffnung des Insolvenzverfahrens über das Vermögen des Reiseveranstalters für die Rückreise entstehen.

Die verstehende Haftung des Kundengeldabsicherers ist begrenzt. Er haftet für alle durch ihn in einem Jahr insgesamt zu erstattenden Beträge nur bis zu einem Betrag von 110 Mio. Euro. Sollte diese Summe nicht für alle Reisenden ausreichen, so verringert sich der Erstattungsbetrag in dem Verhältnis, in dem ihr Gesamtbetrag zu dem Höchstbetrag steht. Die Erstattung fälliger Beträge erfolgt erst nach Ablauf des Jahres (01.01. bis 31.12.), in dem der Versicherungsfall eingetreten ist.

Bei Rückfragen wenden Sie sich an: "REISEGARANT" Gesellschaft für die Vermittlung von Insolvenzversicherungen mit beschränkter Haftung, Jessenstraße 4, 22767 Hamburg, Telefon 040/38037230.

Aachener und Münchener Versicherung AG
Aureliusstraße 2, 52064 Aachen

Vorsitzender des Aufsichtsrats: Dr. Fritz Becker
Vorstand: Dr. Michael Kalka, Vorsitzender
Dr. Egbert Blume, Gerhard Guntermann, Wilfried Simons, Dr. Alfons Weiß, Michael Westkamp
Sitz der Gesellschaft: Aachen –
Eingetragen im Handelsregister des Amtsgerichts Aachen unter HRB 1043

Schadenregulierungsstelle: Europäische Reiseversicherung AG, Vogelweidestraße 5, 81677 München, Telefon: 089/4166-1580; Telefax: 089/4166-2580

Wichtige Hinweise: Nach den Reisebedingungen Ihres Reiseveranstalters sind Sie vor Reisebeginn nur zu folgenden Zahlungen verpflichtet: Für Anzahlungen: Bis zu 10% des Reisepreises, die jedoch nicht mehr als 260,00 Euro betragen dürfen, und für weitere Zahlungen frühestens 30 Tage vor dem aus der Buchungsbestätigung ersichtlichen Abreisetag. Da gemäß § 651 k (1) Nr. 2 BGB nur die notwendigen Aufwendungen erstattet werden, hat der Reisende alles zu vermeiden, was zu einer unangemessenen Kostenerhöhung führen kann.

Rücktransport gewährleistet und notwendige Aufwendungen durch die Sicherungsgeber beglichen, denn Hotels und Verkehrsträger verweigern weitere Leistungen wegen der offenen Forderungen, die der insolvente Reiseveranstalter nicht mehr begleichen kann. Der Reisende muss seinen Urlaub abbrechen. Er ist nicht berechtigt, ihn bis zum Ende durchzuführen und dann die Erstattung der zusätzlichen Aufwendungen von der im Sicherungsschein genannten Schadenregulierungsstelle zu verlangen.

Die **Kundengeldabsicherung** erfolgt entweder durch einen entsprechenden Versicherungsvertrag bei einem **Versicherungsunternehmen** oder durch das vertraglich abgesicherte Zahlungsversprechen (Avalkredit) eines **Kreditinstitutes.** Die Kosten für diese Verträge trägt immer der Veranstalter. Nach den Vorschriften des Reisevertragsgesetzes ist das Reisebüro verpflichtet, jeden Sicherungsschein auf seine Gültigkeit hin zu überprüfen. Unterlässt es diese Überprüfung, haftet es im Schadensfall gegenüber dem Kunden aufgrund seiner Verpflichtungen aus dem abgeschlossenen Geschäftsbesorgungsvertrag. Sollten Reisebüros Pauschalreisen für ausländische Veranstalter aus der EU vermitteln, müssen sie die entsprechende Kundengeldabsicherung nachweisen, ansonsten haften sie im Leistungsausfall gegenüber ihren Kunden.

Gemäß Gewerbeordnung handelt es sich um eine Ordnungswidrigkeit, wenn der Veranstalter eine Anzahlung auf den Reisepreis fordert, ohne gleichzeitig den Sicherungsschein zu übergeben. Dies kann mit einer Geldbuße bis zu 5.000,00 € bestraft werden. Nach dem Willen des Gesetzgebers sind Reisebüro und Veranstalter nicht einmal berechtigt, in diesem Falle eine Anzahlung anzunehmen.

Eine wichtige Ausnahme sollte erwähnt werden: Bei Reisen, die weniger als 24 Stunden dauern, keine Übernachtung einschließen und weniger als 75,00 € kosten, darf auf die Ausstellung eines Sicherungsscheines verzichtet werden.

Revision der EU-Pauschalreiserichtlinie

Ende 2015 wurde in den Institutionen der EU eine Überarbeitung des Reiserechts verabschiedet. Bis 2018 ist sie in nationales Recht umzusetzen. Inhalte:

– Die Pauschalreise wird neu definiert.

– Die Unterschiede zwischen Online- und Offline-Vertrieb werden aufgehoben.

– Online-Reisebüros müssen ihren Kunden Sicherungsscheine übergeben und haften damit in vollem Umfang.

– Sogenannte „Verbundene Reisen" (Click-Through-Buchungen) fallen unter das Pauschalreiserecht.

– Die vorvertraglichen Pflichten der Reisemittler und -veranstalter werden verschärft.

– Auch Geschäftsreisen fallen unter die Richtlinie, es sei denn, sie wurden aufgrund eines Rahmenvertrages gebucht.

Die Aufgaben 1 – 8 zu Kapitel 3.4 finden Sie auf Seite 487 im Lehrbuch.

Zusätzliche Aufgaben (9-26) zu Kapitel 3.4 finden Sie auf der beiliegenden DVD.

3.5 Touristischer Kreislauf eines Reiseveranstalters

Die Leistungen eines Reiseveranstalters (RVA) lassen sich auch als Kreislauf darstellen:

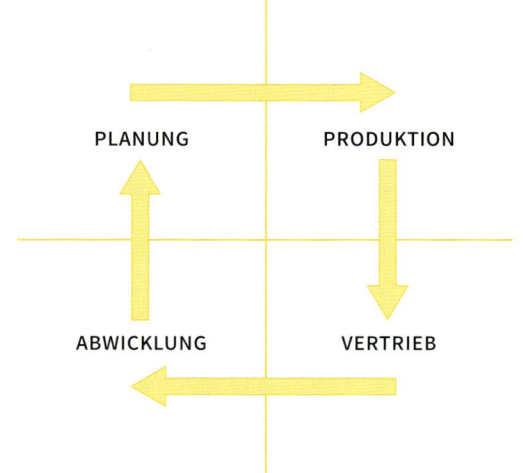

5053480

3.5.1 Planung

Marktanalyse

Das Produktmanagement wertet in Zusammenarbeit mit der Marketingabteilung Buchungsstatistiken, die Fachpresse, Kataloge sowie Kundenbefragungen aus, um Antworten auf die folgenden Fragen zu erhalten:

» Wie erfolgreich haben sich einzelne Destinationen/Angebote/Hotels/Zusatzleistungen/Bausteine entwickelt?

» Welche Leistungen sind besonders gut gebucht worden und bei welchen gab es eine sehr hohe Reklamationsquote?

» Welche Trends sind auf dem Markt zu beobachten (Marktforschung)?

» Was macht die Konkurrenz und zu welchen Preisen bietet sie gleichwertige Leistungen an (Konkurrenzbeobachtung)?

Planung des Angebots

Die Ergebnisse der Marktanalyse werden der Unternehmensleitung vorgelegt und diese entscheidet dann letztlich darüber, welche Zielgebiete, Urlaubsarten und Leistungen angeboten werden sollen. Ebenso wird über die Katalogplanung entschieden (Seitenzahl, Auflagenvolumen, Gestaltung etc.).

Planung der Nachfrage

Es ist schwierig, aus der Auswertung der vergangenen Saison eine Prognose für die zukünftige Saison zu erstellen. Neuerungen in den Zielgebieten (z. B. neue Rundreisen oder Hotels) müssen berücksichtigt werden, aber auch Unwägbarkeiten wie mögliche Veränderungen der Kundenwünsche oder der Präferenzen hinsichtlich der Zielgebiete sind zu beurteilen. Das Produktmanagement wird letztlich nur eine Grobplanung erstellen, in der die wichtigsten Inhalte des Veranstalterprogramms und die Planzahlen für die erwarteten Passagiere (Paxe) festgehalten sind.

Bei der Zusammenstellung muss auch das Spektrum an verschiedenen Preis- und Leistungskategorien beachtet werden. Von Low Budget Kunden bis zu den Kunden, die ein höheres Preissegment wünschen.

3.5.2 Produktion

Leistungen einkaufen

Zu Beginn der Produktion müssen die Leistungen eingekauft werden. Zuständig hierfür sind spezielle Abteilungen wie Hoteleinkauf oder Flugeinkauf, die in Abstimmung mit dem Produktmanagement und dem Linienflugmanagement die Kontakte zu den Leistungsträgern herstellen. Dies geschieht beim Hoteleinkauf mit dem Besuch des Einkäufers im Zielgebiet, über Zielgebietsagenturen oder auch mit dem Besuch von touristischen Fachmessen wie der ITB in Berlin.

Die Verhandlungen über Preise und Kontingente bis zum Abschluss des Vertrages dauern oft Wochen oder Monate und führen letztlich zum Angebot des Reiseveranstalters.

Kalkulation

Basis für die Kalkulation der Einzel- und Pauschalangebote sind die Einkaufspreise (Hotel, Flug, Transfer, Reiseleitung etc.). Auf diese Einzelkosten wird noch (mit einem Prozentsatz) die Marge aufgeschlagen, mit der die Gemeinkosten des Unternehmens und der Gewinn abgedeckt werden sollen. Die Marge ist aber keine unabänderliche Größe. Die Preispolitik der Konkurrenz beeinflusst auch die Kalkulation des jeweiligen Veranstalters. Abstriche beim Gewinn sind durchaus möglich, wenn man die Preise der Konkurrenz unterbieten möchte.

Ein wichtiger Aspekt bei der Kalkulation sind die Schwankungen der Devisenkurse, da viele Leistungen in Fremdwährung eingekauft werden. Wenn im Frühjahr Hotelverträge in US-Dollar für den Winterkatalog abgeschlossen und die Leistungen erst in der Wintersaison abgerechnet werden, ist zum Zeitpunkt der Kalkulation unklar, wie sich der Kurs des Dollar entwickeln wird.

Die Entscheidung, mit welchem Devisenkurs kalkuliert werden soll, ist somit nicht ohne Brisanz und gehört zum unternehmerischen Risiko.

Liegt der Kurs des Euro zum Zeitpunkt der Abrechnung über dem kalkulierten Kurs, verringern sich die Kosten für die eingekaufte Leistung und ein zusätzlicher Gewinn ist möglich. Liegt er unter dem kalkulierten Kurs, bedeutet dies höhere Kosten für den Einkauf und ein geringerer Gewinnanteil innerhalb der Marge. Bei einer Kalkulation mit einem zu niedrigen Euro-Kurs besteht außerdem die Gefahr, dass es zu Absatzproblemen kommt, da das Produkt zu teuer angeboten wird (vgl. Angebotskalkulation im Rechnungswesenbuch).

Katalog herstellen

Für die meisten Veranstalter geht das Geschäftsjahr vom 01. November bis zum 31. Oktober und es besteht aus zwei Saisonzeiten, der Wintersaison vom 01. November bis 31. März und der Sommersaison vom 01. April bis 31. Oktober. Die Winterkataloge entstehen im Frühjahr und die Sommerkataloge im Spätsommer und Herbst. Auch eine Neuauflage einige Monate nach Erscheinen des Katalogs ist möglich. Nachverhandlungen mit den Leistungsträgern als Reaktion auf das Angebot der Mitbewerber sowie eine Anpassung auf veränderte Marktverhältnisse, etwa der Nachfrage, sind die Gründe hierfür. Es gibt inzwischen auch einige Ganzjahreskataloge, in der Regel sind das Spezialkataloge für z. B. Wellness-, Golf- oder Erlebnisreisen.

Für die eigentliche Herstellung des Katalogs müssen die Seitenzahl und die Reihenfolge der Objekte bestimmt werden sowie deren Beschreibung und Bildauswahl. Der Inhalt muss leicht lesbar und übersichtlich sein, aber er soll auch beim potenziellen Kunden die Lust auf Urlaub wecken, denn schließlich ist der Katalog das Aushängeschild des Veranstalters.

Wichtig für die Katalogerstellung sind auch die rechtlichen Rahmenbedingungen. Dies ist im Wesentlichen die Informationsverordnung (InfVO) für die Kataloggestaltung, aber auch das Gesetz gegen den unlauteren Wettbewerb (UWG), die Preisangabenverordnung (PAngVO), das Gesetz zur Regelung der allgemeinen Geschäftsbedingungen (AGBG) sowie Vorschriften zum Markenzeichenrecht und zum Urheberrecht.

Der Katalog ist Bestandteil des Reisevertrages und die darin enthaltenen Angaben sind rechtlich bindend. Die Beschreibungen (z. B. Meerblick, Strandentfernung, Leistungen des Hotels) müssen den Tatsachen entsprechen, Bilder dürfen nicht retuschiert sein und bei den Preisen müssen immer die Endpreise angegeben werden (Ausnahmen davon müssen ausgeschrieben werden).

Aber nicht alles muss neu gemacht werden. In der Regel werden nur 20 % neu erstellt, 80 % des Angebots wird aus dem Vorjahr übernommen.

Zum Ende der Produktion wird der Druck des Katalogs in Auftrag gegeben und die Auslieferung an die Reisebüros (Distribution) kann erfolgen. Gleichzeitig muss das Angebot auch auf die Internetseite des Veranstalters gestellt werden (falls auch dieser Vertriebsweg gewählt wurde). Dort werden auch Angebote eingestellt, die sich nicht in den Katalogen des Veranstalters befinden.

3.5.3 Vertrieb

Das Angebot ist bereitgestellt und wird jetzt vom Kunden gebucht. In dieser Phase der eingehenden Buchungen werden die gebuchten Leistungen vom Veranstalter disponiert, d. h. Flüge, Hotels, Transfers müssen angefordert werden. Je nach Buchungslage werden eventuell zusätzliche Kontingente an Flugsitzplätzen oder Hotelzimmern eingekauft bzw. bestehende Kontingente werden reduziert. Ebenso werden bei schlechter Buchungslage zur Förderung des Verkaufs Preisnachlässe oder Extras wie z. B. Doppelzimmer als Einzelzimmer gewährt. Voraussetzung für eine flexible Disposition beim Veranstalter sind die mit den Leistungsträgern abgeschlossenen Verträge.

3.5.4 Abwicklung

Bevor der Kunde seine Reise antritt, werden die eingegangenen Reiseaufträge fest gebucht, die Kundendokumente und die Rechnungen erstellt und versendet.

Die Durchführung der Reise steht in der Abwicklungsphase im Mittelpunkt. Alle Leistungen müssen wie versprochen erbracht werden. Wichtig hierbei ist auch die Betreuung durch den Reiseveranstalter und die Reklamationsbearbeitung durch die Reiseleiter im Zielgebiet.

Nach der Reise bzw. am Ende der Saison erfolgen Maßnahmen zur Qualitätsmessung und -sicherung, des Dialogmarketings, Bearbeitung der eingegangenen Beschwerden (Beschwerdemanagement) sowie eine Nachkalkulation der Reisen (Soll-Ist-Vergleich).

3.6 Aufgabenbereiche (Abteilungen) eines Reiseveranstalters

Die hier dargestellten Abteilungen haben je nach Veranstalter unter Umständen andere Bezeichnungen oder sind mit Teilbereichen anderer Abteilungen zugeordnet. Je nach Größe des Veranstalters wird sich auch die Anzahl der Abteilungen unterscheiden. So können sich bei einem kleinen Veranstalter die Aufgabenbereiche auf nur wenige oder sogar nur eine Person reduzieren.

Das Produktmanagement

Die Abteilung Produktmanagement hat eine zentrale Bedeutung bei einem Reiseveranstalter. Hier entstehen die einzelnen Produkte (klassische Flug- und Hotelangebote, Rundreisen, Kombinationsangebote usw.). Zudem ist das Produktmanagement vom ersten Kontakt mit den Leistungsträgern über den Einkauf der Leistungen bis zum fertigen Katalog beteiligt. Je nach Größe des Unternehmens sowie der Zielgebiete gibt es Produktmanager für einzelne Länder oder Regionen.

Aufgaben:

» Planungen und Prognosen für einzelne Zielgebiete erstellen
» Seiten planen
» Flugpreise kalkulieren
» Produkte beschreiben
» Bilder für den Katalog beschaffen
» Katalogproduktion überwachen
» Termine koordinieren
» Produkte mit dem Hoteleinkauf und dem Linienflugmanagement abstimmen

Der Hoteleinkauf

Die Abteilung Hoteleinkauf hält den unmittelbaren Kontakt mit den Hotels und der Entwicklung im Zielgebiet und arbeitet deshalb eng mit dem Produktmanagement bei der Planung für die nächste Saison zusammen. Das Aushandeln der Verträge mit den Hotels sowie die Katalogerstellung gehören ebenfalls zu ihren Hauptaufgaben.

Aufgaben:

» in Absprache mit dem Produktmanagement die kommende Saison planen
» Vertragsverhandlungen führen (Einkaufen der Leistungen vor Ort)
» Konkurrenz im Zielgebiet beobachten und analysieren
» Kalkulationen vorbereiten
» Preisteil im Katalog erstellen
» Preise vergleichen und analysieren
» Konditionen nachverhandeln

Die Marketingabteilung

Das Marketing umfasst einerseits die strategische Vorgaben für die Unternehmensführung hinsichtlich Markt-, Wettbewerbs- und Kundenorientierung auf allen Ebenen der Unternehmensprozesse und andererseits alle operativen Aktivitäten zu ihrer Umsetzung im Rahmen des Marketing-Mix. Bei vielen Reiseveranstaltern existiert deshalb eine eigene Marktforschungsabteilung, die unmittelbar der Geschäftsleitung unterstellt ist.

Aufgaben:

» Veranstalter und seine Produkte bekannt machen
» Produkte vermarkten
» Corporate Identity (einheitliches Erscheinungsbild) entwickeln
» Marketingmix planen
» Dialog Marketing
» Werbeplan ausarbeiten
» Markt und Konkurrenz beobachten

Der Vertrieb

Die Vertriebsabteilung organisiert den Verkauf über die verschiedenen Vertriebskanäle. Hierunter fällt vor allem die Agenturbetreuung mit der Beratung bei Buchungs- und Abrechnungsfragen und verkaufsfördernden Maßnahmen wie z. B. Bereitstellung von Informationen und Schulungen für Expedienten. Die Produktion und der Versand der Kataloge sowie Zusammenstellung und Versand der Reiseunterlagen an die Kunden sind ebenfalls Aufgaben des Vertriebs.

Aufgaben:

» Provisions- und Abrechnungsmodalitäten festlegen
» Agenturnetze organisieren
» Zielvereinbarungen mit Ketten und Kooperationen treffen
» Agenturen bei ihrer Arbeit unterstützen (siehe unten: Produkt-Service-Team)
» Verkaufsmaterial für die Agenturen bereitstellen
» Schulungen für die Agenturen durchführen

Das Produkt-Service-Team/Die Reservierung

Das Produkt-Service-Team gehört zum Vertriebsbereich und ist die Schaltstelle zwischen Veranstalter und Reisebüro, die eine Beratung bei Buchungs- und Abrechnungsfragen anbietet.

Aufgaben:

» anfallende Rückfragen zu Buchungen, Katalogen und Zielgebieten (Unterstützung der Reisebüros) bearbeiten
» Sonderwünsche (z. B. Leerwochen, eigene Anreise, Langzeitaufenthalte usw.) ermöglichen

Der Serviceschalter am Flughafen

Nur bei großen Veranstaltern werden die Kunden bei Flugpauschalreisen an eigenen Schaltern des Abflughafens betreut und informiert. Der Check-in erfolgt entweder an den Schaltern des Flughafenbetreibers oder direkt bei der Fluglinie.

Aufgaben:

» Veranstaltergäste betreuen
» untergeordnete Veranstaltermarken betreuen
» Flugscheine verkaufen
» Tickets hinterlegen
» Abflugmeldungen anfertigen

Die Reiseleitung

Die Reiseleitung im Zielgebiet ist für die Kunden meist der einzige persönliche Kontakt zum Veranstalter. Neben der Qualität der eigentlichen Reise wird die Reise für den Kunden wesentlich durch die Leistung der Reiseleitung geprägt.

Aufgaben:

» An- und Abreise zum/vom Hotel organisieren
» Informationen über das Zielgebiet bereitstellen
» Sprechstunden in Hotels – „Begrüßungstreff" durchführen
» Zusatzleistungen (z. B. Ausflüge) vermitteln
» Beschwerden entgegennehmen
» Bei der Abstellung von Mängeln helfen
» Kontakt zu Leistungsträgern vor Ort herstellen

5053484

3.7 Der Einkauf von Fremdleistungen

Wie bereits im Kapitel 3.5 ausgeführt, gehört der Einkauf von Fremdleistungen zur Produktionsphase bei einem Reiseveranstalter. Das Produktmanagement hat in enger Abstimmung mit der Unternehmensleitung und den jeweiligen Beschaffungsabteilungen (z. B. Flug und Hotel) die Zielgebietsplanungen für die nächste Saison festgelegt. Der eigentliche Einkauf von Fremdleistungen erfolgt nun durch die jeweilige Abteilung. Je nach Größe eines Veranstalters oder seiner internen Organisationsform kann dies auch durch eine bestimmte Abteilung geschehen oder Aufgabenbereiche können auch einer Abteilung zugeordnet sein (z. B. Flugeinkauf dem Produktmanagement).

Der Einkauf von Fremdleistungen vollzieht sich in mehreren Schritten:
» Einholung von Angeboten,
» Überprüfung der Angebote und Vorverhandlungen über Preise und Konditionen,
» Entscheidung über die Auswahl der Leistungsträger,
» Verhandlungen über Preis, Dauer und vertragliche Bedingungen der Leistung und
» Vertragsabschluss.

Einkauf von Unterkunftsleistungen

Die Grundlage für die rechtliche Beziehung zwischen Hotelier und Veranstalter ist der Hotelvertrag. Der Hotelier verpflichtet sich, die im Vertrag vereinbarten Leistungen mängelfrei zu erbringen und sein Hotel in einwandfreiem Zustand zu halten. Der Veranstalter verpflichtet sich, das Hotel in sein Reiseprogramm aufzunehmen, dafür zu werben, die eingekauften Kapazitäten zu belegen und Rechnungen unverzüglich zu bezahlen.

Wesentliche Vertragsinhalte des **Hotelvertrags** sind:
» Vertragspartner,
» Zeitraum (Winter, Sommer) oder Saison (Hochsaison, Nebensaison),
» Zimmerart (Lage, Belegung, Ausstattung), Anzahl der Zimmer (Kontingent) und Verpflegung,
» Einrichtungen des Hotels,
» Zusatzleistungen,
» Preis (i. d. R. in der Landeswährung),
» Preiselemente (Zuschläge, Ermäßigungen, Sonderleistungen usw.),
» Zahlungsart,
» Meldefrist (Verfallfrist) und
» Allgemeine Vertragsbedingungen (Haftung, Gerichtsstand).

Je nach Interesse und Verhandlungsposition der Vertragspartner werden unterschiedliche Arten von Hotelverträgen unterschieden:

Kontingent- oder Allotmentvertrag (Optionsvertrag)

Der Veranstalter kauft ein festes Kontingent von Betten zu einem festen Preis ein. Bis zu einem bestimmten Termin (Verfallfrist) kann er über die Betten frei verfügen. Nach Ablauf der Frist kann er die nicht in Anspruch genommenen Kontingente kostenneutral zurückgeben. Dies ist die gebräuchlichste Form des Hotelvertrages und das Risiko einer eventuell nicht vollständigen Auslastung trägt der Hotelier.

Garantievertrag

Der Veranstalter verpflichtet sich zu einer Belegungsgarantie für ein bestimmtes Bettenkontingent (z. B. 80 %). Dies geschieht meist in Form einer kumulativen Garantie, d. h. der Veranstalter garantiert eine durchschnittliche Belegungsquote für einen vereinbarten Zeitraum. Wenn bei der Abrechnung am Saisonende festgestellt wird, dass die Belegungsquote niedriger war, kann dies zu Konventionalstrafen seitens des Veranstalters führen.

Festanmietungsvertrag

Der Veranstalter verpflichtet sich, für einen vereinbarten Zeitraum ein bestimmtes Kontingent von Betten zu einem vereinbarten Preis abzunehmen. Diese Vertragsform findet sich häufig bei Appartementhäusern.

Free-Sale-Vertrag

Der Veranstalter kauft seine benötigten Betten nur nach Bedarf ein.

Einkauf von Flugleistungen

Einkauf von Leistungen im Zielgebiet

Wichtige Kriterien eines Reiseveranstalters für die Auswahl von Fluggesellschaften sind:
» Linien-, Charterverkehr, Low Cost,
» Flugtage, Fluggerät,
» Abflug-/Ankunftszeiten,
» Streckenführung,
» Pünktlichkeit und Zuverlässigkeit,
» Sicherheit und
» Preis.

Reiseveranstalter und Fluggesellschaften schließen üblicherweise einen **Charterrahmenvertrag** ab, der rechtlich einem Mietvertrag ähnelt.

Bei einem **Vollcharter** übernimmt der Reiseveranstalter die gesamte Sitzplatzkapazität des Flugzeugs. Dieser Vertrag ist in der Regel mit einer **Subcharter-Berechtigung** verbunden, d. h. der Veranstalter kann die von ihm nicht genutzten Plätze weiterverkaufen.

Bei einem **Teilcharter** kauft der Reiseveranstalter nur ein bestimmtes Kontingent an Sitzplätzen auf einem Flugzeug ein. Auch hier ist die Kombination mit einer Subcharter-Berechtigung üblich.

Daneben besteht auch die Möglichkeit, sich einzelne Sitzplätze von einem **Consolidator** (Ticketgroßhändler) einzukaufen.

Die touristischen Dienstleistungen am Urlaubsziel werden von **Zielgebietsagenturen** (Incoming-Agenturen) organisiert. Je nach Größe des Veranstalters oder auch der Größe des Zielgebiets verfügen die Veranstalter über eigene Zielgebietsagenturen mit eigenem Personal (z. B. Gebiets-, Reiseleitern, Sport-, Kinderbetreuern und Animateuren) oder sie beauftragen selbständige Zielgebietsagenturen vor Ort, die benötigten Reiseleistungen ganz oder teilweise mit deren Personal durchzuführen bzw. ihnen die entsprechenden Leistungsträger vor Ort zu vermitteln. Die Entscheidung, ob der Veranstalter mit eigenem Personal vor Ort präsent sein möchte oder hierfür die Leistungen einer Agentur in Anspruch nehmen möchte, ist natürlich auch eine Kostenfrage. Ein Arbeitsvertrag (= **Dienstvertrag**) nach deutschem Recht kann sich z. B. hinsichtlich der gesetzlichen oder tariflichen Gehalts- und Kündigungsvorschriften des Ziellandes wesentlich unterscheiden.

Zu den wichtigsten Leistungen einer Zielgebietsagentur für die Gäste gehören:
» Durchführung der Transfers vom Flughafen in die Hotels,
» Betreuung der Gäste (Reiseleitung),
» Organisation und Verkauf von Ausflügen und
» Vermittlung von Mietwagen.

Für die Veranstalter erfüllen die Zielgebietsagenturen mit ihren Kenntnissen vor Ort u. a. weitere Funktionen:

5053486

» Unterstützung beim Hoteleinkauf (Beobachtung des Marktes, Hotelbeschreibungen, Vorbereitung und Abschluss von Hotelverträgen, Besorgen von kurzfristigem Bettenbedarf),

» Unterstützung bei der Qualitätskontrolle und Reklamationen,

» Bereitstellung von Bildern und Hotelbeschreibungen für den Katalog,

» Kontakte zu Behörden (z. B. Beschaffung der Arbeitserlaubnis von Reiseleitern) und

» Information über neue Angebote im Zielgebiet (Hotels, Ziele, Ausflüge).

Aufgaben

1_ Berichtigen oder bestätigen Sie folgende Aussagen:

a) Der Reiseveranstalter kann den vereinbarten Reisepreis beliebig verändern.

b) Der Reiseveranstalter hat das Recht, einen Haftungsausschluss für Reisemängel in seinen Vertragsbedingungen zu formulieren.

c) Veranstalter können die Verjährungsfrist für Reisemängel auf sechs Monate reduzieren.

2_ Zu welcher Gruppe von Verträgen zählt der Reisevertrag?

3_ Nach Vertragsabschluss sind Preiserhöhungen lediglich innerhalb bestimmter Fristen möglich. Um welche handelt es sich?

4_ Besorgen Sie sich die AGB eines (Reise-)Veranstalters Ihrer Wahl und die AGB Ihres Ausbildungsbetriebes. Welche Aussagen werden über
– den Abschluss des Reisevertrages
– die Anzahlung und Restzahlung
– eventuelle Preis- und Leistungsänderungen
– den Rücktritt des Veranstalters
– den Leistungsumfang
jeweils gemacht?

5_ Vergleichen Sie Ihre Antworten mit dem Reisevertragsparagrafen § 651a–m BGB **(die entsprechenden Paragrafen finden Sie auf der beiliegenden DVD Zusatzinformationen zu LF 9, Kapitel 3.4).**

6_ Auszug aus den Allgemeinen Reisebedingungen eines Veranstalters für Kreuzfahrten:

> Ein Anspruch des Reisenden nach Vertragsabschluss auf Änderungen hinsichtlich des Reisetermins, des Reiseziels, des Ortes des Reiseantritts, der Unterkunft oder Beförderungsart (Umbuchung) besteht nicht.

Was bedeutet diese Regelung für den Kunden?

7_ In den Reise-AGB des Veranstalters TUI finden Sie folgende Formulierung:

> **ZAK**[1]: Bei einer Reklamation wendet sich der Kunde direkt an die Reiseleitung. Kann keine Abhilfe erfolgen, bietet die Reiseleitung direkt am Urlaubsort einen finanziellen Ausgleich an (Minderung).

Beurteilen Sie bitte dieses Angebot zur Regulierung einer Mängelrüge durch den Veranstalter!

8_ In besonderen Fällen bietet TUI in seinen Allgemeinen Reisebedingungen eine „Geld-zurück-Garantie" an. Was versteht man darunter? Natürlich können Sie die Reisebedingungen des Veranstalters zu Rate ziehen.

Zusätzliche Aufgaben zu Kapitel 3 zum Reisevertrag finden Sie auf der beiliegenden DVD.

---

1 Zügige Abhilfe und Kulanz

Eigenveranstaltungen vermarkten und auswerten

1 Soziale Verantwortung des touristischen Unternehmens

Im Rahmen der Globalisierung befinden sich Unternehmen im Umbruch. Während der Ökonom der Tradition verhaftet bleibt („Wenn es dem Unternehmen wirtschaftlich gut geht, geht es uns allen gut."), sucht der **moderne Unternehmertypus** eine Antwort auf die Frage, wie unternehmerischer Erfolg und **gesellschaftliche Verantwortung** z. B. mit der Ökologie in Einklang gebracht werden können.

Gerade im Tourismus sollte sich das unternehmerische Handeln im Rahmen der **sozialen Verantwortung** stärker am Leitgedanken der „Nachhaltigkeit" orientieren. Zielsetzung muss sein, die Bedürfnisse der Kunden so zu befriedigen, dass durch heutiges Handeln **zukünftigen Generationen** von Unternehmen und Kunden die Möglichkeit ihrer **Entwicklung** und **Entfaltung** nicht genommen wird.

Unternehmertypus	
traditionell = nach Gewinn strebend	modern = gesellschaftlich verantwortlich

1.1 Wertigkeit von Produktionsfaktoren

Die **menschliche Arbeit** stellt die engste **Beziehung** zwischen **Mensch** und **Natur** her. Der Mensch sichert seine Existenz, indem er die Natur „bearbeitet".

Erfolgt die Arbeit mit dem Ziel der menschlichen Bedürfnisbefriedigung, so wird diese als **Produktion** bezeichnet.

Aus volkswirtschaftlicher Sicht ist die Produktion von Gütern zunächst eine **Kombination** der beiden ursprünglichen **Produktionsfaktoren Boden und Arbeit**.

Aufgrund der Kombinationen entstehen **Erträge**. Aus Arbeit und Boden wird also der dritte Produktionsfaktor **Kapital** abgeleitet.

Nach dem gegenwärtigen Verständnis der Volkswirtschaft ist **Arbeit die Tätigkeit des Menschen, die gegen Entgelt ausgeführt** wird.

Die klassische Volkswirtschaftslehre verstand unter dem Umweltmedium **Boden** nur die Nutzungsarten
» Anbauboden: Land-/Forstwirtschaft
» Abbauboden: Rohstoffgewinnung
» Standortboden: Gewerbeflächen

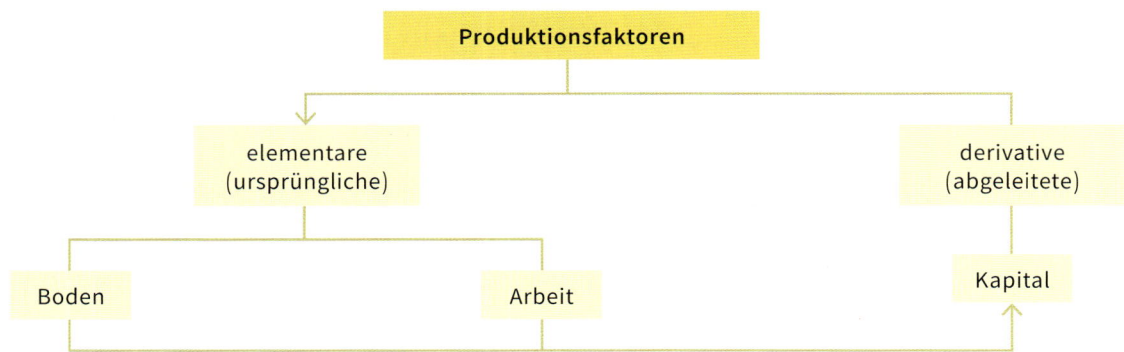

5053488

Dem entgegen hat der Begriff Boden nach dem heutigen Verständnis eine Ausweitung erfahren. In der Volkswirtschaft versteht man unter Boden die gesamte Erdoberfläche und alle von der Natur bereitgestellten Ressourcen.

 Die gesamte Natur wird als Produktionsfaktor „Boden" betrachtet.

– Wind, Sonne, Erze, Felder, Wälder, Küsten

Jahrzehntelang wurden in den Industrieländern die **Umweltgüter** Wasser, Boden, Luft und die gesamte Natur zunehmend stärker belastet.

Nach offiziellen Angaben stellte sich der Wasserverbrauch auf der Urlaubsinsel Mallorca im Jahr 2010 folgendermaßen dar:

Es verbrauchten Landbewohner 120 l Wasser/Tag, Stadtbewohner 250 l Wasser/Tag, ein Durchschnittstourist 260 l Wasser/Tag und ein Luxustourist 700 l Wasser/Tag.

Es ist nicht nur für die einheimische Bevölkerung nicht mehr nachvollziehbar, dass der Wasserverbrauch eines Luxustouristen das Sechsfache eines Landbewohners ausmacht. Die Nutzung der Umweltgüter war früher kostenlos und führte in den Industriestaaten vor allem durch das starke Wirtschaftswachstum der 50er- und 60er-Jahre im letzten Jahrhundert in kurzer Zeit zu erheblichen Umweltbelastungen.

– Waldsterben in Mitteleuropa

– Fischsterben im Rhein

Erst nach dieser Zeit setzte sich die Erkenntnis durch, dass **Umweltgüter Werte darstellen,** die zum einen knapp bemessen sind, und zum anderen gesund erhalten werden müssen. Damit nicht alle Produktionsgrundlagen verloren gehen, sind diese mit kostenintensiven Maßnahmen wieder aufzubereiten oder aber durch vorbeugenden Umgang mit der Natur zu schonen. Letzteres ist häufig der preiswertere Weg.

– Auf der Insel Mallorca werden „Bettenburgen" an den Küsten wieder rückgebaut.

– Hotels bauen zunehmend zur besseren Effizienz des Energieverbrauchs Wärmetauscher ein.

– Sensorsysteme in den Toiletten und Waschräumen sowie Wasserspartasten helfen Wasser sparen.

– Wurst, Käse und Fleisch werden in Pfandwagen eingekauft, um Verpackungsmaterial zu sparen.

– Es erfolgt häufig bereits eine dreifache Mülltrennung.

Im wasserarmen Tunesien werden 3,6 Mio. Liter Wasser in einer Saison für die Bewässerung eines Golfplatzes verbraucht, während für viele Menschen der Bevölkerung am Tag nur 25 Liter zur Verfügung stehen.

1.2 Ökologische Unternehmenspolitik

> **!** Ziel einer ökologischen Unternehmenspolitik muss es sein, das Gewinnstreben mit den Erfordernissen des Umweltschutzes in Einklang zu bringen.

Es müssen folgende Gleichungen gelten:

> **Umweltbelastung = Kostenfaktor**

> **Umweltschutz = Ertragsfaktor**

Ökologische Unternehmenspolitik erbringt Lösungsbeiträge durch Produkte und Dienstleistungen, die der globalen Herausforderung etwa durch steigende Weltbevölkerung, Ressourcenverknappung und zunehmende Wohlstandsunterschiede begegnet. Dabei **haben wirtschaftliche Belange** gegenüber Umwelt-, Arbeits- und Gesundheitsaspekten **keinen Vorrang.**

Umweltlizenzen und **Schadstoffzertifikate** können helfen, eine solche Unternehmenspolitik durchzusetzen. Der Staat begrenzt mengenmäßig die Gesamtemission eines Schadstoffes und bietet den Unternehmen zu einem bestimmten Preis ein Paket von Verschmutzungsrechten an. Jedes betroffene Unternehmen muss diese Emissionsrechte erwerben und kann sie bei Nichtinanspruchnahme wieder verkaufen (Emissionshandel). So bekommt jede ausgestoßene Schadstofftonne einen Preis.

Schadstoffemissionen

Durch die weltweite Seeschifffahrt (dazu zählen auch die Hochseekreuzfahrten) werden jährlich hohe Abgasemissionen verursacht. Dies hat verschiedene klima- und umweltschädliche Auswirkungen. Durch die Verbrennung des Treibstoffs entstehen, wie bei allen Verbrennungsmotoren, verschiedene Abgase: Stickoxide (NO_x), Kohlenmonoxid (CO), Kohlendioxid (CO_2) und als Besonderheit aufgrund des erhöhten Schwefelanteils bei Schiffstreibstoffen Schwefeloxide (SO_x).

Viele Kreuzfahrtschiffe verwenden immer noch Schweröl anstatt umweltfreundlicherer alternativer Treibstoffe. Schweröl ist ein zähflüssiges, stark riechendes, aber billiges Abfallprodukt der Mineralölindustrie. An Land darf es schon lange nicht mehr verbrannt werden, zu giftig ist der Qualm voller Schwefel, Ruß und Asche. Eine Tonne kostet etwa die Hälfte gegenüber dem umweltfreundlicheren Marine Diesel Oil (MDO).

Die Reedereien stehen in der Pflicht, ihre Umweltschutzanstrengungen zu intensivieren. Die Umsetzung der IMO-Richtlinie (vgl. LF 8 Kapitel 3.4 Fährpassagen) in geltendes Recht hat das Umdenken beschleunigt. Am Beispiel von AIDA Cruises werden wichtige Maßnahmen zur Emissionsminderung vorgestellt:
» von 2007 bis 2012 wurde bereits der Treibstoffverbrauch um 18 % gesenkt durch
  – Reduzierung der Geschwindigkeit
  – effektiveres Routenmanagement durch Verkürzung der Liegezeiten und Optimierung der Fahrpläne

5053490

– giftfreie und umweltfreundliche Unterwasseranstriche, die die Reibung während der Fahrt reduzieren
– optimiertes Rumpfdesign

» Einsatz schwefelarmer Treibstoffe, wo erforderlich
» Einbau von Rußpartikelfiltern (Scrubber)
» Einbau von Katalysatoren
» Verjüngung der Kreuzfahrtflotte
» Kreuzfahrtneubauten der Jahre 2015 und 2016 sollen komplett ohne Schweröl auskommen und werden mit Motoren ausgerüstet, die nicht nur mit Diesel, sondern auch mit Flüssiggas betrieben werden können
» Einsatz einer LNG-Hybrid-Barge (E-Power-Barge, Schute) für die Stromversorgung des Kreuzfahrtschiffes im Hamburger Hafen.

Andere Reedereien haben ähnliche Maßnahmen geplant bzw. umgesetzt. Langfristiges Ziel ist die CO_2-freie Kreuzfahrt. Die deutsche Kreuzfahrtschifffahrt will ihren guten Ruf als umweltfreundliche Reiseart nicht verlieren, und nur eine intakte Umwelt gewährleistet unbeschwerten Urlaub. AIDA Cruises bietet in Zusammenarbeit mit der unabhängigen Klimaschutzorganisation atmosfair seinen umweltbewussten Kunden die CO_2-Kompensation an.

Emissionshandel

Der Emissionshandel ist seit 2005 ein Instrument der EU-Klimapolitik mit dem Ziel, den Ausstoß klimaschädlicher Gase zu senken. Das System richtet sich dabei nicht an einzelne Unternehmen oder Länder, sondern erfasst jede einzelne Anlage (z. B. Fabrik oder Kraftwerk). Jede Anlage erhält das Recht, für einen bestimmten Zeitraum, eine nach festgelegten Regeln bestimmte Menge klimaschädliche Gase auszustoßen. Sind diese Emissionen geringer als die zugeteilte Berechtigung, zum Beispiel in Folge eigener Anstrengungen zur Emissionsminderung, kann die nicht benötigte Berechtigung am Markt verkauft werden. Umgekehrt können auch Emissionszertifikate gekauft werden, falls Maßnahmen zur eigenen Emissionsminderung teurer ausfallen würden.

So soll ein ökonomischer Anreiz entstehen, den Ausstoß schädlicher Klimagase dort zu senken, wo es am effizientesten ist.

Nach einem Urteil des Europäischen Gerichtshofes kann die EU nun auch alle Fluggesellschaften in den Handel mit Luftverschmutzungsrechten einbeziehen. Seit dem 1. Januar 2012 sind etwa 900 Airlines verpflichtet, Zertifikate für den Ausstoß des Treibhausgases Kohlenstoffdioxid zu kaufen, den sie durch Starts und Landungen in Europa verursachen. Zur Berechnung des CO_2-Ausstoßes wird die gesamte Flugstrecke betrachtet.

Von diesem Emissionshandel der EU ist die nationale **Luftverkehrsabgabe** zu unterscheiden, die seit dem 1. Januar 2011 erhoben wird. Sie wurde aus rein fiskalischen Gesichtspunkten eingeführt, denn es wird nicht nach dem Energieverbrauch oder Lärmpegel der Flugzeuge unterschieden, sondern lediglich nach der Länge der geflogenen Strecke des jeweiligen Passagiers. Der Steuersatz soll jedoch mit den künftigen Kosten für den Emissionshandel verrechnet werden.

Gerade durch die CO_2-Emissionen und den damit verbundenen Treibhauseffekt ist bereits heute deutlich, dass unter gleichbleibenden Voraussetzungen in 50 Jahren 320 Milliarden € jährlich für die Beseitigung der Folgeschäden notwendig sein werden.

Die ökologische Unternehmenspolitik verankert den Schutz der Umwelt als **strategisches Unternehmensziel**. Außerdem bedeutet ökologische Unternehmenspolitik

» umweltbezogene betriebliche Leistungen zu definieren,
» in Form von betrieblichen Programmen umzusetzen und
» die ökologische Qualität des Arbeitens zertifiziert zu erhalten.

Umweltkennzahlen

Durch die Bildung von Umweltkennzahlen werden umweltbezogene Leistungen eines Unternehmens mess- und nachvollziehbar.

» **Umweltleistungskennzahlen** konzentrieren sich auf Planung und Kontrolle der Umweltauswirkungen des Unternehmens.

- – Energieverbrauch
- – Abfallaufkommen pro Produktionseinheit
- – Gesamtverkehrsaufkommen des Betriebes

» **Umweltzustandskennzahlen** beschreiben die Qualität der Umwelt in der Umgebung des Unternehmens.

- – Wassergüte
- – Luftqualität

» **Umweltmanagementzahlen** stellen die organisatorischen Anstrengungen des Managements dar, die Umweltauswirkung des Unternehmens zu minimieren.

Nachdem ein Unternehmen ein Umweltmanagementsystem eingeführt hat, wird es anschließend von einem unabhängigen Sachverständigen geprüft. Die Teilnahme am Zertifizierungsverfahren kann dann durch die Verwendung eines speziellen Emblems (z. B. EMAS-Logo) in der Unternehmenskommunikation herausgestellt werden.

EMAS steht für das freiwillige europäische Umweltmanagementsystem *Eco-Management and Audit Scheme*. Unternehmen und andere Einrichtungen, die sich an EMAS beteiligen wollen, müssen sich zur Einhaltung der national geltenden Umweltvorschriften und zur kontinuierlichen Verbesserung ihres betrieblichen Umweltschutzes verpflichten.

EMAS ist das weltweit anspruchsvollste Gütesiegel hinsichtlich Lärm- und Klimaschutz, Luftqualität, Natur- und Ressourcenschutz. In der jährlichen Umwelterklärung berichten u. a. die Fraport AG, Frankfurt und The Ritz-Carlton, Berlin über ihre selbst gesteckten Umweltziele

und deren Umsetzung. Die Kontrolle dieser Audits erfolgt durch unabhängige Umweltgutachter.

Umweltmanagement eines Veranstalters

Die TUI Deutschland AG verknüpft ihr Umweltmanagement inhaltlich mit dem Thema der Nachhaltigkeit/Nachhaltiges Reisen (Nachhaltigkeitsmanagement).

Nachhaltiges Reisen

Umweltschutz & soziale Verantwortung

Unser Versprechen
- wir nehmen den Klimawandel ernst
- wir engagieren uns weltweit für Menschen und deren Umwelt
- wir bevorzugen und unterstützen umweltfreundliche Hotels
- wir sind Vorbild für Mitarbeiter und in der Region Hannover
- wir ermuntern unsere Gäste zu verantwortungsbewusstem Reisen
- im Servicebereich finden Sie Ansprechpartner und Publikationen/Links

Seit 2003 ist unser Umweltmanagement nach ISO 14001 zertifiziert.

Quelle: www.tui-deutschland.de/td/de/umwelt
(Stand Dezember 2012)

1.3 Ökologische Arbeitnehmerpolitik

Eine solche Politik ist sowohl auf den Erhalt der Arbeitsplätze als **Einkommens-** und **Wohlstandsquelle** als auch auf die **Erhaltung der Natur** als Lebensraum ausgerichtet. Erste Ansätze sind u. a.:

» Schwerpunkt der Arbeitsplatzerhaltung und Bildung ist dort durchzusetzen, wo sie den Interessen gegenwärtiger und künftiger Generationen dienen.

» In umweltschädlichen Bereichen sind Produktionseinschränkungen und Konsumreduzierungen vorzunehmen.

Ökologische Arbeitnehmerpolitik muss gelebt werden, d. h. die Mitarbeiter selbst sollen erkennen, welche Arbeitsbedingungen bereits herrschen und/oder erschaffen werden können, um die ökologische Politik ihres Unternehmens zu unterstützen.

Mitarbeiterbeteiligung in verschiedenen Bereichen kann die Verantwortlichkeit der Mitarbeiter für das Unternehmen fördern. Das Thema Umwelt kann in das betriebliche Vorschlagswesen genauso eingehen wie in die Betriebsratsarbeit, z. B. in Form einer Gründung von Umwelt-Teams, durch die Ernennung von Umwelt-*Controllern* und der Bildung eines Umwelt-Forums, das Ansprechpartner und Informationsveranstalter zugleich sein kann.

Ökologische Arbeitnehmerpolitik

» kann betriebsintern und in der Öffentlichkeit das Umweltimage verbessern,

» kann die Einhaltung der gesetzlichen Vorschriften des betrieblichen Umwelt- und Gesundheitsschutzes garantieren,

» kann helfen, Materialien wie Papier oder natürliche Ressourcen wie Wasser usw. einzusparen und Kosten verringern bzw. Kostensteigerungen verhindern.

Eine solche **Arbeitnehmerpolitik schützt** die Mitarbeiter über die gesetzlichen Anforderungen hinaus, entlohnt **anforderungs-** und **leistungsgerecht,** berücksichtigt angemessene Sozialleistungen und bietet **zukunftsfähige Arbeitsplätze.**

1.4 Ökologische Verbraucherpolitik

Touristische Unternehmen müssen der Konsumentennachfrage ein umweltgerechtes Angebot gegenüberstellen. Die **Anbieter** müssen **Kaufanreize** unter dem Gesichtspunkt der Umweltverträglichkeit **für umweltfreundliche Produkte schaffen.**

> **!** Eine ökologische Verbraucherpolitik setzt voraus, dass nur solche Produkte und Dienstleistungen erzeugt bzw. angeboten werden, die sicher herzustellen, sicher zu verwenden und sicher zu entsorgen sind und keine Belastung von Mensch und Umwelt bei Herstellung, Lagerung, Vertrieb und Verwendung hervorrufen.

Ökokompetenz in der Kundenberatung:

– Weisen Sie auf die kulturellen und ökologischen Besonderheiten des jeweiligen Zielgebietes hin.

– Werben Sie dafür, die Bahn oder den Bus statt das Flugzeug auf Strecken bis 500 km zu nutzen.

Umweltauszeichnungen im Tourismus können ein sinnvolles Mittel zur Förderung umweltgerechter Angebote sein. Allerdings müsste eine einheitliche Kennzeichnung und Auszeichnung von Tourismusdestinationen und -regionen, Beherbergungsbetrieben sowie

Reiseveranstaltern erfolgen. Zurzeit sind ca. 50 Auszeichnungen national und international zu lokalisieren.

Die Vielzahl von Umweltzeichen, Umweltwettbewerben und Umweltpreisen und der auch leider damit verbundene „Etikettenschwindel" verunsichern den Verbraucher. Es muss eine verstärkte Konzeption und Förderung von Öko-Audits und Zertifikaten für die Tourismuswirtschaft angegangen werden.

Dieses Umweltzeichen sollten Sie kennen: Es ist das EU-Umweltzeichen, die Euroblume.

Die für das EU-Umweltzeichen zu erfüllenden Kriterien und weitere Umweltzeichen finden Sie unter Zusatzinformationen zu LF 10, Kapitel 1.4 auf der beiliegenden DVD.

Aufgaben

1_ Warum stellt der Urlaub im „heimischen" Garten die schonendste Form im Umgang mit den Produktionsfaktoren dar?

2_ Erläutern Sie die Möglichkeit und Grenzen des Wachstums der Tourismuswirtschaft unter dem Aspekt der Produktionsfaktoren.

3_ Erklären Sie, warum ein schonender Umgang mit dem Produktionsfaktor Natur die Grundlage für eine weitere Entwicklung des Tourismus ist.

4_ Warum zählen neben den vorgestellen volkswirtschaftlichen Produktions-

faktoren aus heutiger Sicht u. a. auch Tarifautonomie, Bildung, Umweltschutz und politische Stabilität zu den Produktionsfaktoren?

5_ Geben Sie jeweils zwei typische Beispiele dafür, dass Veranstalter der sozialen, ökonomischen und ökologischen Verantwortung versuchen, gerecht zu werden.

6_ Welche Gefahren sehen Sie in einem „asozialen" Verhalten eines Unternehmens?

Zusätzliche Aufgaben zu Kapitel 1 finden Sie auf der beiliegenden DVD.

2 Marketing

In Lernfeld 9 war die Planung aller auf die aktuellen und potenziellen Märkte ausgerichteten Unternehmensaktivitäten Gegenstand der Untersuchung. In Lernfeld 10 geht es um die Instrumente der Distributions- und Kommunikationspolitik bei eigenen Reiseveranstaltungen, sodass aus systematischen Gründen auf eine Wiederholung der Strategien und Instrumente des Marketing verzichtet werden kann.

2.1 Distributionspolitik

Die *Distributionspolitik* (Vertriebspolitik) beschäftigt sich grundsätzlich mit allen Fragen, wie der Weg von Produkten oder Leistungen vom Produzenten zum Endverbraucher bzw. -verwender im Tourismus gestaltet werden muss.

Hierbei sind jedoch im Tourismus folgende Besonderheiten zu beachten:
» Die touristische Leistung ist immateriell (Produktbesonderheit), daher ergibt sich keine Warenlogistik im Sinne von z. B. Warentransport, Lagerhaltung, Zulieferservice.
» Das touristische Leistungsangebot kann nicht auf Vorrat produziert werden. Zeitpunkt und Ort der Leistungserbringung sind somit unteilbar.
» Der Konsument muss zum Produzenten kommen, um die Leistung zu verwerten; somit tritt das Transportproblem in den Vordergrund.

» Tourismusproduzenten schließen in der Bereitstellungsstufe mit dem Konsumenten Verträge ab, aus denen sich aus Sicht der „Käufer" Inanspruchnahmerechte bzw. für den „Verkäufer" Verpflichtungen zur Erbringung der touristischen Leistung ergeben.

> **!** **Die Distributionspolitik versteht sich dabei als „Einbahnstraße" zwischen Konsumenten und Tourismusproduzenten.**

Die Festlegung des **Absatzweges,** also die Art und Anzahl von Institutionen (**Distributionsorgane),** die die Buchungs- und Reservierungsmöglichkeiten durch den Konsumenten beim touristischen Leistungsanbieter bzw. bei zwischengeschalteten Agenturen (Reisemittler) beschreibt, kann direkt und/oder indirekt sein.

Beim **indirekten Vertrieb** bedient sich der Veranstalter eines Mittlers (des Reisebüros), um seine Produkte an den Kunden zu verkaufen. Hier wird zwischen Eigenvertrieb und Fremdvertrieb unterschieden. **Eigenvertrieb** eines Veranstalters kann erfolgen über eigene Reisebüros (z. B. Reisebüroketten) oder auch über selbstständige Reisebüros, die aber wirtschaftlich an ihn gebunden sind (z. B. Franchising). **Fremdvertrieb** erfolgt über unternehmensfremde Absatzhelfer, d. h. vorwiegend über unabhängige Reisebüros (stationär oder im Internet) und beeinflusst die Vertriebskosten.

Die Reiseveranstalter und auch die Leistungsträger mit indirektem Vertrieb sind aus Gründen der (örtlichen) Kundennähe daran interessiert, über ein möglichst flächendeckendes und dichtes Agenturennetz zu verfügen, das sie aus Kostengründen nicht selbst aufbauen und unterhalten können oder wollen. Sie bedienen sich daher selbstständiger Reisemittler als Alternative zum Eigenvertrieb. Für die nachfragenden Reisenden hat das örtliche Reisebüro die Vorteile des kurzen Einkaufsweges, des One-stop-shoppings (alle Reiseleistungen aus einer Hand) und bei Bedarf, der Auswahl-, Beratungs- und Entscheidungshilfe.

Beim **direktem Vertrieb** entfällt die Mittlerstufe Reisebüro, der Kunde bucht also direkt beim Produzenten (ohne Zwischenschaltung eines eigenen oder fremden Reisebüros) per

Post, Telefon (Call-Center), Internet, Märkte und Messen oder Buchungsstelle im eigenen Unternehmen. Heute verfolgen die touristischen Leistungsanbieter (Veranstalter, Fluggesellschaften, Hotels, Mietwagenfirmen usw.) meist mehrere Absatzweg-Varianten parallel. So lässt sich eine Thomas Cook Reise sowohl im eigenen Buchungsportal im Internet und auch über eigene oder fremde Reisebüros buchen.

Aus strategischer Sicht wird die Wahl eines direkten und/oder indirekten Absatzweges von den spezifischen Gegebenheiten der touristischen Leistung, der Konkurrenzsituation, der Marktstruktur und den daraus resultierenden Vor- und Nachteilen für die Vertriebswege bestimmt.

direkter Vertrieb	 Vorteile und Nachteile 	indirekter Vertrieb

direkter Vertrieb	indirekter Vertrieb
⟩ niedrigere Kosten, z. B. keine Provisionszahlung ⟩ keine unterschiedlichen Interessen von Produzenten und Reisemittlern, z. B. Unternehmensziele ⟩ keine Mitbewerber im Sortiment, z. B. verschiedene Veranstalter ⟩ Einfluss auf Verkaufsumfang und -qualität, z. B. Beratungsqualität ⟩ größere Kundenbindung durch direkte Kommunikation mit Kunden	⟩ der hohe Beratungsaufwand einer touristischen Leistung wird auf den Reisemittler übertragen ⟩ räumliche Trennung zwischen Produzenten und Konsumenten ⟩ flächendeckendes Absatznetz ⟩ Berücksichtigung individueller Kundenwünsche ⟩ Handelsmittler sind Imageträger und ⟩ dienen als Informationsquelle für die Marktforschung

Im Rahmen der touristischen Leistungsstufen muss für die Distributionspolitik folgender Ablauf berücksichtigt werden:

Leistungsstufe	Vertriebsstrategie
Leistungsstufe	⟩ aktive Suche nach Kunden ⟩ Bearbeiten der qualifizierten Kundenadressen ⟩ Kundeninformation und entsprechend den Bedürfnissen weitere Kundenqualifikation ⟩ Verfügbarkeit der Reiseanrechte sicherstellen ⟩ Vertrieb der Reise-Inanspruch-Rechte ⟩ Reisemittelpolitik ⟩ Gästeakquisition ⟩ Incoming-Leistung ⟩ Kundenbindungskonzepte der beteiligten Absatzorgane
Bereitstellungsstufe	
Durchführungsstufe	
Ergebnisstufe	

5053496

> ! **Die Bereitstellungsstufe muss die anonyme Zielgruppe der Kunden für die** *Akquisition* **aufbereiten.**

Die **ermittelten Kundenadressen** sind qualifiziert zu bearbeiten. Sie sind zu umwerben und mit Informationen zu versorgen. Dadurch wird beim Kunden Kaufinteresse erzeugt und im Idealfall durch eine Anfrage zum Ausdruck gebracht. Ist die Verfügbarkeit der touristischen Leistung gegeben, erfolgt ein entsprechendes Angebot. Da dies für den Kunden aufgrund der qualifizierten Bearbeitung seines speziellen Bedarfs ein Nutzenoptimum darstellt, kommt es oft zur Buchung.

Im Rahmen einer professionellen Beratung werden dem Kunden die Buchungsunterlagen übermittelt; er wird nochmals auf die Rahmenbedingungen wie Stornofristen und Zahlungsbedingungen hingewiesen und erhält nochmals spezifische Produktinformationen wie Ankunfts- und Abreisezeiten.

In der **Durchführungsstufe** haben die *Distributions*organe nur geringe Mitwirkungsmöglichkeiten, da die Konsumenten am Ort des Tourismusproduzenten weilen.

Die Ergebnisstufe dient der Überprüfung der Kundenzufriedenheit, der Information über neue Angebote und dem Reisereklamationsmanagement.

> ! **Die meisten Aufgaben der Distributionspolitik fallen im Rahmen der Bereitstellungsstufe an.**

Die Entscheidung darüber, welche Form des Absatzweges letztlich gewählt wird, hängt von verschiedenen Faktoren ab, u. a. wie beratungsintensiv das Produkt ist (Kreuzfahrtveranstalter wählen z. B. oft den indirekten Vertrieb), ob sich der Vertriebsweg mit den Unternehmens- und Marketingzielen vereinbaren lässt (Ryan Air) oder einfach nur aufgrund von kostenrechnerischen Überlegungen (wie

hoch sind jeweils die Kosten der verschiedenen Vertriebsalternativen).

Zusätzliche Informationen zu den Besonderheiten der touristischen Distributionsorgane finden Sie unter LF 10, Kapitel 2.1 auf der beiliegenden DVD.

2.2 Kommunikationspolitik

Nachdem mit den ersten drei Marketing-Instrumenten Produkte entwickelt, Preise kalkuliert und Vertriebswege gestaltet wurden, müssen nun Instrumente bestimmt werden, die den Kunden auf dem Markt ansprechen.

> ! **Kennzeichnend für die Kommunikationspolitik ist, dass sie nur noch die Einstellung der Konsumenten bzw. deren Vorstellungen vom Angebot beeinflussen kann und nicht mehr die eigentliche touristische Leistung.**

> **Elemente der Kommunikationspolitik**
>
> – Werbung   – Public Relations
> – Direktmarketing   – Persönlicher Verkauf
> – Verkaufsförderung

Die Festlegung der Kombination (der Elemente der Kommunikationspolitik) wird **Kommunikationsmix** genannt. Dieser erfüllt die kundenorientierte Zielsetzung des Unternehmens möglichst optimal.

Um eine erfolgreiche Marketing-Kommunikation zu betreiben, muss der Vermarkter über den **Kommunikationsprozess** informiert sein.

> **Störungen innerhalb des Kommunikationsprozesses treten dadurch auf, weil der Sender nicht alleine am Markt kommuniziert.**

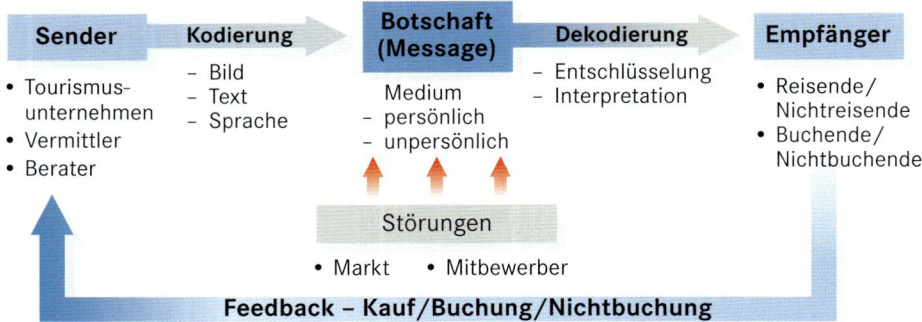

Ein Unternehmen muss sich mithilfe seiner Kommunikationspolitik auf dem Markt bemerkbar machen. Somit kommen den einzelnen Leistungsstufen des touristischen Unternehmens folgende Aufgaben zu:

In der **Bereitstellungsstufe** sollen bei den Konsumenten Präferenzen für die touristischen Leistungsträger (Destinationen, Veranstalter) entwickelt werden, die, unterstützt durch die *Corporate Identity*, zur Buchung führen. Im Rahmen der Verkaufsförderung werden die Buchungsanreize zeitlich begrenzt unterstützt.

Kommunikationsmix in der Bereitstellungsstufe

Werbung

– Broschüren, Poster

– Internethomepage

– Display

– Audios/Videos

– Flyer

Verkaufsförderung

– Wettbewerbe

– Messen

– Demonstrationen

– Finanzierungshilfen

– Productplacement

Public Relations

– Sponsoring

– Firmenmagazin

– Pressemitteilung

– Jahresbericht

– Firmenfeste

Die Kommunikationspolitik **während der Durchführungsstufe** findet fast ausschließlich zwischen dem Leistungsersteller und dem Konsumenten statt. Hier steht die **Integration des Gastes** in den Leistungsprozess im Vordergrund.

Integrationsmöglichkeiten

– Begrüßungsveranstaltung durch den örtlichen Reiseleiter

– Sprechstunden der Reiseveranstalter

– Beschwerdebücher der Veranstalter/ Beherbergungsbetriebe

Die beste Kommunikationspolitik in der **Ergebnisstufe** ist das positive *Feedback* der Konsumenten. Kundenzufriedenheit dient der Gewinnung von Stammkunden und dient der „Mund-zu-Mund-Propaganda".

! **Unzufriedene Gäste sind so weit wie möglich im Nachhinein zufrieden zu stellen.**

Hierin zeigt sich die Unternehmenskultur und damit die Möglichkeit zu guter Öffentlichkeitsarbeit.

Nachbereitung

– Stammtische

– Anrufe

– Berichte aus den Urlaubsgebieten

– Mitteilungen über neue Reisekataloge

– Festtagsgrüße

– Zufriedenheitsbefragung

Beschwerden sind im Rahmen des Reklamationsmanagements so zu behandeln, dass die Kundenzufriedenheit wiederhergestellt wird.

Reklamationsmanagement

– aktives Zuhören, Kunde findet sein „Ventil";

– Entschuldigung, der Leistungsträger sieht seinen Fehler ein;

– Verständnis zeigen, auch der/die Fachmann/ -frau sieht es so;

– materielle und finanzielle Entschuldigung, Leistungsträger sieht Fehler ein und versucht diese aufzuwiegen.

Weitere Ziele des Beschwerdemanagements sind die Verhinderung von negativer „Mund-zu-Mund-Propaganda", um einem Abwandern zu Mitbewerbern vorzubeugen.

2.2.1 Handlungs- und Orientierungsziele

Empirische Untersuchungen ermittelten drei Kategorien von **Handlungszielen** bei touristischen Unternehmen.

Handlungsziele sind **Primärziele** eines Unternehmens. Eine Konkretisierung dieser Ziele muss ein Einzelbetrieb für alle Aufgabenbereiche bzw. Abteilungen vornehmen, z. B.:

Steigerung des Umsatzes im Marktsegment „Pauschalreisen" durch Familien um 15 % in einem Jahr.

Von den Primärzielen eines Unternehmens können **Orientierungsziele** unterschieden werden:

Unternehmensabsicht	Unternehmensrichtlinie	Unternehmensidentität
Die Unternehmensabsicht des touristischen Einzelbetriebes, also z. B. des Reisebüros oder des Reiseveranstalters, muss definiert sein.	Diese legt die Grundsätze der Handlungsweisen gegenüber Kunden sowie Mitarbeitern und Mitbewerbern fest.	Die Unternehmensidentität *(Corporate Identity)* bewirkt ein unternehmensspezifisches Leitbild *(Image)* nach innen.
Kernfrage: Welchen Sinn und Zweck hat der touristische Einzelbetrieb?	**Kernfrage:** Wie wird der Einzelbetrieb dem Sinn und Zweck der Unternehmensabsicht gerecht?	**Kernfrage:** Wie wird der Sinn und Zweck des Einzelbetriebes zum Ausdruck gebracht?
Beispiel: Soll das Leistungsangebot z. B. Pauschalreisen, Städtereisen und Kreuzfahrten umfassen oder möchte man diese Leistungen zusätzlich für spezielle Zielgruppen zusammenstellen und anbieten?	**Beispiel:** Das Unternehmen hat das Ziel eine Arbeitsumgebung zu bieten, die Individualität jedes einzelnen Mitarbeiters respektiert und die Intitiative aller Mitarbeiter fördert. Außerdem ist erklärtes Ziel, das Vertrauen bestehender und neuer Kunden zu gewinnen.	**Beispiel:** Zielgruppe und Wirkung: » Gesellschafter/Motivation » Mitarbeiter/Leistung » Auszubildende/Engagement

Einen Exkurs zu den allgemeinen Zielen wirtschaftlichen Handelns finden Sie unter LF 10, Kapitel 2.2.1 auf der beiliegenden DVD.

2.2.2 Unternehmensleitbild

Corporate Identity ist auch die Öffentlichkeitswirkung der Erscheinungsformen eines Unternehmens nach außen. Sie ist hierbei allerdings vom *Corporate Image,* dem Fremdbild, zu unterscheiden. Das Ziel ist auch hier die Identifizierung mit dem Unternehmen.

Die **Unternehmensidentität** hat zum einen strategisch die Funktion, ein Unternehmensleitbild zu entwickeln. Zum anderen muss sie im kommunikativen Bereich die unternehmensspezifische Identität sichtbar, ggf. hörbar machen.

Zielgruppe und Wirkung
- Leistungsanbieter/Akzeptanz
- Kunden/Glaubwürdigkeit
- Mitarbeiter/Vertrauen

Einflussfaktoren auf die Leitbildbestimmung sind Gewinnerzielungsabsichten, Kundenzufriedenheit und ideelle Gesichtspunkte wie Image und Arbeitszufriedenheit.

Zur Realisierung bedient man sich folgender Instrumente:

5053500

Einheitlicher Schriftzug auf	Elemente des *Corporate Design*	Verwendung einheitlicher

❱ Briefpapier		❱ Uniformen
❱ Visitenkarten		❱ Farben
❱ Werbeplakaten		❱ Architektur
❱ Souvenirs		❱ Designs
❱ Produkten		❱ Verpackungen

Das **Unternehmenserscheinungsbild** *(Corporate Design)* ist die optische und ggf. akustische unverwechselbare Unternehmensdarstellung. Es wird durch die immer wiederkehrende Verwendung verschiedener Elemente erreicht.

> *Corporate Design*
>
> – Eiffelturm steht für Paris
> – Scala steht für Mailand
> – Porta Nigra steht für Trier
> – Kranich steht für die Lufthansa

> **!** Ziel des Corporate Designs ist es, dass visuell-formale Elemente automatisch mit dem touristischen Betrieb identifiziert werden.

Was verbinden Sie mit den hier abgebildeten Logos?

Das zweite Instrument von *Corporate Identity* beinhaltet die Umsetzung der Unternehmensrichtlinien in **Verhaltensleitlinien** *(Corporate Behaviour)*.

Da heute viele touristische Einzelbetriebe Leistungen anbieten, die sich kaum noch in ihrer Qualität und ihrem Preis voneinander unterscheiden, ist dies eine Möglichkeit, sich von den Mitbewerbern zu unterscheiden.

Zentraler Bestandteil des *Corporate Behaviour* ist das konsequent an der Identität ausgerichtete Verhalten der Mitglieder des Unternehmens.

Das Verhalten
» der Mitarbeiter untereinander
» im Umgang mit dem Kunden und Lieferanten
» gegenüber Marktpartnern
» gegenüber Aktionären und Geldgebern
» gegenüber Staat, Öffentlichkeit und Umwelt
muss schlüssig und stimmig sein.

Die **Kommunikationsaktivitäten** *(Corporate Communications)* eines touristischen Einzelbetriebs dienen zur Umsetzung der Corporate Identity. Mit ihrer Hilfe wird das Unternehmensspezifische sichtbar und hörbar gemacht.

Durch koordinierte Kommunikation können einheitliche Botschaften vermittelt werden, die dazu beitragen, ein gewünschtes *Image* zu entwickeln und bestehen zu lassen.

Zu den Kommunikationsaktivitäten zählen neuerdings die Auftritte der Unternehmen in den sozialen Netzwerken (Social Media, Web 2.0). Hierunter versteht man Netzgemeinschaften (Online Communities), die über Portale im Internet miteinander in Kontakt treten. Zunächst sind die Nutzer ausschließlich Pri-

vatleute. Sie erstellen ein persönliches Profil für die Mitglieder ihres Netzes oder generell für die Öffentlichkeit des Netzes. Sie empfangen und versenden persönliche Nachrichten oder nehmen Stellung zu diversen Ereignissen. Mit dem zunehmenden Erfolg von Web 2.0 haben die gewerblichen Unternehmen das Potenzial dieser Kommunikationsform für die Verkaufsförderung erkannt und nutzen es, um mit ihren Kunden zu korrespondieren oder um neue Kunden zu gewinnen.

Entscheidend für den Erfolg der *Corporate Communications* ist das Konzept, dass Ziele, Maßnahmen und Botschaften aus dem Leitbild hergeleitet, aufeinander abgestimmt und konsequent und einheitlich eingesetzt werden. Zur Zielerreichung werden häufig Imageslogans verwendet.

Imageslogans

– „So flieg ich gern"
– „Die sonnige Urlaubslinie"
– „Das Wichtigste für uns sind Sie"

! Die *Corporate Communications* **vermitteln die Firmenidentität durch strategisch geplante, widerspruchsfreie Kommunikation konsequent nach innen und außen – in Werbung, Öffentlichkeitsarbeit, Verkaufsförderung usw. (Kommunikationspolitik).**

Fazit:
In Zeiten austauschbarer Produkte, zunehmender Konkurrenz und einer kritischer werdenden Öffentlichkeit scheint es für viele Unternehmen lebensnotwendig geworden zu sein, ihren Kunden, Lieferanten, Behörden,

Finanzgebern, aber auch Mitarbeitern durch eine einzigartige, unverwechselbare Identität Orientierung und Sicherheit zu bieten und sich von anderen Unternehmen abzuheben.

2.2.3 Total Quality Management

! Unter *Total Quality Management* (**TQM, Totalem Qualitätsmanagement) wird eine Managementmethode verstanden, die unter Mitwirkung aller Beteiligten die Qualität in den Mittelpunkt unternehmerischen Handelns stellt. Hierdurch soll ein hohes Niveau der touristischen Dienstleistung erreicht werden.**

TQM zielt durch die Entwicklung von Unternehmenskompetenz, durch Schulung von Mitarbeiterkompetenz und durch Zufriedenstellung der Kunden auf langfristigen Geschäftserfolg ebenso wie auf den Nutzen für die Mitarbeiter und/oder Mitglieder der Organisation und Gesellschaft ab.

2.2.4 Die Werbung

Die Werbung ist wichtiger Teilbereich der Kommunikationspolitik. Sie umfasst jede Form **nicht persönlicher Präsentation** von touristischen Betrieben gegenüber bestimmten Zielgruppen, um über das touristische Leistungsangebot zu informieren. Sie soll zur Buchung führen.

Um diesem Ziel gerecht zu werden, muss zunächst das Werbefundament errichtet werden. Es besteht aus der Konkretisierung der „6 Ws".

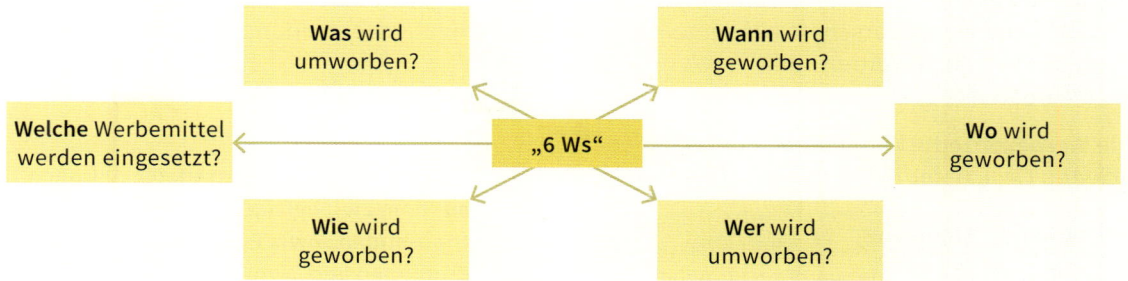

! Das „Was" und das „Wie" definieren die Werbeziele und die Werbebotschaft.

Konkret bedeutet dies, dass der Bekanntheitsgrad von Produkten und Tourismusbetrieben gesteigert werden soll, dass Informationen über das Tourismusangebot und die Leistungsträger zu vermitteln sind, sowie Buchungsimpulse gegeben werden müssen.

! Die Zielgruppenbestimmung erfolgt mit der „Wer-Frage".

Diese kann zum einen auf Personengruppen, wie z. B. Senioren oder Familien, oder auf Destinationen für Sportler oder Fun-Urlauber abgestellt sein.

Im Hinblick auf die **Werbemittel** kommen alle Medien in Betracht, mit deren Hilfe Werbebotschaften vom „Sender" zum „Empfänger" gelangen sollen.

Davon zu unterscheiden sind die **Werbeträger**, die Medien also, die die gestaltete Werbebotschaft an die Zielpersonen vermitteln (Werbeträger: Tageszeitung – Werbemittel: Anzeige). Im Werbemittel wird die Botschaft formuliert, während sie im Werbeträger an die Zielpersonen transportiert wird.

Werbemittel
gedruckte:
- Prospekte
- Inserate
- Plakate
- Kataloge
- Werbebriefe
- Flugblätter
- Beilagen

audio-visuelle:
- TV-Werbung
- Kinowerbung
- Werbefilme
- Rundfunkwerbung
- Internetwerbung
- Multimediawerbung
- CD, DVD

sonstige:
- Auslagengestaltung
- Büroausstattung
- Werbegeschenke, -fahrten
- Productplacement
- Messen
- Landesabende
- Sponsoring

Generell sollte man zur Kaufanbahnung emotional wirkende Medien wie Bilder, DVDs, TV-Werbung einsetzen und in der Phase der Kaufentscheidung textdominante Werbeträger wie Kataloge und Informationsbroschüren verwenden.

! Das „Welche" ist eng mit dem „Wo" und „Wann" verbunden.

Des Weiteren sollten bei der **Auswahl des Werbemittels** berücksichtigt werden:
» das Streugebiet, in dem geworben wird,
» die Streuzeit, d. h. wann und wie oft geworben werden soll,

» die Reichweite, d. h. die Anzahl derer, die durch die Werbebotschaft mindestens einmal erreicht werden soll,

» die Kosten.

Die **Werbekonzepte** können nach unterschiedlichsten Gesichtspunkten gegliedert werden.

Kriterium	Einteilung
Strategieziel	Einführungswerbung für neue Produkte Vertiefungswerbung für eingeführte Produkte Ausweitungswerbung für neue Käuferschichten
Umworbene	Einzeln: Der Konsument Massenwerbung: Konsumentengruppen
Werbende	Allein: Ein Unternehmen Gemeinschaftswerbung (Verbundwerbung): geografische bzw. reisemotiv-orientierte Werbung

Neben den Wirkungserfolgen gilt es, die Werbegrundsätze zu beachten.

Werbegrundsätze

1. Werbung darf keine Unwahrheiten beinhalten.

2. Werbung muss eindeutig den Produktnutzen vermitteln.

3. Werbung bedarf einer kontinuierlichen Wiederholung.

4. Werbung muss einen Wiedererkennungseffekt haben.

5. Werbeversprechen müssen erlebbar sein.

6. Werbung muss aktuell sein.

7. Werbung darf keine Verwechslungen mit Mitbewerbern zulassen.

8. Werbung darf keinen Mitbewerber verunglimpfen.

Werbeaufwendungen müssen in einem angemessenen Verhältnis zum möglichen Erfolg stehen.

Werbung unterliegt verschiedenen **Gesetzmäßigkeiten** oder ist an diese gebunden. In diesem Zusammenhang sollten die dargestellten Grenzen des freien Wettbewerbs gesehen werden (GWB, Verbraucherschutzgesetze, Preisangabenverordnung und UWG).

2.2.5 Verkaufsförderung *(Sales Promotion)*

> **!** **Einsatz von zeitlich begrenzten Aktionen mit dem Ziel, bei nachgelagerten Vertriebsstufen sowie Endabnehmern von Produkten und Dienstleistungen durch zusätzliche Anreize Absatzsteigerungen zu bewirken.**

Bei der Verkaufsförderung im Tourismus geht es im Wesentlichen darum, über die jeweiligen Vertriebswege möglichst gut mit dem Kunden zu kommunizieren, um ihn zu Verkaufsabschlüssen zu bewegen bzw. als Kunden zu erhalten.

Beispiele für Verkaufsförderungsmaßnahmen bezogen auf:

Veranstalter

– Inspektionsreisen (Besichtigung der Ferienanlage)

– Schulungen im Außen- und Innendienst

– Businesspromotion (auf Messen)

Reisemittler

– Produkt- und Verkaufsschulungen

– Inforeisen und Produkt-Erfahrungs-Programme (PEP)

– Expedientenrabatte

– Superprovisionen

– Info- und Dekomaterialien

– Prospekte

Konsumenten

– Geschenkartikel

– Gewinnspiele

– Gutscheine

– POP (Point-of-Purchase)

– Klubmitgliedschaften mit Treuebonus und Gratifikationen (Upgrading, Bordguthaben …)

Verkaufsförderung lässt sich mit der Werbung gut verbinden. Die Werbung gibt den Kaufgrund, die Verkaufsförderung den Anreiz dazu. In der Praxis ist zu beachten, dass aufgrund der Kosten die „Anreize" erst bei der Buchung bzw. Leistungserstellung eingelöst werden, und dass solche Programme nur eine **kurzfristige Belebung der Nachfrage** mit sich bringen.

Das **Productplacement** als Verkaufsförderungs- und Werbemittel platziert bestimmte Produkte oder Produktnamen als reale Requisiten in Fernseh- und Kinofilmen und erhöht somit ihren Bekanntheitsgrad. So ist in den James-Bond-Filmen immer ein Fahrzeug prägnant in Szene gesetzt.

Ebenso sind in den vergangenen Jahren touristische Destinationen und touristische Leistungsträger prägnant in filmischen Einstellungen zu sehen.

Productplacement ist in Deutschland nur als sogenannte **Produktbeistellung** erlaubt. Das heißt, Firmen können ihre Produkte unentgeltlich für Filmproduktionen zur Verfügung stellen, sodass die Marke zu sehen ist, aber nicht als Werbung empfunden wird. Es erfüllt aber den Tatbestand der „Schleichwerbung", wenn Geld bei der Produktbeistellung eine Rolle spielt.

Vorteile des Productplacement

– Werbeabsicht ist nicht offensichtlich.

– emotionale Ansprache der potenziellen Zielgruppe

– größere Glaubwürdigkeit der Kommunikationsinhalte

– Image von Schauspielern und Moderatoren wird genutzt.

2.2.6 Öffentlichkeitsarbeit *(Public Relations)*

Unter *Public Relations* (PR) versteht man alle Arten von Öffentlichkeitsarbeit zur Schaffung eines positiven Erscheinungsbildes.

Charakteristisch für PR ist zum einen die **Glaubwürdigkeit,** indem häufig von unabhängiger Dritten (z. B. Journalisten) Informationen über das Unternehmen an die relevanten Zielgruppen „transportiert" werden, und zum anderen die **Publizität** (z. B. Zeitungsartikel), deren Inhalte vom Empfänger eher als Information und nicht als störende Werbung empfunden werden.

> **!** PR ist ein zweiseitiger Kommunikationsprozess zwischen Unternehmen und der Öffentlichkeit mit dem Ziel der Imageförderung und der Vertrauensschaffung.

Mittel im Rahmen der PR-Arbeit sind Veröffentlichungen (wie Jahresberichte, Gästemagazine, Pressemitteilungen oder Reiseberichte), Veranstaltungen (wie Pressekonferenzen, Ausstellungen, Sportveranstaltungen und Tag der offenen Tür) und sonstige Maßnahmen (wie Veranstaltungskalender, Hotelführer, Empfänge und Seminare).

Die nach außen gerichteten PR-Aktivitäten werden als **externe Öffentlichkeitsarbeit** bezeichnet.

Interne PR bezieht sich auf die eigenen Mitarbeiter (Human Relations) sowie die Beteiligten der Produkterstellung (Bewohner, Unternehmer, Verbände und Behörden eines Zielgebiets).

Die interne PR ist eng verknüpft mit dem unternehmerischen Leitbild *(Corporate Identity)*.

> **!** **Human Relations ist ein wichtiges innerbetriebliches Instrument, mit dem Ziel, die Identifikation, Motivation und Kooperationsbereitschaft der Mitarbeiter oder ganz allgemein das Betriebsklima bzw. das „Wir"-Gefühl zu fördern. Eine höhere Zufriedenheit der Mitarbeiter fördert die Leistungsbereitschaft und die Identifikation mit dem Unternehmen. Motivation und Arbeitszufriedenheit hängen somit nicht nur von den objektiven Arbeitsbedingungen, sondern gleichzeitig vom psychologischen Arbeitsklima des Betriebes ab.**

Da für den Tourismus die Berichterstattung der Medien von großer Bedeutung ist, sollen an dieser Stelle **Regeln für die Pressearbeit** zusammengefasst werden.

> **Regeln für die Pressearbeit**
>
> Am Anfang stehen auch hierbei immer die W-Fragen.
>
> **Wer:** touristisches Unternehmen (z. B. Mittel im Rahmen der PR-Arbeit)
> **Was:** aktueller Aufhänger (z. B. Verbesserung, Neuerung)
> **Wann:** Zeitpunkt, Zeitraum
> **Wo:** Ort
> **Wie:** Abläufe
>
> Und dann heißt es:
> – Fremdwörter und Fachbegriffe vermeiden
> – Verzicht auf Übertreibung (z. B. sensationell)
> – in Spalten schreiben
> – lange Texte durch Zwischenüberschriften gliedern

> – gegebenenfalls Bildmaterial 13 × 18 cm
> – keine Abkürzungen
> – keine Namen in Großbuchstaben
> – Ansprechliste mit Namen, Adresse, Telefon usw. mitliefern (Referenz angeben, Logo verwenden, Anschrift, Absender)

Die **Kommunikationspolitik** ist das Bindeglied zwischen dem Unternehmen und den Kunden. Sie ist wichtiger Bestandteil, um glaubwürdiges Marketing zu betreiben und eine langfristige Kundenbindung zu erzielen.

> **!** **Die Kommunikationspolitik fasst alle zielgerichteten Marketing-Maßnahmen eines Unternehmens zusammen, die der Steuerung von Meinungen, Einstellungen, Erwartungen und Verhaltensweisen der Zielgruppe dienen.**

2.2.7 Sponsoring

Sponsoring ist die gezielte Unterstützung und Förderung von Unternehmen, Ereignissen, Projekten und Personen in den Bereichen Sport, Kultur, Soziales und Ökologie.

Mit dem entsprechenden öffentlichen und medialen Interesse ist Sponsoring ein zusätzliches Mittel, um kommunikative Wirkungen zu erzielen. Ähnlich der externen Public Relations sind die Maßnahmen an die gesamte Öffentlichkeit gerichtet.

Der Gedanke „Tue Gutes und rede darüber" spielt zwar durchaus eine Rolle, allerdings ist Sponsoring in erster Linie eine zweckgebundene, zielgerichtete Maßnahme nach dem Prinzip von Leistung und Gegenleistung. Die Empfänger der Sponsorleistungen erhalten zusätzliche Mittel für ihre Aktivitäten, die sonst nicht möglich wären. Die Sponsorgeber erwarten dafür eine Unterstützung ihrer Marketingaktivtätenmit den Zielen:

» Stabilisierung oder Erhöhung des Bekanntheitsgrades
» Imageaufbau und Imageprofilierung

» Erreichung neuer Zielgruppen
» Dokumentation der gesellschaftlichen
Verantwortung

Sponsoren fördern u. a.:
» Sportvereine und Sportveranstaltungen
» touristische Regionen
» Museen, Theater, Events, Ausstellungen
» Forschungs- und Umweltprojekte

Problembereiche des Sponsoring:
» effektiv ist Sponsoring nur in Verbindung
mit anderen Werbemaßnahmen, weshalb
eine Erfolgskontrolle schwierig ist
» geringe Gestaltungsmöglichkeit der kommunikativen Botschaft
» Risiko negativer Effekte (unerwünschtes
Image)

2.2.8 Direktmarketing

Direktmarketing nutzt eine Vielzahl von
Medien, um den Kunden zu erreichen bzw. für
ihn erreichbar zu sein. Der Kunde wird über
den Postweg, das (Mobil-)Telefon, per E-Mail
und Internet angesprochen.

> **Direktmarketinginstrumente**
>
> Mailings, Kataloge, Fax-, E-Mail- und SMS-
> Service, Kundenservice im Internet, Haushalts-
> direktwerbung und Postwurfsendungen

Direktmarketing ist eines der bedeutendsten
Kommunikationswerkzeuge zur Kundenwer-
bung im Tourismus. Charakteristisch für das
Direktmarketing sind die folgenden Punkte:

1. Es ist **interaktiv,** d. h., zwischen Reisemittler und Kunden kann individuell kommuniziert werden.
2. Es ist **medienunbeschränkt,** d. h., es ist auf
kein spezielles Medium beschränkt.
3. Es ist **messbar,** d. h., der Erfolg ist mit geringen Abweichungen genau zu bestimmen.
4. Es ist vom **Standort unabhängig,** d. h.,
D rektmarketing kann von überall durchgeführt werden.
5. Es **beeinhaltet einen Antwortmechanismus,**
d. h., potenzielle Kunden werden durch
direkte Ansprache zu einer sofortigen Reaktion bewogen.

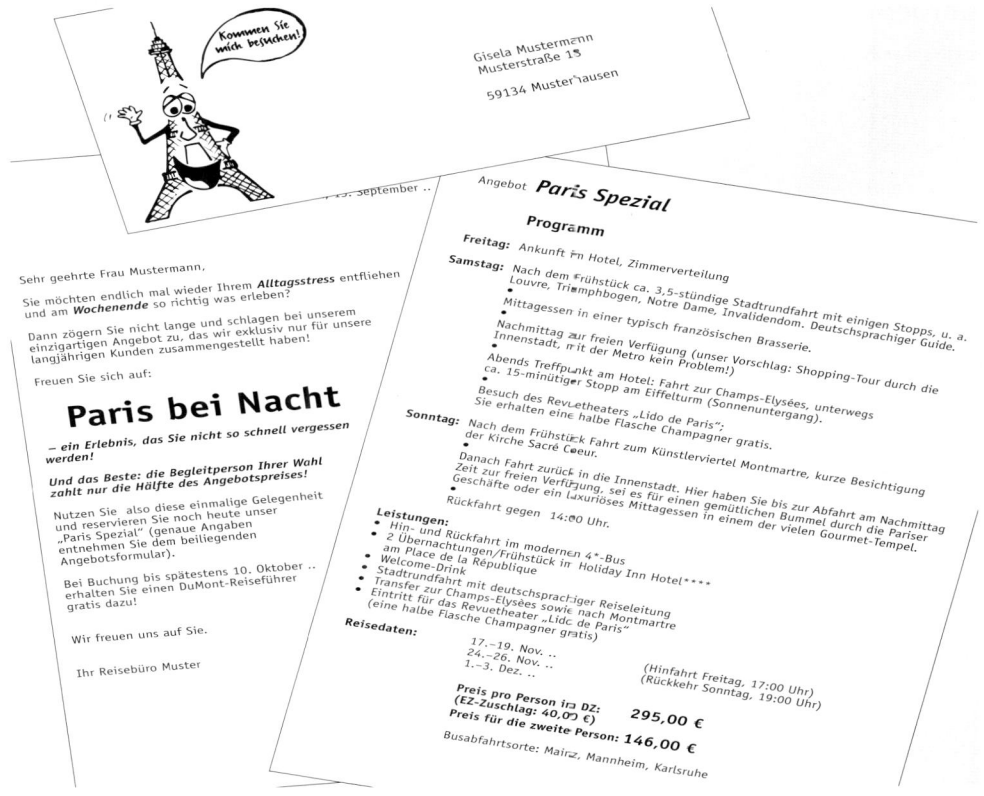

Das klassische Direktwerbepaket

 Die Bestandteile eines solchen Instrumentes sind:
1. Umschlag/Kuvert
2. Werbebrief
3. Produktangebot
4. Antwortelement

Der **Umschlag** ist entscheidend für die Öffnungsquote. Aus diesem Grund muss er interessant gestaltet sein, Neugierde wecken und persönlich ansprechen.

Papierkorbgaranten
– lieblos angebrachtes Etikett
– unpersönliche Ansprache
– Frankierservice

Gestalten Sie Ihren **Werbebrief** wie eine Zeitschrift. Geübte Leser überfliegen z. B. Tageszeitungen anhand von Überschriften. Ist sie interessant, wird der gesamte Artikel gelesen. Die Ansprache erfolgt mit Sie, Ihr, Ihre.

Weitere Papierkorbgaranten
– Fachchinesisch
– Schachtelsätze
– Kunstsprache
– verworrene Gedankengänge

Das dritte Element des klassischen Direktwerbepaketes ist das **Produktangebot.** Durch Prospekte, Preislisten, Produktmuster oder Folder wird der Empfänger detailliert informiert. Der potenzielle Kunde muss unverzüglich erkennen, was er bestellen und auf welchem Wege er antworten kann.

Das **Antwortelement,** z. B. Antwortkarte, Kupon, Bestellschein, Antwortfaxvordruck, muss schnell und unkompliziert zu handhaben sein. Häufig werden in der Praxis potenzielle Kunden mit Gewinnspielen, Preisen, Gutscheinen zur Antwort motiviert.

Der Werbebrief

Werbetexte schreiben, aber wie?

Beim Schreiben von Werbetexten, gerade wenn es um das Mailing geht, sollten Sie sich Zeit nehmen und einige Regeln beachten.

Die Zielgruppe entscheidet …

… über den Textstil. Versetzen Sie sich in die Lage des Empfängers und verwenden Sie seine Sprache. Schreiben Sie persönlich und direkt („Sie", „Ihr" und „Ihnen").

kiss – keep it short and simple …

… (kurz und einfach), denn zum einen ist ein Mailing kein Roman. Zum anderen werden kurze und klare Sätze schnell aufgenommen. Vermeiden Sie möglichst Sätze mit mehr als 15 Wörtern.

Fachbegriffe und Fremdwörter …

… erschweren das Verstehen. Überfordern Sie den Empfänger nicht. Eine klare und einfache Sprache hilft dabei. Sie sind der Fachmann für Ihr Produkt, nicht der Leser.

Klare Nutzenorientierung und zentrale Botschaft …

… sind ein Muss. Sagen Sie deutlich und schnell, wo der Vorteil für den Leser liegt bzw. welches Problem Sie für ihn lösen. Konzentrieren Sie sich auf eine Botschaft, selbst wenn Ihr Angebot viele Vorteile bietet. Überfluten Sie den Empfänger nicht. Beachten Sie, dass im Werbebrief das Postskriptum (PS) meist vor dem Inhalt gelesen wird; verwenden Sie diese Zeile für einen Hauptnutzen.

Aktiver Stil und positive Wortwahl …

… unterstützen die Empfängerreaktionen. Ein passiver Schreibstil wirkt eher bürokratisch und künstlich. Negationen und negative Formulierungen schrecken ab.

Versprechen Sie nur das …

… was Sie auch halten können, sonst werden Sie unglaubwürdig. Beispiele und Referenzen sind eine gute Grundlage, um den Leser zu überzeugen.

Ein klarer Aufbau hilft …

… dem Leser und führt ihn durch den Text. Beim Werbebrief sind mehrere Absätze mit drei bis sieben Zeilen ideal. Durch einen dramaturgischen Aufbau leiten Sie den Leser (Vorteil vermitteln – Angebot erläutern – zum Handeln auffordern). Hervorhebungen wie Unterstreichungen oder Markierungen lenken gezielt das Interesse.

Nicht vergessen …

… gerade beim Werbebrief sind vollständige Angaben wichtig. Sie entscheiden mit darüber, ob eine Reaktion erfolgt. Sind die Adressdaten korrekt und fehlerfrei? Ist Ihre Kommunikationsadresse komplett?

Telefon-Marketing

Unter Telefon-Marketing (Telemarketing) versteht man den systematischen Einsatz des Telefons mit der Zielsetzung, Kunden zu gewinnen, Kunden an ein Unternehmen zu binden und Kunden zu betreuen. Beim **aktiven Telefon-Marketing (Outbound)** geht der Anruf vom Reisebüro/-veranstalter aus; ruft ein Verbraucher ein Unternehmen an, spricht man von **passivem Telefon-Marketing (Inbound)**.

Es ist abzusehen, dass aufgrund von Computereinsatz und Telekommunikationstechnologie das Telefon-Marketing an Bedeutung zunimmt. Für diese Form des Direktmarketings sprechen auch die niedrigen Kosten.

Die **Angebotsunterbreitung am Telefon** muss genauso vorbereitet werden wie die persönliche Kundenberatung. Da am Telefon eigene Regeln gelten, sollten Sie diese beachten und

sich weiterhin mit den Begriffen Gesprächsablaufplan und Gesprächstreppe vertraut machen.

Gesprächsablaufplan

Begrüßung am Telefon

» Telefonische Visitenkarte als 3er-Meldung
» Identifizierung des Ansprechpartners (Spreche ich mit ...?)
  Der Gesprächspartner wird sich i. d. R. ebenfalls vorstellen. Ansonsten erfragen Sie seinen Namen.
» Bestätigung (Schön, Frau Bretz, dass ich Sie persönlich erreiche.)

Gesprächsführung

» Aufhänger (Zielfixierung und Eröffnung, Interesse wecken)
» Anlass des Anrufes (Leistungsbeschreibung, Offerte)
» offene Frage und aktives Zuhören (ggf. Spezifikationsfragen)
» Nutzenbrücke bauen
» Gesprächsschluss

Die Gesprächstreppe

Die Gesprächstreppe eignet sich für Anrufe vor und nach der Reise, um allgemeine Informationen oder Angebote zu transportieren. Die einzelnen Stufen der Gesprächstreppe sollten Sie nacheinander telefonisch in der vorgegebenen Reihenfolge begehen. Dadurch bestimmen Sie den Gesprächsablauf.

Beginnen Sie mit der Zielfixierung. Sie sollte für den Kunden eine klare Botschaft transportieren. Schließen Sie die Eröffnung an, bei der höfliche Ansprache im Vordergrund steht. Die nächste Stufe der Kundeninformation sollte die angebotene Leistung klar beschreiben. Mit offenen Fragen an den Kunden und aktivem Zuhören erhalten Sie Informationen über die Interessen des Kunden. Nun können Sie den Kundennutzen mithilfe einer Nutzenbrücke klar herausstellen. Wie auch immer der Kunde sich entscheidet, Ihre Verabschiedung sollte professionell und höflich sein.

Eine persönliche Kundenberatung entspricht zehn Kontaktmöglichkeiten mithilfe des Telefons. Dies bedeutet jedoch nicht, dass nur noch über das Telefon verkauft werden sollte, sondern dass der persönliche Kundenkontakt in der Regel so aufbereitet werden soll, dass die Abschlusswahrscheinlichkeit so hoch wie möglich ist.

Telefonisches Direktmarketing

Leistung:
Teneriffa, 2 Wochen, 4 Sterne, Hauptsaison, 820,00 €

primäres Ziel:
Verkauf der Pauschalreise

sekundäres Ziel:
– Kontakt mit „Katalogabholer"
– Dienstleistungskompetenz demonstrieren

Aufhänger (Zielfixierung und Eröffnung):
Wir bieten in dieser Woche einem ausgesuchten Kundenkreis ein besonderes Angebot an. Sie haben einen Moment Zeit für mich? Darf ich Sie über unsere Aktionen informieren?

Leistungsbeschreibung (Kundeninformation):
Frau Spengler, unser exklusives Angebot für Sie ist eine 14-tägige Teneriffa-Reise zu einem einmaligen Preis.

Offene Fragen und aktives Zuhören:
Sie legen Wert auf kurze Wege zum Strand, möchten Tennis spielen, ein gepflegtes Hotel und ansonsten die Seele baumeln lassen?

Nutzenbrücke (Kundennutzen):
Genau das garantiert Ihnen, Frau Spengler, unser Angebot.
Das Hotel liegt direkt am Meer und verfügt über einen eigenen Sandstrand; aus Ihrem Zimmer sehen Sie das Meer, Ambiente und Hotelservice sind exzellent. Ihre Tennismatches tragen Sie auf vier hoteleigenen Sandplätzen aus und der großzügige Palmenhain bietet die richtige Atmosphäre für Ihre Entspannung, Frau Spengler.
Darf ich dieses exklusive Angebot für Sie buchen?

Gesprächsabschluss (Verabschiedung):
Ich fasse zusammen: Sie reisen vom 4. bis 18. August nach Teneriffa in das Hotel „Palace" für 820,00 €. Die Reiseunterlagen gehen Ihnen innerhalb der nächsten acht Tage mit der Post zu. Ich bedanke mich für Ihre Buchung und wünsche Ihnen einen erholsamen Urlaub auf Teneriffa. Ich wünsche Ihnen noch einen guten Tag und viel Spaß auf der Blumeninsel.

! **Sie denken daran: Vermeiden Sie den Konjunktiv und das Futur!**

Weitere Direktmarketing-Mittel

Die klassischen Varianten sind das Zusenden von Werbesendungen und Katalogen (**Katalog-Marketing**). Letzteres wird heute bereits durch die Zusendung von auf CD erstellten Katalogen ersetzt. Sie eröffnen in Verbindung mit dem **Internet** neue Möglichkeiten des Direktvertriebes.

Das **Online-Marketing (Internetmarketing)** ist eine Werbemethode, bei der es im ersten Schritt gilt, die Aufmerksamkeit des Kunden zu erzielen und im zweiten Schritt den Kunden auf der Homepage zu halten bzw. seine E-Mail-Adresse weiterzunutzen. Das Online-Marketing hat viele unterschiedliche Werbeformen hervorgebracht, wie z. B. Suchmaschinen- und Newsletter-Marketing, selbstständig arbeitende Bereiche (**Online Tools**) auf der Homepage, Partner-Verknüpfungsprogramme (Links), Banner- und Keyword-Werbung. Sie können in die Seite eingearbeitet sein oder sich für einige Sekunden einblenden.

Die Möglichkeiten sind fast unbegrenzt und das Ziel der Werbung ist die **direkte Kontaktaufnahme des Kunden.** Entscheidend für die erfolgreiche Kundenbindung ist vor allem ein aktueller Auftritt mit klarer Werbebotschaft. Das Diagramm zeigt das Zusammenspiel der verschiedenen Online-Medien.

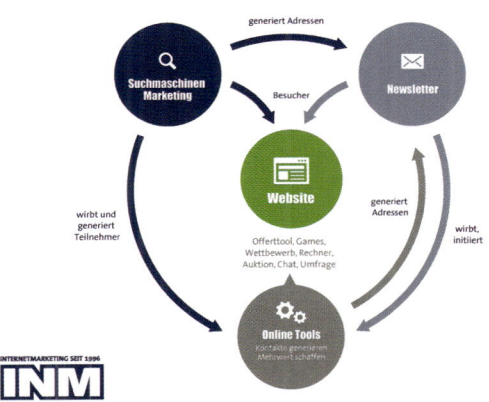

Quelle: www.inm.ch

Adressierte Directmails und **unadressierte Mails** sind Formen der Direktwerbung und dienen als feste Kommunikationsbindeglieder zwischen Angebot und Nachfrage.

Hinsichtlich der Gestaltung und des Streukreises von **Mailings** sind keine Grenzen gesetzt. Entsprechend gelangen die Werbemittel, z. B. als Prospekt, Broschüre, Katalog oder Produktmuster, in alle internetfähigen Haushalte.

Unter **Mobile-Marketing** wird die Weiterentwicklung des Telemarketing verstanden, nur unter Nutzung der Möglichkeiten, die ein Mobiltelefon bietet. Dies ist nicht nur das Versenden von allgemeinen Werbe-SMS oder gezielten SMS an entsprechend ausgewählte Kundennummern, sondern auch die Möglichkeit der Kontaktaufnahme des Kunden mit dem Veranstalter oder Vermittler. Ist dieser Kontakt einmal hergestellt, bieten sich ähnliche Möglichkeiten wie beim Online-Marketing.

Bei den sogenannten **Direct-response-Medien** werden Informationsinhalte auf eine Telefon-/Faxnummer oder Internetadresse zugeschnitten, an die sich Interessenten direkt wenden können. Dies gilt für Printmedien, wie Anzeigen-/Beilagenwerbung und Plakat-/Außenwerbung, aber auch für Funk- bzw. Radiowerbung. Bei TV-Werbung mit direct response, auch **TV-**Shopping genannt, kann unter der während der Produktpräsentation eingeblendeten Nummer oder Adresse direkt gebucht werden.

Couponing ist ein Kommunikationsinstrument im Rahmen des Marketings, das darauf abzielt, die Kaufbereitschaft potenzieller Kunden durch die Gewährung eines Preisnachlasses zu erhöhen, sofern der Kunde einen gültigen Coupon vorlegen kann. Diesen hat er meistens kostenlos oder im Rahmen des Erwerbs anderer Produkte erhalten.

> So werden beim Rabatt-Coupon (Cash Coupon) Preisnachlässe auf ein Produkt bzw. eine Dienstleistung gewährt, Einkaufsgutscheine (Shopping Coupons) hingegen sind produktunabhängig, da dem Couponinhaber beim nächsten Einkauf ein pauschaler Betrag von der Gesamteinkaufssumme abgezogen wird. Auf Treuecoupons ist ein Betrag in einer echten Währung (in Euro) oder in einer fiktiven Währung (Bonuspunkte, Meilen) aufgedruckt, der nach Einlösung auf einem individuellen Kundenkonto gutgeschrieben wird.

Direktmarketing wird gezielt eingesetzt, um Neukunden zu gewinnen, den Umsatz zu steigern und Kunden zu binden. Es verspricht – als ein Teil oder neben der Anwendung von Kundenbindungskonzepten Ihrem Unternehmen langfristigen Erfolg. Nur so können Sie auf die ständig wechselnden Gegebenheiten des Tourismusmarktes eingehen und Ihre Kunden zufriedenstellen bzw. neue Kunden gewinnen. Werden Sie aktiv!

2.2.9 Marketingmix

> **!** Unter Marketingmix ist die Festlegung der Kombination der Marketing-Instrumente zu verstehen, die die kundenorientierte Zielsetzung des Unternehmens optimal erfüllen.

Hierbei ist zu beachten, dass die einzelnen Marketing-Instrumente harmonisch kombiniert werden, da sie sich gegenseitig beeinflussen. Marketingmix ist das harmonische **Quartett der Marketing-Instrumente.**

Von diesem Quartett soll ein positiver **Synergieeffekt** ausgehen, d. h., die einzelnen Instrumente sollen sich gegenseitig positiv beeinflussen und in ihrer Wirkung unterstützen.

> **positive Synergie**
> Direktmarketing in Form des persönlichen Anschreibens für Kreuzfahrtangebote

Widersprüche bei der Kombination der Marketing-Instrumente führen hingegen zu einer Verunsicherung des Kunden, zu einer negativen Synergie.

> **negative Synergie**
> a) zwei Wochen Pauschalreise nach Hawaii für 499,00 €
> b) Handzettelwerbung für einen Golfclub in Andalusien

Im Beispiel a) besteht der Widerspruch zwischen Produkt und Preis, im Beispiel b) ist der Kommunikationsweg mit der Exklusivität des Produktes unvereinbar.

Der Kunde wird solchen Offerten misstrauen. Ein solches Vorgehen unterstützt eine kundenorientierte Unternehmensphilosophie nicht, sie untergräbt sie.

Bei der Kombination der Marketing-Instrumente ist das ökonomische Prinzip zu beachten. Mit dem **vorhandenen Marketing-Budget** muss die **angestrebte Zielsetzung** in einer bestmöglichen Form umgesetzt werden.

Für die unterschiedlichen Bereiche der Tourismuswirtschaft lassen sich folgende **Marketingmix-Strategien** nennen (Beispiele):

Beispiel	Hotel	Reiseveranstalter	Reisebüro	Fluggesellschaft
Produktpolitik	» Ambiente » Zimmerausstattung » Fachpersonal » Restauration » Wellnesscenter » Tagungsmöglichkeit	» Leistungsumfang » Produktbreite und -tiefe » Qualitätsstandards	» Fachpersonal » Service- und Beratungsqualität » Büro- und Countergestaltung » Agenturbreite	» Fachpersonal » Sicherheit » Zuverlässigkeit » Pünktlichkeit » Komfort » Serviceangebot » Reisekategorien
Preispolitik	vertikale Differenzierung	vertikale und horizontale Differenzierung	als Vermittler nur indirekt über Veranstalter	vertikale und horizontale Differenzierung
Distributionspolitik	» direkt » indirekt	» direkt » indirekt	» i. d. R. direkt	» direkt » indirekt
Kommunikationspolitik	» Direktmarketing » Radio-/Fernsehspots » Internet- und Zeitschriftenanzeigen	» Radio-/Fernsehspots » Internetauftritt » Veranstaltungen » Kataloge » Prospekte » Anzeigen » Productplacement	» Direktmarketing » Anzeigen » Handzettel » Schaufenstergestaltung	» Direktmarketing » Medienpräsenz in unterschiedlicher Form

5053512

Schließlich sei auch darauf hingewiesen, dass die **Kombination der Marketing-Instrumente** das **Image eines Unternehmens prägt.**

2.2.10 Marketing-Controlling

Es ist sinnvoll zu überprüfen, ob die Marketing-Aktivitäten zu den gewünschten Ergebnissen geführt haben. Das geschieht mithilfe der **Marketingkontrolle**, die lediglich die Effizienz und die Erfolge der jeweils durchgeführten Maßnahmen untersucht. **Marketing-Controlling** dagegen ist zukunftsorientiert. Hier werden mit den Zahlen aus der Marktforschung und dem Finanzwesen ergebnisorientierte Zielgrößen analysiert. Dabei werden auch nichtmonetäre Zielgrößen berücksichtigt.

Da viele Touristik-Unternehmen über ein hohes Marketing-Budget verfügen, sind Marketingkontrolle und Marketing-Controlling besonders wichtig.

Es werden Parallel- und Endkontrolle unterschieden.

Die **Parallelkontrolle** (Controlling) findet fortlaufend während der Planung und Durchführung statt und berücksichtigt:
» Überprüfung der Analysemethoden und Einschätzung der Ziele-Realisation
» den Fortschritt der Maßnahmen
» die Erreichung von Zwischenzielen
» die qualitative Überprüfung (der Marktanalyse, der gesetzten Ziele, des Marketing-Mix)
» Korrekturen falls erforderlich
» immanente Ursachenanalyse für Zielversäumnisse

Die **Endkontrolle** wird am Ende der jeweiligen Marketingaktivität durchgeführt und beinhaltet einen:
» qualitativen Ansatz, z. B. Bekanntheitsgrad
» quantitativen Ansatz, z. B. Umsatz, Marktanteil
» Soll-Ist-Vergleich.

Aufgaben

1_ Formulieren Sie je eine Unternehmenszielvereinbarung für zwei verschiedene touristische Marktsegmente.

2_ Beschreiben Sie anhand von drei Beispielen die Unternehmensabsicht Ihres Ausbildungsbetriebes.

3_ Welchen Beitrag als Auszubildende/r leisten Sie zur *Corporate Identity?*

4_ Begründen Sie, warum *Corporate Identity* und *Corporate Image* unterschiedlich sein können.

5_ Entwerfen Sie für Ihr Ausbildungsunternehmen Briefpapier und Visitenkarten unter Berücksichtigung des *Corporate Design.*

6_ Beschreiben Sie das *Corporate Design* von drei Fluggesellschaften und drei Reiseveranstaltern.

7_ Formulieren Sie drei Verhaltensrichtlinien im Sinne von *Corporate Behaviour* für Ihren Ausbildungsbetrieb.

8_ Bilden Sie jeweils einen Imageslogan mit folgenden Schlüsselbegriffen:
– Qualität/Solidarität
– Erfahrung
– Sicherheit
– Service
– Verlässlichkeit

Zusätzliche Aufgaben zu Kapitel 2 finden Sie auf der beiliegenden DVD.

3 Gesetz gegen Wettbewerbsbeschränkungen

Das **Grundgesetz verbrieft Freiheitsrechte, schränkt** aber auch die **Freiheit** der **Wirtschaftssubjekte** im Interesse der sozialen Sicherheit **ein.**

Artikel 20 (1) GG:

„Die Bundesrepublik Deutschland ist ein demokratischer und sozialer Bundesstaat."

Bedeutung:
– Individuelle Interessen müssen zugunsten der sozialen Gerechtigkeit zurückstehen.
– Es besteht eine Abhängigkeit zwischen dem Umfang der persönlichen Geschäftsfähigkeit und der Inanspruchnahme der Vertragsfreiheit.
– Ein Gewerbe muss trotz Gewerbefreiheit angemeldet werden.
– Ein Apotheker kann sich nur niederlassen, wenn er über die staatliche Zulassung (Approbation) verfügt.

Artikel 14 (3) GG:

„Eine Enteignung ist nur zum Wohle der Allgemeinheit zulässig."

Bedeutung:
Eine Enteignung von Grundstücken ist möglich, wenn sie dem „Wohl der Allgemeinheit" dient.

Artikel 15 GG:

„Grund, Boden, Naturschätze und Produktionsmittel können zum Zwecke der Vergesellschaftung durch ein Gesetz, das Art und Umfang der Entschädigung regelt, in Gemeineigentum …, überführt werden."

Bedeutung:
Grund, Boden, Gas-, Erdöl-, Kohlevorkommen können dem Staatseigentum zugeführt werden, allerdings nur gegen Entschädigung.

Der Staat muss dafür sorgen, dass der Wettbewerb durch **Missbrauch** der **Vertragsfreiheit** die Freiheitsrechte von Unternehmen und Verbrauchern nicht einschränkt.

> **!** **Deshalb sind gesetzliche Maßnahmen zur Sicherung eines funktionsfähigen Wettbewerbs von entscheidender Bedeutung. Sie stellen den sogenannten sozialen Ordnungsrahmen her.**

Dem Schutz vor einem Missbrauch von Freiheiten dient das **Wettbewerbsrecht.** Es ist geregelt im **Gesetz gegen Wettbewerbsbeschränkungen (GWB)** bzw. in den **Vorschriften des europäischen Kartellrechts.** Schutzobjekt ist der freie Wettbewerb unserer Volkswirtschaft.

Die auf die Freiheit des Wettbewerbs gerichtete Zielsetzung des GWB wird in erster Linie durch
» das Kartellverbot und die daraus folgenden Vereinbarungen (§§ 1–3 GWB),
» das Verbot wettbewerbsbeschränkender einseitiger Handlungen marktbeherrschender und marktstarker Unternehmen (§§ 18–21 GWB) sowie
» die Zusammenschlusskontrolle (§§ 35–43 GWB)
verfolgt.

Die Durchsetzung des GWB im konkreten Einzelfall ist grundsätzlich Aufgabe der Kartellbehörden. Dies sind auf Bundesebene das **Bundeskartellamt** mit Sitz in Bonn und bei Fällen mit nur regionaler Auswirkung die Landeskartellbehörden in dem betreffenden Bundesland. Auf europäischer Ebene wacht eine EU-Kommission darüber, dass keine wettbewerbsbehindernden Vereinbarungen zwischen Unternehmen getroffen werden oder marktbeherrschende Unternehmen ihre Stellung missbrauchen.

5053514

Kartellverbot

Grundsätzlich verboten sind zwischen den Wettbewerbern		
» **Preisabsprachen** Verboten sind alle Absprachen, die Preise zwischen Wettbewerbern festzulegen oder zu stabilisieren. Dazu zählen z. B. Absprachen über Höchst- und Mindestpreise, Rabatte, den Zeitpunkt von Preisänderungen sowie über preisbegleitende Maßnahmen, wie z. B. Zahlungsbedingungen, Kreditziele, Verzugszinsen und Umfang von Garantien.	» **Marktaufteilung** Teilen Wettbewerber Märkte untereinander auf, indem sie sich Gebiete oder Kunden zuweisen, oder indem sie bestimmte Absatz-Quoten festlegen, so ist dies als eine sogenannte *Hardcore*-Vereinbarung grundsätzlich nicht freistellungsfähig.	» **Preisbindungen der zweiten Hand** Preisbindungen der zweiten Hand sind ausnahmslos verboten. So darf beispielsweise der Lieferant seinem Händler nicht die den weiteren Abnehmern zu berechnenden Preise vorschreiben. Ausnahmen sind gesetzlich geregelt.

Als **Kartell** gelten vertragliche sowie lose Zusammenschlüsse von Unternehmen mit dem Ziel, ein wettbewerbseinschränkend wirkendes Vorgehen am Markt zu erzielen.

Das GWB verbietet grundsätzlich Kartelle. Dadurch soll der Bestand des freien Wettbewerbs gewährleistet werden. Dieses Verbot gilt für Wettbewerbsbeschränkungen zwischen Unternehmen gleicher Wirtschaftsstufen (horizontal) als auch für Wettbewerber unterschiedlicher Wirtschaftsstufen (vertikal).

Horizontale und vertikale Wettbewerbsbeschränkungen

- Preiskartelle (Preisabsprachen)
- Gebietsschutzkartelle (z. B. Aufteilung des Marktes nach bestimmten Regionen)
- Quotenkartelle (Absprachen über Marktanteile)
- Festlegung von Wiederverkaufspreisen durch Hersteller
- Festlegung von Handelsspannen

Bestimmte Kartelle können bei Einhaltung der gesetzlichen Voraussetzungen und Verfahren aber vom Kartellverbot freigestellt werden.

Im Rahmen von erlaubten Vereinbarungen verpflichten sich die Beteiligten zu einem Tun oder Unterlassen, z. B. von Preiserhöhungen, oder die gefassten Beschlüsse binden die Beteiligten einer Unternehmensvereinigung, z. B.

nur bestimmte Reiseangebote durch Mittler zu vermarkten. Diese Vereinbarungen sind freistellungsfähig. Bei einem abgestimmten Verhalten gibt es keine rechtlich verbindliche Grundlage, sie kommt z. B. durch das Befolgen von Empfehlungen zustande.

Einkaufs- und Vertriebskooperationen, Mittelstandskartelle, Spezialisierungskartelle oder Forschungskooperationen.

Andere, den **Wettbewerb beschränkende Vereinbarungen,** können im Einzelfall wegen mangelnder Spürbarkeit von dem Kartellverbot ausgenommen sein, da das Kartellverbot nicht jede unbedeutende **Bagatellbeschränkung** erfassen soll.

Vereinbarungen zwischen Wettbewerbern werden als nicht regelmäßig spürbar angenommen, wenn deren Marktanteile auf dem betroffenen Markt zusammengerechnet 10 % nicht überschreiten. Hierzu zählen Vereinbarungen zwischen **kleinen und mittleren Unternehmen (KMU).**

Das **Bundeskartellamt** führt über marktbeherrschende Unternehmen eine Missbrauchsaufsicht.

Nach dem deutschen Kartellrecht hat ein Unternehmen eine **marktbeherrschende Stellung,** wenn

» es einen Marktanteil von mindestens 40 % hat,

» eine Gruppe von drei oder weniger Unternehmen gemeinsam einen Marktanteil von 50 % innehaben und

» eine Gruppe von fünf oder weniger Unternehmen einen Marktanteil von zwei Dritteln erreicht („Oligopolvermutung").

§

§ 19 GWB
Verbotenes Verhalten von
marktbeherrschenden Unternehmen

(1) Die missbräuchliche Ausnutzung einer marktbeherrschenden Stellung durch ein oder mehrere Unternehmen ist verboten.

Nach europäischem Recht ist eine Gruppe von Unternehmen gemeinsam marktbeherrschend, wenn sie dauerhaft eine gemeinsame Preispolitik verfolgen kann und für den Fall, dass Mitglieder der Gruppe von dem vereinbarten Verhalten abweichen, über wirksame Abschreckungsmechanismen verfügt.

§

Art. 102 AEUV
(Vertrag über die Arbeitsweise
der Europäischen Union)

Mit dem Binnenmarkt unvereinbar und verboten ist die missbräuchliche Ausnutzung einer beherrschenden Stellung auf dem Binnenmarkt oder auf einem wesentlichen Teil desselben durch ein oder mehrere Unternehmen, soweit dies dazu führen kann, den Handel zwischen Mitgliedstaaten zu beeinträchtigen.

Dieser Missbrauch kann insbesondere in Folgendem bestehen:
a) der unmittelbaren oder mittelbaren Erzwingung von unangemessenen Einkaufs- oder Verkaufspreisen oder sonstigen Geschäftsbedingungen;
b) der Einschränkung der Erzeugung, des Absatzes oder der technischen Entwicklung zum Schaden der Verbraucher;
c) der Anwendung unterschiedlicher Bedingungen bei gleichwertigen Leistungen gegenüber Handelspartnern, wodurch diese im Wettbewerb benachteiligt werden;
d) der an den Abschluss von Verträgen geknüpften Bedingung, dass die Vertragspartner zusätzliche Leistungen annehmen, die weder sachlich noch nach Handelsbrauch in Beziehung zum Vertragsgegenstand stehen.

Ein marktbeherrschendes Unternehmen verhält sich kartellrechtswidrig, wenn es ein anderes Unternehmen diskriminiert, behin-

dert oder seine Marktmacht missbraucht. Das Kriterium für Missbrauch ist dann gegeben, wenn das Unternehmen sein Verhalten selbst bestimmen kann, ohne auf Mitbewerber Rücksicht zu nehmen.

» **Preisdiskriminierung**
Ausbeutung der Marktgegenseite kann vorliegen, wenn ein marktbeherrschendes Unternehmen einzelne Geschäftspartner preislich diskriminiert, indem ohne sachlichen Grund unterschiedliche Preise verlangt werden, z. B. höhere Preise bei fehlender Konkurrenz. Marktbeherrschende Unternehmen müssen darauf achten, dass sie von einzelnen Unternehmen nicht ohne sachlichen Grund höhere Preise verlangen als von anderen.

» **Auslistung/Lieferverweigerung**
Marktbeherrschende Unternehmen dürfen ihre Kunden grundsätzlich frei wählen und auch hohe Preise und günstige Konditionen aushandeln. Sie dürfen ihre Forderungen aber nicht mit unlauteren Mitteln durchsetzen. Sie dürfen einzelne Lieferanten nicht ohne Weiteres von der Abnahme ihrer Produkte oder Dienstleistungen ausschließen. Eine Behinderung von Konkurrenten kann bei Verweigerung von Geschäftsbeziehungen (z. B. Liefer- oder Bezugssperre) vorliegen.
Eine Lieferverweigerung durch marktbeherrschende und marktstarke Lieferanten ist nur möglich, wenn sie sachlich begründet ist, etwa durch die Entscheidung des Unternehmens, seine Produkte nur über ein bestimmtes Vertriebsnetz (selektiver Vertrieb) zu verkaufen.

» **Koppelungsverbot**
Ein missbräuchliches Verhalten kann darin liegen, dass ein marktbeherrschendes Unternehmen den Verkauf eines Produktes ohne sachlichen Grund mit dem Verkauf eines anderen Produktes oder einer anderen Dienstleistung koppelt.

» **Verkauf unter Einstandspreis**
Unternehmen, die gegenüber kleinen und mittleren Unternehmen überlegene Marktmacht haben, dürfen ihre Marktmacht nicht dazu nutzen, die kleinen und mittleren Unter-

nehmen unbillig zu behindern. Eine unbillige Behinderung wird angenommen, wenn Waren oder gewerbliche Leistungen nicht nur gelegentlich unter Einstandspreis angeboten werden.

» **Rabattsysteme**

Bestimmte Rabattpraktiken marktbeherrschender Anbieter können einen Missbrauch ihrer Marktstellung darstellen. Dies gilt insbesondere für Treuerabatte (Kundenbindungskonzepte) und ggf. auch für Umsatzrabattsysteme. Mengenrabattsysteme dagegen, deren Höhe ausschließlich vom Umfang des einzelnen Auftrages eines Abnehmers abhängen, können auch von marktbeherrschenden Lieferanten gewährt werden.

Der Zusammenschluss von Unternehmen kann sich nachteilig auf das Funktionieren eines effektiven Wettbewerbs durch eine eventuelle Vergrößerung des Markteinflusses auswirken. Aus diesem Grunde sieht das GWB präventive **Fusionskontrollen** vor.

> **!** Das GWB regelt im Grundsatz, dass ein Zusammenschluss, durch den eine marktbeherrschende Stellung erlangt wird, vom Kartellamt zu untersagen ist.

---

§ §37 GWB
Zusammenschluss

(1) Ein Zusammenschluss liegt in folgenden Fällen vor:

1. Erwerb des Vermögens eines anderen Unternehmens ganz oder zu einem wesentlichen Teil;

2. Erwerb der unmittelbaren oder mittelbaren Kontrolle durch ein oder mehrere Unternehmen über die Gesamtheit oder Teile eines oder mehrerer anderer Unternehmen. (…)

3. Erwerb von Anteilen an einem anderen Unternehmen, wenn die Anteile allein oder zusammen mit sonstigen, dem Unternehmen bereits gehörenden Anteilen
   a) 50 vom Hundert oder
   b) 25 vom Hundert
   des Kapitals oder der Stimmrechte des anderen Unternehmens erreichen. (…)

Auch hierfür gibt es eine gesetzlich geregelte Ausnahme:

§ §42 GWB
Ministererlaubnis

(1) Der Bundesminister für Wirtschaft erteilt auf Antrag die Erlaubnis zu einem vom Bundeskartellamt untersagten Zusammenschluss, wenn im Einzelfall die Wettbewerbsbeschränkung von gesamtwirtschaftlichen Vorteilen des Zusammenschlusses aufgewogen wird oder der Zusammenschluss durch ein überragendes Interesse der Allgemeinheit gerechtfertigt ist. [...]

Kartellverstöße bzw. Wettbewerbsverstöße können erhebliche Risiken nach sich ziehen. Hierzu zählen die Nichtigkeit der Vereinbarungen, die Verhängung von Bußgeldern, Vorteilsabschöpfung und strafrechtliche Sanktionen. Auch private Schadensersatzforderungen und der Imageschaden für das kartellrechtswidrig handelnde Unternehmen sind zu berücksichtigen.

Aufgaben

1_ Überprüfen und bewerten Sie die folgenden Vereinbarungen der Reiseveranstalter A, B, und C im Hinblick auf das GWB:

„Da das statistisch durchschnittliche Haushaltseinkommen in Süddeutschland höher ist als in Norddeutschland, vereinbaren wir Veranstalter für die kommende Reisesaison:

a) 10 % Zuschlag auf alle Katalogpreise für Touristen aus Süddeutschland;

b) für diese Zielgruppe generell keinen Frühbucherrabatt zu gewähren (im Gegensatz zu dem für norddeutsche Kunden);

c) für Norddeutsche eine Reiseanzahlung aufgrund ihrer Einkommenssituation von 40 % bei Buchung und für Süddeutsche von 10 % bei Buchung zu verlangen;

d) die Aushändigung der Reiseunterlagen für alle Kunden erst bei Reisepreisrestzahlung;

e) A wird lediglich 30 % seiner Pauschalreiseangebote in Süddeutschland und B lediglich 20 % seines Reiseangebotes in Süddeutschland vermarkten und dafür 10 % des Umsatzes von C in Süddeutschland als „Entschädigung" erhalten;

f) generell unsere Angebote nur durch stationäre Reisemittler zu vermarkten;

g) gemeinsam für unsere Reisen zu werben;

h) Hotelbetten in Spanien für die nächste Saison gemeinsam einzukaufen. ..."

2_ Der Gesamtumsatz der deutschen Reiseveranstalter betrug 20.. 19,4 Mrd. €. Unter welchen Voraussetzungen ist nach deutschem Recht eine marktbeherrschende Stellung gegeben?

a) Ein einzelner Reiseveranstalter setzt 7,5 Mrd. € bzw. 6,4 Mrd. € um;

b) zwei Reiseveranstalter haben gemeinsam einen Umsatzanteil von 8,5 Mrd. € bzw. 9,9 Mrd. €;

c) vier Reiseveranstalter setzen gemeinsam 11,5 Mrd. € bzw. 13,2 Mrd. € um.

3_ Erklären Sie den Satz: „Das Wettbewerbsrecht schützt den Wettbewerb als Institution."

4_ Begründen Sie die Ministererlaubnis, § 42 GWB.

5_ Das Bundeskartellamt hat das Buchungsportal HRS (vgl. dazu LF 8, Kapitel 5, Seite 413) wegen Verstoßes gegen §§ 1 (Generalklausel) und 20 (Verbotenes Verhalten von Unternehmen mit relativer oder überlegener Marktmacht) des GWB abgemahnt und verlangt, die Bestpriceklausel aus den Verträgen mit den Hoteliers und aus seinen Allgemeinen Geschäftsbedingungen zu entfernen.

a) Inwiefern wirkt sich die Ratenparität – die Meistbegünstigungsklausel – negativ auf den Wettbewerb aus?

b) Muss HRS dem Verbot der Kartellbehörde nachkommen?

c) Welche Verträge bzw. Allgemeinen Geschäftsbedingungen müssen abgeändert werden, sollte das zuständige Gericht die Beschwerde von HRS verwerfen?

d) Müssen andere Buchungsportale ein für HRS negatives Urteil des zuständigen Gerichts hinsichtlich ihrer Geschäftspolitik umsetzen, wenn die Bestpriceklausel ebenfalls Teil ihrer Geschäftspolitik ist?

6_ Was versteht man unter der Meistbegünstigungsklausel?

4 Gesetz gegen den unlauteren Wettbewerb

Grundsätzlich gilt in Deutschland das **Prinzip der Wettbewerbsfreiheit,** somit ist es jedem erlaubt, sich am wirtschaftlichen Wettbewerb zu beteiligen. Der Wettbewerbsfreiheit sind jedoch auch Grenzen gesetzt, z. B. durch das Gesetz gegen den unlauteren Wettbewerb (UWG).

> **!** Das UWG dient zum Schutz der Mitbewerber, der Verbraucherinnen und der Verbraucher sowie der sonstigen Marktteilnehmer vor unlauterem Wettbewerb. Es schützt zugleich das Interesse der Allgemeinheit an einem unverfälschten Wettbewerb (§ 1 UWG).

Voraussetzung für die Anwendbarkeit des UWG ist, dass ein Handeln vorliegt, das einen eigenen oder fremden beliebigen Geschäftszweck fördert, aber als Maßnahme dazu geeignet

ist, den Absatz oder Bezug einer Person zum Nachteil einer anderen Person zu fördern.

> **§**
> **§ 3 UWG**
> **Verbot unlauterer geschäftlicher Handlungen**
>
> (1) Unlautere geschäftliche Handlungen sind unzulässig.
> (2) Geschäftliche Handlungen, die sich an Verbraucher richten oder diese erreichen, sind unlauter, wenn sie nicht der unternehmerischen Sorgfalt entsprechen und dazu geeignet sind, das wirtschaftliche Verhalten des Verbrauchers wesentlich zu beeinflussen.
> (..)

Mit dieser Generalklausel sind Handlungen verboten, die den Wettbewerb nicht unerheblich beeinträchtigen, aber auch schlicht jede unlautere Wettbewerbshandlung. In § 4 nennt das Gesetz Beispiele für unlautere geschäftliche Handlungen.

Als unlauter gelten weiterhin:

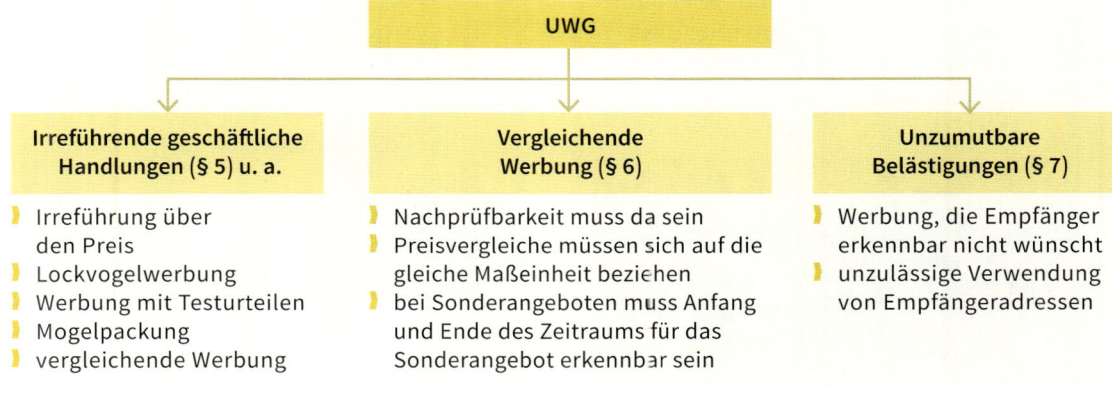

UWG

Irreführende geschäftliche Handlungen (§ 5) u. a.	Vergleichende Werbung (§ 6)	Unzumutbare Belästigungen (§ 7)
❭ Irreführung über den Preis ❭ Lockvogelwerbung ❭ Werbung mit Testurteilen ❭ Mogelpackung ❭ vergleichende Werbung	❭ Nachprüfbarkeit muss da sein ❭ Preisvergleiche müssen sich auf die gleiche Maßeinheit beziehen ❭ bei Sonderangeboten muss Anfang und Ende des Zeitraums für das Sonderangebot erkennbar sein	❭ Werbung, die Empfänger erkennbar nicht wünscht ❭ unzulässige Verwendung von Empfängeradressen

Ergänzungen:
– Freihalten von Waren ohne Angabe der Gütebezeichnung und der Verkaufseinheit
– Bestechung von Angestellten fremder Geschäfte zum Zwecke des Wettbewerbs
– Anschwärzen von Mitarbeitern durch Verbreitung falscher Nachrichten
– Missbrauch fremder Namen, Firmen- oder Warenbezeichnungen
– Verrat von Geschäftsgeheimnissen
– Verschweigen von Tatsachen

In § 8 UWG folgen Regelungen über den Beseitigungs- und Unterlassungsanspruch, in § 9 UWG über den Schadensersatzanspruch und in § 10 UWG über die Gewinnabschöpfung

zugunsten der Allgemeinheit. Die Verjährungsfrist (§ 11) beträgt i. d. R. sechs Monate und beginnt mit der Kenntnisnahme der Handlung durch den Kläger.

Die §§ 16–19 UWG stellen bestimmte Arten irreführender Werbung, Schneeballsysteme, den Geheimnisverrat und den Vorlagenmissbrauch unter Strafe.

Das UWG gewährt zwar Ansprüche im Rahmen des geschäftlichen Verkehrs, unmittelbare Ansprüche des Verbrauchers ergeben sich jedoch aus dem neuen UWG nicht. Daher gehört es

auch nicht direkt zu den Verbraucherschutzgesetzen. Direkte Rechtsansprüche können Mitbewerber oder Interessenverbände von Marktteilnehmern sowie auch Verbraucherverbände geltend machen. Privatpersonen können eine Beschwerde bei der **Wettbewerbszentrale (WBZ, Zentrale zur Bekämpfung unlauteren Wettbewerbs e. V.)** einreichen.

Aufgaben

1_ Welche Gruppen werden durch § 3 UWG geschützt?

2_ Bitte überprüfen Sie mithilfe von § 4 UWG folgende Fälle:

a) Die Teilnehmer einer „Kaffeefahrt" mit Verkaufsveranstaltung können ihre Heimreise mit dem Bus erst antreten, wenn jeder Teilnehmer einen Kaufvertrag von mindestens 25,00 € Wert geschlossen hat.

b) Es wird eine Tombola veranstaltet, bei der es kostenlose Reisegutscheine als Gewinn für eine Person gibt, mit der Einschränkung, dass eine weitere Person den Gewinner begleiten muss und diese pauschal 150,00 € zahlt.

c) Ein Busreiseveranstalter behauptet vor seinen Fahrgästen, dass die Fahrzeuge seines Mitbewerbers generell verkehrsunsicher sind.

d) Ein Hotelier behauptet gegenüber seinen Gästen, dass sein Konkurrent am Ort Insolvenzantrag gestellt hat. Diese Information habe ihm der Oberkellner des Mitbewerbers gegeben.

3_ Überprüfen Sie mithilfe der unten abgedruckten Gesetzesauszüge, inwieweit die folgenden Tatbestände gegen das UWG verstoßen:

– Ein Hotelbetrieb im Schwarzwald mit angeschlossenem landwirtschaftlichen Betrieb wirbt damit, dass alle seine für die Speisezubereitung der Gäste verwendeten Rohstoffe ganzjährig erntefrisch sind.

– Selbst erntefrische Zitrusfrüchte aus eigenem biologischem Anbau geben sowohl in der Winter-, als auch in der Sommersaison seinem Cocktailangebot einen unverwechselbaren Geschmack.

– Um für seinen Hotelbetrieb im Kundensegment der Best-Ager zu werben, bedient er sich Anrufmaschinen, Faxgeräten und elektronischer Postzustellungen, ohne vorher mit einer Person in Kontakt getreten zu sein.

§ 4 Mitbewerberschutz

Unlauter handelt, wer

1. die Kennzeichen, Waren, Dienstleistungen, Tätigkeiten oder persönlichen oder geschäftlichen Verhältnisse eines Mitbewerbers herabsetzt oder verunglimpft;

2. über die Waren, Dienstleistungen oder das Unternehmen eines Mitbewerbers oder über den Unternehmer oder ein Mitglied der Unternehmensleitung Tatsachen behauptet oder verbreitet, die geeignet sind, den Betrieb des Unternehmens oder den Kredit des Unternehmers zu schädigen, sofern die Tatsachen nicht erweislich wahr sind; handelt es sich um vertrauliche Mitteilungen und hat der Mitteilende oder der Empfänger der Mitteilung an ihr ein berechtigtes Interesse, so ist die Handlung nur dann unlauter, wenn die Tatsachen der Wahrheit zuwider behauptet oder verbreitet wurden;

3. Waren oder Dienstleistungen anbietet, die eine Nachahmung der Waren oder Dienstleistungen eines Mitbewerbers sind, wenn er

   a) eine vermeidbare Täuschung der Abnehmer über die betriebliche Herkunft herbeiführt,

   b) die Wertschätzung der nachgeahmten Ware oder Dienstleistung unangemessen ausnutzt oder beeinträchtigt oder

   c) die für die Nachahmung erforderlichen Kenntnisse oder Unterlagen unredlich erlangt hat;

4. Mitbewerber gezielt behindert.

§ 5 UWG
Irreführende geschäftliche Handlungen (Auszug)

(1) Unlauter handelt, wer eine irreführende geschäftliche Handlung vornimmt, die geeignet ist, den Verbraucher oder sonstigen Marktteilnehmer zu einer geschäftlichen Entscheidung zu veranlassen, die er andernfalls nicht getroffen hätte. Eine geschäftliche Handlung ist irreführend, wenn sie unwahre Angaben enthält oder sonstige zur Täuschung geeignete Angaben über folgende Umstände enthält.

1. die wesentliche Merkmale der Ware oder Dienstleistung wie Verfügbarkeit, Art, Ausführung, Vorteile, Risiken Zusammensetzung, Zubehör, Verfahren oder Zeitpunkt der Herstellung, Lieferung oder Erbringung, Zwecktauglichkeit, Verwendungsmöglichkeit, Menge, Beschaffenheit, Kundendienst und Beschwerdeverfahren, geografische oder betriebliche Herkunft, von der Verwendung zu erwartende Ergebnisse oder die Ergebnisse oder wesentlichen Bestandteile von Tests der Waren oder Dienstleistungen (...)

§ 6 UWG
Vergleichende Werbung (Auszug)

(1) Vergleichende Werbung ist jede Werbung, die unmittelbar oder mittelbar einen Mitbewerber oder die von einem Mitbewerber angebotenen Waren oder Dienstleistungen erkennbar macht.

(2) Unlauter handelt, wer vergleichend wirbt, wenn der Vergleich (...)

2. nicht objektiv auf eine oder mehrere wesentliche, relevante, nachprüfbare und typische Eigenschaften oder den Preis dieser Waren oder Dienstleistungen bezogen ist (...)

§ 7 UWG
Unzumutbare Belästigungen (Auszug)

(1) Eine geschäftliche Handlung, durch die ein Marktteilnehmer in unzumutbarer Weise belästigt wird, ist unzulässig. Dies gilt insbesondere für Werbung, obwohl erkennbar ist, dass der angesprochene Marktteilnehmer diese Werbung nicht wünscht.

(2) Eine unzumutbare Belästigung ist stets anzunehmen:

1. ..

2. bei Werbung mit einem Telefonanruf gegenüber einem Verbraucher ohne dessen vorherige ausdrückliche Einwilligung oder gegenüber einem sonstigen Marktteilnehmer ohne dessen zumindest mutmaßliche Einwilligung;

3. bei Werbung unter Verwendung einer automatischen Anrufmaschine, eines Faxgerätes oder elektronischer Post, ohne dass eine vorherige ausdrückliche Einwilligung der Adressaten vorliegt, (...)

5 Beschwerdemanagement

Jedes Unternehmen hat ein Interesse an einer dauerhaften Kundenbeziehung. Wiederkehrende Kunden müssen weniger beworben werden, haben meist eine geringere Preissensibilität und helfen dem Unternehmen mit ihrem Weiterempfehlungspotenzial bei der Gewinnung von Neukunden.

Im Tourismus ist das Produkt eine Dienstleistung, die nicht bedingungslos fehlerfrei sein kann, da sie zum großen Teil von Menschen erbracht wird und Menschen auch Fehler machen können. Unterschiedliche subjektive Erwartungen der Kunden und objektive Mängel z. B. im Hotel oder Zielgebiet führen unvermeidlich zu Reklamationen der Kunden, die das Ziel einer dauerhaften Kundenbeziehung gefährden. Hinzu kommt, dass auf einen Kunden der sich beschwert, ungefähr neun weitere Kunden kommen, die ebenfalls unzufrieden sind, sich aber z. B. aus Gründen der Bequemlichkeit nicht beschweren. Auf diese unzufriedenen Kunden hat das Unternehmen zunächst gar keinen Einfluss und sie stellen mit ihrer potenziellen Negativwerbung bei Freunden, Kollegen und auf den verschiedenen Internetplattformen eine größere Gefahr dar als die Kunden, die sich beschweren.

Für die Organisation des Beschwerdemanagements bedeutet dies, dass die rein passiv-reaktive Beschwerdebehandlung ergänzt werden sollte durch ein aktives Beschwerdemanagement, das nicht nur unzufriedene Kunden dazu auffordert, seine Beschwerden zu formulieren, sondern auch den gesamten Prozess der Bearbeitung von Beschwerden kundenfreundlich gestaltet.

 Es ist teurer einen neuen Kunden zu gewinnen, als einen vorhandenen zu halten!

Die Markentreue nach erfolgreicher Beschwerde ist hoch!

Die Kunden sollten systematisch nach Verbesserungen oder Bestätigungen befragt werden. Dies hilft die Hürden zur Beschwerde abzubauen und erhöht gleichzeitig die Akzeptanz bei den Mitarbeitern. Fragebögen und Bewertungssystem erleichtern positive und negative Kundenbewertungen.

Es sollte dem Kunden leicht gemacht werden, sich zu beschweren und der Beschwerdegrund sollte nicht bezweifelt werden. Die Zufriedenheit des Kunden hat immer Priorität. Sie muss ggf. über eine Kulanzregelung hergestellt werden. Hilfreich an dieser Stelle ist ein vorwegnehmendes Handeln durch den Mitarbeiter.

Beschwerden von Kunden sind nicht als persönlicher Angriff auf den Mitarbeiter zu werten. Vielmehr bieten sie eine Gelegenheit, die Servicequalität zu verbessern und aus unzufriedenen Kunden zufriedene zu machen.

Phasen des Beschwerdemanagements		
Beschwerdestimulierung und Beschwerdeannahme	Beschwerdebearbeitung und Reaktion auf die Beschwerde	Beschwerdeanalyse
» Gute Auffindbarkeit und Erreichbarkeit der Beschwerdestelle » Kundenzufriedenheitsbefragungen, z. B. Monitoring » Organisation klarer Prozesse für Annahme, Erfassung, Zuordnung zu einem Beschwerdeträger, Terminverfolgung und Eskalation	» Schnelle, umfassende und angemessene Bearbeitung » Bearbeitungsprozesse klar definieren (Zuständigkeiten, Befugnisse, Eskalationswege, zeitliche Standards der Bearbeitung)	» Einrichtung von hochwertigen Analyse- und Reportingsystemen

6 Nicht-Rechtzeitig-Zahlung

In Lernfeld 2, Kapitel 2.2.3 sind die Bedingungen der Nicht-Rechtzeitig-Zahlung ausführlich dargestellt. Im gleichen Lernfeld finden Sie in Kapitel 2.3 Informationen zum Mahnverfahren.

Unternehmerisches Handeln mitgestalten

1 Das Reisebüro, der Reisemittler

1.1 Die Gründung und Struktur eines Reisebüros

Mittelständisches Gewerbe

Die Organisationsformen der Reisemittler sind außerordentlich vielfältig. Wir unterscheiden unter anderem selbstständige Vollreisebüros, Ketten, Franchiseunternehmen, Kooperationen, virtuelle Vertriebsstellen im Internet mit reinem Online-Verkauf und den Travel Consultant, den selbstständigen mobilen Urlaubsverkäufer.

Reisebüros verkaufen ihre Leistungen

- in allgemein zugänglichen Ladengeschäften,
- in Implants (Reisebürofiliale in einem fremden Unternehmen, zuständig für dessen Belange, ohne freien Publikumsverkehr),
- in Firmendiensten,
- in Shop-in-Shop-Geschäften und
- in Großreisebüros wie z. B. dem World-of-TUI Reise-Erlebniscenter in Berlin, einem Reisebüro der Zukunft mit Lounge-Atmosphäre, in dem die Beratung –auch über WLAN, Flachbildschirm samt interaktiver Weltkarte, 3D-Digitalbrille und iPads – im Vordergrund steht und der Kunde seine Reise selbst buchen kann. Online- und Offline-Welten werden strategisch miteinander verknüpft. Es werden allerdings nur TUI-Produkte angeboten.

Durch E-Commerce und Heimverkauf ist der Vertrieb aber nicht mehr unbedingt standortgebunden.

Gründung

Die Eröffnung und selbstständige Führung eines Reisebüros wird durch keinerlei gesetzliche Vorschriften eingeschränkt. Nicht einmal die erfolgreiche Abschlussprüfung vor der Industrie- und Handelskammer (IHK) muss nachgewiesen werden. Mit der Anmeldung beim Gewerbeamt kann die Geschäftstätigkeit aufgenommen werden. Um aber eine hohe Produktqualität mit dem entsprechenden Service zu gewährleisten, verpflichten sich Reisebüros im Rahmen ihres Qualitätsmanagements zur freiwilligen Selbstbindung (Code of Conduct) und lassen ihre Leistungen durch unabhängige Experten überprüfen.

Bei der Gründung müssen das Finanzamt und die IHK informiert werden. Jeder, der ein Handelsgewerbe betreibt, wird automatisch Mitglied bei der IHK. Das Reisebüro muss darüber hinaus bei der Berufsgenossenschaft angemeldet werden, damit die Mitarbeiterinnen und Mitarbeiter gegen Arbeits- oder Wegeunfälle (von/zur Arbeit) und Berufskrankheiten versichert werden.

Reisebüros unterliegen unter anderem der Reisebüroverordnung, die bundesweit gilt. Sie schreibt im Wesentlichen vor, dass alle Geldbewegungen im Rahmen der Geschäftstätigkeit aufzuzeichnen und auf getrennten Konten zu erfassen, weil das Reisebüro Kundengelder als Vermittler treuhänderisch in Empfang nimmt.

Für Reiseveranstalter gelten andere Kriterien für die Gründung. Ein Reisebüro, das auch Reisen veranstalten möchte, muss demnach weitere Voraussetzungen, wie z. B. den Nachweis einer Insolvenzversicherung, erfüllen.

Reisemittler

Damit ist der selbstständige Handelsvertreter im Bereich Tourismus gemeint, also eigentlich der Eigentümer des Reisebüros, nicht seine Verkaufs- und Buchungsstelle, sein Handelsbetrieb. Reisemittler und Reisebüros schließen die Kette zwischen den Produzenten der touristischen Leistung und den Geschäfts- und Privatkunden, den Endverbrauchern. Die Begriffe Reisebüro und Reisemittler werden in diesem Buch gleichwertig nebeneinander verwandt. Der Ausdruck „Reisevermittler" ist eher umgangssprachlich, meint aber inhaltlich den gleichen Sachverhalt.

Der Handelsvertretervertrag – in der Reisebranche spricht man allerdings von einem Agenturvertrag, so wie man auch das Reisebüro als Agentur bezeichnet – wird zwischen dem Unternehmen (Leistungsträger) und einem Handelsvertreter (Agent) abgeschlossen, wobei es sich wie bereits erwähnt (vgl. → LF 4 Kapitel 8) um einen Geschäftsbesorgungsvertrag mit Dienstleistungscharakter handelt. Der Handelsvertreter bemüht sich um die Vermittlung oder den Abschluss von Geschäften (Reise-, Beförderungs-, Beherbergungsverträge usw.).

Das Muster eines Agenturvertrages finden Sie unter Zusatzinformationen zu LF 12, Kapitel 1.1 auf der beiliegenden DVD.

Status des Handelsvertreters

Für seine Leistungen erhält das Reisebüro – als stationärer Handelsvertreter – eine Provision unterschiedlicher Höhe vom Leistungsträger oder vom Veranstalter. Der Kunde erachtet es für selbstverständlich, dass ihm die Vermittlungs- und Beratungsleistungen des Mittlers kostenlos zur Verfügung gestellt werden.

Mit Einführung der sogenannten Nullprovision bei der Buchung von Flugtickets änderte sich

der rechtliche Status der Reisemittler. Aus dem Handelsvertreter wurde der Handelsmakler, der jetzt vom Kunden – dem Nachfrager einer Beförderungsleistung – ein Serviceentgelt (Bearbeitungsgebühr) verlangt.

Zusätzliche Informationen zum Handelsvertreter finden Sie unter LF 12, Kapitel 1.1 auf der beiliegenden DVD.

Unabhängige Reisebüros

Die Zahl der inhabergeprägten und von den Reisekonzernen unabhängigen „klassischen" Vollreisebüros geht immer stärker zurück. Der Marktanteil der sogenannten freien Reisebüros, die ihre Agenturverträge nach eigenen wirtschaftlichen Entscheidungen abschließen, hat sich in den letzten 20 Jahren von über 50 % auf gerade einmal 5 % reduziert. Im Rahmen des Strukturwandels haben sich diese Reisebüros Kooperationen bzw. Allianzen angeschlossen oder sind Franchise-Marken beigetreten, ohne dabei ihre rechtliche Selbstständigkeit aufzugeben. Ihre wirtschaftliche und rechtliche Selbstständigkeit steht allerdings zur Disposition, wenn das Unternehmen als Filiale an eine Reisebürokette verkauft wurde. Ketten zählen entweder zum Eigenvertrieb eines großen Veranstalters oder zu einem Reisebürokonzern. Sie sind damit eigene Vertriebsstellen (Filialen) der Konzerne oder bleiben inhabergeführte Reisebüros als Franchisenehmer.

Vollreisebüros

Das Angebot des klassischen Vollreisebüros, unabhängig von seiner wirtschaftlichen oder rechtlichen Stellung, umfasst mindestens die folgenden touristischen Leistungen (Hauptleistungen), wobei der Firmendienst nicht berücksichtigt wurde:

5053524

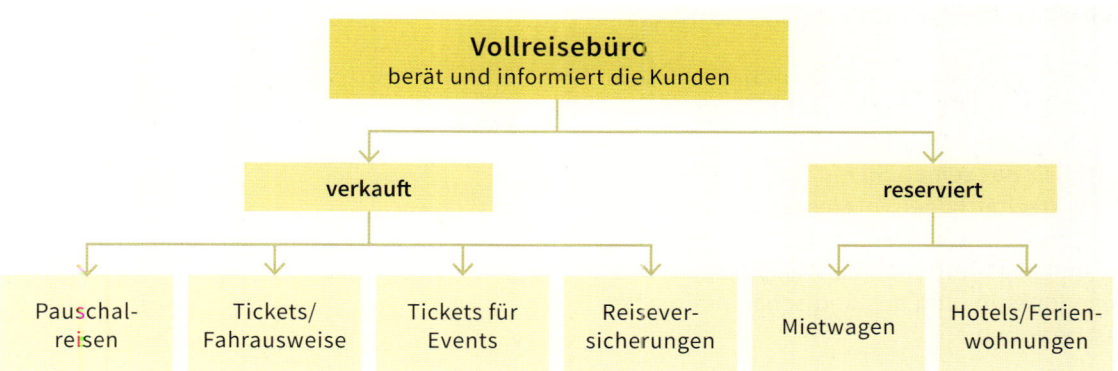

1.2 Tätigkeiten im Reisebüro

Das Reisebüro bewirbt und verkauft Pauschalreisen, Kreuzfahrten etc. an seine Kunden. Die gebuchten (verkauften) Reisen werden elektronisch an die Reiseveranstalter weitergeleitet. Die Reiseanzahlung des Kunden wird entgegengenommen und an den Veranstalter überwiesen, dafür erhält der Kunde den sog. Reisepreis-Sicherungsschein des Veranstalters. Das Reisebüro prüft die Reiseunterlagen des Veranstalters und leitet sie an den Kunden weiter, sofern diese dem Kunden nicht direkt zugestellt werden. In einzelnen Fällen kassiert das Reisebüro den Reisepreis treuhänderisch für den Veranstalter, heute überwiegt das Direktinkasso. Für die Vermittlungstätigkeit erhält das Reisebüro vom Veranstalter eine Provision.

Nach Ablauf der Reise werden im Rahmen von Befragungen die Kundenzufriedenheit untersucht und neue Reiseziele beworben.

Ebenfalls mithilfe des Computer-Reservierungssystems (CRS, engl. GDA) werden die Fahrausweise für nationale und internationale Bahn- und Busfahrten, die Flugscheine für nationale und internationale Flüge, die Fahrausweise für Schiffs- und Fährpassagen sowie die Passenger Tickets (Voucher) für Kreuzfahrten erstellt. Hier erhält der Kunde – mit Ausnahme der Kreuzfahrt – sofort das entsprechende Transportdokument und begleicht den Rechnungsbetrag entweder bar, mit EC- oder Kreditkarte. Falls erforderlich, können die Mitarbeiter Reisedokumente (Visa)

und Reiseschecks besorgen. Die Abrechnung erfolgt über die jeweiligen Buchungszentralen oder beim Leistungsträger direkt. Immer wichtiger wird für das Reisebüro der Ticketvorverkauf für die zunehmende Zahl der regionalen und überregionalen Events (Veranstaltungen). Dies geschieht im Rahmen einer Pauschalreise oder als Einzelverkauf. Die Abrechnung erfolgt über den Ticketvermarkter. Der Verkauf von Reiseversicherungen stellt ein weiteres Angebot dar.

Reserviert das Reisebüro eine Hotelübernachtung, eine Ferienwohnung bzw. einen Mietwagen als Einzelleistung für den Kunden, wird grundsätzlich ein Voucher (Gutschein über die gebuchte Leistung) ausgestellt. Eine Zahlung vor Ort ist eher die Ausnahme. Das Reisebüro garantiert, dass das gebuchte Zimmer, die Ferienwohnung oder der Pkw zur Verfügung stehen. Natürlich kann eine derartige Reservierung auch über die Kontingente der Veranstalter erfolgen. Mit dem **Cross-Channel-Vertrieb** versucht der stationäre Vertrieb über die Veranstalter am Online-Geschäft zu partizipieren. Der Kunde sucht seine Reise im Internet, wird aber für die Buchung zu tagesaktuellen Preisen auf das Reisebüro seiner Wahl verwiesen.

Nur in einigen Vollreisebüros hat der Verkauf von Nebenleistungen – wie Reiseliteratur, DVD's über Zielgebiete, Strandartikel, die keine Werbegeschenke (Give-aways) darstellen, eine gewisse Bedeutung erlang

1.3 Der Deutsche Reise Verband e.V.

Einen Überblick über die Struktur des Tourismusmarktes in Deutschland bietet der Interessenverband Deutscher Reise Verband e.V. (DRV). Er hat seinen Sitz in Berlin und vertritt die wirtschaftlichen Interessen der überwiegend mittelständischen Mitglieder gegenüber in- und ausländischen Leistungsträgern und gegenüber in- und ausländischen politischen Institutionen.

Weitere Zielsetzungen des DRV

– Information der deutschen Öffentlichkeit durch Pressemitteilungen über die Leistungsfähigkeit der Reisebüros und Veranstalter

– Unterstützung des Krisenmanagements der Veranstalter im Falle der Bewältigung katastrophaler Ereignisse mit unmittelbaren Auswirkungen auf die Kunden

– Unterstützung von Maßnahmen zum Ausbau eines nachhaltigen Tourismus

– Beratung der Mitglieder in betriebswirtschaftlichen, steuerpolitischen, reise- und wettbewerbsrechtlichen Fragen

– Vertretung der Mitglieder (Arbeitgeber) in Tarifverhandlungen (Gehalts- und Rahmentarifverträge) über die DRV-Tarifgemeinschaft gegenüber der Vertretung der Arbeitnehmer (Vereinte Dienstleistungsgewerkschaft ver.di)

– Förderung der beruflichen Weiterbildung und die Vertiefung der Zielgebietskenntnisse über die rechtlich selbstständige Willy Scharnow-Stiftung für Touristik (WSS)

– Zusammenarbeit mit weiteren wirtschaftlichen nationalen und internationalen Interessenverbänden wie dem BDI (Bundesverband der Deutschen Industrie), dem BTW (Bundesverband der Deutschen Tourismuswirtschaft), der ECTAA (Group of National Travel Agents' and Tour Operators Associations within the EU) und der IFTO (International Federation of Tour Operators)

– Im Fachausschuss Deutschlandtourismus beschäftigen sich die Mitglieder in enger Kooperation mit der Deutschen Zentrale für Tourismus (DZT) und dem Deutschen Tourismus Verband (DTV) mit den politischen Rahmenbedingungen der touristischen Infrastruktur.

Zusatzinformationen zu DZT und DTV finden Sie unter LF 12, Kapitel 1.3 auf der beiliegenden DVD.

Seine rund 4 300 ordentlichen Mitglieder (Reisebüros und Veranstalter) erwirtschaften ungefähr 80 % der in Deutschland erstellten touristischen Dienstleistungen. Bei den über 800 assoziierten Mitgliedern handelt es sich um die Leistungsträger, sodass der Interessenausgleich im Rahmen der Lobbyarbeit des Verbandes erfolgt. Die restlichen 20 % des touristischen Umsatzes werden von den Mitgliedern des kleineren Interessenverbandes „asr" (Allianz selbständiger Reiseunternehmen e.V., Berlin) und den nicht organisierten Reisebüros und Veranstaltern erwirtschaftet.

Der DRV gliedert die Reisebüros (Vertriebsstellen oder Points of Sales) in vier Gruppen:

» das **klassische Vollreisebüro** mit mindestens einer Veranstalter- und mindestens einer Verkehrsträgerlizenz (entweder IATA- oder DB-Lizenz),

» das reine **Firmendienstbüro** (Business Travel) inklusive Implants, das sich nur an die Unternehmen und ihre Mitarbeiter wendet, für die es arbeitet (Urlaubsreisen für die Mitarbeiter werden ebenfalls angeboten),

» das reine **Touristikbüro** mit mindestens zwei Veranstalterlizenzen, aber ohne Verkehrsträgerlizenz,

» die **sonstigen** Buchungsstellen mit u. a. nur einer Veranstalterlizenz, in der alle weiteren Touristikunternehmen erfasst werden. Hierzu zählen auch Reisevermittlungsstellen, deren Haupttätigkeit auf anderen Erwerbsquellen beruht (Verlage, Verkaufsstellen der Versandhäuser, Toto/Lotto-Annahmestellen usw.).

5053526

Reisestellen in Deutschland				
	2000	**2005**	**2011**	**2015**
Klassische Reisebüros	5 173	3 636	2 697	2 384
Business Travel	1 175	980	791	790
Touristische Reisebüros	7 657	8 023	6 752	6 707
Summe Reisebüros	**14 005**	**12 639**	**10 240**	**9 880**
Sonstige Buchungsstellen	6 525	2 905	1 800	1 960
Vertriebsstellen insgesamt	**20 530**	**15 544**	**12 040**	**11 840**
Davon				
IATA-Agenturen	4 771	4 465	3 105	2 531
DB-Agenturen	3 980	3 246	2 676	2 280

Quelle: Vgl. DRV-Vertriebsdatenbank 2005, 2006, 2009, zitiert nach „Fakten und Zahlen zum deutschen Reisemarkt" – Ausgaben 2006, 2011 und 2015 DRV, Berlin

Die Tabelle zeigt, dass wirtschaftliche Krise und Strukturwandel nicht spurlos an den

Reisemittlern vorübergegangen sind. Laut Statistischem Bundesamt sind in den Jahren 2008 bis 2014 aber auch **etwa 10 000 Vertriebsstellen neu gegründet worden**. Veränderte Provisionszahlungen der Leistungsträger und der verstärkte Eigenvertrieb über das Internet werden auch die zukünftige Entwicklung der Branche beeinflussen. Im Gegensatz zur Zahl der Reisevertriebsstellen ist in den letzten Jahren der Anteil der Umsätze von ca. 20 % auf 23 % leicht gestiegen, wobei das Privatkundengeschäft davon etwa zwei Drittel des Umsatzes erwirtschaftet.

Im Online-Reisemarkt, dessen Gesamtumsatz 2014 ähnlich hoch war wie der des stationären Vertriebs, spielen die Online-Reisebüros (Online Travel Agencies, OTA) mit einem Umsatz von geschätzten 3 Mrd. € keine bedeutende Rolle. Der Löwenanteil entfällt auf die Leistungsträger (Bahn, Bus, Fluggesellschaften, Hotels) und auf die Flug- und Hotelportale.[1]

Daneben dominieren die großen Veranstalter aber auch Newcomer wie das Vergleichsportal check 24. Die Portale der Veranstalter vertreiben zunächst nur eigene Produkte und bieten zusätzlich als neutrale OTA ein umfassendes Sortiment zum Produkt Urlaubsreise.

Entwicklung der Reisemittlerumsätze in Mrd. Euro (Konsolidierte Umsätze)						
	1995	**2000**	**2005**	**2009**	**2011**	**2015**
Gesamtumsatz	**21,7**	**25,1**	**20,5**	**19,0**	**22,4**	**23,7**
Davon						
Business Travel	5,5	7,5	6,7	5,7	7,6	7,5
Privatkunden	16,2	17,6	13,3	13,3	14,8	16,2

Quelle: Rewe-Marktforschung zitiert nach „Fakten und Zahlen zum deutschen Reisemarkt, Ausgaben 2005, 2006 und 2009, 2015, DRV, Berlin

---

1 Zitiert nach fvw Dossier „Deutscher Reisevertrieb 2015", Beilage zur fvw Nr. 12 vom 5. Juni 2015, Seite 20 ff.

2 Kooperationsformen

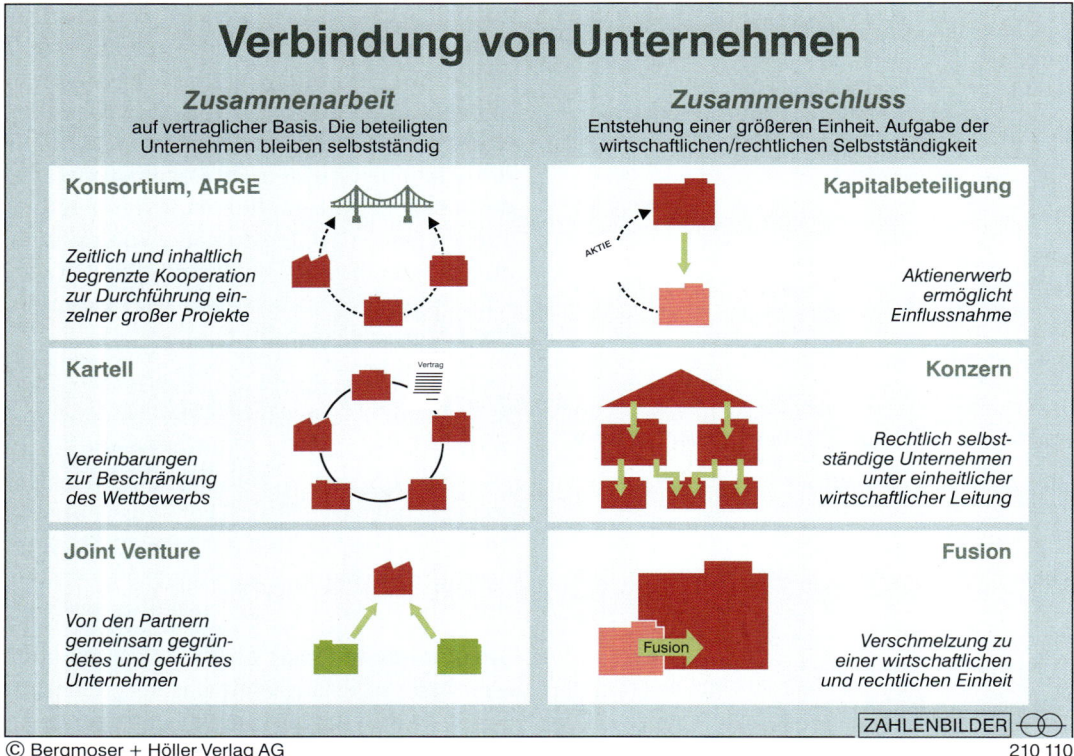

Verbindung von Unternehmen

Zusammenarbeit
auf vertraglicher Basis. Die beteiligten
Unternehmen bleiben selbstständig

Zusammenschluss
Entstehung einer größeren Einheit. Aufgabe der
wirtschaftlichen/rechtlichen Selbstständigkeit

Konsortium, ARGE
*Zeitlich und inhaltlich
begrenzte Kooperation
zur Durchführung ein-
zelner großer Projekte*

Kapitalbeteiligung
*Aktienerwerb
ermöglicht
Einflussnahme*

Kartell
*Vereinbarungen
zur Beschränkung
des Wettbewerbs*

Konzern
*Rechtlich selbst-
ständige Unternehmen
unter einheitlicher
wirtschaftlicher Leitung*

Joint Venture
*Von den Partnern
gemeinsam gegrün-
detes und geführtes
Unternehmen*

Fusion
*Verschmelzung zu
einer wirtschaftlichen
und rechtlichen Einheit*

ZAHLENBILDER

© Bergmoser + Höller Verlag AG

210 110

Wenn der Inhaber eines unabhängigen Reisebüros vor der Entscheidung steht, seine
Marktposition durch Neustrukturierung zu op-
timieren, stehen ihm mehrere Möglichkeiten
zur Verfügung. Intern kann er beispielsweise
versuchen, durch Sortimentsbereinigung,
d. h. einer Konzentration auf wenige Veranstalter, seine Beratungskompetenz und damit
die Provision (Staffel- statt Basisprovision)
zu erhöhen. Er kann sich aber auch externen
Partnern anschließen, um am Markt bestehen
zu können.

2.1 Allianzen (Kooperationen)

Unabhängige, inhabergeführte Reisebüros
werden Mitglied in einer bereits existierenden Kooperation. Rein theoretisch könnten
sie selbst eine neue Kooperation mit einer
gemeinsamen Zentrale gründen. Die Zentrale
kann bei den Veranstaltern und Leistungsträgern bessere Provisionsbedingungen aushan-

deln, da sie auf den Gesamtumsatz ihrer Mitglieder verweist und nicht vom Umsatz eines
Einzelbüros ausgehen muss. Am besten ist die
Kooperation vergleichbar mit einer Einkaufs-
genossenschaft.

Beim Beitritt zu einer Kooperation erwarten
den Inhaber des Reisebüros wichtige **Vorteile**:
» bessere Konditionen für die eigenen Agenturverträge durch Zusatzprovisionen und
damit Erhöhung der Rendite,
» als sogenannte Zubucher besteht die
Möglichkeit, Leistungen von Veranstaltern
zu verkaufen, mit denen keine eigenen
Agenturverträge abgeschlossen wurden
oder wegen der Mindestumsatz-Verpflich-
tung keine Verträge abgeschlossen werden
konnten,
» geringe Kosten für die Mitgliedschaft in der
Kooperation,
» volle wirtschaftliche und rechtliche Unabhängigkeit der Mitglieder mit der Einschränkung, dass sie durch entsprechende
Vollmacht bei Vertragsverhandlungen mit

5053528

Leistungsträgern und Veranstaltern der Kooperationszentrale die Handlungsführung überlassen,

» Nutzung von Einkaufsvorteilen bei Soft- und Hardware,

» Rechtsberatung.

Um die Attraktivität für die Mitglieder zu erhöhen und die Einkaufsmöglichkeiten weiter zu verbessern, haben sich die Vertriebsorganisationen zu strategischen Allianzen zusammengeschlossen. Gemäß der bereits zitierten Dokumentation von fvw „Deutscher Reisevertrieb 2015" bündeln die drei Megaallianzen QTA (Quality Travel Alliance), TMCV (Touristik Multi Channel Vertriebsgesellschaft) und DTPS (DER Touristik Partner Service) mit ihren Kooperationen, an denen wiederum die drei deutschen Großveranstalter beteiligt sind, rund 9,2 Mrd. € Umsatz. QTA vereinigt die Kooperationen RTK, Schmetterling, TUI Travel Star und Alpha. Zusätzlich haben sich die Kooperationen zu modernen Servicecentern entwickelt, die ihren Mitgliedern eigene Handelsmarken (Hausmarken), Web-Portale und gezielte Schulungen zur Verkaufsförderung anbieten.

Zusatzinformationen zu den einzelnen Kooperationen finden Sie unter LF 10, Kapitel 2.1 auf der beiliegenden DVD.

2.2 Franchisesysteme

Unabhängige, inhabergeführte Reisebüros können sich aber auch einem Franchisesystem anschließen und greifen damit auf das erprobte und erfolgreiche Know-how eines Großunternehmens, seines Markennamens und seines Marketingkonzeptes zurück, um die eigene Erlössituation zu verbessern. Zusätzlich gewährt ihnen der Franchisegeber Exklusivität für ein bestimmtes Gebiet. Als Franchisenehmer kann sich das Reisebüro einer reinen Reisebürokette anschließen, z. B. der Lufthansa City Center Reisebüropartner GmbH, oder der Vertriebskette eines bedeutenden Veranstalters, z. B. TUI Reise Center. Hier kombiniert das Franchisekonzept die Marktmacht eines Großunternehmens mit der

Flexibilität eines mittelständischen Betriebes. Mit der Franchisepartnerschaft wird die wirtschaftliche Selbstständigkeit des Reisebüros auf die Unternehmensphilosophie des Franchisegebers abgestimmt und Managemententscheidungen des Eigentümers am Geschäftskonzept des Franchisegebers ausgerichtet. Die **wirtschaftliche Einbindung ist also ungleich größer** als bei der Mitgliedschaft in einer Kooperation. Das Reisebüro bleibt aber weiter **rechtlich unabhängig** und die Neutralität in der Kundenberatung wird durch die Partnerschaft nicht berührt. Über den Beirat als beratendem Gremium aller Franchisenehmer besteht zudem die Möglichkeit, das System in ihrem Sinne weiter zu entwickeln. Für die Kunden ist es häufig kaum erkennbar, ob es sich bei der Vertriebsstelle noch um ein selbstständig geführtes Unternehmen handelt oder um die Filiale eines Großveranstalters. Alle Verkaufsstellen eines Franchisegebers treten nach außen in der gleichen Weise auf. Diese Öffentlichkeitswirkung im Sinne einer Corporate Identity ist beabsichtigt, um Image und Überzeugungskraft der Marke beim Kunden zu erhöhen. Verkaufsräume, Informationspolitik, Werbemaßnahmen, Schaufensterdekoration, Mailings und Kundenabende werden einheitlich gestaltet. Die Supportleistungen des Franchisegebers sind erheblich. Er führt Betriebsvergleiche durch, gibt aber auch Umsatzziele vor, schult Angestellte und Geschäftsleitung und entwickelt zur Profilierung der Mitglieder neue Verkaufsstrategien wie eigene Handelsmarken, Internet-Portale und den Verkauf über Callcenter (Multi-Channel-Strategie).

Der Kapitalbedarf für den Beitritt zur Franchisepartnerschaft ist allerdings höher als bei der Kooperation. Die Kosten für den Franchisenehmer umfassen häufig eine hohe einmalige Eintrittsgebühr, Investitionen für die Einrichtung, eine laufende prozentuale Franchisegebühr vom Umsatz oder vom Bruttoerlös und ein monatliches Fixum, z. B. für Werbemaßnahmen.

Als Franchisenehmer erwarten den Inhaber des Reisebüros wichtige Vorteile:

» bessere Konditionen für die eigenen Agenturverträge und Unterstützung für das Backoffice,

» ein erfolgreiches Marketingkonzept und ein komplettes Leistungspaket,

» Aufbau und Pflege des Markenimages,

» eine professionelle Verkaufsschulung und Förderung der Motivation der Mitarbeiter und Mitarbeiterinnen durch betriebliche Weiterbildung,

» Gebietsschutz, d. h. keine weiteren Verkaufsniederlassungen des gleichen Franchisegebers für einen bestimmten Bereich,

» höhere Kreditwürdigkeit bei der Hausbank, da das unternehmerische Risiko reduziert wurde,

» Beschleunigung der Marktdurchdringung, da die Marke den Kunden bekannt ist,

» das Produkt ist überregional präsent und damit für den Kunden transparent,

» Erhalt der rechtlichen Selbstständigkeit.

Es sollte allerdings nicht unerwähnt bleiben, dass für den Franchisegeber neben den laufenden Einnahmen aus den Lizenzgebühren weitere Strukturvorteile entstehen, vor allen Dingen dann, wenn es sich um einen der gro-

ßen Veranstalter handelt. Er kann nämlich den Kapitaleinsatz für sein Filialsystem erheblich verringern, wenn er – statt eine neue Filiale zu eröffnen – einen weiteren Franchisepartner gewinnt und er ist trotzdem in allen Regionen Deutschlands vertreten. Er nutzt darüber hinaus die hohe wirtschaftliche Motivation des Franchisenehmers, der als weiterhin selbstständiger Unternehmer in erster Linie an der Erhöhung seines Betriebsgewinnes interessiert ist.

2.3 Reisebüroketten

Zunächst muss festgestellt werden, dass jedes inhabergeführte Reisebüro, das über mehr als einen Point-of-Sale verfügt, bereits eine Kette bildet. Deshalb unterscheidet man sinnvollerweise zwischen regionalen und überregionalen Ketten, wobei zunächst immer Filialbetriebe gemeint sind, also **rechtlich unselbstständige** Ladengeschäfte. Carlson Wagonlit Travel ist ein typisches Beispiel für eine solche überregionale reine Reisebürokette, die hauptsächlich im Geschäftsreiseverkehr tätig ist. Der größte Filialbetrieb im Privatkundengeschäft ist DER-Touristik mit über 2 000 Reisestellen und einem Umsatz von über 4 Mrd. €. Die großen Reiseveranstalter stützen sich im stationären Eigenvertrieb ebenfalls auf ihre überregionalen Verkaufsstellen, die sie aber sowohl als Filialbetriebe als auch als Franchiseunternehmen führen. (TUI beispielsweise verkauft ca. 70 % seiner Reisen und Leistungen im Direktvertrieb, davon 40 % online).[1]

Die Firmenpolitik der Konzerne favorisiert nicht eindeutig ein bestimmtes System. Es ist durchaus denkbar, eine Filiale an einen Franchisepartner zu verkaufen, wie auch umgekehrt. Gegenwärtig stützen sich die beiden deutschen größten Veranstalter im Privatkundenbereich auf die folgende Vertriebsstruktur, wobei die Beteiligung an Kooperationen nicht erfasst wurde:

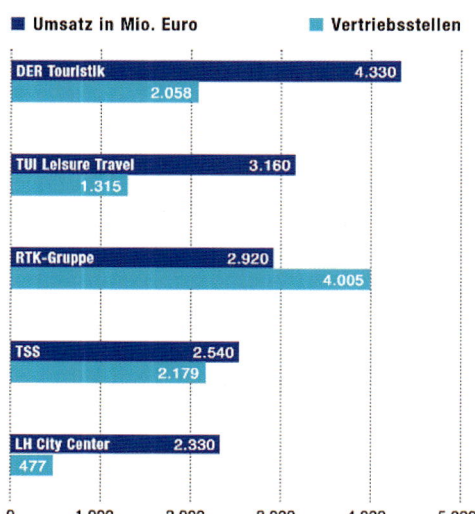

Die fünf größten Reisevertriebssysteme 2013

(Reisebüro-Ketten und Franchise-Systeme)

■ Umsatz in Mio. Euro   ■ Vertriebsstellen

	Umsatz in Mio. Euro	Vertriebsstellen
DER Touristik	4.330	2.058
TUI Leisure Travel	3.160	1.315
RTK-Gruppe	2.920	4.005
TSS	2.540	2.179
LH City Center	2.330	477

Quelle: Zahlen und Fakten zum deutschen Reisemarkt 2015, Grafik zu den Reisebüroketten 2014 aus FVW-Dossier „Deutscher Reisevertrieb 2015"

---

1 Nach: http://www.tuigroup.com/de-de/investoren/finanzberichte-und-praesentationen)

TUI Deutschland	
Filialen	**Franchise**
TUI-Stores, FIRST Reisebüro, First Business Travel, Hapag-Lloyd Reisebüro, Discount Travel (OTA), World of TUI Reise-Erlebniscenter Berlin	TUI Reise Center, FIRST Reisebüro, Hapag Llyod

Kooperationen
TUI Travel Star (mit RT Reisen GmbH), Take off (Reiseberater)

DER Touristik (REWE-Gruppe)	
Filialen	**Franchise**
DER.com, DER Reisebüros, FCM Business Travel, ADAC, Karstadt	DERPART, DB-Reisebüros, ADAC, DERPART Business Travel, DER Touristik Partner Unternehmen (DTPU)

Kooperationen
DER Touristik Partner-Service, Pro Tours/RCE, Tour Contact, Deutscher Reisering

Hinzu kommen noch weitere Minderheitsbeteiligungen an einzelnen Reisebüros insbesondere bei der Touristikgruppe des REWE-Konzerns. Die Filialisten sind wie alle anderen Reisemittler zur Beratungsneutralität verpflichtet, d. h. ihre Lizenzen umfassen auch die Produkte der Konkurrenz. Ihr Verkaufsschwerpunkt liegt aber eindeutig bei den Hausmarken.

2.4 Künftige Entwicklungen

Die Vertriebslandschaft des Touristikmarktes in Deutschland verändert sich. Neben dem stationären Vertrieb gewinnen die virtuellen Reisebüros des E-Commerce über Online-Portale, Internet-Reisebüros, Online-Veranstalter, die Websites der Leistungsträger, aber auch Reisekanäle im Fernsehen, Callcenter und Heimverkäufer zunehmend an Bedeutung. Man geht branchenintern davon aus, dass auch Konzerne wie Google, Amazon oder Airbnb mit der Zeit in der Reise-(Veranstalter-)Geschäft einsteigen werden.

Über seine Internetadresse kann das einzelne Reisebüro mithilfe seiner Website den Kunden Zugriff auf Reiseinformationen und Reiseangebote ermöglichen. Dieser kann sich zu Hause in Ruhe umfassend am PC informieren, zusätzliche Informationen abfragen, planen, Angebote vergleichen, über Video seine Reise „erleben" und – vielleicht – entweder direkt (Buchungsplattform) oder über ein Callcenter buchen bzw. am nächsten Tag im Reisebüro den Reisevertrag abschließen. Gleiches gilt für Veranstalter und Leistungsträger, wenn sie ihre Produkte im Netz anbieten und durch die entsprechende Hotline ergänzen.

> **!** In diesem Zusammenhang spricht man von einer **Multi-Channel-Vertriebsstrategie**, d. h. das Produkt wird auf verschiedenen Kanälen gleichzeitig angeboten: stationär, im Web und über Callcenter.

„B2C"-Marketing (Business to Consumer)

Sollte der Kunde bereit sein, dem Anbieter seine E-Mail-Adresse zur Verfügung zu stellen, kann das Tourismusunternehmen diesem registrierten Nutzer laufend per Newsletter über Reiseberichte, Veranstaltungen, Preisausschreiben und günstige Angebote (Lastminute) informieren, in der Hoffnung, seine Buchungsbereitschaft zu verstärken und ihn als festen Kunden zu gewinnen, denn gerade in diesem neuen Markt stellt die Kundenbindung eines der größten Probleme dar. Unter dem Schlagwort „**Customer Journey**" betreut der Veranstalter den Kunden digital in allen Phasen der Reise (vor/während/nach), um so die Kundenbindung zu intensivieren.

Online-Reisemarkt

Mit der Entwicklung der reinen Online Reiseportale gewinnt der Vertrieb im Internet eine neue Qualität. Die DRV-Studie Ketten und Kooperationen bezifferte 2013 rund 9 Mrd. € (ca. 40 % der Umsätze) auf reine Online-Verkäufe bei 23 Mrd. € Umsatz für den stationären Vertrieb, wobei online vor allem Einzelleistungen wie Flug, Bahn oder Hotel und nur 15 % der Pauschalreisen gebucht wurden (aktuelle Zahlen liefert: DRV, Fakten und Zahlen).

60 % aller Deutschen haben mindestens einmal das Internet für ihre Urlaubsplanung benutzt und 41 % haben eine webbasierte Buchung realisiert.[1] Positiv hat sich gleichzeitig die Konversionsrate entwickelt, d. h. der Anteil der Personen, die sich nicht nur online informieren, sondern auch entsprechend buchen.

Nicht nur Start-ups (Travel 24, Trivago), sondern insbesondere multinationale Kapitalunternehmen, die nicht im stationären Vertrieb eines Landes präsent sind, bieten als Vollsortimenter den Kunden einen Direktzugriff auf den weltweiten Marktplatz für Dienstleistungen im Tourismusbereich (wie z. B. Priceline, USA). Ihr Angebotsspektrum reicht von der Pauschalreise verschiedenster nationaler und internationaler Veranstalter über Hotelreservierungen, Leihwagen bis zum Ticket für den Besuch in der angesagten Disco am Zielort. Vor allem in den Segmenten Flug, Hotel und Mietwagen haben die Online Veranstalter unter dem Begriff **Dynamic Packaging** das Bausteinkastenprinzip der Pauschalreise auf das Internet übertragen. Der Kunde kann seine Traumreise nach seinen individuellen Bedürfnissen aus allen Flug- und Hotelangeboten kurzfristig und eigenständig zusammenstellen.

Die einzelnen Bausteine werden vom System in Echtzeit auf ihre Verfügbarkeit geprüft und die tagesaktuellen Preise abgefragt, sodass der Gesamtpreis dieser „Individualreise" unter dem einer vergleichbaren Pauschalreise positioniert sein kann. Mit der Buchung einer Reise über Dynamic Packaging ist das Online-Reiseportal als X-Veranstalter vom X-Reisebüro zur Herausgabe eines Sicherungsscheines verpflichtet. Mit der Buchung werden Buchungsbestätigung und Sicherungsschein des X-Veranstalters vom X-Reisebüro ausgestellt.

1 DRV, Fakten und Zahlen 2014, S. 25

> ! **Dynamic Packaging**
> Flüge, Hotels und Transferleistungen werden in Echtzeit aus unterschiedlichen Quellen in einem virtuellen Warenkorb gebündelt, sind vakanzgeprüft und können somit zu einem Gesamtangebot (Pauschalreise) zusammengestellt werden.

Travel Agents (Travel Consultants)

Zugenommen hat die Zahl der selbstständigen Reiseberater (Heimverkäufer) oder Travel Agents. Es handelt sich hierbei – wie bei den Reisebüros – um rechtlich selbstständige Handelsvertreter. Sie arbeiten mit der Zentrale eines auf den mobilen Urlaubsverkauf spezialisierten Unternehmens oder einer klassischen Kette bzw. Kooperation zusammen, deren Buchungstools sie nutzen können. Sie führen ihre Verkaufsgespräche direkt beim Kunden in der Wohnung bzw. stationär über verschiedene Kommunikationskanäle wie Fax, E-Mail und Telefon. Sie haben in der Regel keine Inkassovollmacht und erhalten eine geringere Provision, da sie mit den Veranstaltern und Leistungsträgern keine Agenturverträge abgeschlossen haben. Häufig handelt es sich bei der Arbeit als Travel Agent um eine reine Nebentätigkeit.

Business Travel

Die Buchung und Organisation von Geschäftsreisen durch das Reisebüro wird als Geschäftsfeld weiter an Bedeutung gewinnen. Das Reisebüro kann sich als Mehrwert-Partner für Geschäftskunden positionieren (vgl. → LF 8 Kapitel 2). Es kann grundsätzlich alle Aufgaben übernehmen, die in Zusammenhang mit der Planung, der Organisation, der Durchführung, der Abrechnung und der Kontrolle von Geschäftsreisen stehen.

Dazu gehören z. B.:
» der Einkauf von Reiseleistungen (Bahn, Flugzeug, Hotel, Mietwagen etc.),
» die komplette Reisekostenabrechnung oder
» die Organisation und Durchführung von Veranstaltungen wie Meetings, Incentives, Tagungen, Kongresse etc.

Die Entwicklung und die Gestaltung individueller Leistungspakete muss jeweils mit dem Firmenkunden verhandelt werden. Das Reisebüro sollte bei der Kalkulation eines Angebotes immer die eigenen Kosten berücksichtigen, die durch die Erstellung der Serviceleistung entstehen. Diese Kosten werden am besten als Prozesskosten erfasst und einkalkuliert. Weitere Informationen dazu finden Sie im Lehrbuch „Rechnungswesen in Tourismus- und Reiseunternehmen" – Kapitel 9.

Aufgaben

1_ Stellen Sie Ihren Mitschülern und Mitschülerinnen Ihr eigenes Unternehmen vor! Beachten Sie dabei die folgenden Strukturmerkmale: Rechtsform, Kooperationsform, Lizenzen, Größe, Zahl der Mitarbeiterinnen, Kundenstruktur, Geschäftsschwerpunkte.

2_ Wie sind die Reisebüros – gemäß DRV – strukturiert?

3_ Welche Ursachen kann man für die Umsatzentwicklung der Reisebüros und der Veranstalter herausarbeiten?

Umsätze in Mrd. Euro	2007	2015
Reisemittler	21,10	23,70
Veranstalter	20,30	23,70

4_ Welche Gemeinsamkeiten bzw. Unterschiede bestehen zwischen Kooperationen und den Franchisesystemen bei den Reisemittlern?

5_ Welche unternehmenspolitischen Positionen nehmen große Veranstalter zur Entwicklung des Eigenvertriebs über Franchise- oder Filialbetriebe ein?

6_ Welche großen Entwicklungslinien zeichnen sich im stationären Vertrieb ab?

7_ Was versteht man unter einem Travel Agent?

8_ Erläutern Sie bitte den Marketingbegriff „Customer Journey".

3 Gesamtwirtschaftliche Entwicklungen

Nicht nur betriebliche Faktoren, sondern auch gesamtwirtschaftliche Ereignisse wirken sich auf die Geschäfte der Reisebüros und die Tourismusbranche aus. Ein einzelner Betrieb ist immer in einen gesamtwirtschaftlichen Kontext eingebunden. So haben die Anschläge vom 11. September 2001 Reisearten und -ziele zumindest kurzfristig stark verändert, ebenso wie 2015/16 die Situation in Ägypten oder Tunesien. Aber auch bei umweltbedingten Veränderungen (z. B. Vulkanausbrüchen oder Katastrophen wie Erdbeben, Tsunamis etc.) sind Veranstalter und Reisebüros mit ihrer Kompetenz stark gefragt und können sich positiv darstellen. Dies gilt ebenso bei streikbedingten Ausfällen und Umplanungen. Die Kenntnis der wirtschaftspolitischen Grundlagen z. B. bei wachsender Arbeitslosigkeit oder steigenden Verbraucherpreisen hilft Ihnen, strukturelle Probleme zu sehen, deren Einfluss auf Ihre Branche und Sie selbst zu beurteilen und mögliche Lösungsansätze zu erarbeiten.

3.1 Konjunktur und Wirtschaftspolitik

> **!** Die Verlaufsschwankungen der gesamtwirtschaftlichen Aktivitäten in einer Volkswirtschaft bezeichnet man als Konjunktur.

Diese Wirtschaftsschwankungen erscheinen als wellenförmige, wirtschaftliche Entwicklung um den Trend, der auch als langfristiger Wachstumspfad einer Volkswirtschaft bezeichnet wird (vgl. Abbildung unten).

In der Realität bedeutet dies aber nicht, dass das Wirtschaftswachstum stetig ist. Vielmehr unterliegt eine Volkswirtschaft Perioden mit schwachem Wachstum oder sogar Schrumpfungen. Dieses Auf und Ab einer Wirtschaft wird kurzfristig durch saisonale Schwankungen, mittelfristig durch konjunkturelle Schwankungen und langfristig durch strukturelle Schwankungen beeinflusst.

Saisonale Schwankungen (kleine Wellen) sind kurzfristige Veränderungen innerhalb einzelner Branchen, sie sind meistens auf die Jahreszeiten und den damit verbundenen Klimawechsel zurückzuführen, vorhersehbar und damit kalkulierbar. Sie dauern i. d. R. nur drei bis vier Monate.

> Wintereinfluss: Baugewerbe, Landwirtschaft
>
> Ferienzeiten: Tourismusbranche

Strukturelle Schwankungen (lange Wellen) sind langfristige Veränderungen über alle Branchen hinweg. Alle 40 bis 60 Jahre sorgt die Einführung einer neuen Technologie für einen wirtschaftlichen Quantensprung. Diese technischen Erfindungen dominieren in langen Wellen (also für einen Zeiträume von mindestens 50 Jahren) die Wirtschaft. Benannt wurden die langen Wellen nach dem russischen Wissenschaftler Nikolai Kondratieff.

Konjunkturelle Schwankungen sind mittelfristige Veränderungen, die sich alle vier bis fünf Jahre wiederholen. Eine solche wellenförmige Bewegung der Konjunktur, gemessen von einem Wendepunkt zum nächsten Wendepunkt wird **Konjunkturphase,** gemessen von einem Tiefpunkt zum nächsten Tiefpunkt **Konjunkturzyklus** genannt.

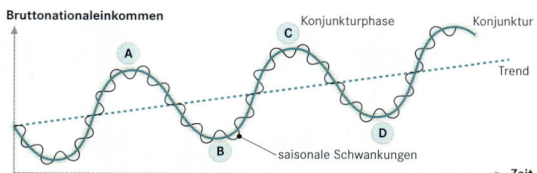

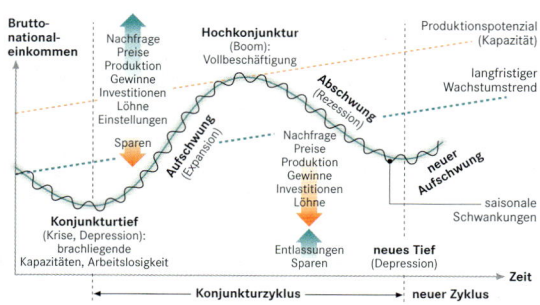

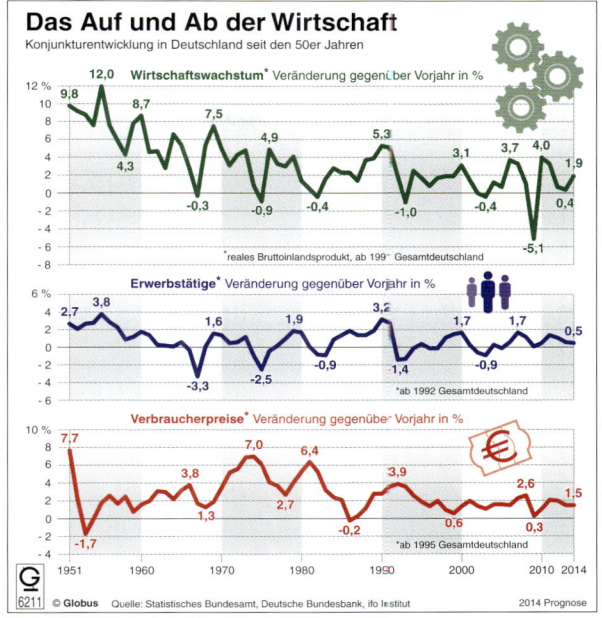

Das Auf und Ab der Wirtschaft
Konjunkturentwicklung in Deutschland seit den 50er Jahren

Wirtschaftswachstum Veränderung gegenüber Vorjahr in %
12 % | 12,0
9,8 | 8,7 | 7,5 | 4,9 | 5,3 | 3,1 | 3,7 | 4,0 | 1,9
4,3 | -0,3 | -0,9 | -0,4 | -1,0 | -0,4 | 0,4 | -5,1
*reales Bruttoinlandsprodukt, ab 199? Gesamtdeutschland

Erwerbstätige Veränderung gegenüber Vorjahr in %
6 % | 2,7 | 3,8 | 1,6 | 1,9 | 3,2 | 1,7 | 1,7 | 0,5
-3,3 | -2,5 | -0,9 | -1,4 | -0,9
*ab 1992 Gesamtdeutschland

Verbraucherpreise Veränderung gegenüber Vorjahr in %
10 % | 7,7 | 7,0 | 6,4 | 3,9 | 2,6 | 1,5
3,8 | 1,3 | 2,7 | -0,2 | 0,6 | 0,3
-1,7
*ab 1995 Gesamtdeutschland
1951 | 1960 | 1970 | 1980 | 1990 | 2000 | 2010 2014

6211 © Globus Quelle: Statistisches Bundesamt, Deutsche Bundesbank, ifo Institut   2014 Prognose

Der Konjunkturzyklus ist ein Modell mit vier Phasen. Er dient der vereinfachten Darstellung wirtschaftlicher Größen zur Beschreibung oder Erklärung von Wirtschaftszusammenhängen, zur Prognostizierung von Entwicklungen oder zur Entscheidungsfindung in bestimmten Situationen.

Aufschwung (Expansion)

In der nachfolgenden Betrachtung handelt es sich zunächst um theoretische Aussagen, die nicht immer mit der Realität übereinstimmen.

In der Periode des Aufschwungs steigen Einkommen und Preise eher langsam und zeitverzögert an. Aufgrund erhöhten Auftragseinganges kommt es zur zunehmenden Kapazitätsauslastung. Die Steuereinnahmen steigen sowohl aus den indirekten als auch aus den direkten Steuern. Die Nachfrage der privaten und öffentlichen Haushalte wächst. Die Arbeitslosigkeit nimmt tendenziell ab. Aktienkurse steigen aufgrund optimistischer Gewinnerwartung.

Die vier Phasen des Konjunkturzyklus				
gesamtwirtschaftliche Größe	Depression	Expansion	Boom	Rezession
Kapazitätsauslastung	↓	↗	⬆	↘
Produktion	↓	↗	↗	↘
Gewinne	↘	↗	⬆	↘
Investitionen	↘	↗	↗	↘
Nachfrage	↓	↗	⬆	↘
Preise	↓	↗	↗	↘
Beschäftigung	↘	↗	↗	↘
Löhne	↓	↗	↗	↘
Zinsen	↓	↗	↗	↘
Sparen	⬆	↘	↘	↗
Tourismus	↓	↗	⬆	↘

⬆ = hoch
↓ = niedrig
↗ = steigend
↘ = sinkend
↗ = stark steigend
↘ = stark sinkend

Hochkonjunktur (Boom)

Es herrscht eine hohe Kapazitätsauslastung und geringe Arbeitslosigkeit. In der Folge werden von vielen Unternehmen Kapazitäten erweitert, sodass es anschließend zu Überkapazitäten kommt. Inflationsgefahr (Kaufkraftverlust) besteht, da die Löhne, Preise und Zinsen infolge von hohen Gewinnen steigen. Die Unternehmergewinne nehmen ab, die Wertpapierkurse sinken. Die Investitionsbereitschaft nimmt ab, Kapazitäten liegen brach, Unternehmer arbeiten kurz oder schließen. Die Preissteigerung übersteigt schließlich die Einkommenszuwächse.

Aber: Wie die Entwicklung 2015/16 zeigt, ist die Inflation (Preissteigerung) gering (trotz Flutung der Geldmärkte durch die EZB), Unternehmensgewinne, aber auch Einkommen steigen und die Kurse an den Börsen sind hoch, schon weil die Zinsen nahe 0 % liegen.

Abschwung (Rezession)

Die gesamtwirtschaftliche Nachfrage sinkt. Die Zahl der Arbeitslosen nimmt zu. Pessimistische Gewinnerwartungen führen zu Kursrückgängen. Preise und Löhne steigen nur noch moderat. Es ist eine zunehmende Sparneigung festzustellen. Die Zinsen sinken.

Konjunkturtief (Depression)

In dieser Konjunkturphase herrscht Unterbeschäftigung. Die Produktionsmöglichkeiten werden durch die gesamtwirtschaftliche Nachfrage in einem nur geringen Maße ausgelastet. Die Preise und Löhne sind relativ stabil. Die Zinsen sinken weiter.

Einflussfaktoren auf die Konjunktur

Konjunkturschwankungen treten vor allem in Volkswirtschaften auf, die

» einen hohen Grad der Industrialisierung haben,
» sich in einem Strukturwandel befinden,
» marktwirtschaftlich organisiert sind.

Dabei wirken auf den konjunkturellen Prozess

» Änderungen der Einkommensverteilung,
» Investitionsverhalten der Unternehmen,
» Konsumverhalten der Haushalte,
» optimistische bzw. pessimistische Wirtschaftseinschätzungen.
» äußere Faktoren wie die geopolitische Entwicklung des Welt- und Außenhandels (Deutschlands Industrie exportiert ca. 70 % ihrer Leistung) oder auch der Importpreise vor allem für Öl.

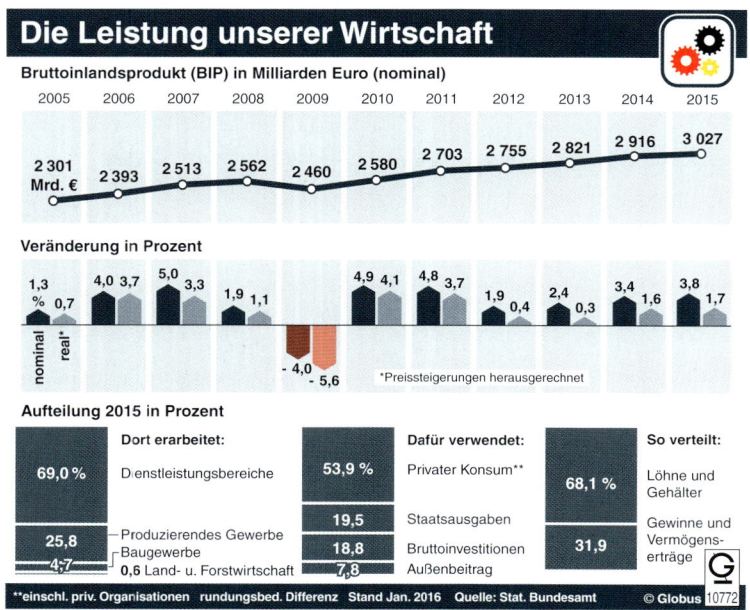

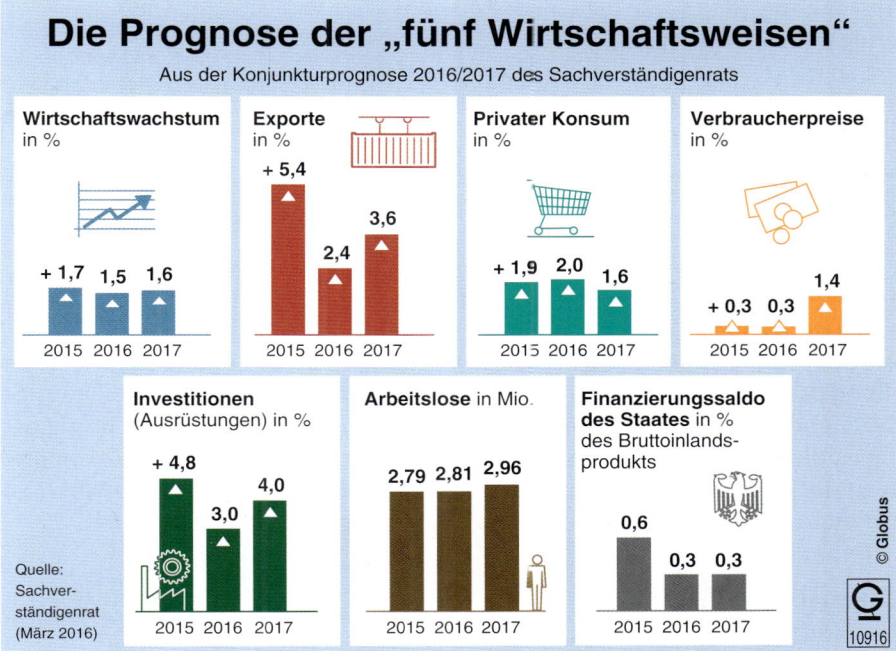

Die Prognose der „fünf Wirtschaftsweisen"

Aus der Konjunkturprognose 2016/2017 des Sachverständigenrats

(Grafiken: Wirtschaftswachstum in %, Exporte in %, Privater Konsum in %, Verbraucherpreise in %, Investitionen (Ausrüstungen) in %, Arbeitslose in Mio., Finanzierungssaldo des Staates in % des Bruttoinlandsprodukts — jeweils für die Jahre 2015, 2016, 2017)

Quelle: Sachverständigenrat (März 2016)

© Globus 10916

3.1.1 Konjunkturindikatoren und gesamtwirtschaftliche Lage[1]

Konjunkturindikatoren sind veröffentlichte Größen, die auf den Zustand einer Volkswirtschaft schließen lassen. Entsprechend ihren Veränderungen lässt sich eine Aussage über den **aktuellen Stand der Konjunktur** ableiten, der **Konjunkturverlauf analysieren** und eine künftige **Entwicklung prognostizieren.**

> **Konjunkturindikatoren werden unterteilt in:**

» **Frühindikatoren:** Auftragseingänge, Investitionen, Zukunftserwartungen, Lagerbestände, Einzelhandelsumsätze
» **Präsensindikatoren:** reales BIP, Kapazitätsauslastung, Produktivität
» **Spätindikatoren:** Arbeitsmarktzahlen, Preisentwicklung

> **!** Der Sachverständigenrat zur Begutachtung der gesamtwirtschaftlichen Entwicklung verwendet Konjunkturindikatoren zur Begutachtung der gesamtwirtschaftlichen Lage.

Im Folgenden sind volkswirtschaftlich wichtige und besonders aussagefähige Größen beschrieben:

Arbeitslosenzahl und offene Stellen
Ein Anstieg der Arbeitslosenzahlen und ein Rückgang an offenen Stellen signalisieren eine Unterbeschäftigung der Wirtschaft.
Es ist eine zurückhaltende Nachfrage zu erwarten. Die Unternehmen investieren verhalten. Eine Zunahme der offenen Stellen und ein Rückgang der Arbeitslosenzahlen lassen auf eine Belebung der Wirtschaft schließen.

Investitionsgüternachfrage
Eine zunehmende Investitionsgüternachfrage lässt einen Anstieg der Beschäftigung erwarten und kann somit zu einer stärkeren Nachfrage nach Arbeitskräften führen. Die steigende Nachfrage zieht u. U. Preis- und Lohnerhöhungen nach sich. Eine verringerte Investitionsneigung hat das Gegenteil zur Folge.

---

1 siehe auch: Konjunkturprognosen der Bundesbank in den Monatsberichten, so z. B. Monatsbericht Dezember 2015 für einen Ausblick auf 2016 und 2017

Konsumgüternachfrage

Sind steigende Einzelhandelsumsätze zu verzeichnen, so wirkt sich dies positiv auf die Großhandelsumsätze aus und führt zu einer höheren Nachfrage bei den Herstellerbetrieben. Preissteigerungen sind zu erwarten. Eine stockende oder gar schrumpfende Konsumgüternachfrage hat den umgekehrten Effekt.

Außenhandel

Entwickelt sich der Export in einem schnelleren Maße als das Importvolumen, führt dies zu einer Erhöhung der Gesamtnachfrage (Inlands- und Auslandsnachfrage). Eine Konjunkturbelebung ist die Folge. Die Preise werden steigen. Steigt der Import schneller als der Export, führt dies wahrscheinlich zur umgekehrten Reaktion.

Staatseinnahmen und -ausgaben

Eine zunehmende Nachfrage des Staates nach Konsum- und Investitionsgütern führt i. d. R. zu einer Belebung der Wirtschaft. Voraussetzung hierfür ist allerdings, dass die Nachfrage nicht aus Steuererhöhungen finanziert wird. Preiserhöhungen sind wahrscheinlich. Eine Erhöhung von direkten und indirekten Steuern vermindert die Investitionstätigkeit der Unternehmen.

Lagerbestände

Eine verhaltene Nachfrage und Überproduktion führen zu hohen Lagerbeständen. Die Unternehmen werden die Produktion entsprechend verringern. Dies bewirkt einen Konjunkturabschwung. Niedrige Lagerbestände lassen den gegenteiligen Fall erwarten.

Zukunftserwartungen

Beurteilen die Unternehmen die zukünftige wirtschaftliche Entwicklung optimistisch, wirkt sich dies positiv auf den Trend aus.

Geld und Kredit

Die Europäische Zentralbank kann u. a. durch ihre Zinspolitik und andere Maßnahmen Einfluss auf den Konjunkturverlauf nehmen.

Konjunkturindikatoren werden zu einem **Gesamtkonjunkturindikator** zusammengefasst, weil eine isolierte Betrachtung eines einzelnen Indikators wenig aussagekräftig ist. Die

> Tourismus umfasst die „Aktivitäten von Personen, die an Orte außerhalb ihrer gewohnten Umgebung reisen und sich dort zu Freizeit-, Geschäfts oder bestimmten anderen Zwecken nicht länger als ein Jahr ohne Unterbrechung aufhalten. ..."
>
> Quelle: www.eucc-d.de (verkürzte deutsche Übersetzung der Begriffsdefinition der WTO aus dem Artikel „Meeres- und Küstentourismus", Kapitel 1.1)

Prognosen von Forschungsinstituten oder vom Sachverständigenrat liegen häufig daneben, zum einen, weil die Gewichtung der Indikatoren umstritten ist, und zum anderen weil die theoretischen Modelle die Wirklichkeit nicht (genügend) abbilden.

3.1.2 Wirtschaftliche Lage des Tourismus

Die Schwierigkeit, eine aktuelle **gesamtwirtschaftliche Lage der Tourismusbranche** zu beschreiben, liegt in der Tatsache, dass es keine „Tourismusbranche" im üblichen Sinne einer produktionsseitigen Klassifikation wie z. B. „Automobilindustrie" gibt. In einigen Bereichen wie dem Hotel- und Gaststättengewerbe oder den Beförderungsbetrieben kann nur ein Teil des jeweiligen Umsatzes dem Tourismus zugerechnet werden, sie sind also nur **tourismusnah.**

Praktisch sind so alle Wirtschaftszweige mit dem Tourismus verflochten, seien es die Banken, das Ernährungsgewerbe, der Einzelhandel, das Baugewerbe oder die Mineralölverarbeitung.

Somit beinhaltet der **Begriff Tourismus** nicht nur private Reisen, sondern auch **Dienst- und Geschäftsreisen. Tagesreisen,** die nicht mit einer Übernachtung verbunden sind, werden ebenfalls dem Tourismus zugerechnet. Tagespendler auf dem Weg zur Arbeit oder zu einer Bildungseinrichtung werden dem gegenüber vom Tourismus abgegrenzt.

Eine weitere Schwierigkeit besteht in der Erfassung der indirekten Ausgaben, die durch Touristen verursacht werden.

Tourismuswirtschaft in Deutschland

Die Tourismuswirtschaft in Deutschland ist ein wichtiger ökonomischer Faktor. Insbesondere für Regionen, die in größerer Distanz zu den Industrie- und Dienstleistungszentren liegen, kommt den Einnahmen aus der Tourismuswirtschaft eine große Bedeutung für die Sicherung von Arbeitsplätzen und die Erhaltung und Förderung der regionalen Wirtschaftskraft zu insbesondere für die meistbesuchte Region Bayern oder Städte wie Berlin, Hamburg und München. In keiner anderen Branche stehen mehr Arbeitsplätze in den unmittelbar und mittelbar dem Tourismus zugeordneten Bereichen inklusive Teil- und Saisonarbeitskräften zur Verfügung. Der Anteil der vom Tourismus abhängigen Arbeitsplätze an der Gesamtbeschäftigung in Deutschland liegt bei ungefähr 7 %; dies entspricht ca. 2,9 Millionen Arbeitsplätzen.

Fakten 2015 im Überblick
» Bruttowertschöpfung[1] der Tourismusbranche: 97 Mrd. Euro, indirekt und induziert 214 Mrd. €, 9,7 % der Bruttowertschöpfung (mehr als im Fahrzeugbau)
» Anzahl der Urlaubsreisen: 69,1 Mio, davon 30 % in Deutschland (mehr als 40 % sind Pauschal- oder Bausteinreisen).
» Anzahl der Reisenden: 53,4 Mio., das entspricht einer Reiseintensität von 77 %
» Die Einnahmen Deutschlands aus dem internationalen Reiseverkehr (33 Mrd. €) betragen etwa die Hälfte der Ausgaben deutscher Urlauber im Ausland (71,5 Mrd. €)
» Konsumausgaben der Touristen in Deutschland (letzte Zahlen aus 2010): 278,3 Mrd. Euro (davon 241,7 Mrd. Euro von inländischen Touristen)
» Anzahl der Übernachtungen von In- und Ausländern in Deutschland: 436,4 Mio., davon Inländer mit 356,7 Mio. und Ausländer mit 79,7 Mio. Übernachtungen
» In Deutschland gibt es knapp 10 000 Reisebüros, 2 500 Reiseveranstalter und knapp 34 500 Hotelbetriebe.

1 Bruttowertschöpfung = Gesamtwert aller produzierten Waren und Dienstleistungen, abzüglich der sogenannten Vorleistung.

Quelle: Deutscher ReiseVerband (DRV), Broschüre: „Fakten und Zahlen 2015 zum deutschen Reisemarkt" mit Trends und Zeitreihen. Dort finden Sie jährliche Updates etwa zur Mitte des Folgejahres.

Neben den direkten Ausgaben der Touristen dürfen nämlich auch die Vorleistungslieferungen nicht außer Acht gelassen werden: Die Zulieferung von Waren (z. B. Groß- und Einzelhandel, Automobilindustrie, Bäcker, Metzger), die Investitionen in die Substanzerhaltung (z. B. Handwerker, Bauunternehmen) und die Bereitstellung von Dienstleistungen (z. B. Werbeagenturen, Banken, Versicherung, Steuerberatung). So summieren sich die Ausgaben für Eintrittsgebühren, Gastronomiebesuche, Einkäufe, die Benutzung öffentlicher Verkehrsmittel für Pauschalarrangements und für sonstige Leistungen.

3.1.3 Soziale Marktwirtschaft, wirtschaftspolitische Ziele und Zielkonflikte

Wirtschaftspolitik umfasst **ordnungspolitische** und **prozesspolitische Ziele.**

Ordnungspolitik

Die wirtschaftspolitische **Ordnungspolitik** der Bundesrepublik Deutschland lässt sich folgendermaßen charakterisieren:

1. Die Funktionsfähigkeit der Marktwirtschaft soll erhalten und dort, wo sie nicht besteht, geschaffen werden.
2. Sozial unerwünschte Ergebnisse oder Begleiterscheinungen sollen korrigiert werden.

Somit kann dieser Teil des Zielsystems kurz mit **Erhaltung** und **Ausbau** der sozialen **Marktwirtschaft** beschrieben werden.

Soziale Marktwirtschaft

Das wirtschaftliche Handeln nach den Regeln einer bestimmten **Wirtschaftsordnung** wird dominant von den gesellschaftlichen Grundentscheidungen beeinflusst. Ist die Freiheit des Individuums gegenüber anderen und der Gesellschaft die Maxime, spricht man von **Individualismus**. Der Individualismus hat seine geistigen Wurzeln im Liberalismus.

Wirtschaftsordnung	
Soziale	**Marktwirtschaft**
▌ Sozialgesetze (Sozialhilfe, Sozialversicherung) ▌ Sozialbindung des Eigentums (Mitbestimmung, Tarifvertrag) ▌ Verbraucherschutz ▌ Arbeitsschutz ▌ Wettbewerbsaufsicht (UWG,GWB)	▌ Vertragsfreiheit ▌ Preisbildung nach Angebot und Nachfrage ▌ Investitionsfreiheit ▌ Privateigentum an Produktionsmitteln

Die Übertragung dieser Geisteshaltung auf die Wirtschaftsordnung spiegelt sich im **Modell der freien Marktwirtschaft** wider. Der Staat greift nicht in das wirtschaftliche Geschehen ein.

Ist das Individuum weitgehend dem gesellschaftlichen Ganzen, insbesondere dem Staat untergeordnet, spricht man von **Kollektivismus.** Die Ausschaltung des Markt-Preis-Mechanismus führt grundsätzlich zur **Zentralverwaltungswirtschaft.** Der Staat plant, lenkt und kontrolliert das gesamte wirtschaftliche Geschehen.

Die in der Wirklichkeit realisierten Wirtschaftssysteme sind **Mischformen.** Sie weisen Merkmale der freien Marktwirtschaft und der Zentralverwaltungswirtschaft auf.

> **!** **Die Wirtschaftsordnung der Bundesrepublik Deutschland ist die soziale Marktwirtschaft.**

Die Konzeption der sozialen Marktwirtschaft entstand zu Beginn der Vierzigerjahre des vergangenen Jahrhunderts unter dem Eindruck der wirtschaftslenkenden, dirigistischen Maßnahmen des Staates während des Zweiten Weltkrieges sowie aus der Erkenntnis des Liberalismus, dass Marktwirtschaft ohne Kontrolle der wirtschaftlichen Macht zur Selbstzerstörung führt (z. B. Kinderarbeit, menschenunwürdige Arbeitsbedingungen).

Die strategische Idee der sozialen Marktwirtschaft war es, einen Ausgleich zwischen den sich widerstrebenden Zielen persönliche

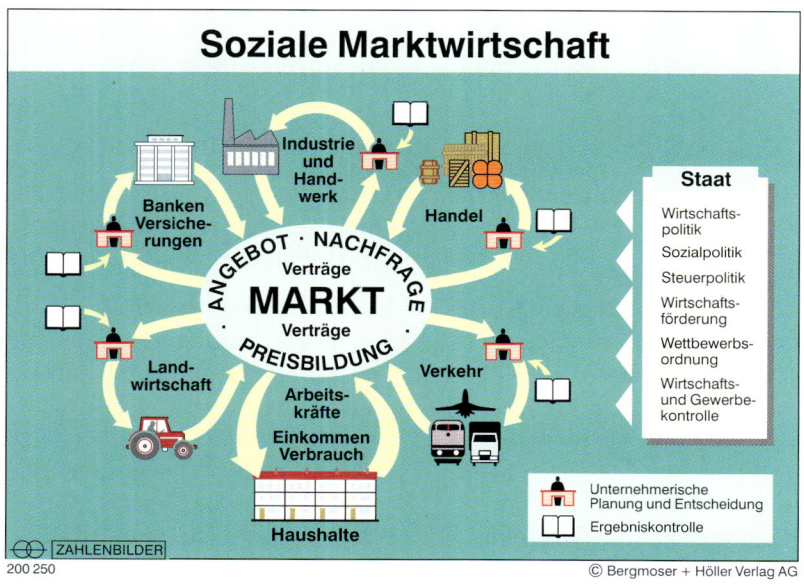

© Bergmoser + Höller Verlag AG

Artikel	Text	Bedeutung für die Wirtschaftsordnung
2 (1)	Jeder hat das Recht zur freien Entfaltung seiner Persönlichkeit.	Vertrags-, Gewerbe-, Konsum- und Wettbewerbsfreiheit
9 (3)	Das Recht, zur Wahrung und Förderung der Arbeits- und Wirtschaftsbedingungen Vereinigungen zu bilden, ist für jedermann und für alle Berufe gewährleistet.	Bildung von Verbraucherverbänden, Gewerkschaften, Interessenvertretungen u. ä.
11 (1)	Alle Deutschen genießen Freizügigkeit im ganzen Bundesgebiet.	Freiheit beim Arbeitsplatzwechsel, Niederlassungsfreiheit für Gewerbetreibende
12 (1)	Alle Deutschen haben das Recht, Beruf, Arbeitsplatz und Ausbildungsstelle frei zu wählen.	freie Berufswahl, freie Wahl der Arbeitsstätte
14 (1)	Das Eigentum und das Erbrecht werden gewährleistet.	freie Verfügungsgewalt über Privateigentum an Produktionsmitteln und Konsumgütern
14 (2, 3)	Eigentum verpflichtet. Sein Gebrauch soll zugleich dem Wohle der Allgemeinheit dienen. Eine Enteignung ist nur zum Wohl der Allgemeinheit zulässig.	Soziale Hilfen, Arbeitsschutz, Sozialversicherung, Verbraucherschutz

Freiheit, wirtschaftliche und gesellschaftliche Sicherung sowie Wohlstandsmehrung durch aktiven Staatseinfluss zu finden. Man war davon überzeugt, dass eine Marktwirtschaft ohne einen freiheitlichen staatlichen Ordnungsrahmen und ohne sozialen Ausgleich innere Fehlentwicklungen nicht korrigieren könne und den äußeren Herausforderungen nicht gewachsen sei.

Wettbewerb und Staat sind Regulatoren. In der sozialen Marktwirtschaft ist der freie Wettbewerb der Motor der Wirtschaft. Nachfrage, Angebot und Wettbewerb bestimmen sowohl Art und Umfang der Produktion sowie den Preis. Der Staat greift nur unterstützend ein, wenn es im Interesse der Gesellschaft oder eines wirtschaftlich Schwachen notwendig ist (siehe auch: LF 2 oder Zusatzinformationen zu LF12, Kapitel 3.1.3 Verbraucherschutz).

> **!** **Wettbewerb so viel wie möglich, staatliche Planung so viel wie nötig.**

Eine freiheitliche, sozial verpflichtende Wirtschaftsordnung weist dem Staat eine aktive Rolle zu.

Ein Staat wie die Bundesrepublik Deutschland muss einen Ordnungsrahmen schaffen, der sowohl den funktionsfähigen Wettbewerb sichert als auch den Bürgern Wohlstand und soziale Sicherheit garantiert.

Grundlagen eines funktionsfähigen Wettbewerbs sind u. a. die im Grundgesetz verbrieften Freiheitsrechte.

Damit ist aus wirtschaftlicher Sicht jedem Unternehmen und jedem Arbeitnehmer die Möglichkeit gegeben, auf allen Märkten ihre Verdienst- bzw. Gewinnmöglichkeiten zu testen und zu realisieren. Der damit verbundene Wettbewerb ist Grundlage für das ökonomische Überleben der Gesellschaft.

Prozesspolitik/Wirtschaftspolitik

Gegenstand der **Prozesspolitik** ist die Erhaltung oder Wiederherstellung der Vollbeschäftigung, der Geldwertstabilität, des außenwirtschaftlichen Gleichgewichts und eines angemessen starken und stetigen wirtschaftlichen Wachstums (vgl. § 1 Gesetz zur Förderung der Stabilität und des Wachstums der Wirtschaft).

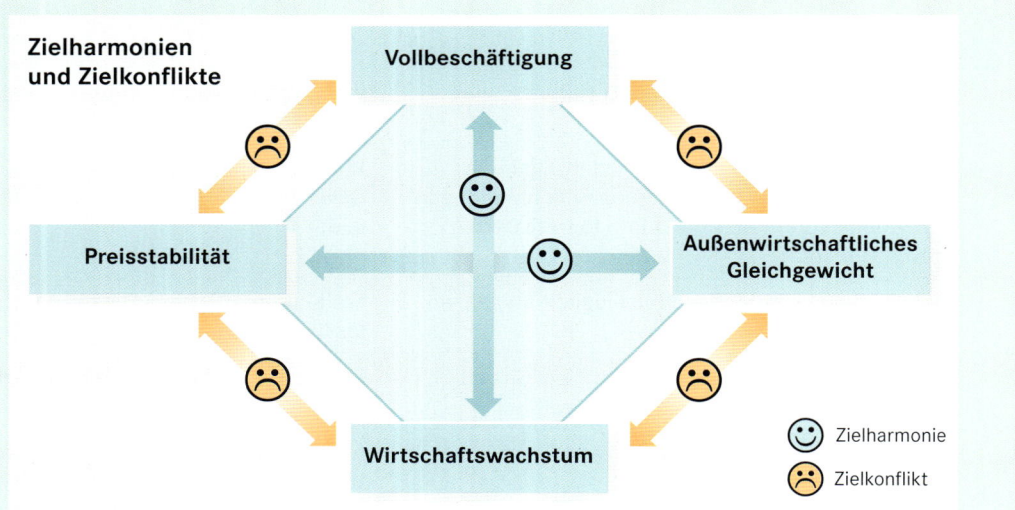

Zielharmonien und Zielkonflikte

Vollbeschäftigung

Preisstabilität

Außenwirtschaftliches Gleichgewicht

Wirtschaftswachstum

☺ Zielharmonie
☹ Zielkonflikt

Die vier Ziele stehen in einem Abhängigkeitsverhältnis. Dies führt dazu, dass die Verfolgung des einen Ziels die Realisierung eines oder mehrerer anderer Ziele beeinträchtigt. Man spricht deshalb auch vom Magischen Viereck und von **Zielkonflikten.**

> **!** Die Gesamtheit der Maßnahmen, die zur Verwirklichung dieser Ziele angewandt werden, bezeichnet man als Fiskalpolitik oder Wirtschaftspolitik.

Ziel: Vollbeschäftigung (Kapitel 4)

Die **Beschäftigungspolitik** als Teil der Prozesspolitik hat die Aufgaben:

1. Die Vernichtung von Arbeitsplätzen zu erschweren.
2. Die zügige Wiedereingliederung von Arbeitslosen oder derjenigen, die arbeitslos zu werden drohen, in den Arbeitsprozess zu fördern.
3. Sich um die Beschaffung ausreichender Ausbildungs- und Arbeitsplätze für Berufsanfänger zu bemühen.

Der Grad der Zielerreichung wird in einer Volkswirtschaft (also der Wirtschaft eines Landes) i. d. R. an den Arbeitslosenzahlen und an den offenen Stellen gemessen.

Vollbeschäftigung im Wortsinn ist gegeben, wenn jeder, der eine Beschäftigung sucht, auch eine Beschäftigung findet.

Dies ist jedoch nicht zu erreichen.

> **!** Nach der gebräuchlichsten Definition ist Vollbeschäftigung gegeben, wenn die Arbeitslosenquote zwischen 1 % und 3 % liegt.

Ziel: Preisstabilität (Kapitel 5)

Stabilitätspolitik ist durch das Bemühen gekennzeichnet, Preissteigerungen zu vermeiden bzw. zu verhindern. In der Realität wird dies jedoch nur für kurze Zeit erreicht.

> **!** Deshalb strebt man eine relative Preisstabilität an, die jährlichen Preissteigerungen sollen möglichst niedrig gehalten werden.

Der Erfolg der Bemühungen wird mithilfe eines Index (Messzahl) gemessen. Dabei gelten **Preissteigerungsraten** im **Vergleich zum Vorjahr als Erfolg.**

5053542

Ziel: Außenwirtschaftl. Gleichgewicht (Kapitel 6)

Ein außenwirtschaftliches Gleichgewicht ist gegeben, wenn die **Leistungen an das Ausland** in Form von Waren und Dienstleistungen sowie Kapitalexporten sich mit den entsprechenden **Leistungen und Kapitalimporten aus dem Ausland** ausgleichen.

> **!** Man misst das außenwirtschaftliche Gleichgewicht mithilfe der Zahlungsbilanz.

Hierunter versteht man die zusammengefasste Gegenüberstellung der Werte aller statistisch erfassten wirtschaftlichen **Transaktionen** zwischen **Inländern** und **Ausländern** in einem bestimmten Zeitraum, dargestellt an den Teilbilanzen des Außenbeitrags, der Zusammenfassung aus Waren-, Dienstleistungs-, Ex- und Import- sowie Transferleistungen (Übertragungen) mit dem Ausland.

Ziel: Wirtschaftswachstum

Alle Maßnahmen zur Verwirklichung der bisher vorgestellten Ziele dienen hauptsächlich der Dämpfung der zyklischen Ausschläge der Konjunktur. Das wirtschaftspolitische Ziel Wachstum orientiert sich am **Wachstumspfad,** der nur geringe Veränderungen zulässt.

Ferner soll das Wirtschaftswachstum entsprechend dem Stabilitätsgesetz **angemessen sein** (**3–5 % jährlich,** wobei heute in entwickelten Volkswirtschaften wie bei uns Wachstumsraten von deutlich weniger als 3 % üblich und realistisch sind). Dies bedeutet, dass das Wachstum die übrigen Ziele unterstützen soll oder mindestens nicht gefährden darf.

Für 2016 wird ein Wachstum von 1,5 % und für 2017 von 1,6 % erwartet, die Arbeitslosenquote wird für 2016 mit 6,2 und 2017 mit 6,4 % angenommen. Dies ist im europäischen Maßstab ein ausgezeichneter Wert. Bei den Verbraucherpreisen gebe es maßvolle Steigerungen

Das magische Viereck der Wirtschaftspolitik in Deutschland

Wirtschaftswachstum in Prozent
ZIEL: Angemessenes Wachstum
+ 0,3 % — 2013 | + 1,6 — 2014 | + 1,7 — 2015

Überschuss der Leistungsbilanz in Milliarden Euro
ZIEL: Außenwirtschaftliches Gleichgewicht
+ 190,4 Mrd. € — 2013 | + 212,9 — 2014 | + 257,0 — 2015

Arbeitslosigkeit in Prozent*
ZIEL: Vollbeschäftigung
6,9 % — 2013 | 6,7 — 2014 | 6,4 — 2015

Preisanstieg in Prozent
ZIEL: Preisstabilität
+ 1,5 % — 2013 | + 0,9 — 2014 | + 0,3 — 2015

*Arbeitslose in % aller zivilen Erwerbspersonen
Quelle: Stat. Bundesamt, Deutsche Bundesbank, Bundesagentur für Arbeit
© Globus
10899

mit 0,6 % (2016) bzw. 1,5 % (2017). Nach wie vor hoch (aber erfreulich für Wachstum und die Exportwirtschaft) ist der Leistungsbilanzsaldo mit 8,3 % (2016) bzw. 8,0 % (2017), was allerdings zu Verwerfungen innerhalb der EU und des Euroraumes führt. Erfreulich niedrig ist der Finanzierungssaldo des Staates für 2016 mit + 0,3, wobei allerdings die steigenden Kosten für Migranten (geschätzt auf bis zu 15 Mrd. € 2016) ein Fragezeichen für diese Zielerreichung setzen.

Zielkonflikt: Preisstabilität – Vollbeschäftigung

> Angenommen, die Europäische Zentralbank (EZB) als „Hüterin der Währung" bekämpft mithilfe des ihr zur Verfügung stehenden Instrumentariums eine hohe Preissteigerungsrate. Sie erhöht z. B. die Leitzinsen. **Folgen:** Der höhere Leitzins führt zu einer allgemeinen **Zinserhöhung.**

Weitere Folgen:
a) weniger Kreditaufnahmen durch die Unternehmer
  » geringere Investitionstätigkeit
  » **Entlassungen**

b) hohe Sparneigung bei Haushalten
  » Verringerung der volkswirtschaftlichen Gesamtnachfrage
  » Absatzstockungen, Einschränkung der Produktion, Gewinnrückgang
  » **Entlassungen**

Zielkonflikt: Wachstum – Preisstabilität

> Angenommen, die Bundesregierung strebt ein höheres Wirtschaftswachstum an. Im „konsumtiven" Bereich (Haushalte) fördert sie die Nachfrage nach Konsumgütern, indem sie die Ertragsteuern senkt. Nach dem Gesetz von Angebot und Nachfrage ergeben sich hieraus **Preissteigerungen.**

Weitere Folgen:
» Erhebliche Preissteigerungen führen zu einem Rückgang der Auslandsnachfrage (Export sinkt!),
» **Im- und Export sind nicht mehr im Gleichgewicht,**
» Export stützt nicht mehr die Konjunktur;
» mögliche **negative Auswirkungen auf die Beschäftigung.**

Zielkonflikt: Außenwirtschaftl. Gleichgewicht – Vollbeschäftigung – Preisstabilität

> Angenommen, das Ziel „außenwirtschaftliches Gleichgewicht" ist erreicht (der Außenbeitrag ist ausgeglichen), aber im Inland geht die Nachfrage zurück, die Unternehmer bleiben auf ihren Produkten sitzen, es kommt zu einem konjunkturellen Tief mit Arbeitslosigkeit. Der Staat beschließt zur Bekämpfung der Arbeitslosigkeit exportfördernde Maßnahmen (z. B. Exportsubventionen), soweit dies im Rahmen der EU zulässig ist.

Folgen: positiv
» Überdurchschnittliche Gewinne in der Exportbranche; weitere hohe Gewinnaussichten führen zu Produktionsausdehnungen.
» **Vollbeschäftigung**

Folgen: negativ
» Export übersteigt deutlich den Import; kein außenwirtschaftliches Gleichgewicht mehr;
» Der Exportüberschuss führt zu Devisenzuflüssen, die das Geldvolumen im Inland übermäßig ausdehnen und damit inflationistisch wirken.
» **Preissteigerungen**

Erweiterter Zielkatalog

In einer modernen Volkswirtschaft gibt es weitere Forderungen, die zu Zielen der Wirtschafts- und Gesellschaftspolitik geworden sind. Zu nennen sind eine **gerechte Einkommens- und Vermögensverteilung** und die **Erhaltung einer lebenswerten Umwelt.** In der volkswirtschaftlichen Literatur spricht man deshalb vom „**Magischen Sechseck".**

5053544

Ziel: Gerechte Einkommens- und Vermögensverteilung (Kapitel 7)

Einkommen und Vermögen sollen künftig gleichmäßiger **unter den Arbeitnehmern** einerseits **und den Unternehmern sowie Vermögensbesitzern** andererseits verteilt werden. Der Staat hat dafür Sorge zu tragen, dass die **Lohnquote,** also der Anteil der Arbeitnehmer am Gesamteinkommen, erhöht wird. Er kann u. a. mithilfe folgender Maßnahmen diese Zielsetzung unterstützen:

» progressive Besteuerung von Einkommen und Vermögen,
» Erhöhung von Einkommenssteuern,
» Unterstützung der Vermögensbildung,
» Transferzahlungen in Form von Kindergeld, Wohngeld und Arbeitslosenunterstützung.

Wächst eine Volkswirtschaft, so können diese Zuwächse auf Einkommens- und Vermögensschwächere verlagert werden, **ohne dass dadurch die Investitionsneigung abnimmt.**

> **!** Lohnerhöhungen in einer stagnierenden Volkswirtschaft bei Unterbeschäftigung führen u. U. aber zu Zielkonflikten.

Lohnerhöhungen führen zu einer steigenden Konsumnachfrage und unter Umständen zu steigenden Preisen. Sie sind aber auch verantwortlich für eine Abnahme der Investitionstätigkeit, da die Kapazitäten nicht voll ausgelastet sind.

Ziel: Erhaltung einer lebenswerten Umwelt (Kapitel 8)

Industrielles Wachstum führt zu einer zunehmenden Umweltbelastung. Die Störung des **ökologischen Gleichgewichts** ist die Folge.

> **!** Zwischen wirtschaftlichem Wachstum und der Erhaltung einer lebenswerten Umwelt besteht ein Zielkonflikt.

Eine Einschränkung des Wachstums wird zur Schonung der Umwelt führen, Vollbeschäftigung und Außenwirtschaftliches Gleichgewicht werden jedoch gefährdet (siehe auch LF 10, Kapitel 1 sowie LF 12, Kapitel 8).

Aufgaben

1_ Konjunkturphasen sind ein Spiegelbild für das Auf und Ab in der Wirtschaft.

a) Erläutern Sie in diesem Zusammenhang folgende Begriffe: Trend, saisonale Schwankung, Konjunkturschwankung, Konjunkturzyklus.

b) Welche Bedeutung kommt dem langfristigen Wachstumstrend zu?

2_ Beurteilen Sie die einzelnen Konjunkturphasen anhand folgender Merkmale:

Kapazitätsauslastung, Beschäftigungsgrad, Preis- und Lohnentwicklung, Investitionen, Sparneigung, Zinsen, Auftragslage der Industrie, Nachfrage nach Urlaubs- und Geschäftsreisen.

3_ Begründen Sie, warum Konjunkturschwankungen primär in marktwirtschaftlich organisierten Industriestaaten auftreten.

4_ Erläutern Sie die Auswirkungen und die Bedeutung einer Hochkonjunktur für die privaten Haushalte, die Unternehmen und den Staat.

5_ Welche Auswirkungen ergeben sich aus einer Depression für die privaten Haushalte, die Unternehmen und den Staat?

6_ Erklären Sie das Verhalten der Konjunkturindikatoren in den verschiedenen Konjunkturphasen.

7_ Nehmen Sie zu der folgenden Aussage Stellung: „Konjunkturphasen werden durch die zunehmende Globalisierung immer weniger durch die eigene Volkswirtschaft bestimmt."

8_ Worin liegt die Schwierigkeit, eine „gesamtwirtschaftliche Lage Tourismus" zu beschreiben?

9_ Warum werden Flug- und Eisenbahngesellschaften oft als tourismusnahe Betriebe bezeichnet?

10_ Nehmen Sie Stellung zur Tourismusdefinition der WTO unter dem Gesichtspunkt, die Lage der Tourismuswirtschaft eines Landes zu erläutern.

11_ Beschreiben Sie die Zielkonflikte des Magischen Vierecks.

12_ Warum hat der Gesetzgeber das Stabilitätsgesetz verabschiedet, obwohl die daraus resultierenden Zielkonflikte bekannt sind?

13_ Angenommen, Sie können ein Ziel des Stabilitätsgesetzes ignorieren:

a) Welches würden Sie vernachlässigen? (Begründung)

b) Welche Wirkungen versprechen Sie sich dadurch auf die übrigen Ziele?

14_ Die Ziele des Magischen Vierecks stehen bereits in Konflikt zueinander. Warum ist es trotzdem zu einem Magischen Sechseck erweitert worden?

15_ Wie kann der Tourismus zum gesamtwirtschaftlichen Gleichgewicht beitragen?

16_ Warum wird die soziale Marktwirtschaft als eine gemischte Wirtschaftsordnung bezeichnet?

17_ Nennen Sie drei Aufgaben des Staates, die ihm bei der Ausgestaltung eines Ordnungsrahmens in der sozialen Marktwirtschaft obliegen.

18_ Welche Bedeutung kommt dem Grundgesetz hinsichtlich eines funktionsfähigen Wettbewerbs zu?

19_ Wodurch findet der soziale Ausgleich in der Bundesrepublik Deutschland statt?

20_ Nennen Sie drei Beispiele dafür, dass individuelle Interessen nach dem Grundgesetz zugunsten der sozialen Gerechtigkeit zurücktreten müssen.

4 Beschäftigungspolitik

Beschäftigungspolitik umfasst alle wirtschaftspolitischen Aktivitäten, die das Angebot und die Nachfrage auf dem Arbeitsmarkt unmittelbar beeinflussen. Dazu gehören auch konjunktur-, wachstums- und strukturpolitische Maßnahmen.

4.1 Arbeitslosigkeit

Der Präsident der Bundesagentur für Arbeit (BA) in Nürnberg gibt zu Beginn eines jeden Monats die neuesten Arbeitsmarktzahlen des Vormonats bekannt.

Der Begriff des **Arbeitslosen** ergibt sich aus § 16 und § 119 des SGB III. Als arbeitslos gilt, wer

» keine oder nur eine weniger als 15 Stunden pro Woche umfassende Erwerbstätigkeit ausübt,

» eine versicherungspflichtige Beschäftigung sucht und dabei den Vermittlungsbemühungen der Agentur für Arbeit zur Verfügung steht,

» sich persönlich bei der Agentur für Arbeit oder einem kommunalen Träger arbeitslos gemeldet hat,

» momentan nicht an Maßnahmen der aktiven Arbeitsmarktpolitik teilnimmt.

Die Arbeitsagentur versteht unter **Erwerbspersonen:**

» sozialversicherungspflichtige Beschäftigte, Auszubildende und geringfügig Beschäftigte,

» Beamte, ohne Soldaten,

» Selbstständige, mithelfende Familienangehörige,

» Volljährige, die in der Lage sind, drei Stunden am Tag zu arbeiten.

Entsprechend ermittelt die BA die **Arbeitslosenquote** durch folgende Verhältnisbildung:

$$\text{Arbeitslosenquote} = \frac{\text{Arbeitsuchende} \cdot 100}{\text{alle zivilen Erwerbspersonen}}$$

! Liegt die Arbeitslosenquote zwischen 2 und 3 %, spricht man von Vollbeschäftigung, liegt sie unter 1 %, von Überbeschäftigung.

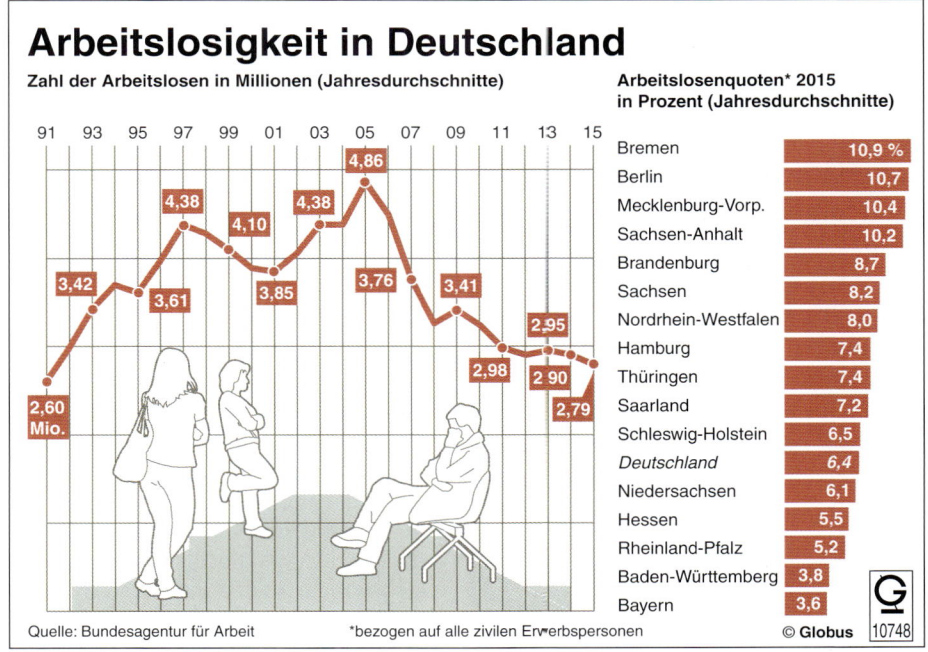

Arbeitslosigkeit in Deutschland

Zahl der Arbeitslosen in Millionen (Jahresdurchschnitte)

91 93 95 97 99 01 03 05 07 09 11 13 15

2,60 Mio. · 3,42 · 3,61 · 4,38 · 4,10 · 3,85 · 4,38 · 4,86 · 3,76 · 3,41 · 2,98 · 2,90 · 2,95 · 2,79

Arbeitslosenquoten* 2015 in Prozent (Jahresdurchschnitte)

Bremen	10,9 %
Berlin	10,7
Mecklenburg-Vorp.	10,4
Sachsen-Anhalt	10,2
Brandenburg	8,7
Sachsen	8,2
Nordrhein-Westfalen	8,0
Hamburg	7,4
Thüringen	7,4
Saarland	7,2
Schleswig-Holstein	6,5
Deutschland	6,4
Niedersachsen	6,1
Hessen	5,5
Rheinland-Pfalz	5,2
Baden-Württemberg	3,8
Bayern	3,6

Quelle: Bundesagentur für Arbeit   *bezogen auf alle zivilen Erwerbspersonen   © **Globus** 10748

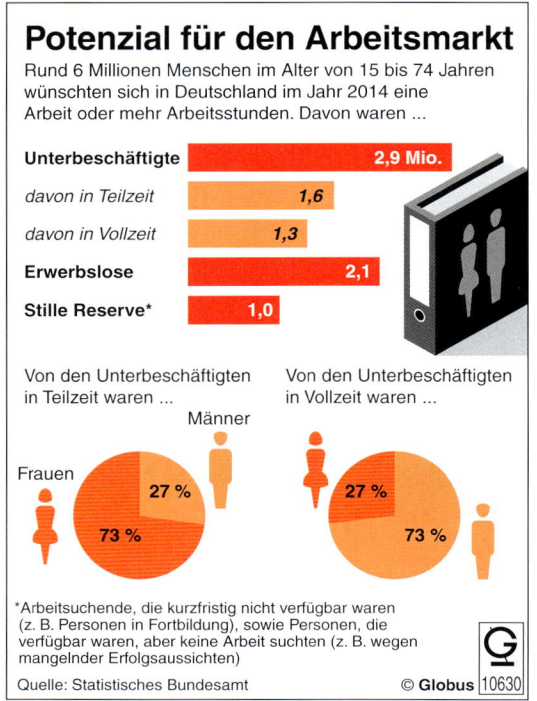

Potenzial für den Arbeitsmarkt

Rund 6 Millionen Menschen im Alter von 15 bis 74 Jahren
wünschten sich in Deutschland im Jahr 2014 eine
Arbeit oder mehr Arbeitsstunden. Davon waren ...

Unterbeschäftigte	2,9 Mio.
davon in Teilzeit	1,6
davon in Vollzeit	1,3
Erwerbslose	2,1
Stille Reserve*	1,0

Von den Unterbeschäftigten in Teilzeit waren ...
Männer 27 %
Frauen 73 %

Von den Unterbeschäftigten in Vollzeit waren ...
27 %
73 %

*Arbeitsuchende, die kurzfristig nicht verfügbar waren
(z. B. Personen in Fortbildung), sowie Personen, die
verfügbar waren, aber keine Arbeit suchten (z. B. wegen
mangelnder Erfolgsaussichten)

Quelle: Statistisches Bundesamt © **Globus** 10630

Die Statistik bezieht sich dabei nur auf die **offene Arbeitslosigkeit,** verdeckte Arbeitslosigkeit wird nicht erfasst. Um die **verdeckte Arbeitslosigkeit** zu erhalten, muss zu der offenen Arbeitslosenquote noch etwa ein Drittel an „stiller Reserve" hinzugerechnet werden – Menschen die nicht als arbeitslos amtlich registriert sind, weil sie z. B. an Umschulungs- oder Arbeitsbeschaffungsmaßnahmen teilnehmen.

4.2 Ursachen und Folgen von Arbeitslosigkeit

Arbeitslosigkeit hat unterschiedliche Ursachen. So spielen die Jahreszeiten, die wirtschaftliche Situation eines Landes, die Preise von Rohstoffen, aber auch strukturpolitische Entscheidungen einer Regierung oder eines Unternehmers, die Entwicklung neuer Technologien und die gesellschaftlichen Erwartungen eine Rolle. Nicht zu vergessen: Die Welt ist medientechnisch „näher zusammengerückt". Hierdurch wurden globale Verflechtungen gebildet, deren Wirtschaftskräfte Einfluss auf die einzelnen Länder nehmen.

Arten der Arbeitslosigkeit

» **Konjunkturelle** Arbeitslosigkeit in Zeiten des Abschwungs und der Depression (z. B. Baugewerbe).

» **Strukturelle** Arbeitslosigkeit durch Veränderungen innerhalb von Wirtschaftszweigen und Branchen, aber auch durch Verlagerungen ins Ausland als Folge der Globalisierung (z. B. Werften, Kohlebergbau).

» **Technologische** Arbeitslosigkeit ergibt sich aus dem Ersatz der menschlichen Arbeitskraft durch Rationalisierungsmaßnahmen (z. B. in Banken) oder zunehmend auch in der Industrie 4.0 (Digitalisierung).

» **Freiwillige** Arbeitslosigkeit ist gegeben, wenn Arbeitnehmer zwar arbeitsfähig, aber nicht arbeitswillig sind.

» **Friktionale** Arbeitslosigkeit wird durch Betriebsaufgabe und den Abbau von Betriebsbereichen hervorgerufen (z. B. Produktion wird ins Ausland verlagert).

» **Qualifikationsbedingte** Arbeitslosigkeit bedeutet, dass die individuellen Fähigkeiten des Arbeitsuchenden nicht mit den aktuellen Anforderungen der Unternehmen übereinstimmen.

» **Saisonale** Arbeitslosigkeit ist auf die Klimaveränderungen in den Jahreszeiten zurückzuführen (z. B. Hotel- und Gaststättengewerbe).

Aus Arbeitslosigkeit entstehen Probleme, das Armutsrisiko steigt.

Probleme der Arbeitslosigkeit

» Drohende Arbeitslosigkeit führt aus Angst- und Vorsorgemotiven zu erhöhter Sparneigung. Dies bewirkt einen **Nachfragerückgang.**
» Daher sinken bei Arbeitslosigkeit die **Staatseinnahmen** aus direkten und indirekten Steuern. Der Staat kann u. U. seinen Verpflichtungen nicht mehr gerecht werden.
» Der bisherige **Lebensstandard** der Betroffenen kann nicht mehr beibehalten werden. Es kommt zu sozialen und psychologischen Belastungen der Familie.
» Das Vertrauen in die politische Führung nimmt ab. Es kann zur **Radikalisierung** kommen.

4.3 Arbeitsmarktpolitik

Die Arbeitsmarktpolitik ist im **Arbeitsförderungsgesetz (AFG)** geregelt. Ihr Ziel ist es, Vollbeschäftigung zu erhalten bzw. wiederherzustellen und so die zahlreichen negativen Auswirkungen der Arbeitslosigkeit zu vermeiden.

Neben dem quantitativen Ziel der Vollbeschäftigung hat die **Arbeitsmarktpolitik** die folgenden, inhaltlichen bzw. qualitativen Zielsetzungen:
» die Rahmenbedingungen (Gesetze) für ein ausreichendes Angebot an Teilzeitarbeitsplätzen zu schaffen,
» Inhalte der Arbeit sollen der jeweiligen Qualifizierung der Arbeitnehmer und Arbeitnehmerinnen entsprechen,
» für optimale Arbeitsbedingungen zu sorgen (Sicherheit am Arbeitsplatz herstellen, keine Gesundheitsgefährdung zulassen usw.).

Bei der Arbeitsmarktpolitik lassen sich in passive, aktive und proaktive Maßnahmen unterscheiden.

Die **passive Arbeitsmarktpolitik** ist darauf ausgerichtet, die materiellen Schäden bei Arbeitslosen und ihren Angehörigen für eine bestimmte Zeit durch Arbeitslosengeld, Insolvenzgeld o. dgl. abzumildern. Die **aktive Arbeitsmarktpolitik** zielt darauf ab, arbeitslose

Personen bei der (Wieder-) Eingliederung in den Arbeitsmarkt zu unterstützen. Die **proaktive Arbeitsmarktpolitik** richtet sich bereits im Vorfeld von Arbeitslosigkeit an von Arbeitslosigkeit bedrohte Arbeitnehmerinnen bzw. Arbeitnehmer. Diese erhalten Unterstützungsleistungen zur Abwendung von Arbeitslosigkeit.

Maßnahmen der Bundesagentur für Arbeit:
» Vermittlung in Ausbildungs- und Arbeitsstellen
» Berufsberatung
» Arbeitgeberberatung
» Förderung der Berufsausbildung
» Förderung der beruflichen Weiterbildung
» Förderung der beruflichen Eingliederung von Menschen mit Behinderung
» Leistungen zur Erhaltung und Schaffung von Arbeitsplätzen, wie z. B. Kurzarbeitergeld und

Daneben ist es auch Aufgabe der Bunderegierung, eine Arbeitsmarktpolitik zu unterstützen.

Maßnahmen der Regierung

» Senkung der Lohnnebenkosten,
» Förderung von Existenzgründungen (Gründungszuschuss),
» Lohnzuschüsse für Neueinstellungen,
» Änderung des Renteneintrittsalters,
» Altersteilzeitregelung,
» Konjunkturprogramme zur Nachfragebelebung,
» Erhöhung der Bildungs- und Forschungsinvestitionen.

Sozialpolitisch sind auch **Arbeitgeber und Arbeitnehmer** sowie die **Tarifparteien** aufgerufen, durch ihr Verhalten Arbeitslosigkeit zu bekämpfen.

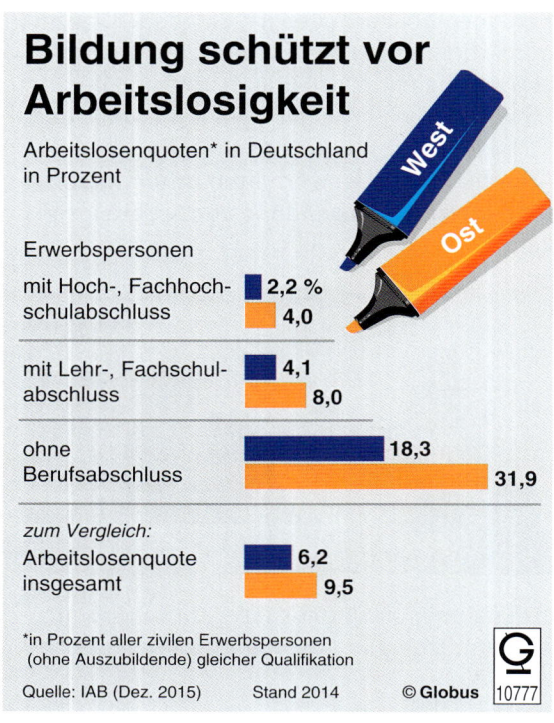

Bildung schützt vor Arbeitslosigkeit

Arbeitslosenquoten* in Deutschland in Prozent

West
Ost

Erwerbspersonen

mit Hoch-, Fachhoch-schulabschluss
2,2 %
4,0

mit Lehr-, Fachschul-abschluss
4,1
8,0

ohne Berufsabschluss
18,3
31,9

zum Vergleich:
Arbeitslosenquote insgesamt
6,2
9,5

*in Prozent aller zivilen Erwerbspersonen (ohne Auszubildende) gleicher Qualifikation

Quelle: IAB (Dez. 2015)   Stand 2014   © Globus 10777

Arbeitgeber können u. a. durch folgende Maßnahmen direkt Einfluss nehmen:

» Tätigung von zurückgestellten Investitionen,
» Überstundenabbau zugunsten von Neueinstellungen,
» Schaffung bzw. Ausweitung von Teilzeitarbeitsplätzen.

Arbeitnehmer können sich u. a. durch berufliche Fortbildung und größere Mobilität vor Arbeitslosigkeit schützen bzw. besser wieder in den Arbeitsmarkt integriert werden.

Die **Tarifparteien** sind gehalten, über die Öffnung von Tarifverträgen, zurückhaltende Lohnforderungen und über Arbeitszeitverkürzungen ohne Lohnausgleich nicht nur nachzudenken.

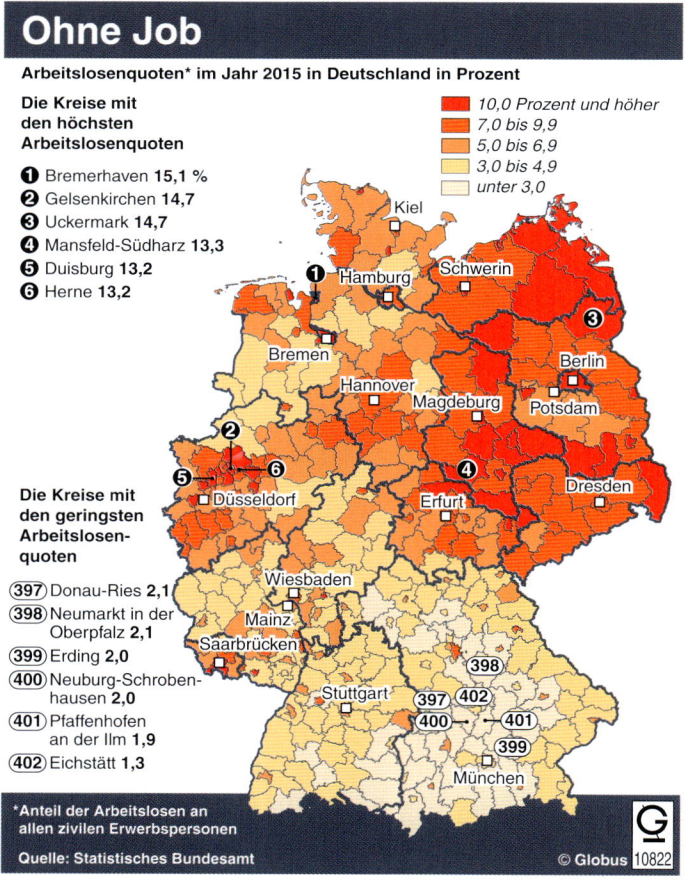

Ohne Job

Arbeitslosenquoten* im Jahr 2015 in Deutschland in Prozent

Die Kreise mit den höchsten Arbeitslosenquoten

❶ Bremerhaven **15,1** %
❷ Gelsenkirchen **14,7**
❸ Uckermark **14,7**
❹ Mansfeld-Südharz **13,3**
❺ Duisburg **13,2**
❻ Herne **13,2**

10,0 Prozent und höher
7,0 bis 9,9
5,0 bis 6,9
3,0 bis 4,9
unter 3,0

Die Kreise mit den geringsten Arbeitslosenquoten

397 Donau-Ries **2,1**
398 Neumarkt in der Oberpfalz **2,1**
399 Erding **2,0**
400 Neuburg-Schroben-hausen **2,0**
401 Pfaffenhofen an der Ilm **1,9**
402 Eichstätt **1,3**

*Anteil der Arbeitslosen an allen zivilen Erwerbspersonen

Quelle: Statistisches Bundesamt   © Globus 10822

Aufgaben

1_ Was verstehen Sie unter „verdeckter Arbeitslosigkeit"?

2_ Berechnen Sie die Arbeitslosenquote (fiktive Zahlen)
Beamte: 4,0 Millionen
Azubi: 0,8 Millionen
Selbstständige: 2,3 Millionen
Sozialversicherungspflichtig Beschäftigte: 9,2 Millionen
Gemeldete Zahl der Arbeitslosen: 1,6 Millionen

3_ In welchen Konjunkturphasen kann es zu Voll- bzw. Überbeschäftigung kommen?

4_ Welche Arten der Arbeitslosigkeit sind für die Tourismusbranche typisch?

5_ Warum ist Arbeitsmarktpolitik auch Sozialpolitik?

6_ Welche Instrumente sollten Bundesregierung, Arbeitgeber und Arbeitnehmer Ihrer Meinung nach stärker nutzen, um Arbeitslosigkeit zu bekämpfen?

7_ Trotz einer hohen Arbeitslosigkeit in Deutschland werden jährlich etwa 250 000 Menschen, die aus anderen Ländern zu uns kommen, benötigt, um unseren Lebensstandard zu sichern. Nehmen Sie Stellung zu dieser Situation.

8_ Erläutern Sie folgende Aussage: „Je mehr Menschen Arbeit haben, desto besser stehen die Chancen für eine gesunde Entwicklung der Binnenkonjunktur und eine Entlastung der Sozialsicherungssysteme."

9_ Formulieren Sie zum Mindestlohn von derzeit 8,50 €/Std. jeweils drei Pro- und Kontra-Argumente im Hinblick auf den Arbeitsmarkt und formulieren Sie zusätzlich Ihre eigene Meinung.

10_ Bereits heute sind in Deutschland nur noch zwei Drittel der Arbeitnehmer in sogenannten „Normalarbeitsverhältnissen" beschäftigt.
Künftig dürften es noch weniger sein. Damit gewinnen die sogenannten „atypischen Arbeitsverhältnisse", wie Teilzeitarbeit, geringfügige Beschäftigungsverhältnisse, Werkvertragsbeschäftigungen und Scheinselbstständigkeit, befristete Arbeitsverhältnisse und Leiharbeit zunehmend an Bedeutung.
Welche Gefahren sehen Sie in einer Zunahme dieser atypischen Arbeitsverhältnisse?

11_ Häufig fallen im Rahmen der Bekämpfung von Arbeitslosigkeit die folgenden Schlagworte:
- expansive Fiskalpolitik der Bundesregierung,
- Entwicklung des Dienstleistungssektors,
- Arbeitszeitverkürzungen,
- verstaatlichter Wirtschaftsbereich,
- Ausländerpolitik,
- aktive Arbeitsmarktpolitik.

Inwieweit tragen die hier genannten Instrumente zur Bekämpfung von Arbeitslosigkeit bei?

5 Stabilität des Preisniveaus

Das statistische Bundesamt berechnet den Verbraucherpreisindex (VPI). Dazu ermittelt es, wie sich die Preise der Güter eines für alle Haushalte repräsentativen Warenkorbes im Durchschnitt über die Zeit geändert haben. Der VPI ist der zentrale Indikator zur Beurteilung der Geldentwertung in Deutschland. Er trifft Aussagen über die Höhe der Inflation oder Deflation.

5.1 Inflation und Deflation

Eine Inflation kann in Abhängigkeit der quantitativen Geldentwertung in drei Arten gegliedert werden:

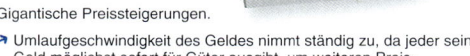

Tempo der Inflation

Inflation
Entwertung des Geldes durch allgemeine Preiserhöhungen. Verhinderung ist ein wichtiges Ziel der Wirtschaftspolitik.

Inflationsrate (Preissteigerungs-/Teuerungsrate)
Prozentualer Anstieg des allgemeinen Preisniveaus. Zeigt an, wie sich Preise für Waren und Dienstleistungen eines typischen Haushalts (z. B. Nahrungsmittel, Kleidung, Miete) verändern. Preisänderungen werden gemessen und ein Mittelwert gebildet (**Verbraucherpreisindex**).

Beispiel:
Verbraucherpreisindex in Deutschland stieg 2012 von 110,7 auf 112,9 Punkte. Das entspricht einer **Inflationsrate** von 2,0 Prozent.

Formen der Inflation nach Geschwindigkeit:

① **Schleichende Inflation**
jährl. Inflationsrate unter 5 %
Preise steigen langsam, nahezu unmerklich.

② **Trabende Inflation**
5 (bzw. 10) bis 20 %
Auch beschleunigte Inflation genannt.

③ **Galoppierende Inflation**
über 20 %
Preise steigen rasend schnell,
Ausweitung zur Hyperinflation möglich.

④ **Hyperinflation**
mindestens 50 %
Gigantische Preissteigerungen.

↗ Umlaufgeschwindigkeit des Geldes nimmt ständig zu, da jeder sein Geld möglichst sofort für Güter ausgibt, um weiteren Preissteigerungen zuvorzukommen.

↗ Die Nachfrage steigt.

↗ Die Preise steigen immer höher, bis das Vertrauen der Bevölkerung in die Währung total verloren geht.

↗ Ausweichen auf wertbeständiges ausländisches Geld oder auf knappe Sachgüter als Ersatzwährung.

Quelle: Statistisches Bundesamt, nach Bundeszentrale für pol. Bildung (Duden Wirtschaft von A bis Z)
© **Globus** 5483

Ursachen einer Inflation

Im Wesentlichen lassen sich folgende Gründe für eine Geldentwertung anführen:

1. a) Nachfrage > Güterangebot
      = **nachfrageinduzierte Inflation**
      Sie kann durch die Binnennachfrage und durch Exporte ausgelöst werden.
   b) Export > Import
      = **importierte Inflation**

2. a) Die Angebotsseite gibt Kosten, die durch den Produktivitätszuwachs nicht gedeckt wurden, an die Nachfrager weiter.
      = **angebotsinduzierte Inflation**
   b) Die Anbieter möchten durch Preissteigerungen ihre Gewinnsituation verbessern.
      = **Gewinninflation**

Folgen einer Inflation

Hohe Inflationsraten führen zu **Einkommens- und Vermögensverschiebungen** in der Bevölkerung. Sparer müssen Einbußen hinnehmen, wenn die Inflationsrate größer als die Sparzinsen ist. Kreditnehmer und Eigentümer von Grundvermögen hingegen sind die Nutznießer einer solchen Situation.

Importierte Inflation

Angenommen, bei einem gegebenen außenwirtschaftlichen Gleichgewicht bekämpft die Europäische Zentralbank die Inflation erfolgreich. Im Ausland dagegen schreitet die Inflation gleichzeitig voran.

Folgen: Deutsche Produkte werden für das Ausland billiger; die Auslandsnachfrage und damit der Export steigen. Daraus resultieren:

– gestörtes Außenwirtschaftliches Gleichgewicht

– Devisenzuflüsse

– sog. importierte Inflation

> **!** Der allgemeine Anstieg des Preisniveaus wird Inflation genannt. Ein stetiges Sinken der Preise im Vergleich zur Vorperiode wird als Deflation bezeichnet.

Zu einer Deflation kommt es, wenn die nachfragewirksame Geldmenge geringer als die angebotenen Güter- und Dienstleistungsmengen ist.

Eine Deflation kann auf vier Gründe zurückgeführt werden:

1. Kaufbereitschaft und Investitionsneigung der inländischen Konsumenten geben sich verhalten aufgrund pessimistischer Zukunftserwartungen.
   = **Abnahme der Binnennachfrage**

2. Die Auslandsnachfrage lässt nach, weil sich z. B. die Wechselkurse verändern.
   = **Abnahme der Auslandsnachfrage**

3. Güterangebot ist größer als die gesamtwirtschaftliche Nachfrage.
   Diese Situation kann durch Billigimporte hervorgerufen werden.

4. **Angebot wächst schneller** als die gesamtwirtschaftliche Nachfrage.
   Dies ist in der Regel auf Überkapazitäten zurückzuführen.

Bei den Unternehmen führt ein langfristiger Preisverfall zu **Gewinneinbußen.** Diese versucht man durch Kostensenkung zu kompensieren, z. B. durch die **Freisetzung von Mitarbeitern.** Anbieter, die keine Möglichkeiten zur Kostensenkung haben, werden aus dem Markt gedrängt.

Aufgrund der zunehmenden Arbeitslosigkeit entsteht eine **Nachfragelücke.**

Der Staat erzielt **weniger Steuereinnahmen** und wird durch **zunehmende Sozialausgaben** (z. B. Arbeitslosengeld) belastet.

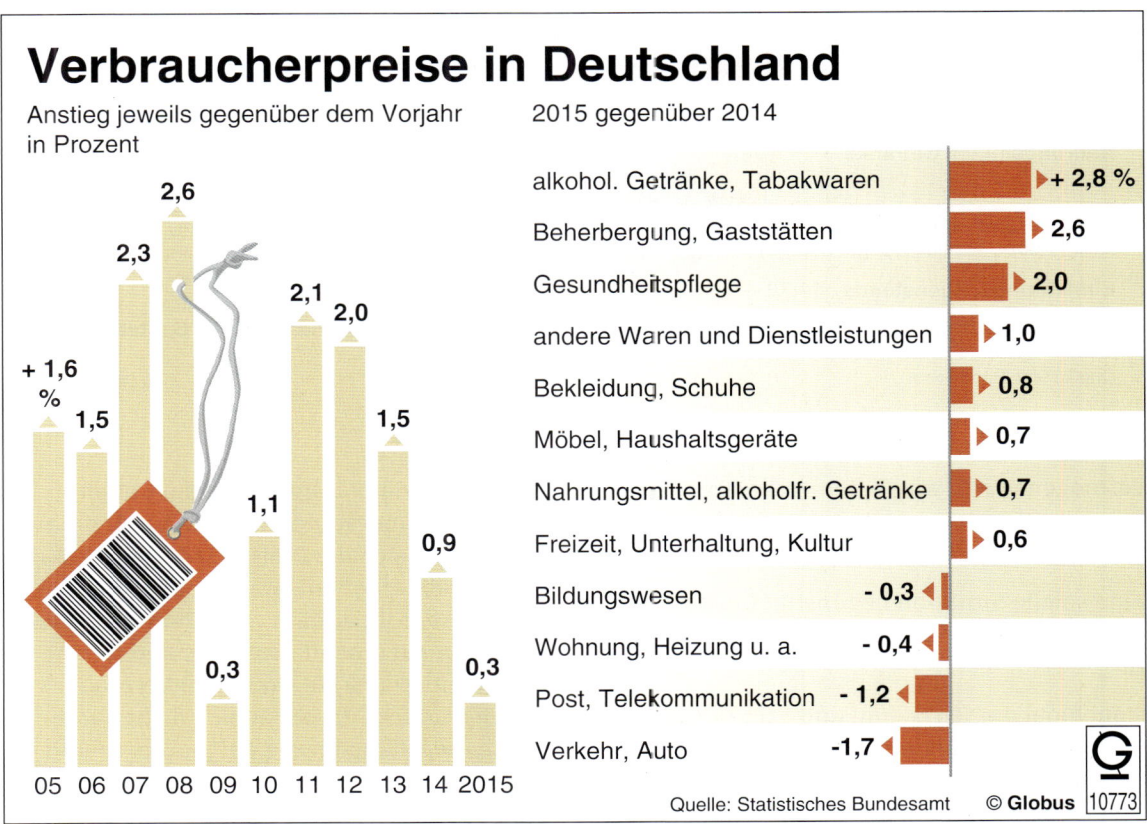

Verbraucherpreise in Deutschland

Anstieg jeweils gegenüber dem Vorjahr in Prozent

2015 gegenüber 2014

alkohol. Getränke, Tabakwaren	+ 2,8 %
Beherbergung, Gaststätten	2,6
Gesundheitspflege	2,0
andere Waren und Dienstleistungen	1,0
Bekleidung, Schuhe	0,8
Möbel, Haushaltsgeräte	0,7
Nahrungsmittel, alkoholfr. Getränke	0,7
Freizeit, Unterhaltung, Kultur	0,6
Bildungswesen	- 0,3
Wohnung, Heizung u. a.	- 0,4
Post, Telekommunikation	- 1,2
Verkehr, Auto	-1,7

Balkendiagramm nach Jahren: 05 = + 1,6 %, 06 = 1,5, 07 = 2,3, 08 = 2,6, 09 = 0,3, 10 = 1,1, 11 = 2,1, 12 = 2,0, 13 = 1,5, 14 = 0,9, 2015 = 0,3

Quelle: Statistisches Bundesamt   © **Globus** 10773

Was ist die Inflationsrate?

Die Inflationsrate zeigt an, wie die Preise für Waren und Dienstleistungen, die ein typischer Haushalt in Deutschland kauft, im Zeitablauf steigen.

Beobachter in **94** Regionen (Städte und Gemeinden) erfassen …

in rund **30 000** **Geschäften** und im **Internet** oder in **Versand-katalogen** …

jeden Monat über **300 000** **Einzelpreise** der am häufigsten gekauften Produkte/Dienstleistungen.

Diese werden zu **600 Güter-arten** zusammengefasst.

Sie bilden den immer gleich zusammengesetzten **Warenkorb.**

Aus den Preisänderungen wird ein **gewichteter Mittelwert (Inflationsrate)** gebildet: Je größer der Anteil eines Produktes an den Gesamtausgaben des Haushalts ist, umso größer ist auch sein Gewicht im Warenkorb (Beispiel: Miete und Wohnungskosten machen allein 31,7 % aus).

Gewichtung im Warenkorb
(in Promille)

Verkehr (z.B. Fahrzeuge, Bahn- und Flugtickets, Kraftstoffe) — 134,73

Freizeit, Unterhaltung, Kultur — 114,92 (z.B. Gartengeräte, TV-Geräte, Bücher, Kinokarten)

Nahrungsmittel, Getränke — 102,71

andere Waren u. Dienstleistungen 70,04 (z.B. Friseur, Versicherungsbeiträge)

Einrichtungsgegenstände 49,78

Bekleidung und Schuhe 44,93

317,29 ‰ **Wohnung, Wasser, Strom, Gas** (z.B. Mieten, Reparaturen, Müllgebühren)

Bildungswesen (z.B. Studien-, Kindergarten-gebühren) 8,80

30,10 **Nachrichtenübermittlung** (z.B. Post, Telefon, Internet)

37,59 **Alkohol, Tabak**

44,44 **Gesundheitspflege** (z.B. Medikamente)

44,67 **Beherbergung, Gaststätten**

Quelle: Stat. Bundesamt   Stand 2015   © **Globus** 10379

Vermögenswerte wie Aktien verlieren, da die **Börsenkurse** entsprechend der abnehmenden Unternehmensgewinne **fallen.**

Eine solche Situation begünstigt Besitzer von Geldvermögen und Gläubiger von Geldforderungen.

Manchmal passen Gefühl und Fakten einfach nicht zueinander: Die Inflationsrate in Deutschland war 2009 negativ, Waren und Dienstleistungen wurden also billiger. Im

Empfinden vieler Bürger wird das Leben trotzdem immer teurer. Das kann z. B. daran liegen, dass sich die Preise für häufig gekaufte Produkte erhöhen – was dem Betroffenen besonders stark auffällt – der Einfluss dieser Erhöhung auf die Inflationsrate aber gering ist. Die Inflationsrate – oder der Verbraucherpreisindex – fasst nämlich nicht nur die Preisentwicklung für diejenigen Waren und Dienstleistungen zusammen, die ein durchschnittlicher Privathaushalt im Monat braucht

(Warenkorb). Sondern er gewichtet diese Preise auch je nach Bedeutung für die Gesamtausgaben. Das heißt: Weil Kosten für die Wohnung (Miete etc.) im Schnitt fast ein Drittel eines Haushaltsbudgets ausmachen, spielen Preissteigerungen hier auch eine besonders starke Rolle für den Gesamtindex. Auch Veränderungen bei Kraftstoffen machen sich sehr deutlich bemerkbar. Andere wie Telefon- oder Postkosten haben eher wenig Gewicht. Zur Ermittlung der Preise notieren Beobachter monatlich die Preise für festgelegte Produkte in den immer gleichen Geschäften (Kaufhäuser, Supermärkte etc). Alle fünf Jahre wird der Warenkorb den veränderten Kaufgewohnheiten angepasst.

Aufgaben

1_ Unterscheiden Sie die Begriffe Inflation und Deflation.

2_ Welche Ursachen sehen Sie als dominant für die aktuelle Inflationsrate an?

3_ Bitte erklären Sie mit eigenen Worten:
a) Welchen Zusammenhang beschreibt die hier abgebildete Grafik?
b) Welche Bezeichnungen befinden sich auf der x- und y-Achse des Diagramms?
c) Wie kommt es nach und nach zu den dargestellten Szenarien und am Ende zu einer Inflation?
d) Wie kann diese Entwicklung gestoppt/durchbrochen werden?

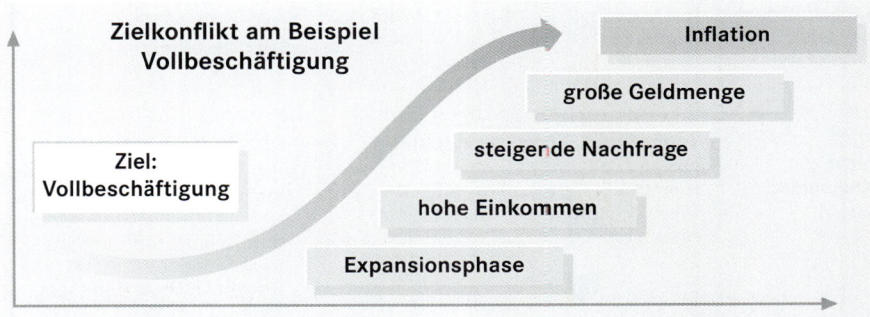

4_ Worin unterscheidet sich der Aussagewert folgender Indizes:
Allgemeine Teuerungsrate, Veränderung der Kaufkraft, Verbraucherpreisindex.

5_ Wie wird eine Messung der Kaufkraft durchgeführt?

6_ Welche Auswirkungen kann die Teuerungsrate auf die Tourismuswirtschaft haben?

6 Außenwirtschaftliches Gleichgewicht

Ein Außenwirtschaftliches Gleichgewicht ist durch die Wirtschaftspolitik anzustreben. Deutschland als „Exportland" kann schon seit Jahrzehnten einen **positiven Außenbeitrag** (Exporte > Importe) aufweisen.

> ! Die Erfassung der Außenwirtschaftsbeziehungen eines Landes erfolgt in der Zahlungsbilanz.

Der Aufbau der Zahlungsbilanz

		Aktiva Bilanz Passiva		
Leistungsbilanz	Handelsbilanz →	Warenexporte (Einnahmen/ Forderungen aus ...)	Warenimporte (Ausgaben/ Verbindlichkeiten für ...)	**Saldo der 3 Teilbilanzen = Außenbeitrag**
	Dienstleistungsbilanz →	Dienstleistungsexporte (Einnahmen von Ausländern im Inland) » touristischer Reiseverkehr wie der Besuch ausländischer Touristen in Deutschland » Patente » Finanzdienstleistungen » Lizenzen » Transporte	Dienstleistungsimporte (Ausgaben von Inländern im/an Ausland) Beispiel: Reisen deutscher Touristen ins Ausland oder Ausgaben dort sind aus deutscher Sicht ein Dienstleistungsimport.	
	Bilanz der Erwerbs- und Vermögenseinkommen (auch Primäreinkommen) →	Erhaltene Erwerbs- und Vermögenseinkommen Einkommen aus: » unselbstständiger Arbeit » Zinsen » Dividenden » Miete » Pacht	Geleistete Erwerbs- und Vermögenseinkommen	
	Bilanz der laufenden Übertragungen (auch Sekundäreinkommen) →	Empfangene Übertragungen (Einnahmen – Leistungen an Deutschland) » Beiträge von internationalen Organisationen (z. B. Infrastrukturhilfen der EU) » private Renten- und Unterstützungszahlungen	Geleistete Übertragungen (Ausgaben – Leistungen von Deutschland an das Ausland) » staatliche Entwicklungshilfe » Heimatüberweisungen von ausländischen Mitbürgern » Renten- oder Unterstützungszahlungen an im Ausland lebende Rentner » Überweisungen an die EU/andere internationale Organisationen (UN)	
Vermögensbilanz →		Empfangene Schenkungen, Erbschaften	Geleistete Schenkungen, Erbschaften	
Kapitalbilanz →		Kapitalimporte: » Zunahme von Verbindlichkeiten/Abnahme des Nettoauslandsvermögens » Verringerung von Forderungen	Kapitalexporte: » Zunahme von Forderungen/Nettoauslandsvermögen » Verringerung von Verbindlichk.	
Devisenbilanz →		Verringerung des Devisenbestandes der Zentralbank	Erhöhung des Devisenbestandes der Zentralbank	
		Summe	Summe	

5053556

6.1 Zahlungsbilanz und Leistungsbilanz

Die **Zahlungsbilanz** eines Landes **erfasst alle außenwirtschaftlichen Transaktionen** zwischen dem wirtschaftlichen Inland und dem wirtschaftlichen Ausland in einem definierten Zeitraum, in der Regel ein Jahr.

Zu den **außenwirtschaftlichen Transaktionen** zählt man alle Waren- und Dienstleistungsexporte sowie -importe, die entgeltlich erbracht werden.

Daneben zählen Übertragungen, also entgeltliche Leistungen ohne Gegenleistung sowie Kapitalimporte und -exporte dazu.

Gliederung und Erfassungskriterien der Zahlungsbilanz erfolgen aufgrund eines international vereinbarten Konzeptes.

Die Zahlungsbilanz zeigt keine Bestände, sondern **Veränderungen** innerhalb eines bestimmten Zeitraumes, sie ist eine **Bewegungsbilanz.**

Zahlungsbilanz der Bundesrepublik Deutschland* Stand: April 2016			
Mrd €	2007	2009	2015
I. Leistungsbilanz	+ 169,6	+ 141,1	+ 257,4
1. Warenhandel (fob/fob)[1]	+ 202,0	+ 141,2	+ 263,4
2. Dienstleistungen[2]	– 35,0	– 19,9	– 30,1
3. Primäreinkommen	+ 36,5	+ 55,0	+ 64,4
4. Sekundäreinkommen	– 33,8	– 35,2	– 39,5
II. Vermögensänderungsbilanz[3]	– 1,6	– 1,9	– 0,1
III. Kapitalbilanz[4]	+ 183,2	+ 117,8	+ 232,1
1. Direktinvestitionen	+ 65,1	+ 32,2	+ 56,4
2. Wertpapieranlagen	– 153,8	+ 85,4	+ 199,1
3. Finanzderivate und Mitarbeiteraktienoptionen[5]	+ 83,6	– 6,8	+ 25,4
4. Übriger Kapitalverkehr[6]	+ 187,4	+ 10,2	– 46,9
5. Währungsreserven[7]	+ 1,0	– 3,2	– 2,2
IV. Saldo der statistisch nicht aufgliederbaren Transaktionen[8]	+ 15,2	– 21,4	– 25,1

* Gemäß den internationalen Standards des Balance of Payments Manual in der 6. Auflage des Internationalen Währungsfonds. 1) Ohne Fracht- und Versicherungskosten des Außenhandels. 2) Einschl. Fracht- und Versicherungskosten des Außenhandels. 3) Einschl. Nettoerwerb/-veräußerung von nicht produzierten Sachvermögen. 4) Zunahme an Nettoauslandsvermögen: + / Abnahme an Nettoauslandsvermögen: –. 5) Saldo der Transaktionen aus Optionen und Finanztermingeschäften. 6) Enthält insbesondere Finanz- und Handelskredite sowie Bargeld und Einlagen. 7) Ohne Zuteilung von Sonderziehungsrechten und bewertungsbedingten Änderungen. 8) Statistischer Restposten, der die Differenz zwischen dem Saldo der Kapitalbilanz und den Salden der Leistungs- sowie der Vermögensänderungsbilanz abbildet. (Differenzen in den Summen durch Runden der Zahlen.)

Quelle: Vgl. Deutsche Bundesbank, Schülerbuch Geld und Geldpolitik, Kapitel 7, S. 219, Frühjahr 2015 sowie www.bundesbank.de, Statistik, Außenwirtschaft, Zahlungsbilanz, Tabellen

 Eine Dienstleistungsbilanz wird als aktiv bezeichnet, wenn die Exporte von Dienstleistungen größer als die Importe sind, das Ausland also mehr Dienstleistungen aus/in Deutschland nachfragt als Deutschland im Ausland.

Sie informiert darüber, inwieweit sich die außenwirtschaftlichen Beziehungen gleichgewichtig entwickeln.

Die Zahlungsbilanz gibt darüber **Auskunft,** ob bzw. in welchem Umfang das im Stabilitätsgesetz verankerte Ziel des **außenwirtschaftlichen Gleichgewichts** erreicht ist, wobei in der Literatur meist schon ein ausgeglichener Außenbeitrag, mindestens aber eine ausgeglichene Leistungsbilanz als außenwirtschaftliches Gleichgewicht angesehen wird.

Die **Leistungsbilanz** ist eine Teilbilanz der Zahlungsbilanz. Sie „bilanziert" die **Transaktionen** mit dem **Ausland,** die Einfluss auf Einkommen und Verbrauch haben.

Im Weiteren werden insbesondere die **Dienstleistungen** innerhalb dieser Teilbilanz analysiert. Sie stellen Import- und Exportwerte verschiedener immaterieller Güter dar. Hierzu zählt auch der Reiseverkehr (siehe Kapitel 6.2).

6.2 Auswirkungen des Tourismus auf die Leistungsbilanz

Die passive Dienstleistungsbilanz der Bundesrepublik Deutschland ist in erster Linie auf den **negativen Saldo im Reiseverkehr** 35,5 Mrd. € (2015) zurückzuführen.

Die **Reiseverkehrsbilanz** wird von der Deutschen Bundesbank als Teil der Zahlungsbilanz im Bereich Dienstleistungsverkehr mit dem Ausland geführt. Sie erfasst
» die Ausgaben der Deutschen auf Reisen im Ausland (*Outgoing*-**Tourismus**) und wertet diese als Import für Deutschland

» die Einnahmen des *Incoming*-**Tourismus** von ausländischen Gästen in Deutschland als Export.

> **!** **Der Saldo der Einnahmen und Ausgaben ist in der deutschen Reiseverkehrsbilanz traditionell negativ, d. h. die Ausgaben überwiegen deutlich gegenüber den Einnahmen.**

Zunächst scheint diese Tatsache negativ für unsere Volkswirtschaft. Allerdings werden durch die Ausgaben der Deutschen im Ausland dort Nachfrage und Einkommen geschaffen, die wiederum Vorraussetzung für das deutsche Warenexportwachstum sind.

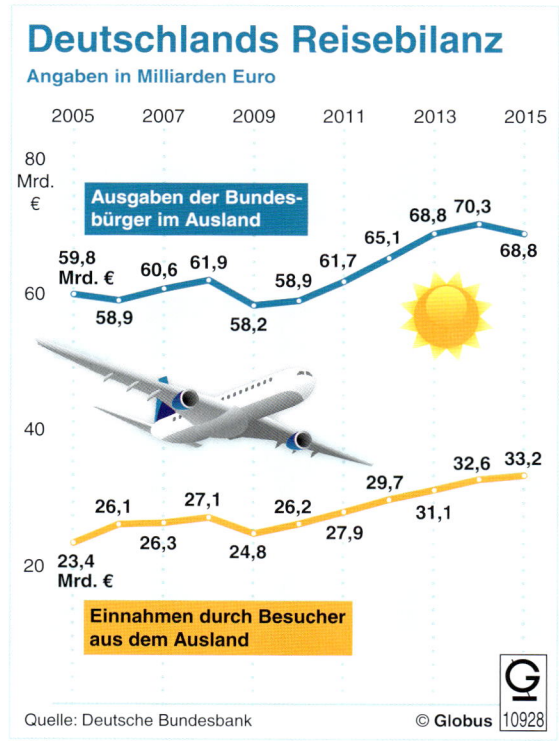

Deutschlands Reisebilanz
Angaben in Milliarden Euro

Quelle: Deutsche Bundesbank © Globus 10928

5053558

Aufgaben

1_ Erklären Sie folgende Begriffe: Zahlungsbilanz, Leistungsbilanz, Außenbeitrag, Dienstleistungsbilanz

2_ Erläutern Sie folgende Aussage: „Ausgaben im Reiseverkehr können sowohl Dienstleistungsimporte als auch Dienstleistungsexporte sein."

3_ Was verstehen Sie unter einer aktiven Dienstleistungsbilanz?

4_ Warum dient das „Reiseverkehrsdefizit" auch unserer Binnenwirtschaft?

5_ „Die volkswirtschaftliche Bedeutung des Tourismus hat trotz einer durch den Tourismus verursachten negativen Zahlungsbilanz der Bundesrepublik Deutschland positive Effekte im Hinblick auf die Beschäftigung, das Einkommen (Multiplikatoreffekt) und die Produktion (Wertschöpfungseffekt) der heimischen Volkswirtschaft." Belegen Sie die einzelnen Komponenten dieser Aussage unter zu Hilfenahme von jeweils zwei Beispielen.

6_ Die Zahlungsbilanz setzt sich aus den Einzelbilanzen Leistungsbilanz, Vermögensbilanz, Kapitalbilanz und Dienstleistungsbilanz zusammen. Ordnen Sie die folgenden Gegebenheiten den Einzelbilanzen der deutschen Zahlungsbilanz zu:
- Autos aus Frankreich kaufen,
- Bier in Dänemark kaufen,
- Kellnereinkommen in Deutschland,
- deutscher Gast zahlt seine Hotelrechnung in Portugal,
- Kunde aus Deutschland überweist Geld in die Türkei für Lederwaren,
- Eltern überweisen ihrer Tochter Geld nach Großbritannien,
- griechischer Gastarbeiter überweist Geld nach Griechenland,
- ein Österreicher überweist die Miete für seine Ferienwohnung an der deutschen Nordsee.

7 Einkommens- und Vermögensverteilung

Unter **Einkommen** werden Geldbeträge, Güter, Nutzungsrechte sowie Transferzahlungen verstanden, die einer Person in einer Periode als Gegenleistung für ihren Beitrag am volkswirtschaftlichen Produktionsprozess zufließen und ohne Schmälerung des persönlichen Vermögens zur Befriedigung von Bedürfnissen verwendet werden können.

Im Gegensatz zum Einkommen wird das **Vermögen** als eine Bestandsgröße zu einem bestimmten Zeitpunkt festgestellt. Vermögen im engeren Sinne umfasst das geldwerte oder in Geld bewertbare Eigentum an Gütern wie Immobilien, Wertpapieren, Spargeldern, Versicherungen und sonstigen Anteilsrechten an einem bestimmten Stichtag.

Eine **gerechte Einkommens- und Vermögensverteilung** ist durch die **Wirtschaftspolitik anzustreben.**

Primäres Ziel einer **Volkswirtschaft** muss zunächst sein, einer Person die **Sicherung** seiner **Existenz** *(Living Wage)* durch ein ausreichendes Einkommen zu ermöglichen. Versagt der Einkommens-Verteilungsmechanismus, muss der Staat in einer sozialen Marktwirtschaft korrigierend eingreifen.

Dabei kann es nicht um die Frage einer gerechten Verteilung gehen, da dies eine ethische Größe ist, für die es keinen objektiven Maßstab gibt.

Zur Realisierung einer gerechten Einkommens- und Vermögensverteilung können jedoch die Verteilungsprinzipien **Bedarf und Leistung** herangezogen werden.

» Das **Leistungsprinzip** verteilt das Einkommen und somit auch das Vermögen nach dem individuellen Beitrag des Einzelnen am Wert des Produktionsprozesses.

» Der Markt, das Gesetz von Angebot und Nachfrage, sorgt dafür, dass einzelne Spitzenleistungen (in der Wirtschaft, im Sport) sehr hoch bezahlt werden, da das Angebot an solchen Menschen sehr klein, die Nachfrage danach sehr hoch sein kann. Umgekehrt erzielen Menschen mit Qualifikationen, die massenhaft vorkommen und/oder an denen sogar unter Umständen ein Überangebot besteht, niedrige(re) Einkommen.

» Ausgangspunkt des **Bedarfsdeckungsprinzips** ist, dass der Mensch neben den Grundbedürfnissen auch seine „kulturelle Existenz" *(Cultural Wage)* mit dem erzielten Einkommen sichern möchte. Da diese aber individuell geprägt ist, wird es schwer sein, eine entsprechende Verteilung vorzunehmen.

» Es gibt keinen „Schlüssel" für eine gerechte Einkommens- und Vermögensverteilung. Konsens besteht jedoch in der Frage, dass eine gerechte Verteilung die **gleichmäßige Verteilung von Einkommen und Vermögen innerhalb einer Gesellschaft** zum Ziel haben muss.

7.1 Einkommens- und Vermögenspolitik

Grundsätzlich gibt es in einer Volkswirtschaft zwei „Wege", Einkommen zu verteilen:

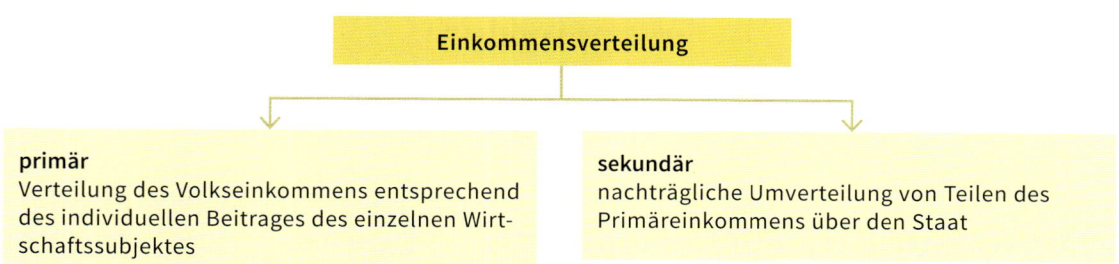

Einkommensverteilung

primär
Verteilung des Volkseinkommens entsprechend des individuellen Beitrages des einzelnen Wirtschaftssubjektes

sekundär
nachträgliche Umverteilung von Teilen des Primäreinkommens über den Staat

Primärverteilung

Die Verteilung des Volkseinkommens lässt sich in zwei Kategorien einteilen:

1. Lohnquote

Die Lohnquote ist der **Anteil der Einkommen aus unselbstständiger Arbeit** am Volkseinkommen.

$$\text{Lohnquote} = \frac{\text{Einkommen aus unselbstständiger Arbeit}}{\text{Volkseinkommen}} \cdot 100$$

2. Gewinnquote

Sie ist der **Anteil der Einkommen aus Unternehmertätigkeit und aus Vermögen** am Volkseinkommen.

$$\text{Gewinnquote} = \frac{\text{Einkommen aus Unternehmertätigkeit} + \text{Vermögen}}{\text{Volkseinkommen}} \cdot 100$$

Den Tarifparteien kommt in Hinblick auf die primäre Verteilung der Gewinnquote besondere Bedeutung zu.

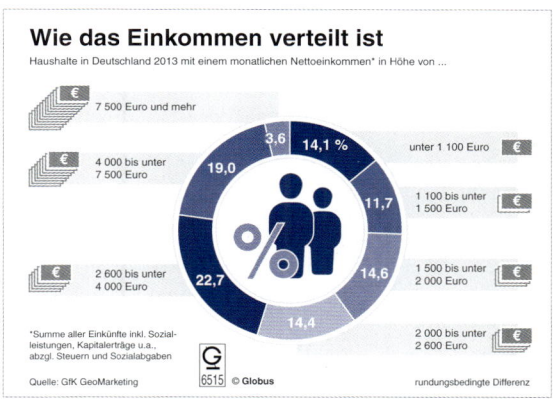

Wie das Einkommen verteilt ist
Haushalte in Deutschland 2013 mit einem monatlichen Nettoeinkommen* in Höhe von ...

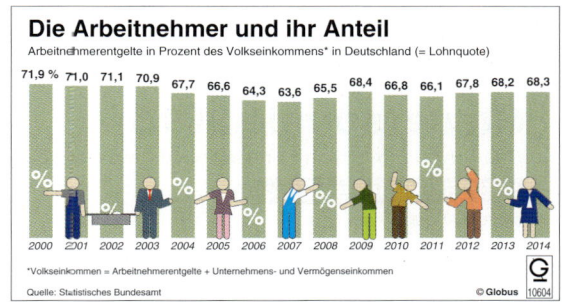

Die Arbeitnehmer und ihr Anteil
Arbeitnehmerentgelte in Prozent des Volkseinkommens* in Deutschland (= Lohnquote)

Sekundärverteilung

Im Rahmen der Sekundärverteilung, also der Korrektur der Primärverteilung, stehen dem Staat viele Möglichkeiten zur Verfügung. Besonders hervorzuheben sind folgende:

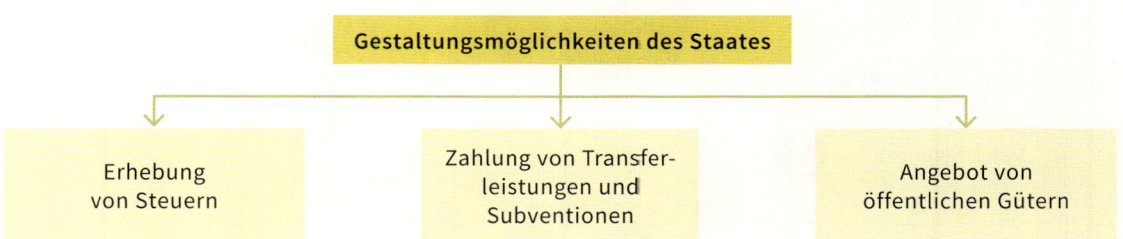

Durch die Zahlung von **Transferleistungen und Subventionen** erfolgt eine Umverteilung des Primäreinkommens an Haushalte bzw. Unternehmen. Ihnen stehen keine speziellen Gegenleistungen durch die Leistungsempfänger gegenüber.

> **Transferleistungen**
>
> – Kindergeld
> – Wohngeld
> – ALG II
> – BAföG

> **Subventionen**
>
> – Kohlesubvention
> – Zinsverbilligung
> – Steuerermäßigung
> – Finanzhilfen

Transferzahlungen sind eine **direkte Umverteilung** zugunsten der privaten Haushalte.

Subventionen werden eingesetzt, um die **Preise für Güter und Dienstleistungen** zu senken.

Der Staat bietet durch **Öffentliche Güterangebote** die kostenlose Nutzung von Gütern und Dienstleistungen (z. B. Schule, Hochschule) an bzw. stellt einkommensschwächeren Personenkreisen eine kostengünstigere Nutzung (z. B. Eintrittsermäßigung für Schüler, Studenten, Rentner) zur Verfügung.

Der Staat unterstützt des Weiteren die **Vermögensbildung** für breite Schichten der Bevölkerung.

> **Vermögensbildung**
>
> – staatliche Sparförderung
>
> – Steuerfreibeträge bei Einkünften aus Kapitalvermögen
>
> – steuerlicher Abzug von Vorsorgeaufwendungen

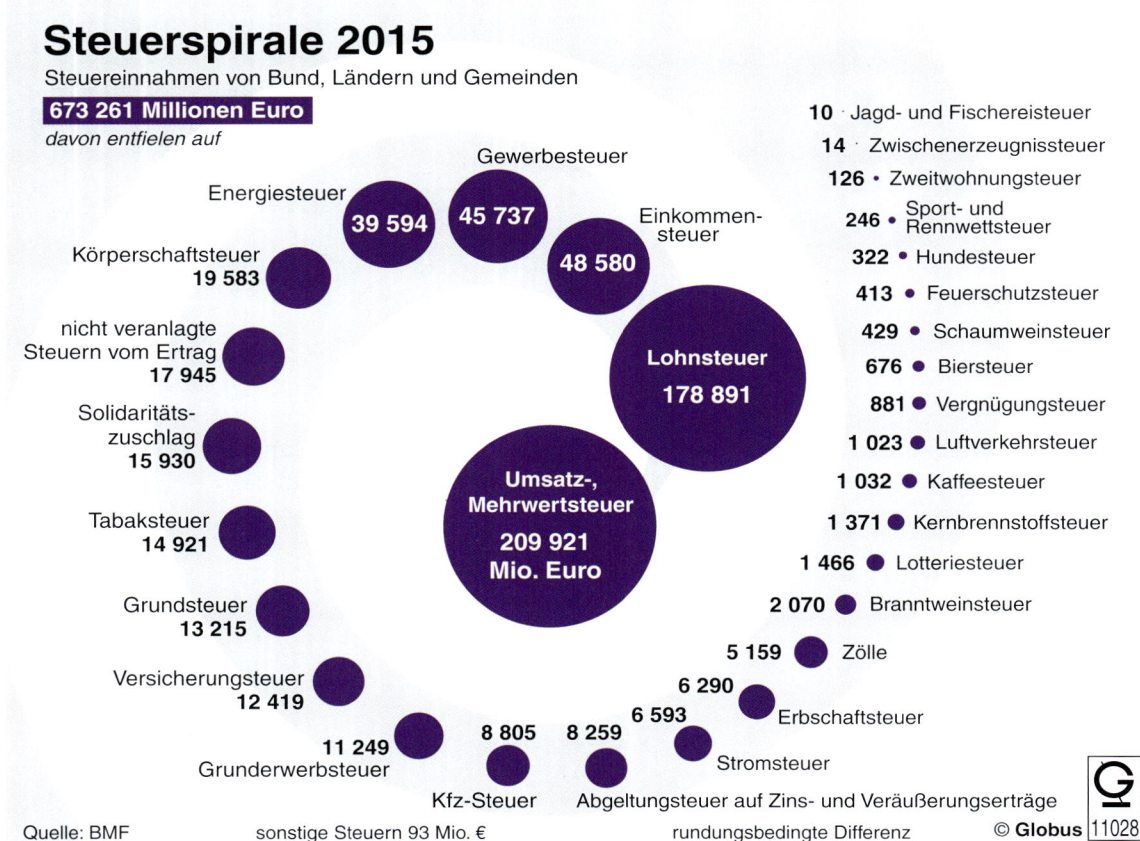

Steuerspirale 2015

Steuereinnahmen von Bund, Ländern und Gemeinden

673 261 Millionen Euro

davon entfielen auf

- Gewerbesteuer **45 737**
- Energiesteuer **39 594**
- Einkommensteuer **48 580**
- Körperschaftsteuer **19 583**
- Lohnsteuer **178 891**
- nicht veranlagte Steuern vom Ertrag **17 945**
- Solidaritätszuschlag **15 930**
- Umsatz-, Mehrwertsteuer **209 921 Mio. Euro**
- Tabaksteuer **14 921**
- Grundsteuer **13 215**
- Versicherungsteuer **12 419**
- **11 249** Grunderwerbsteuer
- **8 805** Kfz-Steuer
- **8 259** Abgeltungsteuer auf Zins- und Veräußerungserträge
- **6 593** Stromsteuer
- **6 290** Erbschaftsteuer
- **5 159** Zölle
- **2 070** Branntweinsteuer
- **1 466** Lotteriesteuer
- **1 371** Kernbrennstoffsteuer
- **1 032** Kaffeesteuer
- **1 023** Luftverkehrsteuer
- **881** Vergnügungsteuer
- **676** Biersteuer
- **429** Schaumweinsteuer
- **413** Feuerschutzsteuer
- **322** Hundesteuer
- **246** Sport- und Rennwettsteuer
- **126** Zweitwohnungsteuer
- **14** Zwischenerzeugnissteuer
- **10** Jagd- und Fischereisteuer

Quelle: BMF   sonstige Steuern 93 Mio. €   rundungsbedingte Differenz   © **Globus** 11028

Gesamtwirtschaftliche Steuerwirkungen

Die Frage nach dem Ziel der Besteuerung wurde bis zur Mitte des 19. Jahrhunderts allein mit der Bedarfsdeckungsfunktion (fiskalische Zielsetzung) beantwortet:

Der Staat braucht Steuereinnahmen zur Deckung der Kosten, die ihm bei der Aufgabenerfüllung entstehen. Erst gegen Ende des 19. Jahrhunderts gewannen sozialpolitische Zielsetzungen im Sinne einer Umverteilung (Redistribution) von Einkommen und Vermögen zunehmend an Gewicht, wie sie im Prinzip der Besteuerung nach der Leistungsfähigkeit Ausdruck fanden.

Seit den Dreißigerjahren des letzten Jahrhunderts wird im Anschluss an die Lehren von John M. Keynes (1883 – 1946) auch den konjunktur- und stabilitätspolitischen Aspekten der Besteuerung wachsende Beachtung beigemessen.

Mit dem Schlagwort „Steuern sind Wirtschaftslenkungsmittel" bezeichnet man die Tatsache, dass Steuern

1. das wichtigste Instrument des Staates zur gezielten Beeinflussung und Steuerung des wirtschaftlichen Verhaltens des Einzelnen und

2. der bedeutendste Bestandteil des Katalogs der staatlichen Maßnahmen zur Wirtschaftslenkung sind. Diese enorme Bedeutung der Besteuerung als staatliches Finanzierungs- und Gestaltungsinstrument ist Ausfluss des Sozialstaatsprinzips, weil erst die Verfügungsmacht über die Steuererhebung den Staat in die Lage versetzt,
   a) soziale Verantwortung zu übernehmen,
   b) eine notwendige Umverteilung zu gestalten,
   c) erforderliche Maßnahmen der Daseinsvorsorge zu treffen.

In der modernen Interpretation des Bundesministeriums der Finanzen bewegt sich die wirtschaftspolitische Ausrichtung der Besteuerung in optimaler Ausgewogenheit zwischen Marktwirtschaft und Wohlfahrtsstaat. Damit ergibt sich ein sehr breiter Zielkatalog, dessen Einzelziele sich aus dem Schaubild ergeben.

Nach dieser Systematik lassen sich drei Hauptrichtungen einteilen:
1. fiskalische,
2. verteilungs- und sozialpolitische,
3. wirtschafts- und finanzpolitische Ziele der Besteuerung.

Quelle: Bundeszentrale für politische Bildung, Informationen zur politischen Bildung, Steuern und Finanzen, Nr. 241

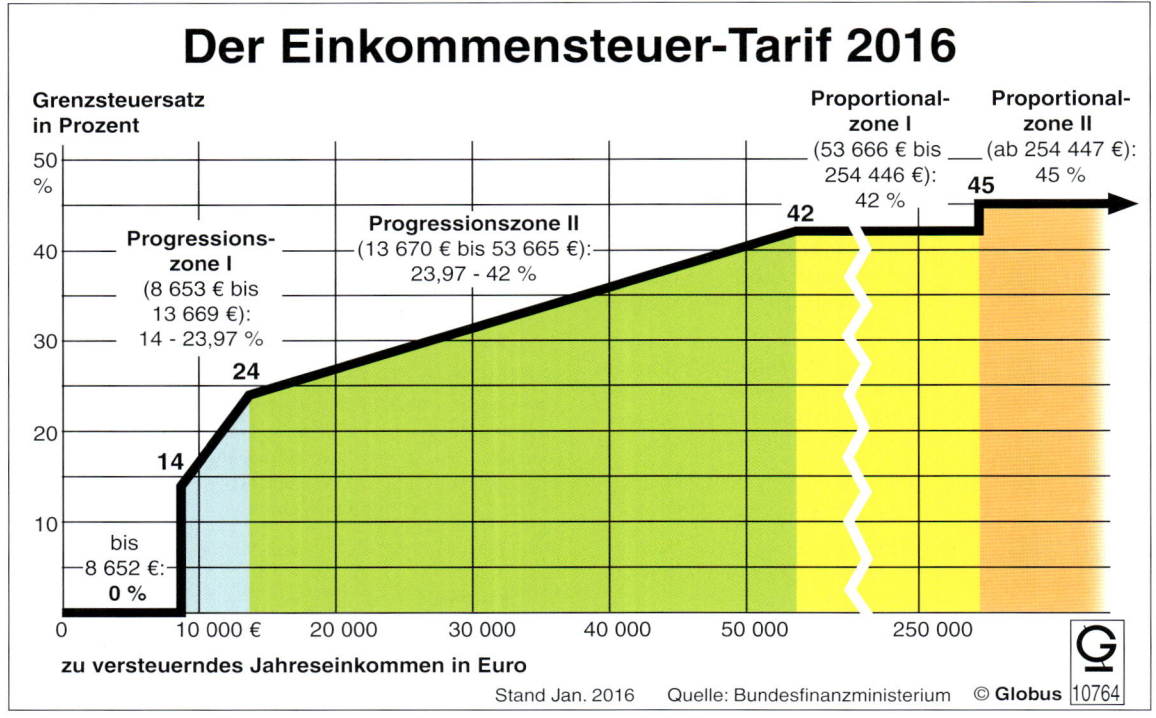

Der Einkommensteuer-Tarif 2016

Grenzsteuersatz in Prozent

Progressions-zone I (8 653 € bis 13 669 €): 14 - 23,97 %

Progressionszone II (13 670 € bis 53 665 €): 23,97 - 42 %

Proportional-zone I (53 666 € bis 254 446 €): 42 %

Proportional-zone II (ab 254 447 €): 45 %

bis 8 652 €: **0 %**

zu versteuerndes Jahreseinkommen in Euro

Stand Jan. 2016   Quelle: Bundesfinanzministerium   © **Globus** 10764

7.2 Erhebung von Steuern

Steuern dienen in der Bundesrepublik Deutschland u. a. zu verteilungspolitischen Zwecken.

Im Rahmen der Steuern kommt der **Einkommensteuer** besondere Bedeutung zu, da sie z. B. sowohl Einkünfte aus **nichtselbstständiger Arbeit** (§ 19 EStG) als auch **Einkünfte aus Kapitalvermögen** (§ 20 EStG) besteuert. Im Einzelnen unterliegen der Einkommensteuer folgende Einkünfte:

» aus Land- und Forstwirtschaft § 13
» aus Gewerbebetrieb § 15
» aus selbstständiger Arbeit § 18
» aus nichtselbstständiger Arbeit § 19
» aus Kapitalvermögen § 20
» aus Vermietung und Verpachtung § 21
» sonstige Einkünfte § 22

Der **Einkommensteuertarif** sieht im unteren Bereich einen Grundfreibetrag vor, der als Existenzminimum nicht besteuert wird, daran anschließend zwei Progressionszonen mit linearem Anstieg des Steuersatzes und zum Schluss eine Proportionalzone.

Der **Grundfreibetrag** beträgt 8.652 € (2016) jährlich (jeweils aktuelle Daten in Tageszeitungen, spiegel.de oder bundesfinanzministerium.de) d. h., bis zu diesem Betrag bleibt das zu versteuernde Einkommen steuerfrei. Der Eingangssteuersatz beträgt 14 % (Stand 2016), steigt bis 13.670 € progressiv auf 24 % und bis 53.665 € weniger progressiv bis auf 42 % (2016).

Die Steuergerechtigkeit wird aufgrund folgender Prinzipien gewährleistet:

» **Allgemeinheit der Steuern**
Jede Person, auf die gesetzlich festgelegte **Besteuerungsverpflichtungen** zutreffen, wird zur Steuer herangezogen.
» **Gleichmäßigkeit der Besteuerung**
Jede Person in gleichen bzw. gleichartigen steuerrechtlichen Verhältnissen ist gleich zu behandeln.
» **Besteuerung nach individueller Leistungsfähigkeit**
Die Steuerlast jeder Person muss der individuellen Leistungsfähigkeit entsprechen. Dies rechtfertigt zum einen das **steuerfreie Existenzminimum** und zum anderen die

5053564

progressive Gestaltung des Einkommensteuertarifes.

Die Verteilung der Steuern

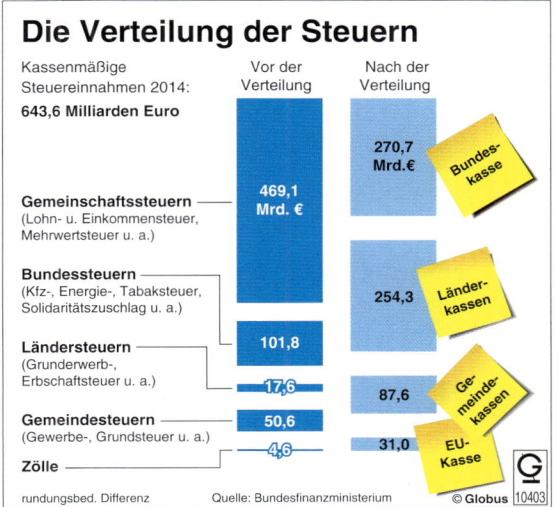

Kassenmäßige
Steuereinnahmen 2014:
643,6 Milliarden Euro

Vor der Verteilung — Nach der Verteilung

Gemeinschaftssteuern
(Lohn- u. Einkommensteuer,
Mehrwertsteuer u. a.): 469,1 Mrd. €

Bundessteuern
(Kfz-, Energie-, Tabaksteuer,
Solidaritätszuschlag u. a.): 101,8

Ländersteuern
(Grunderwerb-,
Erbschaftsteuer u. a.): 17,6

Gemeindesteuern
(Gewerbe-, Grundsteuer u. a.): 50,6

Zölle: 4,6

Nach der Verteilung:
270,7 Mrd.€ — Bundeskasse
254,3 — Länderkassen
87,6 — Gemeindekassen
31,0 — EU-Kasse

rundungsbed. Differenz   Quelle: Bundesfinanzministerium
© Globus 10403

Steuerquote und Abgabequote

Steuerquote und Abgabequote spiegeln die **Belastung der Steuerzahler** wider. Sie werden nach den folgenden Formeln berechnet:

$$\text{Steuerquote} = \frac{\text{Summe aller Steuern}}{\text{Bruttoinlandsprodukt}} \cdot 100$$

$$\text{Abgabenquote} = \frac{\begin{array}{c}\text{Summe aller Steuern}\\ + \text{Abgaben}\\ \text{(Beiträge zur}\\ \text{Sozialversicherung)}\end{array}}{\text{Bruttoinlandsprodukt}} \cdot 100$$

Eine Abgabenquote von 50 % gilt als psychologische Obergrenze, sie sagt aber nichts über eine zumutbare Belastung des Steuerbürgers aus.

Einkommensteuer:
Wer zahlt wie viel Steuern?

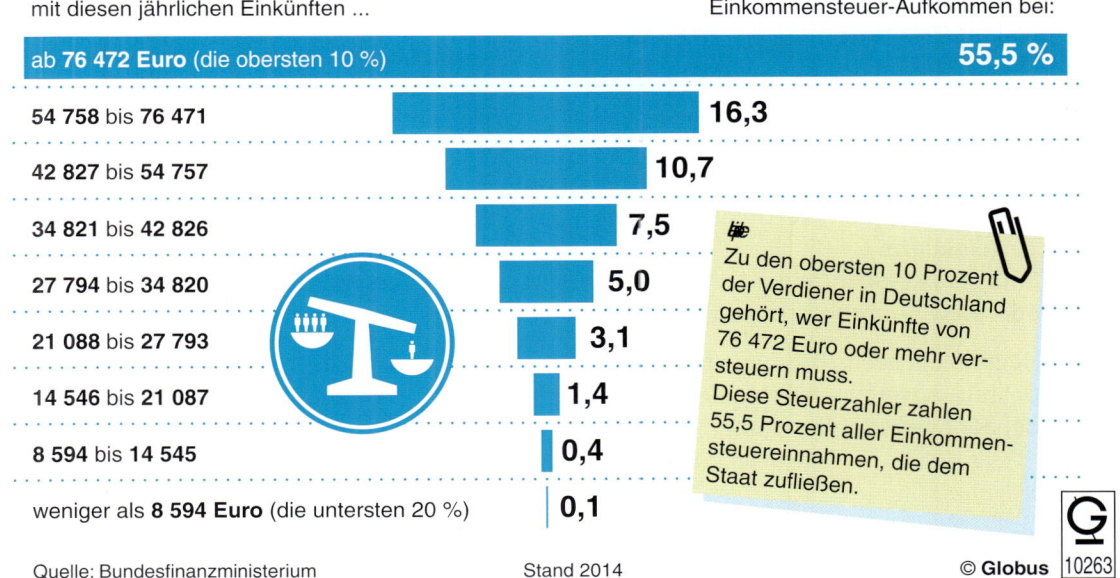

Die jeweils zehn Prozent der Steuerpflichtigen mit diesen jährlichen Einkünften ...

... tragen so viel Prozent zum gesamten Einkommensteuer-Aufkommen bei:

Jährliche Einkünfte	Anteil am Einkommensteuer-Aufkommen
ab **76 472 Euro** (die obersten 10 %)	**55,5 %**
54 758 bis 76 471	**16,3**
42 827 bis 54 757	**10,7**
34 821 bis 42 826	**7,5**
27 794 bis 34 820	**5,0**
21 088 bis 27 793	**3,1**
14 546 bis 21 087	**1,4**
8 594 bis 14 545	**0,4**
weniger als **8 594 Euro** (die untersten 20 %)	**0,1**

Zu den obersten 10 Prozent der Verdiener in Deutschland gehört, wer Einkünfte von 76 472 Euro oder mehr versteuern muss.
Diese Steuerzahler zahlen 55,5 Prozent aller Einkommensteuereinnahmen, die dem Staat zufließen.

Quelle: Bundesfinanzministerium   Stand 2014   © Globus 10263

Aufgaben

1_ Erklären Sie anhand von Beispielen die Wechselbeziehungen zwischen Einkommen und Vermögen.

2_ Unterscheiden Sie die Begriffe *Living-Wage* und **Cultural-Wage**.
Warum zielen Tourismusangebote auf beide Begriffe?

3_ Welche objektiven Maßstäbe sind für Sie im Hinblick auf eine gerechte Einkommens- und Vermögensverteilung von Bedeutung?

4_ Nehmen Sie Stellung zu folgender Aussage: „In einer sozialen Marktwirtschaft kann eine gerechte Einkommensverteilung weder nach dem Leistungs- noch nach dem Bedarfsdeckungsprinzip erfolgen".

5_ Berechnen Sie die Lohn- und Gewinnquote:
Einkommen aus unselbst-
ständiger Arbeit   220,00 Mrd. €
Einkommen aus Unter-
nehmertätigkeit   60,00 Mrd. €
Einkommen aus Vermögen 20,00 Mrd. €
Volkseinkommen   300,00 Mrd. €

6_ Der Mitarbeiter eines Reisebüros erzielt Einkünfte aus seiner Tätigkeit als Angestellter und darüber hinaus aus einer Wohnungsvermietung sowie Zinseinkünfte.
Sind seine Einkünfte der Lohn- und/ oder Gewinnquote zuzurechnen?

7_ Nennen Sie sechs Beispiele für die Gestaltungsmöglichkeiten des Staates bei der Sekundärverteilung.

8_ Beschreiben Sie die Ziele der Besteuerung.

9_ Begründen Sie den Grundfreibetrag.

10_ Welche Transferzahlungen nehmen Sie als Azubi in Anspruch?

11_ Nennen Sie drei öffentliche Güterangebote, die für Sie von Bedeutung sind.

12_ Definieren Sie Lohnquote und Gewinnquote.

13_ Bewerten und begründen Sie die folgenden Aussagen:
  – „Eine Lohnerhöhung verändert das Verhältnis von Lohnquote und Gewinnquote."
  – „Eine Lohnerhöhung verändert das Verhältnis von Lohnquote und Gewinnquote nur, wenn sie über der Inflationsrate liegt."
  – „Eine Lohnerhöhung verändert das Verhältnis von Lohnquote und Gewinnquote nicht, wenn der Lohnerhöhung eine Steigerung der Produktivität vorausgeht. Zu unterstellen ist, dass sich die Gegebenheiten der Volkswirtschaft nicht verändert haben."
  – „Die Lohnquote wurde vor allem durch die Verlagerung von Wertschöpfungsteilen an inländische und ausländische Zulieferer nach unten gedrückt."

5053566

8 Umweltökonomische Gesamtrechnungen

Die Natur stellt für wirtschaftliche Nutzungen vielfältige Leistungen zur Verfügung.

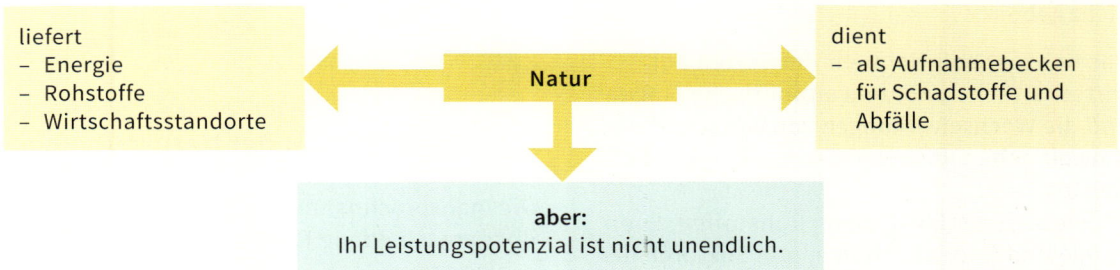

liefert
– Energie
– Rohstoffe
– Wirtschaftsstandorte

Natur

dient
– als Aufnahmebecken für Schadstoffe und Abfälle

aber:
Ihr Leistungspotenzial ist nicht unendlich.

Die Natur ist ein Produktionsfaktor, der durch Inanspruchnahme vermindert, schlimmstenfalls zerstört wird.

! **Die UGR zeigen, welche natürlichen Ressourcen durch die wirtschaftlichen Aktivitäten (Produktion/Konsum) einer Periode beansprucht, verbraucht, entwertet oder zerstört werden.**

Die statistische Erfassung von Veränderungen im „Vermögen Natur" durch wirtschaftliches Handeln ist Ziel der **Umweltökonomischen Gesamtrechnungen (UGR)**. Entsprechend der Volkswirtschaftlichen Gesamtrechnungen, in der für produzierende Vermögensgegenstände Abschreibungen kalkuliert werden, die die Wertminderung erfassen, werden in der UGR die Daten für die Berechnung der **Abschreibung auf das Naturvermögen** ermittelt.

Für die UGR gilt eine **nachhaltige Entwicklung** *(sustainable development)* als Leitbild, also der langfristige Erhalt von Naturpotenzialen, sodass die Lebensgrundlagen für zukünftige Generationen erhalten bleiben.

Module der deutschen Umweltökonomischen Gesamtrechnungen

Belastung	Zustand	Maßnahmen
Material-/Energieflussrechnungen (Physische Materialströme) » Gesamtwirtschaftliches Materialkonto » Rohstoffrechnung nach Branchen » Energieflussrechnungen nach Branchen » Primärmaterial nach Branchen » Emissionsrechnungen nach Branchen » Wassergesamtrechnungen nach Branchen » Physische Input-Output Tabellen	**Umweltzustand** (Quantitative und qualitative Bestandsveränderungen des Naturvermögens in physischen Einheiten) » Siedlungsfläche nach Branchen	**Umweltschutzmaßnahmen** (Umweltbezogene monetäre Ströme und Bestände) » Umweltschutzausgaben » Umweltsteuern

Sektorale Berichtsmodule

» Verkehr und Umwelt
» Landwirtschaft und Umwelt

» Waldgesamtrechnungen
» Private Haushalte und Umwelt

Quelle: Statistisches Bundesamt, Umweltökonomische Gesamtrechnungen 2014

Ziel der UGR und ihrer Module ist es, mithilfe von Modellrechnungen einen **Entwicklungspfad** in Richtung **Nachhaltiges Wirtschaften** zu skizzieren. Das **Ökosozialprodukt** als die amtliche statistische Zahl wird es allerdings nicht geben.

Das Konzept soll vielmehr Antworten auf wirtschaftliche und umweltpolitische Fragen und die **Wechselwirkungen von Wirtschaft und Umwelt** geben. Insbesondere soll aufgezeigt werden:

» wie sich der Einsatz von Rohstoffen, Energie und Bodenflächen in den Sektoren der Wirtschaft zeitlich verändert,
» welche Stoffe an die Umwelt abgegeben werden (CO_2, NO_x, SO_2, …)
» die qualitative Veränderung des Umweltzustandes,
» die aktuelle Belastung (Kosten) der Wirtschaft für tatsächlich durchgeführte Umweltschutzmaßnahmen,
» die Schätzung von Vermeidungskosten für zusätzliche präventive Umweltmaßnahmen,
» die Nachhaltigkeit des Wirtschaftens.

Ein Beispiel für nachhaltige Entwicklung im Tourismus sind die Leitlinien der TUI GROUP:

Unsere Reise

Die komplette Urlaubsreise steht bei uns im Zeichen der Nachhaltigkeit

– Nachhaltige Urlaubsreisen entwickeln
– Sicherstellen, dass die Menschen vor Ort vom Tourismus profitieren
– Nachhaltige Ausflugsprogramme entwickeln
– Mit Destinationen nachhaltiges Tourismusmanagement umsetzen
– Mitarbeiter zu Botschaftern für nachhaltigen Tourismus machen
– In Qualifizierung und Ausbildung investieren
– Unsere Hotels unterstützen, anerkannte Nachhaltigkeitsstandards einzuführen
– Kunden in nachhaltigen Tourismus einbeziehen
– Busflotte umweltfreundlicher gestalten
– Effizienz unserer Kreuzfahrtschiffe steigern
– Artenvielfalt schützen und für Tierschutz eintreten

– Europas emissionsärmste Flugzeuge betreiben
– Nachhaltige Reiseangebote fördern
– CO_2-Fußabdruck unserer Reisebüros reduzieren

Quelle: www.tui-group.com

8.1 Produktivität der Naturnutzung

Die **Inanspruchnahme der Umwelt** lässt sich über verschiedene Faktoren messen. Unterschieden werden:

» die **Entnahme von Materialien** aus der Umwelt, wie Energie, Rohstoffe und Wasser,
» **strukturelle Eingriffe** in die Umwelt als Siedlungs- und Verkehrsflächen und
» die **Abgabe von Materialien** an die Umwelt, nämlich Abwässer und Abgase sowie Abfälle.

Setzt man die einzelnen physischen Einheiten zu der wirtschaftlichen Leistung in Bezug, dann lassen sich **Produktivitäten** als ein Indikator für die **Effizienz der Nutzung natürlicher Einsatzfaktoren** errechnen.

Eine Verbesserung der Umweltnutzung liegt dann vor, wenn bei der Produktion gleicher Mengen von Gütern (d. h., bei gleicher wirtschaftlicher Leistung) immer weniger Ressourcen eingesetzt werden.

> **!** **Die Wirtschaftlichkeit des Einsatzes von Umweltressourcen wird mit deren Produktivität gemessen.**

Umfang und Effizienz der Umweltnutzung

Die Umwelt wird in vielfaltiger Weise durch Produktions- und Konsumaktivitäten in Anspruch genommen. Bei diesen Aktivitäten werden Materialien als Rohstoffe aus der Natur entnommen, die Fläche dient als Standort für wirtschaftliche Aktivitäten und bei der Abgabe von Rest- und Schadstoffen wird die Natur als Senke genutzt, das heißt sie nimmt Stoffe auf. Die UGR beschreiben diese Zusammenhänge durch entsprechende Daten, um eine Grundlage für eine handlungsorientierte Umweltpolitik zu liefern. (…)

Produktivität – Indikator für die Effizenz der Faktornutzung

Die Produktivität eines Einsatzfaktors gibt an, wie viel wirtschaftliche Leistung mit der Nutzung einer Einheit dieses Faktors produziert wird.

$$\text{Produktivität} = \frac{\text{Bruttoinlandsprodukt}}{\text{Einsatzfaktor}}$$

Die Produktivität drückt aus, wie effizient eine Volkswirtschaft mit dem Einsatz von Arbeit, Kapital und Natur umgeht. So steigt z. B. bei einer Zunahme des Bruttoinlandsproduktes und gleichbleibender Nutzung eines Einsatzfaktors dessen Produktivität. Direkt untereinander vergleichbar sind diese Faktoren wegen ihrer unterschied-

lichen Beschaffenheit und Funktionen nicht. Die Beobachtung ihrer Entwicklung über längere Zeiträume kann aber darüber Auskunft geben, wie sich das Verhältnis dieser Faktoren verändert.

Weiterhin ist zu beachten, dass bei der Berechnung von Produktivitäten der gesamte Ertrag der wirtschaftlichen Tätigkeit ausschließlich auf den jeweiligen Produktionsfaktor bezogen wird, obwohl das Produkt aus dem Zusammenwirken sämtlicher Produktionsfaktoren entsteht. Die ermittelten Produktivitäten können deshalb nur als grobe Orientierungshilfen dienen. (…)

Quelle: www.destatis.de –
Broschüre „Umweltnutzung und Wirtschaft, 2014“.

8.2 Umweltschutzmaßnahmen und umweltbezogene Steuern

Umweltschutzmaßnahmen sind solche, die die **Beeinträchtigung der Natur vermeiden, verringern bzw. beseitigen** sollen. Die nachstehenden Zahlen beschreiben in erster Linie die Kosten von Umweltschutzmaßnahmen.

Ausgaben für den Umweltschutz				
	2000	**2005**	**2008**	**2010**
	Mrd. € (in jeweiligen Preisen)			
Ausgaben für den Umweltschutz insgesamt davon:	33.070	34.180	36.040	35.770
Produzierendes Gewerbe[1]	7.330	6.500	8.310	8.760
Staat	9.660	8.140	8.060	8.270
Privatisierte öffentliche Unternehmen	16.080	19.550	19.660	18.740
Investitionen für Umweltschutz davon:	9.490	8.300	9.810	8.860
Produzierendes Gewerbe[1]	1.580	1.410	3.490	3.320
Staat	3.120	2.140	2.020	1.880
Privatisierte öffentliche Unternehmen	4.790	4.760	4.310	3.660
Laufende Ausgaben für den Umweltschutz davon:	23.580	25.880	26.230	26.910
Produzierendes Gewerbe[1]	5.750	5.090	4.830	5.440
Staat	6.540	6.000	6.050	6.390
Privatisierte öffentliche Unternehmen	11.300	14.790	15.360	15.080

Quelle: Statistisches Bundesamt, Wiesbaden 2015

1 Ohne die Wirtschaftsbereiche Baugewerbe, Wasserversorgung, Abwasser- und Abfallentsorgung.

Die **Umweltschutzausgaben** setzen sich aus den entsprechenden Investitionen und laufenden Kosten zusammen.

So subventioniert der Staat die Anschaffung und den Betrieb von umweltschonenden Energiegewinnungsanlagen und die umweltschonende Mobilität von Verbrauchern.

Subventioniert werden u. a.:

– Solarenergie

– Windernergie

– Wärmerückgewinnung

– Wärmedämmung von Gebäuden

Als Ausgleich erhebt der Staat **umweltbezogene Steuern und Gebühren** (z. B. für Abwasser, Abfall). Sie sind von besonderem Interesse für den Einsatz in der Umweltpolitik.

Die „Öko-Steuern" und „Öko-Abgaben" haben als **marktwirtschaftliche Instrumente eine Lenkungsaufgabe,** mit der der Kauf bestimmter Produkte oder Verhaltensweisen belohnt bzw. „bestraft" wird. Sie dienen letztlich dem Ziel, Energieeffizienz zu erreichen.

Umweltbezogene Steuern

Besteuerungsgrundlage für umweltbezogene Steuern ist eine physische Einheit, die nachweislich spezifische negative Auswirkungen auf die Umwelt hat. Konkret fallen darunter:

» Emissionen (verunreinigte Luft, Abwasser, Abfall, Lärm),

» Energieerzeugnisse,

» Dünge- und Pflanzenschutzmittel und

» Verkehr.

Dabei wird nach dem **Verursacherprinzip** verfahren, d. h. wer mehr verunreinigt (Menge, Zeitraum, Intensität), zahlt auch mehr.

Für die Bundesrepublik Deutschland sind u. a. die Energiesteuer, die Stromsteuer und die Kraftfahrzeugsteuer umweltbezogene Steuern und wichtige Steuereinnahmequellen.

Gesamtaufkommen aus umweltbezogenen Steuern				
	2000	2010	2012	2014[1]
	Mrd. €			
Umweltbezogene Steuern insgesamt	**48.197**	**54.887**	**57.774**	**57.304**
Energiesteuer (früher Mineralölsteuer)	37.826	39.838	39.305	39.758
Kraftfahrzeugsteuer	7.015	8.488	8.443	8.501
Stromsteuer	3.356	6.171	6.973	6.638
Kernbrennstoffsteuer	–	–	1.577	708
Emissionsberechtigungen	–	390	528	709
Luftverkehrsteuer	–	–	948	990

Quelle: Statistisches Bundesamt, Wiesbaden 2015

1 vorläufiges Ergebnis

8.3 Umweltpolitik

Im **Grundgesetz Artikel 20 a** ist das wirtschaftspolitische und sozialpolitische Ziel verankert,
die Umwelt lebenswert zu erhalten und zu
verbessern.

 „Der Staat schützt auch in Verantwortung für
die künftigen Generationen die natürlichen Lebensgrundlagen im Rahmen der verfassungs-
mäßigen Ordnung durch die Gesetzgebung und
nach Maßgabe von Gesetzen und Recht durch
die vollziehende Gewalt und die Rechtsprechung.“

Die Ursachen der Umweltbelastungen

» die zunehmende Industrialisierung
» die stetig wachsende Weltbevölkerung
» die Intensivierung der Landwirtschaft

Die Ziele der Umweltpolitik

» Folgen von Umweltverschmutzungen beseitigen
» Nachhaltiges Wirtschaften

Ohne Rücksichtnahme auf die Natur führen
die Faktoren der Umweltbelastungen zu einer
Zerstörung der natürlichen Lebensgrundlagen.

 **Demnach hat Umweltpolitik vor allem
vier Aufgaben:**
1. **Menschen eine menschenwürdige Umwelt sichern.**
2. **Die Umweltindikatoren Klima, Luft,
   Boden, Wasser, Energie und Rohstoffe
   sichern.**
3. **Pflanzen- und Tierwelt schützen.**
4. **Schäden aus menschlichen Umwelteingriffen beseitigen.**

Die **Umweltauswirkungen des Tourismus** sind
vielfältig. Urlaubsreisen verursachen z. B.
Treibhausgasemissionen und tragen zur
Klimaveränderung bei. Im Schnitt entstehen

etwa drei Viertel der Emissionen einer Urlaubsreise durch den Kraftstoffverbrauch der
An- und Abreise. Besonders klimaschädlich
sind dabei das Flugzeug und das Auto – deutlich klimaschonender sind Reisebus oder
Bahn. Rund ein Fünftel der Treibhausgasemissionen entstehen durch den Energieverbrauch
der Unterkunft. Der Rest entfällt auf die Aktivitäten vor Ort.

Sind diese Emissionen unvermeidbar, können
die Klimaauswirkungen durch eine Spende
an ein Klimaprojekt ausgeglichen werden.
Weisen Sie Ihre Kunden auf die verschiedenen
Kompensationsdienstleister wie z. B. **Atmosfair.
de, Myclimate.org** sowie **Goclimate.de** hin. Die
Reisenden können hier Ihre verursachten
Treibhausgase und die entsprechenden Ausgleichszahlungen für Klimaprojekte berechnen. Oft kann diese Zahlung als Spende von
der Steuer abgesetzt werden.

Umweltpolitik ist keine nationale Aufgabe,
sondern kann nur mit gemeinsamen Bestre-
bungen von Staatengemeinschaften zum Ziel
führen.

Um die internationalen Verhandlungen voran-
zubringen, haben die Staats- und Regierungs-
chefs der EU beschlossen, dass die Mitgliedsstaaten ihre Treibhausgasemissionen bis
zum Jahr 2020 um 30 % im Vergleich zu 1990
reduzieren werden.

Umweltpolitik kann auch ein **Instrument
zur Friedenssicherung** sein. Insbesondere in
Entwicklungs- oder Schwellenländern kommt
es immer wieder zu extremen Gewaltausbrü-
chen, die u. a. auf Umweltveränderungen und
dadurch bedingte Ressourcenverknappung
zurückzuführen sind.

Politik und Wissenschaft konzentrieren sich
daher verstärkt auf diese neuen Bedrohungs-
szenarien, die von der Zerstörung der natürlichen Lebensräume herrühren.

Instrumente der Umweltpolitik

Ordnungspolitische Instrumente

» Ge- und Verbote (z. B. Auflagen)
» Umweltverträglichkeitsprüfung
  (z. B. Chemikalien)
» Herstellerrücknahmegarantie (z. B. Kfz)
» Umweltauflagen (z. B. Baugenehmigung)

Fiskalische Instrumente

» Steuern (z. B. Ökosteuer)
» Subventionen (z. B. für Solaranlagen)
» Umweltabgaben (z. B. auf Abwasser)

An den fachlichen Bewertungen der **Umweltindikatoren** können die aktuelle Umweltpolitik und deren ordnungspolitischen und fiskalischen Instrumente ausgerichtet werden.

Umweltverträgliche Verhaltensweisen und Schäden aus Umwelteingriffen werden mit ökonomischem Druck und positiven Anreizen durch den Staat reguliert.

Aufgaben

1_ Welches Ziel verfolgen die Umweltökonomischen Gesamtrechnungen (UGR)?

2_ Was verstehen Sie unter „Abschreibung auf das Naturvermögen"?

3_ Inwieweit ist der Tourismus Ursache solcher Abschreibungen? Begründen Sie Ihre Antwort anhand von Beispielen. Warum muss „sustainable development" Leitbild für die UGR und den Tourismus sein?

4_ Interpretieren Sie die Abbildung „Module der Umweltökonomischen Gesamtrechnungen" (→ Seite 567 unten).

a) Mit welchen Themenbereichen der Abbildung korrespondiert die Tourismuswirtschaft?

b) Geben Sie Beispiele zu den einzelnen Themenbereichen an.

5_ Inwieweit kann der sanfte Tourismus bzw. ein nachhaltiger Tourismus die UGR positiv beeinflussen?

6_ Durch welche Maßnahmen kann die Tourismusbranche – und damit auch Sie als Expedient-Artikel 20 a GG unterstützen?

7_ Geben Sie jeweils drei Beispiele für ordnungspolitische und fiskalische Instrumente der Umweltpolitik.

8_ Überprüfen Sie drei verschiedene Pauschalreiseangebote im Hinblick auf Aussagen bezüglich der Umweltverträglichkeit.

9_ „Umweltpolitik ist aktive Tourismuspolitik." Belegen Sie die Aussage anhand folgender Beispiele:
– Küstenschutz,
– Aufforstung des Regenwaldes,
– Emissionsreduzierung,
– Errichtung von Naturschutzgebieten,
– geführte Wanderungen,
– Versorgung der Gäste mit heimischen Produkten.

9 Geldpolitik der Europäischen Zentralbank

Neben den Maßnahmen durch den Staat (Fiskalpolitik) hat die Europäische Zentralbank mit ihrer Geldpolitik eine wichtige Funktion bei der Steuerung des Konjunkturverlaufs.

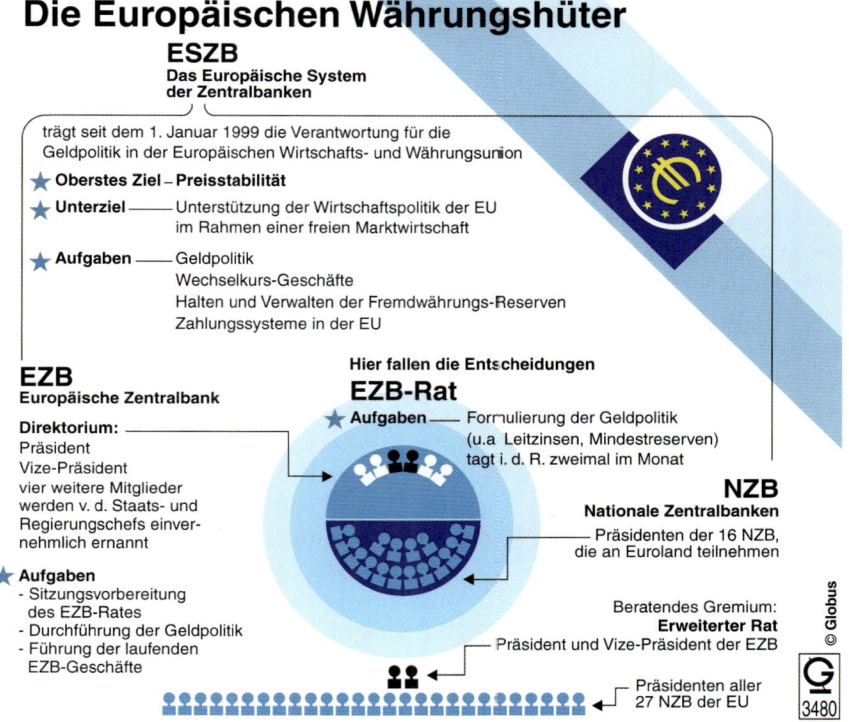

Als **Nationale Zentralbank (NZB)** wird die Zentralbank eines einzelnen Staates bezeichnet. Die deutsche Zentralbank ist die **Deutsche Bundesbank.**

Die NZBen aller EU-Mitgliedstaaten bilden gemeinsam mit der **Europäischen Zentralbank (EZB) das Europäische System der Zentralbanken (ESZB).** Zu dem ESZB gehören somit auch die Zentralbanken der EU-Länder, die den Euro noch nicht eingeführt haben.

Die NZBen der Mitgliedsstaaten, die den Euro bereits eingeführt haben, bilden dagegen mit der EZB das **Eurosystem.**

Oberstes Entscheidungsorgan des Eurosystems ist der **EZB-Rat.** Er entscheidet über die Geldpolitik im Euroraum.

Die **Hauptaufgabe des Eurosystems** ist die **Sicherung der Preisstabilität.** Von Preisstabilität

wird gesprochen, wenn die Verbraucherpreise für das Euro-Währungsgebiet nicht mehr als 2 % gegenüber den Preisen im Vorjahr steigen. Neben der Bekämpfung der Inflation ist es auch erklärtes Ziel der EZB, eine Deflation, also ein sinkendes Preisniveau, zu verhindern. Natürlich kann das Eurosystem nicht direkt Einfluss auf die Preise nehmen. Vielmehr versucht es, mit verschiedenen geldpolitischen Instrumenten die Geldmenge im Bankensystem zu steuern und die Preise dadurch indirekt zu beeinflussen.

Weitere Aufgaben des Eurosystems:
» Die Geldpolitik des Eurowährungsgebiets festlegen und ausführen,
» Devisengeschäfte durchführen,
» die offiziellen Währungsreserven der Euro-Mitgliederstaaten halten und verwalten und
» das reibungslose Funktionieren der Zahlungssysteme fördern.

Für eine erfolgreiche stabilitätsorientierte Geldpolitik muss das Eurosystem bei der Ausübung seiner Aufgaben unabhängig von den Weisungen der Regierungen der Mitgliedsstaaten sein. Weil die Gefahr der Einflussnahme groß ist, ist das Eurosystem personell, institutionell, funktionell und finanziell unabhängig.

Geldpolitische Instrumente

> **!** Wirtschaftspolitische Maßnahmen, die die Zentralbank ergreift, um ihre Ziele zu verfolgen, werden zusammenfassend als Geldpolitik bezeichnet. Die Steuermechanismen werden geldpolitische Instrumente genannt.

Offenmarktgeschäfte

Die Offenmarktgeschäfte bilden den Schwerpunkt der Geldpolitik. Sie bestehen darin, dass die EZB den Geschäftsbanken Kredite mit einer Laufzeit von einer Woche (**Hauptrefinanzierungsgeschäfte**) oder drei Monaten (**langfristige Refinanzierungsgeschäfte**) zur Verfügung stellen.

Durch die Kreditvergabe wird den Geschäftsbanken Liquidität bereitgestellt und durch die Kreditrückzahlung wird ihnen Liquidität entzogen.

Der Zinssatz, zu dem die Liquiditätsbereitstellung erfolgt, wird von der EZB festgelegt. Er wird Leitzins genannt, da sich die Geschäfts-

banken wiederum bei ihrer Kreditvergabe an ihm orientieren.

Weitere Instrumente der Offenmarktpolitik der EZB sind **Feinsteuerungs- und strukturelle Operationen.** Diese unregelmäßigen Geschäfte werden z. B. durch Ausgabe von Schuldverschreibungen und durch Hereinnahme von Termingeld durchgeführt.

Offenmarktgeschäfte wirken sich somit auf die Geldmenge im Bankensektor und die Kosten für Kredite in der Euro-Zone aus.

Durch eine **Leitzinssenkung** der EZB wird dem Bankensektor Zentralbankgeld zugeführt. Es wird für die Geschäftsbanken billiger, sich bei der EZB Geld zu leihen. Damit steht den Geschäftsbanken mehr Geld für ihr eigenes Kreditgeschäft zur Verfügung. Kredite für Unternehmen und Privatpersonen werden billiger. Die Kreditpreise wirken sich wiederum auf die Investitionen und den Konsum aus. Werden die Kredite billiger, sinken auch die Zinsen für Guthaben. Sparen wird weniger attraktiv und die Nachfrage nach Konsum- und Investitionsgüter steigt. Wird das Güterangebot dann nicht ausgeweitet, steigen die Preise.

Eine **Leitzinserhöhung** der EZB wirkt genau in die entgegengesetzte Richtung.

Wirkmechanismus der Leitzinsänderungen durch die EZB		
Leitzins	sinkt	steigt
Refinanzierung der Geschäftsbanken	billiger	teurer
Kreditzinsen für Bankkunden	sinken	steigen
Kreditnachfrage der Nichtbanken	steigt	sinkt
Nachfrage nach Investitions- und Konsumgüter	steigt	sinkt
Preisniveau (Annahme: gleichbleibendes Güterangebot)	steigt	sinkt

Was hier vereinfacht dargestellt wird, ist in Wirklichkeit etwas komplizierter, weil die Geld-

und Kreditnachfrage nicht allein vom Leitzins, sondern auch von anderen Faktoren abhängig ist. Die Erwartungen von Unternehmen und Verbrauchern an die Zukunft haben ebenfalls großen Einfluss auf das Konsum- oder Kreditverhalten. So ist z. B. ein Arbeitnehmer mit sicherem Arbeitsplatz eher bereit, einen Kredit aufzunehmen oder eine größere Anschaffung zu tätigen als ein Arbeitnehmer mit unsicherem Arbeitsplatz.

Ständige Fazilitäten

Fazilität (von lat. facilitas – Leichtigkeit) beschreibt allgemein die Möglichkeit, innerhalb festgelegter Grenzen kurzfristig und problemlos Kredite in Anspruch zu nehmen oder Guthaben anzulegen.

Wenn die einzelnen Geschäftsbanken bei der EZB aus eigener Initiative Geld für einen Geschäftstag gegen bestimmte Sicherheiten, z. B. Wertpapiere, zu einem vorgegebenen Zinssatz aufnehmen, spricht man von **Spitzenrefinanzierungsfazilitäten.** Wenn die Geschäftsbanken dagegen überschüssige Guthaben bei der EZB gegen Zins anlegen, spricht man von **Einlagefazilitäten.**

Die Spitzenrefinanzierungsfazilität dient der Deckung des kurzfristigen Liquiditätsbedarfs der Geschäftsbanken. Durch ihre Inanspruchnahme wird die Liquidität im Bankensystem erhöht. Das Ziel ist, einen Ausbruch des Tagesgeldsatzes nach oben zu verhindern.

Die Einlagenfazilitäten dienen den Geschäftsbanken dazu, überschüssige Liquidität für einen Tag anzulegen und dafür Zinsen zu erhalten. Durch ihre Inanspruchnahme wird die Liquidität im Bankensystem gesenkt. Das Ziel ist, einen Ausbruch des Tagesgeldsatzes nach unten zu verhindern.

Da beide Möglichkeiten dauerhaft und in unbegrenztem Volumen zur Verfügung stehen, spricht man zusammenfassend von **ständigen Fazilitäten.**

Mindestreserve

Privatleute und Unternehmen unterhalten bei den Geschäftsbanken Konten (z. B. Girokonto, Sparkonto). Die Guthaben auf diesen Konten sind entweder täglich (**Sichteinlagen**) oder zu einem bestimmten Zeitpunkt (**Termineinlagen**) für die Kunden verfügbar. Das bedeutet, dass die Geschäftsbanken nicht die kompletten Guthaben für ihre Kreditgeschäfte verwenden können. Sie müssen immer damit rechnen, dass ein Teil dieser Guthaben wieder abgehoben wird. Um das zu gewährleisten, sind sie dazu verpflichtet, einen bestimmten Anteil an diesen Guthaben bei den NZBen als Mindestreserve zu hinterlegen.

Der **Mindestreservesatz** ist variabel und wird von der EZB festgelegt. Da die zu unterhaltenden Pflichtguthaben bei den NZBen die Liquidität der Geschäftsbanken bestimmen, nimmt die EZB somit über die Höhe des Mindestreservesatzes Einfluss auf den Geldumlauf und die Kreditgewährung.

> **!** **Werden die geldpolitischen Instrumente der EZB zur Erweiterung der Liquiditätsspielräume der Geschäftspartner genutzt, spricht man von expansiver Geldpolitik, wird das Gegenteil beabsichtigt, von kontraktiver Geldpolitik.**

Die Geldpolitik der EZB nimmt also indirekt Einfluss darauf, wie teuer ein Urlaub wird, welche touristische Leistung mit einer bestimmten Menge Geld bezahlt werden kann, oder sie nimmt Einfluss auf Kreditvergaben und Gewinne der veranstaltereigenen Kreditinstitute.

Ergänzend zu diesem Kapitel finden Sie auf der beiliegenden DVD zwei Videos „EZB – Hüterin des Geldes" und „Euro – kräftiges Zahlungsmittel".

Aufgaben

1_ Warum ist die Europäische Zentralbank gegenüber den Regierungen
unabhängig?

2_ Begründen Sie, warum geldpolitische
Entscheidungen nur von Mitgliedern
des Eurosystems getroffen werden
dürfen.

3_ Welche Wirkung haben Offenmarktgeschäfte auf die Zinsen und den
Konsum?

4_ Was verstehen Sie unter expansiver
und kontraktiver Geldpolitik?

5_ Welche Vorteile bieten die ständigen
Fazilitäten den Geschäftsbanken?

6_ Warum ist ein stabiles Preisniveau
wichtig für die Tourismuswirtschaft?

10 Qualitätsmanagement

Eine Grundlage des wirtschaftlichen Erfolgs eines Reisebüros sind loyale Kunden. Je höher die Zufriedenheit der Kunden mit den Leistungen des Reisebüros, desto größer seine Loyalität. Zur Sicherung und Verbesserung der Kundenzufriedenheit setzen Reisebüros und Reiseveranstalter verstärkt ein aktives Qualitätsmanagement in ihren Unternehmen ein.

10.1 Qualität

Nach der ISO-Norm 9000:2005 (→ Kapitel 9.5) ist Qualität der Grad, in dem ein Satz inhärenter Merkmale Anforderungen erfüllt. Anders ausgedrückt bezeichnet Qualität das Maß, in welchem ein Produkt (Ware/Dienstleistung) den bestehenden Anforderungen entspricht.

> ! **Die Qualität drückt die Wertigkeit eines Produktes aus.**

Im Fall einer Reisevermittlungsleistung (= Dienstleistung) stellt jeder Kunde individuelle Anforderungen an die Vermittlung und beurteilt die Qualität anhand der Erfüllung der von ihm an die Reisevermittlung gestellten Anforderungen. Aus Sicht eines Kunden kann beispielsweise die Qualität eines Reisebüros an unterschiedlichen Stellen wahrgenommen werden.

Aus den nebenstehenden Beispielen wird ersichtlich, dass sich die Qualität eines Reisebüros aus Kundensicht nicht auf einzelne Bereiche beschränken lässt. Je nach Kunde unterscheiden sich die individuellen Präferenzen hinsichtlich der Qualitätsbeurteilung. Dies zeigt, dass die Qualität eines Reisebüros das gesamte Unternehmen betrifft und nicht auf einzelne Bereiche reduziert werden kann. Die Einrichtung, Sicherung und Verbesserung der Qualität, das sogenannte Qualitätsmanagement, betrifft damit jeden Bereich des Unternehmens.

Kriterien zur Qualitätsbeurteilung eines Reisebüros aus Kundensicht

» Ausstattung des Reisebüros.
» Erscheinungsbild des Büros und des Personals.
» Freundlichkeit des Personals.
» Übereinstimmung der Reise mit Kundenwünschen.
» Fachspezifisches Wissen des Personals.
» Erreichbarkeit und Öffnungszeiten des Büros.
» Sortiment an Reiseveranstaltern.
» Flugzeiten der gebuchten Reise.
» Mahlzeiten während des Fluges und im Hotel.
» Informationen zum Zielgebiet.
» Verfügbarkeit eines Mietwagens im Zielgebiet.
» Erreichbarkeit und Engagement der Reiseleitung.
» Sauberkeit der Hotelzimmer.
» Bearbeitung von Kundenbeschwerden.
» ...

10.2 Dienstleistungsqualität

Im Dienstleistungssektor wird der Qualitätsbegriff untergliedert in **Strukturqualität** und **Prozessqualität.**

Die **Strukturqualität** bezeichnet sämtliche Rahmenbedingungen, die Einfluss auf die Arbeitsprozesse (→ Kapitel 9.3) und damit auf die Prozessqualität haben. Die Strukturqualität stellt die Basis für eine gute Prozessqualität. Einfluss auf die Strukturqualität haben die personelle, räumliche und sachliche Ausstattung.

Personelle Ausstattung	Räumliche Ausstattung	Sachliche Ausstattung
» Anzahl der Mitarbeiter	» Lage des Büros	» Buchungssoftware
» Zielgebietswissen	» Bauliche Beschaffenheit	» Anzahl Computer
» Kommunikative Fähigkeiten	» Design der Einrichtung	» Internetverbindung
» Ausbildungsstand	» Beschaffenheit der Einrichtung	» CRM Software
» ...	» ...	» ...

Die **Prozessqualität** beschreibt die Eigenschaften aller beratenden und administrativen Tätigkeiten, welche innerhalb des Unternehmens sowie zwischen Unternehmen und Kunden stattfinden. Aus der Struktur- und der Prozessqualität lässt sich schließlich ein Urteil über die Qualität des gesamten Unternehmens ableiten.

Entscheidenden Anteil an der Qualität eines Reisebüros haben insbesondere die innerbetrieblichen Abläufe und damit die Prozessqualität.

10.3 Prozessebenen im Reisebüro

Ein typisches Verkaufsgespräch lässt sich in unterschiedliche kleine, aneinandergereihte Dienstleistungs-Prozesse aufteilen. Diese Prozesse sollten für einen erfolgreichen Abschluss die Kundenbedürfnisse bestmöglich abdecken. Die Qualität jedes einzelnen Prozesses entscheidet darüber, ob sich der Kunde für oder gegen eine Buchung entschließt.

> Ein potenzieller Kunde betritt das Reisebüro mit einem mehr oder weniger ausgeprägten Bedürfnis, eine touristische Leistung zu buchen. Bei diesem Bedürfnis kann es sich um ein rein informatives Bedürfnis handeln, wie beispielsweise eine Auskunft zu einem bestimmten Hotel, oder um eine konkrete Buchungsabsicht.

Die durch den Expedienten nun folgende Bedarfsermittlung ist Teil des **Verkaufsprozesses** (LF 4 Kapitel 1.2). Die Qualität des Verkaufsprozesses hängt im entscheidenden Maß von den persönlichen Kompetenzen und kommunikativen Fähigkeiten des beratenden Mitarbeiters ab und hat großen Einfluss auf die Buchungsentscheidung.

Unterstützend kann ein Gesprächsleitfaden in den einzelnen Phasen des Verkaufsgesprächs eingesetzt werden. Ein Leitfaden standardisiert das Gespräch und stellt sicher, dass alle wichtigen Aspekte berücksichtigt werden (➜ LF 4 Kapitel 2).

Die Qualität der **angebotenen Produkte** wird bestimmt durch das individuelle **Sortiment** eines jeden Reisebüros an Reiseveranstaltern und Leistungsträgern. Diese Auswahl sollte sich an der Zielgruppe des Reisebüros orientieren, um den Kunden bedarfsgerechte Leistungsträger anbieten zu können.

Neben der Beratung und dem angebotenen Sortiment beeinflusst auch die **Servicequalität** das Buchungsverhalten des Kunden. Das Anbieten von Zusatzleistungen wie Versicherungen oder Mietwagen und die Erfüllung von Sonderwünschen des Kunden haben beispielsweise Einfluss auf die Servicequalität.

Während eines Beratungsgesprächs ist der Kunde nicht nur in die direkte Kommunikation mit seinem Berater eingebunden, er nimmt auch die Kommunikation zwischen den Mitarbeitern wahr. Die Ausgestaltung des Prozesses der **internen Kommunikation** im Büro kann das Buchungsverhalten des Kunden positiv oder negativ beeinflussen.

Hat der Kunde eine Reise gebucht, ist die Prozesskette des Büros noch nicht beendet. Der Umfang und die Vollständigkeit an Informationen sowie der Zeitpunkt des Empfangs der Reisedokumente bestimmen die Qualität des **Dokumentenversands.**

Sollten nach Dokumentenversand Änderungen der gebuchten Leistungen eintreten, wie beispielsweise eine Baustelle in der Nachbarschaft zum gebuchten Hotel oder eine Flugzeitenänderung, ist ein aktives Handeln des Reisebüros gefragt, um eine hohe **Umsetzungsqualität** zu erreichen. Ebenso betrifft dies die Behebung von Mängeln noch während der Reise.

Nach Beendigung der Reise folgt der Prozess des **After-Sales Marketings.** Die Qualität dieses Prozesses wird hauptsächlich beeinflusst durch die Art der Kundenbetreuung in Bezug auf das Beschwerdemanagement, sowie die Ermittlung der Kundenzufriedenheit.

5053578

Im letzten Prozess erfolgt die **Ergebniskontrolle.** Die aus dem Prozess des After-Sales Marketing gewonnenen Erkenntnisse müssen ausgewertet werden, um die Qualität der vorangegangenen Prozesse weiter steigern zu können.

Qualitätskreis im Reisebüro

Darstellung in Anlehnung an Zollondz, 2002

Maßnahmen zur Verbesserung der Prozessqualität können sein:

» Besuch von Inforeisen für verbesserte Zielgebietskenntnisse
» Verkaufsschulungen für höhere Abschlussquoten
» Information über Leistungsträger für bessere Produktkenntnisse
» Weiterbildung in Marketing-Maßnahmen für effektivere Kundenbetreuung und -gewinnung
» Aufbau eines Customer Relationship Managements (CRM) für die individuellere Weiterbetreuung der Kunden.

Diese Einzelmaßnahmen stellen sinnvolle Instrumente zur Verbesserung der Qualität einzelner Prozesse dar. Beim Qualitätsmanagement muss aber jeder einzelne Prozess im Blick behalten werden; eine geringe Qua-

lität in einem einzelnen Bereich kann bereits zum Kundenverlust führen.

Die Abbildung des Qualitätskreises im Reisebüro veranschaulicht alle beschriebenen Prozessebenen.

10.4 Qualitätsmanagement im Reisebüro und Qualitätsregelkreis

> **!** **Als Qualitätsmanagement werden sämtliche aufeinander abgestimmte Tätigkeiten zum Leiten und Lenken einer Organisation bezüglich der Qualität verstanden.**

Nach der Qualitätsnorm EN ISO 9001:2008 (→ Kapitel 9.5) ist hierbei eine konsequente Beachtung aller qualitätsrelevanten Prozesse gefordert. Eine zentrale Anforderung ergibt sich für die jeweilige Unternehmensführung. Sie hat ihre Selbstverpflichtung bezüglich der Entwicklung und Verwirklichung des Qualitätsmanagementsystems nachzuweisen.

Ausgestaltung des Qualitätsmanagements

Bei der Ausgestaltung des Qualitätsmanagements, der Implementierung eines sogenannten Qualitätsmanagementsystems, steht die Leistungserstellung des Unternehmens im Mittelpunkt. Alle Elemente zur Erbringung einer Leistung sind zu berücksichtigen. Die Kernelemente (Kapital 10.5) sind:

» Prozesse der Leitungstätigkeit,
» Bereitstellung von Ressourcen,
» Produktrealisierung und
» Messung, Analyse und Verbesserung.

Übertragen auf ein Reisebüro bedeutet dies, dass die Unternehmensleitung gezielt in das Qualitätsmanagement einbezogen werden muss. Die entscheidenden Ressourcen des Reisebüros sind seine Mitarbeiter und deren Kenntnisse. Diese müssen ebenso im Qualitätsmanagement berücksichtigt werden wie die Vermittlung und Erstellung eigner Reisen oder Touren (Produktrealisierung). Auch die

Kundenbefragung nach erfolgter Reise sowie die Auswertung der Befragungen sollten Bestandteil des Qualitätsmanagements sein.

Was sich nach einem enormen administrativen Aufwand anhört, ist bei konkreter Ausgestaltung jedoch sehr überschaubar und lässt sich ohne großen Aufwand in den Büroalltag einbauen. Die drei konkret auszugestaltenden Elemente des Qualitätsmanagementsystems sind das QM-Handbuch, Verfahrensanweisungen und Arbeitsmittel. Die Umsetzung der drei Elemente kann elektronisch oder in Papierform erfolgen.

Das **QM-Handbuch** beschreibt das Qualitätsmanagementsystem des Unternehmens. Hierzu dokumentiert es die grundsätzliche Qualitätspolitik der Unternehmensführung. Es beschreibt die Verantwortung und Zuständigkeiten der einzelnen Positionen, sowie die Organisation des Unternehmens, beispielsweise anhand eines Organigramms. Auch Aussagen über Verfahren und Anweisungen zur Umsetzung einzelner Maßnahmen des Qualitätsmanagementsystems werden festgeschrieben. Schließlich enthält es Aussagen über Maßnahmen zur Überprüfung, Verbesserung, Bewertung und Validierung von Produkten und Prozessen.

Eine **Verfahrensanweisung** beschreibt, auf welche Art und Weise ein bestimmter Prozess auszuführen ist. Arbeitsanweisungen können die Verfahrensanweisung durch detaillierte Anweisung zur Ausführung eines Tätigkeitsschritts weiter konkretisieren.

Die Arbeitsanweisungen zählen zusammen mit den sogenannten Mitgeltenden Unterlagen wie Formblätter und Checklisten zu den **Arbeitsmitteln.**

Funktionsweise des Qualitätsmanagements

Ziel des Qualitätsmanagements ist es, die Qualität der angebotenen Leistung stetig zu verbessern. Anhand eines Qualitätsregelkreises kann verdeutlicht werden, wie dieses Ziel erreicht werden kann:

Ein potenzieller Kunde betritt ein Reisebüro und übermittelt seine persönlichen Reisewünsche (Bedürfnisse) an den Mitarbeiter. Anhand dieser Informationen (Input) des Kunden kann der Expedient sein Verkaufsgespräch aufbauen.

Nun beginnt der Teil der **Leistungserstellung.** Hierzu zählen unter anderem die Buchung der gewünschten Reiseleistungen, ggf. zusätzliche Serviceleistungen sowie der Dokumentenversand.

Im nächsten Schritt des Qualitätsmanagements wird die **Zufriedenheit des Kunden** zur erfolgten Reise **gemessen.** Dies kann durch einen Telefonanruf, eine schriftliche Anfrage oder beim nächsten Kundenbesuch im Büro erfolgen. Je besser die Bedürfnisse des Kunden während der Reise abgedeckt wurden, desto höher wird der Grad der Kundenzufriedenheit ausfallen. Die auf diese Weise gewonnenen Daten werden **analysiert** und archiviert und dienen als Grundlage der **Verbesserung** einzelner Prozesse.

Das Reisebüro Müller wird durch die eigene EDV erinnert, zu welchem Zeitpunkt die Kunden aus ihrem Urlaub zurückkommen. Die Auszubildende Ines sendet dazu jedem Kunden einen Fragebogen, welcher die Zufriedenheit des Kunden zu einzelnen Elementen der Reise misst. Dabei wird der Kunde zu folgenden Themen befragt:

– Ausstattung des Hotels

– Sauberkeit der Zimmer

– Mahlzeiten des Hotels

– Pünktlichkeit der Beförderungsleistung

– Kompetenz der Reiseleitung

– Kompetenz und Freundlichkeit der Mitarbeiter des Reisebüros

– Wartezeit im Reisebüro

– Erreichbarkeit des Reisbüros bei Fragen

– Freizeitangebote des Hotels

– Service des Hotels

Die Auswertung der Kundenbefragung kann beispielsweise ergeben, dass mehrere Kunden

Kontinuierlicher Verbesserungsprozess

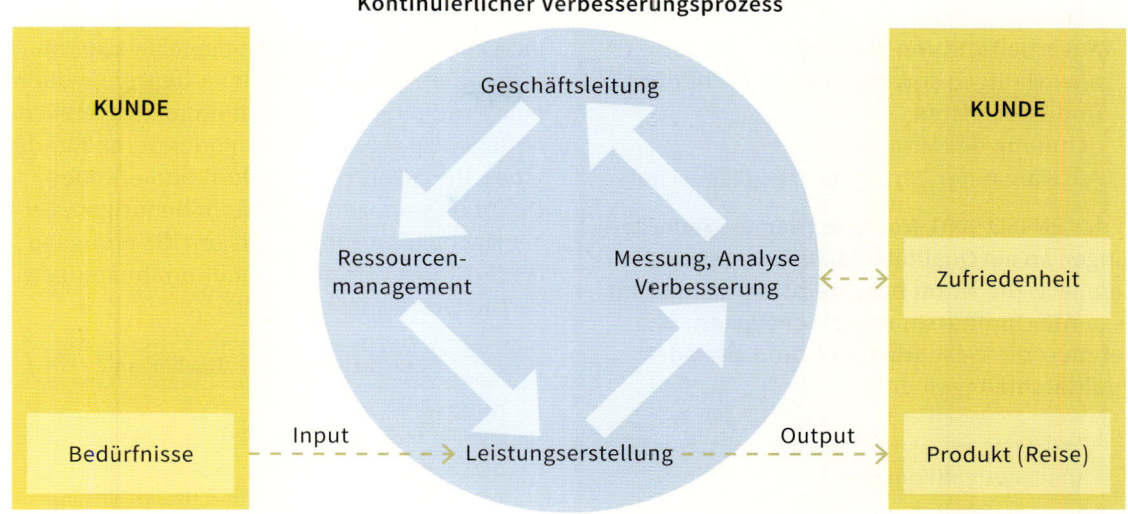

Vereinfachte Darstellung in Anlehnung an ISO 9000 model standard www.iso.org

unzufrieden sind mit der Erreichbarkeit des Reisebüros bei Fragen, die sich nach einem Verkaufsgespräch im Reisebüro ergeben. Die **Geschäftsleitung** kann eine Verbesserung herbeiführen, in dem sie z. B. eine spezielle Rufnummer für derartige Fälle einrichtet oder eine Halbtagskraft einstellt, um die Erreichbarkeit zu verbessern.

Mit dem Schritt der Ressourcenanpassung schließt sich der Funktionskreis des Qualitätsmanagements. Ein sogenannter kontinuierlicher Verbesserungsprozess (KVP) ist in Kraft getreten. Mit jeder Anpassung auf Basis der analysierten Daten zur Kundenzufriedenheit erhöht sich die Qualität der Leistungserstellung des Reisebüros. Durch das zeitnahe Kundenfeedback kann sich das Reisebüro sehr schnell den veränderten Marktgegebenheiten anpassen und kann dadurch die Bindung des Kunden zum Reisebüro erhöhen.

10.5 Qualitätsmanagementnormen

Im Jahr 1946 wurde die Internationale Organisation für Normung, kurz ISO (International Organisation for Standardization; www.iso.org) gegründet. Ziel der Organisation ist es, für Kunden, Industrie und öffentliche Organi-

sationen einheitliche Normen zu erarbeiten. Bis heute haben sich über 160 Länderorganisationen der ISO angeschlossen. Seit 1951 ist die Bundesrepublik durch das Deutsche Institut für Normung e.V. (DIN) Mitglied in der ISO. Für den Bereich des Qualitätsmanagements sind insbesondere die von der ISO erarbeiteten Normen 9000, 9001 und 9004 relevant.

Eine Qualitätsmanagement-Norm beschreibt, welche Anforderungen das Management eines Unternehmens erfüllen muss, um einen bestimmten Standard bei der Umsetzung des Qualitätsmanagements zu erzielen. Eine Norm kann dem Unternehmen rein informativ bei internen Aufbau und Pflege eines Qualitätsmanagements dienen oder als Nachweis der Einhaltung bestimmter Standards gelten. Dieser Nachweis wird durch einen erfolgreich abgeschlossenen Zertifizierungsprozess erbracht (→ Kapitel 10.6).

Dieser Prozess wird meist als Projekt durchgeführt (vgl. LF 13, Projektmanagement) und umfasst mehrere Stufen:
» Beratung und Information durch externe Berater
» Offizieller Beginn („Kick-off") des Projekts unter Einbeziehung aller Mitarbeiter
» Erstellung eines Projektplans
» Ernennung eines Qualitätsbeauftragten

» Beginn der Erstellung des Qualitätshandbuchs
» Ausarbeitung von Verfahrens- und Arbeitsanweisungen sowie sonstiger Formblätter und Checklisten
» Schulung der Mitarbeiter
» Auswahl einer Zertifizierungsgesellschaft

In der **EN ISO 9001-Norm** werden die **Anforderungen an ein Qualitätsmanagementsystem** definiert. Die Norm beschreibt modelhaft das gesamte Qualitätsmanagementsystem und definiert die wesentlichen Grundsätze des Qualitätsmanagements.

– Kundenorientierung

– Verantwortlichkeit der Führung

– Einbeziehung der beteiligten Personen

– Prozessorientierter Ansatz

– Systemorientierter Managementansatz

– Kontinuierliche Verbesserung

– Sachbezogener Entscheidungsfindungsansatz

– Lieferantenbeziehungen zum gegenseitigen Nutzen

Die in Kapitel 10.4 beispielhaft beschriebenen Hauptprozesse des Qualitätsmanagementsystems, Verantwortung der Leitung, Management der Ressourcen, Produktrealisierung sowie die Messung, Analyse und Verbesserung sind wesentlicher Bestandteil der Norm. Durch eine Anpassung der Norm im Jahr 2000 ist die Anwendung der ISO-Norm insbesondere für kleine und mittelgroße Unternehmen erheblich erleichtert worden. Die letzte Aktualisierung der Norm erfolgte im Jahr 2008 (EN ISO 9001:2008).

Neben den am häufigsten verwendeten EN ISO-Normen existieren eine Vielzahl weiterer allgemeiner oder branchenspezifischer Normen zum Aufbau eines Qualitätsmanagementsystems. Besonders für den Dienstleistungssektor wurde im Jahr 2001 das Siegel „Servicequalität Deutschland" („Service-Q") des DTV eingeführt.

10.6 Zertifizierungsmöglichkeiten

Eine Zertifizierung nützt beispielsweise Unternehmen, die sich intern verbessern wollen, eine Produktzulassung benötigen, gesetzliche Auflagen zu erfüllen haben oder deren Kunden einen Nachweis über ein funktionierendes Qualitätsmanagementsystem benötigen. Dieser Nachweis erfordert ein Zertifizierungsaudit (Prüfungsverfahren) einer unabhängigen Zertifizierungsgesellschaft.

Zertifizierungsgesellschaften

» DEKRA
» TÜV
» DQS
» Servicequalität Deutschland (Kooperationsgemeinschaft der deutschen Bundesländer für den DTV)

Die Zertifizierung wird durch ein Auditorenteam durchgeführt. Bei Zertifizierungs-Auditoren handelt es sich um Gutachter, die aufgrund ihrer Qualifikation und ihrer Erfahrung durch die Zertifizierungsgesellschaften berufen wurden und zur Geheimhaltung verpflichtet sind.

Bei einem erfolgreichen Audit wird dem Unternehmen ein offizielles Zertifikat ausgestellt, welches zeitlich befristet einen normengemäßen Aufbau und eine sachgerechte Funktionsweise bescheinigt. Nach Ablauf des Zertifikats muss sich das Unternehmen für eine Zertifikatsverlängerung abermals auditieren lassen. Dabei sollten natürlich die nicht unerheblichen Kosten einer Zertifizierung durch ihre positiven Effekte aufgewogen werden. Solche können z. B. sein:
» Verbesserung von Außendarstellung und Image
» Ergebnis- und Prozessoptimierung durch vorgegebene Richtlinien und Zeitrahmen
» Verbesserung der Reputation als Arbeitgeber bzw. der Mitarbeiterbindung
» Erhöhte Transparenz der Arbeitsabläufe und Zuständigkeiten für neue Mitarbeiter und Partner

Aufgaben

1_ Beschreiben Sie den Begriff Qualität.

2_ Erläutern Sie, warum sich die Qualität eines Reisebüros nicht nur anhand einzelner Kriterien beurteilen lässt.

3_ Beurteilen Sie die Strukturelle Qualität ihres Ausbildungsbetriebes anhand der drei genannten Ausstattungsmerkmale.

4_ Welche Verhaltensweisen der Mitarbeiter können aus Ihrer Sicht die Qualität des Prozesses der internen Kommunikation negativ (positiv) beeinflussen?

5_ Warum ist die Auswertung einer Kundenbefragung wichtig für die Qualität eines Reisebüros?

6_ a) Nennen Sie die vier Kernelemente der Ausgestaltung eines Qualitätsmanagementsystems.

b) Beurteilen Sie die Ausgestaltung dieser Elemente in Ihrem Ausbildungsbetrieb.

7_ Warum orientiert sich eine Vielzahl an Unternehmen bei der Erstellung eines Qualitätsmanagementsystems an den EN ISO-Normen?

8_ Finden Sie Beispiele für EN ISO 9000 ff. und mit dem Service-Q zertifizierte Airlines, Hotels und Tourismusverbände!

a) Welche Branche hatte den höchsten Anteil an Zertifizierungen? Begründen Sie Ihre Antwort!

b) Diskutieren Sie, welche Rolle die sozialen Netzwerke bei der Qualitätsbeurteilung von touristischen Leistungen spielen.

Projekte planen, durchführen und auswerten

1 Grundlagen des Projektmanagements

Jede Aufgabe, die einmalig ist und nicht routinemäßig abgewickelt werden kann, kann Projekt genannt werden. Projektmanagement ist die Art und Weise, solche Aufgaben mit einem bestimmten Ziel zu planen und durchzuführen. Dies kann die Entwicklung eines neuen Produkts sein, der Umzug in ein neues Gebäude oder die Organisation einer Veranstaltung. Die Aufgabe ist in der Regel so komplex, dass eine fach- und bereichsübergreifende Zusammenarbeit nötig ist. Somit arbeiten meist Mitarbeiter mit unterschiedlichen Kenntnissen und Hierarchiestufen gemeinsam an der Erreichung des Projektziels, was sich auf den Arbeitsprozess und die Ergebnisse sehr fruchtbar auswirken kann.

> **!** **Merkmale von Projekten:**
> - **Eindeutige Zielvorgabe**
> - **Einmaligkeit**
> - **Zeitliche und finanzielle Begrenzung**
> - **Hohe Komplexität (über einzelne Unternehmensbereiche hinausgehend)**
> - **Gewisses Risiko (bezogen auf Kosten und Erfolg)**
> - **Bearbeitung durch eine Projektgruppe**

Projektmanagement

Projektmanagement ist die Grundlage jedes Veranstaltungsmanagements. Jede Veranstaltung sollte nach den Methoden des Projektmanagements geplant und organisiert werden.

> **!** **Projekte zu managen bedeutet demnach:**
> - **Eine Aufgabe zielgerichtet vorzubereiten, zu planen und zu organisieren;**
> - **für diese Aufgabe ein Team, möglichst aus Spezialisten, zusammenzustellen;**
> - **die Aufgabenerfüllung zu überwachen und zu steuern;**
> - **das Projekt abzuschließen und den Erfolg zu kontrollieren.**

> **Beispiel: Julia soll eine Geburtstagsfeier für eine Freundin organisieren. Das ist ihre Aufgabe, ihr Projekt.**
>
> **Vorgehensweise:** Julia wird sich bei der Freundin nach dem Termin der Feier erkundigen, klären, wie viel Geld für die Feier zur Verfügung steht und andere Freunde bitten, ihr zu helfen. Bestimmte Aufgaben (z. B. Druck und Versendung der Einladungen, Besorgung der Getränke, Vorbereitung des Essens, Dekoration der Räume, Vorbereitung von Musik und Programm, etc.) wird sie delegieren (an andere verteilen). Julia selbst als Verantwortliche muss versuchen, den Überblick zu behalten, auf die Einhaltung der Termine zu achten und, wenn nötig, in die Vorbereitungen eingreifen. Auch bei der Feier selbst achtet sie auf reibungslosen Ablauf. Nach dem Fest möchte sie natürlich wissen, inwiefern ihre Freundin zufrieden war oder was sie hätte ändern müssen (vielleicht wird sie ja noch einmal um einen solchen Gefallen gebeten?).

Während der Bearbeitung des Projekts dürfen die vorgegebenen Eckpunkte niemals aus den Augen gelassen werden:

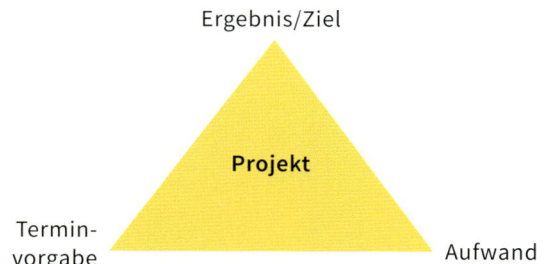

Grundsätzlich sollten gesetzte Ziele für ein Projekt immer nach der sog. SMART-Formel definiert werden. Das heißt, sie sollten Spezifisch, Messbar, Attraktiv (oder Akzeptiert), Realistisch und Terminiert sein. Neben das Primärziel können sekundäre Ziele treten, deren Erreichung wünschenswert, aber nicht vorrangig ist.

Um den festgelegten Termin einzuhalten, empfiehlt es sich, Zwischenziele zu definieren, sog. Meilensteine. Ihre Erreichung wird in einer Meilensteinsitzung überprüft. Bei dieser werden beispielsweise die zu erstellenden Dokumente und Leistungen geprüft. Vom Erreichen der Zwischenziele hängt es jeweils ab, ob das Projekt wie geplant weiter laufen kann oder neuen Maßnahmen ergriffen werden müssen, die zum Erfolg führen sollen. Auch der jeweilige Aufwand kann in regelmäßigen Sitzungen überprüft werden. Er beinhaltet nicht nur finanzielle Mittel (z. B. vorgegebenes Budget, Sponsoring), sondern auch Material, Arbeitszeit des Teams und benötigte Räume.

1.1 Projekte im Tourismus

Die Tourismusbranche befindet sich im ständigen Wandel der Zeit und der Trends und muss dadurch sehr flexibel reagieren. Wertvorstellungen und Konsumgewohnheiten sowie die Struktur des Kundenkreises verändern sich immer schneller. Die Entwicklung von neuen Angeboten und Ereignissen soll dieser Tatsache Rechnung tragen. Das Projekt-Management ist daher in diesem Bereich eine beliebte Management-Form, um einmalige, komplexe und risikobehaftete Vorhaben effektiv zu verfolgen. Beispiele in diesem Bereich sind

- Einführung neuer IT-Systeme und Websites;
- Aufbau, Umgestaltung und Ausbau von Destinationen;
- Einführung und Vermarktung neuer Angebote (je nach touristischen Trends, z. B. im Wellness- und Sportbereich);
- Zusammenschlüsse und Kooperationen verschiedener touristischer Anbieter;
- Planung von Events und Veranstaltungen.

In allen Bereichen, in denen Dienstleistungen erstellt werden, benötigt man ein Medium, das Kunden und Verkäufern das Angebot näher bringt. In einer so emotionsbetonten Sparte wie der Tourismusbranche bieten sich dafür besondere Veranstaltungen an, sog. **Events.**

Der Begriff „event" leitet sich vom lateinischen Wort „eventus" oder „eventum" ab und bedeutet so viel wie ein „Ereignis". Mitte der 1980er Jahre kam dieser Begriff ebenso wie der Begriff Incentives aus dem Angelsächsischen in unseren Sprachgebrauch. Im heutigen Geschehen werden die Begriffe Events und Veranstaltung häufig und einheitlich verwendet. Doch für Fachleute ist nicht jede Veranstaltung gleich ein Event.

> **Events sind einmalige, inszenierte Ereignisse in Form einer Veranstaltung oder Aktion, bei denen es den Eventmanagern gelingt, das Ereignis über den eigentlichen Anlass hinaus zu einem bleibenden Erlebnis zu machen. Ziel ist eine nachhaltige positive Imagewirkung.**
> **Jedes Event ist eine Veranstaltung, aber nicht jede Veranstaltung ist ein Event!**

Event-Marketing ist ein wichtiges Instrument im Geschäftsreise- sowie im Destinationsmanagement geworden: Ein Fünftel der Marketinggelder fließen in Events. Während im Geschäftsreisemanagement Events den primären Anlass der Reise (Grundnutzen des Reiseprodukts; z. B. Tagungen, Präsentationen) darstellen, stellen sie im Destinationsmanagement häufig den sekundären Anlass dar (Zusatznutzen des Reiseprodukts; z. B. Konzerte, Märkte, Sportevents). Sie dienen zur Attraktivierung touristischer Zielgebiete und als Quelle von Zusatzerlösen für alle am Tourismus Beteiligten.

Dem Event- und Veranstaltungsmanagement liegt immer ein Projekt-Management zugrunde. Die einzelnen Phasen entsprechen sich daher auch meist. Grundsätzlich lassen sich Events und Veranstaltungen nach Inhalten, Zielgruppen und/oder Anlässen unterscheiden:

Inhalt
z. B. arbeitsorientierte Veranstaltungen, Produktschulungen, Produktvorführungen…, politische, kulturelle, sportliche, wissenschaftliche Events, …

Anlass
z. B. Einweihung eines neuen Bürogebäudes, Jubiläum, Förderung sozialer Interaktion in einer Gruppe, …

Zielgruppen
z. B. public Events (heterogener Kundenkreis, Öffentlichkeit), corporate Events (Mitarbeiter, Angehörige einer Branche) und Exhibition Events (Interessierte und Fachleute hinsichtlich einer Messe/Ausstellung).

Eventagenturen sind meist auf bestimmte Branchen oder Zielgruppen spezialisiert.

Ihre Aufgaben beinhalten z. B.
– Ideenentwicklung
– Konzeptionierung
– Locationscouting
– Einladung der Teilnehmer und Gäste
– Ressourcenplanung
– Künstlerbooking
– Zeitplanung
– Technische und gestalterische Planung und Umsetzungskontrolle
– Projektmanagement
– Catering
– PR-Management (Presseverteiler, Nachbearbeitung)
– Erfolgskontrolle

1.2 Grundlegendes zur Teamarbeit

Von besonderer Bedeutung im Projektmanagement ist die Bildung eines **Projektteams,** deren Mitglieder sich möglichst ganz auf die anstehende Aufgabe konzentrieren können. Hierarchien sollten vermieden werden, ebenso ist die Einhaltung von bestimmten **Kommunikations-** und **Moderationsregeln** erforderlich (z. B. respektvoller Umgang, keine Alleingänge der Teammitglieder, zuverlässiges Einhalten von Terminen, Beachten von vereinbarten Kommunikations- und Feedbackregeln etc.). Neben ihren individuellen Fachkompetenzen benötigen die Mitglieder des Projektteams also Methoden-, Sozial- und Persönlichkeitskompetenzen (sog. Projektkompetenzen), die ggf. vorab aufgefrischt werden können. Die Bearbeitung einer Aufgabe nach den Prinzipien des Projektmanagements bringt gegenüber der Aufteilung der Aufgabe auf mehrere Abteilungen einige Vorteile mit sich:

! – **Fachkompetenzen aus verschiedenen Abteilungen werden im Projektteam gebündelt;**
– **die volle Konzentration des Teams auf das Projekt ist gewährleistet;**
– **die Teammitglieder identifizieren sich mit der Aufgabe;**
– **dadurch wird eine schnellere und effizientere Bearbeitung der komplexen Aufgabe sichergestellt.**

Ein Team besteht aus mindestens zwei Personen, die sich zur Erreichung eines bestimmten Ziels zusammenschließen. Voraussetzung ist, dass sich die Beteiligten mit dem Ziel identifizieren; besonders positiv wirkt sich häufig die gemeinsame Formulierung eines Leitmotivs aus („Wir organisieren einen unvergesslichen spanischen Abend"). Die Aussage „Wir sind ein gutes Team" drückt meistens aus, dass sich die Beteiligten mit ihren jeweiligen Erfahrungen, Kenntnissen und Herangehensweisen an die Erreichung des Ziels gut ergänzen, keinesfalls in Konkurrenz zueinander stehen und eine gute Kommunikation pflegen. Jeder kann und soll seine individuellen Stärken einbringen und zur Zielerreichung beitragen. Dabei ist der kreative Träumer ebenso wichtig wie der skeptische Realist oder der Spaßvogel, der für eine entspannte und angenehme Atmosphäre im Team sorgt. Hierarchien sollten so weit wie möglich aufgehoben werden, allerdings ist die Bestimmung eines Teamleiters oder Koordinators besonders bei zunehmender Gruppengröße wichtig.

Niemand sollte in ein Team gezwungen werden. Denn für eine erfolgreiche Teamarbeit bedarf es einer Bereitschaft und Fähigkeit zu verschiedenen Aspekten, die grundlegend für den Erfolg sind:

» Toleranz – Meinungen von anderen sollten respektiert werden.

» Wertschätzung – alle Teammitglieder sollten sich gegenseitig wertschätzen – keine Rivalitäten oder Antipathien! Die Kommunikation soll freundlich und sachlich sein, möglichst ohne persönliche Kritik.

» Konfliktfähigkeit – alle Teammitglieder sollten daran interessiert sein, Konflikte sofort zu lösen, und zwar sachlich und fair im Sinne eines professionellen **Konfliktmanagements.**

» Konzentration auf das Endziel – dies erfordert ein hohes Maß an Flexibilität und Hilfsbereitschaft, denn bei komplexen Projekten sind häufig Planänderungen nötig, die ein Umdenken oder eine Verschiebung der Aufgaben erfordern.

» Akzeptanz von Vorgaben und sachgerechten Anweisungen.

» Zuverlässigkeit – jeder soll sich auf den anderen verlassen können, zeitliche und inhaltliche Absprachen müssen eingehalten werden.

» Einhalten von vereinbarten Feedback-Regeln – eine gute Feedback-Kultur im Team hilft Fehler zu vermeiden oder im Keim zu

Feedbackregeln

Feedback geben	Feedback nehmen
Der Feedback-Geber bietet das Gespräch an. Er übernimmt die aktive Rolle und die Gesprächsführung. Möglich ist auch ein terminlich vereinbartes Gespräch mit Moderation.	Der Feedback-Nehmer hat während des Feedback den passiveren Part inne. Seine Aufgabe besteht hauptsächlich darin, Informationen aufzunehmen, Rückfragen und Klarstellungen sind erlaubt.
» Informelle und persönliche Atmosphäre schaffen. » Immer positive Eindrücke und Lob voranstellen. » Nur sachlich richtige, präzise und klar formulierte Aussagen treffen. Keine moralischen Wertungen geben. » Keine „Du-Botschaften", sondern „Ich-Botschaften" senden. » Darauf achten, dass der Empfänger nicht „überrannt" wird und die Äußerungen nachvollziehen kann. » Kritik ausschließlich an veränderbaren Verhaltensweisen äußern, damit gewünschte Veränderungen vorgenommen werden können. » Keine Forderungen nach unzumutbaren Wesensänderungen stellen. » Vorschläge möglicher Alternativen geben – keine „Richtig-Falsch-Aussagen" treffen.	» Genau zuhören und den Feedback-Geber aussprechen lassen. » Offen für Kritik und Anregungen sein und diese nicht als persönlichen Angriff sehen. » Sich nicht für das Gehörte entschuldigen oder rechtfertigen, sondern für sich entscheiden, inwiefern die Aussagen ihre Berechtigung haben. » Nach konkreten Kritikpunkten oder Beispielen fragen statt sich mit Allgemeinplätzen zufrieden zu geben. » Offen zum Ausdruck bringen, wenn das Feedback nur negative Aspekte enthält oder demotivierend wirkt. » Dem Feedback-Geber für konstruktive Hinweise danken und sie zukünftig in das eigene Handeln einfließen lassen.

beheben. Je früher Fehler behoben werden, desto geringer sind die Folgeschäden. Auf der anderen Seite ist (positives) Feedback wichtig für die Motivation und gute Stimmung der einzelnen Teammiterbeiter – Lob und Anerkennung werden viel zu häufig vernachlässigt! Feedback muss aber auch angemessen angenommen und gewürdigt werden. Die Feedback-Regeln beziehen sich daher sowohl auf den Feedback-Geber als auch auf den -Nehmer.

Konflikte frühzeitig erkennen und lösen

Zum Konfliktmanagement gehören sämtliche Maßnahmen zur Verhinderung der Eskalation eines bestehenden Konfliktes. Dazu zählen insbesondere Konfliktberatung und Mediation. Ziele eines betrieblichen Konfliktmanagements sind nicht nur die Verbesserung des Betriebsklimas, sondern auch die Reduktion von Konfliktkosten: Ungelöste und verhärtete Streitigkeiten und Meinungsverschiedenheiten lähmen die Produktivität, können Fehlentscheidungen auslösen und führen damit zu unnötigen Kosten. Ein professionelles Konfliktmanagement besteht aus verschiedenen Elementen: denkbar sind Konfliktberater oder Mediatoren, Konfliktanlaufstellen, Hotlines, Mobbing-Beauftragte, etc. Sie helfen dabei, einen beginnenden Konflikt vor seiner Eskalation zu lösen. Typischerweise durchlaufen ungelöste Konflikte mehrere **Eskalationsstufen**:

1. Sachlicher Austausch verschiedener Meinungen. Ist keine Lösung in Sicht, verhärten sich die Fronten und die sachliche Ebene wird immer mehr von der Beziehungsebene verdrängt. Hier sollte bereits ein Konfliktmanagement eingreifen.
2. Der Konflikt rutscht in die Beziehungsebene, die Kommunikation wird allgemeiner und rauer, neue oder alte „Kriegsschauplätze" werden eingebracht, andere Personen hineingezogen. Gerüchte entstehen, Beleidigungen werden direkt oder indirekt ausgesprochen. An dieser Stelle ist der Einsatz eines Mediators sinnvoll.
3. Es geht nicht mehr um das eigentliche Thema des Konflikts, sondern nur noch um Sieg oder Niederlage der Streitenden,

trotz Gesichtsverlust. Eine Beilegung des Konflikts ist ab hier nur noch sehr schwer möglich.

4. Die unterlegene Partei zieht sich entweder ganz zurück, eine Zusammenarbeit ist nicht mehr möglich, was im betrieblichen Kontext ein Verlassen des Arbeitsplatzes durch Wechsel oder Kündigung bedeutet. Eine andere Möglichkeit ist die heimliche Planung von Rachefeldzügen und damit dauerhaft gestörter Zusammenarbeit innerhalb des Teams. Nicht selten sind auch Schuldzuweisungen auf andere, bisher nicht oder kaum betroffene Kollegen.

Methoden der Moderation

Die Aufgabe des Projektleiters im Sinne eines Moderators ist es, die Kreativität der Teammitglieder zu fördern, ihre Ideen zugänglich zu machen, die Beteiligung aller Teilnehmer zu fördern und aufrecht zu halten, Konflikte zu erkennen und zur Lösung beizutragen und gemeinsam zu Ergebnissen zu kommen. Dazu muss er auch die Atmosphäre im Team und die Rollen der einzelnen Mitglieder erkennen und gewinnbringend gestalten.

Als Hilfsmittel dient meist ein Moderationskoffer, der die Anwendung verschiedener Moderationsmethoden erleichtert, wie z. B.

» Metaplantechnik mit Pinnwand, Packpapier und Kärtchen: Meinungen und Ideen können z. B. durch Brainstorming gesammelt, an die Pinnwand geheftet, umgruppiert und geclustert werden.
» Mindmapping mit dicken Stiften und Flipchart: Ein Thema kann mit seinen verschiedenen Facetten dargestellt und verdeutlicht werden.
» Regeln, Hinweise, Zusammenfassungen mit OHP und Folien: Anhand vorbereiteter Folien kann Wichtiges erläutert werden.
» Blitzlicht, Kartenabfrage, Ein-Punkt-Abfrage: Verschiedene Techniken stehen zur Verfügung, um Meinungen, Stimmungsbilder oder abschließende Auswertungen (Evaluation) darzustellen.

Aufgaben

1_ Beschreiben Sie, was ein Projekt von anderen Aufgaben unterscheidet!

2_ Die Planung und Veranstaltung des alljährlichen Burgfestes soll in diesem Jahr erstmals anhand des Projektmanagements stattfinden und nicht, wie bisher, auf die einzelnen Abteilungen der Tourismus und Freizeit GmbH aufgeteilt werden. Erläutern Sie, welche Vorteile diese Organisationsform für die Zielerreichung hat!

3_ Bilden Sie Kleingruppen (ca. vier Personen).

a) Diskutieren Sie in der Gruppe die folgenden Fragestellungen:
Inwiefern ist Teamfähigkeit in der heutigen Zeit eine „Schlüsselqualifikation"?
Wodurch ist ein erfolgreiches Team gekennzeichnet?
Nach welchen Gesichtspunkten sollte ein Team zusammengestellt werden?
Welche Teamgröße halten Sie für optimal? Begründen Sie Ihre Ansicht!

b) Stellen Sie die Ergebnisse Ihrer Gruppendiskussion vor!

c) Bereiten Sie sich auf ein Feedback-Gespräch zwischen zwei Mitgliedern Ihrer Kleingruppe vor: Zwei Freiwillige sammeln jeweils mithilfe der übrigen Gruppenmitglieder konkrete Aussagen zur Verhaltensweise ihres Gegenübers während der Gruppenarbeitsphase (10 min Vorbereitung). Sie halten sich dabei genau an die Feedback-Regeln! Anschließend führen Sie gegenseitig ein Feedback-Gespräch (als Rollenspiel vor dem Plenum oder jeweils in der Kleingruppe). Die Zuhörer überprüfen die Einhaltung der Regeln und teilen ihre Beobachtungen im Anschluss an jedes Feedback-Gespräch mit.

d) Halten Sie besonders wichtige oder schwierige Aspekte der Feedback-Regeln nochmals gemeinsam fest!

4_ Inwiefern zeigt das untenstehende Bild Probleme auf, die bei Teamarbeit entstehen können? Welche Maßnahmen zur Verbesserung der Situation schlagen Sie vor?

DEADLINE

TEAMWORK

NOT FOR EVERYONE

2   Aufbau- und Ablauforganisation von Projekten

> Die **Projektorganisation** wird vom Projekt-Management vorgenommen und strukturiert die Planung des Projekts in die **Projektaufbauorganisation** und die **Projektablauforganisation**.

Die Projektaufbauorganisation

Besonders bei großen Projekten und zunehmender Teamgröße wird ein Projektleiter bestimmt, der die Verantwortung für das Projekt trägt und bestimmte Weisungs- und Entscheidungsbefugnisse hat. Er steuert und kontrolliert Termine und Budgetvorgaben und hält das Team zusammen. Die erforderlichen fachlichen Qualifikationen des Projektleiters sind eher im Bereich der Organisationsmethoden als in besonderen Fachkompetenzen zu finden; außerdem sollte er Erfahrungen mit Projektarbeit und einen Überblick über die Gesamtaufgabe und ihre Teilbereiche haben. Persönliche Qualifikationen des Projektleiters sind z. B. Kooperationsfähigkeit, einfühlsames und diplomatisches Durchsetzungsvermögen und Konfliktfähigkeit.

Die Projektgruppenmitglieder sind meistens nur zeitlich befristet mit dem Projekt beschäftigt. Manche Unternehmen arbeiten mit Gruppen, die immer wieder an neuen Projekten arbeiten, in anderen werden die Mitarbeiter für die Dauer des Projekts von ihren hauptamtlichen Aufgaben befreit, um sich voll der Projektarbeit widmen zu können. Die Größe und Zusammenstellung der Projektgruppe hängt von der Projektaufgabe und ihrer Komplexität sowie den erforderlichen Fachkompetenzen der Mitglieder ab.

Im Unternehmen können Projekte in verschiedenen Weisen in die bestehende Aufbauorganisation integriert werden:

Projektorientierter Teilbereich

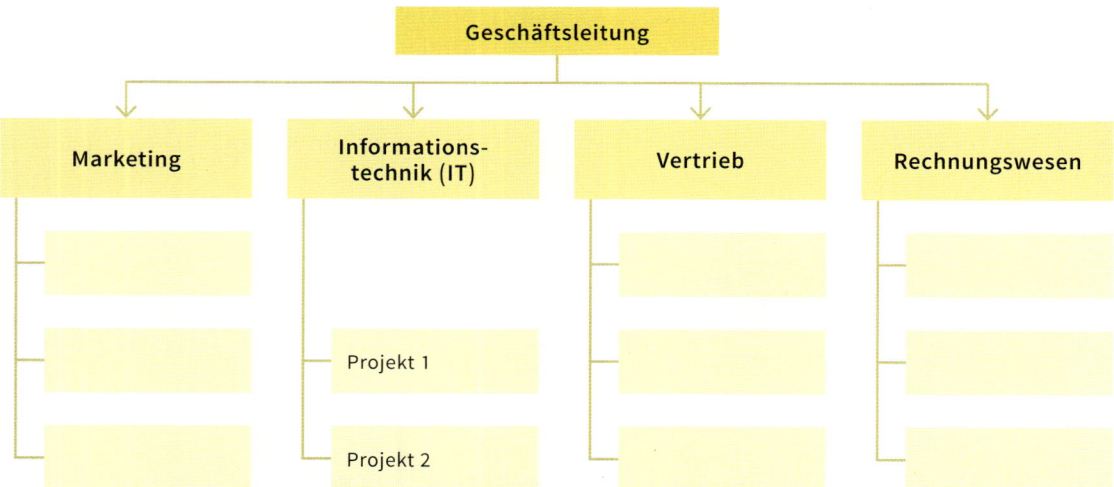

Hier wird ein Projekt von einem bestehenden Fachbereich durchgeführt, die Organisationsstruktur des Unternehmens wird nicht verändert. Die Mitarbeiter arbeiten neben dem normalen Tagesgeschäft auch an Projekten. Die Projektmitglieder berichten an den Projektleiter, der seinerseits an den Abteilungs-

leiter berichtet, wenn er nicht sogar selbst die Funktion des Projektleiters übernimmt. Diese Art der Projektintegration wird vor allem bei Projekten verwendet, die ausschließlich die Fachabteilung betreffen, wie z. B. die Einführung eines neuen Betriebssystems im Bereich der IT.

Reine Projektorganisation

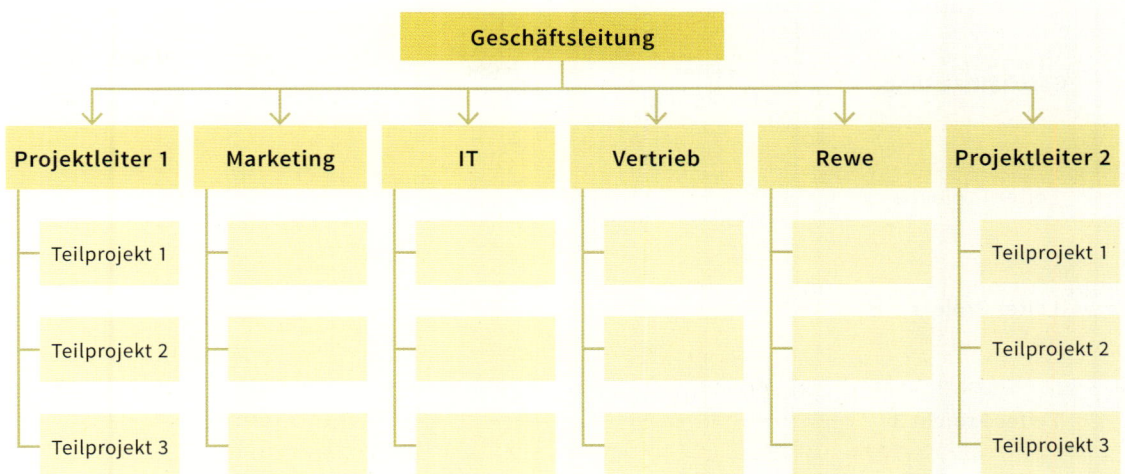

Jedes Projekt wird hier als eine Fachabteilung gesehen, wobei der Projektleiter den gleichen Status eines Abteilungsleiters erlangt und direkt an die Geschäftsführung berichtet. Die bestehende Organisation des Unternehmens orientiert sich stark an Projekten und sollte sehr variabel sein. Die Mitarbeiter des Projektes arbeiten ausschließlich an „ihrem" Projekt und stehen für das Tagesgeschäft nicht zu Verfügung.

Stabs-Projektorganisation

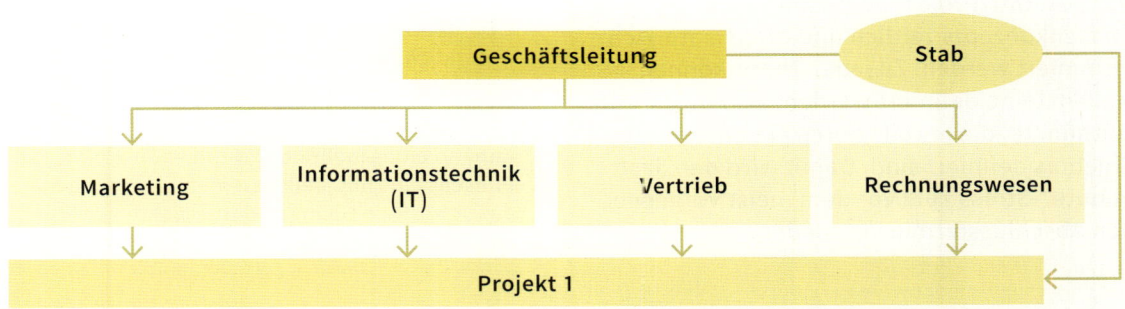

Die Stäbe übernehmen die Funktion des Projektleiters und berichten direkt an die Geschäftsführung. Allerdings haben sie keine Weisungsbefugnis gegenüber anderen, z. B. ihren Projektmitarbeitern und den Fachabteilungsleitern. Sie üben gegenüber der Geschäftsleitung eine rein beratende Funktion aus. Die Projektmitarbeiter arbeiten sowohl im Tagesgeschäft ihrer Abteilungen als auch im Projekt mit.

Matrix-Projektorganisation

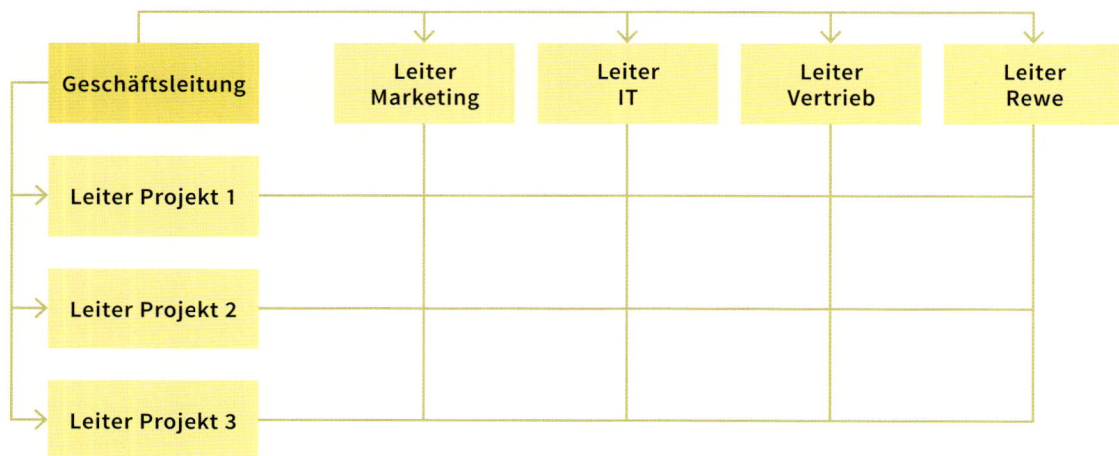

Auch in dieser Organisationsform berichtet der Projektleiter direkt an die Geschäftsführung, aber im Gegensatz zur vorher genannten Stabs-Projektorganisation hat der Projektleiter hier Weisungsbefugnis gegenüber seinen Mitarbeitern. Keine Weisungsbefugnis hat er gegenüber den Fachabteilungsleitern. Die einzelnen Mitarbeiter des Projekts arbeiten auch hier im Tagesgeschäft und an dem jeweiligen Projekt.

Die Projektablauforganisation

Das gesamte Projekt sollte mithilfe eines Phasenkonzepts zeitlich und organisatorisch terminiert werden. Zu jeder Phase können Meilensteine definiert werden, also bestimmte Zeitpunkte, die jeweils durch ein bestimmtes Ergebnis definiert sind. Damit wird der „last-minute"-Stress kurz vor dem meist vorgegebenen Abschlusstermin vermieden.

> – Der Erholungswert einer Reise schrumpft merklich, wenn kurz vor der Abreise noch wichtige Dokumente oder Medikamente fehlen.
>
> Anhand eines mehr oder weniger ausführlichen Phasenplans mit Meilensteinen kann auch hier das stressfreie Gelingen der Projekte gewährleistet werden!

> Auch private Projekte können in Phasen geplant und realisiert werden. Häufig schiebt man die erforderlichen Arbeiten vor sich her und kommt dann Tage oder auch Stunden vor dem Termin „ins Schleudern". Viele kennen das:
>
> – Eine Prüfung muss vorbereitet werden – der Berg an Inhalten, die gelernt werden müssen, wird oftmals viel zu kurzfristig hektisch und in nächtlichen Sitzungen gepaukt.
>
> – Das Gelingen des lange geplanten Festes wird zur Zitterpartie, weil noch am selben Tag viele Dinge gleichzeitig erledigt werden müssen, die man ebenso gut hätte vorbereiten oder delegieren können.

Die Projektphasen sind deutlich voneinander abgegrenzte Abschnitte, an deren Ende der Meilenstein gleichzeitig Startpunkt für die nächste Phase ist. In der Praxis ist es ggf. schwierig und unpraktikabel, die Trennung der Phasen immer strikt einzuhalten. Eine Grundstruktur der Phasen ist aber unbedingt einzuhalten, um vor allem bei engem Zeitplan die Zielerreichung sicherzustellen.

> Es kann z. B. sinnvoll sein, noch vor der endgültigen Entscheidung ein großes Fest zu feiern, einen Raum zu reservieren.

Im Allgemeinen laufen Projekte in den folgenden Phasen ab:

 Initiative → Planung → Entscheidung → Durchführung → Abschluss → Auswertung

In der **Projektinitiative** wird ein Problem (z. B. „Wir haben fast keine Angebote für die Zielgruppe der Best Ager") erkannt, analysiert und definiert. Am Ende sollten schon konkrete Ziele des Projekts stehen. Die Definition des Problems oder auch das Projektziel selbst kann mithilfe von Kreativitätstechniken erarbeitet werden.

Im **Projektplan** wird die Arbeit strukturiert, indem Aktivitäten, Personaleinsatz, Termine und Meilensteine, Sachmittel und Projektkosten geplant werden.

In der **Projektentscheidung** (i. d. R. durch die Unternehmensleitung sowie ggf. externe Berater) wird die Durchführbarkeit des Projekts geprüft sowie ein Projektauftrag vergeben.

Während der **Projektdurchführung** beschäftigt sich die Projektkontrolle mit der Sammlung der Ist-Daten und deren Vergleich mit den Soll-Vorgaben, der Analyse der Abweichungen und ihrer Ursachen.

Der zeitlich festgelegte **Projektabschluss** macht die Ergebnisse der Öffentlichkeit ggf. in einer **Projektpräsentation** zugänglich.

In der **Projektauswertung** werden die Realisierung der Ziele, die Zusammenarbeit innerhalb des Teams sowie aufgetretene Fehler und Konflikte reflektiert und über eine mögliche Weiterführung des Projekts entschieden.

2.1 Die Projektinititative

Ausgangspunkt eines Projektes ist meist eine Problemerkennung, z. B. die Abweichung des momentanen Ist-Zustands von einem gewünschten Soll-Zustand. Für das Ergebnis des Projekts, mit dem das Problem behoben werden soll, ist die genaue Problemanalyse von großer Bedeutung. Häufig wird hier mit Checklisten und Kennzahlen gearbeitet.

> Das Problem kann z. B. der Buchungsrückgang für ein bestimmtes Zielgebiet oder einen bestimmten Veranstalter sein. Hier müssen zunächst die Ursachen für den Rückgang ermittelt werden, bevor sinnvolle Lösungsansätze gesucht werden

> können. Es macht z. B. keinen Sinn, verstärkt Marketingaktionen für Abenteuerreisen zu planen, wenn die Kundendatei ergibt, dass der Kundenstamm im Wesentlichen aus erholungssuchenden Familien mit Kleinkindern besteht.

Es gibt viele Möglichkeiten, Lösungen für eine Aufgabe oder ein Problem zu finden. Am Anfang stehen die Ideen, was möglich wäre. Um möglichst viele Ideen zu sammeln, bedient man sich bestimmter Techniken, den sog. **Kreativitätstechniken.** Hierbei unterscheidet man Ansätze mit intuitivem Schwerpunkt, systematische Ansätze sowie Analogietechniken.

2.1.1 Assoziationstechniken (intuitive Methoden)

Bei den Assoziationstechniken geht es darum, seinen Gedanken freien Lauf zu lassen und in alle Richtungen zu denken. Durch die Verknüpfung von Gedanken und Vorstellungen zu neuen Kombinationen erhalten Sie eine Vielzahl von Begriffen, die zu Lösungsmöglichkeiten ausgearbeitet werden können.

Brainstorming

In einer Gruppe zwischen sechs und acht Teilnehmer/-innen mit unterschiedlichen Vorkenntnissen wird das Problem klar benannt. Ein Gruppenmitglied schreibt Ideen mit, alle anderen sagen, was ihnen zu diesem Thema einfällt. Während des Brainstormings gibt es keine Diskussion und Kritik. Die Ideen anderer Teilnehmer/-innen können weiterentwickelt werden. Nach 20 Minuten werden die gesammelten Einfälle ausgewertet und besprochen.

Folgende Fragen sollten beantwortet werden: Lässt sich die Idee sofort umsetzen? Wie weit muss die Idee ausgebaut werden? Kann die Idee überhaupt umgesetzt werden? Brainstorming eignet sich sehr gut für Gruppenprozesse und Lösungen eines klar definierten Problems. Da es sich um eine kommunikative Form der Ideenfindung handelt, sollten die Teilnehmenden aufgeschlossen und nicht zu zurückhaltend sein.

Brainwriting (sog. 6-3-5-Methode)

Hier sind die Spielregeln etwas umfangreicher als beim Brainstorming. Jede Teilnehmerin, jeder Teilnehmer einer 6-Personen-Gruppe bekommt ein gleichgroßes Blatt Papier, das in drei Spalten (vertikal) und sechs Reihen (horizontal) aufgeteilt wird. Jedes Blatt hat 18 Kästchen. Die Problemstellung wird von allen definiert. Jede Person schreibt dann in die erste Reihe pro Kästchen eine Idee und reicht das Blatt an den/die Nachbar/-in zur Rechten weiter. Dieser Vorgang wird fünf Mal wiederholt (6-3-5-Methode: 6 Personen haben 3 Ideen 5 Mal). Auch beim Brainwriting wird

während der Schreibphase nicht diskutiert oder kritisiert. Ideen der anderen können weiterentwickelt oder verändert werden. Insgesamt entstehen 108 Lösungsvorschläge. Sind alle Vorschläge abgegeben, werden die passendsten oder interessantesten herausgeschrieben und diskutiert.

Je nach Anzahl der Teilnehmer/innen wird das Brainwriting etwas abgewandelt, z. B. zur 5-3-4- oder 7-3-6-Methode (5 Personen, 3 Spalten, 4 „Runden" bzw. 7 Personen, 3 Spalten, 3 „Runden").

Mindmapping

Diese Methode wurde in den 1970er Jahren von dem Engländer Tony Buzan entwickelt. Grundidee von Buzan ist, dass Informationen nicht vertikal von links oben nach rechts unten aufgeschrieben werden, sondern sich von einem zentralen Begriff in der Mitte des Blattes weiterentwickeln lassen.

Das Thema, um das es geht, wird als Wort in die Mitte geschrieben und eingekreist. GROSSBUCHSTABEN erleichtern es dem Gedächtnis, die Wörter als Bilder aufzunehmen und zu behalten. Von diesem Zentrum aus werden Linien (Hauptäste) zu weiteren Assoziationen gezogen. Von den Hauptästen gehen Seitenäste ab, auf denen weitere Unterpunkte notiert werden können. Die Wörter sollen auf Linien geschrieben sein, jede Linie ist mit einer anderen verbunden. Jedes Wort bekommt eine Linie.

Für die verschiedenen Ebenen können unterschiedliche Farben benutzt werden. Anfänger haben anfangs ein oder mehrere der folgenden Schwierigkeiten:

» Sie versuchen, schon beim Schreiben zu ordnen.
» Sie versuchen, den Ideen eine Logik zu geben.
» Sie versuchen, der Mindmap einen Anfang und ein Ende zu geben.
» Sie versuchen, sich die Zeit einzuteilen.
» Sie versuchen, die Ideen nach Wichtigkeit zu ordnen.
» Sie haben eine Denkblockade.

Weitere intuitive Methoden sind z. B. die Cluster-Methode (kreatives Schreiben), die Metaplan-Technik (Kartenabfrage, Sammlung und Sortierung der Kärtchen auf Plakat oder Flipchart) oder die Provokationstechnik (eine mentale Provokation soll die Teilnehmer auf kreative Ideen bringen).

2.1.2 Bild- und Analogietechniken

Analogien sind Ähnlichkeiten, d. h. selbst Dinge, die im ersten Moment vielleicht nicht zum Problem passen, können dennoch eine Lösung beinhalten.

Visualisierung

Bei der Visualisierung wird das gewünschte Ergebnis in Gedanken bildhaft dargestellt, ganz konkret und mit möglichst vielen Details. Durch intensive „Tagträume" entstehen „Kopffilme", die angehalten, zurückgespult oder neu gedreht werden können.

„Die Vorstellungskraft und ihre Auswirkungen sind bereits mehrfach untersucht worden: So hatten zum Beispiel zwei gleich starke Gruppen von Hochspringern etwa zwei Wochen lang ihre Technik verfeinert. Ein Team trainierte nur körperlich, das andere nur mental, indem die Mitglieder geistige Filme vom Sprung anfertigten. Sie gingen lediglich den gesamten Ablauf vor dem inneren Auge durch: Sie sahen, wie sie anliefen, jeden Schritt, den Absprung, den Flug über die Latte und die Landung. Das verblüffende Ergebnis: Beide Teams hatten ihre Leistungen gleichermaßen verbessert." (Kolb/Miltner 1998).

Bisoziation

Unter Bisoziation versteht man bildhafte Vergleiche. Schon kleine Kinder sind mit der Bildersprache vertraut, in den Märchen werden vielfach Tieren bestimmte Eigenschaften zugeordnet: arm wie eine Kirchenmaus, schlau wie ein Fuchs, hungrig wie ein Wolf. Bildhafte Sprache macht es leichter, sich etwas vorzustellen, das weiß jeder, der liest.

Als Kreativitätstechnik wird die Bisoziation folgendermaßen eingesetzt: Ein Problem wird als Fragestellung formuliert; anschließend wird willkürlich ein Bild, Foto, Zeitungsausschnitt etc. ausgewählt. Die Einzelheiten dieses Bildes sollen den Betrachter inspirieren, es wird dann mit der Fragestellung bzw. möglichen Lösungsansätzen verbunden. Alle Gedanken, die auftauchen, werden notiert. Anschließend werden sie anhand ihrer Umsetzbarkeit beurteilt.

Intuition

Intuitives Handeln wird oft als irrational und überflüssig abgetan. Dabei spielt es in kritischen Situationen und Alltagsentscheidungen oftmals eine herausragende Rolle. Daher sollte Intuition und das Hören auf die „innere Stimme" geübt werden, indem bestimmte Situationen in Gedanken visualisiert und erlebte Dinge mit der Vorstellung verglichen werden. Meditation wird häufig genutzt, um das Bewusstsein auszuschalten und die Intuition zu stärken.

2.1.3 Systematische Ideensuche

Bei der systematischen Ideensuche geht es mehr um Struktur und Systematisierung, d. h. anhand verschiedener Checklisten wird das Problem unter verschiedenen Gesichtspunkten beleuchtet.

Morphologische Matrix

Die morphologische Matrix basiert auf Analyse. Das Problem wird in kleinere Einheiten aufgespalten. Auf die linke Seite eines Blattes werden die Eigenschaften dieser Einheiten notiert, daneben die entsprechenden Ausprägungen. Fügt man die jeweils optimalen Ausprägungen schließlich zusammen, erhält man eine Komplettlösung.

Beispiel: Eine neue Einrichtung für ein auf Familien spezialisiertes Reisebüro soll geplant werden. Wie könnte sie aussehen?

Material	Holz Kunststoff Metall Pappe
Farbe	weiß braun rot bunt
Form	eckig/kubistisch abgerundet offen geschlossen
Stil	klassisch südländisch elegant modern
Sitzmöbel	bequem schlicht Hocker Sessel
Sonstiges	Sitzgruppen Spielecke Fernseher Kaffee-Ecke PC

Lösung: Die Entscheidung fällt auf eine bunte Kunststoffeinrichtung mit variablen kubistischen Elementen, schlichte, aber bequeme Sessel sowie eine Sitzecke mit Spielzeug und Fernseher/DVD-Anlage.

Osborn-Methode

Alexander Osborn war ein amerikanischer Werbefachmann, der in den 1950er Jahren schon das Brainstorming entwickelt hatte. Bei der nach ihm benannten Methode entwarf er einen Fragenkatalog, der sowohl im Berufs- als auch im Privatleben eingesetzt werden kann und neun Komplexe umfasst, die sich auf die Aufgabe bzw. das Problem beziehen: (Beispiel: Unsere Wanderreise im Allgäu verkauft sich schlecht.)

» Wofür kann ich es noch verwenden? Kann ich es anders einsetzen?
» Weist das Problem auf andere Ideen hin? Ist es etwas anderem ähnlich?
» Was lässt sich ändern? Welche Eigenschaften lassen sich umgestalten?
» Lässt sich etwas vergrößern, hinzufügen, vervielfältigen?
» Lässt sich etwas verkleinern, wegnehmen, verkürzen?
» Was kann ersetzt werden? Welche Bedingungen können geändert werden?
» Kann die Reihenfolge oder Struktur geändert werden?
» Kann die Idee ins Gegenteil gekehrt werden? Kann der Ablauf umgekehrt werden?
» Können Ideen kombiniert oder Personen verbunden werden?

2.1.4 Kreativitätsansätze mit intuitiven und systematischen Elementen

Walt Disney Methode

Diese Methode basiert auf einer Aussage über Walt Disney, „... tatsächlich gab es drei Walts: den Träumer, den Realisten und den Miesepeter". Ein oder mehrere Personen betrachten und diskutieren ein Thema aus drei Blickwinkeln:

Der *Träumer* ist subjektiv orientiert und enthusiastisch, enthält sich aber eines praktischen Urteils zu einer Idee oder Analyse.

Der *Realist* nimmt einen pragmatisch-praktischen Standpunkt ein, entwickelt Aktivitätenpläne und untersucht die notwendigen Arbeitsschritte, -mechanismen und Voraussetzungen.

Der *Kritiker* fordert heraus und prüft die Vorgaben der anderen. Ziel ist konstruktive und positive Kritik, die mögliche Fehlerquellen identifizieren hilft.

Die Methode kann sowohl von Einzelpersonen als auch von Gruppen angewendet werden. Sie ist besonders hilfreich, wenn es darum geht, Ziele und Visionen zu konkretisieren und alltagstauglich zu gestalten.

Denk-Hüte von De Bono

Diese Technik ist besonders geeignet für Gruppendiskussionen, in denen die Ausgestaltung einer Idee oder eines Vorhabens konkretisiert werden soll. Die Gruppenmitglieder nehmen verschiedene Rollen ein, die durch verschiedenfarbige Hüte repräsentiert werden. Jeder Hut entspricht einer Denkweise oder einem Blickwinkel, wodurch ein effizienter Diskurs über ein Thema erreicht werden soll und gleichzeitig kein Blickwinkel außer Acht gelassen wird. Durch die Übernahme verschiedener Rollen fallen Bedenken, die jeweilige Meinung zu äußern – etwa weil sie nicht der üblichen Arbeitsweise in der Gruppe entspricht – weg, da keines der Mitglieder persönlich hinter seiner Aussage steht, sondern nur die jeweilige Rolle.

Die einzelnen Rollenhüte stehen für

» weiß: analytisches Denken: Konzentration auf Tatsachen, Anforderungen und wie sie erreicht werden können (Objektiv),
» rot: emotionales Denken, Empfinden: Konzentration auf Gefühle und Meinungen (Subjektiv),
» schwarz: kritisches Denken: Risikobetrachtung, Probleme, Skepsis, Kritik und Ängste mitteilen (Objektiv),

» gelb: optimistisches Denken: Was ist das Best-Case Szenario (Spekulativ),
» grün: kreatives, assoziatives Denken: Neue Ideen, Kreativität (Konstruktiv) und
» blau: ordnendes, moderierendes Denken: Überblick über die Diskussion und die Prozesse

Den Teilnehmern wird entsprechend der Art, in der sie denken sollen, ein Hut bzw. Armband oder Tischkärtchen in der zugehörigen Farbe gegeben. Wichtig ist es, sich vor der Diskussion auf die zugeordnete Farbe mit den geforderten Eigenschaften einzustellen und in der Diskussion „in der Farbe" zu bleiben. Dadurch werden Konflikte vermieden und dennoch alle Positionen berücksichtigt. De Bono selbst bezeichnet die sechs Denkhüte auch als Methode zur Verbesserung der Kommunikation in einer Gruppe.

Nachdem das Problem analysiert und die eigentliche Aufgabe, also das Projektziel definiert worden ist, muss dieses Ziel möglichst genau beschrieben werden und in einem Projektauftrag (oder einfach: in einer Aufgabenbeschreibung) festgehalten werden.

2.2 Die Projektplanung und -entscheidung

Anhand der Prozesse während der Projektinitialisierung wird das Projekt bzw. sein Ziel definiert und die anstehenden Aufgaben festgelegt. In der Projektplanung werden die einzelnen Schritte der Projektdurchführung im Rahmen der Projektablauforganisation festgelegt. Dabei müssen verschiedene Aspekte des Projektablaufs berücksichtigt werden:

» die Beschreibung und Planung der einzelnen Aufgaben, ggf. Festlegung der einzelnen Arbeitsabläufe in einem Projektstrukturplan;
» die Ermittlung des Personalbedarfs;
» die Aufstellung eines Zeitplans und der Meilensteine, ggf. anhand eines Netzplans;

» die Planung von Sachmitteln (Arbeitsplätze, Räume, Arbeitsmittel, etc.) und projektbezogenen Kosten;
» die Entscheidung über die Finanzierung des Projekts durch Eigen- oder Fremdfinanzierung und entsprechende Finanzierungspartner (Banken, Unternehmen als Sponsor, öffentl. Fördermittel);
» die Abschätzung der mit dem Projekt verbundenen Risiken und Möglichkeiten ihrer Behebung (Erstellung eines Risikomanagements).

.... **EXKURS »**

Budgetierung von Projekten

Budgetierung ist die Festlegung von definierten Geld- oder Mengengrößen für die einzelnen Projektbereiche oder Teilaufgaben. Anhand möglichst klar definierter Pläne und Vorgaben im Aufwands- und Einnahmebereich wird ein bestimmter Geldbetrag, das Budget, bestimmt. Sämtliche Aktivitäten bei der Erstellung, Genehmigung, Durchsetzung und Anpassung dieses Budgets gehören zur Budgetierung. Es handelt sich also stets um einen Prozess. Die operative Budgetierung umfasst die vollständige mengen- und wertmäßige Zusammenfassung der erwarteten Entwicklung der Unternehmung/ des Projekts in der zukünftigen Planungsperiode. Die strategische Budgetierung dagegen umfasst sämtliche Pläne zur Existenzsicherung (langfristig), sie bildet also den Rahmen für die operative Budgetierung einzelner Projekte. Regelmäßige Kontrollphasen (Soll-Ist-Vergleiche, Abweichungsanalysen) dienen der rechtzeitigen Korrektur von Abweichungen.

Folgende Regeln sind bei der Budgetierung zu beachten:
» Budgets müssen sich auf klar umrissene Verantwortlichkeiten beziehen.
» Budgetvorgaben müssen messbar sein.
» Budgetvorgaben müssen seitens der Budgetverantwortlichen beeinflussbar sein.
» Budgetvorgaben müssen herausfordernd, aber erreichbar sein.
» Budgetvorgaben müssen einen Handlungsspielraum enthalten.
» Budgetverantwortliche sind am Budgetierungsprozess zu beteiligen.

Gefahren:
Häufig versuchen die Beteiligten das Budget auszutricksen. Ein Fall ist das „budget wasting". Budgetierte Mittel werden verschwendet, nahezu „weggeworfen". Das liegt daran, dass häufig der budgetierte Betrag an den Verbrauch des Vorjahres angepasst wird, obwohl dieser drastisch gesunken ist. Hier hilft nur eine Glaubhaftmachung des Erfolgs beim Mitteleinsatz.

Anhand der Projektplanung, insbesondere der Kosten- und Finanzierungsplanung wird entweder von der Unternehmensführung oder – insbesondere bei größeren oder öffentlichen Projekten – durch ein externes Beratungsteam entschieden, ob unter Wirtschaftlichkeitsaspekten die Umsetzung des Projekts machbar bzw. sinnvoll ist. Bei größeren Vorhaben wird eine Feasibility-Studie (Machbarkeitsstudie) in Auftrag gegeben. Sie beinhaltet z. B. Marktbeschreibung und –analyse, Wertung des Standortes sowie Prognosen hinsichtlich der Rentabilität (Wirtschaftlichkeitsrechnung) und führt zu einer positiven oder negativen Bewertung des Vorhabens.

Bei positiver Beurteilung wird eine Projektvorgabe erstellt, die in einem Projektauftrag besteht und den „Startschuss" für die Durchführung des Projekts nach den erarbeiteten Plänen gibt.

2.2.1 Die Ablaufplanung von Projekten

Die Planung von Abläufen von Projekten fragt zunächst, welche Arbeitsschritte („Verrichtungen", „Aufgaben" oder „Vorgänge") insgesamt zur Erreichung eines Projektzieles erforderlich sind. Diese werden in einem übersichtlichen Netzplan zusammengefasst, der die Reihenfolge und die Abhängigkeiten der zu erledigenden Aufgaben darstellt.

Netzpläne eignen sich hervorragend zur:
» Gewinnung eines Überblicks über den gesamten Projektverlauf,
» Darstellung von logischen Abhängigkeiten zwischen einzelnen Verrichtungen sowie ihrer zeitlichen Abfolge,
» genaue Abschätzung der Dauer von einzelnen Teilaktivitäten sowie des gesamten Projekts,
» vorausschauende Abschätzung von Verzögerungen im Hinblick auf die termingerechte Fertigstellung des Gesamtprojektes und
» Vergleich verschiedener Planungsvarianten im Hinblick auf Termine, Kosten und Einsatzmittelbedarf.

Werden Aussagen über die Dauer der einzelnen Arbeitsschritte zugefügt, so lassen sich Angaben über die Anfangs- und Endzeitpunkte sowie über Leerlaufzeiten ableiten und in den Netzplan eintragen. Ein solcher Netzplan ist dann die Grundlage für die Projektablauf- und die Terminplanung.

Anders als bei der Aufbauplanung wird eine funktionierende Teamstruktur vorausgesetzt. Die Ablaufplanung folgt also auf die Aufbauplanung.

Aufstellung des Netzplanes

Betrachten wir die Planung einer Klassenfahrt als Beispiel: Zunächst muss die Klasse den Termin und den möglichen Preis festlegen, den die Schüler bereit sind, für die Klassenfahrt zu zahlen. Dann müssen Angebote, am besten über die touristischen Ausbildungsbetriebe eingeholt werden. Wurde in der Klasse über ein Reiseziel entschieden, müssen alle Ausbildungsbetriebe informiert und die Genehmigung der Schule eingeholt werden. Gleichzeitig können Informationen über das Zielgebiet eingeholt werden, damit das Wochenprogramm zur Klassenfahrt gestaltet werden kann. Liegen die erforderlichen Einwilligungen vor, werden sich die Schüler verbindlich zur Klassenfahrt anmelden. Gleichzeitig kann die Anzahlung für die Klassenfahrt eingesammelt werden (was erfahrungsgemäß etwas länger dauert) und dann die Fahrt gebucht werden. Anschließend erfolgt die Ausarbeitung des Wochenprogramms durch die Schüler, die auch die dafür erforderlichen Reservierungen, z. B. für Busse vor Ort oder Hotelbesichtigungen, vornehmen müssen. 21 Tage vor Abfahrt muss dann die Restzahlung überwiesen werden.

Lfd. Nr.	Vorgang	Vorgänger	Nachfolger	Dauer in Tagen
1	Termin und Preis festlegen	–	2/3	1
2	Angebote Hotel suchen	1	4	14
3	Angebote zu Anreise suchen	1	4	7
4	Abstimmung und Entscheidung	2/3	5/6/7	1
5	Informationen über die Region einholen	4	11	7
6	Betriebe informieren	4	8/9	7
7	Genehmigung durch Schule	4	8/9	14
8	Verbindliche Reiseanmeldung der Schüler	6/7	10/12	1
9	Anzahlung einsammeln	6/7	10	14
10	Buchung der Klassenfahrt	8/9	13	1
11	Ausarbeitung des Wochenprogramms	6/7	12	14
12	Reservierung für das Wochenprogramm	5	14	4
13	Restzahlung anweisen	10	14	21
14	Abfahrt	12/13	–	1

Der Klassenlehrer – in diesem Fall der Projektleiter – überlegt zunächst, welche Aufgaben überhaupt zu erledigen sind. Anschließend wird festgelegt, in welcher Reihenfolge die Aufgaben auszuführen sind bzw. welche Tätigkeiten bereits erledigt sein müssen, bevor der nächste Planungsschritt ausgeführt werden kann. Außerdem gilt es zu überlegen, welche Tätigkeiten zeitgleich ausgeführt werden können. Mit dem Netzplan lässt sich nun feststellen, wann die Klasse frühestens auf Klassenfahrt gehen, bzw. mit wie viel (Unterrichts-)Zeit bei der Planung zu rechnen ist.

Inhalte des Netzplanes

Das wichtigste Element eines Netzplans ist das Element Aufgabe. Aufgaben sind Anweisungen für ein bestimmtes Handeln. Für jede Aufgabe müssen die Nummer und besonders bei großen Netzplänen, die Kurzbezeichnung angegeben werden. Weiterhin sind die folgenden Bezeichnungen einzutragen oder zu berechnen:

» **Dauer:** Die Dauer der Aufgaben gemäß des Aufgabenplans, hier in Tagen angegeben, es können aber natürlich auch andere Zeiteinheiten herangezogen werden.

» **FAZ:** Frühester Anfangszeitpunkt der einzelnen Aufgaben. Der FAZ aller Aufgaben, die keinen Vorgänger haben, ist der erste Tag oder die erste Zeiteinheit.

» **FEZ:** Frühester Endzeitpunkt der einzelnen Aufgaben. Es gilt: FEZ = FAZ + Dauer −1.

» **SEZ:** Spätester Endzeitpunkt der einzelnen Aufgaben. Der SEZ der letzten Aufgabe ist identisch mit dem FEZ der letzten Aufgabe. Der SEZ aller Aufgaben, die Nachfolger haben, ist der SAZ der Nachfolgeraufgabe −1.

» **SAZ:** Spätester Anfangszeitpunkt der einzelnen Aufgaben. Es gilt: SAZ = SEZ − Dauer +1.

» **Puffer:** Zeit, die eine Aufgabe verzögert werden könnte, ohne das Gesamtprojekt zu verzögern. Es gilt: Puffer = FEZ − SEZ oder Puffer = SAZ − FAZ.

Ein weiteres Element von Netzplänen sind **Meilensteine.** Man unterscheidet:

Anfangs-Meilenstein: („Kick-Off" des Projekts) Ist immer erforderlich, wenn im Projekt-Strukturplan mehrere Aufgaben keine Vorgänger haben, d. h., am Anfang eines Projektes mehrere Aufgaben gleichzeitig zu erledigen sind:

End-Meilenstein: Analog zum Anfangs-Meilenstein ist ein End-Meilenstein erforderlich, wenn mehrere Aufgaben gleichzeitig keine Nachfolger in der Projekt-Strukturplanung haben, d. h., Endaufgaben sind:

Binnen-Meilenstein: Ein Meilenstein innerhalb eines Projektes ist immer dann erforderlich, wenn mehrere Aufgaben auf mehrere folgen, d. h., mehr als ein Nachfolger für mehr als eine Aufgabe angegeben ist:

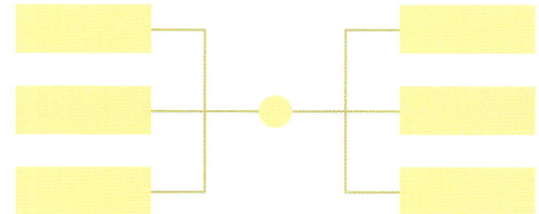

Ohne den Einsatz von Binnenmeilensteine wäre die Darstellung unübersichtlich und würde falsche Terminierungen fördern:

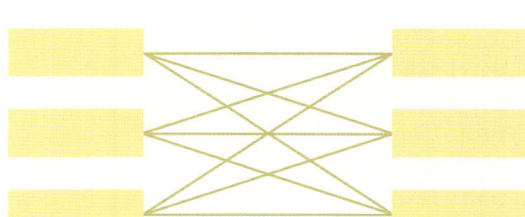

Im Beispiel Klassenfahrt haben die Aufgaben 6 „Betriebe" und 7 „Schule" beide die Nachfolger 8 „Anmeldung" und 9 „Anzahlung". Um grafisch zu symbolisieren, dass die Arbeitsschritte 8, 9 und 10 nach 6 und 7 folgen müssen, ist ein Binnen-Meilenstein erforderlich.

Ermittlung des kritischen Pfades

Von der ersten bis zur letzten Aufgabe bzw. vom Anfangs- bis zum End-Meilenstein durch das ganze Projekt wird sich stets eine Reihe von Aufgaben finden, deren Pufferzeit null ist. Tritt bei nur einer einzigen dieser Aufgaben eine Verzögerung ein, so verzögert sich das ganze Projekt. Diese Aufgaben sind die kritischen Aufgaben, und deren Reihenfolge, die im Netzplan durch eine fette Linie dargestellt ist, sind der sogenannte kritische Pfad. Würde beispielsweise bei einer der Aufgaben 2 „Hotel" oder 9 „Anzahlung" eine Verzögerung eintreten, so wäre das Gesamtprojekt erst um die Dauer der Verzögerung später als am 67. Tag abgeschlossen. Diese Aufgaben bilden daher den kritischen Pfad. Die Projektsteuerung sollte besonderes Augenmerk auf die Einhaltung der kritischen Aufgaben legen. Der kritische Pfad eines Projektes kann sich gabeln und mehrere parallele Verläufe nehmen, hat aber stets einen einzigen Anfangs- und einen einzigen Endzeitpunkt.

Nehmen wir beispielsweise an, aus irgendeinem Grunde müssten wir für die Aufgabe 8 „Anmeldung" nicht einen, sondern 14 Arbeitstage einplanen, hätten dies eine Zweiteilung des kritischen Pfades zur Folge. Die Zusage eines festen Endtermines an einen Kunden ist risikoreicher, wenn es mehrere parallele kritische Pfade gibt, weil dann mehr Aufgaben schon bei einer geringen Verzögerung die Durchlaufzeit des Gesamtprojektes verzögern können.

Netzplan Klassenfahrt

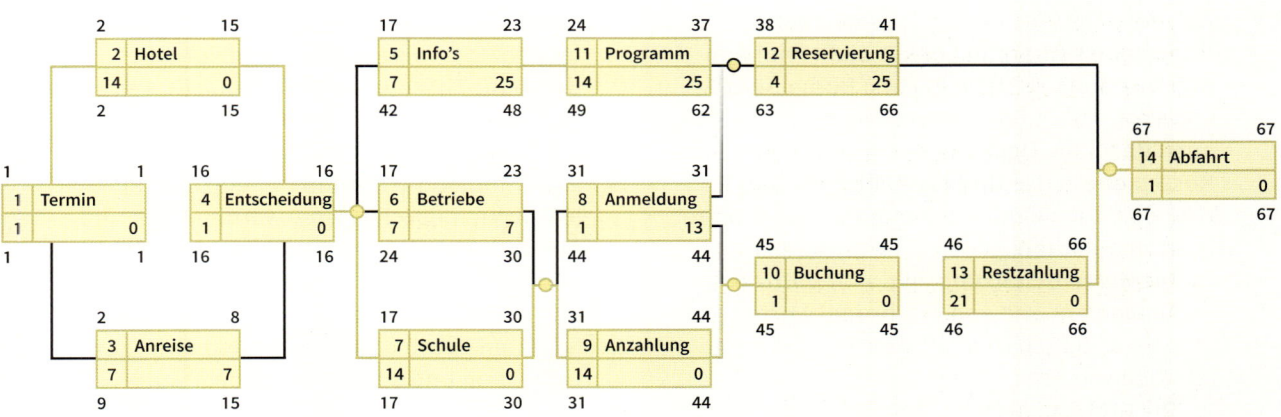

Legende:

Aufgabe:

FAZ		FEZ
Bezeichnung		
Dauer	Puffer	
SAZ		SEZ

Meilenstein: ─○─

2.2.2 Die Ressourcenplanung

Die Projektstrukturplanung anhand der Netzplantechnik oder eines Gantt-Diagramms dient nicht nur der zeitlichen Einteilung des Projekts in einzelne Arbeitspakete, sondern auch als Grundlage für die Planung der sonstigen Ressourcen. Dies sind (neben der Zeit) Personal, Materialien, Arbeitsmittel und natürlich die finanziellen Mittel. Zwar können die jeweils benötigten Mengen nicht exakt vorhergesagt werden, aber Erfahrungswerte früherer Projekte helfen bei einer möglichst genauen Schätzung. In allen Bereichen ist die folgende Herangehensweise sinnvoll:

» genaue Definition des **Projektziels,**
» Zerlegung des Projekts in einzelne **Arbeitspakete** (z. B. anhand eines Netzplans),
» Erfassung von **Einflussfaktoren** wie klimatische Gegebenheiten, Teilnehmerzahl, Komplexität des Projekts (Dauer, Mitarbeiterzahl, Größe etc.). Erstellung eines „best-case-" sowie eines „worst-case"-Szenarios, um Risiken abschätzen zu können.

» **Vergleich** des Projekts mit ähnlichen bereits durchgeführten Veranstaltungen/ Projekten,
» **Aufwandsschätzung** für die einzelnen Arbeitspakete mit Berücksichtigung der best- und worst-case-Szenarien und
» **Ermittlung des Gesamtaufwandes** durch Aufsummierung der einzelnen Aufwände für die Arbeitspakete.

Tücken bei der Aufwandsschätzung sind zu beachten! Dies sind z. B. mögliche Ausfälle von Mitarbeitern aufgrund von Krankheit/Urlaub etc., lange Wege- und Wartezeiten insbesondere bei organisatorischen Aufgaben mit Beteiligung von externen Firmen und Behörden sowie mögliche Kommunikationsstörungen bzw. ein hoher Kommunikationsaufwand (bes. bei komplexen Projekten). Besonders die Personal- und Finanzplanung sollte daher **Puffer** berücksichtigen, um keine bösen Überraschungen zu erleben, die den Projekterfolg gefährden.

Die Finanz- oder Kostenplanung

Projektmittel in Form von Sachmitteln sind z. T. bereits vorhanden oder müssen beschafft werden. Dies können Arbeitsräume und -plätze, Maschinen, Arbeits- und Kommunikationsmittel sein. Dafür und z. B. für Reisen, Personal, Versicherungen u. a. ist eine bestimmte finanzielle Versorgung des Projekts notwendig: das Budget (siehe Exkurs: Budgetierung von Projekten). Die Kostenplanung dient also auch dazu, die Deckung der voraussichtlichen Kosten durch das Budget zu überprüfen. Grundsätzlich kann die Kostenplanung in drei Phasen ablaufen:

1. **Die Kostenschätzung,** in der erwartete Kosten anhand von Erfahrungswerten grob überschlagen und mit dem Budget verglichen werden.
2. **Die Grobkalkulation,** in der einzelne Kostenblöcke genauer aufgeteilt und beschrieben werden. Auch hier müssen die Vorgaben des Budgets im Auge behalten werden.
3. **Die Feinkalkulation,** bei der es sinnvoll ist, die gesamten Kosten des Projekts und seiner Planung anhand des Projekt-

strukturplans in Kostenarten und -träger aufzuteilen: Die Kosten werden auf die einzelnen Teilbereiche des Projekts aufgeteilt und als einmalige oder laufende Kosten periodengerecht erfasst. So entsteht eine Kostenkurve für das Projekt, die die anfallenden Kosten periodisch und kumuliert darstellt. Ein solches Vorgehen ist für das Projektcontrolling sehr hilfreich, da ein nachvollziehbarer Vergleich zwischen den Plan- und den Istkosten der einzelnen Projektphasen durchgeführt werden kann und Abweichungen schnell analysiert sind. So können rechtzeitig Gegenmaßnahmen ergriffen werden. Wie beim Netzplan die Pufferzeiten durch den Unterschied zwischen frühestem und spätestem Endzeitpunkt, ist es auch bei der Kostenplanung sinnvoll, einen Puffer von ca. 5 bis 10 % zu berücksichtigen, damit es keine Überraschungen durch Kostenschwankungen gibt, die z. B. aus schwankenden Rohstoffpreisen oder Wechselkursen resultieren können.

Beispiel für eine Feinkalkulation eines Reisebüroevents (z. B. Präsentation eines Zielgebiets)

Kostenarten

Projekteinzelkosten: Personalkosten, Raumkosten (bei Anmietung externer Räume für die Veranstaltung), Kosten für Fachliteratur, Versicherungskosten, Transportkosten, Kosten für das Catering und die Künstler (Musiker o. a.), ggf. Kosten für Fremdleistungen, GEMA etc.

Projektgemeinkosten (lassen sich nicht eindeutig dem Projekt zuordnen): Allgemeine Verwaltungskosten, Raumkosten (bei Nutzung der eigenen Räume), Kosten für projektübergreifende Dienstleistungen und Materialien etc.

Kostenträger

Die Kostenträger könnten die einzelnen Vorgänge oder Arbeitspakete aus dem Netzplan sein, z. B. Programm planen, Raum mieten, Einladungen schreiben und versenden, Technik, Caterer und Deko besorgen, Präsentation durchführen, Gästebefragung etc.

Die Personalplanung

Ein Vorteil der Projektarbeit liegt im Einsatz von Mitarbeitern, die sich für eine gewisse Zeit ausschließlich um das Projekt kümmern und gemäß ihren Fähigkeiten und Erfahrungen aus verschiedenen Unternehmensbereichen zusammenkommen. So entsteht ein Team, das sich mit dem Projekt identifiziert und somit hoch motiviert ist, das Projekt erfolgreich zu gestalten. Fachliche Kompetenz, Methodenkompetenz sowie persönliche und soziale

Beispiel für einen Teil eines Personaleinsatzplans des Projekts: Präsentation Zielgebiet am 23.4.						
Bedarf an Mitarbeitern (MA) pro Arbeitswoche						
Arbeitspaket	14.3.–20.3.	21.3.–27.3.	28.3.–3.4.	4.4.–10.4.	11.4.–17.4.	18.4.–24.4.
Programm planen, Projektleitung	4 MA Maria, Lars, Tom, Eva	3 MA Maria, Lars, Tom	2 MA Maria, Lars	2 MA Maria, Lars	2 MA Eva, Lars	2 MA Maria, Lars
Miete von Raum, Künstler, Technik		1 MA Eva				
Einladungen			1 MA Eva	1 MA Eva		
Catering, Deko			1 MA Tom			2 MA Tom, Eva
Gästeempfang, Moderation						2 MA Tom, Eva
Nachbereitung						
Summe	4 MA	4 MA	4 MA	3 MA	2 MA	4 MA
Vorrat	4	3	3 Tom Urlaub	4	4	3 Maria Inforeise
Lücke/Überhang	–	–	–1	+1 (Tom)	+2 (Maria, Tom)	–1

Kann der Personalbedarf mit den zur Verfügung stehenden Mitarbeitern nicht gedeckt werden oder fehlen bestimmte Qualifikationen, können evtl. Fortbildungen helfen oder es müssen Fremdleistungen in Anspruch genommen werden.

Kompetenz sind also Grundvoraussetzungen, die die Projektmitarbeiter mitbringen sollten – diese Kompetenzen werden auch Projektkompetenzen genannt.

Im Zentrum der Personalplanung steht aber zunächst der **quantitative Personalbedarf.**

Anhand des Projektstrukturplans und den hier ermittelten einzelnen Arbeitsbereichen und -paketen kann – besonders bei komplexen Projekten – ein Personaleinsatzplan erstellt werden, der die jeweils benötigten Mitarbeiter mit den entsprechenden Qualifikationen den einzelnen Arbeitspaketen zuordnet.

2.2.3 Die Projektentscheidung

Die Entscheidung über die Realisation kleinerer Projekte wird meist „aus dem Bauch heraus" gefällt. Bei der Planung ist bereits klar geworden, ob der Nutzen des Projekts seine Kosten rechtfertigt. Bevor allerdings große Projekte in Auftrag gegeben werden, müssen sie bewertet werden. Dies kann anhand verschiedener mathematischer Methoden geschehen, z. B. Investitions- oder Nutzwertrechnungen. Eine Möglichkeit ist auch die Beauftragung einer Machbarkeitsstudie (fesability-study). Oft vernachlässigt, aber für die Projektentscheidung und als elementare Voraussetzung für die reibungslose Projektdurchführung äußerst wichtig, ist die **Risikoanalyse.**

Die Risikoanalyse …
» deckt allgemeine und **projektspezifische Risiken** auf, die die Projektkosten erhöhen, den Projektablauf behindern oder sogar das Projekt zum Scheitern bringen könnten;
» dient der Entwicklung von geeigneten **Gegenmaßnahmen** im Falle des Auftretens dieser Risiken;

» sollte mit dem gesamten Projektteam durchgeführt werden, um möglichst viele Risikoquellen und Erfahrungswerte zu erfassen und alle Mitglieder zu sensibilisieren;
» nimmt mit zunehmender Komplexität von Projekten mehr Zeit und Ressourcen in Anspruch, ggf. können Experten im Umgang mit speziellen Risiko-Tools eingesetzt werden;
» überprüft alle Arbeitspakete eines Projektstrukturplans auf ihren Risikogehalt hin. Jeweils sollten mögliche Zeitverzögerer und Kostentreiber (z. B. technische Probleme) identifiziert werden.
» versucht, die Projektrisiken quantifizierbar zu machen, indem sie gemeinsam im Team z. B. nach ihrer **Eintrittswahrscheinlichkeit,** ihren (messbaren) Auswirkungen auf Kosten, Zeit und Qualität sowie der möglichen Gegenmaßnahmen bewertet werden:

Beispiel: Risikoanalyse des Reisebüro-Projekts „Präsentation eines Zielgebiets"					
Risiko	**Wahrscheinlichkeit**	**Auswirkung Kosten**	**Auswirkung Zeit**	**Auswirkung Qualität**	**Gegenmaßnahme**
Geringe Zahl der Besucher	20 %	0	0	4	Einladungen mit Rückantwort, Handzettel, Radiowerbung
Personalmangel	30 %	1	**3**	3	Einbindung des Azubis in die Planung
Ausfall der Künstler	20 %	**1**	2	3	Alternativprogramm: zusätzliche Musiker, Film, …
Ausfall der Technik	10 %	**1**	1	2	Möglichkeit der Ersatzanlage überprüfen, Techniker aus Freundeskreis einladen

Intensität der Auswirkung von 0 (keine) bis 4 (sehr große Auswirkung)

Die endgültige Projektentscheidung wird i. d. R. von der Unternehmensleitung getroffen, häufig wird auch ein Ausschuss eingesetzt. Die Entscheidungskriterien richten sich nach der vorangegangenen Planung und Risikoanalyse:

» Welchen Nutzen hat das Projekt kurz- und langfristig?
» Wie wichtig ist das Vorhaben derzeit für das Unternehmen?

» Können Kosten und andere Ressourcen (Personal) dafür aufgebracht bzw. aus dem Tagesgeschäft abgezogen werden?
» Wie lange dauert das Projekt?
» Wie riskant ist das Projekt?

Ablehnungen von Projekten kommen natürlich vor. Wichtig ist dann die genaue Erläuterung der Gründe, um keine Demotivation und Frustration bei denjenigen, die bei der Planung beteiligt waren, aufkommen zu lassen.

2.3 Die Durchführung und Auswertung von Projekten

Das Kernstück des Projekts, die Projektdurchführung, folgt auf die Phase der Projektplanung. Sie ist durch die folgenden Vorgänge gekennzeichnet:

» Erledigung der Arbeitspakete, Kommunikation und regelmäßiger Informationsaustausch,
» Überwachung des Projektfortschritts (Projektstatusberichte),
» Erfassung und Analyse der Abweichungen von der Planung (Projektcontrolling und -dokumentation),
» Abschluss der Projektdurchführung durch Präsentation (z. B. Ausstellung, Broschüre, Pressekonferenz, Veranstaltung),

Um den Startpunkt der Durchführungsphase zu betonen und alle Beteiligten zu motivieren, findet in großen Unternehmen mit langfristigen und komplexen Projekten häufig eine „Kick-off"-Veranstaltung für alle Teammitglieder statt. Sie kann aber auch bereits vor der Initiierung und Planung des Projekts stehen, um das Team zusammenzuführen.

In der Durchführungsphase ist es primär die Aufgabe des Projektleiters, den Projektverlauf so zu steuern (**Projektcontrolling**), dass die geplanten Projektziele erreicht werden. Hierzu ist ein ständiger und konsequenter Soll-Ist-Vergleich notwendig. Abweichungen müssen frühzeitig erkannt und Gegenmaßnahmen eingeleitet werden.

Abweichungen können sich ergeben, weil

» bei der Planung einzelne Aufgaben, Meilensteine oder bestimmte Einflussfaktoren vergessen wurden,

» Schätzungen zu ungenau oder zu optimistisch gemacht wurden,
» unvorhergesehene externe Einflüsse und Störungen auftreten,
» Termine nicht eingehalten wurden,
» Annahmen, die der Projektplanung zu Grunde liegen, nicht eintreffen,
» Arbeitspakete nicht oder nur unzureichend bearbeitet werden (ggf. durch Kompetenzkonflikte) etc.

! **Die Projektdokumentation ist ein wichtiges Instrument des Projektcontrolling. Die Projektleitung kann ein Teammitglied mit der Erstellung der Dokumentation beauftragen. Sie sollte enthalten:**

– **Alle Daten und Annahmen der Planungsphase, Sach-, Kosten- und Terminziele,**
– **Chronologische Darstellung der Methoden und Vorgehensweisen im Projektverlauf,**
– **Erfassung aller Aufwendungen,**
– **Erfassung von Teilergebnissen,**
– **Erfassung von Änderungen und Abweichungen,**
– **Protokolle von Teambesprechungen,**
– **Stimmen der Beteiligten,**
– **Veröffentlichungen (Fotos, Berichte),**
– **Gesamtergebnisse,**
– **ggf. Verbesserungsvorschläge („lessons learned"), Ideen zur Weiterentwicklung, Evaluation.**

Voraussetzung für ein funktionierendes Projektcontrolling ist eine regelmäßige Kommunikation zwischen Teammitgliedern und Projektleitung sowie eine aussagefähige **Dokumentation** aller projektrelevanten Daten. Sie kann darüber hinaus hilfreich bei späteren Projektvorhaben sein. Außerdem dient sie als Grundlage für ggf. notwendige Projektstatusberichte (z. B. für Auftraggeber, beteiligte Partnerunternehmen etc.), für den Abschlussbericht bzw. die Evaluation des Projekts.

Neben der Dokumentation ist der ständige Informationsfluss zwischen Projektteam und Projektleiter zwingend notwendig, um bei eventuell auftretenden Planabweichungen oder Problemen schnell geeignete Gegenmaßnahmen einleiten zu können. Dazu dient eine funktionierende Kommunikationskultur innerhalb der Teams und zwischen Projektmitarbeitern und Projektleitung (zur Teamarbeit vgl. 1.2). Nach Möglichkeit sollten regelmäßige Teamsitzungen abgehalten werden, um die Projektkommunikation zu intensivieren, sowie zusätzliche Meilensteinmeetings. Sollte dies nicht möglich sein (räumliche Trennung, terminliche Gründe etc.), so können elektronische Plattformen (e-Mail, Newsgroup etc.) gestaltet werden, um ein Mindestmaß an Kommunikation zu ermöglichen.

Sind die festgestellten Abweichungen zwischen geplanten und tatsächlichen Größen hinsichtlich Zielen, Ressourcen oder Terminen sehr groß, können weiterreichende Maßnahmen nötig werden, wie z. B.

» Erhöhung des Projektbudgets,
» Erhöhung der personellen oder materiellen Ressourcen,
» Anpassung des Projektziels,
» Verschiebung des Projektabschlusstermins oder sogar
» Abbruch des Projekts.

Der **Abbruch eines Projekts** erfordert sehr viel Mut und Durchsetzungsfähigkeit der entscheidenden Personen. Es muss rechtzeitig erkannt werden, wenn Projekte so „aus dem Ruder laufen", dass das geplante Projektziel (Zeit, Qualität, Kosten) nicht mehr zu erreichen ist. Projekte zu stoppen, ist keine Schande, sondern sollte als Zeichen einer intakten Projektkultur gesehen werden.

Nach der Durchführung des Projekts, die meist in eine Präsentation mündet, sollte nicht sofort zum Tagesgeschäft übergegangen werden. Der Abschlussphase wird oftmals zu wenig Bedeutung zugemessen, unabhängig von ihrem Erfolg verlaufen Projekte dann im Nichts. Das ist sehr schade, denn die gründliche Evaluation des Projekts bietet Gelegenheit, Erkenntnisse, Einsichten und Erfahrungen festzuhalten, damit diese für zukünftige Projekte genutzt werden können. Darüber hinaus dient sie der nachhaltigen Motivation der Projektmitarbeiter.

EXKURS »

Protokollieren

Über alle Teambesprechungen sollte ein Protokoll angefertigt werden, um spätere Missverständnisse oder Unklarheiten zu vermeiden. Ein Protokoll ist ein Sitzungsbericht, der in unterschiedlichen Ausprägungen formuliert werden kann: als **wörtliches Protokoll** mit genauer Wiedergabe jedes Wortbeitrags (selten); als **Verlaufsprotokoll** mit allen wichtigen Beiträgen und Meinungen unabhängig vom Ergebnis der Sitzung; als **Kurzprotokoll,** das die wesentlichen Inhalte und Ergebnisse festhält (üblich); oder als **Ergebnisprotokoll,** in dem lediglich die Ergebnisse der Sitzung aufgeführt werden.

Für eine gute Übersichtlichkeit sollte das Protokoll folgendermaßen strukturiert werden:
1. Protokollüberschrift
2. Kopfteil mit Zeit- und Ortsangaben, Teilnehmern, Anlass und/oder Thema
3. Textteil, z. B. gegliedert nach Tagesordnungspunkten (TOP 1: …, TOP 2: …) und den Ergebnissen
4. Schlussteil mit vereinbarten neuen Terminen, Hinweisen auf Anlagen und Verteiler sowie der Unterschrift des Protokollanten.

! Der Begriff „Evaluation" kommt ursprünglich aus dem Französischen, später auch aus dem Englischen und bedeutet „Beurteilung" oder „Bewertung" (engl. Value = Wert). Nach Abschluss eines Projekts sollen anhand der Evaluation einzelne Aspekte des Projekts sowie sein Gesamtergebnis beurteilt werden. Einzelne Aspekte können z. B. die Kommunikation im Team, die Einhaltung von Terminen, Umgang mit Ressourcen, Lösung von Konflikten oder die öffentliche Darstellung der Ergebnisse sein. Dabei geht es nicht vordergründig darum, Fehler aufzuzeigen! Wichtig ist vor allem auch die Hervorhebung von Positivem. Damit dient Evaluation nicht nur dazu, für zukünftige Projektvorhaben Rückschlüsse zu ziehen und aus Fehlern zu lernen, sondern kann (und sollte) auch motivierend für die Initiierung neuer Projekte wirken.

Wie ein Projekt evaluiert wird, hängt ganz von der jeweiligen Unternehmenskultur und den Vereinbarungen im Projektteam ab. Denkbar sind folgende Herangehensweisen:

» **Abschlussbesprechung mit gegenseitigem Feedback** (siehe Feedbackregeln unter Kapitel 1.2), ggf. auch mit Beteiligung externer Moderatoren und/oder Beratern. Es können Fragen erörtert werden, wie z. B. „Was ist gut, was weniger gut gelaufen?", „Was würden Sie nächstes Mal genauso, was anders machen?"

» **Projektreflexion** anhand von schriftlichen **Fragebögen** und anschließende Besprechung der Auswertung. Möglich sind auch übersichtliche und schnell auszuwertende **Bewertungsbögen** wie im folgenden Beispiel (die Bewertung kann im Plenum mittels aufzuklebender oder -zumalender Punkte stattfinden):

Beurteilung	sehr gut	gut	zu verbessern	ungenügend
1. Ideenfindung, Kreativität				
2. Teamarbeit, Kommunikation				
3. Entscheidungsfindung				
4. Finanzierung, Ausstattung				
5. Projektleitung				
6. Anerkennung, Motivation				
7. Zeitressourcen				

Ähnliche Methoden sind auch als Zwischenevaluation oder Stimmungsbarometer geeignet.

» **Blitzlicht** (auch als Zwischenevaluation geeignet): ähnlich wie beim Brainstorming wird von den Teilnehmern spontan zu einer Frage Stellung genommen, meist in der Ich-Form („ich fühle mich von der Projektleitung ungenügend unterstützt"). Die Äußerungen werden nicht kommentiert, aber im Anschluss der Blitzlicht-Runde ggf. diskutiert, um Fehlentwicklungen zu verhindern oder Rückschlüsse für zukünftige Projekte zu ziehen.

» Möglichkeiten für **anonymes Feedback** sollten immer zur Verfügung gestellt werden. Nicht jedes Mitglied möchte offene Kritik, z. B. an der Projektleitung oder der Zusammenarbeit mit Kollegen, äußern. Am besten eignen sich hierzu anonymisierte Fragebögen mit offenen Fragen („Was könnte geändert werden?", „Welche Verbesserungsvorschläge haben Sie für zukünftige Projekte?").

2.4 Beispiele für Unterrichtsprojekte

Bevor ein Projekt im Unterricht bzw. während der Schulzeit initiiert und durchgeführt wird, sollten zunächst von der Lehrkraft die Rahmenbedingungen abgesteckt werden:

» Wie ist der zeitliche Rahmen, welche Zeit steht für die Projektarbeit, welche für die Projektpräsentation zur Verfügung?

» Welche finanziellen und materiellen Ressourcen stehen zur Verfügung? Können mehrere Räume genutzt werden, sind genügend Computer mit Internetanbindung vorhanden?

» Wer soll die „Zielgruppe" für das Projekt sein? Nur die Schülerinnen und Schüler der Klasse oder auch die anderer Klassen der Schule oder sogar die interessierte Öffentlichkeit?

Die Projektinitiative sollte möglichst bald nach Beginn der Ausbildung gestartet werden, um den Abschluss des Projekts durch Prüfungsstress und Zeitverzögerungen nicht zu gefährden. Es ist sehr frustrierend für alle Beteiligten, wenn ein Projekt, in das bereits viel Zeit, Energie und Engagement gesteckt wurde, aufgrund von Zeitnot nicht beendet werden kann.

Obwohl die Idee für das Projekt natürlich anhand verschiedener Kreativitätstechniken (vgl. Kapitel 2.1) in der Klasse entwickelt werden sollte, hier ein paar Ideen für Unterrichtsprojekte in Klassen mit touristischem Schwerpunkt:

» Der Klassiker: Veranstaltung einer Klassenfahrt (Entscheidung über Ziel, Zeitraum, Budget, Anreise, Unterkunft, Programm; Kontaktaufnahme mit den Leistungsträgern und Buchung; Gestaltung des Programms vor Ort; Abschluss von Versicherungen; Controlling durch Kostenkontrolle und Abrechnung; Präsentation in der Schule nach Durchführung der Fahrt).

» Für kleinere Budgets oder bei Zeitmangel: Organisation eines Ausflugs in eine nahe gelegene Destination (erfordert ähnliche Überlegungen wie oben!).

» Für Marketingspezialisten: Road-Show oder Reisemesse in der Schule, zu einem bestimmten Zielgebiet oder einer bestimmten Reiseart (z. B. Jugend-Busreisen). Die Inhalte hängen von den Schwerpunkten der Ausbildungsbetriebe und evtl. deren Engagement ab. Möglich ist auch die Einladung von Referenten (z. B. von Fremdenverkehrsämtern, Spezialveranstaltern o. a.). Geeigneter Raum im der Schule erforderlich!

» Für angehende Reiseleiter: Geführte Stadtrundgänge, Museenbesuche, Wanderungen, o. ä. als Angebot für die Mitschüler/-innen und Lehrer/-innen der Schule.

» Für Umweltbewusste: Veranstaltung zum Thema „nachhaltiges Reisen" mit Vorträgen, Broschüren mit Tipps und Hinweisen, Videoinstallationen etc. für die Mitschüler/-innen und Lehrer/-innen der Schule oder sogar für die Öffentlichkeit. Eine solche Veranstaltung kann in der Schule oder auch auf Fußgängerzonen oder Flughäfen stattfinden (Vorsicht: Genehmigungen!).

» Für Gesellige: Veranstaltung eines Schulfestes (Sommerfest, Abschlussfest, Sportfest …etc.). Diese Arbeit erfordert u. a. eine Auseinandersetzung mit Genehmigungen und rechtlichen Rahmenbedingungen (bezüglich Ausschank, Verkauf von Speisen, Musikdarbietungen, zeitlicher Rahmen, Sicherheitsvorkehrungen etc.)!

Viel Erfolg!

Aufgaben

1_ Welches sind die möglichen Vor- und Nachteile der jeweiligen Organisationsform von Projekten hinsichtlich
- Projektverantwortung,
- Informationsfluss,
- Belastung der Mitarbeiter und der Projektleiter,
- Konflikte mit anderen,
- Bereitstellung von Mitarbeitern für das Projekt und
- Motivation.

2_ Benennen Sie mögliche Projekte und ordnen Sie sie sinnvoll den einzelnen Organisationsformen zu.

3_ Das Reisebüro, in dem Sie tätig sind, hat eine kleine Abteilung für Messen, Tagungen, Kongresse und Incentives. Bisher wurden erst einige Incentives in den Alpen mit Rafting und Klettern als Schwerpunkt von Ihrem Büro organisiert. Nun bekommen Sie von einem Unternehmen aus der Versicherungsbranche den Auftrag, eine Incentive-Reise für dessen langjährige Mitarbeiter (im Alter zwischen 50 und 60 Jahren) zu gestalten. Sie soll etwa zwei Übernachtungen beinhalten und in Deutschland stattfinden.

a) Sie möchten diese Aufgabe nach den Regeln des Projektmanagements bearbeiten. Erläutern Sie Ihren Kolleg/-innen, wie Sie vorgehen würden.

b) Sammeln Sie Ideen für die Incentive-Reise! Teilen Sie sich dazu in Kleingruppen (4–5 Personen) auf und gehen Sie nach einer der Kreativitätstechniken vor:
Gruppe A – Brainstorming
Gruppe B – Brainwriting
Gruppe C – Visualisierung (Fantasiereise: die Gruppenmitglieder machen es sich bequem und schließen die Augen, eine/r der Teilnehmer/-innen oder eine außenstehende Person leitet die Fantasiereise mit ruhiger Stimme ein, z. B. so: „Du begleitest eine Gruppe etwa 50-jähriger Männer und Frauen auf eine Kurzreise, die für alle unvergesslich sein wird. Wie sieht diese Reise aus? Wo fahrt ihr hin? Wie sieht die Umgebung aus, in der ihr euch aufhaltet? Welche Aktivitäten bietest du der Gruppe an? Lasse die Reise vor deinem inneren Auge ziehen und gestalte sie nach deinen Vorstellungen." Der Gruppe wird genügend Zeit und Ruhe gegeben, um sich auf die Visualisierung einzulassen. Anschließend werden die Ideen schriftlich festgehalten.)

Gruppe D – Morphologische Matrix (Hinweis: zunächst werden die Eigenschaften der Reise gesammelt und notiert, anschließend deren Ausprägungen festgehalten).

4_ Berechnen Sie die Gesamtpufferzeit für das Projekt Klassenfahrt (Vgl. Seite 599).

5_ Wie verändert sich der Netzplan „Klassenfahrt", wenn sich die Aufgabe 13 „Restzahlung" um sieben Tage verzögert?

6_ Strukturplan des Projektes: Frühstück

Vorgangsliste:

Vorgangsnummer	Vorgangsbezeichnung	Vorausgehender Vorgang	Vorgangsdauer
1	Küche betreten	–	1 Min.
2	Radio einschalten	1	1 Min.
3	Wasser kochen	2	5 Min.
4	Tisch decken	2	3 Min.

Vorgangsnummer	Vorgangsbezeichnung	Vorausgehender Vorgang	Vorgangsdauer
5	Brot schneiden	4	2 Min.
6	Kaffee filtern	3,5	4 Min.
7	Brot belegen	5	3 Min.
8	Brot essen	6, 7	8 Min.
9	Kaffee trinken	6, 7	14 Min.
10	Zeitung lesen	6, 7	10 Min.
11	Tisch abräumen	8, 9, 10	4 Min.
12	Radio ausschalten	2, 11	1 Min.
13	Küche verlassen	12	1 Min.

Als Startzeitpunkt des Projektes wird der Zeitpunkt 8.00 Uhr morgens angenommen. Da das Projekt so schnell wie möglich umgesetzt bzw. verwirklicht werden soll, wird bei der Rückrechnung der späteste Endtermin gleich dem frühesten Endtermin gesetzt.

a) Ermitteln Sie den Zeitraum, der notwendig ist, um das Projekt vollständig abzuschließen. Führen Sie eine Vorwärts- und Rückwärtsrechnung mithilfe des MPM-Netzes durch und bestimmen Sie die Gesamtpufferzeit und den freien Puffer.

b) Zeichnen Sie den kritischen Weg in Ihren Netzplan ein.

c) Welche Auswirkungen hat eine Verzögerung beim Vorgang „Zeitung lesen" (Spannender Artikel in der FAZ über die Berufchancen von Tourismus-Absolventen) um zwei Minuten?

d) Welche Auswirkungen hat eine Verzögerung beim „Tisch decken" (Teller ist runter gefallen und zerbrochen) um zwei Minuten?

e) Welche Maßnahmen können bei Verzögerungen unternommen werden, um den Zeitplan einzuhalten? zwei Antworten

f) Welche wesentlichen Vorteile bietet der Netzplan im Rahmen der Projekt- und Prozessplanung? Drei Antworten

7_ Führen Sie ein „echtes" Projekt durch: Planen Sie ein Frühstück in der Klasse.

a) Bestimmen Sie einen Termin. Halten Sie in einer Projektskizze Termine und Meilensteine fest.

b) Welches „Material" wird benötigt? Führen Sie eine Kalkulation durch.

c) Legen Sie die Arbeitspakete fest und planen Sie das „Personal". Bestimmen Sie zumindest einen Projektleiter sowie ein Mitglied, das die Dokumentation übernimmt.

d) Welche Risiken können auftreten? Entscheiden Sie sich für geeignete Gegenmaßnahmen!

e) Evaluieren Sie Ihr Projekt ggf. zu einem festgelegten Termin vor dem Frühstück (als Zwischenevaluation) und nach der Durchführung anhand einer der o. a. Methoden.

Sachwortverzeichnis

5053614

5053616

5053622

5053624

Bildquellenverzeichnis

Buch

A1PIX – Your Photo Today, Ottobrunn: S. 253.2
adpic Bildagentur, Bonn: S. 484.1 (Yuri Arcurs), 509.1 (B. Reitz-Hofmann)
africamediaonline.com/Fotofinder.com, Berlin: S. 281.1 (Roger de la Harpe)
alimdi.net, Deisenhofen: S. 251.1 (Pius Koller), 316.3 (Werner Lang), 336.1 (Movementway), 364.1 (Herbert Kehrer)
Arco Images GmbH, Lünen: S. 335.1 (Pfeiffer, J.)
argus, Hamburg: S. 224.1 (Mike Schroeder), 549.1 (Hartmut Schwarzbach)
AWH-Gruppe-MMT Objekteinrichtungen, Velbert-Langenberg: S. 820.1
Bassus, Birgit, Rödermark, Ober-Roden: S. 212.1, 448.2, 490.2
Bergmoser + Höller Verlag AG, Aachen: S. 42.2, 67.2, 119.1, 528.1, 540.1
Bildagentur Schapowalow GmbH, Hamburg: S. 274.4 (Robert Harding), 281.2 (Huber), 341.1 (Maxen)
BLUM Holiday-Tours GmbH, Ludwigshafen: S. 501.3
Bundesverband der Deutschen Volksbanken und Raiffeisenbanken (BVR), Berlin: S. 127.1, 135.3, 137.6
Caro Fotoagentur GmbH, Berlin: S. 237.1 (Bastian)
CenterParcs Germany, Rotterdam: S. 417.2
Chamber of Diving and Watersports (CDWS), Sharm el Sheikh/Egypt: S. 284.2
Daimler AG, Stuttgart: S. 410.1
ddp images GmbH, Hamburg: S. 501.1 (dapd/Thomas Lohnes)
DER Touristik GmbH, Frankfurt/M.: S. 405.1, 459.1, 501.4
Wolfgang Deuter, Germering: S. 338.1
Deutsche Bahn AG/Mediathek, Frankfurt/M.: S. 384.1, 385.1, 386.1, 389.1
Deutsche Lufthansa AG, Frankfurt/M.: S. 362.2 (Jens Görlich/CGI), 368.1 (Gregor Schlaeger), 369.1 (Ingrid Friedl)
Deutsche Post AG, Kundenservice BRIEF, Braunschweig: S. 86.1
Deutsche Post DHL Group, Bonn: S. 398
Deutsche Postbank AG, Bonn: S. 423.1
Deutsche Rentenversicherung Bund, Berlin: S. 37.1
Deutsche Touring GmbH, Frankfurt/M.: S. 399.1
Deutscher Tourismusverband Service GmbH, Berlin: S. 830.1
die bildstelle, Hamburg: S. 316.1 (Rex Features Ltd.)
Druwe & Polastri, Cremlingen/Weddel: S. 138.1, 532.1
DRV Deutscher ReiseVerband e. V., Berlin: S. 526.1, 530.1, 533.1
Enterprise Holdings, Wiesbaden: S. 409.5 (Alamo)
EU Ecolabel, Paris: S. 816.1
EUFISERV Payments s. c. r. l., Bruxelles: S. 135.2, 137.3

EURO Kartensysteme GmbH, Frankfurt/M.: S. 135.4, 136.1 .4, 137.1, 137.4
Europäische Reiseversicherung AG, München: S. 501.5
Europäische Zentralbank, Frankfurt/M.: S. 576.1
Europcar Autovermietung GmbH, Hamburg: S. 409.3
FlixMobility GmbH, München: S. 401.1
fotolia.com, New York: S. 14.1 (goodluz), 17.1 (Gajus), 47.1 (JiSign), 47.2 (adrian_ilie825), 57.1 (Marco2811), 63.1 (M. Schuppich), 68.1 (Stefan Yang), 92.1 (Adam Gregor), 93.1 (VadimGuzhva), 123.1 (Franz Pfluegl), 139.1 (s4svisuals), 159.2 (ruslanita), 200.1 (Minerva Studio), 200.2 (Robert Kneschke), 207.1 (contrastwerkstatt), 223.1 (Bjrn Wylezich), 226.2 (Monkey Business), 234.1 (dima_sidelnikov), 239.1 (bluedesign), 242.1 (Janina Dierks), 255.1 (Banana Republic), 261.1 (Image), 270.1 (muddymari), 271.1 (robert cicchetti), 273.3 (natureguy), 274.1 (Delphotostock), 286.1 (M. Rosenwirth), 291.1 (shoot4u), 291.2 (Kzenon), 294.1 (photogolfer), 295.1 (Vlada Z), 296.1 (Moyseeva Irina), 315.2 (pitsch22), 316.2 (helou88), 316.4 (Creativemarc), 317.1 (Pierre HELGER), 318.1 (sborisov), 320.1 (nicomax), 325.1 (shefkate), 332.1 (Bergfee), 343.1 (markobe), 344.1 (Sergii Figurnyi), 346.1 (onepony), 347.1 (gurgenb), 348.1 (dinosmichail), 349.1 (Koraysa), 356.1 (Jochen Scheffl), 384.2 (Klaus Rose), 402.1 (Fotodil), 413.1 (Brian Jackson), 414.1 (ikonoklast_hh), 417.1 (Martin Turzak), 419.1 (MohammedTareq), 442.1 (Thomas Jansa), 461.1 (Schlierner), 463.1 (Peter Adrian), 472_1 (by-studio), 478.1 (der_chris87), 486.1 (pixelcomet), 490.1 (Marcus Scholz), 493.1 (nito), 510.1 (dima_sidelnikov), 517.1 (cirquedesprit), 520.1 (Bjrn Wylezich), 520.2 (were), 521.1 (nmann77), 568.1 (Bernd Ege), 570.1 (Jürgen Fälchle), 589.1 (Barry Barnes)
Timo Frambach, Braunschweig: S. 147.1
Fraport AG, Frankfurt/M.: S. 492.1
FSC Deutschland, Freiburg: S. 79.1
FTI Touristik, München: S. 67.1, 472.1, 474.1, 491.1
Færgen, Rønne: S. 404.1
Hapag-Lloyd Kreuzfahrten GmbH, Hamburg: S. 339.1
Helga Lade Fotoagenturen GmbH, Frankfurt/M.: S. 324.1 (NDS)
Claudia Hild, Angelburg: S. 108.1, 114.1, 118.1, 125.1, 145.1, 146.1, 146.2, 194.1, 195.1, 200.1, 203.1, 209.1, 210.1, 212.2, 219.1, 221.1, 226.1, 228.1, 228.2, 433.1, 434.1–3, 435.1–3, 450.2, 450.2, 451.1, 452.1, 455.1, 456.1, 458.1, 460.1, 465.1, 479.1, 498.1, 507.1, 509.2, 534.1, 534.2, 535.1, 542.1, 545.1, 555.1
Monika Horn, Bad Vilbel: S. 267.1, 268.1, 270.2, 271.2, 272.2, 272.3, 273.1, 273.2, 274.2, 274.3, 296.2, 297.1

INM Inter Network Marketing AG, Wetzikon ZH/ Schweiz: S. 511.1
iStockphoto.com, Calgary: S. Titel 1 (Vladone), 159.1, 247.1 (Juergen Sack), 416.1 (Dimitry_Grebenyuk), 486.2 (Grafissimo)
Rainer Jahns, Siegsdorf: S. 133.1
Wolfgang Jandok, Heppenheim: S. 288.2, 289.1, 290.1
Keystone Pressedienst, Hamburg: S. 87.1 (Volkmar Schulz)
MasterCard Europe SPRL, Frankfurt/M.: S. 137.2
mauritius images GmbH, Mittenwald: S. 272.1 (imagebroker.net)
OKAPIA KG – Michael Grzimek & Co., Frankfurt/M.: S. 366.1 (Martin Jaeger), 489.1 (Hansgeorg Arndt)
Panther Media GmbH (panthermedia.net), München: S. 13.1 (Robert Kneschke)
Photocase GmbH, Berlin: S. Titel 2 (smartinka)
Picture-Alliance GmbH, Frankfurt/M.: S. 23.1, 23.2, 26.1, 34.1, 40.1, 41.1, 42.1, 43.1, 50.1, 52.1, 53.1, 59.1, 65.1, 121.1, 142.1, 325.2 (ZB/Thermalbad Wiesenbad), 393.1 (lbn/Rainer Jensen), 440.2, 535.2, 536.1, 537.1, 543.1, 547.1, 548.1, 550.1, 550.2, 552.1, 553.1, 554.1, 558.1, 561.1, 561.2, 562.1, 565.1, 565.2, 573.1
Peter Schatz, Marktoberdorf: S. 484.2 (Fotoagentur magics)
Uwe Scheid, Frankfurt/M.: S. 262.1, 419.2
Gabriela Schneider-Albert, Bildredaktion1 Troisdorf: S. 205.1, 216.1, 216.2, 218.1, 229.1, 523.1
SilverTours GmbH, Freiburg: S. 409.4
Sperling Info Design GmbH, Gehrden: S. 217.1
Steigenberger Grandhotel Handelshof Leipzig, Leipzig: S. 421.1
Sun Express, Kelsterbach: S. 501.2
SWK Semnar & Wolf Kommunikation GmbH, Frankfurt/M.: S. 409.2
Thomas Cook AG, Oberursel: S. 70.2
Tomicek/www.tomicek.de, Werl-Westönnen: S. 514.1
Tourismusverband Paznaun-Ischgl, A-Ischgl: S. 301.1
TUI Deutschland GmbH, Hannover: S. 70.1, 202.1
vario images, Bonn: S. 440.1 (Design Pics)
Viabono GmbH, Rösrath-Hoffnungsthal: S. 817.1
Visum Foto GmbH, Hannover: S. 90.1 (Christian O. Bruch), 412.1 (Ilja C. Hendel), 747.1 (Ralf Niemzig)
Weber Shandwick, München: S. 409.1
wikipedia.commons: S. 134.1 (Valentin Wittich), 262.2, 296.3, 327.1 (Nikater), 329.1 (Harald909), 330.1 (Christian Jansky), 345.1 (Stefan Bellini), 386.2 (Jivee Blau), 402.3, 403.1 (Arsenikk), 403.2 (Kalle Id), 410.2 (M93)
Joachim Zwick, Gießen: S. 177.1, 184.1, 268.3

DVD
adpic Bildagentur, Bonn: Zusatzinformationen zu LF 1, Kapitel 5. 2 – Rechtsobjekte, S. 4 (M. Dietrich); Zusatzaufgaben zu LF 3, Kapitel 1.5.3, S. 4 (B. Leitner)
AWH-Gruppe-MMT Objekteinrichtungen, Velbert-Langenberg: Zusatzinformationen zu LF 10, Kapitel 2.1, S. 1.1
fotolia.com, New York: Zusatzinformationen zu LF 1, Kapitel 5.2 – Rechtsobjekte, S. 1.1 (connel_design), 1.2 (heebyj), 1.3 (AlcelVision), 3 (KB3), 5 (Andrey Burmakin); Zusatzaufgaben zu LF 1, Kapitel 6, S. 14 (Jr Casas); Zusatzaufgaben zu LF 4, Kapitel 5, S. 1.1 (pdxnative), 1.2 (Stephan Shling); Zusatzinformationen zu LF 7, Kapitel 5.1, S. 1 (Decellio); Zusatzinformationen zu LF 7, Kapitel 9.2, S. 1.2 (Cornelia Pithart)
Claudia Hild, Angelburg: Zusatzaufgaben zu LF 1, Kapitel 6, S. 8.1; Zusatzinformationen zu LF 3, Kapitel 1.5.3, S. 2; Zusatzaufgaben zu LF 3, Kapitel 1.5.3, S. 1; Zusatzinformationen zu LF 8, Kapitel 3.1.9, S.1; Zusatzinformationen zu LF 9, Kapitel 2.2.1, S. 1 und 2
Deutscher Tourismusverband Service GmbH, Berlin: Zusatzinformationen zu LF 12, Kapitel 1.3, S. 1
EU Ecolabel, Paris: Zusatzinformationen zu LF 10, Kapitel 1.4, S. 1
LOOK-foto, München: Zusatzinformationen zu LF 7, Kapitel 10.3, S. 2.1 (Holger Leue), S. 2.2 (Engel & Gielen)
Picture-Alliance GmbH, Frankfurt/M.: Zusatzinformationen zu LF 1, Kapitel 3.2, S. 1.2; Zusatzinformationen zu LF 2, Kapitel 3.1, S. 1; Zusatzinformationen zu LF 3, Kapitel 1.5.1, S. 1
seasons Agency, München: Zusatzinformationen zu LF 1, Kapitel 5.2 – Rechtsobjekte, S. 5 (Kristian Rahtjen)
Viabono GmbH, Rösrath-Hoffnungsthal: Zusatzinformationen zu LF 10, Kapitel 1.4, S. 2
Visum Foto GmbH, Hannover: Zusatzinformationen zu LF 7, Kapitel 10.3, S. 3 (Ralf Niemzig)
wikipedia.commons: Zusatzinformationen zu LF 7, Kapitel 9.2, S. 1.1 (Beyer)

5053626